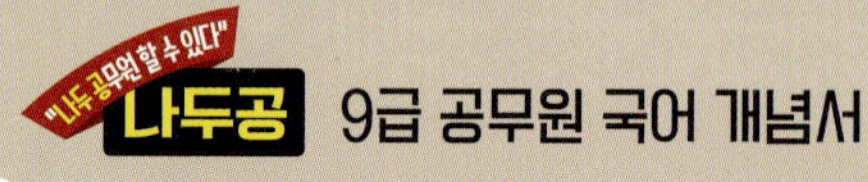

새로운 출제 기준 안내

01 출제기조

2025년부터 9급 공무원 시험 출제의 기본 방향이 지식 암기 중심에서 현장 직무 중심으로 대폭 전환될 예정이다. 새로운 출제 기조에 부합하기 위해 학계 및 현직 공무원의 의견이 폭넓게 수렴되면서 개편 방향이 정비되었고, 다양한 시험의 출제 경험이 있는 전문가들과의 연구용역을 거쳐 예시 문제가 개발되었다. 또한, 최근 공무원 시험 합격자를 대상으로 모의평가를 여러 차례 거치며 문제의 완성도가 제고되었다.

지식 암기 위주형 문제 → 현장 직무 중심형 문제

02 출제방향

| 국어 출제방향 |

- 기본적인 국어 능력의 이해, 추론 및 비판적 사고력 검증
- 배경지식이 없더라도 지문 속 정보를 활용해 문제를 풀 수 있도록 출제

| 영어 출제방향 |

- 실제 업무수행에 필요한 실용 영어능력 검증
- 전자메일, 웹문서, 모바일 안내문 등 업무현장에서 접할 수 있는 소재와 형식을 활용한 문제 출제

03 출제대비

| 국어 출제대비 |

- 보다 다양한 영역의 지문을 통독하는 훈련이 필요하다.
- 논리 추론형 문제 등에 대비하여 언어 추리력을 높여야 한다.
- 주어진 독해 지문에 대한 구문 이해력을 높이는 것이 필요하다.

| 영어 출제대비 |

- 단어 추론 연습과 구문 분석을 통한 정확한 단어 유추 능력을 길러야 한다.
- 글의 목적과 주제 및 요지 등을 파악하는 영어 독해 능력을 길러야 한다.
- 전자메일, 웹문서, 모바일 안내문 등 다양한 생활형 문서를 탐독해야 한다.

예시문제

| 국어 예시문제 |

01 〈공공언어 바로 쓰기 원칙〉에 따라 〈공문서〉의 ㉠~㉣을 수정한 것으로 적절하지 않은 것은?

〈공공언어 바로 쓰기 원칙〉

- 중복되는 표현을 삼갈 것.
- 대등한 것끼리 접속할 때는 구조가 같은 표현을 사용할 것.
- 주어와 서술어를 호응시킬 것.
- 필요한 문장 성분이 생략되지 않도록 할 것.

〈공문서〉

한국의약품정보원

수신 국립국어원
(경유)
제목 의약품 용어 표준화를 위한 자문회의 참석 ㉠ 안내 알림

---

1. ㉡ 표준적인 언어생활의 확립과 일상적인 국어 생활을 향상하기 위해 일하시는 귀원의 노고에 감사드립니다.
2. 본원은 국내 유일의 의약품 관련 비영리 재단 법인으로서 의약품에 관한 ㉢ 표준 정보가 제공되고 있습니다.
3. 의약품의 표준 용어 체계를 구축하고 ㉣ 일반 국민도 알기 쉬운 표현으로 개선하여 안전한 의약품 사용 환경을 마련하기 위해 자문회의를 개최하니 귀원의 연구원이 참석해 주시기를 바랍니다.

① ㉠: 안내
② ㉡: 표준적인 언어생활을 확립하고 일상적인 국어 생활의 향상을 위해
③ ㉢: 표준 정보를 제공하고 있습니다.
④ ㉣: 의약품 용어를 일반 국민도 알기 쉬운 표현으로 개선하여

▲ 〈공문서〉를 활용한 〈공공언어 바로 쓰기 원칙〉 익히기

| 영어 예시문제 |

[08~09] 다음 글을 읽고 물음에 답하시오.

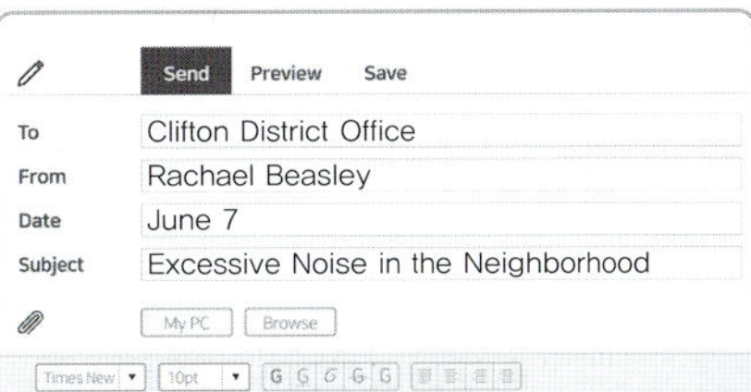
Send Preview Save

To	Clifton District Office
From	Rachael Beasley
Date	June 7
Subject	Excessive Noise in the Neighborhood

My PC Browse

To whom it may concern,

I hope this email finds you well. I am writing to express my concern and frustration regarding the excessive noise levels in our neighborhood, specifically coming from the new sports field.

As a resident of Clifton district, I have always appreciated the peace of our community. However, the ongoing noise disturbances have significantly impacted my family's well-being and our overall quality of life. The sources of the noise include crowds cheering, players shouting, whistles, and ball impacts.

I kindly request that you look into this matter and take appropriate <u>steps</u> to address the noise disturbances. Thank you for your attention to this matter, and I appreciate your prompt response to help restore the tranquility in our neighborhood.

Sincerely,
Rachael Beasley

08 윗글의 목적으로 가장 적절한 것은?

① 체육대회 소음에 대해 주민들의 양해를 구하려고
② 새로 이사 온 이웃 주민의 소음에 대해 항의하려고
③ 인근 스포츠 시설의 소음에 대한 조치를 요청하려고
④ 밤시간 악기 연주와 같은 소음의 차단을 부탁하려고

▲ 전자메일을 통한 생활형 문서 이해하기

9급 공무원 응시자격

※ 경찰 공무원, 소방 공무원, 교사 등 특정직 공무원의 채용은 별도 법령에 의거하고 있어 응시자격 등이 다를 수 있으니 해당법령과 공고문을 참고하시기 바랍니다.

※ 매년 채용시험 관련 법령 개정으로 응시자격이 변경될 수 있으므로 필요한 경우 확인절차를 거치시기 바랍니다.

01 최종시험 예정일이 속한 연도를 기준으로 공무원 응시가능 연령(9급 : 18세이상)에 해당한다. (단, 9급 교정·보호직의 경우 20세 이상)

02 아래의 공무원 응시 결격사유 중 어느 하나에도 해당되지 않는다.

1. 피성년후견인
2. 파산선고를 받고 복권되지 아니한 자
3. 금고 이상의 실형을 선고받고 그 집행이 종료되거나 집행을 받지 아니하기로 확정된 후 5년이 지나지 아니한 자
4. 금고 이상의 형을 선고받고 그 집행유예 기간이 끝난 날부터 2년이 지나지 아니한 자
5. 금고 이상의 형의 선고유예를 받은 경우에 그 선고유예 기간 중에 있는 자
6. 법원의 판결 또는 다른 법률에 따라 자격이 상실되거나 정지된 자
7. 징계로 파면처분을 받은 때부터 5년이 지나지 아니한 자
8. 징계로 해임처분을 받은 때부터 3년이 지나지 아니한 자

단, 검찰직 지원자는 금고 이상의 형을 선고받은 경우 응시할 수 없습니다.

03 공무원으로서의 직무수행에 지장을 주지 않는 건강상태를 유지하고 있어, 공무원 채용 신체검사에서 불합격 판정기준에 해당되지 않는다.

04 9급 지역별 구분모집 지원자의 경우, 시험시행년도 1월 1일을 포함하여 1월 1일 전 또는 후로 연속하여 3개월 이상 해당 지역에 주민등록이 되어 있다.

05 지방직 공무원, 경찰 등 다른 공무원시험을 포함하여 공무원 임용시험에서 부정한 행위를 한 적이 없다.

06 국어, 영어, 한국사와 선택하고자 하는 직류의 시험과목 기출문제를 풀어보았으며, 합격을 위한 최소한의 점수는 과목별로 40점 이상임을 알고 있다.

- 위의 요건들은 7급, 9급 공무원 시험에 응시하기 위한 기본 조건입니다.
- 장애인 구분모집, 저소득층 구분모집 지원자는 해당 요건을 추가로 확인하시기 바랍니다.

"나두 공무원 할 수 있다"

나두공

9급 공무원

국어

개념서

2026

나두공 9급 공무원 국어 개념서

인쇄일 2025년 10월 1일 5판 1쇄 인쇄
발행일 2025년 10월 5일 5판 1쇄 발행
등 록 제17-269호
판 권 시스컴2025

발행처 시스컴 출판사
발행인 송인식
지은이 나두공 수험연구소

ISBN 979-11-6941-698-6 13350
정 가 27,000원

주소 서울시 금천구 가산디지털1로 225, 514호(가산포휴) | **시스컴** www.siscom.co.kr / **나두공** www.nadoogong.com
E-mail siscombooks@naver.com | **전화** 02)866-9311 | **Fax** 02)866-9312

발간 이후 발견된 정오 사항은 나두공 홈페이지 도서정오표에서 알려드립니다(나두공 홈페이지 → 교재 → 도서정오표).

INTRODUCTION

최근 경제 불황은 심각해진 상태이다. 경제 불황에서 시작된 고용 불안은 이제 만성화 단계에 이르렀다. 이러한 현실에서 많은 젊은이들이 공무원에 주목하는 것은 당연한 일일 것이다.

최근 9급 공무원의 위상은 많이 바뀌었다. 대학 진학을 하지 않고 준비하는 학생들이 증가하고 있고, 상당수의 대학 1학년생들이 입학 직후부터 9급 공무원 시험 준비를 시작한다. 또한 다니던 직장을 그만두고 9급 공무원 시험을 준비하는 사람들도 찾아볼 수 있다. 이러한 응시생의 증가는 시험 문제의 변별력 및 난이도 상승으로 이어지고 있다. 이러한 이유로 오랜 준비에도 불구하고 합격을 장담하기가 어려워지고 있다.

따라서 이 책에서는 짧은 시간에 수험생들이 고득점을 획득할 수 있도록 시험에 나오는 핵심 내용을 위주로 구성하였다. 불필요한 부분을 과감히 쳐내고 반드시 필요한 부분만을 엄선하였고, 수험생의 이해를 돕기 위한 Check Point를 추가하여 공무원 시험 준비를 더욱 쉽게 할 수 있도록 하였다.

이 책을 통해 공무원 시험을 준비하는 수험생들에게 합격의 밝은 내일이 있길 기원한다.

시험 과목

직렬	직류	시험 과목
행정직	일반행정	국어, 영어, 한국사, 행정법총론, 행정학개론
	고용노동	국어, 영어, 한국사, 행정법총론, 노동법개론
	선거행정	국어, 영어, 한국사, 행정법총론, 공직선거법
직업상담직	직업상담	국어, 영어, 한국사, 노동법개론, 직업상담 · 심리학개론
세무직(국가직)	세무	국어, 영어, 한국사, 세법개론, 회계학
세무직(지방직)		국어, 영어, 한국사, 지방세법, 회계학
사회복지직	사회복지	국어, 영어, 한국사, 사회복지학개론, 행정법총론
교육행정직	교육행정	국어, 영어, 한국사, 교육학개론, 행정법총론
관세직	관세	국어, 영어, 한국사, 관세법개론, 회계원리
통계직	통계	국어, 영어, 한국사, 통계학개론, 경제학개론
교정직	교정	국어, 영어, 한국사, 교정학개론, 형사소송법개론
보호직	보호	국어, 영어, 한국사, 형사정책개론, 사회복지학개론
검찰직	검찰	국어, 영어, 한국사, 형법, 형사소송법
마약수사직	마약수사	국어, 영어, 한국사, 형법, 형사소송법
출입국관리직	출입국관리	국어, 영어, 한국사, 국제법개론, 행정법총론
철도경찰직	철도경찰	국어, 영어, 한국사, 형사소송법개론, 형법총론
공업직	일반기계	국어, 영어, 한국사, 기계일반, 기계설계
	전기	국어, 영어, 한국사, 전기이론, 전기기기
	화공	국어, 영어, 한국사, 화학공학일반, 공업화학
농업직	일반농업	국어, 영어, 한국사, 재배학개론, 식용작물
임업직	산림자원	국어, 영어, 한국사, 조림, 임업경영
시설직	일반토목	국어, 영어, 한국사, 응용역학개론, 토목설계
	건축	국어, 영어, 한국사, 건축계획, 건축구조
	시설조경	국어, 영어, 한국사, 조경학, 조경계획 및 설계

방재안전직	방재안전	국어, 영어, 한국사, 재난관리론, 안전관리론
전산직	전산개발	국어, 영어, 한국사, 컴퓨터일반, 정보보호론
	정보보호	국어, 영어, 한국사, 네트워크 보안, 정보시스템 보안
방송통신직	전송기술	국어, 영어, 한국사, 전자공학개론, 무선공학개론
법원사무직 (법원직)	법원사무	국어, 영어, 한국사, 헌법, 민법, 민사소송법, 형법, 형사소송법
등기사무직 (법원직)	등기사무	국어, 영어, 한국사, 헌법, 민법, 민사소송법, 상법, 부동산등기법
사서직 (국회직)	사서	국어, 영어, 한국사, 헌법, 정보학개론
속기직 (국회직)	속기	국어, 영어, 한국사, 헌법, 행정학개론
방호직 (국회직)	방호	국어, 영어, 한국사, 헌법, 사회
경위직 (국회직)	경위	국어, 영어, 한국사, 헌법, 행정법총론
방송직 (국회직)	방송제작	국어, 영어, 한국사, 방송학, 영상제작론
	취재보도	국어, 영어, 한국사, 방송학, 취재보도론
	촬영	국어, 영어, 한국사, 방송학, 미디어론

- 교정학개론에 형사정책 및 행형학, 국제법개론에 국제경제법, 행정학개론에 지방행정이 포함되며, 공직선거법에 '제16장 벌칙'은 제외됩니다.
- 노동법개론은 근로기준법 · 최저임금법 · 노동조합 및 노동관계조정법에서 하위법령을 포함하여 출제됩니다.
- 시설조경 직류의 조경학은 조경일반(미학, 조경사 등), 조경시공구조, 조경재료(식물재료 포함), 조경생태(생태복원 포함), 조경관리(식물, 시설물 등)에서, 조경계획 및 설계는 조경식재 및 시설물 계획, 조경계획과 설계과정, 공원 · 녹지계획과 설계, 휴양 · 단지계획과 설계, 전통조경계획과 설계에서 출제됩니다.

※ 추후 변경 가능하므로 반드시 응시 기간 내 시험과목 및 범위를 확인하시기 바랍니다.

"나두 공무원 할 수 있다" 나두공

9급 공무원 시험 안내

응시자격

1. 인터넷 접수만 가능
2. 접수방법 : 사이버국가고시센터(www.gosi.kr)에 접속하여 접수할 수 있습니다.
3. 접수시간 : 기간 중 24시간 접수
4. 비용 : 응시수수료(7급 7,000원, 9급 5,000원) 외에 소정의 처리비용(휴대폰 · 카드 결제, 계좌이체비용)이 소요됩니다.

※ 저소득층 해당자(국민기초생활 보장법에 따른 수급자 또는 한부모가족지원법에 따른 지원대상자)는 응시수수료가 면제됩니다.

※ 응시원서 접수 시 등록용 사진파일(JPG, PNG)이 필요하며 접수 완료 후 변경 불가합니다.

학력 및 경력

제한 없음

시험방법

1. 제1·2차시험(병합실시) : 선택형 필기
2. 제3차시험 : 면접

※ 교정직(교정) 및 철도경찰직(철도경찰)의 6급 이하 채용시험의 경우, 9급 제1 · 2차 시험(병합실시) 합격자를 대상으로 실기시험(체력검사)을 실시하고, 실기시험 합격자에 한하여 면접시험을 실시합니다.

원서접수 유의사항

1. 접수기간에는 기재사항(응시직렬, 응시지역, 선택과목 등)을 수정할 수 있으나, 접수기간이 종료된 후에는 수정할 수 없습니다.
2. 응시자는 응시원서에 표기한 응시지역(시 · 도)에서만 필기시험에 응시할 수 있습니다.
   ※ 다만, 지역별 구분모집[9급 행정직(일반), 9급 행정직(우정사업본부)] 응시자의 필기시험 응시지역은 해당 지역모집 시 · 도가 됩니다.(복수의 시 · 도가 하나의 모집단위일 경우, 해당 시 · 도 중 응시희망 지역을 선택할 수 있습니다.)
3. 인사혁신처에서 동일 날짜에 시행하는 임용시험에는 복수로 원서를 제출할 수 없습니다.

양성평등채용목표제

1. 대상시험 : 선발예정인원이 5명 이상인 모집단위(교정 · 보호직렬은 적용 제외)
2. 채용목표 : 30%

※ 시험실시단계별로 합격예정인원에 대한 채용목표 비율이며 인원수 계산 시, 선발예정인원이 10명 이상인 경우에는 소수점 이하를 반올림하며, 5명 이상 10명 미만일 경우에는 소수점 이하는 버립니다.

응시 결격 사유

해당 시험의 최종시험 시행예정일(면접시험 최종예정일) 현재를 기준으로 국가공무원법 제33조(외무공무원은 외무공무원법 제9조, 검찰직 · 마약수사직 공무원은 검찰청법 제50조)의 결격사유에 해당하거나, 국가공무원법 제74조(정년) · 외무공무원법 제27조(정년)에 해당하는 자 또는 공무원임용시험령 등 관계법령에 의하여 응시자격이 정지된 자는 응시할 수 없습니다.

가산점 적용

<table>
<tr><th>구분</th><th>가산비율</th><th>비고</th></tr>
<tr><td>취업지원대상자</td><td>과목별 만점의 10% 또는 5%</td><td rowspan="3">• 취업지원대상자 가점과 의사상자 등 가점은 1개만 적용
• 취업지원대상자/의사상자 등 가점과 자격증 가산점은 각각 적용</td></tr>
<tr><td>의사상자 등</td><td>과목별 만점의 5% 또는 3%</td></tr>
<tr><td>직렬별 가산대상 자격증 소지자</td><td>과목별 만점의 3~5%
(1개의 자격증만 인정)</td></tr>
</table>

기타 유의사항

1. 필기시험에서 과락(만점의 40% 미만) 과목이 있을 경우에는 불합격 처리됩니다. 필기시험의 합격선은 공무원임용시험령 제4조에 따라 구성된 시험관리위원회의 심의를 통해 결정되며, 구체적인 합격자 결정 방법 등은 공무원임용시험령 등 관계법령을 참고하시기 바랍니다.
2. 9급 공채시험에서 가산점을 받고자 하는 자는 필기시험 시행 전일까지 해당요건을 갖추어야 하며, 반드시 필기시험 시행일을 포함한 3일 이내에 사이버국가고시센터(www.gosi.kr)에 접속하여 자격증의 종류 및 가산비율을 입력해야 합니다.

※ 자격증 종류 및 가산비율을 잘못 기재하는 경우에는 응시자 본인에게 불이익이 있을 수 있습니다.

※ 반드시 응시 기간 내 공고문을 확인하시기 바랍니다.

"나두 공무원 할 수 있다" 나두공 구성 및 특징

간결한 내용 구성

빠른 시간 안에 공무원 수험을 마칠 수 있도록 만들어진 단기완성용 공무원 수험서입니다. 꼭 필요한 내용만 쏙쏙 뽑아 공부하면서 합격까지 한번에!

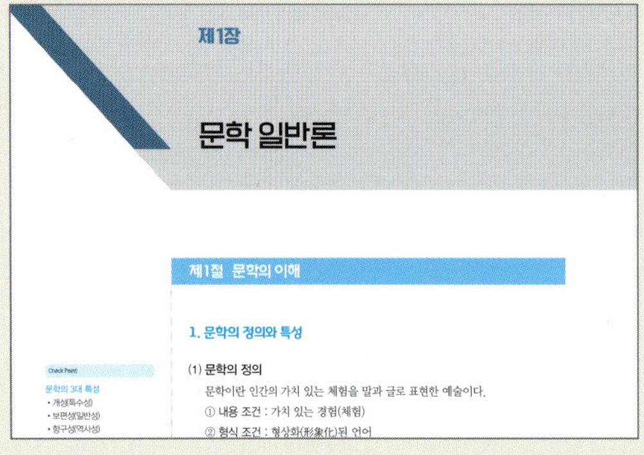

Check Point

공부하면서 알아두어야 하는 요소를 모아 관련 내용 옆에 수록하였습니다. 본문 학습 시 슬쩍 주워가세요.

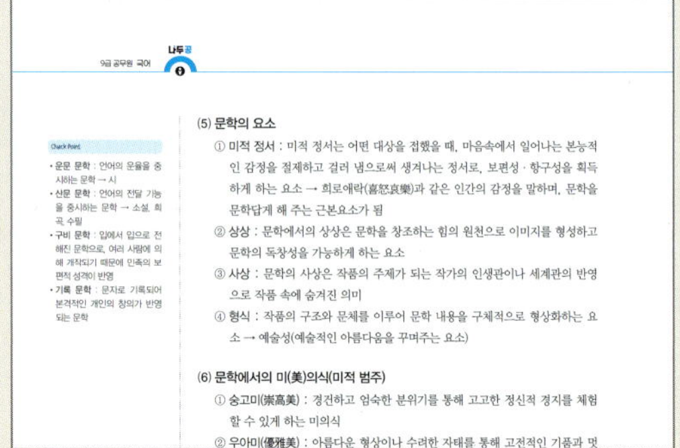

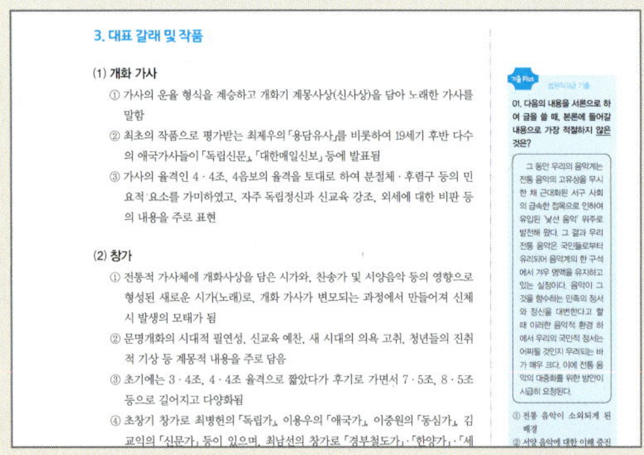

기출 plus

이해도를 높이는 가장 빠른 방법, 문제풀이! 요점정리와 함께 기출 plus로 실력을 쑥쑥 키웁시다.

Tip

본문의 흐름과 내용을 이해하는 데 참고가 되는 자료를 정리하여 수록하였습니다. 머릿속에 쏙쏙 담아 가세요.

꼭! 확인 기출문제

학습한 내용을 바로바로 확인 할 수 있도록 기출문제를 적재적소에 배치하였습니다. 학습 성과를 점검하세요.

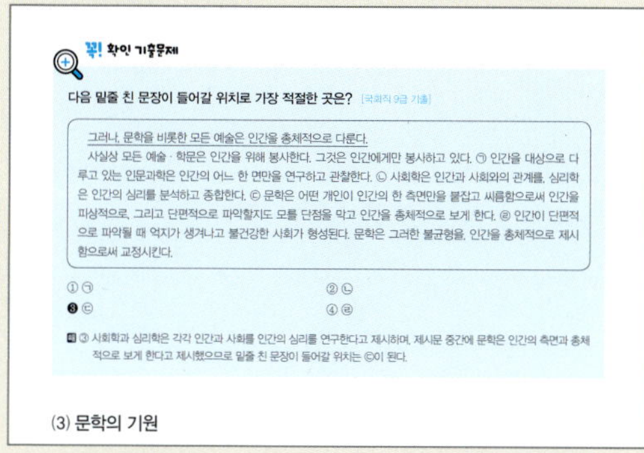

꼭! 확인 기출문제

다음 밑줄 친 문장이 들어갈 위치로 가장 적절한 곳은? [국회직 9급 기출]

그러나, 문학을 비롯한 모든 예술은 인간을 총체적으로 다룬다.

사실상 모든 예술 · 학문은 인간을 위해 봉사한다. 그것은 인간에게만 봉사하고 있다. ㉠ 인간을 대상으로 다루고 있는 인문과학은 인간의 어느 한 면만을 연구하고 관찰한다. ㉡ 사회학은 인간과 사회와의 관계를, 심리학은 인간의 심리를 분석하고 종합한다. ㉢ 문학은 어떤 개인이 인간의 한 측면만을 붙잡고 씨름함으로써 인간을 피상적으로, 그리고 단편적으로 파악할지도 모를 단점을 막고 인간을 총체적으로 보게 한다. ㉣ 인간이 단편적으로 파악될 때 억지가 생겨나고 불건강한 사회가 형성된다. 문학은 그러한 불균형을, 인간을 총체적으로 제시함으로써 교정시킨다.

① ㉠ ② ㉡
❸ ㉢ ④ ㉣

해 ③ 사회학과 심리학은 각각 인간과 사회를 인간의 심리를 연구한다고 제시하며, 제시문 중간에 문학은 인간의 측면과 총체적으로 보게 한다고 제시했으므로 밑줄 친 문장이 들어갈 위치는 ㉢이 된다.

(3) 문학의 기원

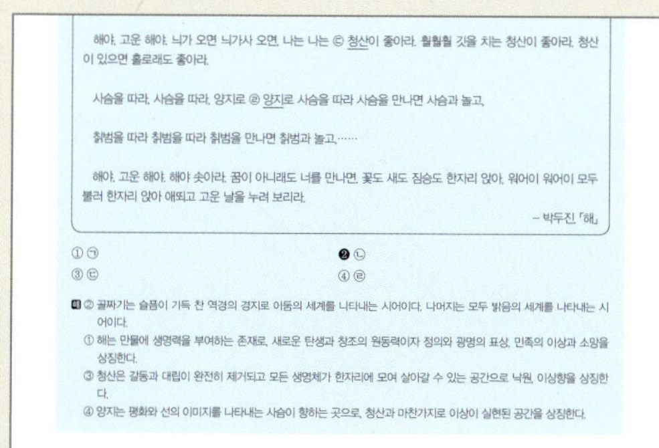

해야, 고운 해야, 늬가 오면 늬가사 오면, 나는 나는 ㉢ 청산이 좋아라. 훨훨훨 깃을 치는 청산이 좋아라. 청산이 있으면 홀로래도 좋아라.

사슴을 따라, 사슴을 따라, 양지로 ㉣ 양지로 사슴을 따라 사슴을 만나면 사슴과 놀고,

칡범을 따라 칡범을 따라 칡범을 만나면 칡범과 놀고,……

해야, 고운 해야, 해야 솟아라. 꿈이 아니래도 너를 만나면, 꽃도 새도 짐승도 한자리 앉아, 워어이 워어이 모두 불러 한자리 앉아 애띠고 고운 날을 누려 보리라.

– 박두진 「해」

① ㉠ ❷ ㉡
③ ㉢ ④ ㉣

해 ② 골짜기는 슬픔이 가득 찬 역경의 경지로 어둠의 세계를 나타내는 시어이다. 나머지는 모두 밝음의 세계를 나타내는 시어이다.
① 해는 만물에 생명력을 부여하는 존재로, 새로운 탄생과 창조의 원동력이자 정의와 광명의 표상, 민족의 이상과 소망을 상징한다.
③ 청산은 갈등과 대립이 완전히 제거되고 모든 생명체가 한자리에 모여 살아갈 수 있는 공간으로 낙원, 이상향을 상징한다.
④ 양지는 평화와 선의 이미지를 나타내는 사슴이 향하는 곳으로, 청산과 마찬가지로 이상이 실현된 공간을 상징한다.

해설

기출문제의 상세한 정답 해설은 물론 오답 해설까지 친절하게 풀어드립니다.

참고

요점 정리만으로는 부족한 내용을 실었으며, 이론 범위의 주요 개념 등을 한 단계 더 깊이 학습할 수 있는 수험생을 위한 보충자료입니다.

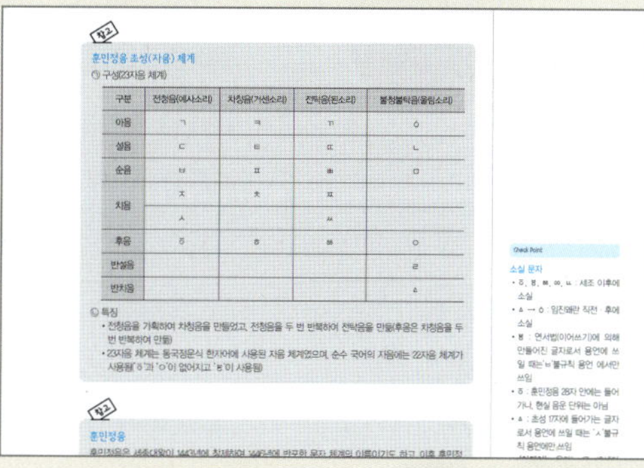

참고

훈민정음 초성(자음) 체계

㉠ 구성(23자음 체계)

구분	전청음(예사소리)	차청음(거센소리)	전탁음(된소리)	불청불탁음(울림소리)
아음	ㄱ	ㅋ	ㄲ	ㆁ
설음	ㄷ	ㅌ	ㄸ	ㄴ
순음	ㅂ	ㅍ	ㅃ	ㅁ
치음	ㅈ	ㅊ	ㅉ	
	ㅅ		ㅆ	
후음	ㆆ	ㅎ	ㆅ	ㅇ
반설음				ㄹ
반치음				ㅿ

㉡ 특징
- 전청음을 가획하여 차청음을 만들었고, 전청음을 두 번 반복하여 전탁음을 만듦(후음은 차청음을 두 번 반복하여 만듦)
- 23자음 체계는 동국정운식 한자어에 사용된 자음 체계였으며, 순수 국어의 자음에는 22자음 체계가 사용됨('ㆆ'과 'ㅇ'이 없어지고 'ㅸ'이 사용됨)

참고

훈민정음

Check Point

소실 문자
- ㆆ, ㅸ, ㆅ, ㆀ, ㅥ : 세조 이후에 소실
- ㅿ → ㆁ : 임진왜란 직전 · 후에 소실
- ㅸ : 연서법(이어쓰기)에 의해 만들어진 글자로서 용언에 쓰일 때는 'ㅂ' 불규칙 용언 에서만 쓰임
- ㆆ : 훈민정음 28자 안에는 들어가나, 현실 음운 단위는 아님
- ㅿ : 초성 17자에 들어가는 글자로서 용언에 쓰일 때는 'ㅅ' 불규칙 용언에만 쓰임

"나두공무원 할 수 있다"

나두공 목 차

1편

현대 문학

2편

고전 문학

3편

국문학사

4편

현대 문법

5편

논리적인 말과 글

6편

어휘력

4주완성 Study Plan

	분류		날짜	학습 시간
1st Week	1편 현대 문학	제1장 문학 일반론 제2장 문학의 장르 제3장 현대시 제4장 현대 소설 제5장 현대 수필 · 희곡		
2nd Week	2편 고전 문학	제1장 고전 문법 제2장 고대 · 중세 · 근대 국어 제3장 고전 시가 제4장 고전 산문		
3rd Week	3편 국문학사	제1장 고전 문학의 흐름 제2장 현대 문학의 흐름		
	4편 현대 문법	제1장 언어와 국어 제2장 문법의 체계 제3장 국어 생활과 규범		
4th Week	5편 논리적인 말과 글	제1장 쓰기 · 읽기 · 말하기 · 듣기 제2장 글의 진술 방식과 논리의 전개 제3장 여러 가지 글의 독해		
	6편 어휘력	제1장 고유어 제2장 한자어 제3장 한자성어 제4장 속담 제5장 관용어		

9급공무원

국어

나두공

나두공

2025 출제기조 전환대비 현장직무형 예시문제

제1차

국 어

정답 및 해설 37p

01 〈공공언어 바로 쓰기 원칙〉에 따라 〈공문서〉의 ㉠~㉣을 수정한 것으로 적절하지 않은 것은?

〈공공언어 바로 쓰기 원칙〉

- 중복되는 표현을 삼갈 것.
- 대등한 것끼리 접속할 때는 구조가 같은 표현을 사용할 것.
- 주어와 서술어를 호응시킬 것.
- 필요한 문장 성분이 생략되지 않도록 할 것.

〈공문서〉

한국의약품정보원

수신 국립국어원
(경유)
제목 의약품 용어 표준화를 위한 자문회의 참석 ㉠ 안내 알림

---

1. ㉡ 표준적인 언어생활의 확립과 일상적인 국어 생활을 향상하기 위해 일하시는 귀원의 노고에 감사드립니다.
2. 본원은 국내 유일의 의약품 관련 비영리 재단법인으로서 의약품에 관한 ㉢ 표준 정보가 제공되고 있습니다.
3. 의약품의 표준 용어 체계를 구축하고 ㉣ 일반 국민도 알기 쉬운 표현으로 개선하여 안전한 의약품 사용 환경을 마련하기 위해 자문회의를 개최하니 귀원의 연구원이 참석해 주시기를 바랍니다.

① ㉠: 안내
② ㉡: 표준적인 언어생활을 확립하고 일상적인 국어 생활의 향상을 위해
③ ㉢: 표준 정보를 제공하고 있습니다.
④ ㉣: 의약품 용어를 일반 국민도 알기 쉬운 표현으로 개선하여

02 다음 글에서 추론한 내용으로 적절하지 않은 것은?

'밤하늘'은 '밤'과 '하늘'이 결합하여 한 단어를 이루고 있는데, 이처럼 어휘 의미를 띤 요소끼리 결합한 단어를 합성어라고 한다. 합성어는 분류 기준에 따라 여러 방식으로 나눌 수 있다. 합성어의 품사에 따라 합성명사, 합성형용사, 합성부사 등으로 나누기도 하고, 합성의 절차가 국어의 정상적인 단어 배열법을 따르는지의 여부에 따라 통사적 합성어와 비통사적 합성어로 나누기도 하고, 구성 요소 간의 의미 관계에 따라 대등합성어와 종속합성어로 나누기도 한다.

합성명사의 예를 보자. '강산'은 명사(강) + 명사(산)로, '젊은이'는 용언의 관형사형(젊은)+명사(이)로, '덮밥'은 용언 어간(덮)+명사(밥)로 구성되어 있다. 명사끼리의 결합, 용언의 관형사형과 명사의 결합은 국어 문장 구성에서 흔히 나타나는 단어 배열법으로, 이들을 통사적 합성어라고 한다. 반면 용언 어간과 명사의 결합은 국어 문장 구성에 없는 단어 배열법인데 이런 유형은 비통사적 합성어에 속한다. '강산'은 두 성분 관계가 대

등한 관계를 이루는 대등합성어인데, '젊은이'나 '덮밥'은 앞 성분이 뒤 성분을 수식하는 종속합성어이다.

① 아버지의 형을 이르는 '큰아버지'는 종속합성어이다.
② '흰머리'는 용언 어간과 명사가 결합한 합성명사이다.
③ '늙은이'는 어휘 의미를 지닌 두 요소가 결합해 이루어진 단어이다.
④ 동사 '먹다'의 어간인 '먹'과 명사 '거리'가 결합한 '먹거리'는 비통사적 합성어이다.

03 다음 글의 ㉠의 사례가 포함되어 있지 않은 것은?

존경 표현에는 주어 명사구를 직접 존경하는 '직접존경'이 있고, 존경의 대상과 긴밀한 관련을 가지는 인물이나 사물 등을 높이는 ㉠ '간접존경'도 있다. 전자의 예로 "할머니는 직접 용돈을 마련하신다."를 들 수 있고, 후자의 예로는 "할머니는 용돈이 없으시다."를 들 수 있다. 전자에서 용돈을 마련하는 행위를 하는 주어는 할머니이므로 '마련한다'가 아닌 '마련하신다'로 존경 표현을 한 것이다. 후자에서는 용돈이 주어이지만 할머니와 긴밀한 관련을 가진 사물이라서 '없다'가 아니라 '없으시다'로 존경 표현을 한 것이다.

① 고모는 자식이 다섯이나 있으시다.
② 할머니는 다리가 아프셔서 병원에 다니신다.
③ 언니는 아버지가 너무 건강을 염려하신다고 말했다.
④ 할아버지는 젊었을 때부터 수염이 많으셨다고 들었다.

04 다음 글의 ㉠~㉢에 들어갈 말을 적절하게 나열한 것은?

소설과 현실의 관계를 온당하게 살피기 위해서는 세계의 현실성, 문제의 현실성, 해결의 현실성을 구별해야 한다. 우리가 살고 있는 이 입체적인 시공간에서 특히 의미 있는 한 부분을 도려내어 서사의 무대로 삼을 경우 세계의 현실성이 확보된다. 그 세계 안의 인간이 자신을 둘러싼 세계와 고투하면서 당대의 공론장에서 기꺼이 논의해볼 만한 의제를 산출해낼 때 문제의 현실성이 확보된다. 한 사회가 완강하게 구조화하고 있는 '가능한 것'과 '불가능한 것'의 좌표를 흔들면서 특정한 선택지를 제출할 때 해결의 현실성이 확보된다.

최인훈의 「광장」은 밀실과 광장 사이에서 고뇌하는 주인공의 모습을 통해 '남(南)이냐 북(北)이냐'라는 민감한 주제를 격화된 이념 대립의 공론장에 던짐으로써 [㉠]을 확보하였다. 작품의 시공간으로 당시 남한과 북한을 소설적 세계로 선택함으로써 동서 냉전 시대의 보편성과 한반도 분단 체제의 특수성을 동시에 포괄할 수 있는 [㉡]도 확보하였다. 「광장」에서 주인공이 남과 북 모두를 거부하고 자살을 선택하는 결말은 남북으로 상징되는 당대의 이원화된 이데올로기를 근저에서 흔들었다. 이로써 [㉢]을 확보할 수 있었다.

	㉠	㉡	㉢
①	문제의 현실성	세계의 현실성	해결의 현실성
②	문제의 현실성	해결의 현실성	세계의 현실성
③	세계의 현실성	문제의 현실성	해결의 현실성
④	세계의 현실성	해결의 현실성	문제의 현실성

05 다음 진술이 모두 참일 때 반드시 참인 것은?

- 오 주무관이 회의에 참석하면, 박 주무관도 참석한다.
- 박 주무관이 회의에 참석하면, 홍 주무관도 참석한다.
- 홍 주무관이 회의에 참석하지 않으면, 공 주무관도 참석하지 않는다.

① 공 주무관이 회의에 참석하면, 박 주무관도 참석한다.

② 오 주무관이 회의에 참석하면, 홍 주무관은 참석하지 않는다.

③ 박 주무관이 회의에 참석하지 않으면, 공 주무관은 참석한다.

④ 홍 주무관이 회의에 참석하지 않으면, 오 주무관도 참석하지 않는다.

06 다음 글을 이해한 내용으로 가장 적절한 것은?

이육사의 시에는 시인의 길과 투사의 길을 동시에 걸었던 작가의 면모가 고스란히 담겨 있다. 가령, 「절정」은 크게 두 부분으로 나누어지는데, 투사가 처한 냉엄한 현실적 조건이 3개의 연에 걸쳐 먼저 제시된 후, 시인이 품고 있는 인간과 역사에 대한 희망이 마지막 연에 제시된다.

우선, 투사 이육사가 처한 상황은 대단히 위태로워 보인다. 그는 "매운 계절의 채찍에 갈겨 / 마침내 북방으로 휩쓸려" 왔고, "서릿발 칼날진 그 위에 서" 바라본 세상은 "하늘도 그만 지쳐 끝난 고원"이어서 가냘픈 희망을 품는 것조차 불가능해 보인다. 이러한 상황은 "한발 제겨디딜 곳조차 없다"는 데에 이르러 극한에 도달하게 된다. 여기서 그는 더 이상 피할 수 없는 존재의 위기를 깨닫게 되는데, 이때 시인 이육사가 나서면서 시는 반전의 계기를 마련한다.

마지막 4연에서 시인은 3연까지 치달아 온 극한의 위기를 담담히 대면한 채, "이러매 눈 감아 생각해" 보면서 현실을 새롭게 규정한다. 여기서 눈을 감는 행위는 외면이나 도피가 아니라 피할 수 없는 현실적 조건을 새롭게 반성함으로써 현실의 진정한 면모와 마주하려는 적극적인 행위로 읽힌다. 이는 다음 행, "겨울은 강철로 된 무지갠가보다"라는 시구로 이어지면서 현실에 대한 새로운 성찰로 마무리된다. 이 마지막 구절은 인간과 역사에 대한 희망을 놓지 않으려는 시인의 안간힘으로 보인다.

① 「절정」에는 투사가 처한 극한의 상황이 뚜렷한 계절의 변화로 드러난다.

② 「절정」에서 시인은 투사가 처한 현실적 조건을 외면하지 않고 새롭게 인식한다.

③ 「절정」은 시의 구성이 두 부분으로 나누어지면서 투사와 시인이 반목과 화해를 거듭한다.

④ 「절정」에는 냉엄한 현실에 절망하는 시인의 면모와 인간과 역사에 대한 희망을 놓지 않으려는 투사의 면모가 동시에 담겨 있다.

07 (가)~(라)를 맥락에 맞추어 가장 적절하게 나열한 것은?

> (가) 다음으로 시청자의 마음을 사로잡을 수 있는 참신한 인물을 창조해야 한다. 특히 주인공은 장애를 만나 새로운 목표를 만들고, 그것을 이루는 과정에서 최종적으로 영웅이 된다. 시청자는 주인공이 목표를 이루는 데 적합한 인물로 변화를 거듭할 때 그에게 매료된다.
> (나) 스토리텔링 전략에서 제일 먼저 해야 할 일이 로그라인을 만드는 것이다. 로그라인은 '장애, 목표, 변화, 영웅'이라는 네 가지 요소를 담아야 하며, 3분 이내로 압축적이어야 한다. 이를 통해 스토리의 목적과 방향이 마련된다.
> (다) 이 같은 인물 창조의 과정에서 스토리의 주제가 만들어진다. '사랑과 소속감, 안전과 안정, 자유와 자발성, 권력과 책임, 즐거움과 재미, 인식과 이해'는 수천 년 동안 성별, 나이, 문화를 초월하여 두루 통용된 주제이다.
> (라) 시청자가 드라마나 영화에 대해 시청 여부를 결정하는 데 걸리는 시간은 8초에 불과하다. 제작자는 이 짧은 시간 안에 시청자를 사로잡을 수 있는 스토리텔링 전략이 필요하다.

① (나)-(가)-(라)-(다)
② (나)-(다)-(가)-(라)
③ (라)-(나)-(가)-(다)
④ (라)-(나)-(다)-(가)

08 〈지침〉에 따라 〈개요〉를 작성할 때 ㉠ ~ ㉣에 들어갈 내용으로 적절하지 않은 것은?

〈지 침〉

- 서론은 중심 소재의 개념 정의와 문제 제기를 1개의 장으로 작성할 것.
- 본론은 제목에서 밝힌 내용을 2개의 장으로 구성하되 각 장의 하위 항목끼리 대응되도록 작성할 것.
- 결론은 기대 효과와 향후 과제를 1개의 장으로 작성할 것.

〈개 요〉

- 제목: 복지 사각지대의 발생 원인과 해소 방안

Ⅰ. 서론
  1. 복지 사각지대의 정의
  2. [㉠]
Ⅱ. 복지 사각지대의 발생 원인
  1. [㉡]
  2. 사회복지 담당 공무원의 인력 부족
Ⅲ. 복지 사각지대의 해소 방안
  1. 사회적 변화를 반영하여 기존 복지 제도의 미비점 보완
  2. [㉢]
Ⅳ. 결론
  1. [㉣]
  2. 복지 사각지대의 근본적이고 지속가능한 해소 방안 마련

① ㉠: 복지 사각지대의 발생에 따른 사회 문제의 증가
② ㉡: 사회적 변화를 반영하지 못한 기존 복지 제도의 한계
③ ㉢: 사회복지 업무 경감을 통한 공무원 직무 만족도 증대
④ ㉣: 복지 혜택의 범위 확장을 통한 사회 안전망 강화

09 다음 글의 빈칸에 들어갈 결론으로 가장 적절한 것은?

> 신경과학자 아이젠버거는 참가자들을 모집하여 실험을 진행하였다. 이 실험에서 그의 연구팀은 실험 참가자의 뇌를 'fMRI' 기계를 이용해 촬영하였다. 뇌의 어떤 부위가 활성화되는가를 촬영하여 실험 참가자가 어떤 심리적 상태인가를 파악하려는 것이었다. 아이젠버거는 각 참가자에게 그가 세 사람으로 구성된 그룹의 일원이 될 것이고, 온라인에 각각 접속하여 서로 공을 주고받는 게임을 하게 될 것이라고 알려주었다. 그런데 이 실험에서 각 그룹의 구성원 중 실제 참가자는 한 명뿐이었고 나머지 둘은 컴퓨터 프로그램이었다. 실험이 시작되면 처음 몇 분 동안 셋이 사이좋게 순서대로 공을 주고받지만, 어느 순간부터 실험 참가자는 공을 받지 못한다. 실험 참가자를 제외한 나머지 둘은 계속 공을 주고받기 때문에, 실험 참가자는 나머지 두 사람이 아무런 설명 없이 자신을 따돌린다고 느끼게 된다. 연구팀은 실험 참가자가 따돌림을 당할 때 그의 뇌에서 전두엽의 전대상피질 부위가 활성화된다는 것을 확인했다. 이는 인간이 물리적 폭력을 당할 때 활성화되는 뇌의 부위이다. 연구팀은 이로부터 [　　　　　]는 결론을 내릴 수 있었다.

① 물리적 폭력은 뇌 전두엽의 전대상피질 부위를 활성화한다

② 물리적 폭력은 피해자의 개인적 경험을 사회적 문제로 전환한다

③ 따돌림은 피해자에게 물리적 폭력보다 더 심각한 부정적 영향을 미친다

④ 따돌림을 당할 때와 물리적 폭력을 당할 때의 심리적 상태는 서로 다르지 않다

[10～11] 다음 글을 읽고 물음에 답하시오.

> '크로노토프'는 그리스어로 시간과 공간을 뜻하는 두 단어를 결합한 것으로, 시공간을 통합적으로 이해하기 위한 개념이다. 크로노토프의 관점에서 보면 고소설과 근대소설의 차이를 명확하게 파악할 수 있다.
>
> 고소설에는 돌아가야 할 곳으로서의 원점이 존재한다. 그것은 영웅소설에서라면 중세의 인륜이 원형대로 보존된 세계이고, 가정소설에서라면 가장을 중심으로 가족 구성원들이 평화롭게 공존하는 가정이다. 고소설에서 주인공은 적대자에 의해 원점에서 분리되어 고난을 겪는다. 그들의 목표는 상실한 원점을 회복하는 것, 즉 그곳에서 향유했던 이상적 상태로 ㉠ <u>돌아가는</u> 것이다. 주인공과 적대자 사이의 갈등이 전개되는 시간을 서사적 현재라 한다면, 주인공이 도달해야 할 종결점은 새로운 미래가 아니라 다시 도래할 과거로서의 미래이다. 이러한 시공간의 배열을 '회귀의 크로노토프'라고 한다.
>
> 근대소설 「무정」은 회귀의 크로노토프를 부정한다. 이것은 주인공인 이형식과 박영채의 시간 경험을 통해 확인된다. 형식은 고아지만 이상적인 고향의 기억을 갖고 있다. 그것은 박 진사의 집에서 영채와 함께하던 때의 기억이다. 이는 영채도 마찬가지기에, 그들에게 박 진사의 집으로 표상되는 유년의 과거는 이상적 원점의 구실을 한다. 박 진사의 죽음은 그들에게 고향의 상실을 상징한다. 두 사람의 결합이 이상적 상태의 고향을 회복할 수 있는 유일한 방법이겠지만, 그들은 끝내 결합하지 못한다. 형식은 새 시대의 새 인물이 되어야 한다고 생각하며 과거로의 복귀를 거부한다.

10 **윗글에서 추론한 내용으로 가장 적절한 것은?**

① 「무정」과 고소설은 회귀의 크로노토프를 부정한다는 점에서 공통적이다.

② 영웅소설의 주인공과 「무정」의 이형식은 그들의 이상적 원점을 상실했다는 공통점을 가지고 있다.

③ 「무정」에서 이형식이 박영채와 결합했다면 새로운 미래로서의 종결점에 도달할 수 있었을 것이다.

④ 가정소설은 가족 구성원들이 평화롭게 공존하는 결말을 통해 상실했던 원점으로의 복귀를 거부한다.

11 **문맥상 ㉠의 의미와 가장 가까운 것은?**

① 전쟁은 연합군의 승리로 돌아갔다.

② 사과가 한 사람 앞에 두 개씩 돌아간다.

③ 그는 잃어버린 동심으로 돌아가고 싶었다.

④ 그녀는 자금이 잘 돌아가지 않는다며 걱정했다.

12 **(가)와 (나)를 전제로 할 때 빈칸에 들어갈 결론으로 가장 적절한 것은?**

(가) 노인복지 문제에 관심이 있는 사람 중 일부는 일자리 문제에 관심이 있는 사람이 아니다.

(나) 공직에 관심이 있는 사람은 모두 일자리 문제에 관심이 있는 사람이다.

따라서 [   ].

① 노인복지 문제에 관심이 있는 사람 중 일부는 공직에 관심이 있는 사람이 아니다

② 공직에 관심이 있는 사람 중 일부는 노인복지 문제에 관심이 있는 사람이 아니다

③ 공직에 관심이 있는 사람은 모두 노인복지 문제에 관심이 있는 사람이 아니다

④ 일자리 문제에 관심이 있지만 노인복지 문제에 관심이 없는 사람은 모두 공직에 관심이 있는 사람이 아니다

13 **다음 글의 ㉠~㉣ 중 어색한 곳을 찾아 가장 적절하게 수정한 것은?**

수명을 늘릴 수 있는 여러 방법 중 가장 좋은 방법은 노화 문제를 해결하는 것이다. 이 방법은 인간이 젊고 건강한 상태로 수명을 연장할 수 있다는 점에서 ㉠ 늙고 병든 상태에서 단순히 죽음의 시간을 지연시킨다는 기존 발상과 근본적으로 다르다. ㉡ 노화가 진행된 상태를 진행되기 전의 상태로 되돌린다거나 노화가 시작되기 전에 노화를 막는 장치가 개발된다면, 젊음을 유지한 채 수명을 늘리는 것은 충분히 가능하다.

그러나 노화 문제와 관련된 현재까지의 연구는 초라하다. 이는 대부분 연구가 신약 개발의 방식으로만 진행되어 왔기 때문이다. 현재 기준에서는 질병 치료를 목적으로 개발한 신약만 승인받을 수 있는데, 식품의약국이 노화를 ㉢ 질병으로 본 탓에 노화를 멈추는 약은 승인받을 수 없었다. 노화를 질병으로 보더라도 해당 약들이 상용화되기까지는 아주 오랜 시간이 필요하다.

그런데 노화 문제는 발전을 거듭하고 있는 인공지능 덕분에 신약 개발과는 다른 방식으로 극복될 수 있을지 모른다. 일반 사람들에 비해 ㉣ 노화가 더디게 진행되는 사람들

의 유전자 자료를 데이터화하면 그들에게서 노화를 지연시키는 생리적 특징을 추출할 수 있는데, 이를 통해 유전자를 조작하는 방식으로 노화를 막을 수 있다.

① ㉠: 늙고 병든 상태에서 담담히 죽음의 시간을 기다린다
② ㉡: 노화가 진행되기 전의 신체를 노화가 진행된 신체
③ ㉢: 질병으로 보지 않은 탓에 노화를 멈추는 약은 승인받을 수 없었다
④ ㉣: 노화가 더디게 진행되는 사람들의 유전자 자료를 데이터화하면 그들에게서 노화를 촉진

14 ㉠을 평가한 내용으로 적절한 것만을 〈보기〉에서 모두 고르면?

흔히 '일곱 빛깔 무지개'라는 말을 한다. 서로 다른 빛깔의 띠 일곱 개가 무지개를 이루고 있다는 뜻이다. 영어나 프랑스어를 비롯해 다른 자연언어들에도 이와 똑같은 표현이 있는데, 이는 해당 자연언어가 무지개의 색상에 대응하는 색채 어휘를 일곱 개씩 지녔기 때문이라고 할 수 있다.

언어학자 사피어와 그의 제자 워프는 여기서 어떤 영감을 얻었다. 그들은 서로 다른 언어를 쓰는 아메리카 원주민들에게 무지개의 띠가 몇 개냐고 물었다. 대답은 제각각 달랐다. 사피어와 워프는 이 설문 결과에 기대어, 사람들은 자신의 언어에 얽매인 채 세계를 경험한다고 판단했다. 이 판단으로부터, "우리는 모국어가 그어놓은 선에 따라 자연세계를 분단한다."라는 유명한 발언이 나왔다. 이에 따르면 특정 현상과 관련한 단어가 많을수록 해당 언어권의 화자들은 그 현상에 대해 심도 있게 경험하는 것이다. 언어가 의식을, 사고와 세계관을 결정한다는 이 견해는 ㉠ 사피어-워프 가설이라 불리며 언어학과 인지과학의 논란거리가 되어왔다.

〈보기〉

ㄱ. 눈[雪]을 가리키는 단어를 4개 지니고 있는 이누이트족이 1개 지니고 있는 영어 화자들보다 눈을 넓고 섬세하게 경험한다는 것은 ㉠을 강화한다.
ㄴ. 수를 세는 단어가 '하나', '둘', '많다' 3개뿐인 피라하족의 사람들이 세 개 이상의 대상을 모두 '많다'고 인식하는 것은 ㉠을 강화한다.
ㄷ. 색채 어휘가 적은 자연언어 화자들이 색채 어휘가 많은 자연언어 화자들에 비해 색채를 구별하는 능력이 뛰어나다는 것은 ㉠을 약화한다.

① ㄱ　　② ㄱ, ㄴ
③ ㄴ, ㄷ　　④ ㄱ, ㄴ, ㄷ

[15～16] 다음 글을 읽고 물음에 답하시오.

한국 신화에 보이는 신과 인간의 관계는 다른 나라의 신화와 ㉠ 견주어 볼 때 흥미롭다. 한국 신화에서 신은 인간과의 결합을 통해 결핍을 해소함으로써 완전한 존재가 되고, 인간은 신과의 결합을 통해 혼자 할 수 없었던 존재론적 상승을 이룬다.

한국 건국신화에서 주인공인 신은 지상에 내려와 왕이 되고자 한다. 천상적 존재가 지상적 존재가 되기를 ㉡ 바라는 것인데, 인간들의 왕이 된 신은 인간 여성과의 결합을 통해 자식을 낳음으로써 결핍을 메운다. 무속신화에서는 인간이었던 주인공이 신과의 결합을 통해 신적 존재로 ㉢ 거듭나게 됨으로써 존재론적으로 상승하게 된다. 이처럼 한국 신

화에서 신과 인간은 서로의 존재를 필요로 한다는 점에서 상호의존적이고 호혜적이다.

다른 나라의 신화들은 신과 인간의 관계가 한국 신화와 달리 위계적이고 종속적이다. 히브리 신화에서 피조물인 인간은 자신을 창조한 유일신에 대해 원초적 부채감을 지니고 있으며, 신이 지상의 모든 일을 관장한다는 점에서 언제나 인간의 우위에 있다. 이러한 양상은 북유럽이나 바빌로니아 등에 ㉣ 퍼져 있는 신체 화생 신화에도 유사하게 나타난다. 신체 화생 신화는 신이 죽음을 맞게 된 후 그 신체가 해체되면서 인간 세계가 만들어지게 된다는 것인데, 신의 희생 덕분에 인간 세계가 만들어질 수 있었다는 점에서 인간은 신에게 철저히 종속되어 있다.

15 **윗글을 이해한 내용으로 적절하지 않은 것은?**

① 히브리 신화에서 신과 인간의 관계는 위계적이다.

② 한국 무속신화에서 신은 인간을 위해 지상에 내려와 왕이 된다.

③ 한국 건국신화에서 신은 인간과의 결합을 통해 완전한 존재가 된다.

④ 한국 신화에 보이는 신과 인간의 관계는 신체 화생 신화에 보이는 신과 인간의 관계와 다르다.

16 **㉠~㉣과 바꿔 쓸 수 있는 유사한 표현으로 적절하지 않은 것은?**

① ㉠: 비교해

② ㉡: 희망하는

③ ㉢: 복귀하게

④ ㉣: 분포되어

17 **다음 대화를 분석한 내용으로 가장 적절한 것은?**

갑: 전염병이 창궐했을 때 마스크를 착용하는 것은 당연한 일인데, 그것을 거부하는 사람이 있다니 도대체 이해가 안 돼.

을: 마스크 착용을 거부하는 사람들을 무조건 비난하지 말고 먼저 왜 그러는지 정확하게 이유를 파악하는 것이 필요해.

병: 그 사람들은 개인의 자유가 가장 존중받아야 하는 기본권이라고 생각하기 때문일 거야.

갑: 개인의 자유로운 선택이 타인의 생명을 위협한다면 기본권이라 하더라도 제한하는 것이 보편적 상식 아닐까?

병: 맞아. 개인이 모여 공동체를 이루는데 나의 자유만을 고집하면 결국 사회는 극단적 이기주의에 빠져 붕괴하고 말 거야.

을: 마스크를 쓰지 않는 행위를 윤리적 차원에서만 접근하지 말고, 문화적 차원에서도 고려할 필요가 있어. 어떤 사회에서는 얼굴을 가리는 것이 범죄자의 징표로 인식되기도 해.

① 화제에 대해 남들과 다른 측면에서 탐색하는 사람이 있다.

② 자신의 의견이 반박되자 질문을 던져 화제를 전환하는 사람이 있다.

③ 대화가 진행되면서 논점에 대한 찬반 입장이 바뀌는 사람이 있다.

④ 사례의 공통점을 종합하여 자신의 주장을 강화하는 사람이 있다.

[18～19] 다음 글을 읽고 물음에 답하시오.

영국의 유명한 원형 석조물인 스톤헨지는 기원전 3,000년경 신석기시대에 세워졌다. 1960년대에 천문학자 호일이 스톤헨지가 일종의 연산장치라는 주장을 하였고, 이후 엔지니어인 톰은 태양과 달을 관찰하기 위한 정교한 기구라고 확신했다. 천문학자 호킨스는 스톤헨지의 모양이 태양과 달의 배열을 나타낸 것이라는 의견을 제시해 관심을 모았다.

그러나 고고학자 앳킨슨은 ㉠ <u>그들</u>의 생각을 비난했다. 앳킨슨은 스톤헨지를 세운 사람들을 '야만인'으로 묘사하면서, ㉡ <u>이들</u>은 호킨스의 주장과 달리 과학적 사고를 할 줄 모른다고 주장했다. 이에 호킨스를 옹호하는 학자들이 진화적 관점에서 앳킨슨을 비판하였다. ㉢ <u>이들</u>은 신석기시대보다 훨씬 이전인 4만 년 전의 사람들도 신체적으로 우리와 동일했으며 지능 또한 우리보다 열등했다고 볼 근거가 없다고 주장했다.

하지만 스톤헨지의 건설자들이 포괄적인 의미에서 현대인과 같은 지능을 가졌다고 해도 과학적 사고와 기술적 지식을 가지지는 못했다. ㉣ <u>그들</u>에게는 우리처럼 2,500년에 걸쳐 수학과 천문학의 지식이 보존되고 세대를 거쳐 전승되어 쌓인 방대하고 정교한 문자 기록이 없었다. 선사시대의 생각과 행동이 우리와 똑같은 식으로 전개되지 않았으리라는 점은 매우 중요하다. 지적 능력을 갖췄다고 해서 누구나 우리와 같은 동기와 관심, 개념적 틀을 가졌으리라고 생각하는 것은 잘못이다.

18 윗글에 대해 평가한 내용으로 가장 적절한 것은?

① 스톤헨지가 제사를 지내는 장소였다는 후대 기록이 발견되면 호킨스의 주장은 강화될 것이다.
② 스톤헨지 건설 당시의 사람들이 숫자를 사용하였다는 증거가 발견되면 호일의 주장은 약화될 것이다.
③ 스톤헨지의 유적지에서 수학과 과학에 관련된 신석기시대 기록물이 발견되면 글쓴이의 주장은 강화될 것이다.
④ 기원전 3,000년경 인류에게 천문학 지식이 있었다는 증거가 발견되면 앳킨슨의 주장은 약화될 것이다.

19 문맥상 ㉠～㉣ 중 지시 대상이 같은 것만으로 묶인 것은?

① ㉠, ㉢
② ㉡, ㉣
③ ㉠, ㉡, ㉢
④ ㉠, ㉡, ㉣

20 다음 글의 밑줄 친 결론을 이끌어내기 위해 추가해야 할 것은?

문학을 좋아하는 사람은 모두 자연의 아름다움을 좋아하는 사람이다. 자연의 아름다움을 좋아하는 어떤 사람은 예술을 좋아하는 사람이다. 따라서 <u>예술을 좋아하는 어떤 사람은 문학을 좋아하는 사람이다</u>.

① 자연의 아름다움을 좋아하는 사람은 모두 문학을 좋아하는 사람이다.
② 문학을 좋아하는 어떤 사람은 자연의 아름다움을 좋아하는 사람이다.
③ 예술을 좋아하는 어떤 사람은 자연의 아름다움을 좋아하는 사람이다.
④ 예술을 좋아하지만 문학을 좋아하지 않는 사람은 모두 자연의 아름다움을 좋아하는 사람이다.

제2차

국 어

정답 및 해설 43p

01 〈공공언어 바로 쓰기 원칙〉에 따라 수정한 것으로 적절하지 않은 것은?

〈공공언어 바로 쓰기 원칙〉

- 주어와 서술어의 호응
  - ㉠ 능동과 피동의 관계를 정확하게 사용함.
- 여러 뜻으로 해석되는 표현 삼가기
  - ㉡ 중의적인 문장을 사용하지 않음.
- 명료한 수식어구 사용
  - ㉢ 수식어와 피수식어의 관계를 분명하게 표현함.
- 대등한 구조를 보여 주는 표현 사용
  - ㉣ '-고', '와/과' 등으로 접속될 때에는 대등한 관계를 사용함.

① "이번 총선에서 국회의원 OOO명을 선출되었다."를 ㉠에 따라 "이번 총선에서 국회의원 OOO명이 선출되었다."로 수정한다.

② "시장은 시민의 안전에 관하여 건설업계 관계자들과 논의하였다."를 ㉡에 따라 "시장은 건설업계 관계자들과 시민의 안전에 관하여 논의하였다."로 수정한다.

③ "5킬로그램 정도의 금 보관함"을 ㉢에 따라 "금 5킬로그램 정도를 담은 보관함"으로 수정한다.

④ "음식물의 신선도 유지와 부패를 방지해야 한다."를 ㉣에 따라 "음식물의 신선도를 유지하고, 부패를 방지해야 한다."로 수정한다.

02 다음 글을 이해한 내용으로 적절하지 않은 것은?

조선시대 기록을 보면 오늘날 급성전염병에 속하는 병들의 다양한 명칭을 확인할 수 있는데, 전염성, 고통의 정도, 질병의 원인, 몸에 나타난 증상 등 작명의 과정에서 주목한 바는 각기 달랐다.

예를 들어, '역병(疫病)'은 사람이 고된 일을 치르듯[役] 병에 걸려 매우 고통스러운 상태를 말한다. '여역(厲疫)'이란 말은 힘들다[疫]는 뜻에다가 사납다[厲]는 의미가 더해져 있다. 현재의 성홍열로 추정되는 '당독역(唐毒疫)'은 오랑캐처럼 사납고[唐], 독을 먹은 듯 고통스럽다[毒]는 의미가 들어가 있다. '염병(染病)'은 전염성에 주목한 이름이고, 마찬가지로 '윤행괴질(輪行怪疾)' 역시 수레가 여기저기 옮겨 다니듯 한다는 뜻으로 질병의 전염성을 크게 강조한 이름이다.

'시기병(時氣病)'이란 특정 시기의 좋지 못한 기운으로 인해 생기는 전염병을 말하는데, 질병의 원인으로 나쁜 대기를 들고 있는 것이다. '온역(溫疫)'에 들어 있는 '온(溫)'은 이 병을 일으키는 계절적 원인을 가리킨다. 이밖에 '두창(痘瘡)'이나 '마진(痲疹)' 따위의 병명은 피부에 발진이 생기고 그 모양이 콩 또는 삼씨 모양인 것을 강조한 말이다.

① '온역'은 질병의 원인에 주목하여 붙여진 이름이다.

② '역병'은 질병의 전염성에 주목하여 붙여진 이름이다.

③ '당독역'은 질병의 고통스러운 정도에 주목하여 붙여진 이름이다.

④ '마진'은 질병으로 인해 몸에 나타난 증상에 주목하여 붙여진 이름이다.

03 다음 글의 중심 내용으로 가장 적절한 것은?

플라톤의 『국가』에는 사람들이 살아가면서 가장 중요하게 생각하는 두 가지 요소에 대한 언급이 있다. 우리가 만약 이것들을 제대로 통제하고 조절할 수 있다면 좋은 삶을 살 수 있다고 플라톤은 말하고 있다. 하나는 대다수가 갖고 싶어하는 재물이며, 다른 하나는 대다수가 위험하게 생각하는 성적 욕망이다. 소크라테스는 당시 성공적인 삶을 살고 있다고 사람들에게 잘 알려진 케팔로스에게, 사람들이 좋아하는 재물이 많아서 좋은 점과 사람들이 싫어하는 나이가 많아서 좋은 점은 무엇인지를 물었다. 플라톤은 이 대화를 통해 우리가 어떻게 좋은 삶을 살 수 있는지를 보여준다.

케팔로스는 재물이 많으면 남을 속이거나 거짓말하지 않을 수 있어서 좋고, 나이가 많으면 성적 욕망을 쉽게 통제할 수 있어서 좋다고 말한다. 물론 재물이 적다고 남을 속이거나 거짓말을 하는 것은 아니며, 나이가 적다고 해서 성적 욕망을 쉽게 통제할 수 없는 것은 아니다. 그렇지만 누구나 살아가면서 이것들로 인해 힘들어하고 괴로워하는 경우가 많다는 것은 분명하다. 삶을 살아가면서 돈에 대한 욕망이나 성적 욕망만이라도 잘 다스릴 수 있다면 낭패를 당하거나 망신을 당할 일이 거의 없을 것이다. 인간에 대한 플라톤의 통찰력과 삶에 대한 지혜는 현재에도 여전히 유효하다.

① 재물욕과 성욕은 과거나 지금이나 가장 강한 욕망이다.

② 재물이 많으면서 나이가 많은 자가 좋은 삶을 살 수 있다.

③ 성공적인 삶을 살려면 재물욕과 성욕을 잘 다스려야 한다.

④ 잘 살기 위해서는 살면서 가장 중요한 것이 무엇인지 알아야 한다.

04 다음 글의 ㉠~㉣ 중 어색한 곳을 찾아 가장 적절하게 수정한 것은?

언어는 랑그와 파롤로 구분할 수 있다. 랑그는 머릿속에 내재되어 있는 추상적인 언어의 모습으로, 특정한 언어공동체가 공유하고 있는 기호체계를 가리킨다. 반면에 파롤은 구체적인 언어의 모습으로, 의사소통을 위해 랑그를 사용하는 개인적인 행위를 의미한다.

언어학자들은 흔히 ㉠ 랑그를 악보에 비유하고, 파롤을 실제 연주에 비유하곤 하는데, 악보는 고정되어 있지만 실제 연주는 그 고정된 악보를 연주하는 사람에 따라 달라지기 마련이다. 그러니까 ㉡ 랑그는 여러 상황에도 불구하고 변하지 않고 기본을 이루는 언어의 본질적인 모습에 해당한다. 한편 '책상'이라는 단어를 발음할 때 사람마다 발음되는 소리는 다르기 때문에 '책상'에 대한 발음은 제각각일 수밖에 없다. 여기서 ㉢ 실제로 발음되는 제각각의 소리값이 파롤이다.

랑그와 파롤 개념과 비슷한 것으로 언어능력과 언어수행이 있다. 자기 모국어에 대해 사람들이 내재적으로 가지고 있는 지식이 언어능력이고, 사람들이 실제로 발화하는 행위가 언어수행이다. ㉣ 파롤이 언어능력에 대응한다면, 랑그는 언어수행에 대응한다.

① ㉠: 랑그를 실제 연주에 비유하고, 파롤을 악보에 비유하곤

② ㉡: 랑그는 여러 상황에 맞춰 변화하는 언어의 본질적인 모습

③ ㉢: 실제로 발음되는 제각각의 소리값이 랑그

④ ㉣: 랑그가 언어능력에 대응한다면, 파롤은 언어수행에 대응

05 다음 글의 핵심 논지로 가장 적절한 것은?

> 판타지와 SF의 차별성은 '낯섦'과 '이미 알고 있는 것'이라는 기준을 통해 드러난다. 이 둘은 일반적으로 상반된 의미를 갖는다. 이미 알고 있는 것은 낯설지 않고, 낯선 것은 새로운 것을 의미하기 때문이다.
>
> 판타지와 SF에는 모두 새롭고 낯선 것이 등장하는데, 비근한 예가 현실에 존재하지 않는 괴물의 출현이다. 판타지에서 낯선 괴물이 나오면 사람들은 '저게 뭐지?'하면서도 그 낯섦을 그대로 받아들인다. 그렇기에 등장인물과 독자 모두 그 괴물을 원래부터 존재했던 것으로 받아들이고, 괴물은 등장하자마자 세계의 일부가 된다. 결국 판타지에서는 이미 알고 있는 것보다 새로운 것이 더 중요한 의미를 갖는다. 이와 달리 SF에서는 '그런 괴물이 어떻게 존재할 수 있지?'라고 의심하고 물어야 한다. SF에서는 인물과 독자들이 작가의 경험적 환경을 공유하기 때문에 괴물은 절대로 자연스럽지 않다. 괴물의 낯섦에 대한 질문은 괴물이 존재하는 세계에 대한 지식, 세계관, 나아가 정체성의 문제로 확장된다. 이처럼 SF에서는 어떤 새로운 것이 등장했을 때 그 낯섦을 인정하면서도 동시에 그것을 자신이 이미 알고 있던 인식의 틀로 끌어들여 재조정하는 과정이 요구된다.

① 판타지와 SF는 모두 새로운 것에 의해 알고 있는 것이 바뀌는 장르이다.
② 판타지와 SF는 모두 알고 있는 것과 새로운 것을 그대로 인정하고 둘 사이의 재조정이 필요한 장르이다.
③ 판타지는 새로운 것보다 알고 있는 것이 더 중요하고, SF는 알고 있는 것보다 새로운 것이 더 중요한 장르이다.
④ 판타지는 알고 있는 것보다 새로운 것이 더 중요하고, SF는 알고 있는 것과 새로운 것 사이의 재조정이 필요한 장르이다.

06 다음 빈칸에 들어갈 말로 가장 적절한 것은?

> 로빈후드는 14세기 후반인 1377년경에 인기를 끈 작품 〈농부 피어즈〉에 최초로 등장한다. 로빈후드 이야기는 주로 숲을 배경으로 전개된다. 숲에 사는 로빈후드 무리는 사슴고기를 중요시하는데 당시 숲은 왕의 영지였고 사슴 밀렵은 범죄였다. 왕의 영지에 있는 사슴에 대한 밀렵을 금지하는 법은 11세기 후반 잉글랜드를 정복한 윌리엄 왕이 제정한 것이므로 아마도 로빈후드 이야기가 그 이전 시기로까지 거슬러 올라가지는 않을 것이다. 또한 이야기에서 셔우드 숲을 한 바퀴 돌고 로빈후드를 만났다고 하는 국왕 에드워드는 1307년에 즉위하여 20년간 재위한 2세일 가능성이 있다. 1세에서 3세까지의 에드워드 국왕 가운데 이 지역의 순행 기록이 있는 사람은 에드워드 2세뿐이다. 이러한 근거를 토대로 추론할 때, 로빈후드 이야기의 시대 배경은 아마도 [　　　　] 일 가능성이 가장 크다.

① 11세기 후반　② 14세기 이전
③ 14세기 전반　④ 14세기 후반

07 (가)~(다)를 맥락에 맞게 순서대로 나열한 것은?

> 북방에 사는 매는 덩치가 크고 사냥도 잘한다. 그래서 아시아에서는 몽골 고원과 연해주 지역에 사는 매들이 인기가 있었다.
>
> (가) 조선과 일본의 단절된 관계는 1609년 기유조약이 체결되면서 회복되었다. 하지만 이때는 조선과 일본이 서로를 직접 상대했던 것이 아니라 두 나라 사이에 끼어있는 대마도를 매개로 했다. 대마도는 막부로부터 조선의 외교·무역권을 위임받았고, 조선은 그

러한 대마도에게 시혜를 베풀어줌으로써 일본과의 교린 체계를 유지해 나가려고 했다.

(나) 일본에서 이 북방의 매에 접근할 수 있는 길은 한반도를 통하는 것 외에는 없었다. 그래서 한반도와 일본 간의 교류에 매가 중요한 물품으로 자리 잡았던 것이다. 하지만 임진왜란으로 인하여 교류는 단절되었다.

(다) 이러한 외교관계에 매 교역이 자리하고 있었다. 대마도는 조선과의 공식적, 비공식적 무역을 통해서도 상당한 이익을 취했다. 따라서 조선후기에 이루어진 매 교역은 경제적인 측면과 정치 · 외교적인 성격이 강했다.

① (가) –(다)–(나) ② (나)–(가)–(다)
③ (나) –(다)–(가) ④ (다)–(나)–(가)

08 **다음 글에서 추론한 내용으로 가장 적절한 것은?**

『성경』에 따르면 예수는 죽은 지 사흘 만에 부활했다. 사흘이라고 하면 시간상 72시간을 의미하는데, 예수는 금요일 오후에 죽어서 일요일 새벽에 부활했으니 구체적인 시간을 따진다면 48시간이 채 되지 않는다. 그렇다면 『성경』에서 3일이라고 한 것은 예수의 신성성을 부각하기 위한 것일까?

여기에는 수를 세는 방식의 차이가 개입되어 있다. 구체적으로 말하면 우리가 사용하는 현대의 수에는 '0' 개념이 깔려 있지만, 『성경』이 기록될 당시에는 해당 개념이 없었다. '0' 개념은 13세기가 되어서야 유럽으로 들어왔으니, '0' 개념이 들어오기 전 시간의 길이는 '1'부터 셈했다. 다시 말해 시간의 시작점 역시 '1'로 셈했다는 것인데, 금요일부터 다음 금요일까지는 7일이 되지만, 시작하는 금요일까지 날로 셈해서 다음 금요일은 8일이 되는 식이다.

이와 같은 셈법의 흔적을 현대 언어에서도 찾을 수 있다. 오늘날 그리스 사람들은 올림픽이 열리는 주기에 해당하는 4년을 'pentaeteris'라고 부르는데, 이 말의 어원은 '5년'을 뜻한다. '2주'를 의미하는 용도로 사용되는 현대 프랑스어 'quinze jours'는 어원을 따지자면 '15일'을 가리키는데, 시간적으로는 동일한 기간이지만 시간을 셈하는 방식에 따라 마지막 날과 해가 달라진 것이다.

① '0' 개념은 13세기에 유럽에서 발명되었다.
② 『성경』에서는 예수의 신성성을 부각하기 위해 그의 부활 시점을 활용하였다.
③ 프랑스어 'quinze jours'에는 '0' 개념이 들어오기 전 셈법의 흔적이 남아 있다.
④ 'pentaeteris'라는 말이 생겨났을 때에 비해 오늘날의 올림픽이 열리는 주기는 짧아졌다.

[09~10] 다음 글을 읽고 물음에 답하시오.

생물은 자신의 종에 속하는 개체들과 의사소통을 한다. 꿀벌은 춤을 통해 식량의 위치를 같은 무리의 동료들에게 알려주며, 녹색원숭이는 포식자의 접근을 알리기 위해 소리를 지른다. 침팬지는 고통, 괴로움, 기쁨 등의 감정을 표현할 때 각각 다른 ㉠ <u>소리</u>를 낸다.

말한다는 것을 단어에 대해 ㉡ <u>소리</u> 낸다는 의미로 보게 되면, 침팬지가 사람처럼 말하도록 하는 것은 불가능하다. 침팬지는 인간과 게놈의 98 %를 공유하고 있지만, 발성 기관에 차이가 있다.

인간의 발성 기관은 아주 정교하게 작용하여 여러 ㉢ <u>소리</u>를 낼 수 있는데, 초당 십여 개의 (가) <u>소리</u>를 쉽게 만들어 낸다. 이는 성대, 후두, 혀, 입술, 입천장을 아주 정확하게 통제할 수 있기 때문에 가능한 것이다. 침팬지는 이만큼 정확하게 통제를 하지 못한다. 게다가 인간의 발성 기관은 유인원의 그것과 현저하게 다르다. 주요한 차이는 인두의 길이에 있다. 인두는 혀 뒷부분부터 식도에 이르는 통로로 음식물과 공기가 드나드는 길이다. 인간의 인두는 여섯 번째 목뼈에까지 이른다. 반면에 대부분의 포유류에서는 인두의 길이가 세 번째 목뼈를 넘지 않으며 개의 경우는 두 번째 목뼈를 넘지 않는다. 다른 동물의 인두에 비해 과도하게 긴 인간의 인두는 공명 상자 기능을 하여 세밀하게 통제되는 ㉣ <u>소리</u>를 만들어 낸다.

09 윗글에서 추론한 내용으로 가장 적절한 것은?

① 개의 인두 길이는 인간의 인두 길이보다 짧다.
② 침팬지의 인두는 인간의 인두와 98 % 유사하다.
③ 녹색원숭이는 침팬지와 의사소통을 할 수 있다.
④ 침팬지는 초당 십여 개의 소리를 만들어 낼 수 있다.

10 ㉠~㉣ 중 문맥상 (가)에 해당하는 의미로 사용되지 <u>않은</u> 것은?

① ㉠ ② ㉡
③ ㉢ ④ ㉣

[11~12] 다음 글을 읽고 물음에 답하시오.

방각본 출판은 책을 목판에 새겨 대량으로 찍어 내는 방식이다. 이 경우 소수의 작품으로 많은 판매 부수를 올리는 것이 유리하다. 즉, 하나의 책으로 500부를 파는 것이 세 권의 책으로 합계 500부를 파는 것보다 이윤이 높다. 따라서 방각본 출판업자는 작품의 종류를 늘리기보다는 시장성이 좋은 작품을 집중적으로 출판하였다. 또한 작품의 규모가 커서 분량이 많은 경우에는 생산 비용이 ㉠ <u>올라가</u> 책값이 비싸지기 때문에 자연스럽게 분량이 적은 작품을 선호하였다. 이에 따라 방각본 출판에서는 규모가 큰 작품을 기피하였으며, 일단 선택된 작품에도 종종 축약적 윤색이 가해지고는 하였다.

일종의 도서대여업인 세책업은 가능한 여러 종류의 작품을 가지고 있는 편이 유리하고, 한 작품의 규모가 큰 것도 환영할 만한 일이었다. 소설을 빌려 보는 독자들은 하나를 읽고 나서 대개 새 작품을 찾았으니, 보유한 작품의 종류가 많을수록 좋았다. 또한 한 작품의 분량이 많아서 여러 책으로 나뉘어 있으면 그만큼 세책료를 더 받을 수 있으니, 세책업자들은 스토리를 재미나게 부연하여 책의 권수를 늘리기도 했다. 따라서 세책업자들은 많은 종류의 작품을 모으는 데에 주력했고, 이 과정에서 원본의 확장 및 개작이 적잖이 이루어졌다.

11 윗글에서 추론한 내용으로 가장 적절한 것은?

① 분량이 많은 작품은 책값이 비쌌기 때문에 세책가에서 취급하지 않았다.
② 세책업자는 구비할 책을 선정할 때 시장성이 좋은 작품보다 분량이 적은 작품을 우선하였다.
③ 방각본 출판업자들은 책의 판매 부수를 올리기 위해 원본의 내용을 부연하여 개작하기도 하였다.
④ 한 편의 작품이 여러 권의 책으로 나뉘어 있는 대규모 작품들은 방각본 출판업자들보다 세책업자들이 선호하였다.

12 밑줄 친 표현이 문맥상 ㉠의 의미와 가장 가까운 것은?

① 습도가 <u>올라가는</u> 장마철에는 건강에 유의해야 한다.

② 내가 키우던 반려견이 하늘나라로 <u>올라갔다</u>.

③ 그녀는 승진해서 본사로 <u>올라가게</u> 되었다.

④ 그는 시험을 보러 서울로 <u>올라갔다</u>.

13 갑~병의 주장을 분석한 내용으로 적절한 것만을 〈보기〉에서 모두 고르면?

> 갑: 오늘날 사회는 계급 체계가 인간의 생활을 전적으로 규정하지 않는다. 실제로 많은 사람이 사회 이동을 경험하며, 전문직 자격증에 대한 접근성 또한 증가하였다. 인터넷은 상향 이동을 위한 새로운 통로를 제공하고 있다. 이에 따라서 전통적인 계급은 사라지고, 이제는 계급이 없는 보다 유동적인 사회 질서가 새로 정착되었다.
>
> 을: 지난 30년 동안 양극화는 더 확대되었다. 부가 사회 최상위 계층에 집중되는 것에 대한 우려가 커지고 있다. 과거 계급 불평등은 경제 전반의 발전을 위해 치를 수밖에 없는 일시적 비용이었다고 한다. 하지만 경제 수준이 향상된 지금도 이 불평등은 해소되지 않고 있다. 오늘날 세계화와 시장 규제 완화로 인해 빈부 격차가 심화되고 계급 불평등이 더 고착되었다.
>
> 병: 오랫동안 지속되었던 계급의 전통적 영향력은 확실히 약해지고 있다. 하지만 현대사회에서 계급 체계는 여전히 경제적 불평등의 핵심으로 남아 있다. 사회 계급은 아직도 일생에 걸쳐 개인의 삶에 큰 영향을 미친다. 특정 계급의 구성원이라는 사실은 수명, 신체적 건강, 교육, 임금 등 다양한 불평등과 관련된 다. 이는 계급의 종말이 사실상 실현될 수 없는 현실적이지 않은 주장이라는 점을 보여 준다.

〈보기〉

> ㄱ. 갑의 주장과 을의 주장은 대립하지 않는다.
> ㄴ. 을의 주장과 병의 주장은 대립하지 않는다.
> ㄷ. 병의 주장과 갑의 주장은 대립하지 않는다.

① ㄱ　　② ㄴ

③ ㄱ, ㄷ　　④ ㄴ, ㄷ

14 (가)와 (나)를 전제로 결론을 이끌어 낼 때, 빈칸에 들어갈 말로 가장 적절한 것은?

> (가) 축구를 잘하는 사람은 모두 머리가 좋다.
> (나) 축구를 잘하는 어떤 사람은 키가 작다.
> 따라서 [　　　　　　　　].

① 키가 작은 어떤 사람은 머리가 좋다.

② 키가 작은 사람은 모두 머리가 좋다.

③ 머리가 좋은 사람은 모두 축구를 잘한다.

④ 머리가 좋은 어떤 사람은 키가 작지 않다.

15 다음 글의 ㉠과 ㉡에 대한 평가로 올바른 것은?

> 기업의 마케팅 프로젝트를 평가할 때는 유행지각, 깊은 사고, 협업을 살펴본다. 유행지각은 유행과 같은 새로운 정보를 반영했느냐, 깊은 사고는 마케팅 데이터의 상관관계를 분석해서 최적의 해결책을 찾아내었느냐, 협업은 일하는 사람들이 해결책을 공유하며 성과를 창출했느냐를 따진다. ㉠ <u>이 세 요소 모두에서 목표를 달성하는 것은 마케팅 프로젝트가 성공적이기 위해 필수적이다</u>. 하지만 ㉡ <u>이 세 요소 모두에서 목표를 달성했다고 해서 마케팅 프로젝트가 성공한 것은 아니다</u>.

① 지금까지 성공한 프로젝트가 유행지각, 깊은 사고 그리고 협업 모두에서 목표를 달성했다면, ㉠은 강화된다.
② 성공하지 못한 프로젝트 중 유행지각, 깊은 사고 그리고 협업 중 하나 이상에서 목표를 달성하는 데 실패한 사례가 있다면, ㉠은 약화된다.
③ 유행지각, 깊은 사고 그리고 협업 중 하나 이상에서 목표를 달성하는 데 실패했지만 성공한 프로젝트가 있다면, ㉡은 강화된다.
④ 유행지각, 깊은 사고 그리고 협업 모두에서 목표를 달성했지만 성공하지 못한 프로젝트가 있다면, ㉡은 약화된다.

16 다음 글의 ㉠을 강화하는 것만을 〈보기〉에서 모두 고르면?

신석기시대에 들어 인류는 제대로 된 주거 공간을 만들게 되었다. 인류의 초기 주거 유형은 특히 바닥을 어떻게 만드느냐에 따라 구분된다. 이는 지면을 다지거나 조금 파고 내려가 바닥을 만드는 '움집형'과 지면에서 떨어뜨려 바닥을 설치하는 '고상(高床)식'으로 나뉜다.

중국의 고대 문헌에 등장하는 '혈거'와 '소거'가 각각 움집형과 고상식 건축이다. 움집이 지붕으로 상부를 막고 아랫부분은 지면을 그대로 활용하는 지붕 중심 건축이라면, 고상식 건축은 지면에서 오는 각종 침해에 대비해 바닥을 높이 들어 올린 바닥 중심 건축이라 할 수 있다. 인류의 주거 양식은 혈거에서 소거로 진전되었다는 가설이 오랫동안 지배했다. 바닥을 지면보다 높게 만드는 것이 번거롭고 어렵다고 여겼기 때문이다. 그런데 1970년대에 중국의 허무두에서 고상식 건축의 유적이 발굴되면서 새로운 ㉠ 주장이 제기되었다. 그것은 혈거와 소거가 기후에 따라 다른 자연환경에 적응해 발생했다는 것이다.

〈보기〉

ㄱ. 우기에 비가 넘치는 산간 지역에서는 고상식 주거 건축물 유적만 발견되었다.
ㄴ. 움집형 집과 고상식 집이 공존해 있는 주거 양식을 보여 주는 집단의 유적지가 발견되었다.
ㄷ. 여름에는 고상식 건축물에서, 겨울에는 움집형 건축물에서 생활한 집단의 유적이 발견되었다.

① ㄱ, ㄴ　　② ㄱ, ㄷ
③ ㄴ, ㄷ　　④ ㄱ, ㄴ, ㄷ

[17～18] 다음 글을 읽고 물음에 답하시오.

일반적으로 한 나라의 문학, 즉 '국문학'은 "그 나라의 말과 글로 된 문학"을 지칭한다. 그래서 우리나라에서 국문학에 대한 근대적 논의가 처음 시작될 무렵에는 (가) 국문학에서 한문으로 쓰인 문학을 배제하자는 주장이 있었다. 국문학 연구가 점차 전문화되면서, 한문문학 배제론자와 달리 한문문학을 배제하는 데 있어 신축성을 두는 절충론자의 입장이 힘을 얻었다. 절충론자들은 국문학의 범위를 획정하는 데 있어 (나) 종래의 국문학의 정의를 기본 전제로 하되, 일부 한문문학을 국문학으로 인정하자고 주장했다. 즉 한문으로 쓰여진 문학을 국문학에서 완전히 배제하지 않고, ㉠ 전자 중 일부를 ㉡ 후자의 주변부에 위치시키는 것으로 국문학의 영역을 구성한 것이다. 이에 따라 국문학을 지칭할 때에는 '순(純)국문학'과 '준(準)국문학'으로 구별하게 되었다. 작품에 사용된 문자의 범주에 따라서 ㉢ 전자는 '좁은 의미의 국문학', ㉣ 후자는 '넓은 의미의 국문학'이라고도 칭할 수 있다.

하지만 이런 절충안을 취하더라도 순국문학과 준국문학을 구분하는 데에는 논자마다 차이가 있다. 어떤 이는 국문으로 된 것은 ㉤ 전자에, 한문으로 된 것은 ㉥ 후자에 귀속시켰다. 다른 이는 훈민정음 창제 이전과 이후로 나누어 국문학의 영역을 구분하였다. 훈민정음 창제 이전의 문학은 차자표기건 한문표기건 모두 국문학으로 인정하고, 창제 이후의 문학은 국문문학만을 순국문학으로 규정하고 한문문학 중 '국문학적 가치'가 있는 것을 준국문학에 귀속시켰다.

17 윗글의 (가)와 (나)의 주장에 대해 평가한 내용으로 가장 적절한 것은?

① 국문으로 쓴 작품보다 한문으로 쓴 작품이 해외에서 문학적 가치를 더 인정받는다면 (가)의 주장은 강화된다.

② 국문학의 정의를 '그 나라 사람들의 사상과 정서를 그 나라 말과 글로 표현한 문학'으로 수정하면 (가)의 주장은 약화된다.

③ 표기문자와 상관없이 그 나라의 문화를 잘 표현한 문학을 자국 문학으로 인정하는 것이 보편적인 관례라면 (나)의 주장은 강화된다.

④ 훈민정음 창제 이후에도 차자표기로 된 문학작품이 다수 발견된다면 (나)의 주장은 약화된다.

18 윗글의 ㉠~㉥ 중 지시하는 바가 같은 것끼리 짝 지은 것은?

① ㉠, ㉢　　② ㉡, ㉣

③ ㉡, ㉥　　④ ㉢, ㉤

19 다음 빈칸에 들어갈 말로 가장 적절한 것은?

갑, 을, 병, 정 네 학생의 수강 신청과 관련하여 다음과 같은 사실들이 알려졌다.

- 갑과 을 중 적어도 한 명은 〈글쓰기〉를 신청한다.
- 을이 〈글쓰기〉를 신청하면 병은 〈말하기〉와 〈듣기〉를 신청한다.
- 병이 〈말하기〉와 〈듣기〉를 신청하면 정은 〈읽기〉를 신청한다.
- 정은 〈읽기〉를 신청하지 않는다.

이를 통해 갑이 [　　　]를 신청한다는 것을 알 수 있게 되었다.

① 〈말하기〉　　② 〈듣기〉

③ 〈읽기〉　　④ 〈글쓰기〉

20 다음 글을 이해한 내용으로 가장 적절한 것은?

언어의 형식적 요소에는 '음운', '형태', '통사'가 있으며, 언어의 내용적 요소에는 '의미'가 있다. 음운, 형태, 통사 그리고 의미 요소를 중심으로 그 성격, 조직, 기능을 탐구하는 학문 분야를 각각 '음운론', '문법론'(형태론 및 통사론 포괄), 그리고 '의미론'이라고 한다. 그 가운데서 음운론과 문법론은 언어의 형식을 중심으로 그 체계와 기능을 탐구하는 반면, 의미론은 언어의 내용을 중심으로 체계와 작용 방식을 탐구한다.

이처럼 언어학은 크게 말소리 탐구, 문법 탐구, 의미 탐구로 나눌 수 있는데, 이때 각각에 해당하는 음운론, 문법론, 의미론은 서로 관련된다. 이를 발화의 전달 과정에서 살펴보자. 화자의 측면에서 언어를 발신하는 경우에는 의미론에서 문법론을 거쳐 음운론의 방향으로, 청자의 측면에서 언어를 수신하는 경우에는 반대의 방향으로 작용한다. 의사소통의 과정상 발신자의 측면에서는 의미론에, 수신자의 측면에서는 음운론에 초점이 놓인다. 의사소통은 화자의 생각, 느낌, 주장 등을 청자와 주고받는 행위이므로, 언어 표현의 내용에 해당하는 의미는 이 과정에서 중심적 요소가 된다.

① 언어는 형식적 요소가 내용적 요소보다 다양하다.
② 언어의 형태 탐구는 의미 탐구와 관련되지 않는다.
③ 의사소통의 첫 단계는 언어의 형식을 소리로 전환하는 것이다.
④ 언어를 발신하고 수신하는 과정에서 통사론은 활용되지 않는다.

제1차

정답 및 해설

정답

01 ②	02 ②	03 ③	04 ①	05 ④
06 ②	07 ③	08 ③	09 ④	10 ②
11 ③	12 ①	13 ③	14 ④	15 ②
16 ③	17 ①	18 ④	19 ②	20 ①

해설

01 ②

[정답해설]

대등한 것끼리 접속할 때는 구조가 같은 표현을 사용해야 한다는 〈공공언어 바로 쓰기 원칙〉에 따라 ⓒ은 '관형사 + 명사'의 구조인 '표준적인 언어생활의 확립과 일상적인 국어 생활의 향상을 위해' 또는 '주어 + 술어'의 구조인 '표준적인 언어생활을 확립하고 일상적인 국어 생활을 향상하기 위해'라고 수정하는 것이 적절하다.

[오답해설]

① ㉠에서 '안내'는 '어떤 내용을 소개하여 알려줌'의 의미이고 '알림'은 '알리는 일'로 그 의미가 중복된다. 따라서 중복되는 표현을 삼가야 한다는 〈공공언어 바로 쓰기 원칙〉에 따라 '알림'을 삭제한 것은 적절하다.

③ ⓒ이 포함된 문장에서 주어는 '본원은'이므로 서술어는 '제공되다'라는 수동형이 아닌 '제공하다'라는 능동형이 되어야 한다. 따라서 주어와 서술어를 호응시켜야 한다는 〈공공언어 바로 쓰기 원칙〉에 따라 '표준 정보를 제공하고 있습니다.'라고 수정한 것은 적절하다.

④ ㉣에서 '개선'의 대상이 생략되어 불분명하므로 '의약품 용어를'이라는 목적어가 추가되어야 한다. 따라서 필요한 문장 성분이 생략되지 않도록 해야 한다는 〈공공언어 바로 쓰기 원칙〉에 따라 '의약품 용어를 일반 국민도 알기 쉬운 표현으로 개선하여'라고 수정한 것은 적절하다.

02 ②

[정답해설]

'흰머리'는 용언 어간과 명사가 결합한 합성명사가 아니라, 용언의 관형사형(흰) + 명사(머리)로 구성된 합성명사로, 앞 성분(흰)이 뒤 성분(명사)을 수식하는 종속합성어이다.

[오답해설]

① '큰아버지'는 용언의 관형사형(큰) + 명사(아버지)로 구성되어 있고 앞 성분(큰)이 뒤 성분(아버지)을 수식하는 종속합성어이다.

③ '늙은이'는 용언의 관형사형(늙은) + 명사(이)가 결합하여 한 단어를 이룬 합성어로, 어휘 의미를 지닌 두 요소가 결합해 이루어진 단어이다.

④ 동사 '먹다'의 어간인 '먹'과 명사 '거리'가 결합한 '먹거리'는 국어 문장 구성에 없는 단어 배열이므로 비통사적 합성어이다.

03 ③

[정답해설]

건강을 염려하는 행위를 하는 주어는 '아버지'이므로 '염려하다'가 아닌 '염려하신다'로 존경 표현을 한 것은 '직접존경'에 해당한다.

[오답해설]

① 주어인 '고모'를 높이기 위해 긴밀한 관련이 있는 인물인 '자식'을 '있으시다'라고 높인 것은 '간접존경'에 해당한다.

② 주어인 '할머니'를 높이기 위해 신체의 일부인 '다리'를 '아프셔서'라고 높인 것은 '간접존경'에 해당한다.

④ 주어인 '할아버지'를 높이기 위해 신체의 일부인 '수염'을 '많으셨다'라고 높인 것은 '간접존경'에 해당한다.

04 ①

[정답해설]

㉠ **문제의 현실성**: 1문단에서 '그 세계 안의 인간이 자신을 둘러싼 세계와 고투하면서 당대의 공론장에서 기꺼이 논의해볼 만한 의제를 산출해낼 때 문제의 현실성이 확보된다.'고 하였으므로, 밀실과 광장 사이에서 고뇌하는 주인공의 모습을 통해 '남(南)이냐 북(北)이냐'라는 민감한 주제를 격화된 이념 대립의 공론장에 던진 최인훈의 「광장」은 '문제의 현실성'을 확보했다고 할 수 있다.

㉡ **세계의 현실성**: 1문단에서 '우리가 살고 있는 이 입체적인 시공간에서 특히 의미 있는 한 부분을 도려내어 서사의 무대로 삼을 경우 세계의 현실성이 확보된다.'고 하였으므로, 작품의 시공간으로 당시 남한과 북한을 소설적 세계로 선택함으로써 동서 냉전 시대의 보편성과 한반도 분단 체

제의 특수성을 동시에 포괄한 최인훈의 「광장」은 '세계의 현실성'을 확보했다고 할 수 있다.

㉢ **해결의 현실성**: 1문단에서 '한 사회가 완강하게 구조화하고 있는 '가능한 것'과 '불가능한 것'의 좌표를 흔들면서 특정한 선택지를 제출할 때 해결의 현실성이 확보된다.'고 하였으므로, 주인공이 남과 북 모두를 거부하고 자살을 선택하는 결말은 남북으로 상징되는 당대의 이원화된 이데올로기를 근저에서 흔든 최인훈의 「광장」은 '해결의 현실성'을 확보했다고 할 수 있다.

05 ④

[정답해설]

'오 주무관이 회의에 참석하면, 박 주무관도 참석한다.'는 명제가 참이고, '박 주무관이 회의에 참석하면, 홍 주무관도 참석한다.'는 명제가 참일 때, '오 주무관이 회의에 참석하면, 홍 주무관도 회의에 참석한다.'라는 명제도 참이라는 결론을 도출할 수 있다. 이때 어떤 명제가 참일 경우 그 대우도 반드시 참이므로, '오 주무관이 회의에 참석하면, 홍 주무관도 회의에 참석한다.'라는 명제의 대우인 '홍 주무관이 회의에 참석하지 않으면, 오 주무관도 참석하지 않는다.'는 반드시 참이 된다.

명제 : P → Q (참) ⇔ 대우 : ~Q → ~P (참)

06 ②

[정답해설]

3문단에 "이러매 눈감아 생각해"에서 눈을 감는 행위는 외면이나 도피가 아니라 피할 수 없는 현실적 조건을 새롭게 반성함으로써 현실의 진정한 면모와 마주하려는 적극적인 행위로 읽힌다고 서술되어 있다. 그러므로 「절정」에서 시인은 투사가 처한 현실적 조건을 외면하지 않고 새롭게 인식함을 알 수 있다.

[오답해설]

① 2문단에서 투사 이육사가 처한 상황은 "매운 계절의 채찍에 갈겨 / 마침내 북방으로 휩쓸려"온 것처럼 대단히 위태로워 보인다고 하였으나, 그런 극한의 상황이 봄, 여름, 가을, 겨울의 뚜렷한 계절의 변화로 드러나 있지는 않다.

③ 1문단에서 「절정」은 투사가 처한 냉엄한 현실적 조건을 제시한 3개의 연과 시인이 품고 있는 인간과 역사에 대한 희망이 제시된 마지막 연의 두 부분으로 크게 나누어지는 것을 확인할 수 있으나, 투사와 시인의 반목과 화해가 나타나 있지는 않다.

④ 1문단에서 「절정」은 크게 두 부분으로 나누어지는데, 투사가 처한 냉엄한 현실적 조건이 3개의 연에 걸쳐 먼저 제시된 후, 시인이 품고 있는 인간과 역사에 대한 희망이 마지막 연에 제시된다고 서술되어 있다. 그러므로 「절정」에는 냉엄한 현실에 절망하는 시인(→ 투사)의 면모와 인간과 역사에 대한 희망을 놓지 않으려는 투사(→ 시인)의 면모가 동시에 담겨 있음을 알 수 있다.

07 ③

[정답해설]

(라)에서 시청자를 짧은 시간 안에 사로잡기 위해서는 스토리텔링 전략이 필요하다고 하였고, (나)에서 그러한 스토리텔링 전략에서 제일 먼저 해야 할 일은 로그라인을 만드는 것이라고 하였다. 그러므로 (라) 다음에 (나)가 와야 한다. 또한 (가)에서 다음으로 시청자의 마음을 사로잡을 수 있는 참신한 인물을 창조해야 한다고 하였고, (다)에서 이 같은 인물 창조의 과정에서 스토리의 주제가 만들어진다고 하였다. 그러므로 (가) 다음에 (다)가 와야 한다. 이를 종합해 볼 때, (라)–(나)–(가)–(다)순으로 나열하는 것이 글의 맥락상 가장 적절하다.

08 ③

[정답해설]

〈지침〉에 따르면 본론은 제목에서 밝힌 내용을 2개의 장으로 구성하되 각 장의 하위 항목끼리 대응되도록 작성하라고 지시되어 있다. 즉, 제목인 '복지 사각지대의 발생 원인과 해소 방안'에 따라 Ⅲ–2.의 ㉢에는 Ⅱ–2.에 제시된 '사회복지 담당 공무원의 인력 부족'에 대한 해소 방안이 들어가야 한다. 그러나 '사회복지 업무 경감을 통한 공무원 직무 만족도 증대'는 Ⅱ–2.에 제시된 '사회복지 담당 공무원의 인력 부족'에 대한 해소 방안과 관련이 없으므로 ㉢에 들어갈 내용으로 적절하지 않다.

[오답해설]

① 〈지침〉에 따르면 서론은 중심 소재의 개념 정의와 문제 제기를 1개의 장으로 작성하라고 지시되어 있다. Ⅰ–1.의 '복지 사각지대의 정의'는 중심 소재의 개념 정의에 해당하므로, Ⅰ–2.의 ㉠에는 문제 제기에 해당하는 '복지 사각지대의 발생에 따른 사회 문제의 증가'가 들어가는 것이 적절하다.

② 〈지침〉에 따르면 본론은 제목에서 밝힌 내용을 2개의 장으로 구성하되 각 장의 하위 항목끼리 대응되도록 작성하라고 지시되어 있다. 즉, Ⅱ.가 '복지 사각지대의 발생 원인'이므로 Ⅱ–1.의 ㉡에는 Ⅲ–1.의 '사회적 변화를 반영하여 기존 복지 제도의 미비점 보완'이라는 해소 방안의 대응 원인인 '사회적 변화를 반영하지 못한 기존 복지 제도의 한계'가 들어가는 것이 적절하다.

④ 〈지침〉에 따르면 결론은 기대 효과와 향후 과제를 1개의 장으로 작성하라고 지시되어 있다. Ⅳ–2.의 '복지 사각지대의 근본적이고 지속가능한 해소 방안 마련'은 향후 과제

에 해당하므로, Ⅳ-1.의 ㉣에는 기대 효과에 해당하는 '복지 혜택의 범위 확장을 통한 사회 안전망 강화'가 들어가는 것이 적절하다.

09 ④

[정답해설]

신경과학자 아이젠버거는 뇌의 어떤 부위가 활성화되는가를 촬영하여 실험 참가자가 어떤 심리적 상태인가를 파악하려는 실험을 진행하였다. 연구팀은 실험 참가자가 따돌림을 당할 때 그의 뇌에서 전두엽의 전대상피질 부위가 활성화된다는 것을 확인하였고, 이는 인간이 물리적 폭력을 당할 때 활성화되는 뇌의 부위와 동일하다는 것을 확인하였다. 그러므로 제시문의 빈칸에 들어갈 결론은 ④의 '따돌림을 당할 때와 물리적 폭력을 당할 때의 심리적 상태는 서로 다르지 않다'가 가장 적절하다.

[오답해설]

① 인간이 물리적 폭력을 당할 때 활성화되는 뇌의 부위도 따돌림을 당할 때의 뇌의 부와와 마찬가지로 전두엽의 전대상피질 부위임을 앞에서 이미 언급하고 있다. 그러므로 물리적 폭력은 뇌 전두엽의 전대상피질 부위를 활성화한다는 내용은 앞의 내용과 중복되므로 적절하지 않다.

② 따돌림을 당할 때 활성화되는 뇌의 부위와 물리적 폭력을 당할 때 활성화되는 뇌의 부위가 전두엽의 전대상피질 부위로 동일하다고 밝히고 있으나, 물리적 폭력이 피해자의 개인적 경험을 사회적 문제로 전환하는지는 제시문의 내용을 통해 확인할 수 없다.

③ 따돌림을 당할 때 활성화되는 뇌의 부위와 물리적 폭력을 당할 때 활성화되는 뇌의 부위가 전두엽의 전대상피질 부위로 동일하다고 밝히고 있으나, 따돌림이 피해자에게 물리적 폭력보다 더 심각한 부정적 영향을 미치는지는 제시문의 내용을 통해 확인할 수 없다.

10 ②

[정답해설]

2문단에서 고소설의 주인공은 적대자에 의해 원점에서 분리되어 고난을 겪는다고 하였고, 3문단에서 박 진사의 집으로 표상되는 유년의 과거는 이상적 원점의 구실을 하며 박 진사의 죽음은 그들에게 고향의 상실을 상징한다고 하였다. 그러므로 영웅소설의 주인공과 「무정」의 이형식은 그들의 이상적 원점을 상실했다는 공통점을 가지고 있음을 알 수 있다.

[오답해설]

① 2문단에서 고소설의 주인공이 도달해야 할 종결점은 새로운 미래가 아니라 다시 도래할 과거로서의 미래인 '회귀의 크로노토프'라고 하였다. 반면에 3문단에서 근대소설 「무정」은 이러한 회귀의 크로노토프를 부정한다고 하였다. 그러므로 고소설은 회귀의 크로노토프를 긍정하고 「무정」은 부정한다는 점에서 서로 다르다.

③ 3문단의 '두 사람의 결합이 이상적 상태의 고향을 회복할 수 있는 유일한 방법이겠지만, 그들은 끝내 결합하지 못한다.'에서 이형식과 박영채의 결합은 이상적 상태의 고향을 회복하는 것을 의미한다. 즉, 「무정」에서 이형식이 박영채와 결합했다면 새로운 미래로서의 종결점에 도달하는 것이 아니라 과거로서의 미래에 도달할 수 있었을 것이다.

④ 2문단에서 '그들의 목표는 상실한 원점을 회복하는 것, 즉 그곳에서 향유했던 이상적 상태로 돌아가는 것'이라고 하였으므로, 가정소설은 가족 구성원들이 평화롭게 공존하는 결말을 통해 상실했던 원점으로의 복귀를 거부하는 것이 아니라 회복하는 것임을 알 수 있다.

11 ③

[정답해설]

㉠의 '돌아가는'은 '원래의 있던 곳으로 다시 가거나 다시 그 상태가 되다.'라는 의미이다. 마찬가지로 ③의 '그는 잃어버린 동심으로 돌아가고 싶었다.'에서 '돌아가고'도 '원래의 상태가 되다'라는 의미이므로 ㉠과 그 의미가 유사하다.

[오답해설]

①·② '전쟁은 연합군의 승리로 돌아갔다.'와 '사과가 한 사람 앞에 두 개씩 돌아간다.'에서 '돌아가다'는 모두 '차례나 몫, 승리, 비난 따위가 개인이나 단체, 기구, 조직 따위의 차지가 되다.'라는 의미로 사용되었다.

④ '그녀는 자금이 잘 돌아가지 않는다며 걱정했다.'에서 '돌아가다'는 '돈이나 물건 따위의 유통이 원활하다.'는 의미로 사용되었다.

TIP **돌아가다 〈동사〉**

Ⅰ.

1. 물체가 일정한 축을 중심으로 원을 그리면서 움직여 가다.
 예 바퀴가 돌아가다.
2. 일이나 형편이 어떤 상태로 진행되어 가다.
 예 일이 너무 바쁘게 돌아가서 정신을 차릴 수가 없다.
3. 어떤 것이 차례로 전달되다.
 예 술자리가 무르익자 술잔이 돌아가기 시작했다.
4. 차례대로 순번을 옮겨 가다.
 예 우리는 돌아가면서 점심을 산다.
5. 기능이 제대로 작동하다.
 예 기계가 잘 돌아간다.
6. 돈이나 물건 따위의 유통이 원활하다.
 예 요즘은 자금이 잘 돌아간다.

7. 정신을 차릴 수 없게 아찔하다.
   예 머리가 핑핑 돌아간다.
8. (주로 '-시-'와 결합한 꼴로 쓰여) '죽다'의 높임말.
   예 할아버지께서 돌아가셨다.

Ⅱ. 「…에/에게, …으로」
1. 원래의 있던 곳으로 다시 가거나 다시 그 상태가 되다.
   예 아버지는 고향에 돌아가시는 게 꿈이다.
2. 차례나 몫, 승리, 비난 따위가 개인이나 단체, 기구, 조직 따위의 차지가 되다.
   예 사과가 한 사람 앞에 두 개씩 돌아간다.

Ⅲ. 「…으로」
1. 일이나 형편이 어떤 상태로 끝을 맺다.
   예 지금까지의 노력이 수포로 돌아갔다.
2. 원래의 방향에서 다른 곳을 향한 상태가 되다.
   예 입이 왼쪽으로 돌아가다.
3. 먼 쪽으로 둘러서 가다.
   예 그는 검문을 피해 일부러 옆길로 돌아갔다.

Ⅳ. 「…을」
1. 어떤 장소를 끼고 원을 그리듯이 방향을 바꿔 움직여 가다.
   예 모퉁이를 돌아가면 우리 집이 보인다.
2. 일정한 구역 안을 이리저리 왔다 갔다 하다.
   예 고삐를 뗀 소가 마당을 돌아가며 길길이 날뛰고 있다.

12 ①

[정답해설]

제시문의 내용을 논리 기호로 단순화하면 다음과 같다.

(가) 노인복지 문제 일부 ∧ ~일자리 문제
(나) 공직 → 일자리 문제 ≡ ~일자리 문제 → ~공직
(결론) 노인복지 문제 일부 ∧ ~공직

그러므로 (가)와 (나)를 전제로 할 때 빈칸에 들어갈 결론은 ①의 '노인복지 문제에 관심이 있는 사람 중 일부는 공직에 관심이 있는 사람이 아니다'가 가장 적절하다.

TIP **정언 삼단 논법**

(대전제) 모든 사람은 죽는다. P → Q
⇓
(소전제) 소크라테스는 사람이다. R → P
⇓
(결론) 그러므로 소크라테스는 죽는다. R → Q

13 ③

[정답해설]

2문단에 따르면 현재 기준에서는 질병 치료를 목적으로 개발한 신약만 승인받을 수 있다고 하였으므로, 노화를 멈추는 약을 승인받을 수 없는 이유가 식품의약국이 노화를 질병으로 보지 않기 때문이라고 추론할 수 있다. 그러므로 ©을 '질병으로 보지 않은 탓에 노화를 멈추는 약은 승인받을 수 없었다'로 수정한 것은 적절하다.

[오답해설]

① 노화 문제를 해결하는 것은 '인간이 젊고 건강한 상태로 수명을 연장할 수 있다는 점'에서 기존 발상과 다르다고 하였으므로, ㉠을 '늙고 병든 상태에서 담담히 죽음의 시간을 기다린다'로 수정한 것은 적절하지 못하다.
② ㉡이 포함된 문장에서 '젊음을 유지한 채 수명을 늘리는 것은 충분히 가능하다'고 서술되어 있으므로, ㉡에는 '젊음을 유지한 채 수명을 늘리는 것'과 관련된 조건이 들어가야 한다. 그러므로 ㉡을 '노화가 진행되기 전의 신체를 노화가 진행된 신체'로 수정한 것은 적절하지 못하다.
④ ㉣이 포함된 문장에서 '이를 통해 유전자를 조작하는 방식으로 노화를 막을 수 있다'고 서술되어 있으므로, ㉣에는 '유전자를 조작하는 방식으로 노화를 막는 것'과 관련된 내용이 들어가야 한다. 그러므로 ㉣을 '노화가 더디게 진행되는 사람들의 유전자 자료를 데이터화하면 그들에게서 노화를 촉진'으로 수정한 것은 적절하지 못하다.

14 ④

[정답해설]

ㄱ. 눈[雪]을 가리키는 단어를 4개 지니고 있는 이누이트족이 1개 지니고 있는 영어 화자들보다 눈을 넓고 섬세하게 경험한다는 것은 특정 현상과 관련한 단어가 많을수록 해당 언어권의 화자들이 그 현상에 대해 심도 있게 경험한다는 것을 의미하므로, ㉠의 '사피어-워프 가설'을 강화한다고 평가한 것은 적절하다.
ㄴ. 수를 세는 단어가 '하나', '둘', '많다' 3개뿐인 피라하족의 사람들이 세 개 이상의 대상을 모두 '많다'고 인식하는 것은 언어가 의식과 사고를 결정한 것이므로, ㉠의 '사피어-워프 가설'을 강화한다고 평가한 것은 적절하다.
ㄷ. 특정 현상과 관련한 단어가 많을수록 해당 언어권의 화자들이 그 현상에 대해 심도 있게 경험한다고 하였으므로, 색채 어휘가 많은 자연언어 화자들이 색채 어휘가 적은 자연언어 화자들에 비해 색채를 구별하는 능력이 뛰어나야 한다. 그런데 색채 어휘가 적은 자연언어 화자들이 색채 어휘가 많은 자연언어 화자들에 비해 색채를 구별하는 능력이 뛰어나다는 것은 이와 반대되므로, ㉠의 '사피어-워프 가설'을 약화한다고 평가한 것은 적절하다.

15 ②

[정답해설]

2문단에 따르면 한국 건국신화에서 신이 지상에 내려와 왕이 되고자 한 것은 천상적 존재가 지상적 존재가 되기를 바라는 것이라고 하였으나, 신이 인간을 위해 지상에 내려와 왕이 되었는지는 알 수 없다. 그러므로 '한국 무속신화에서 신은 인간을 위해 지상에 내려와 왕이 된다.'는 ②의 설명은 윗글을 이해한 내용으로 적절하지 못하다.

[오답해설]

① 3문단에서 다른 나라의 신화들은 신과 인간의 관계가 한국 신화와 달리 위계적이고 종속적이라고 전제한 뒤, 히브리 신화에서 신은 언제나 인간의 우위에 있다고 서술되어 있다. 그러므로 히브리 신화에서 신과 인간의 관계는 위계적이라고 할 수 있다.

③ 1문단에 따르면 한국 신화에서 신은 인간과의 결합을 통해 결핍을 해소함으로써 완전한 존재가 된다고 하였고, 2문단에서도 인간들의 왕이 된 신은 인간 여성과의 결합을 통해 자식을 낳음으로써 결핍을 메운다고 서술하고 있다. 그러므로 한국 건국신화에서 신은 인간과의 결합을 통해 완전한 존재가 된다고 할 수 있다.

④ 2문단에 한국 신화에서 신과 인간은 서로의 존재를 필요로 한다는 점에서 상호의존적이고 호혜적이라고 밝힌 반면에, 3문단에서 신체 화생 신화는 신의 희생 덕분에 인간 세계가 만들어질 수 있었다는 점에서 인간은 신에게 철저히 종속되어 있다고 서술되어 있다. 그러므로 한국 신화에 보이는 신과 인간의 관계는 신체 화생 신화에 보이는 신과 인간의 관계와 다르다는 것을 확인할 수 있다.

16 ③

[정답해설]

㉢의 '거듭나다'는 '지금까지의 방식이나 태도를 버리고 새롭게 시작하다'라는 의미이고, '복귀하다'는 '본디의 자리나 상태로 되돌아가다'를 뜻하므로 서로 바꿔 쓸 수 없다.

[오답해설]

① ㉠의 '견주다'는 '둘 이상의 사물을 질이나 양 따위에서 어떤 차이가 있는지 알기 위하여 서로 대어 보다'라는 의미이므로, '둘 이상의 사물을 견주어 서로 간의 유사점, 차이점, 일반 법칙 따위를 고찰하다'는 의미인 '비교하다'와 바꿔 쓸 수 있다.

② ㉡의 '바라다'는 '생각이나 바람대로 어떤 일이나 상태가 이루어지거나 그렇게 되었으면 하고 생각하다'라는 의미이므로, '어떤 일을 이루거나 하기를 바라다'는 의미인 '희망하다'와 바꿔 쓸 수 있다.

④ ㉣의 '퍼지다'는 '어떤 물질이나 현상 따위가 넓은 범위에 미치다'라는 의미이므로, '일정한 범위에 흩어져 퍼져 있다'라는 의미인 '분포되다'와 바꿔 쓸 수 있다.

17 ①

[정답해설]

갑과 병은 마스크 착용에 대해 '윤리적 차원'에서 접근하고 있지만, 을은 두 번째 발언에서 마스크를 쓰지 않는 행위를 윤리적 차원에서만 접근하지 말고, '문화적 차원'에서도 고려할 필요가 있다며 남들과 다른 측면에서 탐색하고 있다.

[오답해설]

② 갑이 두 번째 발언에서 '개인의 자유로운 선택이 타인의 생명을 위협한다면 기본권이라 하더라도 제한하는 것이 보편적 상식 아닐까?'라고 말한 것은 앞서 말한 병의 의견을 재반박한 것이지 자신의 의견이 반박되자 질문을 던져 화제를 전환한 것은 아니다.

③ 갑은 전염병이 창궐했을 때 마스크를 착용하는 것은 당연하다며 마스크 착용을 찬성하고 있고, 을은 마스크 착용에 대한 찬성 혹은 반대 입장을 밝히지 않고 있다. 병은 개인의 자유만을 고집하면 결국 사회가 극단적 이기주의에 빠져 붕괴한다며 마스크 착용을 찬성하고 있다. 그러므로 대화가 진행되면서 논점에 대한 찬반 입장이 바뀌는 사람은 없다.

④ 을은 두 번째 발언에서 어떤 사회에서는 얼굴을 가리는 것이 범죄자의 징표로 인식되기도 한다고 사례를 제시하며, 마스크를 쓰지 않는 행위를 문화적 차원에서도 고려할 필요가 있다고 하였다. 이는 사례의 공통점을 종합한 것이 아니라 다른 사례를 제시한 것이다.

18 ④

[정답해설]

2문단에 따르면 앳킨슨은 스톤헨지를 세운 사람들을 '야만인'으로 묘사하면서 이들은 과학적 사고를 할 줄 모른다고 주장하였다. 그러므로 기원전 3,000년경 인류에게 천문학 지식이 있었다는 증거가 발견되면 앳킨슨의 이러한 주장은 약화될 것이다.

[오답해설]

① 1문단에서 천문학자 호킨스는 스톤헨지의 모양이 태양과 달의 배열을 나타낸 것이라는 의견을 제시했지만, 스톤헨지가 제사를 지내는 장소였다고 언급한 적은 없다. 그러므로 스톤헨지가 제사를 지내는 장소였다는 후대 기록이 발견되면 호킨스의 주장이 강화될 것이라는 평가는 적절하지 않다.

② 1문단에서 천문학자 호일이 스톤헨지가 일종의 연산장치라는 주장을 하였는데, 연산장치는 숫자 사용과 밀접한 관련이 있다. 그러므로 스톤헨지 건설 당시의 사람들이 숫자를 사용하였다는 증거가 발견되면 호일의 주장은 약화(→ 강화)될 것이다.

③ 3문단에서 글쓴이는 스톤헨지의 건설자들이 현대인과 같은 지능을 가졌다고 해도 수학과 천문학의 지식이 보존되고 전승될 문자 기록이 없었으므로 우리와 똑같은 과학적 사고와 기술적 지식을 가지지는 못했다고 주장하고 있다. 그러므로 스톤헨지의 유적지에서 수학과 과학에 관련된 신석기시대 기록물이 발견되면 글쓴이의 주장은 강화(→ 약화)될 것이다.

19 ②

[정답해설]

㉡의 '이들'은 '스톤헨지를 세운 사람들'을 가리키고, ㉣의 '그들'은 '스톤헨지의 건설자들'을 가리킨다. 그러므로 문맥상 ㉡과 ㉣의 지시 대상은 동일하다.

[오답해설]

㉠의 '그들'은 1문단에서 언급한 '천문학자 호일', '엔지니어인 톰', 그리고 '천문학자인 호킨스'를 가리킨다.

㉢의 '이들'은 앞서 언급한 '호킨스를 옹호하는 학자들'을 가리킨다.

20 ①

[정답해설]

제시문의 내용을 논리 기호로 단순화하면 다음과 같다.

• 문학 → 자연의 아름다움 • 어떤 자연의 아름다움 ∧ 예술
(결론) 어떤 예술 ∧ 문학

삼단 논법을 통해 '예술을 좋아하는 어떤 사람은 문학을 좋아하는 사람이다.'라는 결론을 이끌어내기 위해서는 '자연의 아름다움'과 '문학'의 관련성을 언급하는 문장이 들어가야 한다. 그러므로 ①의 '자연의 아름다움을 좋아하는 사람은 모두 문학을 좋아하는 사람이다.'가 빈칸에 들어갈 말로 가장 적절하다.

제2차 정답 및 해설

정답

01 ②	02 ②	03 ③	04 ④	05 ④
06 ③	07 ②	08 ③	09 ①	10 ①
11 ④	12 ①	13 ②	14 ①	15 ①
16 ②	17 ③	18 ④	19 ④	20 ①

해설

01 ②

[정답해설]

"시장은 시민의 안전에 관하여 건설업계 관계자들과 논의하였다."라는 문장은 여러 뜻으로 해석될 수 있는 중의적 문장이 아니므로, 중의적 표현을 삼가기 위해 별도로 수정할 필요는 없다.

[오답해설]

① '국회의원'과 '선출되었다'는 피동의 관계에 있는 주어와 서술어가 되어야 하므로, 목적어인 'ㅇㅇㅇ명을'을 주어인 'ㅇㅇㅇ명이'로 수정한 것은 적절하다.

③ '5킬로그램 정도'가 '금'을 수식하는 지, '보관함'을 수식하는 지 분명하지 않으므로, '금 5킬로그램 정도'라고 수식어와 피수식어의 관계를 분명하게 밝혀 수정한 것은 적절하다.

④ "음식물의 신선도 유지와 부패를 방지해야 한다."는 '음식물의 신선도 유지를 방지해야 한다.'는 잘못된 의미가 포함될 수 있으므로, 대등한 관계를 사용하여 "음식물의 신선도를 유지하고, 부패를 방지해야 한다."로 수정한 것은 적절하다.

02 ②

[정답해설]

질병의 전염성에 주목하여 붙여진 이름은 '염병(染病)'과 '윤행괴질(輪行怪疾)'이며, '역병(疫病)'은 사람이 고된 일을 치르듯[役] 병에 걸려 매우 고통스러운 상태를 말한다.

[오답해설]

① '온역(瘟疫)'에 들어 있는 '온(瘟)'은 이 병을 일으키는 계절적 원인을 가리킨다고 하였으므로, '온역'은 질병의 원인에 주목하여 붙여진 이름이라고 할 수 있다.

③ '당독역(唐毒疫)'은 오랑캐처럼 사납고[唐], 독을 먹은 듯 고통스럽다[毒]는 의미가 들어가 있다고 하였으므로, 질병의 고통스러운 정도에 주목하여 붙여진 이름이라고 할 수 있다.

④ '마진(痲疹)'은 피부에 발진이 생기고 그 모양이 삼씨 모양인 것을 강조한 말이므로, 질병으로 인해 몸에 나타난 증상에 주목하여 붙여진 이름이라고 할 수 있다.

03 ③

[정답해설]

제시문에 따르면 플라톤의 『국가』에서 사람들이 살아가면서 가장 중요하게 생각하는 두 가지 요소는 '재물'과 '성적 욕망'이며, 삶을 살아가면서 돈에 대한 욕망이나 성적 욕망만이라도 잘 다스릴 수 있다면 낭패를 당하거나 망신을 당할 일이 거의 없을 것이라고 서술하고 있다. 그러므로 '성공적인 삶을 살려면 재물욕과 성욕을 잘 다스려야 한다.'는 ③의 설명이 제시문의 중심 내용으로 가장 적절하다.

04 ④

[정답해설]

랑그는 특정한 언어공동체가 공유하고 있는 기호체계를 가리키므로, 자기 모국어에 대해 사람들이 내재적으로 가지고 있는 지식인 언어능력과 비슷한 개념이다. 반면, 파롤은 의사소통을 위한 개인적인 행위를 의미하므로, 사람들이 실제로 발화하는 행위인 언어수행과 비슷한 개념이다. 그러므로 ㉣은 '랑그가 언어능력에 대응한다면, 파롤은 언어수행에 대응'이라고 수정해야 옳다.

[오답해설]

① 랑그는 특정한 언어공동체가 공유하고 있는 기호체계를 가리키므로 고정되어 있는 악보에 비유할 수 있고, 파롤은 의사소통을 위한 개인적인 행위를 의미하므로 악보를 연주하는 사람에 따라 달라지는 실제 연주에 비유할 수 있다. 그러므로 ㉠은 어색한 곳이 없다.

② 랑그가 고정된 악보와 같기 때문에 여러 상황에도 불구하고 변하지 않고 기본을 이루는 언어의 본질적 모습에 해당한다. 그러므로 ㉡은 어색한 곳이 없다.

③ '책상'이라는 단어를 발음할 때 사람마다 발음되는 소리가

다르기 때문에 '책상'에 대한 발음이 제각각일 수밖에 없다면 실제로 발음되는 제각각의 소리값은 파롤에 해당한다. 그러므로 ⓒ은 어색한 곳이 없다.

05 ④

[정답해설]

제시문에 따르면 판타지에서는 이미 알고 있는 것보다 새로운 것이 더 중요한 의미를 가지며, SF에서는 어떤 새로운 것이 등장했을 때 그 낯섦을 인정하면서도 동시에 그것을 자신이 이미 알고 있던 인식의 틀로 끌어들여 재조정하는 과정이 요구된다고 하였다. 그러므로 '판타지는 알고 있는 것보다 새로운 것이 더 중요하고, SF는 알고 있는 것과 새로운 것 사이의 재조정이 필요한 장르이다'라는 ④의 설명이 핵심 논지로 가장 적절하다.

06 ③

[정답해설]

제시문에 따르면 로빈후드 이야기에서 셔우드 숲을 한 바퀴 돌고 로빈후드를 만났다고 하는 국왕 에드워드는 1세에서 3세까지의 에드워드 국왕 중 이 지역의 순행 기록이 있는 사람이 에드워드 2세뿐이므로 1307년에 즉위하여 20년간 재위한 2세일 가능성이 있다고 하였다. 그러므로 로빈후드 이야기의 시대 배경은 에드워드 2세의 재위 기간인 1307~1327년에 해당하는 14세기 전반으로 추정할 수 있다.

[오답해설]

① '왕의 영지에 있는 사슴에 대한 밀렵을 금지하는 법은 11세기 후반 잉글랜드를 정복한 윌리엄 왕이 제정한 것이므로 아마도 로빈후드 이야기가 그 이전 시기로까지 거슬러 올라가지는 않을 것이다.'라는 제시문의 내용을 고려할 때, 로빈후드 이야기의 시대 배경이 11세기 후반은 아니다.

② 제시문에서 로빈후드는 14세기 후반인 1377년경에 인기를 끈 작품 〈농부 피어즈〉에 최초로 등장하며, 로빈후드를 만났다고 하는 국왕 에드워드는 1307년에 즉위하여 20년간 재위한 2세일 가능성이 있다고 하였다. 여기서 1307년은 14세기이므로, 로빈후드 이야기의 시대 배경이 14세기 이전은 아니다.

④ 제시문에서 로빈후드를 만났다고 하는 국왕 에드워드는 1307년에 즉위하여 20년간 재위한 2세일 가능성이 있다고 하였다. 따라서 에드워드 2세의 마지막 재위 연도가 14세기 전반인 1327년으로 추정되므로 로빈후드 이야기의 시대 배경이 14세기 후반은 아니다.

07 ②

[정답해설]

(나)의 마지막 문장에서 임진왜란으로 인하여 교류가 단절되었다고 하였고, (가)에서 조선과 일본의 단절된 관계는 1609년 기유조약이 체결되면서 회복되었다고 하였으므로 (나) 다음에 (가)가 온다. 또한 (가)의 마지막 문장에서 조선은 대마도에 시혜를 베풀어줌으로써 일본과의 교린 체계를 유지해 나가려고 했고, (다)에서 이러한 외교관계에 매 교역이 자리하고 있었다고 서술되어 있으므로 (가) 다음에 (다)가 온다. 그러므로 이를 종합해 볼 때, 맥락에 맞는 글의 순서는 (나)-(가)-(다)이다.

08 ③

[정답해설]

제시문에서 '0' 개념이 들어오기 전 시간의 길이는 '1'부터 셈했고, 시간의 시작점 역시 '1'로 셈했으며 이와 같은 셈법의 흔적을 현대 언어에서도 찾을 수 있다고 하였다. 그러면서 '2주'를 의미하는 용도로 사용되는 현대 프랑스어 'quinze jours'가 그 어원이 '15일'을 가리키는 이유를 예로 들어 설명하고 있다. 그러므로 '프랑스어 'quinze jours'에는 '0' 개념이 들어오기 전 셈법의 흔적이 남아 있다.'는 ③의 설명은 적절하다.

[오답해설]

① 제시문에 '0' 개념은 13세기가 되어서야 유럽으로 들어왔고, '0' 개념이 들어오기 전 시간의 길이는 '1'부터 셈했다고 서술되어 있다. 그러므로 '0' 개념이 13세기에 유럽에서 발명된 것은 아니다.

② 『성경』에서 예수의 부활 시점을 3일이라고 한 것은 그의 신성성을 부각하기 위한 것이 아니라, 『성경』이 기록될 당시에 '0' 개념이 없었기 때문에 그 시작점을 '1'로 셈했던 것이다. 그러므로 『성경』에서 예수의 신성성을 부각하기 위해 그의 부활 시점을 활용한 것은 아니다.

④ 제시문에 오늘날 그리스 사람들이 올림픽이 열리는 주기에 해당하는 4년을 '5년'이라는 어원을 지닌 'pentaeteris'라고 부르는 까닭은 시간적으로는 동일한 기간이지만 시간을 셈하는 방식에 따라 마지막 해가 달라졌기 때문이라고 서술하고 있다. 즉, '0' 개념이 없었기 때문에 올림픽이 개최된 해를 '1년'부터 시작하면 다음 올림픽이 개최되는 해는 4년 후인 '5년'이 된다. 그러므로 'pentaeteris'라는 말이 생겨났을 때에 비해 오늘날의 올림픽이 열리는 주기가 짧아진 것은 아니다.

09 ①

[정답해설]

제시문에 인간의 인두는 여섯 번째 목뼈에까지 이르는 반면에, 대부분의 포유류에서는 인두의 길이가 세 번째 목뼈를 넘지 않으며, 개의 경우는 두 번째 목뼈를 넘지 않는다고 서술되어 있다. 그러므로 '개의 인두 길이는 인간의 인두 길이보다 짧다.'는 ①의 설명은 제시문의 내용과 일치한다.

[오답해설]

② 제시문에 침팬지는 인간과 게놈의 98%를 공유하고 있지만, 발성 기관에 차이가 있으며, 인간의 인두는 여섯 번째 목뼈에까지 이르는 반면에, 대부분의 포유류는 인두의 길이가 세 번째 목뼈를 넘지 않는다고 서술되어 있다. 그러므로 침팬지의 인두가 인간의 인두와 98% 유사한 것은 아니다.

③ 제시문에서 녹색원숭이는 포식자의 접근을 알리기 위해 소리를 지르며, 침팬지는 고통, 괴로움, 기쁨 등의 감정을 표현할 때 각각 다른 소리를 낸다고 서술되어 있다. 이는 자신의 종에 속하는 개체들과 의사소통을 하는 사례를 든 것이므로, 서로 다른 종인 녹색원숭이와 침팬지가 의사소통을 할 수 있는지의 여부는 알 수 없다.

④ 제시문에 따르면 초당 십여 개의 소리를 만들어 낼 수 있는 것은 침팬지가 아니라 인간이다.

10 ①

[정답해설]

(가)의 '소리'는 인간의 발성 기관을 통해 낼 수 있는 소리이며, ㉠의 '소리'는 고통, 괴로움, 기쁨 등의 감정을 표현할 때 내는 침팬지의 소리이므로 그 의미가 다르다.

[오답해설]

㉡ · ㉢ · ㉣은 (가)의 '소리'와 마찬가지로 인간의 발성 기관을 통해 낼 수 있는 소리를 의미한다.

11 ④

[정답해설]

본문에 따르면 방각본 출판업자들은 작품의 규모가 커서 분량이 많은 경우에는 생산 비용이 올라가 책값이 비싸지기 때문에 자연스럽게 분량이 적은 작품을 선호하였고, 세책업자들은 한 작품의 분량이 많아서 여러 책으로 나뉘어 있으면 그만큼 세책료를 더 받을 수 있기 때문에 스토리를 재미나게 부연하여 책의 권수를 늘렸다고 설명하고 있다. 그러므로 '한 편의 작품이 여러 권의 책으로 나뉘어 있는 대규모 작품들은 방각본 출판업자들보다 세책업자들이 선호하였다.'는 ④의 설명은 적절하다.

[오답해설]

① 제시문에 세책업자들은 한 작품의 분량이 많아서 여러 책으로 나뉘어 있으면 그만큼 세책료를 더 받을 수 있다고 서술되어 있다. 그러므로 분량이 많은 작품이 책값이 비쌌기 때문에 세책가에서 취급하지 않은 것은 아니다.

② 제시문에 방각본 출판업자들은 작품의 규모가 커서 분량이 많은 경우에는 생산 비용이 올라가 책값이 비싸지기 때문에 자연스럽게 분량이 적은 작품을 선호하였다고 서술되어 있다. 그러므로 구비할 책을 선정할 때 분량이 적은 작품을 우선시 한 것은 세책업자가 아니라 방각본 출판업자들이다.

③ 제시문의 마지막 문장에 세책업자들은 많은 종류의 작품을 모으는 데에 주력했고, 이 과정에서 원본의 확장 및 개작이 적잖이 이루어졌다고 서술되어 있다. 그러므로 원본의 내용을 부연하여 개작한 것은 방각본 출판업자들이 아니라 세책업자들이다.

12 ①

[정답해설]

㉠의 '올라가'는 값이나 통계 수치, 온도, 물가가 높아지거나 커지다의 의미로 사용되었다. 마찬가지로 ①의 '올라가는'도 습도가 상승하다는 의미로 사용되었으므로 ㉠과 같은 의미이다.

[오답해설]

② '내가 키우던 반려견이 하늘나라로 올라갔다.'에서 '올라갔다'는 ('하늘', '하늘나라' 따위와 함께 쓰여) '죽다'를 비유적으로 이르는 말이다.

③ '그녀는 승진해서 본사로 올라가게 되었다.'에서 '올라가게'는 지방 부서에서 중앙 부서로, 또는 하급 기관에서 상급 기관으로 자리를 옮기다의 의미이다.

④ '그는 시험을 보러 서울로 올라갔다.'에서 '올라갔다'는 지방에서 중앙으로 가다, 즉 '상경하다'의 의미이다.

TIP 올라가다(동사)

Ⅰ. 「…에,…으로」

1. 낮은 곳에서 높은 곳으로 또는 아래에서 위로 가다.
   - 예 나무에 올라가다.
2. 지방에서 중앙으로 가다.
   - 예 서울에 올라가는 대로 편지를 올리겠습니다.
3. 지방 부서에서 중앙 부서로, 또는 하급 기관에서 상급 기관으로 자리를 옮기다.
   - 예 이번에 발령받아 대검찰청에 올라가면 나 좀 잘 봐주세요.
4. 남쪽에서 북쪽으로 가다.
   - 예 우리나라에 있던 태풍이 북상하여 만주에 올라가 있다.
5. 물에서 뭍으로 옮겨 가다.
   - 예 물고기들이 파도에 밀려 뭍에 올라가 있었다.

6. ('하늘', '하늘나라' 따위와 함께 쓰여) '죽다'를 비유적으로 이르는 말.
   예 가여운 성냥팔이 소녀는 하늘나라에 올라가서 어머니를 만났겠지.
7. 하급 기관의 서류 따위가 상급 기관에 제출되다.
   예 나라에 상소가 올라가다.

Ⅱ. 「…으로」
1. 기준이 되는 장소에서 다소 높아 보이는 방향으로 계속 멀어져 가다.
   예 큰길로 조금만 올라가면 우체국이 있다.
2. 어떤 부류나 계통 따위의 흐름을 거슬러 근원지로 향하여 가다.
   예 윗대 조상으로 올라가면 그 집안도 꽤 전통이 있는 집안이다.
3. 등급이나 직급 따위의 단계가 높아지다.
   예 바둑 급수가 7급에서 6급으로 올라갔다.
4. 자질이나 수준 따위가 높아지다.
   예 수준이 올라가다.
5. 값이나 통계 수치, 온도, 물가가 높아지거나 커지다.
   예 집값이 자꾸 올라가서 큰 걱정이다.
6. 물의 흐름을 거슬러 위쪽으로 향하여 가다.
   예 그들은 강을 따라 올라가기 시작하였다.
7. 기세나 기운, 열정 따위가 점차 고조되다.
   예 장군의 늠름한 모습에 병사들의 사기가 하늘을 찌를 듯이 올라갔다.
8. 밑천이나 재산이 모두 없어지다.

Ⅲ. 「…을」
높은 곳을 향하여 가다.
예 산을 올라가다.

13 ②

[정답해설]

ㄴ. 을의 주장과 병의 주장은 대립하지 않는다. → (○)

을은 오늘날 사회는 계급 불평등이 더욱 고착화되었다고 주장하고, 병도 또한 현대사회에서 계급 체계는 여전히 경제적 불평등의 핵심으로 남아 있다고 주장한다. 그러므로 을의 주장과 병의 주장은 일치하며 대립하지 않는다.

[오답해설]

ㄱ. 갑의 주장과 을의 주장은 대립하지 않는다. → (×)

갑은 오늘날의 사회에서 전통적인 계급은 사라졌다고 주장하는 반면, 을은 오늘날의 사회가 계급 불평등이 더욱 고착되었다고 주장한다. 그러므로 갑과 을의 주장은 서로 대립한다.

ㄷ. 병의 주장과 갑의 주장은 대립하지 않는다. → (×)

갑은 오늘날의 사회에서 전통적인 계급은 사라졌다고 주장하는 반면, 병은 현대사회에서 계급 체계는 여전히 경제적 불평등의 핵심으로 남아 있다고 주장한다. 그러므로 갑과 병의 주장은 서로 대립한다.

14 ①

[정답해설]

(가) 축구를 잘하는 사람은 모두 머리가 좋다. → 전칭 명제
(나) 축구를 잘하는 어떤 사람은 키가 작다. → 특칭 명제

(가) 축구 → 머리

(나) 축구 ∧ 키 작음

(결론) 머리 ∧ 키 작음 ≡ 키 작음 ∧ 머리

위의 논리 조건을 종합해 보면 축구를 잘하는 사람은 모두 머리가 좋고, 축구를 잘하는 어떤 사람은 키가 작으므로, 머리가 좋은 어떤 사람은 키가 작다. 따라서 키가 작은 어떤 사람은 머리가 좋다.

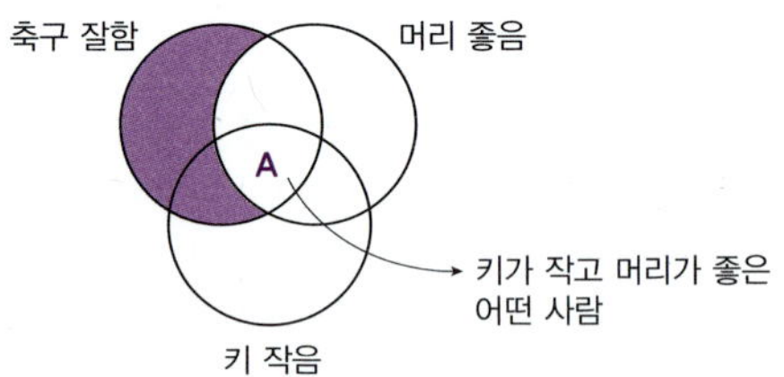

15 ①

[정답해설]

㉠ 마케팅 프로젝트 성공 → (유행지각 ∧ 깊은 사고 ∧ 협업)

㉡ (유행지각 ∧ 깊은 사고 ∧ 협업) → 마케팅 프로젝트 성공

①의 내용을 논리 기호로 나타내면, '마케팅 프로젝트 성공 → (유행지각 ∧ 깊은 사고 ∧ 협업)'이므로 ㉠의 논리 기호와 같다. 그러므로 '지금까지 성공한 프로젝트가 유행지각, 깊은 사고 그리고 협업 모두에서 목표를 달성했다면, ㉠은 강화된다'는 ①의 설명은 적절하다.

[오답해설]

② 논리 기호로 나타내면, '(~유행지각 ∨ ~깊은 사고 ∨ ~협업) → ~마케팅 프로젝트 성공'이므로 ㉠의 대우와 같다. 그러므로 성공하지 못한 프로젝트 중 유행지각, 깊은 사고 그리고 협업 중 하나 이상에서 목표를 달성하는 데 실패한 사례가 있다면, ㉠은 약화(→ 강화)된다.

③ 논리 기호로 나타내면, '(~유행지각 ∨ ~깊은 사고 ∨ ~협업) → 마케팅 프로젝트 성공'이므로 ㉡의 이에 해당한다. 그런데 어떤 명제가 참이라고 해서 그 명제의 이가 항상 참인 것은 아니므로 유행지각, 깊은 사고 그리고 협업 중 하나 이상에서 목표를 달성하는 데 실패했지만 성공한 프로젝트가 있다면, ㉡이 강화되는 것은 아니다.

④ 논리 기호로 나타내면, '(유행지각 ∧ 깊은 사고 ∧ 협업) → ~마케팅 프로젝트 성공'이므로 유행지각, 깊은 사고 그리고 협업 모두에서 목표를 달성했지만 성공하지 못한 프로젝트가 있다면, ⓒ은 약화(→ 강화)된다.

16 ②

[정답해설]

ㄱ. 우기에 비가 넘치는 산간 지역에서 고상식 주거 건축물 유적만 발견된 것은 지면에서 오는 각종 침해에 대비해 바닥을 높이 들어 올린 고상식 건축의 특징이므로, 기후에 따라 다른 자연환경에 적응해 발생했다는 ㉠의 주장을 강화한다.

ㄷ. 여름에는 고상식 건축물에서, 겨울에는 움집형 건축물에서 생활한 집단의 유적이 발견된 것은 계절에 따라 건축물의 양식을 달리한 것이므로, 기후에 따라 다른 자연환경에 적응해 발생했다는 ㉠의 주장을 강화한다.

[오답해설]

ㄴ. 움집형 집과 고상식 집이 공존해 있는 주거 양식을 보여주는 집단의 유적지가 발견된 것은 기후에 따라 다른 자연환경에 적응해 발생한 주거 양식이 아니므로, ㉠의 주장을 약화시킨다.

17 ③

[정답해설]

제시문의 마지막 문장에서 한문문학 중 '국문학적 가치'가 있는 것을 준국문학에 귀속시켰다고 하였고, 준국문학은 '넓은 의미의 국문학'에 해당하므로 '종래의 국문학의 정의를 기본 전제로 하되, 일부 한문문학을 국문학으로 인정'하자는 (나)의 주장은 강화된다.

[오답해설]

① 국문학의 범위를 획정하는 데 있어 해외에서의 문학적 가치의 인정은 중요 요인이 아니므로, 국문학에서 한문으로 쓰인 문학을 배제하자는 (가)의 주장에 영향을 미치지 않는다.

② 글의 서두에서 한 나라의 문학, 즉 '국문학'은 "그 나라의 말과 글로 된 문학"을 지칭한다고 하였으므로, 국문학의 정의를 '그 나라 사람들의 사상과 정서를 그 나라 말과 글로 표현한 문학'으로 수정하면 (가)의 주장은 약화(→ 강화)된다.

④ 글의 말미에서 훈민정음 창제 이후에도 한문문학 중 '국문학적 가치'가 있는 것을 준국문학에 귀속시켰다고 하였으므로, 훈민정음 창제 이후에도 차자표기(한자의 음과 훈을 빌려 우리말을 기록하던 표기법)로 된 문학작품이 다수 발견된다면 (나)의 주장은 약화(→ 강화)된다.

18 ④

[정답해설]

ⓒ의 '전자'는 '순(純)국문학'을 가리키고, ⓜ의 '전자'도 '순(純)국문학'을 가리키므로 지시하는 바가 동일하다.

[오답해설]

① ㉠의 '전자'는 '한문으로 쓰여진 문학', 즉 한문학을 가리키고, ⓒ의 '전자'는 '순(純)국문학', 즉 국문학을 가리키므로 지시하는 바가 다르다.

② ⓛ의 '후자'는 국문학을 가리키고, ⓡ의 '후자'는 '준(準)국문학', 즉 한문학을 가리키므로 지시하는 바가 다르다.

③ ⓛ의 '후자'는 국문학을 가리키고, ⓗ의 '후자'는 '준(準)국문학', 즉 한문학을 가리키므로 지시하는 바가 다르다.

19 ④

[정답해설]

• 갑과 을 중 적어도 한 명은 〈글쓰기〉를 신청한다.

갑 · 글쓰기 ∨ 을 · 글쓰기

• 을이 〈글쓰기〉를 신청하면 병은 〈말하기〉와 〈듣기〉를 신청한다.

을 · 글쓰기 → (병 · 말하기 ∧ 병 · 듣기)

대우: ~(병 · 말하기 ∧ 병 · 듣기) → ~을 · 글쓰기

• 병이 〈말하기〉와 〈듣기〉를 신청하면 정은 〈읽기〉를 신청한다.

(병 · 말하기 ∧ 병 · 듣기) → 정 · 읽기

대우: ~정 · 읽기 → ~(병 · 말하기 ∧ 병 · 듣기)

• 정은 〈읽기〉를 신청하지 않는다.

~정 · 읽기

위의 논리 조건을 밑에서 위로 따라가 보면, 정이 〈읽기〉를 신청하지 않으면 병은 〈말하기〉와 〈듣기〉를 신청하지 않고, 병이 〈말하기〉와 〈듣기〉를 신청하지 않으면 을이 〈글쓰기〉를 신청하지 않는다. 따라서 을이 〈글쓰기〉를 신청하지 않는 것이 판명되었고, 처음 조건에서 갑과 을 중 적어도 한 명은 〈글쓰기〉를 신청한다고 하였으므로, 갑이 〈글쓰기〉를 신청한다는 사실을 알 수 있다.

20 ①

[정답해설]

글의 서두에 언어의 형식적 요소에는 '음운', '형태', '통사'가 있으며, 언어의 내용적 요소에는 '의미'가 있다고 하였다. 그러므로 '언어는 형식적 요소가 내용적 요소보다 다양하다.'는

①의 설명은 적절하다.

[오답해설]

② 2문단에서 언어학은 크게 말소리 탐구, 문법 탐구, 의미 탐구로 나눌 수 있는데, 이때 각각에 해당하는 음운론, 문법론, 의미론은 서로 관련된다고 하였다. 그러므로 언어의 형태 탐구는 의미 탐구와 관련되지 않는다는 설명은 적절하지 못하다.

③ 2문단에서 의사소통의 과정상 발신자의 측면에서는 의미론에, 수신자의 측면에서는 음운론에 초점이 놓인다고 하였으나, 의사소통의 첫 단계가 언어의 형식을 소리로 전환하는 것인지는 제시문을 통해 확인할 수 없다.

④ 2문단에서 화자의 측면에서 언어를 발신하는 경우에는 의미론에서 문법론을 거쳐 음운론의 방향으로, 청자의 측면에서 언어를 수신하는 경우에는 반대의 방향으로 작용한다고 하였다. 여기서 문법론은 형태론 및 통사론을 포괄하므로, 언어를 발신하고 수신하는 과정에서 통사론이 활용되지 않는 것은 아니다.

1편

현대 문학

제1장

문학 일반론

제1절 문학의 이해

1. 문학의 정의와 특성

(1) 문학의 정의

문학이란 인간의 가치 있는 체험을 말과 글로 표현한 예술이다.

① 내용 조건 : 가치 있는 경험(체험)

② 형식 조건 : 형상화(形象化)된 언어

㉠ 문학이 다른 예술과 구분되는 점은 언어를 통해 표현되는 점임

㉡ 문학에서 언어의 형상화(구상화)란 언어를 통해 현실 세계를 더욱 실감나게 재구성하는 것을 말함

(2) 문학의 본질

① **언어 예술** : 언어를 표현 매체로 하는 예술로서, 구비 문학과 기록 문학이 모두 문학에 포함됨

② **개인 체험의 표현** : 개인의 특수한 체험이면서, 인류의 보편적 삶과 합일하는 체험

③ **사상과 정서의 표현** : 미적으로 정화되고 정서화된 사상의 표현

④ **개연성(蓋然性) 있는 허구의 세계** : 문학에서의 세계는 허구의 세계이나, 이는 실제 생활과 완전히 유리된 것이 아니라 작가의 상상을 통해 실제 생활에서 유추된 세계임

⑤ **통합된 구조** : 문학 속에는 대상에 의한 구체적 미적 표현인 '형상'과 경험을 의식 세계로 섭취하려는 정신 작용인 '인식'이 결합되어 작품을 이룸

Check Point

문학의 3대 특성

- 개성(특수성)
- 보편성(일반성)
- 항구성(역사성)

Check Point

문학의 구조

- **유기적 구조** : 문학의 모든 요소들이 긴밀히 연결되어 일관된 의미를 만들어 냄
- **동적 구조** : 시간의 경과를 통해 우리의 의식 속에서 파악되는 동적인 구조(살아있는 구조, 변하는 구조)를 지님

꼭! 확인 기출문제

다음 밑줄 친 문장이 들어갈 위치로 가장 적절한 곳은? [국회직 9급 기출]

> 그러나, 문학을 비롯한 모든 예술은 인간을 총체적으로 다룬다.
>
> 사실상 모든 예술 · 학문은 인간을 위해 봉사한다. 그것은 인간에게만 봉사하고 있다. ㉠ 인간을 대상으로 다루고 있는 인문과학은 인간의 어느 한 면만을 연구하고 관찰한다. ㉡ 사회학은 인간과 사회와의 관계를, 심리학은 인간의 심리를 분석하고 종합한다. ㉢ 문학은 어떤 개인이 인간의 한 측면만을 붙잡고 씨름함으로써 인간을 피상적으로, 그리고 단편적으로 파악할지도 모를 단점을 막고 인간을 총체적으로 보게 한다. ㉣ 인간이 단편적으로 파악될 때 억지가 생겨나고 불건강한 사회가 형성된다. 문학은 그러한 불균형을, 인간을 총체적으로 제시함으로써 교정시킨다.

① ㉠　　② ㉡
❸ ㉢　　④ ㉣

해 ③ 사회학과 심리학은 각각 인간과 사회를 인간의 심리를 연구한다고 제시하며, 제시문 중간에 문학은 인간의 측면과 총체적으로 보게 한다고 제시했으므로 밑줄 친 문장이 들어갈 위치는 ㉢이 된다.

(3) 문학의 기원

① 심리학적 기원설

㉠ **모방 본능설** : 인간의 모방 본능으로 문학이 생겼다는 설(아리스토텔레스, 플라톤)

㉡ **유희 본능설** : 인간의 유희 충동에서 문학이 발생했다는 설(칸트, 스펜서, 실러)

㉢ **흡인 본능설** : 남의 관심을 끌고 싶어 하는 흡인 본능 때문에 문학이 발생했다는 설(다윈 등 진화론자)

㉣ **자기표현 본능설** : 자기의 사상과 감정을 드러내고 싶어 하는 본능에서 문학이 발생했다는 설(허드슨)

② **발생학적 기원설** : 일상생활에서의 필요성 때문에 문학이 발생했다는 설(그로세)

③ **발라드 댄스(ballad dance)설** : 원시 종합 예술에서 음악, 무용, 문학이 분화 · 발생하였다는 설(몰톤)

(4) 문학의 기능

① **쾌락적(快樂的) 기능** : 문학은 독자에게 미적 쾌감과 고차원적인 정신적 즐거움을 줄 수 있음

② **교시적(敎示的) 기능** : 문학은 독자에게 삶에 필요한 지식과 교훈을 주고 인생의 진실과 삶의 의미를 깨닫게 함

③ **종합적(綜合的) 기능** : 문학은 독자에게 즐거움을 주는 동시에 인생의 진리를 가르쳐 줌(쾌락적 기능 + 교시적 기능)

Check Point

국문학의 발생

- 부여의 영고(迎鼓), 고구려의 동맹(東盟), 예의 무천(舞天)과 같은 제천의식 중 행해진 시 · 가 · 무(詩歌舞)가 결합된 원시 종합 예술에서 시작
- 원시 종합 예술에서 문학이 분화되고 이것이 다시 설화 문학과 서정 가요로 분화되어 독자적인 분야로 자리매김

(5) 문학의 요소

① **미적 정서** : 미적 정서는 어떤 대상을 접했을 때, 마음속에서 일어나는 본능적인 감정을 절제하고 걸러 냄으로써 생겨나는 정서로, 보편성 · 항구성을 획득하게 하는 요소 → 희로애락(喜怒哀樂)과 같은 인간의 감정을 말하며, 문학을 문학답게 해 주는 근본요소가 됨

② **상상** : 문학에서의 상상은 문학을 창조하는 힘의 원천으로 이미지를 형성하고 문학의 독창성을 가능하게 하는 요소

③ **사상** : 문학의 사상은 작품의 주제가 되는 작가의 인생관이나 세계관의 반영으로 작품 속에 숨겨진 의미

④ **형식** : 작품의 구조와 문체를 이루어 문학 내용을 구체적으로 형상화하는 요소 → 예술성(예술적인 아름다움을 꾸며주는 요소)

(6) 문학에서의 미(美)의식(미적 범주)

① **숭고미(崇高美)** : 경건하고 엄숙한 분위기를 통해 고고한 정신적 경지를 체험할 수 있게 하는 미의식

② **우아미(優雅美)** : 아름다운 형상이나 수려한 자태를 통해 고전적인 기품과 멋을 나타내는 미의식

③ **비장미(悲壯美)** : 슬픔이 극에 달하거나 한(恨)의 정서를 드러냄으로써 형상화되는 미의식

④ **골계미(滑稽美)** : 풍자나 해학 등의 수법으로 익살스럽게 표현하면서 어떤 교훈을 주는 경우 나타나는 미의식

Check Point

- **운문 문학** : 언어의 운율을 중시하는 문학 → 시
- **산문 문학** : 언어의 전달 기능을 중시하는 문학 → 소설, 희곡, 수필
- **구비 문학** : 입에서 입으로 전해진 문학으로, 여러 사람에 의해 개작되기 때문에 민족의 보편적 성격이 반영
- **기록 문학** : 문자로 기록되어 본격적인 개인의 창의가 반영되는 문학

2. 문학의 갈래

(1) 서정 문학

① 인간의 정서 및 감정을 화자의 입을 통해서 독자에게 직접적으로 전달하는 양식

② 주관성이 강하고, 내용이 서정적이며 운율 있는 언어로 구성

(2) 서사문학

① 문자 언어로 기록되어 다양한 삶의 양상을 형상화하는 양식

② 이야기를 전달하는 서술자가 존재하며 주로 과거시제로 진행

③ 연속적인 사건을 줄거리로 이야기하는 것

Check Point

문학의 갈래

- **2대 갈래** : 운문(시), 산문(소설)
- **3대 갈래** : 서정(시), 서사(소설), 극(희곡)
- **4대 갈래** : 서정(시), 서사(소설), 극(희곡), 교술(수필)
- **5대 갈래** : 시, 소설, 희곡, 수필, 평론
- **6대 갈래** : 시, 소설, 희곡, 수필, 평론, 시나리오

(3) 극 문학

① 등장인물이 직접 등장하여 말과 행동으로 사건을 보여주는 양식

② 서술자가 개입하지 않으며 갈등을 중심으로 이야기가 전개

(4) 교술 문학

① 자아가 세계화되어 정서를 변함없이 전달하는 문학 양식

② 현실속의 경험, 생각 등을 전달하므로 교훈성과 설득성이 강함

갈래	자아와 세계의 관계	서술자의 개입	대표 장르
서정	세계의 자아화	×	시
서사	자아와 세계의 대립	○	소설
극	자아와 세계의 대립	×	희곡
교술	자아의 세계화	○	수필

3. 문학 작품의 비평

(1) 문학의 비평

① 비평의 본질

㉠ 비평의 정의 : 문학 작품을 해석하고 분류하며 평가하는 일체의 활동을 말한다.

㉡ 비평의 기본 양상

- 원론 비평 : 문학의 원론과 장르에 대한 이론 비평을 말한다.
- 실천(실제) 비평 : 원론 비평의 이론을 적용하여 실제의 작가와 작품을 연구 · 분석하는 응용 비평이다.
- 제작 비평 : 실제 작품의 제작 기술에 관한 논의를 말한다.
- 비평의 비평 : 원론 비평의 이론을 재검토하고 실천 비평의 타당성을 검토하여 대안을 제시하는, 비평 자체에 대한 평가이다.

Check Point

문학의 갈래를 구분하는 이유

- 통시적 · 공시적으로 다양하게 나타나는 문학작품들을 체계적으로 이해하기 위해
- 개별 문학 작품들의 특징을 효과적으로 파악하기 위해

국가직 9급 기출

01. ㉠ ~ ㉣에 대한 설명으로 적절하지 않은 것은?

> 삼동(三冬)에 ㉠ 베옷 입고 암혈(巖穴)에 ㉡ 눈비 맞아 구름 낀 볕뉘도 쬔 적이 없건마는 ㉢ 서산에 해 지다 하니 ㉣ 눈물겨워 하노라.

① ㉠ : 화자의 처지나 생활을 추측할 수 있게 한다.

② ㉡ : 화자와 중심 대상 사이를 연결하는 매개체이다.

③ ㉢ : 화자가 머물고 있는 공간과 구별되는 공간이다.

④ ㉣ : 상황에 대한 화자의 감정이 직접 표출되고 있다.

해 '눈비'는 '베옷'과 더불어 화자의 삶의 처지를 나타내는 시어이므로, ②의 설명은 적절하지 않다.

답 01 ②

Check Point

재단 비평과 인상 비평

- **재단 비평** : 작품의 우열에 대하여 일정한 객관적 기준을 세우고, 그에 준하여 작품을 해석 및 판단하는 비평
- **인상 비평** : 작품으로부터 받은 주관적인 인상을 바탕으로 작품을 논하는 비평

② 비평의 유형(방법)

㉠ 역사주의 비평

- 작품 발생의 배경이 되는 역사적 상황이나 사실을 중시하는 비평
- 작품의 배경에 해당하는 시대적 조건과 역사적 상황을 떠나서는 문학을 이해할 수 없다는 것을 전제로 하여 문학의 가치를 평가하는 것으로, 작자가 살았던 역사적 배경과 사회 환경, 작자의 생애, 창작 의도나 동기 등과 같은 외적 조건을 중심으로 작품을 분석 · 평가함

㉡ 형식주의 비평

- 작품을 작가, 사회, 독자와 분리하여 작품 자체의 내적 구조를 객관적으로 분석하는 비평
- 문학 작품의 문학성을 철저하게 그 언어적 조직과 일체화시켜 분석하는 방법으로, 문학 작품이 언어로 된 예술임을 강조하여 그 자체구조의 분석에 주안점을 둠(분석주의)
- 문학 작품 전체를 구성하는 부분과 전체의 관계를 통해서 작품의 미적인 구조와 언어적 특성을 밝히고자 하며, 문학 작품이 하나의 작품으로 완성되면 외부의 세계와는 관계없이 독자적으로 존재하는 하나의 체계로 상정

㉢ 사회학적 비평

- 문학을 사회적 소산으로 보고, 문학이 사회 · 문화적 요인과 맺는 양상이나 상관관계를 규명함으로써 작품을 이해하는 비평
- 내용과 현실의 사회적 반영 문제, 문학제도의 연구, 문학의 생산과 소비, 유통의 연구 등을 다룸

㉣ 심리주의(정신분석학적) 비평

- 프로이트의 정신분석학이나 심리학 등의 이론에 근거하여 문학 작품에 반영된 작가의 창작 심리나 등장인물의 심리, 작자의 개인적 상징, 독자가 느끼는 심리적 영향 등을 분석하여 작품을 비평하는 방법
- 작품의 내용을 인간 심성의 측면에서 고찰하거나 무의식의 흐름을 심리학적으로 분석하는 등의 방법을 사용하기도 함

㉤ 신화(원형) 비평

- 모든 문학 장르와 작품 속에서 신화의 원형을 찾아내어 그것이 어떻게 재현되고 재창조되어 있는가를 분석하는 방법
- 신화 속에 존재하는 원형은 시대를 넘어 존재하는 것으로 보므로 문학 작품에 드러난 신화소를 분석하고 신화의 원형을 파악하여 문학을 이해하고자 함

ⓑ 구조주의 비평

- 문학 작품은 고도의 형상적 언어로 조직된 자율적인 체계라고 보고, 작품의 모든 요소를 통합하고 있는 구조 자체를 파악함으로써 작품을 이해하는 방법
- 작품을 이해하는데 필요한 자료는 작품 밖에 없으며 작품 속에 모든 것이 갖추어져 있다고 생각하며, 작품을 이루는 음성적 · 의미적 요소, 서사적 상황 및 구조에 대한 분석에 관심을 가짐(이러한 측면에서 형식주의 비평과 유사)

(2) 외재적 비평과 내재적 비평

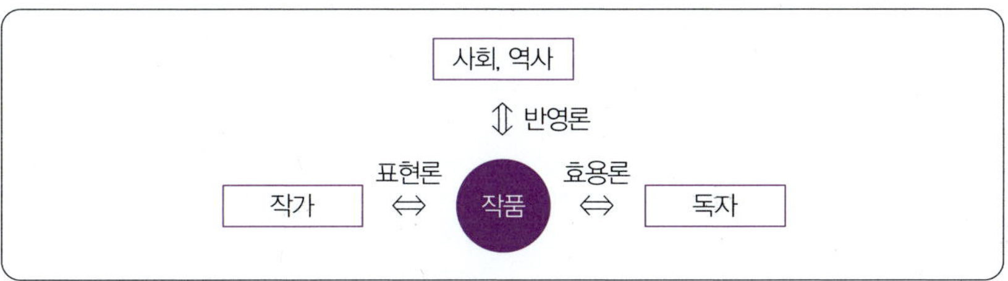

구분		특징
외재적 비평		작가에 대한 연구, 작품의 시대 상황 등 작품 외부적 사실로부터 작품을 이해하는 방법
	표현론(생산론)적 관점	작품을 작가의 체험, 사상, 감정 등을 표현한 것으로 보는 관점. 작품을 창작한 작가의 의도, 작가의 전기, 작가의 심리 상태 등에 관한 연구
	반영론(모방론)적 관점	작품은 현실 세계의 반영이라는 관점. 작품이 대상으로 삼은 현실 세계에 대한 연구, 작품에 반영된 세계와 대상 세계를 비교 · 검토, 작품이 대상 세계의 진실한 모습과 전형적 모습을 반영했는가를 검토
	효용론(수용론)적 관점	작품이 독자에게 어떤 효과를 어느 정도 주었느냐에 따라 작품의 가치를 평가하려는 관점. 독자의 감동이 무엇이며, 그것이 구체적으로 작품의 어떤 면에서 유발되었는가를 검토
내재적 비평		작품 자체를 완결된 세계로 보고, 작품 연구에만 주력하는 방법
	존재론(내재론 · 구조론 · 객관론 · 절대주의)적 관점	작품을 이해하는 데 필요한 자료는 작품밖에 없으며, 작품 속에 모든 것이 갖추어져 있다는 관점. 작품을 작가나 시대 환경으로부터 독립시켜 이해하며 작품의 언어를 중시하고, 부분들을 유기적으로 통합하고 있는 작품의 구조를 분석(작품의 구조나 형식, 구성, 언어, 문체, 운율, 표현기법, 미적 가치 등을 중시)
종합주의적 비평		문학 작품의 해석에 있어 어느 하나의 관점만을 적용하는 것이 아니라 다양한 방법을 통해 종합적 · 총체적으로 이해하려는 관점. 작품의 내적 형식, 다양한 외적 요인들과 연결된 의미를 규명하여 종합적으로 감상

Check Point

문학 작품의 각 관점의 오류(단점)

- **표현론(생산론)** : 작가의 의도가 작품에 그대로 투영되는 것으로 잘못 이해하는 의도의 오류나, 작가의 인생에서 작품의 근원을 찾으려는 데서 메시지 및 제재에 대한 선입관이 발생할 수 있음
- **반영론(모방론)** : 이 관점을 기계적으로 적용하는 경우 문학 작품을 역사적 사실들의 조합 또는 역사 자료의 나열로 보거나, 작품과 현실을 지나치게 대응시키는 기계적 반영론의 오류가 발생할 수 있음
- **효용론(수용론)** : 이 관점을 지나치게 적용하는 경우 작품에 대한 독자의 주관적 느낌이나 감상을 진정한 의미로 강조하고 객관적 의미와 가치를 도외시하는 감정의 오류가 발생할 수 있음
- **존재론(내재론 · 구조론 · 객관론 · 절대주의)** : 이 관점을 지나치게 강조할 경우 독단론적 형식주의의 오류에 빠질 위험이 있으며, 작품이 지닌 역사적 의의나 사회와의 상관관계 등 외적 요소가 무시될 수 있음

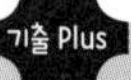

서울시 9급 기출

02. 글에 나타난 작품 감상의 관점으로 가장 옳은 것은?

> 나는 지금도 이광수의 「무정」 작품을 읽으면 가슴이 뜨거워지는 것을 느껴. 특히 결말부분에서 주인공 이형식이 "옳습니다. 우리가 해야지요! 우리가 공부하러 가는 뜻이 여기 있습니다. 우리가 지금 차를 타고 가는 돈이며 가서 공부할 학비를 누가 주나요? 조선이 주는 것입니다. 왜? 가서 힘을 얻어오라고, 지식을 얻어 오라고, 문명을 얻어 오라고…… 그리해서 새로운 문명 위에 튼튼한 생활의 기초를 세워 달라고…… 이러한 뜻이 아닙니까?"라고 부르짖는 부분에서 내 가슴도 울렁거려 나도 모르게 "네, 네, 네"라고 대답하고 싶단 말이야. 이 작품은 이 소설이 나왔던 1910년대 독자들의 가슴만이 아니라 21세기 우리에게도 조국을 생각하는 마음에 큰 감동을 주고 있다고 생각해.

① 반영론적 관점
② 효용론적 관점
③ 표현론적 관점
④ 객관론적 관점

해 글에서 이광수의 「무정」이 우리 시대 독자들에게도 조국을 생각하는 마음에 큰 감동을 주고 있다고 설명하고 있으므로, 서술자는 ②의 관점에서 문학작품을 감상했다고 볼 수 있다.

답 02 ②

꼭! 확인 기출문제

밑줄 친 ㉠~㉣ 중 나머지 셋과 성격이 다른 하나는? [서울시 9급 기출]

> 해야 솟아라. 해야 솟아라. 말갛게 씻은 얼굴 고운 ㉠ 해야 솟아라. 산 넘어 산 넘어서 어둠을 살라먹고, 산 넘어서 밤새도록 어둠을 살라먹고, 이글이글 애띈 얼굴 고운 해야 솟아라.
>
> 달밤이 싫여, 달밤이 싫여, 눈물 같은 ㉡ 골짜기에 달밤이 싫여, 아무도 없는 뜰에 달밤이 나는 싫여…….
>
> 해야, 고운 해야. 늬가 오면 늬가사 오면, 나는 나는 ㉢ 청산이 좋아라. 훨훨훨 깃을 치는 청산이 좋아라. 청산이 있으면 홀로래도 좋아라.
>
> 사슴을 따라, 사슴을 따라, 양지로 ㉣ 양지로 사슴을 따라 사슴을 만나면 사슴과 놀고,
>
> 칡범을 따라 칡범을 따라 칡범을 만나면 칡범과 놀고……
>
> 해야, 고운 해야. 해야 솟아라. 꿈이 아니래도 너를 만나면, 꽃도 새도 짐승도 한자리 앉아, 워어이 워어이 모두 불러 한자리 앉아 애띠고 고운 날을 누려 보리라.
>
> – 박두진, 「해」

① ㉠
❷ ㉡
③ ㉢
④ ㉣

해 ② 골짜기는 슬픔이 가득 찬 역경의 경지로 어둠의 세계를 나타내는 시어이다. 나머지는 모두 밝음의 세계를 나타내는 시어이다.
① 해는 만물에 생명력을 부여하는 존재로, 새로운 탄생과 창조의 원동력이자 정의와 광명의 표상, 민족의 이상과 소망을 상징한다.
③ 청산은 갈등과 대립이 완전히 제거되고 모든 생명체가 한자리에 모여 살아갈 수 있는 공간으로 낙원, 이상향을 상징한다.
④ 양지는 평화와 선의 이미지를 나타내는 사슴이 향하는 곳으로, 청산과 마찬가지로 이상이 실현된 공간을 상징한다.

제2절 문예사조

1. 문예사조의 관계

(1) 반동 관계

① 고전주의 ↔ 낭만주의
② 낭만주의 ↔ 사실주의 · 자연주의 · 주지주의
③ 사실주의 · 자연주의 ↔ 유미주의 · 상징주의 · 초현실주의

(2) 계승 관계

① 고전주의 → 주지주의
② 낭만주의 → 유미주의 · 상징주의
③ 사실주의 → 자연주의
④ 주지주의 → 초현실주의

(3) 근대적 문예사조와 현대적 문예사조

① 근대적 문예사조 : 사실주의 · 자연주의
② 현대적 문예사조 : 주지주의 · 초현실주의 · 실존주의

Check Point

문예사조의 계보

고전주의
↓
낭만주의
↓
사실주의
↓
자연주의
↓
상징주의
↓
주지주의(모더니즘)
↓
초현실주의
↓
실존주의

2. 문예사조의 특징

구분	특징	대표 작가 및 작품
고전주의 (17세기)	• 17세기 프랑스에서 발생하여 유럽으로 전파된 사조로, 고대 그리스 · 로마의 고전을 모범으로 삼음 • 세계를 이성으로 파악하며, 합리성과 감각적 경험에 의한 사실의 실증을 중시 • 전통적 감정과 상상은 이성으로 통제 • 내용과 형식의 조화와 엄격성, 규범 등을 중시 • 완전한 형식미, 몰개성적 특성	단테 「신곡」, 괴테 「파우스트」, 셰익스피어 4대 비극, 라신의 「소송광」 등
낭만주의 (18세기 말 ~ 19세기 초)	• 고전주의의 몰개성적 성격에 반발하여 18세기 말에서 19세기 전반에 독일, 프랑스에서 일어나 영국으로 전파됨 • 꿈이나 이상, 신비감, 이국적 · 초자연적 정서를 중시 • 인간의 감정적 욕구와 감상적 자유, 개성, 독창성을 강조(이성보다는 감성, 합리성보다는 비합리성, 감각성보다는 관념성을 강조) • 비현실적 반항정신과 이상주의적 특성	호손 「주홍글씨」, 괴테 「슬픈 베르테르의 슬픔」, 위고 「레미제라블」, 워즈워스 「수선화」 등

사실주의 (19세기)	• 19세기 후반 낭만주의의 비현실적인 성격에 반발하여 있는 그대로를 묘사하려는 경향을 지님 • 사회와 현실을 있는 그대로 직시하고, 과장이나 왜곡을 금함 • 객관적 · 과학적 현실의 진지한 재현을 중시 • 현대 소설의 주류를 형성	스탕달 「적과 흑」, 플로베르 「보바리 부인」, 도스토예프스키 「죄와 벌」, 「카라마조프의 형제들」, 발자크 「인간 희극」, 디킨스 「올리버 트위스트」 등
자연주의 (19세기)	• 19세기의 급진적 사실주의로 자연과학적 결정론에 바탕을 둠(환경결정론적 사조) • 실험적 · 분석적 · 해부적 특성 • 사회의 추악한 측면을 폭로 • 에밀졸라가 창시	모파상 「여자의 일생」, 입센 「인형의 집」, 「유령」, 졸라 「목로주점」, 「나나」, 하디 「테스」 등
상징주의 · 유미주의 (19세기 말)	• 19세기 말 프랑스에서 사실주의나 자연주의에 대한 반동으로 등장한 사조 • 상징적 방법에 의한 표현(상징을 통한 암시적 표현)을 중시 • 음악성 · 암시성을 중시하며, 이상향에의 동경, 감각의 형상적 표현, 영혼세계의 추구 등을 강조	말라르메 「목신의 오후」, 랭보 「지옥의 계절」, 보들레르 「악의 꽃」, 예이츠 「이니스프리의 호수」 등
주지주의 (모더니즘) (20세기 초)	• 20세기 영국을 중심으로 유럽에서 발생한 사조로, 기성세대의 모든 도덕과 전통, 권위에서 벗어나 근대적 가치와 문명을 문학적 제재로 강조 • 산업사회에 비판적이며, 감각과 정서보다 이성과 지성(知性)을 중시 • 정확한 일상어 사용, 구체적인 심상 제시, 견고하고 투명한 시의 추구 등을 강조	엘리어트 「황무지」, 헉슬리 「연애대위법」 등
초현실주의 (20세기 초)	• 프로이트의 정신분석학의 영향을 받고 다다이즘을 흡수하여 형성된 사조로, 이성과 논리에 억눌려 있는 비이성과 무의식의 세계를 강조 • 자동기술법을 바탕으로 하여 무의식의 세계를 표출하였고, 잠재의식 세계의 표현에 주목	제임스 조이스 「율리시즈」, 버지니아 울프 「세월」, 프루스트 「잃어버린 시간을 찾아서」 등
실존주의 (20세기 중엽)	• 제2차 세계대전 이후 프랑스를 중심으로 발생한 현실 참여적 문학 운동(현실 참여적 성격이 강함) • 삶의 부조리나 불안, 고독 등 참된 의미의 실존적 자각과 형이상학적 문제들을 다룸	카프카 「변신」, 카뮈 「이방인」, 「페스트」, 「시지프스의 신화」, 사르트르 「구토」, 「자유에의 칼」 등
포스트 모더니즘 (1950년 후반 이후)	• 1950년대 후반부터 서구에서 모더니즘의 가치와 관념을 거부하며 등장한 전위적 · 실험적인 사조로, 후기 산업사회의 전반적인 문화 논리이자 예술 운동으로 평가됨 • 전통과 권위, 예술의 목적성 등을 거부하고 실험과 혁신, 경계의 파괴 등을 강조 • 모든 근대적 경계를 넘어서며, 개성과 자율성, 다양성, 대중성을 중시 • 패러디, 패스티시(pastiche)(혼성 모방) 등의 표현 기법을 강조	보르헤스 「픽션들」, 핀천 「제49호 품목의 경매」, 버로스 「네이키드 런치」 등

Check Point

다다이즘(Dadaism)

제1차 세계대전의 불안감을 반영한 문학 사조로, 기존의 권위와 논리에 저항하고 모든 규범과 형식을 파괴하고자 하는 혁신적 성격을 지니며 실험적 성격이 강함

3. 우리나라 문예사조의 특징

구분	특징	대표 작가 및 작품
계몽주의	봉건적 인습과 종교적 독단에서 벗어나 민중을 계몽하고자 하는 목적을 지님	이광수 「무정」, 최남선 「해에게서 소년에게」 등
유미주의	예술지상주의와 상통하는 사조로, 계몽주의를 반대하며 순수문학적 가치를 내걺	김동인 「배따라기」, 김영랑 「모란이 피기까지는」 등
낭만주의	꿈의 세계에 대한 동경이나 병적인 감상을 특징으로 하며, 상징적인 언어를 유미적으로 나열	이상화 「나의 침실로」, 홍사용 「나는 왕이로소이다」 등
사실주의	계몽주의에 반대하고 인간 생활을 사실적 · 객관적으로 묘사	김동인 「약한 자의 슬픔」, 나도향 「물레방아」, 현진건 「빈처」 등
자연주의	인간의 추악한 본능에 대해 적나라하게 묘사하고 사회의 어두운 면을 과학적인 태도와 냉혹한 수법으로 표현	김동인 「감자」, 염상섭 「표본실의 청개구리」 등
모더니즘	개인적 감정보다 현대 문명을 이상으로 해야 한다고 선언하면서 서구적인 기법을 도입	김광균 「와사등」, 김기림 「기상도」, 정지용 「고향」 등
초현실주의	의식의 흐름, 자동기술법 등의 기법을 사용하는 실험적인 사조	이상 「날개」, 이시우 「제1인칭시」 등
실존주의	6 · 25를 계기로 도입되어, 전후의 참담한 현실에서 인간의 실존 의미를 추구	장용학 「요한 시집」 등

Check Point

목적주의

1920년대 식민지 생활을 극복하기 위한 저항 의식을 바탕으로 무기력한 문학에 반발하여 힘의 예술을 주장한 신경향파에 의해 시작되었다. 조직적 · 전투적인 계급의식으로 무장한 KAPF 문학으로 전개된 사조이다.

제3절 표현법과 문체

1. 수사법

구분		특징
비유법	직유법	비슷한 점을 지닌 두 대상을 직접적으로 비교하여 표현하는 방법으로, 보조관념에 '같이, ~처럼, ~인 양, ~듯이' 등의 연결어가 쓰임 예 내 누님같이 생긴 꽃이여
	은유법	'A는 B이다.'와 같이 비유하는 말과 비유되는 말을 동일한 것으로 단언하듯 표현하는 법 예 내 마음은 고요한 물결
	의인법	사람 아닌 사물을 사람처럼 나타내는 표현법 예 굽어보는 달님, 돌담에 속삭이는 햇발
	의물법	의인법과 반대로, 사람을 사물이나 동식물에 비유하여 표현하는 방법 예 고목이 된 뽕나무 가지에 닥지닥지 열린 것은 틀림없는 사람의 열매다.

Check Point

- **비유법** : 표현하려는 대상(원관념)을 그와 공통점을 가지고 있는 다른 대상(보조관념)에 빗대어 표현함으로써 그 자체의 성질, 모양 등을 뚜렷하고 선명하게 하여 내용을 쉽게 이해시키기 위한 표현 방법
  예 철수는(원관념) 걸어다니는 백과사전(보조관념)
- **강조법** : 표현하고자 하는 바를 보다 강력하게 드러냄으로써, 뜻을 한층 더 강하고 절실하게 나타내는 표현 방법
- **변화법** : 문장이 단조롭고 평범하게 흘러가지 않도록 표현 방법에 변화를 주어 독자의 새로운 관심을 불러일으키고 글의 뜻을 인상 깊게 하기 위한 표현 방법

구분			내용
비유법	활유법		생명이 없는 것을 마치 있는 것처럼 비유하는 법 예 소리 지르며 달리는 냇물
	의태법		사물의 모양과 태도를 그대로 시늉하여 표현하는 법 예 이글이글 애띤 얼굴
	의성법		자연계의 소리, 인간 또는 동물의 소리를 그대로 본떠 감각적으로 표현하는 법 예 바람이 윙윙 부는 밤
	풍유법		원관념을 숨기고, 비유하는 보조관념만으로 원관념을 간접적으로 드러내는 표현 방법. 속담, 격언, 풍자 소설 등에 많이 쓰임 예 산에 가야 범을 잡는다(큰일을 하려면 어려움을 무릅써야 한다.)
	대유법	제유법	한 부분을 가지고 그 사물 전체를 나타내는 법 예 빼앗긴 들(조국)에도 봄은 오는가?
		환유법	사물의 특징으로 표현하려는 대상을 나타내는 법 예 사람을 바지저고리(못난 사람)로 아느냐?
	중의법		하나의 단어에 두 가지 이상의 뜻을 포함시켜 표현하는 법 예 명월이 만공산하니 쉬어 간들 어떠리. (명월 → 달, 황진이)
	상징법		비유이면서도 좀처럼 원관념을 찾아내기 힘든 표현. 추상적인 것을 구체적 사물로 암시하는 법 예 십자가 → 희생, 비둘기 → 평화
강조법	과장법		실제보다 훨씬 크거나 작게 표현하는 법 예 집채 같은 파도
	영탄법		기쁨, 슬픔, 놀라움, 무서움 따위의 감정을 표현하여 글의 효과를 높이는 법 예 님이여, 사랑이여, 아침 볕의 첫걸음이여.
	반복법		같거나 비슷한 말을 되풀이하여 강조하는 법 예 해야 솟아라, 고운 해야 솟아라.
	점층법		어구(語句)의 의미를 점차로 강하게, 크게, 깊게, 높게 함으로써 그 뜻이나 가락을 절정으로 끌어올리는 방법 예 나의 눈을 씻고, 머리를 씻고, 나의 가슴을 씻고, 다음에 나의 마음의 모든 구석구석을 하나하나 씻어 낸다.
	점강법		뜻을 점차로 여리게, 작게, 얕게, 낮게, 약한 것으로 끌어내려 강조하는 법 예 만 원이 안 되면 천 원이라도, 천 원이 안 되면 백 원, 그것도 안 되면 십 원도 좋다.
	대조법		서로 상반되는 사물을 맞세워 그중 하나를 두드러지게 나타내는 법 예 인생은 짧고, 예술은 길다.
	미화법		표현 대상을 아름다운 것으로 만들어 나타내거나 높여서 표현하는 방법 예 거리의 천사(고아, 거지)
	열거법		비슷한 말귀나 내용적으로 관계있는 말귀를 늘어놓는 법 예 푸른 하늘과 바다와 들과 산
	억양법		누르고 추켜 주거나, 추켜세운 후 눌러 버리는 등 글에 기복을 두는 법 예 얼굴은 예쁜데, 성격이 좋지 않다.
	현재법		과거나 미래형으로 쓸 말을 현재형으로 나타내는 법 예 이도령은 춘향 앞에 섰다. 춘향은 얼굴을 붉히고 돌아선다.
	비교법		두 가지 이상의 사물이나 개념의 비슷한 것을 비교하는 법 예 양귀비꽃보다도 더 붉은 그 마음 흘러라.
	연쇄법		앞말의 꼬리를 따서 그 다음 말의 머리에 놓아 표현하는 법 예 고향, 고향은 가을의 동화를 들려준다.

	명령법		격한 감정으로 명령하는 법 예 꼭 이기고 돌아오라!
변화법	돈강법		감정의 절정에서 갑자기 뚝 떨어지면서 감정의 진정 효과를 가져오는 법 예 단편소설의 대단원 처리
	도치법		문법상, 논리상으로 순서를 바꿔 놓는 법 예 그는 머뭇거렸다, 처음으로
	인용법	직접 인용	인용한 부분을 따옴표로 분명히 나타내는 법 예 "인간은 생각하는 갈대다."라는 말이 있다.
		간접 인용	인용한 부분을 따옴표 등이 없이 문장 속에 숨어 있게 표현하는 법 예 아버지께서는 늘 게으른 사람은 꼭 고생을 하게 마련이라고 말씀하신다.
	설의법		서술로 해도 무관한 것을 의문형으로 나타내는 법 예 어머니 / 당신은 그 먼 나라를 알으십니까?
	돈호법		대상을 불러 독자의 주의를 환기시키는 표현법 예 동포 여러분! 나 김구의 소원은 이것 하나밖에는 없다.
	대구법		가락이 비슷한 글귀를 짝지어 나란히 놓아 흥취를 높이려는 법 예 거룩한 분노는 종교보다도 깊고 불붙는 정열은 사랑보다도 강하다.
	경구법		교훈이나 진리를 줄 목적으로 기발한 글귀를 써서 자극을 주는 법. 속담, 격언 등을 주로 쓴다. 예 웅변은 은이고, 침묵은 금이다.
	반어법		겉으로 표현되는 말과는 반대의 뜻을 나타내는 법 예 먼 훗날 당신이 찾으시면 그 때에 내 말이 잊었노라.
	역설법		• 표면적으로는 이치에 어긋난 논리적 모순으로 보이지만 그 속에 보다 깊은 뜻이나 시적 진실을 담고 있는 표현법으로, 이를 통해 일상적으로 표현할 수 없는 시인의 느낌이나 감정을 참신하고 효과적으로 전달함 • 모순 형용 또는 모순 어법이라고도 함 예 찬란한 슬픔의 봄, 외로운 황홀한 심사, 이것은 소리 없는 아우성, 님은 갔지만은 나는 님을 보내지 아니하였습니다.
	문답법		스스로 묻고 스스로 대답하는 형식 예 역사란 무엇인가? 그것은 과거와 현재와의 대화이다.
	비약법		일정한 방향으로 나가던 글의 내용을 갑자기 중단하거나 비약시키는 방법 예 산은 옛 산이로되 물은 옛 물이 아니로다. 주야에 흐르니 옛 물이 있을 소냐?
	생략법		어떤 말을 없애도 뜻의 내용이 오히려 간결해져서 함축과 여운을 지니게 하는 법 예 저는 친구들과 같이 이미 피로써······.

Check Point

생략법

비교적 불필요한 부분을 생략함으로써 표현을 간결하고 굳세게 하고, 함축성과 여운을 띠게 하는 기법이다.

예 왔노라 보았노라 이겼노라

Check Point

반어와 역설

- **반어(irony)** : 상황과 언어의 모순으로서, '말'과 '뜻'이 서로 어긋나서 빚어지는 긴장을 가리킨다.
- **역설(paradox)** : 언어의 모순된 연합으로서, 겉으로는 모순되는 것 같지만 실상은 진실을 담고 있는 관념, 말, 이미지, 태도 등을 뜻한다.

서울시 9급 기출

01. 글에서 설명한 시의 표현방법이 적용된 시구로 가장 옳은 것은?

> 본래의 의미와 의도를 더욱 효과적으로 강조하기 위해 그것을 가장하거나 위장하는 것이다. 즉 본래의 의도를 숨기고 반대되는 말로 표현하는 것으로, 표면의미(표현)와 이면의미(의도) 사이에 괴리와 모순을 통해 시적 진실을 전달하는 표현방법이다.

① 돌담에 속삭이는 햇발같이 / 풀 아래 웃음 짓는 샘물같이 – 김영랑, 「돌담에 속삭이는 햇발같이」
② 내가 그의 이름을 불러 주었을 때 / 그는 나에게로 와서 / 꽃이 되었다 – 김춘수, 「꽃」
③ 산은 나무를 기르는 법으로 / 벼랑에 오르지 못하는 법으로 / 사람을 다스린다 – 김광섭, 「산」
④ 나보기가 역겨워 / 가실 때에는 / 죽어도 아니 눈물 / 흘리오리다 – 김소월, 「진달래꽃」

해 글에서 설명하고 있는 시의 표현방법은 '반어법'이다. ④번의 시에서는 님이 자신을 떠나가는 슬픈 상황에서도 죽어도 눈물을 흘리지 않겠다는 반어법이 사용되었다.

답 01 ④

꼭! 확인 기출문제

다음 시의 밑줄 친 어구에서 사용한 표현 방법이 나타난 것은? [국회직 9급 기출]

> 내 죽으면 한 개 바위가 되리라.
> (중략)
> 비와 바람에 깎이는 대로
> 억년 비정의 緘默(함묵)에
> 안으로 안으로만 채찍질하여
> 드디어 생명도 망각하고
> 흐르는 구름
> <u>머언 遠雷(원뢰)</u>
>
> 꿈꾸어도 노래하지 않고
> 두 쪽으로 깨뜨려져도
> 소리하지 않는 바위가 되리라.
>
> – 유치환, 「바위」

① 남몰래 흘리는 눈물
❷ 창문을 두드리는 낙숫물 소리
③ 파도야 어쩌란 말이냐
④ 찬란한 슬픔의 봄

해 ② 시의 화자는 자신을 좌절시키려 하는 원뢰(遠雷)에 굴하지 않겠다고 말하고 있다. 원뢰는 상징법에 해당되며 '비슷한 창문을 두드리는 낙숫물 소리'가 적절하다.

2. 기타 표현

표현 기교	의미	예
언어유희	말이나 문자, 음운, 발음의 유사성을 이용하여 해학성을 높이는 표현 방법	• 너의 서방인지 남방인지 걸인 하나가 내려왔다. • 개잘량 '양'자에 개다리 소반이라는 '반'자 쓰는 양반이 나오신단 말이오.
사비유(死比喩)	너무 자주 사용되어 개성과 참신함, 본래의 묘미가 사라진 비유	• 상다리가 부러지게 음식을 차렸다. • 출근길은 언제나 교통지옥이다.
돌려 말하기	전달하고자 하는 것을 직설적으로 표현하지 않고 살짝 돌려서 말하는 것	꽃이 만개한 들에 팔랑거리는 한 마리 노랑나비가 되고 싶다(봄나들이 가고 싶다).
주객전도	말하는 주체와 대상이 되는 객체 간의 주술관계를 서로 바꾸어 표현하는 기법	산이 날 에워싸고 씨나 뿌리며 살아라 한다.
감정 이입	화자의 감정을 다른 생명체나 무생물체에 이입하는 기법, 즉 다른 대상을 통해 감정을 표현하는 것	저 물도 내 안 같아야 울어 밤길 예놋다.
공감각적 표현(감각의 전이)	어떤 감각적 대상을 다른 감각적 대상으로 전이시켜 복합적으로 표현하는 것	• 분수처럼 흩어지는 푸른 종소리(청각의 시각화) • 향기로운 님의 말소리(청각의 후각화)

언어유희의 유형

- **동음이의어의 활용** : 갈비를 직신, 갈비 한 대 먹고 지고. 「춘향전」
- **유사 음운의 활용**
  - 노새원님을 내가 타묘 「봉산탈춤」
  - 서방인지 남방인지 「춘향전」
- **말의 배치를 바꾼 활용** : 문 들어온다. 바람 닫아라. 「춘향전」

3. 문체

구분		내용
문장의 호흡에 따라	간결체	문장의 길이가 짧고 수식어가 적어 글의 호흡이 빠른 문체
	만연체	문장이 길고 수식어가 많아 글의 호흡이 느린 문체
표현의 강약에 따라	강건체	글의 기세가 도도하고 거세며 탄력 있는 남성적인 문체
	우유체	글의 흐름이 우아하고 부드러워 여성적인 느낌을 주는 문체
수식의 정도에 따라	화려체	비유나 수식이 많아 찬란하고 화려한 느낌을 주는 문체
	건조체	비유나 수식이 거의 없으며, 간결하고 선명한 인상을 주는 압축 · 요약된 문체

개성적 문체와 유형적 문체

- **개성적 문체** : 개인적이고 독자적인 성격이 드러나는 표현상에서의 특수성을 말한다. 흔히 문장 양식을 가리키며, 특정 작가와 그 작품 속 문장에서 나타난다.
- **유형적 문체** : 작품 속에서 인정되는 표현상의 공통적 특수성을 말한다. 사회와 밀접한 관련을 맺고 있으며, 표기 형식 · 어휘 · 어법 · 수사 · 문장 형식 또는 시대나 지역 사회에 따라 달라진다.

기출 Plus 지방직 9급 기출

02. 다음 글에 대한 이해로 적절하지 않은 것은?

> 말뚝이 : (가운데쯤 나와서) 쉬이. (음악과 춤 멈춘다.) 양반 나오신다아! 양반이라고 하니까 노론, 소론, 호조, 병조, 옥당을 다 지내고 삼정승, 육판서를 다 지낸 퇴로 재상으로 계신 양반인 줄 아지 마시오. 개잘량이라는 '양' 자에 개다리소반이라는 '반' 자 쓰는 양반이 나오신단 말이오.
> 양반들 : 야아, 이놈, 뭐야아!
> 말뚝이 : 아, 이 양반들, 어찌 듣는지 모르갔소. 노론, 소론, 호조, 병조, 옥당을 다 지내고 삼정승, 육판서 다 지내고 퇴로 재상으로 계신 이 생원네 삼 형제분이 나오신다고 그리하였소.
> 양반들 : (합창) 이 생원이라네. (굿거리장단으로 모두 춤을 춘다. 도령은 때때로 형들의 면상을 치며 논다. 끝까지 그런 행동을 한다.)
>
> – 작자 미상, 「봉산탈춤」 –

① 말뚝이는 언어유희를 통해 양반을 조롱하고 있다.
② 말뚝이는 양반의 호통에 이내 변명하는 모습을 보인다.
③ 양반은 화를 낼 뿐 말뚝이의 말에 대한 제대로 된 문책을 못하고 있다.
④ 양반은 춤을 통해 말뚝이를 제압하고 있다.

해 말뚝이는 양반을 조롱하는 인물로 그려지고 있으므로 양반이 춤을 통해 말뚝이를 제압한다는 내용은 적절하지 않다.

답 02 ④

제2장

문학의 장르

제1절 시의 이해

1. 시의 본질

(1) 시의 정의

시는 인간의 사상과 감정을 운율 있는 언어로 압축하여 형상화한 문학이다.

(2) 시의 특성

① **함축성** : 절제된 언어와 압축된 형태로 사상과 감정을 표현한다.

② **운율성** : 운율로써 음악적 효과를 나타낸다.

③ **정서성** : 독자에게 특정한 정서를 환기시킨다.

④ **사상성** : 의미 있는 내용으로서 시인의 인생관 · 세계관이 깔려 있다.

⑤ **고백성** : 시는 내면화된 세계의 주관적 · 고백적 표현이다.

(3) 시의 3대 요소

① **음악적 요소(운율)** : 반복되는 소리의 질서에 의해 창출되는 운율감

② **회화적 요소(심상)** : 대상의 묘사나 비유에 의해 떠오르는 구체적인 모습

③ **의미적 요소(주제)** : 시에 담겨 있는 뜻에 의해 나타나는 요소

(4) 시어(詩語)

① **의미** : 시어(시적 언어)는 '시에서 사용되는 언어', '시적인 방법으로 사용된 일단의 말'을 의미하며, 일상어와는 구별되는 몇 가지 특징을 지닌다.

② **특징**

Check Point

시의 구성 요소
- **형식적 요소** : 시어, 시행, 연, 운율
- **내용적 요소** : 주제, 소재, 심상(이미지)

Check Point

외연적 의미와 함축적 의미
- 외연적 의미(지시적 의미)
  - 단어가 가리키는 것 자체로 이해되는 의미, 즉 모든 사람에게 같은 뜻으로 파악되는 의미를 말하며, 이는 사회적으로 공인된 비개인적인 의미에 해당함
  - 사전적 의미, 개념적 의미, 문맥적 의미, 비개인적 의미
- 함축적 의미(내포적 의미)
  - 단어가 가리키는 대상에 대한 느낌과 태도, 정서, 또는 지시적 의미로부터 연상되는 유추적 의미를 말함
  - 암시나 비유, 상징적 의미, 개인적 의미

㉠ **함축적 의미(내포적 의미)** : 시어는 통상적인 의미를 넘어 시에서 새롭게 창조되는 의미를 지니며, 여기에는 시어가 지니는 분위기나 다의성, 비유, 상징적 의미 등이 포함됨

㉡ **시적 허용(시적 자유)** : 시어는 일상적인 언어 규범과 다른 방식으로 정서나 사상을 표현할 수 있으며, 비문과 사투리, 신조어 등을 사용하여 개성적인 표현이 가능함

㉢ **다의성(모호성)** : 시어는 시 속에서 여러 가지 의미를 지니게 되며, 이는 시의 폭과 깊이를 넓힘

㉣ **주관성** : 객관적으로 통용되는 의미를 넘어 주관적 · 개인적으로 해석될 수 있는 의미를 중시함

㉤ **사이비 진술(의사 진술)** : 일상적 상식이나 과학적 사실과 다르지만 시적 진실을 통해 감동을 유발함

㉥ **정서의 환기** : 시어는 의미를 전달하는 외에도 시적 상황을 매개로 하여 시적 정서를 환기함

③ **시에서의 역할**

㉠ **매개체로서의 역할**

- 시어는 시에서 추억을 떠올리게 하거나 과거를 회상하게 하는 매개체 역할을 수행함
- 화자의 심경에 변화를 초래하는 매개체가 되기도 함

㉡ **교훈의 대상으로서의 역할** : 바람직한 삶의 모습이나 자세를 주는 교훈의 대상이 되기도 함

㉢ **장애물의 역할** : 화자의 소망이나 목표를 방해하는 장애물이나 난관이 되기도 함

2. 시의 갈래

형식상 갈래	자유시	특정한 형식에 얽매이지 않고 자유롭게 지은 시
	정형시	일정한 형식에 맞추어 쓴 시
	산문시	행의 구분 없이 산문처럼 쓰인 시
내용상 갈래	서정시	개인의 주관적 정서를 짧게 압축한 시 ※ 서경시 : 자연 풍경을 주로 읊은 시로 서정시에 속한다.
	서사시	신화나 역사, 영웅들의 이야기를 길게 읊은 시
	극시	극적인 내용을 시적 언어로 표현한 희곡 형식의 시

Check Point

정형시

- **음수적 정형시** : 글자의 수가 일정한 시. 7 · 5조, 4 · 4조, 오언시 등
- **시행적 정형시** : 시행의 수가 일정한 시. 향가, 소네트(sonnet) 등

서사시

- **최초의 집단적 서사시** : 「구지가」
- **고려시대 한문 서사시** : 이규보 「동명왕편」, 이승휴 「제왕운기」
- **최초의 한글 장편 서사시** : 「용비어천가」
- **최초의 근대 서사시** : 김동환 「국경의 밤」

목적상 갈래	순수시	개인의 순수한 정서를 형상화한 시
	사회시(참여시)	사회의 현실에 참여하여 자신의 의견을 내놓는 시
태도 · 경향상 갈래	주정시	인간의 감정에 호소하는 시로, 좁은 의미의 서정시로 일컬어짐
	주지시	인간의 지성에 호소하는 시로, 기지 · 풍자 · 아이러니 · 역설 등으로 표출됨
	주의시	지성과 감성을 동반하되 목적이나 의도를 지닌 의지적인 내용을 주로 표현한 시

3. 시의 운율

Check Point

- **운(韻)** : 동일하거나 유사한 자음 및 모음의 규칙적 반복
- **율(律)** : 음의 고저 · 장단 · 강약 등의 주기적 반복

(1) 운율의 개념

소리의 일정한 규칙적 질서로, 특정 위치에 동일한 음운이 반복되며 리듬을 형성하는 운(韻)과 동일한 소리뭉치가 일정하게 반복되는 현상인 율(律)로 구분한다. 일정한 규칙성을 통해 안정감과 미적 쾌감을 주며, 독특한 어조를 형성하는 역할을 한다.

(2) 운율의 갈래

외형율	음수율		시어의 글자 수나 행의 수가 일정한 규칙을 가지는 데에서 오는 운율 → 3 · 4(4 · 4)조, 7 · 5조
	음위율		시의 일정한 위치에 일정한 음을 규칙적으로 배치하여 만드는 운율
		두운	일정한 음이 시행의 앞부분에 있는 것
		요운	일정한 음이 시행의 가운데 있는 것
		각운	일정한 음이 시행의 끝부분에 있는 것
	음성률		음의 장단이나 고저 또는 강약 등의 주기적 반복으로 만드는 운율
	음보율		소리의 반복과 시간의 등장성에 근거한 운율 → 3음보, 4음보
내재율			의미와 융화되어 내밀하게 흐르는 정서적 · 개성적 운율

(3) 운율을 이루는 요소

① 동음 반복 : 특정한 음운을 반복하여 사용한다. 예 얄리얄리 얄라셩 얄라리 얄라, 고요히 고운 봄길 위에

② 음수 · 음보 반복 : 일정한 음절 수나 음보를 반복하여 사용한다(음수율 · 음보율). 예 7 · 5조 3음보의 율격

③ 의성어, 의태어 사용 : 의성어나 의태어 등 음성 상징어를 사용하여 운율을 형성한다. 예 흐릿한 불빛에 돌아 앉아 도란도란거리는 곳, 이 마을 전설이 주저리주저리 열리고

④ 통사 구조의 반복 : 같거나 비슷한 문장의 짜임을 반복적으로 사용하여 운율을 형성한다.

4. 시의 표현

(1) 이미지(image, 심상)

① **개념** : 시를 읽을 때 마음속에 떠오르는 느낌이나 상(象), 즉 체험을 바탕으로 감각기관을 통하여 형상화된 사물의 감각적 영상을 말한다.

② **기능**

㉠ **함축적 의미 전달** : 시어의 의미와 느낌을 한층 함축성 있게 나타낼 수 있다.

㉡ **시적 대상의 구체화** : 단순한 서술에 비해 대상을 구체적이고 생생하게 표현할 수 있다.

㉢ **심리 상태의 효과적 표현** : 감각을 직접적으로 뚜렷이 전달할 수 있다.

③ **종류**

㉠ **시각적 이미지** : 색깔, 모양, 명암, 동작 등 눈의 감각을 이용한 이미지
예 어두운 방 안엔 / 바알간 숯불이 피고

㉡ **청각적 이미지** : 음성, 음향 등 소리의 감각을 이용한 이미지 예 머리맡에 찬물을 쏴아 붓고는

㉢ **후각적 이미지** : 냄새의 감각을 이용한 이미지 예 매화 향기 홀로 아득하니

㉣ **미각적 이미지** : 맛의 감각을 이용한 이미지 예 집집 끼니마다 봄을 씹고 사는 마을

㉤ **촉각적 이미지** : 감촉의 감각을 이용한 이미지 예 젊은 아버지의 서느런 옷자락에

㉥ **공감각적 이미지** : 두 가지 감각이 동시에 지각되는 표현, 또는 한 감각이 다른 감각으로 전이(轉移)되어 나타나는 표현 예 금으로 타는 태양의 즐거운 울림(시각의 청각화), 분수처럼 흩어지는 푸른 종소리(청각의 시각화), 향기로운 님의 말소리에 귀먹고(청각의 후각화), 파아란 바람이 불고 가을이 있습니다(촉각의 시각화)

㉦ **복합 감각적 이미지** : 서로 다른 두 가지 이상의 관련이 없는 감각을 나열한 이미지 예 술 익는 마을마다 타는 저녁 놀(후각과 시각을 나열), 흐릿한 불빛 아래 돌아앉아 도란도란 거리는 곳(시각과 청각을 나열)

Check Point

심상의 표현 방식

- **묘사적 심상(서술적 심상)** : 대상의 모습을 묘사하거나 서술하여 표현한 심상
- **비유적 심상** : 대상을 빗대어 표현한 심상(직유나 은유 등의 비유적 표현을 사용)
- **상징적 심상** : 대상과 관련된 여러 추상적 관념을 환기시키는 심상(상징을 이미지와 연결하여 표현)

공감각적 이미지가 사용된 표현

- 먼 곳에 여인의 옷 벗는 소리(시각의 청각화)
- 옛이야기 지줄대는 실개천(시각의 청각화)
- 온 몸에 햇볕을 받고 깃(旗)발은 부르짖고 있다(시각의 청각화)
- 여명(黎明)에서 종이 울린다(시각의 청각화)
- 향료(香料)를 뿌린 듯 곱다란 노을(시각의 후각화)
- 붉은 이마에 싸늘한 달이 서리어(시각의 촉각화)
- 자욱한 풀벌레 소리 발길로 차며(청각의 시각화)
- 꽃처럼 붉은 울음을 밤새 울었다(청각의 시각화)
- 금빛 게으른 울음(청각의 시각화)
- 밤바람 소리 말을 달리고(청각의 시각화)
- 여윈 귀뚜리 점점 소리도 얼고(청각의 시각화)
- 구렁에 물소리가 몸에 감겨 스며드는(청각의 촉각화)
- 동해 쪽빛 바람(촉각의 시각화)
- 매운 계절의 채찍에 갈겨(촉각의 미각화)

꼭! 확인 기출문제

다음 문장에 쓰인 수사법과 같은 수사법이 쓰인 것은? [서울시 9급 기출]

> 우리 옹기는 양은그릇에 멱살을 잡히고 플라스틱류에 따귀를 얻어맞았다.

① 그는 30년 동안 입고 있던 유니폼을 벗고서 붓을 들기 시작했다.
❷ 지금껏 역사를 굽어본 강물은 말없이 흐른다.
③ 돈을 잃는 것은 적게 잃는 것이지만 명예를 잃는 것은 많이 잃는 것이고 건강을 잃는 것은 모든 것을 잃는 것이다.
④ 보고 싶어요, 붉은 산이, 그리고 흰 옷이.

해 ② 문장에서 공감각적인 표현을 통해 '멱살을 잡히고'와 '따귀를 얻어맞았다.'에서 촉각의 시각화를 표현하여 옹기에 생명을 부여하였다. 따라서 같은 수사법이 사용된 어구는 '지금껏 역사를 굽어본 강물은 말없이 흐른다.'이다.

(2) 비유

① 개념 : 말하고자 하는 사물이나 의미를 다른 사물에 빗대어 표현하는 방법으로, 두 사물의 유사점에 근거하여 원관념과 보조관념의 결합으로 이루어진다.

② 기능

㉠ 이미지를 형성하는 수단이다.

㉡ 추상적인 대상을 구체적으로 정확하게 전달할 수 있다.

Check Point

비유와 상징의 차이

비유의 경우에는 보조관념이 원관념을 효과적으로 표현하기 위한 수단이므로 그 자체의 독립적 의미를 지니지 못하지만, 상징은 보조관념 자체만으로도 의미를 지니며 심원한 함축적 의미를 띤다는 점이 다르다.

(3) 상징

① 개념 : 어떤 사물이 그 자체의 뜻을 유지하면서 더 포괄적이고 내포적인 다른 의미까지 나타내는 표현 방법이다.

② 특성

㉠ 상징은 그 의미를 전체 작품에 조응할 때 비로소 파악할 수 있다.

㉡ 상징은 원관념이 생략된 은유의 형태를 띠지만, 그 뜻을 완벽하게 밝히지는 않는다.

㉢ 비유에서는 원관념과 보조관념이 일대일로 대응하지만, 상징에서는 일대다수로 대응된다.

③ 종류

㉠ 제도적 상징(관습적 · 사회적 · 고정적 상징) : 오랜 세월을 두고 사회적 관습에 의해 되풀이되어 널리 보편화된 상징 예 십자가 → 기독교, 비둘기 → 평화

㉡ 개인적 상징(창조적 · 문학적 상징) : 개인에 의해 만들어져서 문학적 효과를 발휘하는 상징 예 김수영 「풀」(끈질긴 생명력을 지닌 민중), 김광섭 「성북동 비둘기」(현실에서 소외된 삶의 계층)

Check Point

시적 허용

시에서 구사되는 어휘는 함축적이고 암시적일 뿐만 아니라, 문법적 측면에서 허용되지 않는 표현도 자유로이 사용된다.

5. 시상의 전개

(1) 개념

시인의 사상이나 정서를 일정한 질서로 조직하는 것을 말한다.

(2) 유형(전개 방식)

① 시간의 흐름에 따른 전개

㉠ 과거에서 현재, 미래로의 흐름

- 김종길 「성탄제」 : 과거 → 현재
- 이육사 「광야」 : 과거 → 현재 → 미래
- 윤동주 「서시」 : 과거 → 미래 → 현재

㉡ 밤에서 아침으로의 흐름

- 김광균 「외인촌」 : 해질 무렵 → 아침
- 박남수 「아침 이미지」 : 어둠 → 아침

② 시선의 이동에 따른 전개

㉠ 원경에서 근경으로의 이동 : 박목월 「청노루」, 김상옥 「사향」

㉡ 그 밖의 이동 : 이병기 「난초」(잎새 → 줄기(대공) → 꽃 → 이슬)

③ 대조적 심상의 제시

㉠ 김기림 「바다와 나비」 : 흰나비와 바다의 대립

- 흰나비 : 백색, 가냘픔, 낭만적, 순진무구
- 바다 : 청색, 거대함, 현실적, 모험과 시련의 공간

㉡ 김수영 「풀」 : 풀과 바람의 대립

- 풀 : 약자, 민중
- 바람 : 강자, 권력자

㉢ 김현승 「가을」 : 봄과 가을의 대립

- 봄 : 지상, 육체적 성숙, 외면적, 일시적
- 가을 : 천상, 정신적 성숙, 내면적, 항구적

㉣ 박남수 「새」 : 포수와 새의 대립

- 포수 : 인간의 세계, 공격성, 비생명성, 탐욕
- 새 : 자연의 세계, 순수성, 생명성, 사랑, 순수

㉤ 신동엽 「껍데기는 가라」 : 껍데기와 알맹이의 대립

- 껍데기 : 허위, 가식, 불의, 외세, 무력 등
- 알맹이 : 순수, 진실, 의로움 등

④ 기타 전개 방식

㉠ **기승전결(起承轉結)에 따른 전개** : 기승전결의 구성 방식, 즉 '시상의 제시 → 시상의 반복 및 심화 → 시상의 전환 → 중심 생각 · 정서의 제시'의 전개를 통해 완결성을 추구하는 방식 예 한용운 「님의 침묵」, 이수복 「봄비」

㉡ **수미상관(首尾相關)에 따른 전개** : 시작과 끝을 같거나 비슷한 시구로 구성하는 전개 방식으로, 시의 균형감과 안정감을 획득할 수 있는 장점을 지님 예 김영랑 「모란이 피기까지는」, 한용운 「나룻배와 행인」, 김광균 「와사등」

㉢ **선경후정(先景後情)에 따른 전개** : 앞에서는 풍경을 묘사하고, 뒤에서는 시적 화자의 정서를 표출하는 방식 예 조지훈 「봉황수」, 김소월 「가는 길」, 박두진 「향현」, 이육사의 「꽃」, 「절정」

㉣ **점층적 기법에 따른 전개** : 의미나 단어 형태, 진행 과정 등을 점층적으로 변화시키며 시상을 전개하는 방식 예 이육사 「교목」, 김현승 「눈물」

㉤ **연상 작용에 따른 전개** : 하나의 시어가 주는 이미지를 이와 관련된 다른 관념으로 꼬리에 꼬리를 무는 방식

㉥ **어조의 전환에 따른 전개** : 화자의 정서가 절망과 희망, 기쁨과 슬픔, 체념과 극복의 의지 등으로 전환되면서 주제의식이 부각되는 전개 방식을 말한다.

Check Point

공간의 이동에 따른 전개
시적 화자나 대상이 위치하는 공간이 이동함에 따라 시상을 전개하는 것으로, 화자의 공간은 변하지 않고 시선만 이동하는 시선의 이동에 따른 전개와 구분된다.

Check Point

선경후정(先景後情)
앞에서는 경치를 묘사하고, 뒤에서는 경치를 바라보는 화자의 심정을 드러낸 것을 말한다.

6. 시적 화자와 시의 어조

(1) 시적 화자(시적 자아, 서정적 자아)

① 개념

㉠ 시적 화자란 시 속에서 말하는 사람을 말하며, 시인의 정서와 감정 등을 전달해주는 매개체에 해당함

㉡ 시인 자신과 같을 수도 있고 다를 수도 있는데, 시인 자신이 화자인 경우 주로 자기 고백적이고 반성적인 성격을 지니며, 다른 인물이 화자인 경우 작품의 주제나 내용을 드러내는데 가장 적합한 인물이 선정됨

② 유형

㉠ 남성적 화자

- 이육사 「광야」 → 지사적이고 예언자적인 남성
- 유치환 「일월」 → 불의에 타협하지 않고 맞서는 남성

㉡ 여성적 화자

- 한용운 「당신을 보았습니다」 → 권력자에게 능욕당하는 여인(주권을 상실한 백성)
- 김소월 「진달래꽃」 → 이별의 슬픔을 승화하려는 여인

③ 시적 화자의 정서적 거리

㉠ 개념

- 정서적 거리는 시적 화자가 대상에 대하여 느끼는 감정과 정서의 미적 거리를 말함
- 감정의 표출 정도와 방식에 따라 가까운 거리, 균제 · 절제된 거리, 먼 거리 등으로 나뉨

㉡ 구분

- 정서적 거리가 가까운 경우 : 시적 대상에 대한 화자의 긍정적 정서가 강할 때 드러나며, 대상에 대해 주관적이고 직접적인 감정으로 표현됨
- 정서적 거리가 절제된 경우 : 시적 화자의 정서가 작품에 드러나기는 하나 직접적이고 적극적으로 표현되지 않고 절제된 어조와 태도를 통해 표현됨
- 정서적 거리가 먼 경우 : 시적 화자의 정서가 작품 속에 드러나지 않고 숨겨져 있으며 시적 대상만이 전면에 드러나는 경우를 말하며, 대상에 대한 주관적 · 감정적 표현은 자제되고 객관적인 모습의 묘사가 부각됨

Check Point

시적 화자의 태도(정서) 유형

- 찬양적(예찬적) 태도
- 비판적 태도, 풍자적 태도
- 반성적 태도, 회한(悔恨)의 태도
- 자조적 태도
- 초월적 태도, 달관적 태도
- 희망적 태도, 의지적 태도, 긍정적 태도
- 절망적 태도, 체념적 태도, 부정적 태도
- 명상적 태도, 기원적 태도
- 미래 지향적 태도

(2) 시의 어조

① 개념 : 시적 자아에 의해 표출되는 목소리의 성향으로, 제재 및 독자 등에 대한 시인의 태도를 말한다.

② 유형

㉠ 남성적 어조 : 의지적이고 힘찬 기백을 전달한다.

예 유치환「깃발」·「바위」, 이육사의 시

㉡ 여성적 어조 : 간절한 기원이나 한, 애상 등을 전달한다.

예 한용운, 김소월, 김영랑의 시

㉢ 풍자 · 해학의 어조 : 사회에 대하여 비판적인 태도를 전달한다.

예 조선 후기 사설시조, 민중시

㉣ 성찰적 · 명상적 · 기원적 어조 : 경건하고 겸허한 자세로 삶의 가치를 추구하는 어조이다.

㉤ 대화체 어조 : 시적 자아가 독자와 대화하듯 친근하고 자연스럽게 말하는 어조이다.

(3) 시적 화자의 태도

① 개념 : 시적 자아가 대상을 바라보는 관점으로, 화자가 핵심으로 말하고 싶은 바를 다양한 감정을 가지고 시로써 표현하는 것을 일컫는다.

② 유형

㉠ 찬양적 태도 : 초월적인 존재 및 위대한 존재를 찬양하는 단어들로 시의 분위기를 전달하는 태도이다.

예 한용운「찬송」

㉡ 반성적 태도, 회한적 태도 : 개인이 처한 상황 또는 사회가 직면한 상황 속에서 적극적이지 못한 자신의 자세를 성찰하는 태도이다.

예 윤동주의 시

㉢ 자조적 태도 : 자기 자신 또는 사회에 부정적이며 염세적인 관점의 태도이다.

예 김수영의「사령」

㉣ 희망적 태도 : 긍정적이며 낙관적인 관점 아래에서 대상 및 세상을 바라보는 태도이다.

㉤ 미래 지향적 태도 : 미래의 가능성과 전망을 나타내는 시어들로 전달하는 태도이다.

7. 시조

(1) 정의

일정한 형식을 갖춘 우리 민족 고유의 대표적 정형시이다.

(2) 발생

시조는 신라의 향가와 고려속요(가요)의 영향을 받아 고려 중엽에 발생하여 고려 말에 국문학의 한 장르로서 정립하였다.

(3) 기본 형식

① 초장 · 중장 · 종장의 3장, 6구, 45자 내외로 구성
② 각 장은 2구, 4음보, 15자 내외로 구성
③ 각 음보는 3 · 4조 또는 4 · 4조의 기본 음수율
④ 종장 제1음보는 3음절로 고정되며, 제2음보는 5음절 이상

(4) 갈래

구분		내용
시대상 갈래	고시조(옛시조)	갑오경장 이전의 시조
	현대 시조	갑오경장 이후의 시조
형식상 갈래	평시조(단형시조)	3장 6구의 기본 형식을 갖춘 시조
	엇시조(중형시조)	종장 첫 구를 제외하고 어느 한 구절이 평시조보다 긴 시조
	사설시조(장형시조)	종장 첫 구를 제외하고 두 구절 이상이 평시조보다 긴 시조로, 정철의 '장진주사'가 효시
	연시조	2수 이상의 평시조가 모여서 된 시조(3장 한 수만으로 된 시조는 단시조)
배행상 갈래	장별 배행 시조	초장 · 중장 · 종장이 각 한 행으로 되어, 3행으로 한 수(首)가 이루어진 시조
	구별 배행 시조	장(章)을 한 행으로 하지 않고, 구(句)를 한 행으로 하여 6행으로 한 수가 이루어진 시조

Check Point

윤선도
조선 중기에 활동한 문신이자 시인으로, 정철과 함께 조선시가의 선구자로 불린다.
정치적으로 열세에 있던 가문에 태어나 당쟁으로 인하여 유배지에서 많은 시간을 보냈다. 그러한 은거생활 속에서 그가 지닌 문학적 역량이 드러났고, 자연을 제재로 하여 창작 활동을 했던 작가 중에서 가장 높게 평가받게 된다.
작품으로는 「산중신곡(山中新曲)」, 「산중속신곡(山中續新曲)」, 「고금영(古今詠)」, 「증반금(贈伴琴)」, 「어부사시사(漁父四時詞)」, 「몽천요(夢天謠)」 등이 있다.

제2절 소설의 이해

1. 소설의 본질

(1) 정의

소설은 개연성 있는 허구를 예술적으로 형상화한 산문 문학이다. 즉, 현실에서 있을 법한 이야기를 작가가 상상력에 의하여 구성하거나 꾸며내어 산문으로 표현한 서사 양식이라 할 수 있다.

Check Point

소설의 어원

장자의 「외물 편」에서 '소설(小說)'이라는 말이 처음 언급되었고, 후한의 반고가 저술한 「한서예문지」에는 그 뜻을 '가담항설(街談巷說)(거리에 떠도는 이야기)'이라 기록하고 있다.

(2) 특징

① **허구성** : 작가의 상상력에 의해 새롭게 창조된 개연성 있는 이야기(fiction)

② **산문성** : 주로 서술 · 묘사 · 대화 등으로 표현되는 대표적인 산문 문학

③ **진실성** : 인생의 참의미를 깨닫게 하며, 인생의 진실을 추구

④ **서사성** : 인물, 사건, 배경을 갖춘 이야기의 문학으로 일정한 시간의 흐름에 따라 전개

⑤ **예술성** : 형식미와 예술미를 지닌 창조적인 언어 예술

Check Point

소설 구성의 요소

- 소설 구성의 3요소 : 인물, 사건, 배경
- 소설 구성의 4요소 : 배경, 구성, 주제, 인물

(3) 소설의 3요소

① **주제(theme)** : 작가가 작품을 통하여 나타내고자 하는 인생관이나 중심 사상

② **구성(plot)** : 이야기 줄거리의 짜임새(인물 · 사건 · 배경을 구성 요소로 한다.)

③ **문체(style)** : 작품에 구체적으로 나타나는 작가의 개성적인 문장의 특성

한국 소설의 경향

이해조의 신소설 「화(花)의 혈(血)」에서 허구성으로부터 나오는 재미 속에서 풍속을 가지런히 하는 교훈성이 깃들어야 한다는 것을 논의한 이래, 다양한 경향을 갖춘 소설들이 등장하게 되었다. 최서해의 「탈출기」 등의 서간체 소설은 인물의 깊숙한 감정을 오롯이 드러내었다. 이후에 채만식의 「태평천하」로 대표되는 가족사 소설은 가족의 흥망성쇠를 논했고, 박경리의 「토지」는 다양한 인물들의 갈등을 통해 사회의 변화 속에 인간이 겪는 고난과 삶의 의미를 보여주었다.

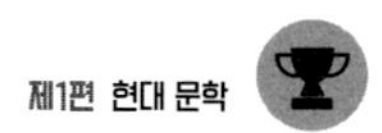

2. 소설의 갈래

길이에 따른 분류	장편(長篇)소설	복합적 구성과 다양한 인물의 등장으로 사회의 총체적 모습을 그림(원고지 1,000매 이상)
	중편(中篇)소설	장편과 단편의 특징을 절충한 것으로 구성은 장편소설과 비슷함(원고지 200~500매)
	단편(短篇)소설	단일한 주제 · 구성 · 문체로 통일된 인상을 줌(원고지50~ 100매)
	장편(掌篇)소설	'콩트', '엽편(葉篇)소설'이라고도 하며, 구성이 고도로 압축된 형태(원고지 20~30매)
시대에 따른 분류(우리나라)	고대소설	갑오경장(1894년) 이전의 소설
	신소설	갑오경장 직후부터 이광수의 「무정(1917년)」이 발표되기 직전까지의 소설로 언문일치에 가까운 문장을 쓰는 한편, 개화사상을 강조
	근대소설	이광수의 「무정」 이후 지금까지 발표된 소설
내용에 따른 분류	역사소설	역사적 사건이나 인물을 제재로 한 소설
	계몽소설	독자가 모르는 것을 깨우쳐 주기 위한 소설
	사회소설	사회 문제, 정치 문제 등을 소재로 하며 그와 관련된 목적성을 지닌 소설
	전쟁소설	전쟁을 제재로 한 소설
	심리소설	인간의 내부 심리 상태나 의식의 흐름을 묘사한 소설
	탐정소설	범죄와 그에 따른 수사 활동을 제재로 한 소설
예술성에 따른 분류	순수소설	예술성이 강한 소설
	대중소설	예술성은 별로 고려하지 않은 흥미 위주의 소설

Check Point

- 현재까지 밝혀진 최초의 소설 : 김시습 「금오신화」
- 현재까지 밝혀진 최초의 한글 소설 : 허균 「홍길동전」
- 최초의 본격적인 신소설 : 이인직 「혈의 누」

3. 소설의 구성(plot)

(1) 구성의 이해

① 개념 : 구성이란 주제를 효과적으로 표현하기 위해 사건을 인과관계에 따라 배열한 체계와 질서를 말한다(인과적이고 인위적인 미적 질서).

② 구성(plot)과 줄거리(story) : 구성은 작가의 의도에 따라 재구성된 사건의 인과적인 미적 질서인데 비해, 줄거리는 시간의 흐름에 따른 사건의 나열을 의미한다.

(2) 소설의 구성 단계

① 발단(exposition) : 소설의 첫머리로 인물과 배경이 제시되고 사건의 방향을 암시

Check Point

암시와 복선

- 암시(暗示) : 사건 전개의 방향이나 주인공의 운명 등을 독자가 예감할 수 있도록 하는 수법으로, 복선과는 달리 인과적 필연성이 없이 어떠한 느낌만을 넌지시 제시하는 것
- 복선(伏線) : 사건의 비약이나 극적인 전환을 위하여 때때로 어떤 소재나 동기적 행동을 미리 제시하는 것

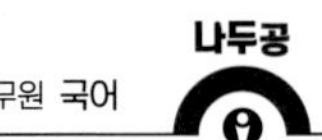

② 전개(complication) : 사건이 복잡해지고 구체적으로 전개되면서 갈등이 표면화되는 단계

③ 위기(crisis) : 극적인 발전을 가져오는 계기의 단계로서, 새로운 사태가 발생하기도 하며 위기감이 고조되고 절정을 유발하는 부분

④ 절정(climax) : 인물의 성격, 행동, 갈등 등이 최고조에 이르러 잘 부각되고 주제가 선명하게 드러나며 사건 해결의 실마리가 제시되는 단계

⑤ 결말(conclusion) : 갈등과 위기가 해소되고 주인공의 운명이 분명해지는 해결의 단계

(3) 구성의 유형

이야기 수에 따라	단순 구성 (단일 구성)	단일한 사건으로 구성되며, 주로 단편소설에 쓰임 예 계용묵 「백치 아다다」
	복합 구성 (산문 구성)	둘 이상의 사건이나 플롯이 서로 교차하면서 진행되는 구성으로, 주로 중편이나 장편소설에 쓰임 예 박경리 「토지」
구성 밀도에 따라	극적 구성	사건과 사건이 유기적 연결 속에서 긴장감 있게 전개되는 구성
	삽화적 구성	사건들이 밀접한 관련 없이 각각 독립적으로 산만하게 연결된 구성
사건의 진행 방식에 따라	평면적 구성 (진행적 구성)	시간적 흐름에 따라 진행되어 가는 구성
	입체적 구성 (분석적 구성)	시간의 흐름에 관계없이 진행되어 가는 구성
사건 전개 분위기에 따라	상승 구성	주인공이 지향하는 것을 성취하는 구성
	하강 구성	주인공이 지향하는 것을 실패하는 구성
이야기 틀에 따라	액자식 구성 (격자식 구성)	• 하나의 이야기(외화) 안에 또 하나의 이야기(내화)가 포함되어 있는 구성, 즉 주요 이야기와 부차적 이야기로 이루어진 이중 구성 예 김동인 「배따라기」·「광화사」·「붉은 산」, 김동리 「무녀도」·「등신불」, 현진건 「고향」, 박지원 「허생전」·「호질」 • 주제와 관련이 있는 내화(內話)가 핵심이 되는 이야기가 되며, 이야기의 전환 시 시점의 변화가 수반됨
	피카레스크식 구성	• 독립할 수 있는 여러 개의 이야기를 모아 전체적으로 보다 큰 통일성을 갖도록 구성하는 전개방식 • 각기 독립된 이야기들을 동일 주제로 구성하거나, 동일 주인공을 다른 이야기에 등장시키는 구성 예 홍명희 「임꺽정」, 보카치오 「데카메론」, 조세희 「난장이가 쏘아 올린 작은 공」, 박태원 「천변풍경」

Check Point

옴니버스식 구성
피카레스크식 구성보다 좀 더 독립성을 지닌 구성 방식으로 주로 드라마(희곡)에서 사용한다.

4. 소설의 인물(character)

(1) 인물의 유형

성격의 변화에 따라	평면적 인물	작품 속에서 성격이 변화하지 않고 주위의 어떠한 변화에도 영향을 받지 않는 인물로, 정적 인물(static character)이라고도 함 예 황순원 「학」의 덕재
	입체적 인물	사건이 진행되면서 성격이 변화되고 발전하는 인물로 원형적 인물 또는 발전적 인물(developing character)이라고도 함 예 황순원 「학」의 성삼
특성에 따라	전형적 인물	사회의 어떤 집단이나 계층을 대표하는 인물 예 박지원 「양반전」의 양반
	개성적 인물	성격의 독자성을 보이는 인물
역할에 따라	주동 인물	작품의 주인공으로서 사건의 주체인 인물 예 「춘향전」의 이도령과 성춘향
	반동 인물	작품 속에서 주인공과 대립하는 인물 예 「춘향전」의 변사또
	부수적 인물	주요 인물을 돋보이게 하는 부수적 · 부차적 인물 예 「춘향전」의 방자, 향단, 월매

(2) 인물(성격)의 제시 방법

① 직접적 제시

㉠ 작중 화자가 직접 인물의 성격과 특성 등을 설명하는 방법으로, 인물에 대해 모호함 없이 쉽게 이해할 수 있는 특징이 있다.

㉡ 주로 '말하기(telling) 기법'이 사용되며, 해설적 · 분석적 · 편집자적 · 요약적 제시라고도 한다.

② 간접적 제시

㉠ 인물의 말이나 행동, 대화 및 장면 묘사 등을 통해 성격을 암시적이고 간접적으로 드러내는 방법으로, 독자가 인물의 행동이나 대화 등을 통해 성격을 유추해야 한다는 점에서 극적인 성격을 지닌다.

㉡ 주로 '보여주기(showing) 기법'이 사용되며, 극적 제시라고도 한다.

직접적 제시	말하기(telling)	설명 위주	작가의 견해 제시 가능
간접적 제시	보여 주기(showing)	묘사(행동, 대화, 장면) 위주	독자의 참여 가능

Check Point

소설의 인물의 개념

소설의 인물이란 작가의 상상력에 의해 창조된 사건의 행위자(주체)를 말한다.

5. 소설의 시점

(1) 시점의 개념

① 시점이란 이야기를 하는 사람인 서술자가 사건이나 대상을 바라보는 관점 · 시각을 의미한다.

② 소설의 진행 양상이 어떤 인물의 눈을 통해 보여지는가 하는 관찰의 각도와 위치를 가리키는 말로서, 서술자의 각도와 위치에 따라 작품의 주제와 인물의 성격, 작품의 특성 등이 영향을 받는다.

(2) 시점의 분류 기준

구분	사건의 내부적 분석	사건의 외부적 관찰
서술자=등장인물	1인칭 주인공 시점	1인칭 관찰자 시점
서술자≠등장인물	전지적 작가 시점	작가 관찰자 시점

(3) 시점의 종류

① 1인칭 주인공 시점

㉠ 소설 속의 주인공이 자기 자신의 이야기를 서술

㉡ 인물과 서술의 초점이 일치(인물과 서술자의 거리가 가장 가까움)

㉢ 심리 소설, 서간체 소설, 수기체 소설, 과거 회상식 소설, 사소설(私小說) 등에 주로 쓰임

㉣ 주인공과 서술자가 일치하므로 주인공의 내면심리 제시에 효과적이며, 독자에게 친근감과 신뢰감을 부여

㉤ 객관성의 유지와 주인공 이외의 인물 · 사건 서술에 제약이 따름

㉥ 작품 : 김유정 「봄봄」 · 「동백꽃」, 이상 「날개」 · 「종생기」, 최서해 「탈출기」, 오정희 「중국인 거리」

② 1인칭 관찰자 시점(1인칭 목격자 시점)

㉠ 작품 속에 등장하는 부수적 인물인 '나'가 주인공의 이야기를 서술하는 시점으로, 어떠한 인물을 관찰자로 설정하는가에 따라 소설의 효과가 달라짐

㉡ 주인공의 내면이 드러나지 않아 긴장과 경이감을 조성하며, '나'에 대한 주관적 해석과 관찰의 '대상'에 대한 객관적 묘사를 동시에 추구하여 독자에게 신뢰감을 형성함

㉢ 객관적인 관찰자의 눈에 비친 세계만을 다루므로 전체적으로 시야가 제한적이며, 주인공과 세계에 대한 깊이 있는 묘사에 한계가 있음

Check Point

거리와 시점

'거리'는 서사 소통의 과정에서, 각 소통 주체 사이의 밀착된 정도(degree)를 뜻한다. 일반적으로는 작가 – 화자 – 독자를 중심으로 이루어지며, 여기에 서사 내용의 주체이자 핵심적 기능이라는 의미에서 '등장인물' 또한 한 요소로 추가된다.
대체로 1인칭 주인공 시점은 서술자가 곧 작중 인물이므로, 서술자와 인물, 서술자와 독자, 인물과 독자의 거리가 가깝다. 이에 비해 관찰자 시점은 서술자와 인물, 서술자와 독자의 거리는 멀고, 인물과 독자의 거리는 가깝다. 그리고 전지적 작가 시점의 경우는 관찰자 시점과는 반대로 서술자와 인물, 서술자와 독자의 거리는 가깝지만, 인물과 독자의 거리는 멀다.

㉣ **작품** : 주요섭 「사랑 손님과 어머니」, 현진건 「빈처」·「고향」, 김동인 「붉은 산」·「광화사」, 전영택 「화수분」, 채만식 「치숙」, 김동리 「화랑의 후예」·「등신불」, 윤흥길 「장마」

③ **작가(3인칭) 관찰자 시점**

㉠ 작가가 관찰자의 입장에서 객관적 태도로 이야기를 서술하는 방법

㉡ 외부 관찰에 의거하여 해설이나 평가를 하지 않고 있는 그대로 제시하는 시점으로, 현대 사실주의 소설에서 흔히 쓰임

㉢ 서술자와 인물의 거리는 가장 멀고, 작중 인물과 독자의 거리는 가까움

㉣ 서술자는 해설이나 평가를 내리지 않고 인물의 대화와 행동, 장면 등을 관찰해 객관적으로 전달함으로써 극적 효과와 객관성(리얼리티)을 유지

㉤ 서술자와 인물의 거리가 가장 멀며, 객관적 사실만 전달하므로 인물들의 심리 묘사와 명확한 해석에 어려움이 따름

㉥ **작품** : 김동인 「감자」, 황순원 「소나기」, 염상섭 「임종」

④ **전지적 작가 시점**

㉠ 작품에 등장하지 않는 서술자가 전지전능한 신과 같은 입장에서 소설의 모든 요소를 해설하고 논평할 수 있는 시점

㉡ 서술자가 인물의 심리나 행동, 대화까지 설명하고 해석하며, 작품에 직접 개입하여 사건을 진행하고 평가

㉢ 작가의 사상과 인생관이 직접 드러나며, 대부분의 고대 소설과 현대 소설(장편소설)에 사용됨

㉣ 서술자가 작품의 모든 요소에 대해 설명할 수 있어, 서술의 폭이 넓고 주인공이 모르는 것 까지도 독자에게 제공할 수 있음

㉤ 서술자의 지나친 관여와 해석, 논평으로 인해 독자의 능동적인 참여 기회가 제한되고 객관성을 확보하기가 어려우며, 소설이 도식적 · 논설적 경향으로 흐르기 쉬움

㉥ **작품** : 이효석 「메밀꽃 필 무렵」, 최인훈 「광장」, 염상섭 「삼대」

Check Point

시점의 혼용

두 가지 시점에서 서술하는 것을 말하며, 두 가지 이상의 이야기가 펼쳐지는 액자소설의 경우에서 찾아볼 수 있다.

- **1인칭 주인공 시점과 3인칭 전지적 작가 시점 혼용** : 김동인 「광화사」, 오상원 「유예」, 정용학 「요한시집」, 김동리 「무녀도」
- **1인칭 관찰자 시점과 3인칭 전지적 작가 시점 혼용** : 김동인 「배따라기」

Check Point

편집자적 논평

편집자적 논평(작중화자의 개입)이란 서술자가 진행 중인 사건이나 인물의 언행 등에 대하여 자신의 견해를 밝히는 것이다. 이는 전지적 작가 시점에서 가능하며, 특히 판소리계 소설에서 빈번히 볼 수 있다.

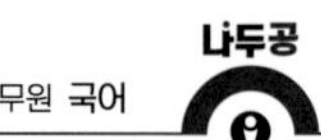

꼭! 확인 기출문제

글에서 설명한 소설의 시점으로 가장 옳은 것은? [서울시 9급 기출]

> 소설 속의 한 등장인물이 이야기를 말하는 것으로, 부수적인 인물이 작품 속에서 주인공의 이야기를 말한다. 주인공의 환경이나 행동 등을 관찰자의 입장에서 객관적으로 서술할 수 있다.

① 일인칭 주인공 시점
❷ 일인칭 관찰자 시점
③ 전지적 작가 시점
④ 작가 관찰자 시점

해 ② 글에서 부수적인 인물이 작품 속에서 주인공의 이야기를 관찰자의 입장에서 객관적으로 서술하고 있다.

6. 소설의 주제

Check Point

소설의 주제
소설의 주제(主題)는 작가가 작품 속에서 구현하고자 하는 핵심적인 의미이다. 이는 소설 속의 이야기를 통해 구체화된다. 그러므로 소설의 주제는 이야기가 지니고 있는 의미에 해당한다.

(1) 주제의 개념

① 주제란 작가가 작품을 통해 제시하고자 하는 중심적인 사상이나 세계관 · 인생관을 말한다.
② 주제는 작품의 모든 요소들의 전체 효과에 의해 형상화된 중심 내용이자 소설의 모든 요소들이 유기적으로 결합되어 형성되는 총체적인 사상이라 할 수 있다.

(2) 주제 제시 방법

① 직접적 제시
㉠ 작가나 작중 인물의 직접적 진술로 명확하게 제시하는 방법
㉡ 편집자적 논평으로 제시하거나 작중 인물들의 대화를 통해 제시됨
② 간접적 제시 : 작중 인물의 행동, 배경, 분위기, 갈등 구조와 그 해소, 플롯의 진행, 비유와 상징, 이미지 등을 통해 암시적으로 제시하는 방법

7. 소설의 사건

Check Point

소설 속의 갈등
갈등은 소설 작품 속에 등장하는 성격들 간의 대립을 의미하며, 소설에 있어서도 세계와 자아와의 대립의 표출인 갈등이 발생한다.

(1) 사건의 개념

① 사건이란 소설에서 인물의 행위나 서술에 의해 구체화되는 모든 일들을 말한다.
② 소설의 개별 사건들은 유기적 · 인과적으로 구성되어 전체 구조를 형성한다.
③ 소설 속의 대립되는 성격들이 갈등을 야기하며, 이러한 갈등은 사건으로 구체화된다(갈등을 중심으로 사건이 전개됨).

(2) 갈등의 양상

① **내적 갈등(내면 갈등)** : 인물의 마음속에서 일어나는 내적인 갈등을 말한다.
예 최인훈의 「광장」에 나타난 주인공 이명준의 심리적 갈등

② **개인(인물) 간의 갈등** : 주동 인물과 대립하는 인물(반동 인물) 간에 발생하는 갈등이다. 예 김유정의 「동백꽃」에서의 '나'와 '점순' 사이의 갈등

③ **개인과 사회와의 갈등** : 등장인물과 그들이 처한 사회적 환경 사이에서 발생하는 갈등을 말하며, 주로 인물과 사회의 관습 · 제도 등의 대립에서 발생한다.
예 채만식의 「레디 메이드 인생」에 나타난 식민지 사회 지식인(인텔리)의 갈등

④ **개인과 운명 간의 갈등** : 등장인물의 삶이 운명적으로 결정되거나 무너지면서 겪는 갈등을 말한다. 예 김동리의 「역마」에서 나타난 '성기'의 운명

⑤ **개인과 자연의 갈등** : 등장인물과 이들의 행동을 제약하는 자연현상과의 갈등을 말한다. 예 이광수의 「무정」에서 수재민들이 겪는 갈등

꼭! 확인 기출문제

다음 글에 대한 이해로 적절하지 않은 것은? [지방직 7급 기출]

> 작은 산골 간이역에서 제시간에 정확히 도착하는 완행열차를 보기가 그리 쉬운 일은 아님을 익히 알고 있는 탓이다. 더구나 오늘은 눈까지 내리고 있지 않은가. … (중략) … 지금 대합실에 남아 있는 사람은 모두 다섯이다. 한가운데에 톱밥 난로가 놓여 있고 그 주위로 세 사람이 달라붙어 있다.
>
> 출감한 지 며칠이 지났건만 사내는 감방 밖에서 보낸 그간의 시간이 오히려 꿈처럼 현실감이 없다. 사내는 출감 후부터 자꾸만 무엇인가 대단히 커다란 것을 빼앗겼다는 느낌을 감출 수가 없었다. 감방 안에서 사내는 손바닥 안에 움켜쥔 모래알이 빠져나가듯 하릴없이 축소되어 가고 있는 자기 몫의 삶의 부피를 안타깝게 저울질해 보곤 했었다. … (중략) …
>
> 대학생에겐 삶은 이 세상과 구별할 수 없는 그 무엇이다. 스물넷의 나이인 그에게는 세상 돌아가는 내력을 모르고, 아니 모른 척하고 산다는 것은 절대로 용서할 수 없다. 그런 삶은 잠이다. 마취 상태에 빠져 흘려보내는 시간일 뿐이라고 청년은 믿고 있다. 하지만 그는 얼마 전부터 그런 확신이 조금씩 흔들리기 시작하는 걸 느끼고 있다. 유치장에서 보낸 한 달 남짓한 기억과 퇴학, 끓어오르는 그들의 신념과는 아랑곳없이 이루어지고 있는 강의실 밖의 질서 …… 그런 것들이 자꾸만 청년의 시야를 어지럽히고 혼란을 일으키고 있는 중이다.
>
> – 임철우, 「사평역」

① 등장인물들의 과거 삶이 순탄치 않았음을 보여 준다.
② 등장인물들 사이의 갈등이 없이 이야기가 전개되고 있다.
③ 대합실에서 열차를 기다리는 사람들의 상황을 그리고 있다.
❹ 등장인물들의 구체적인 행위가 객관적으로 기술되고 있다.

해 ④ 각 등장인물의 순탄치 않았던 과거를 회상하면서 갈등을 겪는 내면을 보여주고 있다. 하지만 등장인물들이 구체적으로 한 행위에 대해서는 기술하지 않고 있다.

Check Point

사평역
- **작자** : 임철우
- **갈래** : 단편소설
- **문체** : 간결체, 구어체
- **배경**
  - 시간적 : 민주화 운동이 한창이던 1970년대 겨울밤
  - 공간적 : 어느 시골 간이역 대합실
- **주제** : 산업화, 민주화의 길에서 고단한 삶을 살았던 등장인물들의 모습

8. 소설의 배경

(1) 개념

① 소설에서 사건이 일어나는 시간 및 공간 또는 소설 창작 당시의 시대 · 사회적 환경 등을 말한다.

② 외적인 환경뿐만 아니라 인물의 심리적 배경도 이에 포함된다.

(2) 배경의 기능

① 사건의 전개와 인물의 행동에 사실성을 부여한다.

② 작품의 전반적인 분위기나 정조를 조성한다.

③ 주제나 인물의 심리 상태를 부각시키며, 배경 자체가 주제 의식을 효과적으로 드러내는 하나의 상징적인 의미를 지닌다.

Check Point

사회적 배경에 따른 소설의 예

- **일제 강점기** : 조정래 「아리랑」, 심훈 「상록수」, 황순원 「목넘이 마을의 개」, 채만식 「탁류」, 현진건 「고향」 · 「운수 좋은 날」, 염상섭 「표본실의 청개구리」 등
- **6 · 25 전쟁** : 손창섭 「비오는 날」 · 「잉여인간」, 장용학 「요한 시집」, 최인훈 「광장」, 하근찬 「수난이대」, 이범선 「오발탄」, 윤흥길 「장마」, 황순원 「나무들 비탈에 서다」 등
- **산업화** : 조세희 「난장이가 쏘아 올린 작은 공」, 조선작 「영자의 전성시대」, 황석영 「삼포 가는 길」, 최인호 「타인의 방」 등

(3) 배경의 종류

① **시간적 배경** : 사건이 일어나는 구체적인 시간이나 시대로, 사건의 구체성을 확보한다.

② **공간적 배경** : 행동과 사건이 일어나는 공간적인 무대로, 인물의 성격과 심리를 부각한다.

③ **사회적 배경** : 사건이 전개되는 사회의 구체적인 모습으로, 주제와 밀접한 관련이 있다.

④ **심리적 배경** : 작중 인물의 심리 상태의 흐름을 말하는 것으로, 심리주의 소설에서 중시된다.

⑤ **자연적 배경** : 자연현상이나 자연환경 등과 같은 배경으로, 일정한 분위기와 정조를 만들어 낸다.

배경에 따른 현대소설과 고전소설의 차이

현대소설은 몇 가지의 한정된 배경 안에서 사건이 일어나며 이야기가 진행된다. 반면, 고전소설은 삶과 죽음, 전생 및 현세를 배경으로 이야기를 진행하며 유교와 불교의 교리, 도교의 사상이 들어있다. 김만중의 「구운몽」으로 구체화된 고전소설의 다양한 배경 안에는 당시 민중의 초현실적이며 사회 개혁적인 소망이 담겨있다.

9. 소설의 문체와 어조

(1) 문체의 요소

① **서술** : 작가가 인물, 사건, 배경 등을 직접 해설하는 방식으로, 해설적 · 추상적 · 요약적으로 표현하여 사건 진행을 빠르게 하며 소설의 설화성(說話性)을 충족시킨다.

② **묘사** : 작가가 인물, 사건, 배경 등을 장면화하여 대상을 구체적 · 사실적으로 재현시킴으로써 독자에게 생생한 이미지를 전달한다.

③ **대화** : 등장인물이 하는 말에 의한 표현으로, 사건을 전개시키고 인물의 성격을 제시하는 역할을 하며, 스토리와의 유기적 결합으로 자연스럽고 극적인 상황을 만들어 간다.

Check Point

문체와 어조의 개념

- **문체** : 주제를 효과적으로 나타내기 위해 사용하는 작가의 개성적 언어 표현으로, 소설의 개성과 독창성을 이루는 바탕이 된다.
- **어조** : 언어 배열에 의해 전달되는 화자의 태도와 느낌 또는 작품 전체를 지배하는 분위기로서 문체와 관계가 깊으며, 작품의 총체적 의미나 주제 의식을 간접적으로 드러낸다.

(2) 어조의 종류

① **해학적 어조** : 익살과 해학이 중심을 이루는 어조 예 김유정의 소설

② **냉소적 어조** : 차가운 냉소가 주조를 이루는 어조 예 손창섭의 소설

③ **반어적 어조** : 진술의 표리를 가지거나 상황의 대조에 의한 어조 예 현진건의 소설

④ **풍자적 어조** : 사물에 대한 풍자가 나타나는 어조 예 채만식의 소설

Check Point

문체를 결정하는 요소

어휘의 특성, 문장의 구성, 서술의 성격, 비유적 표현, 어조 등

제3절 수필의 이해

1. 수필의 개념

인생이나 자연의 모든 사물에서 보고, 듣고, 느낀 것이나 경험한 것을 형식 · 내용상의 제한을 받지 않고 붓 가는 대로 쓴 글이다.

Check Point

우리나라 고대 수필의 종류

- **文** : 의견을 위주로 한 글
- **記** : 사적이나 명승지 등을 보고 사실대로 적은 글
- **序** : 책의 앞머리에 적은 글
- **跋** : 책의 맨 뒤에 적은 글
- **書** : 편지

2. 수필의 특징

(1) 형식이 자유로운 글

수필은 시나 소설처럼 언어의 압축 및 구성상의 제약이 따르지 않는 비교적 자유로운 글이다.

(2) 자기표현의 글

수필은 지은이 자신의 인생관이나 사상, 감정이 중심이 되므로 지은이의 마음이 드러나는 고백적 · 철학적인 글이다.

(3) 내용에 제한이 없는 글

수필은 지은이의 인생관이나 사회, 역사, 자연 등에 대하여 느낀 것, 생각하는 것 등 어느 것이나 그 내용으로 쓸 수 있다.

(4) 비전문적인 글

수필은 생활인이면 누구나 쓸 수 있으며, 전문성을 필요로 하지 않는 대중적인 글이다.

(5) 개성이 강한 글

수필은 지은이의 체험이나 사상을 표현하는 철저히 주관적인 문학으로 지은이의 개성이 강하게 드러나는 글이다.

(6) 비교적 짧은 글

신문, 잡지, 수필집 등에서 볼 수 있듯이 수필은 다른 산문 양식에 비해 짧은 편이다. 주로 200자 원고지 5~10매 내외로 쓰인다.

(7) 멋과 운치가 곁들여진 글

수필은 독자로 하여금 입가에 잔잔한 미소를 띠게 하는 유머와 무릎을 탁치게 하는 위트가 깃들어 있다.

Check Point

수필과 다른 장르의 구분
- 수필은 산문인데 비해, 시는 운문에 해당한다.
- 수필은 작가 자신의 체험을 서술하는 것인데 비해, 소설은 허구의 세계를 가상의 서술자를 통해 제시한다.
- 수필은 작가가 서술 방식을 통해 내용을 전달하는데 비해, 희곡은 배우의 대사와 행동을 통해 간접적으로 전달한다.

3. 수필의 종류

구분		내용
태도 및 내용에 따라	경수필	• 일정한 격식이 없이 개인적 체험과 감상을 자유롭게 표현한 수필 • 내용과 분위기가 친근하며, 주관적 · 정서적 · 자기 고백적이며 신변잡기적인 성격을 지님 예 편지, 기행문, 일기 등 대부분의 수필
	중수필	• 일정한 격식과 목적, 주제 등을 구비하고 논리적 · 지적으로 어떠한 현상을 표현한 수필 • 내용과 분위기가 형식적이고 객관적인 수필로, 학문적이고 철학적인 논제를 객관적으로 다룸 • 문장이나 내용이 상대적으로 무겁고, 논증, 설명 등의 서술 방식을 주로 사용 예 신문의 사설이나 논평, 칼럼 등

Check Point

수필의 구성 요소
- **소재(素材)** : 모든 것이 수필의 소재가 될 수 있다.
- **주제(主題)** : 글쓴이가 글을 통해 전달하고자 하는 생각이 들어 있어야 한다.
- **구성(構成)** : 소재와 이야기를 배열하여 조화를 이루고 의미화할 수 있어야 한다.
- **문체(文體)** : 글쓴이의 개성을 드러낼 수 있다.

진술 방식에 따라	서정적 수필	일상생활이나 자연에서 느낀 정서나 감정을 솔직하게 주관적으로 표현한 수필 예 이양하 「신록예찬」, 나도향 「그믐달」, 이효석 「낙엽을 태우면서」 등
	서사적 수필	어떤 사실에 대한 내용을 작가의 주관을 개입시키지 않고 이야기를 전개하는 형식 예 최남선 「백두산 근참기」·「심춘순례」, 김동인 「대동강」, 피천득 「은전 한 닢」, 윤오영 「방망이 깎던 노인」 등
	교훈적 수필	인생이나 자연에 대한 지은이의 체험이나 사색을 담은 교훈적 내용의 수필 예 대부분의 고전 수필, 김진섭 「모송론」, 이양하 「나무」, 이희승 「딸깍발이」, 조지훈 「지조론」, 김진섭 「생활인의 철학」 등
	희곡적 수필	극적 요소를 지닌 경험이나 사건을 희곡적으로 전개하는 수필로 사건이 유기적·통일적으로 전개 예 계용묵 「구두」, 이숭녕 「너절하게 죽는구나」 등

제4절 희곡·시나리오의 이해

1. 희곡

(1) 희곡의 정의

희곡은 공연을 목적으로 하는 연극의 대본을 뜻하는 것으로, 등장인물들의 행동이나 대화를 기본 수단으로 하여 관객들을 대상으로 표현하는 예술 작품이다.

(2) 희곡의 특성

① **무대 상연을 전제로 한 문학** : 공연을 목적으로 창작되었기 때문에 여러 가지 제약(시간, 장소, 등장인물의 수)이 따른다.

② **행동의 문학** : 희곡은 인간의 행동을 통해 표현되며, 그 행동은 압축과 생략, 집중과 통일이 이루어져야 하며, 배우의 연기에 의해 무대에서 직접 형상화된다.

③ **대사의 문학** : 대사를 통해 사건이 전개되고, 인물의 성격이 드러나며 주제가 형상화된다.

④ **대립과 갈등의 문학** : 희곡은 인물의 성격과 의지가 빚어내는 극적 대립과 갈등을 주된 내용으로 한다.

⑤ **현재형의 문학** : 모든 사건을 무대 위에서 배우의 행동을 통해 지금 눈앞에 일어나는 사건으로 현재화하여 표현한다.

Check Point

희곡의 본질
인간이 자신의 열정과 욕망을 충족시키기 위해 행동하고, 다른 사람과 갈등하는 모습을 배우의 행동과 말을 통해 직접 관객의 눈앞에 재현시킬 것을 목적으로 하는 문학이다.

Check Point

희곡에서 무대와 관객

무대
↓
직접 전달, 정화 작용
↓
관객

Check Point

대사의 종류
- **대화(對話)** : 등장인물들끼리 주고받는 말
- **독백(獨白)** : 인물 혼자서 하는 말로, 자기 반성적 · 설명적 성격을 띰
- **방백(傍白)** : 무대 위의 다른 등장인물은 알아듣지 못한다는 전제하에, 배우가 관객을 향해 하는 말

(3) 희곡의 제약

① 희곡은 무대 상연을 전제로 하기 때문에 시간적 · 공간적 제약을 받는다.

② 등장인물 수가 한정되어 있다.

③ 인물의 직접적 제시가 불가능하며 오로지, 대사와 행동만으로 인물의 삶을 드러낸다.

④ 장면 전환의 제약을 받는다.

⑤ 서술자의 개입이 불가능하며, 직접적인 묘사나 해설, 인물 제시가 어렵다.

⑥ 내면 심리의 묘사나 정신적 측면의 전달이 어렵다.

꼭! 확인 기출문제

다음 글에 대한 설명으로 옳지 않은 것은? [국가직 9급 기출]

> 해설자 : (관객들에게 무대와 등장인물을 설명한다.) 이곳은 황야입니다. 이리 떼의 내습을 알리는 망루가 세워져 있죠. 드높이 솟은 이 망루는 하늘로 둘러싸여 있습니다. 하늘은 연극의 진행에 따라 황혼, 초승달이 뜬 밤, 그리고 아침으로 변할 겁니다. 저기 위를 바라보십시오. 파수꾼이 앉아 있습니다. 높은 곳에서 하늘을 등지고 있기 때문에 그는 언제나 시커먼 그림자로만 보입니다. 그는 내가 태어나기 전부터 파수꾼이었습니다. 나의 늙으신 아버지께서도 어린 시절에 저 유명한 파수꾼의 이야기를 들으셨다 합니다.
>
> − 이강백, 「파수꾼」

① 공간적 배경은 망루가 세워져 있는 황야이다.
② 시간적 배경은 연극의 진행에 따라 변한다.
❸ 해설자는 무대 위의 아버지를 소개한다.
④ 파수꾼의 얼굴은 분명하게 알 수 없다.

해 ③ 무대 위의 파수꾼을 설명하고 있다. 아버지가 파수꾼의 이야기를 들었음을 언급하며 설명 대상에 대해 덧붙이는 말을 하고 있다.

Check Point

대사의 요건
- **경제성(압축성)** : 동작의 낭비를 피하고, 표현이 빠르고 짧을 것
- **적절성** : 인물의 성격에 적합할 것
- **알맞은 속도감** : 극 진행의 속도감을 살릴 수 있을 것
- **참신성** : 선명한 인상을 주는 표현을 구사할 것
- **기교** : 적절한 때에 적절한 말일 것

(4) 희곡의 구성 요소

① 형식적 구성 요소

㉠ 해설 : 막이 오르기 전에 필요한 무대 장치, 인물, 배경(때, 곳) 등을 설명한 글로, '전치 지시문'이라고도 함

㉡ 대사 : 등장인물이 하는 말로, 인물의 생각, 성격, 사건의 상황을 드러냄

㉢ 지문 : 배경, 효과, 등장인물의 행동(동작이나 표정, 심리) 등을 지시하고 설명하는 글로, '바탕글'이라고도 함

② 내용적 구성 요소

㉠ 인물

- 대화와 구성을 통해서 인물을 설정하는데, 희곡 속의 인물은 의지적 · 개성적 · 전형적 성격을 나타내야 하며 주동 인물과 반동 인물의 갈등을 명확히 부각시켜야 함

• 집중적 · 압축적 성격을 지닌 인물을 통해 인생의 단면을 집약적으로 표현해야 함

ⓛ 행동 : 모든 행동은 일정한 주제와 줄거리 속에서 필연적 관계를 가지도록 통일성을 지녀야 하며, 극의 갈등을 분명히 제시할 수 있도록 생략 · 압축되고 집약된 것이어야 함

ⓒ 주제 : 인물과 행동을 통해 인생의 단면을 압축 · 집약해서 제시해야 함

(5) 희곡의 구성 단위

희곡에서는 대사가 모여서 장(場, scene)을 이루고, 장이 모여서 막(幕, act)을 이룬다. 근대 희곡은 1막으로 된 것도 있으나 보통 3막 또는 5막으로 구성된다.

① 막(幕, act) : 휘장을 올리고 내리는 데서 유래된 것으로, 극의 길이와 행위를 구분

② 장(場, scene) : 배경이 바뀌면서, 등장인물이 입장하고 퇴장하는 것으로 구분되는 단위

(6) 희곡의 구성 단계

① 발단 : 시간적 · 공간적 배경과 인물이 제시되고 극적 행동이 시작되며 사건을 예시

② 전개(상승) : 주동 인물과 반동 인물 사이의 갈등과 대결이 점차 노골화되고 격렬해지며, 중심 사건과 부수적 사건이 교차되어 흥분과 긴장이 고조

③ 절정(정점) : 심리적 갈등이나 의지의 투쟁, 주동 세력과 반동 세력 간의 대결이 최고조에 이르러 극적 장면이 나타나는 부분으로, 주제가 드러남

④ 반전(하강) : 서로 대결하던 두 세력 중 뜻하지 않은 쪽으로 대세가 기울어지는 단계로, 결말을 향하여 급속히 치닫는 부분

⑤ 대단원(결말) : 사건과 갈등의 종결이 이루어져 사건 전체의 해결이 매듭지어지는 단계

(7) 희곡의 갈래

① 성격상 갈래 : 결말의 좋고 나쁨에 따라

㉠ 희극(喜劇) : 명랑하고 경쾌한 분위기 속에 인간성의 결점이나 사회적 병폐를 드러내어 비판하며, 주인공의 행복이나 성공을 주요 내용으로 삼는 것으로, 대개 행복한 결말로 매듭지어짐 예 셰익스피어 「뜻대로 하세요」

ⓛ 비극(悲劇) : 주인공이 실패와 좌절을 겪고 불행한 상태로 전락하는 결말을 보여 주는 극 예 유치진 「토막」, 셰익스피어 4대 비극 「리어왕」, 「햄릿」, 「맥베스」, 「오셀로」

Check Point

삼일치(三一致)의 법칙

• **시간의 통일** : 하루를 넘지 않을 것
• **장소의 통일** : 한 장소에서 이루어질 것
• **행동의 통일** : 완결되고 일정한 길이의 행동을 모방할 것

Check Point

• **서사극(敍事劇, epic theater)** : 연극의 목적은 카타르시스를 통한 정신의 정화보다는 관객의 냉철한 관찰을 통해 판단력을 부여해야 한다는 이론으로 감정보다 이성에 호소하는 연극이다.
• **부조리극(不條理劇, theater of absurd)** : 1950년대 프랑스 파리를 중심으로 일어난 일련의 연극 운동으로 인간의 숙명적인 고독과 인간 해체에 작품의 주제를 맞추고 있다.

㉢ **희비극(喜悲劇)** : 비극과 희극이 혼합된 형태의 극으로 불행한 사건이 전개되다가 나중에는 상황이 전환되어 행복한 결말을 얻게 되는 구성 방식을 가짐 예 셰익스피어 「베니스의 상인」

② **내용상 갈래** : 제재나 주제에 따라 심리극, 운명극, 사회극, 영웅극, 계몽극, 종교극, 사극 등

③ **형식상 갈래** : 극의 구성 형태에 따라

㉠ **단막극** : 한 개의 막으로 이루어진 극 예 고동률 「소」, 차범석 「고구마」

㉡ **장막극** : 여러 개의 막으로 이루어진 극 예 유치진 「원술랑」, 실러 「빌헬름 텔」

④ 기타

㉠ **소화(笑話)** : 희극과 비슷한 결말을 갖고 있지만, 인물의 성격, 행동의 동기가 거의 드러나지 않는 극이다. 단지 과장되고 강렬한 방법으로 웃음을 자아내는 희곡을 말한다.

㉡ **레제드라마(lesedrama)** : 무대 상연을 전제하지 않고, 읽기만을 위해 쓴 희곡으로 괴테의 「파우스트 2부」가 대표적이다.

㉢ **멜로드라마(melodrama)** : 관객의 오락성을 위하여 쓴 통속극을 말한다.

㉣ **모노드라마(monodrama)** : 등장인물이 한 사람인 1인극을 말한다.

㉤ **키노드라마(kinodrama)** : 연극과 영화를 결합시킨 희곡을 말한다.

Check Point

희곡 등장인물의 특성

- 집중화되고 압축된 인물
- 개성적이고 전형적인 인물
- 갈등과 의지의 투쟁적 인물
- 대화와 플롯에 의해 설정된 인물

(8) 소설과 희곡의 비교

소설과 희곡은 주제, 배경의 설정, 대화체 사용, 전개 방식이 비슷하며, 허구적인 사건을 통해 여러 가지 갈등을 다루는 것 또한 공통적이다.

구분	소설	희곡
전달 과정	읽는 것을 전제로 함	무대 상연을 전제로 함
등장인물	많은 인물을 제약 없이 등장시킴	등장인물 수의 제약을 받음
시간 · 공간	제약을 받지 않음	제약을 받음. 과거의 사건이라도 언제나 현재로 표현
표현	묘사와 서술로 이루어짐	주로 대사와 지시문으로 이루어짐
시제	과거형	현재형
서술자	서술자의 개입이 있음	서술자의 개입이 없음

2. 시나리오

(1) 시나리오(scenario)의 정의

① 영화나 드라마 촬영을 위해 쓴 글(대본)을 말하며, 장면의 순서, 배우의 대사와 동작 등을 전문 용어로 기록한다.

② 제작상의 기술과 방법을 염두에 두고 작성하며, 플롯(plot)을 구체적 · 극적으로 작성한다.

(2) 시나리오의 특징

① **등장인물의 행동과 장면의 제약** : 예정된 시간에 상영될 수 있도록 해야 한다.

② **장면 변화와 다양성** : 장면이 시간이나 공간의 제약 없이 자유자재로 설정될 수 있다.

③ **영화의 기술에 의한 문학** : 배우가 출현해야 하고, 배우의 연기를 촬영해야 하므로, 영화와 관련된 기술 및 지식을 염두에 두고 써야 한다.

④ 영상화되는 인생을 탐구하는 문학이다.

(3) 시나리오의 요소

해설, 지문, 대사, 장면 번호

(4) 시나리오의 갈래

① **창작(original) 시나리오** : 처음부터 영화 촬영을 목적으로 쓴 시나리오

② **각색(脚色) 시나리오** : 소설 · 희곡 · 수필 등을 시나리오로 바꾸어 쓴 것

③ **레제(lese) 시나리오** : 상영이 목적이 아닌 읽혀지기 위한 시나리오

미장센(mise en scene)

프랑스어로 '연출'을 의미하며 본디 연극에서 사용하던 용어이다. 희곡에서는 등장인물의 동작, 무대장치, 조명에 대한 지시를 세부적으로 명시하지 않으므로 연출자가 서사를 효과적으로 전달하기 위하여 무대의 모든 대상에 지시를 내리는 연출기법이다.

영화에서 미장센은 '카메라에 담길 모든 장면에 대해 사전에 밑그림을 그리는 작업'이라 할 수 있다. 인물, 사물, 조명, 의상, 배열, 구도, 동선, 카메라의 각도 등, 화면 속에 담길 모든 효과들을 고려해 지정하게 된다.

Check Point

시나리오의 구성단위

- shot 또는 cut
  촬영 시 카메라가 멈출 때까지의 장면

↓

- scene
  일정한 배경을 갖는 연기 단위

↓

- sequence
  사건 진행의 묶음으로 희곡의 막에 해당, 시퀀스가 모여 한 편의 시나리오가 됨

꼭! 확인 기출문제

다음 글에 대한 설명으로 적절하지 않은 것은? [지방직 9급 기출]

몽타주는 두 개 이상의 상관성이 없는 장면을 배치함으로써 새로운 의미를 도출하는 것이다. 에이젠슈테인은 몽타주의 개념을 설명하기 위해 상형문자가 합해져서 회의문자가 만들어지는 과정에서 아이디어를 빌려 왔다. 그는 두 개의 묘사 가능한 것을 병치하여 시각적으로 묘사 불가능한 것을 재현하려했다. 가령 사람의 '눈'과 '물'의 이미지를 충돌시켜 '슬픔'의 의미를 드러내며, '문' 그림 옆에 '귀' 그림을 놓아 '도청'의 이미지를 나타내는 식이다. 의미에 있어서 단일하고, 내용에 있어서 중립적이고 묘사적인 장면을 연결시켜 지적인 의미를 만들어 내는 것이 그가 구현하려 했던 몽타주의 개념이다.

❶ 몽타주는 상형문자의 형성 원리를 바탕으로 만들어진 기법이다.
② 몽타주는 묘사 가능한 대상을 병치하여 묘사 불가능한 것을 재현한다.
③ '눈'과 '물'의 이미지가 한 장면에 배치되어 '슬픔'이 표현된다.
④ '문'과 '귀'의 이미지가 결합하여 '도청'이라는 의미를 나타낸다.

해 ① 몽타주가 상형문자의 형성 원리에 따라 만들어진 것이 아니라 에이젠슈테인이 몽타주의 개념을 설명하기 위해 상형문자에서 회의문자가 만들어지는 과정에서 아이디어를 빌려온 것이다.

(5) 시나리오와 희곡의 비교

구분	시나리오	희곡
공통점	• 극적인 사건을 대사와 지문으로 제시 • 종합 예술(영화와 연극)의 대본, 즉 다른 예술을 전제로 함 • 문학 작품으로 작품의 길이에 어느 정도 제한을 받음 • 직접적인 심리 묘사가 불가능(간접적 묘사)	
차이점	• 영화의 대본(영화 상영) • 시간 · 공간의 제한을 덜 받음 • 등장인물의 수에 제한 없음 • 시퀀스와 신이 단위 • 유동미(流動美)를 추구 • 스크린을 통해서 상영 • 필름으로 보존 → 영구 예술 • 기계 조작적 효과 • 영상(이미지)의 예술 • 평면적 • 문학적 독자성이 희박함	• 연극의 대본(연극 공연) • 시간 · 공간의 제한을 받음 • 등장인물의 수에 제한을 받음 • 막과 장이 단위 • 집약미(集約美)를 추구 • 무대를 통해서 상연 • 상연으로 소멸 → 순간 예술 • 무대적 효과 • 행동의 예술 • 입체적 • 희곡 자체가 독자적 문학임

(6) 시나리오의 주요 용어

대부분 영어 또는 불어로 이루어진 특수 용어와 그 약자로 이루어짐

- scene number : 장면 번호. 'S#'으로 표시
- narration : 등장인물이 아닌 사람에게서 들려오는 설명체의 대사
- narratage : '내레이션(narration)'과 '몽타주(montage)'의 합성어로 화면이나 정경을 이중 화면으로 표현하는 기법(주로 회상 장면에 이용)
- continuity : 연출 대본. 줄여서 '콘티'라고도 함
- Crank in : 영화의 촬영을 시작하는 것
- Crank up : 촬영 완료
- sequence : 한 삽화로서 묶여진 부분
- Shot : 카메라의 회전을 중단하지 않고 촬영한 일련의 필름. 이것이 모여 신(scene)을 이룸
- Omnibus : 영화에서 여러 작품을 한데 모은 것
- Title : 자막
- M.(music) : 효과 음악
- F.I(fade in) : 장면이 점점 밝아짐. '용명(溶明)'이라고도 함
- F.O(fade out) : 장면이 점점 어두워짐. '용암(溶暗)'이라고도 함
- O.L(over lap) : 화면이 겹치면서 장면이 바뀌는 수법. 시간 경과에 주로 씀
- C.U(close up) : 어떤 한 부분의 집중적인 확대
- E.(effect) : 효과
- W.O(wipe out) : 닦아 내듯이 화면을 교체함
- PAN(panning) : 카메라를 상하좌우로 움직여 촬영하는 것
- Ins(insert) : 장면과 장면 사이에 사진 등이 끼어드는 것. 삽입화면
- C.I(cut in) : 하나의 장면에 다른 화면을 삽입하는 것
- I.O(iris out) : 화면을 점점 작게 줄여 가는 기법
- C.B(cut back) : 다른 화면을 번갈아 대조시킴
- C.S(close shot) : 조절거리
- P.D(pan down) : 카메라를 아래로 향해 선회하여 촬영하는 것. 원래는 틸트 다운(tilt down)이 맞는 말

Check Point

몽타주(montage)

몽타주는 'monter(모으다, 조합하다)'라는 프랑스의 건축 용어였으나, 영화에서는 서로 다른 장면을 결합하여 전혀 새로운 또 하나의 장면을 만드는 편집 방법을 말한다.
이는 필름의 부족에 따라 촬영한 필름을 재활용하거나 사용량을 절약해서 영화를 제작하던 환경에서 생겨나게 되었다.
예이젠시테인은 몽타주에 대해 '단순한 쇼트(short, 프레임의 연속된 단위)의 결합이 아니라 쇼트와 쇼트가 충돌하여 제3의 의미를 만들어 내는 것'이라고 정의하였다.

제3장

현대시

제1절 1910년대 ~ 1920년대 작품

1. 해에게서 소년에게

Check Point

- **작자** : 최남선
- **갈래** : 신체시
- **특징** : 정형시와 자유시의 과도기적 형태
- **의의** : 우리 문학사 최초의 신체시
- **제재** : 바다, 소년
- **주제** : 새로운 세계에 대한 동경과 기대
- **출전** : 소년(1908)

1
처……ㄹ썩, 처……ㄹ썩, 척, 쏴……아.
때린다, 부순다, 무너버린다.
태산 같은 높은 뫼, 집채 같은 바윗돌이나.
요것이 무어야, 요게 무어야.
나의 큰 힘 아느냐 모르느냐, 호통까지 하면서.
때린다, 부순다, 무너버린다.
처……ㄹ썩, 처……ㄹ썩, 척, 튜르릉, 콱.

2
처……ㄹ썩, 처……ㄹ썩, 척, 쏴……아.
내게는, 아무 것, 두려움 없어,
육상(陸上)에서, 아무런, 힘과 권(權)을 부리던 자라도.
내 앞에 와서는 꼼짝 못하고,
아무리 큰, 물건도 내게는 행세하지 못하네.
내게는 내게는 나의 앞에는.
처……ㄹ썩, 처……ㄹ썩, 척, 튜르릉, 콱.

3
처……ㄹ썩, 처……ㄹ썩, 척, 쏴……아.
나에게, 절하지, 아니한 자가,

지금까지, 있거든, 통기(通寄)하고 나서 보아라.
진시황, 나파륜, 너희들이냐.
누구누구누구냐, 너희 역시 내게는 굽히도다.
나하고 겨룰 이 있건 오너라.
처……ㄹ썩, 처……ㄹ썩, 척, 튜르릉, 콱.

4
처……ㄹ썩, 처……ㄹ썩, 척, 쏴……아.
조그만 산모를 의지하거나,
좁쌀 같은 작은 섬, 손뼉만한 땅을 가지고,
고 속에 있어서 영악한 체를,
부리면서, 나 혼자 거룩하다 하는 자,
이리 좀 오너라, 나를 보아라.
처……ㄹ썩, 처……ㄹ썩, 척, 튜르릉, 콱

5
처……ㄹ썩, 처……ㄹ썩, 척, 쏴……아.
나의 짝될 이는 하나 있도다,
크고 길고, 넓게 뒤덮은 바 저 푸른 하늘.
저것은 우리와 틀림이 없어,
작은 시비 작은 쌈 온갖 모든 더러운 것 없도다.
조따위 세상에 조 사람처럼.
처……ㄹ썩, 처……ㄹ썩, 척, 튜르릉, 콱.

6
처……ㄹ썩, 처……ㄹ썩, 척, 쏴……아.
저 세상 저 사람 모두 미우나
그 중에서 똑 하나 사랑하는 일이 있으니,
담 크고 순진한 소년배(少年輩)들이,
재롱처럼, 귀엽게 나의 품에 와서 안김이로다.
오너라 소년배, 입맞춰 주마.
처……ㄹ썩, 처……ㄹ썩, 척, 튜르릉, 콱.

Check Point

신체시(신시)

전근대 사회에서 근대 사회로 발전하는 과정에서 나타난 시가를 말한다. 과거의 창가와 현대의 자유시 사이에 나타난 중간 단계로, 서양 근대시 및 일본 신체시의 영향을 받았다.
신체시는 산문성을 가지고 있으면서 창가의 음률인 7 · 5조의 자수율을 따르는 모습을 보인다.
신체시는 전근대적인 보수 · 인습 사상에서 벗어나 변화와 새로움을 추구하고 서구문화를 수용하려는 근대화정신에서 나타났다. 이렇게 정형적 틀을 거부하고 자유롭게 자신의 정신세계를 표현하려 했던 사상은 20세기 중반에 이르러 자유시의 형태로 발전하는 교량적 역할을 하였다.

2. 접동새

접동
접동
아우래비 접동

진두강 가람가에 살던 누나는
진두강 앞 마을에
와서 웁니다.

옛날, 우리 나라
먼 뒤쪽의
진두강 가람가에 살던 누나는
의붓어미 시샘에 죽었습니다

누나라고 불러보랴
오오 불설워
시새움에 몸이 죽은 우리 누나는
죽어서 접동새가 되었습니다.

아홉이나 남아 되든 오랩동생을
죽어서도 못 잊어 차마 못 잊어
야삼경 남 다 자는 밤이 깊으면
이산 저산 옮아가며 슬피 웁니다.

Check Point

- **작자** : 김소월
- **갈래** : 자유시, 서정시
- **성격** : 민요적, 토속적(향토적), 전통적, 애상적
- **어조** : 애절한 목소리
- **운율** : 3음보의 변형
- **특징**
  - 설화를 모티프로 하여 보편적인 한(恨)의 정서를 표출
  - 의성어를 통해 육친애(肉親愛)의 정을 표현
  - 동음어나 유사음의 반복 및 활음조를 통한 미묘한 리듬을 표현
  - 전통적 민요 가락을 근대시로 표현(3음보 민요조)
- **배경 설화(전설)** : 평안도 백천 진두강가의 접동새 설화
- **제재** : 접동새(설화)
- **주제**
  - 현실의 비극적 삶을 초극하려는 애절한 혈육의 정 또는 육친애의 정한
  - 식민지 지식인의 허무 의식
- **구성 및 시상전개**
  - 제1연 : 접동새의 울음소리
  - 제2연 : 진두강 강가에서 우는 접동새(죽은 누이의 울음소리)
  - 제3 · 4연 : 접동새의 전설(죽은 누나 = 접동새)
  - 제5연 : 접동새가 우는 이유(애절한 혈육에의 정한)
- **출전** : 배재(1923)

김소월 시의 특징

- **향토성(鄕土性)** : 소월의 시는 대부분 향토적인 풍물, 자연, 지명을 소재로 삼고 있다.
- **민요풍(民謠風)** : 오랜 세월 우리 민족의 가락이 되어 온 민요조의 리듬으로 이루어졌다.
- **민족 정서(民族情緖)** : 시의 주제와 심상은 민족의 설움과 한(恨)의 정서를 활용하며, 민족의 보편적 감정을 바탕으로 하고 있다.

3. 진달래꽃

나 보기가 역겨워
가실 때에는
말없이 고이 보내 드리오리다.

영변의 약산
진달래꽃
아름 따다 가실 길에 뿌리오리다.

가시는 걸음걸음
놓인 그 꽃을
사뿐히 즈려 밟고 가시옵소서.

나보기가 역겨워
가실 때에는
죽어도 아니 눈물 흘리오리다.

「진달래꽃」과 같은 정서가 담긴 작품

雨歇長堤草色多 送君南浦動悲歌 大洞江水何時盡 別淚年年添綠波	개인 긴 강둑엔 풀빛이 짙었는데 남포에서 그대 보내니 슬픈 노래 울리네. 대동강 물은 그 언제나 다할런가 해마다 이별의 눈물 푸른 물결에 더하는 것을. 정지상, 「송인(送人)」
어져 내일이야 그릴 줄을 모로드냐 이시라 ᄒᆞ더면 가랴마ᄂᆞᆫ 제 구ᄐᆞ여 보내고 그리ᄂᆞᆫ 정(情)은 노도 몰라 ᄒᆞ노라	아! 내가 한 일이여 그리워할 줄 몰랐던가? 있으라 했더라면 떠나려 했겠느냐마는 내가 굳이 보내고 그리워하는 마음은 나도 모르겠구나. 황진이

Check Point

- **작자** : 김소월
- **갈래** : 자유시, 서정시
- **성격** : 전통적, 민요적, 향토적, 애상적, 서정적
- **어조** : 여성적이고 간결한 어조
- **특징**
  - 1연과 4연의 수미상관 안정적 구조
  - 전통적 정서를 7 · 5조 3음보 율격으로 노래
  - 한시의 기승전결 구조로 구성
  - 예스러운 어미와 방언의 사용
  - 우리나라의 보편적 정서인 이별의 정한을 노래(공무도하가, 서경별곡, 송인, 황진이의 시 등과 연결됨)
  - 반어법과 역설법을 사용하여 이별의 정한을 부각
- **제재** : 임과의 이별
- **주제** : 이별의 정한과 승화, 이별의 역설적 초극
- **출전** : 개벽(1922), 진달래꽃(1925)

4. 봄은 간다

Check Point

- **작자** : 김억
- **갈래** : 자유시, 서정시
- **성격** : 감상적, 상징적, 낭만적
- **어조** : 애조 띤 가락
- **특징** : 우리말의 구조를 잘 살렸으며, 정형성이 주는 미감을 독특한 각도로 표현
- **제재** : 봄밤
- **주제** : 봄밤의 애상적 정서
- **출전** : 태서문예신보(1918)

밤이도다.
봄이다.

밤만도 애달픈데
봄만도 생각인데

날은 빠르다.
봄은 간다.

깊은 생각은 아득이는데
저 바람에 새가 슬피 운다.

검은 내 떠돈다.
종소리 빗긴다.

말도 없는 밤의 설움
소리 없는 봄의 가슴

꽃은 떨어진다.
님은 탄식한다.

태서문예신보(泰西文藝新報)

1918년에 창간되었던 문예지이다. 김억, 이일, 장두철 등이 중심이 되어 서구 문예를 소개하였으며, 시 · 소설 · 수필 · 시론 · 번역 작품을 실었다.
코넌 도일의 『충복』, 투르게네프의 『밀회』 등의 번역소설과 베를렌이나 구르몽 등의 프랑스 상징파 시 및 백대진의 「뉘우침」, 김억의 「봄은 간다」 등의 창작시를 수록하였다. 또한 「최근 태서문단」, 「시형의 음률과 호흡」 등의 평론을 실었다. 1919년 2월 통권 16호로 종간되었다.
김억은 여기서 발표한 번역시를 모아 1921년 번역시집 『오뇌의 무도』를 펴내는 등 많은 번역시와 외국 시론의 소개를 통해 한국 근대문학 개화에 이바지하였다.

5. 논개(論介)

거룩한 분노(憤怒)는
종교(宗教)보다도 깊고,
불붙는 정열(情熱)은
사랑보다도 강하다.
아! 강낭콩꽃보다도 더 푸른
그 물결 위에
양귀비꽃보다도 더 붉은
그 마음 흘러라.

아리땁던 그 아미(蛾眉)
높게 흔들리우며
그 석류(石榴) 속 같은 입술
죽음을 입맞추었네!
아! 강낭콩꽃보다도 더 푸른
그 물결 위에
양귀비꽃보다도 더 붉은
그 마음 흘러라.

흐르는 강물은
길이길이 푸르리니
그대의 꽃다운 혼(魂)
어이 아니 붉으랴
아! 강낭콩꽃보다도 더 푸른
그 물결 위에
양귀비꽃보다도 더 붉은
그 마음 흘러라.

Check Point

- **작자** : 변영로
- **갈래** : 자유시, 서정시
- **성격** : 민족주의적, 상징적, 서정적
- **어조** : 경건하고 도도한 어조
- **제재** : 논개의 의로운 죽음
- **주제** : 청사(靑史)에 길이 빛날 논개의 헌신적 애국심
- **출전** : 신생활 3호(1923)

6. 나의 침실(寢室)로

Check Point

- **작자** : 이상화
- **갈래** : 자유시, 서정시, 낭만시
- **성격** : 감상적, 퇴폐적
- **어조** : 간절하게 호소하는 어조
- **특징** : 불행한 현실 속에서 미지의 아름다운 세계를 동경하는 세계관을 보인다.
- **제재** : 마돈나, 침실
- **주제** : 아름다고 영원한 안식처의 갈구
- **출전** : 백조(1923)

– 가장 아름답고 오랜 것은 오직 꿈속에만 있어라 –'내말'

「마돈나」 지금은 밤도 모든 목거지에 다니노라 피곤(疲困)하여 돌아가려는도다.
아, 너도 먼동이 트기 전으로, 수밀도(水蜜桃)의 네 가슴에 이슬이 맺도록 달려오너라.

「마돈나」 오려무나. 네 집에서 눈으로 유전(遺傳)하던 진주(眞珠)는 다 두고 몸만 오너라.
빨리 가자. 우리는 밝음이 오면 어딘지 모르게 숨는 두 별이어라.

「마돈나」 구석지고도 어둔 마음의 거리에서 나는 두려워 떨며 기다리노라.
아, 어느덧 첫닭이 울고 – 뭇개가 짖도다. 나의 아씨여 너도 듣느냐?

「마돈나」 지난밤이 새도록 내 손수 닦아 둔 침실(寢室)로 가자, 침실(寢室)로!
낡은 달은 빠지려는데 내 귀가 듣는 발자국–오 너의 것이냐?

「마돈나」 짧은 심지를 더우잡고 눈물도 없이 하소연하는 내 맘의 촛(燭)불을 봐라.
양(羊)털 같은 바람결에도 질식(窒息)이 되어 얕푸른 연기로 꺼지려는도다.

「마돈나」 오너라. 가자. 앞산 그리메가 도깨비처럼 발도 없이 이곳 가까이 오도다.
아, 행여나 누가 볼는지–가슴이 뛰누나. 나의 아씨여. 너를 부른다.

「마돈나」 날이 새련다. 빨리 오려무나. 사원(寺院)의 쇠북이 우리를 비웃기 전에
네 손이 내 목을 안아라. 우리도 이 밤과 같이 오랜 나라로 가고 말자.

「마돈나」 뉘우침과 두려움의 외나무다리 건너 있는 내 침실(寢室), 열 이도 없느니.
아, 바람이 불도다. 그와 같이 가볍게 오려무나. 나의 아씨여, 네가 오느냐?

「마돈나」 가엾어라. 나는 미치고 말았는가. 없는 소리를 내 귀가 들음은–
내 몸에 피란 피–가슴의 샘이 말라 버린 듯 마음과 몸이 타려는도다.

「마돈나」 언젠들 안 갈 수 있으랴. 갈 테면 우리가 가자. 끄을려 가지 말고
너는 내 말을 믿는 「마리아」–내 침실(寢室)이 부활(復活)의 동굴(洞窟)임을 네야 알련만……

「마돈나」 밤이 주는 꿈, 우리가 엮는 꿈, 사람이 안고 뒹구는 목숨의 꿈이 다르지 않느니
아, 어린애 가슴처럼 세월(歲月) 모르는 나의 침실(寢室)로 가자. 아름답고 오랜 거기로.

「마돈나」 별들의 웃음도 흐려지려 하고 어둔 밤 물결도 잦아지려는도다.
아, 안개가 사라지기 전으로 네가 와야지, 나의 아씨여. 너를 부른다.

7. 빼앗긴 들에도 봄은 오는가

지금은 남의 땅 ─ 빼앗긴 들에도 봄은 오는가?

나는 온몸에 햇살을 받고
푸른 하늘 푸른 들이 맞붙은 곳으로
가르마 같은 논길을 따라 꿈속을 가듯 걸어만 간다.

입술을 다문 하늘아 들아
내 맘에는 내 혼자 온 것 같지를 않구나.
네가 끌었느냐 누가 부르더냐 답답어라 말을 해다오.

바람은 내 귀에 속삭이며
한 자국도 섰지 마라 옷자락을 흔들고
종다리는 울타리 너머에 아씨같이 구름 뒤에다 반갑다 웃네.

고맙게 잘 자란 보리밭아
간밤 자정이 넘어 내리던 고운 비로
너는 삼단같은 머리를 감았구나 내 머리조차 가뿐하다.

혼자라도 가쁜하게나 가자.
마른 논을 안고 도는 착한 도랑이
젖먹이 달래는 노래를 하고 제 혼자 어깨춤만 추고 가네.

나비 제비야 깝치지 마라.
맨드라미, 들마꽃에도 인사를 해야지.
아주까리 기름을 바른 이가 지심 매던 그 들이라 다 보고싶다.

내 손에 호미를 쥐어다오.
살진 젖가슴과 같은 부드러운 이 흙을
발목이 시도록 밟아도 보고 좋은 땀조차 흘리고 싶다.

강가에 나온 아이와 같이
짬도 모르고 끝도 없이 닫는 내 혼아
무엇을 찾느냐 어디로 가느냐 웃어웁다 답을 하려무나.

나는 온몸에 풋내를 띠고
푸른 웃음, 푸른 설움이 어우러진 사이로
다리를 절며 하루를 걷는다 아마도 봄 신령이 지폈나 보다.
그러나 지금은 ─ 들을 빼앗겨 봄조차 빼앗기겠네.

Check Point

- **작자** : 이상화
- **갈래** : 자유시, 서정시, 낭만시
- **성격** : 저항적, 상징적, 격정적
- **어조** : 감상적, 낭만적 어조
- **제재** : 봄의 들(식민지 치하의 현실)
- **주제** : 국권의 회복에의 염원
- **출전** : 개벽(1926)

8. 님의 침묵

Check Point

- **작자** : 한용운
- **갈래** : 자유시, 서정시
- **성격** : 불교적, 구도적, 의지적
- **어조** : 연가풍의 여성적 어조, 영탄적 어조
- **특징** : 불교적 깨달음에 기초
- **제재** : 임과의 이별
- **주제** : 임을 향한 영원한 사랑
- **출전** : 님의 침묵(1926)

님은 갔습니다. 아아 사랑하는 나의 님은 갔습니다.
푸른 산빛을 깨치고 단풍나무 숲을 향하여 난 작은 길을 걸어서 차마 떨치고 갔습니다.
황금의 꽃같이 굳고 빛나던 옛 맹세는 차디찬 티끌이 되어서 한숨의 미풍에 날아갔습니다.
날카로운 첫 키스의 추억은 나의 운명의 지침을 돌려 놓고, 뒷걸음쳐서 사라졌습니다.
나는 향기로운 님의 말소리에 귀먹고 꽃다운 님의 얼굴에 눈멀었습니다.
사랑도 사람의 일이라 만날 때에 미리 떠날 것을 염려하고 경계하지 아니한 것은 아니지만, 이별은 뜻밖의 일이 되고 놀란 가슴은 새로운 슬픔에 터집니다.
그러나 이별을 쓸데없는 눈물의 원천을 만들고 마는 것은, 스스로 사랑을 깨치는 것인 줄 아는 까닭에 걷잡을 수 없는 슬픔의 힘을 옮겨서 새 희망의 정수박이에 들어부었습니다.
우리는 만날 때에 떠날 것을 염려하는 것과 같이 떠날 때에 다시 만날 것을 믿습니다.
아아, 님은 갔지만은 나는 님을 보내지 아니하였습니다.
제 곡조를 못이기는 사랑의 노래는 님의 침묵을 휩싸고 돕니다.

'님의 침묵'에서 '님'의 상징적 의미

작가인 한용운이 승려이면서 시인이고 독립 운동가였다는 점을 고려할 때, 이 시에서 '님'은 부처, 사랑하는 연인, 조국, 민족 등을 의미한다고 볼 수 있다. 또한 포괄적으로 '님'의 성격을 파악할 경우 화자가 소중하게 여기는 가치물의 총체라고 이해할 수 있다.

9. 나룻배와 행인

Check Point

- **작자** : 한용운
- **갈래** : 자유시, 서정시
- **성격** : 상징적, 명상적, 종교적, 여성적
- **어조** : 여성적 어조
- **운율** : 내재율
- **특징** : 수미상관, 쉬운 우리말 사용, 높임법을 통한 주제 의식 강화
- **제재** : 나룻배와 행인
- **주제** : 참된 사랑의 본질인 희생과 믿음의 실천
- **출전** : 님의 침묵(1926)

나는 나룻배,
당신은 행인.

당신은 흙발로 나를 짓밟습니다.
나는 당신을 안고 물을 건너갑니다.
나는 당신을 안으면 깊으나 옅으나 급한 여울이나 건너갑니다.

만일 당신이 아니 오시면 나는 바람을 쐬고 눈비를 맞으며 밤에서 낮까지 당신을 기다리고 있습니다.
당신은 물만 건너면 나를 돌아보지도 않고 가십니다 그려.
그러나 당신이 언제든지 오실 줄만은 알아요.
나는 당신을 기다리면서 날마다 날마다 낡아갑니다.

나는 나룻배,
당신은 행인.

'나룻배와 행인'에서 '강'의 의미

공무도하가의 강, 그리스 신화의 스틱스 강, 고대 중국의 황천, 기독교의 요단강 등, 보통 강을 건넌다는 의미는 '죽음'을 추상적으로 표현하는 표현이다. 불교에서는 불도에 의해 구제되는 것을 의미한다. 시에서는 구제의 과정에서 생기는 모욕과 고통을 인내함으로써 희생, 헌신이 사랑의 참된 가치임을 말하고 있다.

10. 찬송(讚頌)

님이여, 당신은 백 번(百番)이나 단련한 금(金)결입니다.
뽕나무 뿌리가 산호(珊瑚)가 되도록 천국의 사랑을 받읍소서.
님이여, 사랑이여, 아침 볕의 첫걸음이여.

님이여, 당신은 의(義)가 무겁고 황금(黃金)이 가벼운 것을 잘 아십니다.
거지의 거친 밭에 복(福)의 씨를 뿌리옵소서.
님이여, 사랑이여, 옛 오동(梧桐)의 숨은 소리여.

님이여, 당신은 봄과 광명(光明)과 평화(平和)를 좋아하십니다.
약자(弱者)의 가슴에 눈물을 뿌리는 자비(慈悲)의 보살(菩薩)이 되옵소서.
님이여, 사랑이여, 얼음 바다에 봄바람이여.

Check Point

- **작자** : 한용운
- **갈래** : 자유시, 서정시, 송축시
- **성격** : 기원적, 불교적, 열정적
- **어조** : 예찬적, 열정적, 여성적 어조
- **제재** : 당신, 님(초월적 존재)
- **주제** : 님에 대한 송축과 기원
- **출전** : 님의 침묵(1926)

김소월과 한용운

김소월과 한용운은 여성적 어조로 '이별'을 노래하고 있다는 점에서 공통점을 찾아볼 수 있다. 그러나 김소월이 떠나가는 임, 돌아오지 않을 임을 노래하며 슬픔을 강조하였다면, 한용운은 떠나갔으나 반드시 돌아올 임을 노래하며 희망을 강조하였다는 데서 차이를 보인다. 이러한 차이점으로 인하여 김소월의 시에서는 억누를 길 없는 비애와 절망을 마음속으로 삭이는 한의 정서가 드러나며, 한용운의 시에서는 이별로 인한 슬픔이 새로운 만남에 대한 기대와 예견에 의해 극복되어 가는 모습이 드러난다.

- **김소월** : 가는길, 금잔디, 길, 먼 훗일, 무심, 바라건대는 우리에게 우리의 보습 대일 땅이 있었다면, 산, 산유화, 삼수갑산, 엄마야 누나야, 왕십리, 접동새, 진달래꽃, 초혼
- **한용운** : 나룻배와 행인, 논개의 애인이 되어 그의 묘에, 님의 침묵, 당신을 보았습니다, 복종, 선사의 설법, 알 수 없어요, 이별은 미의 창조, 정천한해, 찬송

11. 나는 왕이로소이다

Check Point

- **작자** : 홍사용
- **갈래** : 자유시, 서정시
- **성격** : 산문적, 감상적, 비관적, 낭만적
- **어조** : 하소연하는 어조
- **특징** : 지나친 감상의 직설적 토로가 시적 긴장감을 이완시킴
- **제재** : 나의 삶(조국의 현실)
- **주제** : 삶에 가득 차 있는 비애, 민족 수난의 설움
- **출전** : 백조(1923)

나는 왕이로소이다. 나는 왕이로소이다. 어머님의 가장 어여쁜 아들, 나는 왕이로소이다. 가장 가난한 농군의 아들로서…….
그러나 시왕전(十王殿)에서도 쫓기어난 눈물의 왕이로소이다.
"맨 처음으로 내가 너에게 준 것이 무엇이냐?" 이렇게 어머니께서 물으시며는
"맨 처음으로 어머니께 받은 것은 사랑이었지요마는 그것은 눈물이더이다" 하겠나이다.
다른 것도 많지요마는…….
"맨 처음으로 네가 나에게 한 말이 무엇이냐?" 이렇게 어머니께서 물으시며는
"맨 처음으로 어머니께 드린 말씀은 '젖 주셔요'하는 그 소리였지마는, 그것은 '으아!'하는 울음이었나이다." 하겠나이다. 다른 말씀도 많지요마는 …….

이것은 노상 왕에게 들리어 주신 어머님의 말씀인데요.
왕이 처음으로 이 세상에 올 때에는 어머님의 흘리신 피를 몸에다 휘감고 왔더랍니다.
그 날에 동네의 늙은이와 젊은이들은 모두 '무엇이냐?'고 쓸데없는 물음질로 한창 바쁘게 오고 갈 때에도 어머니께서는 기꺼움보다는 아무 대답도 없이 속 아픈 눈물만 흘리셨답니다.
발가숭이 어린 왕 나도 어머니의 눈물을 따라서 발버둥질치며 '으아!' 소리쳐 울더랍니다.

그날 밤도 이렇게 달 있는 밤인데요.
으스름 달이 무리 서고 뒷동산에 부엉이 울음 울던 밤인데요,
어머니께서는 구슬픈 옛 이야기를 하시다가요, 일없이 한숨을 길게 쉬시며 웃으시는 듯한 얼굴을 얼른 숙이시더이다.
왕은 노상 버릇인 눈물이 나와서 그만 끝까지 섧게 울어 버렸소이다. 울음의 뜻은 도무지 모르면서도요.
어머니께서 조으실 때에는 왕만 혼자 울었소이다.
어머니의 지우시는 눈물이 젖먹는 왕의 뺨에 떨어질 때에면, 왕도 따라서 시름없이 울었소이다.

열한 살 먹던 해 정월 열나흗날 밤, 맨 잿더미로 그림자를 보러 갔을 때인데요, 명(命)이나 긴가 짜른가 보랴고.

왕의 동무 장난꾼 아이들이 심술스러웁게 놀리더이다. 모가지가 없는 그림자라고요.
왕은 소리쳐 울었소이다. 어머니께서 들으시도록, 죽을까 겁이 나서요.

나무꾼의 산타령을 따라가다가 건너 산비탈로 지나가는 상두꾼의 구슬픈 노래를 처음 들었소이다.

그 길로 옹달 우물로 가자고 지름길로 들어서면은 찔레나무 가시덤불에서 처량히 우는 한 마리 파랑새를 보았소이다.
그래 철없는 어린 왕 나는 동무라 하고 쫓아가다가, 돌부리에 걸리어 넘어져서 무릎을 비비며 울었소이다.

할머니 산소 앞에 꽃 심으러 가던 한식날 아침에
어머니께서는 왕에게 하얀 옷을 입히시더이다.
그리고 귀밑머리를 단단히 땋아 주시며 "오늘부터는 아무쪼록 울지 말아라."
아아, 그때부터 눈물의 왕은!
어머니 몰래 남 모르게 속 깊이 소리 없이 혼자 우는 그것이 버릇이 되었소이다.

누우런 떡갈나무 우거진 산길로 허물어진 봉화(烽火) 둑 앞으로 쫓긴 이의 노래를 부르며 어슬렁거릴 때에, 바위 밑에 돌부처는 모른 체하며 감중련(坎中連)하고 앉았더이다.
아아, 뒷동산 장군 바위에서 날마다 자고 가는 뜬구름은 얼마나 많이 왕의 눈물을 싣고 갔는지요.

나는 왕이로소이다. 어머니의 외아들 나는 이렇게 왕이로소이다.
그러나 그러나 눈물의 왕! 이 세상 어느 곳에든지 설움이 있는 땅은 모두 왕의 나라로소이다.

Check Point

백조

1922년 1월 박종화 · 홍사용 · 나도향 · 박영희 등이 창간한 문예동인지이다. 시 분야에서는 낭만주의적인 경향을, 소설 분야에 있어서는 당시 유행하던 사조인 자연주의적인 성격이 짙었다.
그런데 그들의 낭만주의는 서구의 그것과는 달리 병적이고 퇴폐적인 모습이었다. 이는 3 · 1운동의 실패로 인한 허탈감 속에서 문학을 시작한 청년 작가들의 정신적 상황을 반영하고 있는 것이다.

주요 작품

- **시** : 이상화 「나의 침실로」, 박영희 「꿈의 나라로」 · 「월광으로 짠 병실」, 박종화 「흑방비곡」 · 「사의 예찬」 등
- **소설** : 나도향 「여이발사」, 현진건 「할머니의 죽음」, 박종화 「목매는 여자」 등

12. 우리 오빠와 화로

사랑하는 우리 오빠 어저께 그만 그렇게 위하시던 오빠의 거북 무늬 질화로가 깨어졌어요.
언제나 오빠가 우리들의 '피오닐' 조그만 기수라 부르는 영남(永男)이가
지구에 해가 비친 하루의 모 – 든 시간을 담배의 독기 속에다
어린 몸을 잠그고 사 온 그 거북 무늬 화로가 깨어졌어요.

그리하여 지금은 화젓가락만이 불쌍한 우리 영남이하구 저하고처럼
똑 우리 사랑하는 오빠를 잃은 남매와 같이 외롭게 벽에 가 나란히 걸렸어요.

오빠……
저는요 저는요 잘 알았어요.
왜 – 그날 오빠가 우리 두 동생을 떠나 그리로 들어가신 그날 밤에
연거푸 말은 궐련(卷煙)을 세 개씩이나 피우시고 계셨는지
저는요 잘 알었어요 오빠.

Check Point

- **작자** : 임화
- **갈래** : 자유시, 단편 서사시
- **성격** : 서사적, 의지적, 선동적, 격정적, 목적 의식적, 현실 비판적
- **특징** : 편지 형식의 대화체를 통해 주제 의식을 간접적으로 전달
- **제재** : 깨진 화로와 오빠
- **주제** : 오빠에 대한 그리움과 강한 삶의 의지
- **출전** : 조선지광(1929)

언제나 철 없는 제가 오빠가 공장에서 돌아와서 고단한 저녁을 잡수실 때 오빠 몸에서 신문지 냄새가 난다고 하면
오빠는 파란 얼굴에 피곤한 웃음을 웃으시며
……네 몸에선 누에 똥내가 나지 않니 – 하시던 세상에 위대하고 용감한 우리 오빠가 왜 그날만
말 한 마디 없이 담배 연기로 방 속을 메워 버리시는 우리 우리 용감한 오빠의 마음을 저는 잘 알았어요.
천정을 향하여 기어 올라가던 외줄기 담배 연기 속에서 – 오빠의 강철 가슴 속에 박힌 위대한 결정과 성스러운 각오를 저는 분명히 보았어요.
그리하여 제가 영남이의 버선 하나도 채 못 기웠을 동안에
문지방을 때리는 쇳소리 마루를 밟는 거칠은 구두 소리와 함께 – 가 버리지 않으셨어요.

그러면서도 사랑하는 우리 위대한 오빠는 불쌍한 저희 남매의 근심을 담배 연기에 싸 두고 가지 않으셨어요.
오빠! 그래서 저도 영남이도
오빠와 또 가장 위대한 용감한 오빠 친구들의 이야기가 세상을 뒤집을 때
저는 제사기(製絲機)를 떠나서 백 장의 일전짜리 봉통(封筒)에 손톱을 부러뜨리고
영남이도 담배 냄새 구렁을 내쫓겨 봉통 꽁무니를 뭅니다.
지금 – 만국 지도 같은 누더기 밑에서 코를 고을고 있습니다.

오빠 – 그러나 염려는 마세요.
저는 용감한 이 나라 청년인 우리 오빠와 핏줄을 같이 한 계집애이고
영남이도 오빠도 늘 칭찬하든 쇠같은 거북 무늬 화로를 사 온 오빠의 동생이 아니예요?
그러고 참, 오빠, 아까 그 젊은 나머지 오빠의 친구들이 왔다 갔습니다.
눈물나는 우리 오빠 동무의 소식을 전해 주고 갔어요.
사랑스런 용감한 청년들이었습니다.
세상에 가장 위대한 청년들이었습니다.

화로는 깨어져도 화젓갈은 깃대처럼 남지 않었어요.
우리 오빠는 가셨어도 귀여운 '피오닐' 영남이가 있고
그러고 모든 어린 '피오닐'의 따듯한 누이 품 제 가슴이 아직도 더웁습니다.

그리고 오빠……
저뿐이 사랑하는 오빠를 잃고 영남이뿐이 굳세인 형님을 보낸 것이겠습니까?
섧지도 않고 외롭지도 않습니다.
세상에 고마운 청년 오빠의 무수한 위대한 친구가 있고 오빠와 형님을 잃은 수없는 계집아이와 동생
저희들의 귀한 동무가 있습니다.

그리하여 이 다음 일은 지금 섭섭한 분한 사건을 안고 있는 우리 동무 손에서 싸워질 것입니다.

오빠 오늘 밤을 새워 이만 장을 붙이면 사흘 뒤엔 새 솜옷이 오빠의 떨리는 몸에 입혀질 것입니다.

이렇게 세상의 누이동생과 아우는 건강히 오늘 날마다를 싸움에서 보냅니다.

영남이는 여태 잡니다. 밤이 늦었어요.

– 누이동생

Check Point

'우리 오빠와 화로'의 화자

'우리 오빠와 화로'의 화자는 오빠에게 편지를 보내는 어린 여성이다. 이처럼 시인과 확연히 분간되는 1인칭을 등장시키는 것은 시에서 흔한 일은 아니나 현실 참여적인 의미를 부각하는 의도를 가진 시에서는 종종 사용된다. 그것은 시인의 내면을 강조하기보다는 다양한 일에 종사하는 평범한 사람들이 속한 삶의 전형적 조건을 드러내는 데 유리하기 때문이다. '우리 오빠와 화로'에서 화자인 여동생은 투쟁에 앞장선 오빠와 그의 동무들을 자랑스럽게 생각하며 분연히 오빠의 뒤를 이을 각오를 키우는 의롭고 꼿꼿한 태도를 보인다.

프롤레타리아 문학과 카프

- **프롤레타리아 문학(프로 문학)** : 자본주의 사회에서, 노동력 이외에는 생산 수단을 가지지 못한 노동자인 프롤레타리아의 생활을 제재로 하여 사회 · 정치적 이념을 표현하는 문학을 말한다.
- **결성**
  - 염군사(焰群社) : 1922년 이적효, 이호, 김홍파, 김두수, 최승일, 심대섭, 김영팔, 송영 등이 조직
  - 파스큘라(PASKYULA) : 1923년 박영희, 김기진 등 당시의 중견 문인들에 의해 조직
  - 카프(KAPF) : '조선프롤레타리아 예술가동맹(Korea Artista Proleta Federatio)'의 약칭으로 1925년 염군사와 파스큘라가 결합하여 결성되었고, 1935년에 해체되었다. 구성원은 박영희, 김기진, 이호, 김영팔, 이익상, 박용대, 이적효, 이상화, 김온, 김복진, 안석영, 송영, 최승일, 심대섭, 조명희, 이기영, 박팔양, 김양 등이다.
- **카프의 활동** : 1926년 『문예운동』을 발간하여 사상을 전파하는 한편, 1, 2차 재정비를 통해서 1931년 각 분야를 문학동맹 · 연극동맹 · 미술동맹 등으로 분리하였다. 이후 예술대중화론과 창작방법론, 소비에트 사회주의 리얼리즘의 수용문제 등이 활발하게 논의되었고, 어느 정도 수준에 도달한 작품들이 발표되었다. 대표작으로는 조명희의 「낙동강」, 임화의 「우리 오빠와 화로」, 이기영의 「서화」, 「고향」 등이 있다. 하지만 두 번의 검거를 겪는 동안 일제의 강화된 탄압과 조직 내부의 갈등으로 인하여 1935년 5월 공식으로 해체 선언을 하였다.

13. 월광(月光)으로 짠 병실(病室)

밤은 깊이도 모르는 어둠 속으로
끊임없이 구르고 또 빠져서 갈 때,
어둠 속에 낯을 가린 미풍의 한숨은
갈 바를 몰라서 애꿎은 사람의 마음만
부질없이도 미치게 흔들어 놓도다.

가장 아름답던 달님의 마음이
이 때이면은 남몰래 앓고 서 있다.

Check Point

- **작자** : 박영희
- **갈래** : 자유시, 서정시
- **성격** : 낭만적, 상징적, 감상적, 영탄적
- **제재** : 달빛
- **주제** : 절망과 슬픔
- **출전** : 백조(1923)

Check Point

박영희

1923년 김기진 · 연학년 · 이상화 등과 함께 파스큘라(PASKULA)를 결성하며 계급의식에 눈을 돌리기 시작하였으며 1925년 카프 결성에 주도적인 역할을 담당하였다.

하지만 카프 검거사건으로 두 차례 체포되어 복역한 뒤 1933년 카프에 탈퇴원을 제출하였다. 1934년 1월 4일에는 동아일보를 통해 「최근문예이론의 신전개와 그 경향」이라는 제목의 글을 발표하며 전향선언을 하였으며 "얻은 것은 이데올로기이며 상실한 것은 예술 자신이었다."라고 밝혔다.

1939년에는 조선문인협회 간사, 1940년 국민총력조선연맹 문화위원, 1934년 조선문인보국회 등 친일 문학단체의 간부로서 활동하였다.

백조 동인 시절 「미소의 허영시」, 「환영(幻影)의 황금탑」, 「월광으로 짠 병실」 등을 발표하였으며, 저서로는 『회월시초(懷月詩抄)』(1937), 『문학의 이론과 실제』(1947)가 있고 단편으로 「전투」, 「피의 무대」, 「사건」 등이 있다.

근심스럽게도 한 발 한 발 걸어오는 달님의
정맥혈로 짠 면사(面紗)속으로 나오는
병든 얼굴의 말 못하는 근심의 빛이 흐를 때
갈 바를 모르는 나의 헤매는 마음은
부질없이도 그를 사모하도다.

가장 아름답던 나의 쓸쓸한 마음은
이 때로부터 병들기 비롯한 때이다.

달빛이 가장 거리낌없이 흐르는
넓은 바닷가 모래 위에다
나는 내 아픈 마음을 쉬게 하려고
조그마한 병실을 만들려 하여
달빛으로 쉬지 않고 쌓고 있도다.

가장 어린애같이 빈 나의 마음은
이 때에 처음으로 무서움을 알았다.

한숨과 눈물과 후회와 분노로
앓는 내 마음의 임종이 끝나려 할 때,
내 병실로는 어여쁜 세 처녀가 들어오면서
— 당신의 앓는 가슴 위에 우리의 손을 대라고 달님이
우리를 보냈나이다. —
이 때로부터 나의 마음에 감추어 두었던
희고 흰 사랑에 피가 묻음을 알았도다.

— 나는 고마와서 그 처녀들의 이름을 물을 때,
나는 '슬픔'이라 하나이다.
나는 '두려움'이라 하나이다.
나는 '안일(安逸)'이라고 부르나이다. —
그들의 손은 아픈 내 가슴 위에 고요히 닿도다.
이 때로부터 내 마음이 미치게 된 것이
끝없이 고치지 못하는 병이 되었도다.

14. 향수(鄕愁)

넓은 벌 동쪽 끝으로
옛이야기 지줄대는 실개천이 회돌아 나가고
얼룩백이 황소가
해설피 금빛 게으른 울음을 우는 곳,
— 그 곳이 참하 꿈엔들 잊힐리야.

질화로에 재가 식어지면
뷔인 밭에 밤바람 소리 말을 달리고,
엷은 졸음에 겨운 늙으신 아버지가
짚베개를 돋아 고이시는 곳.
— 그 곳이 참하 꿈엔들 잊힐리야.

흙에서 자란 내 마음
파아란 하늘 빛이 그립어
함부로 쏜 화살을 찾으려
풀섶 이슬에 함추름 휘적시던 곳,
— 그 곳이 참하 꿈엔들 잊힐리야.

전설 바다에 춤추는 밤물결 같은
검은 귀밑머리 날리는 어린 누이와
아무렇지도 않고 예쁠 것도 없는
사철 발 벗은 안해가
따가운 햇살을 등에 지고 이삭 줏던 곳,
— 그 곳이 참하 꿈엔들 잊힐리야.

하늘에는 석근 별
알 수도 없는 모래성으로 발을 옮기고
서리 까마귀 우지짖고 지나가는 초라한 지붕
흐릿한 불빛에 돌아 앉어 도란도란거리는 곳.
— 그 곳이 참하 꿈엔들 잊힐리야.

Check Point

- **작자** : 정지용
- **갈래** : 자유시, 서정시
- **성격** : 감각적, 묘사적, 향토적
- **어조** : 그리움이 드러나는 애틋한 어조
- **특징** : 감각적(시 · 청 · 촉) 이미지가 다양하며 반복적 표현에서 절실한 그리움이 강조된다.
- **제재** : 고향의 정경
- **주제** : 향수(鄕愁)
- **출전** : 조선지광(1927)

제2절 1930년대 ~ 1940년대 작품

1. 그날이 오면

Check Point

- **작자** : 심훈
- **갈래** : 자유시, 서정시
- **성격** : 저항적, 희생적, 의지적, 역동적
- **어조** : 의기 넘치는 강건하고 호소력 있는 어조
- **제재** : 광복의 날
- **주제** : 조국 광복에 대한 간절한 염원
- **출전** : 동아일보(1935)

그 날이 오면, 그 날이 오며는
삼각산(三角山)이 일어나 더덩실 춤이라도 추고,
한강(漢江) 물이 뒤집혀 용솟음칠 그 날이
이 목숨이 끊기기 전에 와 주기만 한다면,
나는 밤 하늘에 날으는 까마귀와 같이
종로(鐘路)의 인경(人磬)을 머리로 들이받아 울리오리다.
두개골(頭蓋骨)은 깨어져 산산조각이 나도
기뻐서 죽사오매 오히려 무슨 한(恨)이 남으오리까.

그 날이 와서 오오 그 날이 와서
육조(六曹) 앞 넓은 길을 울며 뛰며 딩굴어도
그래도 넘치는 기쁨에 가슴이 미어질 듯 하거든
드는 칼로 이 몸의 가죽이라도 벗겨서
커다란 북을 만들어 들쳐 메고는,
여러분의 행렬(行列)에 앞장을 서오리다.
우렁찬 그 소리를 한 번이라도 듣기만 하면,
그 자리에 거꾸러져도 눈을 감겠소이다.

2. 바다와 나비

Check Point

- **작자** : 김기림
- **갈래** : 자유시, 서정시
- **성격** : 감각적, 상징적 주지주의
- **어조** : 객관적이고 간결하며 단호한 목소리
- **특징** : 바다, 청무 밭, 초승달의 푸른빛과 흰나비로 대표되는 흰빛의 색채 대비
- **제재** : 바다와 나비
- **주제** : 새로운 세계에 대한 동경과 좌절감
- **출전** : 여성(1939)

아무도 그에게 수심(水深)을 일러 준 일이 없기에
흰 나비는 도무지 바다가 무섭지 않다.

청(靑)무우 밭인가 해서 내려갔다가는
어린 날개가 물결에 저려서
공주(公主)처럼 지쳐서 돌아온다.

삼월(三月) 달 바다가 꽃이 피지 않아서 서글픈
나비 허리에 새파란 초생달이 시리다.

3. 남으로 창을 내겠소

남(南)으로 창(窓)을 내겠소
밭이 한참갈이
괭이로 파고
호미론 풀을 매지요.

구름이 꼬인다 갈 리 있소.
새노래는 공으로 들으랴오.
강냉이가 익걸랑
함께 와 자셔도 좋소.

왜 사냐건
웃지요.

Check Point

- **작자** : 김상용
- **갈래** : 자유시, 서정시
- **성격** : 낭만적, 관조적, 서정적, 전원적, 자연 친화적
- **어조** : 소박하고 겸손하고 친근한 경어체의 회화조(會話調)
- **제재** : 전원생활
- **주제** : 전원생활을 통한 달관의 삶
- **출전** : 망향(1939)

4. 독(毒)을 차고

내 가슴에 독을 찬 지 오래로다.
아직 아무도 해한 일 없는 새로 뽑은 독
벗은 그 무서운 독 그만 흩어 버리라 한다
나는 그 독이 선뜻 벗도 해할지 모른다 위협하고,

독 안 차고 살아도 머지 않아 너 나 마주 가버리면
억만세대가 그 뒤로 잠자코 흘러가고
나중에 땅덩이 모지라져 모래알이 될 것임을
'허무한듸!' 독은 차서 무엇하느냐고?

아! 내 세상에 태어났음을 원망 않고 보낸
어느 하루가 있었던가 '허무한듸!'허나
앞뒤로 덤비는 이리 승냥이 바야흐로 내 마음을 노리매
내 산 채 짐승의 밥이 되어 찢기우고 할퀴우라 내맡긴 신세임을

나는 독을 차고 선선히 가리라
막음날 내 외로운 혼 건지기 위하여

Check Point

- **작자** : 김영랑
- **갈래** : 자유시, 서정시, 참여시
- **성격** : 의지적, 직설적, 저항적, 상징적, 우의적
- **어조** : 의지가 결연한 남성적 어조
- **특징** : 다른 두 삶의 자세에 대한 대조(벗은 순응적, 나는 의지적)
- **제재** : 독(毒)
- **주제** : 식민지 현실에 대한 대결 의식과 삶의 의지
- **출전** : 문장(1939)

5. 모란이 피기까지는

Check Point

- **작자** : 김영랑
- **갈래** : 자유시, 서정시, 순수시
- **성격** : 낭만적, 유미적, 상징적
- **어조** : 여성적 어조
- **특징** : 수미상관의 구성으로 주제를 부각시킴
- **제재** : 모란의 개화
- **주제** : 소망이 이루어지기를 기다림
- **출전** : 문학(1934)

모란이 피기까지는,
나는 아직 나의 봄을 기다리고 있을 테요.
모란이 뚝뚝 떨어져 버린 날,
나는 비로소 봄을 여읜 설움에 잠길 테요.
오월 어느 날, 그 하루 무덥던 날,
떨어져 누운 꽃잎마저 시들어 버리고는
천지에 모란은 자취도 없어지고,
뻗쳐 오르던 내 보람 서운케 무너졌느니,
모란이 지고 말면 그뿐, 내 한 해는 다 가고 말아,
삼백 예순 날 하냥 섭섭해 우옵내다.
모란이 피기까지는,
나는 아즉 기달리고 있을 테요, 찬란한 슬픔의 봄을

6. 떠나가는 배

Check Point

- **작자** : 박용철
- **갈래** : 자유시, 서정시, 순수시
- **성격** : 낭만적(우수적), 감상적, 서정적
- **어조** : 독백적 어조, 격정적이고 의지에 찬 어조
- **특징** : 독특한 띄어쓰기로 정서를 표현
- **제재** : 이별
- **주제** : 조국의 비참한 현실에 쫓겨 떠나는 울분과 비애, 현실에서 벗어나려는 의지
- **출전** : 시문학(1930)

나 두 야 간다.
나의 이 젊은 나이를
눈물로야 보낼거냐
나 두 야 가련다.

아늑한 이 항군들 손쉽게야 버릴거냐
안개같이 물어린 눈에도 비치나니
골짜기마다 발에 익은 묏부리 모양
주름살도 눈에 익은 아, 사랑하던 사람들

버리고 가는 이도 못 잊는 마음
쫓겨가는 마음인들 무어 다를 거냐
돌아다보는 구름에는 바람이 희살짓는다.
앞 대일 언덕인들 마련이나 있을거냐.

나 두 야 가련다.
나의 이 젊은 나이를
눈물로야 보낼거냐
나 두 야 간다.

7. 귀촉도

눈물 아롱아롱
피리 불고 가신 님의 밟으신 길은
진달래 꽃비 오는 서역 삼만리.
흰 옷깃 여며 여며 가옵신 님의
다시 오진 못 하는 파촉(巴蜀) 삼만리.

신이나 삼아줄 걸 슬픈 사연의
올올이 아로새긴 육날 메투리.
은장도(銀粧刀) 푸른 날로 이냥 베혀서
부질없는 이 머리털 엮어 드릴걸.

초롱에 불빛, 지친 밤 하늘
굽이굽이 은하물 목이 젖은 새,
차마 아니 솟는 가락 눈이 감겨서
제 피에 취한 새가 귀촉도 운다.
그대 하늘 끝 호올로 가신 님아.

Check Point

- **작자** : 서정주
- **갈래** : 자유시, 서정시
- **성격** : 전통적, 동양적, 상징적
- **어조** : 회한 어린 애틋한 어조
- **특징** : 설화를 현실에 접목시켜 한(恨)을 노래함
- **제재** : 귀촉도의 전설
- **주제** : 여읜 임에 대한 끝없는 사랑(이별의 한과 사랑의 영원함)
- **출전** : 춘추(1934)

서정주

1936년 『동아일보』 신춘문예에 시 「벽」으로 등단하였고 『시인부락(詩人部落)』을 창간하여 주간을 지냈다. 1941년에는 「화사(花蛇)」, 「자화상」, 「문둥이」 등을 수록한 『화사집』을, 1948년에는 시집 『귀촉도』, 1955년에는 『서정주 시선』을 출간해 자기 성찰과 달관의 세계를 동양적이고 민족적인 정조로 노래하였다. 이후 불교 사상에 입각해 인간 구원을 시도한 『신라초』(1961), 『동천』(1969), 토속적 · 주술적이며 원시적 샤머니즘을 노래한 『질마재 신화』(1975)와 『떠돌이의 시』(1976) 외에 『노래』(1984), 『팔할이 바람』(1988), 『산시(山詩)』(1991), 『늙은 떠돌이의 시』(1993) 등을 출간하였다. 그러나 1942년 『매일신보』에 다츠시로 시즈오(達城靜雄)라는 이름으로 평론 『시의 이야기-주로 국민 시가에 대하여』를 발표하면서 친일 작품을 쓰기 시작하였다. 이후 1944년까지 친일 문학지인 『국민문학』과 『국민시가』의 편집에 관여하면서 연이어 친일 작품들을 발표했다. 그 결과 2002년 2월 '민족정기를 세우는 국회의원 모임'이 자체 조사하여 발표한 '일제하 친일 반민족행위자 1차 명단(708명)'에 포함되기도 하였다.

생명파

정지용 · 김영랑 · 박용철 등이 중심이 된 시문학파의 기교주의적 · 감각주의적인 경향에 반대하여, 정신적 · 생명적 요소를 중시하며 인간의 생명 의식과 의지를 노래했던 작가군을 말한다.
이들은 주로 고뇌로 가득한 삶의 문제, 인간의 생명과 우주의 근원적 문제 등을 주제로 삼았으며 시대적 불행을 절규하기도 하였고, 인간적인 문제와 생명 구경(究竟)의 탐구에 주력하였다. 이들을 생명파라 부르는 것도 이러한 이유에서이다.
『시인부락』의 동인인 서정주, 김동리 등과 유치환에 의해 주로 전개되었으며, 함형수 · 오장환 · 김광균 · 김달진 · 여상현 · 김상원 · 김진세 · 이성범 등이 활동하였다.

- **서정주** : 화사, 자화상, 귀촉도, 국화 옆에서, 동천, 추천사, 춘향유문
- **김동리** : 무녀도, 역마, 황토기, 실존무, 사반의 십자가, 등신불(等身佛)
- **유치환** : 깃발, 수(首), 절도(絶島)

8. 고향(故鄕)

Check Point

- **작자** : 백석
- **갈래** : 자유시, 서정시
- **성격** : 서정적, 서사적, 서술적, 회고적
- **특징**
  - 의원과 나의 이야기 형식의 서사적 구조를 통해 시상을 전개
  - 부드럽고 다정다감한 어조를 통해 고향에 대한 그리움을 드러냄
- **제재** : 고향
- **주제** : 고향과 혈육에 대한 그리움
- **출전** : 삼천리문학(1938)

나는 북관(北關)에 혼자 앓아 누어서
어느 아침 의원(醫員)을 뵈이었다.
의원은 여래(如來) 같은 상을 하고 관공(關公)의 수염을 드리워서
먼 옛적 어느 나라 신선 같은데,
새끼손톱 길게 돋은 손을 내어
묵묵하니 한참 맥을 짚더니
문득 물어 고향이 어데냐 한다.
평안도 정주라는 곳이라 한즉
그러면 아무개씨 고향이란다.
그러면 아무개씨를 아느냐 한즉
의원은 빙긋이 웃음을 띠고
막역지간(莫逆之間)이라며 수염을 쓸는다.
나는 아버지로 섬기는 이라 한즉
의원은 또 다시 넌즈시 웃고
말없이 팔을 잡아 맥을 보는데
손길은 따스하고 부드러워
고향도 아버지도 아버지의 친구도 다 있었다.

9. 고향 앞에서

Check Point

- **작자** : 오장환
- **갈래** : 자유시, 서사시
- **성격** : 낭만적, 서정적, 감각적
- **어조** : 회한과 자책 속에서 쓸쓸하고 애잔한 목소리가 차분하게 드러남
- **특징** : 다양한 감각적 이미지를 통해 그리움을 표현
- **제재** : 고향
- **주제** : 잃어버린 고향 앞에서 느끼는 향수
- **출전** : 인물평론(1940)

흙이 풀리는 내음새
강바람은
산짐승의 우는 소릴 불러
다 녹지 않은 얼음장 울멍울멍 떠내려간다.

진종일
나룻가에 서성거리다
행인의 손을 쥐면 따뜻하리라.

고향 가까운 주막에 들러
누구와 함께 지난날의 꿈을 이야기하랴.
양귀비 끓여다 놓고
주인집 늙은이는 공연히 눈물지운다.

간간이 잔나비 우는 산기슭에는
아직도 무덤 속에 조상이 잠자고
설레는 바람이 가랑잎을 휩쓸어 간다.

예제로 떠도는 장꾼들이여!
상고(商賈)하며 오가는 길에
혹여나 보셨나이까.

전나무 우거진 마을
집집마다 누룩을 디디는 소리, 누룩이 뜨는 내음새.......

10. 국경의 밤

제 1 부

1
"아하, 무사히 건넜을까,
이 한밤에 남편은
두만강을 탈없이 건넜을까?
저리 국경 강안(江岸)을 경비하는
외투(外套) 쓴 검은 순사(巡査)가
왔다 – 갔다 –
오르명 내리명 분주히 하는데
발각도 안되고 무사히 건넜을까?"
소금실이 밀수출(密輸出) 마차를 띄어 놓고
밤새 가며 속태이는 젊은 아낙네
물레 젓던 손도 맥이 풀려서
'파!' 하고 붙는 어유(魚油) 등잔만 바라본다.
북국(北國)의 겨울밤은 차차 깊어 가는데.

Check Point

- **작자** : 김동환
- **갈래** : 자유시, 낭만시, 서사시
- **성격** : 향토적, 비극적, 서사적
- **어조** : 남성적, 대륙적
- **특징**
  - 서술자를 설정하여 줄거리 서술
  - 실연(失戀)과 상부(喪夫)의 이중 구조를 지님
- **의의** : 현대시 최초의 장편 서사시(전 3부 72장)
- **제재** : 일제 치하 두만강변 주민의 애환
- **주제**
  - 조국을 상실한 민족의 애환과 비애
  - 국경 지대 어느 여인의 슬픈 사랑과 비극적 삶(일제 강점기의 우리 민족의 애환)
- **출전** : 해당화, 삼천리사(1942)

Check Point

삼천리와 삼천리 문학

삼천리는 1929년 김동환이 창간한 대중잡지이다. 취미 중심의 오락 지였지만 저속하지 않았으며, 개벽사의 『별건곤(別乾坤)』과 대중지의 쌍벽을 이루었다. 또한 1938년에는 그 자매지로 토착적인 민족 문학의 전통 확립을 표방했던 순 문학지인 삼천리 문학을 창간하기도 하였다. 하지만 삼천리 문학은 통권 제2호로 종간되었고, 삼천리는 일제의 검열에 의해 원고 압수와 삭제의 곤욕을 치르면서 현실과 타협하기 시작하여 1942년 5월부터는 『대동아(大東亞)』라는 이름의 친일지로 변화했다.

2
어디서 불시에 땅 밑으로 울려 나오는 듯
"어-이" 하는 날카로운 소리 들린다.
저 서쪽으로 무엇이 오는 군호(軍號)라고
촌민(村民)들이 넋을 잃고 우두두 떨 적에
처녀만은 잡히우는 남편의 소리라고
가슴 뜯으며 긴 한숨을 쉰다
눈보라에 늦게 내리는
영림창(營林廠) 산촌실이 벌부(筏夫) 떼 소리언만.

3
마지막 길 가는 병자(病者)의 부르짖음 같은
애처로운 바람 소리에 싸이어
어디서 '땅' 하는 소리 밤하늘을 짼다.
뒤대어 요란한 발자취 소리에
백성들은 또 무슨 변(變)이 났다고 실색하여 숨죽일 때
이 처녀만은 강도 채 못 건넌 채 얻어 맞은 사내의 일이라고
문비탈을 쓸어 안고 흑흑 느껴 가며 운다.
겨울에도 한 삼동(三冬) 별빛에 따라
고기잡이 얼음장 끊는 소리언만.

4
불이 보인다 새빨간 불빛이
저리 강 건너
대안(對岸) 벌에서는 순경들의 파수막(把守幕)에서
옥서(玉黍)장 태우는 빠알간 불빛이 보인다.
까아맣게 타오르는 모닥불 속에
호주(胡酒)에 취한 순경들이
월월월 이태백을 부르면서

5
아아, 밤이 점점 어두워 간다.
국경의 밤이 저 혼자 시름없이 어두워 간다.
함박눈조차 다 내뿜은 맑은 하늘엔
별 두어 개 파래져
어미 잃은 소녀의 눈동자같이 깜박거리고,
눈보라 심한 강벌에는
외아지 백양(白楊)이

혼자 서서 바람을 걷어 안고 춤을 춘다.
아지 부러지는 소리조차
이 처녀의 마음을 핫! 핫! 놀래 놓으면서 —

(이하 생략)

11. 산(山) 너머 남촌(南村)에는

1
산 너머 남촌에는 누가 살길래
해마다 봄바람이 남으로 오네.

꽃 피는 사월이면 진달래 향기
밀 익는 오월이면 보리 내음새,

어느 것 한 가진들 실어 안 오리
남촌서 남풍 불 제 나는 좋데나.

2
산 너머 남촌에는 누가 살길래
저 하늘 저 빛깔이 저리 고울까?

금잔디 너른 벌엔 호랑나비 떼
버들밭 실개천엔 종달새 노래,

어느 것 한 가진들 들려 안 오리
남촌서 남풍 불 제 나는 좋데나.

3
산 너머 남촌에는 배나무 있고
배나무 꽃 아래엔 누가 섰다기,

그리운 생각에 영에 오르니
구름에 가리어 아니 보이네.

끊었다 이어오는 가는 노래는
바람을 타고서 고이 들리네.

Check Point

- **작자** : 김동환
- **갈래** : 자유시, 서정시
- **성격** : 민요적, 서정적, 향토적
- **어조** : 부드럽고 정감 있는 어조
- **제재** : 봄바람
- **주제** : 남국의 낙원에 대한 그리움
- **출전** : 해당화(1942)

12. 쉽게 씌어진 시

Check Point

- **작자** : 윤동주
- **갈래** : 자유시, 서정시, 주의시
- **성격** : 자기 성찰적, 미래 지향적, 회고적, 의지적, 명상적, 관조적, 고백적, 저항적
- **어조** : 차분하고 자기를 되돌아 보는 어조
- **특징** : 상징어의 사용, 수미상관의 구성, 자아 정체를 통한 반성
- **제재** : 시인의 생활, 내면화된 나
- **주제** : 진실한 삶의 자세, 암담한 현실 극복의 다짐
- **출전** : 하늘과 바람과 별과 시(1948)

창(窓) 밖에 밤비가 속살거려
육첩방(六疊房)은 남의 나라.

시인(詩人)이란 슬픈 천명(天命)인 줄 알면서도
한 줄 시를 적어 볼까.

땀내와 사랑내 포근히 품긴
보내 주신 학비 봉투를 받아

대학 노트를 끼고
늙은 교수의 강의 들으러 간다.

생각해 보면 어린 때 동무들
하나, 둘, 죄다 잃어버리고

나는 무얼 바라
나는 다만, 홀로 침전(沈澱)하는 것일까?

인생은 살기 어렵다는데
시가 이렇게 쉽게 씌어지는 것은
부끄러운 일이다.

육첩방은 남의 나라
창 밖에 밤비가 속살거리는데,

등불을 밝혀 어둠을 조금 내몰고,
시대처럼 올 아침을 기다리는 최후의 나,

나는 나에게 작은 손을 내밀어
눈물과 위안으로 잡는 최초의 악수.

13. 십자가(十字架)

쫓아오던 햇빛인데
지금 교회당 꼭대기
십자가에 걸리었습니다.

첨탑(尖塔)이 저렇게도 높은데
어떻게 올라갈 수 있을까요.

종소리도 들려오지 않는데
휘파람이나 불며 서성거리다가,

괴로웠던 사나이,
행복한 예수 그리스도에게처럼
십자가가 허락된다면

모가지를 드리우고
꽃처럼 피어나는 피를
어두워 가는 하늘 밑에
조용히 흘리겠습니다.

Check Point

- **작자** : 윤동주
- **갈래** : 자유시, 서정시
- **성격** : 독백적, 상징적, 애국적, 기독교적, 저항적, 의지적
- **어조** : 차분하면서도 결의에 찬 신념의 목소리
- **특징** : 외면세계에서 내면세계로 시상의 전개
- **제재** : 십자가
- **주제** : 자기희생의 의지(속죄양 의식)
- **출전** : 하늘과 바람과 별과 시(1948)

14. 참회록

파란 녹이 낀 구리 거울 속에
내 얼굴이 남아 있는 것은
어느 왕조의 유물이기에
이다지도 욕될까.

나는 나의 참회의 글을 한 줄에 줄이자.
– 만(滿) 이십사 년 일 개월을
무슨 기쁨을 바라 살아 왔던가.

내일이나 모레나 그 어느 즐거운 날에
나는 또 한 줄의 참회록을 써야 한다.
– 그 때 그 젊은 나이에
왜 그런 부끄런 고백을 했던가.

Check Point

- **작자** : 윤동주
- **갈래** : 자유시, 서정시
- **성격** : 반성적, 고백적, 참여적, 상징적
- **어조** : 자기 성찰적 어조
- **제재** : 녹이 낀 구리 거울, 자아의 생활
- **주제** : 자기 성찰을 통한 순결성 추구, 역사 속에서의 자아 성찰과 고난 극복 의지
- **출전** : 하늘과 바람과 별과 시(1948)

밤이면 밤마다 나의 거울을
손바닥으로 발바닥으로 닦아 보자.

그러면 어느 운석(隕石) 밑으로 홀로 걸어가는
슬픈 사람의 뒷모양이
거울 속에 나타나온다.

15. 오감도(烏瞰圖)

Check Point

- **작자** : 이상
- **갈래** : 자유시, 초현실주의시
- **성격** : 주지적, 관념적, 심리적, 상징적
- **어조** : 비판적, 냉소적 어조
- **특징** : 다다이즘, 초현실주의의 영향
- **제재** : 실존적 삶의 모습
- **주제** : 식민지 지식인의 공포 의식과 좌절 의식, 인간에의 소망
- **출전** : 조선중앙일보(1934)

십삼인의아해가도로로질주하오.
(길은막다른골목이적당하오.)

제일의아해가무섭다고그리오.
제이의아해도무섭다고그리오.
제삼의아해도무섭다고그리오.
제사의아해도무섭다고그리오.
제오의아해도무섭다고그리오.
제육의아해도무섭다고그리오.
제칠의아해도무섭다고그리오.
제팔의아해도무섭다고그리오.
제구의아해도무섭다고그리오.
제십의아해도무섭다고그리오.

제십일의아해가무섭다고그리오.
제십이의아해도무섭다고그리오.
제십삼의아해도무섭다고그리오.
십삼인의아해는무서운아해와무서워하는아해와그렇게뿐이모였소.
(다른사정은없는것이차라리나았소.)

그중의일인의아해가무서운아해라도좋소.
그중의이인의아해가무서운아해라도좋소.
그중의이인의아해가무서워하는아해라도좋소.
그중의일인의아해가무서워하는아해라도좋소.

(길은뚫린길이라도적당하오.)
십삼인의아해가도로로질주하지아니하여도좋소.

16. 거울

거울속에는소리가없소
저렇게까지조용한세상은참없을것이오

거울속에도내게귀가있소
내말을못알아듣는딱한귀가두개나있소

거울속의나는왼손잡이오
내악수를받을줄모르는—악수를모르는왼손잡이오

거울때문에나는거울속의나를만져보지를못하는구료마는
거울이아니었던들내가어찌거울속의나를만나보기만이라도했겠소

나는지금거울을안가졌소마는거울속에는늘거울속의내가있소
잘은모르지만외로된사업에골몰할께요

거울속의나는참나와는반대요마는
또꽤닮았소
나는거울속의나를근심하고진찰할수없으니퍽섭섭하오.

이상의 초현실주의

이상은 우리 문학의 대표적 초현실주의 시인이며, 자의식 문학의 선구자라 할 수 있다. 그의 문학에 나타나 있는 비상식적인 세계는 그의 시를 난해한 작품으로 특징짓는 요소가 된다. 그것은 이상 자신의 개인적 기질과 환경, 자전적 체험과 관계되어 있을 뿐 아니라 현실에 대해 비극적이고 지적으로 반응하는 태도에 바탕을 두고 있다. 그러한 태도는 한국시의 주지적 변화를 대변하였으며, 새로운 경지를 개척하는 밑거름이 되었다. 이상 시의 초현실주의적 색채는 억압된 의식과 욕구 좌절의 현실에서 새로운 대상 세계로의 탈출을 시도하는 과정을 통해 나타나고 있다. 또한 논리적 사고과정의 정신을 해방시키고자 무력한 자아가 주요한 주제로 나타나며, 시 「거울」이나 소설 「날개」 등을 통해서 이를 확인할 수 있다.

Check Point

- **작자** : 이상
- **갈래** : 초현실주의시, 자유시, 관념시, 상징시
- **성격** : 자의식적, 주지적, 심리적, 관념적
- **어조** : 냉소적, 자조적 어조
- **특징**
  - 자동기술법(초현실주의시의 자의식의 세계 표출 방법)
  - 기존 형식의 부정(띄어쓰기 무시)을 통한 실험성의 표출
  - 역설적 표현을 통해 자기모순의 노출
- **제재** : 거울에 비친 '나'(거울과 자아의식)
- **주제** : 현대인의 자의식 분열에 대한 고뇌와 불안감

17. 꽃

Check Point

- **작자** : 이육사
- **갈래** : 자유시, 서정시
- **성격** : 관조적, 영탄적, 의지적, 상징적, 저항적
- **어조** : 강인하고 의지적인 남성적 어조
- **특징** : 상징에 의한 암시적 표현
- **제재** : 꽃
- **주제** : 참된 삶(조국 광복)에 대한 신념과 기다림
- **출전** : 육사시집(1946)

동방은 하늘도 다 끝나고
비 한 방울 나리잖는 그때에도
오히려 꽃은 빨갛게 피지 않는가
내 목숨을 꾸며 쉬임 없는 날이여

북(北)쪽 툰드라에도 찬 새벽은
눈 속 깊이 꽃 맹아리가 옴작거려
제비떼 까맣게 날아오길 기다리나니
마침내 저버리지 못할 약속이여!

한 바다 복판 용솟음 치는 곳
바람결 따라 타오르는 꽃 성에는
나비처럼 취하는 회상의 무리들아
오늘 내 여기서 너를 불러보노라

18. 광야(曠野)

Check Point

- **작자** : 이육사
- **갈래** : 자유시, 서정시
- **성격** : 의지적, 저항적, 참여적, 지사적, 미래지향적, 상징적
- **어조** : 남성적 어조
- **특징** : 시간의 흐름에 따른 추보식 구성(과거 – 현재 – 미래의 시간적 순서)
- **제재** : 광야
- **주제** : 조국 광복 실현에의 신념과 의지
- **출전** : 육사시집(1946)

까마득한 날에
하늘이 처음 열리고
어데 닭 우는 소리 들렸으랴.

모든 산맥(山脈)들이
바다를 연모(戀慕)해 휘달릴 때도
차마 이 곳을 범(犯)하던 못하였으리라.

끊임없는 광음(光陰)을
부지런한 계절(季節)이 피어선 지고
큰 강(江)물이 비로소 길을 열었다.

지금 눈 내리고
매화향기(梅花香氣) 홀로 아득하니
내 여기 가난한 노래의 씨를 뿌려라.
다시 천고(千古)의 뒤에
백마(白馬) 타고 오는 초인(超人)이 있어
이 광야(曠野)에서 목놓아 부르게 하리라.

19. 절정(絕頂)

매운 계절(季節)의 채찍에 갈겨
마침내 북방(北方)으로 휩쓸려 오다.

하늘도 그만 지쳐 끝난 고원(高原)
서릿발 칼날진 그 위에 서다.

어데다 무릎을 꿇어야 하나
한 발 재겨 디딜 곳조차 없다.

이러매 눈 감아 생각해 볼밖에
겨울은 강철로 된 무지갠가 보다.

Check Point

- **작자** : 이육사
- **갈래** : 자유시, 서정시
- **성격** : 상징적, 의지적, 남성적, 지사적, 참여적
- **어조** : 의지적, 남성적 어조
- **특징** : 역설적 표현을 통해 주제를 형상화
- **제재** : 쫓기는 자의 극한 상황(식민지 통치하의 시대 상황–겨울, 북방, 고원)
- **주제** : 극한 상황의 초극 의지(극한 상황을 초극하려는 강렬한 정신)
- **출전** : 문장(1941)

저항시인 이육사

이육사는 여러 독립운동 단체에 가담하여 독립투쟁에 참여했으며, 죄수생활을 할 때의 수인번호 64번을 따서 육사(陸史)라는 호를 지었을 정도로 수많은 감옥살이를 했다.
1933년 『신조선』에 「황혼」을 발표하였고, 1934년 신조선사 근무를 비롯하여 중외일보사, 조광사, 인문사 등 언론기관에 종사하면서 시 외에도 한시와 시조, 논문, 평론, 번역, 시나리오 등을 쓰기도 했다. 1935년 시조 「춘추삼제」와 시 「실제」를 썼으며, 1937년 신석초, 윤곤강, 김광균 등과 『자오선』을 발간하여 「청포도」, 「교목」, 「파초」 등의 상징적이면서도 서정이 풍부한 목가풍의 시를 발표했다.
그의 창작활동은 1941년까지 계속되었으나, 시작활동 못지않게 독립투쟁에 헌신했던 이유로 총 17회나 투옥되었다. 이후 이육사는 독립을 위한 비밀결사의 맹원으로 활약하다가 체포되어 1944년 북경(北京)에서 옥사했다.
그의 시는 대표작 「광야」와 「절정」에서 볼 수 있듯 식민지 민족의 비운을 소재로 저항 의지를 강렬하게 드러내고, 영원히 이어갈 민족정신을 표현하고 있다는 특징을 가진다.

Check Point

- **작자** : 정지용
- **갈래** : 자유시, 서정시
- **성격** : 애상적, 감각적, 회화적
- **어조** : 자식을 잃은 아버지의 애상적 어조
- **특징** : 시각적 이미지와 대위법을 통한 감정의 절제가 돋보임
- **제재** : 유리창에 서린 입김
- **주제** : 죽은 아이에 대한 그리움과 슬픔
- **출전** : 조선지광(1930)

20. 유리창 1

유리에 차고 슬픈 것이 어른거린다.
열없이 붙어 서서 입김을 흐리우니
길들은 양 언 날개를 파다거린다.
지우고 보고 지우고 보아도
새까만 밤이 밀려나가고 밀려와 부딪히고,
물먹은 별이, 반짝, 보석처럼 박힌다.
밤에 홀로 유리를 닦는 것은
외로운 황홀한 심사이어니,
고운 폐혈관이 찢어진 채로
아아, 너는 산새처럼 날아갔구나!

꼭! 확인 기출문제

다음 시에 대한 설명으로 적절하지 않은 것은? [지방직 9급 기출]

老主人의 腸壁에
無時로 忍冬 삼긴 물이 나린다.

자작나무 덩그럭 불이
도로 피여 붉고,

구석에 그늘 지여
무가 순 돋아 파릇하고,

흙냄새 훈훈히 김도 사리다가
바깥 風雪 소리에 잠착하다.

山中에 冊曆도 없이
三冬이 하이얗다.

– 정지용, 「忍冬茶」

① 산중의 고적한 공간이 배경이다.
② 시각적 대조의 방법이 사용되었다.
③ 한 폭의 그림과 같은 인상을 준다.
❹ '잠착하다'는 '여러모로 고려하다'의 의미다.

해 ④ '잠착하다'는 '참척하다'의 원말로, '한 가지 일에만 정신을 골똘하게 쓴다.'는 뜻이다.
① '산중(山中)에 책력(冊曆)도 없이 삼동(三冬)이 하이얗다.'라는 표현으로 보아 산중의 고적한 공간이 배경임을 알 수 있다. 또한 시 전반에 걸쳐 고적한 분위기를 자아내는 산중의 방안의 모습을 묘사하고 있다.
② '자작나무 덩그럭 불이 도로 피여 붉고'와 '구석에 그늘 지여 무가 순 돋아 파릇하고'에서 '붉은 불'과 '파릇한 무순'이 시각적 대조를 이루고 있다.
③ 이 작품은 서정적 표현과 차분한 어조, 산중이라는 배경을 활용하여 혹독한 겨울을 견뎌내는 화자의 모습을 한 폭의 그림과 같이 그려내고 있다.

21. 바다1

오 · 오 · 오 · 오 · 오 · 소리치며 달려가니,
오 · 오 · 오 · 오 · 오 · 연달아서 몰아온다.

간밤에 잠 살포시
머언 뇌성이 울더니,

오늘 아침 바다는
포도빛으로 부풀어졌다.

철썩, 처얼썩, 철썩, 처얼썩, 철썩
제비 날아들 듯 물결 사이사이로 춤을 추어.

Check Point

- **작자** : 정지용
- **갈래** : 자유시, 서정시
- **성격** : 감각적, 역동적
- **제재** : 바다
- **주제** : 바다의 아름다움(경이로움)
- **출전** : 시원(1935)

구인회

1933년 계급주의 및 공리주의 문학을 배격하고 순수문학을 표방하는 문단의 중견급 작가 9명에 의하여 결성된 문학동인회이다.
김기림 · 이효석 · 이종명 · 김유영 · 유치진 · 조용만 · 이태준 · 정지용 · 이무영 등이 결성하였으나, 이후 이종명 · 김유영 · 이효석이 탈퇴하고, 박태원 · 이상 · 박팔양이 가입하였으며, 다시 유치진 · 조용만 대신에 김유정 · 김환태로 교체되어 9명의 회원을 유지하였다.
1930년대 경향문학이 쇠퇴한 이후 문단의 주류가 된 이들은 순수문학을 확립하는 데 크게 기여하였다. 당시 순수문학의 가장 유력한 단체로 활동하였으나 3~4년 만에 해체하였다.

22. 승무(僧舞)

얇은 사(紗) 하이얀 고깔은
고이 접어서 나빌레라.

파르라니 깎은 머리
박사(薄紗) 고깔에 감추오고,

두 볼에 흐르는 빛이
정작으로 고와서 서러워라.

빈 대(臺)에 황촉불이 말없이 녹는 밤에
오동(梧桐)잎 잎새마다 달이 지는데,

Check Point

- **작자** : 조지훈
- **갈래** : 자유시, 서정시
- **성격** : 전통적, 선적(禪的), 불교적, 고전적
- **어조** : 대상에 대한 예찬적 어조, 고전적인 우아한 어조
- **특징** : 고전적 정서와 불교의 선(禪) 감각, 유장한 율조와 다듬어진 시어가 융화되어 전아(典雅)한 종교적 분위기를 빚어내고 서정성의 극치를 보여준다.
- **제재** : 승무
- **주제** : 삶의 번뇌의 종교적 승화
- **출전** : 문장(1939)

소매는 길어서 하늘은 넓고,
돌아설 듯 날아가며 사뿐히 접어 올린 외씨보선이여.

까만 눈동자 살포시 들어
먼 하늘 한 개 별빛에 모두오고,

복사꽃 고운 뺨에 아롱질 듯 두 방울이야
세사(世事)에 시달려도 번뇌(煩惱)는 별빛이라.

휘어져 감기우고 다시 접어 뻗는 손이
깊은 마음 속 거룩한 합장(合掌)인 양하고,

이 밤사 귀또리도 지새우는 삼경(三更)인데,
얇은 사(紗) 하이얀 고깔은 고이 접어서 나빌레라.

청록파

조지훈 · 박두진 · 박목월 세 사람은 자연을 바탕으로 인간의 염원과 가치를 성취하기 위한 공통된 주제로 시를 써왔다. 그러다가 1946년 시집 『청록집(靑鹿集)』을 함께 펴냈고, 청록파라는 이름을 갖게 되었다.
이들은 자연미의 재발견과 국어미의 순화 및 생명의 원천에 대해 추구하였다. 또한 어두운 현실 아래 빼앗긴 고향과 자연을 노래하였으며 그 속에서 잃어버린 인간 생명의 원천과 역사의 전통을 찾기 위해 노력하였다. 그들의 이러한 노력은 일제 말 문학적 암흑기 현실에 시달렸던 이들에게 힘을 주었다는 점에서 큰 의미를 가진다.
박목월은 전통적 삶 의식을 향토적 서정의 민요풍으로 표현하였고, 조지훈은 고전미에 문화적 동질성을 담아 일제에 저항하는 글을 썼고, 박두진은 자연에 대한 친화와 사랑을 기독교적 신앙을 바탕으로 노래하였다.
이들은 일제강점기 말에 등단하여 한글로 작품을 발표하였고, 광복 후에도 시의 순수성을 잃지 않았다는 특징을 가지고 있다.

- **조지훈** : 고사, 고풍의상, 낙화, 달밤, 마음의 태양, 민들레꽃, 병에게, 봉황수, 석문, 승무, 완화삼, 패강무정, 풀잎단장
- **박두진** : 강, 꽃, 도봉, 묘지송, 어서 너는 오너라, 청산도, 해, 향현
- **박목월** : 가정, 나그네, 나무, 달, 불국사, 산도화, 산이 날 에워싸고, 윤사월, 이별가, 청노루, 하관

23. 서시

죽는 날까지 하늘을 우러러
한 점 부끄럼이 없기를,
잎새에 이는 바람에도
나는 괴로워했다.

Check Point

- **작자** : 윤동주
- **갈래** : 자유시, 서정시
- **성격** : 성찰적, 고백적, 의지적, 상징적
- **어조** : 의지적, 자기 고백적 어조
- **특징**
  - 과거(1~4행), 미래(5~8행), 현재(9행)의 시간 구성에 따른 시상 전개
  - 하늘, 별의 밝은 이상과 밤, 바람의 어둠과 시련의 현실의 이미지가 대립되면서 시적 상황을 전개(도덕적 신념과 역사적 사명에 대한 의지를 표출)
- **제재** : 별
- **주제** : 부끄러움 없는 삶에 대한 소망, 자아성찰을 통한 현실 극복의 의지
- **출전** : 하늘과 바람과 별과 시(1948)

별을 노래하는 마음으로
모든 죽어 가는 것을 사랑해야지.
그리고 나한테 주어진 길을
걸어가야겠다.

오늘 밤에도 별이 바람에 스치운다.

제3절 1950년대 이후 작품

1. 목마와 숙녀

한 잔의 술을 마시고
우리는 버지니아 울프의 생애(生涯)와
목마(木馬)를 타고 떠난 숙녀(淑女)의 옷자락을 이야기한다.
목마(木馬)는 주인(主人)을 버리고 그저 방울 소리만 울리며
가을 속으로 떠났다. 술병에서 별이 떨어진다.
상심(傷心)한 별은 내 가슴에 가벼웁게 부숴진다.
그러한 잠시 내가 알던 소녀(少女)는
정원(庭園)의 초목(草木) 옆에서 자라고
문학(文學)이 죽고 인생(人生)이 죽고
사랑의 진리마저 애증(愛憎)의 그림자를 버릴 때
목마(木馬)를 탄 사랑의 사람은 보이지 않는다.

세월은 가고 오는 것
한때는 고립(孤立)을 피하여 시들어 가고
이제 우리는 작별하여야 한다.
술병이 바람에 쓰러지는 소리를 들으며
늙은 여류 작가(女流作家) 의 눈을 바라보아야 한다.
…… 등대(燈臺)에……
불이 보이지 않아도
그저 간직한 페시미즘의 미래(未來)를 위하여
우리는 처량한 목마(木馬) 소리를 기억(記憶)하여야 한다.

Check Point

- **작자** : 박인환
- **갈래** : 자유시, 서정시
- **성격** : 서정적, 감상적(애상적), 허무적, 체념적, 주지적, 도시적, 회고적
- **어조** : 인생의 허무함을 노래하는 애상적 · 감상적 어조, 냉소적 어조
- **특징** : 도시적 감상주의와 보헤미안적 기질이 드러난다.
- **제재** : 목마(온갖 떠나가는 것들) → 전후의 불안, 절망, 애상의 상징
- **주제** : 사라지고 잊혀져 가는 것들에 대한 그리움과 상실의 슬픔
- **출전** : 박인환 시집(1955)

모든 것이 떠나든 죽든
그저 가슴에 남은 희미한 의식(意識)을 붙잡고
우리는 버지니아 울프의 서러운 이야기를 들어야 한다.
두 개의 바위 틈을 지나 청춘(靑春)을 찾는 뱀과 같이
눈을 뜨고 한 잔의 술을 마셔야 한다.
인생(人生)은 외롭지도 않고
그저 잡지(雜誌)의 표지(表紙)처럼 통속(通俗)하거늘
한탄할 그 무엇이 무서워서 우리는 떠나는 것일까.
목마(木馬)는 하늘에 있고
방울 소리는 귓전에 철렁거리는데
가을 바람 소리는
내 쓰러진 술병 속에는 목메어 우는데

Check Point

새
- **작자** : 박남수
- **갈래** : 자유시, 서정시
- **성격** : 주지적, 문명 비판적
- **어조** : 이미지를 구체적으로 표현
- **특징** : 새와 포수의 대비로 물질적인 문명을 비판
- **제재** : 새를 순수한 존재로 형상화
- **주제** : 인위적이며 파괴적인 인간 문명 비판
- **출전** : 신태양(1959)

꼭! 확인 기출문제

다음 시에 대한 설명으로 적절하지 않은 것은? [국가직 7급 기출]

1
하늘에 깔아 논 / 바람의 여울터에서나
속삭이듯 서걱이는 / 나무의 그늘에서나, 새는
노래한다. 그것이 노래인 줄도 모르면서 / 새는 그것이 사랑인 줄도 모르면서
두 놈이 부리를 / 서로의 죽지에 파묻고
따스한 체온을 나누어 가진다.

2
새는 울어 / 뜻을 만들지 않고,
지어서 교태로 / 사랑을 가식하지 않는다.

3
— 포수는 한 덩이 납으로 / 그 순수를 겨냥하지만,
매양 쏘는 것은 / 피에 젖은 한 마리 상한 새에 지나지 않는다.

— 박남수, 「새」

① 시적 화자의 현실 비판적 의도가 엿보인다.
❷ '뜻'과 '납'은 서로 대조적인 의미를 가지고 있다.
③ 시적 화자는 절제된 태도로 대상을 노래하고 있다.
④ '상한 새'는 자연이나 순수한 삶의 파괴를 의미한다.

해 ② 뜻을 만든다는 것은 인위적이며 순수하지 못한 행위를 일컫는다. 납 또한 순수를 겨냥하여 파괴하려는 물질임을 암시하고 있으므로 유사한 의미를 가지고 있다.

2. 추천사(鞦韆詞)

향단아 그넷줄을 밀어라.
머언 바다로
배를 내어 밀듯이, 향단아.

이 다소곳이 흔들리는 수양버들나무와
베갯모에 놓이듯 한 풀꽃데미로부터,
자잘한 나비 새끼 꾀꼬리들로부터,
아주 내어 밀듯이, 향단아.

산호도 섬도 없는 저 하늘로
나를 밀어 올려 다오.
채색(彩色)한 구름같이 나를 밀어 올려 다오.
이 울렁이는 가슴을 밀어 올려 다오.
서(西)으로 가는 달같이는
나는 아무래도 갈 수가 없다.

바람이 파도를 밀어 올리듯이
그렇게 나를 밀어 올려 다오.
향단아.

Check Point

- **작자** : 서정주
- **갈래** : 자유시, 서정시
- **성격** : 낭만적, 상징적, 동양적, 고전적, 불교적, 현실 초월적
- **어조** : 간절한 소망과 여성적 섬세함을 지닌 대화체(독백조)
- **특징**
  - 고전 소설을 모티브로 함
  - 대화 형식을 통한 화자의 간절한 마음의 표출
  - 통사 구조의 반복을 통한 리듬감 형성
  - 운율과 의미의 유기적 관계를 통한 시상 전개
- **제재** : 그네 타는 춘향(춘향의 정신세계)
- **주제** : 현실 초월의 갈망(현실적 고뇌의 초극을 위한 이상 세계에 대한 갈망)
- **출전** : 서정주 시선(1956)

Check Point

소재의 해석
- **그네** : 이상 세계로 나아가는 동시에 현실로 되돌아오는 한계를 지님(이중적 의미)
- **머언 바다, 하늘** : 이상 세계
- **서(西)** : 극락, 불교적 이상 세계
- **수양버들나무, 풀꽃데미, 나비, 꾀꼬리** : 아름다운 지상의 사물
- **산호, 섬** : 현실적 제약, 장애물
- **달** : 아무 구속이 없는 자유로운 대상(화자의 처지와 대조적인 대상)

3. 껍데기는 가라

껍데기는 가라.
사월도 알맹이만 남고
껍데기는 가라.

껍데기는 가라.
동학년(東學年) 곰나루의 그 아우성만 남고
껍데기는 가라.

그리하여 다시
껍데기는 가라.
이곳에선, 두 가슴과 그곳까지 내논
아사달과 아사녀가

중립(中立)의 초례청 앞에 서서
부끄럼 빛내며
맞절할지니

껍데기는 가라.
한라에서 백두까지
향그러운 흙가슴만 남고
그, 모오든 쇠붙이는 가라.

Check Point

- **작자** : 신동엽
- **갈래** : 자유시, 서정시, 참여시
- **성격** : 저항적, 의지적, 현실 참여적, 직설적
- **어조** : 의지에 찬 저항적 어조
- **운율** : 통사 구조의 반복으로 운율을 표현
- **특징**
  - 비유와 상징, 직설적 표현을 모두 사용하여 의지를 표출
  - 직설적 표현을 통해 부정적 인식을 표현
  - 명령형 어미를 사용하여 저항 의식을 강조
  - 반복적 표현과 대조적 시어(껍데기, 알맹이)를 통해 주제를 효과적으로 표출
- **주제** : 순수한 정신의 회복과 평화에 대한 염원, 순수한 삶이 보장되는 민주사회에 대한 열망
- **구성**
  - 1연 : 4월 혁명의 순수함 강조
  - 2연 : 동학 농민 운동의 순수함 강조
  - 3연 : 민족의 화해를 염원
  - 4연 : 부정성과 폭력에 대한 거부
- **출전** : 52인 시집(1967)

4. 풀

풀이 눕는다.
비를 몰아오는 동풍에 나부껴
풀은 눕고
드디어 울었다.
날이 흐려서 더 울다가
다시 누웠다.

풀이 눕는다.
바람보다도 더 빨리 눕는다.
바람보다도 더 빨리 울고
바람보다도 먼저 일어난다.

날이 흐리고 풀이 눕는다.
발목까지
발밑까지 눕는다.
바람보다 늦게 누워도
바람보다 먼저 일어나고
바람보다 늦게 울어도
바람보다 먼저 웃는다.
날이 흐리고 풀뿌리가 눕는다.

Check Point

- **작자** : 김수영
- **갈래** : 자유시, 서정시, 참여시
- **성격** : 상징적, 의지적, 주지적
- **어조** : 감정이 절제된 잔잔한 목소리
- **특징** : 대립적 구조에 의한 상징적 표현
- **제재** : 풀
- **주제** : 민중의 끈질긴 생명력
- **출전** : 창작과 비평(1968)

5. 귀천(歸天)

나 하늘로 돌아가리라.

새벽빛 와 닿으면 스러지는
이슬 더불어 손에 손을 잡고,

나 하늘로 돌아가리라.
노을빛 함께 단 둘이서
기슭에서 놀다가 구름 손짓하면은,

나 하늘로 돌아가리라.
아름다운 이 세상 소풍 끝내는 날,
가서 아름다웠더라고 말하리라.

Check Point

- **작자** : 천상병
- **갈래** : 자유시, 서정시
- **성격** : 시각적, 서술적, 독백적, 관조적, 낙천적
- **어조** : 내면적, 독백적
- **운율** : 3음보의 반복과 변조(내재율)
- **특징**
  - 독백적인 어조
  - 반복과 비유적 심상
- **제재** : 귀천(歸天)
- **주제** : 삶에 대한 달관과 죽음의 승화
- **출전** : 주막에서(1979)

6. 새들도 세상을 뜨는구나

영화가 시작하기 전에 우리는
일제히 일어나 애국가를 경청한다.
삼천리 화려 강산의
을숙도에서 일정한 군(群)을 이루며
갈대숲을 이륙하는 흰 새떼들이
자기들끼리 끼룩거리면서
자기들끼리 낄낄대면서
일렬 이열 삼렬 횡대로 자기들의 세상을
이 세상에서 떼어 메고
이 세상 밖 어디론가 날아간다.
우리도 우리들끼리
낄낄대면서
깔쭉대면서
우리의 대열을 이루며
한 세상 떼어 메고
이 세상 밖 어디론가 날아갔으면
하는데 대한 사람 대한으로
길이 보전하세로
각각 자기 자리에 앉는다.
주저 앉는다.

Check Point

- **작자** : 황지우
- **갈래** : 자유시, 서정시, 참여시
- **성격** : 비판적, 풍자적, 냉소적
- **어조** : 현실 비판적 어조
- **특징**
  - 영화 상영 전 애국가 시작과 끝, 화면의 전개에 맞추어 인간 사회를 표현(유추)
  - 대조적 표현(날아가는 새와 주저 앉는 우리)을 통해 시상을 전개
- **제재** : 새
- **주제** : 암울한 현실을 벗어 나고 싶은 소망과 그 좌절감
- **구성**
  - 1~2행 : 애국가의 경청
  - 3~10행 : 이상향을 향한 새들의 비상
  - 11~20행 : 시적 화자의 이상과 현실적 좌절
- **출전** : 새들도 세상을 뜨는구나(1987)

7. 라디오와 같이 사랑을 끄고 켤 수 있다면

- 김춘수의 꽃을 변주하여

Check Point

- **작자** : 장정일
- **갈래** : 자유시, 서정시
- **성격** : 관념적, 풍자적, 비판적, 해체적
- **어조** : 풍자적, 반어적
- **특징**
  - 김춘수의 시 「꽃」을 패러디 기법을 사용해 표현한 것으로, 표현과 구성에 있어서 원작의 틀을 따름
  - 구체적인 사물을 통해 추상적이고 관념적인 의미를 드러냄
- **제재** : 라디오(김춘수의 「꽃」), 현대 도시문명
- **주제** : 현대인의 가볍고 경박한 세태에 대한 풍자, 현대인의 가벼운 사랑에 대한 비판
- **구성**
  - 1연 : 하나의 사물에 지나지 않았던 라디오(접근이 허락되지 않은 존재)
  - 2연 : 소통의 대상으로 변한 라디오(접근이 허락된 존재)
  - 3연 : 전파가 나오는 라디오처럼 소통을 희구(타인에게 접근의 허락을 받고 싶은 화자의 소망)
  - 4연 : 편리한 사랑을 원하는 우리(현대인)의 소망
- **출전** : 길안에서의 택시 잡기(1988)

내가 단추를 눌러 주기 전에는
그는 다만
하나의 라디오에 지나지 않았다.

내가 그의 단추를 눌러 주었을 때
그는 나에게로 와서
전파가 되었다.

내가 그의 단추를 눌러 준 것처럼
누가 와서 나의
굳어 버린 핏줄기와 황량한 가슴 속 버튼을 눌러다오.
그에게로 가서 나도
그의 전파가 되고 싶다.

우리들은 모두
사랑이 되고 싶다.
끄고 싶을 때 끄고 켜고 싶을 때 켤 수 있는
라디오가 되고 싶다.

김춘수 「꽃」

내가 그의 이름을 불러주기 전에는
그는 다만
하나의 몸짓에 지나지 않았다.

내가 그의 이름을 불러주었을 때
그는 나에게로 와서
꽃이 되었다.

내가 그의 이름을 불러 준 것처럼
나의 이 빛깔과 향기에 알맞은
누가 나의 이름을 불러 다오.
그에게로 가서 나도
그의 꽃이 되고 싶다.

우리들은 모두
무엇이 되고 싶다.
나는 너에게 너는 나에게
잊혀지지 않는 하나의 눈짓이 되고 싶다.

8. 두꺼비

아버지는 두 마리의 두꺼비를 키우셨다.

해가 말끔하게 떨어진 후에야 퇴근하셨던 아버지는 두꺼비부터 씻겨 주고 늦은 식사를
했다. 동물 애호가도 아닌 아버지가 녀석에게만 관심을 갖는 것 같아 나는 녀석을 시샘했
었다. 한번은 아버지가 녀석을 껴안고 주무시는 모습을 보았는데 기회는 이때다 싶어 살
짝 만져 보았다. 그런데 녀석이 독을 뿜어대는 통에 내 양 눈이 한동안 충혈되어야 했다.
아버지, 저는 두꺼비가 싫어요.

아버지는 이윽고 식구들에게 두꺼비를 보여 주는 것조차 꺼리셨다. 칠순을 바라보던 아
버지는 날이 새기 전에 막일판으로 나가셨는데 그때마다 잠들어 있던 녀석을 깨워 자전
거 손잡이에 올려놓고 페달을 밟았다.

두껍아 두껍아 헌집 줄게 새집 다오.

아버지는 지난 겨울, 두꺼비집을 지으셨다. 두꺼비와 아버지는 그 집에서 긴 겨울잠에 들
어갔다 봄이 지났으나 잔디만 깨어났다.

내 아버지 양 손엔 우툴두툴한 두꺼비가 살았었다.

박성우, 「어머니」

끈적끈적한 햇살이
어머니 등에 다닥다닥 붙어
물엿인 듯 고아내고 있었어요

막둥인 내가 다니는 대학의
청소부인 어머니는 일요일었던 그날
미륵산에 놀러 가신다며 도시락을 싸셨는데
웬일인지 인문대 앞 덩굴장미 화단에 접혀 있었어요

가시에 찔린 애벌레처럼 꿈틀꿈틀
엉덩이 들썩이며 잡풀을 뽑고 있었어요
앞으로 고꾸라질 것 같은 어머니,
지탱시키려는 듯
호미는 중심을 분주히 옮기고 있었어요
날카로운 호밋날이
코옥콕 내 정수리를 파먹었어요

어머니, 미륵산에서 하루죙일 뭐허고 놀았습디요
뭐허고 놀긴 이놈아, 수박이랑 깨먹고 오지게 놀았지

Check Point

- **작자** : 박성우
- **성격** : 비유적, 회상적, 애상적
- **특징**
  - 그리움과 연민의 감정을 은유법으로 표현(아버지의 손을 두꺼비로 표현)
  - 두꺼비의 원관념인 아버지의 손을 마지막에 제시하여 앞에 제시된 표현들의 숨은 의미와 기능을 다시 음미하게 하고 이해하게 함
- **제재** : 두꺼비(아버지의 거친 손)
- **주제** : 고달픈 삶을 살다가 돌아가신 아버지에 대한 회상(풍수지탄)
- **구성**
  - 1연 : 두꺼비 두 마리를 키우신 아버지(아버지의 거친 두 손을 회상)
  - 2연 : 두꺼비에 대한 시샘과 미움(고생하는 아버지에 대한 안타깝고 애달픈 마음)
  - 3연 : 두꺼비와 함께 막일판에 나가시는 아버지(거친 일을 하는 아버지의 힘든 삶)
  - 4연 : 두꺼비집 동요
  - 5연 : 지난 겨울에 찾아온 아버지의 죽음
  - 6연 : 아버지의 양손에 살았던 두꺼비(평생 힘든 일을 하셨던 아버지의 손을 회상)
- **출전** : 거미(2000)

꼭! 확인 기출문제

다음 시에 대한 감상으로 적절하지 않은 것은? [지방직 9급 기출]

> 네 집에서 그 샘으로 가는 길은 한 길이었습니다. 그래서 새벽이면 물 길러 가는 인기척을 들을 수 있었지요. 서로 짠 일도 아닌데 새벽 제일 맑게 고인 물은 네 집이 돌아가며 길어 먹었지요. 순번이 된 집에서 물 길어 간 후에야 또리 끈 입에 물고 삽짝 들어서서는 어머니나 물지게 진 아버지 모습을 볼 수 있었지요. 집안에 일이 있으면 그 순번이 자연스럽게 양보되기도 했었구요. 넉넉하지 못한 물로 사람들 마음을 넉넉하게 만들던 그 샘가 미나리꽝에서는 미나리가 푸르고 앙금 내리는 감자는 잘도 썩어 구린내 훅 풍겼지요.
>
> – 함민복, 「그 샘」

① '샘'을 매개로 공동체의 삶을 표현했다.
② 과거 시제로 회상의 분위기를 표현했다.
❸ 공감각적 이미지로 이웃 간의 배려를 표현했다.
④ 구어체로 이웃 간의 정감 어린 분위기를 표현했다.

해 ③ '미나리가 푸르고'에서 시각적 이미지가, '감자는 잘도 썩어 구린내 훅 풍겼지요'에서 후각적 이미지가 쓰였으나, 공감각적 이미지는 사용되지 않았다.
① 네 집이 돌아가며 같이 쓰던 '샘'을 통해 이웃 간의 인심과 정이 있는 공동체의 삶을 표현하고 있다.
② 과거 시제를 나타내는 어미 '–었'을 사용하여 회상의 분위기를 표현하고 있다.
④ '–지요', '–구요'와 같은 구어체를 사용하여 정감 어린 분위기를 표현하고 있다.

제4장

현대 소설

제1절 1900년대 ~ 1920년대 작품

1. 혈의 누

"네가 고국에 가기가 그리 바쁠 것이 아니라 우선 네가 고생하던 이야기나 어서 좀 하여라. 네가 어떻게 살아났으며 어찌 여기를 왔느냐?"

옥련이가 얼굴빛을 천연히 하고 고쳐 앉더니, 모란봉에서 총 맞고 야전병원으로 가던 일과, 정상 군의의 집에 가던 일과, 대판서 학교에서 졸업하던 일과, 불행한 사기로 대판을 떠나던 일과, 동경 가는 기차를 타고 구완서를 만나서 절처봉생(絕處逢生)하던 일을 낱낱이 말하고, 그 말을 마치더니 다시 얼굴빛이 변하며 눈물이 도니, 그 눈물은 부모의 정에 관계한 눈물도 아니요, 제 신세 생각하는 눈물도 아니요, 구완서의 은혜를 생각하는 눈물이라.

"아버지, 아버지께서 나 같은 불효의 딸을 만나 보시고 기쁘신 마음이 있거든 구씨를 찾아보시고 치사의 말씀을 하여 주시면 좋겠습니다."

김관일이가 그 말을 듣더니, 그 길로 옥련이를 데리고 구씨의 유하는 처소로 찾아가니, 구씨는 김관일을 만나 보매 옥련의 부친을 본 것 같지 아니하고 제 부친이나 만난 듯이 반가운 마음이 있으니, 그 마음은 옥련의 기뻐하는 마음이 내 마음 기쁜 것이나 다름없는 데서 나오는 마음이요, 김씨는 구씨를 보고 내 딸 옥련을 만나 본 것이나 다름없이 반가우니, 그 두 사람의 마음이 그러할 일이라. 김씨가 구씨를 대하여 하는 말이 간단한 두 마디뿐이라.

한마디는 옥련이가 신세지은 치사요, 한마디는 구씨가 고국에 돌아간 뒤에 옥련으로 하여금 구씨의 기치를 받들고 백년가약 맺기를 원하는지라.

구씨는 본래 활발하고 거칠 것 없이 수작하는 사람이라 옥련이를 물끄러미 보더니,

"이애 옥련아, 어— 실체(失體)하였구. 남의 집 처녀더러 또 해라 하였구나. 우리가 입으로 조선말은 하더라도 마음에는 서양 문명한 풍속이 젖었으니, 우리는 혼인을 하여도 서양 사람과 같이 부모의 명령을 좇을 것이 아니라, 우리가 서로 부부 될 마음이 있으면

Check Point

- **작자** : 이인직
- **갈래** : 신소설
- **성격** : 교훈적, 계몽적
- **배경**
  - 시간 : 청일전쟁(1884) ~ 고종 6년(1902)
  - 공간 : 평양, 일본(오사카), 미국(워싱턴)
- **시점** : 전지적 작가 시점
- **문체** : 국한문 혼용체, 구어체, 묘사체, 산문체
- **특징** : 신소설의 효시이며, 고전 소설에서 현대 소설로 넘어가는 교량 역할을 함
- **구성**
  - 발단 : 옥련이 청일전쟁으로 인해 부모와 헤어지게 됨
  - 전개 : 일본인 군의관의 도움으로 구출되어 성장함
  - 위기 : 군의관이 전사하자 옥련은 집에서 나와 자살을 기도함
  - 절정 : 유학생 구완서를 만나 그를 따라 미국으로 건너감
  - 결말 : 문명 개화한 신학문을 배운 후, 나라를 위해 봉사할 것을 다짐
- **주제** : 신교육 사상과 개화의식의 고취
- **출전** : 만세보(1903년)

> 서로 직접하여 말하는 것이 옳은 일이다. 그러나 우선 말부터 영어로 수작하자. 조선말로 하면 입에 익은 말로 외짝해라 하기 불안하다."

2. 만세전

> 지금 내 주위는 마치 공동묘지 같습니다. 생활력을 잃은 백의(白衣)의 백성과, 백주(白晝)에 횡행하는 이매망량(魑魅魍魎) 같은 존재가 뒤덮은 이 무덤 속에 들어앉은 나로서 어찌 '꽃의 서울'에 호흡(呼吸)하고 춤추기를 바라겠습니까. 눈에 보이는 것, 귀에 들리는 것이 하나나 내 마음을 부드럽게 어루만져 주고 용기와 희망을 돋우어 주는 것은 없으니, 이러다가는 이 약한 나에게 찾아올 것은 질식밖에 없을 것이외다. 그러나 그것은 장미꽃 송이 속에 파묻히어 향기에 도취한 행복한 질식이 아니라, 대기(大氣)에서 절연된 무덤 속에서 화석(化石)되어 가는 구더기의 몸부림치는 질식입니다. 우선 이 질식에서 벗어나야 하겠습니다. …… 소학교 선생님이 '사벨(환도)'을 차고 교단에 오르는 나라가 있는 것을 보셨습니까? 나는 그런 나라의 백성이외다. 고민하고 오뇌하는 사람을 존경하시고 편을 들어 주신다는 그 말씀은 반갑고 고맙기 짝이 없습니다. 그러나 스스로 내성(內省)하는 고민이요 오뇌가 아니라, 발길과 채찍 밑에 부대끼면서도 숨을 죽어 엎디어 있는 거세(去勢)된 존재에게도 존경과 동정을 느끼시나요? 하도 못생겼으면 가엾다가도 화가 나고 미운증이 나는 법입니다. 혹은 연민(憐憫)의 정이 있을지 모르나, 연민은 아무것도 구(救)하는 길은 못 됩니다. …… 이제 구주(歐洲)의 천지는 그 참혹한 살육의 피비린내가 걷히고 휴전 조약이 성립되었다 하지 않습니까. 부질없는 총칼을 거두고 제법 인류의 신생(新生)을 생각하려는 것 같습니다. 그러나 이 땅의 소학교 교원의 허리에서 그 장난감 칼을 떼어 놓을 날은 언제일지? 숨이 막힙니다. …… 우리 문학의 도(徒)는 자유롭고 진실된 생활을 찾아가고, 이것을 세우는 것이 그 본령인가 합니다. 우리의 교유(交遊), 우리의 우정이 이것으로 맺어지지 않는다면 거짓말입니다. 이 나라 백성의, 그리고 당신의 동포의, 진실된 생활을 찾아나가는 자각(自覺)과 발분(發憤)을 위하여 싸우는 신념(信念) 없이는 우리의 우정도 헛소리입니다……."

Check Point

- **작자** : 염상섭
- **갈래** : 사실주의 소설, 중편소설
- **성격** : 사실적, 비판적, 현실 반영적
- **배경**
  - 시간 : 1919년 3 · 1운동 직전
  - 공간 : 일본에서 경성으로 오는 여정
- **시점** : 1인칭 주인공 시점
- **문체** : 만연체
- **구성**
  - 발달 : 김천 형에게 아내가 위독하다는 전보를 받고 귀국 준비를 함
  - 전개 : 신호, 하관 등지의 술집을 전전하면서 답답한 심회에 빠짐
  - 위기 : 관부 연락선 안에서 조선인을 멸시하는 일본인들의 대화에 분개함
  - 절정 : 부산에서 집안으로 오는 과정에서 답답한 마음을 느낌
  - 결말 : 아내의 죽음을 목도한 후 다시 일본으로 건너감
- **주제** : 일제 강점기의 억압받는 조선의 현실에 대한 인식
- **의의** : 일제 강점기 조선의 현실을 사실적이고 비판적으로 제시
- **출전** : 신생활(1922년)

3. 감자

> 왕서방은 아무 말도 못하였다. 눈만 정처 없이 두룩두룩하였다. 복녀는 다시 한번 왕서방을 흔들었다.
>
> "자, 어서."
>
> "우리, 오늘은 일이 있어 못가."
>
> "일은 밤중에 무슨 일."

"그래두 우리 일이……."

복녀의 입에 여태껏 떠돌던 이상한 웃음은 문득 없어졌다.

"이까짓것!"

그는 발을 들어서 치장한 신부의 머리를 찼다.

"자, 가자우, 가자우."

왕서방은 와들와들 떨었다. 왕서방은 복녀의 손을 뿌리쳤다. 복녀는 쓰러졌다. 그러나 곧 일어섰다. 그가 다시 일어설 때는 그의 손에 얼른얼른하는 낫이 한 자루 들리어 있었다.

"이 되놈 죽어라. 이놈, 나 때렸니! 이놈아, 아이구 사람 죽이누나."

그는 목을 놓고 처울면서 낫을 휘둘렀다. 칠성문 밖 외따른 밭 가운데 홀로 서 있는 왕서방의 집에서는 일장의 활극이 일어났다. 그러나 그 활극도 곧 잠잠하게 되었다. 복녀의 손에 들리어 있던 낫은 어느덧 왕서방의 손으로 넘어가고 복녀는 목으로 피를 쏟으며 그 자리에 고꾸라져 있었다.

복녀의 송장은 사흘이 지나도록 무덤으로 못갔다. 왕서방은 몇 번을 복녀의 남편을 찾아갔다. 복녀의 남편도 때때로 왕서방을 찾아갔다. 둘의 사이에는 무슨 교섭하는 일이 있었다.

사흘이 지났다.

밤중 복녀의 시체는 왕서방의 집에서 남편의 집으로 옮겨졌다.

그리고 시체에는 세 사람이 둘러앉았다. 한 사람은 복녀의 남편, 한 사람은 왕서방, 또 한 사람은 어떤 한방의사. 왕서방은 말없이 돈주머니를 꺼내어 십원짜리 지폐 석 장을 복녀의 남편에게 주었다. 한방의사의 손에도 십원짜리 두 장이 갔다.

이튿날 복녀는 뇌일혈로 죽었다는 한방의의 진단으로 공동묘지로 실려 갔다.

Check Point

- **작자** : 김동인
- **갈래** : 단편소설
- **경향** : 자연주의적, 사실주의적
- **배경** : 1920년대, 평양 칠성문 밖 빈민굴
- **시점** : 3인칭 관찰자 시점(부분적으로 전지적 작가 시점)
- **특징** : 평안도 사투리와 하층 사회의 비속어 구사
- **구성**
  - 발단 : 칠성문 밖 빈민굴에 살고 있는 복녀의 모습
  - 전개 : 복녀에게 닥친 환경의 변화와 점진적인 타락
  - 위기 : 새장가를 드는 왕서방에 대한 강한 질투
  - 절정 : 복녀가 왕서방의 신방에 뛰어드나 도리어 자신의 낫에 살해당함
  - 결말 : 복녀의 주검을 둘러싸고 오가는 돈거래
- **주제** : 불우한 환경이 빚어낸 한 여인의 비극적 운명
- **출전** : 조선문단(1925년)

4. 배따라기

그는 다시 한번 나를 위하여 배따라기를 불렀다. 아아! 그 속에 잠겨 있는 삭이지 못할 뉘우침! 바다에 대한 애처로운 그리움!

노래를 끝낸 다음에 그는 일어서서 시뻘건 저녁해를 잔뜩 등으로 받고, 을밀대로 향하여 더벅더벅 걸어갔다. 나는 그를 말릴 힘이 없어서 눈이 멀거니 그의 등만 바라보고 앉아 있었다.

그날 밤, 집에 돌아와서도 그 배따라기와 그의 숙명적 경험담이 귀에 쟁쟁히 울리어 한잠도 못 이루고, 이튿날 아침 깨어서 조반도 안 먹고 기자묘로 뛰어가서 또다시 그를 찾아보았다. 그가 어제 깔고 앉았던 풀은, 모두 한편으로 누워서 그가 다녀감을 기념하되, 그는 그 근처에 보이지 않았다.

그러나 --- 그러나 배따라기는 어디선가 쟁쟁히 울리어서 모든 소나무들을 떨리지 않고는 안 두겠다는 듯이 날아온다.

"모란봉이다. 모란봉에 있다!"

하고, 나는 한숨에 모란 봉으로 뛰어갔다. 모란봉에는 사람이 하나도 없다. 부벽루에도 없다.

"을밀대다!"

하고 나는 다시 을밀대로 갔다. 을밀대에서 부벽루로 연한, 지옥까지 연한 듯한 구렁텅이에 물 한 방울도 안 새리라고 빽빽이 난 소나무의 그 모든 잎잎은 떨리는 배따라기를 부르고 있지만, 그는 여기에도 있지 않다. 기자묘의 하늘을 향하여 퍼져 나간 그 모든 소나무의 천만의 잎잎도, 그 아래쪽 퍼진 천만의 풀들도, 모두 그 배따라기를 슬프게 부르고 있지만, 그는 이 조그만 모란봉 일대에선 찾을 수가 없었다.

강가에 나가서 알아보니, 그의 배는 오늘 새벽에 떠났다 한다.

그 뒤에, 여름과 가을이 가고 일년이 지나서 다시 봄이 이르렀으되, 잠깐 평양을 다녀간 그는 그 숙명적 경험과 슬픈 배따라기를 남겨 둘 뿐, 다시 조그만 모란봉엔 나타나지 않는다.

모란봉과 기자묘에 다시 봄이 이르러서, 작년에 그가 깔고 앉아서 부러졌던 풀들도 다시 곱게 대가 나서 자줏빛 꽃이 피려 하지만, 끝없는 뉘우침을 다만 한낱 배따라기로 하소연하는 그는 이 조그만 모란봉과 기자묘에서 다시 볼 수가 없었다. 다만 그가 남기고 간 배따라기만 추억하는 듯이, 기념하는 듯이 모든 잎잎이 속삭이고 있을 따름이다.

액자소설

한 가지 이야기 안에 또 다른 이야기가 액자처럼 끼어들어가 있는 소설을 말한다. 외부 이야기가 액자의 역할을 하고 내부 이야기가 핵심 이야기가 되는 구조로 소설 창작에서 흔히 볼 수 있는 구성 방식이다. 액자 구조는 이야기 밖에 존재하는 또 다른 시점의 서술자를 통해서 이야기를 좀 더 다각적으로 전개할 수 있다는 이점을 가진다. 또한 내부 이야기를 도입하여 그것을 객관화하는 과정에서 신빙성을 더해주는 기능을 하기도 한다.

한국 단편소설사에서 액자소설 양식을 정형화하였다는 평가를 받고 있는 김동인의 「배따라기」를 비롯하여 고전 작품 중에서는 박지원의 「옥갑야화」, 김만중의 「구운몽」이, 현대 작품 중에서는 김동인의 「광화사」, 김동리의 「무녀도(巫女圖)」, 「등신불」, 전영택의 「화수분」, 현진건의 「고향」, 황순원의 「목 넘이 마을의 개」, 이청준의 「매잡이」, 「병신과 머저리」, 「선학동 나그네」, 김승옥의 「환상수첩」 등이 대표적이다.

- **액자소설의 유형**
  - 순환적 액자소설 : 액자 속에 여러 개의 내부 이야기가 들어 있는 것처럼 구성된 소설
  - 단일 액자소설 : 액자 속에 하나의 내부 이야기가 들어 있는 것처럼 구성된 소설
  - 목적 액자소설 : 사교적 즐거움이나 목적성이 있는 소설
  - 인증적(認證的) 액자소설 : 독자에게 서술된 내부 이야기에 대한 진실성을 훨씬 더 믿게 하는 소설
  - 폐쇄적 액자소설 : 액자가 내부 이야기의 앞뒤를 모두 둘러싸고 있는 것처럼 구성된 소설
  - 개방적 액자소설 : 두 개의 액자 가운데 하나가 없는 것처럼 구성된 소설
  - 종합적 액자소설 : 틀의 액자가 앞뒤에만 있는 것이 아니라 내부 이야기의 과거 서술 속에 현재의 액자가 거듭 중첩적으로 끼어드는 형태의 소설

Check Point

- **작자** : 김동인
- **갈래** : 단편소설, 액자소설
- **경향** : 낭만주의적, 유미주의적, 운명주의적
- **배경**
  - 외화 : 1920년대 삼월 삼짇날 대동강 모란봉
  - 내화 : 영유 고을에서 떨어진 바닷가 시골 마을
- **시점**
  - 외화 : 1인칭 관찰자 시점
  - 내화 : 전지적 작가 시점
- **구성**
  - 발단
    - i) 외화 : '나'가 '그'를 만남
    - ii) 내화 : '그'의 형제가 영유에서 삶
  - 전개 : 동생에게 친절한 모습에 질투가 나 아내를 자주 괴롭힘
  - 위기 : 쥐 잡이 사건과 오해, 아내를 때려 내쫓음
  - 절정 : 아내가 죽고 동생도 고향을 떠남
  - 결말
    - i) 내화 : 동생을 찾아 방랑함
    - ii) 외화 : '나'를 위해 배따라기를 한 번 더 부르고 '그'가 떠남
- **주제** : 오해가 빚은 형제 간의 운명론적 비극
- **출전** : 창조(1921년)

5. 벙어리 삼룡이

그날 저녁 밤은 깊었는데 멀리서 닭이 우는 소리와 함께 개 짖는 소리뿐이 들린다. 난데없는 화염이 벙어리 있던 오 생원 집을 에워쌌다. 그 불을 미리 놓으려고 준비하여 놓았는지 집 가장자리로 쭉 돌아가며 흩어놓은 풀에 모조리 돌라붙어 공중에서 내려다보며는 집의 윤곽이 선명하게 보일 듯이 타오른다.

불은 마치 피묻은 살을 맛있게 잘라먹는 요마(妖魔)의 혓바닥처럼 날름날름 집 한 채를 삽시간에 먹어버리었다. 이와 같은 화염 속으로 뛰어들어가는 사람이 하나 있으니 그는 다른 사람이 아니라 낮에 이 집을 쫓겨난 삼룡이다. 그는 먼저 사랑에 가서 문을 깨뜨리고 주인을 업어다가 밭 가운데 놓고 다시 들어가려 할 제 얼굴과 등과 다리가 불에 데이어 쭈그러져드는 것을 알지 못하였다.

그는 건넌방으로 뛰어들었다. 그러나 색시는 없었다. 다시 안방으로 뛰어들었다. 그러나 또 없고 새서방이 그의 팔에 매달리어 구원하기를 애원하였다. 그러나 그는 그것을 뿌리쳤다. 다시 서까래가 불이 시뻘겋게 타면서 그의 머리에 떨어졌다. 그러나 그는 그것을 몰랐다.

부엌으로 가보았다. 거기서 나오다가 문설주가 떨어지며 왼팔이 부러졌다. 그러나 그것도 몰랐다. 그는 다시 광으로 가보았다. 거기도 없었다. 그는 다시 건넌방으로 들어갔다. 그때야 그는 색시가 타죽으려고 이불을 쓰고 누워 있는 것을 보았다. 그는 색시를 안았다. 그리고는 길을 찾았다. 그러나 나갈 곳이 없었다.

그는 하는 수 없이 지붕으로 올라갔다. 그는 비로소 자기의 몸이 자유롭지 못한 것을 알았다. 그러나 그는 자기가 여태까지 맛보지 못한 즐거운 쾌감을 자기의 가슴에 느끼는 것을 알았다. 색시를 자기 가슴에 안았을 때 그는 이제 처음으로 살아난 듯하였다.

그는 자기의 목숨이 다한 줄 알았을 때 그 색시를 내려놓을 때는 그는 벌써 목숨이 끊어진 뒤였다. 집은 모조리 타고 벙어리는 색시를 무릎에 뉘고 있었다. 그의 울분은 그 불과 함께 사라졌을는지. 평화롭고 행복스러운 웃음이 그의 입 가장자리에 엷게 나타났을 뿐이다.

Check Point

- **작자** : 나도향
- **갈래** : 단편소설
- **경향** : 사실주의, 낭만주의
- **배경** : 일제, 남대문 밖 연화봉 일대
- **시점** : 1인칭 관찰자 시점 → 전지적 작가 시점
- **구성**
  - 발단 : 오 생원은 벙어리 하인인 삼룡이를 두고 있음
  - 전개 : 오 생원의 아들이 삼룡이와 새색시를 괴롭힘
  - 위기 : 색시가 만들어 준 부시쌈지로 인해 삼룡이가 내쫓김
  - 절정 : 불이 난 집으로 뛰어든 삼룡이가 색시를 안고 지붕 위로 올라감
  - 결말 : 색시를 안은 삼룡이는 화염 속에서 행복한 미소를 지음
- **주제** : 불합리한 사회적 신분을 넘어선 순수한 사랑
- **출전** : 여명(1925)

6. 탈출기

김군! 나는 더 참을 수 없었다. 나는 나부터 살려고 한다. 이때까지는 최면술에 걸린 송장이었다. 제가 죽은 송장으로 남(식구들)을 어찌 살리랴. 그러려면 나는 나에게 최면술을 걸려는 무리를 험악한 이 공기의 원류를 쳐부수어야 하는 것이다.

나는 이것을 인간의 생의 충동이며 확충이라고 본다. 나는 여기서 무상의 법열(法悅)을 느끼려고 한다. 아니 벌써부터 느껴진다. 이 사상이 나로 하여금 집을 탈출케 하였으며, ㅈㅈ단에 가입케 하였으며, 비바람 밤낮을 헤아리지 않고 벼랑 끝보다 더 험한 선에 서게 한 것이다.

Check Point

- **작자** : 최서해
- **갈래** : 단편소설, 서간체소설
- **성격** : 사실적, 자전적, 고백적, 저항적
- **경향** : 신경향파 문학, 사실주의
- **배경** : 일제 강점기, 만주의 간도 지방
- **시점** : 1인칭 주인공 시점
- **특징** : 서간문 형식으로 사실성과 독자의 신뢰성을 높임
- **구성**
  - 발단 : 가족과 함께 간도로 떠나게 되는 '나'
  - 전개 : 간도에서 겪게 되는 비참한 생활
  - 절정 : 두부장수를 하며 겪는 생활고의 극한 상황
  - 결말 : 가난에 대한 분노와 비관을 사회 참여로 전환시킴
- **주제** : 가난한 삶의 원인과 구조적 모순을 해결하기 위한 저항
- **출전** : 조선문단(1925년)

김군! 거듭 말한다. 나도 사람이다. 양심을 가진 사람이다. 내가 떠나는 날부터 식구들은 더욱 곤경에 들 줄로 나는 안다. 자칫하면 눈속이나 어느 구렁에서 죽는 줄도 모르게 굶어죽을 줄도 나는 잘 안다. 그러므로 나는 이곳에서도 남의 집 행랑어멈이나 아범이며, 노두에 방황하는 거지를 무심히 보지 않는다.

아! 나의 식구도 그럴 것을 생각할 때면 자연히 흐르는 눈물과 뿌직뿌직 찢기는 가슴을 덮쳐 잡는다.

그러나 나는 이를 갈고 주먹을 쥔다. 눈물을 아니 흘리려고 하며 비애에 상하지 않으려고 한다. 울기에는 너무도 때가 늦었으며 비애에 상하는 것은 우리의 박약을 너무도 표시하는 듯싶다. 어떠한 고통이든지 참고 분투하려고 한다.

김군! 이것이 나의 탈가한 이유를 대략 적은 것이다. 나는 나의 목적을 이루기 전에는 내 식구에게 편지도 하지 않으려고 한다. 그네가 죽어도, 내가 또 죽어도……

나는 이러다 성공 없이 죽는다 하더라도 원한이 없겠다. 이 시대, 이 민중의 의무를 이행한 까닭이다.

아아, 김군아! 말을 다 하였으나 정은 그저 가슴에 넘치누나!

7. 술 권하는 사회

Check Point

- **작자** : 현진건
- **갈래** : 단편소설
- **경향** : 사실주의
- **배경** : 일제시대(1920년대)의 도심지
- **시점** : 작가 관찰자 시점
- **구성**
  - 발단 : 바느질을 하며 남편을 기다리는 아내
  - 전개 : 과거에 대한 회상과 초조한 심정의 아내
  - 위기 : 만취되어 돌아온 남편
  - 절정 : 술을 먹는 이유에 대한 남편의 변명과 그것을 이해할 수 없는 아내
  - 결말 : 집을 나가 버리는 남편
- **주제** : 일제 치하의 부조리한 사회에 적응하지 못하고 가정에서도 이해받지 못하는 지식인의 좌절과 고뇌
- **출전** : 개벽(1921년)

"흥 또 못 알아 듣는군. 묻는 내가 그르지, 마누라야 그런 말을 알 수 있겠소. 내가 설명해 드리지. 자세히 들어요. 내게 술을 권하는 것은 홧증도 아니고 하이칼라도 아니요, 이 사회란 것이 내게 술을 권한다오. 이 조선 사회란 것이 내게 술을 권한다오. 알았소? 팔자가 좋아서 조선에 태어났지, 딴 나라에 났더면 술이나 얻어 먹을 수 있나……."

사회란 무엇인가? 아내는 또 알 수가 없었다. 어찌하였든 딴 나라에는 없고 조선에만 있는 요리집 이름이어니 한다.

"조선에 있어도 아니 다니면 그만이지요."

남편은 또 아까 웃음을 재우친다. 술이 정말 아니 취한 것같이 또렷또렷한 어조로,

"허허, 기막혀. 그 한 분자(分子)된 이상에야 다니고 아니 다니는 게 무슨 상관이야. 집에 있으면 아니 권하고, 밖에 나가야 권하는 줄 아는가 보아. 그런게 아니야. 무슨 사회란 사람이 있어서 밖에만 나가면 나를 꼭 붙들고 술을 권하는 게 아니야……무어라 할까……저 우리 조선 사람으로 성립된 이 사회란 것이, 내게 술을 아니 못 먹게 한단 말이요. ……어째 그렇소?……또 내가 설명을 해 드리지. 여기 회를 하나 꾸민다 합시다. 거기 모이는 사람놈 치고 처음은 민족을 위하느니, 사회를 위하느니 그러는데, 제 목숨을 바쳐도 아깝지 않으니 아니하는 놈이 하나도 없어. 하다가 단 이틀이 못 되어 단 이틀이 못되어……."

한층 소리를 높이며 손가락을 하나씩 둘씩 꼽으며,

"되지 못한 명예싸움, 쓸데 없는 지위 다툼질, 내가 옳으니 네가 그르니, 내 권리가 많으니 네 권리 적으니……밤낮으로 서로 찢고 뜯고 하지, 그러니 무슨 일이 되겠소. 회

(會)뿐이 아니라, 회사이고 조합이고……우리 조선놈들이 조직한 사회는 다 그 조각이지. 이런 사회에서 무슨 일을 한단 말이요. 하려는 놈이 어리석은 놈이야. 적이 정신이 바루 박힌 놈은 피를 토하고 죽을 수밖에 없지. 그렇지 않으면 술밖에 먹을 게 도무지 없지. 나도 전자에는 무엇을 좀 해 보겠다고 애도 써 보았어. 그것이 모다 수포야. 내가 어리석은 놈이었지. 내가 술을 먹고 싶어 먹는 게 아니야. 요사이는 좀 낫지마는 처음 배울 때에는 마누라도 아다시피 죽을 애를 썼지. 그 먹고 난 뒤에 괴로운 것이야 겪어 본 사람이 아니면 알 수 없지. 머리가 지끈지끈 아프고 먹은 것이 다 돌아 올라오고……그래도 아니 먹은 것 보담 나았어. 몸은 괴로와도 마음은 괴롭지 않았으니까. 그저 이 사회에서 할 것은 주정군 노릇밖에 없어…….”

8. 운수 좋은 날

하여간 김첨지는 방문을 왈칵 열었다. 구역을 나게 하는 추기 --- 떨어진 삿자리 밑에서 나온 먼지내, 빨지 않은 기저귀에서 나는 똥내와 오줌내, 가지각색 때가 켜켜이 앉은 옷내, 병인의 땀 섞은 내가 섞인 추기가 무딘 김첨지의 코를 찔렀다.

방안에 들어서며 설렁탕을 한구석에 놓을 사이도 없이 주정꾼은 목청을 있는 대로 다 내어 호통을 쳤다.

“이 오라질년, 주야장천(晝夜長川) 누워만 있으면 제일이야! 남편이 와도 일어나지를 못해.”

라는 소리와 함께 발길로 누운 이의 다리를 몹시 찼다. 그러나 발길에 채이는 건 사람의 살이 아니고 나무등걸과 같은 느낌이 있었다. 이때에 빽빽 소리가 응아 소리로 변하였다. 개똥이가 물었던 젖을 빼어놓고 운다. 운대도 온 얼굴을 찡그려 붙어서 운다는 표정을 할 뿐이다. 응아 소리도 입에서 나는 게 아니고, 마치 뱃속에서 나는 듯하였다. 울다가 울다가 목도 잠겼고 또 울 기운조차 시진한 것 같다.

발로 차도 그 보람이 없는 걸 보자 남편은 아내의 머리맡으로 달려들어 그야말로 까치집 같은 환자의 머리를 꺼들어 흔들며,

“이년아, 말을 해, 말을! 입이 붙었어, 이 오라질년!”

“……”

“으응, 이것 봐, 아무말이 없네.” “……”

“이년아, 죽었단 말이냐, 왜 말이 없어?”

“……”

“으응, 또 대답이 없네, 정말 죽었나보이.”

이러다가 누운 이의 흰 창이 검은 창을 덮은, 위로 치뜬 눈을 알아보자마자,

“이 눈깔! 이 눈깔! 왜 나를 바루 보지 못하고 천정만 바라보느냐, 응”

하는 말끝엔 목이 메이었다. 그러자 산 사람의 눈에서 떨어진 닭똥 같은 눈물이 죽은 이의 뻣뻣한 얼굴을 어룽어룽 적시었다. 문득 김첨지는 미친 듯이 제 얼굴을 죽은 이의

Check Point

- **작자** : 현진건
- **갈래** : 단편소설
- **성격** : 사실적, 반어적, 현실 고발적, 비극적
- **경향** : 사실주의
- **배경** : 일제 강점기(1920년대), 서울
- **시점** : 전지적 작가 시점(부분적으로 작가 관찰자 시점이 혼용됨)
- **특징**
  - 배경의 암시성이 드러남(비가 추적추적 내리는 배경은 비극적 결말을 암시함)
  - 하루 동안의 일과를 통해 하층민의 고단하고 급변하는 삶의 모습을 보여줌
  - 비속어의 구사로 구체성과 현실감을 확보
- **구성**
  - 발단 : 인력거꾼 김첨지에게 오랜만에 행운이 찾아옴
  - 전개 : 거듭되는 행운 속에 아내에 대한 불안감이 커지자 귀가를 늦추게 됨
  - 위기 : 선술집에서 술을 마시며 아내에 대한 불안감을 없애려고 함
  - 절정 : 귀가한 김첨지는 불길한 정적을 느낌
  - 결말 : 아내의 죽음을 확인하고 통곡함
- **주제** : 일제 강점기 하층민의 궁핍하고 비참한 삶
- **의의** : 현진건의 초기 대표작으로, 현대 사실주의적 소설 문학의 확립에 중요한 공헌
- **출전** : 개벽(1924년)

얼굴에 한데 비벼대며 중얼거렸다.

"설렁탕을 사다 놓았는데 왜 먹지를 못하니, 왜 먹지를 못하니……괴상하게도 오늘은 운수가 좋더니만……"

꼭! 확인 기출문제

다음 글에 대한 설명으로 적절하지 않은 것은? [국가직 7급 기출]

"남대문 정거장까지 말씀입니까?"

하고 김 첨지는 잠깐 주저하였다. 그는 이 우중에 우장도 없이 그 먼 곳을 철벅거리고 가기가 싫었음일까? 처음 것, 둘째 것으로 고만 만족하였음일까? 아니다, 결코 아니다. 이상하게도 꼬리를 맞물고 덤비는 이 행운 앞에 조금 겁이 났음이다. 그리고 집을 나올 제 아내의 부탁이 마음에 켕기었다. ─ 앞집 마마님한테서 부르러 왔을 제, 병인은 그 뼈만 남은 얼굴에 유일의 생물 같은 유달리 크고 움푹한 눈에 애걸하는 빛을 띠우며,

"오늘은 나가지 말아요. 제발 덕분에 집에 붙어 있어요. 내가 이렇게 아픈데……."

라고 모기 소리같이 중얼거리고 숨을 거르렁거르렁하였다.

…(중략)…

"이 눈깔! 이 눈깔! 왜 나를 바루 보지 못하고 천정만 보느냐, 응?"

하는 말끝엔 목이 메이었다. 그러자, 산 사람의 눈에서 떨어진 닭의 똥 같은 눈물이 죽은 이의 뻣뻣한 얼굴을 어룽어룽 적시인다. 문득 김 첨지는 미친 듯이 제 얼굴을 죽은 이의 얼굴에 한데 부벼대며 중얼거렸다.

"설렁탕을 사다 놓았는데 왜 먹지를 못하니, 왜 먹지를 못하니……괴상하게도 오늘은 운수가 좋더니만……."

─현진건, 「운수 좋은 날」

① 사건의 결말을 암시하는 복선이 나타나 있다.
② 비극적 상황을 심화시키는 소재가 사용되고 있다.
❸ 객관적인 서술 태도로 인물의 행동만을 그리고 있다.
④ 행운과 불안감이 교차되면서 긴장감이 조성되고 있다.

해 ③ 작품에서 김첨지는 꼬리를 물고 오는 행운에 조금 겁을 내면서 오늘은 나가지 말아달라는 아내의 한마디가 켕겼다는 것을 통해 불안한 심리를 묘사하고 있으며, 객관적인 서술태도와 거리가 멀다.

Check Point

현진건의 작품

- **단편** : 빈처, 술 권하는 사회, 타락자, 할머니의 죽음, 운수좋은 날, 불, B사감과 러브레터, 사립정신병원장, 고향
- **장편** : 적도, 무영탑, 흑치상지
- **번역집** : 악마와 가치, 첫날 밤
- **기행문** : 단군성적순례

제2절 1930년대 ~ 1940년대 작품

1. 만무방

한 식경쯤 지났을까, 도적은 다시 나타난다. 논뚝에 머리만 내노코 사면을 두리번 거리 드니 그제서 기여 나온다. 얼골에는 눈만 내노코 수건인지 뭔지 흔겁이 가리엇다. 봇짐을 등에 질머 메고는 허리를 구붓이 빵손을 놋는다. 그러자 응칠이가 날쌔게 달겨들며

"이 자식, 남우 벼를 훔처 가니───"

Check Point

- **작자** : 김유정
- **갈래** : 단편소설
- **성격** : 반어적(자신이 가꾼 벼를 자신이 도적질할 수밖에 없는 상황)
- **배경** : 1930년대 가을, 강원도 산골 마을
- **시점** : 3인칭 작가 관찰자 시점
- **문체** : 간결체
- **특징** : 농촌 현실을 향토적 언어로 생생하게 묘사
- **구성**
  - 발단 : 응칠이는 한가롭게 송이 파적을 하거나 닭을 잡아 먹으면서 돌아다님
  - 전개 : 동생인 응오네가 벼를 도둑맞았다는 사실을 듣고 응오 집에 들렀다가 살벌해진 현실을 개탄함
  - 위기 : 응칠이는 그믐 칠야에 산꼭대기 바위굴에서 노름을 하고 도둑을 잡기 위해 잠복함
  - 절정 : 잡힌 도둑이 동생 응오임을 알고 어이 없어함
  - 결말 : 동생에게 함께 황소를 훔치자고 제안하지만 동생은 거절함. 그런 동생을 몽둥이 질 하여 등에 매고 내려옴
- **주제** : 식민지 농촌 사회에 가해지는 상황의 가혹함과 그 피해
- **출전** : 조선일보(1935년)

하고 대포처럼 고함을 지르니 논둑이로 고대로 데굴데굴 굴러서 떨어진다. 얼결에 호되히 놀란 모양이엇다.

응칠이는 덤벼들어 우선 허리께를 나려조겻다. 어이쿠쿠, 쿠--, 하고 처참한 비명이다. 이 소리에 귀가 뻔쩍 띄이어 그 고개를 들고 팔부터 벗겨보앗다. 그러나 너머나 어이가 업엇음인지 시선을 치거드며 그 자리에 우두망철한다.

그것은 무서운 침묵이엇다. 살뚱마즌 바람만 공중에서 북새를 논다.

한참을 신음하다 도적은 일어나드니

"성님까지 이러케 못살게 굴기유?"

제법 눈을 부라리며 몸을 홱 돌린다. 그리고 늣기며 울음이 복바친다. 봇짐도 내버린 채

"내것 내가 먹는데 누가 뭐래?"

하고 데퉁스러히 내뱃고는 비틀비틀 논 저쪽으로 업서 진다.

형은 너머 꿈속 가태서 멍허니 섯을뿐이다.

그러다 얼마 지나서 한 손으로 그 봇짐을 들어본다. 가뿐 하니 끽 밀 가웃이나 될는지. 이까진걸 요러케까지 해 갈라는 그 심정은 실로 알수업다. 벼를 논에다 도루 털어버렷다. 그리고 안해의 치마이겟지, 검은 보자기를 척척 개서 들엇다. 내걸 내가 먹는다--- 그야 이를 말이랴, 허나 내걸 내가 훔처야할 그 운명도 얄궂거니와 형을 배반하고 이즛을 버린 아우도 아우이렷다. 에--이 고현놈, 할제 보를 적시는 것은 눈물이다. 그는 주먹으로 눈을 쓱 부비고 머리에 번쩍 떠오르는 것이 잇스니 두레두레한 황소의 눈깔. 시오리를 남쪽 산속으로 들어가면 어느집 벽갓뜰에 밤마다 늘 매여 잇는 투실투실한 그 황소. 아무러케 따지던 칠십 원은 갈데 업스리라.

2. 봄봄

내가 여기에 와서 돈 한푼 안 받고 일하기를 삼 년하고 꼬박 일곱 달 동안을 했다. 그런데도 미처 못 자랐다니까 이 키는 언제야 자라는 겐지 짜장 영문 모른다. 일을 좀더 잘해야 한다든지, 혹은 밥을 많이 먹는다고 노상 걱정이니까 좀 덜 먹어야 한다든지 하면 나도 얼마든지 할말이 많다. 허지만 점순이가 아직 어리니까 더 자라야 한다는 여기에는 어째 볼 수 없이 고만 빙빙하고 만다.

이래서 나는 애초 계약이 잘못된 걸 알았다. 이태면 이태, 삼년이면 삼년, 기한을 딱 작정하고 일을 해야 원할 것이다. 덮어놓고 딸이 자라는 대로 성례를 시켜 주마, 했으니 누가 늘 지키고 섰는 것도 아니고, 그 키가 언제 자라는지 알 수 있는가. 그리고 난 사람의 키가 무럭무럭 자라는 줄 만 알았지 붙배기 키에 모로만 벌어지는 몸도 있는 것을 누가 알았으랴. 때가 되면 장인님이 어련하랴 싶어서 군소리 없이 꾸벅꾸벅 일만 해 왔다. 그럼 말이다. 장인님이 제가 다 알아채서, "어참, 너 일 많이 했다. 고만 장가들어라." 하고 살림도 내주고 해야 나도 좋을 것이 아니냐.

Check Point

- **작자** : 김유정
- **갈래** : 단편소설
- **성격** : 해학적, 풍자적
- **배경** : 1930년대 봄, 강원도 산골 마을
- **시점** : 1인칭 주인공 시점
- **문체** : 간결체
- **구성** : 역순행적 구성(주인공 '나'의 회상으로, 과거와 현재가 교차)
  - 발단 : '나'는 점순이와 성례하기 위해 삼 년 칠 개월 동안 보수 없이 일을 함
  - 전개 : 점순이의 충동질로 장인과 함께 구장에게 판단을 받으러 가나 실패하여 뭉태에게 비난을 듣게 됨
  - 절정 : 점순이의 두 번째 충동질에 장인과 희극적인 몸싸움을 벌임
  - 결말 : '나'와 장인의 일시적 화해가 이루어지고 '나'는 다시 일하러 감(절정 : 장인의 편을 드는 점순이의 모습을 보고 어리둥절해 하는 '나'를 장인은 마구 때림 → 결말이 절정에 삽입되는 역순행적 구성)
- **표현** : 토속어, 비속어, 구어체 문장의 사용
- **주제** : 교활한 장인과 어리숙한 데릴사위 사이의 성례를 둘러싼 해학적 갈등
- **출전** : 조광(1935)

시치미를 딱 떼고 도리어 그런 소리가 나올까 봐서 지레 펄펄뛰고 이 야단이다. 명색이 좋아 데릴사위지 일하기에 싱겁기도 할 뿐더러 이건 참 아무것도 아니다.

숙맥이 그걸 모르고 점순이의 키 자라기만 까맣게 기다리지 않았나.

언젠가는 하도 갑갑해서 자를 가지고 덤벼들어서 그 키를 한번 재 볼까 했다. 마는 우리는 장인님이 내외를 해야 한다고 해서 마주 서 이야기도 한마디하는 법 없다. 우물길에서 언제나 마주칠 적이면 겨우 눈어림으로 재보고 하는 것인데 그럴 적마다 나는 저만침 가서 '제에미 키두!'하고 논둑에다 침을 퉤, 뱉는다. 아무리 잘 봐야 내 겨드랑(다른 사람보다 좀 크긴 하지만) 밑에서 넘을락 말락 밤낮 요모양이다.

개 돼지는 푹푹 크는데 왜 이리도 사람은 안 크는지, 한동안 머리가 아프도록 궁리도 해보았다.

아하, 물동이를 자꾸 이니까 뼉다귀가 움츠라 드나보다, 하고 내가 넌즈시 그 물을 대신 길어도 주었다. 뿐만 아니라 나무를 하러 가면 서낭당에 돌을 올려놓고 '점순이의 키 좀 크게 해줍소사. 그러면 담엔 떡 갖다 놓고 고사드립죠니까.' 하고 치성도 한두 번 드린 것이 아니다. 어떻게 되먹은 긴지 이래도 막무가내니…….

꼭! 확인 기출문제

다음 글에 대한 이해로 적절하지 <u>않은</u> 것은? [국가직 9급 기출]

> 우리 장인님은 약이 오르면 이렇게 손버릇이 아주 못됐다. 또 사위에게 이 자식 저 자식 하는 이놈의 장인님은 어디 있느냐. 오죽해야 우리 동리에서 누굴 물론하고 그에게 욕을 안 먹는 사람은 명이 짜르다 한다. 조그만 아이들까지도 그를 돌아세 놓고 욕필이(본이름이 봉필이니까), 욕필이, 하고 손가락질을 할 만치 두루 인심을 잃었다. 하나 인심을 정말 잃었다면 욕보다 읍의 배참봉 댁 마름으로 더 잃었다. 번이 마름이란 욕 잘 하고 사람 잘 치고 그리고 생김 생기길 호박개 같아야 쓰는 거지만 장인님은 외양에 똑 됐다. 장인께 닭 마리나 좀 보내지 않는다든가 애벌논 때 품을 좀 안 준다든가 하면 그해 가을에는 영락없이 땅이 뚝뚝 떨어진다. 그러면 미리부터 돈도 먹이고 술도 먹이고 안달재신으로 돌아치던 놈이 그 땅을 슬쩍 돌아앉는다.
>
> – 김유정, 「봄봄」

① 마름의 특성을 동물의 외양에 빗대어 낮잡아 표현했다.
② 비속어와 존칭어를 혼용하여 해학적 표현을 구사했다.
③ 여러 정황을 거론하며 장인의 됨됨이가 마땅치 않음을 드러냈다.
❹ 장인과 소작인들 사이의 뒷거래 장면을 생생하게 묘사하여 제시했다.

해 ④ 윗글의 "장인께 닭 마리나 좀 보내지 않는다든가~그 땅을 슬쩍 돌아앉는다."는 소작인이 장인에게 뇌물을 제공하여 소작권을 잃지 않으려는 장면으로, 서술자가 장인의 횡포를 요약해서 설명하고 있으나 생생한 묘사를 통해 장면을 제시하고 있지는 않다.
① '호박개'는 '뼈대가 굵고 털이 북슬북슬한 개'를 말하는데, 장인의 외양을 호박개에 비유하여 장인을 낮잡아 표현하고 있다.
③ 장인이 손버릇이 아주 못됐고 욕을 잘 하며 마름으로서 뇌물을 받거나 노동력을 착취하여 동네 사람들로부터 인심을 잃은 것 등의 여러 정황을 거론하며 장인의 됨됨이가 마땅치 않음을 드러내고 있다.

Check Point

농민문학의 유형

- **민족파 또는 계몽형** : 이광수 「흙」, 심훈 「상록수」
- **프로문학파 또는 계급투쟁형** : 조명희 「낙동강」, 이기영 「서화(鼠火)」·「고향」, 권환 「목화와 콩」
- **풍자형** : 김유정 「봄봄」·「동백꽃」
- **전원파형** : 이무영 「제1과 제1장」, 박영준 「목화씨 뿌릴 때」, 이효석 「산」·「메밀꽃 필 무렵」
- **보수형** : 이무영 「흙의 노예」, 이태준 「돌다리」
- **이농형** : 이태준 「꽃나무는 심어 놓고」, 박화성 「고향없는 사람들」

김유정과 농민문학

김유정은 1935년 「소낙비」와 「노다지」가 각각 조선일보, 중외일보 신춘문예에 당선됨으로써 문단에 데뷔하였다.
그의 작품은 「소낙비」를 비롯해 농촌을 무대로 한 것이 많다. 「금 따는 콩밭」은 노다지를 찾으려고 콩밭을 파헤치는 인간의 어리석은 욕망을 그린 것이고, 「봄봄」은 머슴인 데릴사위와 장인 사이의 희극적인 갈등을 소박하면서도 유머러스하게 표현한 농촌소설이다. 이외에도 「동백꽃」, 「따라지」 등의 소설을 내놓았고 29세로 요절할 때까지 30편에 가까운 작품을 발표했다.
작품에는 가난한 농민이나 무식한 사람들을 등장시킨다. 농촌을 배경으로 하는 수많은 토속어와 직설적으로 토해내는 비속어, 갖가지 비유와 풍부한 어휘 등으로 이어지는 정교한 조사법은 김유정 특유의 문체적 미학을 느낄 수 있게 한다.
또한 계몽적 이상주의 등의 피상적인 농민문학이 아닌 당시의 농촌과 서민 · 농민의 생활 깊숙이 파고들어 본질적인 인간상을 보여 줌으로써 작품의 차원을 끌어올리기도 했다.

3. 날개

나서서 나는 또 문득 생각하여 보았다. 이 발길이 지금 어디로 향하여 가는 것인가를…… 그때 내 눈앞에는 아내의 모가지가 벼락처럼 내려 떨어졌다. 아스피린과 아달린.

우리들은 서로 오해하고 있느니라. 설마 아내가 아스피린 대신에 아달린의 정량을 나에게 먹여 왔을까? 나는 그것을 믿을 수는 없다. 아내가 대체 그럴 까닭이 없을 것이니, 그러면 나는 날밤을 새면서 도둑질을 계집질을 하였나? 정말이지 아니다.

우리 부부는 숙명적으로 발이 맞지 않는 절름발이인 것이다. 내나 아내나 제 거동에 로직을 붙일 필요는 없다. 변해할 필요도 없다. 사실은 사실대로 오해는 오해대로 그저 끝없이 발을 절뚝거리면서 세상을 걸어가면 되는 것이다. 그렇지 않을까?

그러나 나는 이 발길이 아내에게로 돌아가야 옳은가 이것만은 분간하기가 좀 어려웠다. 가야하나? 그럼 어디로 가나?

이때 뚜우 하고 정오 사이렌이 울었다. 사람들은 모두 네 활개를 펴고 닭처럼 푸드덕거리는 것 같고 온갖 유리와 강철과 대리석과 지폐와 잉크가 부글부글 끓고 수선을 떨고 하는 것 같은 찰나! 그야말로 현란을 극한 정오다.

나는 불현듯 겨드랑이가 가렵다. 아하, 그것은 내 인공의 날개가 돋았던 자국이다. 오늘은 없는 이 날개. 머릿속에서는 희망과 야심이 말소된 페이지가 딕셔너리 넘어가듯 번뜩였다.

나는 걷던 걸음을 멈추고 그리고 일어나 한 번 이렇게 외쳐 보고 싶었다.

날개야 다시 돋아라.

날자. 날자. 한 번만 더 날자꾸나.

한 번만 더 날아 보자꾸나.

Check Point

- **작자** : 이상
- **갈래** : 단편소설
- **성격** : 고백적, 상징적
- **경향** : 심리주의, 초현실주의, 모더니즘
- **배경**
  - 시간 : 일제 강점기
  - 공간 : 48가구가 살고 있는 33번지 유곽
- **시점** : 1인칭 주인공 시점
- **특징** : 기성 문법에 반역하는 충격적 문체
- **구성**
  - 도입부(prologue) : '나'의 독백. 지적인 역설로 분열된 자아 제시
  - 발단 : 33번지 유곽. 해가 들지 않는 '나'의 방
  - 전개 : 손님이 찾아온 아내. 일찍 귀가한 '나'와 아내의 마주침
  - 위기 : 감기약 대신 수면제를 먹인 아내의 의도에 마음이 쓰이는 '나'
  - 절정 · 결말 : 정상적인 삶에 대한 욕구
- **주제** : 뒤바뀐 삶과 자아 분열의 의식 속에서 본래적 자아를 지향하는 인간의 내면 의지
- **출전** : 조광(1936년)

Check Point

심리주의 작가

- 이상
  - 소설 : 「날개」, 「봉별기」, 「종생기」, 「동해」, 「지주회사」, 「환시기(幻視記)」, 「실화」
  - 시 : 「거울」, 「지비(紙碑)」, 「정식(正式)」, 「명경(明鏡)」, 「오감도」
  - 수필 : 「산촌여정」, 「조춘점묘」, 「권태」
  - 특징 : 입체적 구성으로 인간의 내부 심리를 분석 · 해부함으로써 프로이트류(流)의 심층심리학을 작품에 적용하였다.
- 최명익
  - 작품 : 「무성격자」, 「심문」, 「장삼이사」
  - 특징 : 근대적 가치 자체에 대한 근원적 비판의 의미를 내재하고 있으며, 인물들의 삶은 생활인으로서 살아가는 사람들과 세계에 대한 비판적 거리를 보여준다.

꼭! 확인 기출문제

다음 글에 대한 설명으로 옳지 않은 것은? [국회직 9급 기출]

우리들은 서로 오해하고 있느니라. 설마 아내가 아스피린 대신에 아달린의 정량을 나에게 먹여 왔을까? 나는 그것을 믿을 수는 없다. 아내가 대체 그럴 까닭이 없을 것이니, 그러면 나는 날밤을 새면서 도둑질을 계집질을 하였나? 정말이지 아니다.

우리 부부는 숙명적으로 발이 맞지 않는 절름발이인 것이다. 내나 아내나 제 거동에 로직을 붙일 필요는 없다. 변해할 필요도 없다. 사실은 사실대로 오해는 오해대로 그저 끝없이 발을 절뚝거리면서 세상을 걸어가면 되는 것이다. 그렇지 않을까?

그러나 나는 이 발길이 아내에게로 돌아가야 옳은가 이것만은 분간하기가 좀 어려웠다. 가야 하나? 그럼 어디로 가나? 이때 뚜우 하고 정오 사이렌이 울었다. 사람들은 모두 네 활개를 펴고 닭처럼 푸드덕거리는 것 같고 온갖 유리와 강철과 대리석과 지폐와 잉크가 부글부글 끓고 수선을 떨고 하는 것 같은 찰나! 그야말로 현란을 극한 정오다.

나는 불현듯 겨드랑이가 가렵다. 아하, 그것은 내 인공의 날개가 돋았던 자국이다. 오늘은 없는 이 날개, 머릿속에서는 희망과 야심이 말소된 페이지가 딕셔너리 넘어가듯 번뜩였다. 나는 걷던 걸음을 멈추고 그리고 일어나 한 번 이렇게 외쳐보고 싶었다.

날개야 다시 돋아라.

날자. 날자. 날자. 한 번만 더 날자꾸나.

한 번만 더 날아 보자꾸나.

– 이상, 「날개」

① 1인칭 주인공 시점을 취하고 있다.
② 상징적 표현들이 여러 차례 나타나고 있다.
③ 의식의 흐름에 따라 내면이 드러나고 있다.
❹ 일제 강점기 시절 고통 받는 지식인의 사회 변혁에 대한 욕구가 담겨 있다.

해 ④ 사회 변혁에 대한 욕구가 담겨 있는 것이 아니라 등장인물의 자폐적 심리 상태를 통해 무기력한 지식인의 우울한 내면을 드러내고 있다.

4. 메밀꽃 필 무렵

중얼거리며 흐려지는 눈을 까물까물하다가 허생원은 경망하게도 발을 빗디디었다. 앞으로 고꾸라지기가 바쁘게 몸째 풍덩 빠져버렸다. 허위적거릴수록 몸을 걷잡을 수 없어 동이가 소리를 치며 가까이 왔을 때에는 벌써 퍽으나 흘렀었다. 옷째 쫄딱 젖으니 물에 젖은 개보다도 참혹한 꼴이었다. 동이는 물 속에서 어른을 해깝게 업을 수 있었다. 젖었다고는 하여도 여윈 몸이라 장정 등에는 오히려 가벼웠다.

"이렇게까지 해서 안됐네. 내 오늘은 정신이 빠진 모양이야."

"염려하실 것 없어요."

"그래 모친은 아비를 찾지는 않는 눈치지?"

"늘 한번 만나고 싶다고는 하는데요."

"지금 어디 계신가?"

"의부와도 갈라져 제천에 있죠. 가을에는 봉평에 모셔오려고 생각 중인데요. 이를 물고 벌면 이럭저럭 살아갈 수 있겠죠."

"아무렴, 기특한 생각이야. 가을이랬다?"

동이의 탐탁한 등어리가 뼈에 사무쳐 따뜻하다. 물을 다 건넜을 때에는 도리어 서글픈 생각에 좀 더 업혔으면도 하였다.

"진종일 실수만 하니 웬일이요, 생원."

조선달이 바라보며 기어코 웃음이 터졌다.

"나귀야, 나귀 생각하다 실족을 했어. 말 안했던가. 저 꼴에 제법 새끼를 얻었단 말이지. 읍내 강릉집 피마에게 말일세. 귀를쫑긋 세우고 달랑달랑 뛰는 것이 나귀새끼같이 귀여운 것이 있을까. 그것 보러 나는 일부러 읍내를 도는 때가 있다네."

"사람을 물에 빠치울 젠 따는 대단한 나귀새끼군."

허생원은 젖은 옷을 웬만큼 짜서 입었다. 이가 덜덜 갈리고 가슴이 떨리며 몹시도 추웠으나 마음은 알 수 없이 둥실둥실 가벼웠다.

"주막까지 부지런히들 가세나. 뜰에 불을 피우고 훗훗이 쉬어. 나귀에겐 더운 물을 끓여주고, 내일 대화장 보고는 제천이다."

"생원도 제천으로?……"

"오래간만에 가보고 싶어. 동행하려나 동이?"

나귀가 걷기 시작하였을 때, 동이의 채찍은 왼손에 있었다. 오랫동안 아둑시니같이 눈이 어둡던 허생원도 요번만은 동이의 왼손잡이가 눈에 띄지 않을 수 없었다.

걸음도 해깝고 방울소리가 밤 벌판에 한층 청청하게 울렸다. 달이 어지간히 기울어졌다.

동반작가로 데뷔한 이효석

이효석은 1928년 『조선지광』에 단편 「도시와 유령」을 발표하면서 동반작가로 데뷔하였다. 동반자 문학은 소련에서 공산주의 혁명 뒤에, 혁명에는 찬동하지만 마르크스주의나 프롤레타리아 문학에 참여하지 아니한 자유주의적인 지식층의 문학을 말한다. 공산주의를 뚜렷이 의식하지도 않았고, 현실에서는 오히려 개인주의를 중시하였으며, 작품의 주인공으로는 지식층을 등장시켰다. 이효석은 동반작가 중 가장 선명하게 순수문학에 귀환하기도 했다. 그는 1933년에 자연묘사와 인간의 성(性)을 주제로 한 「돈(豚)」과 세 남성과 세 여성이 복잡한 애정을 보여 주는 『화분(花粉)』이라는 장편을 발표하였다.
프로문학이 정세 악화에 다다른 1931년 이후부터 동반작가의 의미는 상실되기 시작하였으며 1934년 프로작가인 박영희는 전향 선언을 하기도 했다. 따라서 동반작가의 의미는 1920년대 말에서 1930년대 초기의 활동에서만 찾을 수 있다.

5. 레디메이드 인생

"나이 몇인데?" "아홉 살" "아홉 살?"

A는 놀래어 반문을 하는 것이다.

"기왕 일을 배울 테면 아주 어려서부터 배워야지요."

"그래도 너무 어려서 원, 뉘집 애요?"

Check Point

- **작자** : 이효석
- **갈래** : 단편소설
- **성격** : 낭만적, 서정적, 묘사적, 유미적
- **배경**
  - 시간 : 1920년대 어느 여름날 오후부터 밤까지의 시간
  - 공간 : 봉평 장터에서 대화 장터로 가는 길
- **시점** : 전지적 작가 시점(부분적으로 3인칭 관찰자 시점 혼용)
- **특징** : 암시와 여운을 주는 결말 처리 방식 사용
- **구성**
  - 발단 : 장돌뱅이 허생원과 조선달은 봉평장을 거두고 대화장으로 떠나는데 애송이 동이가 동행을 하게 됨
  - 전개 : 허생원은 동이에게 봉평에서 만나 하룻밤을 보냈던 성서방네 처녀 이야기를 들려줌
  - 위기 : 동이는 달도 안 찬 애를 낳고 집에서 쫓겨나 제천에 살고 있는 어머니 이야기를 함
  - 절정 : 동이는 어머니의 원래 고향이 봉평이라고 말함
  - 결말 : 허생원은 동이가 같은 왼손잡이라는 사실까지 확인하고 말로 설명하기 힘든 정서적 유대감을 느낌
- **주제** : 장돌뱅이 생활의 애환을 통한 인간 본연의 속성으로서의 애정
- **출전** : 조광(1935)

Check Point

- **작자** : 채만식
- **갈래** : 단편소설
- **배경** : 일제 강점기, 서울
- **시점** : 3인칭 전지적 작가 시점
- **특징**
  - 식민 도시의 빈곤상과 인텔리의 실직 및 소외를 풍자적 · 냉소적으로 서술
  - 식민지 현실을 살아가는 지식인의 고뇌와 실의를 드러냄
- **구성**
  - 발단 : P는 K사장에게 찾아가서 일자리를 부탁했다가 거절당한다.
  - 전개 : P는 자신과 같은 레디메이드 인생을 양산한 사회를 비난한다.
  - 위기 : P는 M, H와 함께 법률책을 잡혀서 만든 돈으로 술을 마신다.
  - 절정 : 아들 창선이 서울로 올라온다.
  - 결말 : P는 아들을 인쇄소에 무료 견습공으로 취직시킨다.
- **주제** : 식민지 현실을 살아가는 지식인의 고통과 실의의 삶, 식민지 사회의 구조적 병폐와 무기력한 지식인 계층에 대한 비판과 풍자
- **출전** : 신동아(1934년)

"내 자식놈이랍니다."

P는 그래도 약간 얼굴이 붉어짐을 깨달았다. A는 이 말에 가장 놀라운 듯이 입만 벌리고 한참이나 P를 물끄러미 바라다본다.

"왜? 내 자식이라고 공장에 못 보내란 법 있답디까?" "아니 정말 그래요?"

"정말 아니고?"

"괴—니 실없는 소리…… 자제라고 해야 들어줄 테니까 그러시지?" "아니 그건 그렇잖어요. 내 자식놈야요."

"그럼 왜 공부를 시키잖구?"

"인쇄소 일 배우는 것도 공부지."

"그건 그렇지만 학교에 보내야지."

"학교에 보낼 처지가 못되고 또 보낸댔자 사람 구실도 못할 테니까……."

"거 참 모를 일이요. 우리 같은 놈은 이 짓을 해 가면서도 자식을 공부시키느라고 애를 쓰는 데 되려 공부시킬 줄 아는 양반이 보통학교도 아니 마친 자제를 공장엘 보내요?"

"내가 학교 공부를 해본 나머지 그게 못쓰겠으니까 자식은 딴 공부시키겠다는 것이지요."

"글쎄 정 그러시다면 내가 내 자식 진배없이 잘 데리고 있으면서 일이나 착실히 가르쳐 드리리다 마는 …… 원 너무 어린데 애처럽잖아요?"

"애처러운 거야 애비된 내가 더 하지요만 그것이 제게는 약이니까……."

P는 당부와 치하를 하고 인쇄소를 나왔다. 한짐 벗어 놓은 것같이 몸이 가뜬하고 마음이 느긋하였다.

그는 집으로 올라가는 길에 싸전에 쌀 한 말을 부탁하고 호배추도 몇 통 사들었다. 그렁저렁 오 원을 썼다.

십 원 남은 중에 주인노인에게 육 원을 내어 주니 입이 귀밑까지 째어진다. 그 끝에 P가 사온 호배추를 내어 주며 김치를 담가 달라고 하니 선선히 응낙한다. 그리고 자식을 데리고 자취를 하겠다니까 깍두기야 간장이야 된장 같은 것을 아까운 줄 모르고 날라다 주고 한다.

6. 치숙

내 이상과 계획은 이렇거든요.

우리집 다이쇼가 나를 자별히 귀여워하고 신용을 하니깐 인제 한 십 년만 더 있으면 한밑천 들여서 따루 장사를 시켜 줄 눈치거든요.

그러거들랑 그것을 언덕삼아 가지고 나는 삼십 년 동안 예순 살 환갑까지만 장사를 해서 꼭 십만 원을 모을 작정이지요. 십만 원이면 죄선 부자로 쳐도 천석군이니 머, 떵떵거리고 살 게 아니라구요.

그리고 우리 다이쇼도 한 말이 있고 하니까 나는 내지인 규수한테로 장가를 들래요. 다이쇼가 다아 알아서 얌전한 자리를 골라 중매까지 서 준다고 그랬어요. 내지 여자가 참 좋지요.

나는 죄선 여자는 거저 주어도 싫어요.

구식 여자는 얌전은 해도 무식해서 내지인하구 교제하는데 안됐고, 신식 여자는 식자가 들었다는 게 건방져서 못쓰고 도무지 그래서 죄선 여자는 신식이고 구식이고 다아 제에발이야요.

내지 여자가 참 좋지 머. 인물이 개개 일짜로 예쁘겠다, 얌전하겠다, 상냥하겠다, 지식이 있어도 건방지지 않겠다, 조음이나 좋아!

그리고 내지 여자한테 장가만 드는 게 아니라 성명도 내지인 성명으로 갈고, 집도 내지인 집에서 살고, 옷도 내지 옷을 입고 밥도 내지 식으로 먹고, 아이들도 내지인 이름을 지어서 내지인 학교에 보내고……

내지인 학교래야지 죄선 학교는 너절해서 아이를 버려 놓기나 꼭 알맞지요.

그리고 나도 죄선말은 싹 걷어치우고 국어만 쓰고요.

이렇게 다아 생활법식부텀도 내지인처럼 해야만 돈도 내지인처럼 잘 모으게 되거든요.

내 이상이며 계획은 이래서 이십만 원짜리 큰 부자가 바루 내다뵈고 그리루 난 길이 환하게 트이고 해서 나는 시방 열심으로 길을 가고 있는데 글쎄 그 미쳐 살기 든 놈들이 세상 망쳐버릴 사회주의를 하려 드니 내가 소름이 끼칠 게 아니라구요? 말만 들어도 끔찍하지!

Check Point

- **작자** : 채만식
- **갈래** : 단편소설
- **성격** : 풍자적, 세태비판적
- **배경** : 일제 강점기, 군산과 서울
- **시점** : 1인칭 관찰자 시점
- **구성**
  - 발단 : 화자가 아저씨와 아주머니를 소개함
  - 전개 : 무능력한 아저씨의 모습과 인자한 아주머니가 고생하는 것을 보고 답답해 함
  - 위기 : 일본인 처를 얻고 일본에 가서 살고자 하지만 아저씨 때문에 방해를 받게 됨
  - 절정 : 화자는 아저씨의 행태를 비판하지만 아저씨는 오히려 세상을 움직이는 힘에 대해 알지 못하는 화자를 비판함
  - 결말 : 화자는 아저씨에게 실망하게 됨
- **주제** : 일제시대 지식인에 대한 비판 및 일본 사대주의에 빠져 있는 이들에 대한 풍자
- **출전** : 동아일보(1938년)

7. 태평천하

"종학, 사상관계로, 경시청에 피검……이라니? 이게 무슨 소리다냐?"

"종학이가 사상관계로 경시청에 붙잽혔다는 뜻일 테지요!"

"사상관계라니?"

"그놈이 사회주의에 참예를……."

"으엉?"

아까보다 더 크게 외치면서 벌떡 뒤로 나동그라질 뻔하다가 겨우 몸을 가눕니다.

윤직원 영감은 먼저에는 몽치로 뒤통수를 얻어맞은 것같이 멍했지만, 이번에는 앉아 있는 땅이 지함을 해서 수천 길 밑으로 꺼져 내려가는 듯 정신이 아찔했습니다.

그러나 그것은 결단코 자기가 믿고 사랑하고 하는 종학이의 신상을 여겨서가 아닙니다.

윤직원 영감은 시방 종학이가 사회주의를 한다는 그 한 가지 사실이 진실로 옛날의 드세던 부랑당패가 백길 천길로 침노하는 그것보다도 더 분하고, 물론 무서웠던 것입니다.

진(秦)나라를 망할 자 호(胡:오랑캐)라는 예언을 듣고서 변방을 막으려 만리장성을 쌓던 진시황, 그는, 진나라를 망한 자 호가 아니요, 그의 자식 호해(胡亥)임을 눈으로 보지 못하고 죽었으니, 오히려 행복이라 하겠습니다.

"사회주의라니? 으응? 으응?"

윤직원 영감은 사뭇 사람을 아무나 하나 잡아먹을 듯 집이 떠나게 큰 소리로 포효(咆哮)를 합니다.

Check Point

- **작자** : 채만식
- **갈래** : 풍자소설, 가족사 소설, 장편소설
- **성격** : 풍자적, 해학적, 비판적
- **배경** : 1930년대 식민지 경성의 한 평민 출신의 대지주 집안
- **시점** : 전지적 작가 시점
- **특징**
  - 판소리 사설의 문체(판소리 사설의 원용), 독자와 서술자를 가깝게 하는 경어체의 문체를 사용
  - 풍자적 수법의 사용(부정적 인물인 윤직원 영감을 내세운 반어적 풍자)
  - 풍자적 어조, 해학적 어조가 두드러짐
  - 현재형 서술
- **주제** : 개화기에서 일제 강점기에 이르는 윤 직원 일가의 타락한 삶과 몰락 과정, 경제적 부를 가진 한 인간을 통해 도덕적인 왜곡상을 폭로
- **의의** : 1930년대 사회 현실의 격심한 퇴폐성을 비판적으로 풍자
- **출전** : 조광(1938)

"……으응? 그놈이 사회주의를 허다니! 으응? 그게, 참말이냐? 참말이여?"

"허긴 그놈이 작년 여름방학에 나왔을 때버틈 그런 기미가 좀 뵈긴 했어요!"

"그러머넌 참말이구나! 그러머넌 참말이여, 으응!"

윤직원 영감은 이마로, 얼굴로 땀이 방울방울 배어 오릅니다.

"……그런 쳐죽일 놈이, 깎어 죽여두 아깝잖을 놈이! 그놈이 경찰서장 허라닝개루, 생판 사회주의허다가 뎁다 경찰서에 잽혀? 으응……? 오—사 육시를 헐 놈이, 그놈이 그게 어디 당헌 것이라구 지가 사회주의를 히여? 부자놈의 자식이 무엇이 대껴서 부랑당패에 들어?"

아무도 숨도 크게 쉬지 못하고, 고개를 떨어뜨리고 섰기 아니면 앉았을 뿐, 윤직원 영감이 잠깐 말을 그치자 방 안은 물을 친 듯이 조용합니다.

"……오죽이나 좋은 세상이여? 오죽이나……."

윤직원 영감은 팔을 부르걷은 주먹으로 방바닥을 땅— 치면서 성난 황소가 영각을 하듯 고함을 지릅니다.

"화적패가 있너냐아? 부랑당 같은 수령(守令)들이 있너냐……? 재산이 있대야 도적놈의 것이요, 목숨은 파리 목숨 같던 말세(末世)넌 다 지내가고오…… 자 부아라, 거리거리 순사요, 골골마다 공명헌 정사(政事), 오죽이나 좋은 세상이여…… 남은 수십만 명 동병(動兵)을 히여서, 우리 조선놈 보호히여 주니, 오죽이나 고마운 세상이여? 으응……? 제 것 지니고 앉어서 편안허게 살 태평세상, 이걸 태평천하라구 허는 것이여, 태평천하……! 그런디 이런 태평천하에 태어난 부자놈의 자식이, 더군다나 왜 지가 떵떵거리구 편안허게 살 것이지, 어찌서 지가 세상 망쳐 놀 부랑당패에 참섭을 헌담 말이여, 으응?"

마지막의 으응 죽일 놈 소리는 차라리 울음 소리에 가깝습니다.

"……이 태평천하에! 이 태평천하에……."

쿵쿵 발을 구르면서 마루로 나가고, 꿇어앉았던 윤주사와 종수도 따라 일어섭니다.

"……그놈이, 만석꾼의 집 자식이, 세상 망쳐 놀 사회주의 부랑당패에, 참섭을 히여. 으응, 죽일 놈! 죽일 놈!"

8. 사랑손님과 어머니

그 날 밤, 저녁밥 먹고 나니까 어머니는 나를 불러 앉히고 머리를 새로 빗겨 주었습니다. 댕기를 새 댕기로 드려 주고, 바지, 저고리, 치마, 모두 새것을 꺼내 입혀 주었습니다.

"엄마, 어디 가?" 하고 물으니까,

"아니." 하고 웃음을 띠면서 대답합니다. 그러더니, 풍금 옆에서 내리어 새로 다린 하얀 손수건을 내리어 내 손에 쥐어 주면서,

"이 손수건, 저 사랑 아저씨 손수건인데, 이것 아저씨 갖다 드리구 와, 응. 오래 있지 말구 손수건만 갖다 드리구 이내 와, 응." 하고 말씀하셨습니다.

손수건을 들고 사랑으로 나가면서 나는 접어진 손수건 속에 무슨 발각발각하는 종이가 들어 있는 것처럼 생각되었습니다마는, 그것을 펴 보지 않고 그냥 갖다가 아저씨에게 주었습니다.

아저씨는 방에 누워 있다가 벌떡 일어나서 손수건을 받는데, 웬일인지 아저씨는 이전처럼 나보고 빙그레 웃지도 않고 얼굴이 몹시 파래졌습니다. 그리고는, 입술을 질근질근 깨물면서 말 한 마디 아니하고 그 손수건을 받더군요.

나는 어째 이상한 기분이 들어서 아저씨 방에 들어가 앉지도 못하고, 그냥 되돌아서 안방으로 도로 왔지요. 어머니는 풍금 앞에 앉아서 무엇을 그리 생각하는지 가만히 있더군요. 나는 풍금 옆으로 가서 가만히 옆에 앉아 있었습니다. 이윽고, 어머니는 조용조용히 풍금을 타십니다. 무슨 곡조인지는 몰라도 어째 구슬프고 고즈넉한 곡조야요. 밤이 늦도록 어머니는 풍금을 타셨습니다. 그 구슬프고 고즈넉한 곡조를 계속하고 또 계속하면서…….

여러 밤을 자고 난 어떤 날 오후에 나는 오래간만에 아저씨 방엘 나가 보았더니, 아저씨가 짐을 싸느라고 분주하겠지요. 내가 아저씨에게 손수건을 갖다 드린 다음부터는 웬일인지 아저씨가 나를 보아도 언제나 퍽 슬픈 사람, 무슨 근심이 있는 사람처럼 아무 말도 없이 나를 물끄러미 바라다만 보고 있어서, 나도 그리 자주 놀러 오지는 않았던 것입니다. 그랬었는데 이렇게 갑자기 짐을 꾸리는 것을 보고 나는 놀랐습니다.

신빙성 없는 화자

주요섭의 소설 「사랑손님과 어머니」의 화자인 옥희는 어린아이의 눈으로 있는 그대로를 설명하지만 아직 어리기 때문에 어머니와 아저씨의 연정을 눈치 채지 못한다. 화자가 미성숙 또는 교양이 낮거나 어린 탓에 사건을 잘못 파악하여 서술하는 시점을 신빙성 없는 화자(unrealiable narrator)라 일컫는다. 작가는 "모르겠다."라는 화자의 말을 빌려 작품 속에 은연중에 개입하여 이야기의 독창성을 가미한다.

Check Point

- **작자** : 주요섭
- **갈래** : 단편소설
- **성격** : 서정적, 심리적
- **배경** : 1930년대, 시골 마을
- **시점** : 1인칭 관찰자 시점
- **구성**
  - 발단 : 옥희네 집에 사랑손님이 하숙을 하게 됨
  - 전개 : 서로 관심을 보이는 어머니와 아저씨
  - 위기 : 어머니와 아저씨의 연모의 정과 갈등
  - 절정 : 어머니의 갈등과 결심
  - 결말 : 아저씨가 떠남
- **주제** : 봉건적 윤리의식과 인간적 감정 사이에서 갈등하는 어머니와 사랑손님의 사랑과 이별
- **출전** : 조광(1935)

제3절 1950년대 이후 작품

1. 광장

Check Point

- **작자** : 최인훈
- **갈래** : 분단소설, 사회소설, 장편소설
- **성격** : 관념적, 철학적
- **배경** : 광복 직후에서 한국 전쟁 후까지의 남한과 북한
- **시점** : 전지적 작가 시점
- **특징**
  - 밀실, 광장 등의 상징적 공간을 통해 주제를 형상화
  - 사변적 주인공을 통해 관념적이고 철학적인 주제를 표현
  - 회상의 형식으로 과거의 시간을 기술(역순행적 구성)
  - 과거 회상의 독백체 사용
- **주제** : 분단 현실에 대한 인식과 이상적인 사회의 염원과 좌절, 이념의 갈등 속에서 이상과 사랑을 추구하는 인간의 모습
- **의의** : 남북한 이데올로기를 비판적으로 고찰한 최초의 실존주의 소설
- **출전** : 새벽(1960)

펼쳐진 부채가 있다. 부채의 끝 넓은 테두리 쪽을, 철학과 학생 이명준이 걸어간다. 가을이다. 겨드랑이에 낀 대학 신문을 꺼내 들여다본다. 약간 자랑스러운 듯이. 여자를 깔보지는 않아도, 알 수 없는 동물이라고 여기고 있다.

책을 모으고, 미이라를 구경하러 다니다.

정치는 경멸하고 있다. 그 경멸이 실은 강한 관심과 아버지 일 때문에 그런 모양으로 나타난 것인 줄은 알고 있다. 다음에, 부채의 안쪽 좀 더 좁은 너비에, 바다가 보이는 분지가 있다. 거기서 보면 갈매기가 날고 있다. 윤애에게 말하고 있다. 윤애 날 믿어 줘. 알몸으로 날 믿어 줘. 고기 썩는 냄새가 역한 배 안에서 물결에 흔들리다가 깜빡 잠든 사이에, 유토피아의 꿈을 꾸고 있는 그 자신이 있다. 조선인 콜호스 숙소의 창에서 불타는 저녁놀의 힘을 부러운 듯이 바라보고 있는 그도 있다. 구겨진 바바리코드 속에 시래기처럼 바랜 심장을 하고 은혜가 기다리는 하숙으로 돌아가고 있는 9월의 어느 저녁이 있다. 도어에 뒤통수를 부딪히면서 악마도 되지 못한 자기를 언제까지나 웃고 있는 그가 있다. 그의 삶의 터는 부채꼴, 넓은 데서 점점 안으로 오므라들고 있었다. 마지막으로 은혜와 둘이 안고 뒹굴던 동굴이 그 부채꼴 위에 있다. 사람이 안고 뒹구는 목숨의 꿈이 다르지 않느니. 어디선가 그런 소리도 들렸다.

그는 지금, 부채의 사북자리에 서 있다. 삶의 광장은 좁아지다 못해 끝내 그의 두 발바닥이 차지하는 넓이가 되고 말았다. 자 이제는? 모르는 나라, 아무도 자기를 알리 없는 먼 나라로 가서, 전혀 새사람이 되기 위해 이 배를 탔다. 사람은, 모르는 사람들 사이에서는, 자기 성격까지도 마음대로 골라잡을 수도 있다고 믿는다. 성격을 골라잡다니! 모든 일이 잘 될 터이었다. 다만 한 가지만 없었다면. 그는 두 마리 새들을 방금까지 알아보지 못한 것이었다. 무덤 속에서 몸을 푼 한 여자의 용기를, 방금 태어난 아기를 한 팔로 보듬고 다른 팔로 무덤을 깨뜨리고 하늘 높이 치솟는 여자를, 그리고 마침내 그를 찾아 내고야만 그들의 사랑을.

돌아서서 마스트를 올려다본다. 그들은 보이지 않는다. 바다를 본다. 큰 새와 꼬마 새는 바다를 향하여 미끄러지듯 내려오고 있다. 바다. 그녀들이 마음껏 날아다니는 광장을 명준은 처음 알아본다. 부채꼴 사북까지 뒷걸음질친 그는 지금 핑그르르 뒤로 돌아선다. 제정신이 든 눈에 비친 푸른 광장이 거기 있다.

2. 서울, 1964년 겨울

1964년 겨울을 서울에서 지냈던 사람이라면 누구나 알고 있겠지만, 밤이 되면 거리에 나타나는 선술집 – 오뎅과 군참새와 세 가지 종류의 술등을 팔고 있고, 얼어붙은 거리를 휩쓸며 부는 차가운 바람이 펄럭거리게 하는 포장을 들치고 안으로 들어서게 되어 있고, 그 안에 들어서면 카바이드 불의 길쭉한 불꽃이 바람에 흔들리고 있고, 염색한 군용(軍用) 잠바를 입고 있는 중년 사내가 술을 따르고 안주를 구워 주고 있는 그러한 선술집에서, 그날밤, 우리 세 사람은 우연히 만났다. 우리 세 사람이란 나와 도수 높은 안경을 쓴 안(安)이라는 대학원 학생과 정체를 알 수 없었지만 요컨대 가난뱅이라는 것만은 분명하여 그의 정체를 꼭 알고 싶다는 생각은 조금도 나지 않는 서른 대여섯 살짜리 사내를 말한다.

우리는 모두 고개를 숙이고 어두운 골목길을 걸어서 거리로 나왔다. 적막한 거리에는 찬바람이 세차게 불고 있었다.

"몸시 춥군요."

라고 사내는 우리를 염려한다는 음성으로 말했다.

"추운데요, 빨리 여관으로 갑시다." 안이 말했다.

"방을 한 사람씩 따로 잡을까요?" 여관에 들어갔을 때, 안이 우리에게 말했다.

"그게 좋겠지요?"

"모두 한 방에 드는 게 좋겠지요." 라고 나는 아저씨를 생각해서 말했다.

아저씨는 그저 우리 처분만 바란다는 듯한 태도로 또는 지금 자기가 서 있는 곳이 어딘지도 모른다는 태도로 멍하니 서 있었다. 여관에 들어서자, 우리는 모든 프로가 끝나버린 극장에서 나오는 때처럼 어찌할 바를 모르고 거북스럽기만 했다. 여관에 비한다면, 거리가 우리에게는 더 좁았던 셈이었다. 벽으로 나누어진 방들, 그것이 우리가 들어가야 할 곳이었다.

"모두 같은 방에 들기로 하는 것이 어떻겠어요?" 내가 다시 말했다.

"난 지금 아주 피곤합니다." 안이 말했다.

"방을 하나씩 차지해 자지요."

"혼자 있기가 싫습니다."라고 아저씨가 중얼거렸다.

"혼자 주무시는 게 편하실 거예요." 안이 말했다.

우리는 복도에서 헤어져 사환이 지적해 준, 나란히 붙은 방 세 개에 각각 한 사람씩 들어갔다.

"화투라도 사다가 놉시다." 헤어지기 전에 내가 말했지만,

"난 아주 피곤합니다. 하고 싶으면 두 분이나 하세요."라고 안은 말하고 나서 자기의 방으로 들어가 버렸다.

"나도 피곤해 죽겠습니다. 안녕히 주무세요."라고 나는 아저씨에게 말하고 나서 내 방으로 들어갔다. 숙박계엔 거짓 이름, 거짓 주소, 거짓 나이, 거짓 직업을 쓰고 나서 사환이 가져다 놓은 자리끼를 마시고 나는 이불을 뒤집어썼다. 나는 꿈도 안 꾸고 잘 잤다.

Check Point

- **작자** : 김승옥
- **갈래** : 단편소설
- **성격** : 현실 고발적, 사실적
- **배경** : 1964년 어느 겨울 밤, 서울 거리
- **시점** : 1인칭 주인공 시점
- **특징**
  - 1960년대 사회의 전형성을 지닌 세 인물을 통해 소외와 의사소통의 단절을 형상화함
  - 대화와 행동을 중심으로 인물의 성격과 심리 등을 간접적으로 묘사함
  - 대화와 행동, 배경 등을 통해 사건을 사실적으로 제시하고 주제를 드러냄
  - 공간의 상징성을 통해 현대 사회의 문제를 제기함
- **주제** : 현대 사회의 단절된 인간관계로 인한 현대인의 단절과 소외, 연대감과 인간성 상실로 인한 방황과 절망
- **출전** : 사상계(1965)

3. 장마

Check Point

- **작자** : 윤흥길
- **갈래** : 중편소설
- **성격** : 샤머니즘
- **배경** : 6 · 25 전쟁 중 어느 농촌 마을
- **시점** : 1인칭 관찰자 시점
  * 유년기 시점 : 유년기 아동의 순수한 눈을 이용하는 시점은 남북한의 이데올로기를 정면으로 다루지 않고도 그것의 부정적 실상을 잘 드러내 준다는 이점이 있다.
- **특징** : 전라북도 사투리 사용을 통한 리얼리즘
- **구성**
  - 발단 : 두 할머니의 아들이 각각 국군과 인민군 빨치산에 나감
  - 전개 : 외할머니의 아들이 전사하고부터 두 할머니의 갈등이 시작됨
  - 위기 : 빨치산에 대한 외할머니의 저주로 갈등이 고조됨
  - 절정 : 아이들에게 쫓겨 집안에 들어온 구렁이를 외할머니가 극진히 대접해 돌려보냄
  - 결말 : 두 할머니가 화해함
- **주제** : 이념 대립의 극한적 분열상과 정서적 일체감에 의한 극복
- **출전** : 문학과 지성(1973년)

"자네 오면 줄라고 노친께서 여러 날 들여 장만헌 것일세. 먹지는 못헐 망정 눈요구라도 허고 가소. 다아 자네 노친 정성 아닌가. 내가 자네를 쫓을라고 이러는 건 아니네. 그것만은 자네도 알어야 되네. 냄새가 나드라도 너무 섭섭타 생각 말고, 집안 일일랑 아모 걱정 말고 머언 걸음 부데 펜안히 가소"

이야기를 다 마치고 외할머니는 불씨가 담긴 그릇을 헤집었다. 그 위에 할머니의 흰머리를 올려놓자 지글지글 끓는 소리를 내면서 타오르기 시작했다. 단백질을 태우는 노린내가 멀리까지 진동했다. 그러자 눈앞에서 벌어지는 그야말로 희한한 광경에 놀라 사람들은 저마다 탄성을 올렸다. 외할머니가 아무리 타일러도 그때까지 움쩍도 하지 않고 그토록 오랜 시간을 버티던 그것이 서서히 움직이기 시작한 것이다. 감나무 가지를 친친 감았던 몸뚱이가 스르르 풀리면서 구렁이는 땅바닥으로 툭 떨어졌다. 떨어진 자리에서 잠시 머뭇거린 다음 구렁이는 꿈틀꿈틀 기어 외할머니 앞으로 다가왔다. 외할머니가 한쪽으로 비켜서면서 길을 터주었다. 이리저리 움직이는 대로 뒤를 따라가며 외할머니는 연신 소리를 질렀다. 새막에서 참새떼를 쫓을 때처럼 "숴이! 숴이!" 하고 소리를 지르면서 손뼉까지 쳤다. 누런 비늘 가죽을 번들번들 뒤틀면서 그것은 소리 없이 땅바닥을 기었다. 안방에 있던 식구들도 마루로 몰려나와 마당 한복판을 가로질러 오는 기다란 그것을 모두 질린 표정으로 내려다보고 있었다. 꼬리를 잔뜩 사려 가랑이 사이에 감춘 워리란 놈이 그래도 꼴값을 하느라고 마루 밑에서 다 죽어가는 소리로 짖어대고 있었다. 몸뚱이의 움직임과는 여전히 따로 노는 꼬리 부분을 왼쪽으로 삐딱하게 흔들거리면서 그것은 방향을 바꾸어 헛간과 부엌 사이 공지를 천천히 지나갔다.

"숴이! 숴어이!"

외할머니의 쉰 목청을 뒤로 받으며 그것은 우물곁을 거쳐 넓은 뒤란을 어느덧 완전히 통과했다. 다음은 숲이 우거진 대밭이었다.

"고맙네, 이 사람! 집안 일은 죄다 성님한티 맽기고 자네 혼잣 몸띵이나 지발 성혀서 먼 걸음 펜안히 가소. 뒷일은 아모 염려 말고 그저 펜안히 가소. 증말 고맙네, 이 사람아"

장마철에 무성히 돋아난 죽순과 대나무 사이로 모습을 완전히 감추기까지 외할머니는 우물곁에 서서 마지막 당부의 말로 구렁이를 배웅하고 있었다.

전후소설

전후소설은 6 · 25를 직접 체험한 작가들이 당시의 현실 상황이나 전쟁 직후의 비극과 인간성 상실에 대해 사실적으로 그려낸 작품을 말한다. 깨어진 우리 민족이 나아가야 할 길을 제시해 주며, 고뇌를 통한 새로운 인간상 형상화를 보여주기도 한다.

- 작가 및 작품
  - 김동리 : 밀다원(密茶苑) 시대, 실존무
  - 황순원 : 인간접목, 나무들 비탈에 서다, 학
  - 최인훈 : 광장
  - 장용학 : 요한 시집, 비인 탄생
  - 이청준 : 병신과 머저리
  - 하근찬 : 흰 종이 수염, 방황
  - 선우휘 : 불꽃, 테러리스트
  - 송병수 : 쑈리 킴

– 손창섭 : 비오는 날, 잉여인간, 혈서
– 이범선 : 오발탄, 학마을 사람들
– 김성한 : 오분간, 바비도
– 김정한 : 모래톱이야기
– 안수길 : 제3인간형
– 오상원 : 유예, 백지의 기록, 모반
– 구인환 : 동굴 주변

4. 무진기행

나는 이모가 나를 흔들어 깨워서 눈을 떴다. 늦은 아침이었다. 이모는 전보 한통을 내게 건네주었다. 엎드려 누운 채 나는 전보를 펴보았다. '27일 회의 참석 필요, 급상경바람 영' '27일'은 모레였고 '영'은 아내였다. 나는 아프도록 쑤시는 이마를 베개에 대었다. 나는 숨을 거칠게 쉬고 있었다. 나는 내 호흡을 진정시키려고 했다. 아내의 전보가 무진에 와서 내가 한 모든 행동과 사고(思考)를 내게 점점 명료하게 드러내 보여주었다. 모든 것이 선입관 때문이었다. 결국 아내의 전보는 그렇게 얘기하고 있었다. 나는 아니라고 고개를 저었다. 모든 것이, 흔히 여행자에게 주어지는 그 자유 때문이라고 아내의 전보는 말하고 있었다. 나는 아니라고 고개를 저었다. 모든 것이 세월에 의하여 내 마음속에서 잊혀질 수 있다고 전보는 말하고 있었다.

그러나 상처가 남는다고, 나는 고개를 저었다. 오랫동안 우리는 다투었다. 그래서 전보와 나는 타협안을 만들었다. 한 번만, 마지막으로 한 번만 이 무진을, 안개를, 외롭게 미쳐 가는 것을, 유행가를, 술집 여자의 자살을, 배반을, 무책임을 긍정하기로 하자. 마지막으로 한 번만이다. 꼭 한 번만, 그리고 나는 내게 주어진 한정된 책임 속에서만 살기로 약속한다. 전보여, 새끼손가락을 내밀어라.

나는 거기에 내 새끼손가락을 걸어서 약속한다. 우리는 약속했다.

그러나 나는 돌아서서 전보의 눈을 피하여 편지를 썼다. '갑자기 떠나게 되었습니다. 찾아가서 말로써 오늘 제가 먼저 가는 것을 알리고 싶었습니다만 대화란 항상 의외의 방향으로 나가 버리기를 좋아하기 때문에 이렇게 글로써 알리는 것입니다. 간단히 쓰겠습니다. 사랑하고 있습니다. 왜냐하면 당신은 제 자신이기 때문에, 적어도 제가 어렴풋이나마 사랑하고 있는 옛날의 저의 모습이기 때문입니다. 저는 옛날의 저를 오늘의 저로 끌어 놓기 위하여 있는 힘을 다할 작정입니다. 저를 믿어 주십시오. 그리고 서울에서 준비가 되는대로 소식 드리면 당신은 무진을 떠나서 제게 와 주십시오. 우리는 아마 행복할 수 있을 것입니다.' 쓰고나서 나는 그 편지를 읽어봤다. 또 한번 읽어봤다. 그리고 찢어 버렸다.

덜컹거리며 달리는 버스 속에서 나는, 어디쯤에선가, 길가에 세워진 하얀 팻말을 보았다. 거기에 는 선명한 검은 글씨로 '당신은 무진읍을 떠나고 있습니다. 안녕히 가십시오.' 라고 씌어 있었다.

나는 심한 부끄러움을 느꼈다.

Check Point

- **작자** : 김승옥
- **갈래** : 단편소설
- **성격** : 서정적, 몽환적
- **배경** : 1960년대, 무진
- **시점** : 1인칭 주인공 시점
- **문체** : 강건체
- **구성**
  - 발단 : 잠시 머리를 식히기 위해 고향 무진으로 돌아온 '나'
  - 전개 : 후배 박과 함께 친구 조를 방문한 '나'는 성악을 전공한 하 선생을 만남
  - 위기 : 하 선생에게서 우울했던 과거의 자신의 모습을 찾게 됨
  - 절정 : 성묫길에서 자살한 사람의 시체를 목격, 하인숙과 하룻밤을 보냄
  - 결말 : 아내의 전보를 받고 무진을 떠남
- **주제** : 안개로 상징되는 허무와 몽환의 세계와 현대인의 속물적 일상 사이에서의 탈출
- **출전** : 사상계(1964)

5. 난장이가 쏘아올린 작은 공

Check Point

- **작자** : 조세희
- **갈래** : 중편소설, 연작소설
- **경향** : 사회 고발적
- **배경** : 1970년대, 서울의 재개발 지역
- **문체** : 단문형 문체
- **시점** : 1인칭 주인공 시점(1 · 2 · 3부가 각각 영수 · 영호 · 영희의 시점에서 서술됨)
- **주제** : 도시 빈민이 겪는 삶의 고통과 좌절
- **출전** : 문학과 지성(1976년)

Check Point

'난장이가 쏘아올린 작은 공'은 1970년대 산업화에서 밀려난 도시 빈민의 참상을 우화적으로 그린 조세희의 연작소설로 열두 편의 작품으로 구성되었다.

- 1편 뫼비우스의 띠
- 2편 칼날
- 3편 우주여행
- 4편 난장이가 쏘아올린 작은 공
- 5편 육교위에서
- 6편 궤도 회전
- 7편 기계도시
- 8편 은강노동가족의 생계비
- 9편 잘못은 신에게도 있다
- 10편 클라인씨의 병(甁)
- 11편 내 그물로 오는 가시고기
- 12편 에필로그

아주머니가 말했다.

"네가 집을 나가구 식구들이 얼마나 찾았는지 아니? 이 방 창문에서도 보이지. 어머니가 헐린 집터에 서 계셨었다. 너는 둘째치구 이번엔 아버지가 어딜 가셨는지 모르게 됐었단다. 성남으로 가야하는데 아버지가 안 계셨어. 길게 얘길 해 뭘 하겠니. 아버지는 돌아가셨어. 벽돌 공장 굴뚝을 허는 날 알았단다. 굴뚝 속으로 떨어져 돌아가신 아버지를 철거반 사람들이 발견했어."

그런데- 나는 일어날 수가 없었다. 눈을 감은 채 가만히 누워 있었다. 다친 벌레처럼 모로 누워 있었다. 숨을 쉴 수 없었다. 나는 두 손으로 가슴을 쳤다. 헐린 집 앞에 아버지가 서 있었다. 아버지는 키가 작았다. 어머니가 다친 아버지를 업고 골목을 돌아 들어왔다. 아버지의 몸에서 피가 뚝뚝 흘렀다. 내가 큰 소리로 오빠들을 불렀다. 오빠들이 뛰어나왔다. 우리들은 마당에 서서 하늘을 쳐다보았다. 까만 쇠공이 머리 위 하늘을 일직선으로 가르며 날아갔다.

아버지가 벽돌 공장 굴뚝 위에 서서 손을 들어 보였다. 어머니가 조각마루 끝에 밥상을 올려 놓았다. 의사가 대문을 들어서는 소리가 들렸다. 아주머니가 나의 손을 잡았다. 아아아아아아아 하는 울음이 느리게 나의 목을 타고 올라왔다.

"울지 마, 영희야." 큰오빠가 말했었다.

"제발 울지 마. 누가 듣겠어." 나는 울음을 그칠 수 없었다.

"큰오빠는 화도 안 나?"

"그치라니까."

"아버지를 난장이라고 부르는 악당은 죽여 버려."

"그래. 죽여 버릴게."

"꼭 죽여."

"그래. 꼭."

"꼭."

「난장이가 쏘아올린 작은 공」의 특징

- **실험적 기법의 도입** : 동화적 기법을 차용하여 우화적 분위기를 자아냈다. 아버지인 난장이 역시 신체적인 결함과 더불어 도시 빈민의 낮은 경제 수준과 사회적 차별로 인해 꺾인 자존심을 상징한다.
- **시대의 어두운 이면** : 1970년대, 산업화로 인한 상대적 빈곤과 그로 인한 인간 소외, 도덕의 타락에서 비롯한 노동 환경의 열악함과 인간으로서의 존엄이 무너진 소외계층의 자화상을 보여준다.

꼭! 확인 기출문제

〈보기〉는 어떤 소설의 마지막 부분이다. 괄호 안에 들어 갈 소설 속 지명은? [서울시 9급 기출]

보기

그러나 나는 돌아서서 전보의 눈을 피하여 편지를 썼다. '갑자기 떠나게 되었습니다. 찾아가서 말로써 오늘 제가 먼저 가는 것을 알리고 싶었습니다만 대화란 항상 의외의 방향으로 나가 버리기를 좋아하기 때문에 이렇게 글로써 알리는 바입니다. 간단히 쓰겠습니다. 사랑하고 있습니다. 왜냐하면 당신은 제 자신이기 때문에 적어도 제가 어렴풋이나마 사랑하고 있는 옛날의 저의 모습이기 때문입니다. 저는 옛날의 저를 오늘의 저로 끌어다 놓기 위하여 갖은 노력을 다하였듯이 당신을 햇볕 속으로 끌어 놓기 위하여 있는 힘을 다할 작정입니다. 저를 믿어 주십시오. 그리고 서울에서 준비가 되는 대로 소식 드리면 당신은 (　　)을/를 떠나서 제게 와주십시오. 우리는 아마 행복할 수 있을 것입니다.' 쓰고 나서 다시 나는 그 편지를 읽어 봤다. 또 한번 읽어 봤다. 그리고 찢어 버렸다.

덜컹거리며 달리는 버스 속에 앉아서 나는 어디쯤에선가 길가에 세워진 하얀 팻말을 보았다. 거기에는 선명한 검은 글씨로 '당신은 (　　)읍을 떠나고 있습니다. 안녕히 가십시오'라고 씌어 있었다. 나는 심한 부끄러움을 느꼈다.

① 삼포　　② 서울
③ 거제　　❹ 무진

해 ④ 〈보기〉의 작품은 김승옥의 단편소설인 「무진기행」의 마지막 부분으로, 주인공인 '나'가 무진을 떠나 다시 서울로 돌아오는 장면이므로 괄호 안의 지명은 '무진'이다. 이 작품은 주인공인 '나'가 서울을 떠나 무진으로 떠났다가 다시 서울로 돌아오는 '떠남 – 추억의 공간 – 복귀'의 순환 구조를 통해 1960년대의 허무와 회의 의식을 드러내고 있다.

제5장

현대 수필·희곡

제1절 현대 수필

1. 그믐달

Check Point

- **작자** : 나도향
- **갈래** : 경수필
- **성격** : 서정적, 낭만적, 감상적
- **문체** : 우유체, 화려체
- **표현**
  - 대조의 방법으로 대상을 부각시키고 있다.
  - 직유법과 은유법을 통해 대상의 특성을 표현하였다.
- **주제** : 외롭고 한스러워 보이는 그믐달을 사랑하는 마음
- **출전** : 조선문단(1925년)

나는 그믐달을 몹시 사랑한다.

그믐달은 요염하여 감히 손을 댈 수도 없고, 말을 붙일 수도 없이 깜찍하게 예쁜 계집 같은 달인 동시에 가슴이 저리고 쓰리도록 가련한 달이다.

서산 위에 잠깐 나타났다가 숨어 버리는 초생달은 세상을 후려 삼키려는 독부(毒婦)가 아니면 철모르는 처녀 같은 달이지마는, 그믐달은 세상의 갖은 풍상을 다 겪고, 나중에는 그 무슨 원한을 품고서 애처롭게 쓰러지는 원부와 같이 애절하고 애절한 맛이 있다.

보름에 둥근 달은 모든 영화와 끝없는 숭배를 받는 여왕과 같은 달이지마는, 그믐달은 애인을 잃고 쫓겨남을 당한 공주와 같은 달이다.

초생달이나 보름달은 보는 이가 많지마는, 그믐달은 보는 이가 적어 그만큼 외로운 달이다. 객창한등에 정든 임 그리워 잠 못 들어 하는 분이나, 못 견디게 쓰린 가슴을 움켜잡은 무슨 한 있는 사람이 아니면 그 달을 보아주는 이가 별로 없을 것이다.

그는 고요한 꿈나라에서 평화롭게 잠들은 세상을 저주하며, 홀로이 머리를 풀어 뜨리고 우는 청상(靑孀)과 같은 달이다. 내 눈에는 초생달 빛은 따뜻한 황금빛에 날카로운 쇳소리가 나는 듯하고, 보름달은 치어다 보면 하얀 얼굴이 언제든지 웃는 듯하지마는, 그믐달은 공중에서 번듯하는 날카로운 비수와 같이 푸른빛이 있어 보인다. 내가 한 있는 사람이 되어서 그러한지는 모르지마는, 내가 그 달을 많이 보고 또 보기를 원하지만, 그 달은 한 있는 사람만 보아주는 것이 아니라 늦게 돌아가는 술주정꾼과 노름하다 오줌 누러 나온 사람도 보고, 어떤 때는 도둑놈도 보는 것이다.

어떻든지, 그믐달은 가장 정 있는 사람이 보는 중에, 또는 가장 한 있는 사람이 보아주고, 또 가장 무정한 사람이 보는 동시에 가장 무서운 사람들이 많이 보아준다.

내가 만일 여자로 태어날 수 있다 하면, 그믐달 같은 여자로 태어나고 싶다.

꼭! 확인 기출문제

01. 다음 글에 대한 설명으로 적절하지 않은 것은? [국가직 9급 기출]

> 나는 집이 가난하여 말이 없어서 간혹 남의 말을 빌려 탄다. 노둔하고 여윈 말을 얻게 되면 일이 비록 급하더라도 감히 채찍을 대지 못하고 조심조심 금방 넘어질 듯 여겨서 개울이나 구렁을 지날 때는 말에서 내려 걸어가므로 후회할 일이 적었다. 발굽이 높고 귀가 쫑긋하여 날래고 빠른 말을 얻게 되면 의기양양 마음대로 채찍질하고 고삐를 늦추어 달리니 언덕과 골짜기가 평지처럼 보여 매우 장쾌하지만 말에서 위험하게 떨어지는 근심을 면치 못할 때가 있었다. 아! 사람의 마음이 옮겨지고 바뀌는 것이 이와 같을까? 남의 물건을 빌려서 하루아침의 소용에 쓰는 것도 이와 같은데, 하물며 참으로 자기가 가지고 있는 것이야 어떻겠는가?
>
> – 이곡, 「차마설(借馬說)」

① 경험을 통한 통찰력이 돋보인다.
② 우의적 기법을 적절히 활용하고 있다.
❸ 대상들 사이의 유사점을 통해 대상의 특성을 설명하고 있다.
④ 일상사와 관련지어 글쓴이의 주장을 설득력 있게 드러내고 있다.

해 ③ 제시된 글에서는 대상 간의 유사점을 통해 대상의 특성을 설명하는 비교의 방식이 아니라 같은 종류의 것 또는 비슷한 것에 기초하여 다른 대상의 특성을 미루어 추측하는 유추의 방식이 사용되었다. 즉, 말을 빌려 탄 경험에 기초하여 소유에 대한 작자의 깨달음을 이야기하였다.
① 말을 빌려 탄 경험에서 비롯된 소유에 대한 글쓴이의 통찰력이 돋보이는 글이다.
② '우의적 기법'이란 다른 사물에 빗대어 비유적인 뜻을 나타내거나 풍자하는 것으로, 말을 빌리는 것에 빗대어 소유에 대한 글쓴이의 생각을 나타내고 있다.
④ 말을 빌려 탄 일상의 경험과 관련지어 소유에 대한 글쓴이의 주장을 설득력 있게 제시하고 있다.

02. 밑줄 친 말의 한자 표기가 옳지 않은 것은? [지방직 9급 기출]

> 지조란 것은 순일한 정신을 지키기 위한 불타는 신념이요, 눈물겨운 정성이며, 냉철한 ㉠ 확집(確執)이요, 고귀한 투쟁이기까지 하다. 지조가 교양인의 ㉡ 위의(威儀)를 위하여 얼마나 값지고 그것이 국민의 교화에 미치는 힘이 얼마나 크며, 따라서 지조를 지키기 위한 괴로움이 얼마나 가혹한가를 헤아리는 사람들은 한 나라의 지도자를 평가하는 기준으로서 먼저 그 지조의 ㉢ 강도(强度)를 살피려 한다. 지조가 없는 지도자는 믿을 수가 없고 믿을 수 없는 지도자는 따를 수가 없기 때문이다. 자기의 명리만을 위하여 그 동지와 지지자와 추종자를 ㉣ 일조(日照)에 함정에 빠뜨리고 달아나는 지조 없는 지도자의 무절제와 배신 앞에 우리는 얼마나 많이 실망하였는가.
>
> – 조지훈, 「지조론」

① ㉠ ② ㉡
③ ㉢ ❹ ㉣

해 ④ '일조(日照)'는 '햇볕이 내리쬠'을 뜻하는 단어이다. 제시된 문장에서는 '(주로 '일조에' 꼴로 쓰여) 하루아침, 갑작스러울 정도의 짧은 시간'을 뜻하는 '일조(一朝)'로 표기하는 것이 적절하다.
① 확집(確執: 確 굳을 확, 執 잡을 집) : 자기의 의견을 굳이 고집하여 양보하지 아니함
② 위의(威儀: 威 위엄 위, 儀 거동 의) : ㉠ 위엄이 있고 엄숙한 태도나 차림새, ㉡ 예법에 맞는 몸가짐
③ 강도(强度: 强 강할 강, 度 법도 도) : 센 정도

Check Point

조선문단
1924년 방인근이 창간한 순문예지이다. 당시 한국문단을 휩쓸던 계급주의적 경향문학을 배격하며, 민족문학의 순수성을 옹호하고 자연주의 문학을 성장시켰다.
김동인의 「감자」, 전영택의 「화수분」, 현진건의 「B사감과 러브레터」, 최학송의 「탈출기」, 나도향의 「물레방아」, 계용묵의 「백치 아다다」 등을 게재하였다. 뿐만 아니라 작시법 · 소설작법 · 문학강화 등에 관한 내용이 실려 있어서 문학사적으로 중요한 자료를 제공하고 있다.

2. 청춘예찬

Check Point

- **작자** : 민태원
- **갈래** : 중수필
- **성격** : 예찬적, 웅변적
- **문체** : 강건체, 화려체
- **표현**
  - 적절한 비유와 함축적 어휘를 사용하였다.
  - 대구와 영탄법을 이용한 정열적 어조로 표현하였다.
- **주제** : 청춘에 대한 찬미, 청춘의 정열과 이상에 대한 예찬
- **출전** : 한국명수필선(1930)

청춘! 이는 듣기만 하여도 가슴이 설레는 말이다. 청춘! 너의 두 손을 가슴에 대고, 물방아 같은 심장의 고동을 들어 보라. 청춘의 피는 끓는다. 끓는 피에 뛰노는 심장은 거선의 기관과 같이 힘 있다. 이것이다. 인류의 역사를 꾸며 내려온 동력은 바로 이것이다. 이성은 투명하되 얼음과 같으며, 지혜는 날카로우나 갑 속에 든 칼이다. 청춘의 끓는 피가 아니더면, 인간이 얼마나 쓸쓸하랴? 얼음에 싸인 만물은 얼음이 있을 뿐이다.

그들에게 생명을 불어넣는 것은 따뜻한 봄바람이다. 풀밭에 속잎 나고, 가지에 싹이 트고, 꽃 피고 새 우는 봄날의 천지는 얼마나 기쁘며, 얼마나 아름다우냐? 이것을 얼음 속에서 불러내는 것이 따뜻한 봄바람이다. 인생에 따뜻한 봄바람을 불어 보내는 것은 청춘의 끓는 피다. 청춘의 피가 뜨거운지라, 인간의 동산에는 사랑의 풀이 돋고, 이상의 꽃이 피고, 희망의 놀이 뜨고, 열락의 새가 운다.

사랑의 풀이 없으면 인간은 사막이다. 오아시스도 없는 사막이다. 보이는 끝까지 찾아 다녀도, 목숨이 있는 때까지 방황하여도, 보이는 것은 거친 모래뿐일 것이다. 이상의 꽃이 없으면, 쓸쓸한 인간에 남는 것은 영락과 부패뿐이다. 낙원을 장식하는 천자만홍이 어디 있으며, 인생을 풍부하게 하는 온갖 과실이 어디 있으랴?

이상! 우리의 청춘이 가장 많이 품고 있는 이상! 이것이야말로 무한한 가치를 가진 것이다. 사람은 크고 작고 간에 이상이 있음으로써 용감하고 굳세게 살 수 있는 것이다. 석가는 무엇을 위하여 설산에서 고행을 하였으며, 예수는 무엇을 위하여 광야에서 방황하였으며, 공자는 무엇을 위하여 천하를 철환(轍環)하였는가? 밥을 위하여서, 옷을 위하여서, 미인을 구하기 위하여서 그리하였는가? 아니다. 그들은 커다란 이상, 곧 만천하의 대중을 품에 안고, 그들에게 밝은 길을 찾아 주며, 그들을 행복스럽고 평화스러운 곳으로 인도하겠다는 커다란 이상을 품었기 때문이다. 그러므로 그들은 길지 아니한 목숨을 사는가시피 살았으며, 그들의 그림자는 천고에 사라지지 않는 것이다. 이것은 현저하게 일월과 같은 예가 되려니와, 그와 같지 못하다 할지라도 창공에 반짝이는 뭇 별과 같이, 산야에 피어나는 군영과 같이, 이상은 실로 인간의 부패를 방지하는 소금이라 할지니, 인생에 가치를 주는 원질이 되는 것이다.

이상! 빛나는 귀중한 이상, 그것은 청춘이 누리는 바 특권이다. 그들은 순진한지라 감동하기 쉽고 그들은 점염이 적은지라 죄악에 병들지 아니하였고, 그들은 앞이 긴지라 착목하는 곳이 원대하고, 그들은 피가 더운지라 현실에 대한 자신과 용기가 있다. 그러므로 그들은 이상의 보배를 능히 품으며, 그들의 이상의 아름답고 소담스러운 열매를 맺어 우리 인생을 풍부하게 하는 것이다.

보라, 청춘을! 그들의 몸이 얼마나 튼튼하며, 그들의 피부가 얼마나 생생하며, 그들의 눈에 무엇이 타오르고 있는가? 우리 눈이 그것을 보는 때에, 우리의 귀는 생의 찬미를 듣는다. 그것은 웅대한 관혁악이며, 미묘한 교향악이다. 뼈 끝에 스며들어가는 열락의 소리다. 이것은 피어나기 전인 유소년에게서 구하지 못할 바이며, 시들어 가는 노년에게서 구하지 못할 바이며, 오직 우리 청춘에서만 구할 수 있는 것이다.

청춘은 인생의 황금시대다. 우리는 이 황금시대의 가치를 충분히 발휘하기 위하여, 이 황금시대를 영원히 붙잡아 두기 위하여, 힘차게 노래하며 힘차게 약동하자!

3. 낙엽을 태우면서

가을이 깊어지면 나는 거의 매일 뜰의 낙엽을 긁어 모으지 않으면 안 된다. 날마다 하는 일이언만, 낙엽은 어느덧 날고 떨어져서 또다시 쌓이는 것이다. 낙엽이란 참으로 이 세상의 사람의 수효보다도 많은가 보다. 30여 평에 차지 못하는 뜰이건만, 날마다의 시중이 조련치 않다.

벚나무, 능금나무 – 제일 귀찮은 것이 담쟁이다. 담쟁이란 여름 한철 벽을 온통 둘러싸고, 지붕과 연돌(煙突)의 붉은 빛만을 남기고 집안을 통째로 초록의 세상으로 변해 줄 때가 아름다운 것이지 잎을 다 떨어트리고 앙상하게 드러난 벽에 메마른 줄기를 그물같이 둘러칠 때쯤에는, 벌써 다시 지릅떠볼 값조차 없는 것이다. 귀찮은 것이 그 낙엽이다. 가령 벚나무 잎같이 신선하게 단풍이 드는 것도 아니요, 처음부터 칙칙한 색으로 물들어 재치 없는 그 넓은 잎이 지름길 위에 떨어져 비라도 맞고 나면 지저분하게 흙 속에 묻히는 까닭에 아무래도 날아 떨어지는 쪽쪽 그 뒷시중을 해야 한다.

벚나무 아래에 긁어모은 낙엽의 산더미를 모으고 불을 붙이면 속엣것부터 푸슥푸슥 타기 시작해서 가는 연기가 피어 오르고 바람이나 없는 날이면 그 연기가 낮게 드리워서 어느덧 뜰 안에 가득히 담겨진다.

낙엽 타는 냄새같이 좋은 것이 있을까. 갓 볶아낸 커피의 냄새가 난다. 잘 익은 개금 냄새가 난다. 갈퀴를 손에 들고는 어느 때까지든지 연기 속에 우뚝 서서 타서 흩어지는 낙엽의 산더미를 바라보며 향기로운 냄새를 맡고 있노라면 별안간 맹렬한 생활의 의욕을 느끼게 된다. 연기는 몸에 배서 어느 결엔지 옷자락과 손등에서도 냄새가 나게 된다. 나는 그 냄새를 한없이 사랑하면서 즐거운 생활감에 잠겨서는 새삼스럽게 생활의 제목을 진귀한 것으로 머릿속에 떠올린다. 음영과 윤택과 색채가 빈곤해지고 초록이 전혀 그 자취를 감추어 버린 꿈을 잃은 헌출한 뜰 복판에 서서 꿈의 껍질인 낙엽을 태우면서 오로지 생활의 상념에 잠기는 것이다. 가난한 벌거숭이의 뜰은 벌써 꿈을 베이기에는 적당하지 않은 탓일까? 화려한 초록의 기억은 참으로 멀리 까마아득하게 사라져버렸다. 벌써 추억에 잠기고 감상에 젖어서는 안 된다. 가을이다. 가을은 생활의 시절이다. 나는 화단의 뒷자리를 깊게 파고 다 타버린 낙엽의 재를 – 죽어 버린 꿈의 시체를 – 땅속 깊이 파묻고, 엄연한 생활의 자세로 돌아서지 않으면 안 된다. 이야기 속의 소년같이 용감해지지 않으면 안 된다.

(중략) 책상 앞에 붙은 채 별일 없으면서도 쉴 새 없이 궁싯거리고 생각하고 괴로워하면서, 생활의 일이라면 촌음을 아끼고 가령 뜰을 정리하는 것도 소비적이니 비생산적이니 하고 멸시하던 것이 도리어 그런 생활적 사사(些事)에 창조적 생산적인 뜻을 발견하게 된 것은 대체 무슨 까닭일까. 시절의 탓일까. 깊어가는 가을 이 벌거숭이의 뜰이 한층 산 보람을 느끼게 하는 탓일까.

Check Point

- **작자** : 이효석
- **갈래** : 경수필
- **성격** : 주관적, 감각적, 사색적
- **문체** : 우유체
- **표현**
  - 은유와 직유, 점층법을 구사
  - 예시와 열거를 통한 '나'의 행동과 상념의 전개가 인상적인 흐름에 따라 표현
- **주제** : 낙엽을 태우면서 느끼는 일상생활의 보람
- **출전** : 조선 문학 독본(1938년)

4. 딸깍발이

Check Point

- **작자** : 이희승
- **갈래** : 교훈적 수필, 서사적 수필, 중수필
- **성격** : 교훈적, 비판적, 해학적, 설득적, 사회적
- **문체** : 한문 투의 문체
- **특징**
  - 음성 상징어(오도독, 꽁꽁, 박박 등)를 사용하여 실감나고 해학적으로 표현
  - 한자어와 한자성어를 적절히 사용해 전통적 선비상을 부각시킴
  - 인물(남산골샌님)의 모습을 해학적이고 재미있게 묘사
  - 인물의 긍정적 측면을 부각시켜 교훈을 전달
- **구성**
  - 딸깍발이의 유래 : 나막신 끄는 소리
  - 딸깍발이의 성격 : 자존심, 고지식, 지조
  - 딸깍발이의 의기와 정신 : 선비 정신
  - 딸깍발이의 정신 계승 : 현대인에 대한 개탄
- **제재** : 남산골샌님(딸깍발이)의 선비정신
- **주제** : 현대인이 배워야 할 선비들의 의기와 강직
- **출전** : 벙어리 냉가슴(1956)

인생으로서 한 고비가 겨워서 머리가 희끗희끗할 지경에 이르기까지, 변변치 못한 벼슬이나마 한 자리 얻어 하지 못하고 다른 일, 특히 생업에는 아주 손방이어서 아예 손을 댈 생각조차 아니하였기 때문에 경제적으로는 극도로 궁핍한 구렁텅이에 빠져서 글자 그대로 삼순구식(三旬九食)의 비참한 생활을 해 가는 것이다. 그 꼬락서니라든지 차림차림이야 여간 장관이 아니다.

두 볼이 하월대로 하위어서 담배 모금이나 세차게 빨 때에는 양볼의 가죽이 입 안에서 서로 맞닿을 지경이요, 콧날은 날카롭게 오똑 서서 꾀와 이지(理智)만이 내 발릴 대로 발려 있고, 사철 없이 말간 콧물이 방울방울 맺혀 떨어진다. 그래도 두 눈은 개가 풀리지 않고 영채가 돌아서 무력이라든지 낙심의 빛을 나타내지 않고 있다. 아래윗입술이 쪼그라질 정도로 굳게 다문 입은 그 의지력을 더욱 두드러지게 나타내고 있다. 많지 않은 아랫수염이 뾰족하니 앞으로 향하여 휘어뻗쳤으며, 이마는 대개 툭 소스라져 나오는 편보다 메뚜기 이마로 좀 편편하게 버스러진 것이 흔히 볼 수 있는 타입이다.

(중략)

겨울이 오니 땔나무가 있을 리 만무하다. 동지 설상(雪上) 삼척 냉돌에 변변치도 못한 이부자리를 깔고 누웠으니, 사뭇 뼈가 저려 올라오고 다리 팔 마디에서 오도독 소리가 나도록 온몸이 곧아오는 판에 사지를 웅크릴 대로 웅크리고 안간힘을 꽁꽁 쓰면서 이를 악물다 못해 박박갈면서 하는 말이, "요놈, 괘씸한 추위란 놈 같으니, 네가 지금은 이렇게 기승을 부리지마는, 어디 내 년 봄에 두고 보자." 하고 벼르더란 이야기가 전하지마는 이것이 옛날 남산골 '딸깍발이'의 성격을 단적으로 가장 잘 표현한 이야기다. 사실로 졌지마는 마음으로 안 졌다는 앙큼한 자존심, 꼬장꼬장한 고지식, 양반은 얼어 죽어도 겻불을 안 쬔다는 지조, 이 몇 가지가 그들의 생활 신조였다.

현대인은 너무 약다. 전체를 위하여 약은 것이 아니라 자기 중심, 자기 본위로만 약다. 백년 대계를 위하여 영리한 것이 아니라 당장 눈앞의 일, 코앞의 일에만 아름아름하는 고식지계(姑息之計)에 현명하다. 염결(廉潔)에 밝은 것이 아니라 극단의 이기주의에 밝다. 이것은 실상은 현명한 것이 아니요 우매하기 짝이 없는 일이다. 제 꾀에 제가 빠져서 속아 넘어갈 현명이라고나 할까.

우리 현대인도 '딸깍발이'의 정신을 좀 배우자. 첫째 그 의기를 배울 것이요, 둘째 그 강직을 배우자. 그 지나치게 청렴한 미덕은 오히려 분간을 하여 가며 배워야 할 것이다.

5. 은전 한 닢

내가 상해(上海)에서 본 일이다.

늙은 거지 하나가 전장(錢莊)에 가서 떨리는 손으로 일 원짜리 은전 한 닢을 내 놓으면서, "황송하지만 이 돈이 못쓰는 것이나 아닌지 좀 보아 주십시오." 하고 그는 마치 선고를 기다리는 죄인과 같이 전장 사람의 입을 쳐다본다. 전장 주인은 거지를 물끄러미 내려다보다가 돈을 두들겨 보고 '좋소'하고 내어 준다. 그는 '좋소'라는 말에 기쁜 얼굴로 돈을 받아서 가슴 깊이 집어 넣고 절을 몇 번이나 하며 간다. 그는 뒤를 자꾸 돌아다보며 얼마를 가더니, 또 다른 전장을 찾아 들어갔다. 품 속에 손을 넣고 한참 꾸물거리다가 그 은전을 내어 놓으며, "이것이 정말 은으로 만든 돈이오니까?" 하고 묻는다. 전장 주인도 호기심 있는 눈으로 바라보더니, "이 돈을 어디서 훔쳤어?" 거지는 떨리는 목소리로, "아닙니다. 아니에요." "그러면 길바닥에서 주웠다는 말이냐?" "누가 그렇게 큰 돈을 빠뜨립니까? 떨어지면 소리는 안 나나요? 어서 도로 주십시오." 거지는 손을 내밀었다. 전장 사람은 웃으면서 '좋소'하고 던져 주었다. 그는 얼른 집어서 가슴에 품고 황망히 달아난다. 뒤를 흘끔흘끔 돌아보며 얼마를 허덕이며 달아나더니 별안간 우뚝 선다. 서서 그 은전이 빠지지나 않았나 만져 보는 것이다. 거친 손가락이 누더기 위로 그 돈을 쥘 때 그는 다시 웃는다. 그리고 또 얼마를 걸어가다가 어떤 골목 으슥한 곳으로 찾아 들어가더니, 벽돌담 밑에 쭈그리고 앉아서 돈을 손바닥에 놓고 들여다보고 있었다. 그는 얼마나 열중해 있었는지 내가 가까이 간 줄도 모르는 모양이었다. "누가 그렇게 많이 도와 줍디까?" 하고 나는 물었다. 그는 내 말소리에 움찔하면서 손을 가슴에 숨겼다. 그리고는 떨리는 다리로 일어서서 달아나려고 했다. "염려 마십시오. 뺏어가지 않소" 하고 나는 그를 안심시키려고 하였다. 한참 머뭇거리다가 그는 나를 쳐다보고 이야기를 하였다. "이것은 훔친 것이 아닙니다. 길에서 얻은 것도 아닙니다. 누가 저 같은 놈에게 일 원짜리 줍니까? 각전(角錢) 한 닢을 받아 본 적이 없습니다. 동전 한 닢 주시는 분도 백에 한 분이 쉽지 않습니다. 나는 한 푼 한 푼 얻은 돈에서 몇 닢씩을 모았습니다. 이렇게 모은 돈 마흔여덟 닢을 각전 한 닢과 바꾸었습니다. 이러기를 여섯 번을 하여 겨우 이 귀한 대양(大洋) 한 푼을 갖게 되었습니다. 이 돈을 얻느라고 여섯 달이 더 걸렸습니다." 그의 뺨에는 눈물이 흘렀다. 나는, "왜 그렇게까지 애를 써서 그 돈을 만들었단 말이요? 그 돈으로 무엇을 하려오?" 하고 물었다. 그는 다시 머뭇거리다가 대답했다. "이 돈, 한 개가 갖고 싶었습니다."

Check Point

- **작자** : 피천득
- **갈래** : 서사적 수필, 경수필
- **성격** : 회상적, 체험적, 서사적, 극적, 콩트적
- **문체** : 대화체, 간결체
- **특징**
  - 긴밀한 구성과 대화를 통한 전개로 현실성과 현장감, 생동감을 살림
  - 간결한 문체와 속도감 있는 전개가 돋보임
  - 과거의 사건을 현재화하여 사실성을 부여
  - 대화 형식을 통한 한 편의 콩트식 짜임
  - 여운을 남기는 결말의 처리(답을 제시하지 않은 채 거지의 말로 끝을 맺음)
- **주제** : 소박한 욕심을 이루기 위한 노력과 성취의 기쁨, 맹목적 욕망과 집착에 대한 인간적 연민
- **출전** : 금아시문선(琴兒詩文選)(1959)

6. 무소유

Check Point

- **작자** : 법정스님
- **갈래** : 경수필
- **성격** : 사색적, 체험적, 교훈적, 형이상학적
- **특징**
  - 자신의 체험을 고백적으로 서술함
  - 인용을 통해 자신의 생각을 뒷받침함
  - 예시와 역설적 표현을 사용함
- **주제** : 진정한 자유와 무소유의 의미
- **출전** : 영혼의 모음(母音)(1973)

나는 이미 온몸으로 그리고 마음속으로 절절히 느끼게 되었다. 집착(執着)이 괴로움인 것을, 그렇다, 나는 난초에게 너무 집념해 버린 것이다. 이 집착에서 벗어나야겠다고 결심했다. 난을 가꾸면서는 산철(승가의 遊行期)에도 나그네길을 떠나지 못한 채 꼼짝 못하고 말았다. 밖에 볼일이 있어 잠시 방을 비울 때면 환기가 되도록 들창문을 조금 열어 놓아야 했고, 분(盆)을 내놓은 채 나가다가 뒤미처 생각하고는 되돌아와 들여놓고 나간 적도 한두 번이 아니었다. 그것은 정말 지독한 집착이었다.

며칠 후, 난초처럼 말이 없는 친구가 놀러 왔기에 선뜻 그의 품에 분을 안겨주었다. 비로소 나는 얽매임에서 벗어난 것이다. 날듯 홀가분한 해방감. 3년 가까이 함께 지낸 '유정(有情)'을 떠나보냈는데도 서운하고 허전함보다 홀가분한 마음이 앞섰다. 이때부터 나는 하루 한 가지씩 버려야겠다고 스스로 다짐을 했다. 난을 통해 무소유의 의미같은 걸 터득하게 됐다고나 할까.

인간의 역사는 어떻게 보면 소유사(所有史)처럼 느껴진다. 보다 많은 자기네 몫을 위해 끊임없이 싸우고 있는 것 같다. 소유욕에는 한정이 없고 휴일도 없다. 그저 하나라도 더 많이 갖고자 하는 일념으로 출렁거리고 있는 것이다. 물건만으로는 성에 차질 않아 사람까지 소유하려 든다. 그 사람이 제 뜻대로 되지 않을 경우는 끔찍한 비극도 불사(不辭)하면서, 제 정신도 갖지 못한 처지에 남을 가지려 하는 것이다.

소유욕은 이해(利害)와 정비례한다. 그것은 개인뿐 아니라 국가 간의 관계도 마찬가지. 어제의 맹방(盟邦)들이 오늘에는 맞서게 되는가 하면, 서로 으르렁대던 나라끼리 친선 사절을 교환하는 사례를 우리는 얼마든지 보고 있다. 그것은 오로지 소유에 바탕을 둔 이해관계 때문인 것이다. 만약 인간의 역사가 소유사에서 무소유사로 그 향(向)을 바꾼다면 어떻게 될까. 아마 싸우는 일은 거의 없을 것이다. 주지 못해 싸운다는 말은 듣지 못했다.

꼭! 확인 기출문제

다음 〈보기〉의 글 다음에 나올 내용으로 가장 적절한 것은? [서울시 9급 기출]

보기

재작년이던가 여름날에 있었던 일이다. 날씨가 화창하여 밀린 빨래를 해치웠었다. 성미가 비교적 급한 나는 빨래를 하더라도 그날로 풀을 먹여 다려야지 그렇지 않으면 찜찜해서 심기가 홀가분하지 않다. 그날도 여름 옷가지를 빨아 다리고 나서 노곤해진 몸으로 마루에 누워 쉬려던 참이었다. 팔베개를 하고 누워서 서까래 끝에 열린 하늘을 무심히 바라보고 있었다. 그러다가 모로 돌아누워 산봉우리에 눈을 주었다. 갑자기 산이 달리 보였다. 하, 이것 봐라 하고 나는 벌떡 일어나, 이번에는 가랑이 사이로 산을 내다보았다. 우리들이 어린 시절 동무들과 어울려 놀이를 하던 그런 모습으로.

① 자연 속에서 무소유의 교훈을 찾아야 한다.
② 성실한 삶의 자세를 가져야 한다.
③ 종교적 의지를 통해 현실을 초월해야 한다.
❹ 틀에 박힌 고정관념을 극복해야 한다.

해 ④ '나'는 자세에 따라 산이 달리 보인다는 사실을 깨닫고 흥미를 느끼게 되었다는 내용이다. 이는 곧 한 가지 자세만 고집하지 않고 다양한 자세를 취해야 함을 의미한다. 그러므로 〈보기〉의 다음에는 틀에 박힌 고정관념을 극복해야 한다는 내용이 오는 것이 적절하다.

7. 피딴문답

"존경이라니…, 존경할 요리란 것도 있나?"

"있고말고. 내 얘기를 들어 보면 자네도 동감일 걸세. 오리알을 껍질째 진흙으로 싸서 겨 속에 묻어 두거든…. 한 반 년쯤 지난 뒤에 흙덩이를 부수고, 껍질을 까서 술안주로 내놓는 건데, 속은 굳어져서 마치 삶은 계란 같지만, 흙덩이 자체의 온기 외에 따로 가열(加熱)을 하는 것은 아니라네."

"오리알에 대한 조예가 매우 소상하신데…."

"아니야, 나도 그 이상은 잘 모르지. 내가 아는 건 거기까지야. 껍질을 깐 알맹이는 멍이 든 것처럼 시퍼런데도, 한 번 맛을 들이면 그 풍미(風味-음식의 멋스런 맛)가 기막히거든. 연소(제비집)나 상어 지느러미처럼 고급 요리 축에는 못 들어가도, 술안주로는 그만이지…."

"그래서 존경을 한다는 건가?"

"아니야, 생각을 해 보라고. 날것째 오리알을 진흙으로 싸서 반 년씩이나 내버려 두면, 썩어 버리거나, 아니면 부화해서 오리 새끼가 나와야 할 이치 아닌가 말야…. 그런데 썩지도 않고, 오리 새끼가 되지도 않고, 독자의 풍미를 지닌 피딴으로 화생(化生-생물의 몸이 다르게 변함)한다는 거, 이거 놀라운 일이 아닐 수 없지. 허다한 값나가는 요리를 제쳐 두고, 내가 피딴 앞에 절을 하고 싶다는 연유가 바로 이것일세."

"그럴싸한 얘기로구먼. 썩지도 않고, 오리 새끼도 되지 않는다…?"

"그저 썩지만 않는다는 게 아니라, 거기서 말 못 할 풍미를 맛볼 수 있다는 거, 그것이 중요한 포인트지……. 남들은 나를 글줄이나 쓰는 사람으로 치부하지만, 붓 한자루로 살아 왔다면서, 나는 한 번도 피딴만한 글을 써 본 적이 없다네. '망건을 십 년 뜨면 문리(文理-글의 뜻을 깨달아 아는 힘)가 난다.'는 속담도 있는데, 글 하나 쓸 때마다 입시를 치르는 중학생마냥 긴장을 해야 하다니, 망발도 이만저만이지……."

"초심불망(初心不忘-처음에 먹은 마음을 잊지 않는다)이라지 않아……. 늙어 죽도록 중학생일 수만 있다면 오죽 좋아 ……."

"그런 건 좋게 하는 말이고, 잘라 말해서, 피딴만큼도 문리가 나지 않는다는 거야……. 이왕 글이라도 쓰려면, 하다못해 피딴 급수(級數)는 돼야겠는데……."

김소운

그의 수필은 유려한 필치로 사회와 인생의 문제를 다각적으로 분석하는 특징을 지닌다. 자의 또는 타의에 의하여 34년간 일본에 체류하였던 경험을 바탕으로 일본과의 관계를 다룬 글들이 많은 것도 그의 문학 활동의 큰 특징이다. 단순하게 반일이나 친일의 입장을 떠나서 객관적으로 일본을 바로 알고 그들의 장점을 배우자는 처지를 분명히 하고 있다. 또한, 일본인들이 한국에 대해서 이유없이 멸시하고 있는 것에 대하여 강력한 항의나 분노를 표시하고 있는데, 특히 그 가운데에서도 일본인에게 보내는 공개장의 형식으로 쓰인 장편수필 『목근통신』은 『대한일보』에 연재된 뒤(1951) 일본의 저명한 소설가 가와바타의 소개로 『중앙공론』지에 번역, 소개되어 일본 사회에 큰 반향을 불러일으키기도 하였다.

Check Point

- **작자** : 김소운
- **갈래** : 경수필, 희곡적 수필
- **성격** : 교훈적, 감상적
- **문체** : 대화체, 간결체
- **표현**
  - 대화로 이루어져 있어서 희곡을 읽는 듯한 느낌을 줌
  - 피딴이라는 대상에 사물과 인생을 연결시켜 표현
- **주제** : 원숙한 생활미에 대한 예찬
- **출전** : 김소운 수필전집(1978년)

Check Point

대표 수필가

- **김진섭** : 「인생예찬」, 「생활인의 철학」
- **이양하** : 「이양하수필집」, 「나무」
- **김소운** : 「목근통신」, 「물 한 그릇의 행복」
- **피천득** : 「눈보라 치는 밤의 추억」, 「기다리는 편지」, 「은전 한 닢」
- **윤오영** : 「수필문학 입문」, 「고독의 반추」, 「방망이 깎던 노인」, 「달밤」, 「양잠설」, 「마고자」

제2절 희곡

1. 토막

명서 처 : 음, 그 애에게서 물건이 온 게로구먼.

명서 : 뭘까?

명서 처 : 세상에, 귀신은 못 속이는 게지!(아들의 좋은 소식을 굳게 믿고 싶은 심정) 오늘 아침부터 이상한 생각이 들더니, 이것이 올려구 그랬던가 봐. 당신은 우환이니 뭐니 해도 …….

명서 : (소포의 발송인의 이름을 보고) 하아 하! 이건 네 오래비가 아니라 삼조가 …….

명서 처 : 아니, 삼조가 뭣을 보냈을까? 입때 한 마디 소식두 없던 애가 …….(소포를 끌러서 궤짝을 떼어 보고)

금녀 : (깜짝 놀라) 어머나!

명서 처 : (자기의 눈을 의심하듯이) 대체 이게 …… 이게? 에그머니, 맙소사! 이게 웬일이냐?

명서 : (되려 멍청해지며, 궤짝에 쓰인 글자를 읽으며) 최명수의 백골.

금녀 : 오빠의?

명서 처 : 그럼, 신문에 난 게 역시! 아아, 이 일이 웬일이냐? 명수야! 네가 왜 이 모양으로 돌아왔느냐! (백골상자를 꽉 안는다.)

금녀 : 오빠!

명서 : 나는 여태 개돼지같이 살아 오문서, 한 마디 불평두 입 밖에 내지 않구 꾸벅꾸벅 일만 해 준 사람이여. 무엇 때문에, 무엇 때문에 내 자식을 이 지경을 맨들어 보내느냐? 응, 이 육실헐 눔들! (일어서려고 애쓴다.)

금녀 : (눈물을 씻으며) 아버지! (하고 붙든다.)

명서 : 놓아라! 명수는 어디루 갔니? 다 기울어진 이 집을 뉘게 맽겨 두구 이눔은 어딜?

금녀 : 아버지! 아버지!

명서 : (궤짝을 들구 비틀거리며) 이놈들아, 왜 뼉다구만 내게 갖다 맽기느냐? 내 자식을 죽인 눔이 이걸 마저 처치해라! (기진하여 쓰러진다. 궤짝에서 백골이 쏟아진다. 받은 기침 한동안)

명서 처 : (흩어진 백골을 주우며) 명수야, 내 자식아! 이 토막에서 자란 너는 백골이나마 우리를 찾아왔다. 인제는 나는 너를 가다려서 애태울 것두 없구 동지섣달 기나긴 밤을 울어 새우지 않아두 좋다! 명수야, 이제 너는 내 품안에 돌아왔다.

명서 : ......아아, 보기 싫다! 도로 가져 가래라.

Check Point

- **작가** : 유치진
- **갈래** : 현대극, 장막극(전 2막), 사실주의 극, 비극
- **성격** : 현실 고발적, 비판적, 사실적
- **배경** : 1920년대, 어느 가난한 농촌 마을
- **특징**
  - 사실주의 희곡의 전형(1920년대 농민의 궁핍한 생활상을 사실적으로 묘사)
  - 상징적인 배경의 설정('토막'은 일제 수탈로 인해 피폐해진 우리 조국을 상징하며, 명서 일가의 비극과 명수의 죽음은 우리 민족의 비극적 삶과 독립에 대한 희망의 좌절을 상징함)
  - 희극적 인물('경선')을 설정하여 비극의 효과를 극대화
- **주제** : 일제의 가혹한 억압과 수탈의 참상과 현실 고발
- **의의** : 리얼리즘을 표방한 본격적인 근대극이며, 한국 근대극의 출발이 됨
- **출전** : 문예월간(1931~1932)

2. 원고지

교수 : (신문을 혼자 읽는다) 참 비가 많이 왔군. 강원도 쪽의 눈이 굉장한 모양인데. 또 살인이야. 이번엔 두 살 난 애가 자기 애비를 죽였대. 참 짚차가 동대문을 들이받아 동대문이 완전히 무너졌군. 짚차는 도망가 버리구. 이것 봐, 내 '개성을 잃은 노동자'라는 번역품이 착취사(搾取社)에서 다시 나왔어. 이씨가 또 당선됐군. 신경통에 듣는 한약이 새로 나왔는데. 끔찍해라. 남편이 자기 아내한테 또 매맞았군.

(처가 신문지를 한 장 다시 접는다. 날짜를 보더니)

처 : 당신두 참, 그건 옛날 신문이에요. 오늘 것은 여기 있는데.

교수 : (보던 신문 날짜를 읽고) 오라, 삼년 전 신문을 읽고 있었군. 오늘 신문 이리 주시오. (오늘 신문을 받아 가지고 다시 읽는다.) 참, 비가 많이 왔군. 강원도 쪽에 눈이 굉장한 모양인데, 또 살인이야. 이번엔 두 살 난 애가 자기 애비를 죽였대. 참 짚차가 동대문을 들이받아 동대문이 완전히 무너졌군. 짚차는 도망가 버리구. 이것 봐, 내 '개성을 잃은 노동자'라는 번역품이 악마사(惡魔社)에서 나왔어. 이씨가 또 당선됐군. 신경통에 듣는 한약이 새로 나왔는데, 끔찍해라. 남편이 자기 아내한테 또 매맞았군.

처 : 참, 세상도 무척 변했군요. 삼년 전만 해도 그런 일이 없었는데, 당신 피곤하시죠?

(중략)

교수 : 너 왼쪽 손에 들고 있는 종이는 뭐냐?

장녀 : 이거요? (영자신문을 교수에게 준다. 교수는 받기가 무섭게 기계적으로 번역을 한다.)

장녀 : 뭘 번역을 하세요?

교수 : 이 영어를 우리말로 고치는 거야. (그대로 번역을 한다.)

장녀 : 아버지두 참! 그거 오늘 아침 영어신문이에요.

교수 : (신문을 보더니) 그렇군! 난 영어길래 곧 번역하려구 했지.

(시계가 여덟 번을 친다. 교수는 무엇에 놀란 듯 황급히 일어나 가방을 들고 소파 쪽으로 가 철쇄를 바꾸어 맨다.) 벌써 여덟시야. 빨리 가야지, 빨리 가야지. 이번엔 분명 아침 여덟시겠지. (무섭게 철문을 열고 퇴장하면서) 오늘이 무슨 요일이더라?

장녀 : 모레가 일요일이구, 내일이 국경일이니까…… 오늘은 금요일이군요.

(교수 퇴장, 장남 등장, 장남과 장녀는 소파에 앉아 고약한 세리(稅吏)처럼 처의 귀가를 기다린다. 이윽고 처가 철문을 열고 돌아온다. 피곤에 못 이겨 허둥지둥하면서도 돈 보따리는 꼭 끼고 있다. 현기증이 심한 듯 소파 앞에 무릎을 떨어뜨리며 주저앉는다. 장녀와 장남이 여전히 무표정한 얼굴로 손을 번쩍 내민다. 처는 보따리를 헤치고 돈을 나눠준다. 돈을 받자 두 자식은 일어서서 밖으로 나간다. 경쾌한 음악이 흘러나온다. 처가 마루에서 일어나 소파에 주저앉아 눈을 감는다. 잠시 후 창문이 열리더니 다시 감독관이 회초리로 처를 친다. 처가 깜짝 놀라 일어난다.)

감독관 : 연탄 준비! 김장거리! 빨랫감!

처 : 아이 또 독촉이군.

(책상 쪽으로 가 천천히 흩어진 책이며 원고지를 정리한다.)

Check Point

- **작자** : 이근삼
- **갈래** : 희곡, 단막극
- **성격** : 반사실적, 서사적, 풍자적, 실험적
- **배경** : 현대, 어느 중년 교수의 가정
- **특징**
  - 특별한 사건 전개 및 뚜렷한 갈등 양상이 드러나지 않음
  - 무대장치, 소도구, 인물의 대사, 행동 등이 희극적으로 과장, 풍자와 반어적 의미 활용
- **구성**
  - 발단 : 장녀, 장남이 나와서 인물과 집안을 소개함
  - 전개 : 교수가 피곤에 지쳐 있고, 처의 추궁으로 이성이 마비된 듯한 느낌을 받음
  - 위기 : 갖가지 핑계로 장녀와 장남은 용돈을 요구하고 감독관은 교수에게 번역을 재촉함
  - 절정 : 교수가 천사에게서 잃어버린 꿈을 다시 찾으려하나 실패하고, 감독관은 다시 번역을 재촉함
  - 대단원 : 교수는 장녀가 들고 있던 영자신문마저도 번역하려 할 정도로 기계적인 삶을 살아가며, 감독관은 여전히 번역을 재촉함
- **주제** : 인간성을 상실한 현대인의 기계적인 삶에 대한 풍자
- **출전** : 사상계(1959년)

꼭! 확인 기출문제

'곰치'의 심리로 미루어 ㉠~㉣에 들어갈 지시문으로 적절하지 않은 것은? [지방직 7급 기출]

(어부 '곰치'가 선주 '임제순'에게 진 빚 때문에 모처럼 찾아온 만선(滿船)의 기회를 놓칠까 싶어 갈등하는 상황이다.)
임제순 : (발끈해서) 아니면 으짤 참이였? 이자를 생각해 봐! 놀랠 것이 뭇이여?
연철 : (비꼬는 투로) 놀랠 것 하나도 없지라우! 이렇게 될 줄 뻔히 알었지라우! (불같은 한숨)
임제순 : 뭇이라고? 저놈이 어따 대고 비양질이여?
곰치 : (㉠) 알았음녀……. (연철에게) 아무 소리 말어! 다들 입을 봉해!
성삼 : 곰치! 입을 봉할 때가 따로 있어! (오기스런 안간힘)
곰치 : (㉡) 시끄러웠!
임제순 : 곰치!
곰치 : (㉢) 말씀하시게라우…….
임제순 : ……자네 섭섭할는지 모르겠네만은……. (강경하게) 남은 이만 원 청산할 때까지 내일부터 배를 묶겠네! 묶겄어!
성삼, 연철, 도삼 : 배를 묶다니?
구포댁 : (펄쩍 뛰며) 워때! 믄 말씀이싱게라우? 아니 해필이면 이럴 때 배를 묶어라우? 예에?
임제순 : (단호하게) 나는 두말 않는 사람이여!
곰치 : (㉣) 영감님! 배만은! 배만은!

– 천승세, 「만선」

① ㉠ : 체념 조로 ❷ ㉡ : 비아냥거리는 투로
③ ㉢ : 지친 듯 ④ ㉣ : 애걸조로

해 ② 곰치는 임제순에게 진 빚이 있어 만선의 기회를 놓칠까봐 눈치를 보고 있다. 연철이 빈정거리자 임제순은 화를 낸다. 불안해진 곰치는 연철과 성삼에게 입을 다물라 말하지만 성삼이 따진다. 이를 보아 비아냥거리는 것과는 거리가 멀다.

1960년대 희곡

1960년대에는 동인제 극단활동이 활발해지고 서구의 부조리극이 공연되었으며, 사실주의가 주조로 흐르면서도 부조리극 계통의 작품도 일부 발표되어 모더니즘 연극이 시작되었다.
1960년에 표현주의 수법의 희극 「원고지」로 등장한 이근삼은 정치풍자극 「대왕은 죽기를 거부했다」(1960), 희극 「국물 있사옵니다」(1966) 등을 발표하며 희극작가로서 두각을 나타냈다.
1960년대 후반에는 오태석 · 윤대성 · 최인훈 등이 등장하여 주목할 만한 희곡들을 발표했다. 오태석은 부조리극 「환절기」(1968) · 「교행」(1969)을 비롯한 모더니즘 계열의 희곡으로 출발했으나, 1970년대에 이르면 한국의 토속문화와 전통에 뿌리를 대고 있으면서도 서구적 총체극 양식을 접목시킨 「초분」(1973) · 「태」(1974) 등을 연달아 발표하여 커다란 반향을 불러일으켰다.

3. 오발탄

#103. 철호의 방 안
철호가 아랫방에 들어서자 옷방 구석에서 고리짝을 뒤지고 있던 명숙이가 원망스럽게
명숙 : 오빤 어딜 그렇게 돌아다니슈.
철호는 들은 척도 않고 아랫목에 털썩 주저앉아 버린다.
명숙 : 어서 병원에 가 보세요.

철호 : 병원에라니?
명숙 : 언니가 위독해요.
철호 : …….
명숙 : 점심 때부터 진통이 시작되어 죽을 애를 다 쓰고 그만 어린애가 걸렸어요.

#105. 시체 안치실
철호가 유령처럼 걸어온다. 문 앞에 와서 손잡이를 잡다가 힘없이 놓고 돌아선다. 눈앞에 뽀얗게 흐린 채 거기 우두커니 서 있을 뿐.

#109. 거리 철호의 사무실. 철호가 휘청거리고 와서 빌딩을 멍하니 올려보다가 또다시 걷는다.

#118. 동대문 부인과 산실
아이는 몇 번 앙! 앙! 거리더니 이내 그친다. 그 옆에 허탈한 상태에 빠진 명숙이가 아이를 멍하니 바라보며 앉아 있다.
명숙 : 오빠 돌아오세요 빨리. 오빠는 늘 아이들의 웃는 얼굴이 세상에서 젤 좋으시다고 하셨죠? 이 애도 곧 웃을 거에요. 방긋방긋 웃어야죠. 웃어야 하구 말구요. 또 웃도록 우리가 만들어 줘야죠.

#120. 자동차 안
조수가 뒤를 보며
조수 : 경찰섭니다.
혼수 상태의 철호가 눈을 뜨고 경찰서를 물끄러미 내다 보다가 뒤로 쓰러지며
철호 : 아니야. 가!
조수 : 손님 종로 경찰선데요.
철호 : 아니야. 가!
조수 : 어디로 갑니까?
철호 : 글쎄 가재두…….
조수 : 참 딱한 아저씨네.
철호 : …….
운전수가 자동차를 몰며 조수에게
운전수 : 취했나?
조수 : 그런가 봐요.
운전수 : 어쩌다 오발탄 같은 손님이 걸렸어. 자기 갈 곳도 모르게.
철호가 그 소리에 눈을 떴다가 스르르 감는다. 밤거리의 풍경이 쉴새없이 뒤로 흘러간다.

#122. 교차로
때르릉 벨이 울리자 신호가 켜진다. 철호가 탄 차도 목적지를 모르는 채 꼬리에 꼬리를 물고 행렬에 끼어서 멀리 멀리 사라져 간다.

Check Point

- **작자** : 나소운 · 이종기 각색(1959년 이범선의 동명 원작을 각색)
- **갈래** : 각색 시나리오
- **성격** : 비판적, 사회 고발적, 사실적
- **배경** : 한국 전쟁 직후, 서울 해방촌 일대
- **특징**
  - 원작 소설 「오발탄」의 특징과 감동을 잘 살림(전후 암담한 현실을 사실적으로 묘사하여 가치관이 상실된 어두운 사회상을 비판 · 고발)
  - 인물 심리의 효과적 전달과 비극적 인물상의 조명을 위해 여러 가지 고도의 영화 기법을 활용
  - 문제의 명확한 해결이 아닌 절망적 상태를 보여 주는 것으로 끝을 맺어 여운을 남김
  - 주인공(송철호)의 인간성과 내면의 허무 의식 표출에 역점을 두고 표현
- **주제** : 전후(戰後)의 빈곤하고 비참한 삶과 가치관이 상실된 세태에 대한 비판
- **출전** : 한국 시나리오 선집(1961)

2편

고전 문학

제1장

고전 문법

기출 Plus 서울시 9급 기출

01. 밑줄 친 ㉠에 해당하는 글자가 아닌 것은?

> 한글 중 초성자는 기본자, 가획자, 이체자로 구분된다. 기본자는 조음 기관의 모양을 상형한 글자이다. ㉠ 가획자는 기본자에 획을 더한 것으로, 획을 더할 때마다 그 글자가 나타내는 소리의 세기는 세어진다는 특징이 있다. 이체자는 획을 더한 것은 가획자와 같지만 가획을 해도 소리의 세기가 세어지지 않는다는 차이가 있다.

① ㄹ ② ㄷ
③ ㅂ ④ ㅊ

해 훈민정음에서는 초성 문자로 발음 기관의 모양을 본떠 기본 문자인 'ㄱ, ㄴ, ㅁ, ㅅ, ㅇ'를 만들고 기본 문자에 소리가 센 정도에 따라 획을 하나 또는 둘을 더하여 문자를 만드는 가획의 원리를 적용하여 'ㅋ, ㄷ, ㅌ, ㅂ, ㅍ, ㅈ, ㅊ, ㅎ' 등의 문자를 만들었는데, 이를 가획자라 한다.

답 01 ①

제1절 음운론

1. 음운

(1) 훈민정음의 제자 원리

① 초성(자음 17자) : 발음기관 상형(기본자)+가획의 원리(가획자)+이체(이체자)

구분	기본자	가획자	이체자
아음(牙音, 어금닛소리)	ㄱ	ㅋ	ㆁ
설음(舌音, 혓소리)	ㄴ	ㄷ, ㅌ	ㄹ(반설)
순음(脣音, 입술소리)	ㅁ	ㅂ, ㅍ	
치음(齒音, 잇소리)	ㅅ	ㅈ, ㅊ	ㅿ(반치)
후음(喉音, 목구멍소리)	ㅇ	ㆆ, ㅎ	

② 중성(모음 11자) : 삼재(天, 地, 人)의 상형 및 기본자의 합성

구분	기본자	초출자	재출자
양성모음	ㆍ	ㅗ, ㅏ	ㅛ, ㅑ
음성모음	ㅡ	ㅜ, ㅓ	ㅠ, ㅕ
중성모음	ㅣ		

③ 종성 : 따로 만들지 않고 초성을 다시 쓴다(終聲復用初聲).

종성부용초성법과 8종성가족용법

세종 당시의 문헌인 「용비어천가」와 「월인천강지곡」에는 종성부용초성의 원리가 적용되었고, 일반적으로는 8종성가족용법이 적용 · 사용되었다.

훈민정음 초성(자음) 체계

㉠ 구성(23자음 체계)

구분	전청음(예사소리)	차청음(거센소리)	전탁음(된소리)	불청불탁음(울림소리)
아음	ㄱ	ㅋ	ㄲ	ㆁ
설음	ㄷ	ㅌ	ㄸ	ㄴ
순음	ㅂ	ㅍ	ㅃ	ㅁ
치음	ㅈ	ㅊ	ㅉ	
	ㅅ		ㅆ	
후음	ㆆ	ㅎ	ㆅ	ㅇ
반설음				ㄹ
반치음				ㅿ

㉡ 특징

- 전청음을 가획하여 차청음을 만들었고, 전청음을 두 번 반복하여 전탁음을 만듦(후음은 차청음을 두 번 반복하여 만듦)
- 23자음 체계는 동국정운식 한자어에 사용된 자음 체계였으며, 순수 국어의 자음에는 22자음 체계가 사용됨('ㆆ'과 'ㅇ'이 없어지고 'ㅸ'이 사용됨)

훈민정음

훈민정음은 세종대왕이 1443년에 창제하여 1446년에 반포한 문자 체계의 이름이기도 하고, 이후 훈민정음을 설명하기 위해 만든 「훈민정음 해례본」을 가리키는 것이기도 하다.

(2) 훈민정음의 문자 체계

① 전탁음은 훈민정음 28자에 속하지 않는다(ㄲ, ㄸ, ㅃ, ㅆ, ㅉ, ㆅ).

② 순경음은 훈민정음 28자에 속하지 않는다(ㅸ, ㆄ, ㅹ, ㅱ).

③ 'ㆆ, ㆁ'은 한자음을 표기하기 위한 것이었으므로, 국어의 음운 단위에서는 형식적인 자음이고 실질적 자음은 아니다. 따라서 음운 단위로 볼 수 없다.

④ 'ㆅ'은 순수 국어에 사용되기는 하였으나 의미 분화의 기능이 없었으므로 (국

Check Point

소실 문자

- ㆆ, ㅸ, ㆅ, ㆀ, ㅥ : 세조 이후에 소실
- ㅿ → ㆁ : 임진왜란 직전 · 후에 소실
- ㅸ : 연서법(이어쓰기)에 의해 만들어진 글자로서 용언에 쓰일 때는 'ㅂ'불규칙 용언 에서만 쓰임
- ㆆ : 훈민정음 28자 안에는 들어가나, 현실 음운 단위는 아님
- ㅿ : 초성 17자에 들어가는 글자로서 용언에 쓰일 때는 'ㅅ'불규칙 용언에만 쓰임
- ·(아래아) : 음가는 17~18세기에, 표기는 1933년 한글 맞춤법 통일안 공포 이후에 폐기됨

어에서는 항상 'ㅕ' 앞에서만 쓰였음) 음운 단위가 될 수 없고, 'ㅎ'의 異音韻(음운의 이형태)에 지나지 않는다.

(3) 훈민정음의 글자 운용

훈민정음 예의부 자모운용편(例義部 字母運用篇)에 있는 규정으로, 자음을 옆으로 나란히 붙여 쓰는 것을 병서(竝書)라 하고, 상하로 잇대어 쓰는 것을 연서(連書)라 하며, 자음에 모음을 붙여 한 음절이 되게 하는 것을 부서(部書)라 한다.

① **연서법(이어쓰기)**

㉠ 순음 'ㅂ, ㅍ, ㅁ, ㅃ' 아래에 'ㅇ'을 이어 쓰면 각각 순경음 'ㅸ, ㅸ, ㅹ, ㆄ'이 된다.

㉡ 'ㆄ, ㅱ, ㅹ'은 한자음 표기에 쓰였다.

㉢ 우리말에 쓰이던 'ㅸ'이 15세기에 소멸되었으므로 현대 국어에서 연서법은 적용되지 않는다.

② **병서법(나란히 쓰기)** : 초성을 합하여 사용할 때는 나란히 쓴다. 종성도 같다.

㉠ **각자 병서** : ㄲ, ㄸ, ㅃ, ㅉ, ㅆ, ㆅ

㉡ **합용 병서** : ㅺ, ㅼ, ㅽ, ㅾ, ㅳ, ㅄ, ㅶ, ㅷ, ㄳ, ㄵ, ㄼ, ㄺ, ㅀ, ㄽ, ㅴ, ㅵ

③ **부서법(붙여쓰기)** : 자음에 모음을 붙여 쓴다. 즉 초성과 중성이 합쳐서 글자를 이룰 때, 자음과 모음이 모여서 음절을 이룰 때, 모음이 놓이는 위치를 규정한 것이다.

④ **성음법(음절 이루기)** : 모든 글자는 초성, 중성, 종성을 갖추어야 음절을 이룬다는 규정으로, 이 규정에 따라 받침 없는 한자에 소릿값 없는 'ㅇ'을 붙여 종성을 갖추게 하였다. 현대 음성학의 견지에서 보면 모음 단독으로도 발음이 되고, 자음 중 'ㄴ, ㄹ, ㅁ, ㅅ, ㅿ, ㆁ, ㅸ' 등도 단독으로 소리가 난다고 보지만, 훈민정음에서는 초성, 중성, 종성이 합쳐져야만 소리가 이루어진다고 보았다. 예 世 솅, 虛 헝

Check Point

어두자음군(語頭子音群)
15세기 국어에서는 국어의 초성에 자음군이 사용되었다.

꼭! 확인 기출문제

훈민정음 28자에 대한 설명으로 옳지 않은 것은? [지방직 7급 기출]

① 초성의 기본자는 발음기관을 상형한 'ㄱ, ㄴ, ㅁ, ㅅ, ㅇ'이다.
❷ 초성 17자에는 전탁자 'ㄲ, ㄸ, ㅃ, ㅉ, ㅆ, ㆅ'도 포함된다.
③ 중성의 기본자는 '天, 地, 人'을 상형한 'ㆍ, ㅡ, ㅣ'이다.
④ 중성 11자에는 재출자 'ㅑ, ㅕ, ㅛ, ㅠ'도 포함된다.

해 ② 훈민정음의 제자원리에서 초성 17자에는 전탁자를 포함하지 않는다. 단, 동국정운의 23자모에는 전탁자 'ㄲ, ㄸ, ㅃ, ㅉ, ㅆ, ㆅ'가 포함된다.

2. 표기법

표음적 표기(소리나는 대로 적기) ─ 음소적 표기 ┬ 이어적기(연철)
15세기 원칙적, 대부분 문헌 └ 八字可足邑用也
표의적 표기(어원대로 적기) ─ 형태음소적 표기 ┬ 끊어적기(분철)
※ 15세기 예외적 └ 終聲復用初聲
(「용비어천가」, 「월인천강지곡」에서만 나타남)
예 용비어천가 : 곶 됴코, 월인천강지곡 : 혼 낱말

(1) 표음적 표기법

① 8종성법 : 종성에서는 'ㄱ, ㄴ, ㄷ, ㄹ, ㅁ, ㅂ, ㅅ, ㅇ'의 8자만 허용되는 것이 원칙인데, 이는 체언과 용언의 기본 형태를 밝히지 않고 소리나는 대로 적는 것으로 표음적 표기라 할 수 있다.

② 이어적기(연철) : 받침 있는 체언이나 용언의 어간에 모음으로 시작되는 조사나 어미가 붙을 때는 그 받침을 조사나 어미의 초성으로 이어 적었다.

(2) 표의적 표기법

① 8종성법의 예외(종성부용초성)

㉠ 「용비어천가」와 「월인천강지곡」에 주로 나타나는데, 체언과 용언의 기본 형태를 밝혀 적은 일이 있다. 예 곶 됴코, 깊고

㉡ 반치음과 겹받침이 종성으로 적히는 일이 있었다.

② 끊어적기(분철) : 「월인천강지곡」에 나타나는 예로서 'ㄴ, ㄹ, ㅁ, ㅇ' 등의 받침소리에 한해 끊어 적는 일이 있었다.

(3) 사잇소리의 표기

① 명사와 명사가 연결될 때 들어가는 형태소로, 현대어의 사잇소리로 쓰이는 'ㅅ'에 해당한다. '관형격촉음(冠形格促音)' 또는 '치격촉음(持格促音)'이라고도 한다(선행 명사가 울림소리로 끝날 때).

② 기능

㉠ 의미상 : 관형격조사와 같은 구실을 한다.

㉡ 발음상 : 울림소리 사이에 끼이는 안울림소리(무성음)의 울림소리 되기를 방지하며, 다음 소리를 되게 또는 강하게 소리나게 한다.

③ 위치 : 체언 뒤, 울림소리 뒤

㉠ 순수 국어 뒤 : 선행 음절의 종성에 붙는다. 예 님금ㅿ말씀 → 님긊말씀

Check Point

중철
연철과 분철의 중간적 표기 형태로, 16세기 초기 문헌들에서부터 발견된다. 표기에 발음과 기본형을 모두 표기하려는 의도가 반영된 것으로 보이며, 19세기까지 그 명맥을 유지하였다.

Check Point

중세 국어의 사잇소리
중세 국어에는 사이시옷 외에도 'ㄱ, ㄷ, ㅂ, ㅸ, ㆆ, ㅿ'이 사잇소리로 쓰였다.

㉡ **한자어 뒤** : 선행 음절과 후행 음절의 중간에 붙는다. 예 君군ㄷ字쫑

㉢ **훈민정음에서 보인 예** : 후행 음절의 초성에 붙는다. 예 엄ㅅ소리 → 엄쏘리

④ **용례** : 세조 이후 'ㅅ'으로 쓰이기 시작하다가 성종 이후(초간본 「두시언해」부터)는 'ㅅ'만 사용(15세기 문헌이라도 「월인천강지곡에서」는 'ㅅ'만 사용)

기출 Plus 서울시 9급 기출

02. 다음에서 설명하는 훈민정음 제자 원리에 해당하는 것은?

> 'ㄱ, ㄷ, ㅂ, ㅅ, ㅈ, ㅎ'등을 가로로 나란히 써서 'ㄲ, ㄸ, ㅃ, ㅆ, ㅉ, ㆅ'을 만드는 것인데, 필요한 경우에는 'ㅺ, ㅼ, ㅽ, ㅳ, ㅶ, ㅷ, ㅴ, ㅵ'등도 만들어 썼다.

① 象形
② 加畫
③ 竝書
④ 連書

해 'ㄲ, ㄸ, ㅃ, ㅆ, ㅉ, ㆅ'을 각자병서라 하고 'ㅺ, ㅼ, ㅽ, ㅳ, ㅶ, ㅷ, ㅴ, ㅵ'을 합용병서라 한다.

답 02 ③

(4) 동국정운식 한자음(東國正韻式 漢字音)

① 우리나라에서 사용되는 현실적인 한자음을 중국 원음에 가깝게 정해 놓기 위한 것으로, 실제로 통용되는 음이 아니라 이상음(理想音)이다.

② 이는 왕명에 의하여 세종 29년(1447)에 신숙주, 최항, 성삼문 등이 중국의 '홍무정운(洪武正韻)'을 본떠 만든 「동국정운(東國正韻)」에 나타나므로 동국정운식 한자음 표기라 한다. 「석보상절」, 「훈민정음 언해본」, 「월인석보」 등에 나타나며 세조(1480년 경) 이후 소멸되었다.

종류	조건			용례	참고
	선행음	형태	후행음		
한자어 아래	ㆁ	ㄱ	안울림소리	乃냉終즁ㄱ소리, 兄ㄱ뜯	관형격 촉음은 같은 계열의 불청불탁음(울림소리) 밑에 사용
	ㄴ	ㄷ	안울림소리	몃間ㄷ집, 君군ㄷ字쫑	
	ㅁ	ㅂ	안울림소리	侵침ㅂ字쫑	
	ㅱ	ㅸ	안울림소리	斗둫ㅸ字쫑	
	ㅇ	ㆆ	안울림소리	先考ㆆ뜯	
	울림소리	ㅿ	울림소리	天子ㅿ무숨	
순수 국어 아래	울림소리	ㅅ	안울림소리	긼ᄀᆞ애, 빅ㅅ곶 엄쏘리	ㅿ은 울림소리 사이에서 ㅅ이 울림소리화한 형태
	울림소리	ㅿ	울림소리	눉믈	
	ㄹ	ㆆ	ㅳ	하ᄂᆶ뜯	

동국정운

「동국정운」은 한국의 운서로 1447년에 완성되어 1448년에 반포되었다. 「동국정운」은 중국 운서인 「홍무정운(洪武正韻)」(1375년)에 비해 동국(즉 한국)의 표준적인 운서라는 뜻으로 그 이름이 지어졌다. 세종이 훈민정음 창제 후 조선의 한자음을 중국의 한자음과 비슷하게 만들기 위해 「홍무정운」을 바탕으로 만들었다. 활자본으로 6권 6책이며 내용은 모두 91운(韻), 23자모(字母)로 되어 있다. 글자마다 국어음을 표기 후 그 밑에 한자를 달았으며 23자모는 훈민정음의 초성체계와 일치한다. 우리나라 최초의 운음서로 조선 초기의 한자음과 훈민정음 연구에 절대적 가치가 있는 자료이다.

꼭! 확인 기출문제

다음 밑줄 친 부분에 부합하는 훈민정음의 창제 원리로 가장 적절한 것은? [국회직 9급 기출]

> 중세 국어에 존재했다가 사라진 글자에 'ㆆ'이 있다. 이 글자는 목구멍에서 나는 소리를 적은 글자이다. 'ㆆ'을 흔히 '여린히읗' 이라고 부르는데 이것은 'ㅎ'에 비해 여리다는 의미를 지닌다.

① 초성자는 발음 기관의 모양을 형상화하여 만든다.
❷ 초성자는 획을 더하여 글자를 만든다.
③ 종성자는 따로 만들지 않고 초성자를 다시 사용한다.
④ 중성자는 하늘, 땅, 사람을 본떠서 만든다.

해 'ㆆ'은 초성자 'ㅇ'에 획을 더해 만든 가획자로 'ㅎ'보다 여린 소릿값을 지니고 있었고, 당시 중국과 어긋나있던 한자 발음을 교정하는 데 사용되었다.

(5) 사성법

음의 높낮이를 표시하기 위해 글자의 왼쪽에 점을 찍는다.

성조	방점	성질(해례본)	해설
평성(平聲)	없음	안이화(安而和)	처음과 끝이 다 낮은 소리
상성(上聲)	2점	화이거(和而擧)	처음은 낮으나 끝이 높은 소리
거성(去聲)	1점	거이장(擧而壯)	처음과 끝이 다 높은 소리
입성(入聲)	없음, 1 · 2점	촉이색(促而塞)	촉급하게 끝닫는 소리로 ㄱ, ㄷ, ㅂ, ㅅ, 한자음 'ㅭ'과 같은 안울림소리 받침을 가진 것

① 의미 분화의 기능이 있으며, 중세 국어의 상성은 오늘날 장음이다. 따라서 오늘날 장음은 중세 국어에서는 상성이었다.
② 상성은 평성과 거성이 합쳐진 복합 성조라 할 수 있다.
③ 입성은 촉급한 소리로 무성음에 해당한다.
④ 유희는 「언문지」에서 '사성무용론'을 주장하였다.
⑤ 임진왜란 이전의 문헌에만 쓰였다(임란 이후 소멸).

Check Point

성조와 방점
중세 국어에서 음절 안에서 나타나는 소리의 높낮이인 성조를 표시하기 위해 왼쪽에 찍은 점을 방점이라고 한다. 방점은 각 음절마다 찍었는데 평성(平聲)은 점이 없고, 거성(去聲)은 한 점, 상성(上聲)은 두 점을 글자의 왼편에 찍었다. 17세기에 이르러 소멸되었으며, 현대에는 경상도 방언과 함경도 방언에서 볼 수 있다.

3. 음운현상

① **이화(異化)** : 한 낱말 안에 같거나 비슷한 음운 둘 이상이 겹쳐 있을 때, 한 음운을 다른 소리로 바꾸어 표현을 명료하게 하고 생신(生新)한 맛을 나타내는 음운 변화를 말하는데, 이는 동화와 반대되는 변화이다.

조건	방법	목적
자음의 이화	동일하거나 같은 계열의 자음 중복을 피함	표현의 명료화를 위함
모음의 이화	동일하거나 같은 계열의 모음 중복을 피함	일종의 강화 현상

㉠ 자음의 이화
- 붚>북(鼓), 거붚>거붑>거북, 브섭>브업>부엌, 고봄>고곰>고금(학질) → ㅍ－ㅂ, ㅂ－ㅂ, ㅂ－ㅁ 등 순음의 중복 회피
- 즁싱(衆生)>즘싱>즘승>짐승 = ㅇ－ㅇ의 중복 회피

㉡ 모음의 이화
- 'ㅓ'음의 중복 회피 : 처섬>처엄>처음
- 양성모음 중복 회피 : 나모>나무, 소곰>소금, ᄀᆞ술>ᄀᆞ올>가을, ᄂᆞᄅᆞ>나루, 보롬>보름
- 음성모음 중복 회피 : 서르>서로

② 강화(强化) : 청각 인상을 분명하게 하기 위하여 불분명한 음운을 명료한 음운으로 바꾸는 현상인데, 모음의 강화는 모음조화와는 관계없이 청각 인상을 뚜렷하게 하기 위한 음운의 변화이다. 예 서르>서로, ᄀᆞᄅᆞ>가루, 펴어>펴아, 아ᅀᆞ>아ᄋᆞ>아우

③ 유추 : 기억의 편리를 위해 혼란한 어형을 기준형으로 통일시키려는 경향이다. 예 사ᄋᆞᆶ>사흘, 나ᄋᆞᆶ>나흘

④ 모음조화

㉠ 실질형태소에 형식형태소가 붙을 때, 또는 한 명사나 용언의 어간 자체에서 양성 음절은 양성 음절, 음성 음절은 음성 음절, 중성 음절은 양음 어느 모음과도 연결될 수 있는 현상이다.

㉡ 음성학적으로 발음 위치가 가까운 것끼리 연결하여 발음하기 위한 것이다.

㉢ 15세기 국어에서는 이 현상이 매우 엄격하였으나, 'ㆍ'음의 소실, 'ㅓ'소리의 변함, 한자어와의 혼용에서 많이 약화되어 현대어에서는 의성어와 의태어 및 용언의 활용(보조적 연결어미 '어/아', 과거시제 선어말어미 '었/았')에서 지켜지고 있다.

⑤ 원순모음화

㉠ 순음인 'ㅁ, ㅂ, ㅍ' 아래에 'ㅡ'가 같은 고설모음(高舌母音)이면서, 또 조음 위치도 인접해 있으므로 해서 순모음인 'ㅜ'로 동화되는 현상인데, 이도 발음의 편리를 위한 간이화(簡易化) 현상이다.

㉡ 15세기에 일부 나타나기 시작하여 18세기 영조 무렵에 대폭적으로 일어난다.

㉢ 용례

• 순음과 설음 사이 : 믈>물, 블>불, 플>풀, 므러>물어

• 순음과 치음 사이 : 므지게>무지개, 므슨>무슨, 브섭>부엌

⑥ 전설모음화

조건	현상
치음인 'ㅅ, ㅈ, ㅊ' 아래에서	중설모음 'ㅡ'가 전설모음 'ㅣ'로 변함

㉠ 치음(ㅅ, ㅈ, ㅊ) 아래에서 중설모음인 'ㅡ'가 전설모음인 'ㅣ'로 변하는 현상으로, 모음이 치음인 자음을 닮는 순행동화이다.

㉡ 용례 : 즛>짓, 거츨다>거칠다, 슳다>싫다, 어즈러이>어지러이

⑦ 구개음화(口蓋音化)

㉠ 현대 국어와 같이 치조음(ㄷ, ㅌ)이 구개음(ㅈ, ㅊ)으로 변하는 현상으로, 치조음인 모음을 닮은 역행동화의 하나로 볼 수 있다.

㉡ 16세기부터 일어나기 시작하여 17세기에 대폭적으로 일어났다.

㉢ 용례 : 디다[落]>지다, 고티다>고치다, 뎌[笛]>저, 둏다>좋다

⑧ 모음 충돌 회피 : 두 개의 모음이 연결되는 것을 피하려는 현상이다.

㉠ 두 모음 중 앞의 것을 탈락시킴 : ᄐᆞ아>타[乘], ᄡᅥ어>뼈[用]

㉡ 두 모음을 줄여 한 음절로 축약시킴 : 가히>가이>개, 입시울>입술, 버히다>버이다>베다

㉢ 두 모음 사이에 매개 자음 'j, ŋ'을 삽입함 : ᄒᆞ아>ᄒᆞ + j + 아>ᄒᆞ야, 나이>나 + ŋ + 이>냉이

⑨ 도치

㉠ 단음도치(單音倒置) = 음운전위(音韻轉位) : 한 단어 안에서 음운이 서로 위치를 바꾸는 현상으로, 두 단음이 서로 자리를 바꾸는 것이다.

종류	용례
자음도치	빗복>빗곱>배꼽, 이륵이륵ᄒᆞ다>이글이글ᄒᆞ다
모음도치	하야로비(鷺)>해야로비>해오라비>해오라기

㉡ 단절도치(單節倒置) = 음절전위(音節轉位) : 한 단어 안에서 음절과 음절이 서로 위치를 바꾸는 현상으로, 넓은 뜻에서 단음도치와 음절도치를 아울러 음운도치라 한다. 예 ᄒᆞ더시니>하시더니, 시혹>혹시

⑩ 활음조 현상 : 듣기나 말하기에 불편하고, 거친 말소리를 어떤 음을 첨가 또는 바꿈으로써 듣기 좋고 말하기 부드러운 아름다운 소리로 바꾸어 청각에 쾌감을 주는 말로 변화시키는 현상이다. 예 한아버지>할아버지, 믹양>ᄆᆞ양>마냥

제2절 형태론

1. 체언

(1) 명사

① 현대어와 마찬가지로 보통 명사는 중세 국어에서도 보편적으로 나타난다.

② 고유명사와 의존명사도 확인된다. 예 나랏 말ᄊᆞ미 中國에 달아

③ 의존명사 'ᄃᆞ, ᄉᆞ'는 경우에 따라 사물, 연유, 시간, 처소 및 말가락을 부드럽게 하는 접사 구실 등 여러 가지 뜻을 가진다.

④ 'ㅣ' 모음으로 끝나는 명사

㉠ 주격 및 보격 조사를 취할 때 : 'Ø'의 조사를 취한다. 예 비[雨] + Ø>비

㉡ 서술격 조사를 취할 때 : 'Ø라'로 변한다. 예 소리 + Ø라>소리라

㉢ 처소 부사격 조사를 취할 때 : '에'가 체언의 'ㅣ' 모음에 동화되어 '예'가 된다. 예 비+에>비예

㉣ 관형격 조사를 취할 때 : 체언이 유정명사이면 체언의 'ㅣ' 모음이 탈락한다. 예 그려기+의>그려긔

(2) 대명사

① 인칭대명사

구분	1인칭	2인칭	3인칭	3인칭 재귀대명사	미지칭	부정칭
단수	나	너, 그듸(높임말)	없음	저, ᄌᆞ갸(높임말)	누	아모
복수	우리(돌)	너희(돌)	없음	저희(돌)		

② 지시대명사

구분	근칭	중칭	원칭	미지칭	부정칭
사물	이	그	뎌(저)	므슥, 므섯, 므스, 므슴, 어ᄂᆞ/어느, 현마, 엇뎨	아모것
장소	이어긔	그어긔	뎌어긔	어듸,어드러,어듸메	아모듸

(3) 수사

① 양수사는 소멸된 '온[百], 즈믄[千]'을 제외하고는 현대어와 직접 연결된다.

② 양수사 중 1, 2, 3, 4, 10, 20과 부정수가 끝에 'ㅎ'을 간직하는 것이 현대어와 다르다.

기출 Plus　국가직 9급 기출

01. 훈민정음 해례본에 나오는 한글의 제자 원리로 가장 옳은 것은?

① 초성은 발음기관을 본떠 만들었는데 'ㄱ'은 혀가 윗잇몸에 닿는 모양을 본뜬 것이다.
② 'ㄱ, ㄴ, ㅁ, ㅅ, ㅇ' 5개의 기본 문자에 가획의 원리로 'ㅋ, ㄷ, ㅌ, ㄹ, ㅂ, ㅈ, ㅊ, ㅎ' 총 8개의 문자를 만들었다.
③ 문자의 수는 초성 10자, 중성 10자, 종성 8자로 모두 28자이다.
④ 연서(連書)는 'ㅇ'을 이용한 것으로서 예로는 'ㅸ'이 있다.

해 연서(連書) 규정은 'ㅇ · 롤 입시·울쏘·리 아·래 니·ᅀᅥ·쓰·면 입시·울가·ᄇᆡ야 ᄫᆞ소·리 ᄃᆞ외ᄂᆞ·니·라.'와 같이 되어 있어, 'ㅇ'을 이용한 예로 ㅸ, ㆄ, ㅹ, ㅱ …. 이다.

답 01 ④

③ 서수사는 양수사에 차례를 나타내는 접미사 '자히, 차히, 재(째)'가 양수사에 붙어 이루어진다. 예 ᄒᆞ나ㅎ + 차히 > ᄒᆞ나차히(첫째)

(4) 부정법

부정 표현인 '아니'에 '이-'와 '-며, -ㄹ씨'가 붙어 지칭하는 명사를 부정한다.

예 ᄇᆞᄅᆞ미 아니 닐면 믈 담ᄭᅩᆷ 거시 업스릴씨

2. 조사

(1) 주격 조사

중세 국어에서는 '이/ㅣ' 등이 주격 조사로 쓰였을 뿐 '가'는 주격 조사로 쓰이지 않았으나, 17세기 이후 본격적으로 쓰이기 시작했다.

형태	쓰인 조건	용례	현대어
ㅣ	'ㅣ' 모음 이외의 모음으로 끝난 체언 다음에	부텨+ㅣ>부톄	이/가
이	자음(받침)으로 끝난 체언 다음에	ᄉᆞ롬+이>ᄉᆞ로미, 말ᄊᆞ미	
zero(Ø)	'ㅣ' 모음으로 끝난 체언 다음에 ('ㅣ'+'ㅣ'→'ㅣ')	ᄇᆡ+ㅣ>ᄇᆡ	

(2) 서술격 조사

서술격 조사의 본체(어간)는 '이다' 중 '이-'인데, 이것은 주격 조사가 사용되는 조건과 같다.

(3) 목적격 조사

15세기(ᄋᆞᆯ/을, ᄅᆞᆯ/를) → 현대 국어(을/를)

목적격 조사의 원형태는 'ㄹ'로, 'ᄋᆞᆯ/을'은 자음 충돌을 피하기 위한 매개모음 'ᄋᆞ/으'가 삽입된 형태이며, 'ᄅᆞᆯ/를'도 'ㄹ+(ᄋᆞ/으)+ㄹ'의 형태로, 이는 목적격 조사의 중가법(重加法)에 의한 것이다. 예 하나빌 미드니잇가

(4) 관형격 조사

15세기 (ㅅ, ᄋᆡ/의) → 현대 국어 (의)

- 무정명사 : ㅅ 예 나못니픈
- 유정명사
  - 존칭 : ㅅ 예 岐王ㅅ집 안해 (존칭ㅅ은 임금, 석가에만 쓰임)
  - 비존칭 : ᄋᆡ/의 예 최구의 집 알ᄑᆡ, 열희(열ㅎ + 의) ᄆᆞᅀᆞᆷ

Check Point

주격 조사 '가'의 등장

중세 국어에서 주격 조사는 '이'밖에 존재하지 않았다. 이것이 음운 환경에 따라 'ㅣ'(모음 뒤), '이'(자음 뒤), 'zero'('이' 모음 뒤)의 형태로 쓰였다. 그러나 근대 국어에 들어서 주격 조사 '가'가 등장하고 비교적 보편화되기에 이른다.

예 국문을 이러케 구절을 ᄯᅦ여쓴즉 아모라도 이 신문 보기가 쉽고

기출 Plus　국가직 7급 기출

02. 다음을 분석한 것으로 옳지 않은 것은?

> 이랑이 소ᄅᆡ롤 놉히 ᄒᆞ야 나를 불러 져긔 믈밋ᄎᆞᆯ 보라 웨거ᄂᆞᆯ 급히 눈을 드러 보니 믈밋 홍운을 헤앗고 큰 실오리 ᄀᆞᆺᄒᆞᆫ줄이 븕기 더옥 긔이ᄒᆞ며 긔운이 진홍 ᄀᆞᆺᄒᆞᆫ 것이 ᄎᆞᄎᆞ 나 손바닥 너ᄇᆡ ᄀᆞᆺᄒᆞᆫ것이 그믐밤의 보는 숫불빗 ᄀᆞᆺ더라. ᄎᆞᄎᆞ 나오더니 그 우흐로 젹은 회오리밤 ᄀᆞᆺᄒᆞᆫ것이 븕기 호박 구술 ᄀᆞᆺ고 ᄆᆞᆰ고 통낭ᄒᆞ기ᄂᆞᆫ 호박도곤 더 곱더라.

① 혼철 표기가 발견된다.
② 명사형 어미 '-기'가 사용된다.
③ 원순 모음화를 반영한 표기가 나타나지 않는다.
④ '의'가 현대 국어와 다른 용법으로 사용되기도 하였다.

해 원순 모음화는 순음인 'ㅂ, ㅍ, ㅁ' 아래 'ㅡ'가 같은 고설 모음이며 조음 위치가 인접한 순모음인 'ㅜ'로 동화되는 현상이다. '숫불빗'은 '블'이 아닌 '불'이기 때문에 원순 모음화를 반영한 표기다.

답 02 ③

(5) 부사격조사

선행하는 체언으로 하여금 부사어가 되도록 하는 조사

형태	사용 조건
애	체언 끝 음절의 모음이 양성일 때 예 안해, ᄀᆞᄅᆞ매
에	체언 끝 음절의 모음이 음성일 때 예 굴허

(6) 접속조사

형태	용례	참고
와/과	·와 ㅡ와 ㅜ와 ㅛ와 ㅠ와란 첫소리 아래 브텨쓰고	현대어의 용례와 다른 점은 '와/과'가 고어에서는 끝단어에까지 붙으나, 현대어에서는 붙지 않음
이며/며	머릿바기며 눉ᄌᆞᅀᆡ며 骨髓며 가시며	
이랑/랑	멀위랑 ᄃᆞ래랑 먹고 靑山에 살어리랏다	
이여/여	一千이여 一萬이여 무수히 얻고져 ᄒᆞ야도	
이야/야	이ᄅᆡ야 교ᄐᆡ야 어ᄌᆞ러이 구돗썬디	

(7) 보조사

① 강세 보조사

형태	쓰인 조건	용례
ㄱ	보조적 연결어미, 조사 아래	사람마닥(마다), 工夫를 ᄒᆞ약(하여)
곰	부사나 보조적 연결어미, 명사 아래	달하, 노피곰 도ᄃᆞ샤
곳(옷)	체언 아래에서 '만'의 뜻	ᄒᆞ다가 戒行곳 업스면, 외로윈 ᄇᆡ옷 잇도다
ᅀᅡ	명사의 처소 부사격 및 용언 아래	來日ᅀᅡ 보내요리다, 오ᄂᆞᆯ사 이라고야
이ᄯᆞᆫ	명사 아래	山行잇ᄃᆞᆫ 가ᄉᆞᆯ가, 긴힛ᄃᆞᆫ 그ᄎᆞ리잇가
ᄇᆞᆺ(봇)	'곳(옷)'과 같다.	그윗 請ᄇᆞᆺ 아니어든, ᄆᆞᅀᆞ맷 벋봇 아니면

② 기타 보조사

종류	형태	종류	형태
대조(對照)	ᄋᆞᆫ/은, ᄂᆞᆫ/는	선택(選擇)	이나, 이어나
동일(同一)	도	개산(槪算)	이나
단독(單獨)	ᄲᅮᆫ	첨가(添加)	조차
각자(各自)	마다, 족족	고사(姑捨)	이야ᄏᆞ니와

시작(始作)	브터, 로셔, ᄋ(으)로	물론(勿論)	은ᄏ니와
도급(到及)	ᄭ장, ᄭ지	한정(限定)	만
역동(亦同)	(이)ㄴ들, 이라도	감탄(感歎)	여, (이)야, 도, 근여

(8) 호격 조사

형태	쓰인 조건	용례
하	명사의 지위가 높을 때	世尊하 아뫼나 이 經을 디녀 닐거 외오며
아, 야	명사의 지위가 낮을 때	당티 못ᄒ니 아희아, 아희야 粥早飯 다오

3. 용언

(1) 용언의 활용

① 어간의 바뀜

종류	특징
'ㅅ' 불규칙	• 어간 'ㅅ' 받침이 모음 앞에서 'ㅿ'으로 변함 • 현대어에서는 'ㅅ' 탈락
'ㅂ' 불규칙	• 어간의 'ㅂ' 받침이 모음 앞에서 'ㅸ'으로 변함 • 현대어에서는 '오/우'로 바뀜
'ㄷ' 불규칙	• 어간의 'ㄷ' 받침이 모음 앞에서 'ㄹ'로 변함 • 현대 국어와 같음

Check Point

단일어간의 활용

• 'ㅅ' 불규칙
예 짓 + 어 → 지ᅀᅥ(지어)
닛 + 으니 → 니ᅀᅳ니(이으니)

• 'ㅂ' 불규칙
예 덥 + 어 → 더ᄫᅥ(더워)
돕 + 이 → 도ᄫᅡ(도와)

• 'ㄷ' 불규칙
예 묻 + 어 → 무러(물어)
긷 + 어 → 기러(길어)

② 어미의 바뀜

종류	특징
ㄷ → ㄹ	모음 'ㅣ' 아래에서 어미 첫소리 'ㄷ'이 'ㄹ'로 바뀜 예 이+더+라 → 이러라
ㄱ → ㅇ	모음 'ㅣ', 반모음 'j', 유음'ㄹ'아래에서 어미의 첫소리 'ㄱ'이 'ㅇ'으로 바뀜
오 → 로	'오' 계통의 어미가 서술격조사 아래에서 '로' 계통의 어미로 바뀜
'야' 불규칙	현대국어의 '여' 불규칙의 소급형. 'ᄒ다' 동사의 어간 끝 모음이 탈락하지 않고 '야' 계통의 어미로 바뀜

(2) 선어말어미 '오'와 '우'

① 개념 : 삽입 모음 + 형태소로서의 기능

② 기능

㉠ 종결형과 연결형에서는 일반적으로 1인칭 주체를 표시

㉡ 주관적 의도가 개제된 동작이나 상태를 표시

㉢ 관형사형에서는 목적격 활용을 표시

4. 접사

(1) 접두사

① 치 : '힘껏'의 뜻 예 넌즈시 치혀시니(넌즈시 잡아당겼으니)

② 티 : '위로'의 뜻 예 누늘 티ᄠᅳ니(눈을 위로 뜨니)

③ 즛(짓) : '마구'의 뜻 예 즛두드린 즙을(마구 두드린 즙을)

(2) 접미사

① 부사 파생 접미사 : –이, –히, –로, –오(우) 예 솟오>소소

② 명사 파생 접미사

㉠ ㄱ형(–악, –억, –옥…) 예 ᄠᅳᆯ+억>ᄠᅳ럭

㉡ ㅇ형(–앙, –엉, –옹…) 예 구짖 + 옹>꾸중

㉢ –ᄋᆡ/–의형 예 높 + 이>노ᄑᆡ

③ 형용사 파생 접미사 : –ᄇᆞ/–브 예 믿 + 브다>믿브다

④ 부사 파생 접미사

㉠ (–오/–우)ㅁ 예 쉬엄쉬엄

㉡ –ㅇ 예 나명들명

㉢ –곰(옴) 예 노ᄑᆡ곰, 놓며곰, 낟곰

㉣ –ㄱ 예 여희약, ᄉᆞ랑ᄒᆞ약

(3) 파생법

① 명사 파생 : 동사 어간 + 명사 파생 접사 '–옴/–움', 형용사 어간 + 명사 파생 접사 '–ᄋᆡ/의'

② 부사 파생 : 형용사 어간 + 부사 파생 접사 '–이', 어근 + '–이, –오, –우, –애, –여'

③ 용언 파생 : 명사 · 부사 + ᄒᆞ다, 명사 · 동사 어근 + 'ㅂ'계 접사

(4) 합성법

① **동사 합성법** : 동사 어간 + 동사 어간 예 듣보다(듣 + 보 + 다), 그치누르다(그치 + 누르 + 다), 빌먹다(빌 + 먹 + 다)

② **형용사 합성법** : 형용사 어간 + 형용사 어간 예 됴쿶다(둏 + 궂 + 다 : 좋고 궂다), 횩댞다(횩 + 댞 + 다 : 작고 적다)

> **Check Point**
>
> **동사 합성법**
>
> 이런 합성은 비통사적 합성으로 그 증거는 반드시 연결어미를 넣어주어야 해석이 된다는 데에 있다.
>
> 예 듣보다 → 듣고 보다

제3절 통사론

1. 문장의 종결

(1) 평서문

'–다, –라, –니라'등 사용 예 이 道ᄅᆞᆯ 이젯 사ᄅᆞᄆᆞᆫ ᄇᆞ료ᄆᆞᆯ 흙ᄀᆞ티 ᄒᆞᄂᆞ다.(이 도를 지금 사람은 버림을 흙과 같이 한다.)

(2) 감탄문

'–ㄹ셔, –ㄴ뎌', '–어라, –애라' 등 사용 예 내 아ᄃᆞ리 어딜셔(내 아들이 어질구나!), ᄆᆞᆯ힛 마리 신뎌(참소하는 말이로다!)

(3) 의문문

① **판정의문문** : 조사나 어미의 모음이 '아/어' 계통인 '–니여', '–녀', '–리여', '–려', '–ㄴ 가', '–ㄹ까', '–가' 등 사용 예 앗가ᄫᆞᆫ ᄠᅳ디 잇ᄂᆞ니여 (아까운 뜻이 있느냐), 便安히 잇ᄂᆞᆫ가 (편안히 있는가)

② **설명의문문** : 조사나 어미의 모음이 '오' 계통인 '–니오', '–뇨', '–리오', '–료', '–ㄴ고', '–ㄹ꼬', '–고' 등 사용 예 네 어드러로 가ᄂᆞ니오 (네가 어디로 가느냐?), 몃 間ㄷ 지븨 사ᄅᆞ시리잇고 (몇 간의 집에 사시었습니까?)

(4) 명령문

명령형 어미 '–라'를 사용하거나 '–쇼셔'를 사용 예 첫소리ᄅᆞᆯ 어울워 ᄡᅮᇙ디면 ᄀᆞᆯ바쓰라 (첫 소리를 어울리게 하여 사용하려면 나란히 쓰라), 이 ᄠᅳ들 닛디 마ᄅᆞ쇼셔 (이 뜻을 잊지 마십시오)

(5) 청유문

청유형어미 '–새', '–쟈스라', '–져'를 사용하거나 '–사이다'를 사용 예 나조ᄒᆡ 釣水ᄒᆞ새 (저녁에 낚시질하세), 山水구경 가쟈스라 (자연 구경 가자), 어서 가압사이다 (어서 가십시다)

Check Point

중세 국어의 높임 표현

중세 국어에서는 현대 국어에 쓰이지 않는 높임법이 존재하였다. 우선 주체높임법에서는 음운 환경에 따라 '시'와 '샤'를 구별하여 썼는데, '시'는 현대 국어에서도 존재하지만 '샤'는 현대 국어에서는 사용하지 않는다. 한편 객체높임의 경우, 'ᅀᆞᆸ, ᄌᆞᆸ, ᄉᆞᆸ'의 객체높임 선어말 어미가 사용되었는데 현대 국어에서는 어휘가 교체될 뿐 객체높임에 선어말어미를 개입시키지는 않는다.

예 묻ᄌᆞ · ᄫᆞ샤 · ᄃᆞᄆᆡ · 스게 · 쓰시 · 리

→ 묻 + ᄌᆞᆸ(객체높임 선어말어미) + ᄋᆞ + 샤(주체높임 선어말어미) + ᄃᆡ

2. 높임법

(1) 주체높임법(존경법)

행위의 주체높임. '–시–/–샤–' 사용 예 모딘 도ᄌᆞ골 믈리시니이다. (사나운 도적을 물리치셨습니다), 한 菩薩이 나라ᄒᆞᆯ 아ᅀᆞ 맛디시고 道理를 ᄇᆡ호라 나ᅀᅡ가샤 (한 보살이 나라를 아우에게 맡기시고 도리를 배우러 나아가시어)

(2) 객체높임법(겸양법)

행위의 대상 높임. 'ᄉᆞᆸ'을 기본 형태소로 하여 형태 음소론적 교체에 따라 'ᄉᆞᆸ, ᄌᆞᆸ, ᄉᆞᄫᆞ, ᅀᆞᄫᆞ, ᄌᆞᄫᆞ'를 사용

예 ᄒᆞᆫ ᄆᆞᅀᆞᄆᆞ로 뎌 부텨를 보ᅀᆞᆸ고
(한마음으로 저 부처를 뵙고)
ᄒᆞᆫ ᄆᆞᅀᆞᄆᆞ로 뎌 부텨를 보ᅀᆞᄫᆞ라.
(한마음으로 저 부처를 뵈어라.)

내 아래브터 부텻긔 이런 마ᄅᆞᆯ 몯 듣ᄌᆞᄫᆞ며,
(내 이전부터 부처로부터 이런 말을 못 들었으며,)
몸이며 얼굴이며 머리털이며 ᄉᆞᆯᄒᆞᆫ 부모ᄭᅴ 받ᄌᆞᄫᆞᆫ 거시라.
(身體髮膚는 부모로부터 받은 것이라.)

Check Point

객체높임 선어말어미

- –ᄉᆞᆸ– : 어간의 끝소리가 'ㄱ, ㅂ, ㅅ, ㅎ'일 때 예 먹ᄉᆞᆸ거늘
- –ᄌᆞᆸ– : 어간의 끝소리가 'ㄷ, ㅈ, ㅊ, ㅌ'일 때 예 듣ᄌᆞᆸ고
- –ᅀᆞᆸ– : 어간의 끝소리가 유성음일 때 예 보ᅀᆞᆸ게

(3) 상대높임법(청자높임법, 공손법)

화자가 청자를 높이거나 낮추는 높임법으로, 중세 국어에서는 평서형 앞에서는 '이', 의문형 앞에서는 '잇'을 사용하였으며, 명령법으로는 '–쇼셔'를 사용

예
- 소리ᄲᅮᆫ 듣노라. (소리만 듣는다.)
  소리ᄲᅮᆫ 듣니이다. (소리만 듣습니다.)
- 몃 間ㄷ 지븨 사ᄅᆞ시리잇고. (몇 간의 집에 사시었습니까?)
- 王이 부텨를 請ᄒᆞᅀᆞᄫᆞ쇼셔. (왕이 부처를 청하십시오.)
- 어제 다 ᄉᆞᆯᄫᆞ리. (어지 다 사뢰리.)

3. 시간 표현

(1) 현재 시제

① 동사 어간 + 선어말어미 '-ᄂᆞ-' 예 네 이제 ᄯᅩ 묻ᄂᆞ다. (네가 이제 또 묻는다.)

② 형용사, 서술격 조사는 기본형이 현재 시제 예 내 오ᄂᆞᆯ 實로 無情호라. (내가 오늘 진실로 무정하다.)

(2) 과거 시제

① 선어말어미 없이 과거가 표시된다. 예 네 아비ᄒᆞ마 주그리다. (이미 죽었다.)

② '-더-/-다-'에 의한 과거 회상 표현 예 내 롱담ᄒᆞ다라. (내가 농담하였다.)

(3) 미래 시제

용언 어간 + 선어말어미 '-리-', 관형사형의 '-ㄹ' 예 더욱 구드시리이다.(더욱 굳으시겠습니다.)

제2장

고대·중세·근대 국어

구분	고대 국어	중세 국어		근대 국어	현대 국어
		전기	후기		
시기	~통일 신라	고려 초 ~조선 초	훈민정음 창제 ~임진왜란	임진왜란 ~19세기 말	20세기 초 ~현대
시대 구분의 근거	한반도의 정치적 통합	고려 건국에 따른 언어 중심지의 이동	훈민정음의 창제	임진왜란과 병자호란 등에 의한 사회 변동	서구 신문물의 본격적인 유입
언어의 중심지	남부(경주)	중부(개성)	중부(서울)		
국어의 변화	–	–	ㅸ, ㆅ 등이 세조 때 소멸	ㅿ, ㆁ, 성조 등이 소멸, 구개음화, 원순모음화, 전설모음화 현상 등이 출현	'·' 소멸, 된소리 표기 변화(ㅺ, ㅼ, ㅽ, ㅾ → ㄲ, ㄸ, ㅃ, ㅉ)
연구 자료	삼국사기, 삼국유사 등의 지명, 인명, 관직명, 향가 등	계림유사, 향약구급방	훈민정음 해례, 용비어천가, 월인석보, 두시 언해(초간), 각종 불경 언해	두시 언해(중간), 노걸대 언해, 박통사 언해, 첩해신어, 동국신속삼강행실도	–

Check Point

국어사

- **고대 국어** : 우리가 현재 사용하는 말의 근간이 된다. 한자를 빌려 우리말을 표기했다.
- **중세 전기 국어** : 현대 중부방언(서울말)의 모태가 된다. 우리말을 살려 쓰려는 의지의 약화로 한자만 쓰였다.
- **중세 후기 국어** : 훈민정음이 창제되어 우리 문자를 사용하게 되었다.
- **근대 국어** : 언어생활이 양란(임진/병자)을 겪고 난 후 간편하고 실용적인 방향으로 바뀌었다.
- **현대 국어** : 한자어뿐만 아니라 일본어와 서구 외래어가 많이 들어왔다.

향가, 이두의 차이점

20세기 초, 학자들은 향가를 표기하는데 사용한 방법도 모두 이두의 범주에 포함시켜 이두문학이라 일컬어왔다. 그러나 균여전(均如傳)에서 향가와 같은 한국어 어순으로 이루어진 문장을 향찰(鄕札)이라는 용어로 불렀던 사실이 밝혀지면서 향찰과 이두를 구분하여 사용하게 되었다.

제1절 고대 국어

1. 시기

고구려, 백제, 신라의 삼국시대부터 통일 신라 시대까지의 약 1,000년간의 국어를 말하며, 경주 중심의 표준어 형성기(민족어 형성기)에 해당한다.

Check Point

국어의 역사

원시 부여어와 원시 삼한어 → 삼국의 언어 → 통일 신라어 → 중세 국어(고려 · 조선중기) → 근대 국어(임진왜란 이후) → 현대 국어

2. 자료

『삼국지』(289년경)의 「위지 동이전(魏志東夷傳)」의 기록, 한자로 차자(借字) 표기된 『삼국사기』의 인명(人名) · 지명(地名) · 관직명 자료, 『삼국유사』의 향가를 표기한 향찰 자료, 그리고 당시의 비문(碑文)에 나타난 이두(吏讀) 자료 등이 있다.

3. 고유명사의 표기

(1) 차자(借字)식 표기

① 한자의 의미를 버리고 음만 빌려 오는 경우

예 '소나'를 표기하기 위해 '素那'로 적고 그 음을 빌려 온다.

② 한자의 음을 버리고 의미만 빌려 오는 경우

예 '소나'를 표기하기 위해 '金川'으로 적고 그 뜻을 빌려 온다.

(2) 고유어와 한자어의 경쟁에 따른 표기

고유어와 한자어의 경쟁에서 한자어의 세력이 우세한 경우 한자어 형태로 표기되었다.

예 吉同郡(길동군) → 永同郡(영동군)['길'을 한글로 인식하여 '길(길다)'을 의미하는 한자인 '永'으로 변화]

Check Point

고유명사의 표기

고대 국어 시기는 아직 우리 문자가 없던 시기이므로 한자를 빌린 차자표기(借字表記)의 형태로 이루어졌는데 즉, 한자의 음과 뜻을 빌려 인명이나 지명을 표기한 것이다.

素那(或云金川)
白城郡蛇山人也
[소나(혹은 금천)]는(은)
백성군 사산 사람이다.

위의 예에서 '소나(素那)' 또는 '금천(金川)'이라는 표기는 결국 '소나'로 표기하기도 하며 '금천'으로 표기하기도 한다는 뜻이다. 더욱이 이는 인명(人名)으로 한 사람을 두 가지 방식으로 부를 수는 없으므로 결국 동일하게 발음하게 되었을 것이다. 결국 하나의 인명에 대해 두 가지 표기방식이 존재했던 것으로 볼 수 있다. 이 내용을 종합해 보면 '소나'는 한자의 뜻과는 무관하게 음을 빌린 표기이고, '금천'은 한자의 음과는 무관하게 뜻을 빌린 표기로 볼 수 있다. 이렇게 되면 '소나'와 '금천'은 같은 발음으로 동일인을 지칭하는 것이 된다.

4. 어휘

(1) 외래 요소의 오염이 없는 순수 고유어 중심의 체계이다.

(2) 중국과의 교섭이 빈번해지면서 한자어가 들어오고, 불교의 영향으로 한자로 된 불교 어휘가 증가한다.

5. 문법

이두와 향찰 자료에서 문법 현상을 엿볼 수 있다.

(1) 격조사

주격 – 이[伊, 是], 속격 – 의[矣, 衣], 처격 – 인 / 의[中, 良中], 대격 – 올 / 을[乙]

(2) 보조사

은 / 는[隱], 두[置]

(3) 대명사

나[吾], 우리[吾里], 너[汝]

(4) 동사의 활용

① 명사형어미 : –ㄹ[尸], –ㄴ[隱]
② 연결어미 : –라[良], –매[米], –다가[如可], – 고[古]
③ 종결어미 : –다[如], –저[齊], –고[古 ; 의문문 어미]

(5) 경어법

중세 국어와 다름이 없음. 존경법 시(賜), 겸양법 솝 / 숩 / 좁(白 : 사뢸 백)

6. 독특한 표기 – 향찰(鄕札)

한자의 음(音)과 훈(訓)을 빌려 자국어를 표기하려던 신라 시대의 표기법이었는데, 이것은 고유명사 표기법과 이두의 확대라고 할 수 있다. 향찰은 차자(借字)의 방법에 있어서 실질적 의미를 가진 부분(체언 · 어간)은 새김[훈(訓)]을, 문법적 요소(조사 · 어미)는 소리[음(音)]를 빌려 쓰는 것을 원칙으로 하였다.

예 東 京 明 期 月 良
식 벌 불 기 드 래
↓ ↓ ↓ ↓ ↓ ↓
훈 훈 훈 음 훈 음

제2절 중세 국어

1. 시기

10세기 고려 건국부터 16세기 말 임진왜란 전까지의 국어를 중세 국어라 한다. 이를 조선 초 훈민정음 창제(1443)를 기준으로 구분하여, 그 이전을 전기 중세 국어라 하고 그 이후의 국어를 후기 중세 국어라 부르기도 한다.

2. 중세 국어의 성립

중세 국어의 토대가 된 개경 방언은 신라의 한 방언이었으며 그 이전 개경은 고구려어를 사용하던 지역이었으므로 개경 방언에는 고구려어가 저층(底層)에 남아 있었을 것으로 추정한다. 이후 조선의 건국으로 수도가 서울로 이동하면서 국어의 중심지도 서울로 이동하였고, 이 지역의 말이 국어의 중심을 이루게 되었다.

3. 자료

(1) 전기 중세 국어

① **계림유사(鷄林類事)** : 송나라 손목(孫穆)이 편찬한 책으로, 그중 '방언' 부분에 고려의 어휘 350여 개가 한자의 음을 이용한 차자 표기 방식으로 기록(1103)

② **향약구급방(鄕藥救急方)** : 한의서로, 약재로 사용된 180여 종의 식물, 동물명을 한자를 차용하여 표기(1417) 예 "桔梗鄕名 道羅次(도랒 = '도라지')", "桔梗俗云刀亽次"

③ **기타** : 몽골어 차용어 자료, 일본 자료인 이중력(二中曆)(12세기 초), 고려사(1454)

(2) 후기 중세 국어

① **조선관역어(朝鮮館譯語)** : 중국 명나라에서 편찬된 중국어와 외국어 대역 어휘집의 하나로, 590여 항의 국어 어휘가 수록(15세기 초)

② 훈민정음(1446), 용비어천가(1447), 석보상절(1447), 월인천강지곡(1447), 동국정운(1448) 등 세종대의 간행물

③ 월인석보(1459), 능엄경언해(1461) 등 세조대의 불경 언해류

④ 내훈(1475), 두시언해(1481), 삼강행실도언해(1481) 등 성종대의 언해류

⑤ 중종대의 번역노걸대(1517), 훈몽자회(1527)와 선조대의 소학언해(1587) 등

Check Point

훈몽자회(訓蒙字會)(1527)
- 최세진이 편찬한 어린이용 한자 자습서로, 범례(凡例)와 본문으로 구성되어 있으며, 총 3,360자의 한자를 33항목으로 하여 종류별로 구분
- 훈민정음을 '반절(反切)'이라는 명칭으로 칭함
- 자음과 모음의 명칭을 처음으로 붙이고 순서를 규정(자모의 순서가 오늘날과 유사하나 동일하지는 않음)
- 초성종성통용팔자, 초성독용팔자, 종성독용십일자 등을 규정

4. 특징

(1) 음운

① 전기 중세 국어는 된소리의 등장을 특징으로 한다. 그리고 후기 중세 국어에는 전기 중세국어 단계에 형성되지 않았던 어두 자음군이 생겨났다. 예 白米曰漢菩薩(=흰 ㅂ ᄉᆞᆯ, 계림유사) → 'ᄡᆞᆯ'(15세기)

② 후기 중세 국어에는 어두 자음군으로 'ㅲ, ㅄ, ㅶ, ㅷ'과 'ㅴ, ㅵ' 등이 있었다.

③ 전기 중세 국어에 그 존재가 불분명했던 'ㅸ'이 후기 중세 국어에 와서 그 모습을 드러내게 되었다.

④ 단모음은 현대 국어와 달리 'ㅏ, ㅓ, ㅗ, ㅜ, ㅡ, ㅣ, ㆍ'의 7모음 체계였다.

⑤ 중세 국어에는 성조(聲調)가 있었다. 성조는 글자마다 글자의 왼쪽에 점을 찍어 표시했는데, 이를 방점(傍點)이라 부른다. 낮은 소리인 평성에는 점을 찍지 않았고, 높은 소리인 거성에는 한 점, 낮다가 높아지는 소리인 상성에는 두 점을 찍었다.

(2) 문법

① 중세 국어의 의문형 어미는 가부(可否)의 판정을 요구하는 의문문과 의문사에 대한 설명을 요구하는 의문문인 '-ㅏ'형 어미와 '-ㅗ'형 어미로 구별되었다.

② 주어가 2인칭인 의문문의 어미로 '-ㄴ다'가 있었다.

(3) 표기

① 중세 국어는 표음적 표기의 원칙에 따라 소리 나는 대로 이어적기를 했다.
예 시미(← 심이), 므른(← 믈은), 기픈(← 깊은)

② 중세 국어의 받침은 'ㄱ, ㄴ, ㄷ, ㄹ, ㅁ, ㅂ, ㅅ, ㆁ'의 8자만으로 표기하였다.
예 놉고(← 높고), 빗(← 빛), 낫(← 낯)

기출 Plus 국가직 7급 기출

01. 우리말과 글에 대한 설명으로 옳지 않은 것은?

① '보라매'와 '수라'는 몽고어에서 유입된 말이다.
② 모음조화 현상은 현대 국어보다 중세국어에서 더 뚜렷하게 나타난다.
③ 15세기부터 주격 조사 형태 '가'가 나타나서 활발하게 사용되었다.
④ 훈몽자회(訓蒙字會)에는 한글 자모의 명칭과 순서가 나타난다.

해 주격 조사 형태인 '가'는 이전 문헌에서는 주격조사로 쓰이지 않다가 16세기 중반부터 문헌에 나타나기 시작한다.

답 01 ③

5. 중세 국어의 모습

(1) 세종 어제 훈민정음(世宗御製訓民正音)

나·랏 : 말ᄊᆞ·미中듕國·귁·에 달·아文문字·ᄍᆞᆼ·와·로서르ᄉᆞᄆᆞᆺ·디아·니ᄒᆞᆯ·ᄊᆡ·이런 젼ᄎᆞ·로어·린百·ᄇᆡᆨ姓·셩·이니르·고·져·홇·배이·셔·도ᄆᆞ·ᄎᆞᆷ : 내제·ᄠᅳ·들시·러펴·디 : 몯ᄒᆞᆯ·노·미하·니·라·내·이·ᄅᆞᆯ爲·윙·ᄒᆞ·야 : 어엿·비너·겨·새·로·스·믈여·듧字·ᄍᆞᆼ·ᄅᆞᆯᄆᆡᆼ·ᄀᆞ노·니 : 사ᄅᆞᆷ : 마·다 : ᄒᆡ·ᅇᅧ : 수·ᄫᅵ니·겨·날·로·ᄡᅮ·메便뼌安한·킈ᄒᆞ·고·져 홇ᄯᆞᄅᆞ·미니·라

– 세조(世祖) 5년(1459년), 「훈민정음(訓民正音)」

| 풀이 |

[자주(自主) 사상 – 창제의 동기]
우리나라 말이 중국과는 달라 한자와는 서로 통하지 아니하여서,

[애민(愛民) 사상 – 창제의 취지]
이런 까닭으로 어리석은 백성들이 말하고자 하는 바가 있어도 마침내 제 뜻을 능히 펴지 못하는 사람이 많다. 내가 이것을 가엾게 생각하여 새로 스물여덟 자를 만드니,

[실용(實用) 사상 – 창제의 취지]
모든 사람들로 하여금 쉽게 익혀서 날마다 쓰는 데 편하게 하고자 할 따름이다.

연대	세조 5년(1459)
출전	『월인석보』
특징	• 표음적 표기법 : 이어적기(연철), 8종성법의 사용 • 한자음 표기 : 동국정운식 한자음 표기 예 世솅, 中듕國귁 • 방점의 사용 : 성조가 엄격히 적용 • 어두자음군의 사용 • 다양한 사잇소리의 규칙적 사용 • 'ㅸ'의 소실 과정이 나타남 • 선어말 어미 '오'의 규칙적 사용, 모음조화의 규칙적 적용

기출 Plus 국회직 8급 기출

02. 중세 국어의 문법적 특징에 대한 설명으로 옳지 않은 것은?

① 중세 국어의 객체 높임 선어말 어미 '–숩–'은 현대 국어의 '하옵고' 등에 그 용법이 남아있다.
② 중세 국어에서는 주격 조사로 주로 'ㅣ'를 사용하였는데, '너'에 주격 조사가 결합하면 '네'가 된다.
③ 중세 국어에서는 '네 겨집 그려 가던다'에서 보듯이 주어가 2인칭일 때에는 '–ㄴ다'를 의문형 종결 어미로 사용하였다.
④ 중세 국어에서는 주어가 1인칭 화자일 경우에는 '우리돌히 毒藥올 그르 머구니'와 같이 선어말 어미 '–오/우–'를 사용하였다.

해 중세국어에서는 동사 또는 형용사에 선어말어미 '숩, 즙, 숩' 등의 객체높임법을 붙여 사용했지만, 현대에 이르러 '–께' 등의 조사를 덧붙여 사용하고 있다.

Check Point

'세종 어제 훈민정음'에서 드러난 단어의 의미 변화

• 말씀 : 평어 → 경어
• 어린 : 어리석음 → 나이가 적음
• 놈 : 평어 → 비어
• 어엿비 : 불쌍하다 → 예쁘다

답 02 ①

Check Point

용비어천가(악장)의 용도
용비어천가의 몇 장에 곡을 붙여 궁중연락(宮中宴樂)이나 제악(祭樂)에 쓰이는 아악(雅樂)으로 사용하였는데, 크게 여민락과 취풍형, 취화평으로 구성되었다. 악장은 나라의 공식적 행사에서 사용된 노래 가사를 총칭하는 말로서, 주로 조선 건국의 정당성과 육조의 위업 찬양, 왕조의 번영과 발전을 기원하는 내용을 담고 있었다.

(2) 용비어천가(龍飛御天歌)

[제1장]
海東(해동) 六龍(육룡)이 ᄂᆞᄅᆞ샤 일마다 天福(천복)이시니
古聖(고성)이 同符(동부)ᄒᆞ시니

[제2장]
불휘 기픈 남ᄀᆞᆫ ᄇᆞᄅᆞ매 아니 뮐ᄊᆡ, 곶 됴코 여름 하ᄂᆞ니
ᄉᆡ미 기픈 므른 ᄀᆞᄆᆞ래 아니 그츨ᄊᆡ, 내히 이러 바ᄅᆞ래 가ᄂᆞ니

[제125장]
千世(천세) 우희 미리 定(정)ᄒᆞ샨 漢水(한수) 北(북)에 累仁開國(누인개국)ᄒᆞ샤
卜年(복년)이 ᄀᆞᆺ 업스시니
聖神(성신)이 니ᅀᆞ샤도 敬天勤民(경천근민)ᄒᆞ샤ᅀᅡ, 더욱 구드시리이다
님금하 아ᄅᆞ쇼셔 洛水(낙수)예 山行(산행) 가이셔 하나빌 미드니잇가

| 풀이 |

[제1장]
해동(우리나라)의 여섯 용(임금)이 날으시어서, 그 하시는 일마다 모두 하늘이 내린 복이시니,
(이것은) 중국 고대의 여러 성군이 하신 일과 부절을 맞춘 것처럼 일치하십니다.

[제2장]
뿌리가 깊은 나무는 바람이 불어도 흔들리지 아니하므로, 꽃이 좋고 열매가 많습니다.
원천이 깊은 물은 가뭄에도 끊이지 아니하므로, 내를 이루어 바다까지 흘러갑니다.

[제125장]
천세 전부터 미리 정하신 한강 북(한양)에
어진 덕을 쌓아 나라를 여시어, 나라의 운수가 끝이 없으시니
훌륭한 후대왕이 (왕위를) 이으셔도 하늘을 공경하고 백성을 부지런히 다스리셔야 (왕권이) 더욱 굳으실 것입니다
(후대의) 임금이시여, 아소서. (하나라 태강왕이) 낙수에 사냥 가서 (백일이 되어도 돌아오지 않아, 드디어 폐위를 당했으니) 할아버지(우왕, 조상의 공덕)만 믿으시겠습니까?

연대	• 완성 : 세종 27년(1445) • 간행 : 세종 29년(1447)
문종	• 형식상 : 악장(각 장이 2절 4구의 대구 형식, 125장의 연장체) • 성격상 : 서사시 • 내용상 : 송축가
문체	악장체, 운문체
출전	「만력본」(광해군 4년, 1612)
창작 동기	• 내적 동기 : 조선 건국의 합리화 · 정당성, 후대 왕에 대한 권계 및 귀감 • 외적 동기 : 훈민정음의 실용성 여부 시험, 국자(國字)의 권위 부여

체제	• 10권 5책 125장 ┌ 서사(1~2장) : 건국의 정당성과 영원성 송축(개국송) ├ 본사(3~109장) : 육조의 사적 예찬(사적찬) └ 결사(110장~125장) : 후왕에 대한 권계(계왕훈) • 악장의 구성 ┌ 여민락 : 1~4장, 125장(한문 가사) ├ 취풍형 : 1~8장, 125장(국문 가사) └ 치화형 : 1~16장, 125장(국문 가사)
특징	• 'ㅸ, ㆆ, ㆅ, ㅿ, ㆁ, ㆍ' 등이 모두 쓰였으며, 원문에는 방점이 찍혀 있다. • 종성부용초성의 원칙에 따라 8종성 외에 'ㅈ, ㅊ, ㅍ'이 종성으로 쓰였다. • 모음조화와 사잇소리 표기가 철저하게 지켜졌다. • 동국정운식 한자음을 전제로 하여 조사와 어미를 붙여 썼다. • 15세기 문헌 중 가장 고형을 유지하고 있다.

꼭! 확인 기출문제

밑줄 친 부분에 대한 설명으로 적절한 것은? [국가직 9급 기출]

> 말ᄊᆞᄆᆞᆯ ㉠ ᄉᆞᆯᄫᆞ리 하ᄃᆡ 天命을 疑心ᄒᆞ실ᄊᆡ ᄭᅮ므로 ㉡ 뵈아시니
> 놀애ᄅᆞᆯ 브르리 ㉢ 하ᄃᆡ 天命을 모ᄅᆞ실ᄊᆡ ᄭᅮ므로 ㉣ 알외시니
> (말씀을 아뢸 사람이 많지만, 天命을 의심하시므로 꿈으로 재촉하시니
> 노래를 부를 사람이 많지만, 天命을 모르므로 꿈으로 알리시니)
>
> –「용비어천가」 13장 –

① ㉠에서 '–이'는 주격을 나타내는 조사로 기능한다.
② ㉡에서 '–아시–'는 높임을 나타내는 선어말 어미로 기능한다.
③ ㉢에서 '–ᄃᆡ'는 이유를 나타내는 연결 어미로 기능한다.
❹ ㉣에서 '–외–'는 사동을 나타내는 접미사로 기능한다.

해 ④ '알외시니'의 기본형 '알외다'는 '알리다, 아뢰다'의 옛말이며, 사동의 의미가 포함되어 있어 '알리시니'의 의미를 갖는다. 즉, '알외시니'는 '알(어간) + 외(이중 사동 접미사) + 시(높임 선어말 어미) + 니'의 구성으로, 이때의 '–외 –'는 '오 + 이'의 이중 사동 접미사에 해당된다.

(3) 소학언해(小學諺解)

① 명륜(明倫) 1

> 孔공子ᄌᆞㅣ 曾증子ᄌᆞᄃᆞ려 닐러 ᄀᆞᆯᄋᆞ샤ᄃᆡ, 몸이며 얼굴이며 머리털이며 ᄉᆞᆯ흔 父부母모ᄭᅴ 받ᄌᆞ온 거시라, 敢감히 헐워 샹ᄒᆞ오디 아니홈이 효도ᄋᆡ 비르소미오, 몸을 셰워 道도를 ᄒᆡᆼᄒᆞ야 일홈을 後후世셰예 베퍼 ᄡᅧ 父부母모를 현뎌케 홈이 효도ᄋᆡ ᄆᆞᄎᆞᆷ이니라.

Check Point

용비어천가의 의의
- 훈민정음으로 기록된 최초의 작품이다.
- 15세기 국어 연구에 귀중한 자료가 된다.
- 「월인천강지곡」과 함께 악장 문학의 대표작으로 꼽힌다.

| 풀이 |

[효도의 시작]
공자께서 증자에게 일러 말씀하시기를, 몸과 형체와 머리털과 살은 부모께 받은 것이라, 감히 헐게 하여 상하게 하지 아니함이 효도의 시작이며,

[효도의 마침]
입신(출세)하여 도를 행하며 이름을 후세에 날려 이로써 부모를 드러나게 함이 효도의 끝이니라.

② 명륜(明倫) 2

유익ᄒᆞᆫ 이 세 가짓 벋이오, 해로온 이 세 가짓 벋이니,
直딕ᄒᆞᆫ 이ᄅᆞᆯ 벋ᄒᆞ며, 신실ᄒᆞᆫ 이ᄅᆞᆯ 벋ᄒᆞ며, 들온 것 한 이ᄅᆞᆯ 벋ᄒᆞ면 유익ᄒᆞ고,
거동만 니근 이ᄅᆞᆯ 벋ᄒᆞ며, 아당ᄒᆞ기 잘 ᄒᆞᄂᆞᆫ 이ᄅᆞᆯ 벋ᄒᆞ며, 말ᄉᆞᆷ만 니근 이ᄅᆞᆯ 벋ᄒᆞ며 해로온이라.

| 풀이 |

[벗의 유형]
유익한 벗이 셋이고, 해로운 벗이 셋이니,

[유익한 벗]
정직한 이를 벗하며, 신실한 이를 벗하며, 견문이 많은 이를 벗하면 유익하고,

[해로운 벗]
행동만 익은 이를 벗하며, 아첨하기를 잘 하는 이를 벗하며, 말만 익은 이를 벗하면 해로우니라.

연대	선조 19년(1586)
간행 동기	중국 남송 때 유자징(劉子澄)이 주희의 가르침으로 어린이들의 수신 예절과 충효를 가르치기 위해 편찬한 『소학』을 선조 때 교정청에서 언해하여 간행함
내용 구성	입교(가르침을 베풂), 명륜(인륜을 밝힘), 경신(몸가짐을 삼감), 계고(옛일을 상고함), 가언(아름다운 말), 선행
특징	• 분철 현상이 가끔 나타남 예 몸이며, 믿븜이 • 한자음은 현실음을 토대로 표기함 • 모음조화의 파괴 현상이 나타남 예 일홈올>일홈을 • 선어말 어미 '오/우'의 사용 규칙이 혼란해지기 시작함 • 'ㅸ'과 'ㅿ', 'ㆆ'은 거의 소실되고, 'ㆁ', 'ㆍ'는 사용됨

기출 Plus 서울시 9급 기출

03. 다음 중 국어의 역사에 대한 설명으로 옳은 것은?

① 띄어쓰기는 1933년 한글 맞춤법 통일안에서 규범화되었다.
② 주격 조사 '가'는 고대 국어에서부터 등장한다.
③ 'ㆍ'는 17세기 이후의 문헌에서부터 나타나지 않는다.
④ 'ㅸ'은 15세기 중반까지 사용되다가 'ㅃ'으로 변하였다.

해 띄어쓰기는 1896년 〈독립신문〉에서 처음 반영되었고, 1933년 〈한글 맞춤법 통일안〉에서 규범화되었다.
② 고대 국어에서는 주격 조사 '이'만 존재하였다가 16세기 후반에 이르러 주격 조사 '가'가 등장하였고 17세기부터 널리 사용되었다.
③ 'ㆍ'의 표기는 1933년 한글 맞춤법 통일안이 만들어지면서 완전히 사라지게 되었다. 따라서 17세기 이후의 문헌에서 찾아볼 수 있다.
④ 'ㅸ'은 15세기 중반까지 사용되었다가 'ㅃ'이 아닌 'ㅗ/ㅜ'로 변하였다.

답 03 ①

제3절 근대 국어

1. 시기

임진왜란 직후인 17세기 초부터 19세기 말까지의 국어를 근대 국어라 한다.

2. 자료

(1) 『동국신속삼강행실도(東國新續三綱行實圖)』(1617), 『오륜행실도』(1797) 등 언해서류

(2) 『노걸대언해』(老乞大諺解)(1670), 『박통사언해』(朴通事諺解)(1677) 등 역학서류

(3) 기타18, 19세기의 언문소설, 『의유당일기』, 『계축일기』 등의 여류일기, 효종 · 인선왕후 등의 간찰(簡札 ; 간지에 쓴 편지) 등

3. 특징

(1) 음운

① ㅂ계 어두 자음군(ㅄ, ㅲ, ㅳ, ㅷ)과 ㅅ계 어두 자음군(ㅆ, ㅺ, ㅼ)이 혼란을 일으키면서 중세 국어의 어두 자음군이 된소리로 변하였다.

② 모음 'ㆍ'(아래아)는 중세 국어에서의 일 단계 소실(두 번째 음절에서의 소실)에 이어 18세기에는 첫 음절에서마저 소실되었다(표기상으로는 1933년 한글 맞춤법 통일안에 의해 폐지됨). 예 ᄅᆡ년>래년(來年), ᄀᆞ래>가래[楸] 'ㆍ' 음가의 소실은 모음조화의 파괴를 초래하였다. 그리고 'ㆍ'의 소실과 이중모음이었던 'ㅐ, ㅔ' 등의 단모음화로 인해 8모음 체계를 이루게 되었다.

(2) 문법

① 주격 조사 '-가'가 새로 생겨났으며 명사형 어미 '옴 / 움'이 '음'으로 변하였다.

② 중세 국어에 없던 과거 시제 선어말어미 '-앗 / 엇-'이 확립되었다. 이것은 동사 어미 '-아 / 어'와 '잇-[有]'의 결합이다.

③ 중세 국어의 'ᄒᆞᄂᆞ다'와 같은 현재 표현이 'ᄒᆞᆫ다'또는 '-는다'와 같은 현대적 형태로 변화했다.

Check Point

근대 국어(17세기 초~19세기 말)
근대 국어는 임진왜란과 병자호란을 겪고 난 후 언어생활이 간편하고 실용적인 방향으로 바뀌기 시작한 시기이다.

(3) 문자 체계와 표기법

① 방점과 성조가 사라지고 상성(上聲)은 긴소리로 바뀌었으며, 'ㆁ, ㆆ, ㅿ' 등이 완전히 자취를 감추었다.

② 중세 국어에서와 달리 'ㅺ, ㅲ'이 'ㅼ, ㅆ' 등과 혼동되어 쓰였다. 그러다가 19세기 들어 이와 같은 된소리 표기는 모두 'ㅅ'계열 된소리 표기로 통일되는 경향을 보인다.

③ 중세 국어에서는 음절 말의 'ㅅ'과 'ㄷ'이 잘 구별되었으나 이 시기에 들어 혼란을 겪은 후에 'ㅅ'으로 표기가 통일되는 경향을 보였다.

(4) 어휘, 의미

① 근대 국어 시기에도 순수 고유어가 많이 사라졌다. 예 뫼[山], ᄀᆞ룸[江], 아ᅀᆞᆷ[親戚], ᄃᆞᆺ다[愛], 괴다[寵]

② 한자어는 더욱 증가했는데, 한자어 중에는 오늘날과 의미가 다른 것이 많았다. 예 인정(人情 ; 뇌물), 방송(放送 ; 석방), 발명(發明 ; 변명)

③ 중세 국어의 '어엿브다[憐]', '어리다[愚]' 등이 오늘날과 같은 의미로 변한 것도 근대 국어에 들어서의 일이다.

(5) 한글 사용의 확대

한글로 쓴 소설 문학이 대중들에게 인기를 모으고, 한글을 사용하던 계층의 사회 참여가 활발해지면서 이러한 현상이 두드러지게 나타났다.

(6) 문장의 현대화

개화기에 한글 사용이 확대되면서 문장의 구성 방식이 현대의 그것과 거의 비슷하게 바뀌었다.

꼭! 확인 기출문제

국어의 어휘 의미 변화에 대한 다음의 진술 중 올바르지 못한 것은? [서울시 9급 기출]

① '다리(脚)'가 사람이나 짐승의 다리만 가리켰으나 현대에는 '책상'에도 쓰인다.
② '짐승'은 '衆生'에서 온 말로 생물 전체를 가리켰으나 지금은 사람을 제외한 동물을 가리킨다.
③ '사랑하다'는 '생각하다'라는 의미가 있었으나 지금은 이 의미가 없다.
❹ '어여쁘다'는 '조그맣다'라는 뜻이었으나 지금은 '아름답다'의 의미이다.

해 ④ '어여쁘다'는 '불쌍하다'라는 뜻이었으나 지금은 '아름답다'의 의미로 쓰인다.

4. 근대 국어의 모습

(1) 노걸대언해(老乞大諺解)

너뷎 高麗ㅅ 사ᄅᆞᆷ이어니 ᄯᅩ 엇디 漢語니ᄅᆞᆷ을 잘 ᄒᆞᄂᆞ뇨
내 漢ㅅ 사ᄅᆞᆷ의손ᄃᆡ 글 ᄇᆡ호니 이런 젼ᄎᆞ로 져기 漢ㅅ 말을 아노라.
네 뉘손ᄃᆡ 글 ᄇᆡ혼다.
내 漢ᄒᆞᆨ당의셔 글 ᄇᆡ호라.
네 므슴 글을 ᄇᆡ혼다.
論語孟子小學을 닐그롸.
네 每日므슴 공부ᄒᆞᄂᆞᆫ다.
每日이른 새배 니러 學堂의 가 스승님ᄭᅴ 글 ᄇᆡ호고 學堂의셔 노하든 집의 와
밥먹기 ᄆᆞᆺ고 ᄯᅩ ᄒᆞᆨ당의 가 셔품쓰기 ᄒᆞ고 셔품쓰기 ᄆᆞᆺ고 년구기 ᄒᆞ고 년구ᄒᆞ기
ᄆᆞᆺ고 글읇기 ᄒᆞ고 글읇기 ᄆᆞᆺ고 스승 앏픠셔 글을 강ᄒᆞ노라.
므슴 글을 강ᄒᆞᄂᆞ뇨.
小學論語孟子을 강ᄒᆞ노라.

| 풀이 |

너는 고려 사람인데 또 어떻게 중국말을 잘하는가?
내가 중국 사람에게 글을 배웠으니 이런 까닭으로 조금 중국말을 아노라.
너는 누구에게 글을 배우는가?
나는 중국 학당에서 글을 배우노라.
너는 무슨 글을 배우는가?
논어, 맹자, 소학을 읽노라.
너는 매일 무슨 공부를 하는가?
매일 이른 새벽에 일어나 학당에 가 스승님께 글을 배우고, 방과 후는 집에 와서 밥 먹기를 마치고, 또 학당에 가 글씨쓰기를 하고, 글씨쓰기를 마치고 연구하기 하고, 연구하기 마치고는 글 읊기를 하고, 글 읊기를 마치고는 스승님 앞에서 글을 강하노라.
무슨 글을 강하는가?
소학, 논어, 맹자를 강하노라.

연대	현종 11년(1670)
내용 구성	2권 2책으로 구성
특징	• 두 사람의 대화체 형식으로 되어 있으며, 17세기 당대의 구어(口語)를 알 수 있음 • 분철(끊어 적기)과 혼철(거듭 적기)이 사용됨 예 앏피셔(혼철) • '-ㄴ다'는 2인칭 문장에서 현재 평서형 어미가 아니라 의문형 어미이며, '-라'가 평서형 어미임 • 표음주의 표기가 사용됨(종성 표기에 있어 7종성법 사용) 예 ᄆᆞᆺ다 • 방점과 'ㅿ, ㆁ'등이 소멸됨

Check Point

국어 연구(19세기 말 ~ 20세기 초)

- **조선문전(1896)** : 유길준의 19세기 후반 저술한 우리나라 최초의 국어문법서로, 이후 국어 연구가 활발히 전개됨(여러 번의 수정 끝에 1909년 「대한문전」으로 간행됨)
- **신정국문(1905)** : 지석영이 제안한 국문개혁안(맞춤법통일안)으로, 한글의 기원론을 비롯해 병서(竝書)의 폐지론, 모음문자 · 장음부호의 개혁론 등 모두 6항목으로 구성됨(최초로 '국문(國文)'에 대해 언급)
- **국어문법(1910)** : 주시경이 여러 학문적 축적을 통해 완성한 것으로, 9품사 체계 등 근대 국어 문법 체계의 확립에 공헌(음운론, 품사론, 문장론을 모두 구비)
- **조선어문법(1911)** : 「국어문법」을 약간 수정하여 1911년에 간행한 것으로, 음운 체계에 대한 선구적 연구로 평가됨

제3장

고전 시가

Check Point

- 작자 : 백수 광부의 아내
- 연대 : 고조선
- 주제 : 임의 죽음에 대한 슬픔
- 특징 : 한역시가, 상징적 수법의 사용, 감정의 직접적 표출
- 출전 : 해동역사
- 의의
  - 문헌상 최고(最古)의 서정시가
  - 집단가요에서 개인적 서정시로의 과도기적 작품
  - 민족적 '한(恨)'의 정서(슬픔 · 비탄 · 체념)의 원류에 해당하는 작품

Check Point

- 작자 : 구간 등
- 연대 : 신라 유리왕 19년
- 주제 : 왕의 강림 기원
- 성격 : 주술요, 집단노동요, 의식요
- 출전 : 삼국유사
- 의의
  - 현전하는 최고(最古)의 집단가요
  - 최고(最古)의 주술요로, 영군가 · 영산군가 · 가락국가로도 불림

제1절 고대 가요

1. 공무도하가(公無渡河歌)

公無渡河(공무도하)	현대역 저 임아, 물을 건너지 마오.
公竟渡河(공경도하)	임은 그예 물을 건너셨네.
墮河而死(타하이사)	물에 쓸려 돌아가시니
當奈公何(당내공하)	가신 임을 어이할꼬.

2. 구지가(龜旨歌)

龜何龜何(구하구하)	현대역 거북아 거북아
首其現也(수기현야)	머리를 내어라.
若不現也(약불현야)	내놓지 않으면
燔灼而喫也(번작이끽야)	구워서 먹으리.

3. 황조가(黃鳥歌)

翩翩黃鳥(편편황조)	현대역 오락가락 꾀꼬리는
雌雄相依(자웅상의)	암수 서로 즐거운데
念我之獨(염아지독)	외로울 사 이 내 몸은
誰其與歸(수기여귀)	뉘와 함께 돌아갈꼬.

꼭! 확인 기출문제

〈보기〉의 시에 대한 설명으로 가장 옳은 것은? [서울시 9급 기출]

보기

公無渡河
公竟渡河
墮河而死
當奈公何

① 황조가와 더불어 현존하는 우리나라 최고(最古)의 서사시다.
② 한시와 함께 번역한 시가가 따로 전한다.
❸ '물'의 상징적 의미를 따라 시상을 전개하고 있다.
④ 몇 번을 죽어도 충성의 마음이 변치 않음을 노래하고 있다.

해 ③ 공무도하가는 현존하는 최고(最高)의 서사시로 4언 4구체이다. 사랑하는 이와 헤어지지 않으려 하는 화자, 끝내 임의 죽음으로 이별하게 되는 과정을 '물'로서 상징화하고 있다.

Check Point

- 작자 : 유리왕
- 연대 : 고구려 유리왕 3년
- 주제 : 임을 잃은 실연의 슬픔과 외로움
- 출전 : 삼국사기
- 특징
  - 대조법, 우의법의 사용
  - 설의적 표현을 통한 외로움 표출
  - 선경후정(先景後情) 및 기승전결 방식의 시상전개
- 의의 : 집단 가요에서 개인적 서정시로의 과도기적 작품

4. 정읍사(井邑詞)

前 腔	둘하 노피곰 도드샤	현대역 달님이시여, 높이높이 돋으시어
	어긔야 머리곰 비취오시라	멀리멀리 비춰주소서.
	어긔야 어강됴리	어기야 어강드리
小 葉	아으 다롱디리	아으 다롱디리
後腔全	져재 녀러신고요	장터에 가 계십니까.
	어긔야 즌 드를 드되욜셰라	진 데를 밟을까 두렵습니다.
	어긔야 어강됴리	어기야 어강드리
過 篇	어느이다 노코시라	어느 곳에나 놓으십시오.
金善調	어긔야 내 가논 듸 졈그룰셰라	우리 임 가시는 데 저물까 두렵습니다.
	어긔야 어강됴리	어기야 어강드리
小 葉	아으 다롱디리	아으 다롱디리

Check Point

- 작자 : 행상인의 아내
- 연대 : 백제
- 주제 : 행상 나간 남편의 안전을 기원
- 형식 : 전연시, 후렴구를 제외하면 3장 6구
- 출전 : 악학궤범
- 의의
  - 현전하는 유일한 백제 가요
  - 국문으로 표기된 가장 오래된 노래
  - 시조 형식의 원형을 지닌 노래(3장 6구)

제2절 향가

Check Point

- **작자** : 서동(백제 무왕)
- **연대** : 신라 진평왕
- **주제** : 선화공주에 대한 연모의 정
- **성격** : 민요, 동요, 참요(讖謠)(예언 · 암시의 노래)
- **출전** : 삼국유사
- **의의**
  - 현전하는 최고(最古)의 향가 작품
  - 민요가 4구체 향가로 정착된 노래
  - 향가 중 유일한 동요(童謠)

1. 서동요(薯童謠)

善化公主主隱
他密只嫁良置古
薯童房乙
夜矣卯乙抱遣去如

善化公主(선화공주)니믄
ᄂᆞᆷ 그ᅀᅳ지 얼어 두고
맛둥바을
바ᄆᆡ 몰 안고 가다.

현대역 선화 공주님은 / 남몰래 시집가 놓고 / 서동을 / 밤에 몰래 안고 간다.

Check Point

- **작자** : 어느 소 끄는 노인
- **연대** : 신라 성덕왕
- **주제** : 나이와 신분의 차이를 넘어선 연정
- **출전** : 삼국유사
- **의의** : 신라인의 소박하고 보편적인 미의식을 나타내는 서정시

2. 헌화가(獻花歌)

紫布岩乎邊希
執音乎手母牛放敎遣
吾肸不喻慚肸伊賜等
花肸折叱可獻乎理音如

딛배 바회 ᄀᆞᇫ히
자ᄇᆞ온 손 암쇼 노ᄒᆡ시고
나ᄒᆞᆯ 안디 붓ᄒᆞ리샤ᄃᆞᆫ
곶ᄒᆞᆯ 것가 받ᄌᆞᄫᆞ리이다.

현대역 자줏빛 바위 가에 / 잡고 있는 암소를 놓게 하시고 / 날 아니 부끄러워하시면 / 꽃을 꺾어 바치오리다.

Check Point

- **작자** : 월명사
- **연대** : 신라 경덕왕
- **주제** : 죽은 누이의 명복을 빎
- **특징**
  - 10구체 향가, 추모적 · 애상적 · 불교적 성격(추도가)
  - 비유법(직유)과 상징법의 세련된 사용
  - 기(1~4행) · 서(5~8행) · 결(9~10행)의 3단 구성방식
- **출전** : 삼국유사
- **의의** : 현존 향가 중 '찬기파랑가'와 함께 표현 기교와 서정성이 가장 뛰어난 작품으로 평가받음

3. 제망매가(祭亡妹歌)

生死路隱
此矣有阿米次肸伊遣
吾隱去內如辭叱都
毛如云遣去內尼叱古
於內秋察早隱風未
此矣彼矣浮良落尸葉如
一等隱枝良出古
去奴隱處毛冬乎丁
阿也彌陀刹良逢乎吾
道修良待是古如

生死(생사) 길흔
이에이샤매 머믓거리고
나ᄂᆞᆫ가ᄂᆞ다 말ㅅ도
몯다 니르고 가ᄂᆞ닛고
어느 ᄀᆞᅀᆞᆯ이른 ᄇᆞᄅᆞ매
이에 뎌에 ᄠᅥ러딜 닙ᄃᆞᆫ
ᄒᆞᄃᆞᆫ 가지라 나고
가논 곧 모ᄃᆞ론뎌
아야 彌陀刹(미타찰)아 맛보올 나
道(도) 닷가 기드리고다.

현대역 삶과 죽음의 길은 / 여기에 있으므로 두렵고 / '나는 간다'는 말도 / 다하지 못하고 갔는가. / 어느 가을 이른 바람에 / 여기저기 떨어지는 나뭇잎처럼 / 한 가지에서 태어나고서도 / 가는 곳을 모르겠구나. / 아아, 극락에서 만날 나는 / 불도를 닦으며 기다리겠노라.

4. 찬기파랑가(讚耆婆郞歌)

열치매
나토얀 ᄃᆞ리
ᄒᆡᆫ구름 조초 ᄠᅥ가ᄂᆞᆫ 안디하.
새파ᄅᆞᆫ 나리여ᄒᆡ
耆郞(기랑)ᄋᆡ ᄌᆞᅀᅵ이슈라.
일로 나리ᄉ ᄌᆡ벽ᄒᆡ
郞(낭)ᄋᆡ 디니다샤온
ᄆᆞᅀᆞ미 ᄀᆞᇫᄒᆞᆯ 좇누아져.
아으 잣ᄉ가지 노파
서리몯 누올 花判(화반)이여.

현대역 (바람이 구름을) 열어젖히니
나타난 달이
흰 구름 좇아 떠가는 것 아닌가.
새파란 냇가에
기랑의 모습이 있구나.
이로부터 냇가 조약돌에
기파랑이 지니시던
마음의 끝을 따르련다.
아아, 잣나무 가지처럼 높아
서리에도 굽히지 않을 화랑의 장이여.

Check Point

- 작자 : 충담사
- 연대 : 신라 경덕왕
- 주제 : 기파랑의 고매한 인품 찬양
- 특징
  - 예찬적 · 추모적 성격의 10구체 향가
  - 다양한 자연물을 통한 비유와 상징으로 대상에 대한 정을 표현
- 출전 : 삼국유사
- 의의 : 향가 문학의 백미로, 높은 서정성과 숭고미를 보여줌

5. 안민가(安民歌)

君(군)은 어비여
臣(신)은 ᄃᆞᅀᆞ샬 어ᅀᅵ여,
民(민)ᄋᆞᆫ 얼ᄒᆞᆫ 아ᄒᆡ고 ᄒᆞ샬디
民(민)이 ᄃᆞᄉᆞᆯ 알고다.
구믈ᄉ다히 살손 物生(물생)
이흘 머기 다ᄉᆞ라
이 ᄯᅡᄒᆞᆯ ᄇᆞ리곡 어듸 갈뎌 ᄒᆞᆯ디
나라악 디니디 알고다.
아으, 君(군)다이 臣(신)다이 民(민)다이 ᄒᆞ
ᄂᆞᆯᄃᆞᆫ
나라악 太平(태평)ᄒᆞ니잇다.

현대역 임금은 아버지요,
신하는 사랑하시는 어머니요, 백성은 어린 아이라고 생각하신다면,
백성이 사랑을 알 것입니다.
꾸물거리며 사는 백성은
이를 먹임으로써 다스려져
'내가 이 땅을 버리고 어디 가랴?'라고 할 때
나라 안이 유지될 줄 알 것입니다.
아, 임금답게, 신하답게, 백성답게
한다면
나라 안이 태평할 것입니다.

Check Point

- 작자 : 충담사
- 연대 : 신라 경덕왕
- 주제 : 국태민안의 도와 이상
- 특징
  - 유교적 · 교훈적 · 권계(勸誡)적 성격의 10구체 향가
  - 비유법(은유)의 사용
  - 직설적이고 논리적인 어법
- 출전 : 삼국유사
- 의의
  - 유일하게 유교적 이념을 노래한 향가
  - 국가적 이념과 당위를 표현한 정치적 · 현실적 성격의 노래(개인 정서의 배제)

Check Point

- **작자** : 월명사
- **연대** : 신라 경덕왕
- **주제** : 국가의 변괴를 막으려 미륵보살의 하강을 기원
- **특징**
  - 주술적 · 불교적 성격의 4구체 향가
  - 명령법을 통한 소망의 표현
- **출전** : 삼국유사
- **의의** : 미륵 신앙이 나타나 있다.

Check Point

- **작자** : 득오
- **연대** : 신라 효소왕
- **주제** : 죽지랑에 대한 연모의 정
- **출전** : 삼국유사
- **의의** : 주술성이나 종교적 색채가 전혀 없이 개인의 정회가 깃든 서정가요이다.

Check Point

현전하는 향가 25수

- **삼국유사에 실려 있는 향가 14수** : 서동요(薯童謠), 풍요(風謠), 도솔가(兜率歌), 헌화가(獻花歌), 처용가(處容歌), 모죽지랑가(慕竹旨郎歌), 원왕생가(願往生歌), 원가(怨歌), 제망매가(祭亡妹歌), 안민가(安民歌), 찬기파랑가(讚耆婆郎歌), 천수대비가(千手大悲歌), 우적가(遇賊歌), 혜성가(彗星歌)
- **균여전에 실려 있는 11수(보현십원가)** : 예경제불가(禮敬諸佛歌), 칭찬여래가(稱讚如來歌), 광수공양가(廣修供養歌), 참회업장가(懺悔業障歌), 수희공덕가(隨喜功德歌), 청전법륜가(請轉法輪歌), 청불주세가(請佛住世歌), 상수불학가(常隨佛學歌), 항순중생가(恒順衆生歌), 보개회향가(普皆廻向歌), 총결무진가(總結无盡歌)

6. 도솔가(兜率歌)

今日此矣散花唱良	오ᄂᆞᆯ 이에 산화(散花) 블어
巴寶白乎隱花良汝隱	ᄲᆞᆯ ᄉᆞᆯᄫᆞᆫ 고자 너는
直等隱心音矣命叱使以惡只	고ᄃᆞᆫ ᄆᆞᅀᆞᄆᆡ 명(命)ㅅ 브리옵디
彌勒座主陪立羅良	미륵좌주(彌勒座主) 뫼셔라.

현대역 오늘 이에 산화를 불러 / 솟아나게 한 꽃아 너는 / 곧은 마음의 명을 받아 / 미륵좌주를 모셔라.

7. 모죽지랑가(慕竹旨郎歌)

去隱春皆理米	간 봄 그리매
毛冬去叱沙哭屋尸以憂音	모ᄃᆞᆫ 것ᅀᅡ 우리 시름
阿冬音乃叱好支賜烏隱	아ᄅᆞᆷ 나토샤온
貌史年數就音墮支行齊	즈ᅀᅵ 살쯈 디니져
目煙廻於尸七史伊衣	눈 돌칠 ᄉᆞ이예
逢烏支惡知作乎下是	맛보옵디 지ᄉᆞ리
郎也慕理尸心未行乎尸道尸	郞이여 그릴 ᄆᆞᅀᆞᄆᆡ 녀올 길
蓬次叱巷中宿尸夜音有叱下是	다봊 ᄆᆞᅀᆞ히 잘 밤 이시리

현대역 간 봄을 그리워함에 / 모든 것이 서러워 시름하는데 / 아름다움 나타내신 / 얼굴이 주름살을 지으려고 하옵니다. / 눈 돌이킬 사이에 / 만나뵙도록 지으리이다. / 낭이여, 그리운 마음의 가는 길에, / 다북쑥 우거진 데서 잘 밤인들 있으리이까.

향가의 형식

- **4구체** : 향가의 초기 형식으로, 구전되어 오던 민요와 동요가 정착되어 만들어진 것이 대부분이다.
  예 서동요, 풍요, 헌화가, 도솔가
- **8구체** : 4구체가 10구체로 발전해 가는 과정에서 나타난 과도기적 형식을 말한다.
  예 모죽지랑가, 처용가
- **10구체** : 가장 정제된 형식으로 서정적 내용이 주를 이룬다. 사뇌가라고 불리기도 하며 전 4구, 후 4구, 낙구로 구성되어 있다. 예 혜성가, 제망매가, 찬기파랑가, 안민가, 원가, 천수대비가, 보현십원가

제3절 고대의 한문학(한시)

1. 여수장우중문시(與隨將于仲文詩)

神策究天文(신책구천문)	현대역 그대의 신통한 책략은 하늘의 이치를 다했고
妙算窮地理(묘산궁지리)	오묘한 계략은 땅의 이치를 다했도다.
戰勝功旣高(전승공기고)	전쟁에서 승리하여 이미 공이 높으니
知足願云止(지족원운지)	만족함을 알고 그만두기를 바라노라.

2. 추야우중(秋夜雨中)

秋風唯苦吟(추풍유고음)	현대역 가을바람에 오직 괴로이 시를 읊조리나니
世路少知音(세로소지음)	세상에 나를(나의 시를) 알아주는 이가 적구나.
窓外三更雨(창외삼경우)	창밖엔 밤 깊도록 비만 내리는데
燈前萬里心(등전만리심)	등불 앞에 마음은 만리 밖(고향)을 향하네.

3. 제가야산독서당(題伽倻山讀書堂)

狂噴疊石吼重巒(광분첩석후중만)
人語難分咫尺間(인어난분지척간)
常恐是非聲到耳(상공시비성도이)
故敎流水盡籠山(고교류수진롱산)

현대역 첩첩 바위 사이를 미친 듯 달려 겹겹 봉우리 울리니 / 사람의 말소리 지척에서도 분간하기 어렵네. / 늘 시비(是非)하는 소리 귀에 들릴까 두려워하여 / 짐짓 흐르는 물로 온 산을 둘러싸버렸네.

Check Point

- **작자** : 을지문덕
- **연대** : 고구려 26대 영양왕
- **주제** : 적장에 대한 조롱, 적장에 대한 오판의 유도
- **특징** : 반어적 표현, 억양법 사용
- **출전** : 삼국사기
- **의의** : 현전하는 우리나라 최고(最古)의 한시

Check Point

- **작자** : 최치원
- **연대** : 신라 말 헌강왕
- **주제** : 고향에 대한 깊은 그리움, 뜻을 펴지 못한 지성인의 고뇌와 고국에 대한 향수
- **특징**
  - 애상적 · 서정적 성격
  - 5언 절구, 기승전결의 4단 구성
  - 대구법을 통한 표현이 두드러짐(추풍–세로, 삼경우–만리심)
- **출전** : 동문선(제19권)

Check Point

- **작자** : 최치원
- **연대** : 신라 헌강왕
- **주제** : 산중에 은둔하고 싶은 심정, 자연 속 은둔으로 세속과 거리를 두고자 하는 마음
- **특징**
  - 7언 절구의 한시, 기승전결의 4단 구성
  - 대구법과 대조법을 통한 표현
  - 세속과 단절하려는 화자의 의지를 표현(바위, 산봉우리, 물 등)
- **출전** : 동문선(제19권)

제4절 고려속요

1. 사모곡(思母曲)

호ᄆᆡ도 ᄂᆞᆯ히언마ᄅᆞᄂᆞᆫ 낟ᄀᆞ티 들 리도 업스니이다. 아바님도 어이어신마ᄅᆞᄂᆞᆫ 위 덩더둥셩 어마님ᄀᆞ티 괴시리 업세라. 아소 님하, 어마님ᄀᆞ티 괴시리 업세라.	현대역 호미도 날이 있지마는 낫같이 들 리도 없습니다. 아버님도 어버이시지마는 위 덩더둥셩 어머님같이 아껴 주실 리 없어라. 아! 임이여, 어머님같이 아껴 주실 리 없어라.

Check Point

- **형식** : 비연시(단연시)
- **주제** : 모정 칭송
- **특징**
  - 비분절체, 3음보의 형식
  - 소박한 비유(은유)의 사용
  - 영탄 · 비교를 통한 표현
- **출전** : 악장가사, 시용향악보
- **의의**
  - 감탄적 어구('아소 님하')가 10구체 향가의 낙구와 맥을 같이함
  - 여음구('위 덩더둥셩')를 제외하면 3장 6구의 시조 형식과 유사
  - 신라의 부전가요인 목주가(木州歌)와 연결됨

2. 상저가(相杵歌)

듥긔동 방해나 디허 히얘 게우즌 바비나 지ᅀᅥ 히얘 아바님 어머님ᄭᅴ 받ᄌᆞᆸ고 히야해 남거시든 내 머고리, 히야해 히야해	현대역 덜커덩 방아나 찧어 히얘 거친 밥이나 지어 히얘 아버님 어머님께 바치고 히야해 남거든 내가 먹으리, 히야해 히야해

Check Point

- **형식** : 4구체, 비연시
- **주제** : 촌부의 소박한 효심
- **특징**
  - 노동요(방아노래)로서, 농촌의 소박한 풍속과 정서가 잘 드러남
  - 영탄법과 반복법의 사용
  - 경쾌한 여음구가 돋보임
- **출전** : 시용향악보
- **의의** : 고려속요 중 유일한 노동요

3. 정석가(鄭石歌)

딩아 돌하 당금(當今)에 계샹이다.
딩아 돌하 당금(當今)에 계샹이다.
션왕셩대(先王聖代)예 노니아와지이다.

삭삭기 셰몰애 별헤 나는
삭삭기 셰몰애 별헤 나는
구은 밤 닷 되를 심고이다.
그 바미 우미 도다 삭나거시아
그 바미 우미 도다 삭나거시아
유덕(有德)하신 님믈 여희아와지이다.

(후략)

Check Point

- **형식** : 전 6연, 3음보
- **주제** : 임과의 변함없는 영원한 사랑, 태평성대와 임과의 영원한 사랑을 갈망
- **특징**
  - 불가능한 상황을 전제로 하여 화자의 강한 의지를 표현
  - 반복 · 열거, 과장과 역설의 표현을 사용
- **출전** : 악장가사, 시용향악보, 악학편고

현대역 징이여 돌이여 (임금님이) 지금 계십니다.
징이여 돌이여 지금 계십니다.
이 같은 태평성대에 노닐고 싶습니다.
바삭바삭한 가는 모래로 된 벼랑에
바삭바삭한 가는 모래로 된 벼랑에
구운 밤 다섯 되를 심습니다.
그 밤이 움이 돋아 싹이 나야만
그 밤이 움이 돋아 싹이 나야만
유덕하신 우리 임과 이별하고 싶습니다.

4. 가시리

가시리 가시리잇고 나ᄂᆞᆫ
ᄇᆞ리고 가시리잇고 나ᄂᆞᆫ
위 증즐가 大平盛代(대평셩ᄃᆡ)
날러는 엇디 살라 ᄒᆞ고
ᄇᆞ리고 가시리잇고 나ᄂᆞᆫ
위 증즐가 大平盛代(대평셩ᄃᆡ)
잡ᄉᆞ와 두어리마 나ᄂᆞᆫ
션ᄒᆞ면 아니 올셰라
위 증즐가 大平盛代(대평셩ᄃᆡ)
셜온 님 보내ᄋᆞᆸ노니 나ᄂᆞᆫ
가시ᄂᆞᆫ ᄃᆞᆺ 도셔 오쇼셔 나ᄂᆞᆫ
위 증즐가 大平盛代(대평셩ᄃᆡ)

현대역 가시렵니까 가시렵니까
버리고 가시렵니까
위 증즐가 태평성대
날더러는 어찌 살라하고
버리고 가시렵니까
위 증즐가 태평성대
붙잡아 두고 싶지만
서운하면 아니올까 두렵습니다
위 증즐가 태평성대
서러운 임 보내오니
가시자마자 돌아서서 오소서
위 증즐가 태평성대

Check Point

- **형식** : 분절체
- **주제** : 이별의 정한
- **특징**
  - 민요풍의 서정시, 이별가(일명 '귀호곡'으로 불림)
  - 3 · 3 · 2조의 3음보, 후렴구 사용
- **구성 및 내용**
  - 기(1~3행) : 이별에 대한 슬픔
  - 승(4~6행) : 반복을 통한 슬픔의 강조
  - 전(7~9행) : 슬픔의 절제와 체념
  - 결(10~12행) : 이별 후의 소망
- **출전** : 악장가사, 악학편고, 시용향악보
- **의의** : 고려속요 중 문학적으로 가장 뛰어난 작품으로 평가 받음

고려속요

고려시대 평민들이 부르던 민요 시가로 장가(長歌), 여요(麗謠), 가요(歌謠) 등으로 불리기도 한다. 본래 민간에서 부르다가 고려 말에 궁중 가사로 연주한 것으로 평민들의 감정과 정서가 담겨있다. 주로 입에서 입으로 전승되던 민요이기 때문에 원형을 찾아볼 수 없는 것이 특징이다.

Check Point

- **형식** : 3음보, 분연체
- **주제** : 이별의 슬픔
- **특징**
  - 반복법과 설의법, 비유법의 사용
  - '가시리'와 주제는 같으나, 보다 적극적이고 진솔하게 표현
  - 조선시대에 남녀상열지사라 비판을 받음
- **출전** : 악장가사, 시용향악보
- **의의** : 고려속요 중 청산별곡과 함께 문학성이 뛰어난 작품으로 평가받음

5. 서경별곡(西京別曲)

西京(서경)이 아즐가 西京(서경)이 셔울히 마르는
위 두어렁셩 두어렁셩 다링디리
닷곤ᄃᆡ 아즐가 닷곤ᄃᆡ 쇼셩경 고외마른
위 두어렁셩 두어렁셩 다링디리
여히므론 아즐가 여히므론 질삼뵈 ᄇᆞ리시고
위 두어렁셩 두어렁셩 다링디리
괴시란ᄃᆡ 아즐가 괴시란ᄃᆡ 우러곰 좃니노이다.
위 두어렁셩 두어렁셩 다링디리

구스리 아즐가 구스리 바회예 디신ᄃᆞᆯ
위 두어렁셩 두어렁셩 다링디리
긴히ᄯᆞᆫ 아즐가 긴힛ᄯᆞᆫ 그츠리잇가 나ᄂᆞᆫ
위 두어렁셩 두어렁셩 다링디리
즈믄ᄒᆡ를 아즐가 즈믄ᄒᆡ를 외오곰 녀신ᄃᆞᆯ
위 두어렁셩 두어렁셩 다링디리
信(신)잇ᄃᆞᆫ 아즐가 信(신)잇ᄃᆞᆫ 그츠리잇가 나ᄂᆞᆫ
위 두어렁셩 두어렁셩 다링디리
大同江(대동강) 아즐가 大同江(대동강) 너븐디 몰라셔
위 두어렁셩 두어렁셩 다링디리
ᄇᆡ내여 아즐가 ᄇᆡ내여 노ᄒᆞᆫ다 샤공아
위 두어렁셩 두어렁셩 다링디리

네가시 아즐가 네가시 럼난디 몰라셔
위 두어렁셩 두어렁셩 다링디리
녈ᄇᆡ예 아즐가, 녈ᄇᆡ예 연즌다 샤공아,
위 두어렁셩 두어렁셩 다링디리
대동강(大同江) 아즐가, 대동강(大同江) 건너편 고즐여
위 두어렁셩 두어렁셩 다링디리
ᄇᆡ타들면 아즐가, ᄇᆡ타들면 것고리이다 나ᄂᆞᆫ
위 두어렁셩 두어렁셩 다링디리

현대역

서경(평양)이 서울이지마는 / 닦은 곳인 작은 서울을 사랑합니다만 / (임과) 이별하기보다는 길쌈하던 베를 버리고서라도 / (나를) 사랑해주신다면 울면서 따르겠습니다.
구슬이 바위에 떨어진들 / 끈이야 끊어지겠습니까. / 천 년을 홀로 살아간들 / 믿음이야 끊어지겠습니까.
대동강이 넓은지 몰라서 / 배를 내어 놓았느냐, 사공아. / 네 각시 음란한지 몰라서 / 떠나는 배에 내 임을 태웠느냐, 사공아. / 대동강 건너편 꽃을 / 배를 타면 꺾을 것입니다.

6. 만전춘(滿殿春)

어름 우희 댓닙 자리 보와 님과 나와 어러주글만뎡
어름 우희 댓님 자리 보와 님과 나와 어러주글만뎡
情(정)둔 오ᄂᆞᆯ밤 더듸 새오시라 더듸 새오시라

耿耿孤枕上(경경고침상)에 어느 ᄌᆞ미 오리오
西窓(서창)을 여러ᄒᆞ니 桃花(도화) ㅣ 發(발)ᄒᆞ두다
도화ᄂᆞᆫ 시름업서 笑春風(소춘풍)ᄒᆞᄂᆞ다 笑春風(소춘풍)ᄒᆞᄂᆞ다

넉시라도 님을 ᄒᆞᄃᆡ녀닛 경(景) 너기더니
넉시라도 님을 ᄒᆞᄃᆡ녀닛 경(景) 너기더니
벼기더시니 뉘러시니잇가 뉘러시니잇가

올하 올하 아련 비올하
여흘란 어듸 두고 소해 자라 올다
소곳 얼면 여흘도 됴ᄒᆞ니 여흘도 됴ᄒᆞ니

南山(남산)애 자리 보와 玉山(옥산)을 벼여 누어
錦繡山(금수산) 니블 안해 麝香(사향) 각시를 아나 누어
南山(남산)애 자리 보아 玉山(옥산)을 벼여 누여
錦繡山(금수산) 니블 안해 麝香(사향) 각시를 아나 누어
藥(약)든 가ᄉᆞᆷ을 맛초ᄋᆞᆸ사이다 맛초ᄋᆞᆸ사이다

오소 님하 遠代平生(원대평생)애 여힐ᄉᆞᆯ 모ᄅᆞᄋᆞᆸ새.

현대역

얼음 위에 댓잎 자리 보아 임과 나와 얼어 죽을망정 / 정 둔 오늘 밤 더디 새시라. 더디 새시라.
근심 쌓인 외로운 잠자리에 어찌 잠이 오리오. / 서쪽 창을 열어보니 복사꽃이 피었도다. / 복사꽃은 시름없이 봄바람에 웃는구나. 봄바람에 웃는구나.
넋이라도 임과 함께 하는 말을 남의 일로만 알았더니 / 어기던 이가 누구였습니까? 누구였습니까?
오리야, 오리야, 연약한 비오리야. / 여울은 어디 두고 연못에 자러 오느냐. / 연못이 얼면 여울도 좋으니, 여울도 좋으니.
남산에 자리 보아 옥산을 베고 누워 / 금수산 이불 안에서 사향 각시를 안고 누워 / 사향이 든 가슴을 맞추십시다. 맞추십시다.
아! 임이여, 평생토록 이별할 줄 모르고 지냅시다.

남녀상열지사(男女相悅之詞)의 작품
쌍화점, 이상곡, 만전춘, 서경별곡

Check Point

- **형식** : 분절체
- **주제** : 영원한 사랑에 대한 소망
- **특징**
  - 분연체(전 5연 또는 6연으로 봄)
  - 비유법과 상징의 사용
  - 향락적 · 퇴폐적 성격(남녀상열지사)
- **출전** : 악장가사, 시용향악보
- **의의** : 시조의 기원으로도 볼 수 있는 작품(2연과 5연이 시조 형태와 유사)

Check Point

- **형식** : 분절체(13연), 월령체
- **주제** : 외로움과 슬픔, 임에 대한 송도와 애련, 회한 · 한탄(각 연마다 주제가 다름)
- **특징**
  - 송도가, 월령체(달거리) 가요
  - 비유적 · 상징적 · 민요적 · 서정적 · 송축적 성격
  - 비유법(은유 · 직유), 영탄법의 사용
- **출전** : 악학궤범
- **의의** : 우리 문학 최초이자 고려 속요 중 유일한 월령체 가요(조선 후기 월령체 가사인 '농가월령가'에 영향)

7. 동동(動動)

德(덕)으란 곰ᄇᆡ예 받ᄌᆞᆸ고 福(복)으란 림ᄇᆡ예 받ᄌᆞᆸ고
德이여 福이라 호ᄂᆞᆯ 나ᅀᆞ라 오소이다.
아으 動動(동동)다리.

正月(정월)ㅅ 나릿므른 아으 어져 녹져 ᄒᆞ논ᄃᆡ.
누릿 가온ᄃᆡ 나곤 몸하 ᄒᆞ올로 녈셔.
아으 動動다리.

二月(이월)ㅅ 보로매 아으 노피 현 燈(등)ㅅ블 다호라.
萬人(만인) 비취실 즈ᅀᅵ샷다.
아으 動動다리.
三月(삼월) 나며 開(개)ᄒᆞᆫ 아으 滿春(만춘) ᄃᆞᆯ욋고지여.
ᄂᆞᄆᆞ ᄇᆞ롤 즈ᅀᅳᆯ 디뎌 나샷다.
아으 動動다리.

四月(사월) 아니 니저 아으 오실셔 곳고리새여.
므슴다 錄事(녹사)니ᄆᆞᆫ 녯 나ᄅᆞᆯ 닛고신뎌.
아으 動動다리.

五月(오월) 五日(오일)애 아으 수릿날 아ᄎᆞᆷ 藥(약)은
즈믄 ᄒᆡᆯ 長存(장존)ᄒᆞ샬 藥이라 받ᄌᆞᆸ노이다.
아으 動動다리.

六月(유월)ㅅ 보로매 아으 별해 ᄇᆞ룐 빗 다호라.
도라보실 니믈 젹곰 좃니노이다.
아으 動動다리.

七月(칠월)ㅅ 보로매 아으 百種(백종) 排(배)ᄒᆞ야 두고
니믈 ᄒᆞᆫ ᄃᆡ 녀가져 願(원)을 비ᅀᆞᆸ노이다.
아으 動動다리.

八月(팔월)ㅅ 보로ᄆᆞᆫ 아으 嘉排(가배) 나라마ᄅᆞᆫ
니믈 뫼셔 녀곤 오ᄂᆞᆯ날 嘉俳(가배)샷다.
아으 動動다리.

九月(구월) 九日(구일)애 아으 藥(약)이라 먹논 黃花(황화)
고지 안해 드니 새셔 가만ᄒᆞ얘라.
아으 動動다리.

十月(시월)애 아으 져미연 ᄇᆞᄅᆞᆺ 다호라.
것거 ᄇᆞ리신 後(후)에 디니실 ᄒᆞᆫ 부니 업스샷다.
아으 動動다리.

十一月(십일월)ㅅ 봉당 자리예 아으 汗衫(한삼) 두퍼 누워
슬ᄒᆞᄉᆞ라온뎌 고우닐 스싀옴 녈셔.
아으 動動다리.

十二月(십이월)ㅅ 분디남ᄀᆞ로 갓곤 아으 나ᄉᆞᆯ 盤(반)잇 져 다호라.
니믜 알ᄑᆡ드러 얼이노니 소니 가재다 므ᄅᆞᄉᆞᆸ노이다.
아으 動動다리.

현대역

덕은 뒷잔에 바치고 복은 앞잔에 바치고 / 덕이라 복이라 하는 것을 드리러 오십시오.
정월의 냇물이 아아 얼고 녹아 봄이 다가오는데 / 세상 가운데 태어난 이 몸은 홀로 살아가는구나.
이월 보름에 아아 높이 켠 등불 같구나. / 만인을 비추실 모습이도다.
삼월이 지나며 핀 아아 늦봄의 진달래꽃이여 / 남이 부러워할 모습을 지니고 태어나셨도다.
사월을 아니 잊고 아아 오셨구나, 꾀꼬리 새여/ 무엇 때문에 녹사(벼슬 이름)님은 옛날을(또는 예전의 나를) 잊고 계신가.
오월 오일은 아아 단옷날 아침 약은 / 천 년을 사시게 할 약이기에 바칩니다.
유월 보름(유두)에 아아 벼랑에 버린 빗 같구나. / 돌아보실 임을 잠시나마 좇아갑니다.
칠월 보름(백중)에 아아 여러 가지 제물을 벌여놓고 / 임과 함께 살고자 소원을 빕니다.
팔월 보름은 아아 한가윗날이지마는 / 임을 모시고 지내야만 오늘이 한가윗날입니다.
구월 구일(중앙절)에 아아 약이라고 먹는 노란 국화 / 꽃이 집 안에 피니 초가집이 고요하구나.
시월에 아아 잘게 썬 보리수나무 같구나. / 꺾어 버리신 후에 지니실 한 분이 안 계시도다.
십일월 봉당 자리에 아아 홑적삼을 덮고 누우니 / 슬프도다. 사랑하는 사람과 떨어져 홀로 살아가는구나.
십이월 분지나무로 깎은 아아 소반의 젓가락 같구나. / 임의 앞에 들어 가지런히 놓으니 손님이 가져다 뭅니다.

여음(餘音)

다른 말로 후렴구라고도 하며 고려속요를 특징하는 요소이다. 거의 모든 고려속요에 다양하게 나타나며 다양한 역할을 한다. 조흥기능으로서의 여음은 흥을 돋우고 음악에 긴장감을 더하며, 분절의 기능으로 연과 연을 구분 짓게 한다. 또한 운율을 형성하기 위해 넣어 운율이 맞지 않을 때, 무의미한 여음을 삽입해 운율을 맞추는 역할을 한다.

Check Point

악학궤범

조선 성종 24년(1493)에 왕명에 따라 제작된 9권 3책의 목판본 악전(樂典)이다. 궁중음악을 비롯하여 당악, 향악에 관한 이론 및 제도, 법식 등을 서술하고 있으며, 「동동(動動)」, 「정읍사(井邑詞)」, 「처용가(處容歌)」등의 가사가 한글로 정착되어 실려 있다. 『악장가사(樂章歌詞)』에서는 가사의 내용을, 『시용향악보(時用鄕樂譜)』에서는 음악의 곡조를 중심으로 하고 있는 데 반해 『악학궤범』은 음악의 이론 등을 다루고 있어서 해당 분야를 연구하는 데 큰 의미가 있는 문헌이다.

Check Point

아박

『악학궤범』에서는 「동동」을 '아박(牙拍)'이라고도 하는데, 두 손에 상아로 만든 작은 박(拍)을 들고 장단에 맞추어 치면서 춤춘다는 뜻에서 나온 말이다. 2인 또는 4인이 추며 처음 시작할 때는 꿇어앉아 절하고 일어나서 춤을 추고(跪俛伏興), 끝날 때도 꿇어 앉아 절하고 일어나서 퇴장하는 격식(拜伏興退)을 갖추고 있다.

Check Point

- **형식** : 분장체(전 8연)
- **주제** : 유랑민의 삶의 고뇌와 비애, 실연의 고통, 고뇌와 방황
- **특징**
  - 3 · 3 · 2조의 3음보 형식
  - 현실 도피적 · 은둔적 · 애상적 · 감상적 성격
  - 반복과 비유를 통한 표현
  - 음악성과 후렴구 사용이 돋보임
- **구성 및 내용**
  - 1연 : 청산에 대한 동경
  - 2연 : 삶의 고통과 비애
  - 3연 ; 속세에 대한 미련
  - 4연 : 처절한 고독 토로
  - 5연 : 운명에 대한 체념
  - 6연 : 다른 도피처에 대한 소망
  - 7연 : 기적에 대한 희구
  - 8연 : 술로 인생의 비애를 달램
- **출전** : 악장가사, 악학편고, 시용향악보(1연만 수록)
- **의의** : '서경별곡'과 함께 꼽히는 고려가요의 대표적인 작품

Check Point

고려속요는 대부분 작자 미상으로, 평민 계층의 작품이며 민요적 성격을 띠며 구전되었다. 또한 남녀 사이의 애정을 비롯하여 평민들의 소박한 감정을 진솔하게 표현한 것이 특징이다.

- **주제별 작품**
  - 효심 : 사모곡, 상저가
  - 송도 : 동동, 정석가
  - 별리 : 가시리, 서경별곡
  - 남녀 상열 : 쌍화점, 만전춘, 이상곡
  - 현실 도피 : 청산별곡
  - 축사 : 처용가

8. 청산별곡(靑山別曲)

살어리 살어리랏다. 靑山(청산)애 살어리랏다.
멀위랑 ᄃᆞ래랑 먹고, 靑山(청산)애 살어리랏다.
얄리얄리 얄랑셩, 얄라리 얄라.

우러라 우러라 새여, 자고 니러 우러라 새여.
널라와 시름 한 나도 자고 니러 우니노라.
얄리얄리 얄라셩, 얄라리 얄라.

가던 새 가던 새 본다. 믈 아래 가던 새 본다.
잉무든 장글란 가지고, 믈 아래 가던 새 본다.
얄리얄리 얄라셩, 얄라리 얄라.

이링공 뎌링공 ᄒᆞ야 나즈란 디내와손뎌.
오리도 가리도 업슨 바ᄆᆞ란 ᄯᅩ 엇디 호리라.
얄리얄리 얄라셩, 얄라리 얄라.

어듸라 더디던 돌코, 누리라 마치던 돌코.
믜리도 괴리도 업시 마자셔 우니노라.
얄리얄리 얄라셩, 얄라리 얄라.

살어리 살어리랏다. 바ᄅᆞ래 살어리랏다.
ᄂᆞᄆᆞ자기 구조개랑 먹고 바ᄅᆞ래 살어리랏다.
얄리얄리 얄라셩, 얄라리 얄라.

가다가 가다가 드로라. 에졍지 가다가 드로라.
사ᄉᆞ미 짒대예 올아셔 奚琴(ᄒᆡ금)을 혀거를 드로라.
얄리얄리 얄라셩, 얄라리 얄라.

가다니 ᄇᆡ브른 도긔 설진 강수를 비조라.
조롱곳 누로기 ᄆᆡ와 잡ᄉᆞ와니, 내 엇디 ᄒᆞ리잇고.
얄리얄리 얄라셩, 얄라리 얄라.

현대역

살겠노라, 살겠노라. 청산에서 살겠노라. / 머루와 다래를 먹고 청산에서 살겠노라.
우는구나, 우는구나, 새여. 자고 일어나 우는구나, 새여. / 너보다 시름 많은 나도 자고 일어나 울고 있노라.
가는 새, 가는 새 본다. 물 아래쪽으로 가는 새 본다. / 이끼 묻은 쟁기를 가지고 물 아래쪽으로 가는 새 본다.
이럭저럭하여 낮은 지내왔건만 / 올 이도 갈 이도 없는 밤은 또 어찌하리오.

어디다 던지는 돌인가. 누구를 맞히려는 돌인가. / 미워할 이도 사랑할 이도 없이 맞아서 울고 있노라.
살겠노라, 살겠노라. 바다에서 살겠노라. / 나문재, 굴, 조개를 먹고 바다에서 살겠노라.
가다가, 가다가 듣노라. 외딴 부엌을 지나가다가 듣노라. / 사슴이 장대에 올라가서 해금을 켜는 것을 듣노라.
가더니 불룩한 독에 진한 술을 빚는구나. / 조롱박꽃 모양의 누룩이 매워 (나를) 붙잡으니 나는 어찌하리오.

제5절 경기체가

1. 한림별곡(翰林別曲)

제1장
元淳文원슌문 仁老詩인노시 公老四六공노ᄉᆞ륙
李正言니졍언 陳翰林딘한림 雙韻走筆솽운주필
冲基對策튱긔ᄃᆡ칙 光鈞經義광균경의 良鏡詩賦량경시부
위 試場시댱ㅅ 景경 긔 엇더ᄒᆞ니잇고
(葉)琴學士玉금흑ᄉᆞ의 玉笋門生옥슌문ᄉᆡᆼ 琴學士금흑ᄉᆞ의 玉笋門生옥슌문ᄉᆡᆼ
위 날조차 몃부니잇고

제8장
唐唐唐당당당 唐楸子당츄ᄌᆞ 莢조협남긔
紅홍실로 紅홍글위 ᄆᆡ요이다
혀고시라 밀오시라 鄭小年뎡쇼년하
위 내 가논 ᄃᆡ 놈 갈셰라
(葉)削玉纖纖샤옥셤셤 雙手솽슈ㅅ길헤 削玉纖纖샤옥셤셤 雙手솽슈ㅅ길헤
위 携手同遊휴슈동유 ㅅ 景경 긔 엇더ᄒᆞ니잇고

현대역

제1장
유원순의 문장, 이인로의 시, 이공로의 사륙변려문
이규보와 진화의 쌍운을 맞추어 써 내려간 글

Check Point

- **작가** : 한림제유(한림의 여러 유학자들)
- **연대** : 고려 고종
- **주제** : 귀족들의 향락적 풍류생활, 유생들의 학문적 자부심
- **특징**
  - 전 8장의 분절체로, 각 장은 전대절과 후소절로 구성
  - 3 · 3 · 4조의 3음보 형식
  - 과시적 · 향락적 · 풍류적 · 귀족적 성격
  - 시부 · 서적 · 명필 · 명주(名酒) · 화훼 · 음악 · 누각 · 추천(鞦韆)의 8경을 노래
  - 8장은 유일하게 국어로 표현되어 문학성이 높음
- **출전** : 악장가사
- **의의** : 최초의 경기체가로, 한자를 우리말 어순과 운율에 맞춰 노래

유충기의 대책문, 민광균의 경서 해의(解義), 김양경의 시와 부(賦)
아, 과거시험의 광경, 그것이 어떠합니까?(아주 훌륭합니다.)

금의가 배출한 죽순처럼 많은 제자들, 금의가 배출한 죽순처럼 많은 제자들
아, 나까지 몇 분입니까?

제8장
당당당 당추자(호도나무) 쥐엄나무에
붉은 실로 붉은 그네를 맵니다
당기시라 미시라 정소년이여
아, 내가 가는 곳에 남이 갈까 두렵구나
옥을 깎은 듯 고운 손길에, 옥을 깎은 듯 고운 손길에
아, 손 마주잡고 노니는 정경, 그것이 어떠합니까?(아주 훌륭합니다.)

Check Point

- **작자** : 안축
- **연대** : 고려 충숙왕
- **주제** : 죽계의 자연 경관과 신흥 사대부들의 의욕적인 생활 감정
- **출전** : 근재집

2. 죽계별곡(竹溪別曲)

제1장
竹嶺南 永嘉北 小白山前
千載興亡 一樣風流 順政城裏
他代無隱 翠華峯 王子藏胎
爲釀作中興景 幾何如
淸風杜閣 兩國頭御
爲 山水淸高景 幾何如

제2장
宿水樓 福田臺 僧林亭子
草庵洞 郁錦溪 聚遠樓上
半醉半醒 紅白花開 山雨裏良
爲 遊興景 幾何如
高陽酒徒 珠履三千
爲 携手相遊景 幾何如

제3장
彩鳳飛 玉龍盤 碧山松麓
紙筆峯 硯墨池 齊隱鄕校
心趣六 經志窮千古 夫子門徒
爲 春誦夏絃景 幾何如
年年三月 長程路良
爲 呵喝迎新景 幾何如

제4장
楚山曉 小雲英 山苑佳節
花爛熳 爲君開 柳陰谷
忙待重來 獨倚欄干 新鶯聲裏
爲一朶綠雲 垂未絕
天生絕艶 小紅時
爲 千里想思 又柰何

제5장
紅杏紛紛 芳草萋萋 樽前永日
綠樹陰陰 畵閣沈沈 琴上薰風
黃國丹楓 錦繡春山 鴻飛後良
爲 雪月交光景 幾何如
中興聖代 長樂太平
爲 四節遊是沙伊多

현대역

제1장

죽령 남쪽, 영가 북쪽, 그리고 소백산의 앞에

천 년을 두고 고려가 흥하고, 신라가 망하는 동안 한결같이 풍류를 지닌 순정성 안에,

다른 데 없는 취화같이 우뚝 솟은 봉우리에는, 왕의 안태가 되므로,

아! 이 고을을 중흥하게끔 만들어 준 광경, 그것이야말로 어떠합니까?

청백지풍을 지닌 두연(杜衍)처럼 높은 집에 고려와 원나라의 관함을 지니매,

아! 산 높고 물 맑은 광경, 그것이야말로 어떠합니까?

제2장

숙수사의 누각, 복전사의 누대, 승림사의 정자

소백산 안 초암동의 초암사와 욱금계의 비로전 그리고 부석사의 취원루 들에서,

반쯤은 취하고 반쯤은 깨어, 붉고 하얀 꽃 피는, 비 내리는 산 속을

아, 흥이 나서 노니는 광경, 그것이야말로 어떠합니까?

습욱의 고양지에 노는 술꾼들처럼 춘신군의 구슬 신발을 신은 삼천객처럼,

아! 손잡고 서로 의좋게 지내는 광경, 그것이야말로 어떠합니까?

제3장

산새는 채봉이 날아오르려는 듯, 지세는 옥룡이 빙빙 돌아 서린 듯, 푸른 소나무 우거진 산기슭을 안고,

향교 앞 지필봉(영귀봉)과 그 앞에는 연묵지로 문방사우를 고루 갖춘 향교에서는,

항상 마음과 뜻은 육경에 스며들게 하고, 그들 뜻은 천고성현을 궁구하며 부자를 배우는 제자들이여,

아! 봄에는 가악의 편장을 읊고 여름에는 시장을 음절에 맞추어 타는 광경, 그것이야말로 어떠합니까?

해마다 삼월이 오면 긴 노정으로,

아! 떠들썩하게 새 벗 맞는 광경, 그것이야말로 어떠합니까?

제4장

효와 소운영이라는 기녀들과 동산 후원에서 노닐던 좋은 시절에,

꽃은 난만하게 그대 위해 피었고, 버드나무 골짜기에 우거졌는데

홀로 난간에 기대어 님 오시기 기다리면, 갓 나온 꾀꼬리 노래 부르고

아! 한 떨기 꽃처럼 검은 머릿결이 구름처럼 흘러내려 끊임없는데,

타고나 천하절색인 소도홍(小桃紅)만한 때쯤이면

아, 천리 밖의 님 생각 어찌하면 좋으리오

제5장

붉은 살구꽃 어지러이 날리고, 향긋한 풀 우거질 땐 술잔을 기울이고

녹음 무성하고, 화려한 누각 고요하면 거문고 위로 부는 여름의 훈풍

노란 국화 빨간 단풍이 온 산을 수놓은 듯하고, 말간 가을 밤 하늘 위로 기러기 날아간 뒤라,

아! 눈 위로 휘영청 달빛이 어우러지는 광경, 그것이야말로 어떠합니까?

중흥하는 성스러운 시대에, 길이 대평을 누리면서

아, 사철을 놀아봅시다

Check Point

경기체가의 형식

- 3음보(3 · 3 · 4조, 4 · 4 · 4조)의 분절체로 각 연은 4행의 전대절과 2행의 후소절로 구성되어 있다.
- 대개 한자 어구의 나열과 이두식 후렴구로 되어 있으며, 매 절의 끝에 '爲~景긔 엇더ᄒᆞ니잇고'가 반복된다.

3. 독락팔곡(獨樂八曲)

1장

太平聖代(태평성대) 田野逸民(전야일민) 再唱(재창)

耕雲麓(경운록) 釣烟江(조연강)이 이밧긔 일이업다.

窮通(궁통)이 在天(재천)ᄒᆞ니 貧賤(빈천)을 시름ᄒᆞ랴.

玉堂(옥당) 金馬(금마)ᄂᆞᆫ 내의願(원)이 아니로다.

泉石(천석)이 壽域(수역)이오 草屋(초옥)이 春臺(춘대)라.

於斯臥(어사와) 於斯眠(어사면) 俯仰宇宙(부앙우주) 流觀(유관) 品物(품물)ᄒᆞ야,

居居然(거거연) 浩浩然(호호연) 開襟獨酌(개금독작) 岸幘長嘯(안책장소) 景(경) 긔엇다 ᄒᆞ니잇고.

2장

草屋三間(초옥삼간) 容膝裏(용슬리) 昂昂(앙앙) 一閒人(일한인) 再唱(재창)

琴書(금서)를 벗을 삼고 松竹(송죽)으로 울을ᄒᆞ니

翛翛(소소) 生事(생사)와 淡淡(담담) 襟懷(금회)에 塵念(진념)이 어ᄃᆡ나리.

時時(시시)에 落照趁淸(낙조진청) 蘆花(노화) 岸紅(안홍)ᄒᆞ고,

殘烟帶風(잔연대풍) 楊柳(양류) 飛(비)ᄒᆞ거든,

一竿竹(일간죽) 빗기안고 忘機伴鷗(망기반구) 景(경) 긔엇다 ᄒᆞ니잇고.

(중략)

7장

一屛一榻(일병일탑) 左箴右銘(좌잠우명) 再唱(재창)

神目(신목) 如電(여전)이라 暗室(암실)을 欺心(기심)ᄒᆞ며,

天聽(천청) 如雷(여뇌)라 私語(사어)인들 妄發(망발)ᄒᆞ랴.

戒愼(계신) 恐懼(공구)를 隱微間(은미간)애 닛디마새.

左如尸(좌여시) 儼若思(엄약사) 終日乾乾(종일건건) 夕惕若(석상약) ᄒᆞᄂᆞ쁟든

尊事(존사) 天君(천군)ᄒᆞ고 攘除(양제) 外累(외누)ᄒᆞ야,

百體從令(백체종령) 五常(오상) 不斁(불두)ᄒᆞ야

治平(치평) 事業(사업)을 다이루려 ᄒᆞ였더니

時也(시야) 命也(명야)인디 迄無成功(흘무성공) 歲不我與(세불아여) ᄒᆞ니,

白首(백수) 林泉(임천)의 ᄒᆞ올일이 다시업다.

우읍다. 山之男(산지남) 水之北(수지북)애 斂藏(염장) 蹤跡(종적)ᄒᆞ야

百年閒老(백년한로) 景(경) 긔엇다 ᄒᆞ니잇고.

현대역

1장

태평스럽고 성스러운 시대에, 시골에 은거하는 절행이 뛰어난 선비가,

구름 덮인 산기슭에 밭이랑을 갈고, 내 낀 강에 낚시를 드리우니, 이밖에는 일이 없다.

Check Point

- **작자** : 권문호
- **연대** : 조선 선조
- **주제** : 강호에 묻혀 여유롭게 살아가는 즐거움
- **출전** : 송암별집
- **의의** : 경기체가 소멸기에 쓰인 작품이다.

Check Point

독락팔곡

현존하는 경기체가 가운데 가장 마지막 작품이다.

경기체가는 상류 계층이 향유한 귀족문학으로, 계층의 제한과 한문 어투의 반복으로 인해 국민 문학으로 자리 잡지 못했다.

임진왜란을 계기로 사대부 계층이 그들의 세계를 과시하고 찬양할 외적 여건을 상실한데다 새로운 시가 형태인 가사문학에 의해 점차 대치되어 자취를 감추었다.

결국 고려 고종 때부터 조선 선조 때까지에 한정된 단명한 갈래로 남게 되었다.

빈궁과 영달이 하늘에 달렸으니, 가난함과 천함을 걱정하리오.
한나라 때 궁궐 문이나 관아 앞에 동마(銅馬)를 세워 명칭한 금마문과, 한림원의 별칭인 옥당서가 있어, 이들은 임금을 가까이서 뫼시는 높은 벼슬아치로, 이것은 내가 원하는 바가 아니다.
천석으로 이루어진 자연에 묻혀 사는 것도, 인덕이 있고 수명이 긴 수역으로 성세가 되고, 초옥에 묻혀 사는 것도, 봄 전망이 좋은 춘대로 성세로다.
어사와! 어사와! 천지를 굽어보고 쳐다보며, 삼라만상이 제각기 갖춘 형체를 멀리서 바라보며,
안정된 가운데 넓고도 큰 흉금을 열어 제쳐 놓고 홀로 술을 마시느니, 두건이 높아 머리 뒤로 비스듬히 넘어가, 이마가 드러나서 예법도 없는데다 길게 휘파람 부는 광경, 그것이야말로 어떻습니까.

2장
초가삼간이 너무 좁아, 겨우 무릎을 움직일 수 있는 방에, 지행 높고 한가한 사람이,
가야금을 타고 책 읽는 일을 벗 삼아 집 둘레에는 소나무와 대나무로 울을 하였으니,
찢겨진 생계와 산뜻하게 가슴 깊이 품고 있는 회포는, 속세의 명리를 생각하는 마음이 어디서 나리오.
저녁 햇빛이 맑게 갠 곳에 다다르고, 흰 갈대꽃이 핀 기슭에 비쳐서 붉게 물들었는데, 남아 있는 내에 섞여 부는 바람결에 버드나무가 날리거든,
하나의 낚시대를 비스듬히 끼고 세속 일을 잊고서 갈매기와 벗이 되는 광경, 그것이야말로 어떻습니까.

(중략)

7장
하나의 병풍에다 하나의 평상을 두고, 왼쪽에는 경계가 되는 잠언을 오른쪽에는 마음에 아로새길 좌우명을 두고,
귀신의 눈으로 볼 제는 번갯불 같이 밝게 보이므로, 어두운 방안이라고 제 마음을 못 속이며,
하늘이 들을 제는 천둥소리처럼 크게 들리므로, 사사로이 하는 말이라도 망발을 하랴.
군자가 경계하고 삼가며 몹시 두려워하는 것은, 은암한 곳보다 더 잘 드러나는 곳은 없고, 세미한 일보다 더 뚜렷해진다는 게 없다는 사실을 잊지 마세.
앉은 모습은 시동처럼 반드시 공경하고 장중한 태도로 앉아야 하고, 얼굴빛과 몸가짐은 엄숙하고 단정하게 가져서 무엇인가 생각하는 것처럼, 낮에는 하루 종일 쉼 없이 노력하고, 저녁에는 반성하여 삼가고 조심하는 뜻은,
존경하는 마음을 갖고 잘 섬김으로써, 내 몸 밖에서 오는 누끼치는 일을 물리쳐 없애고,
온몸이 령을 좇아서, 아비는 의롭고 어미는 자애롭고 형은 우애롭고 아우는 공경하고 아들은 효성함으로써, 오상을 싫어함이 없어야만,
백성들이 잘 다스려져 평안한 세상이 되게 하고, 사업을 모두 이루고자 하였더니,
때가 아닌지 운명인지, 마침내 성공함이 없었고, 세월은 나와 더불어 기다려 주지 않으니, 흰머리의 늙은이로 숲과 샘이 있는 은거처에서 할 일이 다시 없도다.
우습다, 산의 남쪽과 물의 북쪽인 양지바른 곳에다 내 발자취를 거두어 감추고, 평생 동안을 한가하게 늙어가는 광경, 그것이야말로 어떻습니까.

Check Point

두 작품의 관동별곡(關東別曲)

	가사	상형
작자	송강 정철	근재 안축
연대	조선 선조	고려 충숙왕
분류	송강가사	근재집
특징	작자가 강원도 관찰사로 부임하여 관동팔경을 돌아보면서 선정을 베풀고자 하는 심정을 읊은 것	작자가 강원도 순무사로 있다가 돌아오는 길에 관동 지방의 절경을 보고 읊은 것

제6절 시조

1. 고려 시대

(1) 이조년, 「다정가(多情歌)」

Check Point

- **갈래** : 평시조, 서정시
- **주제** : 봄밤의 애상
- **특징**
  - 직유법과 의인법의 사용
  - 시각적 심상과 청각적 심상의 조화를 통해 애상적 분위기를 표현
- **출전** : 병와가곡집, 청구영언

梨花(이화)에 月白(월백)ᄒᆞ고 銀漢(은한)이 三更(삼경)인제
一枝春心(일지춘심)을 子規(자규)야 알랴마는
多情(다정)도 病(병)인 냥ᄒᆞ여 ᄌᆞᆷ못 드러 ᄒᆞ노라.

현대역 배꽃에 달이 하얗게 비치고 은하수는 자정 무렵을 알리는 때에
나뭇가지에 깃들어 있는 봄의 정서를 소쩍새야 알 리 있으랴마는
다정한 것도 그것이 병인 양, 잠 못 들어 하노라.

(2) 우탁, 「탄로가(嘆老歌)」

Check Point

- **갈래** : 평시조
- **주제** : 늙음에 대한 안타까움과 인생에 대한 달관
- **출전** : 병와가곡집, 청구영언

春山(춘산)에 눈 녹인 ᄇᆞᄅᆞᆷ 건듯 불고 간 ᄃᆡ 업다.
져근덧 비러다가 마리 우희 불니고져
귀 밋틔 ᄒᆡ묵은 서리ᄅᆞᆯ 녹여 볼가 ᄒᆞ노라.

현대역 봄 산에 쌓인 눈을 녹인 바람이 잠깐 불고 어디론지 간 데 없다. 잠시 동안 빌려다가 머리 위에 불게 하고 싶구나. 귀 밑에 해묵은 서리(백발)를 녹여 볼까 하노라.

(3) 이존오, 「풍자시(諷刺詩)」

Check Point

- **주제** : 간신 신돈의 횡포 풍자
- **성격** : 풍자적 · 비판적 · 우의적
- **출전** : 청구영언

구룸이 無心(무심)튼 말이 아마도 虛浪(허랑)ᄒᆞ다.
中天(중천)에 ᄯᅥ이셔 任意(임의)로 ᄃᆞ니면셔
구ᄐᆡ야 光明(광명)ᄒᆞᆫ 날빗출 ᄯᅡ라가며 덥ᄂᆞ니.

현대역 구름이 사심 없다는 말은 아무래도 허무맹랑하다. 하늘 높이 떠 있어 마음대로 다니면서 구태여 밝은 햇빛을 따라가며 덮는구나.

(4) 이색, 「우국가(憂國歌)」

白雪(백설)이 ᄌᆞ자진 골에 구루미 머흐레라.
반가온 梅花(매화)ᄂᆞᆫ 어ᄂᆡ곳에 픠엿ᄂᆞᆫ고.
夕陽(석양)에 홀로 셔 이셔 갈 곳 몰라 하노라.

현대역 흰 눈이 녹아 없어진 골짜기에 구름이 험하구나. 반겨줄 매화는 어느 곳에 피어 있는가? 석양에 홀로 서서 갈 곳을 몰라 하노라.

Check Point
- **주제** : 우국충정
- **출전** : 청구영언

(5) 이방원, 「하여가(何如歌)」

이런들 엇더하며 져런들 엇더하료
만수산(萬壽山) 드렁칡이 얽어진들 긔 어떠하리
우리도 이갓치 얽어져 백 년까지 누리리라

현대역 이런들 어떠하며 저런들 어떠하리
만수산 칡덩굴이 얽혀져 있은들 그것이 어떠하리
우리도 이같이 하여 백년까지 누리리라

Check Point
- **갈래** : 평시조, 회유가
- **주제** : 정적에 대한 회유(정치적 목적을 지닌 우회적 회유)
- **출전** : 병와가곡집

(6) 정몽주, 「단심가(丹心歌)」

이 몸이 주거주거 一百(일백) 番(번) 고쳐 주거
白骨(백골)이 塵土(진토)되여 넉시라도 잇고 업고
님 向(향)ᄒᆞᆫ 一片丹心(일편단심)이야 가실줄이 이시랴.

현대역 이 몸이 죽고 죽어 일백 번 고쳐 죽어 백골이 진토되어 넋이라도 있고 없고 임 향한 일편단심이야 가실 줄이 있으랴.

Check Point
- **주제** : 일편단심
- **출전** : 청구영언

(7) 길재, 「회고가(懷古歌)」

오백 년(五百年) 도읍지(都邑地)를 필마(匹馬)로 도라드니
산천(山川)은 의구(依舊)하되 인걸(人傑)은 간 듸 업다.
어즈버 태평연월(太平烟月)이 꿈이런가 하노라.

현대역 오백 년이나 이어 온 고려의 옛 도읍지를 한 필의 말로 돌아 들어오니
산천(山川)은 예와 다름이 없으되 인재(고려의 유신)는 간 데 없구나.
아아, 태평하고 안락한 세월(고려의 융성기)은 꿈인가 하노라.

Check Point
- **주제** : 망국의 한과 맥수지탄(麥秀之嘆)
- **특징** : 대조법 · 영탄법을 통해 망국의 한과 무상함을 표현
- **출전** : 청구영언

2. 조선 전기

(1) 황희, 「한정가(閑情歌)」

Check Point

- **주제** : 늦가을 농촌의 풍요로운 정취
- **출전** : 청구영언

대쵸 볼 볼근 골에 밤은 어이 쁫드르며
벼 뷘 그르헤 게ᄂᆞᆫ 어이 ᄂᆞ리ᄂᆞᆫ고
술 닉쟈 체 장ᄉᆞ 도라가니 아니 먹고 어이리.

현대역 대추의 볼이 붉게 익은 골짜기에 밤은 어이 떨어지며
벼를 벤 그루에 게는 어이 기어 나와 다니는고.
술이 익었는데 마침 체 장수가 (체를 팔고) 돌아가니, (술을 걸러) 먹지 않고 어이 하리.

(2) 조식, 「강호(江湖)한정가」

Check Point

- **갈래** : 평시조, 강호한정가
- **주제** : 두류산 양단수에 대한 감탄 및 예찬

두류산(頭流山) 양단수(兩端水)를 녜 듣고 이제 보니,
도화(桃花) 뜬 맑은 물에 산영(山影)조차 잠겼에라.
아희야, 무릉이 어디뫼오, 나난 옌가 하노라.

현대역 지리산 두 갈래로 갈린 물줄기를 예전에 듣고 이제와 보니,
복사꽃 뜬 맑은 냇물에 산 그림자까지 어려 있구나.
아이야, 무릉도원이 어디냐, 나는 여기인가 하노라.

(3) 송순, 「전원가(田園歌)」

Check Point

- **주제** : 안빈낙도(安貧樂道), 자연귀의, 물아일체(物我一體)
- **출전** : 청구영언

十年(십년)을 經營(경영)하여 焦廬三間(초려삼간) 지여내니
나 ᄒᆞᆫ간 달 ᄒᆞᆫ 간에 淸風(청풍) ᄒᆞᆫ간 맛져 두고
江山(강산)은 들일 ᄃᆡ 업스니 둘러 두고 보리라.

현대역 십년을 경영하여 초가삼간 지어내니
나 한 칸, 달 한 칸에 청풍 한 칸 맡겨두고
강산은 들일 데 없으니 둘러두고 보리라.

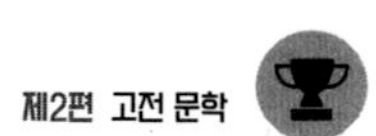

(4) 송순, 「자상특사황국옥당가(自上特賜黃菊玉堂歌)」

Check Point
- **갈래** : 평시조, 절의가 · 충절가
- **주제** : 절의를 지키는 고고한 삶의 가치, 임금에 대한 충의 사상
- **출전** : 청구영언

風霜(풍상)이 섯거친 날의 ᄀᆞᆺ 피온 黃菊花(황국화)를
金盆(금분)에 ᄀᆞ득 담아 玉堂(옥당)에 보ᄂᆡ오니
桃李(도리)야 곳인 쳬 마라, 님의 ᄠᅳᆺ을 알괘라.

현대역 바람과 서리가 섞이어 내린 날에 갓 핀 노란 국화를
좋은 화분에 가득 담아 홍문관에 보내시니
복사꽃 자두꽃아 꽃인 체하지 마라. 임의 뜻을 알겠구나.

꼭! 확인 기출문제

다음 시조와 가장 유사한 정서가 나타난 것은? [서울시 9급 기출]

방안에 혓는 촛불 눌과 이별 ᄒᆞ엿관ᄃᆡ
것츠로 눈물 디고 속 타는 줄 모르는고
뎌 촛불 날과 갓트여 속 타는 줄 모르도다

① 이화에 월백ᄒᆞ고 은한이 삼경인 제 / 일지춘심을 자규야 알랴마ᄂᆞᆫ / 다정도 병인냥 ᄒᆞ여 잠 못 드러 ᄒᆞ노라
② ᄒᆞᆫ 손에 막ᄃᆡ 잡고 또 ᄒᆞᆫ 손에 가싀쥐고 / 늙는 길은 가싀로 막고 오는 백발은 막ᄃᆡ로 칠 엿튼이 / 백발이 제 몬져 알고 지름길로 오건야
❸ 이화우 훗뿌릴 제 울며 잡고 이별ᄒᆞᆫ 님 / 추풍낙엽에 저도 날 ᄉᆡᆼ각ᄂᆞᆫ가 / 천리에 외로운 ᄭᅮᆷ만 오락가락 ᄒᆞ노매
④ ᄆᆞ을 사ᄅᆞᆷ들아 올ᄒᆞᆫ 일 ᄒᆞ쟈ᄉᆞ라 / 사ᄅᆞᆷ이 되어 나셔 올티옷 못ᄒᆞ면 / ᄆᆞ쇼를 갓 곳갈 싀워 밥머기나 다르랴

해 ③ 제시된 시조는 이개의 시조로, 임과 이별한 슬픔이 드러난다. 유사한 정서가 드러나는 시조는 계랑의 시조이다. 배꽃이 봄날 내리는 비처럼 날릴 때, 이별한 임에 대한 그리움의 정서가 표현되어 있다.

(5) 이황, 「도산십이곡(陶山十二曲)」 중 제1곡(언지)

Check Point
- **갈래** : 평시조, 연시조(전 12수)
- **주제** : 자연 친화적인 삶의 태도
- **출전** : 청구영언

이런ᄃᆞᆯ 엇더ᄒᆞ며 뎌런ᄃᆞᆯ 엇더ᄒᆞ료.
草野愚生(초야우생)이 이러타 엇더ᄒᆞ료.
ᄒᆞ믈며 泉石膏肓(천석고황)을 고텨 므슴ᄒᆞ료.

현대역 이런들 어떠하며 저런들 어떠하리오.
시골에만 묻혀 사는 어리석은 사람이 이렇게 산다고 해서 어떠하리오.
하물며 자연을 몹시 사랑하는 이 병을 고쳐 무엇하리오.

Check Point

- **주제** : 임을 기다리는 절실한 그리움
- **특징**
  - 추상적인 시간의 구체화 · 감각화
  - 음성상징어의 적절한 사용
- **출전** : 청구영언

(6) 황진이, 「연정가(戀情歌)」

冬至(동지)ㅅ돌 기나긴 밤을 한 허리를 버혀 내여
春風(춘풍) 니불 아레 서리서리 너헛다가
어론님 오신 날 밤이여든 구뷔구뷔 펴리라.

현대역 동짓달 기나긴 밤 한가운데를 베어 내어
봄바람 이불 아래 서리서리 넣었다가
정든 서방님 오신 날 밤이거든 굽이굽이 펴리라.

Check Point

- **주제** : 임을 그리는 마음
- **출전** : 청구영언

(7) 계랑, 「연정가(戀情歌)」

梨花雨(이화우) 흣뿌릴 제 울며 잡고 이별(離別)흔 님
秋風落葉(추풍낙엽)에 저도 날 싱각는가.
千里(천 리)에 외로운 꿈만 오락가락 흐노매.

현대역 배꽃이 비처럼 흩뿌릴 때 울며 잡고 이별한 임
가을바람에 떨어지는 나뭇잎에 임도 날 생각하시는가.
천 리에 외로운 꿈만 오락가락하는구나.

Check Point

- **주제** : 이별의 슬픔
- **특징** : 도치법, 상징법의 사용
- **출전** : 오씨 소장 전사본

(8) 홍랑, 「이별가(離別歌)」

묏버들 갈히 것거 보내노라 님의손듸
자시는 窓(창) 밧긔 심거 두고 보쇼셔.
밤비예 새닙곳 나거든 날인가도 너기쇼셔.

현대역 산에 있는 버들가지 중 아름다운 것을 골라 꺾어 임에게 보내오니
주무시는 방의 창 밖에 심어 두고 살피 주십시오.
밤비에 새잎이라도 나거든 나를 본 것처럼 여겨 주십시오.

Check Point

- **주제** : 단종과 이별하는 슬픔
- **출전** : 청구영언

(9) 이개, 「절의가(絕義歌)」

房(방) 안에 혓는 燭(촉)불 눌과 離別(이별)흐 엿관듸
것츠로 눈믈 디고 속타는 쥴 모로는고.
뎌 燭(촉)불 날과 갓트여 속타는 쥴 모로도다.

현대역 방 안에 켜 놓은 촛불은 누구와 이별하였기에,
겉으로 눈물 흘리면서 속 타는 줄 모르는가.
저 촛불도 나와 같아서 속 타는 줄 모르는구나.

⑽ 성삼문, 「절의가(絕義歌)」

首陽山(수양산) 바라보며 夷齊(이제)를 恨(한)ᄒᆞ노라.
주려 주글진들 採薇(채미)도 ᄒᆞᄂᆞᆫ 것가.
비록애 푸새엣거신들 긔 뉘 싸헤 낫ᄃᆞ니.

현대역 수양산 바라보며 백이와 숙제를 한탄한다.
굶어 죽을지언정 고사리를 캐어 먹었다는 것인가.
비록 푸성귀일지라도 그것이 누구의 땅에 난 것인가.

Check Point

- **주제** : 굳은 절의와 지조
- **특징** : 백이와 숙제보다 자신의 충절이 굳음을 설의법 · 중의법을 통해 표현
- **출전** : 청구영언

⑾ 맹사성, 「강호사시가(江湖四時歌)」

江湖(강호)에 봄이 드니 미친 興(흥)이 절로 난다.
濁醪溪邊(탁료계변)에 錦鱗魚(금린어)ㅣ 안쥐로다.
이 몸이 閑暇(한가)히옴도 亦君恩(역군은)이샷다.

江湖(강호)에 녀름이 드니 草堂(초당)에 일이 업다.
有信(유신)ᄒᆞᆫ 江波(강파)ᄂᆞᆫ 보내ᄂᆞ니 ᄇᆞ람이로다.
이 몸이 서늘ᄒᆡ옴도 亦君恩(역군은)이샷다.

江湖(강호)에 ᄀᆞ올이 드니 고기마다 ᄉᆞᆯ져 잇다.
小艇(소정)에 그믈 시러 흘니 씌여 더져 두고
이 몸이 消日(소일)ᄒᆡ옴도 亦君恩(역군은)이샷다.

江湖(강호)에 겨월이 드니 눈 기픠 자히 남다.
삿갓 빗기 쓰고 누역으로 오슬 삼아
이 몸이 칩지 아니ᄒᆡ옴도 亦君恩(역군은)이샷다.

현대역

강호에 봄이 드니 참을 수 없는 흥이 절로 난다. / 탁주를 마시며 노는 시냇가에 금린어(쏘가리)가 안주로다. / 이 몸이 한가롭게 지냄도 역시 임금의 은혜로다.
강호에 여름이 드니 초당에 일이 없다. / 신의 있는 강 물결은 보내는 것이 시원한 강바람이다. / 이 몸이 서늘하게 지내는 것도 역시 임금의 은혜로다.
강호에 가을이 드니 물고기마다 살이 올랐다. / 작은 배에 그물 실어 물결 따라 흐르게 던져 두고 / 이 몸이 고기잡이로 세월을 보내는 것도 역시 임금의 은혜로다.
강호에 겨울이 드니 (쌓인) 눈의 깊이가 한 자가 넘는다. / 삿갓을 비스듬히 쓰고 도롱이를 둘러 덧옷을 삼아 / 이 몸이 춥지 않게 지내는 것도 역시 임금의 은혜로다.

Check Point

- **갈래** : 평시조, 연시조(전 4수)
- **주제** : 유유자적한 삶과 임금의 은혜에 대한 감사
- **의의**
  - 강호가도(江湖歌道)의 선구적 작품
  - 최초의 연시조로서, 이황의 「도산십이곡」과 이이의 「고산구곡가」에 영향을 미침
- **출전** : 청구영언, 병와가곡집

Check Point

연시조(연형시조)
두 개 이상의 평시조가 하나의 제목으로 엮어져 있는 시조를 말하며, 그와 같은 형태를 통해 다양하고 체계적인 생각을 표현할 수 있었다. 최초의 연시조인 맹사성의 「강호사시가(江湖四時歌)」를 비롯하여, 율곡 이이의 「고산구곡가(高山九曲歌)」, 노계 박인로의 「입암가(立巖歌)」, 고산 윤선도의 「오우가(五友歌)」등이 이에 속한다.

3. 조선 후기

Check Point

- **주제** : 풍수지탄
- **특징**
  - 사친가(思親歌)로서, '조홍시가'라고도 함
  - 지은이가 육적의 회귤고사를 떠올리며 지은 효(孝)의 노래
- **출전** : 노계집

(1) 박인로, 「조홍시가(早紅柿歌)」 중 1수

盤中(반중) 早紅(조홍)감이 고아도 보이ᄂᆞ다.
유자(柚子) ㅣ 아니라도 품엄즉도 ᄒᆞ다마ᄂᆞᆫ
품어 가 반길 이 업슬ᄉᆡ 글로 설워ᄒᆞᄂᆞ이다.

현대역 쟁반에 놓인 일찍 익은 홍시가 곱게도 보이는구나. 유자는 아니더라도 품어 가고 싶다마는 품어 가도 반겨줄 이(부모님) 안 계시니 그것을 서러워합니다.

Check Point

- **갈래** : 연시조(전 6수)
- **주제** : 다섯 벗인 물, 돌, 소나무, 대나무, 달에 대한 예찬
- **특징** : 자연친화적 · 찬미적 시조로, 우리말의 아름다움을 잘 표현한 작품
- **출전** : 고산유고

(2) 윤선도, 「오우가(五友歌)」

序
내 버디 몃치나 ᄒᆞ니 水石(수석)과 松竹(송죽)이라.
東山(동산)의 ᄃᆞᆯ 오르니 긔 더옥 반갑고야.
두어라 이 다ᄉᆞᆺ 밧긔 또 더ᄒᆞ야 머엇ᄒᆞ리.

水
구룸 빗치 조타 ᄒᆞ나 검기ᄅᆞᆯ ᄌᆞ로 ᄒᆞᆫ다.
ᄇᆞ람 소ᄅᆡ ᄆᆞᆰ다 ᄒᆞ나 그칠 적이 하노매라.
조코도 그츨 뉘 업기ᄂᆞᆫ 믈뿐인가 ᄒᆞ노라.

石
고즌 므스 일로 퓌며셔 쉬이 디고
플은 어이 ᄒᆞ야 프르ᄂᆞᆫ ᄃᆞᆺ 누르ᄒᆞ니
아마도 변티 아닐ᄉᆞᆫ 바회뿐인가 ᄒᆞ노라.

松
더우면 곳 퓌고 치우면 닙 디거ᄂᆞᆯ
솔아 너ᄂᆞᆫ얻디 눈서리ᄅᆞᆯ 모ᄅᆞᄂᆞᆫ다.
九泉(구천)의 불휘 고ᄃᆞᆫ 줄을 글로 ᄒᆞ야 아노라.

竹
나모도 아닌 거시 플도 아닌 거시
곳기ᄂᆞᆫ 뉘 시기며 속은 어이 뷔연ᄂᆞᆫ다.
뎌러코 四時(사시)에 프르니 그를 됴하ᄒᆞ노라.

月
쟈근 거시 노피 떠서 萬物(만물)을 다 비취니
밤듕의 光明(광명)이 너만 ᄒᆞ니 또 잇ᄂᆞ냐.
보고도 말 아니 ᄒᆞ니 내 벋인가 ᄒᆞ노라.

현대역

내 벗이 몇이나 있나 보니 물과 돌과 소나무와 대나무로다. / 동쪽 산에 달이 떠오르니 그것은 더욱 반가운 일이로구나. / 그만 두자. 이 다섯 외에 또 더해야 무엇하리.

물 : 구름 빛이 깨끗하다 하지만 검기를 자주 한다. / 바람 소리 맑다 하지만 그칠 때가 많도다. / 깨끗하고도 그칠 때가 없는 것은 물뿐인가 하노라.

돌 : 꽃은 무슨 일로 피자마자 곧 져 버리고 / 풀은 어찌하여 푸르러지자 곧 누른빛을 띠는가? / 아무래도 변하지 않는 것은 바위뿐인가 하노라.

소나무 : 더우면 꽃 피고 추우면 잎 지거늘 / 소나무야, 너는 어찌 눈서리를 모르는가? / 깊은 땅 속까지 뿌리가 곧게 뻗어 있음을 그것으로 미루어 알겠노라.

대나무 : 나무도 아니고 풀도 아닌 것이 / 곧기는 누가 시켰으며 속은 어이하여 비어 있는가. / 저리하고도 사계절 내내 푸르니, 그것을 좋아하노라.

달 : 작은 것이 높이 떠서 만물을 다 비추니 / 밤중의 광명이 너만한 것이 또 있느냐? / 보고도 말을 하지 않으니 내 벗인가 하노라.

꼭! 확인 기출문제

밑줄 친 단어가 가리키는 대상을 노래한 것은? [지방직 7급 기출]

> 珠簾을 고텨 것고 玉階를 다시 쓸며
> 啓明星돗도록 곳초 안자 ᄇᆞ라보니
> 白蓮花ᄒᆞᆫ 가지를 뉘라셔 보내신고
>
> – 정철, 관동별곡(關東別曲)

① 구름 빗치 조타 ᄒᆞ나 검기를 ᄌᆞ로 ᄒᆞᆫ다/ ᄇᆞ람 소릐 ᄆᆞᆰ다 ᄒᆞ나 그칠 적이 하노매라/ 조코도 그츨 뉘 업기ᄂᆞᆫ 믈뿐인가 ᄒᆞ노라
② 고즌 므스 일로 퓌며셔 쉬이 디고/ 플은 어이ᄒᆞ야 프르ᄂᆞᆫ 듯 누르ᄂᆞ니/ 아마도 변티 아닐 ᄉᆞᆫ 바회뿐인가 ᄒᆞ노라
③ 나모도 아닌 거시 플도 아닌 거시/ 곳기ᄂᆞᆫ 뉘 시기며 속은 어이 뷔연ᄂᆞᆫ다/ 뎌러코 四時예 프르니 그를 됴하ᄒᆞ노라
❹ 쟈근 거시 노피 떠서 萬物을 다 비취니/ 밤듕의 光明이 너만ᄒᆞ니 또 잇ᄂᆞ냐/ 보고도 말아니 ᄒᆞ니 내 벋인가 ᄒᆞ노라

해 ④ 白蓮花(백련화)는 달을 비유적으로 표현한 단어이다. '쟈근 거시 노피 떠서 萬物(만물)을 다 비취니', '밤듕의 光明(광명)이' 등을 통해 달을 은유하고 있다.

Check Point

가단(歌壇)
가단은 조선 후기에 등장한 가객(歌客)의 동호인 모임을 말한다. 보통 중인(中人)·아전(衙前) 층을 중심으로 한다.
- **경정산(敬亭山)가단** : 김수장과 김천택이 중심이 되어 활동
- **노가재(老歌齋)가단** : 김수장이 여러 동료 및 후배 가객들과 함께 활동
- **승평계(昇平契)가단** : 박효관과 안민영이 중심이 되어 활동

Check Point

- **갈래** : 전 40수의 연시조(사계절 각 10수)
- **주제** : 사계절의 어부 생활과 어촌 풍경을 묘사, 강호한정과 물아일체의 흥취
- **특징**
  - 후렴구가 있으며, 우리말의 아름다움을 잘 살림
  - 시간에 따른 시상 전개, 원근법 등이 나타남
  - 각 수의 여음구를 제외하면 초 · 중 · 종장 형태의 평시조와 동일(동사(冬詞) 제10장은 제외)
  - '어부가(고려시대 민요) → 어부사(이현보의 연시조) → 어부사시사'의 흐름을 형성
- **출전** : 고산유고

Check Point

「어부사시사(漁父四時詞)」는「어부가(漁父歌)」, 「어부사(漁父詞)」의 영향을 받아 창작되었다. 작자 미상으로 고려 때부터 전해오던 「어부가」를 이현보가 9장 형식의 「어부사」로 고쳐지었고, 이러한 시조의 형식에 윤선도가 여음을 넣어 「어부사시사」로 완성한 것이다. 윤선도는 이 작품에서 자신만의 새로운 언어를 통해 속계를 벗어나 자연에 합치한 어부의 생활을 아름답게 표현하였다.

(3) 윤선도, 「어부사시사(漁父四時詞)」

春詞4
우는거시 벅구기가, 프른 거시 버들숩가,
이어라, 이어라
漁村(어촌) 두어 집이 닛속의 나락들락.
至匊悤(지국총) 至匊悤(지국총) 於思臥(어사와)
말가흔 기픈 소희 온간 고기 쒸노느다.

夏詞2
년닙희 밥싸 두고 반찬으란 쟝만마라.
닫 드러라 닫 드러라
青蒻笠(청약립)은 써 잇노라 綠蓑衣(녹사의) 가져오냐.
至匊悤(지국총) 至匊悤(지국총) 於思臥(어사와)
無心(무심)흔 白鷗(백구)는 내 좃는가, 제 좃는가.

秋詞1
物外(물외)예 조흔 일이 漁父生涯(어부생애) 아니러냐.
빅 떠라 빅 떠라
漁翁(어옹)을 욷디마라 그림마다 그렷더라.
至匊悤(지국총) 至匊悤(지국총) 於思臥(어사와)
四時興(사시흥)이 흔가지나 秋江(추강)이 은듬이라.

冬詞4
간밤의 눈 갠 後(후)에 景物(경물)이 달고야.
이어라 이어라
압희는 萬頃琉璃(만경유리) 뒤희는 千疊玉山(천첩옥산).
至匊悤(지국총) 至匊悤(지국총) 於思臥(어사와)
仙界(선계)ㄴ가 佛界(불계)ㄴ가 人間(인간)이 아니로다.

현대역

춘사 4 : 우는 것이 뻐꾸기인가, 푸른 것이 버들 숲인가. / 노 저어라 노 저어라 / 어촌 두어 집이 안개 속에 들락날락하는구나. / 찌그덩 찌그덩 어여차 / 맑고 깊은 못에 온갖 고기 뛰논다.
하사 2 : 연잎에 밥 싸두고 반찬일랑 장만 마라. / 닻 올려라 닻 올려라 / 삿갓은 쓰고 있노라. 도롱이는 가져오느냐. / 찌그덩 찌그덩 어여차 / 무심한 갈매기는 내가 저를 좇는가, 제가 나를 좇는가.
추사 1 : 세속을 떠난 곳에서의 깨끗한 일이 어부의 생애 아니더냐. / 배 띄워라 배 띄워라 / 늙은 어부라고 비웃지 마라. 그림마다 그렸더라. / 찌그덩 찌그덩 어여차 / 사계절의 흥취가 다 좋지만 그중에서도 가을 강이 으뜸이라.

동사 4 : 간밤에 눈 갠 뒤에 경치가 달라졌구나. / 노 저어라 노 저어라 / 앞에는 유리처럼 반반하고 아름다운 바다, 뒤에는 수없이 겹쳐 있는 아름다운 산. / 찌그덩 찌그덩 어여차 / 선계(신선의 세계)인가, 불계(부처의 세계)인가. 사람의 세계는 아니로다.

(4) 한호, 「전원한정가(田園閑情歌)」

짚方席(방석) 내지 마라 落葉(낙엽)엔들 못 안즈랴.
솔불 혀지 마라 어제 진 ᄃᆞᆯ 도다온다.
아ᄒᆡ야 薄酒山菜(박주산채)ㄹ망정 업다 말고 내여라.

현대역 짚방석 내지 마라. 낙엽엔들 못 앉으랴.
관솔불 켜지 마라. 어제 진 달 돋아온다.
아이야, 변변치 못한 술과 산나물일지언정 없다 말고 내 오너라.

Check Point

- **주제** : 산촌 생활의 안빈낙도
- **출전** : 병와가곡집

(5) 정철, 「훈민가(訓民歌)」

2수
님금과 백성과 사이 하늘과 땅이로다.
내의 셜운 일을 다 아로려 하시거든
우린들 살진 미나리 홈자 엇디 머그리.

3수
형아 아ᄋᆡ야 네 ᄉᆞᆯ ᄒᆞᆯ 만져 보아.
뉘손ᄃᆡ 타 나관ᄃᆡ 양ᄌᆡ조차 ᄀᆞᄐᆞᄉᆞᆫ다.
ᄒᆞᆫ 졋 먹고 길너나 이셔 닷 ᄆᆞᄋᆞᆷ을 먹디 마라.

4수
어버이 사라신 제 셤길 일란 다ᄒᆞ여라.
디나간 後(후)면 애ᄃᆞᆲ다 엇디ᄒᆞ리.
平生(평생)애 곳텨 못ᄒᆞᆯ 일이 잇ᄲᅮᆫ인가 ᄒᆞ노라.

현대역
2수
임금과 백성 사이는 하늘과 땅인 바
나의 서러운 일을 다 아시려고 하시는데
우린들 좋은 미나리를 혼자 어찌 먹으리.

Check Point

- **갈래** : 평시조, 연시조(전 16수)
- **주제** : 올바른 삶의 도리 교육을 통한 백성의 교화
- **특징**
  - 3 · 4조, 4음보의 율격
  - 설의법, 청유법(청유형 · 명령형 어미를 적절히 활용해 교화의 의도를 표현)
  - 계몽적 · 교훈적 성격(조선시대 유교 윤리에 근거하여 올바른 도리를 표현)
  - 정감 있고 순탄한 어휘를 사용하여 강한 설득력을 지니며, 인정과 세태를 생동감 있게 표현

3수
형아, 아우야, 네 살을 만져 보아라.
누구의 손에 태어났기에 모습조차 같은가.
한 어미젖을 먹고 자라났으니 딴 마음을 먹지 마라.

4수
어버이 살아계실 때 섬기기를 다 하여라.
돌아가신 다음에 슬퍼한들 무엇하리.
평생에 다시 못할 일은 이뿐인가 하노라.

3대 시조집

시조집 명	작자	작품 수	연대
청구영언(靑丘永言)	김천택(金天澤)	998수	조선 1728년(영조 4년)
해동가요(海東歌謠)	김수장(金壽長)	883수	조선 1763년(영조 42년)
가곡원류(歌曲源流)	박효관(朴孝寬), 안민영(安玟英)	800수	조선 1876년(고종 13년)

꼭! 확인 기출문제

〈보기〉의 시조에 대한 설명으로 옳지 않은 것은? [서울시 9급 기출]

보기
우ᄂᆞᆫ 거시 벅구기가 프른 거시 버들숩가.
이어라 이어라
漁어村촌 두어 집이 ᄂᆡᆺ 속의 나락들락.
至지국悤총 至지국悤총 於어思ᄉᆞ臥와
말가ᄒᆞᆫ 기픈 소희 온갇 고기 ᄯᅱ노ᄂᆞ다.

년닙희 밥 싸 두고 반찬으란 쟝만 마라.
닫 드러라 닫 드러라
靑청蒻약笠립은 써 잇노라, 綠녹蓑사衣의 가져오냐.
至지菊국悤총 至지菊국悤총 於어思ᄉᆞ臥와
無무心심ᄒᆞᆫ 白백鷗구ᄂᆞᆫ 내 좃ᄂᆞᆫ가 제 좃ᄂᆞᆫ가.

❶ 임금에 대한 그리움을 함축적으로 표현하고 있다.
② 청각적 이미지를 활용하고 있다.
③ 대구법을 사용하고 있다.
④ 후렴구를 제외하면 전형적인 3장 6구의 시조 형식을 갖추고 있다.

해 ① 윤선도의 어부사시사(漁父四時詞)는 속세를 벗어나 자연과 하나가 되는 어부의 생활을 담은 시조로, 우리말의 아름다움을 잘 살린 시조이다. 자연 속에서 만족을 노래하는 것이 주제로 임금에 대한 그리움을 노래하고 있지 않는다.

어부사시사(漁父四時詞)의 구성

윤선도의 어부사시사는 정형화된 시조와 다르게 후렴구인 '지국총 지국총 어사와'를 통해 아름다운 경치와 흥취 가득한 어부 생활의 생동감을 불어넣고 있다. 또한 후렴구 뒤의 여음은 모두 다르며, 배를 띄우는 것을 시작으로 배를 젓고, 돛을 들고 내리는 과정 뒤에 배를 세우고, 대는 과정을 현실감을 부여했다.

4. 사설시조

(1) 정철, 「장진주사(將進酒辭)」

한 盞(잔) 먹새 그려 또 한 잔 먹새 그려
꽃 꺽어 算(산)노코 無盡無盡(무진무진) 먹새 그려
이 몸 주근 後(후)에 지게 우희 거적 더퍼 주리혀 매여가니
流蘇寶帳(유소보장)의 萬人(만인)이 우러네나
어욱새 속새 덥가나무 白楊(백양)수페 가기곳 하면
누른 해 흰 ᄃᆞᆯ 가ᄂᆞᆫ 비 굴근 눈 쇼쇼리 바람 불제 뉘 한 잔 먹자할꼬
하믈며 무덤 우희 잔나비 ᄑᆞ람 불 제 뉘우친들 엇디리

현대역 한 잔 마시세 그려 또 한 잔 마시세 그려
꽃 꺾어 술잔을 세며 무진무진 마시세 그려
이 몸 죽은 후면 지게 위에 거적 덮어 줄로 묶어 매어가니
유소보장에 수많은 사람이 울며 따라오더라도
어욱새, 속새, 덥가나무, 백양나무 숲으로 들어가기만 하면
누런 해와 흰 달, 가는 비, 굵은 눈, 회오리바람 불 때 누가 한 잔 마시자고 할 것인가?
하물며 무덤 위에 원숭이가 휘파람 불 때, 그제서야 뉘우친들 어쩔 것인가?

Check Point

- **갈래** : 사설시조, 권주가
- **주제** : 술을 권함(술 들기를 청하는 노래)
- **특징**
  - 중장의 산문화
  - 대조적 분위기의 조성(낭만적 정경과 무덤가의 음산한 분위기가 대조됨)
- **출전** : 송강가사
- **의의** : 최초의 사설시조

사설시조

본래 평시조보다 길 사설을 엮은 창(唱)의 명칭으로 불리다가 갈래로써 분화한 것으로, 계층에 관계없이 거칠면서도 활기찬 감상으로 불렸다. 평민층 사설시조의 특징은 희극적 묘미와 비애, 고통 등을 어둡게 표현하지 않고 해학적으로 승화시키려는 데에 있다. 해학적, 골계미적 특징이 19세기에 들어 현저히 감소하게 되는데, 중인층의 취미활동으로 표면화 되면서 심미적이고 격조적인 표현을 중시하게 되었기 때문이다.

Check Point

- **갈래** : 사설시조, 해학가
- **주제** : 답답한 심정의 하소연
- **특징**
  - 유사어의 반복과 사물의 열거
  - 과장법과 비유법의 사용
- **출전** : 청구영언

(2) 작자 미상, 「창을 내고자 창을 내고자」

窓(창) 내고쟈 窓(창)을 내고쟈 이 내 가슴에 窓(창) 내고쟈.
고모장지 셰살장지 들장지 열장지 암돌져귀 수돌져귀 빈목걸새 크나큰 쟝도리로 뚱닥 바가 이 내 가슴에 窓(창) 내고쟈.
잇다감 하 답답할 제면 여다져 볼가 ᄒᆞ노라.

현대역 창 내고 싶다. 창을 내고 싶다. 이내 가슴에 창 내고 싶다. 고무래 장지, 세살(가는 살)장지, 들장지, 열장지, 암톨쩌귀, 수톨쩌귀, 배목걸쇠를 크나큰 장도리로 뚝딱 박아 이내 가슴에 창 내고 싶다. 이따금 너무 답답할 때면 여닫아 볼까 하노라.

Check Point

- **주제** : 서민들의 상거래 장면
- **특징**
  - 대화체의 익살스럽고 해학적인 표현
  - 돈호법, 열거법의 사용
- **출전** : 병와가곡집

(3) 작자 미상, 「댁들에 동난지이 사오」

듹들에 동난지이 사오. 져 쟝스야, 네 황후 긔 무서시라 웨ᄂᆞᆫ다, 사쟈.
外骨內肉(외골내육), 兩目(양목)이 上天(상천), 前行後行(전행후행), 小(소)아리 八足(팔족) 大(대)아리 二足(이족), 淸醬(청장) ᄋᆞ스슥ᄒᆞᄂᆞᆫ 동난지이 사오.
쟝스야, 하 거복이 웨지 말고 게젓이라 ᄒᆞ렴은.

현대역 댁들이여, 동난지 사오. 저 장수야, 네 파는 물건을 무엇이라 외치느냐. 사자. 겉은 딱딱하고 속은 연하며, 두 눈은 하늘을 향하고, 앞으로 갔다 뒤로 갔다 하며, 작은 다리가 여덟 개 큰 다리가 두 개이고, 신선한 장 (씹으면) 아스슥하는 동난지 사오. 장수야, 너무 거북히 외치지 말고 게젓이라 하려무나.

꼭! 확인 기출문제

표현방식에 대한 설명으로 가장 적절하지 않은 것은? [법원직 9급 기출]

> 창(窓) 내고쟈 창(窓)을 내고쟈 이내 가슴에 창(窓) 내고쟈
> 고모장지 셰살장지 들장지 열장지 암돌져귀 수돌져귀 빈
> 목걸새 크나큰 쟝도리로 뚱닥바가 이내 가슴에 창(窓) 내고쟈
> 잇다감 하 답답ᄒᆞᆯ 제면 여다져 볼가 ᄒᆞ노라
>
> – 사설시조, 작가 미상

① 웃음을 통해 비애와 고통을 극복하려는 우리나라 평민문학의 한 특징이 엿보인다.
❷ 초 · 중 · 종장이 모두 율격을 무시한 형태의 시조로, 평시조에서 사설시조로 나아가는 작품의 성향을 나타내 주고 있다.
③ 구체적 생활 언어와 친근한 일상적 사물을 수다스럽게 열거함으로써 괴로움을 강조하는 수법은 반어적으로 웃음을 유발한다.
④ 특히 중장에서 여러 종류의 문과 문고리들을 열거하고 있는데, 이것은 화자의 답답한 심정을 강조하면서 동시에 화자가 처한 현실을 극복하고자 하는 의지의 표현으로도 볼 수 있다.

해 ② 작가 미상의 사설시조로 초장과 중장 일부 율격을 제외하면 율격을 무너뜨린 면을 찾아보기 힘들고, 기본 율격을 유지하고 있기 때문에 무시했다고 보긴 어렵다.

(4) 작자 미상, 「두터비 파리를 물고」

두터비 ᄑᆞ리를 물고 두험 우희 치ᄃᆞ라 안자
것넌 山(산) ᄇᆞ라보니 白松骨(백송골)이 ᄯᅥ잇거늘 가슴이 금즉ᄒᆞ여 풀덕 ᄯᅱ여 내ᄃᆞᆺ다가 두험 아래 쟛 바지거고.
모쳐라 ᄂᆞᆯ낸 낼싀만졍 에헐질 번ᄒᆞ괘라.

현대역 두꺼비가 파리를 물고 두엄 위에 뛰어올라 앉아 건너편 산을 바라보니 흰 송골매가 떠 있어서 가슴이 섬뜩하여 풀썩 뛰어내리다가 두엄 아래로 자빠졌구나. 마침 날랜 나였기에 망정이지 멍이 들 뻔하였구나.

Check Point
- **갈래** : 사설시조, 풍자시
- **주제** : 탐관오리의 허장성세 풍자
- **특징** : 우의적, 풍자적, 희화적
- **출전** : 병와가곡집

(5) 작자 미상, 「귓도리 져 귓도리」

귓도리 져 귓도리 어엿부다 져 귓도리
어인 귓도리 지ᄂᆞᆫ ᄃᆞᆯ 새ᄂᆞᆫ 밤의 긴 소리 ᄌᆞ른 소리 節節(절절)이 슬픈 소리 제 혼자 우러 녜어 紗窓(사창) 여읜 ᄌᆞᆷ을 ᄉᆞᆯ드리도 ᄭᆡ오ᄂᆞᆫ고야.
두어라 제 비록 微物(미물)이나 無人洞房(무인동방)에 내 ᄠᅳᆺ 알 리ᄂᆞᆫ 저ᄲᅮᆫ인가 ᄒᆞ노라.

현대역 귀뚜라미, 저 귀뚜라미, 불쌍하다 저 귀뚜라미. 어찌된 귀뚜라미인가. 지는 달 새는 밤에 긴 소리, 짧은 소리, 마디마디 슬픈 소리로 저 혼자 울면서 사창 안에서 살짝 든 잠을 잘도 깨우는구나. 두어라, 제 비록 미물이나 임이 안 계시는 외로운 방에서 내 뜻을 알 이는 저 귀뚜라미뿐인가 하노라.

Check Point
- **갈래** : 사설시조, 연모가
- **주제** : 독수공방의 외롭고 쓸쓸함
- **특징** : 감정이입, 반복법의 사용
- **출전** : 청구영언, 병와가곡집

제7절 가사와 잡가·민요

1. 가사

(1) 상춘곡(賞春曲)

紅塵(홍진)에 뭇친 분네 이내 生涯(생애) 엇더ᄒᆞᆫ고. 녯 사ᄅᆞᆷ 風流(풍류)ᄅᆞᆯ 미ᄎᆞᆯ가 ᄆᆞᆺ 미ᄎᆞᆯ가. 天地間(천지간) 男子(남자) 몸이 날만ᄒᆞᆫ이 하건마ᄂᆞᆫ, 山林(산림)에 뭇쳐 이셔 至樂(지락)을 ᄆᆞᄅᆞᆯ것가. 數間茅屋(수간모옥)을 碧溪水(벽계수) 앏픠두고, 松竹(송죽) 鬱鬱裏(울울리)예 風月主人(풍월주인) 되어셔라.

엇그제 겨을 지나 새봄이 도라오니, 桃花杏花(도화행화)ᄂᆞᆫ 夕陽裏(석양리)예 퓌여 잇고, 錄樣芳草(녹양방초)ᄂᆞᆫ 細雨中(세우중)에 프르도다. 칼로 ᄆᆞᆯ아 낸가, 붓으로 그려 낸가, 造化神功(조화신공)이 物物(물물)마다 헌ᄉᆞ롭다. 수풀에 우ᄂᆞᆫ 새ᄂᆞᆫ 春氣(춘기)ᄅᆞᆯ ᄆᆞᆺ내 계워 소ᄅᆡ마다 嬌態(교태)로다. 物我一體(물아일체)어니, 興(흥)이ᄋᆡ 다ᄅᆞᆯ소냐. 柴扉(시비)예 거러 보고, 亭子(정자)애 안자보니, 逍遙吟詠(소요음영)ᄒᆞ야, 山日(산일)이 寂寂(적적)ᄒᆞᆫᄃᆡ, 閒中眞味(한중진미)ᄅᆞᆯ 알 니 업시 호재로다.

이바 니웃드라, 山水구경 가쟈스라. 踏靑(답청)으란 오ᄂᆞᆯ ᄒᆞ고, 浴沂(욕기)란 來日ᄒᆞ새. 아ᄎᆞᆷ에 採山(채산)ᄒᆞ고, 나조ᄒᆡ 釣水(조수)ᄒᆞ새. ᄀᆞᆺ 괴여 닉은 술을 葛巾(갈건)으로 밧타 노코, 곳나모 가지 것거, 수 노코 먹으리라. 和風(화풍)이 건ᄃᆞᆺ 부러 綠水(녹수)ᄅᆞᆯ 건너오니, 淸香(청향)은 잔에 지고, 落紅(낙홍)은 옷새진다.

樽中(준중)이 뷔엿거ᄃᆞᆫ 날ᄃᆞ려 알외여라. 小童(소동) 아ᄒᆡᄃᆞ려 酒家(주가)에 술을 믈어, 얼운은 막대 집고, 아ᄒᆡᄃᆞ 술을 메고, 微吟緩步(미음완보)ᄒᆞ야 시냇ᄀᆞ의 호자 안자, 明沙(명사) 조ᄒᆞᆫ 믈에 잔 시어 부어 들고, 淸流(청류)ᄅᆞᆯ 굽어보니, ᄯᅥ오ᄂᆞ니 桃花(도화)ㅣ로다. 武陵(무릉)이 갓갑도다. 져 ᄆᆡ이 긘 거인고. 松間(송간) 細路(세로)에 杜鵑花(두견화)ᄅᆞᆯ 부치 들고, 峰頭(봉두)에 급피 올나 구름 소긔 안자 보니, 千村萬落(천촌만락)이 곳곳이 버러 잇ᄂᆡ. 煙霞日輝(연하일휘)ᄂᆞᆫ 錦繡(금수)ᄅᆞᆯ 재폇ᄂᆞᆫ ᄃᆞᆺ. 엇그제 검은 들이 봄빗도 有餘(유여)ᄒᆞᆯ샤.

功名(공명)도 날 ᄭᅴ우고, 富貴(부귀)도 날 ᄭᅴ우니, 淸風明月(청풍명월) 外(외)예 엇던 벗이 잇ᄉᆞ올고, 簞瓢陋巷(단표누항)에 흣튼 혜음 아니 ᄒᆞᄂᆡ. 아모타, 百年行樂(백년행락)이 이만ᄒᆞᆫᄃᆞᆯ 엇지ᄒᆞ리.

Check Point

- **갈래** : 정격가사, 양반가사, 서정가사
- **작자** : 정극인
- **연대** : 조선 성종(15세기) 때 창작, 정조(18세기) 때 간행(정효목)
- **주제** : 상춘과 안빈낙도의 삶에 대한 예찬(만족)
- **구성**
  - 서사 : 은일지사의 풍류생활과 기상
  - 본사 : 춘경과 춘흥(春興)
  - 결사 : 안빈낙도
- **특징**
  - 3·4(4·4)조, 4음보, 전 79구의 연속체(가사체, 운문체)
  - 여러 표현 기교를 사용(설의법, 의인법, 대구법, 직유법 등)
  - 공간의 이동(공간 확장)을 통한 시상 전개
  - 창작 당시인 15세기의 표기법이 아니라 수록된 <불우헌집>이 간행된 18세기 음운과 어법이 반영됨
- **의의**
  - 우리나라 가사 문학의 효시
  - 은일 가사의 첫 작품으로, 사림파 문학의 계기를 마련
  - 강호가도의 시풍을 형성(상춘곡 → 면앙정가(송순) → 성산별곡(정철))
- **출전** : 불우헌집

현대역

속세에 묻혀 사는 사람들이여. 이내 생활이 어떠한가. 옛 사람들의 풍류에 미칠까 못 미칠까? 이 세상에 남자로 태어난 몸으로서 나만한 사람이 많건마는, 산림에 묻혀 사는 지극한 즐거움을 모르는 것인가. 초가삼간을 맑은 시냇물 앞에 두고, 소나무와 대나무가 울창한 속에 자연을 즐기는 사람이 되었구나.

엊그제 겨울 지나 새봄이 돌아오니, 복숭아꽃과 살구꽃은 석양 속에 피어 있고 푸른 버들과 꽃다운 풀은 가랑비 속에 푸르도다. 칼로 재단해 내었는가, 붓으로 그려 내었는가. 조물주의 신기한 솜씨가 사물마다 야단스럽다. 수풀에 우는 새는 봄기운을 끝내 못 이겨 소리마다 아양을 떠는 모습이로다. 자연과 내가 한 몸이니 흥겨움이야 다르겠는가. 사립문 주위를 걸어 보고 정자에 앉아 보니 천천히 거닐며 나직이 시를 읊조려 산 속의 하루가 적적한데, 한가로움 속의 참된 즐거움을 아는 이 없이 혼자로구나.

여보게 이웃 사람들이여. 산수 구경을 가자꾸나. 산책은 오늘 하고 냇물에서 목욕하는 것은 내일 하세. 아침에 산나물을 캐고 저녁에 낚시질을 하세. 갓 익은 술을 갈건으로 걸러 놓고 꽃나무 가지 꺾어 잔 수를 세면서 먹으리라. 화창한 바람이 잠깐 불어 푸른 물을 건너오니, 맑은 향기는 잔에 지고, 떨어진 꽃은 옷에 진다.

술통 안이 비었거든 나에게 아뢰어라. 심부름하는 아이를 시켜 술집에서 술을 사 가지고 어른은 지팡이 짚고 아이는 술을 메고 나직이 읊조리며 천천히 걸어 시냇가에 혼자 앉아, 깨끗한 물에 잔 씻어 (술을) 부어 들고, 맑게 흐르는 물을 굽어보니 떠오는 것이 복숭아꽃이로다. 무릉도원이 가깝도다. 저 들이 그곳인가? 소나무 사이 좁은 길에 진달래꽃을 붙들어 잡고, 산봉우리에 급히 올라 구름 속에 앉아 보니, 수많은 촌락이 곳곳에 널려 있네. 안개와 노을과 빛나는 햇살은 수를 놓은 비단을 펼쳐 놓은 듯. 엊그제까지 검었던 들이 봄빛이 넘치는구나.

공명도 날 꺼리고, 부귀도 날 꺼리니, 맑은 바람과 밝은 달(아름다운 자연) 외에 어떤 벗이 있을까. 누항에서 먹는 한 그릇의 밥과 한 바가지의 물(선비의 청빈한 생활)에 잡스러운 생각 아니 하네. 아무튼 한평생 즐겁게 지내는 것이 이만하면 족하지 않겠는가.

가사문학

가사는 운문에서 산문으로 넘어가는 과도기적 형태의 문학으로서 시조와 함께 조선시대를 대표하는 문학 양식이다. 유교적 이념을 비롯하여 자연을 예찬하고, 기행(紀行)과 강호한정에 대한 내용이 많다. 조선후기에 이르러 평민층, 여자에 이르기까지 다양한 계층으로 확대되며 변격가사가 출현하는 계기가 되었다. 여자가 지은 가사문학을 다른 말로 규방가사(閨房歌詞)라고 하며 영남지방을 중심으로 나타났다.

Check Point

연군지정(戀君之情)과 우국지정(憂國之情)을 노래한 가사
나아가다 물러나기를 반복하는 사대부의 정치 현실 속에서 그들의 갈등을 그린 작품을 말하며, 임금에 대한 그리움(연군가사)과 유배지에서의 고난(유배가사)을 기술하고 있다.

- **해당 작품**
  - 연군가사(戀君歌辭)
    정철 「사미인곡(思美人曲)」·「속미인곡(續美人曲)」, 조우인 「자도사(自悼詞)」, 김춘택 「별사미인곡(別思美人曲)」, 이진유 「속사미인곡(續思美人曲)」, 이긍익 「죽창곡(竹窓曲)」
  - 유배가사(流配歌辭)
    조위 「만분가(萬憤歌)」, 송주석 「북관곡(北關曲)」, 이방익 「홍리가(鴻罹歌)」, 안조환 「만언사(萬言詞)」, 김진형「북천가(北遷歌)」

(2) 사미인곡(思美人曲)

이 몸 삼기실 제 님을 조차 삼기시니, ᄒᆞᆫᄉᆡᆼ 緣分(연분)이며 하ᄂᆞᆯ 모ᄅᆞᆯ 일이런가. 나 ᄒᆞ나 졈어 잇고 님 ᄒᆞ나 날 괴시니, 이 ᄆᆞ음 이 ᄉᆞ랑 견졸 ᄃᆡ 노여 업다.
平生(평ᄉᆡᆼ)애 願(원)ᄒᆞ요ᄃᆡ ᄒᆞᆫᄃᆡ 녜쟈 ᄒᆞ얏더니, 늙거야 므ᄉᆞ 일로 외오 두고 글이ᄂᆞᆫ고. 엇그제 님을 뫼셔 廣寒殿(광한뎐)의 올낫더니, 그 더ᄃᆡ 엇디ᄒᆞ야 下界(하계)예 ᄂᆞ려오니, 올 적의 비슨 머리 얼킈연디 三年(삼년)이라. 臙脂粉(연지분) 잇ᄂᆡ마ᄂᆞᆫ ᄂᆞᆯ 위ᄒᆞ야 고이 ᄒᆞᆯ고. ᄆᆞ음의 ᄆᆡ친 실음 疊疊(텹텹)이 ᄡᅡ혀이셔, 짓ᄂᆞ니 한숨이오 디ᄂᆞ니 눈믈이라. 人生(인ᄉᆡᆼ)은 有限(유ᄒᆞᆫ)ᄒᆞᆫᄃᆡ 시ᄅᆞᆷ도 그지 업다.
(중략)
乾坤(건곤)이 閉塞(폐ᄉᆡᆨ)ᄒᆞ야 白雪(ᄇᆡᆨ셜)이 ᄒᆞᆫ 빗친 제, 사ᄅᆞᆷ은 ᄏᆞ니와 ᄂᆞᆯ새도 긋쳐 잇다. 瀟湘(쇼상) 南畔(남반)도 치오미 이러커든 玉樓高處(옥루고쳐)야 더욱 닐너 므ᄉᆞᆷᄒᆞ리.
陽春(양츈)을 부쳐내여 님 겨신 ᄃᆡ 쏘이고져. 茅簷(모쳠) 비쵠 ᄒᆡᄅᆞᆯ 玉樓(옥루)의 올리고져. 紅裳(홍샹)을 니믜ᄎᆞ고 翠袖(취슈)를 半반만 거더 日暮(일모) 脩竹(슈듁)의 ᄒᆡᆷ가림도 하도 할샤. ᄃᆞ른 ᄒᆡ 수이 디여 긴 밤을 고초 안자, 青燈(청등) 거른 鈿箜篌(뎐공후) 노하 두고, ᄭᅮᆷ의나 님을 보려 ᄐᆡᆨ밧고 비겨시니, 鴦衾(앙금)도 ᄎᆞ도 ᄎᆞᆯ샤 이 밤은 언제 샐고.

ᄒᆞᄅᆞ도 열두 ᄯᅢ, ᄒᆞᆫ ᄃᆞᆯ도 셜흔 날, 져근덧 ᄉᆡᆼ각 마라. 이 시ᄅᆞᆷ 닛쟈 ᄒᆞ니 ᄆᆞ음의 ᄆᆡ쳐 이셔 骨髓(골슈)의 ᄢᅦ텨시니, 扁鵲(편쟉)이 열히 오나 이병을 엇디ᄒᆞ리. 어와 내 병이야 이 님의 타시로다. ᄎᆞᆯ하리 ᄉᆡ어디여 범나븨 되오리라. 곳나모 가지마다 간 ᄃᆡ 족족 안니다가, 향 므든 날애로 님의 오ᄉᆡ 올므리라. 님이야 날인줄 모ᄅᆞ샤도 내 님 조ᄎᆞ려 ᄒᆞ노라.

현대역

이 몸이 태어날 때에 임을 좇아 태어나니, 한평생 함께 살 인연임을 하늘이 모를 일이던가. 나는 오직 젊어 있고 임은 오로지 나만을 사랑하시니 이 마음과 이 사랑을 견줄 데가 다시없다.
평생에 원하되 (임과) 함께 살아가려고 하였더니, 늙어서야 무슨 일로 홀로 두고 그리워하는가. 엊그제는 임을 모시고 광한전에 올라 있더니, 그동안에 어찌하여 속세에 내려왔는지, 내려올 때 빗은 머리가 헝클어진 지 삼 년이다. 연지와 분이 있지마는 누구를 위하여 곱게 단장할까. 마음에 맺힌 시름 겹겹이 싸여 있어, 짓는 것이 한숨이요, 흐르는 것이 눈물이라.
인생은 유한한데 시름은 끝이 없다.
천지가 얼어붙어 생기가 막히어 흰 눈이 일색으로 덮여 있을 때 사람은 말할 것도 없거니와 날짐승도 끊어져 있다. 따뜻한 지방이라 일컬어지는 중국에 있는 소상강 남쪽 둔덕(전남 창평)도 추움이 이렇거늘, 북쪽 임 계신 곳이야 더욱 말해 무엇하리.

따뜻한 봄기운을 부쳐내어 임 계신 곳에 쏘이게 하고 싶다. 초가집 처마에 비친 해를 (임 계신) 옥루에 올리고 싶다. 붉은 치마를 여미어 입고 푸른 소매를 반만 걷어, 해 질 무렵 밋밋하게 자란 가늘고 긴 대나무에 기대어서 여러 가지 생각이 많기도 많구나. 짧은 해가 이내 넘어가고 긴 밤을 꼿꼿이 앉아, 청등을 걸어둔 곁에 자개로 장식한 공후(악기)를 놓아두고, 꿈에나 임을 보려 턱 받치고 기대어 있으니, 원앙을 수놓은 이불이 차기도 차구나. 이 밤은 언제나 샐까.

하루도 열두 때 한 달도 서른 날, 잠시라도 (임) 생각 말고 이 시름 잊자 하니, 마음에 맺혀 있어 뼛속까지 사무쳤으니, 편작(중국 전국 시대의 명의)이 열 명이 오더라도 이 병을 어찌 하리. 아아, 내 병이야 임의 탓이로다. 차라리 사라져서 범나비가 되리라. 꽃나무 가지마다 간 데 족족 앉아 있다가, 향 묻은 날개로 임의 옷에 옮으리라.

꼭! 확인 기출문제

다음은 조선 전기 문신 정극인이 지은 〈상춘곡〉이라는 가사의 일부이다. 다음 중 이에 대한 설명으로 옳지 않은 것은? [국회직 9급 기출]

> 이바 니웃드라, 山水(산수) 구경 가쟈스라. 踏靑(답청)으란 오늘 ᄒᆞ고, 浴沂(욕기)란 來日(내일)ᄒᆞ새. 아ᄎᆞᆷ에 採山(채산)ᄒᆞ고, 나조ᄒᆡ 釣水(조수)ᄒᆞ새. ᄀᆞᆺ 괴여 닉은 술을 葛巾(갈건)으로 밧타 노코, 곳나모 가지 것거, 수노코 먹으리라. 和風(화풍)이 건ᄃᆞᆺ 부러 綠水(녹수)를 건너오니, 淸香(청향)은 잔에 지고, 落紅(낙홍)은 옷새 진다. 樽中(준중)이 뷔엿거ᄃᆞᆫ 날ᄃᆞ려 알외여라. 小童(소동) 아ᄒᆡᄃᆞ려 酒家(주가)에 술을 믈어, 얼운은 막대 집고, 아ᄒᆡᄂᆞᆫ 술을 메고, 微吟緩步(미음완보)ᄒᆞ야 시냇ᄀᆞ의 호자 안자, 明沙(명사) 조ᄒᆞᆫ 믈에 잔 시어 부어 들고, 淸流(청류)를 굽어보니, ᄯᅥ오ᄂᆞ니 桃花(도화)ㅣ로다. 武陵(무릉)이 갓갑도다. 져 ᄆᆡ이 긘 거인고, 松間細路(송간 세로)에 杜鵑花(두견화)를 부치 들고, 峰頭(봉두)에 급피 올나 구름 소긔 안자 보니, 千村萬落(천촌 만락)이 곳곳이 버려 잇ᄂᆡ. 煙霞日輝(연하 일휘)ᄂᆞᆫ 錦繡(금수)를 재폇ᄂᆞᆫ ᄃᆞᆺ. 엇그제 검은 들이 봄빗도 有餘(유여)ᄒᆞᆯ샤. 功名(공명)도 날 ᄭᅴ우고, 富貴(부귀)도 날 ᄭᅴ우니, 淸風明月(청풍 명월) 外(외)예 엇던 벗이 잇ᄉᆞ올고. 簞瓢陋巷(단표누항)에 흣튼 혜음 아니 ᄒᆞᄂᆡ. 아모타, 百年行樂(백년 행락)이 이만ᄒᆞᆫ돌 엇지ᄒᆞ리.
>
> – 정극인, 「상춘곡」

① 이런 글의 갈래를 '서정 가사', '정격 가사', '양반 가사'라고 한대. 서정적인 내용을 정해진 격식에 따라서 양반이 지어서 그런 건가 봐.

② 맞아. 가사는 길게 쓴 시조라고 볼 수도 있는 건가 봐. 그래서 '운문체'이기도 하고 '가사체'이기도 한다고 해.

③ 어디 보자. 글 내용으로 볼 때 주제는 봄의 완상(玩賞)과 안빈낙도(安貧樂道)가 맞겠지?

❹ 그렇지. 이 글엔 설의법, 의인법, 풍유법, 대구법, 직유법 등 여러 표현 기교를 사용했네.

해 ④ 가사에 설의법, 의인법, 대구법, 직유법 등을 사용했지만, 비유적인 보조관념으로 원관념을 드러내는 풍유법을 사용한 흔적이 없다.

Check Point

- **갈래** : 양반가사, 서정가사, 유배가사
- **작자** : 정철
- **연대** : 조선 선조
- **주제** : 연군의 정
- **특징** : 두 여인의 대화 형식으로 구성해 참신함이 돋보임
- **출전** : 송강가사
- **의의**
  - 우리말 구사가 돋보이는 가사 문학의 백미
  - 홍만종은 공명의 「출사표」에 견주었고, 김만중은 정철의 가사 중 최고라 평가함

(3) 속미인곡(續美人曲)

서사

뎨 가ᄂᆞᆫ 뎌 각시 본 듯도 ᄒᆞ뎌이고. 天텬上샹 白ᄇᆡᆨ玉옥京경을 엇디ᄒᆞ야 離니別별ᄒᆞ고, ᄒᆡ 다 뎌 져믄 날의 눌을 보라 가시ᄂᆞᆫ고

어와 네여이고. 내 ᄉᆞ셜 드러보오. 내 얼굴 이 거동이 님 괴얌즉 ᄒᆞᆫ가마ᄂᆞᆫ 엇딘디 날 보시고 네로다 녀기실ᄉᆡ 나도 님을 미더 군 ᄠᅳ디 전혀 업서 이ᄅᆡ야 교ᄐᆡ야 어ᄌᆞ러이 구돗썬디 반기시ᄂᆞᆫ ᄂᆞᆺ비치 녜와 엇디 다ᄅᆞ신고. 누어 ᄉᆡᆼ각ᄒᆞ고 니러 안자 혜여ᄒᆞ니 내 몸의 지은 죄 뫼ᄀᆞ티 ᄡᅡ혀시니 하늘히라 원망ᄒᆞ며 사ᄅᆞᆷ이라 허믈ᄒᆞ랴. 셜워 플텨 혜니 造조物믈의 타시로다.

본사

글란 ᄉᆡᆼ각마오. ᄆᆡ친 일이 이셔이다. 님을 뫼셔 이셔 님의 일을 내 알거니 믈ᄀᆞ튼 얼굴이 편ᄒᆞ실 적 몃 날일고. 春츈寒한 苦고熱열은 엇디ᄒᆞ야 디내시며 秋츄日일冬동天텬은 뉘라셔 뫼셧ᄂᆞᆫ고. 粥쥭早조飯반 朝죠夕셕뫼 녜와 ᄀᆞᆺ티 셰시ᄂᆞᆫ가. 기나긴 밤의 ᄌᆞᆷ은 엇디 자시ᄂᆞᆫ고.

님 다히 消쇼息식을 아므려나 아쟈 ᄒᆞ니 오늘도 거의로다. ᄂᆡ일이나 사ᄅᆞᆷ 올가. 내 ᄆᆞ음 둘 ᄃᆡ 업다. 어드러로 가쟛말고. 잡거니 밀거니 놉픈 뫼ᄒᆡ 올라가니 구롬은 ᄏᆞ니와 안개ᄂᆞᆫ 므ᄉᆞ 일고. 山산川쳔이 어둡거니 日일月월을 엇디 보며 咫지尺쳑을 모ᄅᆞ거든 千쳔里리ᄅᆞᆯ ᄇᆞ라보랴. 출하리 믈ᄀᆞ의 가 ᄇᆡ 길히나 보쟈 ᄒᆞ니 ᄇᆞ람이야 믈결이야 어둥졍 된뎌이고. 샤공은 어ᄃᆡ 가고 븬 ᄇᆡ만 걸렷ᄂᆞ니 江강天텬의 혼쟈 셔셔 디ᄂᆞᆫ ᄒᆡᄅᆞᆯ 구버보니 님다히 消쇼息식이 더옥 아득ᄒᆞᆫ뎌이고.

茅모簷쳠 ᄎᆞᆫ 자리의 밤듕만 도라오니 反반壁벽 靑쳥燈등은 눌 위ᄒᆞ야 ᄇᆞᆯ갓ᄂᆞᆫ고. 오ᄅᆞ며 ᄂᆞ리며 헤ᄯᅳ며 바니니 져근덧 力녁盡진ᄒᆞ야 픗잠을 잠간 드니 精졍誠셩이 지극ᄒᆞ야 ᄭᅮᆷ의 님을 보니 玉옥 ᄀᆞ튼 얼굴이 半반이나마 늘거셰라. ᄆᆞ음의 머근 말ᄉᆞᆷ 슬ᄏᆞ장 ᄉᆞᆲ쟈 ᄒᆞ니 눈믈이 바라 나니 말인들 어이ᄒᆞ며 情졍을 못다ᄒᆞ야 목이조차 메여ᄒᆞ니 오뎐된 鷄계聲셩의 ᄌᆞᆷ은 엇디 ᄭᆡ돗던고.

결사

어와, 虛허事ᄉᆞ로다. 이 님이 어ᄃᆡ간고. 결의 니러 안자 窓창을 열고 ᄇᆞ라보니 어엿븐 그림재 날 조출 ᄲᅮᆫ이로다. 출하리 ᄉᆡ여디여 落낙月월이나 되야이셔 님 겨신 窓창 안ᄒᆡ 번드시 비최리라. 각시님 ᄃᆞᆯ이야ᄏᆞ니와 구ᄌᆞᆫ비나 되쇼셔.

현대역

(갑녀) 저기 가는 저 부인, 본 듯도 하구나. 임금이 계시는 대궐을 어찌하여 이별하고, 해가 다 져서 저문 날에 누구를 만나러 가시는고?

(을녀) 아, 너로구나. 내 사정 이야기를 들어 보오. 내 몸과 이 나의 태도는 임께서 사랑함직 한가마는 어쩐지 나를 보시고 너로구나 하고 특별히 여기시기에 나도 임을 믿어 딴 생각이 전혀 없어, 응석과 아양을 부리며 지나치게 굴었던지 반기시는 낯빛이 옛날과 어찌 다르신고. 누워 생각하고 일어나 앉아 헤아려 보니, 내 몸의 지은 죄가 산같이 쌓였으니, 하늘을 원망하며 사람을 탓하랴. 서러워서 여러 가지 일을 풀어내어 헤아려 보니, 조물주의 탓이로다.

(갑녀) 그렇게 생각하지 마오. (을녀) 마음속에 맺힌 일이 있습니다. 예전에 임을 모시어서 임의 일을 내가 알거니, 물같이 연약한 몸이 편하실 때가 몇 날일까? 이른 봄날의 추위와 여름철의 무더위는 어떻게 지내시며, 가을날 겨울날은 누가 모셨는고? 자릿조반과 아침, 저녁 진지는 예전과 같이 잘 잡수시는가? 기나긴 밤에 잠은 어떻게 주무시는가?

(을녀) 임 계신 곳의 소식을 어떻게라도 알려고 하니, 오늘도 거의 저물었구나. 내일이나 임의 소식 전해 줄 사람이 있을까? 내 마음 둘 곳이 없다. 어디로 가자는 말인가? (나무 바위 등을) 잡기도 하고 밀기도 하면서 높은 산에 올라가니, 구름은 물론이거니와 안개는 또 무슨 일로 저렇게 끼어 있는고? 산천이 어두운데 일월을 어떻게 바라보며, 눈앞의 가까운 곳도 모르는데 천 리나 되는 먼 곳을 바라볼 수 있으랴? 차라리 물가에 가서 뱃길이나 보려고 하니 바람과 물결로 어수선하게 되었구나. 뱃사공은 어디 가고 빈 배만 걸렸는고? 강가에 혼자 서서 지는 해를 굽어보니 임 계신 곳의 소식이 더욱 아득하구나.

초가집 찬 잠자리에 한밤중에 돌아오니, 벽 가운데 걸려 있는 등불은 누구를 위하여 밝은고? 산을 오르내리며 (강가를) 헤매며 시름없이 오락가락하니, 잠깐 사이에 힘이 지쳐 풋잠을 잠깐 드니, 정성이 지극하여 꿈에 임을 보니, 옥과 같이 곱던 얼굴이 반 넘어 늙었구나. 마음속에 품은 생각을 실컷 아뢰려고 하였더니, 눈물이 쏟아지니 말인들 어찌 하며, 정회(情懷)도 못 다 풀어 목마저 메니, 방정맞은 닭소리에 잠은 어찌 깨었던고?

아, 허황한 일이로다. 이 임이 어디 갔는고? 즉시 일어나 앉아 창문을 열고 밖을 바라보니, 가엾은 그림자만이 나를 따라 있을 뿐이로다. 차라리 사라져서(죽어서) 지는 달이나 되어서 임이 계신 창문 안에 환하게 비치리라. (갑녀) 각시님, 달은커녕 궂은 비나 되십시오.

Check Point

정철

조선 중기의 문신이며, 윤선도와 함께 한국 시가사상 쌍벽으로 일컬어지는 시인이다.

1580년 강원도 관찰사로 등용되었고 이후 3년 동안 전라도와 함경도 관찰사를 지내면서 많은 작품을 썼고, 이때 「관동별곡」과 「훈민가」 16수를 지었다. 1585년 관직에서 내려와 고향에서 「사미인곡(思美人曲)」, 「속미인곡(續美人曲)」 등을 창작하면서 4년 동안 작품 생활을 하였다.

그의 작품에서는 임금을 사모하고 백성을 사랑하는 마음을 비롯하여 자연미를 노래하는 모습을 찾아볼 수 있다.

- **작품** : 「성산별곡」, 「관동별곡」, 「사미인곡」, 「속미인곡」 등 4편의 가사와 시조 107수 및 『송강가사(松江歌辭)』를 비롯한 많은 시가집에 수록된 창작시조
- **문집** : 『송강집』, 『송강가사』, 『송강별추록유사(松江別追錄遺詞)』

Check Point

- **갈래** : 양반가사, 기행가사
- **작자** : 정철
- **연대** : 조선 선조
- **주제** : 연군, 우국과 신선의 풍류
- **형식**
  - 3 · 4조, 4음보의 연속체
  - 서사 · 본사 · 결사의 3단 구성
- **출전** : 송강가사 이선본
- **의의** : 서정적인 기행 가사로, 우리말의 아름다움을 승화

(4) 관동별곡(關東別曲)

江湖(강호)애 病(병)이 깁퍼 竹林(듁님)의 누엇더니, 關東(관동) 八百里(팔빅니)에 方面(방면)을 맛디시니, 어와 聖恩(셩은)이야 가디록 罔極(망극)ᄒᆞ다.
延秋門(연츄문) 드리ᄃᆞ라 慶會南門(경회남문) ᄇᆞ라보며, 下直(하직)고 믈너나니 玉節(옥절)이 알ᄑᆡ 셧다. 平丘驛(평구역) ᄆᆞᆯ을 ᄀᆞ라 黑水(흑슈)로 도라드니, 蟾江(셤강)은 어듸메오, 雉岳(티악)이 여긔로다.
昭陽江(쇼양강) ᄂᆞ린 믈이 어드러로 든단 말고. 孤臣(고신) 去國(거국)에 白髮(ᄇᆡᆨ발)도 하도 할샤. 東州(동쥐) 밤 계오 새와 北寬亭(븍관뎡)의 올나ᄒᆞ니, 三角山(삼각산) 第一峯(뎨일봉)이 ᄒᆞ마면 뵈리로다. 弓王(궁왕) 大闕(대궐) 터희 烏鵲(오쟉)이 지지괴니, 千古(쳔고) 興亡(흥망)을 아ᄂᆞᆫ다, 몰ᄋᆞᄂᆞᆫ다. 淮陽(회양) 녜일홈이 마초아 ᄀᆞᄐᆞᆯ시고. 汲長孺(급댱유) 風彩(풍채)를 고텨 아니 볼 게이고.

(중략)

小香爐(쇼향노) 大香爐(대향노) 눈 아래 구버보고, 正陽(졍양)寺ᄉᆞ 眞歇臺(진헐ᄃᆡ) 고텨 올나 안존마리, 廬山(녀산) 眞面目(진면목)이 여긔야 다 뵈ᄂᆞ다. 어와, 造化翁(조화옹)이 헌ᄉᆞ토 헌ᄉᆞ할샤. ᄂᆞᆯ거든 뛰디 마나, 셧거든 솟디 마나. 芙蓉(부용)을 고잣ᄂᆞᆫ 둧, 白玉(ᄇᆡᆨ옥)을 믓것ᄂᆞᆫ 둧, 東溟(동명)을 박ᄎᆞᄂᆞᆫ 둧, 北極(북극)을 괴왓ᄂᆞᆫ 둧. 놉흘시고 望高臺(망고ᄃᆡ), 외로올샤 穴望峰(혈망봉)이 하ᄂᆞᆯ의 추미러 무ᄉᆞ 일을 ᄉᆞ로리라 千萬劫(쳔만겁) 디나ᄃᆞ록 구필 줄 모ᄅᆞᄂᆞᆫ다.
어와 너여이고, 너 ᄀᆞᄐᆞ니 또 잇ᄂᆞᆫ가.
開心臺(기심ᄃᆡ) 고텨 올나 衆香城(듕향셩) ᄇᆞ라보며, 萬二千峯(만이쳔봉)을 歷歷(녁녁)히 혀여ᄒᆞ니 峰(봉)마다 ᄆᆡᆺ쳐 잇고 긋마다 서린 긔운, ᄆᆞᆰ거든 조티 마나, 조커든 ᄆᆞᆰ디 마나. 뎌 긔운 흐터 내야 人傑(인걸)을 ᄆᆞᆫ돌고쟈. 形容(형용)도 그지업고 體勢(톄세)도 하도 할샤. 天地(텬디) 삼기실 제 自然(자연)이 되연 마ᄂᆞᆫ, 이제 와 보게 되니 有情(유졍)도 有情(유졍)ᄒᆞ샤. 毗盧峰(비로봉) 上上頭(샹샹두)의 올나 보니 긔 뉘신고. 東山(동산) 泰山(태산)이 어ᄂᆞ야 놉돗던고. 魯國(노국) 조븐 줄도 우리ᄂᆞᆫ 모ᄅᆞ거든, 넙거나 넙은 天下(텬하) 엇ᄯᅧᄒᆞ야 적닷 말고. 어와, 뎌 디위를 어이ᄒᆞ면 알 거이고. 오ᄅᆞ디 못ᄒᆞ거니 ᄂᆞ려가미 고이ᄒᆞᆯ가.

(중략)

高城(고셩)을란 뎌만 두고 三日浦(삼일포)를 ᄎᆞ자가니, 丹書(단셔)ᄂᆞᆫ 宛然(완연)ᄒᆞ되 四仙(ᄉᆞ션)은 어ᄃᆡ가니, 예 사흘 머믄 後(후)의 어ᄃᆡ가 ᄯᅩ 머믈고. 仙遊潭(션유담) 永郎湖(영낭호) 거긔나 가 잇ᄂᆞᆫ가. 淸澗亭(쳥간뎡) 萬景臺(만경ᄃᆡ) 몃 고ᄃᆡ 안돗던고. 梨花(니화)ᄂᆞᆫ ᄇᆞᆯ셔 디고 졉동새 슬피 울 제, 洛山(낙산) 東畔(동반)으로 義相臺(의샹

ᄃᆡ)예 올라 안자, 日出(일출)을 보리라 밤듕만 니러ᄒᆞ니, 祥雲(샹운)이 집픠ᄂᆞᆫ동, 六龍(뉵뇽)이 바퇴ᄂᆞᆫ 동, 바다ᄒᆡ 써날 제난 萬國(만국)이 일위더니, 天中(텬듕)의 티ᄯᅳ니 毫髮(호발)을 혜리로다. 아마도 녈구름 근쳐의 머믈셰라. 詩仙(시션)은 어ᄃᆡ가고 咳唾(ᄒᆡ타)만 나맛ᄂᆞ니 天地間(텬디간) 壯(장)ᄒᆞᆫ 긔별 ᄌᆞ셔히도 ᄒᆞᆯ셔이고.

(중략)

眞珠館(진쥬관) 竹西樓(듁셔루) 五十川(오십쳔) ᄂᆞ린 믈이 太白山(태ᄇᆡᆨ산) 그림재ᄅᆞᆯ 東海(동해)로 다마 가니, 출하리 漢江(한강)의 木覓(목멱)의 다히고져. 王程(왕뎡)이 有限(유ᄒᆞᆫ)ᄒᆞ고 風景(풍경)이 못 슬믜니, 幽懷(유회)도 하도 할샤, 客愁(ᄀᆡᆨ수)도 둘 ᄃᆡ 업다. 仙槎(션사)ᄅᆞᆯ 씌워 내여 斗牛(두우)로 向(향)ᄒᆞ살가, 仙人(션인)을 ᄎᆞᄌᆞ려 丹穴(단혈)의 머므살가.

天根(텬근)을 못내 보와 望洋亭(망양뎡)의 올은말이, 바다 밧근 하늘이니 하늘 밧근 무서신고. ᄀᆞ득 노한 고래, 뉘라셔 놀내관ᄃᆡ, 블거니 ᄲᅳᆷ거니 어즈러이 구ᄂᆞᆫ디고. 銀山(은산)을 것거 내여 六合(뉵합)의 ᄂᆞ리ᄂᆞᆫ ᄃᆞᆺ, 五月(오월) 長天(댱텬)의 白雪(ᄇᆡᆨ셜)은 므ᄉᆞ일고.

(중략)

松根(숑근)을 볘여 누어 픗ᄌᆞᆷ을 얼픗 드니, ᄭᅮᆷ애 ᄒᆞᆫ 사ᄅᆞᆷ이 날ᄃᆞ려 닐온 말이, 그ᄃᆡᄅᆞᆯ 내 모ᄅᆞ랴, 上界(샹계)예 眞仙(진션)이라. 黃庭經(황뎡경) 一字(일ᄌᆞ)ᄅᆞᆯ 엇디 그ᄅᆞᆺ 닐거 두고, 人間(인간)의 내려와셔 우리ᄅᆞᆯ ᄯᆞᆯ오ᄂᆞᆫ다. 져근덧 가디 마오 이 술 ᄒᆞᆫ 잔 머거 보오. 北斗星(븍두셩) 기우려 滄海水(챵ᄒᆡ슈) 부어 내여저 먹고 날 머겨ᄂᆞᆯ 서너 잔 거후로니, 和風(화풍)이 習習(습습)ᄒᆞ야 兩腋(냥ᄋᆡᆨ)을 추혀 드니, 九萬里(구만리) 長空(댱공)애 져기면 ᄂᆞᆯ리로다. 이 술 가져다가 四海(ᄉᆞᄒᆡ)예 고로 난화, 億萬(억만) 蒼生(창ᄉᆡᆼ)을 다 醉(취)케 ᄆᆡᆼ근 후의, 그제야 고텨 맛나 또 ᄒᆞᆫ 잔 하쟛고야. 말 디쟈 鶴(학)을 ᄐᆞ고 九空(구공)의 올나가니, 空中(공듕) 玉簫(옥쇼) 소ᄅᆡ 어제런가 그제런가. 나도 ᄌᆞᆷ을 ᄭᅵ여 바다ᄒᆞᆯ 구버보니, 기픠ᄅᆞᆯ 모ᄅᆞ거니 ᄀᆞ인들 엇디 알리. 明月(명월)이 千山萬落(쳔산만낙)의 아니 비쵠 ᄃᆡ 업다.

현대역

자연을 사랑하는 마음이 고질병이 되어, 대숲에 누웠더니(은거지인 창평에서 지내고 있었더니) 8백 리나 되는 강원도 관찰사 직분을 맡기시니, 아아 임금님의 은혜야말로 갈수록 그지없다. 연추문(경복궁 서문)으로 달려 들어가 경회루 남문을 바라보며, (임금님께) 하직하고 물러나니 관찰사의 신표가 앞에 서 있다. 평구역(양주)에서 말을 갈아타고 흑수(여주에 있는 여강)로 돌아드니, 섬강은 어디인가. 치악산이 여기로구나. 소양강에서 흘러내리는 물이 어디로 흘러든다는 말인가? 외로운 신하가 서울을 떠나니 흰머리(나라에 대한 근심과 염려)가 많기도 많구나. 동주(철원)에서 밤을 겨우 새우고 북관정에 오르니, 삼각산 가장 높은 봉우리가 웬만하면 보일 것도 같다. 궁예왕의 대궐 터에 까막까치가 지저귀니, 아주 먼 옛적의 흥하고 망함을 아느냐, 모르느냐. 회양(부임지), 네 이름이 마침 (한나라 회양과) 같구나. 급장유(한나라 회양에서 선정을 베푼 태수)의 풍채를

Check Point

기행(紀行)을 노래한 가사
자신이 속한 환경을 벗어나 명승지 등을 기행한 여정을 소재로 하여 견문과 감회를 표현한 가사를 말한다. 관료들이 부임지에 이르는 과정을 기록하거나 그 주변의 명승지의 경관을 노래한 경우가 많다.

- **해당 작품**
  백광홍 「관서별곡(關西別曲)」, 정철 「관동별곡(關東別曲)」, 이현 「백상루별곡(百祥樓別曲)」, 조우인 「관동속별곡(關東續別曲)」·「출새곡(出塞曲)」, 박순우 「금강별곡(金剛別曲)」, 위백규 「금당별곡(金塘別曲)」, 작자 미상 「금강산유람록(金剛山遊覽錄)」

다시 보게 되지 않겠는가.

(중략)

소향로봉과 대향로봉을 눈 아래 굽어보고, 정양사 진헐대에 다시 올라 앉으니, 루산 산 진면목(금강산)이 여기서야 다 보인다. 아아, 조물주가 야단스럽기도 야단스럽구나. (봉우리들이) 날거든 뛰지나 말거나, 섰거든 솟지나 말 것이지. 연꽃을 꽂아 놓은 듯, 백옥을 묶어 놓은 듯, 동해를 박차는 듯, 북극성을 괴어 놓은 듯. 높기도 하구나, 망고대여. 외롭기도 하구나, 혈망봉이 하늘에 치밀어 무슨 일을 알리려고 아주 길고 오랜 세월이 지나도록 굽힐 줄 모르는가. 아아, 너로구나. 너 같은 이가 또 있는가.

개심대에 다시 올라 중향성을 바라보며, 만이천봉을 분명히 헤아리니 봉마다 맺혀 있고 끝마다 서린 기운, 맑거든 깨끗하지나 말거나, 깨끗하거든 맑지나 말 것이지. 저 기운을 흩어 내어 뛰어난 인재를 만들고 싶구나. 형세가 끝이 없고 다양도 하구나. 천지가 생겨날 때에 자연히 된 것이지만, 이제 와 보게 되니 정답고도 정답구나. 비로봉 맨 꼭대기에 올라 본 이가 그 누구이신가? 동산과 태산의 어느 것이 (비로봉보다) 높던가? 노나라 좁은 줄도 우리는 모르거늘, 넓고도 넓은 천하를 어찌하여 (공자는) 작다고 했는가? 아! 저 (공자의) 경지를 어찌하면 알 것인가. 오르지 못하는데 내려감이 (무엇이) 괴이할까.

(중략)

고성을 저만큼 두고 삼일포를 찾아가니, 돌에 새긴 글씨는 아주 뚜렷한데 사선은 어디 갔는가? 여기서 사흘 동안 머무른 뒤에 어디 가서 또 머물렀는가? 선유담, 영라호 거기나 가 있는가? 청간정, 만경대 등 몇 군데서 앉아 놀았던가? 배꽃은 벌써 지고 소쩍새 슬피 울 때, 낙산사 동쪽 언덕으로 의상대에 올라 앉아, 해돋이를 보려고 한밤중쯤 일어나니, 상서로운 구름이 뭉게뭉게 피어나는 듯, 여섯 마리 용이 떠받치는 듯, 바다에서 떠날 때는 온 세상이 일렁거리더니, 하늘에 치솟아 뜨니 가늘고 짧은 털도 헤아릴 만큼 밝도다. 혹시나 지나가는 구름이 (해) 근처에 머무를까 두렵구나. 이백은 어디가고 시구만 남았느냐? 이 세상의 굉장한 소식이 자세히도 적혀 있구나.

(중략)

진주관 죽서루 아래 오십천의 흘러내리는 물이 태백산 그림자를 동해로 담아 가니, 차라리 (그 물줄기를) 한강으로 돌려 남산에 대고 싶구나. 임금의 일로 다니는 여정이 유한하고, 풍경이 싫지 않으니, 마음속 깊이 품은 생각이 많기도 많구나. 객지에서 느끼는 쓸쓸함도 둘 데 없다. 신선이 타는 뗏목을 띄워 내어 북두성과 견우성으로 향할까? 신선을 찾으러 단혈에 머무를까? 하늘의 맨 끝은 끝내 못보고 망양정에 오르니, 바다 밖은 하늘인데 하늘 밖은 무엇인가? 가뜩이나 노한 고래를 누가 놀라게 하기에, 불거니 뿜거니 하면서 어지럽게 구는 것인가? 은산을 꺾어 내어 천지와 사방에 흩뿌려 내리는 듯, 오월 드높은 하늘에 흰 눈은 무슨 일인가?

(중략)

소나무 뿌리를 베고 누워 선잠이 얼핏 드니, 꿈에 한 사람이 나에게 이른 말이, 그대를 내가 모르랴, 천상계의 진선(도를 성취한 신선)이라. 황정경 한 글자를 어찌 그릇 읽어 두고, 인간 세상에 내려와서 우리를 따르는가. 잠시 가지 마오. 이 술 한 잔 먹어 보오. 북두칠성을 기울여 동해 물을 부어 내어, 저 먹고 나를 먹이거늘 서너 잔을 기울이니, 화창한 바람이 산들산들 불어 양 겨드랑이를 추켜올리니, 아득히 높고 먼 하늘도 잠깐이면 날리로다. 이 술 가져다가 온 세상에 고루 나누어, 수많은 백성을 다 취하게 만든 후에, 그때에야 다시 만나 또 한잔 하자꾸나. 말이 끝나자 (신선은) 학을 타고 아득히 높고 먼 하늘로 올라가니, 공중의 옥피리 소리가 어제던가 그제던가. 나도 잠을 깨어 바다를 굽어보니, 깊이를 모르는데 끝인들 어찌 알리. 밝은 달이 온 세상에 아니 비친 데 없다.

정철과 윤선도 시의 차이점

가사문학의 대가인 정철의 시는 그 기운이 웅장하고 막힘이 없는 느낌을 지닌다. 호방한 상상력이 돋보이며 자연의 역동적인 모습을 담아내는 데에 능하여 작품에 생동감이 넘친다.

반면 윤선도의 시는 정적이며 섬세한 아름다움을 드러내는 것이 특징이다. 「어부사시사」의 봄 부분에서 볼 수 있듯 자연이 만들어낸 아름다움을 매우 감각적인 언어로 표현하고 있는 것을 확인할 수 있다.

꼭! 확인 기출문제

㉠~㉣의 뜻풀이로 옳지 않은 것은? [국가직 7급 기출]

뎨 가ᄂᆞᆫ 뎌 각시 본 듯도 ᄒᆞᆫ뎌이고.
텬샹(天上) ᄇᆡᆨ옥경(白玉京)을 엇디ᄒᆞ야 니별(離別)ᄒᆞ고,
ᄒᆡ 다 뎌 져믄 날의 눌을 보라 가시ᄂᆞᆫ고.
어와 네여이고 내 ᄉᆞ셜 드러 보오.
내 얼굴 이 거동이 님 ㉠ 괴얌즉 ᄒᆞᆫ가마ᄂᆞᆫ
엇딘디 날 보시고 네로다 녀기실ᄉᆡ
나도 님을 미더 ㉡ 군ᄠᅳ디 전혀 업서
㉢ 이ᄅᆡ야 교ᄐᆡ야 어ᄌᆞ러이 구돗썬디
반기시ᄂᆞᆫ ᄂᆞᆺ비치 녜와 엇디 다ᄅᆞ신고.
…(중략)…
어와, 허ᄉᆞ(虛事)로다. 이 님이 어ᄃᆡ 간고.
결의 니러 안자 창(窓)을 열고 ᄇᆞ라보니
어엿븐 그림재 날 조출 ᄲᅮᆫ이로다.
ᄎᆞᆯ하리 싀여디여 낙월(落月)이나 되야이셔
님 겨신 창(窓) 안ᄒᆡ ㉣ 번드시 비최리라.
각시님 ᄃᆞᆯ이야ᄏᆞ니와 구ᄌᆞᆫ 비나 되쇼셔.

– 정철, 「속미인곡」

① ㉠ : 사랑받음직
② ㉡ : 다른 생각이
③ ㉢ : 아양이야
❹ ㉣ : 반드시

해 ④ '번드시'는 반드시라는 의미가 아닌 '환히' 또는 '뚜렷이'라는 의미를 가지고 있기 때문에 적절하지 않다.

Check Point

- **갈래** : 내방가사, 규방가사
- **작자** : 송순
- **연대** : 조선 중종
- **주제** : 대자연 속의 풍류 생활
- **특징**
  - 3 · 4조 4음보
  - 여성적 · 애상적 성격, 원부가(怨婦歌)
  - 남편에게 버림 받은 신세에 대한 한탄과 자괴감, 원망, 외로움이 드러남
- **출전** : 면앙집
- **의의** : 정극인의 「상춘곡」을 이어받고, 정철의 「성산별곡」에 영향을 주었다. 또한 강호가도를 확립하였다.

Check Point

전경후정(前景後情)/선경후정(先景後情)

시상 전개에서 전반부에 경치를 읊은 다음 후반부에서 그 감흥을 노래하는 표현 방법을 말한다. 면앙정가를 비롯하여 다수의 시에서 찾아볼 수 있다.

- 고대 시가 「황조가(黃鳥歌)」(유리왕)
  - 전경 : 암수 꾀꼬리의 정다운 모습
  - 후정 : 짝을 잃은 나의 외롭고 쓸쓸한 마음
- 한시 「타맥행(打麥行)」(정약용)
  - 전경 : 보리타작 하는 농부들의 즐거운 모습
  - 후정 : 관직에 몸담은 자신의 삶에 대한 반성

(5) 면앙정가(俛仰亭歌)

无等山(무등산) 흔 활기 뫼히 동다히로 버더 이셔, 멀리 쎄쳐 와 霽月峯(제월봉)의 되어거늘 無邊大野(무변대야)의 므슴 짐작 ᄒ노라 일곱 구비 흠ᄃ 움쳐 므득므득 버럿는 듯.
가온대 구비는 굼긔 든 늘근 뇽이 선즘을 ᄀ 씨야 머리를 언쳐시니

너ᄅ바회 우히 松竹(송죽)을 헤혀고 亭子(정자)를 언쳐시니 구름 튼 靑鶴(청학)이 千里(천리)를 가리라 두 ᄂ래 버렷는 듯.

玉泉山(옥천산) 龍泉山(용천산) ᄂ린 믈이 亭子(정자) 압 너븐 들히 올올히 펴진 드시 넙써든 기노라 프르거든 희디 마나 雙龍(쌍룡)이 뒤트는 듯 긴 깁을 취폇는 듯 어드러로 가노라 므슴 일 비얏바 둗는 듯 ᄯ로는 듯 밤늦즈로 흐르는 듯

므조친 沙汀(사정)은 눈ᄀ치 펴졋거든 어즈러온 기러기는 므스거슬 어르노라 안즈락 ᄂ리락 모드락 흣트락 蘆花(노화)를 ᄉ이 두고 우러곰 좃니는뇨.

너븐 길 밧기요 긴 하늘 아릐 두르고 ᄭᅩ존 거슨 뫼힌가 屛風(병풍)인가 그림가 아닌가. 노픈 듯 ᄂ즌 듯 근는 듯 닛는 듯 숨거니 뵈거니 가거니 머물거니 어즈러온 가온ᄃ 일홈는 양ᄒ야 하늘도 젓티 아녀 웃독이 셧는 거시 秋月山(추월산) 머리 짓고 龍龜山(용구산) 夢仙山(몽선산) 佛臺山(불대산) 魚登山(어등산), 湧珍山(용진산) 錦城山(금성산)이 虛空(허공)에 버러거든 遠近(원근) 蒼崖(창애)의 머믄 것도 하도 할샤.

흰구름 브흰 煙霞(연하) 프로니는 山嵐(산람)이라. 千巖(천암) 萬壑(만학)을 제집으로 삼아 두고 나명셩 들명셩 일히도 구는지고. 오르거니 ᄂ리거니 長空(장공)의 써나거니 廣野(광야)로 거너거니 프르락 블그락 여트락 디트락 斜陽(사양)과 섯거디어 細雨(세우)조차 ᄲ리는다.
藍輿(남여)를 ᄇ야 ᄐ고 솔 아릐 구븐 길로 오며 가며 ᄒ는 적의 綠楊(녹양)의 우는 黃鶯(황앵) 嬌態(교태) 겨워 ᄒ는고야. 나모 새 ᄌᄌ지어 綠陰(녹음)이 얼린 적의 百尺(백척) 欄干(난간)의 긴 조으름 내여 펴니 水面(수면) 凉風(양풍)이야 긋칠 줄 모르는가.

즌 서리 빠딘 후의 산 빗치 錦繡(금수)로다. 黃雲(황운)은 ᄯ 엇디 萬頃(만경)에 펴겨디오. 漁笛(어적)도 흥을 계워 ᄃᆞᆯ를 ᄯ롸 브니는다.

草木(초목) 다 진 후의 江山(강산)이 ᄆ몰커는 造物(조물)리 헌ᄉᄒ야 氷雪(빙설)로 ᄭ며 내니 瓊宮瑤臺(경궁요대)와 玉海銀山(옥해은산)이 眼底(안저)에 버러세라. 乾坤(건곤)도 가옴열샤 간 대마다 경이로다.

人間(인간)올 써나와도 내 몸이 겨를 업다. 이것도 보려 ᄒ고 져것도 드르려코 ᄇ롬도 혀려 ᄒ고 ᄃᆞᆯ도 마즈려코 밤으란 언제 줍고 고기란 언제 낙고 柴扉(시비)란 뉘 다드며 딘 곳츠란 뉘 쓸려뇨. 아츰이 낫브거니 나조히라 슬흘소냐. 오늘리 不足(부족

커니 來日(내일)리라 有餘(유여) ᄒᆞ랴. 이 뫼ᄒᆡ 안자 보고 뎌 뫼ᄒᆡ 거러 보니 煩勞(번로)ᄒᆞᆫ ᄆᆞᄋᆞᆷ의 ᄇᆞ릴 일이 아조 업다. 쉴 사이 업거든 길히나 전ᄒᆞ리야. 다만 ᄒᆞᆫ 靑藜杖(청려장)이 다 ᄆᆞ듸여 가노ᄆᆡ라.

술이 닉어거니 벗지라 업슬소냐. 블ᄂᆡ며 ᄐᆞ이며 혀이며 이아며 온가짓 소ᄅᆡ로 醉興(취흥)을 ᄇᆡ야거니 근심이라 이시며 시름이라 브트시랴. 누으락 안즈락 구브락 져츠락 을프락 ᄑᆞ람ᄒᆞ락 노혜로 놀거니 天地(천지)도 넙고넙고 日月(일월)도 ᄒᆞᆫ가ᄒᆞ다. 羲皇(희황)을 모ᄅᆞᆯ러니 이 적이야 긔로고야

神仙(신선)이 엇더턴지 이 몸이야 긔로고야. 江山風月(강산풍월) 거ᄂᆞ리고 내 百年(백 년)을 다 누리면 岳陽樓(악양루) 샹의 李太白(이태백)이 사라오다, 浩蕩(호탕) 情懷(정회)야 이에서 더ᄒᆞᆯ소냐.
이 몸이 이렁 굼도 亦君恩(역군은)이샷다.

현대역

무등산의 산줄기 하나가 동쪽으로 뻗어, 무등산을 멀리 떼어버리고 나와 제월봉이 되었거늘, 끝없이 넓은 들판에서 무슨 생각을 하느라, 일곱 굽이가 한 곳에 움츠려 무더기무더기 벌여 놓은 듯하다. 그 가운데 굽이는 구멍에 든 늙은 용이 선잠을 막 깨어 머리를 앉힌 모습이니,
넓고 평평한 바위 위에 소나무와 대나무를 헤치고 정자를 앉혀, (정자의 모습이 마치) 구름을 탄 푸른 학이 천 리를 가려고 두 날개를 벌린 듯하구나.
옥천산과 용천산에서 흘러내리는 물이 정자 앞 넓은 들에 끊임없이 퍼져 있으니, 넓거든 길지 말거나 푸르거든 희지나 말지. 쌍룡이 (몸을) 뒤트는 듯 긴 비단을 펼친 듯하다. 어디로 가려고 무슨 일이 바빠서, 달려가는 듯 따라가는 듯 밤낮으로 흐르는 듯 하는가.
물 따라 펼쳐진 모래밭은 눈같이 펼쳐져 있는데, 어지러운 기러기는 무엇을 통정(通情)하려고 앉았다 내려갔다, 모였다 흩어졌다 하며 갈대꽃을 사이에 두고 울면서 따라 다니는고?
넓은 길 밖이요, 긴 하늘 아래 두르고 꽂은 것은 산인가 병풍인가 그림인가 아닌가? 높은 듯 낮은 듯, 끊어지는 듯 이어지는 듯, 숨기도 하고 보이기도 하며, 가기도 하고 머물기도 하며, 어지러운 가운데 유명한 체하며 하늘도 두려워하지 않고 우뚝 선 것이 추월산이 가장 높은 봉우리이고, 용구산, 몽선산, 불대산, 어등산, 용진산, 금성산이 허공에 늘어서 있는데, 멀고 가까운 푸른 언덕에 머문 것(펼쳐진 모양)이 많기도 많구나.
흰 구름과 뿌연 안개와 놀, 푸른 것은 산 아지랑이라. 수많은 바위와 골짜기를 제 집으로 삼아두고 나면서 들면서 아양도 떠는구나. 날아오르기도 하고 내리기도 하며 넓고 먼 하늘에 떠나기도 하고 넓은 들판으로 건너가기도 하며, 푸르기도 하고 붉기도 하고, 옅기도 하고 짙기도 하며, 저녁놀과 섞여 가랑비조차 뿌리는구나.
뚜껑 없는 가마를 재촉하여 타고 소나무 아래 굽은 길로 오며 가며 할 때에, 푸른 버들에서 지저귀는 꾀꼬리는 교태로운 소리를 내는구나. 나무와 억새가 우거져 녹음이 짙어진 때에 높은 난간에서 긴 졸음을 내어 펴니, 물 위의 서늘한 바람은 그칠 줄 모르는구나.
된서리 걷힌 후에 산빛이 수놓은 비단 같구나. 누런 구름(곡식)은 또 어찌 넓은 들에 펼쳐져 있는가? 고기잡이를 하며 부는 피리도 흥에 겨워 달을 따라 불고 있는가?

Check Point

송순

송순은 1533년 담양의 제월봉 아래에 세운 정자를 바탕으로 호남 제일의 가단을 이루었다.
면앙정가단은 사대부 출신의 문인 가객이 중심이었으며 고경명 · 김인후 · 노진 · 박순 · 소세양 · 양산보 · 윤두수 · 이황 · 임억령 · 임제 등이 참여하여 시를 지었다.
벼슬에서 물러난 후에는 자연예찬의 작품을 창작하면서 강호가도의 선구자적 역할을 하였다.

- **작품** : 「면앙정삼언가」 · 「면앙정제영(俛仰亭題詠)」, 「면앙정가」, 「자상특사황국옥당가(自上特賜黃菊玉堂歌)」 · 「오륜가」
- **문집** : 『기촌집』, 『면앙집』
- **찬수** : 『중종실록』, 『명종실록』

초목이 다 떨어진 후에 강과 산이 (눈 속에) 묻혀 있거늘, 조물주가 야단스러워 얼음과 눈으로 (자연을) 꾸며 내니, 아름다운 구슬로 장식한 궁궐과 대, 그리고 아름다운 바다와 눈 덮인 산이 눈 아래 펼쳐져 있구나. 하늘과 땅도 풍성하구나. 가는 곳마다 아름다운 경치로다.
인간 세상을 떠나와도 내 몸이 (한가로울) 겨를이 없다. 이것도 보려 하고 저것도 들으려 하고, 바람도 쏘이려 하고 달맞이도 하려 하고, 밤은 언제 줍고 고기는 언제 낚으며, 사립문은 누가 닫으며 떨어진 꽃은 누가 쓸 것인가? (자연을 완상하느라) 아침에도 시간이 부족한데 저녁이라고 싫을쏘냐? 오늘도 부족한데 내일이라고 여유가 있으랴? 이 산에 앉아 보고 저 산에 걸어 보니, 번거로운 마음이지만 버릴 일이 전혀 없다. 쉴 사이가 없는데 길이나 전할 시간인들 있겠는가? 다만 하나의 푸른 명아줏대로 만든 지팡이가 다 무뎌 가는구나.
술이 익었는데 벗이 없을 것인가? (노래를) 부르게 하며, (거문고를) 타게 하며, (해금을) 켜게 하며, (방울을) 흔들며, 온갖 소리로 술자리의 흥취를 재촉하니, 근심이라 있으며 시름이라 붙어 있으랴. 누웠다가 앉았다가 구부렸다가 젖혔다가, (시를) 읊기도 하고 휘파람을 불기도 하며 거리낌 없이 노니, 세상은 넓고 넓으며 세월은 한가하다. 복희씨(의 태평성대)를 모르고 지냈는데 지금이야말로 그때로구나.
신선이 어떤 것인지 (몰랐는데), 이 몸이야말로 신선이로구나. 강산풍월(자연)을 거느리고 내 평생을 다 누리면, 악양루 위에 이태백이 살아온다고 한들, 넓고 끝없는 정다운 회포가 이보다 더할 것인가? 이 몸이 이렇게 지내는 것도 또한 임금님의 은혜이시도다.

Check Point

정격가사(正格歌辭)와 변격가사(變格歌辭)

마지막 행이 평시조 종장과 같이 된 가사를 정격가사, 그렇지 않은 가사는 변격가사로 구분한다.

- **정격가사** : 3 · 4조의 음수율이 많고 결사는 시조 종장과 같은 구조로, 조선 전기 대부분의 가사가 이에 속한다. 예 상춘곡, 면앙정가, 사미인곡, 속미인곡, 관동별곡, 성산별곡 등
- **변격가사** : 낙구가 음수율의 제한을 받지 않는 가사를 말하는 것으로, 조선 후기 가사가 이에 속한다. 예 일동장유가, 농가월령가, 만언사, 연행가 등

(6) 규원가(閨怨歌)

엇그제 저멋더니 ᄒᆞ마 어이 다 늘거니. 少年行樂(소년행락) 생각ᄒᆞ니 일러도 속절업다. 늘거야 서른 말슴 ᄒᆞ자니 목이 멘다. 父生母育(부생모육) 辛신苦고 ᄒᆞ야 이 내 몸 길러 낼 제, 公候配匹(공후배필)은 못 바라도 君子好逑(군자호구) 願(원)ᄒᆞ더니, 三生(삼생)의 怨業(원업)이오 月下(월하)의 緣分(연분)ᄋᆞ로 長安遊俠(장안유협) 輕薄子(경박자)를 ᄉᆞᆷᄀᆞᆫ치 만나 잇서, 當時(당시)의 用心(용심)ᄒᆞ기 살어름 디듸는 듯, 三五(삼오) 二八(이팔) 겨오 지나 天然麗質(천연여질) 절로 이니, 이 얼골 이 態度(태도)로 百年期約(백년기약)ᄒᆞ얏더니, 年光(연광)이 훌훌ᄒᆞ고 造物(조물)이 多다猜시ᄒᆞ야, 봄바람 가을 믈이 뵈오리 북지나듯. 雪鬢花顔(설빈화안) 어ᄃᆡ두고 面目可憎(면목가증)되거고나. 내 얼골 내 보거니 어느 임이 날 괼소냐. 스스로 慚愧(참괴)ᄒᆞ니 누구를 원망ᄒᆞ리.
三三五五(삼삼오오) 冶遊園(야유원)의 새 사람이 나단 말가. 곳 피고 날 저물 제 定處(정처) 업시 나가 잇어, 白馬(백마) 金鞭(금편)으로 어ᄃᆡ어ᄃᆡ 머므는고. 遠近(원근)을 모르거니 消息(소식)이야 더욱 알랴.
因緣(인연)을 긋쳐신들 ᄉᆡᆼ각이야 업슬소냐. 얼골을 못 보거든 그립기나 마르려믄. 열두 ᄣᅢ 김도 길샤 설흔 날 支離(지리)ᄒᆞ다. 玉窓(옥창)에 심근 梅花(매화) 몃 번이나 픠여 진고. 겨을 밤 차고 찬 제 자최눈 섯거 치고, 여름날 길고 길 제 구즌 비는 무스 일고. 三春花柳(삼춘화류) 好時節(호시절)에 景物(경물)이 시름업다. 가을 ᄃᆞᆯ 방에 들고

Check Point

- **갈래** : 양반가사, 은일(隱逸)가사
- **작자** : 허난설헌
- **연대** : 조선 선조
- **주제** : 봉건 제도하에서의 부녀자의 한(恨)
- **특징**
  - 4 · 4조 또는 3 · 4음보 연속체
  - 다양한 수사법의 사용
  - 경치를 근경(近景)에서 원경(遠景)으로 묘사
  - 사계절의 변화에 따른 시상 전개
- **출전** : 고금가곡
- **의의** : 현전하는 최초의 여류 가사이다.

蟋蟀(실솔)이 床(상)에 울 제, 긴 한숨 디는 눈물 속절업시 혬만 만타. 아마도 모진 목숨 죽기도 어려울사.

도로혀 풀쳐 혜니 이리 ᄒᆞ여 어이 ᄒᆞ리. 靑燈(청등)을 돌라 노코 綠綺琴(녹기금) 빗기 안아, 碧蓮花(벽련화) 한 곡조를 시름 조ᄎᆞ 섯거 타니, 瀟湘夜雨(소상야우)의 댓소리 섯도는 ᄃᆞᆺ, 華表(화표) 千年(천년)의 別鶴(별학)이 우니는 ᄃᆞᆺ, 玉手(옥수)의 타는 手段(수단) 녯 소래 잇다마는, 芙蓉帳(부용장) 寂寞(적막)ᄒᆞ니 뉘 귀에 들리소니. 肝腸(간장)이 九曲(구곡) 되야 구뷔구뷔 ᄭᅳᆫ쳐서라.

ᄎᆞᆯ하리 잠을 드러 ᄭᅮᆷ의나 보려 ᄒᆞ니, 바람의 디는 닙과 풀 속에 우는 즘생, 무스 일 원수로서 잠조차 ᄭᅢ오는다. 天上(천상)의 牽牛織女(견우직녀) 銀河水(은하수) 막혀서도, 七月七夕(칠월 칠석) 一年一度(일년일도) 失期(실기)치 아니거든, 우리 님 가신 후는 무슨 弱水(약수) 가렷관듸, 오거나 가거나 消息(소식)조차 ᄭᅳ쳣는고. 欄干(난간)의 비겨 서서 님 가신 ᄃᆡ 바라보니, 草露(초로)는 맷쳐 잇고 暮雲(모운)이 디나갈 제, 竹林(죽림) 푸른 고ᄃᆡ 새 소리 더욱 설다. 세상의 서룬 사람 수업다 ᄒᆞ려니와, 薄命(박명)ᄒᆞᆫ 紅顔(홍안)이야 날 ᄀᆞᄐᆞ니 ᄯᅩ 이실가. 아마도 이 님의 지위로 살동말동 ᄒᆞ여라.

현대역

엊그제 젊었더니 어찌 벌써 이렇게 다 늙어 버렸는고? 어릴 적 즐겁게 지내던 일을 생각하니 말해야 헛되구나. 이렇게 늙은 뒤에 서러운 사연 말하자니 목이 멘다. 부모님이 낳아 기르며 몹시 고생하여 이 내 몸 길러낼 때, 높은 벼슬아치의 배필을 바라지 못할지라도 군자의 좋은 짝이 되기를 바랐는데, 전생에 지은 원망스러운 업보요 부부의 인연으로 장안에서 호탕하고 경박한 사람을 꿈같이 만나, 시집 간 뒤에 남편 시중하면서 조심하기를 마치 살얼음 디디는 듯하였다. 열다섯 열여섯 살을 겨우 지나 타고난 아름다운 모습 저절로 나타나니, 이 모습 이 태도로 평생을 약속하였더니, 세월이 빨리 지나고 조물주마저 다 시기하여 가을 물, 곧 세월이 베틀의 베올 사이에 북이 지나가듯 빨리 지나가 꽃같이 아름다운 얼굴은 없어지고 모습이 밉게 되었구나. 내 얼굴을 내가 보고 알거니와 어느 임이 나를 사랑할 것인가? 스스로 부끄러워하니 누구를 원망할 것인가? 여러 사람 떼 지어 다니는 술집에 새 기생이 나타났다는 말인가? 꽃 피고 날 저물 때 정처 없이 나가서 호사로운 행장을 하고 어디 어디 머물며 노는고? 집안에만 있어서 원근 지리를 모르는데 임의 소식이야 알 수 있으랴? 겉으로는 인연을 끊었지마는 임에 대한 생각이 없겠는가? 임의 얼굴을 못 보거니 그립기나 말았으면 좋으련만, 하루가 길기도 길구나. 한 달 곧 서른 날이 지루하다. 규방 앞에 심은 매화 몇 번이나 피었다 졌는고? 겨울 밤 차고 찬 때, 자취눈 섞어 내리고, 여름날 길고 긴 때 궂은비는 무슨 일인고? 봄날 온갖 꽃 피고 버들잎이 돋아나는 좋은 시절에 아름다운 경치를 보아도 아무 생각이 없다. 가을 달 방에 비추고 귀뚜라미 침상에서 울 때 긴 한숨 흘리는 눈물 헛되이 생각만 많다. 아마도 모진 목숨 죽기도 어렵구나. 돌이켜 여러 가지 일을 하나하나 생각하니 이렇게 살아서 어찌할 것인가? 등불을 돌려놓고 푸른 거문고를 비스듬히 안아 백련화 한 곡을 시름에 싸여 타니, 밤비에 댓잎 소리가 섞여 들리는 듯, 망주석에 천 년 만에 찾아온 특별한 학이 울고 있는 듯, 아름다운 손으로 타는 솜씨는 옛 가락이 아직 남아 있지마는 연꽃무늬가 있는 휘장을 친 방안이 텅 비었으니 누구의 귀에 들릴 것인가? 마음속이 굽이굽이 끊어졌도다. 차라리 잠이 들어 꿈에나 임을 보려 하니 바람에 지는 잎과 풀 속에서 우는 벌레는 무슨 일이 원수가 되어 잠

Check Point

내방가사(內房歌辭)

조선 후기 부녀자에 의해 지어진 가사를 말하며, 규방가사(閨房歌辭)·규중가도(閨中歌道)라고도 한다.

가사문학은 한때 일부 학자 층에서만 창작되는 경향을 보였지만 임진왜란을 겪고, 영·정조 이후부터는 일반 평민이나 부녀자들도 활발하게 창작 활동을 하기시작했다.

주로 영남지방에서 성행하였으며, 부녀자층에 쉽게 보급되었던 정음(正音)을 통해서 여성의 섬세한 감성과 풍부한 예술성을 살릴수 있었다.

- **해당 작품** : 「김씨계녀사」, 「복선화음가」, 「도덕가」, 「오륜가」, 「나부가(懶婦歌)」, 「사친가」, 「사향가(思鄕歌)」, 「여자자탄가」, 「한별곡(恨別曲)」, 「원별가(怨別曲)」, 「청상가(靑孀歌)」, 「노처녀가」, 「춘규자탄별곡」, 「귀녀가」, 「재롱가」, 「농장가」, 「수연가(壽宴歌)」, 「헌수가(獻壽歌)」, 「회혼참경가(回婚參景歌)」, 「화전가(花煎歌)」, 「관동팔경유람기」, 「경주관람기」

마저 깨우는고? 하늘의 견우성과 직녀성은 은하수가 막혔을지라도 칠월 칠석 일 년에 한 번씩 때를 어기지 않고 만나는데, 우리 임 가신 후에는 무슨 장애물이 가리었기에 오고 가는 소식마저 그쳤는가? 난간에 기대어 서서 임 가신 데를 바라보니, 풀 이슬은 맺혀 있고 저녁 구름이 지나갈 때 우거진 푸른 곳에 새소리가 더욱 서럽다. 세상에 서러운 사람 많다고 하려니와 운명이 기구한 여자야 나 같은 이가 또 있을까? 아마도 이 님의 탓으로 살 듯 말 듯 하여라.

(7) 농가월령가(農家月令歌)

Check Point

- **작자** : 정학유
- **연대** : 조선 헌종
- **주제** : 농가의 일과 풍속
- **출전** : 가사육종
- **의의** : 농촌 생활의 부지런한 활동을 사실감 있게 제시하였으며, 세시 풍속을 적은 월령체 가운데 규모가 가장 크고 짜임새가 있다.

천지(天地) 조판(肇判)하매 일월성신 비치거다. 일월은 도수 있고 성신은 전차 있어 일년 삼백 육십일에 제 도수 돌아오매 동지 · 하지 · 춘 · 추분은 일행(日行)을 추측하고 상현 · 하현 · 망 · 회 · 삭은 월륜(月輪)의 영휴(盈虧)로다. 대지상 동서남북, 곳을 따라 틀리기로 북극을 보람하여 원근을 마련하니 이십사 절후를 십 이삭에 분별하여 매삭에 두 절후가 일망(一望)이 사이로다. 춘하추동 내왕하여 자연히 성세(成歲)하니 요순 같은 착한 임금 역법을 창제하사 천시(天時)를 밝혀 내어 만민을 맡기시니 하우씨 오백 년은 인월(寅月)로 세수(歲首)하고 주나라 팔백 년은 자월(子月)로 신정(新定)이라. 당금에 쓰는 역법 하우씨와 한 법이라. 한서온량(寒暑溫凉) 기후 차례 사시에 맞아 드니 공부자의 취하심이 하령을 행하도다.

정월은 맹춘(孟春)이라 입춘(立春) 우수(雨水) 절기로다. 산중 간학(澗壑)에 빙설은 남았으나 평교 광야에 운물(雲物)이 변하도다. 어와 우리 성상 애민(愛民) 중농(重農)하오시니 간측하신 권농 윤음 방곡(坊曲)에 반포하니 슬프다, 농부들아 아무리 무지한들 네몸 이해 고사(姑捨)하고 성의(聖儀)를 어길소냐 산전수답(山田水畓) 상반(相半)하여 힘대로 하오리라. 일년 흉풍은 측량하지 못하여도 인력이 극진하면 천재는 면하리니 제각각 근면하여 게을리 굴지 마라. 일년지계 재춘하니 범사(凡事)를 미리 하라. 봄에 만일 실시하면 종년(終年) 일이 낭패되네. 농기(農器)를 다스리고 농우(農牛)를 살펴 먹여 재거름 재워 놓고 한편으로 실어 내니 보리밭에 오줌치기 작년보다 힘써 하라. 늙은이 근력 없어 힘든 일은 못하여도 낮이면 이엉 엮고 밤이면 새끼 꼬아 때 맞게 집 이으면 큰 근심 덜리로다. 실과 나무 보굿 깎고 가지 사이 돌 끼우기 정조(正朝)날 미명시(未明時)에 시험조로 하여 보자. 며느리 잊지 말고 소국주(小麴酒) 밑하여라. 삼촌 백화시에 화전 일취(花前 一醉) 하여 보자. 상원(上元)날 달을 보아 수한(水旱)을 안다하니 노농(老農)의 징험(徵驗)이라 대강은 짐작느니. 정초에 세배함은 돈후한 풍속이라. 새 의복 떨쳐 입고 친척 인리(隣里) 서로 찾아 남녀노소 아동까지 삼삼오오 다닐 적에 와삭버석 울긋불긋 물색(物色)이 번화(繁華)하다. 사내아이 연날리기 계집아이 널뛰기요. 윷놀아 내기하니 소년들 놀이로다. 사당(祠堂)에 세알(歲謁)하니 병탕에 주과로다. 움파와 미나리를 무엄에 곁들이면 보기에 신선하여 오신채(五辛菜)를 부러하랴. 보름날 약밥 제도 신라적 풍속이라. 묵은 산채 삶아 내니 육미(肉味)와 바꿀소냐. 귀밝히는 약술이며 부스럼 삭는 생밤이라. 먼저 불러 더위팔기 달맞이 횃불 켜기 흘러 오는 풍속이요 아이들 놀이로다. (후략)

현대역

하늘땅이 생겨나며 해와 달, 별이 비쳤다. 해와 달은 뜨고 지고 별들은 길이 있어 일 년 삼백 육십 일엔 제길로 돌아온다. 동지, 하지, 춘 · 추분은 해로써 추측하고 상현달, 하현달, 보름, 그믐, 초하루는 달님이 둥글고 이즈러져 알 수 있다. 땅위의 동서남북 곳을 따라 다르지만 북극성을 표로 삼고 그것을 밝혀낸다. 이십사 절기를 열두 달에 나누어 매달에 두 절기가 보름이 사이로다. 춘하추동 오고가며 저절로 한 해를 이루나니, 요임금, 순임금과 같이 착한 임금님은 책력을 만들어, 하늘의 때를 밝혀 백성을 맡기시니, 하나라 오백 년 동안은 정월(인월)로 해의 머리를 삼고, 주나라 팔백 년 동안은 십이월(자월)로 해의 머리를 삼기로 정하니라. 지금 우리들이 쓰고 있는 책력은 하나라 때 것과 한 가지니라. 춥고, 덥고, 따뜻하고, 서늘한 철의 차례가 봄, 여름, 가을, 겨울 네 때에 맞추어 바로 맞으니, 공자의 취하심도 하나라 때의 역법을 행하였도다.

정월은 초봄이라 입춘, 우수 절기일세. 산중 골짜기엔 눈과 얼음이 남아 있어도 저 들판 넓은 벌의 자연경치는 변한다. 어화 나라님 백성들을 사랑하고 농사를 중히 여겨 농사를 잘 지으라는 간절한 타이름을 온 나라에 전하니 어화 농부들아 나라의 뜻 어길소냐 논과 밭에 다함께 힘을 넣어 해보리라. 한 해의 풍년 흉년 헤아리진 못하여도 사람 힘이 극진하면 자연재해 피해가니 모두 다 부지런해 게을리 굴지 마소. 한 해 일은 봄에 달려 모든 일을 미리 하라 봄에 만일 때 놓치면 그해 일을 그르친다. 농기구 쟁기를 다스리고 부림소를 살펴 먹여 재거름 재워놓고 한편으로 실어 내여 보리밭에 오줌주기 세전보다 힘써하소. 노인들은 근력이 없어 힘든 일을 못하지만 낮이면 이영 엮고 밤이면 새끼 꼬아 때맞추어 이영하면 큰 근심 덜 수 있다. 과실나무 보굿 깎고 가지 사이 돌 끼우기 초하룻 날 첫 새벽에 시험 삼아 해보세. 며느리는 잊지 말고 약주술을 담가야 한다. 봄날 꽃 필 적에 화전놀이 하며 술 마시세. 정월보름 달을 보아 수재한재 안다하니 늙은 농군 경험이라 대강은 짐작하네. 설날에 세배함은 인정 후한 풍속이라. 새 의복 떨쳐입고 친척 이웃 서로 찾아 남녀노소 아동까지 삼삼오오 다닐 적에 스치는 울긋불긋 차림새가 번화하다. 사내아이는 연날리기를, 계집아이는 널뛰기를 하며 윷놀아 내기하는 것은 소년들의 놀이로다. 사당에 설 인사는 떡국에 술과 과일, 그리고 파와 미나리를 무엄에 곁들이면 보기에 신선하여 오신채가 부럽지 않다. 보름날 약밥제도 신라적 풍속이라 묵은 산채 삶아내니 고기 맛을 바꿀쏘냐. 귀 밝히는 약술과 부스럼 삭는 생밤도 있다. 먼저 불러 더위팔기, 달맞이, 횃불 켜기 등은 풍속이며 아이들 놀이로다. (후략)

(8) 누항사(陋巷詞)

어리고 우활(迂闊)ᄒᆞᆯ산 이 ᄂᆡ 우ᄒᆡ 더니 업다. 길흉화복(吉凶禍福)을 하날긔 부쳐 두고, 누항(陋巷) 깁픈 곳의 초막(草幕)을 지어 두고, 풍조우석(風朝雨夕)에 석은 딥히 셥히 되야, 셔 홉 밥 닷 홉 죽(粥)에 연기(煙氣)도 하도 할샤. 설데인 숙냉(熟冷)애 뷘 배 쇡일 ᄲᅮᆫ이로다. 생애 이러ᄒᆞ다 장부(丈夫) ᄠᅳᆮ을 옴길넌가. 안빈일념(安貧一念)을 젹을망정 품고 이셔, 수의(隨宜)로 살려 ᄒᆞ니 날로조차 저어(齟齬)ᄒᆞ다.

ᄀᆞ올히 부족(不足)거든 봄이라 유여(有餘)ᄒᆞ며, 주머니 뷔엿거든 병(甁)의라 담겨시랴. 빈곤(貧困)ᄒᆞᆫ 인생(人生)이 천지간(天地間)의 나ᄲᅮᆫ이라. 기한(飢寒)이 절신(切身)

Check Point

- **서사** : 일월성신의 운행과 역대 월령 및 역법의 기원 설명
- **정월령** : 정월의 절기와 농사준비, 정조(正朝)의 세배와 풍속, 보름날의 풍속
- **2월령** : 2월의 절기와 춘경(春耕)과 가축 기르기, 약재 캐기 묘사
- **3월령** : 3월의 절기와 논농사 및 밭농사의 파종, 과일나무 접붙이기, 장 담그기
- **4월령** : 4월의 절기와 모내기, 간작(間作) · 분봉(分蜂) · 팔일현등(八日懸燈) · 천렵(川獵)
- **5월령** : 5월의 절기와 보리타작 · 고치 따기 · 그네뛰기 · 민요화답
- **6월령** : 6월의 절기와 간작 · 북돋우기, 유두의 풍속, 장 관리, 삼 수확
- **7월령** : 7월의 절기와 칠월칠석의 견우직녀의 이별과 비, 김매기 · 피고르기, 선산(先山)의 벌초하기, 겨울을 위한 채소 준비 및 김장할 무 · 배추의 파종
- **8월령** : 8월의 절기와 백곡의 수확, 중추절을 위한 장 흥정, 며느리의 친정 근친(勤親)
- **9월령** : 9월의 절기와 늦어지는 가을 추수의 이모저모, 이웃 간의 온정
- **10월령** : 10월의 절기와 무 · 배추 수확, 겨울 준비, 가내 화목, 한 동네의 화목
- **11월령** : 11월의 절기, 메주 쑤기, 동지의 풍속, 가축 기르기, 거름 준비
- **12월령** : 12월의 절기, 새해 준비, 묵은세배 묘사
- **결사** : 농업에 힘쓸 것을 권장

Check Point

- **작자** : 박인로
- **연대** : 조선 광해군
- **주제** : 누항에 묻혀 안빈낙도 하며 충효, 우애, 신의를 바라며 살고 싶은 마음
- **특징**
  - 대화의 삽입을 통해 현장감을 살림
  - 일상 체험을 통해 현실과 이상 사이의 갈등을 표현
- **출전** : 노계집
- **의의** : 조선 전기 가사와 후기 가사의 과도기적 성격을 지님

Check Point

전란의 현실을 노래한 가사
전란으로 인해 발생한 나라 안팎의 피해와 처참한 상황들을 표현한 작품을 말한다.

- **해당 작품** : 양사준 「남정가(南征歌)」, 박인로 「누항사(陋巷詞)」·「태평사(太平詞)」·「선상탄(船上嘆)」, 최현 「용사음(龍蛇吟)」, 정훈 「우활가(迂闊歌)」·「탄궁가(嘆窮歌)」

ᄒᆞ다 일단심(一丹心)을 이질ᄂᆞᆫ가. 분의망신(奮義忘身)ᄒᆞ야 죽어야 말녀너겨, 우탁우랑(于槖于囊)의 줌줌이 모아 녀코, 병과(兵戈) 오재(五載)예 감사심(敢死心)을 가져 이셔, 이시섭혈(履尸涉血)ᄒᆞ야 몃 백전(百戰)을 지ᄂᆡ연고.

일신(一身)이 여가(餘暇) 잇사 일가(一家)를 도라보랴. 일노장수(一奴長鬚)ᄂᆞᆫ 노주분(奴主分)을 이졋거든, 고여춘급(告余春及)을 어ᄂᆡ 사이 ᄉᆡᆼ각ᄒᆞ리. 경당문노(耕當問奴)인ᄃᆞᆯ 눌ᄃᆞ려 물롤ᄂᆞᆫ고. 궁경가색(躬耕稼穡)이 ᄂᆡ 분(分)인 줄 알리로다. 신야경수(莘野耕叟)와 농상경옹(瓏上耕翁)을 천(賤)타 ᄒᆞ리 업것마ᄂᆞᆫ, 아므려 갈고젼ᄃᆞᆯ 어ᄂᆡ쇼로 갈로손고.

한기태심(旱旣太甚)ᄒᆞ야 시절(時節)이 다 느즌 제, 서주(西疇) 놉흔 논애 잠깐 긴 녈비예 도상(道上) 무원수(無源水)를 반만깐 ᄃᆡ혀두고, 쇼 ᄒᆞᆫ 젹 듀마 ᄒᆞ고 엄섬이 ᄒᆞᄂᆞᆫ 말삼 친절(親切)호라 너긴 집의 ᄃᆞᆯ 업슨 황혼(黃昏)의 허위허위 다라 가셔, 구디다ᄃᆞᆫ 문(門) 밧긔 어득히 혼자 서셔 큰 기츰 아함이를 양구(良久)토록 ᄒᆞ온 후(後)에, 어와 긔 뉘신고 염치(廉恥) 업산 ᄂᆡ옵노라. 초경(初更)도 거읜ᄃᆡ 긔 엇지 와 겨신고. 연년(年年)에 이러ᄒᆞ기 구차(苟且)ᄒᆞᆫ줄 알건마ᄂᆞᆫ 쇼 업슨 궁가(窮家)애 혜염 만하 왓삽노라.

공ᄒᆞ니나 갑시나 주엄 즉도 ᄒᆞ다마ᄂᆞᆫ, 다만 어제 밤의 거넨 집 져 사름이, 목 불근 수기치(雉)을 옥지읍(玉脂泣)게 ᄭᅮ어 ᄂᆡ고, 간 이근 삼해주(三亥酒)을 취(醉)토록 권(勸)ᄒᆞ거든, 이러한 은혜(恩惠)을 어이 아니 갑흘넌고. 내일(來日)로 주마 ᄒᆞ고 큰 언약(言約) ᄒᆞ야거든, 실약(失約)이 미편(未便)ᄒᆞ니 사셜이 어려왜라. 실위(實爲) 그러ᄒᆞ면 혈마 어이홀고. 헌 먼덕 수기 스고 측 업슨 집신에 설피설피 물너 오니, 풍채(風採) 저근 형용(形容)애 ᄀᆡ 즈칠 ᄲᅮᆫ이로다.

와실(蝸室)에 드러간ᄃᆞᆯ 잠이 와사 누어시랴. 북창(北牕)을 비겨 안자 ᄉᆡ배를 기다리니, 무정(無情)한 대승(戴勝)은 이ᄂᆡ 한(恨)을 도우ᄂᆞ다. 종조(終朝) 추창(惆悵)ᄒᆞ야 먼 들흘 바라보니, 즐기ᄂᆞᆫ 농가(農歌)도 흥(興) 업서 들리ᄂᆞ다. 세정(世情) 모른 한숨은 그칠 줄을 모르ᄂᆞ다. 아ᄭᅡ온 져 소뷔ᄂᆞᆫ 볏보님도 됴홀세고. 가시 엉귄 묵은 밧도 용이(容易)케 갈련마ᄂᆞᆫ, 허당반벽(虛堂半壁)에 슬ᄃᆡ업시 걸려고야. 춘경(春耕)도 거의거다 후리쳐 더뎌 두쟈.

강호(江湖) ᄒᆞᆫ ᄭᅮᆷ을 ᄭᅮ언지도 오릭러니, 구복(口腹)이 위루(爲累)ᄒᆞ야 어지버 이져쪄다. 첨피기욱(瞻彼淇燠)혼ᄃᆡ 녹죽(綠竹)도 하도 할샤. 유비군자(有斐君子)들아 낙ᄃᆡ ᄒᆞ나 빌려ᄉᆞ라. 노화(蘆花) 깁픈 곳애 명월청풍(明月淸風) 벗이 되야, 님ᄌᆡ 업슨 풍월강산(風月江山)애 절로절로 늘그리라. 무심(無心)한 백구(白鷗)야 오라 ᄒᆞ며 말라 ᄒᆞ랴. 다토리 업슬슨 다문 인가 너기로라.

무상(無狀)한 이 몸애 무슨 지취(志趣) 이스리마ᄂᆞᆫ, 두세 이렁 밧논를 다 무겨 더뎌 두고, 이시면 죽(粥)이오 업시면 굴물망정, 남의 집 남의 거슨 전혀 부러 말렷스라.

ᄂᆡ 빈천(貧賤) 슬히 너겨 손을 헤다 물너가며, 남의 부귀(富貴) 불리 너겨 손을 치다 나아오랴. 인간(人間) 어ᄂᆡ일이 명(命) 밧긔 삼겨시리. 빈이무원(貧而無怨)을 어렵다 ᄒᆞ건마ᄂᆞᆫ ᄂᆡ 생애(生涯) 이러호ᄃᆡ 설온 ᄠᅳᆺ은 업노왜라. 단사표음(簞食瓢飮)을 이도 족(足)히 너기로라. 평생(平生) ᄒᆞᆫ ᄠᅳᆺ이 온포(溫飽)애ᄂᆞᆫ 업노왜라. 태평천하(太平天下)애 충효(忠孝)를 일을 삼아 화형제(和兄弟) 신붕우(信朋友) 외다 ᄒᆞ리 뉘 이시리. 그 밧긔 남은 일이야 삼긴 ᄃᆡ로 살렷노라.

현대역

어리석고 세상 물정에 어두운 것은 나보다 더한 이가 없다. 길흉화복을 하늘에 맡기고, 누추한 깊은 곳에 초가집을 지어 두고, 아침저녁 비바람에 썩은 짚이 섶이 되어, 세 홉 밥, 닷 홉 죽에 연기가 많기도 많다. 설 데운 숭늉에 빈 배 속일 뿐이로다. 생활이 이러하다고 장부가 품은 뜻을 바꿀 것인가. 가난하지만 편안하여, 근심하지 않는 한결같은 마음을 적을망정 품고 있어, 옳은 일을 좇아 살려 하니 날이 갈수록 뜻대로 되지 않는다.

가을이 부족하거든 봄이라고 넉넉하며, 주머니가 비었거든 술병이라고 술이 담겨 있겠느냐. 가난한 인생이 이 세상에 나뿐인가. 굶주리고 헐벗음이 절실하다고 한 가닥 굳은 마음을 잊을 것인가. 의에 분발하여 제 몸을 잊고 죽어야 그만두리라 생각한다. 전대와 망태에 한 줌 한 줌 모아 넣고, 임진왜란 5년 동안에 죽고야 말리라는 마음을 가지고 있어, 주검을 밟고 피를 건너는 혈전을 몇 백전이나 지내었는가.

일신이 겨를이 있어서 일가를 돌보겠는가? 늙은 종은 종과 주인 간의 분수를 잊었거든, 하물며 나에게 봄이 왔다고 일러 주기를 어느 사이에 생각할 것인가? 밭 갈기를 종에게 묻고자 한들 누구에게 물을 것인가? 몸소 농사를 짓는 것이 나의 분수인 줄을 알겠도다. 세신초(잡초)가 많이 난 들에서 밭 가는 늙은이와 밭두둑 위에서 밭 가는 늙은이를 천하다고 할 사람이 없건마는 아무리 갈고자 한들 어느 소로 갈 것인가?

가뭄이 이미 심하여 시절이 다 늦은 때에, 서쪽 두둑이 높은 논에 잠깐 지나가는 비에, 길 위에 흘러내리는 근원 없는 물을 반만큼 대어 두고, 소 한 번 빌려 주겠다 하는 탐탁하지 않게 하는 말씀을 친절하다고 여긴 집에 달도 없는 황혼에 허둥지둥 달려가서 굳게 닫은 문 밖에 멀찍이 혼자 서서 큰 기침 에헴 소리를 꽤 오래도록 한 뒤에 "아, 그가 누구이신가?"하고 묻는 말에 "염치없는 저올시다" 하고 대답하니, "초경도 거의 지났는데 그대 어찌하여 와 계신가?"하기에 "해마다 이러하기가 염치없는 줄 알건마는 소 없는 가난한 집에 걱정이 많아 왔습니다."

"공짜로나 값을 치르거나 해서 줄 만도 하다마는, 다만 어젯밤에 건넛집 저 사람이 목 붉은 수꿩을 구슬 같은 기름이 끓어오르게 구워내고, 갓 익은 삼해주를 취하도록 권하였거든, 이러한 고마움을 어찌 아니 갚겠는가? 내일 소를 빌려 주마 하고 큰 언약을 하였거든, 약속을 어김이 미안하니 말씀하기 어렵다."고 한다. 사실이 그렇다면 설마 어찌할까? 헌 갓을 숙여 쓰고, 축이 없는 짚신에 맥없이 물러나오니 풍채 작은 모습에 개가 짖을 뿐이로다.

작고 누추한 집에 들어간들 잠이 와서 누워 있으랴? 북쪽 창문에 기대어 앉아 새벽을 기다리니, 무정한 오디새는 이내 원한을 재촉한다. 아침이 마칠 때까지 슬퍼하며 먼 들을 바라보니 즐기는

Check Point

박인로
조선 중기의 무신 겸 시인으로 가사문학의 발전에 크게 이바지하였다.
무과에 급제하여 수문장 · 선전관을 지냈으며, 임진왜란 때는 무공을 세웠다. 1598년 왜군이 퇴각한 후 군사들을 위로하는 「태평사(太平詞)」를 지었다.
퇴관 후에는 고향에서 독서와 시작에 몰두하여 많은 걸작을 남겼다.

- **작품** : 「태평사」, 「선상탄」, 「사제곡」, 「누항사」, 「독락당」, 「영남가」, 「노계가」
- **문집** : 『노계집(蘆溪集)』

농부들의 노래도 흥이 없이 들린다. 세상 인정을 모르는 한숨은 그칠 줄을 모른다. 아까운 저 쟁기는 볏의 빔도 좋구나! 가시가 엉긴 묵은 밭도 쉽게 갈련마는, 텅 빈 집 벽 가운데 쓸데없이 걸렸구나! 봄갈이도 거의 지났다. 팽개쳐 던져 두자.

자연을 벗 삼아 살겠다는 한 꿈을 꾼 지도 오래더니, 먹고 마시는 것이 거리낌이 되어, 아아! 슬프게도 잊었다. 저 기수의 물가를 보건대 푸른 대나무도 많기도 많구나! 교양 있는 선비들아, 낚싯대 하나 빌려 다오. 갈대꽃 깊은 곳에 밝은 달과 맑은 바람이 벗이 되어, 임자 없는 자연 속 풍월강산에 절로 늙으리라. 무심한 갈매기야 나더러 오라고 하며 말라고 하겠느냐? 다툴 이가 없는 것은 다만 이것뿐인가 여기노라.

보잘것 없는 이 몸이 무슨 소원이 있으리요마는 두세 이랑 되는 밭과 논을 다 묵혀 던져 두고, 있으면 죽이요 없으면 굶을망정 남의 집, 남의 것은 전혀 부러워하지 않겠노라. 나의 빈천함을 싫게 여겨 손을 헤친다고 물러가며, 남의 부귀를 부럽게 여겨 손을 친다고 나아오랴? 인간 세상의 어느 일이 운명 밖에 생겼겠느냐? 가난하여도 원망하지 않음을 어렵다고 하건마는 내 생활이 이러하되 서러운 뜻은 없다. 한 주먹밥을 먹고, 한 주박 물을 마시는 어려운 생활도 만족하게 여긴다. 평생의 한 뜻이 따뜻이 입고, 배불리 먹는 데에는 없다. 태평스런 세상에 충성과 효도를 일로 삼아, 형제간 화목하고 벗끼리 신의 있음을 그르다 할 사람이 누가 있겠느냐? 그 밖에 나머지 일이야 태어난 대로 살아가겠노라.

2. 잡가

(1) 유산가(遊山歌)

화란춘성(花爛春城)하고 만화방창(萬化方暢)이라. 때 좋다, 벗님네야, 산천경개(山川景槪)를 구경을 가세.
죽장망혜(竹杖芒鞋) 단표자(單瓢子)로 천리강산을 들어를 가니, 만산홍록(滿山紅綠)들은 일년일도(一年一度) 다시 피어 춘색(春色)을 자랑노라 색색이 붉었는데, 창송취죽(蒼松翠竹)은 창창울울(蒼蒼鬱鬱)한데, 기화요초(琪花瑤草) 난만중(爛漫中)에 꽃 속에 잠든 나비 자취 없이 날아난다.
유상앵비(柳上鶯飛)는 편편금(片片金)이요, 화간접무(花間蝶舞)는 분분설(紛紛雪)이라. 삼춘가절(三春佳節)이 좋을씨고. 도화만발 점점홍(桃花滿發點點紅)이로구나. 어주축수 애삼춘(漁舟逐水愛三春)이어든 무릉도원(武陵桃源)이 예 아니냐.
양류세지 사사록(楊柳細枝絲絲綠)하니 황산곡리 당춘절(黃山谷裏當春節)에 연명오류(淵明五柳)가 예 아니냐.
제비는 물을 차고, 기러기 무리져서 거지중천(居之中天)에 높이 떠서 두 나래 훨씬 펴고, 펄펄펄 백운간(白雲間)에 높이 떠서 천리 강산 머나먼 길을 어이갈꼬 슬피 운다.

Check Point

- **갈래** : 12잡가
- **연대** : 조선 후기(잡가는 조선 후기에 유행함)
- **주제** : 봄날 경치의 아름다움 예찬
- **특징**
  - 4음보 연속체
  - 순수 국어의 묘미(의성어 · 의태어 등)를 잘 살림
  - 상투적 한자어 사용, 중국 고사의 인용
  - 하층민의 낙천적 · 유흥적 태도가 엿보임
- **출전** : 증보신구시행잡가

원산(遠山)은 첩첩(疊疊), 태산(泰山)은 주춤하여, 기암(奇岩)은 층층(層層), 장송(長松)은 낙락(落落), 에이 구부러져 광풍(狂風)에 흥을 겨워 우쭐우쭐 춤을 춘다.
층암 절벽상(層岩絕壁上)의 폭포수(瀑布水)는 콸콸, 수정렴(水晶簾) 드리운 듯, 이골 물이 주루루룩, 저 골 물이 쏼쏼, 열에 열 골 물이 한데 합수(合水)하여 천방져 지방져 소쿠라지고 펑퍼져, 넌출지고 방울져, 저 건너 병풍석(屛風石)으로 으르렁 콸콸 흐르는 물결이 은옥(銀玉)같이 흩어지니, 소부허유(巢父許由) 문답하던 기산영수(箕山潁水)가 예 아니냐.
주곡제금(奏穀啼禽)은 천고절(千古節)이요, 적다정조(積多鼎鳥)는 일년풍(一年豊)이라. 일출낙조(日出落照)가 눈앞에 벌여나 경개무궁(景槪無窮) 좋을씨고.

현대역

봄이 오자 성안에 꽃이 만발하여 화려하고, 따뜻한 봄날에 온갖 생물이 나서 자라 흐드러지는구나. 때 좋다. 친구들아, 자연의 경치를 구경 가세.
대나무 지팡이에 짚신을 신고 표주박 하나로 머나먼 강산에 들어가니, 온 산에 가득한 붉은 꽃과 푸른 초목은 일 년에 한 번 다시 피어 봄빛을 자랑하느라 색색이 붉어 있고, 푸른 소나무와 푸른 대나무는 울창한데, 옥같이 고운 풀에 핀 구슬같이 아름다운 꽃은 활짝 피어 화려한 가운데 꽃 속에서 잠든 나비 사뿐하게 날아오른다.
버드나무 위에서 나는 꾀꼬리는 조각조각이 모두 금이요, 꽃 사이에서 춤추는 나비는 풀풀 날리는 눈이다. 봄철 석 달의 아름다운 시절이 좋구나. 복숭아꽃이 활짝 피어 꽃송이마다 붉었구나. 고깃배를 타고 물을 따라 올라가서 산 속의 봄 경치를 사랑하게 되니, 무릉도원이 여기 아니냐.
버드나무의 가는 가지는 실을 늘여 놓은 것같이 가닥가닥이 푸르니, 황산 골짜기에 봄을 만난 도연명의 오류촌이 여기 아니냐.
제비는 물을 차고, 기러기는 무리 지어 허공에 높이 떠서 두 날개 활짝 펴고, 펄펄펄 흰 구름 사이에 높이 떠서 천 리 강산 머나먼 길을 어떻게 갈까 슬피 운다.
먼 산은 여러 겹으로 겹쳐 있고, 높고 큰 산은 멈칫하듯 솟아 있으며, 기이한 바위는 층층이 쌓여 있고, 큰 소나무는 가지가 아래로 축축 늘어져 조금 휘어져 굽어, 미친 듯 휘몰아치는 거센 바람에 흥겨워 우쭐우쭐 춤을 춘다.
층층인 바위 절벽 위의 폭포수는 콸콸, 수정으로 만든 발이 드리운 듯, 이 골짜기의 물이 주루루룩, 저 골짜기의 물이 쏼쏼, 모든 골짜기의 물이 한데 모여서 방향을 잡지 못하고 소쿠라지고 펑퍼지며, 넌출지고(길게 치렁치렁 늘어지고) 방울져, 저 건너편 병풍석으로 으르렁 콸콸 흐르는 물결이 은구슬같이 흩어지니, 소부와 허유가 서로 묻고 대답하던(은둔하던) 기산 영수가 여기 아니냐.
주걱주걱 우는 새(두견)는 천고절이요(예나 지금이나 변함이 없고), 솥 적다고 우는 새(소쩍새)는 한 해의 풍년을 알리는구나.
일출과 낙조가 눈앞에 펼쳐지니 경치가 끝이 없어 좋구나.

잡가의 종류

- **경기잡가** : 서울, 경기 지방을 중심으로 불리는 잡가
  - **십이잡가(十二雜歌)** : 유산가(遊山歌), 적벽가(赤壁歌), 제비가, 집장가(執杖歌), 소춘향가(小春香歌), 선유가(船遊歌), 형장가(刑杖歌), 평양가(平壤歌), 달거리, 십장가(十杖歌), 방물가(房物歌), 출인가(出引歌)
  - **휘모리잡가** : 곰보타령, 생매잡아, 만학천봉, 육칠월흐린 날, 한잔부어라, 병정타령(兵丁打令), 순검타령(巡檢打令), 비단타령, 맹꽁이타령
- **남도잡가** : 주로 전라도와 경상도 남서부 및 충청도 일부 지역에 전승되어 오는 잡가로 보렴(報念), 화초사거리(花草四巨里), 육자배기, 흥타령, 성주풀이, 새타령 등이 있다.
- **서도잡가** : 황해도 · 평안도 지방에서 불리는 잡가로, 공명가(孔明歌), 설공명가, 별조공명가, 초한가(楚漢歌), 배따라기, 자진배따라기, 영변가(寧邊歌), 적벽부(赤壁賦), 관동팔경(關東八景), 추풍감별곡(秋風感別曲), 장한몽(長恨夢) 등이 있다.

꼭! 확인 기출문제

㉠과 ㉡에 대한 설명으로 적절한 것은? [국가직 9급 기출]

> 헌 먼덕[1] 숙여 쓰고 축 없는 짚신에 설피설피 물러오니
> 풍채 적은 형용에 ㉠ 개 짖을 뿐이로다
> 와실(蝸室)에 들어간들 잠이 와서 누었으랴
> 북창(北窓)을 비겨 앉아 새벽을 기다리니
> 무정한 ㉡ 대승(戴勝)[2]은 이내 한을 돋우도다
> 종조(終朝) 추창(惆悵)[3]하며 먼 들을 바라보니
> 즐기는 농가(農歌)도 흥 없이 들리나다
> 세정(世情) 모르는 한숨은 그칠 줄을 모르도다
>
> – 박인로, 「누항사(陋巷詞)」
>
> ※ 1) 먼덕 : 짚으로 만든 모자
> 2) 대승(戴勝) : 오디새
> 3) 추창(惆悵) : 슬퍼하는 모습

① ㉠은 실재하는 존재물이고, ㉡은 상상적 허구물이다.
② ㉠은 화자의 절망을 나타내고, ㉡은 화자의 희망을 나타낸다.
③ ㉠은 화자의 내면을 상징하고, ㉡은 화자의 외양을 상징한다.
❹ ㉠은 화자의 초라함을 부각시키고, ㉡은 화자의 수심을 깊게 한다.

해 ④ 본문에서 '풍채 적은 형용'은 헌 짚으로 만든 모자를 쓰고 축 없는 짚신을 신고 물러나오는 화자의 모습을 보며 ㉠은 화자의 초라한 모습을 부각시키고, ㉡은 화자의 수심을 깊게 함을 알 수 있다.
① ㉠과 ㉡ 모두 실재하는 존재물이다.
② ㉠은 화자의 초라함을 부각시키므로 화자의 절망을 나타내지만, ㉡은 한을 돋운다고 하였으므로 희망과는 관련이 없다.
③ ㉠은 화자의 외면을 부각시키므로 내면을 상징하는 것이 아니며, ㉡은 수심을 깊게 하므로 외양을 나타낸다고 할 수 없다.

3. 민요

(1) 시집살이 노래

형님 온다 형님 온다 보고 저즌 형님 온다
형님 마중 누가 갈까 형님 동생 내가 가지
형님 형님 사촌 형님 시집살이 어떱데까?

이애 이애 그 말 마라 시집살이 개집살이
앞밭에는 당추(唐椒) 심고 뒷밭에는 고추 심어
고추 당추 맵다 해도 시집살이 더 맵더라

둥글둥글 수박 식기(食器) 밥 담기도 어렵더라
도리도리 도리소반(小盤) 수저 놓기 더 어렵더라
오 리(五里) 물을 길어다가 십 리(十里) 방아 찧어다가
아홉 솥에 불을 때고 열두 방에 자리 걷고
외나무다리 어렵대야 시아버니같이 어려우랴?
나뭇잎이 푸르대야 시어머니보다 더 푸르랴?

시아버니 호랑새요 시어머니 꾸중새요
동세 하나 할림새요 시누 하나 뾰족새요
시아지비 뾰중새요 남편 하나 미련새요
자식 하난 우는 새요 나 하나만 썩는 샐세

귀먹어서 삼 년이요 눈 어두워 삼 년이요
말 못해서 삼 년이요 석 삼 년을 살고 나니
배꽃 같던 요 내 얼굴 호박꽃이 다 되었네
삼단 같던 요 내 머리 비사리춤이 다 되었네
백옥 같던 요 내 손길 오리발이 다 되었네

열새 무명 반물치마 눈물 씻기 다 젖었네
두 폭 붙이 행주치마 콧물 받기 다 젖었네
울었던가 말았던가 베개 머리 소(沼) 이겼네
그것도 소이라고 거위 한 쌍 오리 한 쌍
쌍쌍이 때 들어오네

Check Point

- **갈래** : 민요, 부요(婦謠)
- **형식** : 4 · 4조, 4음보의 부요
- **주제** : 시집살이의 한과 체념
- **특징**
  - 대화체, 가사체(4 · 4조, 4음보 연속체)
  - 생활감정의 진솔한 표현
  - 시댁 식구들의 특징을 비유적 · 해학적으로 묘사
  - 경북 경산 지방의 민요

단어 · 구 해설

- **보고 저즌** : 보고 싶은
- **당추** : 당초(고추)
- **도리소반** : 둥글게 생긴 조그마한 상
- **할림새** : 남의 허물을 잘 고해 바치는 새
- **뾰중새** : 무뚝뚝하고 불만이 많은 새
- **삼단 같던** : 숱이 많고 길던
- **비사리춤** : 댑싸리비 모양으로 거칠고 뭉뚝해진 머리털
- **열새 무명** : 고운 무명
- **반물** : 짙은 남색
- **소(沼) 이겼네** : 연못을 이루었네

Check Point

- **갈래** : 민요, 노동요
- **형식** : 3 · 4조, 4음보
- **주제** : 농사일의 기쁨과 보람
- **특징**
  - 선후창(先後唱)요, 돌림노래
  - 반복되는 시구를 통해 농사일을 독려
  - 충북 영동 지방의 민요로, 농사일의 피로를 잊게 하려는 목적을 지님

단어 · 구 해설

- **편편옥토(片片沃土)** : 어느 논밭이나 모두 다 비옥함
- **일락서산(日落西山)** : 해가 서산으로 떨어짐
- **월출동령(月出東嶺)** : 동쪽 고개에 달이 뜨다.

(2) 논매기 노래

잘하고 자로 하네 에히요 산이가 자로 하네.
이봐라 농부야 내 말 듣소 이봐라 일꾼들 내 말 듣소.
잘하고 자로 하네 에히요 산이가 자로 하네.

하늘님이 주신 보배 편편옥토(片片沃土)가 이 아닌가.
잘하고 자로 하네 에히요 산이가 자로 하네.
물꼬 찰랑 돋아 놓고 쥔네 영감 어디 갔나.
잘하고 자로 하네 에히요 산이가 자로 하네.

잘한다 소리를 퍽 잘하면 질 가던 행인이 질 못 간다.
잘하고 잘로 하네 에히요 산이가 자로 하네.
잘하고 자로 하네 우리야 일꾼들 자로 한다.
잘하고 자로 하네 에히요 산이가 자로 하네.

이 논배미를 얼른 매고 저 논배미로 건너가세.
잘하고 자로 하네 에히요 산이가 자로 하네.
담송담송 닷 마지기 반달만치만 남았구나.
잘하고 자로 하네 에히요 산이가 자로 하네.
일락서산(日落西山)에 해는 지고 월출동령(月出東嶺)에 달 돋는다.
잘하고 자로 하네 에히요 산이가 자로 하네.

잘하고 자로 하네 에히요 산이가 자로 한다.
잘하고 자로 하네 에히요 산이가 자로 하네.
잘하고 못하는 건 우리야 일꾼들 솜씨로다.

제4장

고전 산문

제1절 고소설

1. 구운몽(九雲夢)

호승이 소왈,

"상공이 오히려 춘몽을 깨지 못하였도소이다."

승상 왈,

"사부, 어찌면 소유로 하여금 춘몽을 깨게 하리오?"

호승 왈,

"이는 어렵지 아니하니이다."

하고, 손 가운데 석장을 들어 석난간을 두어 번 두드리니, 홀연 네 녘 뫼골에서 구름이 일어나 대상에 끼이어 지척을 분변치 못하니, 승상이 정신이 아득하여 마치 취몽 중에 있는 듯하더니 오래게야 소리질러 가로되,

"사부가 어이 정도로 소유를 인도치 아니하고 환술로 서로 희롱하나뇨?"

말을 맞지 못하여 구름이 걷히니 호승 즉 육관대사가 간 곳이 없고, 좌우를 돌아보니 팔 낭자가 또한 간 곳이 없는지라 정히 경황(驚惶)하여 하더니, 그런 높은 대와 많은 집이 일시에 없어지고 제 몸이 한 작은 암자 중의 한 포단 위에 앉았으되, 향로(香爐)에 불이 이미 사라지고, 지는 달이 창에 이미 비치었더라.

스스로 제 몸을 보니 일백여덟 낱 염주(念珠)가 손목에 걸렸고, 머리를 만지니 갓 깎은 머리털이 가칠가칠하였으니 완연히 소화상의 몸이요, 다시 대승상의 위의(威儀) 아니니, 정신이 황홀하여 오랜 후에 비로소 제 몸이 연화 도량(道場) 성진(性眞) 행자인 줄 알고 생각하니, 처음에 스승에게 수책(受責)하여 풍도(酆都)로 가고, 인세(人世)에 환도하여 양가의 아들 되어 장원 급제 한림학사 하고, 출장입상(出將入相)하여 공명신퇴(功名身退)하고, 양 공주와 육 낭자로 더불어 즐기던 것이 다 하룻밤 꿈이라. 마음에 이 필연(必然) 사부가 나의 염려(念慮)를 그릇함을 알고, 나로 하여금 이 꿈을 꾸어 인간 부귀(富貴)와 남녀 정욕(情欲)이 다 허사(虛事)인 줄 알게 함이로다.

Check Point

- **갈래** : 한글소설, 한문소설, 양반소설, 몽자류(夢字類)소설, 전기(傳奇)소설, 염정소설
- **작자** : 김만중
- **연대** : 조선 숙종
- **주제** : 인생무상의 자각과 불도에의 정진
- **배경** : 당나라 남악 형상의 연화봉(현실)과 중국 일대(꿈)
- **특징**
  - 전기적 · 이상적 · 불교적 성격
  - 노모(老母) 윤씨(氏)를 위로하기 위해 창작
  - '발단 – 전개 – 위기 – 절정 – 결말'의 5단계 전개
  - '현실세계(天界) → 환몽세계(人界) → 현실 복귀(天界)'의 구성, 액자식 구성
  - 유(입신양명) · 불(공(空)사상) · 선(신선 사상) 사상의 혼합(불교사상이 주가 됨)
  - 아류작으로 「옥루몽」과 「옥련몽」이 있음
- **의의**
  - 몽자류 소설의 효시
  - 우리말 존중 의식(국민문학론)에 의거하여 창작됨

급히 세수(洗手)하고 의관(衣冠)을 정제하며 방장(方丈)에 나아가니 다른 제자들이 이미 다 모였더라. 대사, 소리하여 묻되,

"성진아, 인간 부귀를 지내니 과연 어떠하더뇨?"

성진이 고두하며 눈물을 흘려 가로되,

"성진이 이미 깨달았나이다. 제자 불초(不肖)하여 염려를 그릇 먹어 죄를 지으니 마땅히 인세에 윤회(輪廻)할 것이어늘, 사부 자비하사 하룻밤 꿈으로 제자의 마음 깨닫게 하시니, 사부의 은혜를 천만 겁(劫)이라도 갚기 어렵도소이다."

대사 가로되,

"네 승흥(乘興)하여 갔다가 흥진(興盡)하여 돌아왔으니 내 무슨 간예(干預)함이 있으리오. 네 또 이르되 인세에 윤회할 것을 꿈을 꾸다 하니, 이는 인세와 꿈을 다르다 함이니, 네 오히려 꿈을 채 깨지 못하였도다. '장주(莊周)가 꿈에 나비 되었다가 나비가 장주 되니' 어니 거짓 것이요 어니 진짓 것인 줄 분변치 못하나니, 어제 성진과 소유가 어니는 진짓 꿈이요 어니는 꿈이 아니뇨?"

성진이 가로되,

"제자, 아득하여 꿈과 진짓 것을 알지 못하니, 사부는 설법하사 제자를 위하여 자비하사 깨닫게 하소서."

단어 · 구 해설

- **정히 경황(驚惶)하여** : 매우 놀라고 당황하여
- **포단** : 둥근 부들방석
- **소화상** : 젊은 화상
- **위의(威儀)** : 위엄 있는 태도나 차림새
- **도량(道量)** : 불도를 얻으려고 수행하는 곳
- **출장입상(出將入相)** : 문무를 다 갖추어 장상의 벼슬을 모두 지냄
- **공명신퇴(功名身退)** : 공을 세워 이름을 날리고 벼슬에서 물러남
- **고두하며** : 머리를 땅에 조아리며
- **불초(不肖)하여** : 못나고 어리석어
- **간예(干預)함** : 간여함
- **어니** : 어느 것
- **진짓** : 참된
- **설법하다** : 불교의 교의를 풀어 밝히다.

2. 춘향전(春香傳)

좌정(座定) 후에

본관은 봉고 파직(封庫罷職)하라.

분부하니,

본관은 봉고 파직이요 !

사대문에 방 붙이고 옥 형리 불러 분부하되,

네 골 옥수(獄囚)를 다 올리라.

호령하니 죄인을 올리거늘, 다 각각 문죄(問罪) 후에 무죄자 방송(放送)할새,

"저 계집은 무엇인다?"

형리 여짜오되,

"기생 월매 딸이온데, 관정(官庭)에 포악(暴惡)한 죄로 옥중에 있삽내다."

"무슨 죄다?"

형리 아뢰되,

"본관 사또 수청(守廳)으로 불렀더니 수절(守節)이 정절(貞節)이라 수청 아니 들려하고, 관전(官前)에 포악한 춘향이로소이다."

어사또 분부하되,

"너만 년이 수절한다고 관정 포악하였으니 살기를 바랄쏘냐. 죽어 마땅하되 내 수청도 거역할까?"

Check Point

- **갈래** : 고전소설, 판소리계소설, 염정소설
- **연대** : 미상(영 · 정조시대로 추정)
- **주제** : 신분(계급)을 초월한 사랑과 여인의 정절
- **배경**
  - 시간적 · 공간적 배경 : 조선 후기 전라도 남원
  - 사상적 배경 : 실학사상(개혁사상), 평민의식, 평등사상, 자유연애, 열녀불경이부
- **특징**
  - 서사적 · 운문적 · 해학적 · 풍자적 성격
  - '발단 – 전개 – 위기 – 절정 – 결말'의 5단계, 추보식 전개
- **출전** : 완판본 열녀춘향수절가
- **의의** : '근원(구전)설화(열녀설화 · 신원설화 · 염정설화) → 판소리 사설(춘향가) → 고대소설(춘향전) → 신소설(옥중화)'의 과정으로 전개됨

춘향이 기가 막혀

"내려오는 관장(官長)마다 개개이 명관이로구나. 수의(繡衣)사또 듣조시오. 층암절벽(層巖絕壁) 높은 바위 바람 분들 무너지며, 청송녹죽(青松綠竹) 푸른 남기 눈이 온들 변하리까? 그런 분부 마옵시고 어서 바삐 죽여 주오." 하며,

"향단아, 서방님 어디 계신가 보아라. 어젯밤에 옥문간에 와 계실 제 천만 당부하였더니 어디를 가셨는지, 나 죽는 줄 모르는가?"

어사또 분부하되,

"얼굴을 들어 나를 보라."

하시니, 춘향이 고개를 들어 대상(臺上)을 살펴보니 걸객(乞客)으로 왔던 낭군, 어사또로 뚜렷이 앉았구나. 반 웃음 반 울음에

"얼씨구나 좋을씨고. 어사 낭군 좋을씨고. 남원 읍내 추절(秋節) 들어 떨어지게 되었더니, 객사에 봄이 들어 이화 춘풍(李花春風) 날 살린다. 꿈이냐 생시냐, 꿈을 깰까 염려로다."

한참 이리 즐길 적에 춘향 모 들어와서 가없이 즐겨하는 말을 어찌 다 설화(說話)하랴. 춘향의 높은 절개 광채 있게 되었으니 어찌 아니 좋을쏜가?

단어·구 해설

- **관정(官庭)에 포악한** : 관가에서 심문받을 때 반항한
- **수의사또** : 수의(繡衣)를 입은 사또라는 뜻으로, 어사또를 달리 이르던 말
- **청송녹죽(青松綠竹)** : 푸른 소나무와 푸른 대나무
- **추절(秋節)** : 가을철
- **이화 춘풍(梨花春風)** : 배꽃에 부는 봄바람
- **층암절벽(層巖絕壁)** : 몹시 험한 바위가 겹겹으로 쌓인 낭떠러지

꼭! 확인 기출문제

㉠~㉣ 중 서술자가 개입되어 있지 않은 것은? [국가직 9급 기출]

> 이때 춘향이는 사령이 오는지 군노가 오는지 모르고 주야로 도련님을 생각하여 우는데, ㉠ 생각지 못할 우환을 당하려 하니 소리가 화평할 수 있겠는가. 한때나마 빈방살이 할 계집아이라 목소리에 청승이 끼어 자연히 슬픈 애원성이 되니 ㉡ 보고 듣는 사람의 심장인들 아니 상할 것인가. 임 그리워 서러운 마음 밥맛없어 밥 못 먹고 불안한 잠자리에 잠 못 자고 도련님 생각으로 상처가 쌓여 피골이 상접하고 양기가 쇠진하여 진양조 울음이 되어 노래를 부른다. 갈까 보다 갈까 보다. 임을 따라 갈까 보다. 천 리라도 갈까 보다. 만 리라도 갈까 보다. 바람도 쉬어 넘고 수진이 날진이 해동청 보라매도 쉬어 넘는 높은 고개 동선령 고개라도 임이 와 날 찾으면 신발 벗어 손에 들고 아니 쉬고 달려가리. ㉢ 한양 계신 우리 낭군 나와 같이 그리워하는가. 무정하여 아주 잊고 나의 사랑 옮겨다가 다른 임을 사랑하는가? ㉣ 이렇게 한참을 서럽게 울 때 사령 등이 춘향의 슬픈 목소리를 들으니 목석이라도 어찌 감동을 받지 않겠는가? 봄눈 녹듯 온몸에 맥이 탁 풀렸다.
>
> – 작자 미상, 「춘향전」 중에서

① ㉠ ② ㉡

❸ ㉢ ④ ㉣

해 ③ 등장인물 춘향이의 독백으로 작품 밖 서술자가 자신의 생각을 드러내는 서술자의 개입이 없이 오로지 등장인물의 심정이 담겨 있는 부분이다.
① '소리가 화평할 수 있겠는가'에서 서술자의 개입이 나타난다.
② '보고 듣는 사람의 심장인들 아니 상할 것인가'에서 서술자의 개입이 나타난다.
④ '목석이라도 어찌 감동을 받지 않겠는가?'에서 서술자의 개입이 나타난다.

3. 홍길동전(洪吉童傳)

길동이 점점 자라 8세 되매, 총명하기가 보통이 넘어 하나를 들으면 백 가지를 알 정도였다. 그래서 공은 더욱 귀여워하면서도 출생이 천해, 길동이 늘 아버지니 형이니 하고 부르면, 즉시 꾸짖어 그렇게 부르지 못하게 하였다. 길동이 10살이 넘도록 감히 부형을 부르지 못하고, 종들로부터 천대받는 것을 뼈에 사무치게 한탄하면서 마음 둘 바를 몰랐다.

"대장부가 세상에 나서 공맹을 본받지 못할 바에야, 차라리 병법(兵法)이라도 익혀 대장인을 허리춤에 비스듬히 차고 동정서벌(東征西伐)하여 나라에 큰 공을 세우고 이름을 만대에 빛내는 것이 장부의 통쾌한 일이 아니겠는가. 나는 어찌하여 일신이 적막하고, 부형이 있는데도 아버지를 아버지라 부르지 못하고 형을 형이라 부르지 못하니 심장이 터질지라, 이 어찌 통탄할 일이 아니겠는가!"

하고, 말을 마치며 뜰에 내려와 검술을 익히고 있었다.

그때 마침 공이 또한 달빛을 구경하다가, 길동이 서성거리는 것을 보고 즉시 불러 물었다.

"너는 무슨 흥이 있어서 밤이 깊도록 잠을 자지 않느냐?"

길동은 공경하는 자세로 대답했다.

"소인은 마침 달빛을 즐기는 중입니다. 그런데, 만물이 생겨날 때부터 오직 사람이 귀한 존재인 줄 아옵니다만, 소인에게는 귀함이 없사오니, 어찌 사람이라 하겠습니까?"

공은 그 말의 뜻을 짐작은 했지만, 일부러 책망하는 체하며,

"네 무슨 말이냐?" 했다. 길동이 절하고 말씀드리기를,

"소인이 평생 설워하는 바는, 소인이 대감 정기를 받아 당당한 남자로 태어났고, 낳아 길러 주신 부모님의 은혜를 입었음에도 불구하고, 아버지를 아버지라 못 하옵고, 형을 형이라 못 하오니, 어찌 사람이라 하겠습니까?"

하고, 눈물을 흘리며 적삼을 적셨다. 공이 듣고 나자 비록 불쌍하다는 생각은 들었으나, 그 마음을 위로하면 마음이 방자해질까 염려되어, 크게 꾸짖어 말했다.

"재상 집안에 천한 종의 몸에서 태어난 자식이 너뿐이 아닌데, 네가 어찌 이다지 방자하냐? 앞으로 다시 이런 말을 하면 내 눈앞에 서지도 못하게 하겠다."

이렇게 꾸짖으니 길동은 감히 한 마디도 더 하지 못하고, 다만 당에 엎드려 눈물을 흘릴 뿐이었다. 공이 물러가라 하자, 그제서야 길동은 침소로 돌아와 슬퍼해 마지 않았다. 길동이 본래 재주가 뛰어나고 도량이 활달한지라 마음을 가라앉히지 못해 밤이면 잠을 이루지 못하곤 했다.

하루는 길동이 어미 침소에 가 울면서 아뢰었다.

"소자가 모친과 더불어 전생연분(前生緣分)이 중하여, 금세에 모자가 되었으니, 그 은혜가 지극하옵니다. 그러나 소자의 팔자가 기박(奇薄)하여 천한 몸이 되었으니 품은 한이 깊사옵니다. 장부가 세상에 살면서 남의 천대를 받음이 불가한지라, 소자는 자연히 설움을 억제하지 못하여 모친 슬하를 떠나려 하오니, 엎드려 바라건대 모친께서는 소자를 염려하지 마시고 귀체를 잘 돌보십시오."

Check Point

- **갈래** : 고전소설, 한글소설, 사회소설
- **작자** : 허균
- **연대** : 조선 광해군
- **주제** : 신분제도 타파와 입신양명의 의지
- 배경
  - 시간적 · 공간적 배경 : 조선시대 어느 가을 홍판서의 집
  - 사상적 배경 : 실학의 개혁사상, 평민의식, 평등사상, 유교적 입신양면 사상
- **특징**
  - 조선 중기 이후 성장한 서민의식이 바탕이 됨
  - 당대의 문란해진 사회상을 반영
  - 사회제도의 모순과 적서차별 등 당시 사회의 모습을 드러냄
  - 중국 소설인 「수호지」와 「삼국지연의」의 영향을 받음

단어 · 구 해설

- **병법(兵法)** : 군사를 지휘하여 전쟁하는 방법
- **동정서벌(東征西伐)** : 동쪽을 정복하고 서쪽을 친다는 뜻으로, 이리저리로 여러 나라를 정벌함을 이르는 말
- **전생연분(前生緣分)** : 전생에서 맺은 연분
- **금세** : 지금 세상
- **기박(奇薄)하다** : 팔자, 운수 따위가 사납고 복이 없다.
- **귀체** : 상대편의 몸을 높여 이르는 말

그 어미가 듣고 나서 크게 놀라 말했다.

"재상가의 천생이 너뿐이 아닌데, 어찌 마음을 좁게 먹어 어미 간장을 태우느냐?"

길동이 대답했다.

"옛날, 장충의 아들 길산은 천생이지만 열세 살에 그 어미와 이별하고 운봉산에 들어가 도를 닦아 아름다운 이름을 후세에 전하였습니다. 소자도 그를 본받아 세상을 벗어나려 하오니, 모친은 안심하고 후일을 기다리십시오. 근간에 곡산댁의 눈치를 보니 상공의 사랑을 잃을까하여 우리 모자를 원수같이 알고 있습니다. 큰 화를 입을까 하오니 모친께서는 소자가 나감을 염려하지 마십시오."

하니, 그 어머니 또한 슬퍼하더라.

홍길동전의 구성

- **발단(發端)** : 길동은 홍 판서의 서자(庶子)로 태어나 천대를 받음
- **전개(展開)** : 적서 차별의 사회 제도에 반항하여 이상을 찾아 집을 떠남
- **위기(危機)** : 도적의 무리 활빈당(活貧黨)의 괴수가 되어 빈민을 구제함
- **절정(絶頂)** : 나라에서 길동을 잡으려 하자 길동이 율도국(律島國)으로 떠남
- **결말(結末)** : 율도국에서 이상국(理想國)을 세우고 정치를 행함

4. 허생전(許生傳)

허생은 묵적골(墨積洞)에 살았다. 곧장 남산(南山) 밑에 닿으면, 우물 위에 오래된 은행나무가 서 있고, 은행나무를 향하여 사립문이 열렸는데, 두어 칸 초가는 비바람을 막지 못할 정도였다. 그러나 허생은 글 읽기만 좋아하고, 그의 처가 남의 바느질품을 팔아서 입에 풀칠을 했다.

하루는 그 처가 몹시 배가 고파서 울음 섞인 소리로 말했다.

"당신은 평생 과거(科擧)를 보지 않으니, 글은 읽어 무엇합니까?"

허생은 웃으며 대답했다.

"나는 아직 독서를 익숙히 하지 못하였소."

"그럼 장인바치 일이라도 못 하시나요?"

"장인바치 일은 본래 배우지 않았는 걸 어떻게 하겠소?"

"그럼 장사는 못 하시나요?"

"장사는 밑천이 없는 걸 어떻게 하겠소?"

처는 왈칵 성을 내며 소리쳤다.

"밤낮으로 글을 읽더니 기껏 '어떻게 하겠소?' 소리만 배웠단 말씀이오? 장인바치 일도 못 한다. 장사도 못 한다면, 도둑질이라도 못 하시나요?"

허생은 읽던 책을 덮어놓고 일어나면서,

Check Point

- **갈래** : 한문소설, 풍자소설
- **작자** : 박지원
- **연대** : 조선 정조
- **주제** : 양반 계층의 무능함 비판과 현실의 자각 및 실천 촉구
- **배경**
  - 시간적 · 공간적 배경 : 조선 후기 한양 묵적골과 전국 팔도
  - 사상적 배경 : 실학사상(이용후생)
- **특징**
  - 냉소적 현실 풍자
  - 대화를 통한 사건의 전개
- **출전** : 열하일기의 옥갑야화

단어 · 구 해설

- **장인바치** : 장인을 낮잡아 이르는 말
- **운종가** : 조선시대 때 지금 서울의 종로를 일컫는 말
- **실띠** : 실을 꼬아서 만든 띠
- **갖신** : 가죽신

"아깝다. 내가 당초 글 읽기로 십 년을 기약했는데, 인제 칠 년인걸……."

하고 획 문 밖으로 나가 버렸다.

허생은 거리에 서로 알 만한 사람이 없었다. 바로 운종가(雲從街)로 나가서 시중의 사람을 붙들고 물었다.

"누가 서울 성중에서 제일 부자요?"

변씨(卞氏)를 말해 주는 이가 있어서, 허생이 곧 변씨의 집을 찾아갔다. 허생은 변씨를 대하여 길게 읍(揖)하고 말했다.

"내가 집이 가난해서 무얼 좀 해 보려고 하니, 만 냥(兩)을 꿔어주시기 바랍니다."

변씨는

"그러시오."

하고 당장 만 냥을 내주었다. 허생은 감사하다는 인사도 없이 가 버렸다. 변씨 집의 자제와 손들이 허생을 보니 거지였다. 실띠의 술이 빠져 너덜너덜하고, 갖신의 뒷굽이 자빠졌으며, 쭈그러진 갓에 허름한 도포를 걸치고, 코에서 맑은 콧물이 흘렀다. 허생이 나가자, 모두들 어리둥절해서 물었다.

"저이를 아시나요?"

"모르지."

"아니, 이제 하루아침에, 평생 누군지도 알지 못하는 사람에게 만 냥을 그냥 내던져 버리고 성명도 묻지 않으시다니, 대체 무슨 영문인가요?"

이 대장은 힘없이 말했다.

"사대부들이 모두 조심스럽게 예법(禮法)을 지키는데, 누가 변발(辮髮)을 하고 호복(胡服)을 입으려 하겠습니까?"

허생은 크게 꾸짖어 말했다.

"소위 사대부란 것들이 무엇이란 말이냐? 오랑캐 땅에서 태어나 자칭 사대부라 뽐내다니, 이런 어리석을 데가 있느냐? 의복은 흰옷을 입으니 그것이야말로 상인(喪人)이나 입는 것이고, 머리털을 한데 묶어 송곳같이 만드는 것은 남쪽 오랑캐의 습속에 지나지 못한데, 대체 무엇을 가지고 예법이라 한단 말인가? 번오기(樊於期)는 원수를 갚기 위해서 자신의 머리를 아끼지 않았고, 무령왕(武靈王)은 나라를 강성하게 만들기 위해서 되놈의 옷을 부끄럽게 여기지 않았다. 이제 대명(大明)을 위해 원수를 갚겠다 하면서, 그까짓 머리털 하나를 아끼고, 또 장차 말을 달리고 칼을 쓰고 창을 던지며 활을 당기고 돌을 던져야 할 판국에 소매 넓은 옷을 고쳐 입지 않고 딴에 예법이라고 한단 말이냐? 내가 세 가지를 들어 말하였는데, 너는 한 가지도 행하지 못한다면서 그래도 신임받는 신하라 하겠는가? 신임받는 신하라는 게 참으로 이렇단 말이냐? 너 같은 자는 칼로 목을 잘라야 할 것이다."

하고 좌우를 돌아보며 칼을 찾아서 찌르려 했다. 이 대장은 놀라서 일어나 급히 뒷문으로 뛰쳐나가 도망쳐서 돌아갔다.

이튿날, 다시 찾아가 보았더니, 집이 텅 비어 있고, 허생은 간 곳이 없었다.

단어 · 구 해설

- **습속** : 습관이 된 풍속
- **번오기(樊於期)** : 진나라의 장수
- **무령왕(武靈王)** : 조나라의 왕

5. 호질(虎叱)

범은 북곽 선생을 여지없이 꾸짖었다.

"내 앞에 가까이 오지 말아라. 내 듣건대 유(儒)는 유(諛)라 하더니 과연 그렇구나. 네가 평소에 천하의 악명을 죄다 나에게 덮어씌우더니, 이제 사정이 급해지자 면전에서 아첨을 떠니 누가 곧이듣겠느냐? 천하의 원리는 하나뿐이다. 범의 본성(本性)이 악한 것이라면 인간의 본성도 악할 것이요, 인간의 본성이 선(善)한 것이라면 범의 본성도 선할 것이다. 너희들의 떠드는 천 소리 만 소리는 오륜(五倫)에서 벗어난 것이 아니고, 경계하고 권면하는 말은 내내 사강(四綱)에 머물러 있다. 그런데 도회지에 코 베이고, 발꿈치 짤리고, 얼굴에다 자자(刺字)질하고 다니는 것들은 다 오륜을 지키지 못한 자들이 아니냐? 포승줄과 먹실, 도끼, 톱 같은 형구(刑具)를 매일 쓰기에 바빠 겨를이 나지 않는데도 죄악을 중지시키지 못하는구나. 범의 세계에서는 원래 그런 형벌이 없으니 이로 보면 범의 본성이 인간의 본성보다 어질지 않느냐?

너희가 이(理)를 말하고 성(性)을 논할 적에 걸핏하면 하늘을 들먹이지만, 하늘의 소명(所命)으로 보자면 범이나 사람이나 다같이 만물 중의 하나이다. 천지가 만물을 낳은 인(仁)으로 논하자면 범과 메뚜기 · 누에 · 벌 · 개미 및 사람이 다같이 땅에서 길러지는 것으로 서로 해칠 수 없는 것이다. 그 선악을 분별해 보자면 벌과 개미의 집을 공공연히 노략질하는 것은 홀로 천지간의 거대한 도둑이 되지 않겠는가? 메뚜기와 누에의 밑천을 약탈하는 것은 홀로 인의(仁義)의 대적(大賊)이 아니겠는가? 범이 일찍이 표범을 안 잡아먹는 것은 동류를 차마 그럴 수 없어서이다. 그런데 범이 노루와 사슴을 잡아먹은 것이 사람이 노루와 사슴을 잡아먹은 것만큼 많지 않으며, 범이 사람을 잡아먹은 것이 사람이 서로 잡아먹은 것만큼 많지 않다. 지난해 관중(關中)이 크게 가물자 백성들이 서로 잡아먹은 것이 수만이었고, 전해에는 산동(山東)에 홍수가 나자 백성들이 서로 잡아먹은 것이 수만이었다. 그러나 사람들이 서로 많이 잡아먹기로야 춘추(春秋) 시대 같은 때가 있었을까? 춘추 시대에 공덕을 세우기 위한 싸움이 열에 일곱이었고, 원수를 갚기 위한 싸움이 열에 셋이었는데, 그래서 흘린 피가 천 리에 물들었고, 버려진 시체가 백만이나 되었더니라. 범의 세계는 큰 물과 가뭄의 걱정을 모르기 때문에 하늘을 원망하지 않고, 원수도 공덕도 다 잊어버리기 때문에 누구를 미워하지 않으며, 운명을 알아서 따르기 때문에 무(巫)와 의(醫)의 간사에 속지 않고, 타고난 그대로 천성을 다하기 때문에 세속의 이해에 병들지 않으니, 이것이 곧 범이 예성(睿聖)한 것이다. 우리 몸의 얼룩무늬 한 점만 엿보더라도 족히 문채(文彩)를 천하에 자랑할 수 있으며, 한 자 한 치의 칼날도 빌리지 않고 다만 발톱과 이빨의 날카로움을 가지고 무용(武勇)을 천하에 떨치고 있다. 종이(宗彝)와 유준은 효(孝)를 천하에 넓힌 것이며, 하루 한 번 사냥을 해서 까마귀나 솔개 · 청머구리 · 개미 따위에게까지 대궁을 남겨 주니 그 인(仁)한 것이 이루 말할 수 없고, 굶주린 자를 잡아먹지 않고, 병든 자를 잡아먹지 않고, 상복(喪服) 입은 자를 잡아먹지 않으니 그 의로운 것이 이루 말할 수 없다. 불인(不仁)하기 짝이 없다, 너희들의 먹이를 얻는 것이여!

Check Point

- **갈래** : 한문소설, 풍자소설
- **작자** : 박지원
- **연대** : 조선 영조
- **주제** : 양반 계급의 허위적이고, 이중적인 도덕관을 통렬하게 풍자적으로 비판
- **특징** : 비판적 · 풍자적 · 우의적 성격
- **출전** : 열하일기의 관내정사

단어 · 구 해설

- **자자(刺字)** : 얼굴이나 팔뚝의 살을 따고 홈을 내어 먹물로 죄명을 찍어 넣던 벌
- **형구(刑具)** : 형벌 또는 고문하는 데에 쓰는 제구

단어 · 구 해설

- **노략질** : 떼를 지어 돌아다니며 사람을 해치거나 재물을 강제로 빼앗는 짓
- **관중(關中)** : '산시 성(陝西省, 중국 중서부에 있는 성)'의 옛 이름

덫이나 함정을 놓는 것만으로도 오히려 모자라서 새 그물 · 노루 망(網) · 큰 그물 · 고기 그물 · 수레 그물 · 삼태 그물 따위의 온갖 그물을 만들어 냈으니, 처음 그것을 만들어 낸 놈이야말로 세상에 가장 재앙을 끼친 자이다. 그 위에 또 가지각색의 창이며 칼 등속에다 화포(火砲)란 것이 있어서, 이것을 한번 터뜨리면 소리는 산을 무너뜨리고 천지에 불꽃을 쏟아 벼락치는 것보다 무섭다. 그래도 아직 잔학(殘虐)을 부린 것이 부족하여, 이에 부드러운 털을 쪽 빨아서 아교에 붙여 붓이라는 뾰족한 물건을 만들어 냈으니, 그 모양은 대추씨 같고 길이는 한 치도 못 되는 것이다. 이것을 오징어의 시커먼 물에 적셔서 종횡으로 치고 찔러 대는데, 구불텅한 것은 세모창 같고, 예리한 것은 칼날 같고, 두 갈래 길이 진 것은 가시창 같고, 곧은 것은 화살 같고, 팽팽한 것은 활 같아서, 이 병기(兵器)를 한 번 휘두르면 온갖 귀신이 밤에 곡(哭)을 한다. 서로 잔혹하게 잡아먹기를 너희들보다 심히 하는 것이 어디 있겠느냐?"

북곽 선생은 자리를 옮겨 부복(俯伏)해서 머리를 새삼 조아리고 아뢰었다.

"맹자(孟子)에 일렀으되 '비록 악인(惡人)이라도 목욕재계하면 상제(上帝)를 섬길 수 있다' 하였습니다. 하토의 천신은 감히 아랫바람에 서옵니다."

북곽 선생이 숨을 죽이고 명령을 기다렸으나 오랫동안 아무 동정이 없기에 참으로 황공해서 절하고 조아리다가 머리를 들어 우러러보니, 이미 먼동이 터 주위가 밝아오는데 범은 간 곳이 없었다. 그 때 새벽 일찍 밭 갈러 나온 농부가 있었다.

"선생님, 이른 새벽에 들판에서 무슨 기도를 드리고 계십니까?"

북곽 선생은 엄숙히 말했다.

"성현(聖賢)의 말씀에 '하늘이 높다 해도 머리를 아니 굽힐 수 없고, 땅이 두텁다 해도 조심스럽게 딛지 않을 수 없다'하셨느니라."

연암의 작품

허생전	허생의 상행위를 묘사하는 가운데 부국이민의 경제사상과 건전한 인본주의를 내세우며 이용후생의 실학사상을 드러낸다.
광문자전	거지 광문을 통해 양반이든 서민이든 인간은 똑같다는 것을 강조하고 권모술수가 판을 치던 당시의 양반사회를 풍자한다.
예덕선생전	양반들의 허욕과 위선을 비판하며 천인의 성실성을 예찬한다.
민옹전	평등에 입각한 인도주의 사상과 시정세태에 대한 예리한 비판의식을 드러낸다.
마장전	무위도식하면서 명분만 내세우고 입으로만 삼강오륜을 강조하는 지식인들을 신랄하게 비판하였다.
김신선전	신선이란 허구를 타파하려는 작자의 실학사상을 엿볼 수 있다.
우상전	서자들이 뜻을 펴지 못하는 안타까움을 담아 나라 인재 등용의 부조리를 비판하고 있다.
열녀 함양박씨전	조선 봉건 사회가 '열녀불경이부'라는 윤리 규범을 내세워 여성에게 강요하고 있는 개가금지의 사회적 폐단을 비판하였다.

기출 Plus 국가직 7급 기출

01. 다음 글에 나타난 북곽 선생의 언행에 부합하는 한자성어로 가장 적절한 것은?

> 북곽 선생이 머리를 조아리며 앞으로 엉금엉금 기어 나와, 세 번 절하고 꿇어앉았다. 고개를 쳐들고 이렇게 여쭈었다.
> "범님의 덕이야말로 참으로 지극하십니다. 대인은 그 변화를 본받고, 제왕은 그 걸음을 배웁니다. 남의 아들된 자들은 그 효성을 법으로 사모하고, 장수는 그 위엄을 취합니다. 그 거룩한 이름이 신룡과 짝이 되어, 한 분은 바람을 일으키고 한 분은 구름을 일으키시니, 저처럼 하토의 천한 신하는 감히 그 바람 아래 서옵니다." 범이 이 말을 듣고 꾸짖었다. "앞으로 가까이 오지 말아라. 지난번에 내가 들으니 '유(儒)'는 '유(諛)'라 하더니 과연 그렇구나. 네가 평소에 천하에 나쁜 이름을 모두 모아서 망령되게도 내게 덧붙이더니 이제 낯간지러운 말을 하는구나. 그 말을 누가 곧이듣겠느냐?"
> – 박지원, 「호질」

① 牽强附會
② 巧言令色
③ 名論卓說
④ 橘化爲枳

해 북곽선생은 범에게 아첨하는 언행을 하고 있으므로 '巧言令色(교언영색)'이 적절하다.

답 01 ②

6. 양반전

양반이라는 것은 선비계급을 높여 부르는 말이다.

정선(旌善) 고을에 양반이 한 명 살고 있었다. 그는 성품이 어질고 독서를 매우 좋아했으며, 매번 군수(郡守)가 새로 부임하면 반드시 그를 찾아 예의를 표하곤 했다. 그러나 집이 매우 가난해서 해마다 나라 곡식을 꾸어 먹었는데, 해가 거듭되니 꾸어 먹은 것이 천 석(石)에 이르게 되었다.

어느 날 관찰사(觀察使)가 여러 고을을 순행(巡行)하다가 정선에 이르러 관곡을 검열(檢閱)하고는 크게 노했다.

"그 양반이 대체 어떻게 생겨먹은 물건이건대, 이토록 군량(軍糧)을 축내었단 말이냐."

그리고 그 양반을 잡아 가두라는 명령을 내렸다. 군수는 그 양반을 불쌍히 여기지 않는 바 아니었지만, 워낙 가난해서 관곡을 갚을 길이 없으니, 가두지 않을 수도 없고 그렇다고 가둘 수도 없었다.

당사자인 양반은 밤낮으로 울기만 할 뿐 어려움에서 벗어날 계책도 세우지 않고 있었다. 그 처는 기가 막혀서 푸념을 했다.

"당신은 평생 글읽기만 좋아하더니 관곡을 갚는 데는 전혀 소용이 없구려. 허구한 날 양반, 양반 하더니 그 양반이라는 것이 한 푼의 값어치도 없는 것이었구려."

그 마을에는 부자가 살고 있었는데 이 일로 인해 의논이 벌어졌다.

"양반은 비록 가난하지만 늘 존경받는 신분이야. 나는 비록 부자지만 항상 비천(卑賤)해서 감히 말을 탈 수도 없지. 그뿐인가? 양반을 만나면 몸을 구부린 채 종종걸음을 쳐야 하질 않나, 엉금엉금 마당에서 절하기를 코가 땅에 닿도록 해야 하며 무릎으로 기어야 하니, 난 항상 이런 더러운 꼴을 당하고 살았단 말이야. 그런데 지금 가난한 양반이 관가 곡식을 갚지 못해 옥에 갇히게 되었다고 하니, 더 이상 양반 신분을 지탱할 수 없지 않겠어? 이 기회에 우리가 빚을 갚아 주고 양반이 되어야겠어."

말을 마친 후 부자는 양반을 찾아가서 빌린 곡식을 대신 갚아 주겠다고 자청했다. 이 말을 들은 양반은 크게 기뻐하며 단번에 허락했다. 그리고 부자는 약속대로 곡식을 대신 갚아 주었다.

군수는 매우 이상하게 여겨 몸소 양반을 찾아와서 곡식을 어떻게 갚게 되었는지를 물어 보았다. 이때 양반은 벙거지를 쓰고 소매가 없는 짧은 옷을 입은 채 길에 엎드려 '소인, 소인' 하면서 감히 군수를 쳐다보지도 못하고 있었다.

군수가 깜짝 놀라 그를 부축해 일으키며 물었다.

"선비님께서는 어찌하여 이다지 스스로를 낮추시오?"

양반은 더욱 송구스러워하며 머리를 조아리고 엎드려 말하기를,

"황송합니다. 소인은 감히 스스로를 낮추는 것이 아닙니다. 이미 스스로 양반을 팔아서 관가의 곡식을 갚았으니, 이제부터는 마을의 부자가 양반이옵니다. 그러니 소인이 어찌 감히 옛날의 행세를 하며 자신을 높일 수 있겠습니까."

군수가 탄성을 지르며 말했다.

Check Point

- **작자** : 박지원
- **연대** : 조선 후기
- **주제** : 양반들의 무기력하고 위선적인 생활과 특권의식에 대한 비판과 풍자
- **배경**
  - 시간적 · 공간적 배경 : 18세기 말 강원도 정선
  - 사상적 배경 : 실사구시(實事求是)의 실학사상
- **특징**
  - 풍자적 · 고발적 · 비판적 성격(몰락 양반의 위선을 묘사하고 양반의 전횡을 풍자적으로 비판)
  - 평민 부자의 새로운 인간형 제시
- **출전** : 방경각외전

"군자로다! 그 부자라는 사람은 진실로 양반이로다. 부자면서도 인색하지 않고 의리가 있구나. 남이 당한 곤란을 그리도 급하게 여겼으니 이는 어진 것이오, 천한 신분을 미워하고 존귀한 것을 추구하니 이는 지혜로운 것이로다. 이 사람이야말로 진실한 양반이라고 할 수 있겠구려. 하지만 양반이란 자리를 두 사람이 사사로이 매매하고 문서를 만들지 않는다면 훗날 송사의 씨앗이 되기 쉽소. 내가 고을 사람들을 모아놓고 그것을 증명하고 문서를 만들어 신용할 수 있게 하겠소. 그리고 군수인 내가 서명하겠소이다."

이렇게 되어 군수는 관아로 돌아간 후 고을 안에 사는 선비들을 초대하고, 아울러 농사꾼, 공인, 상인 등을 모두 모이라고 했다. 사람들이 관아의 뜰에 모인 후, 부자는 향소(鄕所)의 오른쪽 자리에 앉히고 양반은 공형(公兄) 아래 뜰에 서게 하였다. 그리고 문서를 만들었다. (중략)

〈2차 양반 매매 증서〉

"대저 하늘이 백성을 만들 때 네 가지 부류로 만들었다. 넷 중 가장 존귀한 것은 선비이니, 이를 곧 양반이라 칭하며 더 이로운 것은 없다. 밭을 갈지도 않고 장사를 하지도 않지만, 글만 조금 하면 크게는 문과(文科)에 오르고 그렇지 않더라도 진사(進士)는 할 수 있다. 문과에 급제하여 받는 홍패(紅牌)라는 것은 크기는 두 자에 불과하지만 여기에는 수많은 물건이 갖추어져 있으니 이것은 돈주머니와 같다. 진사(進士)는 나이 삼십에 처음으로 벼슬을 하더라도 오히려 이름 높은 음관(蔭官)이 될 수 있으니 다른 높은 벼슬도 할 수 있다. 귓바퀴는 일산(日傘) 바람에 희어지고 배는 하인들의 '예' 하는 소리에 불러진다. 방에는 귀엣고리 요란한 기생들이요, 정원 나무에는 목청 좋게 우는 학을 키운다. 가난한 선비가 되어 시골에 살아도 모든 것을 자기 마음대로 할 수 있다. 이웃의 소를 끌어다가 자기 밭을 먼저 갈게 할 수 있고, 마을 주민들을 불러다가 자기 밭을 먼저 김매게 할 수도 있다. 이렇게 함부로 한들 그 누가 나를 탓하랴. 그들의 코에 잿물을 들어부은들, 상투를 잡아맨들, 수염을 잡아 뽑은들 누가 감히 나를 원망하랴."

부자는 그 문서가 씌어지던 중 혀를 내두르며 말했다.

"그만두시오, 그만둬. 정말 맹랑하구려. 장차 나를 도적으로 만들 셈이오?"

말을 마치자마자 머리를 이리저리 흔들면서 도망가 버렸다. 그는 죽을 때까지 다시는 '양반'이란 말을 꺼내지 않았다고 한다.

Check Point

- **갈래** : 국문소설, 군담소설, 영웅소설
- **작자** : 미상
- **연대** : 미상(18세기 후반기 이후로 추정)
- **주제** : 유충렬의 간난(艱難)과 영웅적인 행적
- **특징**
  - 번역체, 문어체
  - 조선 후기 당쟁에서 몰락한 계층의 실세 회복 의식의 반영
- **의의** : 「조웅전」과 함께 조선 후기 대표적인 영웅 · 군담소설

7. 유충렬전(劉忠烈傳)

"유세차갑자년 갑자월 갑자일에 대명국 동성문 내에 거하는 유심은 형산 신령 전에 비나이다. 오호라 대명 태조 창국공신지손이라 선대의 공덕으로 부귀를 겸전하고 일신이 무양하나 연광(年光 : 나이)이 반이 넘도록 일점 혈육이 없었으니 사후 백골인들 뉘라서 엄토하며 선영 행화를 뉘라서 봉사하리오. 인간에 죄인이요, 지하에 악귀로다. 이러한

일을 생각하니 원한이 만심이라 이러한 고로 더러운 정성을 신령 전에 발원하오니 황천은 감동하와 자식 하나 점지하옵소서."

빌기를 다함에 지성이면 감천이라 황천인들 무심할까. 단상의 오색 구름이 사면에 옹위하고 산중에 백발 신령이 일절히 하강하여 정결케 지은 제물 모두 다 흠향(歆饗)한다. 길조가 여차하니 귀자(貴子)가 없을쏘냐.

빌기를 다한 후에 만심 고대하던 차에 일일은 한 꿈을 얻으니, 천상으로서 오운이 영롱하고, 일원 선관이 청룡을 타고 내려와 말하되,

"나는 청룡을 차지한 선관(仙官)이더니 익성이 무도한 고로 상제께 아뢰되 익성을 치죄(治罪)하야 다른 방으로 귀양을 보냈더니 익성이 이 길로 합심하여 백옥루 잔치 시에 익성과 대전한 후로 상제 전에 득죄하여 인간에 내치심에 갈 바를 모르더니 남악산 신령들이 부인 댁으로 지시하기로 왔사오니 부인은 애휼(愛恤)하옵소서."

하고 타고 온 청룡을 오운간에 방송하며 왈,

"일후 풍진(風塵) 중에 너를 다시 찾으리라."

하고 부인 품에 달려들거늘 놀라 깨달으니 일장춘몽(一場春夢) 황홀하다.

정신을 진정하여 주부를 청입하여 몽사를 설화하되 주부 즐거운 마음 비할 데 없어 부인을 위로하여 춘정을 부쳐두고 생남하기를 만심 고대하더니 과연 그 달부터 태기 있어 십삭이 찬 연후에 옥동자를 탄생할 제, 방안에 향취 있고 문밖에 서기가 뻗질러 생광은 만지하고 서채는 충천한 중에 일원 선녀 오운 중에 내려와 부인 앞에 궤좌(跪坐)하여 백옥 상에 놓인 과실을 부인께 주며 하는 말이,

"소녀는 천상 선녀옵더니 금일 상제 분부하시되 자미원 장성이 남경 유심의 집에 환생하였으니 네 바삐 내려가 산모를 구완하고 유아를 잘 거두라 하시기로 백옥병의 향탕수를 부어 동자를 씻기시면 백병이 소멸하고 유리대(유리로 만든 주머니)에 있는 과실 산모가 잡수시면 명이 장생불사(長生不死)하오리다."

부인이 그 말을 듣고 유리대에 있는 과실 세 개를 모두 쥐니 선녀 여쭈오되,

"이 과실 세 개 중에는 부인이 잡수시고 또 하나는 공자를 먹일 것이요, 또 한 개는 일후에 주부가 잡수실 것이니 다 각기 임자를 옥황께옵서 점지하신 과일을 다 어찌 잡수시리까?"

향탕수를 부어 한 개를 잡순 후에 옥동자를 채금 속에 뉘여 놓고 부인께 하직하고 오운 속에 싸여 가니 반공에 어렸던 서기(瑞氣) 떠나지 아니하더라.

부인이 선녀(仙女)를 보낸 후에 일어나 앉으니 정신이 상쾌하고 청수한 기운이 전일보다 배나 더하더라.

주부를 청입하여 아기를 보이며 선녀의 하던 말을 낱낱이 고하니 주부 공중을 향하여 옥황께 사례하고 아기를 살펴보니 웅장하고 기이하다. 천정이 광활하고 지각이 방원하여 초상(초승달)같은 두 눈썹은 강산 정기 쏘였고 명월 같은 앞가슴은 천지 조화 품었으며, 단산의 봉의 눈은 두 귀밑을 돌아보고 칠성에 쌓인 종학 융준용안(隆準龍眼) 번듯하다. 북두칠성 맑은 별은 두 팔뚝에 박혀 있고 뚜렷한 대장성이 앞가슴에 박혔으며, 삼태성 정신별이 배상에 떠 있는데, 주홍으로 새겼으되 '대명국 대사마 대원수'라 은은히 박혔으니 웅장하고 기이함은 만고에 제일이요, 천추에 하나로다.

단어·구 해설

- **옹위하다** : 주위를 둘러싸다.
- **흠향(歆饗)하다** : 신명이 제물을 받아서 먹다.
- **선관(仙官)** : 선경(仙境)에서 벼슬살이를 하는 신선
- **치죄(治罪)** : 허물을 다스려 벌을 줌
- **애휼(愛恤)** : 불쌍히 여기어 은혜를 베풂
- **풍진(風塵)** : 세상에서 일어나는 어지러운 일이나 시련, 전쟁
- **청입하다** : 들어오기를 청하다.
- **몽사** : 꿈에 일어난 일
- **궤좌(跪坐)** : 무릎을 꿇고 앉음
- **장생불사(長生不死)** : 오랫동안 살아 죽지 아니함
- **채금** : 빛깔이 곱고 아름다운 이부자리
- **서기(瑞氣)** : 상서로운 기운
- **청수하다** : 얼굴이나 모습 따위가 깨끗하고 빼어나다.
- **융준용안(隆準龍眼)** : 잘생긴 얼굴, 우뚝한 코와 용의 눈
- **천정(天庭)** : 양미간, 이마의 복판

단어 · 구 해설

- **천인적강(天人謫降)** : 신선이 하늘나라에서 잘못을 저질러 인간 세상에 유배 와서 사람으로 태어남
- **아해** : 아이
- **적실하다** : 틀림이 없이 확실하다.
- **맹기영풍** : 맹렬한 기세와 영웅스러운 모습
- **갈마두다** : 모아두다
- **흥진비래(興盡悲來)** : 즐거운 일이 다하면 슬픈 일이 닥쳐온다는 뜻으로, 세상일은 순환되는 것임을 이르는 말

주부 기운이 쇄락하여 부인을 돌아 보아 왈,

"이 아해 상을 보니 천인적강(天人謫降) 적실하고 만고 영웅 분명하며 전일 황상께옵서 도읍을 옮기고자 하여 창해국 사신 임경천더러 물으시니 임경천이 아뢰기를 북두정기는 남경에 하강하고 자미원 대장성이 황성에 떨어졌으니 미구에 신기한 영웅이 나리라 하더니 이 아해가 적실하니 어찌 아니 즐거우리까 오래지 아니하여 대장 절월을 요하에 횡대하고 상장군 인수를 금낭에 넌짓 넣고 부귀영화는 선영에 빛내고 맹기영풍은 사해에 진동할 제 뉘 아니 칭찬하리오. 산신은 깊은 은덕 사후에도 난망이요 백골인들 잊을쏘냐."

이름은 충렬이라 하고 자는 성학이라 하다.

세월이 여류하여 칠 세에 당함에 골격은 청수하고 청명은 발췌하여 필법은 왕희지요, 문장은 이태백이며 무예장략은 손오에게 지내더라. 천문지리는 흉중에 갈마두고 국가 흥망은 장중에 매였으니 말달리기와 용검지술은 천신도 당치 못할레라.

오호라 시운이 불행하고 조물이 시기한지, 유주부 세대 부귀 지극하더니 사람이 흥진비래가 미쳤으니 어찌 피할 가망이 있을쏘냐.

군담소설

군담소설이란 주인공이 전쟁을 통해 영웅적 활약을 전개하는 이야기를 엮은 고전소설을 말한다.

- **창작군담소설** : 중국을 무대로 가공적 영웅을 허구화한 소설로 「소대성전」, 「장풍운전」, 「장백전」, 「황운전」, 「유충렬전」, 「조웅전」, 「이대봉전」, 「현수문전」, 「남정팔난기」, 「정수정전」, 「홍계월전」, 「김진옥전」, 「곽해룡전」, 「유문성전」, 「권익중전」 등이 있다.
  창작군담소설은 몰락했던 가문이 주인공의 영웅적 활약으로 국가에 큰 공을 세우면서 부흥한다는 내용을 담고 있으며, 표면적으로는 전통적 유교 윤리가 강조되면서도 이면에는 충(忠)이나 열(烈)에 대한 전통윤리로부터의 일탈이 심하다는 점에서 정치적 변혁에 관심이 많았던 평민층이 향유하던 작품으로 추정한다.
- **역사군담소설** : 국내의 역사적 사건을 소설화한 것으로, 「임진록」, 「임경업전」, 「박씨전」 등이 있다. 역사군담소설은 주로 외적의 침략을 물리칠 수 있는 민족적 능력을 과시하여 전란을 겪으면서 피폐해진 민족적 자존심을 고취하려는 의식과, 외침을 당하여 무능을 드러낸 집권층을 규탄하는 내용을 담고 있다.
- **번역군담소설** : 중국의 연의소설 중 특히 군담이 흥미의 중심을 이루는 부분을 초역하여 독립 작품으로 간행한 것이다.
  「삼국지연의」를 초역한 「삼국대전」 · 「적벽대전」 · 「조자룡전」 · 「화룡도실기」 · 「관운장전」, 「초한연의」를 축역한 「초한전」 · 「장자방실기」, 「설인귀정동」을 축역한 「설인귀전」 · 「서정기」, 「설정산정서」를 축역한 「설정산정서」 · 「번이화정서전」 등이 있다. 그 밖에 「봉신연의」를 축역한 「강태공전」, 「진당연의」를 초역한 「울지경덕전」 등이 있다.
  ***연의소설** : 역사적 사실을 바탕으로 하되 허구적인 내용을 덧붙여 흥미 본위로 쓴, 중국의 통속소설을 뜻한다.

8. 국순전(麴醇傳)

국순(麴醇)의 자는 자후(子厚)다. 국순이란 '누룩술'이란 뜻이요, 자후는 글자대로 '흐뭇하다'는 말이다. 그 조상은 농서 사람으로 90대 할아버지 모(牟 ; 모맥. 보리의 일종으로 우리말로는 밀이라고 하는데, 이것으로 술의 원료인 누룩을 만듦)가 순(舜)임금 시대에 농사에 대한 행정을 맡았던 후직(后稷)이라는 현인을 도와서 만백성을 먹여 살리고 즐겁게 해준 공로가 있었다.

모라는 글자는 보리를 뜻한다. 보리는 사람이 먹는 식량이 되고 있다. 그러니까 보리의 먼 후손이 누룩술이 되었다는 이야기다. 옛적부터 인간을 먹여 살린 공로를 『시경(詩經)』에서는 이렇게 노래했다.

"내게 그 보리를 물려주었도다(貽我來牟)."

모는 처음에 나아가서 벼슬을 하지 않고 농토 속에 묻혀 숨어 살면서 말했다.

"나는 반드시 농사를 지어야 먹으리라."

이러한 모에게 자손이 있다는 말을 임금이 듣고, 조서를 내려 수레를 보내어 그를 불렀다. 그가 사는 근처의 고을에 명을 내려, 그의 집에 후하게 예물을 보내도록 했다. 그리고 임금은 신하에게 명하여 친히 그의 집에 가서 신분이 귀하고 천한 것을 잊고 교분을 맺어서(遂定交杵臼之間 ; 저구(杵臼)의 사귐이란, 귀천을 가리지 않고 교제하는 것. 저구는 방아찧는 일로서 남에게 품팔이하는 것을 뜻함) 세속 사람과 사귀게 했다. 그리하여 점점 상대방을 감화하여 가까워지는 맛이 있게 되었다. 이에 모는 기뻐하며 말했다.

"내 일을 성사시켜 주는 것은 친구라고 하더니 그 말이 과연 옳구나."

이런 후로 차츰 그가 맑고 덕이 있다는 소문이 퍼져 임금의 귀에까지 들리게 되었다. 임금은 그에게 정문(旌門)을 내려 표창했다. 그리고 임금을 좇아 원구(圓丘)에 제사 지내게 하고, 그의 공로로 해서 중산후(中山候)를 봉하고, 식읍(食邑), 공신에게 논공행상(論功行賞)으로 주는 영지(領地)) 1만 호에 실지로 수입하는 것은 5천 호가 되게 하고 국씨(麴氏) 성 (姓)을 하사했다.

그의 5대 손은 성왕(成王)을 도와서 사직(社稷)지키는 것을 자기의 책임으로 여겨 태평스러이 술에 취해 사는 좋은 세상을 이루었다. 그러나 강왕(康王)이 왕위에 오르면서부터 점점 대접이 시원찮아지더니 마침내는 금고형(禁錮刑)을 내리고 심지어 국가의 명령으로 꼼짝 못하게 했다. 그래서 후세에 와서는 현저한 자가 없이 모두 민간에 숨어 지낼 뿐이었다.

위(魏)나라 초년이 되었다. 순(醇)의 아비 주(酎)의 이름이 세상에 나기 시작했다. 그는 실상 소주다. 상서랑(尙書郞) 서막(徐邈)과 알게 되었다. 서막은 조정에 나아가서까지 주의 말을 하여 언제나 그의 말이 입에서 떠나지 않았다.

어느 날 임금에게 아뢰는 자가 있었다.

"서막이 국주(麴酎)와 사사로이 친하게 지내오니 이것을 그대로 두었다가는 장차 조정을 어지럽힐 것이옵니다."

이 말을 듣고 임금은 서막을 불러 그 내용을 물었다. 서막은 머리를 조아리면서 사과했다.

Check Point

- **갈래** : 가전체(假傳體) 소설
- **작자** : 임춘
- **연대** : 고려 중엽
- **주제** : 향락에 빠진 임금과 이를 따르는 간신들에 대한 풍자
- **특징**
  - 서사적 · 교훈적 · 우의적 · 풍자적 성격
  - 일대기 형식의 순차적 구성
  - 인물의 성격과 행적을 주로 묘사
  - 사물('술')을 의인화하는 우화적 기법을 사용
  - 계세징인의 교훈성이 엿보임
- **구성**
  - 도입 : 국순의 가계 소개
  - 전개 : 국순의 성품과 정계 진출, 임금의 총애와 국순의 전횡, 국순의 은퇴와 죽음
  - 비평 : 국순의 생애에 대한 평가
- **의의**
  - 현전하는 가전체 문학의 효시
  - 이규보의 '국선생전'에 영향을 미침
- **출전** : 서하선생집, 동문선

단어 · 구 해설

- **후직(后稷)** : 중국 주나라의 시조
- **시경(詩經)** : 주나라 초부터 춘추시대 초기까지의 시 305편을 모은 유가의 경전의 하나
- **교분** : 서로 사귄 정
- **원구(圓丘)** : 천자가 동지에 천제를 지내던 곳
- **사직(社稷)** : 토지신과 곡식신
- **금고형(禁錮刑)** : 벼슬을 못하게 하는 형벌

단어·구 해설

- **만경(萬頃)** : 아주 많은 이랑이라는 뜻으로, 지면이나 수면이 아주 넓음을 이르는 말
- **풍미(風味)** : 음식의 고상한 맛

"신(臣)이 국주와 친하게 지내는 것은 그에게 성인(聖人)의 덕이 있사옵기에 때때로 그 덕을 마셨을 뿐이옵니다."

임금은 서막을 책망해 내보내고 말았다.

진(晋)나라 세상이 되었다. 주는 세상이 장차 어지러워지리라는 것을 미리 알았다. 그는 항상 유령(劉伶), 완적(阮籍), 진나라 때 죽림칠현(竹林七賢)에 속한 사람들(죽림칠현은 당시 세상을 외면하고 술을 마시며 소위 청담(淸談)을 일삼았다. 그중에서도 유령은 특히 술을 좋아함)의 무리들과 죽림(竹林) 속에서 놀다가 세상을 마치고 말았다. 주는 도량이 넓고 커서 마치 끝없는 만경(萬頃)의 바다 물결과도 같았다. 억지로 맑게 하려고 해도 더 맑아지지도 않고, 일부러 휘저어도 더 흐려지지도 않았다. 그 풍미(風味)는 한 세상을 뒤덮어 자못 그 기운을 사람에게 빌려주기도 했다.

어느 날 섭법사(葉法師)에게 나아가 종일토록 함께 담론한 일이 있었다. 이때 온 좌중 사람들은 그의 말을 듣고 모두 허리를 잡아, 이로부터 그의 이름이 세상에 알려지기 시작했다. 그를 국처사(麴處士)라고 불렀다. 이리하여 위로는 공경대부(公卿大夫)와 신선(神仙), 방사(方士 ; 신선의 술법을 닦는 사람. 도사(道士))로부터 아래로는 남의 집 머슴, 나무꾼, 오랑캐나 외국 사람들까지 그의 향기나 이름만 들어도 이내 모두 부러워하고 사모했다.

이들은 여럿이 모였다가도 만일 국처사가 오지 않으면 모두 쓸쓸한 표정으로 입을 모아 말하곤 했다.

"국처사가 없으니 자리가 즐겁지 못하다."

임금은 그를 몹시 칭찬하였다.

"경이야말로 이른바 곧고도 맑은 사람이다. 내 마음을 열어주고 일깨워 주는도다."

이리하여 순은 권리를 얻어 마음대로 일을 하게 되었다. 어진 사람을 사귀고 손님을 접대하는 것, 늙은이를 받들어 술과 고기를 주는 일, 귀신과 종묘에 제사 지내는 일들은 이로부터 모두 순이 맡아서 했다. 임금이 밤에 잔치를 벌일 때라도 오직 순과 궁인(宮人)만이 곁에서 모실 수 있었고, 그 밖의 사람은 아무리 가까운 신하라도 옆에 가지 못했다.

이로부터 임금은 날마다 몹시 취해서 정자를 전폐하게 되었다. 순은 또 임금의 입에 마치 재갈을 먹이듯이 해서 아무런 말도 못 하게 했다. 이렇게 되고 보니 예법을 아는 선비들은 순을 마치 원수처럼 미워하게 되었다. 하지만 임금은 항상 순을 보호해 주었다. 그런데 순은 또 재산 모으는 것을 몹시 좋아했다. 그래서 당시 여론은 그를 더욱 비루하게 여겼다.

국선생전·공방전

작자	국선생전	공방전
제재	술	엽전(돈)
주제	위국충절의 교훈, 군자의 처신 경계	경세에 대한 비판
성격	교훈적, 권선적	풍자적, 교훈적, 전기적, 우의적
의의	의인체 소설의 대표작이며, 임춘의 「국순전」에 영향을 받았다.	「국순전」과 함께 우리나라 문헌상 최초의 가전 작품
특징	「국순전」의 영향을 받았지만 술에 대해 긍정적인 입장을 취하고 있는 면이나, '위국충절'의 주제를 포함하고 있다는 점에서 다르게 평가된다. 또한 작품 속 인물의 행동 양식은 「국순전」의 '국순'과는 다른 모습을 보인다. '국선생'은 비록 미천한 신분에도 성실히 행동하였기에 관직에 등용되었고, 잘못을 저지르지만 반성하고 후회할 줄 알며, 국난을 당해서는 백의종군한다. 이러한 내용을 살펴볼 때, 이 작품은 주제의식뿐만 아니라 사회적 교훈을 강조하고 있음을 알 수 있다.	욕심이 많고 염치가 없는 부정적 성격을 가진 주인공 '공방'은 백성들에게 이익을 좇는 일만이 중요함을 강조한다. 그리고 다른 선비들과 달리 시정의 사람들을 사귀기도 하는데 이런 모습을 통해 '공방'이 탐욕스러운 인간의 모습을 나타내기보다는 잘못된 사회성을 비판하기 위한 작가의 의도를 살필 수 있다.

Check Point

가전체 문학
가전체 문학이란 물건을 의인화하여 세상 사람들에게 경계심을 일깨워 줄 목적으로 지은 이야기이다. 이러한 문학의 탄생 원인을 당시의 잦은 내우외환과 무신들의 집권에 의한 정치적 혼란에서 찾는 학자들이 많다. 또 다른 원인으로, 설화와 서사시가 활발히 수집 · 정리되고, 창작되면서 가전체 작품이 출현하게 되었다고 보는 학자들도 있다.

제2절 판소리

1. 흥보가(興甫歌)

[아니리]

홍보, 좋아라고 박씨를 딱 주어들더니마는, "여보소, 마누라. 아, 제비가 박씨를 물어 왔네요." 홍보 마누라가 보더니, "여보, 영감. 그것 박씨가 아니고 연실인갑소, 연실." "어소, 이 사람아. 연실이라는 말이 당치 않네. 강남 미인들이 초야반병 날 밝을 적에 죄다 따 버렸느데 제까짓 놈이 어찌 연실을 물어 와? 뉘 박 심은 데서 놀다가 물고 온 놈이제. 옛날 수란이가 배암 한 마리를 살려, 그 은혜 갚느라고 구실을 물어 왔다더니마는, 그 물고 오는 게 고마운께 우리 이놈 심세." 동편처마 담장 밑에 거름 놓고, 신짝 놓고 박을 따독따독 잘 묻었것다. 수일이 되더니 박순이 올라달아 오는되 북채만, 또 수일이 되

단어 · 구 해설

- **초야반병** : 초야(전날 밤중부터 이튿날 아침까지) 반경

더니 홍두깨만, 지둥만, 박순이 이렇게 크더니마는, 박 잎사귀 삿갓만씩 하야 가지고 홍보 집을 꽉 얽어 놓으매, 구년지수 장마 져야 홍보 집 샐 배 만무허고, 지동해야 홍보 집 쓰러질 수 없것다. 홍보가 그때부터 박 덕을 보던가 보더라. 그때는 어느 땐고? 팔월 대명일 추석이로구나. 다른 집에서는 떡을 헌다, 밥을 헌다, 자식들을 곱게곱게 입혀서 선산 성묘를 보내고 야단이 났는듸, 홍보 집에는 먹을 것이 없어, 자식들이 모다 졸라싸니까 홍보 마누라가 앉아 울음을 우는 게 가난타령이 되얏던가 보더라.

[진양]

"가난이야, 가난이야, 원수년의 가난이야. 잘 살고 못 살기는 묘 쓰기에 매였는가? 북두칠성님이 집자리으 떨어칠 적에 명과 수복을 점지허는거나? 어떤 사람 팔자 좋아 고대광실 높은 집에 호가사로 잘 사는듸 이년의 신세는 어찌허여 밤낮으로 벌었어도 삼순구식을 헐 수가 없고, 가장은 부황이 나고, 자식들을 아사지경이 되니, 이것이 모두 다 웬일이냐? 차라리 내가 죽을라네." 이렇닷이 울음을 우니 자식들도 모두 따라서 우는구나.

[잦은 휘몰이]

홍보가 좋아라고, 홍보가 좋아라고, 궤 두 짝을 톡톡 떨어 붓고 나니 도로 수북, 톡톡 떨어 붓고, 돌아섰다 돌아 보면 쌀과 돈과 도로 하나 가뜩허고, 눈 한번 깜잭이고 돌아섰다 돌아보면 쌀과 돈과 도로 하나 가뜩. 비어 내고, 비어 내고, 비어 내고, 비어 내고, 비어 내고, 비어 내고 비어 내고, 비어 내고. "아이고, 좋아 죽것다. 팔 빠져도 그저 부어라, 부어라, 부어라, 부어라, 부어라, 부어라. 일년 삼백육십 날만 그저 꾸역꾸역 나오너라. 부어라, 부어라, 부어라, 부어라. 팔 빠져도 그저 부어라, 부어라, 부어라, 부어라."

[아니리]

어찌 떨어 붓어 놨던지 쌀이 일만 구만 석이요, 돈이 일만 구만 냥이라. 나도 어쩐 회계인지 알 수가 없지. 홍보가 궤 속을 가만히 들여다보니깐 노란 엽전 한 궤가 새리고 딱 있지. 쑥 빼 들고는 홍보가 좋아라고 한번 놀아 보는듸,

Check Point

- **작자** : 미상
- **갈래** : 판소리 사설
- **형성** : 근원설화 – 판소리 사설 – 판소리계 소설 – 신소설
- **성격** : 풍자적, 해학적, 교훈적
- **문체** : 가사체, 만연체
- **별칭** : '흥부가', '박타령' 등
- **사상** : 인과응보의 생활원리, 유교적 생활관
- **특징**
  - 표현상 3 · 4조, 4 · 4조 운문과 산문이 혼합
  - 양반의 한문투와 서민들의 비속어 표현 공존
  - 판소리 중 서민적 취향이 가장 강한 작품으로 조선 후기 농민층의 분해상을 보여줌
- **배경설화** : 「방이설화」, 몽골의 「박 타는 처녀」, 동물 보은 설화
- **주제** : 형제간의 우애와 권선징악
- **시점** : 전지적 작가시점
- **의의**
  - 「춘향가」, 「심청가」와 함께 3대 판소리계 소설로 평민문학의 대표작이다.
  - 박타령 – 흥보가 – 흥보전 – 연의 각 등으로 끊임없이 재생산되었다.

단어 · 구 해설

- **지둥** : 기둥의 방언
- **지동해야** : 지각이 흔들려야
- **새리다** : 사리다(몸을 똬리처럼 동그랗게 감다)

2. 춘향가(春香歌)

[휘모리]

모 떨어진 개상반, 긁어 먹은 갈비 한 대, 건져 먹던 콩나물국, 병든 대추, 묵, 전(煎), 포(脯), 빽빽헌 막걸리 한 잔을 "어서 먹고 속거천리(速去千里)헛쉐"

[아니리]

어사또 들은 척 아니 허고, 부채를 거꾸로 쥐고 부채꼭지로 운봉 옆구리를 쿡 찌르며, "여보, 운봉 영감! 거 갈비 한 대 주." 운봉이 깜짝 놀래며, "허어, 그분이 갈비를 달래면

단어 · 구 해설

- **개상반** : 개다리소반. 상다리 모양이 개의 다리처럼 휜 막치 소반
- **속거천리(速去千里)** : 어서 멀리 가라는 뜻으로, 귀신을 쫓을 때 쓰는 말

익은 소갈비를 달래지, 사람의 생갈비를 달랜단 말이오? 얘, 여봐라! 저 냥반께 상에 갈비 한 대 갖다 드려라." "어어, 거 그만두시우. 얻어먹고 다니는 사람이 남의 수고까지 빌릴 것 없지. 내 손으로 갖다 먹지요." 진미로만 갖다 주섬주섬 놓더니마는 "이래 만도 볼품이 좀 낫소. 여보, 운봉!" "허어, 그분이 손버릇이 아주 고약헌 분이로고!"

"여보, 미안헌 청이오마는, 나 저-기 본관 곁에 앉인 기생 불러 권주가 한마디 시켜주!" "이 냥반아! 그러면 말로 헐 것이지, 남의 옆구리를 그렇게 찌른단 말이오? 얘, 여봐라! 이 냥반 곁에 와서 권주가 한마디 해 드려라! 까딱 허다가는 옆구리 창 나겄다."

[아니리]

"죄인 춘향 대령이요!" "해칼허여라." "해칼하였소." "춘향 듣거라! 너는 일개 천기(賤妓)의 자식으로 관정발악(官庭發惡)을 허고 관장(官長)에게 능욕(凌辱)을 잘한다니 그리허고 네 어찌 살기를 바랄까!" "아뢰어라!" "절행에도 상하가 있소? 명백허신 수의사또 별반통촉(別般洞燭)하옵소서." "그러면 네가 일정한 지애비를 섬겼을까?" "이부를 섬겼네다." "뭣이? 이부를 섬기고 어찌 열녀라 할꼬?" "두 이(二)자가 아니오라 외얏 이(李)자 이부로소이다." 어사또 마음이 하도 좋아 실쩍 한 번 떠 보난디, "늬가 본관 수청은 거역하였지만 잠시 지나는 수의사또 수청도 못 들을까? 이얘 내 성도 이가(李哥)니라."

[아니리]

어사또 다시 묻지 않으시고, 금낭(金囊)을 어루만져 옥지환을 내어 행수 기생을 불러주며, "네, 이걸 갖다 춘향 주고 얼굴을 들어 대상을 살피래라." 춘향이 받어 보니, 서방님과 이별시에 드렸던 지가 찌든 옥지환이라. 춘향이 넋을 잃은 듯이 보드니만, "네가 어데를 갔다 이제야 나를 찾어왔느냐?" 대상을 바라보고 "아이고, 서방님!" 부르더니, 그 자리에 엎드러져 정신없이 기절헌다.

어사또 기생들을 분부허사 춘향을 부축허여 상방에 누여 놓고, 찬물도 떠먹이며 수족을 주무르니, 춘향이 간신이 정신을 차려 어사또를 바라보니, 어제저녁 옥문 밖에 거지되어 왔던 낭군이 분명쿠나! 춘향이가 어사또를 물그러미 바라보더니,

[중모리]

"마오 마오, 그리 마오. 서울 양반 독합디다. 기처불식(其妻不識)이란 말이 사기에난 있지마는 내게조차 이러시오? 어제저녁 모시었을 제, 날 보고만 말씀허였으면 마음놓고 잠을 자지. 지나간 밤 오날까지 간장 탄 걸 헤아리면 살어 있기가 뜻밖이오. 반가워라, 반가워라, 설리춘풍이 반가워라. 외로운 꽃 춘향이가 남원 옥중 추절이 들어 떨어지게 되얏드니, 동헌에 새봄이 들어 이화춘풍이 날 살렸네. 우리 어머니는 어디를 가시고 이런 경사를 모르시나."

Check Point

- **작자** : 미상
- **갈래** : 판소리 사설(판소리계 소설)
- **주제** : 신분적 갈등을 초월한 남녀 간의 사랑
- **특징**
  - 율문체 · 가사체 · 만연체
  - 풍자적 · 해학적 · 서사적 성격
  - 인물과 사건에 대한 편집자적 논평이 많음

단어 · 구 해설

- **천기(賤妓)** : 천한 기생
- **관정발악(官庭發惡)** : 관가에서 심문할 때 반항하는 일
- **별반통촉(別般洞燭)** : 보통과 다르게 아랫사람의 사정을 헤아려 살핌

단어 · 구 해설

- **금낭(金囊)** : 돈을 넣어 두는 주머니
- **옥지환** : 옥가락지
- **상방** : 관아의 우두머리가 거처하던 방
- **기처불식(其妻不識)** : 그 아내도 알아보지 못함

지방직 9급 기출

01. 다음 글에 대한 설명으로 적절하지 않은 것은?

> 심청이 거동 보소. 두 손을 합장하고 일어나서 하느님 전에 비는 말이,
> "비나이다, 비나이다. 하느님 전에 비나이다. 심청이 죽는 일은 추호라도 섧지 아니하되, 병든 아비 깊은 한을 생전에 풀려 하고 이 죽음을 당하오니 명천(明天)은 감동하사 어두운 아비 눈을 밝게 띄워 주옵소서."
> 눈물지며 하는 말이,
> "여러 선인네 평안히 가옵시고, 억십만금 이문 남겨 이 물가를 지나거든 나의 혼백 불러내어 물밥이나 주시오."
> 하며 안색을 변치 않고 뱃전에 나서 보니 티 없이 푸른 물은 월러렁 괄넝 뒤둥구리 굽이쳐서 물거품 북적찌데한데, 심청이 기가 막혀 뒤로 벌떡 주저앉아 뱃전을 다시 잡고 기절하여 엎딘 양은 차마 보지 못할 지경이었다.
>
> – 「심청가」중에서

① 사건에 대한 서술자의 주관적 서술이 나타나 있다.
② 등장인물들의 발화를 통해 사건의 상황을 보여준다.
③ 죽음을 초월한 심청의 면모와 효심이 드러나 있다.
④ 대상을 나열하여 장면을 다양하게 제시하고 있다.

해 서술 대상은 '심청'이며, 심청이 인당수에 뛰어드는 장면 하나만을 제시하고 있다.

답 01 ④

꼭! 확인 기출문제

(가)와 (나)를 비교한 설명으로 적절한 것은? [지방직 9급 기출]

> (가) 문밖에 가랑비 오면 방 안은 큰비 오고 부엌에 불을 때면 천장은 굴뚝이요 흙 떨어진 욋대궁기 바람은 살 쏜 듯이 들이불고 틀만 남은 헌 문짝 멍석으로 창과 문을 막고 방에 반듯 드러누워 가만히 바라보면 천장은 하늘별자리를 그려놓은 그림이요, 이십팔수(二十八宿)를 세어본다. 이렇게 곤란이 더욱 심할 제, 철모르는 자식들은 음식 노래로 조르는데, 아이고, 어머니! 나는 용미봉탕에 잣죽 좀 먹었으면 좋겠소.
>
> (나) 한 달에 아홉 끼를 얻거나 못 얻거나
> 십 년 동안 갓 하나를 쓰거나 못 쓰거나
> 안표누공(顔瓢屢空)인들 나같이 비었으며
> 원헌(原憲)의 가난인들 나같이 심할까.
> 봄날이 길고 길어 소쩍새가 재촉커늘
> 동쪽 집에 따비 얻고 서쪽 집에 호미 얻어
> 집 안에 들어가 씨앗을 마련하니
> 올벼 씨 한 말은 반 넘어 쥐 먹었고
> 기장 피 조 팥은 서너 되 붙었거늘
> 많고 많은 식구 이리하여 어이 살리.
>
> ※ 욋대궁기 : 나뭇가지 등으로 엮어 흙을 바른 벽에 생긴 구멍
> 안표누공(顔瓢屢空) : 공자(孔子)의 제자 안회(顔回)의 표주박이 자주 빔
> 원헌(原憲) : 공자의 제자

❶ (가)와 달리 (나)는 읽을 때의 리듬이 규칙적이다.
② (가)와 (나)는 모두 상황을 사실적으로 묘사하고 있다.
③ (가)와 (나)는 현재의 상황을 운명으로 수용하고 있다.
④ (가)는 상황을 긍정적으로, (나)는 부정적으로 인식하고 있다.

해 ① (가)는 「흥보가」, (나)는 「탄궁가」이다. 「흥보가」는 판소리 사설로 일부 리듬이 있는 운문이 나타나지만 기본적으로 산문 문학이며, 「탄궁가」는 가사 문학으로써 3(4) · 4조, 4음보의 규칙적인 리듬을 갖고 있다.

판소리 열 두 마당

판소리 열 두 마당은 「춘향가」, 「심청가」, 「흥부가」, 「수궁가」, 「적벽가」, 「배비장타령」, 「변강쇠타령」, 「강릉매화타령」, 「옹고집타령」, 「장끼타령」, 「무숙이타령」, 「숙영낭자타령」과 같은 12편의 판소리 작품을 말한다.
한편 조선 순조 때 「관우희(觀優戱)」를 지은 송만재(宋晩載)는 열 두 마당 속에 「무숙이타령」과 「숙영낭자타령」 대신에 「왈자타령」과 「가짜신선타령」을 포함시키기도 했다.
현재에는 「춘향가」, 「심청가」, 「흥부가」, 「적벽가」, 「수궁가」의 다섯 노래만이 불리고 있다. 여기에 「변강쇠타령」을 포함시켜서 판소리 여섯 마당이라 부르기도 한다.

제3절 민속극과 고전 수필

1. 민속극

(1) 봉산 탈춤 – 제6과장 '양반춤'에서

말뚝이 : (벙거지를 쓰고 채찍을 들었다. 굿거리장단에 맞추어 양반 삼 형제를 인도하여 등장)

양반 삼 형제 : (말뚝이 뒤를 따라 굿거리장단에 맞추어 점잔을 피우나, 어색하게 춤을 추며 등장. 양반 삼 형제 맏이는 샌님[生員], 둘째는 서방님[書房], 끝은 도련님[道令]이다. 샌님과 서방님은 흰 창옷에 관을 썼다. 도련님은 남색 쾌자에 복건을 썼다. 샌님과 서방님은 언청이이며(샌님은 언청이 두 줄, 서방님은 한 줄이다.) 부채와 장죽을 가지고 있고, 도련님은 입이 삐뚤어졌고, 부채만 가졌다. 도련님은 일절 대사는 없으며, 형들과 동작을 같이 하면서 형들의 면상을 부채로 때리며 방정맞게 군다.

말뚝이 : (가운데쯤에 나와서) 쉬이. (음악과 춤 멈춘다.) 양반 나오신다아! 양반이라고 하니까 노론(老論), 소론(少論), 호조(戶曹), 병조(兵曹), 옥당(玉堂)을 다 지내고 삼정승(三政丞), 육판서(六判書)를 다 지낸 퇴로 재상(退老宰相)으로 계신 양반인 줄 아지 마시오. 개잘량이라는 '양'자에 개다리소반이라는 '반'자를 쓰는 양반이 나오신단 말이오.

양반들 : 야아! 이놈, 뭐야아!

말뚝이 : 아, 이 양반들. 어찌 듣는지 모르갔소. 노론, 소론, 호조, 병조, 옥당을 다 지내고 삼정승, 육판서 다 지내고 퇴로 재상으로 계신 이 생원네 삼 형제분이 나오신다고 그리 하였소.

양반들 : (합창) 이 생원이라네. (굿거리장단으로 모두 춤을 춘다. 도령은 때때로 형들의 면상을 치며 논다. 끝까지 그런 행동을 한다.)

말뚝이 : 쉬이. (반주 그친다.) 여보, 구경하시는 양반들, 말씀 좀 들어 보시오. 짤따란 곰방대로 잡숫지 말고 저 연죽전(煙竹廛)으로 가서 돈이 없으면 내게 기별이래도 해서 양칠간죽양칠간죽(洋漆竿竹), 자문죽(自紋竹)을 한 발가웃씩 되는 것을 사다가 육모깍지 희자죽(喜子竹), 오동수복(梧桐壽福) 연변죽을 이리저리 맞추어 가지고 저 재령(載寧) 나무리 거이 낚시 걸 듯 죽 걸어 놓고 잡수시오.

양반들 : 뭐야아!

말뚝이 : 아, 이 양반들. 어찌 듣소. 양반 나오시는데 담배와 훤화(喧譁)를 금하라 그리 하였소.

양반들 : (합창) 훤화(喧譁)를 금하였다네. (굿거리장단으로 모두 춤을 춘다.)

Check Point

- **갈래** : 탈춤(가면극)
- **작자** : 미상
- **주제** : 양반에 대한 서민들의 저항과 풍자의식
- **인물**
  - 말뚝이 : 당대 서민의식의 대변자
  - 양반 삼형제 : 무능한 지배층의 대표자(비판의 대상)
  - 취발이 : 조선 후기 상인의 전형
- **특징**
  - 풍자적 · 해학적 · 비판적 성격, 골계미
  - 각 재담은 '말뚝이의 조롱 → 양반의 호통 → 말뚝이의 변명 → 일시적 화해'로 구성
- **구성** : 총 7개의 과장이 옴니버스식으로 구성
  - 제1과장 : 사상좌춤
  - 제2과장 : 팔목중춤
  - 제3과장 : 사당춤
  - 제4과장 : 노장춤
  - 제5과장 : 사자춤
  - 제6과장 : 양반춤
  - 제7과장 : 미얄춤

단어 · 구 해설

- **개잘량** : 털이 붙어 있는 채로 무두질하여 다룬 개의 가죽. 흔히 방석처럼 깔고 앉는 데에 쓴다.
- **연죽전(煙竹廛)** : 담뱃대를 파는 가게
- **양칠간죽(洋漆竿竹)** : 빨강, 파랑, 노랑의 빛깔로 알록지게 칠한 담배설대
- **자문죽(自紋竹)** : 아롱진 무늬가 있는 중국산 대나무. 흔히 담뱃대로 쓴다.
- **오동수복(烏銅壽福)** : 백통으로 만든 그릇에 검붉은 구리로 '수(壽)'나 '복(福)' 자를 박은 것
- **훤화(喧譁)** : 시끄럽게 지껄이며 떠듦

단어 · 구 해설

- **오음육률(五音六律)** : 예전에, 중국 음악의 다섯 가지 소리와 여섯 가지 율(律). '궁(宮), 상(商), 각(角), 치(徵), 우(羽)'의 오음과 '황종(黃鍾), 태주(太簇), 고선(姑洗), 유빈(蕤賓), 이칙(夷則), 무역(無射)'의 육률을 이른다.

말뚝이 : 쉬이. (춤과 반주 그친다.) 여보, 악공들 말씀 들으시오. 오음육률(五音六律) 다 버리고 저 버드나무 홀뚜기 뽑아다 불고 바가지 장단 좀 쳐 주오.

양반들 : 야아. 이놈, 뭐야!

말뚝이 : 아, 이 양반들, 어찌 듣소. 용두 해금(奚琴), 북, 장고, 피리, 젓대 한 가락도 뽑지 말고 건건드러지게 치라고 그리 하였소.

양반들 : (합창) 건건드러지게 치라네. (굿거리장단으로 춤을 춘다.)

꼭! 확인 기출문제

다음 글(봉산 탈춤 – 제6과장 '양반춤')을 읽고, 내용에 대한 이해로 적절하지 않은 것은?

[지방직 9급 기출]

① 양반들이 자신들을 조롱하는 말뚝이에게 야단쳤군.
② 샌님과 서방님이 부채와 장죽을 들고 춤을 추며 등장했군.
❸ 말뚝이가 굿거리장단에 맞춰 양반을 풍자하는 사설을 늘어놓았군.
④ 도련님이 방정맞게 굴면서 샌님과 서방님의 얼굴을 부채로 때렸군.

해 ③ 말뚝이는 "쉬이"라며 음악과 춤을 멈춘 다음 양반을 풍자하는 사설을 늘어놓고 있다. 그러므로 굿거리장단에 맞춰 양반을 풍자하는 사설을 늘어놓았다는 설명은 적절하지 않다.

탈춤의 유형

- **탈춤** : 황해도 일대의 봉산 탈춤, 강령 탈춤, 은율 탈춤, 해주 탈춤 등
- **산대놀이** : 서울 근교에서 행해지던 송파 산대놀이, 양주 별산대놀이 등
- **오광대놀이** : 경남 낙동강 서쪽에서 행해지던 고성오광대, 통영오광대, 진주오광대 등
- **야유** : 경남 낙동강 동쪽 지방의 수영 야유, 동래 야유 등
- **굿놀이** : 하회에서 행해지는 하회별신굿 등
- **사자놀음** : 함경도 북청의 북청사자놀음 등
- **가면극** : 강릉의 강릉관노 가면극, 남사당패의 덧뵈기 가면극 등

탈의 종류

- **하회탈** : 각시, 양반, 부네, 중 초랭이, 선비, 이매, 백정, 할미
- **통영오광대탈** : 홍백탈, 손님탈, 상제탈, 법고탈
- **봉산탈** : 양반탈(샌님, 서방님, 종갓집도령), 무당탈, 목중탈, 노장탈, 원숭이탈
- **기타** : 수영야유말뚝이탈, 처용탈, 영천장군탈, 발탈, 지탈

(2) 꼭두각시 놀음 – 제2막 '뒷절'

상좌 두 사람이 나와서 바위 위에 앉았는데 산위에는 소무당녀들이(박첨지의 질녀) 나물을 캐고 있다. 상좌들이 그것을 보고 반하여 두어 수작한 뒤에 합사인(合四人)이 풍악소리에 맞추어 신명이 나서 춤을 춘다. 그때에 박첨지가 미색논다는 말을 듣고 나왔다가 상좌들이 소무당을 데리고 춤추는 것을 보고 대경실색하여 상좌를 꾸짖는다.

박첨지 : 이 중놈아, 네가 분명히 중이면 산간에서 불도나 할 것이지 속가에 내려와 미색을 데리고 노류장화가 될 말이냐. 아마도 내가 생각하니 네가 중이라고 칭하였느나 미색 데리고 춤춤을 보니 거리노중만 못하다. 이놈 저리 가거라. (춤을 한참 추다가) 어으어으 여봐라 어떠만 싶으냐, (웃으며) 나도 늙은 것이 잡것이로군. 늙은 나는 들어가네. (다시 소무당을 자세히 보니 자기의 질녀인고로 기가 막혀서) 늙은 놈이 주책없이 질녀있는 데서 춤을 추었고나. 그러나 이왕 같이 춤춘 바에 어찌할 수 없다. 이 괘씸한 중놈을 처치하여야 할 터인데 늙은 내가 기운이 있어야지. 아마도 생질조카 홍동지를 내보내야겠다. (이때 상좌들이 소무당녀 때문에 싸움반 춤반으로 야단법석하니 박첨지는 노염이 나서 딘둥이(홍동지)를 부른다) 여봐라, 딘둥아 딘둥아. (홍동지 등장, 박첨지 퇴장)

박첨지 : (안에서) 여봐라. 내가 밖에를 나가니 상좌중놈이 내 딸을 데리고 춤을 추는데 늙은 나는 기운이 없어서 그대로 왔으니 네가 나가서 모두 주릿대를 앵겨라. (상좌들이 각각 소무당 하나씩을 데리고 양편에 갈라섰고 홍동지는 그 중간에서 왔다 갔다 한다)

홍동지 : 어디요.

박첨지 : 저 켠으로.

홍동지 : (그리가며) 이리요?

박첨지 : 그래. (홍동지는 급히 가서 보느라고 상좌 머리와 자기 머리와 부딪쳤다)

홍동지 : 여봐라 들거라. 보니 거리 노중이냐, 보리망종(芒種)이냐, 칠월 백중이냐, 네가 무슨 중이냐. 염불엔 마음이 없고 잿밥에 마음이 있어 미색만 데리고 춤만 추는구나, 나도 한식 놀아보자.

Check Point

- **갈래** : 인형극 대본
- **작자** : 미상
- **주제** : 파계승에 대한 풍자
- **구성** : 전체 8막 중 제2막 '뒷절'
- **인물**
  - 꼭두각시 : 박첨지의 아내
  - 박첨지 : 박이나 나무로 인형을 만들었으므로 성을 '박'이라 하고, 여기에 벼슬 명칭인 '첨지'를 붙임
  - 홍동지 : 박첨지의 조카로, 힘이 천하장사임
- **특징** : 희극적 · 골계적 성격

2. 수필

(1) 조침문(弔針文)

유세차(維歲次) 모년 모월 모일에, 미망인(未亡人) 모씨(某氏)는 두어 자 글로써 침자(針者)에게 고(告)하노니, 인간 부녀(人間婦女)의 손 가운데 종요로운 것이 바늘이로대, 세상 사람이 귀히 아니 여기는 것은 도처(到處)에 흔한 바이로다. 이 바늘은 한낱 작은 물건(物件)이나, 이렇듯이 슬퍼함은 나의 정회(情懷)가 남과 다름이라. 오호통재(嗚呼痛哉)라, 아깝고 불쌍하다. 너를 얻어 손 가운데 지닌 지 우금(于今) 이십칠 년이라. 어이 인정(人情)이 그렇지 아니하리요. 슬프다. 눈물을 잠깐 거두고 심신(心身)을 겨우 진정(鎭定)하여, 너의 행장(行狀)과 나의 회포(懷抱)를 총총히 적어 영결(永訣)하노라.

연전(年前)에 우리 시삼촌(媤三村)께옵서 동지상사(冬至上使) 낙점(落點)을 무르와, 북경(北京)을 다녀오신 후에, 바늘 여러 쌈을 주시거늘, 친정(親庭)과 원근 일가(遠近一家)에게 보내고, 비복(婢僕)들도 쌈쌈이 나눠 주고, 그중에 너를 택(擇)하여 손에 익히고 익히어 지금까지 해포 되었더니, 슬프다, 연분(緣分)이 비상(非常)하여, 너희를 무수(無數)히 잃고 부러뜨렸으되, 오직 너 하나를 연구(年久)히 보전(保全)하니, 비록 무심(無心)한 물건(物件)이나 어찌 사랑스럽고 미혹(迷惑)지 아니하리오. 아깝고 불쌍하며, 또한 섭섭하도다.

나의 신세(身世) 박명(薄命)하여 슬하(膝下)에 한 자녀(子女) 없고, 인명(人命)이 흉완(凶頑)하여 일찍 죽지 못하고, 가산(家産)이 빈궁(貧窮)하여 침선(針線)에 마음을 붙여, 널로 하여 생애(生涯)를 도움이 적지 아니하더니, 오늘날 너를 영결(永訣)하니, 오호통재(嗚呼痛哉)라, 이는 귀신(鬼神)이 시기(猜忌)하고 하늘이 미워하심이로다.

아깝다 바늘이여, 어여쁘다 바늘이여, 너는 미묘(微妙)한 품질(品質)과 특별(特別)한 재치(才致)를 가졌으니, 물중(物中)의 명물(名物)이요, 철중(鐵中)의 쟁쟁(錚錚)이라. 민첩(敏捷)하고 날래기는 백대(百代)의 협객(俠客)이요, 굳세고 곧기는 만고(萬古)의 충절(忠節)이라. 추호(秋毫) 같은 부리는 말하는 듯하고, 두렷한 귀는 소리를 듣는 듯한지라. 능라(綾羅)와 비단(緋緞)에 난봉(鸞鳳)과 공작(孔雀)을 수놓을 제, 그 민첩하고 신기(神奇)함은 귀신(鬼神)이 돕는 듯하니, 어찌 인력(人力)의 미칠 바리요.

오호통재(嗚呼痛哉)라, 자식(子息)이 귀(貴)하나 손에서 놓일 때도 있고, 비복(婢僕)이 순(順)하나 명(命)을 거스릴 때 있나니, 너의 미묘(微妙)한 재질(才質)이 나의 전후(前後)에 수응(酬應)함을 생각하면, 자식에게 지나고 비복(婢僕)에게 지나는지라. 천은(天銀)으로 집을 하고, 오색(五色)으로 파란을 놓아 곁고름에 채였으니, 부녀(婦女)의 노리개라. 밥 먹을 적 만져 보고 잠잘 적 만져 보아, 널로 더불어 벗이 되어, 여름 낮에 주렴(珠簾)이며, 겨울밤에 등잔(燈盞)을 상대(相對)하여, 누비며, 호며, 감치며, 박으며, 공그릴 때에, 겹실을 꿰었으니 봉미(鳳尾)를 두르는 듯, 땀땀이 떠 갈 적에, 수미(首尾)가 상응(相應)하고, 솔솔이 붙여 내매 조화(造化)가 무궁(無窮)하다.

Check Point

- **갈래** : 수필, 제문(祭文), 추도문
- **연대** : 조선 순조(19세기)
- **작자** : 유씨 부인
- **주제** : 부러진 바늘에 대한 애도
- **특징**
  - 사물(바늘)을 의인화하여 표현
  - 여성 작자 특유의 섬세한 감정이 잘 표현됨
- **의의**
  - 「의유당 관북 유람일기」, 「규중칠우쟁론기」와 함께 여성 수필의 백미로 손꼽힘
  - 의인화 기법의 사용(고려의 가전체 문학과 연결됨)

단어 · 구 해설

- **유세차(維歲次)** : '이해의 차례는'이라는 뜻으로, 제문의 첫머리에 관용적으로 쓰는 말
- **침자(針子)** : 바늘
- **고(告)하노니** : 알리노니
- **종요로운** : 매우 긴요한
- **정회(情懷)** : 생각하는 마음
- **오호통재(嗚呼痛哉)** : 아, 비통하다
- **우금(于今)** : 지금까지
- **행장(行狀)** : 평생 살아온 일
- **회포(懷抱)** : 마음속에 품은 생각
- **총총히** : 바삐
- **영결(永訣)** : 죽은 사람과 산 사람이 서로 영원히 헤어짐
- **연전(年前)** : 몇 해 전
- **동지상사(冬至上使)** : 해마다 동짓달에 중국으로 보내던 사신의 우두머리
- **낙점(落點)을 무르와** : 임명받아
- **쌈** : 바늘 한 쌈은 스물네 개를 이름
- **연구(年久)히** : 지난 세월이 꽤 오래되도록
- **어여쁘다** : 불쌍하다
- **추호(秋毫)** : 가는 털
- **능라(綾羅)** : 두꺼운 비단과 얇은 비단
- **난봉(鸞鳳)** : 난조(鸞鳥)와 봉황
- **재질(才質)** : 재주와 기질
- **수응(酬應)** : 요구에 응함
- **자식에게 지나고** : 자식보다 낫고
- **천은(天銀)** : 품질이 가장 뛰어난 은
- **솔솔이** : 솔기마다

이생에 백년동거(百年同居)하렸더니, 오호애재(嗚呼哀哉)라, 바늘이여. 금년 시월 초십일 술시(戌時)에, 희미한 등잔 아래서 관대(冠帶) 깃을 달다가, 무심중간(無心中間)에 자끈동 부러지니 깜짝 놀라와라. 아야 아야 바늘이여, 두 동강이 났구나. 정신(精神)이 아득하고 혼백(魂魄)이 산란(散亂)하여, 마음을 빻아 내는 듯, 두골(頭骨)을 깨쳐 내는 듯, 이윽토록 기색혼절(氣塞昏絕)하였다가 겨우 정신을 차려, 만져 보고 이어 본들 속절없고 하릴없다. 편작(扁鵲)의 신술(神術)로도 장생불사(長生不死) 못하였네. 동네 장인(匠人)에게 때이련들 어찌 능히 때일손가. 한 팔을 베어 낸 듯, 한 다리를 베어 낸 듯, 아깝다 바늘이여, 옷섶을 만져 보니, 꽂혔던 자리 없네.

오호통재(嗚呼痛哉)라, 내 삼가지 못한 탓이로다. 무죄(無罪)한 너를 마치니, 백인(伯仁)이 유아이사(由我而死)라, 누를 한(恨)하며 누를 원(怨)하리요. 능란(能爛)한 성품(性品)과 공교(工巧)한 재질을 나의 힘으로 어찌 다시 바라리요. 절묘(絕妙)한 의형(儀形)은 눈 속에 삼삼하고, 특별한 품재(稟才)는 심회(心懷)가 삭막(索莫)하다. 네 비록 물건(物件)이나 무심(無心)치 아니하면, 후세(後世)에 다시 만나 평생 동거지정(平生同居之情)을 다시 이어, 백년 고락(百年苦樂)과 일시생사(一時生死)를 한 가지로 하기를 바라노라. 오호애재(嗚呼哀哉)라, 바늘이여.

단어·구 해설

- **무심중간(無心中間)** : 아무 생각이 없는 사이
- **기색혼절(氣塞昏絕)** : 숨이 막혀 까무러침
- **하릴없다** : 달리 어떻게 할 도리가 없다.
- **유아이사(由我而死)** : 나로 말미암아 죽음
- **공교(工巧)한** : 재치 있고 교묘한
- **품재(稟才)** : 타고난 재주
- **오호애재(嗚呼哀哉)** : 아, 슬프도다

꼭! 확인 기출문제

㉠에 나타난 말하기 방식에 대한 설명으로 가장 적절한 것은? [국가직 7급 기출]

> 이러므로 침선(針線)의 돕는 유를 각각 명호를 정하여 벗을 삼을새, 바늘로 세요 각시라 하고, 침척(針尺)을 척 부인이라 하고, 가위로 교두 각시라 하고, 인도(引刀)로 인화 부인이라 하고, 달우리로 울 낭자라 하고, 실로 청홍흑백 각시라 하며, 골모로 감토 할미라 하여, 칠우를 삼아 규중 부인네 아침 소세를 마치매 칠위 일제히 모혀 종시하기를 한가지로 의논하여 각각 소임을 일워 내는지라. 일일은 칠위 모혀 침선의 공을 의논하더니 척 부인이 긴 허리를 자히며 이르되, …(중략)…
>
> 인화 낭재 이르되,
>
> ㉠ "그대네는 다토지 마라. 나도 잠간 공을 말하리라. 미누비 세누비 눌로 하여 저가락같이 고으며, 혼솔이 나곧 아니면 어찌 풀로 붙인 듯이 고으리요. 침재(針才) 용속한 재 들락날락 바르지 못한 것도 내의 손바닥을 한번 씻으면 잘못한 흔적이 감초여 세요의 공이 날로 하여 광채 나나니라."
>
> – 작자 미상, 「규중칠우쟁론기」 에서

① 풍자적 표현을 통해 내면의 갈등을 드러내고 있다.
② 각자의 역할과 직분을 지켜야 한다고 충고하고 있다.
❸ 자신의 도움을 통해 상대방이 빛날 수 있음을 자랑하고 있다.
④ 상대방 말의 허점을 최대한 부각하면서 논리적으로 지적하고 있다.

해 ③ 밑줄의 내용은 잘 못한 바느질을 인화 부인이 잘 못한 흔적을 감춰 멀쩡하게 보이게끔 하는 것이 자신의 공이라 말하고 있다.

Check Point

- **갈래** : 궁중 수필
- **작자** : 혜경궁 홍씨
- **연대** : 조선 정조
- **주제** : 사도세자의 참변을 중심으로 한 파란만장한 인생 회고
- **특징**
  - 전아한 궁중 용어의 사용
  - 적절하고 간곡한 묘사
- **의의** : 내간체 문학의 백미 중 하나

단어 · 구 해설

- **용포(龍袍)** : 임금이 입는 정복 곤룡포(袞龍袍)의 준말
- **붕열(崩裂)** : 무너지고 갈라짐
- **소주방(燒廚房)** : 대궐 안의 음식을 만들던 곳
- **황황(遑遑)** : 마음이 몹시 급하여 허둥지둥하는 모양
- **거조(擧措)** : 행동거지
- **촌철(寸鐵)** : 작고 날카로운 쇠붙이나 무기
- **소조(小朝)** : 섭정하는 왕세자
- **촌촌(寸寸)이** : 한 치 한 치마다. 또는 갈기갈기
- **용력(勇力)** : 씩씩한 힘. 뛰어난 역량
- **장기(壯氣)** : 건장한 기운. 왕성한 원기
- **안연(晏然)히** : 마음이 편안하고 침착한 모양
- **폐위(廢位)** : 왕위를 폐함

(2) 한중록(閑中錄)

그러할 제 날이 늦고 재촉하여 나가시니, 대조(大朝)께서 휘녕전(徽寧殿)에 좌(坐)하시고 칼을 안으시고 두드리오시며 그 처분(處分)을 하시게 되니, 차마차마 망극(罔極)하니 이 경상(景狀)을 차마 기록(記錄)하리오. 섧고 섧도다.

나가시며 대조껴서 엄노(嚴怒)하오신 성음(聲音)이 들리오니, 휘녕전이 덕성합(德成閤)과 멀지 아니하니 담 밑에 사람을 보내어 보니, 벌써 용포(龍袍)를 벗고 엎디어 계시더라 하니, 대처분(大處分)이 오신 줄 알고 천지 망극(天地罔極)하여 흉장(胸腸)이 붕열(崩裂)하는지라.

게 있어 부질없어 세손(世孫) 계신 델 와서 서로 붙들고 어찌할 줄 모르더니, 신시 전후(申時前後) 즈음에 내관(內官)이 들어와 밖소주방(燒廚房) 쌀 담는 궤를 내라 한다 하니,

어쩐 말인고 황황(遑遑)하여 내지 못하고, 세손궁(世孫宮)이 망극한 거조(擧措) 있는 줄 알고 문정(門庭) 전(前)에 들어가,

"아비를 살려 주옵소서."

하니 대조께서

"나가라."

엄히 하시니, 나와 왕자(王子) 재실(齋室)에 앉아 계시더니, 내 그 때 정경(情景)이야 천지고금간(天地古今間)하고 일월(日月)이 회색(晦塞)하니, 내 어찌 일시나 세상에 머물 마음이 있으리오. 칼을 들어 명(命)을 그츠려 하니 방인(傍人)의 앗음을 인(因)하여 뜻같이 못하고, 다시 죽고자 하되 촌철(寸鐵)이 없으니 못 하고, 숭문당(崇文堂)으로 말미암아 휘녕전(徽寧殿) 나가는 건복문(建福門)이라 하는 문 밑으로 가니, 아무것도 뵈지 아니하고 다만 대조께서 칼 두드리시는 소리와 소조(小朝)께서,

"아바님 아바님, 잘못하였으니 이제는 하라 하옵시는 대로 하고, 글도 읽고, 말씀도 다 들을 것이니 이리 마소서."

하시는 소리가 들리니,

간장(肝腸) 이 촌촌(寸寸)이 끊어지고 앞이 막히니 가슴을 두드려 한들 어찌하리오.

당신 용력(勇力)과 장기(壯氣)로 궤에 들라 하신들 아무쪼록 아니 드시지, 어이 필경(畢境) 들어가시던고, 처음엔 뛰어나오려 하옵시다가 이기지 못하여 그 지경(地境)에 미치오시니 하늘이 어찌 이대도록 하신고.

만고(萬古)에 없는 설움뿐이며, 내 문 밑에서 호곡(號哭)하되 응(應)하심이 아니 계신지라.

소조가 벌써 폐위(廢位)하여 계시니 그 처자(妻子)가 안연(晏然)히 대궐(大闕) 있기 황송(惶悚)하옵고, 세손을 밖에 그저 두어서는 어떠할꼬 차마 두렵고 소마소마하여 그문에 앉아 대조에 상서(上書)하여

"처분이 이러하오시니 죄인(罪人)의 처자가 안연히 대궐 있기 황송(惶悚)하옵고, 세손을 오래 밖에 두옵기 가중(加重)한 몸이 두렵사오니 이제 본집으로 나가와지라."

하고,

"천은(天恩)으로 세손을 보존(保存)하여지라."

써 가까스로 내관(內官)을 찾아들이라 하였더니, 오래지 않아 선형(先兄)이 들어오셔.

"폐위 서인(廢位庶人)하여 계시니 대궐 있지 못할 것이니, 본집으로 나가라 하오시니 가마를 들여오니 나가시고, 세손은 남여(藍輿)를 들여오라 하였으니 나가시오리이다."

하시니 서로 붙들어 망극 통곡(罔極痛哭)하고, 업히어 청휘문(淸輝門)으로서 저승전(儲承殿) 차비(差備)에 가마를 놓고, 윤 상궁이란 나인이 안 타고, 별감(別監)이 가마를 매고 허다(許多) 상하(上下) 나인이 다 뒤를 따라 좇으며 통곡(慟哭)하니, 만고천지간에 이런 경상이 어디 있으리오.

나는 가마에 들 제 막혀 인사를 도르더니, 윤 상궁(尹尙宮)이 주물러 겨우 명(命)이 붙었으나 오죽하리오.

집으로 나와 나는 건넌방에 누이고, 세손은 내 중부(仲父)와 선형(先兄)이 모셔 나오고, 세손 빈궁(嬪宮)은 그 집에서 가마를 가져와 청연(淸衍)과 한데 들려 나오니 그 경색(景色) 망극함이 차마 어찌 살리오.

자처(自處)하려 하다가 못 하고 일이 하릴 없으니, 돌아 생각하니 십일 세 세손에게 첩첩(疊疊)한 지통(至痛)을 끼치지 못하고, 내 없으면 세손 성취(成就)함을 어찌하리오.

참고 참아 완명(頑命)을 보전(保全)하고 하늘만 부르짖으니, 만고(萬古)에 나 같은 완명이 어디 있으리오.

세손을 집에 와 서로 만나니, 충년(沖年)에 놀라고 망극한 경상을 보시고 그 서러운 마음이 어떠하리오.

놀라 병(病)날까 내 망극함을 서리담아,

"망극망극(罔極罔極)하나 다 하늘이시니, 네가 몸을 평안(平安)히 하고 착하여야 나라가 태평(太平)하고 성은(聖恩)을 갚사올 것이니 설움 중이나 네 마음을 상(傷)해오지 말라."

하고, 선친(先親)께서는 궐내(闕內) 떠나지 못하시고, 선형(先兄)도 벼슬에 매이어 왕래(往來)하시니, 세손 모시옵고 있을 이가 중숙(仲叔) 두 외삼촌(外三寸)이니 주야(晝夜)로 모셔 보호(保護)하고, 내 계제(季弟)는 아시(兒時)부터 들어와 세손을 모시옵고 노던지라, 그 아이가 작은 사랑에 모시고 자고 있어 팔구일(八九日)을 지내니, 김 판서(金判書) 시묵(時默)과 그 자제(子弟) 김기대(金基大)도 와 뵈옵는다 하여, 내 집이 좁고 세손궁(世孫宮) 상하 나인이 전수히 나왔는지라, 남장(南墻) 밖 교리(敎理) 이경옥(李敬玉)의 집을 빌려 김 판서 댁(金判書宅)이 그 며느리를 데리고 와 빈궁을 모시고 있게 하니 담을 트고 왕래(往來)하니라.

단어·구 해설

- 첩첩(疊疊) : 쌓여 겹치는 모양
- 지통(至痛) : 고통이 매우 심함. 또는 그런 고통
- 완명(頑命) : 죽지 않고 모질게 살아 있는 목숨
- 계제(季弟) : 막내동생
- 아시(兒時) : 아이 때

3편

국문학사

제1장

고전 문학의 흐름

제1절 고대 문학

1. 고전 문학의 갈래

(1) 구비 문학과 기록 문학

① 구비 문학

㉠ 문자의 발명 이전에 입에서 입으로 전해져 구연되는 문학

㉡ 사람들에 의해 개작 · 첨삭되면서 전승되는 적층성(積層性)이 강해 민족의 보편적 성격이 반영됨(민중 공동작의 성격을 지님)

㉢ 기록 문학에 소재와 상상력을 제공하는 원초적 자산으로 작용함

㉣ 설화, 고려가요, 민요, 판소리, 무가, 민속극, 속담 등

② 기록 문학

㉠ 구비 문학을 문자 언어로 기록하여 전승하는 문학으로, 오늘날 문학의 대종을 이룸

㉡ 개인의 창의력과 상상력이 반영되는 문학이므로 지적 · 개인적 성격을 지님

㉢ 향가, 패관문학, 가전체, 시조, 악장, 가사, 경기체가, 소설, 수필 등

(2) 시가 문학과 산문 문학

① 시가 문학(운문 문학)

㉠ 의미 : 일정한 율격을 지닌 운문 문학을 말하며, 가창(歌唱)되기에 용이함

예 민요, 향가, 속요, 경기체가, 시조, 악장 등

㉡ 시가 문학의 전개

- 서정 시가 : 민요(서정 민요) → 고대 가요 → 향가 → 향가계 여요 → 고려 속요 → 시조

Check Point

문학의 발전 단계

- 문학은 구비 문학만 있던 시대에서 출발하여 기록 문학과 공존하는 단계, 기록 문학이 주류를 이루는 단계로 발전했다.
- 집단적 서사 문학에서 개인적 서정 문학 중심으로 발전해 왔다.

Check Point

고대 설화의 계승

설화 – 패관 문학 – 가전체 – 고대 소설 – 신소설 – 현대 소설

• 교술 시가 : 민요(교술 민요) → 경기체가 → 악장 → 가사

② 산문 문학

㉠ 의미 : 운율성보다 전달성을 중시하는 문학으로, 이야기 형태에 적합함 예 설화 문학, 패관 문학, 가전체 문학, 소설 등

㉡ 산문 문학의 전개

• 일반 소설 : 설화 → 패관 문학 → 가전체 문학 → 고소설

• 판소리계 소설 : 설화 → 판소리 사설 → 판소리계 소설 예 구토 설화 → 토끼전(별주부전) → 토의 간, 도미 설화 → 춘향가 → 춘향전

③ 운문 문학과 산문 문학의 성격 혼재 : 운문성과 산문성이 혼재된 대표적 문학으로 가사와 판소리를 들 수 있다.

㉠ 가사 : 3 · 4조(또는 4 · 4조), 4음보의 운문이면서 내용상 수필적 산문에 해당함

㉡ 판소리 : 연행 중심이 되는 창(唱)은 운문체이나, 아니리 부분은 산문체에 해당함

(3) 향유 계층에 따른 갈래

① 귀족 · 양반 문학

㉠ 경기체가 : 고려 중기 무신의 난 이후 새로 등장한 신흥 사대부들이 창안하여 귀족층에서만 향유한 문학 갈래로서, 일반 서민의 의식이나 삶과는 거리가 있음

㉡ 악장 : 궁중 음악으로 사용된 송축가에 해당하는 문학 갈래로서, 주로 특권 귀족층에서 향유됨

② 평민 문학

㉠ 속요 : 평민층이 향유한 집단적 · 민요적 성격의 노래

㉡ 사설시조 : 평민층의 의식과 체험을 노래한 시조

㉢ 민속극 : 일상적 구어(口語)를 토대로 평민층이 놀고 즐긴 놀이 문학

㉣ 잡가 : 하층의 소리꾼들이 부른 세속적 성향의 노래로, 주로 평민층이 향유함

③ 양반과 평민이 공유한 국민 문학

㉠ 향가 : 4구체 향가의 작가층은 10구체 향가의 작가층과 달리 하층민까지 포함됨

㉡ 시조, 가사 : 조선 전기까지는 사대부층이 독점하다시피 하였으나, 그 이후 평민 가객들이 향유 계층으로 등장함

㉢ 판소리 : 18세기까지는 평민층의 문학이었으나, 19세기 이후 양반층이 가세하여 향유층이 확대됨

서울시 9급 기출

01. 아래에 설명한 문학 갈래에 해당하는 작품으로 가장 옳은 것은?

> 조선 시대 시가문학을 대표하는 갈래이다. 고려 후기에 성립되었지만, 조선 시대의 새로운 지도 이념인 성리학을 기반으로 더욱 융성해졌다. 3장 6구의 절제된 형식과 유장한 기품을 특징으로 하고, 여러 장을 한 편에 담은 연장체 형식으로도 창작되었다.

① 「한림별곡」
② 「월인천강지곡」
③ 「상춘곡」
④ 「도산십이곡」

해 시조에 대한 설명으로, '도산십이곡'은 이황이 지은 연시조이다.

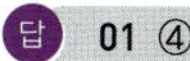

답 01 ④

㉣ 소설 : 양반과 평민 계층이 모두 향유한 설화와 마찬가지로 이를 모태로 하는 소설도 국민 문학의 성격을 지님

2. 고대 문학사 개관

(1) 고대 문학의 개념

① 국문학의 태동기부터 고려 시대 이전까지 창작된 모든 문학을 의미한다.

② 일반적으로 고대 제천의식에서 행해진 원시 종합예술 형태의 집단 가무(歌舞)에서 발생하였다고 본다(발라드 댄스설).

(2) 고대 문학의 특징

① 고대 문학은 제의(祭儀) 형식에서 행하여진 집단 가무가 그 연원이며, 점차 분화되어 독자적 예술 장르로 변천

② 구비 전승되다가 2 · 3세기경 한자와 한문이 유입되면서 문학으로 정착

③ 집단적 서사 문학에서 점차 개인적 서정 문학으로 발달

④ 설화는 서사 문학의 원류가 되었고, 고대 가요는 서정 문학의 원형이 됨

⑤ 신라 시대에 형성된 향가는 우리말로 기록된 최초의 정형시임

⑥ 무속 신앙과 토템사상(동물숭배사상)을 토대로 하다 통일신라 이후 불교와 유교가 사상적 기반을 이룸

3. 시가 문학

(1) 시가 문학의 전개

① 고대 시가의 개념 : 집단적 · 서사적 문학에서 개인적 · 서정적 시가(詩歌)로 분화되면서 형성된 것으로, 고려 이전의 노래 중 향가와 한시를 제외한 시가를 말한다.

② 집단 가요

작품명	연대	작자	의의 및 내용	출전
구지가 (龜旨歌)	신라 유리왕 (AD 42)	가야의 구간(九干) 등	• 현전 최고(最古)의 무가, 주술가 • 수로왕의 강림을 기원하는 주술적 노래 (일명 영신군가(迎神君歌)라고도 함)	삼국유사
해가 (海歌)	–	미상(未詳)	• 구지가의 아류작으로 평가됨 • 납치된 수로 부인을 구하기 위한 주술적 인 노래	삼국유사

③ 개인 가요

작품명	연대	작자	의의 및 내용	출전
공무도하가 (公無渡河歌)	고조선	백수광부 의 아내	• 현존 최고(最古)의 시가로, 악곡명은 공후인 • 물에 빠져 죽은 남편을 애도하는 노래	해동역사, 고금주
황조가 (黃鳥歌)	고구려 유리왕 (BC 17)	유리왕	실연의 슬픔을 황조(꾀꼬리)의 다정한 모습에 비교해 노래	삼국사기
정읍사 (井邑詞)	백제	백제 행상인의 아내	• 현전하는 유일한 백제 가요이며, 한글로 전하는 가장 오래된 노래 • 행상 나간 남편의 안전을 근심하며 달에게 기원하는 노래(망부가)	악학궤범

④ 부전가요(설화와 함께 이름만 전하는 고대 가요)

㉠ 도솔가

• 『삼국사기』에 "이 해에 민속(民俗)이 환강(歡康)하여 비로소 「도솔가」를 지었는데 이것이 가악의 처음이다."라고 기록

• 최초의 정형시인 신라 향가의 모태가 된 작품으로 평가

㉡ 회소곡(會蘇曲) : 신라 유리왕 때, 한가위에 길쌈에서 진 편에서 음식을 접대하며 부른 노래(노동요)

㉢ 치술령곡

• 박제상의 아내가 남편을 기다리다 죽자 후인들이 이를 애도한 노래

• 백제 가요 「정읍사」, 「망부석 설화」와 연결되는 노래

㉣ 목주가(木州歌) : 목주에 사는 어느 효녀에 대한 노래로, 효심(孝心)에 대한 노래라는 점에서 고려가요인 「사모곡」과 연결됨

㉤ 대악(碓樂) : 가난한 백결 선생이 떡방아 찧는 소리로 아내를 위로한 노래로, 고려가요인 「상저가」와 관련된 노동요

고대 국가의 부전가요(不傳歌謠)

• **신라의 부전가요** : 도솔가, 회소곡, 치술령곡, 목주가, 원사, 대악
• **백제의 부전가요** : 방등산가, 지리산가, 무등산가, 선운산가
• **고구려의 부전가요** : 내원성가, 영양가, 명주가

꼭! 확인 기출문제

다음 글에 부합하는 작품으로 가장 적절한 것은? [국회직 9급 기출]

> 고전 시가 작품의 주제 중에는 임에 대한 사랑이 많다. 작품에서 사랑은 직접 표출하기보다는 비유나 상징 등을 통해 간접적으로 표출하는 경우를 더 많이 보게 된다.

① 대쵸 볼 불근 골에 밤은 어이 뜻드르며 / 벼 뷘 그르헤 게ᄂᆞᆫ 어이 ᄂᆞ리ᄂᆞᆫ고 / 술 닉쟈 체쟝ᄉᆞ 도라가니 아니 먹고 어이리

❷ 옥으로 연고즐 사교이다 / 옥으로 연고즐 사교이다 / 바회 우희 접듀(接主)ᄒᆞ요이다 / 그 고지 삼동이 퓌거시아 / 그 고지 삼동이 퓌거시아 / 유덕(有德)ᄒᆞ신 니믈 여ᄒᆡᄋᆞ와지이다

③ 어듸라 더디던 돌코 누리라 마치던 돌코 / ᄆᆡ리도 괴리도 업시 마자셔 우니노라 / 얄리얄리 얄라셩 얄라리 얄라

④ 오백 년 도읍지를 필마로 도라드니 / 산천은 의구하되 인걸은 간듸 업다 / 어즈버 태평연월이 꿈이런가 ᄒᆞ노라

해 ② 정석가 제 3연에 해당되는 내용으로 임과의 영원한 사랑과 태평성대를 직접적으로 표출하기보다 비유나 상징으로서 표현하였다.

(2) 고대 가요의 특징

① 집단적이고 서사적인 원시 종합 예술에서 개인적이고 서정적인 시가로 분리 발전

② 고대 가요는 설화 속에 삽입되어 전하는데, 이는 서사 문학과 시가가 완전히 분리되지 않은 상태를 보여 주는 것(고대 가요는 대부분 배경 설화를 가지며, 설화와 함께 구전되다 문헌에 한역되어 기록됨)

(3) 향가

① 개념

㉠ 넓게는 중국 노래에 대한 우리나라의 노래를 의미하며, 좁게는 향찰로 표기된 신라 시대에서 고려 초기까지의 정형화된 노래를 말함

㉡ 도솔가, 시내가(詩內歌), 사내악(思內樂) 등 여러 명칭으로 사용됨

㉢ 4구체와 8구체, 10구체 중 가장 완성된 형식인 10구체 향가를 '사뇌가(詞腦歌)'라 함

② 특징

㉠ 불교적 내용과 사상이 주를 이루었고, 현전하는 향가의 작가로는 승려가 가장 많음

㉡ 한자의 음과 훈을 빌려 사용한 향찰(鄕札)로 표기

㉢ 신라 때의 작품 14수가 『삼국유사』에 전하고 고려 초의 작품 11수가 『균여전』에 전하여, 현재 모두 25수가 전함

㉣ 진성여왕 때 각간(角干) 위홍(魏弘)과 대구화상(大矩和尙)이 편찬하였다는 『삼대목(三代目)』에 대한 기록이 있으나, 현재 전하지 않음

③ 형식

㉠ 4구체

• 개념 : 구전되던 민요가 정착되어 형성된 것으로 보이는 초기 향가 형식

• 대표작 : 서동요, 풍요, 헌화가, 도솔가

㉡ 8구체

• 개념 : 4구체에서 10구체로 발전하던 과도기에 발생한 형식

• 대표작 : 모죽지랑가, 처용가

㉢ 10구체

• 개념 : 가장 정제되고 완성된 향가 형식(사뇌가)

• 대표작 : 혜성가, 제망매가, 찬기파랑가, 안민가, 원가, 천수대비가, 보현십원가 등

④ 향가의 문학사적 의의

㉠ 우리나라 시가 중 최초의 정형화된 서정시

㉡ 한글이 없던 시기에 민족적 주체성과 국문 의식을 반영함

㉢ 10구체 향가는 본격적 기록 문학의 효시가 되며, 이후 시조와 가사의 3단 형식과 종장에 영향을 미침

현재 전하는 향가 작품

작품명	작자	연대	형식	내용
서동요(薯童謠)	백제 무왕	진평왕(579~632)	4구체	서동(백제 무왕)이 선화 공주를 사모하여 아내로 맞기 위해 아이들에게 부르게 한 동요
혜성가(彗星歌)	융천사	진평왕(579~632)	10구체(최초의 10구체 향가)	이 노래를 지어 내침한 왜구와 큰 별을 범한 혜성을 물리쳤다는 축사(逐邪)의 주술적인 노래
풍요(風謠)	만성 남녀	선덕여왕(632~647)	4구체	양지가 영묘사 장육존상을 주조할 때 성 안의 남녀들이 진흙을 나르며 불렀다는 노동요
원왕생가(願往生歌)	광덕	문무왕(661~681)	10구체	극락왕생을 바라는 불교 신앙의 노래. 달을 서방정토의 사자로 비유해 극락왕생을 기원
모죽지랑가(慕竹旨郎歌)	득오	효소왕(692~702)	8구체	죽지랑의 고매한 인품을 추모하여 부른 노래(추모가)
헌화가(獻花歌)	실명 노인	성덕왕(702~737)	4구체	소를 몰고 가던 노인이 수로 부인에게 꽃을 꺾어 바치며 불렀다는 노래

Check Point

향가별 특징
- **민요가 정착된 향가** : 서동요, 풍요, 헌화가, 처용가
- **노동요의 일종** : 풍요
- **주술성을 지닌 향가** : 도솔가, 처용가, 혜성가, 원가
- **유교 이념을 반영한 향가** : 안민가
- **추모의 향가** : 모죽지랑가, 제망매가
- **높은 문학성을 지닌 향가** : 제망매가, 찬기파랑가

작품명	작자	연대	형식	내용
원가(怨歌)	신충	효성왕(737~742)	10구체	효성왕이 등용하겠다는 약속을 어기자 노래를 지어 잣나무에 붙였다는 주술적인 원망의 노래
제망매가(祭亡妹歌)	월명사	경덕왕(742~765)	10구체	죽은 누이를 추모하여 재를 올리며 부른 추도의 노래로, '찬기파랑가'와 함께 향가의 백미로 꼽힘
도솔가(兜率歌)	월명사	경덕왕(760)	4구체	두 해가 나타난 괴변을 없애기 위해 부른 산화공덕(散花功德)의 노래로, 주술성을 지님
찬기파랑가(讚耆婆郎歌)	충담사	경덕왕(742~765)	10구체	기파랑을 찬양하여 부른 노래. 추모시. 문답식으로 된 최초의 노래
천수대비가(千手大悲歌)	희명	경덕왕(742~765)	10구체	눈이 먼 아들을 위해 희명이 천수관음 앞에서 지어 아들에게 부르게 하자 눈을 떴다는 노래
안민가(安民歌)	충담사	경덕왕(742~765)	10구체	군신민(君臣民)이 할 바를 노래한 치국의 노래
우적가(遇賊歌)	영재	원성왕(785~798)	10구체	영재가 대현령에서 만난 도둑을 회개시킨 설도(說道)의 노래
처용가(處容歌)	처용	헌강왕(879)	8구체	아내를 침범한 역신에게 관용을 베풀어 역신을 감복시킨 주술적인 노래
보현십원가(普賢十願歌)	균여대사	신라 말~고려 초	10구체	불교의 교리를 대중에게 펴기 위해 지은 노래. 총 11수로 이루어짐

Check Point

주요 신화

단군 신화, 해모수 신화, 금와 신화, 동명왕 신화(주몽 신화), 박혁거세 신화, 석탈해 신화, 김수로왕 신화

4. 설화 문학

(1) 설화 문학의 전개

구분		내용
고조선	단군 신화	우리나라의 건국 신화. 홍익인간의 이념 제시
고구려	주몽 신화	고구려의 시조인 동명왕의 출생에서부터 건국의 성업까지를 서술한 설화
신라	박혁거세 신화	나정 근처에서 발견한 알에서 태어나 6촌 사람들의 추대로 임금이 된 박씨의 시조 설화
	석탈해 신화	알에서 나와 버려진 뒤 남해왕의 사위가 되고 나중에 임금으로 추대된 석씨의 시조 설화
	김알지 신화	시림(계림)의 나무에 걸렸던 금궤에서 태어났다고 전해지는 경주 김씨의 시조 설화
가락국	수로왕 신화	알에서 태어난 6명의 아이들 중 가락국의 왕이 된 김해 김씨의 시조 설화

(2) 설화(說話) 문학

① 설화의 개념

㉠ 민족 집단이라는 공동체 속에서 공통의 의식을 바탕으로 구비 전승되는 허구적 이야기(산문적인 구비 문학)

㉡ 평민층에서 창작 · 전승되어 강한 민중성을 지니며, 민족 문학으로서 고전 소설과 판소리의 기원이 되기도 함

② 설화의 성격 : 구전성(口傳性), 서사성, 허구성, 산문성, 민중성

③ 설화의 종류

구분	신화	전설	민담
의미	민족 안에 존재하는 신이나 신이(神異)한 능력을 지닌 주인공을 통해 민족의 기원 · 건국 등 신성한 업적을 그리는 이야기	신적인 요소 없이 비범한 인간과 그 업적, 특정 지역이나 사물, 사건 등을 다루는 이야기	신화, 전설과 달리 일상적 인물을 통해 교훈과 흥미를 주는 허구적 이야기
성격	민족을 중심으로 전승되며, 신성성과 숭고미가 강조됨	역사성 · 진실성을 중시하며, 비장미가 강조됨	민족과 지역을 초월하여 전승되며, 골계미 · 해학미가 강조됨
전승자의 태도	신성하다고 믿음 → 신성미	진실하다고 믿음 → 진실미	흥미롭다고 믿음 → 흥미 위주
시간과 장소	태초, 신성한 장소	구체적인 시간과 장소	뚜렷한 시간과 장소 없음
증거물	포괄적(우주, 국가 등)	개별적(바위, 개울 등)	보편적
주인공과 그 행위	신적 존재, 초능력 발휘	비범한 인간, 비극적 결말	평범한 인간, 운명 개척
전승 범위	민족적 범위	지역적 범위	세계적 범위

④ 설화와 소설의 전승 관계

㉠ 연권녀 설화, 효녀 지은 설화, 인신공희 설화 → 심청전 → 강상련(江上蓮)

㉡ 방이 설화, 박타는 처녀 → 흥부전 → 연(燕)의 각(脚)

㉢ 구토 설화, 용원 설화 → 토끼전(별주부전) → 토(兎)의 간(肝)

㉣ 열녀 설화, 암행어사 설화, 신원 설화, 염정 설화 → 춘향전 → 옥중화(獄中花)

㉤ 조신 설화 → 구운몽

㉥ 지하국 대적 퇴치 설화 → 홍길동전

㉦ 장자못 설화 → 옹고집전

Check Point

삼국의 주요 설화

- **신라** : 조신 설화, 김현 감호 설화, 연오랑 세오녀 설화, 효녀 지은 설화, 방이 설화
- **백제** : 도미 설화
- **고구려** : 구토지설, 온달 설화, 호동 왕자 설화

(3) 한문학

① 개념 : 한자의 전래와 함께 성립하여 한자로 표기된 문학을 말하며, 통일 신라 이후 본격적으로 발달함

② 작자층 : 구비 문학과 달리 귀족, 화랑, 승려 등 상류층이 주로 창작하여 상층의 귀족 문학으로 발달함

③ 주요 작품 : 여수장우중문시(을지문덕), 추야우중(최치원), 계원필경(최치원), 토황소격문, 치당태평송(진덕여왕), 화왕계(설총), 왕오천축국전(혜초)

④ 신라의 한문학자

㉠ 강수(强首) : 외교 문서 작성에 뛰어남(한문의 능숙한 구사)

㉡ 설총(薛聰) : 「화왕계(花王戒)」를 지음

㉢ 김대문(金大問) : 「화랑세기」를 지음

㉣ 최치원(崔致遠) : 한문학의 본격적인 발달을 주도한 문인으로, 현존하는 최고의 문집인 『계원필경』과 유명한 「토황소격문」이 있다.

Check Point

「화왕계」

신라 신문왕 때 설총이 꽃을 의인화하여 지은 우언적인 한문 단편. 꽃의 왕 모란이 아첨하는 미인 장미와 충간을 하는 백두옹 사이에서 누구를 택할 것인가 주저하는 것을 보고 백두옹이 왕을 질책하였다는 내용이다.

제2절 고려 시대 문학

1. 고려 시대 문학사 개관

(1) 고려 문학의 개념

통일 신라 멸망 후부터 조선이 건국되기까지의 약 500년 동안 창작된 문학

(2) 고려 문학의 특징

① 과거 제도의 시행과 교육 기관의 설립으로 한문학은 크게 융성한 반면 국문학은 위축(국문학의 위축으로 고유의 정형 시가인 향가가 고려 초에 소멸)

② 구전되던 설화가 정착(기록)되면서 패관 문학이 발달하고, 가전(假傳)에 이어 조선 시대에 발생하는 소설의 기반을 마련

③ 문학의 계층적 분화가 발생하여 귀족 문학과 평민 문학으로 구분

④ 고려 후기에 시조가 완성되면서 귀족 문학과 평민 문학이 통합되는 계기가 마련(시조가 국민 문학으로 꽃을 피운 것은 조선 시대)

⑤ 과도기적 문학의 성격을 지님

(3) 시가 문학의 전개

① 귀족 문학 : 경기체가

② 평민 문학 : 고려속요

③ 귀족 + 평민 문학 : 시조

(4) 고려속요(고려 가요)

① 개념

㉠ 고려 시대 평민들이 부르던 민요적 시가로, 고려 말 궁중의 속악 가사로 사용되다 한글 창제 후 기록 · 정착됨

㉡ 평민들의 소박함과 함축적인 표현, 풍부한 정서를 반영하여 고려 문학의 정수로 평가받고 있음

② 특징

㉠ 작자층 : 문자를 알지 못한 평민 계층으로, 대부분 미상

㉡ 형식 : 분절체(분장체, 연장체), 후렴구와 반복구, 감탄사 발달, 3음보 율격

㉢ 내용 : 평민들의 진솔한 생활 감정이 주된 내용(남녀 간의 사랑, 이별의 정한, 자연 예찬 등)

㉣ 성격 : 평민 문학, 구전 문학, 서정 문학

㉤ 수록 : 한글 창제 후 『악학궤범』, 『악장가사』, 『시용향악보』 등에 수록되었으나, 이 과정에서 당대 유학자들에 의해 '남녀상열지사(男女相悅之詞)'로 간주되어 많은 작품이 수록되지 못함

③ 주요 작품

구분	출전	형식	내용	비고
동동(動動)	악학궤범	전 13연 분절체	월별로 그 달의 자연 경물이나 행사에 따라 남녀 사이의 애정을 읊은 달거리 노래	월령체(달거리) 노래의 효시
처용가(處容歌)	악학궤범 악장가사	비연시	향가인 「처용가」를 부연한 축사(逐邪)의 노래	희곡적으로 구성
청산별곡(靑山別曲)	악장가사 시용향악보	전 8연 분절체	현실 도피적인 생활상과 실연의 슬픔이 담긴 노래	『시용향악보』에는 1연만 실림
가시리(歸乎曲)	악장가사 시용향악보	전 4연 분절체	연인과의 이별을 안타까워하는 노래	『시용향악보』에는 「귀호곡」으로 1연만 실림
서경별곡(西京別曲)	악장가사 시용향악보	전 3연 분절체	대동강을 배경으로 남녀 간의 이별의 정한을 노래	「가시리」와는 달리 이별의 정한을 직설적으로 노래. 정지상의 「송인」과 연관됨

Check Point

향가의 소멸과 향가계 여요(麗謠)

고려 건국 초 균여 대사의 「보현십원가」와 예종의 「도이장가(悼二將歌)」, 정서의 「정과정」 등이 명맥을 유지하였으나, 이후 한문학의 융성과 함께 이내 소멸되었다. 「도이장가」와 「정과정」은 향가가 고려 속요로 넘어가는 과도기적 성격을 지닌 노래이다(향가계 여요).

Check Point

월령체가

달의 순서에 따라 한 해 동안의 기후 변화나 의식 및 행사 따위를 읊은 노래로, 고려속요인 「동동」, 정학유의 「농가월령가」와 같은 작품들이 있다.

구분	출전	형식	내용	비고
정석가(鄭石歌)	악장가사 시용향악보	전 6연 분절체	임금의 만수무강을 축원한 노래	불가능한 상황 설정으로 만수무강을 송축
사모곡(思母曲)	악장가사 시용향악보	비연시	부모의 사랑을 낫과 호미에 비유한 노래	곡조명은 「엇노리」, 「목주가」의 발전으로 봄
쌍화점(雙花店)	악장가사	전 4연	남녀 간의 적나라한 애정을 표현한 유녀(遊女)의 노래	남녀상열지사
이상곡(履霜曲)	악장가사	전 5연	인간의 유한성을 전제로 한 남녀 간의 애정을 노래	남녀상열지사
만전춘(滿殿春)	악장가사	전 5연	남녀 간의 애정을 대담하고 솔직하게 읊은 사랑의 노래	속요 중 시조와 가장 유사. 남녀상열지사
유구곡(維鳩曲)	시용향악보	비연시	비둘기와 뻐꾸기를 통해 정치를 풍자한 노래	「벌곡조(伐谷鳥)」와 관련
상저가(相杵歌)	시용향악보	비연시	방아를 찧으면서 부르는 노동요	백결 선생의 「대악」의 후신
정과정곡(鄭瓜亭曲)	악학궤범	비연시	귀양살이의 억울함과 연군의 정을 노래	10구체 향가의 잔영. 고려 의종 때 정서가 지었으며, 조선시대에 한글로 수록
도이장가(悼二將歌)	평산 신씨 장절공유사	8구체 2연	개국 공신 김낙과 신숭겸 두 장군의 공덕을 예종이 찬양한 노래	향찰 표기. 10구체 향가의 잔영으로 보기도 함

(5) 경기체가

① 개념

㉠ 고려 중기 무신난 이후부터 조선 초까지 신흥 사대부(문인층) 계층에서 유행한 정형시로, 사대부의 득의에 찬 삶과 향락적 여흥을 위해 만들어진 양식(귀족 문학, 교술장르)

㉡ 후렴구에 '경기하여(景幾何如)' 또는 '경(景) 긔 엇더ᄒᆞ니잇고'라는 후렴구가 반복되어 '경기체가(경기하여가)'라 불림

② 특징

㉠ **작자층** : 문인 귀족층

㉡ **형식** : 3음보의 분절체, 보통 3 · 3 · 2조의 율조(律調)를 갖춤, 각 절 끝마다 후렴구 사용(한자 어구의 나열과 이두식 후렴구)

㉢ **내용** : 문인 귀족층의 향락적 생활과 자부심, 호기를 반영

㉣ **의의 및 영향** : 가사 문학의 기원, 조선 전기에는 건국과 도덕적 이념을 노래

Check Point

고려 속요의 특징

- **월령체 노래** : 동동
- **효(孝)의 노래** : 사모곡, 상저가
- **이별의 정한을 노래** : 가시리, 서경별곡
- **현실 도피적 노래** : 청산별곡
- **축사(逐邪)의 노래** : 처용가
- **남녀상열지사가 두드러진 노래** : 만전춘, 쌍화점, 이상곡
- **직언의 노래** : 유구곡

Check Point

주요 속요의 후렴구

- **동동** : 아으 동동다리
- **청산별곡** : 얄리얄리 얄랑성 얄라리 얄라
- **가시리** : 위 증즐가 대평성대
- **서경별곡** : 위 두어렁셩 두어렁셩 다링디리
- **정석가** : 유덕하신 님을 여해아 와지이다
- **쌍화점** : 더렁둥셩 다리러디러 다로러 거디러 다로러
- **이상곡** : 다롱디우셔 마득사리 마두너즈세 너우지
- **사모곡** : 위 덩더둥셩

Check Point

경기체가와 고려 속요의 비교

구분	경기체가	고려 속요
차이점	귀족 문학	평민 문학
	문자 기록	구전되다가 한글로 기록
	조선 시대에 새로운 이념을 구현하는 노래로 계승(경기체가체 악장)	조선 시대에 남녀상열지사로 비판의 대상이 됨
공통점	분연체, 분절체 형식, 4음보 율격	

③ 주요 작품

구분	작자	내용
한림별곡	한림제유(고려 고종)	• 현전하는 최초의 경기체가 • 시부, 서적, 명필, 명주, 음악, 누각, 추천, 화훼 등 8경을 노래하여 자신의 삶에 자부심을 표현
관동별곡	안축(고려 충숙왕)	강원도 순찰사로 갔다 돌아오는 길에 관동의 절경을 노래함. 전 8연
죽계별곡	안축(고려 충숙왕)	고향인 풍기 땅 순흥의 경치를 노래함. 전 5연
상대별곡	권근(조선 세종)	• 조선 문물제도의 왕성함을 칭송. 전 5장 • 궁중연락(宮中宴樂)으로 사용됨
화산별곡	변계량(조선 세종)	조선의 건국 창업 칭송. 전 8장
불우헌곡	정극인(조선 성종)	전원의 한정과 성은의 칭송. 전 6장
화전별곡	김구	유배지인 해남의 풍경과 그곳에서의 정서를 노래
도동곡(道東曲)	주세붕	안향의 위엄과 덕을 기린 노래
독락팔곡(獨樂八曲)	권호문	• 자연에서 노닐며 도학을 닦는 자세를 노래 • 경기체가의 마지막 작품

(6) 시조

① 개념

㉠ 고려 중기에 발생해 고려 말에 완성된 정형 시가로, 조선 시대를 거쳐 지금까지 전승되고 있음

㉡ 고려 중엽 이후 신흥 사대부들의 유교적 이념을 표출하고 정서를 담을 수 있는 장르를 찾는 과정에서 창안되었으며, 기원에 대해서는 10구체 향가의 3단 구성과 「만전춘별사」와 같은 속요의 분장 과정에서 형성되었다고 보는 것이 일반적임

㉢ 단가(短歌), 시여(時餘), 영언(永言), 신조(新調) 등으로 불리다, 영조 때 가객 이세춘이 당대 유행하는 곡조라는 의미로 '시절가조(時節歌調)'라 명명한데서 '시조'라는 명칭이 탄생됨

② 특징

㉠ 형식

• 3 · 4 또는 4 · 4조, 4음보의 율격에 3장 6구 45자 내외로 구성

• 종장의 첫 구 3자는 고정(조선 후기의 사설시조에서도 지켜짐)

Check Point

시조의 종류

• **평시조** : 기본형, 단형 시조, 시조의 발생기에서 조선 전기까지 주류를 형성

• **엇시조** : 초장과 중장의 한 부분이 길어진 중형 시조, 조선 후기의 산문화 경향에 따라 유행

• **사설시조** : 초 · 중 · 종장이 어느 정도 길어진 장형 시조, 조선 후기 성행

㉡ 내용

- 여말 ~ 선초 : 역사적 전환기에 처한 고뇌를 반영하는 회고가(回顧歌) 등이 주로 만들어짐
- 조선 전기 : 유교 이념과 규범, 충의(忠義)의 내용이 주류를 이루다 점차 도학, 애정 등의 내용으로 확대됨
- 조선 후기 : 조선 전기의 관념적 내용에서 탈피해 다양한 삶의 현실을 반영하는 내용으로 변모

③ 주요 작품

작품명	작자	내용
다정가(多情歌)	이조년	봄밤의 애상적인 정서가 유려하게 표현된 작품
하여가(何如歌)	이방원	정적에 대한 우회적 · 간접적인 회유를 표현한 작품
단심가(丹心歌)	정몽주	고려 왕조에 대한 강한 충성심을 노래한 작품. 이방원의 「하여가」에 대한 화답가의 성격
탄로가(歎老歌)	우탁	늙음을 한탄하는 시이지만, 인생을 달관한 여유가 돋보이는 작품

2. 서사 문학

(1) 서사 문학의 전개

① 구비로 전승되던 것을 문자로 기록한 설화와 고려 시대에 와서 창작된 패관 문학이나 가전체 문학으로 나눌 수 있음

② 일연의 『삼국유사』와 성현의 『용재총화』 등이 대표적

(2) 패관 문학

① 민간의 가담(街談)과 항설(巷說) 등을 토대로 한 문학

② 한문학이 융성하던 고종 때를 중심으로 발달

③ 채록자인 패관이 수집한 설화에 자기 취향에 따라 다소 윤색하여 후대 소설 태동에 영향을 미침

④ 주요 작품

작품명	작자	내용
수이전	박인량(고려 문종)	최초의 순수 설화집이나 오늘날 전하지 않으며, 그 중 9편만이 『해동고승전』, 『삼국유사』, 『대동운부군옥』 등에 전함
백운소설	이규보(고려 고종)	삼국 시대부터 고려 문종 때까지의 시인과 시에 대한 논평과 잡기 등이 수록된 시화집. 홍만종의 『시화총림』에 28편이 수록되어 전함
파한집	이인로(고려 고종)	최초의 시화집으로 시화, 문담, 기사, 자작, 고사, 풍물 등을 기록
보한집	최자(고려 고종)	파한집의 자매편. 거리에 떠도는 이야기나 흥미 있는 사실 등을 기록
역옹패설	이제현(고려 말)	『익재난고』의 권말에 수록. 이문(異聞), 기사(奇事), 시문, 서화, 인물에 관한 이야기 수록
용재총화	성현(조선 연산군)	『대동야승』에 수록. 풍속, 지리, 역사, 문물, 음악, 예술, 인물, 설화 등 각 방면에 대하여 유려한 산문으로 생생하게 묘사한 글

(3) 가전체 문학

① 사물을 의인화하여 전기적 형식으로 기록한 글

② 계세징인(戒世懲人)을 목적으로 하는 의인(擬人)전기체(물건의 의인화를 통해 경계심을 일깨워 줄 목적으로 지음)

③ 순수한 개인의 창작물로 소설의 발생에 한 발짝 접근된 형태(설화와 소설을 잇는 교량적 역할을 담당)

④ 주요 작품

작품명	작자	내용
국순전	임춘	술을 의인화하여 술이 사람에게 미치는 영향을 말함
공방전	임춘	돈을 의인화하여 재물을 탐하는 것을 경계함
국선생전	이규보	술과 누룩을 의인화. 군자의 처신을 경계함
청강사자현부전	이규보	거북을 의인화하여 어진 사람의 행적을 기림
죽부인전	이곡	대나무를 의인화하여 절개를 나타냄
저생전	이첨	종이를 의인화함
정시자전	석식영암	지팡이를 의인화하여 자기 처지를 알아야 함을 강조함

(4) 한문학

① 과거 제도의 실시, 국자감의 설치, 불교의 발달 등으로 한문학이 융성해짐

② 대표적 작가로는 최승로, 박인량, 김부식, 정지상, 이인로, 이규보, 이제현, 임춘 등이 있음

③ 작품 및 작품집

작품명	작자	내용
송인(送人)	정지상	이별의 정서를 표현한 칠언절구(七言絕句)의 노래
부벽루	이색	고려에 대한 회고와 국운 회복의 소망을 표현한 오언(五言) 율시
사리화(沙里花)	이제현	농민을 수탈하는 탐관오리를 참새에 빗대어 표현. 고려 시대의 민요를 한시로 번역한 노래
삼국사기(三國史記)	김부식	삼국의 정사의 성격을 띠고 있음
삼국유사(三國遺事)	일연	건국 이래 삼국 시대까지의 이면사를 다룸
동명왕편(東明王篇)	이규보	동명왕의 영웅적 행위를 노래한 서사시
해동고승전(海東高僧傳)	각훈	고구려, 신라 시대의 고승의 전기
제왕운기	이승휴	중국 역대 사적과 우리의 사적을 노래한 서사시
익재난고	이제현	『소악부』에 고려 속요 11수가 한역되어 전함

④ 특징

㉠ 당대(唐代)에 완성된 형식인 근체시(近體詩)는 매우 복잡한 규칙을 가지고 있음

㉡ 어수(語數), 압운(押韻), 평측(平仄)의 안배, 대구(對句)에 따라 엄격하게 전개되며 배열에 따라 각각 5언과 7언으로 나뉨

㉢ 창작상 채용한 형식으로는 근체시가 가장 많으며, 그 다음으로는 고시(古詩)로 나타남

제3절 조선 전기 문학

1. 조선 전기 문학의 개관

(1) 조선 전기 문학사 개념

조선 시대의 문학을 전 · 후기로 나누었을 때, 조선 건국으로부터 임진왜란까지의 약 200년간의 문학

(2) 조선 전기 문학의 특징

① 훈민정음 창제는 진정한 의미에서의 국문학의 출발을 가져왔으며, 문자 생활의 일대 변혁을 가져옴(기존의 구비 문학이 기록 문학으로 정착되고, 각종 언해 작업이 진행됨)

② 형식 면에서는 운문 문학이 주류를 이루어 시조, 악장, 경기체가, 가사 등이 지어졌고, 내용 면에서는 유교적인 이념과 상류 사회의 생활이 중심이 됨

③ 문화의 향유 계급은 주로 상류층인 귀족 양반들이었으며, 평민의 참여는 거의 없었음(양반 문학이 중심)

④ 설화 문학의 발전과 중국 소설의 영향으로 소설 발생, 산문 문학과 자연 문학이 태동함

⑤ 사상적으로는 성리학이 발달하였으며, 문학 작품에 있어서도 유교적이며 철학적인 사상이 형상화됨

⑥ 시조가 확고한 문학 양식으로 자리 잡았고, 선초 건국을 정당화하는 악장이 발생하였다 곧 소멸하고 뒤이어 운문과 산문의 중간 형태인 가사가 출현

2. 시가 문학

(1) 악장(樂章)

① 개념 및 성격

㉠ 조선의 창업과 번영을 정당화하고 송축하기 위한 조선 초기의 송축가를 이르는 말

㉡ 새 왕조에 대한 송축과 과장, 아유(阿諛)가 심하여 문학성이 떨어졌으며, 건국 초 유행하다 15세기 중엽 소멸(세종 때 유행하다 성종 이후 소멸)

㉢ 작자층이 주로 개국 공신인 유학자들이었으므로 일반 백성들과는 동떨어진 문학

Check Point

작품 개요

- 봉황음(鳳凰吟)
  - 작자 : 윤회
  - 연대 : 조선 세종
  - 주제 : 조선의 문물제도를 찬미하고 왕가(王家)의 태평을 기원
  - 특징 : 궁중 잔치 때 연화대 학춤에 불림
- 상대별곡(霜臺別曲)
  - 작자 : 권근
  - 연대 : 조선 세종
  - 갈래 : 악장(경기체가)
  - 구성 : 전 5장의 분절체
  - 제재 : 사헌부(오부, 상대)
  - 주제 : 사헌부의 위엄 칭송과 조선 건국의 예찬
  - 출전 : 악장가사
  - 특징 : 궁중에서 연악(宴樂)으로 쓰이던 송도가(頌禱歌)로서 악장문학에 속한다. '상대'는 새 왕조의 기강을 바로잡는 기관인 사헌부를 가리키는 것이다. 작자는 1399년(정종 1년)에 대사헌을 맡았었는데, 중대한 임무를 맡았으니, 위의(威儀)가 대단하고 자부심도 남다르다는 관점에서 그러한 취지를 펴고자 이 작품을 지었다고 본다.

Check Point

연속체

여러 연(장)으로 나누지 않고, 계속 이어서 쓴 형식

② 주요 작품

형식	작품	작가	내용
한시체	납씨가	정도전	태조가 야인(몽고의 나하추)을 격퇴한 무공을 찬양한 무공곡
	문덕곡	정도전	태조의 창업 공덕 가운데 특히 문덕을 송영함
	정동방곡	정도전	태조의 위화도 회군을 찬양한 무공곡
	궁수분곡	정도전	태조가 왜구를 물리친 것을 찬양한 무공곡
	근천정	하륜	시경의 아송체를 모방하여 지은 것으로 태조의 공덕을 찬양함
	봉황음	윤회	조선의 문물과 왕가의 축수를 노래함
속요체	신도가	정도전	태조의 성덕과 창업을 기리며, 신도 한양의 형승 및 상복을 노래함
	유림가	윤회	조선의 창업 송축과 유교 정치를 찬양함
	감군은	상진	임금의 성덕과 성은을 칭송한 노래
경기체가체	상대별곡	권근	상대 사헌부에서의 생활을 통해 조선 창업의 위대함을 노래
	화산별곡	변계량	조선 개국 창업을 찬양함
	오륜가	윤회	오륜에 대하여 부른 송가
신체	용비어천가	정인지, 권제, 안지 등	• 조선의 여러 조종(육조)의 위업을 찬양하고 번영을 송축하며, 후대의 왕에게 권계의 뜻을 일깨움 • 한글로 기록된 최초의 작품(서사시)
	월인천강지곡	세종	『석보상절』을 보고 세종이 악장 형식으로 고쳐 쓴 석가모니 찬송가

(2) 가사(歌辭)

① 개념

㉠ 연속체 장가(長歌) 형태의 교술 시가

㉡ 경기체가가 붕괴되면서 악장이라는 과도기적 형태를 거쳐 형성되었다는 견해와, 교술 민요가 기록 문학으로 전환되면서 형성되었다는 견해가 있음

㉢ 조선 초 정극인의 「상춘곡」을 가사 문학의 효시로 봄

② **내용** : 유교적 이념, 연군, 자연 예찬, 강호한정, 음풍농월, 기행 등

③ **형식** : 3 · 4조, 4 · 4조의 음수율과 4음보격을 취하는 운문

④ 특징

㉠ 운문과 산문의 중간적 · 과도기적 형태(운문의 형식과 산문적 내용으로 이루어짐)

㉡ 서정성과 서사성, 교술성 등 다양한 특성이 혼재

㉢ 시조와 함께 조선 전기를 대표하는 갈래이며, 시조와 상보적 관계를 이루며 발전

⑤ 주요 작품

작품명	작자	내용
상춘곡	정극인	태인에 은거하면서 봄 경치를 노래. 가사의 효시
만분가	조위	무오사화(1498) 때 순천에서 지은 유배 가사의 효시
면앙정가	송순	담양에 면앙정을 짓고 주위의 아름다움과 정취를 노래한 작품으로, 「상춘곡」이 「성산별곡」으로 넘어가는 교량적 역할을 한 작품(정철 가사 표현에 영향을 미침)
관서별곡	백광홍	관서 지방의 아름다운 경치를 노래한 기행체 가사. 기행 가사의 효시로, 「관동별곡」에 영향을 미침
자경별곡	이이	향풍(鄕風)을 바로잡기 위한 교훈적 노래
성산별곡	정철	김성원의 풍류와 성산의 풍물을 노래
관동별곡	정철	관동의 산수미에 감회를 섞은 기행 가사. 홍만종이 『순오지』에서 '악보의 절조'라 이른 작품
사미인곡	정철	임금을 그리는 정을 비유적으로 노래한 연가(충신연주지사). 홍만종이 『순오지』에서 초의 「백설곡」에 비유한 작품
속미인곡	정철	• 김만중이 최고의 수작으로 평가한 작품으로, 송강 가사의 백미로 손꼽힘. 홍만종은 『순오지』에서 제갈량의 「출사표」에 비유 • 두 여인의 문답으로 된 연군가로, 「사미인곡」의 속편
강촌별곡	차천로	벼슬을 버리고 자연에 묻혀 생활하는 정경을 노래함. 일명 '원부사'
규원가	허난설헌	가정에 묻혀 있으면서 남편을 기다리는 여인의 애원을 노래한 내방 가사로, '원부가(怨婦歌)'라고도 함
일동장유가	김인겸	일본에 가는 사신의 일행이 되어 다녀온 체험을 노래한 장편 기행 가사(최장편의 가사)
농가월령가	정학유	농촌에서 다달이 해야 할 연중행사와 풍경을 월령체로 노래한 최대 규모의 월령체 가요
우부가	미상	예의와 염치를 모르고 못된 짓을 하는 남자를 희화화한 노래

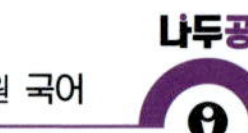

전기 가사와 후기 가사의 비교

구분	조선 전기	조선 후기
작자층(향유층)	양반 사대부 중심(사대부 가사)	향유층이 평민과 부녀자 계층까지 확대
형식	정격 가사(마지막 행 첫 구가 시조 종장과 같이 3음절로 된 가사)	산문화 · 장편화, 서사화, 변격 가사 출현
내용	연군지사, 음풍농월(吟風弄月)	현실 체험을 사실적으로 표현

Check Point

시조와 가사

- 시조와 가사는 운율이 서로 유사하지만, 시조는 짧다고 하여 '단가'라 하고, 가사는 길다고 하여 '장가'라 함
- 시조는 구, 행수의 제한이 있지만, 가사는 4음보의 연속체로 제한이 없음
- 가사의 끝은 시조의 종장과 같음

(3) 시조(時調)

① 고려 말에 완성된 시조는 조선 시대에 들어와 유학자들의 검소하고 담백한 정서 표현에 알맞아 크게 발전함

② 건국 초에는 왕조 교체에 따른 지식인의 고뇌와 유교적 충의 · 절의를 표현한 노래, 회고가(懷古歌) 등이 만들어졌고, 왕조의 안정 후에는 자연 예찬, 애정, 도학 등에 대한 노래가 다수 만들어짐

③ 평시조를 여러 수로 묶어 한 주제를 나타내는 연시조도 창작됨

④ 16세기에 들어와 송순, 황진이 등에 의하여 문학성이 심화되었고, 정철도 뛰어난 시조 작품을 창작함

꼭! 확인 기출문제

〈보기〉의 시조를 이해한 내용으로 가장 옳지 않은 것은? [서울시 9급 기출]

보기

가노라 ㉠ 三角山아 다시 보쟈 ㉡ 漢江水야
㉢ 故國山川을 떠나고쟈 ᄒᆞ랴마는
時節이 하 ㉣ 殊常ᄒᆞ니 올동 말동 ᄒᆞ여라

– 김상헌

❶ ㉠의 다른 명칭은 '인왕산'이다.
② ㉡은 여전히 사용하는 명칭이다.
③ ㉢의 당시 국호는 '조선'이다.
④ ㉣은 병자호란 직후의 상황을 뜻한다.

해 ① '삼각산(三角山)'의 다른 명칭은 '인왕산'이 아니라 '북한산'이다. '북한산'은 '백운대, 인수봉, 만경대'의 세 봉우리가 있어 이렇게 부르며, '인왕산'은 서울 서쪽의 종로구와 서대문구 사이에 있는 산이다.

(4) 한시(漢詩)

① 감성과 서정, 당 · 송의 시풍을 중시한 사장파(詞章派)와 이성적 · 실천적인 도의 추구와 경학을 강조한 도학파(道學派)로 나뉨

② 사장파는 서거정, 성렬, 남곤, 도학파는 길재, 김종직, 조광조 등에 의해 주도됨

③ 선조 무렵에 송시풍(宋詩風)에서 당시풍(唐詩風)으로 전환됨

④ 주요 작품

작품명	작자	내용
봄비	허난설헌	시적 화자의 고독한 정서를 나타내는 작품
습수요(拾穗謠)	이달	수탈에 시달리는 농촌의 모습을 노래

Check Point

도학파와 사장파

사림파(도학파)는 유학 연구에 힘쓰던 문인들을 말하고, 사장파는 한문학의 중요성을 내세우며 문장과 시부(詩賦)를 중요시하던 학파를 뜻한다.

3. 서사 문학

(1) 고대 소설

① 개념

㉠ 고대 소설은 설화를 바탕으로 형성된 서사 문학으로, 설화적인 단순성을 지양하고 소설의 조건인 허구성을 갖춤

㉡ 조선 전기의 고대 소설(한문 소설)은 고려의 패관 문학과 가전체 문학, 중국의 전기 소설의 영향으로 발전(전기적(傳奇的) 요소를 지님)

② 대표 작품 : 최초의 고대 소설인 김시습의 「금오신화」, 몽유록계 소설인 임제의 「원생목유록」, 임제의 「수성지(愁城志)」·「화사(花史)」, 심의의 「대관재몽유록」 등

Check Point

고대 소설의 발생 배경

- 설화 → 패관 문학, 가전체 문학 → 고전 소설
- 설화 → 판소리 사설 → 판소리계 소설

금오신화(金鰲新話)

세조 때 김시습이 지은 최초의 고대 소설(한문 소설)로, 명(明)의 구우가 지은 「전등신화」의 영향을 받음. 만복사저포기, 이생규장전, 취유부벽정기, 남염부주지, 용궁부연록 등 5편으로 구성되어 있다.

- **만복사저포기(萬福寺樗蒲記)** : 양생과 여귀(女鬼)와의 교환
- **이생규장전(李生窺牆傳)** : 최랑이 이생과 부부로 살다 죽은 후, 여귀로 화하여 다시 교환
- **취유부벽정기(醉遊浮碧亭記)** : 홍생이 하늘의 선녀와 교환
- **남염부주지(南炎浮洲志)** : 박생의 염왕과의 대담
- **용궁부연록(龍宮赴宴錄)** : 한생의 수부 용왕과의 교환

(2) 수필, 비평

① 고대 수필의 개념 : 고려의 설화부터 갑오개혁 이전까지 창작된 수필을 지칭하며, 한문 수필과 한글 수필로 구분됨

② 구분

㉠ 한문 수필 : 고려와 조선 전기의 패관 문학 작품, 조선 후기의 대부분의 문집이 여기에 속하며, 독창적 · 개성적 성격보다 보편적 · 객관적 성격이 두드러짐

Check Point

- **불경 번역 작품** : 석보상절(釋譜詳節), 월인석보(月印釋譜) 등
- **경서(經書)의 번역 작품** : 내훈(内訓), 삼강행실도(三綱行實圖), 번역소학(飜譯小學), 소학언해(小學諺解) 등
- **문학서의 번역 작품** : 분류두공부시언해(分類杜工部詩諺解), 연주시격언해(聯珠詩格諺解), 백련초해(百聯抄解) 등

ⓛ 한글 수필 : 조선 후기 산문정신의 영향으로 한글로 창작된 일기나 서간, 기행, 잡기류 등이 여기에 속하며, 관념성 · 규범성을 벗어나 일상 체험과 느낌을 진솔하게 표현

③ 특징

㉠ 고대 수필과 평론은 장르 의식에 따른 격식이 제대로 갖춰지지 않음

㉡ 설화, 전기, 야담(野談), 시화(詩話), 견문, 기행, 일기, 신변잡기(身邊雜記) 등 다양한 내용을 서술

㉢ 패관 문학집, 시화집, 개인 문집에 수록되어 전함

㉣ 고려 시대부터 출발한 비평 문학은 문학을 인간의 성정(性情)을 교화하는 계몽적 성격으로 파악

㉤ 조선 전기의 비평 문학에는 서거정의 『동문선』, 『동인시화』, 성현의 『용재총화』 등이 있음

④ 수필 및 비평집(한문학 작품집)

작품집	작자	내용
필원잡기	서거정	서거정이 일화 등을 엮은 수필 문학집
동문선	서거정	신라부터 조선 초까지의 시문을 정리
촌담해이	강희맹	음담패설과 설화를 엮은 기담집
용재총화	성현	문물, 풍속, 지리, 역사, 음악, 설화, 인물평 등을 수록한 수필집
패관잡기	어숙권	설화와 시화에 해설을 붙임

제4절 조선 후기 문학

1. 시대 개관

(1) 조선 후기 문학의 개념

임진왜란(1592) 이후부터 갑오경장(1894)에 이르는 약 300년간의 문학

(2) 조선 후기 문학의 특징

① 현실에 대한 비판과 평민 의식을 구가하는 새로운 내용이 작품 속에 투영

② 비현실적, 소극적인 유교 문학에서 현실적이고 구체적인 삶의 의미를 추구하는 실학 문학으로 발전

③ 작자층의 범위가 확대

④ 운문 중심에서 산문 중심의 문학으로 이행(평민 의식 소설, 사설시조의 발달, 여성 문학의 등장)

2. 소설 시대의 전개

(1) 형성

① 평민 의식의 자각, 산문 정신, 실학사상 등이 소설 발생의 배경이 됨

② 조선 후기에는 한문 소설 외에도 한글 소설이 다양하게 창작되었고, 제재와 장르 면에서도 다양화됨

③ 최초의 국문 소설인 「홍길동전」의 출현으로 소설이 발달했으며, 평민 문학으로 본격화되기 시작함

(2) 특징

① 대부분이 권선징악(勸善懲惡), 인과응보(因果應報)의 주제를 담음

② 일대기적, 행복한 결말, 순차적 구성

③ 사건의 비현실적, 우연성

④ 유교, 도교, 불교, 무속 사상

⑤ 전형적, 평면적 인물이며 작가가 직접 제시하는 방법을 사용

⑥ 운문체, 문어체, 만연체

(3) 소설의 종류

분류	내용
군담 소설	주인공이 전쟁에서 영웅적 활약을 전개하는 소설 • 역사 군담 소설 예 「임진록」, 「임경업전」, 「박씨전」 등 • 창작 군담 소설 예 「유충렬전」, 「소대성전」, 「장백전」, 「조웅전」 등
가정 소설	가정 내의 문제를 주요 내용으로 하는 소설 예 「장화홍련전」, 「사씨남정기」, 「콩쥐팥쥐전」 등
대하 소설	흔히 여러 편이 연작 형태를 띠고 있으며 고소설의 모든 유형이 융합되어 복합적인 구성을 보임 예 「완월회맹연(180책)」, 「임화정연(139책)」 등
애정 소설	남녀 간의 사랑 이야기를 다룬 소설 예 「운영전」, 「영영전」, 「춘향전」, 「숙향전」, 「숙영낭자전」, 「채봉감별곡」, 「부용상사곡」, 「구운몽」, 「옥류몽」 등
풍자 소설	동물을 의인화한다든지 하는 수법을 사용하여 당시의 시대상을 풍자한 소설 예 「이춘풍전」, 「두껍전」, 「서대주전」, 「배비장전」, 「양반전」, 「호질」, 「삼선기」 등

Check Point

고대 소설의 배경

고대 소설은 중국(명)을 배경으로 한 것이 많으며, 시간과 공간적 배경이 추상적이고 불분명한 경우도 많다.

서울시 9급 기출

01. 다음 중 창작군담소설(일명 영웅소설)의 특징이 아닌 것은?

① '영웅의 일생'이라는 전형적 구조로 되어 있다.

② 대중소설적 성격이 강하다.

③ 조선 후기에 활발하게 창작되었다.

④ 시 · 공간적 배경은 16~17세기 조선인 경우가 대부분이다.

해 창작군담소설의 공간적 배경은 중국인 경우가 대부분이다.

답 01 ④

분류	내용
사회 소설	사회 모순에 대한 저항과 개혁 의식을 담은 소설 예 「홍길동전」, 「전우치전」, 「서화담전」 등
몽자류 소설(몽유록)	꿈과 현실의 이중 구조로 된 소설 예 「구운몽」, 「옥루몽」, 「옥련몽」 등
의인화 소설	사물이나 동물을 인간처럼 표현한 소설 예 「수성지」, 「토끼전」, 「장끼전」, 「두껍전」, 「호질」 등
판소리계 소설	판소리와 밀접하게 관련을 맺고 있는 소설을 통칭하는 것으로 현실적인 경험을 생동감 있게 표현 예 「춘향전」, 「흥부전」, 「심청전」, 「토끼전」, 「배비장전」, 「옹고집전」, 「장끼전」, 「숙영낭자전」

연암의 한문 소설

작품명	출전	내용 및 특성
허생전	열하일기	선비 '허생'의 상행위를 통해 양반 사대부의 무능과 당시의 경제체제의 취약점을 비판, 이용후생의 실학정신 반영
호질	열하일기	도학자들의 위선과 '정절 부인'의 가식적 행위를 폭로
양반전	방경각외전	양반 사회의 허위와 부패, 무능, 특권의식을 폭로하고 풍자
광문자전	방경각외전	거지인 '광문'을 통해 교만에 찬 양반생활과 부패를 풍자하고 신분에 귀천이 없음을 표현
예덕선생전	방경각외전	인분을 나르는 '예덕선생(엄행수)'을 통해 양반의 위선을 비판하고 직업 차별의 타파를 표현
민옹전	방경각외전	무위도식하는 유생에 대한 풍자와 미신 타파를 표현. 실존 인물의 일화를 엮어 쓴 전기문 형식의 글(시간적 순서로 서술)
마장전	방경각외전	양반유생들의 위선적인 교우 세태를 풍자
김신선전	방경각외전	신선 사상의 허무맹랑함을 풍자
우상전	방경각외전	출신이 미천하여 등용되지 못한 '이언진'을 통해, 조정의 인재 등용책을 비판하면서 자기만족에 도취된 양반 학자를 풍자
봉산학자전	방경각외전	풍속이 거칠고 낙후된 황해도 봉산의 한 농민이 '소학언해'를 읽고 모든 언행을 그에 따라 행하여 화제가 되었음을 표현
열녀함양박씨전	방경각외전	'박 씨 부인'의 불운한 삶을 통해 개가(改嫁) 금지 등 당대 사회의 모순을 비판

3. 시가 문학의 변이

(1) 시조

① 특징

㉠ 조선 후기에는 산문 의식, 평민 의식의 성장 등으로 엇시조, 사설시조와 같은 장형(長型) 형태가 증가

㉡ 시조의 내용도 전기의 유교적 · 관념적 내용에서 탈피해 다양화됨

㉢ 평민 작자층의 등장과 평민 중심의 가단 형성, 시조집의 편찬, 시조창(時調唱)과 전문 가객의 등장 등 시조의 대중화가 이루어짐

② 평시조

㉠ 대표 작가인 고산 윤선도는 『고산유고』에 35수, 「어부사시사(漁父四時詞)」 40수를 남김

㉡ 윤선도는 자연 속에서의 풍류와 물아일체의 경지를 아름다운 우리말로 잘 표현하였고, 수사법과 문학적 기교가 뛰어나 시조 문학의 수준을 높임(시조 문학의 일인자로 평가받음)

㉢ 조선 전기 사대부들이 이룩한 강호가도(江湖歌道)의 성과를 최고조로 올리는 데 기여

Check Point

시의 구성 요소
- **형식적 요소** : 시어, 시행, 연, 운율
- **내용적 요소** : 주제, 소재, 심상(이미지)

윤선도의 주요 작품
- **산중신곡** : 만흥(漫興)(전 6수), 하우요(夏雨謠)(전 2수), 오우가(五友歌)(전 6수) 등을 중심으로 하여 모두 18수로 된 연시조
  - 만흥 : 자연 속 흥취를 노래
  - 하우요 : 장마철 농가 정경을 노래
  - 오우가 : 다섯 가지 자연의 대상을 노래
- 산중속신곡
- **어부사시사** : 어부의 흥취를 계절마다 10수씩 노래, 모두 40수로 구성된 연시조(고려 '어부가' → 이현보 '어부사' → 윤선도의 '어부사시사')
- **견회요(전 5수)** : 유배지에서의 감정을 노래
- **기세탄** : 농촌의 궁핍한 현실을 노래
- 우후요, 몽천요 등

③ 주요 작품(연시조)

작품명	작가	내용 및 특징
강호사시사	맹사성	• 강호에서 자연을 즐기고 사계절을 노래하며 임금에 대한 충정을 표현 • 최초의 연시조로서, 총 4수로 구성
어부사	이현보	늙은 어부의 즐거움을 노래한 것으로, 윤선도의 「어부사시사」에 영향을 미침

작품명	작가	내용 및 특징
오륜가	주세붕	삼강오륜을 노래한 교훈적 시조
도산십이곡	이황	전 6곡은 '언지(言志)'를, 후 6곡은 '언학(言學)'을 노래한 12수의 연시조
고산구곡가	이이	주자의 「무이구곡가」를 본 따 학문 정진을 노래한 10수의 연시조
훈민가	정철	유교적 이념을 토대로 하여 백성을 교화하는 연시조로, 총 16수가 전함
매화사	안민영	스승인 박효관의 매화를 보고 지은 8수의 연시조로, 일명 '영매가'라 함

Check Point

최초의 사설시조
최초의 사설시조는 정철이 이백의 「장진주」를 본 따 지은 「장진주사(將進酒辭)」이다.

④ 사설시조
㉠ 17세기에 등장해 18세기에 유행하였으며, 전 3장 중 2장 이상이 평시조보다 길어 시조의 산문화 경향을 반영함
㉡ 서민들의 생활 감정과 일상의 모습, 사회 모순에 대한 비판 등을 진솔하고 대담하게 표현
㉢ 가사투와 민요풍의 혼합, 반어와 풍자, 해학미 등도 두드러짐

⑤ 대표적 시조집
㉠ **청구영언** : 영조 때 김천택이 지은 최초의 시조집으로, 곡조별로 998수를 분류
㉡ **해동가요** : 영조 때 김수장이 지은 것으로, 작가별로 883수를 분류
㉢ **고금가곡** : 영조 때 송계 연월홍이 지은 것으로, 주제별로 313수를 분류
㉣ **병와가곡집(악학습령)** : 정조 때 이형상이 지어 곡조별로 1,100여 수를 분류
㉤ **남훈태평가** : 철종 때 순 한글로 표기된 시조집으로, 음악적 의도에서 종장 종구를 생략함
㉥ **가곡원류** : 고종 때 박효관과 안민영이 지어 곡조별로 800수를 분류

Check Point

가단(歌壇)
시조의 창법, 작시(作詩)를 연구하는 시조 동호인의 모임

⑥ **대표적 가단(歌壇)** : 영조 때 김천택, 김수장이 결성한 경정산가단과 고종 때 박효관, 안민영 등이 중심이 된 승평계가 대표적

Check Point

시조의 흐름
- **고려 말** : 개인 정서가 드러나 있고, 서정적이며 평시조이다.
- **조선 전기** : 관념적인 성격이 강하고 자연 친화적이며 연시조의 형식이 나타났다.
- **조선 후기** : 주로 풍자적이며 현실 반영이 많이 된 작품들이 대부분이며, 사설시조가 등장하였다.

(2) 가사의 변모

작자층이 다양화되면서 작품 계열도 여러 방향으로 분화됨. 현실적인 문제에 많은 관심을 갖기 시작했으며 여성 및 평민 작자층이 성장

① 특징
㉠ 조선 후기의 가사는 작자층이 평민층과 부녀자층으로 다양화되었고, 작품 계열도 여러 감정으로 분화됨
㉡ 현실적인 문제에 관심을 갖기 시작했으며, 일상적인 체험과 감정을 사실적으로 표현함

② 고공가, 고공답주인가 : 「고공가」는 허전이 국정을 개탄하고 근면을 권하는 내

용의 가사이며, 이원익의 「고공답주인가」는 이에 대한 화답의 가사임

③ **박인로의 가사** : 중후한 문체로 현실의 문제를 인식하는 길을 개척. 「선상탄」, 「누항사」, 「태평사」 등

④ **내방 가사** : 주로 영남 지방의 부녀자들에 의해서 지어진 규방 가사. 「화전가」, 「계녀가」, 「규중행실가」 등

⑤ **기행 가사** : 김인겸 「일동장유가(일본)」, 홍순학 「연행가(중국)」 등

⑥ **유배 가사** : 안조환 「만언사」, 김진형 「북천가」 등

⑦ **동학 가사** : 서양 세력이 동양을 침략하는 데에 대해 깊은 위기감을 느끼고 동학을 알리는 내용. 최제우 「용담유사」 등

(3) 잡가

① **개념** : 조선 후기 하층계급의 전문 소리꾼(사계춘)이나 기생들이 부르던 긴 노래를 말하며, 양반 가사에 대비하여 '잡가(雜歌)'라 칭함

② **내용** : 자연의 아름다움과 풍류, 삶의 애환, 남녀 간의 애정, 해학과 익살 등

③ **형식** : 4 · 4조, 4음보 가사의 율격을 기본으로 하나 파격이 심함

④ **특징**

㉠ 기본적으로 세속적, 유흥적, 쾌락적 성격을 지님

㉡ 상층 문화에 대한 모방심리로 현학적 한자 어구와 중국 고사 등이 나열되는 것이 많음

㉢ 문체의 이중성(상층 언어와 하층 언어의 중첩)

⑤ **종류**

㉠ **경기 잡가** : 서울, 경기도 지방에서 유행한 것으로 맑고 깨끗한 느낌을 줌

㉡ **서도 잡가** : 평안도, 황해도 지방에서 유행한 것으로 애절하게 탄식하는 느낌을 줌

㉢ **남도 잡가** : 전라도에서 유행한 것으로 전라도 지방의 억양을 느낄 수 있음

4. 한문학

(1) 특성

① 조선 후기에는 전기의 사장파(詞章派) 문학을 계승하고 경전에 따른 관념적 문학을 추구한 순정 문학이 발달하였다.

② 현실적 실리 추구, 평이하고 사실적인 표현, 고문체의 배격 등을 특징으로 하는 실학파 문학이 대두하였다.

Check Point

휘몰이 잡가와 십이잡가

- **휘몰이 잡가** : 맹꽁이 타령, 바위 타령
- **십이장가** : 유산가, 적벽가, 선유가, 소춘향가, 평양가, 십장가, 형장가, 제비가, 월령가, 방물가, 출인가 등

(2) 작품집

작품명	작자	내용
시화총림	홍만종	역옹패설, 어우야담, 이봉유설에서 시화만을 뽑아 기록한 시화집
순오지	홍만종	정철, 송순 등의 시가에 대한 평론을 수록한 평론집
서포만필	김만중	신라 이후의 시에 대한 평론이 실린 평론집
반계수록	유형원	여러 제도에 대한 고증을 적고, 개혁의 경위를 기록한 책
성호사설	이익	평소에 기록해 둔 글과 제자들의 질문에 답한 내용을 1740년경에 집안 조카들이 정리한 것. 주제에 따라 다섯 부분으로 나누어짐
북학의	박제가	청나라를 시찰하고 돌아와서 우리 사회 개혁의 필요성을 적은 책
열하일기	박지원	열하의 문인들과 사귀고 연경 문물제도를 견문한 것을 적은 책
목민심서	정약용	지방 장관의 치민에 관한 도리를 논한 책
연려실기술	이긍익	조선의 야사(野史)를 기록한 문집(사서)

5. 기록 문학(수필)의 발달

분류	작품명	작가	내용 및 특징
궁정	계축일기	궁녀	광해군이 선조의 계비인 인목대비의 아들 영창대군을 죽이고 대비를 폐하여 서궁에 감금했던 사실을 쓴 글로 서궁록(西宮錄)이라고도 함
	한중록	혜경궁 홍 씨	남편인 사도세자의 비극과 궁중의 음모, 당쟁과 더불어 자신의 기구한 생애를 회고한 자서전적 수필
	인현왕후전	궁녀	인현왕후의 폐비 사건과 숙종과 장희빈과의 관계를 그린 글
일기	산성일기	궁녀	병자호란 때 인조가 피난한 남한산성에서 있었던 일들을 객관적이고 사실적으로 기록한 글
	화성일기	이희평	정조를 비롯한 왕실의 일행을 배행하여 화성(華城, 현재의 수원)에 다녀와서 지은 국문 기행 일기
	의유당일기	의유당	순조 29년 함흥 판관으로 부임한 남편 이희찬을 따라가 그 부근의 명승 고적을 찾아다닌 감흥을 적은 글
기행	을병연행록	홍대용	계부 홍억의 군관으로 연경에 가서 쓴 기행문. 국문 연행록 중 최장편(10책)
	연행록	김창업	형인 김창집을 따라 북경에 가서 견문을 기록한 글
	무오연행록	서유문	중국에 서장관으로 갔다 보고 들은 것을 기록한 글

제문	제문	숙종	숙종이 막내아들 연령군의 죽음에 대하여 그 애통한 심정을 기록한 글
	윤씨 행장	김만중	모친인 윤 씨 부인을 추모하여 생전의 행장을 적은 추도문
	조침문	유 씨 부인	자식 없는 미망인이 바느질로 생계를 유지하다가 바늘이 부러지자 그 섭섭한 감회를 적은 글
기담	어우야담	유몽인	민간의 야담과 설화를 모아 엮은 설화적인 창작 수필
	요로원야화기	박두세	선비들의 병폐를 대화체로 파헤친 풍자 문학
	규중칠우쟁론기	미상	부인들이 쓰는 바늘, 자, 가위, 인두, 다리미, 실, 고무 등의 쟁공(爭功)을 의인화하여 쓴 글

6. 판소리와 민속극의 성장

(1) 판소리

① 판소리의 개념

㉠ 직업적 소리꾼인 광대가 고수(鼓手)의 북 장단에 맞추어 소리(창)와 말(아니리), 몸짓(발림)으로 연행하는 구비 서사시

㉡ '창(唱)과 아니리, 발림'의 요소로 이루어진다는 점에서, 노래와 문학, 연극적 요소가 결합되어 형성된 종합 예술 양식이라 할 수 있음

② 형성 및 발전과정

㉠ 형성 : 17세기 말에서 18세기 초반(숙종 말에서 영조 초) 무렵에 설화나 소설을 창으로 만들어 생계를 삼은 광대들에 의해 새로운 양식으로 형성

㉡ 18세기 : 판소리가 지방의 민속 예술에서 벗어나 중앙 무대에 진출하고, 중 · 상류층에까지 향유층이 확대

㉢ 19세기 : 본격적인 대중 예술의 성격을 갖게 되면서 급격히 발전(흥성기)

㉣ 20세기 : 창극(唱劇)으로의 변신을 모색하고 극장 체제를 갖추었으나, 점차 쇠퇴하기 시작

③ 판소리의 특징

㉠ 서사성 : 서민들의 현실적 생활을 이야기 구조로 표현

㉡ 극성(희곡적) : 음악적 요소와 연극적 요소가 강함(종합예술의 성격)

㉢ 율문성(음악적) : 노래 형식의 가창

㉣ 전문성 : 전문 가객인 광대가 연행

㉤ 풍자 및 해학성 : 당대 사회에 대한 풍자와 해학을 표현

㉥ 다양성 : 표현과 수식, 율격, 구성 원리 등이 다른 구비 문학보다 다양

Check Point

판소리의 구성 요소

- **광대** : 노래를 부르는 사람으로 내용을 전달하며 '창'과 '아니리'로 번갈아 판을 하고 동작이나 몸짓을 표현한다.
- **고수** : 앉아서 북을 치며 장단을 맞추고, 관객과 함께 흥을 돋우기 위해 '추임새'를 한다.
- **창** : 판소리에서 노래로 창과 아니리를 번갈아 부른다.
- **청중** : 청중과 소리꾼, 고수들 사이에 공감대가 형성되며 소리판이 완성된다.

Check Point

판소리 특징별 정리

- **고유의 근원 설화에서 유래한 것** : 춘향가, 심청가, 흥부가, 토끼 타령
- **중국 소설에서 유래한 것** : 적벽가('삼국지연의'에서 유래)
- **소설과 관련 없이 판소리로만 존속하는 것** : 변강쇠가(가루지기 타령)
- **판소리 사설은 전하지 않고 소설본만 남은 것** : 배비장전, 옹고집전, 장끼전, 숙영낭자전

ⓢ **구전성(적층성)과 공유성** : 연행 방식이 구전되었으며, 서민층에서 양반층까지 폭넓게 향유

ⓞ **부분의 독자성** : 정해진 대본이 있는 것이 아니라 전승되는 이야기를 근간으로 흥미로운 부분을 확장 · 부연하는 방식으로 발전(전체적 긴밀성과 통일성이 떨어짐)

ⓙ **문체의 이중성** : 양반과 평민들의 언어가 함께 공존

ⓒ **주제의 양면성** : 유교 이념에 따른 표면적 주제와 서민의 비판 정신에 기반한 이면적 주제가 공존

④ **판소리 열두 마당과 여섯 마당**

㉠ **열두 마당** : 춘향가, 심청가, 흥부가, 수궁가, 적벽가, 변강쇠타령, 배비장타령, 강릉매화전, 옹고집, 장끼타령, 무숙이타령, 가짜신선타령

㉡ **여섯 마당**

- 고종 때 신재효가 판소리 여섯 마당으로 개작 · 정리
- 춘향가, 심청가, 흥보가(박타령), 적벽가, 수궁가(토끼 타령), 변강쇠타령(현재 변강쇠타령을 제외한 다섯 마당이 전함)

(2) 민속극

① **개념** : 일정한 역할로 가장한 배우가 대화와 몸짓으로 사건을 표현하는 전승 형태를 말하며, '전통극'이라고도 함

② **민속극의 특징**

㉠ 서민 정신과 풍자와 해학이 있음

㉡ 춤, 대사, 음악으로 인물 · 관객이 어우러지는 축제성을 지님

③ **유형**

㉠ **무극** : 굿에서 연행되는 굿놀이

㉡ **가면극** : 탈춤, 산대놀이, 오광대놀이, 야유 등으로 불림

㉢ **인형극** : 배우 대신 인형을 쓰는 극. 꼭두각시놀음(박 첨지극)은 우리나라 유일의 인형극

㉣ **창극** : 여러 가객들이 무대에서 연기하며 판소리조로 연행하는 극

Check Point

봉산탈춤

- **갈래** : 가면극, 전통극, 민속극, 탈춤 대본
- **성격** : 서민적, 풍자적, 해학적
- **특징** : 언어유희, 과장, 열거, 대구 등을 사용하여 해학과 풍자가 드러남
- **주제** : 양반에 대한 조롱과 풍자

7. 민요

(1) 개념

민중 속에서 자연스럽게 구전되어 온 노래이다. 민족성과 국민성을 나타내기도 하며 민중의 보편적 정서가 담겨 있다. 입에서 입으로 전해지기 때문에 가사와 곡조가 시대에 따라 변하기도 한다.

(2) 민요의 특징

① 구전성, 서민성, 향토성을 특징으로 한다.
② 민중의 정서를 직접 표출하여 서정성을 지닌다.
③ 누구나 부를 수 있어 비전문성을 지니며, 창자(唱子)와 청자(聽子)가 일치된다.
④ 두 연이 대칭구조를 이루고, 3 · 4조, 4 · 4조의 율격을 가진다.
⑤ 관용구 · 애용구가 빈번히 사용되고, 음의 반복이 많다.
⑥ 민속 · 음악 · 문학의 복합체이다.
⑦ 민요의 가창 방식은 선후창, 교환창, 독창, 합창으로 구분된다.

(3) 주요 작품

기능요	노동요	농업 · 어업 · 벌채 · 길쌈 · 제분 · 잡역 노동요 등이 있다. 예 논매기 노래, 타작 노래, 해녀 노래
	의식요	세시 · 장례 · 신앙 의식요 등이 있다. 예 지신밟기 노래, 상여 노래, 달구질 노래
	유희요	놀이에 박자를 맞추면서 부르는 노래를 말한다. 예 강강술래, 줄다리기 노래, 널뛰기 노래, 놋다리 노래
비기능요		특정한 행동에 관련 없이 언제든 흥이 나면 부르는 노래이며, 내용 및 형태상의 제약이 크게 없다. 예 아리랑, 강원도 아리랑, 정선 아리랑, 밀양 아리랑

민요의 내용상의 특징

- 부녀자들의 애환을 표현한 부요(婦謠)가 많음
- 생활고와 삶의 어려움이 폭넓게 드러남
- 농업을 기반으로 하는 농가(農歌)가 많으며, 여기에 남녀의 애정을 함께 담아냄
- 현실의 문제를 우회적으로 표현하여 해학성이 풍부

제2장

현대 문학의 흐름

제1절 개화기 문학

1. 시대 배경

개화기 문학이란 갑오개혁에서 3 · 1운동에 이르는 시기의 문학을 말한다. 이 시기의 문학은 봉건 사회가 붕괴하고, 새로운 서구의 문화와 독립 의식을 강조하는 상황을 배경으로 하며, 전통적인 문학의 근대적인 변화를 보여준다.

2. 문학의 특징

Check Point

유길준 「서유견문」의 의의

- 서양 소개서의 효시
- 언문일치와 국한문 혼용체의 효시

(1) 문어체 문장에서 구어체(언문일치)에 가까운 문장으로 변화하였고, 국한문 혼용체(「서유견문」)와 국문체 등 새로운 문체가 확산됨

(2) 자주 정신의 각성으로 계몽적 이념을 강조하는 내용이 주를 이룸

(3) 전통적 문학 형식을 기반으로 개화 가사, 창가, 신체시, 신소설 등 새로운 장르가 모색됨

(4) 국어 운동과 신교육의 영향으로 국문 문학이 확대되었고, 신문의 보급과 인쇄술 발달 등의 영향으로 문학의 대중화가 진행됨

3. 대표 갈래 및 작품

(1) 개화 가사

① 가사의 운율 형식을 계승하고 개화기 계몽사상(신사상)을 담아 노래한 가사를 말함

② 최초의 작품으로 평가받는 최제우의 「용담유사」를 비롯하여 19세기 후반 다수의 애국가사들이 「독립신문」, 「대한매일신보」 등에 발표됨

③ 가사의 율격인 4 · 4조, 4음보의 율격을 토대로 하여 분절체 · 후렴구 등의 민요적 요소를 가미하였고, 자주 독립정신과 신교육 강조, 외세에 대한 비판 등의 내용을 주로 표현

(2) 창가

① 전통적 가사체에 개화사상을 담은 시가와, 찬송가 및 서양음악 등의 영향으로 형성된 새로운 시가(노래)로, 개화 가사가 변모되는 과정에서 만들어져 신체시 발생의 모태가 됨

② 문명개화의 시대적 필연성, 신교육 예찬, 새 시대의 의욕 고취, 청년들의 진취적 기상 등 계몽적 내용을 주로 담음

③ 초기에는 3 · 4조, 4 · 4조 율격으로 짧았다가 후기로 가면서 7 · 5조, 8 · 5조 등으로 길어지고 다양화됨

④ 초창기 창가로 최병헌의 「독립가」, 이용우의 「애국가」, 이중원의 「동심가」, 김교익의 「신문가」 등이 있으며, 최남선의 창가로 「경부철도가」 · 「한양가」 · 「세계일주가」가 있음

(3) 신체시

① 개화 가사, 창가의 단계를 거쳐 종래의 정형시 형식을 탈피하여 자유로운 율조로 새로운 사상을 담으려 했던 실험적이고 과도기적인 시 예 최남선 「해에게서 소년에게」, 「구작 3편」, 「꽃두고」, 이광수 「우리 영웅」

② 이전의 형식을 깨뜨리고 부분적인 7 · 5조, 3 · 4 · 5조의 새로운 형태를 취하고 있음(정형시와 자유시의 과도기적 형식)

③ 『소년(少年)』의 창간호에 실린 최남선의 「해에게서 소년에게」(1908)가 신체시의 효시

법원직 9급 기출

01. 다음의 내용을 서론으로 하여 글을 쓸 때, 본론에 들어갈 내용으로 가장 적절하지 않은 것은?

> 그 동안 우리의 음악계는 전통 음악의 고유성을 무시한 채 근대화된 서구 사회의 급속한 접목으로 인하여 유입된 '낯선 음악' 위주로 발전해 왔다. 그 결과 우리 전통 음악은 국민들로부터 유리되어 음악계의 한 구석에서 겨우 명맥을 유지하고 있는 실정이다. 음악이 그것을 향수하는 민족의 정서와 정신을 대변한다고 할 때 이러한 음악적 환경 하에서 우리의 국민적 정서는 어찌될 것인지 우려되는 바가 매우 크다. 이에 전통 음악의 대중화를 위한 방안이 시급히 요청된다.

① 전통 음악이 소외되게 된 배경
② 서양 음악에 대한 이해 증진
③ 우리나라 음악 교육의 실태
④ 음악에 대한 청소년의 기호

해 서론에서 현재의 음악이 고유의 전통성을 훼손하고 있다고 비판하면서 민족 정서에 기반, 대중화를 위한 방안 마련을 요청하고 있다. 그러므로 문제점, 원인, 현황, 방안이나 대책 등이 본론이 될 수 있다.

답 01 ②

(4) 신소설

1900년대 중반부터 1917년 이광수의 「무정」이 발표되기까지 당대의 시대적 문제와 사회의식을 반영했던 과도기적 소설의 형태. 계몽 사상의 구체적인 실천에 대한 이야기를 다루고 있지만, 현실에 대한 깊은 인식의 결여로, 낙관적인 개화의 꿈에 그쳤다는 평가를 받는다.

① 특징

㉠ **주제** : 개화와 계몽사상의 고취(자주독립사상, 자유연애, 인습 · 미신 타파, 신교육 장려, 유교적 가치관과 질서 비판 등)를 주로 표현

㉡ **구성** : 평면적 구성을 탈피해 역전적 구성을 시도(시간적 역행, 사건과 장면의 뒤바꿈 등)

㉢ **문체** : 언문일치 문체(일상적 구어체)에 근접하였고, 전기체 서술 형식에서 벗어나 묘사체로 전환

② 의의

㉠ 고대 소설과 현대 소설의 과도기적 역할을 수행

㉡ 비현실적 내용에서 현실적 사건 중심의 내용으로 전환

㉢ 당대에 요구되는 시대정신을 충실히 반영하여 개화사상을 고취

③ 주요 작품

작품	작가	특징 및 내용
혈의 누(1906)	이인직	• 최초의 신소설로, 「만세보」에 실림 • 자유결혼, 신문명 수용 및 신교육 사상의 고취(지나친 개화주의와 친일경향에 대한 비판이 있음)
귀의 성(1906)	이인직	양반층의 부패, 신구의 대립을 폭로하고, 처첩 간의 갈등과 가정의 비극 등을 드러냄
치악산(1908)	이인직	고부간의 갈등을 드러냄
은세계(1908)	이인직	원각사에서 공연된 최초의 신극 대본, 정치 소설의 성격
모란봉(1913)	이인직	이인직「혈의 누」의 속편(미완성작), 애정 소설
빈상설(1908)	이해조	축첩으로 인한 폐단과 패가망신하는 가정을 묘사
자유종(1910)	이해조	• 대화체로 구성(여성들만의 토론 형식), 여권론 반영 • 여성 해방과 자주독립, 신교육사상 등을 묘사한 정치 소설
추월색(1912)	최찬식	남녀 간의 애정 문제와 외국 유학을 통해 새로운 혼인관과 교육관 제시
금수회의록(1908)	안국선	8가지 동물들의 토의를 통해 인간세태와 사회부패를 풍자(개화기 소설 중 현실 비판 의식이 가장 강한 소설)
재봉춘(1912)	이상협	계급의 타파를 주장한 소설

Check Point

이해조의 개작 신소설

판소리계 소설	근원 설화	개작 소설
춘향전	열녀 설화	옥중화(獄中花)
심청전	연권녀(효녀지은) 설화	강상련(江上蓮)
흥부전	방이 설화	연(燕)의 각(脚)
별주부전	구토 설화	토(兎)의 간(肝)

(5) 번안 신소설

① 의미 : 외국 소설의 내용을 원작대로 유지하면서 배경이나 인물 등을 자기 것으로 고쳐서 번역한 소설

② 작품

㉠ 박은식 「서사건국지」 : 스위스의 건국 영웅 '빌헬름 텔'의 이야기를 번안

㉡ 장지연 「애국 부인전」 : 프랑스의 '잔 다르크'의 이야기를 번안

㉢ 이해조 「철세계」 : 쥘 베르너의 「철세계」를 번안

㉣ 구연학 「설중매」 : 일본 소설 「설중매」를 번안한 것으로, 이인직이 각색하여 원각사에서 공연

㉤ 조중환 「장한몽」 : 일본 소설 「금색야차」를 번안한 애정 소설

㉥ 이상협 「해왕성」 : 뒤마의 「몽테크리스토 백작」을 번안한 소설

㉦ 민태원 「애사(哀史)」 : 위고의 「레미제라블」을 번안한 소설

(6) 창극 · 신파극

창극은 판소리를 등장인물에 따라 배역을 나누고 창으로 연극하는 형태를 말하며, 신파극은 상업주의적 대중 연극으로 일본을 통해서 들어옴

꼭! 확인 기출문제

〈보기〉의 문학사적 사실을 발생 순서대로 배열한 것은? [서울시 9급 기출]

보기

㉠ 「삼대」, 「흙」, 「태평천하」등 다양한 장편소설들이 발표되었다.
㉡ 이광수의 「무정」이 『매일신보』에 연재되어 세간의 화제를 불러 일으켰다.
㉢ 『창조』, 『백조』, 『폐허』등의 동인지가 등장하고 『조선일보』, 『 동아일보』와 같은 민간 신문들이 발행되었다.
㉣ 『인문평론』, 『문장』등 유수한 문학잡지들과 한글신문 등의 발행이 어려워지게 되었다.
㉤ 이인직의 「혈의 누」, 이해조의 「자유종」과 같은 소설들이 발표되었다.

① ㉡ - ㉤ - ㉠ - ㉢ - ㉣
② ㉡ - ㉤ - ㉢ - ㉣ - ㉠
❸ ㉤ - ㉡ - ㉢ - ㉠ - ㉣
④ ㉤ - ㉢ - ㉠ - ㉡ - ㉣

해 ③ ㉤ 「혈의 누」(1906), 「자유종」(1910) – ㉡ 「무정」(1917) – ㉢ 『창조』(1919), 『백조』(1922), 『폐허』(1920), 『조선일보』(1920), 『동아일보』(1920) – ㉠ 「삼대」(1931), 「흙」(1932~1933), 「태평천하」(1938) – ㉣ 『인문평론(1941)』, 『문장』(1941)의 순서로 발생되었다.

Check Point

역사 전기 소설

역사와 위인전기를 토대로 자주 독립과 국권 회복을 염원한 소설을 말한다. 주요 작품으로는 신채호의 「을지문덕전」과 「이순신전」, 「이태리 건국 삼걸전」, 우기선의 「강감찬」, 장지연의 「애국 부인전」, 이해조의 「화성돈전」 등이 있다.

제2절 1910년대 문학

1. 시대 배경

1910년대에는 일제의 식민 통치가 본격화되어, 서양 문학의 영향을 받아 우리나라 현대 문학사의 근간을 이루게 된다.

2. 특징

(1) 계몽주의적 경향 → 최남선, 이광수 2인 문단 시대

(2) 서구 문예 사조의 유입

(3) 개인의 내면과 개성의 자각

3. 자유시

(1) 형성 배경

근대적 잡지(소년, 청춘, 학지광, 태서문예신보 등)의 간행, 서구 근대 문학의 영향

(2) 특징

① 계몽의식으로부터의 탈피
② 운율에 대한 새로운 모색과 실험 정신 추구
③ 관습적 형태에서 벗어나 미의식의 표현에 집착
④ 서구의 상징주의 시와 시론 소개를 통해 개성적 내면 탐구와 사물에 대한 감각적 조응의 시적 태도를 지니게 됨

(3) 대표 작품

김억 「봄은 간다」, 주요한 「불놀이」, 황석우 「벽모의 묘」 등

Check Point

김억(金億)
「창조」·「폐허」 동인으로 「태서문예신보」(1908)를 중심으로 프랑스의 상징시와 서구 문예 이론을 소개하였고, 번역 시집인 「오뇌의 무도」(1912)와 창작 시집인 「해파리의 노래」(1923)을 발간하였다. 감상적 경향에서 출발하여 민요에 관심을 가지며 점차 정형시로 변모해갔다.

Check Point

주요한, 「불놀이」
우리나라 최초의 근대적 자유시로 평가되는 작품으로, 어두운 현실에서 느끼는 괴로움과 그것을 극복하려는 의지를 상징적으로 노래하였다.

4. 근대 소설

(1) 특징

① 현실적 소재

② 사실적 문체

③ 서술과 묘사를 통한 이야기 전개

④ 플롯의 다양성

(2) 대표 작품

① 이광수의 「무정」(최초의 현대 장편소설), 「어린 희생」, 「소년의 비애」, 「방황」(단편소설)

② 현상윤의 「한의 일생」, 「핍박」

> **Check Point**
>
> **이광수 「무정」**
>
> 1917~1918년에 『매일신보』에 연재된 우리나라 최초의 장편소설로, 민족주의적 이상과 계몽주의적 정열이 잘 나타난 작품이다.
>
> 신교육과 신문물의 수용, 자유연애 등 문명개화에 대한 실천적 참여를 구체적으로 드러내고 있다.

5. 희곡

(1) 창작극

1912년 조중환이 우리나라 최초의 창작 희곡인 「병자삼인」을 발표, 윤백남의 「운명」, 이광수의 「규한」 등이 함께 등장

(2) 번역극

신극 운동의 전개와 함께 서양과 일본의 희곡이 번역됨

(3) 신파극

1910년대 유행하기 시작해 1930년대까지 대중적으로 이어진 연극으로, 흥미 위주의 통속적 · 상업적 성격이 강함, 임성구의 '혁신단'을 통해 본격적으로 출발

6. 주요 신문 및 잡지

(1) 신문

『대한매일신보』를 일제가 강제 매수하여 발행한 『매일신보』

(2) 잡지

① 『붉은저고리』, 『새별』, 『아이들보이』 : 최남선이 주재한 어린이 계몽 잡지

> **Check Point**
>
> **주요 잡지(雜誌)의 간행 순서**
>
> 소년(1908) → 청춘(1914) → 유심(唯心)(1918) → 태서문예신보(1918)

② 『청춘』 : 최남선 주재의 월간 종합지

③ 『학지광』 : 최팔용, 현상윤 등이 주관한 동경 유학생회 기관지

④ 『유심』 : 한용운이 주재하여 불교 계몽과 근대적 교리 해석을 목적으로 한 잡지

⑤ 『태서문예신보』 : 순 국문 문예 주간지로 김억, 장두철 등이 서구 문단의 동향과 시론 도입 및 번역시 소개

Check Point

1920년대 문학의 특징

- **계몽성의 극복과 본격적 현대 문학의 전개** : 자유시 · 서정시 중심, 사실주의 · 낭만주의 · 자연주의 소설의 유행
- **문학적 저변의 확대(다양화)** : 다수의 문예 동인지 등장과 유파의 형성, 본격적 비평 활동의 시작
- **계급 문학파와 국민 문학파의 대립** : 계급 문학파(신경향파, 카프), 국민 문학파, 절충파 등이 등장 · 대립

제3절 1920년대 문학

1. 시대 배경

3 · 1운동의 실패로 좌절감과 패배 의식이 증가하였고, 일제의 수탈 등으로 큰 위기를 맞았지만 국내외의 독립운동이 활성화되는 한편, 각종 신문과 동인지가 등장하였다.

2. 시

(1) 특징

① 낭만적, 퇴폐적 상징시의 유행

② 경향시의 등장과 사회의식의 대두

③ 전통 계승의 시(김소월, 한용운 등)와 시조 부흥 운동의 전개를 통해 전통 지향의 흐름 형성

(2) 낭만주의 시

① 배경 : 3 · 1운동의 실패, 서구 상징주의 시의 영향에 의한 세기말적 퇴폐주의의 만연 등

② 경향

㉠ 퇴폐적, 유미적, 허무적, 감상적 경향

㉡ 자연으로의 도피 및 동양적 체념과 무상감의 표출

㉢ 산문투의 서술적 문체와 영탄적 어조

Check Point

전통적 서정시와 민요시

1920년대에는 초기의 우울한 비애미에서 벗어나 점차 밝고 서정적인 시가 발달하였고(김소월, 한용운 등), 민요의 가락을 토대로 민족 정서를 현대적으로 계승한 민요시가 시도되었다(김억, 김동환, 주요한, 김소월 등).

③ 대표 시인 및 대표작
㉠ 이상화 : 「나의 침실로」, 「빼앗긴 들에도 봄은 오는가」
㉡ 박종화 : 「창자부」, 「흑방비곡」
㉢ 박영희 : 「월광으로 짠 병실」
㉣ 홍사용 : 「나는 왕이로소이다」

(3) 경향파 시

① 배경 : 지식인들의 일본 유학을 통해 사회주의 사상을 유입, 일제 식민 통치에 대응하려는 사회 단체 결성, 계급주의 문학 단체인 카프(KAPF)의 결성과 본격적인 사회주의 문학 이론의 도입
② 경향
㉠ 막연한 울분으로부터 당대의 현실에 대한 인식과 저항 의식으로 확대된 시적 인식
㉡ 무산 계급(노동자, 농민)의 현실을 부각시키려는 소재 선택
㉢ 사회주의 사상의 주입과 선전을 목적으로 한 선전, 선동적인 구호나 개념 서술의 표현
㉣ 산문투의 문체 및 인물과 사건 전개의 요소를 도입하여 서사적인 양식 개발
③ 대표 시인 및 대표작 : 임화 「우리 오빠와 화로」, 김기진 「한 개의 불빛」 등

(4) 민족주의 시

① 배경
㉠ 1920년대 중반 최남선, 주요한, 이은상 등을 중심으로 한 '국민문학파'의 대두
㉡ 전통적 문화유산의 계승과 역사 탐구 → 시조와 민요에 대한 관심 및 조선사 연구
② 경향
㉠ 창작에 있어서 민족주의 이념의 구현
㉡ 모국어에 대한 애정과 찬양의 태도
㉢ 문화 · 학술적 연대에 의한 문예 부흥 운동
㉣ 민족적 개성 및 향토성의 옹호
③ 시조
㉠ 민족 정서의 회복을 위한 시어 사용
㉡ 연시조, 양장시조 등 현대 시조로서의 형태 혁신
㉢ 님에 대한 그리움, 국토 예찬, 조국의 역사 회고 등의 주제 형상화

Check Point

카프(KAPF, Korea Artista Proleta Federatio)
1919년 3 · 1운동 이후 일제의 식민지 정책이 문화정치로 전환하고, 러시아 혁명의 영향으로 사회주의 사상이 광범위하게 확산되면서 새롭게 등장한 프롤레타리아 문예 운동 단체이자 한국 최초의 전국적인 문학예술가 조직. 1925년 김기진, 박영희 등에 의해 결성

Check Point

시조 부흥 운동
국민 문학파로 활약한 최남선이 시조 부흥 운동을 주도하였고, 이병기, 이은상 등이 이러한 운동에 동참해 시조의 현대화와 이론적 체계화, 새로운 형식의 창작에 기여하였다.

㉣ 최남선 「백팔번뇌」, 이은상 「노산 시조집」, 이병기 「가람 시조집」 등

④ **전통적 · 민요적 서정시**

㉠ 민중적 정서와 향토적 정조의 표현

㉡ 일상적이고 평이한 우리말 구사

㉢ 민족 현실에 대한 자각을 전통적인 시 정신에 입각하여 형상화하려는 태도를 지님

㉣ 대표 시인으로 김동환, 주요한, 김소월, 한용운 등

Check Point

김소월의 대표작

「진달래꽃」, 「금잔디」, 「먼 후일」, 「엄마야 누나야」, 「초혼」, 「산유화」, 「못 잊어」, 「접동새」, 「바라건대는 우리에게 우리의 보습 대일 땅이 있었다면」 등

3. 소설

(1) 특징

① **근대적 소설 문체의 발전** : 문장 어미의 시제 표현, 3인칭 단수인 '그'의 사용

② **사실주의적 소설 인식** : 개화기의 계몽주의 문학관을 버리고, 문학의 자율성을 인정하는 한편 인생과 사회의 모습을 있는 그대로 그리려는 사실주의 및 자연주의 문학관을 수용

③ **소설 기법의 발전** : 어휘의 신중한 선택, 치밀한 구성과 객관적 묘사, 인상적인 결말 처리 방법 등 기법상의 두드러진 변화를 가져옴

④ **사회 비판 의식의 소설화** : 1925년 카프 결성을 계기로 사회적 비판과 투쟁 의식을 강조하는 경향 소설 등장

(2) 경향

① 자아의 각성을 통한 사회와 현실의 재인식

② 식민지 궁핍 체험의 소설화

③ 살인과 방화 등 극단적인 결말 처리

④ 계급 대립의 구도와 노동 소설의 등장

(3) 대표작 및 특징

작가	특징	대표작
김동인	현대 단편소설 확립, 순수문학 주장	「감자」, 「배따라기」, 「광화사」, 「운현궁의 봄」
전영택	사실주의 경향의 작가로, 인간애와 인도주의 정신에 기초한 작품을 남김	「화수분」, 「흰닭」, 「생명의 봄」
염상섭	식민지적 암울한 현실에서 지식인의 고뇌, 도시 중산층의 일상적인 삶을 다룸	「표본실의 청개구리」, 「만세전」, 「두 파산」, 「삼대」

작가	특징	대표작
현진건	치밀한 구성과 객관적 묘사로 사실주의적 단편소설을 씀	「빈처」, 「운수좋은 날」, 「불」
나도향	낭만적 감상주의 경향, 어두운 농촌 현실을 묘사	「물레방아」, 「벙어리 삼룡이」, 「뽕」
최서해	체험을 바탕으로 한 하층민의 가난을 주요 문제로 삼음	「탈출기」, 「홍염」, 「박돌의 죽음」
주요섭	신경향파 문학에서 출발하여 서정적이고 휴머니즘적인 소설을 씀	「사랑손님과 어머니」, 「아네모네의 마담」, 「인력거꾼」

김동인의 대표작
- **감자** : 자연주의적, 환경결정론
- **배따라기** : 액자소설, 형제간의 오해로 인한 비극
- **광화사** : 유미주의적, 예술지상주의
- **운현궁의 봄** : 역사 소설

4. 수필

(1) 특징

① 현대 수필의 초창기로서 수필의 형태가 아직 정립되지 못함

② 우리 국토에 대한 애정을 담은 기행 수필이 많음

③ 국민 문학파에 의해 주도됨

(2) 작가와 작품

민태욱 「청춘예찬」, 방정환 「어린이 찬미」, 최남선 「심춘순례」·「백두산 근참기」, 이병기 「낙화암을 찾는 길에」 등

5. 기타 문단의 동향

(1) 희곡

① 신극 단체가 결성되고 근대 희곡이 창작됨

② '극예술 협회'와 '토월회' 등의 연극 단체 결성

③ 영화의 분립과 시나리오가 창작됨

Check Point

연극단체
- **극예술협회** : 김우진, 조명희, 홍해성, 마해송 등 동경 유학생들을 중심으로 결성되었으며, 「김영일의 죽음」, 「최후의 악수」 등을 공연함
- **토월회** : 박승희, 김기진, 이서구 등 동경 유학생들이 중심이 되어 결성한 신극운동 단체

(2) 민족 신문의 발간과 동인지의 유행

구분	특징	동인
창조(1919)	최초의 순 문예 동인지	김동인, 주요한, 전영택
폐허(1920)	퇴폐주의적 성향의 동인지	염상섭, 오상순, 황석우, 김억
개벽(1920)	천도교 기관지, 카프의 기관지화됨	박영희, 김기진
장미촌(1921)	최초의 시 전문 동인지	박종화, 변영로, 황석우, 노자영
백조(1922)	낭만주의적 경향의 문예지	현진건, 나도향, 이상화, 박종화
금성(1923)	낭만주의적 경향의 시 중심 동인지	양주동, 이장희, 유엽, 백기만
영대(1924)	창조의 후신으로 평양에서 창간된 순 문예 동인지	주요한, 김소월, 김억, 김동인, 이광수
조선문단(1924)	카프에 대항한 민족주의의 문예지	이광수, 방인근
해외문학(1927)	외국 문학 소개에 치중함	김진섭, 김광섭, 정인섭, 이하윤
문예공론(1929)	민족주의와 사회주의의 절충	양주동

Check Point

- **3대 동인지** : 창조, 폐허, 백조
- **대립 잡지** : 개벽(신경향파) ↔ 조선문단(민족주의)

제4절 1930년대 문학

1. 시대 배경

일제의 탄압이 더욱 심해진 시기로, 특히 사상 통제가 심화되었다. 국제적으로는 중 · 일 전쟁, 만주 사변 등이 발생하였다.

2. 시

(1) 특징

① 순수 서정시의 등장(순수시)
② 모더니즘 시의 등장(주지시)
③ 반주지적 생명성의 탐구(생명파)
④ 자연과의 친화를 노래(청록파)
⑤ 저항과 참회의 시

기출 Plus 서울시 9급 기출

01. 1930년대 문단의 상황에 대한 다음 진술 중 잘못된 것은?

① 김동리, 김유정 등 동반자 작가들이 활동했다.
② 예술성을 강조하는 순수 문학이 크게 유행했다.
③ 모더니즘 문학이 도입되고 다양한 기법이 실험되었다.
④ 전원파, 청록파, 생명파 등이 등장했다.

해 동반자 작가란 카프(KAPF, 조선프롤레타리아 예술가동맹)의 회원은 아니면서 사상적으로 카프의 작가들과 일치한 작가들을 지칭한다. 동반자 작가로는 이효석, 유진오, 채만식 등이 있다.

답 01 ①

(2) 시문학파 시

① 배경

㉠ 1920년대 중반 이후 프로 문학과 민족주의 문학의 대립으로 인한 이념적 문학 풍토에 반발

㉡ 박용철, 김영랑의 주도로 『시문학』, 『문예월간』, 『문학』 등의 순수시 잡지가 간행되고, 구인회 및 해외문학파와 같은 순수 문학 동인이 결성

② 특징

㉠ 시어의 조탁과 시의 음악성 중시

㉡ 시적 변용에 의거하는 순수 서정시의 창작 과정 강조

㉢ 자율적인 존재로서 시의 본질 탐구

③ 대표 시인 및 작품 경향

시인	경향	대표작
김영랑	투명한 감성의 세계를 운율감 있는 고운 시어로 표현	「모란이 피기까지는」, 「오월」
박용철	감상적인 가락으로 삶에 대한 회의 노래	「떠나가는 배」, 「싸늘한 이마」
정지용	감각적 인상을 세련된 시어와 향토적 정취로 표현	「유리창」, 「향수」, 「바다」
이하윤	해외 시의 소개를 통한 서정시론 수용	「들국화」, 「물레방아」

(3) 모더니즘 시

① 배경

㉠ 1920년대 감상적 낭만주의와 같은 전근대적인 요소를 배격하고 현대적인 시의 면모를 확립하고자 하는 의도

㉡ 서구의 신고전주의 철학 및 초현실주의, 다다이즘, 입체파, 미래파, 이미지즘 등 현대적 문예 사조의 이념을 본격적으로 수용

② 특징

㉠ 구체적 이미지에 의한 즉물적(卽物的)이고 지성적인 시 강조

㉡ 현대 도시 문명에 대한 상황적 인식과 비판적 감수성 표출

㉢ 객관적이고 과학적인 시학에 의거한 의도적인 시의 창작

㉣ 전통에 대한 거부와 언어에 대한 실험 의식 및 내면 심리 탐구

기출 Plus 국회직 8급 기출

02. 다음 시에 대한 설명으로 적절하지 않은 것은?

> 모란이 피기까지는
> 나는 아직 나의 봄을 기다리고 있을 테요
> 모란이 뚝뚝 떨어져 버린 날
> 나는 비로소 봄을 여읜 설움에 잠길 테요
> 오월 어느 날 그 하루 무덥던 날
> 떨어져 누운 꽃잎마저 시들어 버리고는
> 천지에 모란은 자취도 없어지고
> 뻗쳐 오르던 내 보람 서운케 무너졌느니
> 모란이 지고 말면 그뿐 내 한 해는 다 가고 말아
> 삼백 예순 날 하냥 섭섭해 우옵네다
> 모란이 피기까지는
> 나는 아직 기다리고 있을 테요 찬란한 슬픔의 봄을
> – 김영랑 「모란이 피기까지는」

① 시각적으로 분연되지 않은 단연시이지만 서술 구조상 2행이 한 연으로 묶여 전체적으로 2행 6연의 형태를 취하고 있다.
② 짧고 긴 호흡의 반복적 교체로 음악성을 구현한다.
③ 가시적 현상을 먼저 제시하고 뒤에서 이에 대한 시적 자아의 정서상 변화를 보여 준다.
④ 3, 4, 5, 6행은 하나의 의미 단락으로 묶인다.

해 1, 2행과 3, 4행, 11, 12행은 모란이 피길 기다림과 져버림, 다시 기다린다는 의미로 묶이므로 3, 4, 5, 6행이 하나의 의미로 묶일 수 없다.

답 02 ④

③ 대표 시인 및 작품 경향

시인	경향	대표작
김기림	현대 문명을 현상적으로 관찰하였으며, 해학과 기지를 동반한 감각적 시어 사용	「바다와 나비」
이상	전통적 관습에서 벗어난 초현실주의적 언어 실험의 난해시 창작	「오감도」, 「거울」
김광균	회화적 이미지의 구사로 도시적 서정과 소시민 의식을 표현	「와사등」, 「외인촌」, 「추일서정」, 「설야」, 「뎃상」
장만영	농촌과 자연을 소재로 감성과 시각을 기교적으로 표현	「달 포도 잎사귀」

(4) 전원파 시

① 배경

㉠ 1930년대 후반 극심한 일제의 탄압 아래 현실로부터 도피하려는 의식의 반영

㉡ 서구 의존적인 시관(詩觀)에서 탈피하여 동양적 세계관을 중시하려는 경향의 대두

② 특징

㉠ 이상향으로서의 전원생활에 대한 동경과 안빈낙도의 세계관

㉡ 서경적 묘사를 토대로 한 자족적 정서

㉢ 자연 친화적이며 관조적인 태도

③ 대표 시인 및 작품 경향

시인	경향	대표작
신석정	자연 친화의 목가적 시풍으로 이상향에 대한 동경의 노래	「슬픈 구도」, 「그 먼 나라를 알으십니까」
김동명	낭만적인 어조로 전원적 정서와 민족적 비애를 노래	「파초」, 「내 마음은」, 「진주만」
김상용	농촌 귀의의 자연 친화적 태도가 두드러지며, 동양적인 관조의 세계 노래	「남으로 창을 내겠소」, 「마음의 조각」

(5) 생명파 시

① 배경

㉠ 모더니즘 시의 서구 지향적 태도와 기교 위주의 시 창작에 대한 반발

㉡ 1930년대 후반 시문학 전반의 침체 현상에 대한 타개 노력

㉢ 『시인부락』, 『자오선』, 『생리』지를 중심으로 한 시인들의 부각

Check Point

- **시인부락** : 1936년에 발간된 시 동인지로, 주요 동인으로는 서정주, 김동리, 김광균, 오장환 등의 생명파 시인들이 있으며 인간 생명의 고귀함을 노래함
- **자오선** : 민태규가 발행한 시 전문지

② 특징

㉠ 삶의 깊은 고뇌와 본원적 생명력의 탐구 정신 강조

㉡ 토속적인 소재와 전통적인 가치 의식 추구

㉢ 철학적 사색으로 시의 내부 공간 확대

③ 대표 시인 및 작품 경향

시인	경향	대표작
서정주	원시적 생명의식과 전통적 정서에 의거한 인생의 성찰	「화사」, 「자화상」, 「국화 옆에서」, 「동천」, 「귀촉도」
유치환	삶의 허무와 본원적 생명에 대한 형이상학적 · 사변적 탐구	「깃발」, 「울릉도」, 「일월」, 「생명의 서」, 「바위」

(6) 청록파 시

① 배경

㉠ 일제 말 군국주의 통치에 따른 문학적 탄압에 대한 소극적 대응

㉡ 물질문명에 대한 거부로서 은둔과 관조의 태도 형성

㉢ 모더니즘 시의 퇴조 이후, 김상용, 김동명, 신석정 등의 목가풍 전원시 창작

㉣ 『문장』지를 통해 순수 서정을 지향하는 시인들의 등단

② 특징

㉠ 자연을 소재로 한 자연 친화적인 태도 표출

㉡ 향토적 정조와 전통 회귀 정신의 강조

㉢ 해방 후 전통적 서정시의 흐름 주도

③ 대표 시인 및 작품 경향

시인	경향	대표작
박목월	민요적 율조에 의한 향토적 정서의 표현	「산도화」, 「윤사월」, 「나그네」, 「이별가」
박두진	이상향으로서 자연에 대한 신앙과 생명력 넘치는 교감의 표현	「도봉」, 「묘지송」, 「향현」, 「해」
조지훈	고전적 감상을 바탕으로 옛것에 대한 향수와 선적 관조를 노래함	「고풍의상」, 「승무」, 「봉황수」, 「민들레꽃」

(7) 저항시

① 배경 : 일제에 대한 저항 의지를 승화한 시를 지칭하는 것으로, 현실에 대한 철저한 내면적 인식과 미래에 대한 전망을 구도자 내지 예언자적인 자세로 표현하여 정신적인 시의 영역을 구축

Check Point

『청록집』(1946)과 청록파

『청록집』은 청록파 시인들이 발표한 공동 시집(해방 이후 최초의 시집)으로, 이후 이들이 '청록파'라 불리게 되는 계기가 되었다. 청록파는 해방 이후 전통적 서정시의 흐름을 주도하였으며, 청록파의 등장과 함께 자연은 그 자체로서의 독립된 정서와 의미를 가지고 표현되기 시작하였다.

Check Point

조지훈의 시

- **승무** : 사라져 가는 민족정서에 대한 아쉬움 표현
- **고풍의상** : 의상과 무용에 깃든 한국의 낭만을 노래
- **봉황수** : 몰락한 고궁을 소재로 우국충정과 망국의 서러움 을 표현
- **민들레꽃** : 자연친화적인 자세에서 순수한 꽃을 노래

② 대표 시인 및 작품 경향

시인	경향	대표작
이육사	고도의 상징성 및 절제된 언어, 남성적 어조로 불굴의 지사적 기개와 강인한 대결 정신을 노래함	「광야」, 「절정」, 「청포도」, 「교목」
윤동주	자기 반성적 사색, 양심적인 삶에 대한 의지와 순교자적 정신을 노래함	「서시」, 「자화상」, 「참회록」, 「또 다른 고향」, 「쉽게 씌여진 시」
심훈	격정적 언어와 예언자적 어조를 통해 해방의 열망을 노래함	「그 날이 오면」

(8) 전통적 현실주의

① 배경 : 1930년대 중반 카프의 해산으로 이념 지향적인 시가 퇴조한 후 전통적인 민중들의 삶을 소재로 생활의 현실과 민중적 정서를 그려내고자 하는 경향이 대두됨

② 대표 시인 및 작품 경향

시인	경향	대표작
백석	민속적 소재와 서사적 이야기 시의 구조로 향토적 정서와 공동체 의식을 추구함	「산중음」, 「남신의주 유동 박시봉방」, 「여우난 곬족」, 「여승」, 「고향」
이용악	일제 치하 만주 유민의 생활 현실과 감정을 사실적으로 표현하여 민중시적 전통을 확립함	「낡은 집」, 「오랑캐꽃」, 「분수령」

기출 Plus 서울시 9급 기출

03. 다음 중 서울을 주요 배경으로 한 소설이 아닌 것은?

① 박태원의 『천변 풍경』
② 염상섭의 『두 파산』
③ 박완서의 『엄마의 말뚝』
④ 이청준의 『당신들의 천국』

해 이청준의 『당신들의 천국』은 소록도를 배경으로 한다.

답 03 ④

3. 소설

(1) 특징

① 장편소설의 활발한 창작 : 염상섭 「삼대」, 채만식 「탁류」·「태평천하」 등

② 농촌을 제재로 한 소설의 확산

㉠ 농촌 계몽을 목적으로 한 작품 : 이광수 「흙」, 심훈 「상록수」

㉡ 농촌의 소박한 삶을 다룬 작품 : 김유정 「동백꽃」

㉢ 농민의 고통스러운 생활상을 다룬 작품 : 김유정 「만무방」, 박영준 「모범 경작생」

㉣ 사실주의 경향에서 농촌 현실을 다룬 작품 : 김정한 「사하촌」

③ 일제하 지식인 문제의 작품화 : 이상 「날개」, 채만식 「레디메이드 인생」, 유진오 「김강사와 T교수」 등

④ 역사 소설의 유행

㉠ 우리 민족의 역사와 전통을 재조명하는 다수의 작품이 창작됨

ⓛ 김동인 「운현궁의 봄」·「젊은 그들」, 현진건 「무영탑」, 이광수 「단종애사」·「마의태자」 등

⑤ 현대 문명과 세태에 대한 비판

㉠ 도시적 삶에 대한 비판적 성찰을 다룬 작품 : 이상 「날개」, 박태원 「천변풍경」·「소설가 구보씨의 일일」

ⓛ 세태를 풍자적 방법으로 비판한 작품 : 채만식 「탁류」·「태평천하」·「치숙」

⑥ 인간의 근원적 문제에 대한 탐구 : 이효석 「메밀꽃 필 무렵」, 주요섭 「사랑 손님과 어머니」, 계용묵 「백치 아다다」, 정비석 「성황당」, 김동리 「무녀도」·「황토기」

(2) 대표 작가 및 대표작

작가	경향	대표작
채만식	일제하 사회 현실을 풍자적으로 그림	「태평천하」, 「탁류」, 「치숙」
이효석	소설을 시적 수필의 경지로 승화시킴	「메밀꽃 필 무렵」, 「산」, 「들」, 「분녀」
심훈	민족주의와 사실주의적 경향의 농촌 계몽 소설	「상록수」, 「직녀성」
김유정	농촌의 현실을 해학적으로 그림	「동백꽃」, 「봄봄」, 「만무방」
이상	심리주의적 내면 묘사 기법인 의식의 흐름을 추구	「날개」, 「종생기」
김동리	토속적, 신비주의적, 사실주의적 경향과 무속	「무녀도」, 「황토기」, 「바위」, 「역마」
이무영	사실주의적 경향의 농촌 소설	「제1과 제1장」, 「흙의 노예」
황순원	범생명적 휴머니즘 추구	「카인의 후예」, 「독 짓는 늙은이」
안수길	민족적 비극을 서사적으로 전개함	「제3인간형」, 「북간도」

Check Point

1930년대 문체의 발전

이 시기 작가적 문체의 확립에 기여한 사람은 이효석과 이태준, 이상 등이 있다. 이효석은 서정적이고 섬세한 문체를 형상화하였고, 이상은 심리주의적 기법을 이용해 자의식의 분열을 효과적으로 묘사하였다.

4. 기타 문단의 동향

(1) 극문학

① 본격적 근대극과 시나리오의 창작(극예술 연구회를 중심으로 사실주의적인 희곡 창작)

② 대표작으로는 유치진의 「소」·「토막」, 채만식의 「제향날」 등이 있음

(2) 수필

① 근대적 수필의 본격화(해외문학파를 중심으로 서구의 근대 수필 이론 도입)

② 『동광』, 『조광』 등을 통해 다수 작품이 발표되었고, 김진섭, 이양하 등 전문적 수필가가 등장

Check Point

극예술 연구회

김진섭, 유치진, 이헌구, 이하윤, 정인섭 등 해외 문학파들이 1931년에 결성한 단체로, 예술과 인생 본위의 기치 아래 창작극, 전문극을 적극 전개하여 연극 발전에 큰 공적을 남겼다.

③ 대표작으로는 이양하의 「신록 예찬」·「나무」, 김진섭의 「생활인의 철학」·「매화찬」, 이희승의 「청추 수제」 등이 있음

(3) 비평

① 예술주의 비평 : 순수 문학의 논의(김환태, 김문집)

② 휴머니즘 비평 : 인간성의 회복과 태도론의 제기(백철, 이헌구)

③ 주지주의 비평 : 주지적 경향의 현대 영미 비평 이론 소개(최재서, 김기림)

(4) 1930년대 주요 잡지

잡지명(연도)	특징	발행인 · 주관
시문학(1930)	언어의 기교, 순수한 정서를 중시하는 순수시 지향	박용철 주관
삼사문학(1934)	의식의 흐름에 따른 초현실주의적 기법	신백수, 이시우 주관
시인부락(1936)	시 전문지, 창작시 및 외국의 시와 시론 소개	서정주 발행
자오선(1937)	시 전문지, 모든 경향과 유파를 초월함	민태규 발행
문장(1939)	월간 종합 문예지, 고전 발굴에 주력, 신인 추천제	김연만 발행
인문평론(1939)	월간 문예지, 작품 발표와 비평 활동에 주력함	최재서 주관

제5절 해방 이후 문학

1. 시대 배경

광복은 우리 민족 문학의 역사적 전환점이 되었으나, 이후 이데올로기의 갈등으로 문단이 좌익과 우익으로 양분되어 대립되었다. 이러한 좌우익 이념의 대립이 심화되어 문학 발전이 저해되는 데에 영향을 주었다.

2. 해방 공간의 문학

(1) 해방 공간의 시

① 배경 : 8 · 15 해방의 감격과 역사적 의미에 대한 시적 인식의 보편화 및 이념

적 갈등의 반영

② 특징

㉠ 해방의 현실에 대한 시대적 소명 의식을 예언자적 목소리로 표출

㉡ 직접적 체험에 의한 열정적 정서 표출과 급박한 호흡의 언어 구사

㉢ 해방 전사를 추모하는 헌사(獻詞)나 찬가(讚歌)의 성격을 띤 대중적인 시

㉣ 인생에 대한 관조와 전통 정서의 추구

③ 작품 경향

좌익 진영의 시	우익 진영의 시
• 인민 민주주의 노선에 의거하여 강렬한 투쟁 의식과 선전 · 선동의 정치성 짙은 이념적 작품 • 문학의 적극적 현실 참여를 강조하려는 목적 아래, 혁명적 낭만주의를 계기로 한 진보적 리얼리즘 문학 노선을 따름 • 대표 시집 : 오장환 『병든 서울』, 임화 『찬가』, 이용악 『오랑캐꽃』 등	• 이념적 · 정치적 색채를 동반하지 않은 순수 서정시 계열의 작품 및 민족의 전통적 문화유산과 가치관을 옹호하려는 입장 • 인생에 대한 관조와 전통 정서의 탐구로 집약되는 순수 서정시의 성격은 분단 이후 시단의 주도적 흐름을 형성함 • 대표 시집 : 청록파 시인 『청록집』, 유치환 『생명의 서』, 신석정 『슬픈 목가』 등

Check Point

해방 직후의 시집 분류

- **민족 정서의 표현** : 정인보 『담원 시조』, 김상옥 『초적』, 박종화 『청자부』
- **생명파** : 신석초 『석초 시집』, 유치환 『생명의 서』, 서정주 『귀촉도』
- **청록파(자연파)** : 청록파 공동 시집인 『청록집』
- **유고 시집** : 이육사 『육사 시집』, 윤동주 『하늘과 바람과 별과 시』

(2) 해방 공간의 소설

① 특징

㉠ **식민지적 삶의 극복** : 일제 시대를 반성하고 그 체험을 승화시켜 해방의 의미를 되새기고자 함 예 채만식 「논 이야기」, 김동인 「반역자」, 계용묵 「바람은 그냥 불고」

㉡ **귀향 의식과 현실적 삶의 인식** : 해방 직후의 삶에 대한 인식을 바탕으로 지식인 문제와 귀향 의식을 묘사함 예 김동리 「혈거부족」, 엄흥섭 「귀환일지」

㉢ **분단 의식** : 분단의 문제 및 미 · 소 양군의 진주와 군정을 그림 예 염상섭 「삼팔선」, 「이합」, 채만식 「역로」, 계용묵 「별을 헨다」

㉣ **순수 소설** : 순수 문학적 입장에서 보편적 삶을 다룬 소설이 부각됨 예 염상섭 「임종」, 김동리 「역마」, 황순원 「독 짓는 늙은이」

㉤ **역사 소설** : 민족의식을 고취하기 위한 역사 소설이 창작됨 예 박종화 「홍경래」

② 작품 경향

㉠ 식민지 체험의 비판적 논리화

㉡ 해방 공간의 소설적 형상화

Check Point

채만식 「논이야기」

- **주제** : 국가 농업 정책에 대한 비판 의식, 농민의 수난사
- **갈래** : 풍자 소설, 농민 소설, 사회 소설
- **시점** : 전지적 작가 시점
- **구성** : 입체적 구성

3. 전후 문학(1950년대 문학)

(1) 전후 시

Check Point

실존주의 문학
인간이 이 세상에 존재하는 현상을 부조리로 보고, 본질보다 구체적 실존을 중시하려는 사상이다. 사르트르, 카뮈에 의해 주도되었으며, 1950년대 전후의 한국 작가들에게 커다란 영향을 주었다.

Check Point

후기 모더니즘 시(詩)의 대표작
달나라의 장난(김수영), 목마와 숙녀(박인환), 바다의 층계(조향), 나비와 광장(김규동), 국제 열차는 타자기처럼(김경린)

① 특징

㉠ 전쟁 체험과 전후의 사회 인식을 바탕으로 한 시적 소재의 영역 확산
㉡ 현실 참여적인 주지시와 전통 지향적인 순수시의 대립
㉢ 실존주의의 영향에 따른 존재에 대한 형이상학적 통찰 및 휴머니즘의 회복 강조
㉣ 풍자와 역설의 기법과 현실에 대한 지적 인식을 통한 비판 정신의 첨예화

② 작품 경향

전쟁 체험을 형상화한 시	후기 모더니즘 시	전통적 서정시
• 시대에 대한 적극적인 대응 방식을 모색 • 절망적 인식을 민족적 차원으로 끌어올려 시적 보편성 획득 예 신석정 「산의 서곡」, 유치환 「보병과 더불어」, 구상 「초토의 시」	• 문명 비판 예 박인환 「목마와 숙녀」, 조향 「바다의 층계」 • 내면적 의지를 표현 예 김춘수 「꽃을 위한 서시」, 송욱 「하여지향」	• 휴머니즘 지향 예 정한모 「가을에」, 박남수 「새」 • 고전주의 지향 예 박재삼 「울음이 타는 가을 강」, 이동주 「강강술래」

(2) 전후 소설

① 특징

㉠ 전쟁 체험의 작품화 예 오상원 「유예」, 안수길 「제3인간형」
㉡ 현실 참여 의식 예 김성한 「바비도」, 선우휘 「불꽃」
㉢ 순수 소설 : 인간의 삶의 문제를 서정적 필치로 다룸 예 오영수 「갯마을」, 강신재 「절벽」, 전광용 「흑산도」
㉣ 서구 실존주의 문학의 영향(인간의 본질 문제, 인간 존재의 해명 등을 다룬 작품들이 등장) 예 김성한 「오분간」, 장용학 「요한시집」
㉤ 전후 사회의 고발 예 이범선 「오발탄」, 손창섭 「비오는 날」·「잉여 인간」
㉥ 전쟁의 상처와 고통의 극복 예 하근찬 「수난 이대」, 황순원 「학」

꼭! 확인 기출문제

6·25전쟁과 가장 거리가 먼 소설은? [서울시 9급 기출]

① 손창섭, 『비오는 날』
❷ 박경리, 『토지』
③ 장용학, 『요한시집』
④ 박완서, 『엄마의 말뚝』

해 ② 박경리의 『토지』는 6·25전쟁 이전인 구한말부터 1945년 해방이 되기까지를 시대적 배경으로 하여 최씨 가문의 몰락과 재기 과정을 담은 대하소설이다.

② 작품 경향

㉠ 전쟁 체험과 민족 현실의 자각

㉡ 전후의 소외된 삶과 실존적 상황 인식

(3) 기타 문학 동향

① 희곡 : 전후 문학의 성격을 띤 것과 현실 참여적인 성격의 희곡이 중심이고, 기타 개인과 사회의 갈등, 문명 비판을 다룸 예 유치진 「나도 인간이 되련다」·「왜 싸워」, 차범석 「불모지」, 하유상 「젊은 세대의 백서」, 이근삼 「원고지」

② 시나리오 : 전쟁극이 주류를 이루었으며, 오영진은 전통적 삶을 해학적으로 표현 예 김영수 「출격 명령」, 김종환 「피아골」, 오영진 「시집가는 날」

③ 수필 : 예술적 향기가 짙은 작품들이 다수 등장 예 조지훈 「지조론」, 노천명 「나의 생활 백서」, 마해송 「사회와 인생」, 이희승 「벙어리 냉가슴」, 계용묵 「상아탑」

제6절 1960~1970년대 문학

1. 시대 배경

산업화와 근대화 등으로 인해 인간 소외, 빈부 격차의 문제 등 사회적 문제가 심화되는 시기였다. 문학의 현실 참여적인 성격이 강화되면서 사실주의 문학이 주류를 이루었고, 민족의 분단에 대한 인식이 심화되었다.

2. 1960년대 문학

(1) 시

① 현실 참여의 시

㉠ 시민 의식의 각성과 사회 현실의 모순 비판

예 박두진 「우리는 아직 깃발을 내린 것이 아니다」, 김수영 「푸른 하늘은」·「폭포」

㉡ 분단의 비극과 민중적 역사의식의 형상화

예 신동엽 「껍데기는 가라」·「금강」, 박봉우 「휴전선」

Check Point

참여 문학

대개 정치적 · 이데올로기적 성격을 띠며, 사회 개혁에 기여한다는 목적의식을 가지고 있다.

② 순수 서정시

㉠ 휴머니즘적 서정시

예 정한모 「가을에」, 조병화 「의자」

㉡ 전원적 서정시

예 이동주 「혼야」 · 「강강술래」, 박재삼 「춘향이 마음」

③ 현대 시조의 활성화

예 김상옥 「사향」 · 「봉선화」, 정완영 「조국」, 이호우 「개화」 · 「살구꽃 피는 마을」

(2) 소설

① 전쟁의 상흔과 민족의 비극 조명

예 오상원 「황선지대」, 황순원 「나무들 비탈에 서다」, 최인훈 「광장」

② 현실 비판 의식

예 김정한 「모래톱 이야기」, 손창섭 「부부」, 이호철 「판문점」 · 「소시민」, 전광용 「꺼삐딴 리」

③ 근대사를 다룬 역사 소설

예 안수길 「북간도」, 김정한 「수라도」, 하근찬 「족제비」

④ 내성적 관찰

예 최인훈 「가면고」 · 「회색인」, 김승옥 「무진기행」 · 「서울 1964 겨울」 · 「생명연습」, 이청준 「퇴원」, 최인호 「타인의 방」, 서정인 「후송」

⑤ 정치적 모순 비판

예 최인훈 「광장」, 선우휘 「아버지」, 박연 「침묵」

(3) 기타 문학 동향

① 희곡 : 사실주의를 토대로 현실을 객관적으로 투영 예 차범석 「산불」, 천승세 「만선」

② 수필 : 다양한 삶의 의미와 모습을 표현한 작품이 다수 창작 예 윤오영 「마고자」 · 「방망이 깎던 노인」

Check Point

1960년대 새로운 기법과 정신의 표현

1960년대에는 1930년대 모더니즘의 전통을 이어 새로운 언어와 기법, 실험적 정신이 돋보이는 작품이 다수 등장하였는데, 이러한 경향의 시인으로는 김춘수와 김종삼, 전봉건, 황동규, 신동섭, 문덕수 등이 있다.

Check Point

최인훈 「광장」

- **갈래** : 중(장)편소설, 사회소설
- **배경**
  - 시간 : 8 · 15 해방에서 6 · 25 종전 사이
  - 공간 : 인도로 가는 타고르호(號) 선상(船上)에서 6 · 25 당시의 남한과 북한을 회상
- **성격** : 관념적, 철학적
- **시점** : 전지적 작가 시점
- **문체** : 과거 회상의 독백체와 관념적 문체
- **주제** : 분단 이데올로기 속의 바람직한 삶과 사회의 추구

3. 1970년대 문학

(1) 시

① 민중시

㉠ 민중의 현실적 삶과 정서의 형상화 예 조태일 「국토」, 신경림 「농무」

㉡ 정치 · 사회적 현실 비판 예 김지하 「타는 목마름으로」 · 「오적」

㉢ 소외된 사람들에 대한 관심 예 정호승 「맹인 부부 가수」, 김창완 「인동 일기」

② 모더니즘 시

㉠ 지성과 서정의 조화 예 황동규 「기항지」, 오세영 「그릇」

㉡ 현대적 언어 탐구 예 김영태 「첼로」, 이승훈 「어휘」

㉢ 자유로운 상상력의 확장 예 정현종 「사물의 꿈」

(2) 소설

① 농촌 공동체 파괴의 현실 고발

예 송기숙 「자랏골의 비가」, 이문구 「관촌수필」

② 산업화와 노동자의 삶의 조건 반성

예 황석영 「객지」 · 「삼포 가는 길」, 조세희 「난장이가 쏘아올린 작은 공」

③ 일상적 삶의 모럴과 휴머니즘 탐구

예 최일남 「노란 봉투」, 박완서 「지렁이 울음소리」, 최인호 「별들의 고향」

④ 분단 현실의 조망

예 박완서 「나목」 · 「엄마의 말뚝」, 윤흥길 「장마」

⑤ 민족사의 재인식

예 박경리 「토지」, 황석영 「장길산」

꼭! 확인 기출문제

1960년대 한국 문학의 특징으로 가장 옳지 않은 것은? [서울시 9급 기출]

① 전후 문학의 한계에 대한 극복이 주요한 과제로 제기되었다.
② 4 · 19혁명의 영향으로 현실비판문학이 가능하게 되었다.
③ 참여문학과 순수문학 진영 간의 논쟁이 발생하였다.
❹ 민족문학과 민중문학에 대한 논의가 활발히 전개되었다.

해 ④ 민족문학과 민중문학에 대한 논의가 활발히 전개되기 시작한 것은 1970년대이다. 1970년대에는 유신 정권으로 인해 억압된 현실에 저항하고 민중의 분노를 표출하는 민족문학과 민중문학에 대한 관심이 높아졌다.

Check Point

1970년대 문학의 특징
- 민중 문학이 부각됨
- 급속한 산업화 · 도시화로 발생한 여러 사회문제 형상화
- 모더니즘 문학이 크게 발전(포스트모더니즘 문학의 토대가 됨)
- 시의 현실 참여 문제가 본격 논의됨(1960년대의 순수 문학과 참여 문학의 논쟁이 지속 · 극복되면서, 시와 현실의 간격이 좁혀짐)

Check Point

황석영 「삼포 가는 길」
- **갈래** : 단편소설
- **성격** : 사실주의
- **배경** : 1970년대 초반의 감천역을 향하는 시골길, 감천역
- **시점** : 3인칭 전지적 작가 시점
- **표현** : 간결한 문장과 대화, 생략법, 극적 제시방법
- **주제** : 급속한 산업화의 과정으로 정신적 고향을 상실한 현대인들의 애환
- **'삼포'의 의미** : 개발로 인해 더 이상 이전의 포근함을 느낄 수 없고, 삭막한 곳으로 변하게 될 두려움의 고향

4편

현대 문법

제1장

언어와 국어

제1절 언어의 이해

1. 언어의 본질

(1) 언어의 정의

언어는 음성과 문자를 형식으로 하여 일정한 뜻을 나타내는 사회적 성격을 띤 자의적 기호 체계이며, 창조력이 있는 무한한 개방적 기호 체계이다.

(2) 언어의 일반적 요소

① **주체** : 언어의 주체는 인간이다. → 호모 로퀜스(homo loquens, 언어적 인간)
② **형식** : 언어의 형식은 음성 기호이다.
③ **내용** : 언어의 내용은 의미(사상과 감정)이다.

(3) 언어의 주요 기능

① **정보 전달 및 보존 기능** : 말하는 이가 듣는 이에게 정보를 전달해 주는 기능 또한 언어를 통해 지식을 보존하고 축적하는 기능
② **표출적 기능** : 표현 의도나 전달 의도 없이 거의 본능적으로 사용하는 기능
③ **감화적(지령적) 기능** : 듣는 사람으로 하여금 특정 행동을 하도록 하는 기능
④ **미학적 기능** : 언어를 예술적 재료로 삼는 문학에서 주로 사용되는 기능으로 음성이 주는 효과를 중시
⑤ **표현적 기능** : 화자의 심리(감정이나 태도)를 표현하는 기능
⑥ **친교적 기능** : 말하는 이와 듣는 이의 친교를 돕는 기능
⑦ **관어적 기능** : 언어 수행에 필요한 매체로서 언어가 관계하는 기능

Check Point

인간의 학명
- **호모 사피엔스**(Homo sapiens) : 생각하는 인간
- **호모 로퀜스**(Homo loquens) : 언어적 인간
- **호모 파베르**(Homo faber) : 도구적 인간
- **호모 에렉투스**(Homo erectus) : 직립 인간
- **호모 루덴스**(Homo ludens) : 유희적 인간
- **호모 하빌리스**(Homo habilis) : 손을 이용하는 인간
- **호모 그라마티쿠스**(Homo grammaticus) : 문법적인 인간
- **호모 이코노미쿠스**(Homo economicus) : 경제적 인간

2. 언어의 특성

특성	내용
자의성	• 형식인 음성과 내용인 의미의 결합은 자의적 · 임의적 결합관계 • 지시되는 사물과 지시하는 기호 사이의 관계에 아무런 필연적 인과관계가 없음 예 동일 의미의 음성 형식이 다른 것 : 사랑(한국) – 愛(중국) – love(미국) 동음이의어, 이음동의어, 음성상징어(의성어 · 의태어), 시간에 따른 언어 변화(역사성) 등
사회성 (불가역성)	언어는 사회적 약속이므로 임의로 바꾸거나 변화시켜 사용할 수 없음 예 표준어의 지정 · 사용
기호성	의미를 내용으로 하고, 음성을 형식으로 하는 하나의 기호
창조성 (개방성)	언어를 통해 상상의 사물이나 관념적이고 추상적인 개념까지도 무한하게 창조적으로 표현 예 봉황, 용, 희망, 정의 등
분절성	연속되어 존재하는 사물을 불연속적인 것으로 인식하고 표현하는 것 → 언어의 불연속성 예 연속체인 계절의 개념을 '봄 – 여름 – 가을 – 겨울' 등으로 경계 지음
역사성 (가역성)	언어는 시간의 흐름에 따라 변화함 (신생 → 성장 → 사멸) 예 컴퓨터(생겨난 말), 어리다 : 어리석다 → 나이가 어리다(의미의 변화), 온 : 百(사라져 버린 말)
추상성	언어는 구체적인 낱낱의 대상에서 공통적 속성만을 뽑아내는 추상화 과정을 통해서 개념을 형성(즉, 개념은 언어에 의해서 분절이 이루어져 형성된 한 덩어리의 생각을 말함) 예 장미, 수선화, 벚꽃, 진달래, 국화 → 꽃

3. 언어의 구조

음운 → 형태소 → 단어 → 어절 → 문장 → 이야기의 단위들이 체계적으로 모여 이루어진 구조

제2절 국어의 이해

1. 국어의 개념

언어는 일반성과 함께 특수성을 가진 개별적 · 구체적 언어로서 국가를 배경으로 하며, 한 나라의 국민들이 공동으로 쓰는 말로서, 정치상 공식어이자 교육상 표준어를 의미한다. 원칙적으로 한 국가 안에서는 하나의 국어가 사용되지만, 경우에 따라 둘 이상이 사용되기도 한다.

Check Point

언어의 선택

- **개방적 선택** : 선택 가능한 항목이 비제한적이다. → 어휘 범주
- **폐쇄적 선택** : 선택 가능한 항목이 제한적이다. → 문법 범주(지시대명사, 능동 · 피동, 긍정 · 부정, 단수 · 복수 등)

Check Point

알타이어의 공통 특질

- 모음조화, 두음법칙, 음절의 끝소리 규칙 등이 일어난다.
- 성(性)의 구별, 관사 · 관계대명사 · 전치사가 없다.
- 수식어가 피수식어 앞에 온다.
- 실질형태소에 형식형태소가 붙는다.

2. 국어의 분류

계통상 분류	우랄 알타이어족(만주어, 몽고어, 터키어, 한국어, 일본어 등)에 속함
형태상 분류	첨가어(교착어 · 부착어)에 속함
문자상 분류	표음 문자, 단음 문자

3. 국어의 종류

<table>
<tr><td rowspan="4">어원에 따라</td><td colspan="2">고유어</td><td>우리 민족이 옛날부터 사용해 오던 토박이 말
예 생각, 고뿔, 고주망태, 후미지다</td></tr>
<tr><td rowspan="3">외래어</td><td rowspan="2">귀화어</td><td>차용된 후에 거의 우리말처럼 되어 버린 말
예 • 한자어 귀화어 : 종이, 글자, 점심, 채소, 어차피, 당연, 을씨년스럽다, 익숙하다
• 만주 · 여진어 귀화어 : 호미, 수수, 메주, 가위
• 몽골어 귀화어 : 매, 말, 송골, 수라
• 일본어 귀화어 : 냄비, 고구마, 구두
• 서구어 귀화어 : 가방, 깡통, 고무, 담배, 빵, 망토
• 범어(산스크리트어) 귀화어 : 절, 불타, 만다라, 중, 달마, 부처, 석가, 열반, 찰나 등</td></tr>
<tr></tr>
<tr><td>차용어</td><td>우리말로 되지 않고 외국어 의식이 조금 남아 있는 외래어
예 타이어, 빵, 오뎅</td></tr>
<tr><td rowspan="5">사회성에 따라</td><td colspan="2">표준어</td><td>한 나라의 기본 · 표준이 되는 말(교양 있는 사람들이 두루 쓰는 현대 서울말)</td></tr>
<tr><td colspan="2">방언</td><td>지역에 따라 각기 특이한 언어적 특징을 가진 말</td></tr>
<tr><td colspan="2">은어</td><td>어떤 특수한 집단에서 비밀을 유지하기 위해 사용하는 말
예 심마니, 히데기(雪), 왕초, 똘마니</td></tr>
<tr><td colspan="2">속어</td><td>통속적이고 저속한 말 예 큰집(교도소), 동그라미(돈), 짝퉁(가짜)</td></tr>
<tr><td colspan="2">비어</td><td>점잖지 못하고 천한 말 예 촌놈, 주둥아리, 죽여준다</td></tr>
</table>

꼭! 확인 기출문제

다음 중 고유어의 뜻풀이가 옳지 않은 것은? [서울시 9급 기출]

① 노느매기 : 물건을 여러 몫으로 나누는 일
❷ 비나리치다 : 갑자기 내린 비를 피하려고 허둥대다.
③ 가리사니 : 사물을 판단할 수 있는 지각이나 실마리
④ 던적스럽다 : 하는 짓이 보기에 매우 치사하고 더러운 데가 있다.

해 ② 비나리치다 : (사람이)아첨하여 가며 남의 환심을 사다.
비나리 : 걸립(乞粒)을 직업으로 하는 비나리패에 끼어 있는 사람. 동네 경비를 마련하기 위하여 각처로 돌아다니며 풍악을 쳐서 돈이나 곡식을 얻는 패에 끼어 있는 사람

4. 국어의 순화

(1) 국어 순화의 의미

외래어(외국어)나 비속어를 순수한 우리말 등을 활용하여 다듬는 것을 말한다.

(2) 국어 순화의 방법

① 비어, 속어, 은어를 삼가고 바른 말, 고운 말 사용

② 어려운 한자나 일본어 및 일본식 한자어는 쉬운 고유어로 바꾸고, 한문식 어투는 사용하지 않도록 함

③ 부정확한 문장은 어법에 맞는 정확한 문장으로 고침

(3) 국어 순화의 대상

① 어려운 한자어의 순화

한자어	순화어	한자어	순화어
가면무도회	탈놀이	가부동수	찬반 같음
가전(加錢)	웃돈	각선미	다리맵시
각반병	모무늿병	간석지	개펄
간선도로	중심도로, 큰 도로	간언(間言)	이간질
검인(檢印)	확인도장	게기하다	붙이거나 걸어서 보게 하다
견적하다	어림셈하다	공탁하다	맡기다
구랍(舊臘)	지난해 섣달	근속하다	계속 근무하다
기부채납	기부 받음, 기부받기	기장하다	장부에 적다
내사하다	은밀히 조사하다	법에 저촉(抵觸)되다	법에 걸리다
보결	채움	비산(飛散)먼지주의	날림 먼지 주의
병역을 필하다	병역을 마치다	사고 다발 지역	사고 잦은 곳
사실을 지득한 경우	사실을 안 경우	선하차 후승차	내린 다음 타기
순치(馴致)	길들이기	식별이 용이하다	알아보기 쉽다
약을 복용하다	약을 먹다	장물을 은닉하다	장물을 숨기다
적색등이 점등되다	빨간 등이 켜지다	전력을 경주하다	온 힘을 기울이다
지난(至難)한 일	매우 어려운 일	초도순시	처음 방문, 첫 방문

Check Point

국어 순화가 필요한 이유

- 말의 반작용 방지
- 말을 통한 민족의 자각과 결합의 촉진
- 인식을 걸러주는 '체'로서의 우리말의 기능 회복

한자어	순화어	한자어	순화어
촉수를 엄금하시오	손대지마시오	총기 수입(手入)	총기손질
콘크리트 양생중	콘크리트 굳히는 중	품행이 방정함	행실이 바름
화재를 진압하다	불을 끄다	화훼 단지	꽃 재배지

② 일본어의 순화

일본어	순화어	일본어	순화어
가께우동	가락국수	고참	선임자
공구리	콘크리트	기라성	빛나는 별
노가다	노동자	닭도리탕	닭볶음탕
명찰	이름표	백묵	분필
밴또	도시락	사라	접시
승강장	타는 곳	시다	보조원
야끼만두	군만두	오뎅	어묵
오봉	쟁반	와이로	뇌물
찌라시	선전물		

Check Point

일본식 서구어의 순화
- 가라오케 → 노래방
- 덴푸라 → 튀김
- 도라무통 → 드럼통
- 도라이바 → 드라이버, 나사돌리개
- 바께스 → 양동이
- 오바 → 외투, 겉옷
- 추리닝 → 운동복
- 타부 → 금기
- 화이바 → 안전모

③ 일본식 한자어의 순화

일본식 한자어	순화어	일본식 한자어	순화어	일본식 한자어	순화어
가일층(加一層)	더욱, 한층 더	가필(加筆)	고쳐 씀	간극(間隙)	틈
건폐율(建蔽率)	대지 건물 비율	게양(揭揚)하다	달다, 걸다	견본(見本)	본(보기)
견습	수습	고사(固辭)	끝내 사양함	고수부지(高水敷地)	둔치(마당)
고지(告知)	알림	공람(供覽)	돌려봄	과년도	지난해
괘도(掛圖)	걸그림	구락부	단체	구인(拘引)	끌어 감
구좌	계좌	급사	사환, 사동	나포하다	붙잡다
노견(路肩)	갓길	노임(勞賃)	품삯	담수어	민물고기
담합(談合)	짬짜미	대절(貸切)	전세	대하(大蝦)	큰새우, 왕새우
도료(塗料)	칠	독거노인	홀로 사는 노인	망년회	송년회, 송년모임
매장	판매장	매점(買占)	사재기	방불(彷佛)하다	거의 비슷하다
보정(補正)하다	바로잡다	부락(部落)	마을	선착장	나루터, 나루
선택사양	선택사항	수순, 수속	절차, 차례	수취(受取)	수령, 받음

일본식 한자어	순화어	일본식 한자어	순화어	일본식 한자어	순화어
시말서(始末書)	경위서	십장(什長)	반장, 작업반장	양복지	양복감
양체(兩替)	환전	어부인	부인	예인(曳引)하다	끌다
오지	두메(산골)	오찬	점심(모임)	요지	이쑤시개
이면도로	뒷길	이서	뒷보증, 배서	익일	이튿날
지분	몫	취사	밥 짓기, 부엌일	취조(取調)	문초
출산	해산	투기(投棄)하다	버리다	택배	집 배달, 문 앞 배달
할증료	웃돈, 추가금	행려사망	떠돌이 죽음	혹성	행성

④ 서구어의 순화

서구어	순화어	서구어	순화어
그린벨트	개발제한구역, 녹지대	데코레이션	장식(품)
러시아워	혼잡 시간	리사이클링	재활용
마타도어	흑색선전, 모략 선전	모니터링	감시, 검색
바캉스	여름 휴가, 휴가	백미러	뒷거울
부킹	예약	브랜드	상표
비하인드 스토리	뒷이야기	스타트	출발
스폰서	후원자, 광고 의뢰자	스프레이	분무(기)
써클	동아리	시드	우선권
아웃사이더	문외한, 국외자	에러	실수
엠티(M.T)	수련 모임	오리엔테이션	예비교육, 안내(교육)
워밍업	준비(운동), 몸 풀기	이미테이션	모조, 모방, 흉내
인테리어	실내 장식	카운터	계산대, 계산기
카탈로그	목록, 일람표	캐주얼	평상(복)
커트라인	한계선, 합격선	티타임	휴식 시간
파트타임	시간제 근무	펀드	기금
프러포즈	제안, 청혼	프리미엄	웃돈
하모니	조화	헤게모니	주도권
헤드라인	머리기사	호치키스	박음쇠
홈 시어터	안방극장	히든카드	숨긴 패, 비책

꼭! 확인 기출문제

다음 설명 중 옳지 않은 것은? [서울시 9급 기출]

❶ 하늘, 바람, 심지어, 어차피, 주전자와 같은 단어들은 한자로 적을 수 없는 고유어이다.
② 학교, 공장, 도로, 자전거, 자동차와 같은 단어들은 모두 한자로도 적을 수 있는 한자어이다.
③ 고무, 담배, 가방, 빵, 냄비와 같은 단어들은 외국에서 들어온 말이지만 우리말처럼 되어버린 귀화어이다.
④ 눈깔, 아가리, 주둥아리, 모가지, 대가리와 같이 사람의 신체 부위를 점잖지 못하게 낮추어 부르는 단어들은 비어(卑語)에 속한다.

해 ① 하늘 · 바람은 고유어이나, 심지어 · 어차피 · 주전자는 한자어이다.
심지어(甚至於) : 심하다 못하여 나중에는
어차피(於此彼) : 이렇거나 저렇거나 귀결되는 바
주전자(酒煎子) : 물을 끓이거나 데우는 데 쓰는 그릇
② 학교(學校), 공장(工場), 도로(道路), 자전거(自轉車), 자동차(自動車)는 모두 한자어이다.
③ 고무(프랑스, gomme), 담배(포르투갈, tabacco), 가방(네덜란드, kabas), 빵(포르투갈, pao), 냄비(일본, なべ, 鍋)에서 온 귀화어이다.
④ 비어는 품격이 낮은 상스러운 말이라는 의미로 상말이라고도 하며, 남을 하대하여 쓰기 때문에 하대어로도 불린다.
- 인체 : '머리 – 대갈(대갈통), 얼굴 – 상판대기, 입 – 아가리(주둥아리), 눈 – 눈깔, 배 – 배때기, 목 – 목아지'
- '바보 – 쪼다, 아버지 – 깨비(꼰상, 꼰대), (여자)애인 – 깔치, 증명서 – 찡, 웃는다 – 쪼갠다, 거짓말(하다) – 구라(깐다) · 후라이(깐다) · 공갈(친다) 등'

5. 국어의 특질

구분	내용
음운상 특질	• 두음법칙, 구개음화, 음절의 끝소리 규칙, 모음조화, 자음동화, 동화작용, 활음조, 연음현상 등 • 파열음과 파찰음은 예사소리, 된소리, 거센소리의 삼지적 상관속을 이룸 • 음의 장단이나 음상의 차이로 뜻이나 어감이 달라지며, 의미 분화가 일어남 • 외래어 중 한자어가 많음
어휘상 특질	• 높임말 발달 • 감각어, 의성어, 의태어 등 상징어 발달 • 친족관계를 표현하는 어휘 발달 • 문법적 관계를 나타내는 조사와 어미 발달 • 수식어는 피수식어 앞에 위치 • 서술어가 문장 맨 끝에 위치
문법상 특질	• 문장 요소를 생략하는 일이 많음 • 단어에 성과 수의 구별이 없음 • 관계대명사, 관사, 접속사 등이 없음 • 문장 구성 요소의 자리 이동이 비교적 자유로움 • 높임법 발달

Check Point

언어의 유형
- **교착어(첨가어)** : 뜻을 나타내는 실질형태소를 붙임으로써 문법적 관계를 나타내는 언어(한국어, 몽골어, 일본어, 터키어)
- **굴절어** : 실질형태소와 형식형태소의 구별이 뚜렷하지 않고, 어형의 변화로 어법 관계를 나타내는 언어(영어, 불어, 독일어, 산스크리트어)
- **고립어** : 형식형태소가 없이 오직 개념을 나타내는 말의 위치(어순)가 문법적 관계를 나타내는 언어(중국어, 태국어, 티베트어)
- **포합어** : 한 말(단어)로써 한 문장과 같은 형태를 가지는 언어(이누이트어, 아메리카 인디언어)
- **집합어** : 포합어보다 더 많은 성분이 한데 뭉쳐 한 문장처럼 쓰이는 말(아메리카 인디언어, 이누이트어)

6. 북한의 말과 글

남과 북은 오랜 세월에 걸친 분단 상황과 이념의 차이로 언어의 이질화가 심화되었다. 다음 표는 남한의 공통어인 '표준어'와 북한의 공통어인 '문화어'의 차이다.

구분	내용
문법 · 음운 면에서의 차이	• 표준어는 두음법칙을 인정, 문화어는 인정하지 않음 예 남한 – 노동신문, 북한 – 로동신문 • 표준어는 자음동화를 인정, 문화어는 인정하지 않음 예 남한 – 강릉[강능], 북한 – 강릉[강릉] • 문화어는 표준어보다 파생법이 생산적이어서 접사나 보조용언을 많이 사용 • 표준어에서는 대체로 낮은 억양으로 말하는 데 비해, 문화어에서는 높은 데서 낮은 데로 떨어지는 억양을 반복 • 표준어에서는 부드럽게 말을 하지만, 문화어에서는 단어나 어절을 끊어서 말하는 경향이 있음 • 문화어는 복수 접미사 '들'을 많이 사용하며, 표준어에 없는 특이한 구문 사용
어휘 면에서의 차이	• 의미는 같지만 말이 다른 경우 : 표준어는 한자어와 외래어가 많은 반면, 문화어는 고유어를 주로 사용 예 남한 – 인물화, 북한 – 사람그림 • 말은 같지만 의미가 다른 경우 : 남한에서의 '동무'는 '친하게 어울리는 사람'인 반면, 북한에서의 '동무'는 '로동계급의 혁명 위업을 이룩하기 위하여 혁명 대오에서 함께 싸우는 사람'이란 뜻 • 북한에는 사회주의 체제에 따른 신조어가 많음 예 밥공장, 인민 배우
맞춤법에서의 차이	• 문화어의 한글 자모 차례와 명칭은 표준어와 다름 • 문화어는 사이시옷을 쓰지 않고, 두음법칙 인정하지 않음 • 문화어는 붙여쓰기를 위주

Check Point

북한은 언어 자체의 성격보다 사회주의 혁명과 건설의 무기라는 수단적인 측면을 강조하여 이념을 선전 · 선동하고 있다.

참고

남북한의 언어 비교

남한	북한	남한	북한	남한	북한
게시판	알림판	골키퍼	문지기	뭉게구름	더미구름
그늘	능쪽	꾀병	건병	미혼모	해방처녀
냉주스	찬단물	노크	손기척	볶음밥	기름밥
단잠	쪽잠	도시락	곽밥	셋방살이	동거살이
떡고물	떡보숭이	디딤돌	구팡돌	출입문	나들문
개고기	단고기	공무원	정무원	대중가요	군중가요
식혜	밥감주	장모	가시어머니	커튼	주름막

제2장

문법의 체계

제1절 음운론

1. 음운의 개념

말의 뜻을 구별해 주는 최소의 소리 단위로 자음과 모음의 변화를 통해 단어의 의미가 달라짐

(1) 분절 음운

자음, 모음과 같이 분절되는 음운(음소)

① **모음** : 발음기관의 장애를 받지 않고 순조롭게 나오는 소리(21개)

㉠ **단모음** : 발음할 때 입술이나 혀가 고정되어 움직이지 않는 모음(10개)

구분	전설모음		후설모음	
	평순	원순	평순	원순
고모음	ㅣ	ㅟ	ㅡ	ㅜ
중모음	ㅔ	ㅚ	ㅓ	ㅗ
저모음	ㅐ		ㅏ	

㉡ **이중모음** : 발음할 때 입술 모양이나 혀의 위치가 처음과 나중이 달라지는 모음(11개) → ㅑ, ㅒ, ㅕ, ㅖ, ㅘ, ㅙ, ㅛ, ㅝ, ㅞ, ㅠ, ㅢ

기출 Plus 서울시 9급 기출

01. 아래의 단어에 공통으로 적용된 음운 변동은?

- 꽃내음[꼰내음]
- 바깥일[바깐닐]
- 학력[항녁]

① 중화
② 첨가
③ 비음화
④ 유음화

해 '비음화(鼻音化)'란 끝소리가 파열음인 음절 뒤에 첫소리가 비음인 음절이 연결될 때, 앞 음절의 파열음이 비음인 'ㄴ, ㅁ, ㅇ' 중의 하나로 바뀌는 현상이다.

답 01 ③

② **자음** : 발음기관의 장애를 받고 나는 소리(19개)

소리 내는 방법 \ 소리 내는 자리		입술소리 (순음)	혀끝소리 (설단음)	구개음	연구개음	목청소리 (후음)
안울림 소리 (무성음)	파열음	ㅂ, ㅃ, ㅍ	ㄷ, ㄸ, ㅌ		ㄱ, ㄲ, ㅋ	
	파찰음			ㅈ, ㅉ, ㅊ		
	마찰음		ㅅ, ㅆ			ㅎ
울림 소리 (유성음)	비음	ㅁ	ㄴ		ㅇ	
	유음		ㄹ			

기출 Plus 국가직 9급 기출

02. 설명이 옳지 않은 것은?
① 'ㄴ, ㅁ, ㅇ'은 유음이다.
② 'ㅅ, ㅆ, ㅎ'은 마찰음이다.
③ 'ㅡ, ㅓ, ㅏ'는 후설 모음이다.
④ 'ㅟ, ㅚ, ㅗ, ㅜ'는 원순 모음이다.

해 'ㄴ, ㅁ, ㅇ'은 '비음'이다. '유음'에 해당하는 것은 'ㄹ'이다.

(2) 비분절 음운

소리의 장단과 높낮이, 세기 등으로 말의 뜻을 분화시킴

① **짧은소리** : 말[馬, 斗], 눈[眼], 밤[夜], 성인[成人], 가정[家庭]

② **긴소리** : 말:[言], 눈:[雪], 밤:[栗], 성:인[聖人], 가:정[假定]

2. 음운의 변동

(1) 음운의 교체

① **음절의 끝소리 규칙** : 음절의 끝소리가 'ㄱ, ㄴ, ㄷ, ㄹ, ㅁ, ㅂ, ㅇ' 중 하나로 바뀌어 발음되는 현상

② 이 7가지 이외의 자음이 끝소리 자리에 오면, 7가지 중 하나로 바뀌어 발음된다. 예 낮[낟], 앞[압]

③ 끝소리에 두 개의 자음이 올 때, 둘 중 하나로 소리난다. 예 넋[넉], 값[갑]

(2) 음운의 동화

① **자음동화** : 음절의 끝 자음이 그 뒤에 오는 자음과 만날 때 서로 같아지거나 비슷하게 바뀌는 현상

㉠ 비슷한 자음으로 바뀌는 경우 예 국물[궁물], 정릉[정능]

㉡ 같은 소리로 바뀌는 경우 예 신라[실라], 칼날[칼랄], 광한루[광할루]

㉢ 두 소리 모두 변하는 현상 예 백로[뱅노], 십리[심니], 독립[동닙]

② **구개음화** : 끝소리가 'ㄷ, ㅌ'인 음운이 'ㅣ'모음을 만나 센 입천장 소리 'ㅈ, ㅊ'으로 바뀌어 발음되는 현상 예 해돋이[해도지], 같이[가티 → 가치]

③ **모음동화** : 'ㅏ, ㅓ, ㅗ, ㅜ' 뒤 음절에 전설모음 'ㅣ'가 오면 'ㅐ, ㅔ, , ㅟ'로 변하는 현상 예 아비[애비], 어미[에미], 고기[괴기]

Check Point

음운 변동의 유형
- **교체** : 어떤 음운이 형태소의 끝에서 다른 음운으로 바뀌는 현상
  예 음절의 끝소리 규칙
- **동화** : 한 쪽의 음운이 다른 쪽 음운의 성질을 닮아 가는 현상
  예 자음동화, 구개음화, 모음 동화, 모음조화
- **축약** : 두 음운이 하나의 음운으로 줄어드는 현상
  예 자음축약, 모음축약
- **탈락** : 두 음운 중 어느 하나가 없어지는 현상
  예 자음탈락, 모음탈락
- **첨가** : 형태소가 합성될 때 그 사이에 음운이 덧붙는 현상
  예 사잇소리 현상

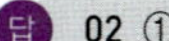
답 02 ①

④ **모음조화** : 양성모음(ㅗ, ㅏ)은 양성모음끼리, 음성모음(ㅓ, ㅜ, ㅡ)은 음성모음끼리 어울리는 현상으로 의성어와 의태어에서 뚜렷이 나타남 예 알록달록/얼룩덜룩, 촐랑촐랑/출렁출렁

⑤ **원순모음화** : 순음 'ㅁ, ㅂ, ㅍ'의 영향을 받아서 평순모음인 'ㅡ'가 원순모음인 'ㅜ'로 바뀌는 현상

⑥ **전설모음화** : 치음인 'ㅅ, ㅈ, ㅊ'의 바로 밑에 있는 'ㅡ(후설모음)'가 치음의 영향으로 'ㅣ(전설모음)'로 변하는 현상 예 즛>짓, 거츨다>거칠다

⑦ **연구개음화** : 'ㄴ, ㄷ, ㅁ, ㅂ'이 연구개음인 'ㄱ, ㅇ, ㅋ, ㄲ'을 만나 연구개음으로 잘못 발음 하는 현상 예 옷감>옥깜, 한강>항강

⑧ **양순음화** : 'ㄴ, ㄷ'이 양순음인 'ㅂ, ㅃ, ㅍ, ㅁ'를 만나 양순음으로 잘못 발음하는 현상 예 신문>심문, 꽃바구니>꼽빠구니

Check Point

한글 맞춤법 38항

'ㅏ, ㅗ, ㅜ, ㅡ' 뒤에 '-이어'가 어울려 줄어질 적에는 준 대로 적는다.

예 싸이어 → 쌔여/싸여, 누이어 → 뉘어/누여, 꼬이어 → 꾀어/꼬여, 보이어 → 뵈어/보여

(3) 음운의 축약과 탈락

① **음운의 축약** : 두 음운이 합쳐져서 하나의 음운이 되는 현상

㉠ **자음축약** : 'ㄱ, ㄷ, ㅂ, ㅈ'이 'ㅎ'과 만나 거센소리 'ㅋ, ㅌ, ㅍ, ㅊ'으로 발음되는 현상 예 좋고[조코], 많다[만타], 잡히다[자피다]

㉡ **모음축약** : 'ㅣ'나 'ㅗ, ㅜ'가 다른 모음과 결합해 이중모음이 되는 현상 예 뜨+이다 → 띄다, 되+어 → 돼, 오+아서 → 와서

② **음운의 탈락** : 두 형태소가 만나면서 한 음운이 아예 발음되지 않는 현상

㉠ 자음탈락 예 울-+-는 → 우는, 딸+님 → 따님

㉡ 모음탈락 예 가-+-아서 → 가서

㉢ 'ㅡ' 탈락 예 쓰-+-어 → 써, 따르-+-아 → 따라

㉣ 'ㄹ' 탈락 예 불나비 → 부나비, 가을내 → 가으내

㉤ 'ㅎ' 탈락 예 좋은[조은], 낳은[나은]

지방직 9급 기출

03. 밑줄 친 부분이 어법에 맞는 것은?

① 이 가곡의 노래말은 아름답다.
② 그 집의 순대국은 아주 맛있다.
③ 하교길은 늘 아이들로 북적인다.
④ 선생님은 간단한 인사말을 건넸다.

해 '인사말'은 '인사'와 '말'이 결합하여 [인사말]로 발음되므로 사이시옷을 받쳐 적지 않고 '인사말'로 적어야 한다.

(4) 된소리와 사잇소리 현상

① 된소리 되기(경음화)

㉠ 받침 'ㄱ(ㄲ, ㅋ, ㄳ, ㄺ), ㄷ(ㅅ, ㅆ, ㅈ, ㅊ, ㅌ), ㅂ(ㅍ, ㄼ, ㄿ, ㅄ)' 뒤에 연결되는 예사소리는 된소리로 발음한다. 예 국밥[국빱], 옷고름[옫꼬름], 낯설다[낟썰다], 넓죽하다[넙쭈카다], 값지다[갑찌다], 입고[입꼬]

㉡ 'ㄹ'로 발음되는 어간 받침 'ㄼ, ㄾ'이나 관형사형 '-ㄹ' 뒤에 연결되는 예사소리는 된소리로 발음한다. 예 넓게[널께], 핥다[할따]

㉢ 끝소리가 'ㄴ, ㅁ'인 용언 어간에 예사소리로 시작되는 활용어미가 이어지면 그 소리는 된소리로 발음된다. 예 넘고[넘꼬], 더듬지[더듬찌], 넘더라[넘떠라]

 03 ④

② 사잇소리 현상

㉠ 두 개의 형태소 또는 단어가 합쳐져서 합성 명사를 이룰 때, 앞말의 끝소리가 울림소리이고 뒷말의 첫소리가 안울림 예사소리이면 뒤의 예사소리가 된소리로 변하는 현상 예 문-고리[문꼬리], 눈-동자[눈똥자], 손-재주[손째주], 그믐-달[그믐딸], 초-불[초뿔], 강-줄기[강쭐기], 강-가[강까], 밤-길[밤낄]

㉡ 합성어에서, 뒤에 결합하는 형태소의 첫소리로 'ㅣ, ㅑ, ㅕ, ㅛ, ㅠ' 등의 소리가 올 때 'ㄴ'이 첨가되는 현상이나, 앞말이 모음으로 끝나 있고, 뒷말이 'ㄴ, ㅁ'으로 시작되면 'ㄴ' 소리가 덧나는 현상 예 꽃+잎[꼰닙], 집+일[짐닐], 물+약[물략], 코+날[콘날], 이+몸[인몸]

(5) 두음법칙과 활음조 현상

① **두음법칙** : 첫음절 첫소리에 오는 자음이 본래의 음가를 잃고 다른 음으로 발음되는 현상

㉠ 'ㄹ → ㄴ' 예 락원(樂園) → 낙원, 래일(來日) → 내일, 로인(老人) → 노인

㉡ 'ㅣ' 모음이나 'ㅣ' 선행 모음 앞에서 'ㄹ'과 'ㄴ'이 탈락

- 'ㄹ' 탈락 예 리발(理髮) → 이발, 력사(歷史) → 역사
- 'ㄴ' 탈락 예 녀자(女子) → 여자, 닉사(溺死) → 익사

예외적으로 'ㄴ'이나 '모음' 다음에 오는 '렬'과 '률'은 '열'과 '율'로 된다.

예 나렬(羅列) → 나열, 환률(換率) → 환율

② **활음조 현상** : 듣기 좋고 말하기 부드러운 소리로 변화시키는 현상

㉠ 'ㄴ → ㄹ' 예 한아버지 → 할아버지, 한나산(漢拏山) → 한라산, 희노(喜怒)[희로]

㉡ 'ㄴ' 첨가 예 그양 → 그냥, 마양 → 마냥

㉢ 'ㄹ' 첨가 예 지이산(智異山) → 지리산, 폐염(肺炎) → 폐렴

제2절 형태론

1. 단어와 형태소

(1) 문법 단위

① 문장 : 이야기의 기본 단위 예 동생이 빠르게 걷고 있다.

② 어절 : 문장을 구성하고 있는 마디 예 동생이 / 빠르게 / 걷고 / 있다.

③ 단어 : 일정한 뜻을 가지는 말의 최소 단위 예 동생 / 이 / 빠르게 / 걷고 / 있다.

④ 형태소 : 뜻을 가진 가장 작은 말의 단위 예 동생 / 이 / 빠르 / 게 / 걷 / 고 / 있 / 다.

(2) 형태소

기준	종류	의미	문법요소
자립성 여부에 따라	자립형태소	홀로 쓰일 수 있는 형태소	명사, 대명사, 수사, 관형사, 부사, 감탄사 예 꽃, 나비
	의존형태소	자립형태소에 붙어서 쓰이는 형태소	조사, 접사, 용언의 어간 · 어미 예 -의, -는, 먹-, -다, -이
의미 여부에 따라	실질형태소	구체적 대상이나 상태를 나타내는 실질적 의미를 지닌 형태소	자립형태소 모두, 용언의 어간 예 강, 낮-
	형식형태소	문법적 관계나 의미만을 더해주는 형태소	조사, 접사, 용언의 어미 예 -가, -았-, -다

(3) 단어

자립할 수 있거나, 자립형태소에 붙어서 쉽게 분리되는 말

① 홀로 자립하는 말 : 체언, 수식언, 감탄사

② 자립형태소와 쉽게 분리되는 말 : 조사(하나의 단어로 취급됨)

③ 의존형태소끼리 어울려 자립하는 말 : 용언의 어간+접사

2. 단어의 형성

(1) 단일어

하나의 어근으로 된 단어 예 집, 하늘, 맑다

(2) 파생어

어근의 앞이나 뒤에 파생접사가 붙어서 만들어진 단어

Check Point

문법의 기본 단위 크기 순서

음소(음운) → 음절 → 형태소 → 단어 → 어절 → 구 → 절 → 문장 → 이야기

Check Point

매개 모음 '-으-'는 형태소 자격이 없다.

형태소란 뜻을 가진 최소의 단위인 까닭에 '-으-'가 실질적, 형식적 기능을 해야만 형태소라고 할 수 있다. 그런데 '-으-'는 홀로 실질적 의미를 갖지 못하며, 실질형태소에 붙더라도 말과 말 사이에서 문법적 기능을 전혀 하지 못한다. 다만 발음의 편의상 들어가기 때문에 형태소가 아니다. 예 먹다 → 먹으니, 먹으면, 먹으나

선어말어미 '-었-'은 형태소다.

'먹었다'와 '먹겠다'를 비교해 보면, '-었-'을 넣으면 과거의 의미가 있고, '-겠-'은 미래 혹은 의지의 의미를 담고 있다. 그러므로 선어말어미 '-었-'을 형태소로 취급해야 한다.

자립형태소

'사랑스럽다, 적막하다, 번쩍거리다'와 같이 용언의 어근 중 어간과 일치하지 않는 '사랑-, 적막-, 번쩍-' 등은 자립형태소이다.

① 접두사에 의한 파생어 예 군말, 짓밟다, 헛고생, 풋사랑, 엿듣다, 샛노랗다

② 접미사에 의한 파생어

㉠ 어근의 뜻을 제한하는 경우

예 구경꾼, 살림꾼, 풋내기, 시골내기, 사람들, 밀치다

㉡ 품사를 바꾸는 경우

예 가르침, 걸음, 물음, 슬픔, 말하기, 읽기, 크기, 공부하다, 구경하다, 이용되다, 가난하다, 값지다, 어른답다, 많이, 없이, 끝내

(3) 합성어

① 합성법의 유형에 따라(합성어 형성 방법에 따른 분류)

㉠ 통사적 합성어 : 우리말의 문장이나 구절의 배열 구조, 즉 통사적 구성과 일치하는 합성어 예 밤낮, 새해, 젊은이, 큰집, 작은아버지, 장가들다, 애쓰다, 돌아가다, 앞서다, 힘쓰다, 돌다리, 곧잘

㉡ 비통사적 합성어 : 우리말의 문장이나 단어의 배열 구조, 즉 통사적 구성과 일치하지 않는 합성어 예 높푸르다, 늦잠, 부슬비, 굳세다, 검푸르다, 굶주리다, 산들바람

② 합성법의 의미에 따라(합성어의 종류)

㉠ 병렬 합성어(대등 합성어) : 단어나 어근이 원래의 뜻을 유지하면서 대등하게 연결된 말 예 마소(馬牛)

㉡ 유속 합성어(종속 합성어) : 단어나 어근이 서로 주종 관계(수식 관계)로 연결되어 '의'를 넣을 수 있는 말 예 밤나무, 소금물, 싸움터

㉢ 융합 합성어 : 단어와 어근이 본래의 의미를 상실하고, 새로운 제3의 뜻으로 바뀌어진 말 예 春秋(나이), 돌아가다(죽다), 밤낮

통사적 합성어와 비통사적 합성어의 유형

㉠ 통사적 합성어
- 명사+명사 예 논밭, 눈물
- 관형어+체언 예 첫사랑, 새해, 군밤, 어린이
- 조사가 생략된 유형 예 본받다, 힘들다, 애쓰다, 꿈같다
- 연결어미로 이어진 경우(어간+연결어미+어간) 예 뛰어가다, 돌아가다, 찾아보다
- 부사+부사 예 곧잘, 더욱더, 이리저리
- 부사+용언 예 앞서다, 잘나다, 못나다, 그만두다

㉡ 비통사적 합성어
- 관형사형 어미가 생략된 경우(어근+명사) 예 검버섯(검은+버섯)
- 용언의 연결어미('아 · 어 · 게 · 지 · 고')가 생략된 경우 예 굳세다(굳고+세다)
- 부사가 직접 명사를 수식하는 경우(부사+명사) 예 부슬비, 산들바람, 척척박사

서울시 9급 기출

01. 아래에 제시된 단어들과 단어 형성 원리가 같은 것은?

> 개살구, 헛웃음, 낚시질, 지우개

① 건어물(乾魚物)
② 금지곡(禁止曲)
③ 한자음(漢字音)
④ 핵폭발(核爆發)

해 '개(접사)+살구(어근)', '헛(접사)+웃음[웃-+-음(어근+접사)]', '낚시(접사)+질(어근)', '지우-+-개'와 같이 접사와 어근 또는 어근과 접사의 결합으로 이루어진 파생어이다.

지방직 9급 기출

02. 비통사적 합성어로만 묶인 것은?

① 열쇠, 새빨갛다
② 덮밥, 짙푸르다
③ 감발, 돌아가다
④ 젊은이, 가로막다

해 통사적 합성어는 우리말의 일반적인 단어 배열법과 일치하는 합성어이고, 비통사적 합성어는 우리말의 일반적인 단어 배열법에서 벗어난 합성어이다. '덮밥'은 용언의 어간+명사로 구성되며 관형사형 어미 '-은'이 생략된 비통사적 합성어이고, '짙푸르다'는 어간+어간으로 구성되며 연결 어미 '-고'가 생략된 비통사적 합성어이다.

답 01 ① 02 ②

3. 품사

Check Point

품사의 자립성
감탄사>체언>용언>부사>관형사>조사(의존어)

(1) 품사의 개념

문법적 성질이 공통된 것끼리 모아 놓은 단어의 갈래

(2) 품사의 종류

형태적	통사적	의미적	기능적
불변어	체언	명사, 대명사, 수사	주어, 목적어, 보어
	수식언	관형사, 부사	수식어
	독립언	감탄사	독립어
	관계언	조사	성분 간의 관계 표시
가변어	용언	동사, 형용사	주로 서술어

Check Point

고유명사의 특징
- 고유명사는 복수 접미사나 관형사와 어울릴 수 없다.
- 고유명사는 수(數)와 관련된 말과 결합하지 않는다.
  예 두 백제가, 설악산마다
- 고유명사가 복수형을 취하여 보통명사가 되기도 한다.
  예 우리는 장래의 세종대왕들을 기다린다.

① **명사** : 구체적인 대상이나 사물의 명칭을 표시하는 단어

쓰이는 범위에 따라	보통명사	같은 종류의 사물에 두루 쓰이는 명사
	고유명사	특정한 사람이나 물건에 붙여진 이름
자립성 유무에 따라	자립명사	다른 말의 도움을 받지 않고 여러 성분으로 쓰이는 명사
	의존명사	의미가 형식적이어서 다른 말 아래에 쓰이는 명사

의존명사와 조사·어미와의 구별
- **의존명사와 조사의 구별** : 조사는 체언 뒤에 오며 체언과 붙여 쓰지만, 의존명사는 용언의 관형사형 뒤에 오며 띄어 씀 예 너만큼(조사), 하나뿐(조사) / 하는 만큼(의존명사), 먹는 대로(의존명사)
- **의존명사와 어미의 구별** : 어미는 어간 뒤에 붙여 쓴다는 점에서 구별됨 예 구름에 달 가듯이(어미) / 씻은 듯이(의존명사)

② **대명사** : 사람의 이름, 장소, 사건 등을 대신하여 가리키는 단위

인칭대명사	1인칭 대명사	말하는 이를 가리킴 예 나, 우리, 저, 저희
	2인칭 대명사	듣는 이를 가리킴 예 너, 자네, 그대, 당신
	3인칭 대명사	다른 사람을 가리킴 예 저이, 그이, 그분, 이분, 이이
	미지칭 또는 부정칭 대명사	• 미지칭 대명사 예 어느, 누구 • 부정칭 대명사 예 아무, 누구, 어느
지시대명사	사물대명사	사물을 대신하여 가리킴 예 이것, 무엇, 아무것
	처소대명사	처소나 방향을 가리킴 예 거기, 어디

③ 수사 : 명사의 수량이나 순서를 가리키는 단위

㉠ 양수사 : 수량을 가리키는 단어 예 하나, 열, 일, 이, 백

㉡ 서수사 : 순서를 가리키는 수사 예 첫째, 둘째, 제일, 제이

구분	명 사	대명사	수 사
관형사의 수식	받음	받지 못함	받지 못함
형용사의 수식	받음	받음	받지 못함

④ 조사

㉠ 격조사 : 체언 뒤에서 선행하는 체언에 문법적 기능을 부여하는 조사

구분	내용
주격 조사	• 선행하는 체언에 주어의 자격을 부여하는 조사 • 이/가, 은/는, 께서, 이서, 에서, ~서 예 책이 한 권 있다. 친구는 곧장 집으로 갔다. 둘이서 놀았다. 정부에서 구호품을 지급했다.
서술격 조사	'체언+~(이)다'의 형태로 사용되는 격조사로, 활용을 하는 특성을 지님 예 나는 학생이다.
목적격 조사	체언이 타동사의 목적어가 되게 하는 격조사('을/를') 예 그는 수영을 잘한다.
보격 조사	• 체언에 보어의 자격을 부여하는 격조사 • 이/가('되다', '아니다' 앞에 위치) 예 그녀는 교사가 되었다. 학생들은 실험 대상이 아니다.
관형격 조사	다음에 오는 체언을 수식하는 격조사('의') 예 나의 조국, 철수의 차
부사격 조사	• 선행하는 체언에 부사의 자격을 부여하는 동사 • 에게(에), 에서, 한테 : '처소', '소유', '때'를 나타냄 예 집에서 공부한다. 너한테 주었다. • 에(게), (으)로, 한테 : '지향', '방향', '낙착'을 나타냄 예 집에 돌아왔다. 학교로 갔다. • 에(게)서, 한테서 : '출발'을 나타냄 예 집에서 왔다. 영희한테 그 말을 들었다. • 에, 으로 : '원인', '이유'를 나타냄 예 기침 소리에 잠을 깼다. 병으로 앓아 누었다. • 으로(써) : '재료(원료)', '도구(방법)', '경로'를 나타냄 • 으로(서) : '자격(지위 · 신분)'을 나타냄 • (으)로 : '변화(변화 방향)'를 나타냄 예 물이 얼음으로 되었다. • 와/과, 하고 : '동반'을 나타냄 예 그는 그 노인과 같이 갔다. • 와/과, 보다, 처럼, 만큼 : '비교'를 나타냄 예 그는 나와 동갑이다. 배보다 배꼽이 크다.
호격 조사	부름의 자리에 놓여 독립어의 자격을 부여하는 격조사 예 님이여. 동수야.

㉡ 보조사 : 체언 뒤에서 선행하는 체언에 특정한 의미를 부여하는 조사

• 은/는 : '대조' 또는 '주체'를 나타냄

Check Point

수사의 특징

• 수사는 복수 표시를 할 수 없다.
• 한 문장에서 명사, 대명사, 수사가 같은 성분으로 쓰일 때는 '대+명+수'의 순으로 놓는다.
예 우리 한국인 칠천만

기출 Plus 국가직 9급 기출

03. 밑줄 친 것 중 보조사인 것은?

① 이 물건은 시장에서 사 왔다.
② 개는 늑대와 비슷하게 생겼다.
③ 그것은 교사로서 할 일이 아니다.
④ 나는 거칠 것 없는 바다의 사나이다.

해 ④의 '는'은 체언 뒤에서 선행하는 체언에 의미를 부여하는 보조사이다. 여기서는 체언이 주체임을 나타낸다.
①·② 모두 격조사(부사격 조사)에 해당한다.
③ '로서'는 체언의 자격이나 지위, 신분을 나타내는 격조사(부사격 조사)이다.

답 03 ④

- 도 : '동일', '첨가'를 나타냄
- 만/뿐 : '단독', '한정'을 나타냄
- 까지/마저/조차 : '미침', '추종', '극단(한계)' 또는 '종결'을 나타냄
- 부터 : '시작', '출발점'을 나타냄
- 마다 : '균일'을 나타냄
- (이)야 : '필연', '당위'를 나타냄
- 야(말로) : '한정'을 나타냄
- 커녕/(이)나 : '불만'을 나타냄 예 사람은커녕 개미 한 마리도 없더라.
- 밖에 : '더 없음'을 나타냄 예 믿을 사람이라고는 너밖에 없다.
- (이)나 : '최후 선택'을 나타냄
- 든지 : '수의적 선택'을 나타냄

ⓒ 접속조사
- 단어나 문장을 대등하게 연결하는 조사
- 와/과, ~하고, 에(다), (이)며, (이)랑, (이)나

⑤ 동사와 형용사

㉠ 동사 : 문장의 주체가 되는 사람의 동작이나 자연의 작용을 표시

㉡ 형용사 : 사물의 속성이나 상태를 표시

Check Point

동사/형용사의 구별
- 동작을 의미하는 어미와 결합하면 동사, 결합할 수 없으면 형용사
- 명령형, 청유형 어미와 결합하면 동사, 그렇지 않으면 형용사
- 동작의 양상과 결합하면 동사, 그렇지 않으면 형용사
- '없다, 계시다, 아니다'는 형용사
- '있다'는 동사, 형용사로 통용

본용언과 보조용언
- **본용언** : 뚜렷한 의미와 자립성을 가진 용언으로, 단독으로 서술어가 될 수 있음 예 공부를 하다.
- **보조용언** : 자립성이 없거나 희박하여 단독으로 문장의 서술어가 될 수 없고, 본용언의 문법적 의미를 보조하는 역할을 수행 예 공부를 해야 한다.(본용언+보조용언)

용언의 활용

㉠ **활용의 의미** : 문법적 관계를 표시하기 위해 용언의 어간 또는 어미를 다른 형태로 바꾸는 것

㉡ **규칙 활용** : 활용 시 형태 변화가 없거나 형태가 변화가 있어도 보편적인 음운 규칙으로 설명되는 활용
- 형태가 바뀌지 않는 경우 예 먹다 : 먹어, 먹어라
- 형태가 바뀌는 경우

유형	내용
'ㄹ' 탈락	어간의 끝이 'ㄹ'인 용언 다음에 'ㄴ, ㄹ/-ㄹ수록, ㅂ, ㅅ, -(으)ㄹ, (으)오' 등이 오는 경우 용언의 'ㄹ'이 탈락함 예 밀다 → 미시오/미십시다, 살다 → 사네/사세/살수록(살+ㄹ수록 → 살수록)
'ㅡ' 탈락	다음에 모음이 오는 경우 'ㅡ'가 탈락함 예 잠그다 → 잠가, 담그다 → 담가, 들르다 → 들러, 바쁘다 → 바빠, 치르다 → 치러

ⓒ **불규칙 활용** : 생략되는 것이 국어의 음운 형상으로 설명될 수 없는 활용(일반적인 국어 문법으로 설명이 불가능한 변화)

유형	내용	형태
ㅅ 불규칙	어간의 끝소리 'ㅅ'이 모음 앞에서 탈락함 예 붓다 → 부어, 잇다 → 이어, 짓다 → 지어	어간이 바뀌는 불규칙 용언
ㄷ 불규칙	어간의 끝소리 'ㄷ'이 모음 앞에서 'ㄹ'로 바뀜 예 걷다 → 걸어, 묻다 → 물어, 싣다 → 실어	
ㅂ 불규칙	어간의 끝소리 'ㅂ'이 모음 앞에서 '오/우'로 바뀜 예 곱다 → 고와, 눕다 → 누워, 돕다 → 도와, 줍다 → 주워	
르 불규칙	어간의 끝소리 'ㅡ'가 탈락하고 'ㄹ'이 덧 생김 예 가르다 → 갈라, 누리다 → 눌러, 부르다 → 불러, 오르다 → 올라, 흐르다 → 흘러	
우 불규칙	어간의 끝소리 '우'가 사라짐 예 푸다 → 퍼(하나뿐임)	
여 불규칙	어미의 첫소리 '아/어'가 '여'로 바뀜 예 -하다 → -하여	어미가 바뀌는 불규칙 용언
러 불규칙	어미의 첫소리 '어'가 '러'로 바뀜 예 이르다(至, 도달하다) → 이르러, 푸르다 → 푸르러	
너라 불규칙	명령형 어미 '아라/어라'가 '너라'로 바뀜 예 오다 → 오너라	
ㅎ 불규칙	어간의 'ㅎ'이 탈락하고 어미의 '아/어'가 '애/에'로 바뀜 예 빨갛다 → 빨개서/발개지다, 하얗다 → 하얘서/하얘지다	어간 · 어미가 모두 바뀌는 것

꼭! 확인 기출문제

밑줄 친 단어의 품사를 같은 것끼리 묶은 것은? [국가직 9급 기출]

- 쌍둥이도 서로 성격이 ㉠ 다른 법이다.
- 날씨가 건조하면 나무가 잘 ㉡ 크지 못한다.
- 남부 지방에 홍수가 ㉢ 나서 많은 수재민이 생겼다.
- 그 사람이 농담은 하지만 ㉣ 허튼 말은 하지 않는다.
- 상대에게 자유를 주는 것이 진정한 사랑이 ㉤ 아닐까?

① ㉠, ㉡ ❷ ㉡, ㉢
③ ㉢, ㉣ ④ ㉣, ㉤

해 ② '다른'은 서술성이 있는 형용사의 관형사형으로, 용언 '다르다'의 활용형이다. 따라서 품사는 형용사이다.

⑥ **관형사** : 체언 앞에 놓여서 그 내용을 자세하게 꾸며 주는 말로 조사가 붙지 않고, 어미가 붙어 활용하지 않음

㉠ **성상관형사** : 체언이 가리키는 사물의 성질이나 상태를 '어떠한'의 방식으로 꾸며 줌

Check Point

어미의 의미와 종류
- **어미의 의미** : 어간 다음에 위치하여 문법적 기능을 하는 형태소를 뜻하며, '용언의 어간+선어말 어미+어말 어미'의 순서로 구성됨
- **선어말 어미** : 어간과 어말 어미 사이에서 시제나 높임, 공손 등을 표시하는 어미
- **어말 어미** : 어간이나 선어말 어미 뒤에 위치하는 어미로, 문장의 종결 또는 연결 시 반드시 필요한 요소가 됨
- 예 선생님께서 오셨다.
  오(어간)+시(높임 선어말 어미)+었(시제 선어말 어미)+다(어말 어미)

서울시 9급 기출

04. 밑줄 친 부분의 품사가 다른 하나는?

① 옷 색깔이 아주 밝구나!
② 이 분야는 전망이 아주 밝단다.
③ 내일 날이 밝는 대로 떠나겠다.
④ 그는 예의가 밝은 사람이다.

해 '밝는'은 '밤이 지나고 환해지며 새날이 오다'라는 의미의 동사 '밝다'이다. 또 '날이 밝다'의 '밝다'는 선어말 어미 '-는-'과 결합해 '날이 밝는다'로 쓸 수 있다.

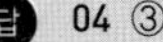
답 04 ③

㉡ 지시관형사 : 지시성을 띰

㉢ 수관형사 : 뒤에 오는 명사의 수량을 표시함

⑦ 부사 : 뒤에 오는 용언이나 다른 말을 꾸며 그 의미를 분명히 해주는 말

성분부사	성상(性狀)부사	'어떻게'의 방식으로 꾸며 주는 부사 예 너무, 자주, 매우, 몹시, 아주
	지시부사	방향, 거리, 시간, 처소 등을 지시하는 부사 예 이리, 내일, 그리
	부정부사	용언의 의미를 부정하는 부사 예 못, 안, 잘못
문장부사	양태부사	말하는 이의 마음이나 태도를 표시하는 부사 예 과연, 다행히, 제발
	접속부사	앞뒤 문장을 이어 주면서 뒷말을 꾸며 주는 부사 예 그리고, 즉, 및, 또는
파생부사		부사가 아닌 것에 부사 파생 접미사를 붙여 만든 부사 예 깨끗+이

접속어

접속 관계		접속어
순접	원인	왜냐하면
	결과	그러므로, 따라서, 그러니까, 그런즉
	해설	그래서, 그러면, 요컨대, 이른바
역접		그러나, 그래도, 그렇지만, 하지만
병렬		그리고, 또한(또), 한편, 또는, 및
첨가		또, 더욱, 특히, 더욱이
전환		그런데, 아무튼, 하여튼

⑧ 감탄사 : 말하는 이의 본능적 놀람이나 느낌, 부름과 대답, 입버릇으로 내는 단어들을 말함

㉠ 활용하지 않음

㉡ 위치가 아주 자유로워서 문장의 아무데나 놓을 수 있음

㉢ 조사가 붙지 않고 언제나 독립어로만 쓰임

제3절 통사론

1. 문장의 성분

(1) 문장 성분의 개념

어느 어절에 다른 어절이나 단어에 대해 갖는 관계, 즉 한 문장을 구성하는 요소들

(2) 문장 성분의 재료

① 단어 : 자립할 수 있는 말

② 구(句) : 중심이 되는 말과 그것에 부속되는 말들을 한데 묶은 것(명사구, 동사구, 형용사구, 관형사구, 부사구, 독립어구)

③ 절(節) : 하나의 온전한 문장으로 한 문장의 재료가 되는 것(명사절, 서술절, 관형절, 부사절, 인용절)

(3) 문장 성분의 갈래

주성분	주어	• 문장의 주체가 되는 문장 성분, 즉 '무엇이'에 해당하는 말 • '체언+주격 조사', '체언+보조사'의 구조
	서술어	• 주어를 풀이하는 기능을 수행하는 문장 성분, 즉 '어찌한다, 어떠하다, 무엇이다'에 해당하는 말 • 동사, 형용사, '체언+서술격 조사'
	목적어	• 서술어(행위 · 상태)의 대상이 되는 문장 성분, 즉 '무엇을, 누구를'에 해당하는 말 • '체언+목적격 조사', '체언+보조사'
	보어	• '되다', '아니다'와 같은 서술어를 꼭 필요로 하는 문장 성분 • '체언+보격 조사(이/가)+되다/아니다'
부속성분	관형어	• 체언을 수식하는 문장 성분('어떠한, 무엇이'에 해당하는 말) • 관형사, 용언의 관형사형, '체언+관형격 조사(의)'
	부사어	• 용언이나 부사어 등을 수식하는 문장 성분('어떻게, 어찌' 등에 해당하는 말) • 부사, '체언+부사격 조사'
독립성분	독립어	• 문장의 어느 성분과도 직접적인 관계가 없는 말(감탄, 부름, 응답) • 감탄사, '체언+호격 조사'

국가직 9급 기출

01. 문장 성분의 호응이 자연스러운 것은?

① 내가 강조하고 싶은 점은 우리가 고유 언어를 가졌다.

② 좋은 사람과 대화하며 함께 한 일은 즐거운 시간이었다.

③ 내 생각은 집을 사서 이사하는 것이 좋겠다고 결정했다.

④ 그는 내 생각이 옳지 않다고 여러 사람 앞에서 말을 하였다.

해 주어인 '그는'과 서술어인 '말을 하였다'가 서로 자연스럽게 호응되어 있다. 인용절 역시 적절한 인용조사를 사용하여 안겨 있다.

답 01 ④

국가직 9급 기출

02. 안긴문장이 없는 것은?

① 나는 동생이 시험에 합격하기를 고대한다.
② 착한 영호는 언제나 친구들을 잘 도와준다.
③ 해진이는 울산에 살고 초희는 광주에 산다.
④ 아버지께서는 나에게 내일 가족 여행을 가자고 말씀하셨다.

해 '해진이는 울산에 산다'와 '초희는 광주에 산다'라는 두 문장이 대등적 연결 어미 '-고'로 대등하게 이어져 있는 문장이므로 안긴문장이 없다.
① '동생이 시험에 합격하기'가 명사절로 안겨 있는 문장이다.
② '착한'이 '영호'를 수식하는 관형절로 안겨 있는 문장이다.
④ '내일 가족 여행을 가자'가 인용절로 안겨 있는 문장이다.

답 02 ③

2. 문장의 짜임새

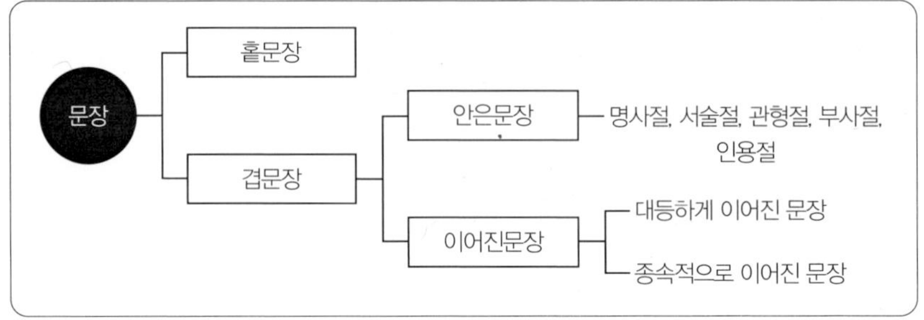

(1) 홑문장

주어와 서술어가 각각 하나씩 있는 문장

(2) 겹문장

한 개의 홑문장이 한 성분으로 안겨 들어가서 이루어지거나, 홑문장 여러 개가 이어져서 여러 겹으로 된 문장

① **안은문장** : 속에 다른 문장을 안고 있는 겉의 전체 문장

㉠ **명사절을 안은문장** : 문장 속에서 주어 · 목적어 · 부사어 등의 역할을 하며, '~ㅁ, ~기, ㄴ+것'의 형태가 됨

예 나는 그가 승리했음을 안다. (목적어)
나는 그가 승리했다는 것을 안다. (목적어)
아직은 승리를 확신하기에 이르다. (부사어)
그가 승리했음이 밝혀졌다. (주어)

㉡ **서술절을 안은문장** : 서술어 부분이 절로 이루어진 형태

예 나는 키가 크다.
선생님께서는 정이 많으시다.
그녀는 얼굴이 예쁘다.

㉢ **관형절을 안은문장** : 절이 관형사형으로 활용하거나, 용언에 관형사형 어미가 붙은 형태

예 이 책은 선생님께서 주신 책이다.
나는 그가 좋은 교사라는 생각이 들었다.
도서관은 공부를 하는 학생들로 가득했다.

㉣ **부사절을 안은문장** : 절이 부사어 구실을 하여 서술어를 수식하며, '~없이, ~달리, ~도록' 등의 형태를 취함

예 비가 소리도 없이 내린다.

철수는 발에 땀이 나도록 뛰었다.

ⓜ **인용절을 안은문장** : 남의 말을 인용한 부분을 말하며, '~고, ~라고, ~하고' 등의 형태를 취함

예 선생님은 당황하여 "무슨 일이지?"라고 물으셨다.
그 사람은 자기가 학생이라고 주장하였다.

② **안긴문장** : 절의 형태로 바뀌어서 전체 문장 속에 안긴문장

③ **이어진문장** : 연결어미에 의해 두 문장이 결합된 문장

㉠ **대등하게 이어진문장** : 대등적 연결어미, 즉 나열(−고, −며, −아서), 대조(−나, −지만 −아도/어도), 선택(−거나, −든지)의 연결어미를 사용하여 대등한 관계로 결합된 문장

예 낮말은 새가 듣고 밤말은 쥐가 듣는다.
나는 파란색을 좋아하지만 그녀는 노란색을 좋아한다.

㉡ **종속적으로 이어진문장** : 종속적 연결어미, 즉 이유(−므로, −니까, −아서), 조건(−면, −거든, −라면), 의도(−려고, −고자)의 연결어미를 통해 문장을 연결하여 종속적인 관계를 표시한 문장

예 비가 와서 경기가 연기되었다.
당신이 오지 못하면 내가 직접 가겠다.

꼭! 확인 기출문제

어법에 어긋나는 문장을 수정하고 설명한 예로 옳지 않은 것은? [지방직 9급 기출]

① 전철 내에서 뛰지 말고, 문에 기대거나 강제로 열려고 하지 마십시오.
→ '열다'는 타동사이므로 '강제로'와 '열려고' 사이에 목적어 '문을'을 보충하여야 한다.

② ○○시에서 급증하는 생활용수를 안정적으로 공급하기 위하여 시행하는 사업임
→ 생활용수에 대한 수요가 급증하는 것이지 생활용수가 급증하는 것이 아니므로, '급증하는 생활용수의 수요에 대응하여 생활용수를 안정적으로 공급하기 위하여'로 고쳐야 한다.

③ 사고 원인 파악과 재발 방지 대책을 조속히 마련하여
→ '사고 원인 파악을 마련하여'로 해석될 수 있으므로 앞의 명사구를 '사고 원인을 파악하고'로 고쳐 절과 절의 접속으로 바꾸어야 한다.

❹ 도량형은 미터법 사용을 원칙으로 하되 각종 증빙 서류 등을 미터법 이외의 도량형으로 작성할 경우 미터법으로 환산한 수치를 병기함
→ '하되'는 앞뒤 문장의 내용을 연결하는 어미로 적합하지 않으므로 '하며'로 고쳐야 한다.

해 ④ '−되'는 어떤 사실을 서술하면서 그와 관련된 조건이나 세부 사항 뒤에 덧붙이는 뜻을 나타내는 연결어미이다. 그러므로 해당 문장에서 적합하게 사용되었으므로 '하되'를 '하며'로 고칠 필요가 없다.

Check Point

잘못된 사동 표현

- '-시키다'는 표현을 '-하다'로 할 수 있는 경우 그렇게 고침
  예 소개시켜 줄게 → 소개해 줄게.
  근무환경을 개선시켜 나가야 한다. → 근무환경을 개선해 나가야 한다.
- 의미상 불필요한 사동 표현은 사용하지 않음
  예 그녀를 보면 가슴이 설레인다. → 그녀를 보면 가슴이 설렌다.
  다른 차선에 함부로 끼여들면 안 된다. → 다른 차선에 함부로 끼어들면 안 된다.

Check Point

잘못된 피동 표현(이중 피동 표현)

- '이, 히, 리, 기' 다음에 '-어지다'의 표현을 붙이는 것은 이중 피동 표현에 해당함
  예 개선될 것으로 보여집니다. → 개선될 것으로 보입니다.
  열려져 있는 대문 → 열려 있는 대문
- '-되어지다', '-지게 되다'는 이중 피동 표현에 해당함
  예 잘 해결될 것이라 생각되어진다. → 잘 해결될 것이라 생각된다.
  합격이 예상되어집니다. → 합격이 예상됩니다.
- '갈리우다', '불리우다', '잘리우다', '팔리우다' 등은 피동사(갈리다, 불리다, 잘리다, 팔리다)에 다시 접사가 붙은 형태이므로 잘못된 표현임

3. 문법의 기능

(1) 사동과 피동

① **사동사와 피동사의 개념** : 사동사는 남으로 하여금 어떤 동작을 하도록 하는 것을 나타내고, 피동사는 남의 행동을 입어서 행해지는 동작을 나타낸다.

② **사동문과 피동문의 형성**

사동문	피동문
• 자동사 어근+접사(이, 히, 리, 기, 우, 구, 추) • 타동사 어근+접사 • 형용사 어근+접사 • 어근+'-게'(보조적 연결어미)+'하다'(보조동사) • 일부 용언은 사동 접미사 두 개를 겹쳐 씀 예 자다 → 자이우다 → 재우다	• 타동사 어근+접사(이, 히, 리, 기) • 모든 용언의 어간+'-아/-어'(보조적 연결어미)+'지다'(보조동사)

③ **사동문과 피동문의 구별** : '이, 히, 리, 기'는 사동문에서 사용하며 피동문에서도 사용한다. 사동과 피동은 문장에 위치한 목적어에 따라 구별할 수 있다.

(2) 높임과 낮춤

① **주체높임법** : 서술어의 주체를 높이는 방법으로, 높임 선어말 어미 '-(으)시-'를 붙이고 주어에는 주격 조사 '께서'나 접사 '-님' 등을 붙여 높이며, '계시다', '잡수시다' 등의 일부 특수 어휘를 사용하여 높이기도 함

㉠ 문장의 주어가 말하는 이도, 말 듣는 이도 아닌 제삼자인 경우에

㉡ 듣는 이가 동시에 문장의 주어가 되는 경우에

㉢ 주체가 말하는 이보다 높아서 높임의 대상이 된다하더라도, 듣는 이가 주체보다 높은 경우에는 '-시-'를 쓰지 않음(압존법)

② **객체높임법** : 동작의 대상인 서술의 객체를 높이는 방법으로, 통상 부사격 조사 '께'를 사용해 높이며, '드리다', '뵈다', '여쭙다', '모시다'와 같은 특수 어휘를 사용하기도 함 예 나는 선생님께 책을 드렸다.

꼭! 확인 기출문제

사동법의 특징을 고려할 때 밑줄 친 단어의 쓰임이 옳은 것은? [지방직 9급 기출]

① 그는 김 교수에게 박 군을 소개시켰다.
❷ 돌아오는 길에 병원에 들러 아이를 입원시켰다.
③ 생각이 다른 타인을 설득시킨다는 건 참 힘든 일이다.
④ 우리는 토론을 거쳐 다양한 사회적 갈등을 해소시킨다.

解 ② '사동법(使動法)'이란 남으로 하여금 어떤 동작이나 행동을 하게 하는 방법이다. '시키다'는 주어가 남에게 '무엇을 하게 하다'는 말로서, '아이를 입원시켰다'에서 주어가 병원에 '아이를 입원하게 하다'는 사동의 의미로 사용되었다.

③ **상대 높임법** : 화자가 청자에 대하여 높이거나 낮추어 말하는 방법으로, 일정한 종결어미를 사용하여 듣는 상대방을 높이거나 낮춤

격식체	해라체(아주 낮춤)	−다, −냐, −자, −어라, −거라, −라
	하게체(보통 낮춤)	−게, −이, −나
	하오체(보통 높임)	−오, −(으)ㅂ시다
	합쇼체(아주 높임)	−습니다/−ㅂ니다, −습니까/−ㅂ니까, −으십시오/−ㅂ시오
비격식체	해체(두루 낮춤)	−아/−어, −지, −을까 (해라체+하게체)
	해요체(두루 높임)	−아/어요, −지요, −을까요 (하오체+합쇼체)

④ 높임말과 낮춤말

㉠ **직접 높임** : 아버님, 선생님, 주무시다, 계시다, 잡수시다

㉡ **간접 높임** : 진지, 댁(집), 따님(딸), 치아(이), 약주(술), 말씀(말)

㉢ **직접 낮춤** : 저(나), 小生(나), 어미(어머니)

㉣ **간접 낮춤** : 졸고(원고), 말씀(말)

꼭! 확인 기출문제

다음 글의 빈칸에 들어갈 문장으로 적절한 것은? [국가직 9급 기출]

> 국어의 높임법에는 말하는 이가 듣는 이에 대하여 높이거나 낮추어 말하는 상대 높임법, 서술어의 주체를 높이는 주체 높임법, 서술어의 객체를 높이는 객체 높임법 등이 있다. 이러한 높임 표현은 한 문장에서 복합적으로 실현되기도 하는데, (   )의 경우 대화의 상대, 서술어의 주체, 서술어의 객체를 모두 높인 표현이다.

① 아버지께서 할머니를 모시고 댁에 들어가셨다.
② 제가 어머니께 그렇게 말씀을 드리면 될까요?
❸ 어머니께서 아주머니께 이 김치를 드리라고 하셨습니다.
④ 주민 여러분께서는 잠시만 제 이야기에 귀를 기울여 주시기 바랍니다.

해 ③ "어머니께서~하셨습니다"에서 주격조사 '께서'와 선어말어미 '−(으)시'를 사용하여 문장의 주체인 '어머니'를 높이고 있고, "아주머니께 이 김치를 드리라고"에서 조사 '께'와 '드리다'를 사용하여 객체인 아주머니를 높이고 있다. 또한 종결어미 '−습니다'를 사용하여 청자에 대한 높임의 태도를 나타내고 있다. 따라서 이 문장에서는 주체 높임법, 객체 높임법, 상대 높임법이 모두 사용되었음을 알 수 있다.

조심해야 할 높임법

- 이름 뒤에 직함을 말하는 것은 높임의 의미이므로, 직함을 소개할 때에는 이름 앞에 말한다.
- −께서, −께는 공식적인 자리에서 주로 사용하고 평상시에는 −이, −가, −한테 등을 사용한다.
- 지위가 높거나 어른에게는 '수고하다', '당부하다' 등을 사용하지 않는다.

Check Point

- 인쇄물에서는 '해라' 대신 높임과 낮춤이 중화된 '하라'를 쓰기도 한다.
  '해라'의 변형인 '하라'는 격식체나 비격식체가 간접 인용문으로 바뀔 때도 쓰인다.
- '말씀'은 높임말도 되고 낮춤말도 된다.
- **'계시다'와 '있으시다'** : '계시다, 안 계시다'는 직접 높임에 사용하고, '있으시다, 없으시다'는 간접 높임에 사용한다.

Check Point

주체에 대한 높임법의 구분

- **직접 높임** : 화자가 주어를 직접 높이는 방법
  예 선생님께서 말씀하신다.
- **간접 높임** : 화자가 주어를 간접적으로 높이는 방법
  예 선생님의 말씀이 있으시겠습니다.
  할머니께서는 아직 귀가 밝으십니다.

기출 Plus 지방직 9급 기출

03. "숙희야, 내가 선생님께 꽃다발을 드렸다."의 문장을 다음 규칙에 따라 옳게 표시한 것은?

> 우리말에는 주체 높임, 객체 높임, 상대 높임 등이 있다. 주체 높임과 객체 높임의 경우 높임은 +로, 높임이 아닌 것은 −로 표시하고 상대 높임의 경우 반말체를 −로, 해요체를 +로 표시한다.

① [주체−], [객체+], [상대−]
② [주체+], [객체−], [상대+]
③ [주체−], [객체+], [상대+]
④ [주체+], [객체−], [상대−]

해 "숙희야, 내가 선생님께 꽃다발을 드렸다."에서 주체인 '나'에 대한 주체 높임 표현은 사용하지 않았으므로 [주체 −]이다. 객체인 '선생님'에 대해서는 '께서'와 '드리다'라는 객체 높임 표현을 사용하였으므로 [객체+]이다. 상대인 '숙희'에 대해서는 반말체의 종결어미 '−다'를 사용하였으므로 [상대−]이다.

답 03 ①

(3) 긍정과 부정

① '안' 부정문 : 주체의 의지에 의한 행동의 부정

㉠ 긴 부정문 : 용언의 어간 +−지+않다(아니하다)

㉡ 짧은 부정문 : 안(아니)+동사 · 형용사

㉢ 중의성 : 어떤 대상에 부정을 수식하는지, 전체 또는 부분적으로 부정을 수식하는 지에 따라 문장의 의미가 달라진다.

예 팀장님이 내게 업무를 주시지 않았다. → 내가 아닌 제삼자가 업무를 주었다, 팀장님이 업무를 준 사람은 내가 아닌 제삼자이다, 팀장님이 업무를 줄 것이라 말했을 뿐이다 등

② '못' 부정문 : 주체의 의지가 아닌, 그의 능력상 불가능하거나 또는 외부의 어떤 원인 때문에 그 행위가 일어나지 못하는 것을 표현할 때

㉠ 긴 부정문 : 동사의 어간 +−지+못하다

㉡ 짧은 부정문 : 못+동사(서술어)

㉢ 중의성 : '안' 부정문의 중의성 구조와 같다.

제4절 의미론

1. 의미의 이해

(1) 의미의 개념

① 언어는 말소리와 의미로 이루어져 있다.

② 말소리는 언어의 형식이며, 의미는 언어의 내용이 된다.

③ 말소리는 있으나 의미가 없으면 언어가 될 수 없다.

(2) 의미의 종류

① **중심적 의미** : 가장 기본적이고 핵심적인 의미(기본적 의미)

② **주변적 의미** : 문맥이나 상황에 따라 그 의미가 확장되어 다르게 쓰이는 의미(문맥적 의미, 전의적 의미)

③ **사전적(개념적, 외연적, 인지적) 의미** : 가장 기본적 · 객관적인 의미로 정보 전달이 중심이 되는 설명문 같은 경우에 사용

④ **함축적(연상적, 내포적) 의미** : 사전적 의미에 덧붙여져 연상이나 관습 등에 의해 형성되는 개인적 · 정서적인 의미로, 시 등의 문예문의 경우에 사용

예 눈가에 촉촉한 이슬이 맺혔다. ('이슬'의 내포적 의미는 '눈물'이며, 외연적 의미는 '물방울'임)

⑤ **사회적 의미** : 사용하는 사람의 사회적 환경과 관련되는 의미를 전달할 때 사회적 의미라 하고, 이는 선택된 단어의 종류나 말투, 글의 문체 등에 의해 전달

⑥ **정서적 의미** : 말하는 사람의 태도나 감정을 드러내는 의미

⑦ **주제적 의미** : 특별히 드러나는 의미, 이는 흔히 어순을 바꾸거나 특정 부분을 강조하여 발음함으로써 드러남

⑧ **반사적 의미** : 어떤 말을 사용할 때 그 말의 원래 의미와는 아무런 관계 없이 특정한 반응을 불러일으키게 되는 경우를 말함

(3) 단어들의 의미 관계

① **동의 관계** : 두 개 이상의 단어가 서로 소리는 다르나 의미가 같은 경우 → 이음동의어 예 죽다 : 숨지다 : 사망하다

② **이의 관계** : 두 개 이상의 단어가 소리는 같으나 의미는 다른 경우 → 동음이의어 예 배(梨, 과일), 배(腹, 신체)

③ **유의 관계** : 두 개 이상의 단어가 소리는 다르나 의미가 비슷한 경우 → 유의어 예 밥 : 맘마, 얼굴 : 낯, 길 : 길거리 : 통로

서울시 9급 기출

01. 아래의 밑줄 친 부분과 문맥적 의미가 가장 가까운 것은?

> 현재 그녀는 건강이 매우 좋다.

① 그녀의 성격은 더할 수 없이 좋다.
② 서울 간 길에 한 번 뵈올 땐 혈색이 좋으셨는데?
③ 다음 주 토요일은 결혼식을 하기에는 매우 좋은 날이다.
④ 대화를 하는 그의 말투는 기분이 상쾌할 정도로 좋았다.

해 <보기>의 '좋다'는 '신체적 조건이나 건강 상태가 보통 이상의 수준이다'라는 뜻으로 쓰였다. 그러므로 문맥적 의미가 가장 가까운 것은 ②의 '좋으셨는데?'이다.

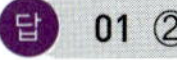

④ **반의 관계** : 한 쌍의 단어가 서로 반대 의미를 가진 경우로 반대되는 요소가 한 가지일 때 성립 → 반의어 예 남자 : 여자, 위 : 아래, 참 : 거짓

⑤ **하의 관계** : 한 단어의 의미가 다른 단어의 의미에 포함되는 경우
예 계절[상의어] : 봄, 여름, 가을, 겨울[하의어]

2. 의미의 사용

중의적 표현	어휘적 중의성	한 단어가 둘 이상의 의미를 지님 예 눈을 바라보다
	구조적 중의성	수식 구조나 문법적 성질로 인해 둘 이상의 의미로 해석되는 경우 예 아름다운 그녀의 어머니께서는 그 상을 받으셨다.
	은유적 중의성	둘 이상의 의미로 해석되는 은유적 표현
간접적 표현		문장의 표면적 의미와 속뜻이 다른 표현
잉여적 표현		의미상 불필요한 단어가 사용된 표현으로, 의미의 중복(중첩)이라 함 예 역전 앞, 빈 공간, 참고 인내하다
관용적 표현		두 개 이상의 단어로 이루어져 있으면서 그 단어들의 의미만으로 전체적 의미를 알 수 없는 특별한 의미를 담고 있는 표현

꼭! 확인 기출문제

밑줄 친 부분과 같은 의미로 사용된 것은? [지방직 9급 기출]

> 지도 위에 손가락을 짚어 가며 여행 계획을 설명하였다.

① 이마를 짚어 보니 열이 있었다.
② 그는 두 손으로 땅을 짚어야 했다.
③ 그들은 속을 짚어 낼 수가 없는 사람들이었다.
❹ 시험 문제를 짚어 주었는데도 성적이 좋지 않다.

해 ④ 제시문의 '짚다'는 '여럿 중에 하나를 꼭 집어 가리키다'의 의미로, "시험 문제를 짚어 주었는데도 성적이 좋지 않다."의 '짚다'와 같은 의미로 사용되었다.

3. 의미의 변화

(1) 의미 변화의 원인

① **언어적 원인** : 하나의 단어가 다른 단어와 자주 인접하여 나타남으로써 그 의미까지 변화된 경우

② **역사적 원인** : 단어가 가리키는 대상은 변모하였음에도 불구하고 단어는 그대로 남아 있는 경우

③ **사회적 원인** : 일반적 단어가 특수 사회 집단에서 사용되거나, 특수 집단에서 사용되던 단어가 일반 사회에서 사용됨으로써 의미에 변화가 일어나는 경우

④ **심리적 원인** : 비유적 용법이나 완곡어 등에 자주 사용되는 동안 해당 단어의 의미에 대한 인식이 변화하면서 단어의 의미까지 변화된 경우

(2) 의미 변화의 유형

① **의미의 확장(확대)** : 단어의 의미 영역이 넓어진 것 예 온(백(百) → 모든), 겨레(종친 → 동포 · 민족), 왕초(거지 두목 → 두목, 직장상사 등), 세수(손을 씻다 → 손과 얼굴을 씻다)

② **의미의 축소** : 단어의 외연적 의미가 좁아진 것 예 중생(모든 생물체 → 인간), 얼굴(형체 → 안면), 계집(여성의 일반적 지칭어 → 여성의 낮춤말), 미인(남녀에게 사용 → 여성에게만 사용)

③ **의미의 이동** : 가치관의 변화, 심리적 연상으로 의미가 달라진 것 예 어리다(어리석다 → 나이가 적다), 수작(술잔을 주고받음 → 말을 주고받음), 젊다(나이가 어리다 → 혈기가 한창 왕성하다), 씩씩하다(엄하다 → 용감하다)

꼭! 확인 기출문제

글의 내용을 구체적으로 설명하기 위한 예로 적절하지 않은 것은? [국가직 9급 기출]

> 하나의 개념에 두 개 이상의 단어가 필요한 것은 아니다. 따라서 동의어는 서로 경쟁을 통해 하나가 없어지거나 각기 다른 의미 영역을 확보하는 등의 다양한 양상을 보인다. 현실 언어에서 동의어로 공존하면서 경쟁을 계속하는 경우가 있으며, 한쪽은 살아남고 다른 쪽은 소멸하는 경우가 있다. 동의 충돌의 결과 의미 영역이 바뀌는 경우도 있다. 이는 의미 축소, 의미 확대, 의미 교체 등으로 구분된다.

① '가을걷이'와 '추수'는 공존하며 경쟁하고 있다.
❷ '말미'는 쓰지 않고 '휴가'라는 말을 사용하고 있다.
③ '얼굴'은 '형체'의 뜻에서 '안면'의 뜻으로 의미가 축소되었다.
④ '겨레'는 '친척'의 뜻에서 '민족'의 뜻으로 의미가 확대되었다.

해 ② 말미는 '일정한 직업이나 일 따위에 매인 사람이 다른 일로 말미암아 얻는 겨를'이고, '휴가'는 직장 · 학교 · 군대 따위의 단체에서 일정한 기간 동안 쉬는 일을 의미하는 한자어이다.
① '가을걷이'와 '추수'는 동의어로, 둘 다 쓰이고 있으므로 공존하며 쓰이는 단어의 예로 적절하다.
③ '얼굴'은 본래 '형체'의 의미였으나 현재는 '안면'의 의미로 쓰이므로 의미 축소의 예로 적절하다.
④ '겨레'는 본래 '같은 씨', '혈통'의 의미였으나 현재는 같은 핏줄을 이어온 '민족'이라는 의미로 쓰이므로 의미 확대의 예로 적절하다.

Check Point

의미 변화의 원인 사례

- 언어적 원인 : 생략이나 전염에 의해 발생
  예 아침밥 → 아침
  아파트먼트 → 아파트
  콧물이 흐른다 → 코가 흐른다
  머리털을 깎다 → 머리를 깎다
- 역사적 원인
  예 감옥소>형무소>교도소
  돛단배>증기선>잠수함
- 사회적 원인
  예 복음 : 기쁜 소식>그리스도의 가르침
  왕 : 왕정의 최고 권력자>1인자, 최대, 최고
- 심리적 원인
  - 다른 분야의 어휘가 관심 있는 쪽의 어휘로 견인된 경우
    예 바가지 → 철모, 갈매기 → 하사관
  - 금기(Taboo)에 의한 변화
    예 산신령 → 호랑이, 손님 → 홍역

제3장

국어 생활과 규범

제1절 한글 맞춤법

1. 총칙

제1항 한글 맞춤법은 표준어를 소리대로 적되, 어법에 맞도록 함을 원칙으로 한다.
제2항 문장의 각 단어는 띄어 씀을 원칙으로 한다.
제3항 외래어는 '외래어 표기법'에 따라 적는다.

Check Point

'소리대로 적기'와 '어법대로 적기'

- 소리대로 적기 : 한국어를 적는 데 소리를 충실하게 표기하는 방식을 말한다.
  예 백분율, 비율, 실패율, 스포츠난, 드러나다, 쓰러지다, 어우러지다, 가까워, 괴로워, 그어, 무덤, 미덥다, 너비
- 어법대로 적기 : 소리보다는 뜻을 쉽게 파악할 수 있도록 단어나 형태소의 모양을 한 가지로 고정시키는 방식을 말한다.
  예 합격률, 등록률, 성공률, 넘어지다, 떨어지다, 지껄이다, 가깝다, 괴롭다, 긋다

2. 자모

제4항 한글 자모의 수는 스물넉 자로 하고, 그 순서와 이름은 다음과 같이 정한다.

ㄱ(기역) ㄴ(니은) ㄷ(디귿) ㄹ(리을) ㅁ(미음) ㅂ(비읍) ㅅ(시옷)
ㅇ(이응) ㅈ(지읒) ㅊ(치읓) ㅋ(키읔) ㅌ(티읕) ㅍ(피읖) ㅎ(히읗)
ㅏ(아) ㅑ(야) ㅓ(어) ㅕ(여) ㅗ(오) ㅛ(요) ㅜ(우)
ㅠ(유) ㅡ(으) ㅣ(이)

한글 자모의 사전 등재 순서(한글 맞춤법 제4항 [붙임 2])

- 자음자의 등재 순서 : ㄱ－ㄲ－ㄴ－ㄷ－ㄸ－ㄹ－ㅁ－ㅂ－ㅃ－ㅅ－ㅆ－ㅇ－ㅈ－ㅉ－ㅊ－ㅋ－ㅌ－ㅍ－ㅎ
- 모음자의 등재 순서 : ㅏ－ㅐ－ㅑ－ㅒ－ㅓ－ㅔ－ㅕ－ㅖ－ㅗ－ㅘ－ㅙ－ㅚ－ㅛ－ㅜ－ㅝ－ㅞ－ㅟ－ㅠ－ㅡ－ㅢ－ㅣ

3. 소리에 관한 것

(1) 된소리

제5항 한 단어 안에서 뚜렷한 까닭 없이 나는 된소리는 다음 음절의 첫소리를 된소리로 적는다.

① 두 모음 사이에서 나는 된소리
예 소쩍새, 어깨, 오빠, 으뜸, 아끼다, 깨끗하다, 가끔, 거꾸로 등

② 'ㄴ, ㄹ, ㅁ, ㅇ' 받침 뒤에서 나는 된소리
예 산뜻하다, 잔뜩, 훨씬, 담뿍, 움찔, 몽땅 등

다만, 'ㄱ, ㅂ' 받침 뒤에서 나는 된소리는, 같은 음절이나 비슷한 음절이 겹쳐 나는 경우가 아니면 된소리로 적지 아니한다.
예 국수, 깍두기, 딱지, 색시, 법석, 갑자기, 몹시

(2) 구개음화

제6항 'ㄷ, ㅌ' 받침 뒤에 종속적 관계를 가진 '-이(-)'나 '-히-'가 올 적에는, 그 'ㄷ, ㅌ'이 'ㅈ, ㅊ'으로 소리나더라도 'ㄷ, ㅌ'으로 적는다.

예 마지 → 맏이, 해도지 → 해돋이, 가치 → 같이, 다치다 → 닫히다, 무치다 → 묻히다

(3) 'ㄷ' 소리 받침

제7항 'ㄷ' 소리로 나는 받침 중에서 'ㄷ'으로 적을 근거가 없는 것은 'ㅅ'으로 적는다.

예 덧저고리, 돗자리, 엇셈, 웃어른, 핫옷, 무릇, 사뭇, 얼핏, 자칫하면, 뭇[衆], 옛, 첫, 헛

(4) 모음

제8항 '계, 례, 몌, 폐, 혜'의 'ㅖ'는 'ㅔ'로 소리나는 경우가 있더라도 'ㅖ'로 적는다.

예 계수, 혜택, 사례, 계집, 연몌, 핑계, 폐품, 계시다
다만, 게송(偈頌), 게시판(揭示板), 휴게실(休憩室) 등의 말은 본음대로 적는다.

제9항 '의'나, 자음을 첫소리로 가지고 있는 음절의 'ㅢ'는 'ㅣ'로 소리나는 경우가 있더라도 'ㅢ'로 적는다.

예 의의, 본의, 무늬, 보늬, 오늬, 하늬바람, 늴리리, 닁큼 , 띄어쓰기

(5) 두음법칙

> 제10항 한자음 '녀, 뇨, 뉴, 니'가 단어 첫머리에 올 적에는, 두음법칙에 따라 '여, 요, 유, 이'로 적는다.

예 녀자 → 여자(女子), 년세 → 연세(年歲), 뇨소 → 요소(尿素), 닉명 → 익명(匿名)
다만, 냥(兩) · 냥쭝(兩重) · 년(年)(몇 년) 같은 의존명사에서는 '냐, 녀' 음을 인정한다.
[붙임 1] 단어의 첫머리 이외의 경우에는 본음대로 적는다.
예 남녀(男女), 당뇨(糖尿), 결뉴(結紐), 은닉(隱匿)
[붙임 2] 접두사처럼 쓰이는 한자가 붙어서 된 말이나 합성어에서, 뒷말의 첫소리가 'ㄴ' 소리로 나더라도 두음법칙에 따라 적는다.
예 신여성(新女性), 공염불(空念佛), 남존여비(男尊女卑)
[붙임 3] 둘 이상의 단어로 이루어진 고유명사를 붙여 쓰는 경우에도 [붙임 2]에 준하여 적는다.
예 한국여자대학, 대한요소비료회사

> 제11항 한자음 '랴, 려, 례, 료, 류, 리'가 단어의 첫머리에 올 적에는, 두음 법칙에 따라 '야, 여, 예, 요, 유, 이'로 적는다.

예 양심(良心), 용궁(龍宮), 역사(歷史)
다만, 다음과 같은 의존명사는 본음대로 적는다.
예 리(里) : 몇 리냐? / 리(理) : 그럴 리가 없다.
[붙임 1] 단어의 첫머리 이외의 경우에는 본음대로 적는다.
예 개량(改良), 선량(善良), 수력(水力), 협력(協力), 사례(謝禮), 혼례(婚禮), 와룡(臥龍), 쌍룡(雙龍), 하류(下流)
다만, 모음이나 'ㄴ' 받침 뒤에 이어지는 '렬, 률'은 '열, 율'로 적는다.
예 나열(羅列), 분열(分裂), 치열(齒列), 선열(先烈), 비열(卑劣), 진열(陳列), 규율(規律), 선율(旋律), 비율(比率)
[붙임 2] 외자로 된 이름을 성에 붙여 쓸 경우에도 본음대로 적을 수 있다.
예 신립(申砬), 최린(崔麟), 채륜(蔡倫), 하륜(河崙)
[붙임 3] 준말에서 본음으로 소리 나는 것은 본음대로 적는다.
예 국련(국제연합), 대한교련(대한교육연합회)
[붙임 4] 접두사처럼 쓰이는 한자가 붙어서 된 말이나, 합성어에서 뒷말의 첫소리가 'ㄴ' 또는 'ㄹ' 소리로 나더라도 두음법칙에 따라 적는다.

Check Point

- **두음** : 한 단어에서 첫 음절의 첫소리
- **첫소리** : 각 음절에서 모음 앞에 서는 자음

기출 Plus 지방직 9급 기출

01. 밑줄 친 부분의 한자 표기가 잘못된 것은?

① 그는 여러 차례 TV 출연으로 유명세(有名勢)를 치렀다.
② 누가 먼저 할 것인지 복불복(福不福)으로 정하기로 했다.
③ 긴박한 상황이라 대증요법(對症療法)을 쓸 수밖에 없었다.
④ 사건의 경위(經緯)는 알 수 없지만, 결과만 본다면 우리에게 유리하다.

解 유명세(有名勢) → 유명세(有名稅) : 사회적으로 유명한 탓에 치르는 애매한 곤욕을 이르는 말 (稅 : 세금 세)
② 복불복(福不福) : 어떤 일이 복이 되기도 하고 복이 되지 않기도 하는 사람의 운수
③ 대증요법(對症療法) : 어떤 질환의 환자를 치료하는 데 있어서 원인이 아니고, 증세에 대해서만 실시하는 치료법
④ 경위(經緯) : 직물(織物)의 날과 씨를 아울러 이르는 말. 일이 진행되어 온 과정

답 01 ①

예 역이용(逆利用), 연이율(年利率), 열역학(熱力學), 해외여행(海外旅行)

[붙임 5] 둘 이상의 단어로 이루어진 고유명사를 붙여 쓰는 경우나 십진법에 따라 쓰는 수(數)도 [붙임 4]에 준하여 적는다.

예 서울여관, 신흥이발관, 육천육백육십육(六千六百六十六)

> 제12항 한자음 '라, 래, 로, 뢰, 루, 르'가 단어의 첫머리에 올 적에는, 두음법칙에 따라 '나, 내, 노, 뇌, 누, 느'로 적는다.

예 낙원(樂園), 내일(來日), 노인(老人)

[붙임 1] 단어의 첫머리 이외의 경우에는 본음대로 적는다.

예 쾌락(快樂), 극락(極樂), 거래(去來), 왕래(往來), 부로(父老), 연로(年老), 지뢰(地雷), 낙뢰(落雷), 고루(高樓), 광한루(廣寒樓), 동구릉(東九陵)

[붙임 2] 접두사처럼 쓰이는 한자가 붙어서 된 단어는 뒷말을 두음법칙에 따라 적는다.

예 내내월(來來月), 상노인(上老人), 중노동(重勞動), 비논리적(非論理的)

꼭! 확인 기출문제

한글 맞춤법에 따라 바르게 표기된 것만 나열한 것은? [서울시 9급 기출]

① 새까맣다 – 싯퍼렇다 – 샛노랗다
❷ 시뻘겋다 – 시허옇다 – 싯누렇다
③ 새퍼렇다 – 새빨갛다 – 샛노랗다
④ 시하얗다 – 시꺼멓다 – 싯누렇다

해 ② '시-'는 '매우 짙고 선명하게'라는 뜻을 가진 접두사로, 어두음이 된소리 또는 거센소리, 또는 ㅎ이고, 첫음절의 모음이 'ㅓ, ㅜ'인 색채를 나타내는 일부 형용사 앞에 붙는다.

(6) 겹쳐 나는 소리

> 제13항 한 단어 안에서 같은 음절이나 비슷한 음절이 겹쳐 나는 부분은 같은 글자로 적는다.

씩식 → 씩씩, 똑닥똑닥 → 똑딱똑딱, 유류상종 → 유유상종, 꼿곳하다 → 꼿꼿하다, 눙눅하다 → 눅눅하다, 민밋하다 → 밋밋하다, 싹삭하다 → 싹싹하다, 씁슬하다 → 씁쓸하다, 짭잘하다 → 짭짤하다

기출 Plus 서울시 9급 기출

02. 맞춤법 표기가 가장 옳은 것은?

① 이렇게 하면 되?
② 이번에는 꼭 합격할께요.
③ 서로 도우고 사는 게 좋다.
④ 그 사람은 제가 잘 압니다.

해 '압니다'는 '알(어간)+ㅂ니다(종결어미)'의 구성으로, 어간 끝 받침의 'ㄹ'이 어미의 첫소리인 'ㄴ, ㅂ, ㅅ' 및 '-(으)오, -(으)ㄹ' 앞에서는 탈락하므로 '알읍니다'가 아니라 '압니다'가 바른 표현이다.
① 기본형 '되다'의 어간 '되-'는 홀로 쓰이지 못하고 '되(어간)+어(어미)'의 구성으로 '되어/돼'의 형태로 쓰인다. 따라서 '이렇게 하면 돼?'가 옳다.
② '-ㄹ게'는 어떤 것을 하겠다고 약속하는 뜻을 나타내는 종결어미이다. 따라서 '합격할게요'가 옳은 표기이다.
③ '돕다'의 어간 '돕-' 뒤에 '-고'가 붙으면 '돕고'로 활용한다. '돕다', '곱다' 등은 'ㅂ' 불규칙 활용한다. 따라서 '돕고'가 옳은 표기이다.

답 02 ④

4. 형태에 관한 것

(1) 체언과 조사

제14항 체언은 조사와 구별하여 적는다.

예 떡이, 떡을, 떡에, 떡도, 떡만
손이, 손을, 손에, 손도, 손만

(2) 어간과 어미

제15항 용언의 어간과 어미는 구별하여 적는다.

예 먹다, 먹고, 먹어, 먹으니
신다, 신고, 신어, 신으니

[붙임 1] 두 개의 용언이 어울려 한 개의 용언이 될 적에, 앞말의 본뜻이 유지되고 있는 것은 그 원형을 밝히어 적고, 그 본뜻에서 멀어진 것은 밝히어 적지 아니한다.

① 앞말의 본뜻이 유지되고 있는 것

예 넘어지다, 늘어나다, 늘어지다, 돌아가다, 되짚어가다, 들어가다, 떨어지다, 벌어지다, 엎어지다, 접어들다, 틀어지다, 흩어지다

② 본뜻에서 멀어진 것

예 드러나다, 사라지다, 쓰러지다

[붙임 2] 종결형에서 사용되는 어미 '-오'는 '요'로 소리 나는 경우가 있더라도 그 원형을 밝혀 '오'로 적는다.

예 이것은 책이오/이리로 오시오/이것은 책이 아니오.

[붙임 3] 연결형에서 사용되는 '이요'는 '이요'로 적는다.

예 이것은 책이요, 저것은 붓이요, 또 저것은 먹이다.

제16항 어간의 끝음절 모음이 'ㅏ, ㅗ'일 때에는 어미를 '-아'로 적고, 그 밖의 모음일 때에는 '-어'로 적는다.

① '-아'로 적는 경우

예 나아 - 나아도 - 나아서, 막아 - 막아도 - 막아서, 얇아 - 얇아도 - 얇아서, 돌아 - 돌아도 - 돌아서, 보아 - 보아도 - 보아서

② '-어'로 적는 경우

예 개어 - 개어도 - 개어서, 겪어 - 겪어도 - 겪어서, 되어 - 되어도 - 되어서, 베어 - 베어도 - 베어서, 쉬어 - 쉬어도 - 쉬어서, 저어 - 저어도 - 저어서, 주어 - 주어도 - 주어서

Check Point

틀리기 쉬운 우리말

바른 표현	틀린 표현
구레나룻	구렛나루
구태여	구태어
넉넉지	넉넉치
널찍하다	넓직하다
덥석	덥썩
뒤치다꺼리	뒤치닥거리
뒤편	뒷편
머리말	머릿말
멋쩍다	멋적다
목돈	몫돈
살코기	살고기
삼가다	삼가하다
설레다	설레이다
아래층	아랫층
아지랑이	아지랭이
야트막하다	얕으막하다
업신여기다	없신여기다
오랜만	오랫만
요컨대	요컨데
으스대다	으시대다
창피하다	챙피하다
추스르다	추스리다

제17항 어미 뒤에 덧붙는 조사 '-요'는 '-요'로 적는다.

예 읽어 - 읽어요, 참으리 - 참으리요, 좋지 - 좋지요

(3) 접미사가 붙어서 된 말

제19항 어간에 '-이'나 '-음/-ㅁ'이 붙어서 명사로 된 것과 '-이'나 '-히'가 붙어서 부사로 된 것은 그 어간의 원형을 밝히어 적는다.

'-이'가 붙어서 명사로 된 것	길이, 깊이, 높이, 다듬이, 땀받이, 달맞이, 먹이, 미닫이, 벌이, 벼훑이, 살림살이, 쇠붙이, 넓이
'-음/-ㅁ'이 붙어서 명사로 된 것	걸음, 묶음, 믿음, 얼음, 엮음, 울음, 웃음, 졸음, 죽음, 앎, 만듦, 삶
'-이'가 붙어서 부사로 된 것	같이, 굳이, 길이, 높이, 많이, 실없이, 좋이, 짓궂이, 깊이, 깨끗이
'-히'가 붙어서 부사로 된 것	밝히, 익히, 작히, 부지런히

다만, 어간에 '-이'나 '-음'이 붙어서 명사로 바뀐 것이라도 그 어간의 뜻과 멀어진 것은 원형을 밝히어 적지 아니한다.

예 굽도리, 다리[髢], 목거리(목병), 무녀리, 코끼리, 거름(비료), 고름[膿]

[붙임] 어간에 '-이'나 '-음' 이외의 모음으로 시작된 접미사가 붙어서 다른 품사로 바뀐 것은 그 어간의 원형을 밝히어 적지 아니한다.

명사로 바뀐 것	귀머거리, 까마귀, 너머, 뜨더귀, 마감, 마개, 마중, 무덤, 비렁뱅이, 쓰레기, 주검
부사로 바뀐 것	거뭇거뭇, 너무, 도로, 뜨덤뜨덤, 바투, 불긋불긋, 비로소, 자주, 차마
조사로 바뀌어 뜻이 달라진 것	나마, 부터, 조차

제20항 명사 뒤에 '-이'가 붙어서 된 말은 그 명사의 원형을 밝히어 적는다.

① 부사로 된 것

예 곳곳이, 낱낱이, 몫몫이, 샅샅이, 앞앞이, 집집이

② 명사로 된 것

예 곰배팔이, 바둑이, 삼발이, 애꾸눈이, 육손이, 절뚝발이/절름발이

[붙임] '-이' 이외의 모음으로 시작된 접미사가 붙어서 된 말은 그 명사의 원형을 밝히어 적지 아니한다.

예 꼬락서니, 끄트머리, 모가치, 바가지, 바깥, 사타구니, 싸라기, 이파리, 지붕, 지푸라기, 짜개

서울시 9급 기출

03. 아래의 설명에 따라 올바르게 표기된 경우가 아닌 것은?

- 어간의 끝음절 '하'의 'ㅏ'가 줄고 'ㅎ'이 다음 음절의 첫소리와 어울려 거센소리로 될 적에는 거센소리로 적는다.
- 어간의 끝음절 '하'가 아주 줄 적에는 준 대로 적는다.

① 섭섭지 ② 흔타
③ 익숙치 ④ 정결타

해 〈보기〉에 제시된 설명은 한글 맞춤법 제40항 '준말'에 대한 규정으로, ③의 '익숙치'는 '익숙하지'의 준말이고, 어간의 끝음절 '하'가 아주 줄었으므로 '익숙지'로 적는다.

① '섭섭지'는 '섭섭하지'의 준말로, 어간의 끝음절 '하'가 아주 줄었으므로 '섭섭지'로 적는다.

② '흔타'는 '흔하다'의 준말로, 어간의 끝음절 '하'의 'ㅏ'가 줄고 'ㅎ'이 다음 음절의 첫소리와 어울려 거센소리로 되었으므로 '흔타'로 적는다.

④ '정결타'는 '정결하다'의 준말로, 어간의 끝음절 '하'의 'ㅏ'가 줄고 'ㅎ'이 다음 음절의 첫소리와 어울려 거센소리로 되었으므로 '정결타'로 적는다.

답 03 ③

제21항 명사나 혹은 용언의 어간 뒤에 자음으로 시작된 접미사가 붙어서 된 말은 그 명사나 어간의 원형을 밝히어 적는다.

① 명사 뒤에 자음으로 시작된 접미사가 붙어서 된 것

예 값지다, 홑지다, 넋두리, 빛깔, 옆댕이, 잎사귀

② 어간 뒤에 자음으로 시작된 접미사가 붙어서 된 것

예 낚시, 늙정이, 덮개, 뜯게질, 굵다랗다

다만, 다음과 같은 말은 소리대로 적는다.

㉠ 겹받침의 끝소리가 드러나지 아니하는 것

예 할짝거리다, 널따랗다, 널찍하다, 말끔하다, 말쑥하다

㉡ 어원이 분명하지 아니하거나 본뜻에서 멀어진 것

예 넙치, 올무, 골막하다, 납작하다

제22항 용언의 어간에 다음과 같은 접미사들이 붙어서 이루어진 말들은 그 어간을 밝히어 적는다.

① '-기-, -리-, -이-, -히-, -구-, -우-, -추-, -으키-, -이키-, -애-'가 붙는 것

예 맡기다, 옮기다, 웃기다, 쫓기다, 뚫리다

다만, '-이-, -히-, -우-'가 붙어서 된 말이라도 본뜻에서 멀어진 것은 소리대로 적는다.

예 도리다(칼로 ~), 드리다(용돈을 ~), 고치다, 미루다, 이루다

② '-치-, -뜨리-, -트리-'가 붙는 것

예 놓치다, 덮치다, 떠받치다, 받치다, 밭치다, 부딪치다, 뻗치다, 엎치다, 부딪뜨리다/부딪트리다

[붙임] '-업-, -읍-, -브-'가 붙어서 된 말은 소리대로 적는다.

예 미덥다, 우습다, 미쁘다

제23항 '-하다'나 '-거리다'가 붙는 어근에 '-이'가 붙어서 명사가 된 것은 그 원형을 밝히어 적는다.

예 살사리 → 살살이, 오뚜기 → 오뚝이, 홀쭈기 → 홀쭉이, 배불뚜기 → 배불뚝이

[붙임] '-하다'나 '-거리다'가 붙을 수 없는 어근에 '-이'나 또는 다른 모음으로 시작되는 접미사가 붙어서 명사가 된 것은 그 원형을 밝히어 적지 아니한다.

예 개구리, 귀뚜라미, 기러기, 깍두기, 꽹과리

Check Point

'받치다'의 용례

- 어떤 물건의 밑에 다른 물체를 올리거나 대다.
  예 학생들은 공책에 책받침을 받치고 쓴다.
- (주로 '입다'와 함께 쓰여)겉옷의 안에 다른 옷을 입다.
  예 양복 속에 두꺼운 내복을 받쳐서 입으면 옷맵시가 나지 않는다.
- 한글로 적을 때 모음 글자 밑에 자음 글자를 붙여 적다.
  예 '가'에 'ㅁ'을 받치면 '감'이 된다.
- 어떤 일을 잘할 수 있도록 뒷받침해 주다.
  예 배경 음악이 그 장면을 잘 받쳐 주어서 전체적인 분위기가 훨씬 감동적이었다.
- 비나 햇빛과 같은 것이 통하지 못하도록 우산이나 양산을 펴 들다.
  예 아가씨들이 양산을 받쳐 들고 거리를 거닐고 있다.

제24항 '-거리다'가 붙을 수 있는 시늉말 어근에 '-이다'가 붙어서 된 용언은 그 어근을 밝히어 적는다.

예 끄더기다 → 끄덕이다, 지꺼리다 → 지껄이다, 퍼더기다 → 퍼덕이다, 망서리다 → 망설이다

제25항 '-하다'가 붙는 어근에 '-히'나 '-이'가 붙어서 부사가 되거나, 부사에 '-이'가 붙어서 뜻을 더하는 경우에는 그 어근이나 부사의 원형을 밝히어 적는다.

① '-하다'가 붙는 어근에 '-히'나 '-이'가 붙는 경우

예 급히, 꾸준히, 도저히, 딱히, 어렴풋이, 깨끗이

[붙임] '-하다'가 붙지 않는 경우에는 소리대로 적는다.

예 갑자기, 반드시(꼭), 슬며시

② 부사에 '-이'가 붙어서 역시 부사가 되는 경우

예 곰곰이, 더욱이, 생긋이, 오뚝이, 일찍이, 해죽이

제26항 '-하다'나 '-없다'가 붙어서 된 용언은 그 '-하다'나 '-없다'를 밝히어 적는다.

① '-하다'가 붙어서 용언이 된 것

예 딱하다, 숱하다, 착하다, 텁텁하다, 푹하다

② '-없다'가 붙어서 용언이 된 것

예 부질없다, 상없다, 시름없다, 열없다, 하염없다

(4) 합성어 및 접두사가 붙는 말

제27항 둘 이상의 단어가 어울리거나 접두사가 붙어서 이루어진 말은 각각 그 원형을 밝히어 적는다.

예 국말이, 꽃잎, 끝장, 물난리, 젖몸살, 첫아들, 칼날, 팥알, 헛웃음, 샛노랗다

[붙임 1] 어원은 분명하나 소리만 특이하게 변한 것은 변한 대로 적는다.

예 할아버지, 할아범

[붙임 2] 어원이 분명하지 아니한 것은 원형을 밝히어 적지 아니한다.

예 골병, 골탕, 끌탕, 며칠

[붙임 3] '이[齒, 虱]'가 합성어나 이에 준하는 말에서 '니' 또는 '리'로 소리날 때에는 '니'로 적는다.

예 송곳니, 앞니, 어금니, 윗니, 젖니, 톱니, 틀니, 가랑니, 머릿니

기출 Plus　서울시 9급 기출

04. 다음 단어에서 음의 첨가 현상이 일어나지 않는 것을 모두 고른 것은?

㉠ 등용문
㉡ 한여름
㉢ 눈요기
㉣ 송별연

① ㉠, ㉢
② ㉠, ㉣
③ ㉡, ㉢
④ ㉡, ㉣

해 ㄱ은 '등용문[등용문]', ㄹ은 '송별연 → [송벼련]'으로 둘 다 음의 첨가 현상이 일어나지 않았다. 반대로 ㄴ은 '한여름 → [한녀름]', ㄷ은 '눈요기 → [눈뇨기]'로 둘 다 'ㄴ'이 첨가되었다.

답 04 ②

제28항 끝소리가 'ㄹ'인 말과 딴 말이 어울릴 적에 'ㄹ' 소리가 나지 아니하는 것은 아니 나는 대로 적는다.

예 다달이(달-달-이), 따님(딸-님), 마되(말-되), 마소(말-소)

제29항 끝소리가 'ㄹ'인 말과 딴 말이 어울릴 적에 'ㄹ' 소리가 'ㄷ' 소리로 나는 것은 'ㄷ'으로 적는다.

예 반짇고리(바느질~), 사흗날(사흘~), 삼짇날(삼질~), 숟가락(술~), 이튿날(이틀~)

Check Point

사잇소리 현상
두 개의 형태소 또는 단어가 합성명사를 이룰 때 앞말의 끝소리가 울림소리이고, 뒷말의 첫소리가 안울림 예사소리이면 뒤의 예사소리가 된소리로 변하는 현상이다.

제30항 사이시옷은 다음과 같은 경우에 받치어 적는다.

① 순우리말로 된 합성어로서 앞말이 모음으로 끝난 경우

뒷말의 첫소리가 된소리로 나는 것	고랫재, 귓밥, 나룻배, 나뭇가지, 냇가, 댓가지, 뒷갈망, 맷돌, 핏대
뒷말의 첫소리 'ㄴ, ㅁ' 앞에서 'ㄴ' 소리가 덧나는 것	멧나물, 아랫니, 텃마당, 아랫마을, 뒷머리, 잇몸, 깻묵, 냇물, 빗물
뒷말의 첫소리 모음 앞에서 'ㄴㄴ' 소리가 덧나는 것	도리깻열, 뒷윷, 두렛일, 뒷일, 뒷입맛, 베갯잇, 욧잇, 깻잎, 나뭇잎

② 순우리말과 한자어로 된 합성어로서 앞말이 모음으로 끝난 경우

뒷말의 첫소리가 된소리로 나는 것	귓병, 머릿방, 뱃병, 봇둑, 사잣밥, 샛강, 아랫방
뒷말의 첫소리 'ㄴ, ㅁ' 앞에서 'ㄴ' 소리가 덧나는 것	곗날, 제삿날, 훗날, 툇마루, 양칫물
뒷말의 첫소리 모음 앞에서 'ㄴㄴ' 소리가 덧나는 것	가욋일, 사삿일, 예삿일, 훗일

③ 두 음절로 된 다음 한자어

예 곳간(庫間), 셋방(貰房), 숫자(數字), 찻간(茶間), 툇간(退間), 횟수(回數)

제31항 두 말이 어울릴 적에 'ㅂ' 소리나 'ㅎ' 소리가 덧나는 것은 소리대로 적는다.

① 'ㅂ' 소리가 덧나는 것

예 멥쌀(메ㅂ쌀), 볍씨(벼ㅂ씨), 입때(이ㅂ때)

② 'ㅎ' 소리가 덧나는 것

예 머리카락(머리ㅎ가락), 안팎(안ㅎ밖), 암탉(암ㅎ닭)

(5) 준말

> 제35항 모음 'ㅗ, ㅜ'로 끝난 어간에 '-아/-어, -았-/-었-'이 어울려 'ㅘ/ㅝ, ㅘㅆ/ㅝㅆ'으로 될 적에는 준 대로 적는다.

보아(본말) → 봐(준말), 두었다(본말) → 뒀다(준말), 쑤었다(본말) → 쒔다(준말)

[붙임 1] '놓아'가 '놔'로 줄 적에는 준 대로 적는다.

[붙임 2] 'ㅚ' 뒤에 '-어, -었-'이 어울려 'ㅙ, ㅙㅆ'으로 될 적에도 준 대로 적는다.

예 쇠었다(본말) → 쇘다(준말), 되었다(본말) → 됐다(준말)

> 제38항 'ㅏ, ㅗ, ㅜ, ㅡ' 뒤에 '-이어'가 어울려 줄어질 적에는 준 대로 적는다.

예 싸이어 : 쌔어/싸여, 보이어 : 뵈어/보여, 쓰이어 : 씌어/쓰여, 트이어 : 틔어/트여

> 제39항 어미 '-지' 뒤에 '않-'이 어울려 '-잖-'이 될 적과 '-하지' 뒤에 '않-'이 어울려 '-찮-'이 될 적에는 준 대로 적는다.

예 적지 않은(본말) → 적잖은(준말), 변변하지 않다(본말) → 변변찮다(준말)

> 제40항 어간의 끝 음절 '하'의 'ㅏ'가 줄고 'ㅎ'이 다음 음절의 첫소리와 어울려 거센소리로 될 적에는 거센소리로 적는다.

예 간편하게(본말) → 간편케(준말), 흔하다(본말) → 흔타(준말)

[붙임 1] 'ㅎ'이 어간의 끝소리로 굳어진 것은 받침으로 적는다.

예 아무렇지, 어떻든지, 이렇고

[붙임 2] 어간의 끝음절 '하'가 아주 줄 적에는 준 대로 적는다.

예 생각하건대 → 생각건대, 넉넉하지 않다 → 넉넉지 않다, 익숙하지 않다 → 익숙지 않다

[붙임 3] 다음과 같은 부사는 소리대로 적는다.

예 결단코, 결코, 아무튼, 요컨대, 하마터면, 하여튼

5. 띄어쓰기

(1) 조사

> 제41항 조사는 그 앞말에 붙여 쓴다.

예 꽃이, 꽃마저, 꽃밖에, 꽃입니다, 어디까지나, 거기도, 멀리는, 웃고만

기출 Plus 국가직 9급 기출

05. 밑줄 친 부분이 어문 규정에 맞는 것은?

① 병이 씻은 듯이 낳았다.
② 넉넉치 못한 선물이나 받아 주세요.
③ 그는 자물쇠로 책상 서랍을 잠갔다.
④ 옷가지를 이여서 밧줄처럼 만들었다.

해 '그는 자물쇠로 책상 서랍을 잠갔다.'의 문장에서 '잠갔다'는 '잠그+았+다'에서 'ㅡ'가 탈락하여 최종적으로 '잠갔다'가 된 것이므로 옳은 표현이다. 즉 '잠갔다'는 '잠그다'의 과거형으로, '잠구다', '잠궜다'는 잘못된 표현이다.

답 05 ③

지방직 9급 기출

06. 밑줄 친 부분의 띄어쓰기가 옳은 것은?

① 해도해도 너무한다.
② 빠른 시일 내 지원해 줄 것이다.
③ 이 그릇은 귀한 거라 손님 대접하는데나 쓴다.
④ 소비 절약을 호소하는 정공법 밖에 달리 도리는 없다.

해 '일정한 범위의 안'이라는 뜻의 '내'는 의존 명사이기 때문에 띄어 써야 옳다. 비슷한 의존 명사로는 '중, 시, 외' 등이 있는데, 이들도 모두 띄어 써야 한다.

지방직 9급 기출

07. 밑줄 친 부분의 띄어쓰기가 옳은 것은?

① 그 중에 깨끗한 옷만 골라 입으세요.
② 어제는 밤이 늦도록 옛 책을 뒤적였다.
③ 시간 날 때 낚시나 한 번 같이 갑시다.
④ 사람들은 황급히 굴 속으로 모여들었다.

해 '옛 책'의 '옛'은 '지나간 때의'라는 의미의 관형사이므로 관형사가 수식하는 명사인 '책'과 띄어 적어야하고, 목적격 조사 '을'은 앞말에 붙여 적어야 하므로 '옛 책을'으로 적은 것은 적절하다.

답 06 ② 07 ②

(2) 의존명사, 단위를 나타내는 명사 및 열거하는 말 등

제42항 의존명사는 띄어 쓴다.

예 아는 것이 힘이다. 나도 할 수 있다. 먹을 만큼 먹어라. 그가 떠난 지가 오래다.

제43항 단위를 나타내는 명사는 띄어 쓴다.

예 한 개, 차 한 대, 금 서 돈, 소 한 마리, 열 살, 연필 한 자루, 조기 한 손

다만, 순서를 나타내는 경우나 숫자와 어울리어 쓰이는 경우에는 붙여 쓸 수 있다.

예 두시 삼십분 오초, 제일과, 삼학년, 육층, 16동 302호

제44항 수를 적을 적에는'만(萬)'단위로 띄어 쓴다.

예 십이억 삼천사백오십육만 칠천팔백구십팔, 12억 3456만 7898

제45항 두 말을 이어 주거나 열거할 적에 쓰이는 말들은 띄어 쓴다.

예 국장 겸 과장, 열 내지 스물, 청군 대 백군, 이사장 및 이사들, 사과, 귤 등등

제46항 단음절로 된 단어는 연이어 나타날 적에는 붙여 쓸 수 있다.

예 그때 그곳, 좀더 큰것, 이말 저말, 한잎 두잎

(3) 보조용언

제47항 보조용언은 띄어 씀을 원칙으로 하되, 경우에 따라 붙여 씀도 허용한다.

예

원칙	허용
불이 꺼져 간다.	불이 꺼져간다.
어머니를 도와 드린다.	어머니를 도와드린다.
그릇을 깨뜨려 버렸다.	그릇을 깨뜨려버렸다.
비가 올 듯하다.	비가 올듯하다.
그 일은 할 만하다.	그 일은 할만하다.

다만, 앞말에 조사가 붙거나 앞말이 합성동사인 경우, 그리고 중간에 조사가 들어갈 적에는 그 뒤에 오는 보조용언은 띄어 쓴다.

예 잘도 놀아만 나는구나! 책을 읽어도 보고 네가 덤벼들어 보아라.
강물에 떠내려가 버렸다. 그가 올 듯도 하다. 잘난 체를 한다.

(4) 고유명사 및 전문 용어

> 제48항 성과 이름, 성과 호 등은 붙여 쓰고, 이에 덧붙는 호칭어, 관직명 등은 띄어 쓴다.

예 김양수(金良洙), 서화담(徐花潭), 채영신 씨, 최치원 선생, 박동식 박사

다만, 성과 이름, 성과 호를 분명히 구분할 필요가 있을 경우에는 띄어 쓸 수 있다.

예 남궁억/남궁 억, 독고준/독고 준

> 제49항 성명 이외의 고유명사는 단어별로 띄어 씀을 원칙으로 하되, 단위별로 띄어 쓸 수 있다.

예 한국 대학교 사범 대학(원칙) / 한국대학교 사범대학(허용)

> 제50항 전문 용어는 단어별로 띄어 씀을 원칙으로 하되, 붙여 쓸 수 있다.

예 만성 골수성 백혈병(원칙)/만성골수성백혈병(허용), 중거리 탄도 유도탄(원칙)/중거리탄도유도탄(허용)

6. 그 밖의 것

> 제51항 부사의 끝음절이 분명히 '이'로만 나는 것은 '-이'로 적고, '히'로만 나거나 '이'나 '히'로 나는 것은 '-히'로 적는다.

① '이'로만 나는 것

예 깨끗이, 산뜻이, 겹겹이, 반듯이, 틈틈이, 버젓이, 번번이, 따뜻이, 가까이, 고이, 번거로이, 헛되이, 일일이

② '히'로만 나는 것

예 딱히, 극히, 정확히, 족히, 엄격히, 속히, 급히

③ '이, 히'로 나는 것

예 솔직히, 가만히, 꼼꼼히, 상당히, 능히, 분명히, 도저히, 각별히, 소홀히, 쓸쓸히, 열심히, 답답히, 섭섭히, 공평히, 조용히, 고요히

> 제53항 다음과 같은 어미는 예사소리로 적는다.

예 -(으)ㄹ꺼나 → -(으)ㄹ거나, -(으)ㄹ껄 → -(으)ㄹ걸, -(으)ㄹ께 → -(으)ㄹ게, -(으)ㄹ찌언정 → -(으)ㄹ지언정

다만, 의문을 나타내는 다음 어미들은 된소리로 적는다.

예 -(으)ㄹ까?, -(으)ㄹ꼬?, -(으)리까?, -(으)ㄹ쏘냐?

Check Point

본음 · 속음으로 나는 한자어 (한글 맞춤법 규정 제52항)

본음으로 나는 것	속음으로 나는 것
• 승낙(承諾) • 만난(萬難) • 안녕(安寧) • 분노(忿怒) • 토론(討論) • 오륙십(五六十) • 목재(木材) • 십일(十日) • 팔일(八日)	• 수락(受諾), 쾌락(快諾), 허락(許諾) • 곤란(困難), 논란(論難) • 의령(宜寧), 회령(會寧) • 대로(大怒), 희로애락(喜怒哀樂) • 의논(議論) • 오뉴월, 유월(六月) • 모과(木瓜) • 시방정토(十方淨土), 시월(十月) • 초파일(初八日)

기출 Plus 지방직 9급 기출

08. 밑줄 친 단어의 쓰임이 옳은 것은?

① 하노라고 한 것이 이 모양이다.
② 물품 대금은 나중에 예치금에서 자동으로 결재된다.
③ 예산을 대충 걷잡아서 말하지 말고 잘 뽑아 보세요.
④ 행운이 가득하기를 기원하는 것으로 치사를 가름합니다.

해 '하노라고'는 동사 '하다'의 어간 '하-'에 자기 나름대로 꽤 노력했음을 나타내는 연결 어미 '-노라고'가 결합된 형태이다. 자기 나름대로 노력했음에도 이렇게밖에 못했음을 뜻하는 ①에 적절하게 쓰였다.

답 08 ①

제54항 다음과 같은 접미사는 된소리로 적는다.

예 심부름군 → 심부름꾼, 귓대기 → 귀때기, 익살군 → 익살꾼, 볼대기 → 볼때기, 일군 → 일꾼, 뒷굼치 → 뒤꿈치

제56항 '-더라, -던'과 '-든지'는 다음과 같이 적는다.

① 지난 일을 나타내는 어미는 '-더라, -던'으로 적는다.
  예 지난겨울은 몹시 춥드라. → 지난겨울은 몹시 춥더라. 그렇게 좋든가? → 그렇게 좋던가?
② 물건이나 일의 내용을 가리지 아니하는 뜻을 나타내는 조사와 어미는 '(-)든지'로 적는다.
  예 배던지 사과던지 마음대로 먹어라. → 배든지 사과든지 마음대로 먹어라.

제57항 다음 말들은 각각 구별하여 적는다.

- **가름** : 둘로 가름 　　**갈음** : 새 책상으로 갈음하였다.
- **거름** : 풀을 썩인 거름 　　**걸음** : 빠른 걸음
- **거치다** : 영월을 거쳐 왔다. 　　**걷히다** : 외상값이 잘 걷힌다.
- **걷잡다** : 걷잡을 수 없는 상태 　　**겉잡다** : 겉잡아서 이틀 걸릴 일
- **그러므로(그러니까)** : 그는 부지런하다. 그러므로 잘 산다.
  그럼으로(써)(그렇게 하는 것으로) : 그는 열심히 공부한다. 그럼으로(써) 은혜에 보답한다.
- **노름** : 노름판이 벌어졌다. 　　**놀음(놀이)** : 즐거운 놀음
- **느리다** : 진도가 너무 느리다. 　　**늘이다** : 고무줄을 늘인다.
  늘리다 : 수출량을 더 늘린다.
- **다리다** : 옷을 다린다. 　　**달이다** : 약을 달인다.
- **다치다** : 부주의로 손을 다쳤다. 　　**닫히다** : 문이 저절로 닫혔다.
  닫치다 : 문을 힘껏 닫쳤다.
- **마치다** : 벌써 일을 마쳤다. 　　**맞히다** : 여러 문제를 더 맞혔다.
- **목거리** : 목거리가 덧났다. 　　**목걸이** : 금 목걸이, 은 목걸이
- **바치다** : 나라를 위해 목숨을 바쳤다.
  받치다 : 우산을 받치고 간다./책받침을 받친다.
  받히다 : 쇠뿔에 받혔다.
  밭치다 : 술을 체에 밭친다.
- **반드시** : 약속은 반드시 지켜라. 　　**반듯이** : 고개를 반듯이 들어라.

- **부딪치다** : 차와 차가 마주 부딪쳤다. **부딪히다** : 마차가 화물차에 부딪혔다.
- **부치다** : 힘이 부치는 일이다./편지를 부친다./논밭을 부친다./빈대떡을 부친다./식목일에 부치는 글/회의에 부치는 안건/인쇄에 부치는 원고/삼촌 집에 숙식을 부친다.

  붙이다 : 우표를 붙인다./책상을 벽에 붙였다./흥정을 붙인다./불을 붙인다./감시원을 붙인다./조건을 붙인다./취미를 붙인다./별명을 붙인다.
- **시키다** : 일을 시킨다. **식히다** : 끓인 물을 식힌다.
- **아름** : 세 아름 되는 둘레 **알음** : 전부터 알음이 있는 사이

  앎 : 앎이 힘이다.
- **안치다** : 밥을 안친다. **앉히다** : 윗자리에 앉힌다.
- **어름** : 두 물건의 어름에서 일어난 현상 **얼음** : 얼음이 얼었다.
- **이따가** : 이따가 오너라. **있다가** : 돈은 있다가도 없다.
- **저리다** : 다친 다리가 저린다. **절이다** : 김장 배추를 절인다.
- **조리다** : 생선을 조리다. **졸이다** : 마음을 졸인다.
- **주리다** : 여러 날을 주렸다. **줄이다** : 비용을 줄인다.
- **–노라고** : 하노라고 한 것이 이 모양이다.

  –느라고 : 공부하느라고 밤을 새웠다.
- **–느니보다(어미)** : 나를 찾아 오느니보다 집에 있거라.

  –는 이보다(의존명사) : 오는 이가 가는 이보다 많다.
- **–(으)리만큼(어미)** : 나를 미워하리만큼 그에게 잘못한 일이 없다.

  –(으)ㄹ 이만큼(의존명사) : 찬성할 이도 반대할 이만큼이나 많을 것이다.
- **–(으)러(목적)** : 공부하러 간다.

  –(으)려(의도) : 서울 가려 한다.
- **(으)로서(자격)** : 사람으로서 그럴 수는 없다.

  (으)로써(수단) : 닭으로써 꿩을 대신했다.
- **–(으)므로(어미)** : 그가 나를 믿으므로 나도 그를 믿는다.

  (–ㅁ, –음)으로(써)(조사) : 그는 믿음으로(써) 산 보람을 느꼈다.

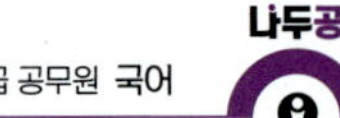

Check Point

구별해서 써야 하는 말

- **가리키다** : 손가락 따위로 어떤 방향이나 대상을 집어서 보이거나 알리다.
  가르치다 : 지식이나 도리 따위를 알게 하다.
- **막연** : 똑똑하지 못하고 어렴풋함
  막역 : 뜻이 맞아 서로 허물이 없음
- **두텁다** : 인정이나 정의가 많다.
  두껍다 : 두께가 보통의 정도보다 크다.
- **지긋이** : 나이가 비교적 많아서 듬직함
  지그시 : 슬그머니 힘을 주는 모양이나 조용히 참고 견디는 것
- **추기다** : 선동하다.
  축이다 : 물을 적셔서 축축하게 하다.
- **홀몸** : 배우자나 형제가 없는 사람
  홑몸 : 딸린 사람이 없거나 아이를 배지 아니한 몸
- **햇살** : 해가 내쏘는 빛살
  햇빛 : 해의 빛
  햇볕 : 해가 내리쬐는 뜨거운 기운
- **흔전만전** : 아주 흔하고 넉넉한 모양
  흥청망청 : 물건 또는 돈을 함부로 써 버리는 모양

꼭! 확인 기출문제

다음 중 띄어쓰기가 옳은 것은? [서울시 9급 기출]

① 대화를∨하면∨할수록∨타협점은∨커녕∨점점∨갈등만∨커지게∨되었다.
② 창문∨밖에∨소리가∨나서∨봤더니∨바람∨소리∨밖에∨들리지∨않았다.
③ 그∨만큼∨샀으면∨충분하니∨가져갈∨수∨있을만큼만∨상자에∨담으렴.
❹ 나는∨나대로∨갈∨데가∨있으니∨너는∨네가∨가고∨싶은∨데로∨가거라.

해 ④ 나대로 ('대로'는 조사로 앞말에 붙여 쓴다), 갈 데가 ('데'는 의존 명사이므로 띄어 쓴다), 싶은 데로 ('데'는 의존 명사이므로 띄어 쓴다)
① '타협점은커녕' → '타협점은커녕' : '커녕'은 보조사이므로 붙여 쓴다.
② '바람 소리 밖에' → '바람 소리밖에' : '밖에'는 조사이므로 앞말에 붙여 쓴다.
③ '그 만큼' → '그만큼' : '그만큼'은 부사로 한 단어이기 때문에 붙여 쓴다.
'있을만큼만' → '있을 만큼만' : '만큼'은 의존명사이므로 띄어 쓴다.

제2절 표준어 규정

1. 표준어 사정 원칙

(1) 총칙

제1항 표준어는 교양 있는 사람들이 두루 쓰는 현대 서울말로 정함을 원칙으로 한다.
제2항 외래어는 따로 사정한다.

(2) 발음 변화에 따른 표준어 규정

① 자음

제3항 다음 단어들은 거센소리를 가진 형태를 표준어로 삼는다.

예 끄나불 → 끄나풀, 새벽녁 → 새벽녘, 부억 → 부엌, 간 → 칸(단, 초가삼간, 윗간의 경우에는 '간'이 표준어)

제4항 다음 단어들은 거센소리로 나지 않는 형태를 표준어로 삼는다.

예 가을카리 → 가을갈이, 거시키 → 거시기, 푼침 → 분침

제5항 어원에서 멀어진 형태로 굳어져서 널리 쓰이는 것은, 그것을 표준어로 삼는다.

예 강남콩 → 강낭콩, 삭월세 → 사글세

다만, 어원적으로 원형에 더 가까운 형태가 아직 쓰이고 있는 경우에는, 그것을 표준어로 삼는다.

예 저으기 → 적이, 구젓 → 굴젓

제6항 다음 단어들은 의미를 구별함이 없이, 한 가지 형태만을 표준어로 삼는다.

예 돐 → 돌, 두째 → 둘째, 세째 → 셋째, 네째 → 넷째, 빌다 → 빌리다

다만, '둘째'는 십 단위 이상의 서수사에 쓰일 때에 '두째'로 한다.

예 열둘째 → 열두째

제7항 수컷을 이르는 접두사는 '수-'로 통일한다.

예 숫놈 → 수놈, 숫소 → 수소, 숫꿩/수퀑 → 수꿩

다만, 다음 단어에서는 접두사 다음에서 나는 거센소리를 인정한다. 접두사 '암-'이 결합되는 경우에도 이에 준한다.

예 숫-강아지 → 수캉아지, 숫-개 → 수캐, 숫-닭 → 수탉, 숫-당나귀 → 수탕나귀, 숫-돼지 → 수퇘지, 숫-병아리 → 수평아리

※ '숫양, 숫염소, 숫쥐'와 같은 경우는 예외로 한다.

② 모음

제8항 양성모음이 음성모음으로 바뀌어 굳어진 다음 단어는 음성모음 형태를 표준어로 삼는다.

예 깡총깡총 → 깡충깡충, 오똑이 → 오뚝이, 바람동이 → 바람둥이, 발가숭이 → 발가숭이, 봉족 → 봉죽, 뻗장다리 → 뻗정다리, 주초 → 주추(주춧돌)

다만, 어원 의식이 강하게 작용하는 다음 단어에서는 양성모음 형태를 그대로 표준어로 삼는다.

예 부주금 → 부조금(扶助金), 사둔 → 사돈(査頓), 삼춘 → 삼촌(三寸)

제9항 'ㅣ' 역행동화 현상에 의한 발음은 원칙적으로 표준 발음으로 인정하지 아니하되, 다만 다음 단어들은 그러한 동화가 적용된 형태를 표준어로 삼는다.

예 풋나기 → 풋내기, 남비 → 냄비, 동당이치다 → 동댕이치다

[붙임 1] 다음 단어는 'ㅣ' 역행동화가 일어나지 아니한 형태를 표준어로 삼는다.

예 아지랭이 → 아지랑이

Check Point

발음 변화에 따른 표준어 규정

- 어원에서 멀어진 형태로 굳어져서 널리 쓰이는 것은, 그것을 표준어로 삼는다.
  예 고샅 (×) 고삿 (○)
  위력성당 (×) 울력성당 (○)
- 어원적으로 원형에 더 가까운 형태가 아직 쓰이고 있는 경우에는, 그것을 표준어로 삼는다.
  예 가리 (×) 갈비 (○)
  갈모 (×) 갓모 (○)
  말겻 (×) 말결 (○)
  물수랄 (×) 물수란 (○)
  미뜨리다 (×) 밀뜨리다 (○)
  수지 (×) 휴지 (○)

[붙임 2] 기술자에게는 '-장이', 그 외에는 '-쟁이'가 붙는 형태를 표준어로 삼는다.

예 미쟁이 → 미장이, 유기쟁이 → 유기장이, 멋장이 → 멋쟁이, 골목장이 → 골목쟁이, 소금장이 → 소금쟁이, 담장이 덩굴 → 담쟁이 덩굴

제10항 다음 단어는 모음이 단순화한 형태를 표준어로 삼는다.

예 괴퍅하다 → 괴팍하다, 으례 → 으레, 켸켸묵다 → 케케묵다, 미류나무 → 미루나무, 미력 → 미륵, 허위대 → 허우대, 허위적거리다 → 허우적거리다

제11항 다음 단어에서는 모음의 발음 변화를 인정하여, 발음이 바뀌어 굳어진 형태를 표준어로 삼는다.

예 -구료 → -구려, 나무래다 → 나무라다, 상치 → 상추, 깍정이 → 깍쟁이, 바래다 → 바라다, 허드래 → 허드레, 주착 → 주책, 실업의아들 → 시러베아들, → 지리하다 → 지루하다, 호루루기 → 호루라기

제12항 '웃-' 및 '윗-'은 명사 '위'에 맞추어 '윗-'으로 통일한다.

예 웃니 → 윗니, 웃도리 → 윗도리, 웃목 → 윗목, 웃몸 → 윗몸

다만 1. 된소리나 거센소리 앞에서는 '위-'로 한다.

예 웃쪽 → 위쪽, 웃층 → 위층

다만 2. '아래, 위'의 대립이 없는 단어는 '웃-'으로 발음되는 형태를 표준어로 삼는다.

예 윗어른 → 웃어른, 윗옷 → 웃옷, 윗돈 → 웃돈, 윗국 → 웃국, 윗비 → 웃비

제13항 한자 '구(句)'가 붙어서 이루어진 단어는 '귀'로 읽는 것을 인정하지 아니하고, '구'로 통일한다.

예 귀절 → 구절(句節), 경귀 → 경구(警句), 대귀 → 대구(對句), 문귀 → 문구(文句), 성귀 → 성구(成句), 시귀 → 시구(詩句), 어귀 → 어구(語句)

다만, 다음 단어는 '귀'로 발음되는 형태를 표준어로 삼는다.

예 구글 → 귀글, 글구 → 글귀

기출 Plus 서울시 9급 기출

01. 표준어끼리 묶인 것으로 가장 옳지 않은 것은?

① 등물, 남사스럽다, 쌉싸름하다, 복숭아뼈
② 까탈스럽다, 걸판지다, 주책이다, 겉울음
③ 찰지다, 잎새, 꼬리연, 푸르르다
④ 개발새발, 이쁘다, 덩쿨, 마실

해 '덩쿨'은 비표준어이며, '넝쿨'과 '덩굴'이 표준어이다. '개발새발 – 괴발개발', '이쁘다 – 예쁘다', '마실 – 마을' 모두 복수 표준어에 해당된다.

기출 Plus 지방직 9급 기출

02. 밑줄 친 말이 표준어인 것은?

① 큰 죄를 짓고도 그는 뉘연히 대중 앞에 나섰다.
② 아주머니는 부업에서 갖가지 양념을 뒤어내고 있었다.
③ 사업에 실패했던 원인을 이제야 깨단하게 되었다.
④ 그 사람은 허구헌 날 팔자 한탄만 한다.

해 '깨단하다'는 '오랫동안 생각해 내지 못하던 일 따위를 어떠한 실마리로 말미암아 깨닫거나 분명히 알다.'라는 뜻의 표준어이다.

답 01 ④ 02 ③

꼭! 확인 기출문제

〈보기〉에 공통적으로 적용되는 표준어 규정으로 가장 옳은 것은? [서울시 9급 기출]

보기
강낭콩, 고삿, 사글세

❶ 어원에서 멀어진 형태로 굳어져서 널리 쓰이는 것은, 그것을 표준어로 삼는다.
② 어원적으로 원형에 더 가까운 형태가 아직 쓰이고 있는 경우에는, 그것을 표준어로 삼는다.
③ 모음의 발음 변화를 인정하여, 발음이 바뀌어 굳어진 형태를 표준어로 삼는다.
④ 비슷한 발음의 몇 형태가 쓰일 경우, 그 의미에 아무런 차이가 없고, 그중 하나가 더 널리 쓰이면, 그 한 형태만을 표준어로 삼는다.

해 ① '강낭콩'은 중국의 '강남(江南)' 지방에서 들여온 콩이기 때문에 붙여진 이름인데, '강남'의 형태가 변하여 '강낭'이 되었다. 언중이 이미 어원을 의식하지 않고 변한 형태대로 발음하는 언어 현실을 그대로 반영하여 '강낭콩'으로 쓰게 한다.

③ 준말

제14항 준말이 널리 쓰이고 본말이 잘 쓰이지 않는 경우에는, 준말만을 표준어로 삼는다.

예 귀치 않다 → 귀찮다, 또아리 → 똬리, 무우 → 무, 설비음 → 설빔, 새앙쥐 → 생쥐, 소리개 → 솔개, 장사아치 → 장사치

제15항 준말이 쓰이고 있더라도, 본말이 널리 쓰이고 있으면 본말을 표준어로 삼는다.

예 경없다 → 경황없다, 귀개 → 귀이개, 낌 → 낌새, 돗 → 돗자리, 막잡이 → 마구잡이, 뒝박 → 뒤웅박, 부럼 → 부스럼, 암 → 암죽, 죽살 → 죽살이

제16항 준말과 본말이 다 같이 널리 쓰이면서 준말의 효용이 뚜렷이 인정되는 것은 두 가지를 다 표준어로 삼는다.

- 거짓-부리/거짓-불
- 노을/놀
- 막대기/막대
- 망태기/망태
- 머무르다/머물다
- 서두르다/서둘다
- 서투르다/서툴다
- 석새-삼베/석새-베
- 시-누이/시-뉘 · 시-누
- 오-누이/오-뉘 · 오-누
- 외우다/외다
- 이기죽-거리다/이죽-거리다

④ 복수 표준어

제18항 다음 언어는 전자를 원칙으로 하고, 후자도 허용한다.

예 쇠-/소-, 괴다/ 고이다, 꾀다/ 꼬이다, 쐬다/쏘이다, 죄다/조이다

제19항 어감의 차이를 나타내는 단어 또는 발음이 비슷한 단어들이 다 같이 널리 쓰이는 경우에는 그 모두를 표준어로 삼는다.

예 거슴츠레-하다/게슴츠레-하다, 고까/꼬까, 고린-내/코린-내, 구린-내/쿠린-내, 꺼림-하다/께름-하다, 나부랭이/너부렁이

(3) 어휘 선택의 변화에 따른 표준어 규정

① 고어

제20항 사어(死語)가 되어 쓰이지 않게 된 단어는 고어로 처리하고, 현재 널리 사용되는 단어를 표준어로 삼는다. (　　)안은 쓰이지 않는 말이다.

예 난봉(봉), 낭떠러지(낭), 설거지-하다(설겆다), 애달프다(애닯다), 오동-나무(머귀나무), 자두(오얏)

② 한자어

제21항 고유어 계열의 단어가 널리 쓰이고 그에 대응되는 한자어 계열의 단어가 용도를 잃게 된 것은, 고유어 계열의 단어만을 표준어로 삼는다.

예 말약 → 가루약, 방돌 → 구들장, 보행삯 → 길품삯, 맹눈 → 까막눈, 노닥다리 → 늙다리, 병암죽 → 떡암죽, 건빨래 → 마른빨래, 배달나무 → 박달나무, 답/전 → 논/밭, 화곽 → 성냥, 벽지다 → 외지다, 솟을문 → 솟을무늬, 피죽 → 죽데기, 분전 → 푼돈

제22항 고유어 계열의 단어가 생명력을 잃고 그에 대응되는 한자어 계열의 단어가 널리 쓰이면, 한자어 계열의 단어를 표준어로 삼는다.

예 개다리 밥상 → 개다리 소반, 맞상 → 겸상, 높은 밥 → 고봉밥, 마바리집 → 마방집, 민주스럽다 → 민망스럽다, 구들고래 → 방고래, 뜸단지 → 부항단지, 둥근 파 → 양파, 군달 → 윤달, 알무 → 총각무, 잇솔 → 칫솔

③ 복수 표준어

제26항 한 가지 의미를 나타내는 형태 몇 가지가 널리 쓰이며 표준어 규정에 맞으면, 그 모두를 표준어로 삼는다.

- 가는-허리/잔-허리
- 가락-엿/가래-엿
- 가뭄/가물
- 가엾다/가엽다
- 감감-무소식/감감-소식
- 개수-통/설거지-통
- 게을러-빠지다/게을러-터지다
- 고깃-간/푸줏-간

Check Point

방언과 표준어(표준어 규정 제23항 · 제24항)

- 방언이 널리 쓰여 표준어와 같이 쓰이는 경우(방언/표준어 둘 다 표준어인 경우)
  - 예 멍게/우렁쉥이, 물방개/선두리, 애순/어린순
- 방언이 널리 쓰여 표준어가 된 경우(방언이 표준어가 된 경우)
  - 예 귀밑머리(귓머리 ×), 막상(마기 ×), 빈대떡(빈자떡 ×), 생인손(생안손 ×), 역겹다(역스럽다 ×), 코주부(코보 ×)

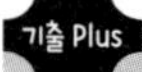

기출 Plus 서울시 9급 기출

03. 다음은 같은 의미를 지닌 단어들을 묶은 것이다. 이들 가운데 표준어가 아닌 예가 들어 있는 것은?

① 눈대중-눈어림-눈짐작
② 보통내기-여간내기-예사내기
③ 멀찌감치-멀찌가니-멀찍이
④ 넝쿨-덩굴-덩쿨

해 '넝쿨'과 '덩굴'은 표준어이나 '덩쿨'은 비표준어이다.
① 눈대중-눈어림-눈짐작 : 눈으로 보아 어림잡아 헤아림
② 보통내기-여간내기-예사내기 : 만만하게 여길 만큼 평범한 사람
③ 멀찌감치-멀찌가니-멀찍이 : 사이가 꽤 떨어지게

답 03 ④

- 곰곰/곰곰-이
- 극성-떨다/극성-부리다
- 기승-떨다/기승-부리다
- 녘/쪽
- -다마다/-고말고
- 덧-창/겉-창
- 들락-날락/들랑-날랑
- -뜨리다/-트리다
- 만큼/만치
- 모-내다/모-심다
- 물-봉숭아/물-봉선화
- 밑-층/아래-층
- 보-조개/볼-우물
- 살-쾡이/삵
- 서럽다/섧다
- -(으)세요/-(으)셔요
- 아무튼/어떻든/어쨌든/하여튼/여하튼
- 어이-없다/어처구니-없다
- 여쭈다/여쭙다
- 옥수수/강냉이
- 우레/천둥
- 의심-스럽다/의심-쩍다
- 자물-쇠/자물-통
- 제-가끔/제-각기
- 중신/중매
- 차차/차츰
- 천연덕-스럽다/천연-스럽다
- 한턱-내다/한턱-하다
- 흠-가다/흠-나다/흠-지다
- 관계-없다/상관-없다
- 기세-부리다/기세-피우다
- 넝쿨/덩굴
- 다달-이/매-달
- 다박-나룻/다박-수염
- 돼지-감자/뚱딴지
- 딴-전/딴-청
- 마-파람/앞-바람
- 멀찌감치/멀찌가니/멀찍이
- 모쪼록/아무쪼록
- 민둥-산/벌거숭이-산
- 변덕-스럽다/변덕-맞다
- 보통-내기/여간-내기/예사-내기
- 삽살-개/삽사리
- 성글다/성기다
- 송이/송이-버섯
- 알은-척/알은-체
- 어저께/어제
- 여태-껏/이제-껏/입때-껏
- 욕심-꾸러기/욕심-쟁이
- 을러-대다/을러-메다
- -이에요/-이어요
- 재롱-떨다/재롱-부리다
- 좀-처럼/좀-체
- 쪽/편
- 척/체
- 철-따구니/철-딱서니/철-딱지
- 혼자-되다/홀로-되다

국회직 9급 기출

04. 다음 중 복수 표준어가 아닌 것은?

① 어림잡다 – 어림재다
② 변덕스럽다 – 변덕맞다
③ 장가가다 – 장가들다
④ 흠가다 – 흠지다

해 '어림잡다'는 '대강 짐작으로 헤아려 보다.'의 의미의 표준어이지만 '어림재다'는 표준어가 아니다.

국가직 9급 기출

05. 밑줄 친 어휘 중 표준어가 아닌 것은?

① 그는 얼금얼금한 얼굴에 콧망울을 벌름거리면서 웃음을 터뜨렸다.
② 그 사람 눈초리가 아래로 축 처진 것이 순하게 생겼어.
③ 무슨 일인지 귓밥이 훅 달아오르면서 목덜미가 저린다.
④ 등산을 하고 났더니 장딴지가 땅긴다.

해 콧방울이 표준어로 '코끝의 양쪽으로 방울처럼 둥글게 내민 부분'을 뜻한다.

답 04 ① 05 ①

참고

2014년~2017까지 새로 추가된 표준어(국립국어원)

• 2014년(13항목)

기존 표준어	추가 표준어	의미
개개다	개기다	(속되게) 명령이나 지시를 따르지 않고 버티거나 반항하다.
구안괘사	구안와사	얼굴 신경 마비 증상. 입과 눈이 한쪽으로 틀어지는 병이다.
굽실	굽신	고개나 허리를 가볍게 구푸렸다 펴는 모양.
꾀다	꼬시다	'꾀다'를 속되게 이르는 말.
장난감	놀잇감	놀이 또는 아동 교육 현장 따위에서 활용되는 물건이나 재료.
눈두덩	눈두덩이	눈언저리의 두두룩한 곳.
딴죽	딴지	일이 순순히 진행되지 못하도록 훼방을 놓거나 어기대는 것.
삐치다	삐지다	성나거나 못마땅해서 마음이 토라지다.
사그라지다	사그라들다	삭아서 없어져 가다.
섬뜩	섬찟	갑자기 소름이 끼치도록 무시무시하고 끔찍한 느낌이 드는 모양.
속병	속앓이	속이 아픈 병. 또는 속에 병이 생겨 아파하는 일.
작장초	초장초	괭이밥과의 여러해살이풀. 어린잎과 줄기는 식용한다.
허접스럽다	허접하다	허름하고 잡스럽다.

• 2015년(11항목)

기존 표준어	추가 표준어	의미
~고 싶다	~고프다	'~고 싶다'가 줄어든 말.
가오리연	꼬리연	긴 꼬리를 단 연.
노라네	노랗네	'ㅎ' 불규칙 용언이 어미 '-네'와 결합할 때는 어간 끝의 'ㅎ'을 탈락시키지 않아도 됨.
동그라네	동그랗네	
조그마네	조그맣네	
마을	마실	이웃에 놀러 다니는 일.
마	말아	'말다'에 명령형 어미 '-아', '-아라', '-아요' 등이 결합할 때는 어간 끝의 'ㄹ'을 탈락시키지 않아도 됨.
마라	말아라	
마요	말아요	
의논	의론	어떤 사안에 대하여 각자의 의견을 제기함. 또는 그런 의견.

예쁘다	이쁘다	생긴 모양이 아름다워 눈으로 보기에 좋다.
이키	이크	당황하거나 놀랐을 때 내는 소리. '이키'보다 큰 느낌을 준다.
잎사귀	잎새	나무의 잎사귀. 주로 문학적 표현에 쓰인다.
차지다	찰지다	'차지다'의 원말.
푸르다	푸르르다	'푸르다'를 강조하여 이르는 말.

• 2016년(6항목)

기존 표준어	추가 표준어	의미
거방지다	걸판지다	① 매우 푸지다. ② 동작이나 모양이 크고 어수선하다.
건울음	겉울음	① 드러내 놓고 우는 울음. ② 마음에 없이 겉으로만 우는 울음.
까다롭다	까탈스럽다	① 조건, 규정 따위가 복잡하고 엄격하여 적응하거나 적용하기에 어려운 데가 있다. ② 성미나 취향 따위가 원만하지 않고 별스러워 맞춰 주기에 어려운 데가 있다. '가탈스럽다'
실몽당이	실뭉치	실을 한데 뭉치거나 감은 덩이.
에는	엘랑	표준어 규정 제25항에 따라 '에는'의 비표준형으로 다루어 온 '엘랑'을 표준형으로 인정함. '엘랑' 외에 도 'ㄹ랑'에 조사 또는 어미가 결합한 '에설랑, 설랑, – 고설랑, – 어설랑, – 질랑'도 표준형으로 인정함.
주책없다	주책이다	표준어 규정 제25항에 따라 '주책없다'의 비표준형으로 다루어 온 '주책이다'를 표준형으로 인정함. '주책이다'는 '일정한 줏대가 없이 되는대로 하는 짓'을 뜻하는 '주책'에 서술격 조사 '이다'가 붙은 말로 봄.

• 2017년(5항목)

기존 표준어	추가 표준어	의미
꺼림칙하다	꺼림직하다	마음에 걸려서 언짢고 싫은 느낌이 있다.
께름칙하다	께름직하다	마음에 걸려서 언짢고 싫은 느낌이 꽤 있다.
추어올리다	추켜올리다	'실제보다 과장되게 칭찬하다'의 의미로 쓰이는 '추켜올리다'를 표준어로 인정함.
치켜세우다	추켜세우다	'정도 이상으로 크게 칭찬하다'의 의미로 쓰이는 '추켜세우다'를 표준어로 인정함.
추어올리다/ 추켜올리다	치켜올리다	① 옷이나 물건, 신체 일부 따위를 위로 가뜬하게 올리다. ② 실제보다 과장되게 칭찬하다.

꼭! 확인 기출문제

다음 중 표준어로만 짝지어진 것은? [서울시 9급 기출]

① 덩쿨 – 눈두덩이 – 놀이감
② 윗어른 – 호루라기 – 딴지
③ 계면쩍다 – 지리하다 – 삐지다
❹ 주책 – 두루뭉술하다 – 허드레

해 ④ '주책'은 일정하게 자리 잡힌 주장이나 판단력, 일정한 줏대가 없이 되는대로 하는 짓을 의미한다. '두루뭉술하다'는 모나거나 튀지 않고 둥그스름하다, 말이나 행동 따위가 철저하거나 분명하지 아니한 것을 의미한다. '허드레'는 그다지 중요하지 아니하고 허름하여 함부로 쓸 수 있는 물건을 의미한다.

2. 표준 발음법

(1) 자음과 모음의 발음

제4항 'ㅏ, ㅐ, ㅓ, ㅔ, ㅗ, ㅚ, ㅜ, ㅟ, ㅡ, ㅣ'는 단모음(單母音)으로 발음한다.

[붙임] 'ㅚ, ㅟ'는 이중 모음으로 발음할 수 있다.

제5항 'ㅑ, ㅒ, ㅕ, ㅖ, ㅘ, ㅙ, ㅛ, ㅝ, ㅞ, ㅠ, ㅢ'는 이중 모음으로 발음한다.

다만 1. 용언의 활용형에 나타나는 '져, 쪄, 쳐'는 [저, 쩌, 처]로 발음한다.
예 가지어 → 가져[가저], 찌어 → 쪄[쩌], 다치어 → 다쳐[다처]

다만 2. '예, 례' 이외의 'ㅖ'는 [ㅔ]로도 발음한다.
예 계집[계:집/게:집], 계시다[계:시다/게:시다]
시계[시계/시게], 개폐[개폐/개페](開閉)
혜택[혜:택/헤:택], 지혜[지혜/지헤](智慧)

다만 3. 자음을 첫소리로 가지고 있는 음절의 'ㅢ'는 [ㅣ]로 발음한다.
예 늴리리, 닁큼, 무늬, 띄어쓰기, 씌어, 틔어, 희어, 희떱다, 희망, 유희

다만 4. 단어의 첫음절 이외의 '의'는 [ㅣ]로, 조사 '의'는 [ㅔ]로 발음함도 허용한다.
예 주의[주의/주이], 협의[혀븨/혀비]
우리의[우리의/우리에], 강의의[강:의의/강:이에]

꼭! 확인 기출문제

밑줄 친 부분의 발음이 현행 표준 발음법에서 표준 발음으로 인정되지 않는 것은? (단, ':'은 장모음 표시임.) [서울시 9급 기출]

① 비가 많이 내려서 물난리가 났다. – 물난리[물랄리]
❷ 그는 줄곧 신문만 읽고 있었다. – 신문[심문]

기출 Plus 서울시 9급 기출

06. 표준 발음으로 가장 옳지 않은 것은?

① 풀꽃아[풀꼬다]
② 옷 한 벌[오탄벌]
③ 넓둥글다[넙뚱글다]
④ 늙습니다[늑씀니다]

해 '풀꽃아 → [풀꼬차]'로, 홑받침이 모음으로 시작된 어미와 결합되었으므로 받침 'ㅊ'을 뒤 음절 첫소리로 옮겨서 발음해야 한다. 다만, '풀꽃 위'처럼 받침 뒤에 모음 'ㅏ, ㅓ, ㅗ, ㅜ, ㅟ'들로 시작하는 실질 형태소가 연결되는 경우에는 대표음으로 바꾸어서 뒤 음절 첫소리로 옮겨 발음하여 [풀꼬뒤]가 된다.

Check Point

주요 고유어의 장단음 구분

- 굴[먹는 것] – 굴:[窟]
- 눈[신체의 눈] – 눈:[雪]
- 말[馬] – 말:[言語]
- 말다[감다] – 말:다[그만두다]
- 묻다[매장] – 묻:다[질문하다]
- 발[신체] – 발:[가늘게 쪼갠 대나 갈대 같은 것을 실로 엮어서 만든 가리개]
- 밤[夜] – 밤:[栗]
- 벌[罰] – 벌:[곤충]
- 새집[새로 지은 집] – 새:집[새의 집]
- 섬[수량단위] – 섬:[島]
- 종[鐘] – 종:[비복, 노비]
- 적다[필기하다] – 적:다[少]
- 줄[끈] – 줄:[쇠를 자르는 연장]

답 06 ①

③ 겨울에는 보리를 밟는다. - 밟는다[밤:는다]
④ 날씨가 벌써 한여름과 같다. - 한여름[한녀름]

해 ② '신문'의 표준 발음은 [신문]으로, 뒤에 오는 양순음의 영향으로 앞에 있는 치조음 'ㄴ, ㄷ'가 양순음 'ㅁ, ㅂ'으로 교체되는 현상인 조음위치 동화를 인정하지 않는다.
① '물난리'는 'ㄴ'이 'ㄹ'의 앞이나 뒤에서 [ㄹ]로 발음되는 현상인 유음화에 의해 [물랄리]로 발음된다.
③ '밟는다'는 자음군단순화에 의해 [밥는다]가 되고, 뒤의 'ㄴ' 앞에서 [ㅁ]으로 발음되는 현상인 비음화에 의해 [밤:는다]로 발음된다.
④ '한여름'은 접두사 '한'과 명사 '여름'이 결합한 파생어로 자음 받침이 모음 '이, 야, 여, 요, 유'를 만나 'ㄴ'이 첨가되어 [한녀름]으로 발음된다.

(2) 음의 길이

제6항 모음의 장단을 구별하여 발음하되, 단어의 첫음절에서만 긴소리가 나타나는 것을 원칙으로 한다.

예 눈보라[눈:보라], 말씨[말:씨], 밤나무[밤:나무], 많다[만:타], 멀리[멀:리], 벌리다[벌:리다]

첫눈[천눈], 참말[참말], 쌍동밤[쌍동밤], 눈멀다[눈멀다], 떠벌리다[떠벌리다]

다만 , 합성어의 경우에는 둘째 음절 이하에서도 분명한 긴소리를 인정한다.

예 반신반의[반:신바:늬/반:신바:니], 재삼재사[재:삼재:사]

[붙임] 용언의 단음절 어간에 어미 '-아/-어'가 결합되어 한 음절로 축약되는 경우에도 긴소리로 발음한다.

예 보아 → 봐[봐:], 기어 → 겨[겨:], 되어 → 돼[돼:], 두어 → 둬[둬:], 하여 → 해[해:]

다만, '오아 → 와, 지어 → 져, 찌어 → 쪄, 치어 → 쳐' 등은 긴소리로 발음하지 않는다.

제7항 긴소리를 가진 음절이라도, 다음과 같은 경우에는 짧게 발음한다.

① 단음절인 용언 어간에 모음으로 시작된 어미가 결합되는 경우

예 감다[감:따] — 감으니[가므니], 밟다[밥:따] — 밟으면[발브면]
신다[신:따] — 신어[시너], 알다[알:다] — 알아[아라]

다만, 다음과 같은 경우에는 예외적이다.

예 끌다[끌:다] — 끌어[끄:러], 떫다[떨:따] — 떫은[떨:븐]
벌다[벌:다] — 벌어[버:러], 썰다[썰:다] — 썰어[써:러]
없다[업:따] — 없으니[업:쓰니]

② 용언 어간에 피동, 사동의 접미사가 결합되는 경우

감다[감:따] — 감기다[감기다], 꼬다[꼬:다] — 꼬이다[꼬이다]

밟다[밥:따] — 밟히다[발피다]

다만, 다음과 같은 경우에는 예외적이다.

예 끌리다[끌:리다], 벌리다[벌:리다], 없애다[업:쌔다]

[붙임] 다음과 같은 복합어에서는 본디의 길이에 관계없이 짧게 발음한다.

예 밀－물, 썰－물, 쏜－살－같이, 작은－아버지

(3) 받침의 발음

> 제9항 받침 'ㄲ, ㅋ', 'ㅅ, ㅆ, ㅈ, ㅊ, ㅌ', 'ㅍ'은 어말 또는 자음 앞에서 각각 대표음 [ㄱ, ㄷ, ㅂ]으로 발음한다.

예 닦다[닥따], 키읔[키윽], 키읔과[키윽꽈], 옷[옫], 웃다[욷:따], 있다[읻따], 젖[젇]

> 제10항 겹받침 'ㄳ', 'ㄵ', 'ㄼ, ㄽ, ㄾ', 'ㅄ'은 어말 또는 자음 앞에서 각각 [ㄱ, ㄴ, ㄹ, ㅂ]으로 발음한다.

예 넋[넉], 넋과[넉꽈], 앉다[안따], 여덟[여덜], 넓다[널따], 외곬[외골], 핥다[할따], 값[갑]

다만, '밟－'은 자음 앞에서 [밥]으로 발음하고, '넓－'은 다음과 같은 경우에 [넙]으로 발음한다.

예 ㉠ 밟다[밥:따], 밟소[밥:쏘], 밟지[밥:찌], 밟는[밥:는 → 밤:는], 밟게[밥:께], 밟고[밥:꼬]

㉡ 넓－죽하다[넙쭈카다], 넓－둥글다[넙뚱글다]

> 제11항 겹받침 'ㄺ, ㄻ, ㄿ'은 어말 또는 자음 앞에서 각각 [ㄱ, ㅁ, ㅂ]으로 발음한다.

예 닭[닥], 흙과[흑꽈], 맑다[막따], 늙지[늑찌], 삶[삼:], 젊다[점:따], 읊고[읍꼬], 읊다[읍따]

다만, 용언의 어간 말음 'ㄺ'은 'ㄱ' 앞에서 [ㄹ]로 발음한다.

예 맑게[말께], 묽고[물꼬], 얽거나[얼꺼나]

> 제12항 받침 'ㅎ'의 발음은 다음과 같다.

① 'ㅎ(ㄶ, ㅀ)' 뒤에 'ㄱ, ㄷ, ㅈ'이 결합되는 경우에는, 뒤 음절 첫소리와 합쳐서 [ㅋ, ㅌ, ㅊ]으로 발음한다.

예 놓고[노코], 좋던[조:턴], 쌓지[싸치], 많고[만:코], 않던[안턴], 닳지[달치]

[붙임 1] 받침 'ㄱ(ㄺ), ㄷ, ㅂ(ㄼ), ㅈ(ㄵ)'이 뒤 음절 첫소리 'ㅎ'과 결합되는 경우에도, 역시 두 음을 합쳐서 [ㅋ, ㅌ, ㅍ, ㅊ]으로 발음한다.

기출 Plus 지방직 9급 기출

07. 밑줄 친 부분이 표준 발음법에 맞지 않는 것은?

① 색연필[생년필] 사러 문방구에 갔다 올게요.
② 불볕더위[불볃더위]가 연일 기승을 부리고 있다.
③ 너도 그렇게 차려입으니 옷맵시[온맵씨]가 난다.
④ 서점 가는 길에 식용유[시공뉴]도 좀 사 오너라.

해 '불볕더위'의 표준 발음은 [불볃떠위]이다. '볕'은 음절의 끝소리 규칙에 따라 [볃]으로 발음되며, '더'는 [볃]의 'ㄷ'의 영향을 받아 된소리로 발음된다.
① '색연필[생년필]'에서는 비음화와 'ㄴ'첨가 현상이 나타난다.
③ '옷맵시[온맵씨]'에서는 음절의 끝소리 규칙과 된소리되기 현상이 나타난다.
④ '식용유[시공뉴]'에서는 연음 현상과 'ㄴ'첨가 현상이 나타난다.

답 07 ②

예 각하[가카], 먹히다[머키다], 밝히다[발키다], 맏형[마텽], 좁히다[조피다] 넓히다[널피다], 꽂히다[꼬치다], 앉히다[안치다]

[붙임 2] 규정에 따라 'ㄷ'으로 발음되는 'ㅅ, ㅈ, ㅊ, ㅌ'의 경우에도 이에 준한다.

예 옷 한 벌[오탄벌], 낮 한때[나탄때], 꽃 한 송이[꼬탄송이], 숱하다[수타다]

② 'ㅎ(ㄶ, ㅀ)' 뒤에 'ㅅ'이 결합되는 경우에는, 'ㅅ'을 [ㅆ]으로 발음한다.

예 닿소[다:쏘], 많소[만:쏘], 싫소[실쏘]

③ 'ㅎ' 뒤에 'ㄴ'이 결합되는 경우에는, [ㄴ]으로 발음한다.

예 놓는[논는], 쌓네[싼네]

[붙임] 'ㄶ, ㅀ' 뒤에 'ㄴ'이 결합되는 경우에는, 'ㅎ'을 발음하지 않는다.

예 않네[안네], 않는[안는], 뚫네[뚤네 → 뚤레], 뚫는[뚤는 → 뚤른]

④ 'ㅎ(ㄶ, ㅀ)' 뒤에 모음으로 시작된 어미나 접미사가 결합되는 경우에는, 'ㅎ'을 발음하지 않는다.

예 낳은[나은], 놓아[노아], 쌓이다[싸이다], 많아[마:나], 않은[아는], 닳아[다라], 싫어도[시러도]

제14항 겹받침이 모음으로 시작된 조사나 어미, 접미사와 결합되는 경우에는, 뒤엣것만을 뒤 음절 첫소리로 옮겨 발음한다(이 경우, 'ㅅ'은 된소리로 발음함).

예 넋이[넉씨], 앉아[안자], 닭을[달글], 젊어[절머], 곬이[골씨], 핥아[할타], 읊어[을퍼], 값을[갑쓸], 없어[업:써]

제15항 받침 뒤에 모음 'ㅏ, ㅓ, ㅗ, ㅜ, ㅟ'들로 시작되는 실질형태소가 연결되는 경우에는, 대표음으로 바꾸어서 뒤 음절 첫소리로 옮겨 발음한다.

예 아래[바다래], 늪 앞[느밥], 젖어미[저더미], 겉옷[거돋], 꽃 위[꼬뒤]

다만, '맛있다, 멋있다'는 [마싣따], [머싣따]로도 발음할 수 있다.

[붙임] 겹받침의 경우에는, 그 중 하나만을 옮겨 발음한다.

예 넋 없다[너겁따], 닭 앞에[다가페], 값어치[가버치], 값있는[가빈는]

(4) 음의 동화

제17항 받침 'ㄷ, ㅌ(ㄾ)'이 조사나 접미사의 모음 'ㅣ'와 결합되는 경우에는, [ㅈ, ㅊ]으로 바꾸어서 뒤 음절 첫소리로 옮겨 발음한다.

예 곧이듣다[고지듣따], 굳이[구지], 미닫이[미:다지], 땀받이[땀바지], 밭이[바치]

[붙임] 'ㄷ' 뒤에 접미사 '히'가 결합되어 '티'를 이루는 것은 [치]로 발음한다.

예 굳히다[구치다], 닫히다[다치다], 묻히다[무치다]

Check Point

앞의 받침을 뒤 음절로 옮겨 발음하는 경우(표준발음법 제13항)

홑받침이나 쌍받침이 모음으로 시작된 조사나 어미, 접미사와 결합되는 경우에는, 제 음가대로 뒤 음절 첫소리로 옮겨 발음한다.

예 깎아[까까], 옷이[오시], 있어[이써], 낮이[나지], 꽂을[꼬즐], 쫓아[쪼차], 밭에[바테], 덮이다[더피다]

제18항 받침 'ㄱ(ㄲ, ㅋ, ㄳ, ㄺ), ㄷ(ㅅ, ㅆ, ㅈ, ㅊ, ㅌ, ㅎ), ㅂ(ㅍ, ㄼ, ㄿ, ㅄ)'은 'ㄴ, ㅁ' 앞에서 [ㅇ, ㄴ, ㅁ]으로 발음한다.

예 먹는[멍는], 국물[궁물], 깎는[깡는], 키읔만[키응만], 몫몫이[몽목씨], 긁는[긍는], 흙만[흥만]

[붙임] 두 단어를 이어서 한 마디로 발음하는 경우에도 이와 같다.

예 책 넣는다[챙넌는다], 흙 말리다[흥말리다], 옷 맞추다[온맏추다], 밥 먹는다[밤멍는다]

제19항 받침 'ㅁ, ㅇ' 뒤에 연결되는 'ㄹ'은 [ㄴ]으로 발음한다.

예 담력[담:녁], 침략[침:냑], 강릉[강능], 항로[항:노], 대통령[대:통녕]

[붙임] 받침 'ㄱ, ㅂ' 뒤에 연결되는 'ㄹ'도 [ㄴ]으로 발음한다.

예 막론[막논 → 망논], 백리[백니 → 뱅니], 협력[협녁 → 혐녁], 십리[십니 → 심니]

Check Point

'ㄹ'을 [ㄴ]으로 발음하는 단어(표준발음법 제20항 단서)
- 의견란[의:견난]
- 임진란[임:진난]
- 생산량[생산냥]
- 결단력[결딴녁]
- 공권력[공꿘녁]
- 동원령[동:원녕]
- 횡단로[횡단노]
- 이원론[이:원논]
- 입원료[이붠뇨] 등

제20항 'ㄴ'은 'ㄹ'의 앞이나 뒤에서 [ㄹ]로 발음한다.

예 ㉠ 난로[날:로], 신라[실라], 천리[철리], 광한루[광:할루], 대관령[대:괄령]
㉡ 칼날[칼랄], 물난리[물랄리], 줄넘기[줄럼끼], 할는지[할른지]

[붙임] 첫소리 'ㄴ'이 'ㅀ', 'ㄾ' 뒤에 연결되는 경우에도 이에 준한다.

예 닳는[달른], 뚫는[뚤른], 핥네[할레]

제21항 위에서 지적한 이외의 자음 동화는 인정하지 않는다.

예 감기[감:기](×[강:기]), 옷감[옫깜](×[옥깜]), 있고[읻꼬](×[익꼬])
꽃길[꼳낄](×[꼭낄]), 젖먹이[전머기](×[점머기]), 문법[문뻡](×[뭄뻡])

(5) 된소리되기(경음화)

제23항 받침 'ㄱ(ㄲ, ㅋ, ㄳ, ㄺ), ㄷ(ㅅ, ㅆ, ㅈ, ㅊ, ㅌ), ㅂ(ㅍ, ㄼ, ㄿ, ㅄ)' 뒤에 연결되는 'ㄱ, ㄷ, ㅂ, ㅅ, ㅈ'은 된소리로 발음한다.

예 국밥[국빱], 깎다[깍따], 넋받이[넉빠지], 삯돈[삭똔], 닭장[닥짱], 칡범[칙뻠]
뻗대다[뻗때다], 옷고름[옫꼬름], 꽃다발[꼳따발], 낯설다[낟썰다], 밭갈이[받까리], 곱돌[곱똘], 덮개[덥깨], 옆집[엽찝], 넓죽하다[넙쭈카다], 읊조리다[읍쪼리다]

> 제24항 어간 받침 'ㄴ(ㄵ), ㅁ(ㄻ)' 뒤에 결합되는 어미의 첫소리 'ㄱ, ㄷ, ㅅ, ㅈ'은 된소리로 발음한다.

예 신고[신:꼬], 껴안다[껴안따], 앉고[안꼬]
더듬지[더듬찌], 닮고[담:꼬], 젊지[점:찌]

다만, 피동, 사동의 접미사 '-기-'는 된소리로 발음하지 않는다.
예 안기다, 감기다, 굶기다, 옮기다

> 제25항 어간 받침 'ㄼ, ㄾ' 뒤에 결합되는 어미의 첫소리 'ㄱ, ㄷ, ㅅ, ㅈ'은 된소리로 발음한다.

예 넓게[널께], 핥다[할따], 훑소[훌쏘], 떫지[떨:찌]

> 제26항 한자어에서, 'ㄹ' 받침 뒤에 연결되는 'ㄷ, ㅅ, ㅈ'은 된소리로 발음한다.

예 갈등[갈뜽], 발전[발쩐], 갈증[갈쯩]

다만, 같은 한자가 겹쳐진 단어의 경우에는 된소리로 발음하지 않는다.
예 허허실실(虛虛實實)[허허실실], 절절하다(切切-)[절절하다]

> 제27항 관형사형 '-(으)ㄹ' 뒤에 연결되는 'ㄱ, ㄷ, ㅂ, ㅅ, ㅈ'은 된소리로 발음한다.

예 바를[할빠를], 할 도리[할또리], 할 적에[할쩌게]

다만, 끊어서 말할 적에는 예사소리로 발음한다.

> 제28항 표기상으로는 사이시옷이 없더라도, 관형격 기능을 지니는 사이시옷이 있어야 할(휴지가 성립되는) 합성어의 경우에는, 뒤 단어의 첫소리 'ㄱ, ㄷ, ㅂ, ㅅ, ㅈ'을 된소리로 발음한다.

예 산-새[산쌔], 굴-속[굴:쏙], 손-재주[손째주], 그믐-달[그믐딸]

(6) 음의 첨가

> 제29항 합성어 및 파생어에서, 앞 단어나 접두사의 끝이 자음이고 뒤 단어나 접미사의 첫음절이 '이, 야, 여, 요, 유'인 경우에는, 'ㄴ' 음을 첨가하여 [니, 냐, 녀, 뇨, 뉴]로 발음한다.

예 솜-이불[솜:니불], 홑-이불[혼니불], 삯-일[상닐], 맨-입[맨닙], 내복-약[내:봉냑], 한-여름[한녀름], 남존-여비[남존녀비], 색-연필[생년필], 직행-열차[지캥녈차], 늑막-염[능망념], 콩-엿[콩녇], 눈-요기[눈뇨기], 식용-유[시공뉴], 밤-윷[밤:뉻]

Check Point

발음 시 'ㄴ(ㄹ)' 음을 첨가하지 않는 단어(표준발음법 제29항 단서)
6·25[유기오], 3·1절[사밀쩔], 송별-연[송:벼련], 등-용문[등용문]

다만, 다음과 같은 말들은 'ㄴ' 음을 첨가하여 발음하되, 표기대로 발음할 수 있다.

예 이죽-이죽[이중니죽/이주기죽], 야금-야금[야금냐금/야그먀금], 검열[검:녈/거:멸], 욜랑-욜랑[욜랑뇰랑/욜랑욜랑], 금융[금늉/그뮹]

[붙임 1] 'ㄹ' 받침 뒤에 첨가되는 'ㄴ' 음은 [ㄹ]로 발음한다.

예 들-일[들:릴], 솔-잎[솔립], 설-익다[설릭따], 물-약[물략], 서울-역[서울력], 물-엿[물렫], 유들-유들[유들류들]

[붙임 2] 두 단어를 이어서 한 마디로 발음하는 경우에도 이에 준한다.

예 한 일[한닐], 옷 입다[온닙따], 서른여섯[서른녀섣], 3연대[삼년대], 1연대[일련대], 할 일[할릴], 잘 입다[잘립따], 스물여섯[스물려섣], 먹을 엿[머글렫]

> 제30항 사이시옷이 붙은 단어는 다음과 같이 발음한다.

① 'ㄱ, ㄷ, ㅂ, ㅅ, ㅈ'으로 시작하는 단어 앞에 사이시옷이 올 때는 이들 자음만을 된소리로 발음하는 것을 원칙으로 하되, 사이시옷을 [ㄷ]으로 발음하는 것도 허용한다.

예 냇가[내:까/낻:까], 샛길[새:낄/샏:낄], 콧등[코뜽/콛뜽], 깃발[기빨/긷빨]

② 사이시옷 뒤에 'ㄴ, ㅁ'이 결합되는 경우에는 [ㄴ]으로 발음한다.

예 콧날[콛날 → 콘날], 아랫니[아랟니 → 아랜니], 툇마루[퇻:마루 → 퇸:마루]

③ 사이시옷 뒤에 '이' 음이 결합되는 경우에는 [ㄴㄴ]으로 발음한다.

예 베갯잇[베갣닏 → 베갠닏], 깻잎[깯닙 → 깬닙], 나뭇잎[나묻닙 → 나문닙]

Check Point

사이시옷 표기

- 다음 단어들은 사잇소리현상은 있으되 한자와 한자 사이에 사이시옷 표기를 하지 않는다는 규정을 따른다.
  예 소주잔(燒酒盞)[--짠]
  맥주잔(麥酒盞)[-쭈짠]
- 한자와 고유어로 이루어진 다음의 단어들은 사이시옷 표기를 한다.
  예 소줏집, 맥줏집, 전셋집

제3절 외래어 표기법

(1) 표기의 기본 원칙

> 제1항 외래어는 국어의 현용 24자모만으로 적는다.
> 제2항 외래어의 1음운은 원칙적으로 1기호로 적는다.
> 제3항 받침에는 'ㄱ, ㄴ, ㄹ, ㅁ, ㅂ, ㅅ, ㅇ'만을 쓴다(7종성법 적용, 'ㄷ'은 제외됨).
> 제4항 파열음 표기에는 된소리를 쓰지 않는 것을 원칙으로 한다.
> 제5항 이미 굳어진 외래어는 관용을 존중하되, 그 범위와 용례는 따로 정한다.

Check Point

'슈퍼마켓'처럼 끝소리 [t] 음을 'ㄷ' 대신 'ㅅ'으로 적는다. 이것은 국어의 'ㅅ' 받침은 단독으로는 'ㄷ'으로 발음되지만, 모음 앞에서는 'ㅅ'으로 발음되는 변동 현상을 외래어에도 그대로 적용한 것이다.

꼭! 확인 기출문제

01. 다음 단어들 모두에 공통적으로 적용되는 외래어 표기의 원칙은? [서울시 9급 기출]

콩트, 더블, 게임, 피에로

❶ 파열음 표기에는 된소리를 쓰지 않는 것을 원칙으로 한다.
② 외래어를 표기할 때는 받침으로 'ㄱ, ㄴ, ㄷ, ㄹ, ㅁ, ㅂ, ㅅ, ㅇ'만을 쓴다.
③ 외래어의 1 음운은 원음에 가깝도록 둘 이상의 기호로 적는 것을 원칙으로 한다.
④ 이미 굳어진 외래어도 발음에 가깝도록 바꾸는 것을 원칙으로 한다.

해 ① 파열음 표기에 된소리를 쓰지 않는다는 외래어 표기법의 원칙에 따라 '콩트, 더블, 게임, 피에로'와 같이 표기한다.

02. 다음 중 외래어 표기법에 따라 바르게 표기된 것으로만 묶인 것은? [서울시 9급 기출]

① 서비스 – 소시지 – 소파 – 싱크대 – 팜플렛
② 리더쉽 – 소세지 – 싱크대 – 서비스 – 스카우트
③ 쇼파 – 씽크대 – 바디로션 – 수퍼마켓 – 스카웃
❹ 소파 – 소시지 – 슈퍼마켓 – 보디로션 – 팸플릿

해 ④ '소파(sofa)'는 [soʊfə] 발음이기 때문에 '쇼파'가 아니다. '소시지(sausage)'의 발음은 [sɔːsidʒ]로 '소세지'가 아니다. '슈퍼마켓(supermarket)'은 외래어 표기법에 따라 '슈퍼–'로 읽는다. '보디로션(body lotion)'는 '바디'가 아닌 '보디(body)'로 읽는다. '팸플릿(pamphlet)'의 발음은 [pæmflət]이므로 '팜플렛'이 아니다.

03. 외래어 표기가 모두 맞는 것은? [지방직 9급 기출]

❶ 리포트, 서비스, 워크숍, 콤플렉스
② 색소폰, 쥬스, 텔레비전, 판타지
③ 심포지엄, 로케트, 앙케트, 타월
④ 난센스, 리더십, 싸인, 파일

해 ① '리포트'의 발음은 [ripɔːrt]이므로 '레포트'라 읽지 않는다. '서비스'의 [s] 발음은 모음 앞에서는 'ㅅ', 자음 앞, 어말에서는 '스'로 읽게 되어있다. '워크숍'은 외래어 표기에 따라 '워크샵'이라 읽지 않는다. '콤플렉스'는 외래어 표기에 따라 '컴플렉스'로 읽지 않는다.
③ 외래어 표기법에 따르면 짧은 모음 다음의 어말 무성 파열음은 받침으로 적어야 하므로, '로케트'가 아니라 '로켓'으로 표기해야 한다.
④ 외래어 표기법에 따르면 파열음 표기에는 된소리를 쓰지 않는 것을 원칙으로 하므로, '싸인'이 아니라 '사인'으로 표기해야 한다.

영어의 표기(외래어 표기법 제3장 제1절)

• 제1항 무성 파열음([p], [t], [k])
  – 짧은 모음 다음의 어말 무성 파열음([p], [t], [k])은 받침으로 적는다.
    예 gap[gæp] 갭, cat[kæt] 캣, book[buk] 북
  – 짧은 모음과 유음 · 비음([l], [r], [m], [n]) 이외의 자음 사이에 오는 무성 파열음([p], [t], [k])은 받침으로 적는다.
    예 apt[æpt] 앱트, setback[setbæk] 셋백, act[ækt] 액트

기출 Plus 서울시 9급 기출

01. 다음 중 외래어 표기가 모두 옳은 것은?

① 벌브(bulb), 옐로우(yellow), 플래시(flash), 워크숍(workshop)
② 알콜(alcohol), 로봇(robot), 보트(boat), 써클(circle)
③ 밸런스(balance), 도너츠(doughnut), 스위치(switch), 리더십(leadership)
④ 배지(badge), 앙코르(encore), 콘테스트(contest), 난센스 (nonsense)

해 '배지(badge), 앙코르(encore), 콘테스트(contest), 난센스 (nonsense)'는 외래어 표기가 모두 옳다.
① yellow → 옐로
② alcohol → 알코올, circle → 서클
③ doughnut → 도넛

답 01 ④

– 위 경우 이외의 어말과 자음 앞의 [p], [t], [k]는 '으'를 붙여 적는다.
예 stamp[stæmp] 스탬프, cape[keip] 케이프, part[pa:t] 파트, desk[desk] 데스크, make[meik] 메이크, apple[æpl] 애플, mattress[mætris] 매트리스, sickness[siknis] 시크니스

• **제2항 유성 파열음([b], [d], [g])** : 어말과 모든 자음 앞에 오는 유성 파열음은 '으'를 붙여 적는다.
예 bulb[bʌlb] 벌브, land[lænd] 랜드, zigzag[zigzæg] 지그재그, lobster[lɔbstə] 로브스터, kidnap[kidnæp] 키드냅, signal[signəl] 시그널

• **제3항 마찰음([s], [z], [f], [v], [θ], [ð], [ʃ], [ʒ])**
– 어말 또는 자음 앞의 [s], [z], [f], [v], [θ], [ð]는 '으'를 붙여 적는다.
예 mask[ma:sk] 마스크, jazz[dʒæz] 재즈, graph[græf] 그래프, olive[ɔliv] 올리브, thrill[θril]스릴, bathe[beið] 베이드
– 어말의 [ʃ]는 '시'로 적고, 자음 앞의 [ʃ]는 '슈'로, 모음 앞의 [ʃ]는 뒤따르는 모음에 따라 '샤', '섀', '셔', '셰', '쇼', '슈', '시'로 적는다.
예 flash[flæʃ] 플래시, shrub[ʃrʌb] 슈러브, shark[ʃa:k] 샤크, shank[ʃæŋk] 섕크, fashion[fæʃən] 패션, sheriff[ʃerif] 셰리프, shopping[ʃɔpiŋ] 쇼핑, shoe[ʃu:] 슈
– 어말 또는 자음 앞의 [ʒ]는 '지'로 적고, 모음 앞의 [ʒ]는 'ㅈ'으로 적는다.
예 mirage[mira:ʒ] 미라지, vision[viʒən] 비전

• **제4항 파찰음([ts], [dz], [tʃ], [dʒ])**
– 어말 또는 자음 앞의 [ts], [dz]는 '츠', '즈'로 적고, [tʃ], [dʒ]는 '치', '지'로 적는다.
예 keats[ki:ts] 키츠, odds[ɔdz] 오즈, switch[switʃ] 스위치, bridge[bridʒ] 브리지, hitchhike[hitʃhaik] 히치하이크
– 모음 앞의 [tʃ], [dʒ]는 'ㅊ', 'ㅈ'으로 적는다.
예 chart[tʃa:t] 차트, virgin[və:dʒin] 버진

• **제5항 비음([m], [n], [ŋ])**
– 어말 또는 자음 앞의 비음은 모두 받침으로 적는다.
예 steam[sti:m] 스팀, corn[kɔ:n] 콘, ring[riŋ] 링, lamp[læmp] 램프, hint[hint] 힌트, ink[iŋk] 잉크
– 모음과 모음 사이의 [ŋ]은 앞 음절의 받침 'ㅇ'으로 적는다.
예 hanging[hæŋiŋ] 행잉, longing[lɔŋiŋ] 롱잉

• **제6항 유음([l])**
– 어말 또는 자음 앞의 [l]은 받침으로 적는다.
예 hotel[houtel] 호텔, pulp[pʌlp] 펄프
– 어중의 [l]이 모음 앞에 오거나, 모음이 따르지 않는 비음([m], [n]) 앞에 올 때에는 'ㄹㄹ'로 적는다. 다만, 비음([m], [n]) 뒤의 [l]은 모음 앞에 오더라도 'ㄹ'로 적는다.
예 slide[slaid] 슬라이드, film[film] 필름, helm[helm] 헬름, swoln[swouln] 스월른, Hamlet[hæmlit] 햄릿, Henley[henli] 헨리

• **제7항 장모음** : 장모음의 장음은 따로 표기하지 않는다. team[ti:m] 팀, route[ru:t] 루트

• **제8항 중모음([ai], [au], [ei], [ɔi], [ou], [auə])** : 중모음은 각 단모음의 음가를 살려서 적되, [ou]는 '오'로, [auə]는 '아워'로 적는다.
예 time[taim] 타임, house[haus] 하우스, skate[skeit] 스케이트, oil[ɔil] 오일, boat[bout] 보트, tower[tauə] 타워

• **제9항 반모음([w], [j])**
– [w]는 뒤따르는 모음에 따라 [wə], [wɔ], [wou]는 '워', [wa]는 '와', [wæ]는 '왜', [we]는 '웨', [wi]는 '위', [wu]는 '우'로 적는다.
예 word[wə:d] 워드, want[wɔnt] 원트, woe[wou] 워, wander[wandə] 완더, wag[wæg] 왜그, west[west] 웨스트, witch[witʃ] 위치, wool[wul] 울
– 자음 뒤에 [w]가 올 때에는 두 음절로 갈라 적되, [gw], [hw], [kw]는 한 음절로 붙여 적는다.
예 swing[swiŋ] 스윙, twist[twist] 트위스트, penguin[peŋgwin] 펭귄, whistle[hwisl] 휘슬, quarter[kwɔ:tə] 쿼터
– 반모음 [j]는 뒤따르는 모음과 합쳐 '야', '얘', '여', '예', '요', '유', '이'로 적는다. 다만, [d], [l], [n] 다음에 [jə]가 올 때에는 각각 '디어', '리어', '니어'로 적는다.
예 yard[ja:d] 야드, yearn[jə:n] 연, yellow[jelou] 옐로, yawn[jɔ:n] 욘, you[ju:] 유, year[jiə] 이어, Indian[indiən] 인디언, union[ju:njən] 유니언

• 제10항 복합어
 – 따로 설 수 있는 말의 합성으로 이루어진 복합어는 그것을 구성하고 있는 말이 단독으로 쓰일 때의 표기대로 적는다.
  예 cuplike[kʌplaik] 컵라이크, bookend[bukend] 북엔드, headlight[hedlait] 헤드라이트, touchwood[tʌtʃwud] 터치우드, sit-in[sitin] 싯인, bookmaker[bukmeikə] 북메이커, flashgun[flæʃgʌn] 플래시건
 – 원어에서 띄어 쓴 말은 띄어 쓴 대로 한글 표기를 하되, 붙여 쓸 수도 있다.
  예 Los Alamos[los æləmous] 로스 앨러모스/로스앨러모스, top class[tɔpklæs] 톱 클래스/톱클래스

꼭! 확인 기출문제

〈보기〉 중 「외래어 표기법」에 맞지 않는 단어의 개수는? [서울시 9급 기출]

보기
로봇(robot), 배지(badge), 타깃(target), 텔레비전(television), 플룻(flute)

❶ 1개 ② 2개
③ 3개 ④ 4개

해 ① 'flute'는 무성 파열음(p, t, k)으로 끝나지 않으므로 '으'를 붙여 '플루트'라고 표기해야 옳다.

(2) 표기 일람표

[국제 음성 기호와 한글 대조표]

자음			반모음		모음	
국제 음성 기호	한글		국제 음성 기호	한글	국제 음성 기호	한글
	모음 앞	자음 앞				
p	ㅍ	ㅂ, 프	j	이	i	이
b	ㅂ	브	ɥ	위	y	위
t	ㅌ	ㅅ, 트	w	오, 우	e	에
d	ㄷ	드			ɸ	외
k	ㅋ	ㄱ, 크			ɛ	에
g	ㄱ	그			ɛ̃	앵
f	ㅍ	프			œ	외
v	ㅂ	브			œ̃	욍
θ	ㅅ	스			æ	애
ð	ㄷ	드			a	아
s	ㅅ	스			ɑ	아

Check Point

꼭 알아 두어야 할 외래어 표기 규정

• 7종성 받침만 쓰는 규정 (ㄱ, ㄴ, ㄹ, ㅁ, ㅂ, ㅅ, ㅇ)
 예 케잌(×) → 케이크(○), 커피숖(×) → 커피숍(○), 맑스(×) → 마르크스, 테잎(×) → 테이프(○), 디스켙(×) → 디스켓(○)
• 장모음 금지 규정
 예 보오트(×) → 보트(○), 처칠(×) → 처칠(○), 티임(×) → 팀(○)
• 'ㅈ'계 후행 모음의 단모음 표기 규정(복모음 금지)
 예 비젼(×) → 비전(○), 쥬스(×) → 주스(○), 스케쥴(×) → 스케줄(○), 레져(×) → 레저(○), 챠트(×) → 차트(○)
• 파열음 표기에서의 된소리 금지 규정
 예 까스(×) → 가스(○), 써비스(×) → 서비스(○), 도꾜(×) → 도쿄(○), 꽁트(×) → 콩트(○), 빠리(×) → 파리(○)
  cf. 껌, 빵, 삐라 등은 관용적 표기로 허용됨
• 한 음운을 한 기호로 표기 ('f'는 'ㅍ'로 적음)
 예 후라이(×) → 프라이(○), 플렛홈(platform)(×) → 플랫폼(○), 화이팅(×) → 파이팅(○)
• 어말의 [ʃ]는 '시'로, 자음 앞의 [ʃ]는 '슈'로, 모음 앞의 [ʃ]는 뒤에 오는 모음 따라 표기
 예 flash – 플래시, shrub – 슈러브, fashion – 패션, supermarket – 슈퍼마켓
• 어중의 [l]이 모음 앞에 오거나 모음이 따르지 않는 비음 [m], [n] 앞에 올 때는 'ㄹㄹ'로 표기하는데 비해, 비음 [m], [n] 뒤의 [l]은 모음이 뒤에 오는 경우 'ㄹ'로 표기
 예 slide – 슬라이드, film – 필름, Hamlet – 햄릿

z	ㅈ	즈			ã	앙
ʃ	시	슈, 시			ʌ	어
ʒ	ㅈ	지			ɔ̃	오
ts	ㅊ	츠			ɔ̃	옹
dz	ㅈ	즈			o	오
tʃ	ㅊ	치			u	우
dʒ	ㅈ	지			ə	어
m	ㅁ	ㅁ			ɚ	어
n	ㄴ	ㄴ				
ɲ	니	뉴				
ŋ	ㅇ	ㅇ				
l	ㄹ, ㄹㄹ	ㄹ				
r	ㄹ	르				
h	ㅎ	흐				
ç	ㅎ	히				
x	ㅎ	흐				

기출 Plus 국가직 9급 기출

02. 외래어 표기가 옳지 않은 것은?

① flash – 플래시
② shrimp – 쉬림프
③ presentation – 프레젠테이션
④ newton – 뉴턴

해 shrimp – 쉬림프 → shrimp – 슈림프
자음 앞의 [ʃ]는 슈로 적는 것이 규정이다.

답 02 ②

(3) 주의해야 할 외래어 표기법

단어	표기	단어	표기	단어	표기
accelerator	액셀러레이터	carpet	카펫	handling	핸들링
accessory	액세서리	catalog	카탈로그	Hotchkiss	호치키스
adapter	어댑터	chocolate	초콜릿	imperial	임피리얼
alcohol	알코올	christian	크리스천	Indian	인디언
aluminium	알루미늄	climax	클라이맥스	jacket	재킷
ambulance	앰뷸런스	coffee shop	커피숍	jazz	재즈
animation	애니메이션	collar	칼라	juice	주스
back mirror	백미러	color	컬러	ketchup	케첩
badge	배지	comedian	코미디언	leadership	리더십
balance	밸런스	complex	콤플렉스	lighter	라이터
barbecue	바비큐	conte	콩트	margarine	마가린

단어	표기	단어	표기	단어	표기
battery	배터리	counselor	카운슬러	massage	마사지
biscuit	비스킷	cunning	커닝	mass game	매스게임
block	블록	curtain	커튼	mechanism	메커니즘
boat	보트	cut	컷	message	메시지
body	보디	data	데이터	milk shake	밀크셰이크
brush	브러시	dessin	데생	montage	몽타주
buffet	뷔페	digital	디지털	morphine	모르핀
Burberry	바바리	dynamic	다이내믹	narration	내레이션
Bushman	부시먼(족)	endorphin	엔도르핀	nonsense	난센스
business	비즈니스	enquete	앙케트	Odyssey	오디세이
cafe	카페	eye shadow	아이섀도	offset	오프셋
cake	케이크	file	파일	original	오리지널
Catholic	가톨릭	film	필름	palette	팔레트
centimeter	센티미터	finale	피날레	pamphlet	팸플릿
champion	챔피언	frontier	프런티어	pierrot	피에로
chandelier	샹들리에	frypan	프라이팬	pilot	파일럿
chassis	섀시	fuse	퓨즈	plankton	플랑크톤
calendar	캘린더	gossip	가십	plastic	플라스틱
caramel	캐러멜	gum	껌	plaza	플라자
rent – a – car	렌터카	shadow	섀도	relevision	텔레비전
repertory	레퍼토리	sofa	소파	terminal	터미널
rotary	로터리	sponge	스펀지	tree	트리
royalty	로열티	stamina	스테미나	trot	트로트
running shirt	러닝셔츠	standard	스탠더드	tulip	튤립
salon	살롱	styrofoam	스티로폼	tumbling	텀블링
sandal	샌들	sunglass	선글라스	unbalance	언밸런스
Santa Claus	산타클로스	supermarket	슈퍼마켓	Valentine Day	밸런타인데이
sash	새시	symbol	심벌	washer	와셔
sausage	소시지	symposium	심포지엄	windows	윈도

서울시 9급 기출

03. 외래어 표기 용례로 올바른 것은?

① dot – 다트
② parka – 파카
③ flat – 플래트
④ chorus – 코루스

해 'parka'는 후드가 달린 모피 웃옷을 뜻하는 외래어로, '파커'가 아닌 '파카'로 표기한다.
① 'dot'는 점 또는 물방울 무늬를 뜻하는 외래어로, 의미에 따라 '도트'나 '닷'으로 표기한다.
③ 'flat'의 'f'는 'ㅍ'으로 표기해야 하고, 어말에 위치한 짧은 모음 다음의 무성 파열음 [p], [t], [k]는 모음 'ㅡ'를 붙여 적지 않아야 하므로 '플랫'으로 표기한다.
④ 'chorus'의 'u'는 'ə'로 소리나므로 '코러스'로 표기한다.

단어	표기	단어	표기	단어	표기
saxophone	색소폰	talent	탤런트	workshop	워크숍
scarf	스카프	target	타깃	yellow card	옐로카드
schedule	스케줄	teamwork	팀워크	yogurt	요구르트

기타 혼동하기 쉬운 외래어 표기

잘못된 표기	올바른 표기	잘못된 표기	올바른 표기
고호	고흐	앙콜	앙코르
기부스	깁스	옵사이드	오프사이드
꼬냑	코냑	침팬치	침팬지
뉴우튼	뉴턴	카센타	카센터
데뷰	데뷔	캉가루	캥거루
도마도	토마토	캐롤	캐럴
도우넛	도넛	캐비넷	캐비닛
맘모스	매머드	케찹	케첩
마네킨	마네킹	콜롬부스	콜럼버스
미스테리	미스터리	타부	터부
부쓰	부츠	팬더	판다
불덕	불도그	퍼머	파마
아이섀도우	아이섀도	포탈 싸이트	포털 사이트
알카리	알칼리	프랑카드	플래카드

답 03 ②

제4절 국어의 로마자 표기법

[로마자 표기 일람표]

자음	로마자	모음	로마자
ㄱ	g, k	ㅏ	a
ㄲ	kk	ㅐ	ae
ㄴ	n	ㅑ	ya
ㄷ	d, t	ㅒ	yae
ㄸ	tt	ㅓ	eo
ㄹ	r, l	ㅔ	e
ㅁ	m	ㅕ	yeo
ㅂ	b, p	ㅖ	ye
ㅃ	pp	ㅗ	o
ㅅ	s	ㅘ	wa
ㅆ	ss	ㅙ	wae
ㅇ	ng	ㅚ	oe
ㅈ	j	ㅛ	yo
ㅉ	jj	ㅜ	u
ㅊ	ch	ㅝ	wo
ㅋ	k	ㅞ	we
ㅌ	t	ㅟ	wi
ㅍ	p	ㅠ	yu
ㅎ	h	ㅡ	eu
		ㅢ	ui
		ㅣ	i

기출 Plus 국가직 9급 기출

01. 로마자 표기법에 관한 다음 규정이 적용된 것은?

> 발음상 혼동의 우려가 있을 때에는 음절 사이에 붙임표(-)를 쓸 수 있다.

① 독도 : Dok-do
② 반구대 : Ban-gudae
③ 독립문 : Dok-rip-mun
④ 인왕리 : Inwang-ri

해 '반구대'는 발음상 'Ban-gudea' 또는 'Bang-udae'로 혼동할 우려가 있기 때문에 음절 사이에 붙임표(-)를 쓸 수 있다.

Check Point

로마자 표기법의 기본원칙
국어의 표준 발음법에 따라 표기하며, 로마자 이외의 부호는 되도록 사용하지 않음

답 01 ②

국가직 9급 기출

02. 국어의 로마자 표기가 옳지 않은 것은?

① 왕십리–Wangsimri
② 울릉–Ulleung
③ 백마–Baengma
④ 학여울–Hangnyeoul

해 로마자 표기법에 따르면 음운 변화가 일어날 때에는 변화의 결과에 따라 적어야 하므로 '왕십리[왕심니]'는 'Wangsimni'로 적어야 한다.

답 02 ①

(1) 'ㄱ, ㄷ, ㅂ' 의 표기

① 모음 앞에서는 'g, d, b'로 표기
예 구미 Gumi, 영동 Yeongdong
② 자음 앞이나 어말에서는 'k, t, p'로 표기
예 옥천 Okcheon, 태백 Taebaek

(2) 'ㄹ'의 표기

① 모음 앞에서는 'r'로 표기
예 구리 Guri, 설악 Seorak
② 자음이나 어말에서는 'l'로 표기. 단, 'ㄹㄹ'은 'll'로 표기
예 칠곡 Chilgok, 임실 Imsil, 울릉 Ulleung

(3) 고유명사는 첫 글자를 대문자로 표기한다.
예 부산 Busan, 세종 Sejong

(4) 인명 표기

① 성과 이름의 순서로 띄어 쓴다.
② 이름은 붙여 쓰되, 음절 사이에 붙임표(–)를 쓰는 것을 허용한다.
예 민용하 Min yongha(Min yong–ha)
③ 이름에서 일어난 음운 변화는 표기에 반영하지 않는다.
④ 성의 표기는 따로 정한다.

(5) 자음동화가 일어난 소리를 적는다.
예 신라[실라] Silla

(6) 구개음화가 일어난 소리를 적는다.
예 해돋이[해도지] haedoji

(7) 'ㅎ'의 표기

① 'ㄱ, ㄷ, ㅂ, ㅈ'이 'ㅎ'과 합하여 거센소리가 나는 경우에는 거센소리로 표기
예 좋고[조코] joko
② 체언에서 'ㄱ, ㄷ, ㅂ' 뒤에 'ㅎ'이 따를 경우에는 'ㅎ'을 밝혀 표기
예 묵호 Mukho
③ 된소리 표기는 반영하지 않는다.
예 샛별 saetbyeol

(8) 행정구역 표기

① 행정구역 단위는 각각 '도 do, 시 si, 군 gun, 구 gu, 읍 eup, 면 myeon, 리 ri, 동 dong, 가 ga'로 적는다.

② 행정구역 명칭 앞에 붙임표(-)를 둔다.

예 제주도 Jeju-do

③ 행정 단위는 생략할 수 있다.

예 제주도 Jeju

(9) 자연 지물명, 문화재명, 인공 축조물명은 붙임표(-) 없이 붙여 쓴다.

예 남산 Namsan, 독도 Dokdo

(10) 인명, 회사명, 단체명 등은 그동안 써 온 표기를 쓸 수 있다.

제5절 말 다듬기

(1) 잘못된 단어의 선택

① 어젯밤에는 눈이 많이 내리더니 밤에는 강추위까지 겹쳤다.

→ 어젯밤에는 눈이 많이 내리더니 밤에는 추위까지 겹쳤다.

※ 눈도 오지 않고 바람도 불지 않으면서 몹시 추운 추위를 '강추위'라 한다.

② 서울에서 대구까지 비행기 값이 얼마냐?

→ 서울에서 대구까지 비행기 삯이 얼마냐?

※ 비행기 자체의 가격을 물을 때는 '값'을 사용하지만, 여기서는 어떤 물건이나 시설을 이용하고 주는 대가의 의미이기 때문에 '삯'으로 쓴다.

③ 나는 굉장히 작은 찻잔을 보았다.

→ 나는 무척 작은 찻잔을 보았다.

※ '굉장하다'는 '규모가 아주 크고 훌륭하다.'는 뜻을 지닌다.

(2) 잘못된 시제의 사용

① 영화를 보고 나니 열두 시가 넘겠다.

→ 영화를 보고 나니 열두 시가 넘었다.

지방직 9급 기출

01. 다음 중 올바른 우리말 표현은?

① (초청장 문안에서) 귀하를 이번 행사에 꼭 모시고자 하오니 많이 참석해 주시기 바랍니다.

② (전화 통화에서) 과장님은 지금 자리에 안 계십니다. 뭐라고 전해 드릴까요?

③ (직원이 고객에게) 주문하신 상품은 현재 품절이십니다.

④ (방송에 출연해서) 저희나라가 이번에 우승한 것은 국민 여러분의 뜨거운 성원 덕택입니다.

해 '과장님은 지금 자리에 안 계십니다.'는 높임법이 적절히 사용된 표현이다. 이때 '과장님께서는'이라고 객체를 과도하게 높이지 않도록 주의해야 한다.

답 01 ②

② 많은 관심 부탁드리겠습니다.
→ 많은 관심 부탁드립니다.
③ 내가 일본에 2년 전에 갔을 때보다 지금이 훨씬 좋았다.
→ 내가 일본에 2년 전에 갔었을 때보다 지금이 훨씬 좋았다.

(3) 잘못된 높임의 사용

① 철우야, 너 선생님이 빨리 오래.
→ 철우야, 너 선생님께서 빨리 오라셔.
② 총장님의 말씀이 계시겠습니다.
→ 총장님의 말씀이 있으시겠습니다.
③ 우리 아버지께서는 눈이 참 밝아요.
→ 우리 아버지께서는 눈이 참 밝으세요.

(4) 필수 성분의 생략

① 본격적인 도로 복구공사가 언제 시작되고, 언제 개통될지 모르는 상황이다.
※ '도로 복구공사'가 개통되는 것이 아니므로 주어인 '도로가'를 보충한다.
② 인간은 자연을 정복하기도 하고, 때로는 순응하기도 하면서 살아간다.
※ '순응하다'에 호응하는 부사어가 빠져있으므로 '자연에'를 보충한다.
③ 이 차에는 짐이나 사람을 더 태울 수 있는 자리가 남아 있다.
※ '이나'는 둘 이상의 사물을 같은 자격으로 이어 주는 접속 조사고, 이에 의해 구문을 잇는 과정에서는 공통된 요소만 생략할 수 있다.

(5) 불필요한 성분

① 방학 기간 동안 잠을 실컷 잤다.
※ '방학'에 '기간'의 의미가 포함되어 있다.
② 돌이켜 회고해 보건대 나는 파란만장한 삶을 살았다.
※ '돌이켜'와 '회고해'의 의미가 중복되었다.
③ 순간 그녀의 머릿속에는 뇌리를 스치는 기억이 있었다.
※ '머릿속'과 '뇌리'가 중복되었다.

(6) 의미가 모호한 문장

① 할머니께서는 배와 사과 두 개를 주셨다.
※ 배 한 개와 사과 두 개인지, 배와 사과가 전부해서 둘인지가 불분명하다.
② 불행하게도 세상을 떠난 그에 대한 평판은 그리 좋지 않다.

기출 Plus 국가직 9급 기출

02. 밑줄 친 부분이 바르게 쓰이지 않은 것은?

① 지금쯤 골아떨어졌겠지?
② 그 친구, 생각이 깊던데 책깨나 읽었겠어.
③ 갖은 곤욕과 모멸과 박대는 각오한 바이다.
④ 김 과장은 그러고 나서 서류를 보완해 달라고 했다.

해 '몹시 곤하거나 술에 취하여 정신을 잃고 자다'라는 뜻을 가진 표현의 바른 표기는 '곯아떨어지다'이다. 그러므로 '지금쯤 골아떨어졌겠지?' → '지금쯤 곯아떨어졌겠지?'로 고쳐야 옳다.

답 02 ①

※ 중의적인 문장으로, '세상을 떠난 것'이 불행하다는 것인지 '그에 대한 평판이 그리 좋지 않은 것'이 불행하다는 것인지가 불분명하다.

③ 어제는 우연히 작년부터 알고 지내던 사람을 만났다.

※ '우연히'가 '작년부터 알고 지내던'을 수식하는지 '만났다'를 수식하는지 분명하지 않은 문장이다.

꼭! 확인 기출문제

다음 글의 ㉠~㉣에 대한 고쳐 쓰기 방안으로 적절하지 않은 것은? [지방직 9급 기출]

현재 리셋 증후군이 인터넷 중독의 한 유형으로 ㉠ 꼽혀지고 있다. 리셋 증후군 환자들은 현실에서 잘못을 하더라도 버튼만 누르면 해결될 수 있다고 생각해서 아무런 죄의식이나 책임감 없이 행동한다. ㉡ '리셋 증후군'이라는 말은 1990년 일본에서 처음 생겨났는데, 국내에선 1990년대 말부터 쓰이기 시작했다. 리셋 증후군 환자들은 현실과 가상을 구분하지 못하여 게임에서 실행했던 일을 현실에서 저지르고 뒤늦게 후회하는 경우가 많다. 특히, 이러한 특성을 지닌 청소년들은 무슨 일이든지 쉽게 포기하고 책임감 없는 행동을 하며, 마음에 들지 않는 사람이 있으면 ㉢ 막다른 골목으로 몰 듯 관계를 쉽게 끊기도 한다.

리셋 증후군은 행동 양상이 명확히 나타나지 않는 편이라 쉽게 판별하기 어렵고 진단도 쉽지 않다. ㉣ 이와 같이 예방을 위해 지속적으로 주위 사람들과 대화를 나누고, 현실과 인터넷 공간을 구분하는 능력을 길러야 한다.

❶ 불필요한 이중 피동 표현으로 어법에 맞게 ㉠을 '꼽고'로 수정한다.
② 글의 맥락상 자연스럽지 않으므로 ㉡은 첫 번째 문장 뒤로 옮긴다.
③ 앞뒤 문맥을 고려할 때 ㉢은 '칼로 무를 자르듯'으로 수정한다.
④ 앞 문장과의 연결을 고려하여 ㉣을 '그러므로'로 수정한다.

해 ① '꼽혀지고'는 이중 피동이므로 고쳐 써야 하는 것은 맞지만 리셋 증후군이 피동의 의미를 가져야하므로 '꼽히고'로 수정해야 한다. '꼽고'로 고친다면 능동의 의미를 갖게 되므로 문맥에 어울리지 않는다. 만약 '꼽고'로 쓰고자 한다면 문장 전체를 바꾸어 '현재 리셋 증후군을 인터넷 중독의 한 유형으로 꼽고 있다.'로 써야 한다.

기출 Plus 국가직 9급 기출

01. 다음 중 서간문에 사용하는 호칭이나 직함 밑에 붙여 쓰는 말로 적합하지 않은 것은?

① 평교간(平交間)에 서로를 이를 때 – 仁兄
② 자신의 글을 보아주는 사람을 높여 이를 때 – 淸覽
③ 윗사람이 아랫사람에게 글을 보일 때 – 下鑑
④ 남의 부모를 높여 이를 때 – 高堂

해 ③의 '하감(下鑑)'은 '아랫사람이 올린 글을 윗사람이 봄.'을 의미한다.

답 01 ③

제6절 언어 예절

(1) 호칭어 · 지칭어

① 부모, 자식 간의 호칭어 · 지칭어

구분	호칭어	지칭어	
		자기	타인
아버지	아빠, 아버지, 현고(顯考, 돌아가셨을 때)	• 산 사람 : 가친(家親), 엄친(嚴親) • 죽은 사람 : 선친(先親), 선고(先考)	• 산 사람 : 춘부장(春府丈), 춘장(椿丈), 어르신 • 죽은 사람 : 선대인(先大人), 선고장(先考丈)
어머니	엄마, 어머니, 현비(顯妣, 돌아가셨을 때)	• 산 사람 : 자친(慈親), 모주(母主), 모친(母親) • 죽은 사람 : 선비(先妣), 선자(先慈)	• 산 사람 : 자당(慈堂), 대부인(大夫人), 모당(母堂) • 죽은 사람 : 선대부인(先大夫人), 선부인(先夫人)
아들	○○(이름) ○○아비	가아(家兒), 가돈(家豚), 돈아(豚兒)	영랑(令郎), 영식(令息)
딸	○○(이름) ○○어미	여식(女息), 식비(息鄙)	영애(令愛), 영교(令嬌)
손자	○○(이름)	손자(孫子), 손아(孫兒)	영포(令抱), 영손(令孫)

② 직장사람들에 대한 호칭어 · 지칭어

구분	호칭어 · 지칭어
동료들	• 직함이 없을 때 : ○○씨, ○○○선생님, ○선배, ○형, ○○언니 • 직함이 있을 때 : ○ 과장, ○○씨, ○○○선생님, ○선배
상사들	• 직함이 없을 때 : 선생님, ○○○선생님, ○선배님, ○○여사 • 직함이 있을 때 : 부장님, ○○부장님
아래 직원들	• 직함이 없을 때 : ○○씨, ○형, ○군, ○양 • 직함이 있을 때 : ○ 과장, 총무과장, ○○씨, ○○○선생님

꼭! 확인 기출문제

01. 표준 언어 예절에 알맞은 표현은? [국가직 7급 기출]

① 자기의 본관을 소개할 때 "저는 ○○[본관] ○씨입니다."라고 한다.
② 남편의 친구에게 자신을 소개할 때 "저는 ○○○ 씨의 부인입니다."라고 한다.
③ 텔레비전에서 사회자가 20대의 연예인을 소개할 때 "○○○ 씨를 모시겠습니다."라고 한다.
❹ 어머니와 길을 가다 선생님을 만났을 때 "저의 어머니십니다."라고 어머니를 선생님께 먼저 소개한다.

해 ④ 타인에게 같이 있던 다른 사람을 소개할 시, 나이 또는 사회적 지위를 구분하기 어려울 때에는 관계가 밀접한 사람을 먼저 소개한다. 그러므로 어머니를 먼저 소개하는 것이 적절하다.

02. 전화를 사용할 때, 표준 언어 예절로 바람직하지 않은 것은? [국가직 7급 기출]

❶ 아닌데요, 전화 잘못 거셨습니다.
② 네, 잠깐 기다려 주십시오. 바꾸어 드리겠습니다.
③ 지금안 계십니다. 들어오시면 뭐라고 전해 드릴까요?
④ 잘 알겠습니다. 이만 끊겠습니다. 안녕히 계십시오.

해 ① 상대의 착오로 전화가 잘못 걸려왔을 때, '아닌데요, 전화 잘못 거셨습니다.'와 같은 대답은 상대방에게 불쾌감을 줄 여지가 생기므로 '전화를 잘못 거신 것 같습니다. 전화번호를 한 번 확인해 보시겠습니까?' 등으로 바꾸어 대답할 수 있다.

Check Point

친척 간의 호칭

- **할아버지, 할머니** : 조부모를 직접 부르거나 남에게 말할 때 쓴다.
- **할아버님, 할머님** : 남에게 그 조부모를 말할 때 쓴다.
- **대부(大父), 대모(大母)** : 자기의 직계존속과 8촌이 넘는 할아버지와 할머니를 부를 때 쓴다.
- **큰아버지(작은~, 몇째~), 큰어머니(작은~, 몇째~)** : 아버지의 형제와 그 배우자를 부를 때 쓴다.
- **백부(伯父), 백모(伯母)** : 아버지의 맏형과 그 아내를 말할 때 쓴다.
- **숙부(叔父), 숙모(叔母)** : 작은아버지와 작은어머니를 부를 때 쓴다.
- **아저씨, 아주머니** : 아버지와 4촌 이상인 아버지 세대의 어른과 그 배우자를 부를 때 쓴다.
- **당숙(堂叔)** : 아버지의 사촌 형제를 이르는 말이다.
- **질부(姪婦)** : 조카며느리를 이르는 말이다.
- **당질(堂姪)** : 사촌의 아들을 이르는 말이다.
- **종손(從孫)** : 조카의 아들을 이르는 말이다.
- **재종손(再從孫)** : 사촌 형제의 손자를 이르는 말이다.

5편

논리적인 말과 글

제1장

쓰기 · 읽기 · 말하기 · 듣기

제1절 쓰기

Check Point

문장 쓰기의 원리
- 정확성
- 경제성
- 다양성
- 동어 반복 회피

1. 좋은 글의 요건

(1) 내용의 충실성

쓸 내용이 분명히 담겨 있고, 그 내용이 쓸 만한 가치가 있어야 함

(2) 독창성

글의 주제와 표현 등은 글쓴이의 독창성과 창의력이 반영된 것이어야 함

(3) 정성 및 진실성

글에 담긴 정성과 진실성은 독자를 이해시키고 설득하는 원동력이 됨

(4) 명료성

글은 쉽고 정확하며, 적절한 어휘를 구사하여 써야 함

(5) 간결성 · 경제성

가급적 필요한 표현만 함으로써 간결하고 경제적이어야 함

2. 쓰기의 과정

주제 설정 → 재료의 수집 및 선택 → 구성 및 개요 작성 → 집필 → 퇴고

(1) 주제 설정

① 주제 : 글을 통해서 나타내고자 하는 글쓴이의 중심 생각

② 주제의 기능

㉠ 글의 내용을 하나로 모아준다(통일성 부여).

㉡ 소재 선택의 기준이 된다.

㉢ 글쓴이의 생각과 의도를 명확하게 만들어 준다.

③ 주제 설정의 기준

㉠ 광범위하고 막연한 주제가 아니라 가급적 범위가 좁은 참주제를 선정

㉡ 글쓴이가 잘 알고 있고 독자의 흥미를 끌 수 있는 주제를 택할 것

㉢ 참신하고 독창적이면서도, 실질적이고 구체적인 주제를 선택할 것

④ 좋은 주제의 요건

㉠ 범위가 너무 넓거나 추상적인 것이 아니어야 한다.

㉡ 여러 사람이 공감할 수 있는 것이어야 한다.

(2) 재료의 수집 및 선택

① 재료 : 주제를 효과적으로 나타내기 위한 글감

② 재료의 요건 : 풍부하고 다양한 것, 주제를 뒷받침할 수 있는 것, 근거가 확실한 것, 독창적이고 새로운 것으로 글의 짜임 또는 글의 뼈대가 되는 설계도에 해당함

(3) 구성 및 개요 작성

① 구성 : 수집 · 정리한 제재에 질서를 부여하여 알맞게 배열하는 것으로 글의 짜임 또는 글의 뼈대가 되는 설계도에 해당함

② 구성의 종류

전개식 구성 (자연적 구성)	시간적 구성	사건의 시간적 순서에 따라 전개되는 구성(기행문, 일기, 전기문, 기사문 등)
	공간적 구성	사물의 위치, 공간의 변화에 따라 전개되는 구성
종합적 구성 (논리적 구성)	단계식 구성	구성 단계에 따라 전개되는 구성(3단, 4단, 5단 구성)
	포괄식 구성	중심 문장과 뒷받침 문장을 효과적으로 배열하는 방식(두괄식, 미괄식, 양괄식, 중괄식)
	열거식 구성 (병렬식 구성)	글의 중심 내용이 여러 곳에 산재해 있는 방식(대등한 문단들이 병렬적으로 배열되는 구성)
	점층식 구성	중요성이 작은 것에서 큰 것으로 전개(↔ 점강식 구성)
	인과식 구성	원인+결과, 결과+원인

Check Point

주제문 작성 시 주의 사항
- 평서문 형태의 완전한 문장으로 작성
- 일관성이 없거나 모순되는 표현을 피하고, 불필요한 수식어구도 배제
- 비유적인 표현이나 모호한 표현을 피함(명확한 표현)

Check Point

단락 구성의 원리
통일성, 완결성, 일관성

Check Point

주제문의 위치에 따른 구성

두괄식	주제문+뒷받침 문장 → 연역적 구성
미괄식	뒷받침 문장+주제문 → 귀납적 구성
양괄식	주제문+뒷받침 문장+주제문
중괄식	뒷받침 문장+주제문+뒷받침 문장

Check Point

개요의 의미
개요란 주제와 목적에 맞게 글감을 효과적으로 배치하는 글의 설계도로, 각 항목을 간결하게 진술한 화제 개요와 각 항목을 문장으로 나타낸 문장 개요로 구분됨

③ 개요 작성
㉠ '주요 논점－종속 논점－세목(細目)'의 순서로 개요를 작성하고 이를 명확히 구별
㉡ 각 항목의 관계가 등위 관계인지 주종 관계인지를 가려 층위적으로 짜야 함
㉢ 논리적 질서에 따라 각 항목을 배열하여야 하며, 항목 간의 관계가 명확하고 긴밀히 연결되어야 함

(4) 집필

① 집필의 개념 : 조직된 내용을 목적과 절차에 따라 글로 표현하는 것(구상의 구체화)
② 집필의 순서

제목 정하기 → 서두 쓰기 → 본문 쓰기 → 결말 쓰기
(주제 설정 → 소재 선택 → 글의 구상 → 집필 → 퇴고 → 정서)

(5) 퇴고(고쳐쓰기)

① 퇴고의 개념
㉠ 글을 쓰고 나서 내용, 맞춤법이나 띄어쓰기 등을 검토하여 바르게 고치는 것(주제 변경은 불가)
㉡ 글 전체를 다듬는 글쓰기의 마지막 과정
② 퇴고의 필요성
㉠ **표현 능력의 한계 때문에** : 고칠수록 가다듬어져서 전달하기 좋아짐
㉡ **주관적으로 쓰기 때문에** : 객관적인 글로 완성하기 위해서 고쳐야 함
㉢ 주제, 구성, 내용, 표현을 모두 고려하며 써내려가는 것이 어렵기 때문에
③ 퇴고의 3원칙
㉠ **부가의 원칙** : 부족한 내용을 덧붙여 전체 내용을 풍성하게 한다.
㉡ **삭제의 원칙** : 불필요하거나 지나치게 복잡한 내용은 줄이거나 없앤다.
㉢ **재구성의 원칙** : 글 전체의 내용이 자연스럽도록 재배열한다.
④ 퇴고의 방법
㉠ **단어 수준에서 고치기** : 표준어 사용, 띄어쓰기, 맞춤법
㉡ **문장 수준에서 고치기** : 문장의 호응, 긴 문장
㉢ **문단 수준에서 고치기** : 연결어, 길이, 문단의 통일성
㉣ **글 수준에서 고치기** : 제목, 주제와의 관련성, 짜임새

기출 Plus 지방직 7급 기출

01. 다음을 고려한 보고서 작성 방안으로 적절하지 않은 것은?

• 주제 : 주거지의 관광 명소화에 따른 문제점과 개선 방안
• 목적 : 북촌 한옥 마을, 이화 마을 등의 주거 지역에 관광객이 몰리면서 기존 거주민의 쾌적한 주거환경이 위협받는 문제에 대한 개선 방안을 마련하고자 한다.

① 외국의 유사한 정책 사례를 조사하고 시사점을 도출한다.
② 대상 지역에 주소지를 둔 관광 업체의 경영 실태 및 매출실적을 분석한다.
③ 전문가 자문 회의와 주민 토론회를 열어 개선 방안에 대한 다양한 의견을 수렴한다.
④ 대상 지역 주민들과의 면담을 통해 피해 사례를 조사하고 일정한 기준에 따라 유형화한다.

해 대상지역에 주소지를 둔 관광업체의 경영 실태와 매출실적을 분석하는 행위는 목적 부분의 기존 거주민의 쾌적한 주거환경 개선 방안 마련과 거리가 멀다.

답 01 ②

3. 원고지 사용법

(1) 원고지 사용의 규칙

① 한 칸에 한 자씩 쓰며 문장 부호도 한 칸씩 차지함을 원칙으로 한다.
② 숫자나 알파벳은 한 칸에 두 자씩 써도 된다.
③ 문단의 첫 칸은 반드시 비우고 둘째 칸부터 쓴다.
④ 인용문이나 대화를 다른 행을 잡아 쓸 경우, 앞의 한 칸을 비운다.
⑤ 행의 마지막 칸에 비울 칸이 없을 경우 띄어쓰기 부호(∨)를 쓰고, 다음 줄 첫 칸을 비우지 않는다.

(2) 교정 부호 사용법

부호	설명	예
∨	띄어 쓸 때	너를사랑한다.
⌒	붙여 쓸 때	착 하게 살자.
√	글자를 끼워 넣을 때	햇살이 찬하다. (란)
⊡	중간점을 넣을 때	한국미국
∽	순서를 바꿀 때	시간에 산수 하였다.
⊘	글자를 뺄 때	홍길동동을 만났다.
⌐	줄을 바꿀 때	소녀가 말했다. "널 사랑해."
⊃	줄을 이을 때	소녀이 웃었다.
⊏	글자를 오른쪽으로 옮길 때	저는 대한중학교 1학년 학생입니다.
⊐	글자를 왼쪽으로 옮길 때	저는 지금 대구에 살고 있습니다.
〉〈	행간을 넓힐 때	민족의 자긍심
( )	행간을 붙일 때	민족의 자긍심

Check Point

문장 부호

쉼표(,)는 일반적으로 쓰이는 접속사(그러나, 그러므로, 그리고, 그런데 등) 뒤에는 쓰지 않음을 원칙으로 한다.

Check Point

원고지에서의 문장 부호 사용

- 행의 첫 칸에는 문장 부호를 쓰지 않는다.
- 마침표와 쉼표 다음에는 띄어쓰지 않는다.
- 물음표나 느낌표 뒤에는 한 칸 비우고 쓴다.

> **Check Point**
>
> **마침표(.) – [붙임 1]**
> 직접 인용한 문장의 끝에는 쓰는 것을 원칙으로 하되, 쓰지 않는 것을 허용한다. (ㄱ을 원칙으로 하고, ㄴ을 허용함.)
> 예 ㄱ. 그는 "지금 바로 떠나자."라고 말하며 서둘러 짐을 챙겼다.
> ㄴ. 그는 "지금 바로 떠나자"라고 말하며 서둘러 짐을 챙겼다.

> **Check Point**
>
> **마침표(.) – [붙임 2]**
> 용언의 명사형이나 명사로 끝나는 문장에는 쓰는 것을 원칙으로 하되, 쓰지 않는 것을 허용한다. (ㄱ을 원칙으로 하고, ㄴ을 허용함.)
> 예 ㄱ. 내일 오전까지 보고서를 제출할 것.
> ㄴ. 내일 오전까지 보고서를 제출할 것
> 다만, 제목이나 표어에는 쓰지 않음을 원칙으로 한다.
> 예 압록강은 흐른다
> 꺼진 불도 다시 보자
> 건강한 몸 만들기

> **Check Point**
>
> **마침표(.) – [붙임 3]**
> 특정한 의미가 있는 날을 표시할 때 월과 일을 나타내는 아라비아 숫자 사이에 쓸 때는 마침표 대신 가운뎃점을 쓸 수 있다.
> 예 3·1 운동　8·15 광복

> **Check Point**
>
> **물음표(?) – [붙임 1]**
> 한 문장 안에 몇 개의 선택적인 물음이 이어질 때는 맨 끝의 물음에만 쓰고, 각 물음이 독립적일 때는 각 물음의 뒤에 쓴다.
> 예 너는 중학생이냐, 고등학생이냐?
> 너는 여기에 언제 왔니? 어디서 왔니? 무엇하러 왔니?

4. 문장 부호(한글 맞춤법 규정)

(1) 마침표(종지부)

① 마침표(.) : '마침표' 대신 '온점'이라는 용어를 쓸 수 있음

㉠ 서술, 명령, 청유 등을 나타내는 문장의 끝에 씀
예 젊은이는 나라의 기둥입니다.　집으로 돌아갑시다.

㉡ 아라비아 숫자만으로 연월일을 표시할 때 씀
예 1919. 3. 1.　10. 1. ~ 10. 12.

㉢ 특정한 의미가 있는 날을 표시할 때 월과 일을 나타내는 아라비아 숫자 사이에 씀
예 3.1 운동　8.15 광복

㉣ 장, 절, 항 등을 표시하는 문자나 숫자 다음에 씀
예 가. 인명　ㄱ. 머리말　Ⅰ. 서론　1. 연구 목적

② 물음표(?)

㉠ 의문문이나 의문을 나타내는 어구의 끝에 씀
예 점심 먹었어?　이번에 가시면 언제 돌아오세요?　뭐라고?

㉡ 특정한 어구의 내용에 대하여 의심, 빈정거림 등을 표시할 때, 또는 적절한 말을 쓰기 어려울 때 소괄호 안에 씀
예 30점이라, 거참 훌륭한(?) 성적이군.
우리 집 강아지가 가출(?)을 했어요.

㉢ 모르거나 불확실한 내용임을 나타낼 때 씀
예 최치원(857~?)은 통일 신라 말기에 이름을 떨쳤던 학자이자 문장가이다.

③ 느낌표(!)

㉠ 감탄문이나 감탄사의 끝에 씀
예 이거 정말 큰일이 났구나! / 어머!

㉡ 특별히 강한 느낌을 나타내는 어구, 평서문, 명령문, 청유문에 씀
예 지금 즉시 대답해! / 앞만 보고 달리자!

㉢ 물음의 말로 놀람이나 항의의 뜻을 나타내는 경우에 씀
예 이게 누구야! / 내가 왜 나빠!

㉣ 감정을 넣어 대답하거나 다른 사람을 부를 때 씀
예 네! 네, 선생님! 흥부야! 언니!

(2) 쉼표(휴지부)

① 쉼표(,) : '쉼표' 대신 '반점'이라는 용어를 쓸 수 있음

㉠ 같은 자격의 어구를 열거할 때 그 사이에 씀

예 충청도의 계룡산, 전라도의 내장산, 강원도의 설악산은 모두 국립공원이다.

다만, (가) 쉼표 없이도 열거되는 사항임이 쉽게 드러날 때는 쓰지 않을 수 있다.

예 아버지 어머니께서 함께 오셨어요.

(나) 열거할 어구들을 생략할 때 사용하는 줄임표 앞에는 쉼표를 쓰지 않는다.

예 광역시: 광주, 대구, 대전……

㉡ 짝을 지어 구별할 때에 씀

예 닭과 지네, 개와 고양이는 상극이다.

㉢ 열거의 순서를 나타내는 어구 다음에 씀

예 첫째, 몸이 튼튼해야 한다. 마지막으로, 무엇보다 마음이 편해야 한다.

㉣ 문장의 연결 관계를 분명히 하고자 할 때 절과 절 사이에 씀

예 콩 심은 데 콩 나고, 팥 심은 데 팥 난다.

㉤ 같은 말이 되풀이되는 것을 피하기 위하여 일정한 부분을 줄여서 열거할 때 씀

예 여름에는 바다에서, 겨울에는 산에서 휴가를 즐겼다.

㉥ 부르거나 대답하는 말 뒤에 씀

예 지은아, 이리 좀 와 봐. / 네, 지금 가겠습니다.

㉦ 한 문장 안에서 앞말을 '곧', '다시 말해' 등과 같은 어구로 다시 설명할 때 앞말 다음에 씀

예 나에게도 작은 소망, 이를테면 나만의 정원을 가졌으면 하는 소망이 있어.

㉧ 문장 앞부분에서 조사 없이 쓰인 제시어나 주제어의 뒤에 씀

예 돈, 돈이 인생의 전부이더냐?
열정, 이것이야말로 젊은이의 가장 소중한 자산이다.

㉨ 한 문장에 같은 의미의 어구가 반복될 때 앞에 오는 어구 다음에 씀

예 그의 애국심, 몸을 사리지 않고 국가를 위해 헌신한 정신을 우리는 본받아야 한다.

㉩ 도치문에서 도치된 어구들 사이에 씀

예 이리 오세요, 어머님. / 다시 보자, 한강수야.

㉪ 바로 다음 말과 직접적인 관계에 있지 않음을 나타낼 때 씀

예 갑돌이는, 울면서 떠나는 갑순이를 배웅했다.
철원과, 대관령을 중심으로 한 강원도 산간 지대에 예년보다 일찍 첫눈이 내렸습니다.

Check Point

물음표(?) – [붙임 2]
의문의 정도가 약할 때에는 물음표 대신 마침표를 쓸 수 있다.

예 도대체 이 일을 어쩐단 말이냐.
이것이 과연 내가 찾던 행복일까.

다만, 제목이나 표어에는 쓰지 않음을 원칙으로 한다.

예 역사란 무엇인가
아직도 담배를 피우십니까

Check Point

느낌표(!) – [붙임]
감탄의 정도가 약할 때는 느낌표 대신 쉼표나 마침표를 쓸 수 있다.

예 어, 벌써 끝났네.
날씨가 참 좋군.

Check Point

쉼표(,) – [붙임 1]
문장 중간에 끼어든 어구의 앞뒤에는 쉼표 대신 줄표를 쓸 수 있다.

예 나는 — 솔직히 말하면 — 그 말이 별로 탐탁지 않아.

> **Check Point**
>
> **쉼표(,) – [붙임 2]**
> 끼어든 어구 안에 다른 쉼표가 들어 있을 때는 쉼표 대신 줄표를 쓴다.
> 예 이건 내 것이니까 — 아니, 내가 처음 발견한 것이니까 — 절대로 양보할 수가 없다.

ⓔ 문장 중간에 끼어든 어구의 앞뒤에 씀

예 나는, 솔직히 말하면, 그 말이 별로 탐탁지 않아.

ⓕ 특별한 효과를 위해 끊어 읽는 곳을 나타낼 때 씀

예 내가, 정말 그 일을 오늘 안에 해낼 수 있을까?

ⓗ 짧게 더듬는 말을 표시할 때 씀

예 선생님, 부, 부정행위라니요? 그런 건 새, 생각조차 하지 않았습니다.

② 가운뎃점(·)

㉠ 열거할 어구들을 일정한 기준으로 묶어서 나타낼 때 씀

예 민수 · 영희, 선미 · 준호가 서로 짝이 되어 윷놀이를 하였다.
지금의 경상남도 · 경상북도, 전라남도 · 전라북도, 충청남도 · 충청북도 지역을 예부터 삼남이라 일러 왔다.

㉡ 짝을 이루는 어구들 사이에 씀

예 한(韓) · 이(伊) 양국 간의 무역량이 늘고 있다.
빨강 · 초록 · 파랑이 빛의 삼원색이다.

다만, 이때는 가운뎃점을 쓰지 않거나 쉼표를 쓸 수도 있다.

예 한(韓) 이(伊) 양국 간의 무역량이 늘고 있다.
빨강, 초록, 파랑이 빛의 삼원색이다.

> **Check Point**
>
> **가운뎃점(·) – [붙임]**
> 공통 성분을 줄여서 하나의 어구로 묶을 때는 가운뎃점 대신 쉼표를 쓸 수 있다.
> 예 상, 중, 하위권
> 금, 은, 동메달

㉢ 공통 성분을 줄여서 하나의 어구로 묶을 때 씀

예 상 · 중 · 하위권 금 · 은 · 동메달

③ 쌍점(:)

㉠ 표제 다음에 해당 항목을 들거나 설명을 붙일 때 씀

예 문방사우 : 종이, 붓, 먹, 벼루
일시 : 2014년 10월 9일 10시
올림표(#) : 음의 높이를 반음 올릴 것을 지시한다.

㉡ 희곡 등에서 대화 내용을 제시할 때 말하는 이와 말한 내용 사이에 씀

예 김 과장 : 난 못 참겠다.
아들 : 아버지, 제발 제 말씀 좀 들어 보세요.

㉢ 시와 분, 장과 절 등을 구별할 때 씀

예 오전 10:20(오전 10시 20분) 두시언해 6:15(두시언해 제6권 제15장)

㉣ 의존명사 '대'가 쓰일 자리에 씀

예 65:60(65 대 60) / 청군:백군(청군 대 백군)

> **Check Point**
>
> **쌍점(:) – [붙임]**
> 쌍점의 앞은 붙여 쓰고 뒤는 띄어 쓴다. 다만, ㉢과 ㉣에서는 쌍점의 앞뒤를 붙여 쓴다.

④ 빗금(/)

㉠ 대비되는 두 개 이상의 어구를 묶어 나타낼 때 그 사이에 씀

예 먹이다/먹히다 남반구/북반구, 금메달/은메달/동메달

㉡ 기준 단위당 수량을 표시할 때 해당 수량과 기준 단위 사이에 씀

예 100미터/초 1,000원/개

㉢ 시의 행이 바뀌는 부분임을 나타낼 때 씀

예 산에 / 산에 / 피는 꽃은 / 저만치 혼자서 피어 있네

다만, 연이 바뀜을 나타낼 때는 두 번 겹쳐 쓴다.

예 산에는 꽃 피네 / 꽃이 피네 / 갈 봄 여름 없이 / 꽃이 피네 // 산에 / 산에 / 피는 꽃은 / 저만치 혼자서 피어 있네

Check Point

빗금(/) – [붙임]

빗금의 앞뒤는 ㉠과 ㉡에서는 붙여 쓰며, ㉢에서는 띄어 쓰는 것을 원칙으로 하되 붙여 쓰는 것을 허용한다. 단, ㉠에서 대비되는 어구가 두 어절 이상인 경우에는 빗금의 앞뒤를 띄어 쓸 수 있다.

(3) 따옴표(인용부)

① **큰따옴표(“ ”)**

㉠ 글 가운데에서 직접 대화를 표시할 때 씀

예 “어머니, 제가 가겠어요.”, “아니다. 내가 다녀오마.”

㉡ 말이나 글을 직접 인용할 때 씀

예 나는 “어, 광훈이 아니냐?” 하는 소리에 깜짝 놀랐다.

편지의 끝머리에는 이렇게 적혀 있었다.

“할머니, 편지에 사진을 동봉했다고 하셨지만 봉투 안에는 아무것도 없었어요.”

② **작은따옴표(‘ ’)**

㉠ 인용한 말 안에 있는 인용한 말을 나타낼 때 씀

예 그는 “여러분! ‘시작이 반이다.’라는 말 들어 보셨죠?”라고 말하며 강연을 시작했다.

㉡ 마음속으로 한 말을 적을 때 씀

예 나는 ‘일이 다 틀렸나 보군.’ 하고 생각하였다.

③ **겹낫표(『 』), 겹화살괄호(《 》)** : 책의 제목이나 신문 이름 등을 나타낼 때 씀

예 『훈민정음』은 1997년에 유네스코 세계 기록 유산으로 지정되었다.

윤동주의 유고 시집인 ≪하늘과 바람과 별과 시≫에는 31편의 시가 실려 있다.

④ **홑낫표(「 」)와 홑화살괄호(〈 〉)** : 소제목, 그림이나 노래와 같은 예술 작품의 제목, 상호, 법률, 규정 등을 나타낼 때 씀

예 이 곡은 베르디가 작곡한 「축배의 노래」이다.

〈한강〉은 사진집 ≪아름다운 땅≫에 실린 작품이다.

Check Point

겹낫표(『 』), 겹화살괄호(≪ ≫) – [붙임]

겹낫표나 겹화살괄호 대신 큰따옴표를 쓸 수 있다.

예 “훈민정음”은 1997년에 유네스코 세계 기록 유산으로 지정되었다.

윤동주의 유고 시집인 “하늘과 바람과 별과 시”에는 31편의 시가 실려 있다.

Check Point

홑낫표(「 」), 홑화살괄호(< >) – [붙임]

홑낫표나 홑화살괄호 대신 작은따옴표를 쓸 수 있다.

예 이 곡은 베르디가 작곡한 ‘축배의 노래’이다.

‘한강’은 사진집 “아름다운 땅”에 실린 작품이다.

(4) 묶음표(괄호부)

① **소괄호(( ))**

㉠ 주석이나 보충적인 내용을 덧붙일 때 씀

예 니체(독일의 철학자)의 말을 빌리면 다음과 같다.
2014. 12. 19.(금)
사군자(매화, 난초, 국화, 대나무)는 고결한 선비 정신을 상징한다.

㉡ 우리말 표기와 원어 표기를 아울러 보일 때 씀
예 기호(嗜好), 자세(姿勢), 커피(coffee), 에티켓(etiquette)

㉢ 생략할 수 있는 요소임을 나타낼 때 씀
예 학교에서 동료 교사를 부를 때는 이름 뒤에 '선생(님)'이라는 말을 덧붙인다.
광개토(대)왕은 고구려의 전성기를 이끌었던 임금이다.

㉣ 희곡 등 대화를 적은 글에서 동작이나 분위기, 상태를 드러낼 때 씀
예 현우 : (가쁜 숨을 내쉬며) 왜 이렇게 빨리 뛰어?
"관찰한 것을 쓰는 것이 습관이 되었죠. 그러다 보니, 상상력이 생겼나 봐요." (웃음)

㉤ 내용이 들어갈 자리임을 나타낼 때 씀
예 우리나라의 수도는 (　)이다.
민수가 할아버지(　) 꽃을 드렸다.

㉥ 항목의 순서나 종류를 나타내는 숫자나 문자 등에 씀
예 사람의 인격은 (1) 용모, (2) 언어, (3) 행동, (4) 덕성 등으로 표현된다.
(가) 동해, (나) 서해, (다) 남해

② 중괄호({ })

㉠ 같은 범주에 속하는 여러 요소를 세로로 묶어서 보일 때 씀
예 주격 조사 {이 / 가}　　국가의 성립 요소 {영토 / 국민 / 주권}

㉡ 열거된 항목 중 어느 하나가 자유롭게 선택될 수 있음을 보일 때 씀
예 아이들이 모두 학교{에, 로, 까지} 갔어요.

③ 대괄호([ ])

㉠ 괄호 안에 또 괄호를 쓸 필요가 있을 때 바깥쪽의 괄호로 씀
예 어린이날이 새로 제정되었을 당시에는 어린이들에게 경어를 쓰라고 하였다.[윤석중 전집(1988), 70쪽 참조]
이번 회의에는 두 명[이혜정(실장), 박철용(과장)]만 빼고 모두 참석했습니다.

㉡ 고유어에 대응하는 한자어를 함께 보일 때 씀
예 나이[年歲], 낱말[單語], 손발[手足]

㉢ 원문에 대한 이해를 돕기 위해 설명이나 논평 등을 덧붙일 때 씀

예 그것[한글]은 이처럼 정보화 시대에 알맞은 과학적인 문자이다.
신경준의 ≪여암전서≫에 "삼각산은 산이 모두 돌 봉우리인데, 그 으뜸 봉우리를 구름 위에 솟아 있다고 백운(白雲)이라 하며 [이하 생략]"

(5) 이음표(연결부)

① 줄표 (—)

㉠ 제목 다음에 표시하는 부제의 앞뒤에 씀

예 이번 토론회의 제목은 '역사 바로잡기 — 근대의 설정 —'이다.

다만, 뒤에 오는 줄표는 생략할 수 있다.

예 이번 토론회의 제목은 '역사 바로잡기 — 근대의 설정'이다.

② 붙임표(-)

㉠ 차례대로 이어지는 내용을 하나로 묶어 열거할 때 각 어구 사이에 씀

예 멀리뛰기는 도움닫기 - 도약 - 공중 자세 - 착지의 순서로 이루어진다.

㉡ 두 개 이상의 어구가 밀접한 관련이 있음을 나타내고자 할 때 씀

예 원 - 달러 환율, 남한 - 북한 - 일본 삼자 관계

③ 물결표(~) : 기간이나 거리 또는 범위를 나타낼 때 씀

예 9월 15일~9월 25일
김정희(1786~1856)

(6) 드러냄표(현재부)

① 드러냄표(˙) : 문장 내용 중에서 주의가 미쳐야 할 곳이나 중요한 부분을 특별히 드러내 보일 때 씀

예 한글의 본디 이름은 훈민정음이다.
중요한 것은 왜 사느냐가 아니라 어떻게 사느냐이다.

② 밑줄(___) : 드러냄표(˙)와 동일하게 씀

예 지금 필요한 것은 <u>지식</u>이 아니라 <u>실천</u>입니다.
다음 보기에서 명사가 <u>아닌</u> 것은?

(7) 안드러냄표(잠재부)

① 숨김표(○, ×)

㉠ 금기어나 공공연히 쓰기 어려운 비속어임을 나타낼 때, 그 글자의 수효만큼 씀

예 배운 사람 입에서 어찌 ○○○란 말이 나올 수 있느냐?

㉡ 비밀을 유지해야 하거나 밝힐 수 없는 사항임을 나타낼 때 씀

예 1차 시험 합격자는 김○영, 이○준, 박○순 등 모두 3명이다.

Check Point

줄표(—) – [붙임]
줄표의 앞뒤는 띄어 쓰는 것을 원칙으로 하되, 붙여 쓰는 것을 허용한다.

Check Point

물결표(~) – [붙임]
물결표 대신 붙임표를 쓸 수 있다.
예 9월 15일 – 9월 25일
김정희(1786 – 1856)
서울 – 천안 정도는 출퇴근이 가능하다.

Check Point

드러냄표(˙)와 밑줄(_) – [붙임]
드러냄표나 밑줄 대신 작은따옴표를 쓸 수 있다.
예 한글의 본디 이름은 '훈민정음'이다.
중요한 것은 '왜 사느냐'가 아니라 '어떻게 사느냐'이다.
지금 필요한 것은 '지식'이 아니라 '실천'입니다.
다음 보기에서 명사가 '아닌' 것은?

② 빠짐표(□)

㉠ 옛 비문이나 문헌 등에서 글자가 분명하지 않을 때 그 글자의 수효만큼 쓴다.

예 大師爲法主□□賴之大□薦

㉡ 글자가 들어가야 할 자리를 나타낼 때 쓴다.

예 훈민정음의 초성 중에서 아음(牙音)은 □□□의 석 자다.

③ 줄임표(……)

㉠ 할 말을 줄였을 때 씀

예 "어디 나하고 한번……." 하고 민수가 나섰다.

㉡ 말이 없음을 나타낼 때 씀

예 "빨리 말해!"
"……."

㉢ 문장이나 글의 일부를 생략할 때 씀

예 '고유'라는 말은 문자 그대로 본디부터 있었다는 뜻은 아닙니다. …… 같은 역사적 환경에서 공동의 집단생활을 영위해 오는 동안 공동으로 발견된, 사물에 대한 공동의 사고방식을 우리는 한국의 고유 사상이라 부를 수 있다는 것입니다.

㉣ 머뭇거림을 보일 때 씀

예 "우리는 모두…… 그러니까…… 예외 없이 눈물만…… 흘렸다."

꼭! 확인 기출문제

묶음표의 쓰임이 잘못된 것은? [지방직 9급 기출]

① 나는 3 · 1 운동(1919) 당시 중학생이었다.
❷ 그녀의 나이(年歲)가 60세일 때 그 일이 터졌다.
③ 젊음[희망(希望)의 다른 이름]은 가장 아름다운 꽃이다.
④ 국가의 성립 요소 {영토 / 국민 / 주권}

해 ② 고유어에 대응하는 한자어를 보일 때에는 대괄호를 사용해야 한다(나이[年歲]).

Check Point

줄임표(…) – [붙임 1]
점은 가운데에 찍는 대신 아래쪽에 찍을 수도 있다.
예 "어디 나하고 한번......" 하고 민수가 나섰다.
"실은...... 저 사람...... 우리 아저씨일지 몰라."

줄임표(…) – [붙임 2]
점은 여섯 점을 찍는 대신 세 점을 찍을 수도 있다.
예 "어디 나하고 한번…." 하고 민수가 나섰다.
"실은... 저 사람... 우리 아저씨일지 몰라."

줄임표(…) – [붙임 3]
줄임표는 앞말에 붙여 쓴다. 다만, ㉢에서는 줄임표의 앞뒤를 띄어 쓴다.

제2절 읽기

1. 독서의 개념과 본질

(1) 독서의 개념

독서는 글을 통한 독자와 필자 사이의 대화로, 필자가 문자 언어로써 구성해 놓은 의미(정보)를 독자가 재구성해 내는 복합적인 과정을 말한다.

> **Check Point**
>
> **읽기의 개념**
>
> 일반적으로 읽기란 독자가 문자로써 상호 의사를 소통해 내는 과정을 말한다. 읽기의 대표적인 유형으로는 '독서(讀書)'가 있다.

(2) 독서의 본질

① 의사소통의 수단

② 의미를 재구성하는 과정

③ 지식 획득의 수단

④ 지식 · 교양 · 경험의 확대

(3) 독서의 과정

글의 선택 → 판독 → 이해 → 해석 → 반응

2. 독서의 방법

> **Check Point**
>
> **그 밖의 독서 방법**
>
> - **송독(誦讀)** : 소리를 내어 글을 읽거나 외워서 글을 읽는 독서법이다.
> - **지독(遲讀)** : 상세하게 글의 내용을 파악하고자 할 때 쓰이는 독서법으로, 필요한 부분을 기록하며 천천히 읽어 나간다. 학술적 성격을 띠는 글을 읽을 때 주로 쓰인다.

(1) 독서의 종류

구분	내용
다독(多讀)	많은 양의 책이나 글을 읽는 것
정독(精讀)	한 글자, 한 구절도 빠뜨리지 않고 내용을 캐면서 깊이 있게 읽는 것
통독(通讀)	죽 훑어 내려가며 읽는 것
발췌독(拔萃讀)	여러 책이나 글에서 필요한 부분만을 뽑아서 읽는 것
속독(速讀)	단시간 내에 많은 양의 책을 읽는 것
음독(音讀)	소리를 내어 읽는 방법
묵독(默讀)	소리를 내지 않고 눈으로 읽는 방법

(2) 배경지식

① 배경지식의 정의 : 직 · 간접 경험을 통해 독자의 머릿속에 구조화 · 조직화되어 저장되어 있는 경험의 총체로 사전 지식 혹은 스키마(schema)라고도 한다.

② 배경지식의 특징

㉠ 경험의 소산으로 사람마다 다르므로 글에 대한 해석과 반응도 달라진다.

㉡ 유기적으로 구조화된 배경지식은 상호 위계적인 관계를 갖는다.

㉢ 독서 과정 중에 동원된 내용을 추론 · 예견하며 정보를 선별한다.

③ 배경지식과 독해 능력의 관계 : 상보적 관계

3. 독서의 원리

구분		내용
사실적 이해	내용의 사실적 이해	주어진 내용의 정보와 그 관계를 정확하게 이해하고 표현하는 능력
	구조의 사실적 이해	글 전체의 구조나 문장 또는 단락 간의 관계를 파악하는 능력
추리 상상적 이해	내용의 추리 상상적 이해	글에 제시된 정보나 사실을 바탕으로 드러나 있지 않은 내용을 논리적 추리나 상상력을 통해 미루어 짐작하는 사고 능력
	과정의 추리 상상적 이해	글의 바탕에 놓여 있는 필자나 작중 인물의 입장 · 태도 또는 필자의 집필 동기나 의도 등을 추리해 내는 사고 능력
	구조의 추리 상상적 이해	글의 구성상 특징이나 논리적 전개 방식 등을 통해 필자의 의도, 글의 특징적인 표현 효과와 작품의 분위기 등을 추리해 내는 사고 능력
비판적 이해	내적 준거에 의한 비판	글의 표현이나 내용에 대하여 글의 부분들과 전체의 관계를 중심으로 비판하는 것
	외적 준거에 의한 비판	사회 · 시대적 상황, 독자의 배경지식과 관련하여 글의 가치를 평가하는 것

Check Point

독서 관련 한문 문장

若口讀而心不體 身不行 則書自書 我自我 何益之有(약구독이심불체 신불행 즉서자서 아자아 하익지유)

→ 만약 입으로 읽기만 하고 마음으로 체득하지 않으며, 몸소 실행하지 않는다면, 책은 책대로 나는 나대로일 것이니 무슨 이익이 있으리요?

–『격몽요결(擊蒙要訣)』

제3절 말하기와 듣기

1. 말하기와 듣기의 특성

(1) 말하기와 듣기의 정의

자신의 생각과 감정을 말로써 표현하고, 상대방의 생각과 감정을 말로써 이해하는 것이다.

Check Point

목적에 따른 말하기의 분류
정보 전달하기, 친분 표현하기, 정서 표현하기, 주장 설득하기

(2) 말하기와 듣기의 특성

① 내용을 주고받는 언어 행위
② 음성 언어로 이루어지는 언어 행위
③ 문제 해결 과정
④ 말하는 이와 듣는 이 간의 협동이 있어야 가능

(3) 말하기의 유형

① 설명 : 정보 전달을 통해 상대를 이해시키는 것을 목적으로 하는 말하기 유형
② 설득 : 주장 입증을 통해 상대를 설득하는 것을 목적으로 하는 말하기 유형
③ 대화 : 대표적 유형으로 토의와 토론이 있음

Check Point

설득의 3요소
에토스(ethos, 인격), 파토스(pathos, 감성), 로고스(logos, 이성)

꼭! 확인 기출문제

다음 밑줄 친 말의 표현 효과에 대한 설명으로 적절한 것은? [지방직 9급 기출]

김 대리 : 늦어서 죄송합니다. 일이 좀 많았습니다.
이 부장 : 괜찮아요. 오랜만에 최 대리하고 오붓하게 대화도 나누고 시간 가는 줄 몰랐네요. 허허허.
김 대리 : 박 부장님은 오늘 못 나오신다고 전해 달라셨어요.
이 부장 : 그럼, 우리끼리 출발합시다.

① 자신과 상대방의 의견 차이를 최소화한다.
❷ 상대방에게 부담이 되는 표현을 최소화한다.
③ 화자 자신에게 혜택을 주는 표현을 최소화한다.
④ 상대방에 대한 비방을 최소화하고 칭찬을 최대화한다.

해 ② 이 부장은 약속 시간에 늦은 김 대리가 미안함을 표하자, 김 대리에게 괜찮다고 하며 부담을 덜어주고 있다.

Check Point

대담 · 좌담 · 정담
- 대담(對談) : 마주 대하고 말함. 또는 그런 말
- 좌담(座談) : 여러 사람이 한자리에 모여 앉아서 어떤 문제에 대하여 의견이나 견문을 나누는 일이나 그런 이야기
- 정담(鼎談) : 세 사람이 솥발처럼 벌려 마주 앉아서 하는 이야기

Check Point

토의의 절차

문제에 대한 의미 확정 → 문제의 분석과 음미 → 가능한 모든 해결안 제시와 검토 → 최선의 해결안 선택 → 해결안 시행 방안 모색

2. 토의

(1) 토의의 개념 및 목적

① 개념 : 두 사람 이상이 모여 집단 사고의 과정을 거쳐 어떤 문제의 해결을 시도하는 논의의 형태

② 목적 : 집단 사고를 통한 최선의 문제 해결방안 모색

(2) 토의의 종류

구분	특징
심포지엄	• 의의 : 어떤 논제를 가지고 그 분야의 전문가 및 권위자(3~6명)가 사회자의 진행 아래 강연식으로 발표하고, 다수의 청중과 질의 응답하는 형식 • 특징 – 공통 주제에 대한 전문가의 다양하고 권위적 · 체계적인 설명이 이루어짐(강연과 유사한 형태로 진행되며, 전문성이 강조됨) – 사회자는 청중이 토의 문제와 주제를 잘 파악할 수 있게 하고, 토의의 요점을 간략히 정리해 이해를 도움
포럼	• 의의 : 개방된 장소에서 공공 문제에 대해 청중과 질의 응답하는 공개 토의 • 특징 – 청중이 처음부터 참여하여 주도하는 형태로, 간략한 주제 발표 외에 강연이나 연설은 없음(공청회와 유사한 형태로, 공공성이 강조됨) – 사회자는 질문 시간을 조정하고 산회(散會) 시간을 결정(사회자의 비중이 큰 토의 유형)
패널	• 의의 : 배심 토의라고도 하며 특정 문제에 관심과 경험이 있는 배심원(4~8명)들을 뽑아 청중 앞에서 각자의 지식, 견문, 정보를 발표하고 여러 가지 의견을 제시하는 공동 토의 • 특징 – 시사적 · 전문적 문제해결 수단으로 적합하며, 이견 조정 수단으로 의회나 일반 회의에서 자주 사용됨(대표성이 강조되는 토의 형태) – 배심원의 토의 후 청중과의 질의응답을 수행함
원탁 토의	• 의의 : 10명 내외의 소규모 집단이 평등한 입장에서 자유롭게 의견을 나누는 비공식적인 토의 • 특징 – 주제의 범위가 넓고 개방적이며, 사회자 없이 자유롭게 이야기하는 형태(평등성이 강조됨) – 사회자가 없는 것이 일반적이나, 진행을 위한 의장을 따로 두기도 함 – 참가자가 토의에 익숙하지 않은 경우 산만할 수 있고, 시간낭비를 초래할 수 있다는 단점이 있음

3. 토론

(1) 토론의 개념 및 목적

① **개념** : 어떤 의견이나 제안에 대해 찬성과 반대의 뚜렷한 의견 대립을 가지는 사람들이 논리적으로 상대방을 설득하는 형태

② **목적** : 논리적 설득을 통해 상대의 주장을 논파하고 자기주장의 정당성을 인정하게 함으로써, 궁극적으로 집단의 의견 일치를 구하는 것

(2) 토론의 논제

① 논제는 원칙적으로 '~해야 한다.' 또는 '~인가?'의 형식으로 표현되어야 한다.

② 명백한 긍정 · 부정의 양측에 설 수 있는 형식이어야 한다.

③ 내용이 분명해야 하고, 하나의 명백한 주장에 한정되어야 한다.

(3) 토론의 종류

① **2인 토론** : 2인의 토론자와 사회자가 토론을 진행하는 형태로, 단시간에 논리적인 주장을 선택하는 것이 목적

② **직파 토론** : 2~3인이 짝을 이루어 함께 대항하는 토론 형태로, 한정된 시간에 논의의 핵심을 파악해 논점에 집중하기 위한 형태

③ **반대 신문식 토론** : 토론의 형식에 법정의 반대 신문을 도입한 형태로 유능하고 성숙한 토론자에게 적합하며, 청중의 관심을 유도하는 것이 목적

토론과 토의의 비교

구분		토론	토의
차이점	목적	자기주장의 관철 및 집단의 의견 일치	최선의 문제 해결안 모색 및 선택
	참가자	찬성 · 반대의 의견 대립자	특정 문제에 대한 공통 인식의 이해자
	태도	상대방 주장의 모순, 취약점 등을 지적하는 비판적인 태도	다른 사람의 제안이나 의견을 모두 검토 · 수용하려는 협력적인 태도
	문제 해결 방법	자기주장의 근거, 증거 제시 → 정당성의 입증과 상대방 주장의 모순을 논박	전원 협력하여 최대한 공동 이익을 반영할 수 있는 최선의 해결안 선택
	의의	대립적 주장을 통한 바람직한 의견 일치	집단적이고 협력적인 사고 과정
공통점		• 집단 사고를 통한 문제 해결 • 해결안 모색 • 둘 이상의 참가자	

Check Point

사회자의 역할
- 장소와 참가자 자리 선정
- 지나친 대립 상황의 조정
- 논점 환기, 발언 내용 요약
- 보다 유연한 토론 진행
- 가능한 한 사회자 자신의 발언은 억제함

Check Point

토론의 절차
자기주장의 제시 → 상대 논거의 확인 → 자기주장의 근거 제시 → 상대 주장에 대한 논파 → 자기주장의 요점 반복(상대의 행동화 촉구)

국가직 9급 기출

01. 다음의 여러 조건에 가장 잘 맞는 토론 논제는?

- 긍정 평서문으로 제시되어야 한다.
- 찬성과 반대의 대립이 분명하게 나타나야 한다.
- 쟁점이 하나여야 한다.
- 찬성이나 반대 어느 한 편에 유리하게 작용하는 정서적 표현을 사용해서는 안 된다.

① 징병제도는 유지해야 한다.
② 정보통신망법을 개선할 수는 없다.
③ 야만적인 두발 제한을 폐지해야 한다.
④ 내신 제도와 논술 시험을 개혁해야 한다.

해 ①은 쟁점이 '징병 제도 유지' 하나이고, 부정어 '아니다', '없다' 등이 사용되지 않은 긍정 평서문이며 정서적 표현이 사용되지 않은 논제이다.

답 01 ①

꼭! 확인 기출문제

토론자들의 말하기 방식에 대한 설명으로 적절한 것은? [국가직 9급 기출]

사회자 : 학교 폭력 문제가 나날이 심각해지고 있습니다. 이와 관련해 오늘은 '학교 폭력을 방관한 학생에게도 책임을 물어야 한다'를 주제로 토론을 해 보도록 하겠습니다. 먼저 찬성 측 말씀해 주시죠.
찬성측 : 친구가 학교 폭력에 의해 희생되고 있는데도 자신에게 피해가 올까 두려워 아무런 조치를 취하지 않는 학생들이 많다고 합니다. 이러한 행동으로 인해 학교 폭력은 점점 확산되고 있습니다. 학교 폭력을 행하는 것을 목격했음에도 어떤 조치도 취하지 않은 것은 폭력에 대해 묵시적으로 동의한 것과 같습니다. 폭력을 직접 행사하는 행위뿐 아니라, 불의에 저항하지 않는 정의롭지 못한 행위에 대해서도 합당한 책임을 물어야 할 것입니다.
사회자 : 다음으로 반대 측 의견 말씀해 주시죠.
반대측 : 특정 학생에게 폭력을 직접 행사해서 피해를 준 사실이 명백할 때에만 책임을 물을 수 있을 것입니다. 또한 사건에 대한 개입과 방관은 개인의 자율적 의지에 달린 문제이므로 외부에서 규제할 성질의 문제가 아닙니다.
사회자 : 그럼 이번에는 반대 측부터 찬성 측에 대해 반론해 주시지요.
반대측 : 과연 누구까지를 학교 폭력의 방관자라고 규정지을 수 있을까요? 집에 가는 길에 우연히 폭력을 목격했을 경우, 자신의 친구로부터 폭력에 관련된 소문을 접했을 경우 등 방관자라고 규정하기에는 애매한 경우가 많습니다. 어떠한 행위를 처벌하려면 확고한 기준이 필요한데, 방관자의 범위부터 규정하기가 불명확하다고 볼 수 있습니다.
찬성측 : 불의를 방관한 행위에 대해 사회가 책임을 묻지 않는다면 이후로도 사람들은 아무런 죄책감 없이 불의를 모른 체하고 방관할 것입니다. 결국 이는 사회 전체의 건전성과 도덕성을 떨어뜨릴 것이고, 정의에 근거한 시민의 고발정신까지 약화시킬 것입니다.

① 찬성 측은 친숙한 상황을 빗대어 자신의 견해를 펼치고 있다.
② 찬성 측은 자신의 경험을 제시하여 논지를 보충하고 있다.
③ 반대 측은 윤리적 방법으로 해결책을 제시하고 있다.
❹ 반대 측은 논제에 의문을 제기하여 주장을 강화하고 있다.

해 ④ 반대 측은 "과연 누구까지를 학교 폭력의 방관자라고 규정지을 수 있을까요?"라며 논제 속 '학교 폭력을 방관한 학생'의 명확하지 않은 규정에 대한 의문을 제기하고 있다.
① 찬성 측은 불의에 저항하지 않는 행위에 대해 언급하기는 했지만 친숙한 상황에 빗대어 설명하고 있지는 않다.
② 찬성 측은 자신의 경험을 제시하고 있지 않다.
③ 반대 측은 "방관자의 범위부터 규정하기가 불명확하다고 볼 수 있다."라며 방관자의 기준에 의문을 제시하고 있지만 윤리적 방법으로 해결책을 제시하고 있지는 않다.

제2장

글의 진술 방식과 논리의 전개

제1절 글의 진술 방식

1. 설명·논증·묘사·서사

(1) 설명

① 설명의 개념 : 청자가 잘 모르고 있는 사실, 사물, 현상, 사건 등을 알기 쉽게 풀어서 말하는 것

② 설명의 목적 : 객관적인 정보나 사실을 전달하여 독자를 이해시키는 것으로, 주로 설명문에 사용됨

③ 설명의 방법(글의 전개 방식)

㉠ 정의 : 어떤 '말'이 가지고 있는 '뜻'을 설명하는 것, 즉 어떤 대상이나 용어의 의미, 법칙 등을 명백히 밝혀 진술하는 방식

㉡ 비교와 대조

- 비교 : 둘 이상의 사물이나 현상 등을 견주어 공통점이나 유사점을 설명하는 방법
- 대조 : 둘 이상의 사물이나 현상 등을 견주어 상대되는 성질이나 차이점을 설명하는 방법

㉢ 분류와 구분

- 분류 : 작은 것(부분, 하위 항목 · 범주, 종개념)을 일정한 기준에 따라 큰 것(전체, 상위 항목 · 범주, 유개념)으로 묶어 가면서 전개하는 방식
- 구분 : 큰 항목을 일정한 기준에 따라 작은 항목으로 나누어 설명하는 방법

㉣ 분석 : 하나의 대상이나 관념을 그 구성 요소나 부분들로 나누어 설명하는 방법

Check Point

분류(分類)

- 유사한 특성을 지닌 대상들을 일정한 기준에 따라 나누거나(구분), 묶어서(분류) 설명하는 방법이다.
  - 구분
    예 시는 내용상 서정시, 서사시, 극시로 나누어진다.
  - 분류
    예 시, 소설, 희곡, 수필은 모두 문학에 속한다.
- 분류는 반드시 일정한 기준이 있어야 한다.
- 분류된 하위 개념은 모두 대등하다.

ⓜ **예시** : 일반적 · 추상적 · 관념적인 것 또는 알기 어려운 것을 이해하기 쉽게 예를 들어 설명하는 방법

ⓑ **지정** : '그는 누구인가?', '그것은 무엇인가?'와 같은 질문에 대답하는 것으로 설명 방법 중 가장 단순함

ⓢ **유추** : 생소하고 복잡한 개념이나 현상을 친숙하고 단순한 것과 비교하여 설명하는 것

ⓞ **인과(因果)** : 어떤 결과를 가져오게 한 원인 또는 그 원인에 의해 결과적으로 초래된 현상에 초점을 두고 글을 전개하는 방식으로, '왜 일어났는가?'와 '결과는 무엇인가?'에 관한 사항이 주가 됨

ⓙ **과정(過程)** : 어떤 특정한 목표나 결말을 가져오게 하는 일련의 행동, 변화, 기능, 단계, 작용 등에 초점을 두고 글을 전개하는 방식으로, '어떻게'와 관련된 사항이 주가 됨

(2) 논증

Check Point

논증의 3요소
명제 → 논거 → 추론

Check Point

전제 · 증명
- **전제** : 논증의 결론을 가능하게 하는 이유가 되는 것들
- **증명(논증)** : 논거를 제시하여 명제가 진실임을 밝히는 과정

① 논증의 개념

㉠ 아직 밝혀지지 않은 사실이나 문제에 대하여 자신의 의견을 밝히고 진실 여부를 증명하여, 그에 따라 행동하도록 하는 진술 방식

㉡ 여러 가지 명제를 근거로 하여 어느 하나의 결론이 참이라는 사실을 증명하는 것으로, 주로 논설문에 사용됨

② 명제

㉠ **개념** : 사고 내용 및 판단을 단적으로 진술한 주제문, 완결된 평서형 문장 형식으로 표현

㉡ **분류**
- 사실 명제 : 진실성과 신빙성에 근거하여 존재의 진위를 판별할 수 있는 명제
- 정책 명제 : 타당성에 근거하여 어떤 대상에 대한 의견을 내세운 명제
- 가치 명제 : 공정성에 근거하여 주관적 가치 판단을 내린 명제

③ 논거

㉠ **개념** : 명제를 뒷받침하는 논리적 근거로, 주장의 타당함을 밝히기 위해 선택된 자료

㉡ **종류**
- 사실 논거 : 누구나 객관적으로 의심 없이 인정할 수 있는 확실한 사실로 자연 법칙, 역사적 사실, 상식, 실험적 사실 등을 들 수 있음. 그러나 사람에 따라 다르게 판단할 수 있는 것은 사실 논거로 볼 수 없음

• 소견 논거 : 그 방면의 권위자, 전문가, 목격자, 경험자의 의견으로 확실성이 있다고 인정되는 것

(3) 묘사

① **묘사의 개념** : 대상을 그림 그리듯이 글로써 생생하게 표현해 내는 진술 방식으로, 독자에게 현장감과 생동감을 전달하는 것을 목적으로 함

② **묘사의 유형**

㉠ **객관적(과학적, 설명적) 묘사** : 대상의 세부적 사실을 객관적으로 표현하는 진술 방식으로, 정확하고 사실적인 정보 전달이 목적

㉡ **주관적(인상적, 문학적) 묘사** : 대상에 대한 글쓴이의 주관적인 인상이나 느낌을 그려내는 것으로, 상징적인 언어를 사용하며 주로 문학 작품에 많이 쓰임

Check Point

진술(전개) 방식의 범주

• **정태적 진술 방식(시간성 고려하지 않음)** : 분석, 분류, 예시, 비교, 대조, 정의, 유추, 묘사
• **동태적 진술 방식(시간성 고려)** : 서사, 과정, 인과

(4) 서사

① 행동 · 상태가 진행되어 가는 움직임 또는 사건의 전개 양상을 시간의 경과에 따라 진술하는 방식

② '사건', 즉 '무엇이 발생하였는가?'에 관한 답과 관련된 것으로, 사건에 대한 기본적인 이해와 충분한 검토를 전제로 함

Check Point

서사의 3요소

행동(움직임), 시간, 의미

꼭! 확인 기출문제

다음 중 〈보기〉와 같은 서술 방식이 쓰인 문장은? [서울시 9급 기출]

보기

포장한 지 너무 오래되어 길에는 흙먼지가 일고 돌이 여기저기 굴러 있었다. 길 양쪽에 다 쓰러져가는 집들, 날품팔이 일꾼들이 찾아가는 장국밥집, 녹슨 함석지붕이 찌그러져 있었고, 흙먼지가 쌓인 책방, 조선기와를 올린 비틀어진 이층집, 복덕방 포장이 찢기어 너풀거린다.

① 탈피 후 조금 쉬었다가 두 번째 먹이를 먹고 자리를 떠났다.
❷ 잎은 어긋나게 붙고 위로 올라갈수록 작아지면서 윗줄기를 감싼다.
③ 사람을 접대하는 것은 글을 잘 짓는 것과 같다.
④ 성장이 둔화되어 일자리가 늘지 않았기 때문이다.

해 ② 〈보기〉에는 길의 풍경을 그림을 그리듯이 서술하는 묘사의 방식이 사용되었다. ②에서는 식물의 모습을 묘사하였다.
① 시간의 흐름에 따라 서술하는 서사의 방식이 사용되었다.
③ 비슷한 대상이나 사실의 대비를 통해 서술하는 유추의 방식이 사용되었다.
④ 원인과 결과를 나타내는 인과의 서술 방식이 사용되었다.

2. 일반적 진술과 구체적 진술

(1) 일반적 진술

① 구체적 사실을 포괄하여 일반적으로 진술하는 방법을 말하며, 추상적 진술이라고도 함

② 문단의 중심적 화제와 그 속성을 포괄적으로 담고 있는 중심 문장에 해당됨

(2) 구체적 진술

① 중심 문장을 구체적으로 뒷받침하는 내용을 표현하는 진술 방법을 말함

② 뒷받침 문장에 해당하며, 구체적 진술 방법으로는 상세화(상술)와 예시, 비유, 인용, 이유 제시 등이 있음

Check Point

구체적 진술 방식

- **상세화(상술)** : 구체적 사례를 들거나 자세히 풀어서 명확히 밝히는 방식
- **예시(例示)** : 구체적인 사례를 직접 제시하는 방식
- **비유** : 보조 관념에 비유하여 쉽고 구체적으로 표현하는 방식
- **인용** : 특정 권위자의 말이나 글 등을 자신의 말과 글 속에 끌어들여 표현하는 방식

제2절 논리의 전개

1. 문단의 의의

(1) 문단의 개념

① 문단이란 생각의 완결 단위로서, 진술의 완결 단위인 문장으로 구성됨

② 하나의 문단은 주제문(일반적 진술)과 뒷받침 문장(구체적 진술)로 구성됨

Check Point

주제문과 뒷받침 문장

주제문은 주제를 담은 핵심적 내용으로 일반적 진술로 표현되며, 뒷받침 문장은 부가적 내용 담은 것으로, 구체적 진술(상세화 · 부연 · 예시 등)의 방식으로 표현됨

(2) 문단의 요건(구성 원리)

① **통일성**

㉠ 문단 또는 단락의 내용이 하나의 주제나 중심 생각으로 통일되어야 함

㉡ 뒷받침 문장은 주제문 또는 소주제문과 관련된 내용이 되어 통일성을 이루어야 한다는 것으로, 주제문 등과 관련이 없거나 흐름상 상충되는 내용은 통일성을 저해하게 됨

② **완결성**

㉠ 주제문이나 소주제문과 이를 뒷받침하는 문장(구체적 진술)들이 함께 제시되어야 함

㉡ 일반적 진술과 이에 대한 구체적 진술(상세화 · 예시 · 인용 · 이유 제시 등)이 함께 제시되어 완결성을 이루어야 한다는 것

③ 일관성

㉠ 문단이나 단락을 구성하는 문장들이 논리적이며, 자연스럽고 긴밀하게 연결되어야 함(글의 배열하는 방식과 관련된 요건)

㉡ 논리적 오류가 없어야 하며, 논리적 전개와 호응관계, 적절한 문장 배열과 접속어 및 지시어의 사용 등이 중시됨

꼭! 확인 기출문제

다음 중 '두 손으로 따뜻한 볼을 쓸어 보면 손바닥에도 파란 물감이 묻어난다.'라는 문장이 들어가야 할 부분으로 가장 적절한 것은? [국회직 9급 기출]

> 여기저기서 단풍잎 같은 슬픈 가을이 뚝뚝 떨어진다. 단풍잎 떨어져 나온 자리마다 봄을 마련해 놓고 나뭇가지 위에 하늘이 펼쳐 있다. (㉠) 가만히 하늘을 들여다보려면 눈썹에 파란 물감이 든다. (㉡) 다시 손바닥을 들여다본다. (㉢) 손금에는 맑은 강물이 흐르고, 맑은 강물이 흐르고, 강물 속에는 사랑처럼 슬픈 얼굴——아름다운 순이의 얼굴이 어린다. (㉣) 소년은 황홀히 눈을 감아 본다. 그래도 맑은 강물은 흘러 사랑처럼 슬픈 얼굴——아름다운 순이의 얼굴은 어린다.

① ㉠ ❷ ㉡
③ ㉢ ④ ㉣

해 ② 앞 문장에 눈썹에 파란 물감이 들었다는 원인이 있으며 뒤 문장에는 '다시 손바닥을 들여다본다.'라는 결과과 있다. 따라서 문장이 들어갈 위치는 ㉡이 적절하다.

2. 문단의 유형

주지 문단(중심 문단)	필자가 말하고자 하는 중심 내용이 담긴 문단으로, 일반적 진술로 이루어짐
보조 문단(뒷받침 문단)	중심 문단의 내용을 뒷받침해 주는 문단 • 도입 문단 : 글의 시작 부분에 위치하여 글의 동기나 방향, 새로운 논제를 제시하는 문단 • 전제 문단 : 주장이나 결론을 이끌어 내는 데 필요한 근거나 이유를 제시하는 문단으로 주로 주지 문단 앞에 위치 • 예증, 예시 문단 : 중심 문단의 내용을 예를 통해 뒷받침하는 문단 • 부연, 상술 문단 : 중심 문단에서 다룬 내용에 덧붙이거나 좀더 상세하게 설명하는 문단 • 첨가, 보충 문단 : 중심 문단에서 빠뜨린 내용을 덧붙여 설명하는 문단 • 전환 문단 : 다음에 나올 논의의 방향을 전환하는 문단 • 발전 문단 : 제기된 문제를 구체적으로 논의하는 문단

3. 문단 간의 관계

문단과 문단 간의 관계는 대등한 경우도 있고, 원인과 결과, 주지와 부연, 주장과 논거, 문제 제기와 문제 해결 등과 같이 다양하게 존재할 수 있다.

기출 Plus 국가직 9급 기출

01. 다음 글에서 알 수 있는 내용이 아닌 것은?

> 사물놀이는 사물(四物), 즉 꽹과리, 징, 장구, 북의 네 가지 타악기만으로 연주하는 음악을 말한다. 사물놀이는 풍물놀이와는 좀 다르다. 풍물놀이를 무대 공연에 맞게 변형한 것이 사물놀이인데, 풍물놀이가 대체로 자기 지역의 가락만을 연주하는 데 비해 사물놀이는 거의 전 지역의 가락을 모아 재구성해서 연주한다.
> 사물놀이 연주자들은 흔히 쟁쟁거리는 꽹과리를 천둥이나 번개에, 잦게 몰아가는 장구를 비에, 둥실대는 북을 구름에, 여운을 남기며 울리는 징을 바람에 비유한다. 천둥이나 번개, 비, 구름, 바람이 어우러지며 토해 내는 소리가 사물놀이 소리라는 것이다. 사물놀이는 앉아서 연주하는 사물놀이와 서서 연주하는 사물놀이의 두 가지 형태로 나뉘어 있는데, 전자를 '앉은반', 후자를 '선반'이라고 한다.

① 사물놀이의 가치
② 사물놀이의 소리
③ 사물놀이의 악기 종류
④ 사물놀이의 연주 형태

해 글에서 사물놀이가 무엇인지 대해 소개하고 있으며 사물놀이의 특징에 대해 비유하는 것과 형태에 관해 설명하고 있지만 사물놀이의 가치에 대해서는 말하지 않고 있다.

답 01 ①

문제 제기와 해결 방안	문제 제기 → 문제 규명 → 해결 방안 제시
주장과 근거	주장 제시 → 이유 · 근거 제시
인과 관계	원인 → 결과 제시, 원인 규명
추론 관계	전제 제시 → 결론 유도(사례 제시 → 일반적 진술 유도)
부연 관계	주지 → 보충적 내용
상세화 관계	주지 → 구체적 설명(비교, 대조, 유추, 분류, 분석, 인용, 예시, 비유 등)
비판 관계	일반적 견해 → 긍정(부연, 첨가, 심화), 부정(반론, 논박)
열거 관계	주장에 부합되는 두 개 이상의 사례 연결
대조 관계	주장에 상반되는 사례를 연결(주로 역접의 접속어로 연결)
전환 관계	앞의 내용(문장)과 다른 내용(문장)을 제시

제3절 논리적 사고

1. 추론의 종류

구분	추론의 방식	추론의 세부적 종류	추론의 방식
연역 추론	일반적인 주장으로부터 구체적이고 특수한 주장으로 나아가는 추리 방식	삼단 논법(대전제 – 소전제 – 결론) • 정언 삼단 논법 • 가언 삼단 논법 • 선언 삼단 논법	완전한 새로운 지식이 성립되지 못함
귀납 추론	구체적이고 특수한 근거로부터 일반적인 결론으로 나아가는 방식	일반화(추상화) • 통계적 귀납 추론 • 인과적 귀납 추론 • 유추적 귀납 추론(유비 추론)	모든 표본을 관찰한 결과가 아니므로 반론을 제기할 수 있는 사례가 없을 것이라고 확신할 수 없음
변증법	정(正)과 반(反)을 대립시키고 정과 반의 합(合), 즉 새로운 주장을 제시하는 방식	–	회피적 결과나 오류가 생길 수 있음

Check Point

추론
어떠한 사실을 바탕(근거)으로 다른 문제에 대해 결론을 맺어가는 과정

Check Point

삼단 논법의 종류
- **정언 삼단 논법** : p는 q이다 → r은 p이다 → r은 q이다
- **가언 삼단 논법**
  - 전건 긍정으로 후건 긍정 : p이면 q이다 → p이다 → q이다
  - 후건 부정으로 전건 부정 : p이면 q이다 → q가 아니다 → p가 아니다
- **선언 삼단 논법** : p 또는 q이다 → p가 아니다 → q이다

[추론 방식의 도해]

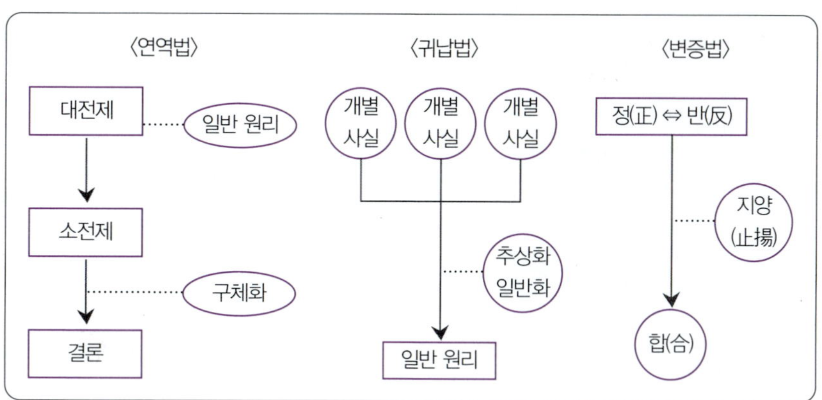

> **Check Point**
>
> **귀납 추론의 종류**
>
> - **일반화(추상화)** : 여러 개별 사례에 비추어 나머지도 같다고 추론(일반화)하는 것
> - **통계적 귀납 추론** : 어떤 집합의 일부 요소를 통해 집합 전체에 대해 결론을 내리는 것
> - **인과적 귀납 추론** : 일부 현상의 인과 관계를 인식하여 이를 토대로 결론을 내리는 것
> - **유추적 귀납 추론(유비 추론)** : 대상 간의 유사점을 토대로 나머지 요소들의 동일성을 추론하는 것

2. 추론의 오류(비형식적 오류)

> **Check Point**
>
> **'귀납 추론'과 '연역 추론'의 차이점**
>
> '연역 추론'이 대전제에 내포된 결론을 이끌어 내는 하나의 설명을 위한 추론이라면, '귀납 추론'은 하나하나의 현상이나 사태로부터 결론에 도달하는 발견을 위한 추론이라고 할 수 있다. 따라서 '연역 추론'은 논리적인 필연성을 중시하는 형식 논리인 데 반해 '귀납 추론'은 구체적인 사실에 바탕을 둔 확률적인 사고 과정이다.

[오류의 종류]

구분		내용
언어적 오류	애매어(문)의 오류, 은밀한 재정의의 오류	둘 이상의 의미를 가진 단어나 문장을 달리 해석해서 생기는 오류 예 "어제 새 집으로 이사했더니 기분이 그렇게 좋을 수가 없었어." "그래, 언제 지은 집인데?" "글쎄, 한 십 년쯤 됐을 걸." "아니, 자네는 십 년쯤 된 집을 새 집이라고 하나?"
	강조의 오류	일부 단어만 강조해서 생기는 오류 예 "속도 좀 낮춰. 터널 내 과속 금지라는 표지판이 있잖니?" "알았어. 이 터널만 빠져나간 다음 과속해 보자."
	범주의 오류	단어의 범주를 잘못 인식해서 생기는 오류 예 할머니, 저는 과학자가 되기보다는 물리학자가 되고 싶습니다.(물리학과 과학의 범주를 혼동하고 있음)
심리적 오류	인신공격의 오류	단점을 잡아 비판하는 오류 예 소크라테스의 철학은 무가치하다. 그는 사형 선고를 받고 죽은 인물이니까.
	정황에 호소하는 오류	개인적 주변 정황을 이유로 비판하는 오류 예 노동자라면 으레 노동 시간을 단축하자고 주장하기 마련 아닌가?
	연민에 호소하는 오류	논점에 관계없이 동정이나 연민 등의 감정을 이용하는 오류 예 사장님, 제가 해고당하면 저희 식구들은 모두 굶어 죽습니다.
	위력(공포)에 호소하는 오류	공포나 위협 등의 감정을 이용하여 어떤 결론을 받아들이게 하는 오류 예 이번 일에 협력하지 않으면 뇌물죄로 잡아넣어 버리겠다.
	권위에 호소하는 오류	인용을 들어 주장을 정당화하려는 오류 예 미술은 정서 함양에 아무런 소용이 없어. 우리 음악 선생님께서 그렇다고 하셨거든.

> **Check Point**
>
> **오류의 갈래 파악하는 방법**
>
> - 문장을 단순화시켜 주장과 근거를 명확히 구분한다.
> - 주장과 근거의 논리적 타당성을 살핀다.
> - 오류를 발생시키는 주된 요인을 생각해 본다.

구분		내용
심리적 오류	원천 봉쇄의 오류	반론의 가능성을 원천적으로 봉쇄하여 자신의 주장을 옹호하는 오류 예 청소년을 보호하자는 청소년 보호법에 반대하는 사람은 청소년을 악의 구렁텅이로 몰아넣자고 말하는 사람이야.
	역공격(피장파장)의 오류	상대에게도 같은 잘못을 지적하여 그 상황을 피하는 오류 예 "얘, 나는 네가 담배를 끊었으면 좋겠구나. 담배는 사람에게 해악이 너무 많아." "선생님도 해악이 많은 담배를 피우시고 있잖아요."
	대중에 호소하는 오류	다수의 의견에 호소하여 그것이 옳다고 주장하는 오류 예 그 영화 대단한 걸작인가 봐. 이번에 무려 150만 관중을 동원했다니 말야.
자료적 오류	우연의 오류	일반적인 것으로 특수한 것을 말해서 생기는 오류 예 불이 나면 물로 꺼야 해. 그런데 주유소에 불이 났을 때 왜 물을 못 끼얹게 하는지 몰라.
	성급한 일반화의 오류	부분으로 전체를 말해서 생기는 오류 예 △△ 대학 출신들은 다시는 채용하지 말아야겠어. 지난번에 △△ 대학 출신 2명을 고용해 일을 시켰더니 너무 불성실했거든.
	논점 일탈(무관한 결론)의 오류	논점과 관계없는 것을 제시하여 생기는 오류 예 청소년들은 자신과 남의 차림새에 관심이 많다. 옷에 관심을 갖는 것은 학생 신분에 어울리지 않는다. 게다가 요즘 학생들은 이기적이고 애국심도 부족하다.
	잘못된 인과 관계의 오류	인과 관계를 혼동하여 생기는 오류 예 핵 실험을 한 후 태풍이 불었다. 따라서, 핵 실험은 태풍을 유발한다.
	의도 확대의 오류	의도하지 않은 것에 대해 의도가 성립했다고 보는 오류 예 요즘, 이적 행위를 하는 사람들이 많아. 북한으로 식량을 보내자고 아우성이잖아!
	순환 논증의 오류	전제와 결론의 내용을 비슷하게 제시하는 오류 예 이 약을 먹으면 분명히 감기가 나을 거야. 이 약은 감기를 치료하는 효과가 있거든.
	흑백 사고의 오류	논의의 대상을 두 가지로만 구분하는 오류 예 사람들이 착한 행동을 별로 하지 않는 것으로 보아 인간의 본성이 착한 것이 아니라 악한 것이 틀림없어.
	잘못된 유추의 오류	부당하게 적용된 비유가 결론을 이끌어 내는 오류 예 컴퓨터와 사람은 비슷한 점이 많아. 이를 볼 때 컴퓨터도 사람처럼 감정을 지녔음에 틀림없어.
	무지에 호소하는 오류	증명(입증, 증거)하지 못하는 사실로 결론을 내는 오류 예 지금까지 누구도 흡연이 폐암을 일으킨다는 사실을 입증하지 못했어. 그러므로 우리는 담배를 마음 놓고 피워도 돼.
	분할 또는 합성의 오류	나누거나 합쳤을 때 그 의미가 옳다고 생각하는 오류 예 독수리 야구단은 선수 하나하나가 모두 뛰어나다. 그러므로 독수리 야구단은 뛰어난 야구단이다.

<table>
<tr><th colspan="2">구분</th><th>내용</th></tr>
<tr><td rowspan="2">자료적 오류</td><td>복합 질문의 오류</td><td>'예, 아니오'로 답하기 곤란한 것을 질문함으로서 수긍하게 하는 오류
예 너 요즘은 공부 열심히 하니?</td></tr>
<tr><td>발생학적 오류</td><td>발생 기원이 갖는 성격을 어떤 사실도 갖는다고 생각하는 오류
예 예술은 원시 제천 의식에서 나왔다. 그러므로 현대의 음악도 제사 목적을 띠고 있다고 할 수 있다.</td></tr>
</table>

기타 추론의 오류

- **은밀한 재정의의 오류** : 이 옷은 값이 싸다. 값이 싼 것은 쉽게 떨어진다. 그러므로 이 옷은 쉽게 떨어진다. → 앞의 '값이 싸다'는 '가격이 저렴하다'는 의미이고, 뒤에 '값이 싼 것'은 '싸구려(값이 싸거나 질이 낮은 물건)'라는 의미이다. 그런데 두 어구의 뜻이 다름에도, 같은 뜻으로 해석하였기 때문에 은밀한 재정의의 오류를 범하게 되었다.
- **분할의 오류** : 우리는 외국에 있는 사람을 잘 모른다. 그런데 나는 친한 친구가 외국에 가 있다. 그러므로 나는 친한 친구를 잘 모른다. → '우리는 외국에 있는 사람을 잘 모른다'는 전체의 속성이 '참'이니, '외국에 있는 친한 친구까지 잘 모른다'고 하는 것은, 전체에 관해서만 '참'인 것을 그것을 구성하는 부분에서도 역시 '참'이라고 주장한 데서 발생하는 분할의 오류를 범하고 있는 것이다.
- **동정(연민)에 호소하는 오류** : 내가 이것을 주장한다고 해서 내 개인에 이익이 되는 것은 조금도 아닙니다. 다만 저 불쌍한 동포들, 헐벗고 굶주리는 사람들을 돕고자 하는 것입니다. → 논리적인 근거를 들어 상대를 설득시키는 것이 아니라, 동정이나 연민을 통해 어떤 논지를 받아들이게 하는 데서 발생하는 동정(연민)에 호소하는 오류를 범하고 있다.

Check Point

- **언어적 오류** : 언어를 잘못 사용하거나 이해하는 데서 발생하는 오류
- **심리적 오류** : 어떤 주장에 대해 논리적으로 타당한 근거를 제시하지 않고, 심리적인 면에 기대어 상대방을 설득하려고 할 때 발생하는 오류
- **자료적 오류** : 주장의 전제 또는 논거가 되는 자료를 잘못 해석하거나 판단하여 결론을 이끌어 내거나 원래 적합하지 못한 것임을 알면서도 의도적으로 논거를 삼음으로써 범하게 되는 오류

제3장

여러 가지 글의 독해

제1절 논설문

1. 논설문의 정의

독자를 설득하거나 이해시키기 위하여 자신의 주장을 논리적으로 쓴 글

Check Point

논설문의 요건

- 명제의 공정성
- 명제의 명료성
- 논거의 적합성
- 추론의 논리성
- 용어의 정확성

2. 논설문의 특징

① 주장이나 의견이 강함

② 주장에는 근거가 제시되어 있음

③ 간결하고 명료한 문장으로 구성

④ 독창적인 내용, 일관적인 논지, 통일된 구성을 유지

⑤ 논증문 – 건조체, 설득문 – 강건체

3. 논설문의 짜임(구성)

대체로 '서론 – 본론 – 결론'의 3단 구성을 취한다.

구분	내용
서론	중심 논제 제시, 집필 동기, 서술 방법, 용어의 개념 등을 쓴다.
본론	글의 중심 부분으로, 논제에 대한 자신의 의견과 주장을 제시하고, 이를 입증하기 위한 과제 해명과 논거의 제시, 논리적 반박, 해결 방안 등을 쓴다.
결론	글을 끝맺는 부분으로 논지(주장)의 요약 · 정리, 행동의 촉구, 앞으로의 전망, 새로운 과제의 제시 등을 내용으로 한다.

Check Point

논설문 4단 구성

기 : 문제 제기, 주의 환기
승 : 논지 전개, 논지 해명
전 : 논지 전환, 논지 보충
결 : 논지의 마무리, 요약 · 정리

4. 논설문의 갈래

(1) 논증적 논설문

① 어떤 일이나 문제의 옳고 그름을 밝히기 위해 객관적인 증거를 제시하여 그 일이나 문제의 옳고 그름을 분명하게 드러내는 글(학술적 논문, 평론)

② 객관적 논거를 토대로 추론하는 글로서, 객관적 · 지시적 언어를 사용하여 독자의 지적 · 논리적 측면에 호소함

(2) 설득적 논설문

① 의견을 논리적으로 전개하여 독자로 하여금 글쓴이의 의견에 찬동하여 따르게 하는 글 (사설, 칼럼, 연설문)

② 논거를 들어 주장을 증명하는 글로서, 비유적 · 함축적 언어를 사용할 수 있으며, 독자의 지적 · 감성적 측면에 호소함

5. 논증의 3요소

구분		내용
명제	사실 명제	어떤 사실에 대한 진위 판단으로 '이다'의 형태로 진술 예 김만중은 '서포만필'의 작가이다.
	정책 명제	어떤 문제에 대한 해결책이나 바람직한 행동에 대한 판단으로 '해야 한다'의 형태로 진술 예 자원이 부족한 우리나라가 경제 대국이 되려면 계속적인 수출 진흥책이 있어야 한다.
	가치 명제	인간, 사상, 윤리, 예술 등에 대한 가치 판단으로 '하다'의 형태로 진술 예 인간은 존엄하다.
증명(논거)	논증법	아직 명백하지 않은 사실이나 문제에 대하여 그 진술 여부를 증명하여 독자로 하여금 그 증명한 바를 믿게 하고 나아가 그에 따라 행동하게 하는 진술 양식으로 연역법과 귀납법이 있음
	예증법	예를 들어 밝히는 방법
	비유법	비유를 들어 밝히는 방법
	인용법	유명한 사람의 주장이나 권위 있는 연구 결과를 끌어다 밝히는 방법
추론		논거를 근거로 어떤 문제나 사실에 대해 주관적 판단을 유도하는 것

Check Point

논설문의 논증

논증이란 아직 명백하지 않은 사실이나 문제에 대해 타당한 이유와 자료를 근거로 그 진실 여부를 증명하고, 독자를 설득하는 진술 방식을 말한다.

Check Point

명제의 요건

- **단일성** : 명제는 하나여야 한다.
- **공정성** : 명제가 편견이나 선입견에 치우쳐서는 안 된다.
- **확실성** : 명제는 확실해야 한다.

Check Point

연설문

연설문은 청중을 대상으로 하여 그들을 설득하기 위해 작성된 글로서, 논설문의 일종에 해당한다.

Check Point

김구 「나의 소원」

- **갈래** : 논설문(연설문적 성격)
- **문체** : 만연체, 건조체, 강건체, 연설문체
- **성격** : 설득적, 논증적, 주관적
- **표현**
  - 반복법과 문답법 등을 통해 반론과 주장이 선명하게 드러난다.
  - 주장을 논리적으로 전개하여, 강한 설득력과 호소력을 지니고 있다.
  - 당시 세태에 대하여 병렬식으로 비판하고 있다.
  - 글쓴이의 애국애족의 사상이 잘 나타나 있다.
- **제재** : 민족과 국가
- **주제**
  - 우리나라의 완전한 자주 독립과 우리의 사명
  - 아름다운 우리나라 건국의 소망
- **출전** : 백범일지

6. 주요 논설문 독해

(1) 기미독립선언서(己未獨立宣言書)

① 갈래 : (설득적) 논설문, 선언문

② 주제 : 조선 독립의 선언과 민족의 결의 촉구

③ 구성

㉠ 기 : '선언문' 독립 선언의 내용, 독립 선언의 배경과 정당성

㉡ 승 : 독립 쟁취의 신념

㉢ 전 : 조선 독립의 의의

㉣ 결 : 독립의 시기 도래 및 우리의 할 일(끝에 부칙 – 공약 3장)

④ 작성 : 본문의 기초자는 최남선, 공약 3장은 한용운, 1919년 3월 1일 민족 대표 33인의 이름으로 한용운이 낭독

⑤ 표현 : 객관적 사실에 근거하여 서술, 장엄하며 웅변적, 영탄법 · 대구법 · 열거법 · 점층법 · 비유 등의 수사법이 적절히 쓰임, 장중(莊重) · 고아(高雅)하며 설득력이 있음

⑥ 문체 : 국한문 혼용체, 문어체, 강건체, 만연체

⑦ 요지 : 조선 독립을 만방에 선언하고, 독립 선언의 정당성과 필연성을 밝혔으며, 우리 민족의 결의와 각오를 촉구 · 호소함

(2) 학문의 목적(박종홍)

① 갈래 : (논증적) 논설문

② 주제 : 학문의 궁극적인 목적은 진리의 탐구이다.

③ 표현

㉠ 소견 논거를 통해 논지를 뒷받침

㉡ 단정적 진술로 자신의 주관적인 주장을 드러냄

㉢ 비교를 통해 논지를 선명하게 부각

㉣ 하나의 주제를 향해 구성 요소들을 유기적으로 나열

④ 구성

㉠ 서론 : 학문의 필요성

㉡ 본론

- 동양에서 말하는 학문의 목적
- 현대에 있어서 학문의 목적
- 이상적 · 현실적인 측면에서의 학문의 목적

㉢ 결론 : 학문의 본질과 목적

⑤ 요지

㉠ 학문의 목적에 대하여 필자의 생각을 피력

㉡ 공자, 율곡, 왕양명, 노자, 장자, 소크라테스의 소견을 빌려 학문의 궁극적 목적이 진리 탐구임을 체계적으로 밝힘

㉢ '아는 것이 힘이다'에서의 '앎'은 곧 실용적 차원을 의미한다고 주장

(3) 민족 문화의 전통과 계승(이기백)

① 갈래 : (논증적) 논설문

② 문체 : 건조체, 만연체, 강건체

③ 주제 : 민족 문화 전통의 올바른 인식과 계승

④ 표현

㉠ 다양한 역사적 자료를 논거로 활용함으로써, 주장의 내용을 구체적으로 전달하고 설득의 효과를 높임

㉡ 풍부한 예를 앞세워 주장을 뒷받침하였으며(귀납적 추론), 예시와 인용, 대조, 열거, 설의 등을 적절히 사용

㉢ 사실 논거를 주로 사용하여 내용의 객관성을 확보

⑤ 요지 : 외래 문화가 범람하는 우리 문화의 현실 속에서 민족 문화의 전통 계승이 배타주의나 국수주의가 될 수 없음을 논증하기 위해서 전통의 본질과 전승 방식을 고찰하고 있는 글. 우리가 계승해야 할 전통의 성격을 밝힌 후 전통 계승의 태도와 문화 수용의 올바른 자세에 대해 말하고 있음

(4) 민주주의 한국의 청사진(김태길)

① 성격 : 주관적, 논증적, 논리적, 철학적, 주지적

② 주제 : 민주주의 한국의 바람직한 미래상 모색

③ 구성 (서론 – 본론의 2단 구성)

㉠ 서론 : 미래 한국의 청사진 작성의 전제 조건

㉡ 본론

- 궁극적 목적 정립을 통한 청사진 제시 방안
- 미래 한국의 과제
  - 개인의 자유 보장
  - 기본 생활의 안전 보장
  - 균등한 교육 기회
  - 민주주의적 문화 풍토 조성
  - 법 질서의 확립
- 문화 민주주의의 실현

④ 표현 : 연역적 추론

Check Point

'자유의 역리(逆理)'

「민주주의 한국의 청사진」에서 '자유의 역리(逆理)'라는 부분이 나오는데 이는 개개인의 자유만 주장하다가 결국 부자유하게 되는 경우를 뜻한다.

- **역리(逆理)** : 사리에 어긋남. 부주의에서 생기는 추리의 오류

제2절 설명문

1. 설명문의 정의

어떤 지식이나 정보를 알기 쉽게 풀이하여, 독자들이 그 대상을 쉽고 정확하게 이해할 수 있도록 쓴 글

2. 설명문의 특징

특징	내용
객관성	사전적 의미의 언어를 사용하며 객관적으로 사실을 과장 없이 설명하고 주관적인 의견이나 느낌은 배제함
평이성	간단하고 분명한 문장으로 독자들이 이해하기 쉽게 써야 함
정확성	뜻이 정확하게 전달되도록 문장을 분명히 씀
사실성	정확한 지식이나 정보를 사실에 근거하여 전달
체계성	내용을 짜임새 있게 구성하여 전달

Check Point

설명문 작성 시 유의할 점

- 독자의 지식수준을 고려해야 함
- 객관성과 정확성을 갖추어야 함
- 간결하고 쉬운 문장으로 써야 함

3. 설명문의 짜임(구성)

간혹 2단 구성이 쓰일 때도 있으나 대부분의 경우 3단 구성

구분	내용
머리말	설명할 대상이나 집필 동기, 용어 정의 등을 제시하는 부분
본문	설명할 대상을 구체적으로 설명해 가는 부분
맺음말	본문에서 설명한 내용을 정리, 마무리하는 부분

참고

올바른 문장을 쓰는 법

- 서술어를 보고 문장이 제대로 호응하는지 확인한다.
- 주어, 목적어, 부사 등을 확인하여 너무 많이 생략되었는지 확인한다.
- 문장의 앞, 뒤를 보고 병렬적인 연결을 확인한다.
- 시제가 제대로 쓰였는지 확인한다.
- 구조어를 살펴보고, 문장 내에서 제대로 쓰였는지 확인한다.

Check Point

글의 종류와 특징

- **논설문** : 독자를 설득하거나 이해시키기 위하여 자신의 주장을 논리적으로 쓴 글이다. 글쓴이의 주장이 강하게 드러나며 그 주장에 대한 근거가 제시된다. 간결하고 명료한 문장으로 표현하며 서론, 본론, 결론의 구조를 갖추고 있다.
- **설명문** : 특정 지식이나 정보를 알기 쉽게 풀이하여 독자들이 쉽게 이해할 수 있도록 쓴 글이다. 간단하고 분명한 문장으로 뜻이 정확하게 전달되도록 표현해야 하고, 객관적으로 입증된 정확한 지식이나 정보에 근거하는 것이 중요하다.
- **기행문** : 글쓴이가 여행하는 도중에 보고 듣고 느낀 바를 적은 글이다. 형식에는 일정한 틀이 없으며 여행지(각 지방)의 특색이 드러난다.
- **기사문** : 주변에서 일어난 특정 사건을 육하원칙에 따라 적은 글이다. 정확하고 객관적인 사실을 빠르게 전달하는 것이 가장 중요하며 중립적이어야 하고, 허위 · 왜곡 · 과장에 의한 작성은 피해야 한다.

4. 설명문의 기술 방법

(1) 추상적 진술

의견이나 주장 또는 일반적 사실을 말하는 부분으로, 구체적 진술 부분과 어울려 완전한 내용이 될 수 있으며, 주요 문단이 됨

(2) 구체적 진술

추상적(일반적) 진술에서 언급된 내용에 대해 구체적이고 특수한 사실을 들어 진술하는 부분으로 상세화, 예시, 인용, 이유 제시 등의 방법이 쓰임

5. 설명문의 독해 요령

추상적 진술과 구체적 진술을 구분해 가면서 주요 단락과 보조 단락을 나누고, 배경지식을 적극적으로 활용하며, 단락의 통일성과 일관성을 확인한다. 또 글의 설명 방법과 전개 순서를 파악하며 읽어야 한다.

Check Point

글의 사실적 이해

설명문에서는 설명하는 대상에 주목할 필요가 있으며 논설문의 경우 주장하고자 하는 내용을 찾으면 된다. 양쪽 모두 결론 부분을 중점으로 살펴볼 필요가 있는데, 설명문의 경우 다른 것을 먼저 설명하고 그로부터 유추하는 방식을 취할 수 있기 때문이고 논설문의 경우 결론에서 자신의 주장의 핵심적인 내용을 요약하기 때문이다.

꼭! 확인 기출문제

〈보기〉에 대한 설명으로 가장 옳은 것은? [서울시 9급 기출]

보기

화랑도(花郞道)란, 신라 때의 청소년들이 자신의 마음과 몸을 닦고 목숨을 바쳐 나라를 지키려는 우리 고유의 정신적 흐름을 말한다. 그리고 이를 실천하기 위하여 조직된 단체를 화랑도(花郞徒)라 한다. 그 사회의 중심인물이 되기 위하여 마음과 몸을 단련하고, 올바른 사회생활의 규범을 익히며, 나라가 어려운 시기에 처할 때 싸움터에서 목숨을 바치려는 기풍은 고구려나 백제에도 있었지만, 특히 신라에서 가장 활발하였다.

– 변태섭, 『화랑도』 중에서

❶ 용어 정의를 통해 독자의 이해를 돕고 있다.
② 자신의 체험담을 제시하여 독자의 이해를 돕고 있다.
③ 반론을 위한 전제를 제시하여 독자의 이해를 돕고 있다.
④ 통계적 사실이나 사례 제시를 통해 독자의 이해를 돕고 있다.

해 ① 〈보기〉의 서두에서 '화랑도(花郞道)'가 무엇인지 용어의 개념을 먼저 정의한 후 '화랑도(花郞道)'의 특징에 대해 서술하고 있다. 그러므로 〈보기〉의 서술 방식은 '정의'인데, '정의'는 어떤 대상이나 용어의 의미, 법칙 등을 명백히 밝혀 진술하는 방식이다.

6. 주요 설명문 독해

(1) 정보 사회와 인간 생활(정범모)

① 갈래 : 설명문

② 성격 : 객관적, 논리적, 설득적

③ 주제 : 정보 사회의 영향과 대비하는 자세

④ 구성

㉠ 정보 사회의 개념 – 머리말

㉡ 정보 테크놀로지의 이점(잡노동으로부터의 해방) ┐

㉢ 정보 테크놀로지의 위해(텔레비전의 경우) ├ 본문

㉣ 정보 사회에서의 텔레비전과 컴퓨터 │

㉤ 정보 사회의 양면성 ┘

㉥ 개방 사회를 사는 지혜의 모색 – 맺음말

⑤ 요지

㉠ 정보 사회가 사회에 가져올 변화를 예측하고 우리가 해야 할 일을 설명

㉡ 정보 사회가 가져올 이점과 부정적 영향을 언급한 설명적 요소와 정보 사회를 축복으로 맞이하기 위한 올바른 자세와 모색을 촉구하자는 설득적 요소를 동시에 지님

(2) 한국 축제(祝祭)의 역사(이두현)

① 갈래 : 설명문

② 표현

㉠ 예시, 인용 등의 방법으로 독자들의 이해를 도움

㉡ 통시적 관점에서 서술

㉢ 비교, 대조, 과정, 인과 등의 전개 방식을 사용

㉣ 논증적 논설문의 성격이 나타나기도 함

③ 주제 : 한국 축제의 기원과 역사적 전개

④ 요지

㉠ 국가적 행사와 민간적 행사로 나누어 우리나라 제의의 흐름을 통시적 관점에서 고찰

㉡ 끝부분 '굿에서 놀이로의 전화(轉化)'에서는 논증적 논설문의 성격을 보임

㉢ 제의의 구체적 사실을 객관적으로 풍부하게 제시(현장 조사)

㉣ '굿'이 고대의 제천 의식에서 비롯되어 '국가적 행사인 공의(公儀)'와 '민간적 행사인 마을굿'의 두 갈래로 전승되어 왔음을 구체적으로 설명

제3절 기행문

1. 기행문의 정의

여행하는 도중에 보고, 듣고, 느낀 바를 거쳐 온 경로에 따라 적은 글

2. 기행문의 특징

① 여행의 체험을 기본 조건으로 한다.

② 보통 여행의 경로에 따라 적는다.

③ 보고 들은 바가 사실대로 드러나 있다.

④ 구성 형식에 일정한 틀이 없다.

3. 기행문의 요소

(1) 여정(旅程)

언제, 어디를 거쳐 여행했다는 내용 → 여행의 기록

(2) 견문(見聞)

여행지에서 보고, 듣고, 경험한 내용 → 다양하고 흥미 있는 글

(3) 감상(感想)

보고, 듣고, 경험한 사실에 대한 글쓴이의 생각과 느낌 → 개성적인 글

4. 기행문의 갈래

구분		내용
형식상 갈래	수필체 기행문	산문의 문장으로 수필처럼 쓴 기행문
	일기체 기행문	긴 여행을 하는 경우, 일기처럼 하루를 단위로 날짜를 밝혀 쓴 기행문
	서간체 기행문	편지처럼 누군가에게 보내는 형식으로 쓴 기행문
	보고문체 기행문	견학 여행을 할 경우, 보고문 형식으로 쓴 기행문

Check Point

기행문 쓰는 요령

- 출발 동기, 출발 당시의 상황이 나타나도록 한다.
- 노정(路程)을 밝히되 너무 상세하게 쓰는 것을 피한다.
- 신기한 것, 인상적인 것, 흥취 있는 것, 가치 있는 것들을 쓴다.
- 사실을 진실성 있게 객관적으로 묘사해야 한다.

Check Point

기행문의 일반적 구성

기행문은 대체로 시간의 흐름과 공간의 이동을 중심으로 서술하는 추보식 구성을 취한다.

Check Point

김병종 「아리랑과 정선」

- **갈래** : 경수필, 기행수필
- **성격** : 서정적, 감상적
- **문체** : 간결체
- **짜임**
  - 정선행 기차에서 느낀 감회(여정, 감상)
  - 정선 사람들의 가난하고 고달픈 삶(견문)
  - 정선의 아름다운 풍광(감상)
  - 민요 정선 아리랑
- **제재** : 강원도 정선 지방과 정선 아리랑
- **주제** : 정선 지방을 여행하면서 느낀 감회

내용상 갈래	견문 중심의 기행문
	감상 중심의 기행문
	연구 중심의 기행문

5. 주요 기행문의 독해

(1) 불국사 기행(현진건)

① 갈래 : 기행문, 수필

② 성격 : 예찬적, 묘사적, 감상적, 회고적, 탐미적

③ 표현

㉠ 추보식 구성

㉡ 예화의 적절한 인용

㉢ 지은이의 예술관 피력

㉣ 다양한 견문(전설, 시조 등) 삽입

④ 주제 : 불국사 및 석굴암의 아름다움과 선인들의 뛰어난 예술 감각

⑤ 요지

㉠ 현진건이 1929년 경주 지방을 순례한 후 동아일보에 연재한 '고도 순시 경주'의 일부분

㉡ 경주에서 불국사를 거쳐 석굴암을 돌아보는 여정 곳곳에 사실주의 소설가의 글다운 치밀한 묘사가 돋보임

㉢ 선인들의 문화유산을 역사적 · 설화적 배경들(아사달과 아사녀, 박제상 이야기, 망부석 이야기 등)과 함께 음미하면서 주로 신라 시대 석공 예술의 뛰어남을 부각

⑥ 구성

㉠ 서두 : 경주를 떠나 불국사로 향하는 감회

㉡ 불국사 돌 층층대의 아름다움 → 다보탑을 만든 신라인들의 솜씨 → 석가탑과 관련된 아사녀의 설화 → 대웅전 삼위불의 위용 → 치술령에서의 감회 → 석굴암 본존불의 미 → 십일면 관음보살의 미 → 석굴암의 내력 · 구조 · 가치

(2) 산정무한(山情無限)(정비석)

① 갈래 : 기행문, 경수필

② 성격 : 낭만적, 서정적, 감상적, 회고적

③ **구성** : 여정에 따른 추보식 구성

④ **주제** : 금강산 기행에서 느낀 무한한 산정(山情)

⑤ **표현**

㉠ 금강산의 절경을 참신하면서도 감각적으로 묘사

㉡ 다양한 수법을 사용한 화려한 필치, 참신한 비유와 독창적인 어휘 구사

㉢ 한시를 인용하여 함축적으로 표현, 여정은 간단명료하게, 감상은 유창하고 진지하게 표현

⑥ **요지**

㉠ 금강산 장안사 → 명경대 → 황천계곡과 망군대 → 마하연과 비로봉 → 마의태자 묘지에 이르는 여정을 기록한 기행 수필

㉡ 금강산의 절경에 대한 탁월한 묘사, 낭만적이고 회고적인 감회를 참신하게 표현

제4절 기사문

1. 기사문의 뜻

생활 주변에서 일어난 사건을 신속 · 정확하게 전달하기 위해 육하원칙에 의해 객관적으로 적은 글

2. 기사문의 특징

① 사실을 객관적으로 쓰고, 가급적 주관적인 요소는 피한다(객관성).

② 결과를 거짓 없이 써야 하며, 될 수 있는 대로 추측은 하지 않도록 한다(정확성).

③ 지금의 상황에 적절한 대상(사건)을 선별해서 다루어야 한다(시의성).

④ 보도할 만한 가치가 있는 대상을 다루어야 한다(보도성).

⑤ 대상이 독자들에게 잘 알려진 것이거나 흥미 있는 것이어야 한다(흥미성 · 저명성).

⑥ 그 밖에 근접성, 신속성, 공정성, 간결성, 평이성 등을 특징으로 한다.

Check Point

육하원칙(5W1H 원칙)

'누가(who), 언제(when), 어디서(where), 무엇을(what), 왜(why), 어떻게(how)'의 항목에 맞춰 글을 쓰는 원칙. 어떤 사실을 요령 있게 써야 할 때, 이 원칙에 맞춰 쓰면 좋은 글이 될 수 있다. 특히, 신문 기사를 쓸 때에는 반드시 이 원칙에 맞게 기사를 써야 한다.

Check Point

기타 실용적인 글

㉠ 광고문
- **정의** : 특정 상품이나 사실을 여러 사람에게 알리어 인지적 · 태도적 · 행동적 변화를 유도하는 글
- **광고문의 표현** : 과장 표현(시선을 집중시키는 표현), 반어 표현(흥미를 유발하고 내용을 부각시키는 표현), 역설 표현(호기심을 유발하는 표현)

㉡ 보고문
- **정의** : 조사나 실험, 연구, 행사 등의 과정이나 결과를 일정 사람들에게 알리기 위해 체계적으로 작성되는 글
- **특징** : 정확성, 사실성, 객관성, 체계성

㉢ 공문
- **정의** : 행정기관에서 일정 양식으로 작성 · 사용되는 일반적인 행정 문서
- **종류** : 기안문, 명령서, 훈령, 지시, 전문, 협조전, 회보, 각서, 보고서 등

㉣ 전기문
- **정의** : 사회적으로 업적이 있거나 영향을 미친 인물의 삶을 사실적 · 객관적 자료를 토대로 기록한 글
- **요건** : 서사성(시간에 따른 사건 전개), 사실성(역사적 사실에 근거), 교훈성(인물을 통해 독자에게 교훈을 전달), 문학성(독자에게 감흥과 정서를 전달)

㉤ **서간문** : 특정 대상에게 전달하고자 하는 바를 써 보내는 실용적인 글

3. 기사문의 형식

표제 → 부제 → 전문 → 본문 → 해설의 역피라미드형 형식을 취함

구분	내용
표제	내용의 전모를 간결하게 나타낸 것으로 제목(title)이라고도 함
부제	표제를 뒷받침하며, 내용을 좀 더 구체적으로 표시
전문	기사의 핵심 내용을 육하원칙에 따라 요약
본문	기사 내용을 구체적으로 자세히 서술하는 부분
해설	본문 뒤에 덧붙여 사건의 전망 · 분석 · 평가 등을 다루는 부분으로, 필자의 주관성이 드러날 수 있음

다양한 글의 독해

㉠ **잊지 못할 윤동주(정병욱)**
- **갈래** : 수필, 전기문(평전)
- **성격** : 회고적, 추모적, 고백적, 예찬적
- **표현**
  - 윤동주에 대한 존경과 아쉬움, 그리움의 정서를 드러냄
  - 윤동주의 외적인 모습을 미화시켜 묘사하고 있으며 내적인 비유를 통해 구체화함
  - 사실에 해당하는 객관적 진술과 필자 자신의 주관적 견해나 판단이 적절히 교차함
- **주제** : 윤동주의 생애와 문학에 대한 감동
- **요지**
  - 일종의 평전
  - 인간적으로 성숙한 윤동주라는 시인과 함께 고락을 같이 했던 날의 아련한 추억이 회고의 정서에 얹혀 구체화됨
  - 객관과 주관이 적절한 조화를 이룸

㉡ **유배지에서 보낸 편지(정약용)**
- **갈래** : 편지글(서간문)
- **성격** : 교훈적, 실용적, 친교적, 계몽적, 설득적, 논증적, 예증적
- **문체** : 산문체, 번역체
- **특징**
  - 자식에게 쓰는 편지글로 교훈을 전달하는 내용
  - 구체적인 사례, 문답법을 사용

꼭! 확인 기출문제

다음은 신문 기사의 일부이다. 〈보기〉를 참고할 때 ㉠~㉣에 대한 설명으로 가장 적절한 것은?

[지방직 7급 기출]

㉠ 별 헤는 밤

㉡ – 울산과 부산서 11.12일 별 축제 열려 –

㉢ 11일과 12일 저녁 울산과 부산에서 가을밤 별자리를 관찰할 수 있는 축제가 잇따라 펼쳐진다.

㉣ 울산광역시와 한국천문연구원은 11일 오후 5시부터 한국우주전파관측망(KVN) 울산전파천문대에서 '울산전파 천문대와 함께하는 대한민국 별 축제'를 연다. 이 축제는 울산광역시 생활과학교실과 한국아마추어천문학회가 주관해 2010년부터 해마다 여는, 청소년을 위한 과학 문화 축제이다.

… (하략)

– ○○신문, 20○○. ○○. ○○.–

보기

신문 기사에서 '전문'은 기사의 내용을 요약하여 제시한 부분으로, 대체로 육하원칙에 의거하여 기사 내용의 뼈대를 제공한다. 이는 본문을 요약하는 전문, 배경을 설명하는 전문, 여론을 환기하는 전문, 결과를 제시하는 전문 등으로 나눌수 있다.

① ㉠ : 기사 내용을 요약 제시한 전문이다.
② ㉡ : 사건의 결과와 함께 원인을 제시한다.
❸ ㉢ : 육하원칙의 몇몇 요소로 기사의 요지를 제시한다.
④ ㉣ : 대중의 관심을 환기하는 전문에 해당한다.

해 ③ 날짜인 '11일과 12일'은 언제인지, 장소인 '울산과 부산'은 어디서를, 축제 내용인 '가을밤 별자리를 관찰할 수 있는 축제'는 무엇을 하는지를 서술함으로써 육하원칙에 맞춰 작성되었다고 할 수 있다.

6편
어휘력

제1장 고유어

제2장 한자어

제3장 한자성어

제4장 속담

제5장 관용어

제1장

고유어

제1절 고유어의 의미

1. 명사

Check Point

고유어의 개념

고유어는 '토박이말'이라고도 하며 한 나라에서 본래부터 쓰이던 어휘를 의미한다. 즉 한국어의 고유어는 예로부터 우리나라에서 사용되어 온 어휘들이다. 하지만 고유어는 한자어의 유입 이래 지속적으로 위축되는 과정을 거쳐 왔으며 특히 신라의 경덕왕 대 이후 고유어 인명과 지명 등을 한자어로 바꾸면서 크게 위축되었다. 근대 이후에는 새로운 문물의 유입과 함께 한자어를 비롯한 외래어들의 유입이 증가하면서 더욱 위축되었다.

(1) 신체 및 생리현상과 관련된 어휘

- 가는귀 : 작은 소리까지 듣는 귀 또는 그런 귀의 능력
- 가르마 : 이마에서 정수리까지의 머리카락을 양쪽으로 갈랐을 때 생기는 금
- 갈퀴눈 : 화가 나서 눈시울이 갈퀴 모양으로 모가 난 험상스러운 눈
- 거스러미 : 손발톱 뒤의 살 껍질이나 나무의 결 따위가 가시처럼 얇게 터져 일어나는 부분
- 고리눈 : 1. 주로 동물에서, 눈동자의 둘레에 흰 테가 둘린 눈 2. 동그랗게 생긴 눈 3. 놀라거나 화가 나서 휘둥그레진 눈
- 광대등걸 : 1. 거칠고 보기 흉하게 생긴 나뭇등걸 2. 살이 빠져 뼈만 남은 앙상한 얼굴
- 구레나룻 : 귀밑에서 턱까지 잇따라 난 수염
- 귀밑머리 : 1. 이마 한가운데를 중심으로 좌우로 갈라 귀 뒤로 넘겨 땋은 머리 2. 뺨에서 귀의 가까이에 난 머리털
- 귓불 : 귓바퀴의 아래쪽에 붙어 있는 살 ≒ 귓밥
- 눈곱 : 1. 눈에서 나오는 진득진득한 액 또는 그것이 말라붙은 것 2. 아주 적거나 작은 것을 비유적으로 이르는 말
- 눈망울 : 눈알 앞쪽의 도톰한 곳 또는 눈동자가 있는 곳
- 눈시울 : 눈언저리의 속눈썹이 난 곳
- 더벅머리 : 1. 더부룩하게 난 머리털 2. 터부룩한 머리털을 가진 사람

- 덩저리 : 1. 좀 크게 뭉쳐서 쌓인 물건의 부피 2.'몸집'을 낮잡아 이르는 말
- 모두숨 : 한 번에 크게 몰아쉬는 숨
- 몸피 : 몸통의 굵기
- 몽구리 : 바싹 깎은 머리
- 콧방울 : 코를 양쪽으로 둥글게 방울처럼 내민 부분
- 활개 : 1. 사람의 어깨에서 팔까지 또는 궁둥이에서 다리까지의 양쪽 부분 2. 새의 활짝 편 두 날개
- 허우대 : 겉으로 드러난 체격. 주로 크거나 보기 좋은 체격을 이르는 말
- 허울 : 실속이 없는 겉모양

(2) 행위나 행동과 관련된 어휘

- 가오리흥정 : 흥정 중에 잘못하여 도리어 값을 올리게 된 흥정
- 가위춤 : 가위를 자꾸 벌렸다 오므렸다 하는 일을 비유적으로 이르는 말
- 가탈 : 1. 일이 순조롭게 나아가는 것을 방해하는 조건 2. 이리저리 트집을 잡아 까다롭게 구는 일
- 각다귀판 : 서로 남의 것을 뜯어먹으려고 덤비는 판을 비유적으로 이르는 말
- 갈무리 : 1. 물건 따위를 잘 정리하거나 간수함 2. 일을 처리하여 마무리함
- 꼼수 : 쩨쩨한 수단이나 방법
- 내친걸음 : 1. 이왕 나선 걸음 2. 이왕에 시작한 일
- 너스레 : 수다스럽게 떠벌려 늘어놓는 말이나 짓
- 넉장거리 : 네 활개를 벌리고 뒤로 벌렁 나자빠짐
- 당조짐 : 정신을 차리도록 단단히 단속하고 조임
- 덤터기 : 1. 남에게 넘겨씌우거나 남에게서 넘겨받은 허물이나 걱정거리 2. 억울한 누명이나 오명
- 더부살이 : 1. 남의 집에서 먹고 자면서 일을 해 주고 삯을 받는 일. 또는 그런 사람 2. 남에게 얹혀사는 일
- 떠세 : 재물이나 힘 따위를 내세워 젠체하고 억지를 씀 또는 그런 짓
- 뒷갈망 : 일의 뒤끝을 맡아서 처리함 ≒ 뒷감당
- 뒷배 : 겉으로 나서지 않고 뒤에서 보살펴 주는 일
- 드난 : 임시로 남의 집 행랑에 붙어 지내며 그 집의 일을 도와줌 또는 그런 사람
- 뜨벌이 : 고정된 일자리가 아닌 어쩌다 생긴 일자리에서 닥치는 대로 일을 하고 돈 따위를 버는 일
- 마수걸이 : 1. 맨 처음으로 물건을 파는 일 2. 맨 처음으로 부딪는 일
- 말미 : 일정한 직업이나 일 따위에 매인 사람이 다른 일로 말미암아 얻는 겨를

Check Point

바람과 관련된 고유어

- 바람의 방향에 따른 구분
  - 가수알바람 : 뱃사람들의 말로, '서풍'을 이르는 말 = 갈바람
  - 갈마바람 : 뱃사람들의 말로, '서남풍'을 이르는 말
  - 강쇠바람 : 첫가을에 부는 동풍
  - 꽁무니바람 : 뒤쪽에서 불어오는 바람
  - 높새바람 : '동북풍'을 달리 이르는 말
  - 된바람 : 뱃사람들의 말로, '북풍(北風)'을 이르는 말
  - 마파람 : 뱃사람들의 은어로, '남풍(南風)'을 이르는 말
  - 마칼바람 : 뱃사람들의 은어로, '서북풍'을 이르는 말
  - 샛바람 : 뱃사람들의 은어로, '동풍'을 이르는 말
  - 왜바람 : 방향이 없이 이리저리 함부로 부는 바람
  - 하늬바람 : 서쪽에서 부는 바람
- 바람의 성격에 따른 구분
  - 고추바람 : 살을 에는 듯 매섭게 부는 차가운 바람을 비유적으로 이르는 말
  - 날파람 : 빠르게 날아가는 결에 일어나는 바람
  - 노대바람 : 풍력 계급 10의 몹시 강한 바람
  - 내기바람 : 산비탈을 따라 세게 불어 내리는 온도가 높거나 건조한 바람
  - 명주바람 : 보드랍고 화창한 바람 = 명지바람
  - 용올림 : 바람이 한곳에서 뱅뱅 돌아 깔때기 모양으로 하늘 높이 오르는 현상 ≒ 회오리

Check Point

마수걸이

예 1. 어느새 정오가 넘었는데도 마수걸이도 못 했다.
2. 마수걸이로는 제법 짭짤한 소득을 얻었다.

- **모꼬지** : 놀이나 잔치 또는 그 밖의 일로 여러 사람이 모이는 일
- **몽짜** : 음흉하고 심술궂게 욕심을 부리는 짓. 또는 그런 사람
- **무릎맞춤** : 두 사람의 말이 서로 어긋날 때, 제삼자를 앞에 두고 전에 한 말을 되풀이하여 옳고 그름을 따짐
- **봉죽** : 일을 꾸려 나가는 사람을 곁에서 거들어 도와줌
- **봉충걸음** : 한쪽이 짧은 다리로 절뚝거리며 걷는 걸음
- **선걸음** : 이미 내디뎌 걷고 있는 그대로의 걸음
- **소걸음** : 소처럼 느릿느릿 걷는 걸음
- **소드락질** : 남의 재물 따위를 빼앗는 짓
- **아귀다툼** : 각자 자기의 욕심을 채우고자 서로 헐뜯고 기를 쓰며 다투는 일
- **아람치** : 개인이 사사로이 차지하는 몫
- **앙감질** : 한 발은 들고 한 발로만 뛰는 짓
- **앞짧은소리** : 1. 장래성이 없거나 장래의 불행을 뜻하게 된 말마디 2. 앞으로 하지 못할 일을 하겠다고 섣불리 하는 말
- **어둑서니** : 어두운 밤에 아무것도 없는데, 있는 것처럼 잘못 보이는 것
- **엉너리** : 남의 환심을 사기 위하여 어벌쩡하게 서두르는 짓
- **옴니암니** : 다 같은 이인데 자질구레하게 어금니 앞니 따진다는 뜻으로, 아주 자질구레한 것을 이르는 말
- **옴살** : 매우 친밀하고 가까운 사이
- **우격다짐** : 억지로 우겨서 남을 굴복시킴. 또는 그런 행위
- **임질** : 물건 따위를 머리 위에 이는 일
- **짜깁기** : 1. 직물의 찢어진 곳을 그 감의 올을 살려 본디대로 흠집 없이 짜서 깁는 일 2. 기존의 글이나 영화 따위를 편집하여 하나의 완성품으로 만드는 일
- **잰걸음** : 보폭이 짧고 빠른 걸음
- **주전부리** : 때를 가리지 아니하고 군음식을 자꾸 먹음. 또는 그런 입버릇
- **죽살이** : 죽고 사는 것을 다투는 정도의 고생
- **지청구** : 1. 꾸지람 2. 까닭 없이 남을 탓하고 원망함
- **품** : 1. 어떤 일에 드는 힘이나 수고 2. 삯을 받고 하는 일
- **하리** : 남을 헐뜯어 윗사람에게 일러바치는 일
- **한동자** : 끼니를 마친 후 새로 밥을 짓는 일
- **해찰** : 마음에 썩 내키지 아니하여 물건을 부질없이 이것저것 집적거려 해침 또는 그런 행동
- **허드렛일** : 중요하지 아니하고 허름한 일

(3) 성격 · 심리 · 관계 등과 관련된 어휘

- **가납사니** : 1. 쓸데없는 말을 지껄이기 좋아하는 수다스러운 사람 2. 말다툼을 잘하는 사람
- **가달** : 몹시 사나운 사람을 이르는 말
- **가르친사위** : 창조성이 없이 무엇이든지 남이 가르치는 대로만 하는 사람을 낮잡아 이르는 말
- **가시버시** : '부부'를 낮잡아 이르는 말
- **갈가위** : 인색하여 제 욕심만을 채우려는 사람
- **결김** : (주로 '결김에' 꼴로 쓰여) 1. 화가 난 나머지 2. 정신이 없거나 바쁜 중에 별안간
- **고명딸** : 아들 많은 집의 외딸
- **깜냥** : 스스로 일을 헤아림. 또는 헤아릴 수 있는 능력
- **꼭두각시** : 1. 꼭두각시놀음에 나오는 여러 가지 인형 2. 남의 조종에 따라 움직이는 사람이나 조직을 비유적으로 이르는 말
- **꼼바리** : 마음이 좁고 지나치게 인색한 사람을 낮잡아 이르는 말
- **늦깎이** : 나이가 많이 들어서 어떤 일을 시작한 사람
- **달랑쇠** : 침착하지 못하고 몹시 담방거리는 사람
- **따라지** : 보잘것없거나 하찮은 처지에 놓인 사람이나 물건을 속되게 이르는 말
- **대갈마치** : 온갖 어려운 일을 겪어서 아주 야무진 사람을 비유적으로 이르는 말
- **두루뭉수리** : 말이나 행동이 분명하지 아니한 상태나 사람
- **뚱딴지** : 1. 완고하고 우둔하며 무뚝뚝한 사람을 놀림조로 이르는 말 2. 행동이나 사고방식 따위가 너무 엉뚱한 사람을 놀림조로 이르는 말
- **뜨내기** : 일정한 거처가 없이 떠돌아다니는 사람
- **띠앗** : 형제나 자매 사이의 우애심
- **마당발** : 1. 볼이 넓고 바닥이 평평하게 생긴 발 2. 인간관계가 넓어서 폭넓게 활동하는 사람
- **만무방** : 1. 염치가 없이 막된 사람 2. 아무렇게나 생긴 사람
- **망석중** : 1. 나무로 다듬어 만든 인형의 하나 2. 남이 부추기는 대로 따라 움직이는 사람을 비유적으로 이르는 말
- **머드러기** : 1. 과일이나 채소, 생선 따위의 많은 것 가운데서 다른 것들에 비해 굵거나 큰 것 2. 여럿 가운데서 가장 좋은 물건이나 사람을 비유적으로 이르는 말
- **몽니** : 정당한 대우를 받지 못할 때 권리를 주장하기 위하여 심술을 부리는 성질
- **모도리** : 조금도 빈틈없이 아주 여무진 사람
- **샘바리** : 샘이 많아서 안달하는 사람

Check Point

직업과 관련된 고유어

- **갖바치** : 예전에 가죽신을 만드는 일을 직업으로 하던 사람
- **공징이** : 죽은 아이 귀신이 내려 이상한 휘파람 소리를 내면서 점을 치는 여자 점술가
- **동산바치** : 원예사
- **또드락장이** : 금박(金箔) 세공업자를 낮잡아 이르는 말
- **마름** : 지주를 대리하여 소작권을 관리하는 사람
- **망나니** : 예전에 사형을 집행할 때 죄인의 목을 베던 사람
- **모가비** : 사당패 또는 산타령패 따위의 우두머리
- **불목하니** : 절에서 밥을 짓고 물을 긷는 일을 맡아서 하는 사람
- **비바리** : 바다에서 해산물을 채취하는 일을 하는 처녀
- **쇠살쭈** : 장에서 소를 팔고 사는 것을 흥정 붙이는 사람
- **수할치** : 매를 부리면서 매사냥을 지휘하는 사람
- **시겟장수** : 곡식을 말이나 소에 싣고 이곳저곳으로 다니면서 파는 사람
- **신기료장수** : 헌 신을 꿰매어 고치는 일을 직업으로 하는 사람
- **심마니** : 산삼을 캐는 것을 업으로 삼는 사람
- **여리꾼** : 상점 앞에 서서 손님을 끌어들여 물건을 사게 하고 주인에게 삯을 받는 사람

Check Point

'몽니'와 관련된 관용 표현

- **몽니가 궂다** : 몽니가 심하다. 예 저 사람은 몽니가 궂어서 상대하기가 어렵다.
- **몽니가 사납다** : 몽니가 매우 세다. 예 사람들에게 몽니 사납게 굴지 마라.

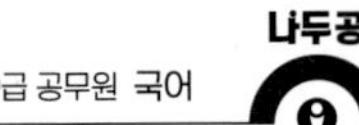

- 솔봉이 : 나이가 어리고 촌스러운 티를 벗지 못한 사람
- 안다니 : 무엇이든지 잘 아는 체 하는 사람
- 오그랑이 : 마음씨가 바르지 못한 사람을 비유적으로 이르는 말
- 우렁잇속 : 품은 생각을 모두 털어놓지 아니하는 의뭉스러운 속마음을 비유적으로 이르는 말
- 자린고비 : 다라울 정도로 인색한 사람을 낮잡아 이르는 말
- 주니 : (주로 '나다', '내다'와 함께 쓰여) 1. 몹시 지루함을 느끼는 싫증 2. 두렵거나 확고한 자신이 없어서 내키지 아니하는 마음
- 쭉정이 : 1. 껍질만 있고 속에 알맹이가 들지 아니한 곡식이나 과일 따위의 열매 2. 쓸모없게 되어 사람 구실을 제대로 하지 못하는 사람을 비유적으로 이르는 말
- 지체 : 어떤 집안이나 개인이 사회에서 차지하고 있는 신분이나 지위
- 트레바리 : 이유 없이 남의 말에 반대하기를 좋아함. 또는 그런 성격을 지닌 사람
- 흔들비쭉이 : 변덕스러워 걸핏하면 성을 내거나 심술을 부리는 사람

(4) 동식물과 관련된 어휘

- 가라말 : 털빛이 온통 검은 말
- 간자말 : 이마와 뺨이 흰 말
- 고갱이 : 1. 풀이나 나무의 줄기 한가운데에 있는 연한 심 2. 사물의 중심이 되는 부분을 비유적으로 이르는 말
- 고라말 : 등에 검은 털이 난 누런 말
- 구렁말 : 털 빛깔이 밤색인 말
- 귀다래기 : 귀가 작은 소
- 까막까치 : 까마귀와 까치를 아울러 이르는 말
- 남새 : 채소
- 노고지리 : '종다리'의 옛말
- 도래솔 : 무덤가에 죽 둘러선 소나무
- 담가라말 : 털빛이 거무스름한 말 ≒ 담가라
- 돗총이 : 몸의 털빛이 검푸른 말
- 먹총이 : 검은 털과 흰 털이 섞여 난 말
- 멧나물 : 산나물
- 멱부리 : 턱 밑에 털이 많은 닭
- 보늬 : 밤이나 도토리 따위의 속껍질
- 불강아지 : 몸이 바싹 여윈 강아지

Check Point

동물의 새끼를 이르는 고유어

- **가사리** : 돌고기의 새끼
- **간자미** : 가오리의 새끼
- **개호주** : 범의 새끼
- **고도리** : 고등어의 새끼
- **굼벵이** : 딱정벌레목의 애벌레
- **꺼병이** : 꿩의 어린 새끼
- **노가리** : 명태의 새끼
- **능소니** : 곰의 새끼
- **동어** : 숭어의 새끼를 이르는 말
- **마래미** : 방어의 새끼
- **며루** : 각다귀의 애벌레
- **모롱이** : 웅어의 새끼
- **모쟁이** : 숭어의 새끼
- **발강이** : 잉어의 새끼
- **부룩소** : 작은 수소
- **송치** : 암소 배 속에 든 새끼
- **애돝** : 한 살이 된 돼지
- **풀치** : 갈치의 새끼

- 불암소 : 털빛이 누르스름하고 붉은 암소
- 서리병아리 : 1. 이른 가을에 깬 병아리 2. 힘이 없고 추레한 사람을 비유적으로 이르는 말
- 센둥이 : 털빛이 흰 강아지를 귀엽게 이르는 말
- 엇부루기 : 아직 큰 소가 되지 못한 수송아지
- 영각 : 소가 길게 우는 소리
- 워낭 : 마소의 귀에서 턱 밑으로 늘여 단 방울 또는 마소의 턱 아래에 늘어뜨린 쇠고리
- 자귀 : 짐승의 발자국
- 푸새 : 산과 들에 저절로 나서 자라는 풀을 통틀어 이르는 말
- 푸성귀 : 사람이 가꾼 채소나 저절로 난 나물 따위를 통틀어 이르는 말
- 하릅강아지 : 나이가 한 살 된 강아지

(5) 구체적 사물과 관련된 어휘

- 검부러기 : 검불의 부스러기
- 골갱이 : 식물이나 동물의 고기 따위의 속에 있는 단단하거나 질긴 부분
- 길품삯 : 남이 갈 길을 대신 가주고 받는 삯
- 깁 : 명주실로 바탕을 조금 거칠게 짠 비단
- 꿰미 : 물건을 꿰는 데 쓰는 끈이나 꼬챙이 따위. 또는 거기에 무엇을 꿴 것
- 너럭바위 : 넓고 평평한 큰 돌
- 도롱이 : 짚, 띠 따위로 엮어 허리나 어깨에 걸쳐 두르는 비옷
- 동강글 : 매우 짤막한 글
- 마고자 : 저고리 위에 덧입는 웃옷
- 마병 : 오래된 헌 물건
- 모가치 : 몫으로 돌아오는 물건
- 바자 : 대, 갈대, 수수깡, 싸리 따위로 발처럼 엮거나 결어서 만든 물건
- 베잠방이 : 베로 지은 짧은 남자용 홑바지
- 벼락틀 : 산짐승을 잡으려고 설치하는 덫의 하나
- 벼리 : 1. 그물의 위쪽 코를 꿰어 놓은 줄 2. 일이나 글의 뼈대가 되는 줄거리
- 보람줄 : 책 따위에 표지를 하도록 박아 넣은 줄
- 사금파리 : 사기그릇의 깨어진 작은 조각
- 사북 : 접었다 폈다 하는 부채의 아랫머리나 가위다리의 교차된 곳에 박아 돌쩌귀처럼 쓰이는 물건
- 삯 : 일한 데 대한 품값으로 주는 돈이나 물건

Check Point

별과 관련된 고유어

- **개밥바라기** : 저녁에 서쪽 하늘에 보이는 금성
- **까막별** : 빛을 내지 않는 별
- **꼬리별, 살별** : 혜성
- **늑대별** : 시리우스
- **닻별** : 카시오페이아자리
- **미리내** : 은하수의 방언(제주)
- **별똥별** : 유성을 일상적으로 이르는 말
- **붙박이별** : 항성
- **샛별** : 새벽에 동쪽 하늘에서 반짝이는 금성
- **여우별** : 궂은날에 잠깐 떴다가 숨는 별
- **잔별** : 작은 별

• **살피** : 1. 땅과 땅 사이의 경계선을 간단히 나타낸 표 2. 물건과 물건 사이를 구별 지은 표
• **삿자리** : 갈대를 엮어서 만든 자리
• **세간** : 집안 살림에 쓰는 온갖 물건
• **알천** : 가진 것 가운데 가장 값나가는 물건
• **우수리** : 1. 물건 값을 제하고 거슬러 받는 잔돈 2. 일정한 수나 수량에 차고 남는 수나 수량
• **자리끼** : 밤에 자다가 마시기 위하여 잠자리의 머리맡에 준비하여 두는 물
• **잠방이** : 가랑이가 무릎까지 내려오도록 짧게 만든 홑바지
• **핫것** : 솜을 두어서 만든 옷이나 이불 따위를 통틀어 이르는 말
• **허방다리** : 짐승 따위를 잡기 위하여 땅바닥에 구덩이를 파고 위장한 구덩이. 함정(陷穽)
• **화톳불** : 한데다가 장작 따위를 모으고 질러 놓은 불
• **휘추리** : 가늘고 긴 나뭇가지
• **희나리** : 덜 마른 장작

Check Point

눈 또는 서리와 관련된 고유어
• **그믐치** : 음력 그믐께에 비나 눈이 내림. 또는 그 비나 눈
• **길눈** : 한 길이 될 만큼 많이 쌓인 눈
• **눈구멍** : 눈이 많이 쌓인 가운데 ≒ 눈구덩이
• **눈꽃** : 나뭇가지 따위에 꽃이 핀 것처럼 얹힌 눈
• **도둑눈** : 밤사이에 사람들이 모르게 내린 눈 ≒도적눈
• **무서리** : 늦가을에 처음 내리는 묽은 서리
• **상고대** : 나무나 풀에 내려 눈처럼 된 서리
• **싸라기눈** : 빗방울이 갑자기 찬 바람을 만나 얼어 떨어지는 쌀알 같은 눈
• **서리꽃** : 유리창 따위에 서린 김이 얼어서 꽃처럼 엉긴 무늬
• **성에** : 기온이 영하일 때 유리나 벽 따위에 수증기가 허옇게 얼어붙은 서릿발
• **자국눈** : 겨우 발자국이 날 만큼 적게 내린 눈
• **마른눈** : 비가 섞이지 않고 내리는 눈
• **잣눈** : 많이 쌓인 눈
• **풋눈** : 초겨울에 들어서 조금 내린 눈
• **함박눈** : 굵고 탐스럽게 내리는 눈

(6) 공간 및 장소와 관련된 어휘

• **가을마당** : 1. 추수를 하는 마당 2. 가을걷이를 하고 낟알을 털어 내는 마당
• **가풀막** : 몹시 가파르게 비탈진 곳
• **갈피** : 1. 겹치거나 포갠 물건의 하나하나의 사이 또는 그 틈 2. 일이나 사물의 갈래가 구별되는 어름
• **개골창** : 수채물이 흐르는 작은 도랑
• **개어귀** : 강물이나 냇물이 바다로 들어가는 어귀
• **고샅** : 1. 시골 마을의 좁은 골목길. 또는 골목 사이 2. 좁은 골짜기의 사이
• **기스락** : 1. 기슭의 가장자리 2. 초가의 처마 끝
• **너덜겅** : 돌이 많이 흩어져 있는 비탈
• **노루막이** : 산의 막다른 꼭대기
• **노루목** : 1. 노루가 자주 다니는 길목 2. 넓은 들에서 다른 곳으로 이어지는 좁은 지역
• **도랫굽이** : 산이나 바위를 안고 돌아가도록 되어 있는 굽이
• **더기** : 고원의 평평한 땅
• **두메** : 도회에서 멀리 떨어져 사람이 많이 살지 않는 변두리나 깊은 곳
• **둔치** : 1. 물가의 언덕 2. 강, 호수 따위의 물이 있는 곳의 가장자리
• **들머리** : 1. 들어가는 맨 첫머리 2. 들의 한쪽 옆이나 한쪽 가장자리

- 멧부리 : 산등성이나 산봉우리의 가장 높은 꼭대기
- 모롱이 : 산모퉁이의 휘어 둘린 곳
- 모래톱 : 모래사장
- 발치 : 1. 누울 때 발이 가는 쪽 2. 사물의 꼬리나 아래쪽이 되는 끝 부분
- 버덩 : 높고 평평하며 나무는 없이 풀만 우거진 거친 들
- 배래 : 육지에서 멀리 떨어진 바다 위
- 벌 : 아주 넓은 들판, 벌판
- 산기슭 : 산의 비탈이 끝나는 아랫부분
- 산등성이 : 산의 등줄기
- 산마루 : 산등성이의 가장 높은 곳
- 산자락 : 밋밋하게 비탈져 나간 산의 밑부분
- 산허리 : 산 둘레의 중턱
- 서덜 : 냇가와 강가의 돌이 많은 곳
- 실골목 : 폭이 좁은 긴 골목
- 언저리 : 1. 둘레의 가 부분 2. 어떤 나이나 시간의 전후 3. 어떤 수준이나 정도의 위아래
- 에움길 : 굽은 길 또는 에워서 돌아가는 길
- 자드락 : 나지막한 산기슭의 비탈진 땅
- 잿길 : 재에 난 길 또는 언덕바지에 난 길
- 틈서리 : 틈이 난 부분의 가장자리
- 한참갈이 : 소로 잠깐이면 갈 수 있는 작은 논밭의 넓이

2. 동사

- 가루다 : 1. 자리 따위를 함께 나란히 하다 2. 맞서서 견주다
- 가물다 : 땅의 물기가 바싹 마를 정도로 오랫동안 계속하여 비가 오지 않다
- 가스러지다 : 1. 잔털 따위가 좀 거칠게 일어나다 2. 성질이 온순하지 못하고 좀 거칠어지다
- 가위눌리다 : 자다가 무서운 꿈에 질려 몸을 마음대로 움직이지 못하고 답답함을 느끼다
- 갈마들다 : 서로 번갈아들다
- 고러고러다 : 1. 다 고렇게 하거나 잇따라 고렇게 하다 2. 잇따라 고렇게 말하다
- 곧추서다 : 꼿꼿이 서다
- 궁굴리다 : 1. 이리저리 돌려서 너그럽게 생각하다 2. 좋은 말로 구슬리다
- 꾀다 : 그럴듯한 말이나 행동으로 남을 속이거나 부추겨서 자기 생각대로 끌다

Check Point

갈마보다 : 양쪽을 번갈아 보다.
예 그는 두 사람을 갈마보며 중재했다.

Check Point

비 · 안개와 관련된 고유어

- **가랑비** : 가늘게 내리는 비 이슬비보다는 좀 굵다
- **개부심** : 장마로 큰물이 난 뒤, 한동안 쉬었다가 다시 퍼붓는 비가 명개(갯가에 앉은 검고 고운 흙)를 부시어 냄. 또는 그 비
- **건들장마** : 초가을에 비가 오다가 금방 개고 또 비가 오다가 다시 개고 하는 장마
- **고치장마** : 초여름에 치는 누에가 오를 무렵에 오는 장맛비
- **꿀비** : 곡식이 꿀처럼 달게 받아먹을 비라는 뜻으로, 농작물이 자라는 데 필요한 때에 맞추어 내리는 비
- **누리** : 큰 물방울들이 공중에서 갑자기 찬 기운을 만나 얼어 떨어지는 얼음덩어리 ≒ 우박
- **는개** : 안개보다는 조금 굵고 이슬비보다는 가는 비
- **달무리** : 달 언저리에 둥그렇게 생기는 구름 같은 허연 테
- **먼지잼** : 비가 겨우 먼지나 날리지 않을 정도로 조금 옴
- **물마** : 비가 많이 와서 사람이 다니기 어려울 만큼 땅 위에 넘쳐흐르는 물
- **못비** : 모를 다 낼 만큼 충분히 오는 비
- **보슬비** : 바람이 없는 날 가늘고 성기게 조용히 내리는 비
- **실비** : 실같이 가늘게 내리는 비
- **악수** : 물을 퍼붓듯이 세게 내리는 비
- **여우비** : 볕이 나 있는 날 잠깐 오다가 그치는 비
- **웃비** : 아직 우기(雨氣)는 있으나 좍좍 내리다가 그친 비
- **작달비** : 장대처럼 굵고 거세게 좍좍 내리는 비 =장대비
- **채찍비** : 채찍을 내리치듯이 굵고 세차게 쏟아져 내리는 비
- **해미** : 바다 위에 낀 아주 짙은 안개

- **내떨다** : 1. 몸 따위를 심하게 떨다 2. 어떤 행동을 매우 경망스럽게 또는 요란스럽게 자꾸 하거나 어떤 성질을 겉으로 심하게 나타내다
- **뇌까리다** : 아무렇게나 되는대로 마구 지껄이다
- **느즈러지다** : 1. 꼭 졸라맨 줄이나 끈 따위가 느슨하게 되다 2. 기한이 밀리다 3. 긴장이 풀려 느긋하게 되다
- **능갈치다** : 교묘하게 잘 둘러대다
- **닦아세우다** : 꼼짝 못하게 휘몰아 나무라다
- **더위잡다** : 1. 높은 곳에 오르려고 무엇을 끌어 잡다 2. 의지가 될 수 있는 든든하고 굳은 지반을 잡다
- **돌라내다** : 남의 물건을 슬쩍 빼돌려 내다
- **돌려세우다** : 1. 방향을 바꾸게 하다 2. 생각을 바꾸게 하다
- **돌아치다** : 나대며 여기저기 다니다
- **되바라지다** : 1. 그릇이 운두가 낮고 위가 벌어져 쉽사리 바닥이 드러나 보이다 2. 튀어져 나오고 벌어져서 아늑한 맛이 없다 3. 사람됨이 남을 너그럽게 감싸주지 아니하고 적대적으로 대하다 4. 차림이 얌전하지 않아 남의 눈에 잘 띄다
- **듣보다** : 듣기도 하고 보기도 하며 알아보거나 살피다
- **말보다** : 업신여기어 깔보다
- **모지라지다** : 물건의 끝이 닳아서 없어지다
- **바루다** : 비뚤어지거나 구부러지지 않도록 바르게 하다
- **바르집다** : 파서 헤치거나 벌려 놓다
- **버금가다** : 으뜸의 바로 아래가 되다
- **서그러지다** : 마음이 너그럽고 서글서글하게 되다
- **소수나다** : 땅의 농산물 소출이 늘다
- **소쿠라지다** : 1. 급히 흐르는 물이 굽이쳐 용솟음치다 2. 물이 세찬 기세로 솟아오른 채로 얼다
- **아롱지다** : 아롱아롱한 점이나 무늬가 생기다
- **앙당그리다** : 1. 춥거나 겁이 나서 몸을 옴츠리다 2. 이를 조금 사납게 드러내다
- **애끊다** : 몹시 슬퍼서 창자가 끊어질 듯하다
- **앵돌아지다** : 1. 노여워서 토라지다 2. 홱 틀려 돌아가다 3 날씨가 끄물끄물해지다
- **어금막히다** : 서로 엇갈리게 놓이다
- **어리비치다** : 어떤 현상이나 기운이 은근하게 드러나 보이다
- **얼넘기다** : 일을 대충 얼버무려서 넘기다
- **에두르다** : 1. 에워서 둘러막다 2. 바로 말하지 않고 짐작하여 알아듣도록 둘러

대다 ≒에둘러대다, 에둘러치다

- **움키다** : 1. 손가락을 우그리어 물건 따위를 놓치지 않도록 힘 있게 잡다 2. 새나 짐승 따위가 발가락으로 무엇을 꽉 잡다
- **웅숭그리다** : 춥거나 두려워 몸을 궁상맞게 몹시 웅그리다
- **이지러지다** : 1. 한쪽 귀퉁이가 떨어져 없어지다 2. 달 따위가 한쪽이 차지 않다 3. 불쾌한 감정 따위로 얼굴이 일그러지다 4. 성격, 생각, 행동 따위가 바르지 못하고 비뚤어지다
- **줄나다** : 생산물이 표준 수량보다 덜 나다
- **지릅뜨다** : 1. 고개를 수그리고 눈을 치올려서 뜨다 2. 눈을 크게 부릅뜨다
- **추서다** : 1. 병을 앓거나 몹시 지쳐서 허약하여진 몸이 차차 회복되다 2. 떨어졌던 원기나 기세 따위가 회복되다
- **켕기다** : 1. 단단하고 팽팽하게 되다 2. 마음속으로 겁이 나고 탈이 날까 불안해하다
- **탑새기주다** : 남의 일을 방해하여 망치다
- **티격나다** : 서로 뜻이 맞지 아니하여 사이가 벌어지다
- **풍기다** : 1. 냄새가 나다. 또는 냄새를 퍼뜨리다 2. (비유적으로) 어떤 분위기가 나다 또는 그런 것을 자아내다 3. 겨, 검불, 먼지 따위가 날리다 또는 그런 것을 날리다
- **하비다** : 1. 손톱이나 날카로운 물건 따위로 조금 긁어 파다 2. 남의 결점을 드러내어 헐뜯다 3. 마음을 자극하다
- **해바라지다** : 어울리지 아니하게 넓게 바라지다

3. 형용사

(1) 성격 · 태도와 관련된 어휘

- **가즈럽다** : 가진 것도 없으면서 가진 체하며 뻐기는 티가 있다
- **간살맞다** : 매우 간사스럽게 아양을 떠는 태도가 있다
- **감때사납다** : 1. 사람이 억세고 사납다 2. 사물이 험하고 거칠다
- **강파르다** : 1. 몸이 야위고 파리하다 2. 성질이 까다롭고 괴팍하다 3. 인정이 메마르고 야박하다
- **곰살맞다** : 몹시 부드럽고 친절하다
- **곱살스럽다** : 얼굴이나 성미가 예쁘장하고 얌전한 데가 있다
- **공변되다** : 행동이나 일 처리가 사사롭거나 한쪽으로 치우치지 않고 공평하다
- **괄괄스럽다** : 보기에 성질이 세고 급한 데가 있다

Check Point

음식과 관련된 고유어1

- **가보** : 민어의 부레 속에 쇠고기, 두부, 오이 따위의 소를 넣고, 끝을 실로 잡아매어 삶은 다음 둥글게 썬 음식
- **감투밥** : 그릇 위까지 수북하게 담은 밥
- **강조밥** : 좁쌀만으로 지은 밥
- **고두밥** : 아주 되게 지어져 고들고들한 밥
- **까치밥** : 수확기에 높은 나무 위의 과일을 전부 따지 않고 몇 개 남겨 놓은 것을 말함
- **단술** : 엿기름을 우린 물에 밥알을 넣어 식혜처럼 삭혀서 끓인 음식
- **대궁** : 먹다가 그릇에 남긴 밥
- **댕기풀이** : 관례나 혼인을 하고 나서 동무들에게 한턱내는 일을 가리키는 말
- **도루묵** : '은어'를 가리키는 말
- **떡무거리** : 떡을 만들기 위하여 빻은 곡식 가루를 체에 쳐 고운 가루를 빼고 남은, 거칠고 굵은 가루
- **맏물** : 과일, 푸성귀, 해산물 따위에서 그해의 맨 처음에 나는 것
- **머슴밥** : 수북하게 많이 담은 밥
- **못밥** : 모내기를 하면서 들에서 먹는 밥

Check Point

음식과 관련된 고유어2

- **반지기** : 쌀에 다른 이물질이 섞여 있는 것을 나타내는 말
- **벼락김치** : 무나 배추를 간장에 절여 당장 먹을 수 있도록 만든 김치
- **비웃** : 청어(靑魚)를 식료품으로 이르는 말
- **비지** : 두부를 만들 때 나오는 부산물
- **새참** : 일을 하다가 잠깐 쉬면서 먹는 음식
- **소금엣밥** : 소금을 반찬으로 차린 밥이라는 뜻으로, 반찬이 변변하지 못한 밥을 이르는 말
- **아람** : 밤이나 상수리 따위가 충분히 익은 상태 또는 그 열매
- **암죽** : 곡식의 가루나 밤의 가루로 쑨 죽
- **첫국밥** : 아이를 낳은 뒤에 산모가 처음으로 먹는 국과 밥 주로 미역국과 흰밥을 먹음
- **한동자** : 끼니를 마친 후에 새로 밥을 짓는 일
- **한밥** : 끼니때가 지난 뒤에 차리는 밥
- **홑아비김치** : 무나 배추 한 가지로만 담근 김치

- 다부지다 : 1. 벅찬 일을 견디어 낼 만큼 굳세고 야무지다 2. 생김새가 옹골차다 3. 일을 해내는 솜씨나 태도가 빈틈이 없고 야무진 데가 있다
- 덩거칠다 : 사람의 생김새나 행동 따위가 매우 거칠다
- 도탑다 : 서로의 관계에 사랑이나 인정이 많고 깊다
- 뒤웅스럽다 : 생김새가 뒤웅박처럼 보기에 미련하다
- 들차다 : 뜻이 굳세고 몸이 튼튼하다
- 맵짜다 : 1. 음식의 맛이 맵고 짜다 2. 바람 따위가 매섭게 사납다 3. 성미가 사납고 독하다 4. 성질 따위가 야무지고 옹골차다
- 맵차다 : 1. 맵고 차다 2. 옹골차고 야무지다
- 모나다 : 1. 사물의 모습이나 일에 드러난 표가 있다 2. 말이나 짓 따위가 둥글지 못하고 까다롭다 3. 물건이 쓰이는 데 유용한 구석이 있다
- 머줍다 : 동작이 느리고 굼뜨다
- 몰강스럽다 : 인정이 없이 억세며 성질이 악착같고 모질다
- 무람없다 : 예의를 지키지 않으며 삼가고 조심하는 것이 없다
- 물색없다 : 말이나 행동이 형편에 맞거나 조리에 닿지 아니하다
- 미쁘다 : 믿음성이 있다
- 미욱스럽다 : 매우 어리석고 미련한 데가 있다
- 바지런스럽다 : 놀지 아니하고 하는 일에 꾸준한 데가 있다
- 설피다 : 1. 짜거나 엮은 것이 거칠고 성기다 2. 솜씨가 거칠고 서투르다 3. 언행이 덜렁덜렁하고 거칠다
- 소사스럽다 : 보기에 행동이 좀스럽고 간사한 데가 있다
- 습습하다 : 마음이나 하는 짓이 활발하고 너그럽다
- 실팍지다 : 사람이나 물건 따위가 보기에 매우 실한 데가 있다
- 아금받다 : 1. 야무지고 다부지다 2. 무슨 기회든지 재빠르게 붙잡아 이용하는 소질이 있다
- 암상궂다 : 몹시 남을 시기하고 샘을 잘 내는 마음이나 태도가 있다
- 암팡스럽다 : 몸은 작아도 야무지고 다부진 면이 있다
- 야멸치다 : 1. 남의 사정은 돌보지 아니하고 자기만 생각하다 2. 태도가 차고 야무지다
- 어험스럽다 : 1. 짐짓 위엄이 있어 보이는 듯하다 2. 굴이나 구멍 따위가 텅 비고 우중충한 데가 있다
- 엄전하다 : 태도나 행실이 정숙하고 점잖다
- 열없다 : 1. 좀 겸연쩍고 부끄럽다 2. 담이 작고 겁이 많다
- 옹골지다 : 실속이 있게 속이 꽉 차 있다

- 옹글다 : 1. 물건 따위가 조각나거나 손상되지 아니하고 본디대로 있다 2. 조금도 축가거나 모자라지 아니하다 3. 매우 실속 있고 다부지다
- 의뭉하다 : 겉으로 보기에는 어리석어 보이나 속으로는 엉큼하다
- 찬찬스럽다 : 보기에 성질, 솜씨, 행동 따위가 꼼꼼하고 자상한 데가 있다
- 츱츱스럽다 : 보기에 너절하고 염치없는 데가 있다
- 헌걸스럽다 : 풍채가 좋고 의기가 당당한 듯하다
- 헙헙하다 : 활발하고 융통성이 있으며 대범하다

(2) 심리와 관련된 어휘

- 가풀막지다 : 눈앞이 아찔하며 어지럽다
- 같잖다 : 1. 하는 짓이나 꼴이 제격에 맞지 않고 눈꼴사납다 2. 말하거나 생각할 거리도 못 되다
- 거추장스럽다 : 일 따위가 성가시고 귀찮다
- 계면쩍다 : 쑥스럽거나 미안하여 어색하다
- 고깝다 : 섭섭하고 야속하여 마음이 언짢다
- 구쁘다 : 배 속이 허전하여 자꾸 먹고 싶다
- 귀살스럽다 : 일이나 물건 따위가 마구 얼크러져 정신이 뒤숭숭하거나 산란(散亂)한 느낌이 있다
- 기껍다 : 마음속으로 은근히 기쁘다
- 노엽다 : 화가 날 만큼 분하고 섭섭하다
- 눈꼴사납다 : 보기에 아니꼬워 비위에 거슬리게 밉다
- 느껍다 : 어떤 느낌이 마음에 북받쳐서 벅차다
- 뒤넘스럽다 : 주제넘게 행동하여 건방진 데가 있다
- 뜨악하다 : 마음이 선뜻 내키지 않아 꺼림칙하고 싫다
- 맥쩍다 : 1. 심심하고 재미가 없다 2. 열없고 쑥스럽다
- 멋쩍다 : 1. 하는 짓이나 모양이 격에 어울리지 않다 2. 어색하고 쑥스럽다
- 버겁다 : 물건이나 세력 따위가 다루기에 힘에 겹거나 거북하다
- 삼삼하다 : 잊히지 않고 눈에 보이는 듯 또렷하다
- 설면하다 : 1. 자주 만나지 못하여 낯이 좀 설다 2. 사이가 정답지 아니하다
- 시름없다 : 1. 근심과 걱정으로 맥이 없다 2. 아무 생각이 없다
- 쑬쑬하다 : 품질이나 수준, 정도 따위가 웬만하여 괜찮거나 기대 이상이다
- 알싸하다 : 어떤 냄새의 자극으로 조금 알알한 느낌이 있다
- 애꿎다 : 1. 아무런 잘못 없이 억울하다 2. 그 일과는 아무런 상관이 없다
- 조마롭다 : 매우 조마조마하거나 조마조마한 데가 있다

Check Point

'애꿎다'와 관련된 속담

애꿎은 두꺼비 돌에 맞다 : 남의 분쟁이나 싸움에 관계없는 사람이 뜻밖의 피해를 봄을 비유적으로 이르는 말

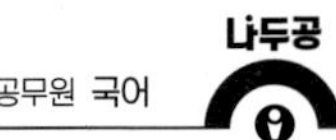

- 청승궂다 : 궁상스럽고 처량하여 보기에 언짢다
- 친친하다 : 축축하고 끈끈하여 불쾌한 느낌이 있다
- 헛헛하다 : 1. 배 속이 빈 듯한 느낌이 있다 2. 채워지지 아니한 허전한 느낌이 있다

(3) 상황 또는 상태, 외양과 관련된 어휘

- 가년스럽다 : 보기에 가난하고 어려운 데가 있다
- 가량스럽다 : 조촐하지 못하여 격에 조금 어울리지 아니한 데가 있다
- 가멸다 : 재산이나 자원 따위가 넉넉하고 많다
- 가뭇없다 : 1. 보이던 것이 전혀 보이지 않아 찾을 곳이 감감하다 2. 눈에 띄지 않게 감쪽같다
- 가없다 : 끝이 없다
- 간데없다 : 1. 갑자기 자취를 감추어 사라지거나 어디로 갔는지 알 수가 없다 2. 영락없다
- 간잔지런하다 : 1. 매우 가지런하다 2. 졸리거나 술에 취하여 위아래 두 눈시울이 서로 맞닿을 듯하다
- 값없다 : 1. 물건 따위가 너무 흔하여 가치가 별로 없다 2. 물건이 값을 칠 수 없을 정도로 아주 귀하고 가치가 높다 3. 보람이나 대가 따위가 없다
- 거방지다 : 1. 몸집이 크다 2. 하는 짓이 점잖고 무게가 있다 3. 매우 푸지다
- 괴괴하다 : 쓸쓸한 느낌이 들 정도로 아주 고요하다
- 깔밋하다 : 모양새나 차림새가 깔끔하다
- 난데없다 : 갑자기 불쑥 나타나 어디서 왔는지 알 수 없다
- 남우세스럽다 : 남에게 놀림과 비웃음을 받을 듯하다 ≒ 남사스럽다 · 남세스럽다 · 우세스럽다
- 녹녹하다 : 촉촉한 기운이 약간 있다
- 느물스럽다 : 말이나 행동이 능글맞은 데가 있다
- 다함없다 : 그지없이 크거나 많다
- 대근하다 : 견디기가 어지간히 힘들고 만만치 않다
- 대중없다 : 1. 짐작을 할 수가 없다 2. 어떤 표준을 잡을 수가 없다
- 도담하다 : 탐스럽고 아담하다
- 마뜩잖다 : 마음에 들 만하지 아니하다
- 메케하다 : 연기나 곰팡이 따위의 냄새가 맵고 싸하다
- 몽실하다 : 통통하게 살이 쪄서 보드랍고 야들야들한 느낌이 있다
- 부산스럽다 : 보기에 급하게 서두르거나 시끄럽게 떠들어 어수선한 데가 있다

Check Point

잠과 관련된 고유어

- **개잠** : 개처럼 머리와 팔다리를 오그리고 옆으로 누워 자는 잠
- **겉잠** : 1. 깊이 들지 않은 잠 2. 겉으로만 눈을 감고 자는 체하는
- **괭이잠** : 깊이 들지 못하고 자주 깨면서 자는 잠
- **귀잠** : 아주 깊이 든 잠
- **그루잠** : 깨었다가 다시 든 잠
- **꽃잠** : 1. 깊이 든 잠 2. 결혼한 신랑 신부가 처음으로 함께 자는 잠
- **나비잠** : 갓난아이가 두 팔을 머리 위로 벌리고 자는 잠
- **노루잠** : 깊이 들지 못하고 자꾸 놀라 깨는 잠
- **두벌잠** : 한 번 들었던 잠이 깨었다가 다시 드는 잠
- **등걸잠** : 옷을 입은 채 아무것도 덮지 아니하고 아무 데나 쓰러져 자는 잠
- **새우잠** : 새우처럼 등을 구부리고 자는 잠. 주로 모로 누워 불편하게 자는 잠을 이르는 말
- **선잠** : 깊이 들지 못하거나 흡족하게 이루지 못한 잠
- **일잠** : 저녁에 일찍 자는 잠
- **쪽잠** : 짧은 틈을 타서 불편하게 자는 잠
- **초대잠** : 몸을 꼿꼿하게 세우고 앉아서 자는 잠을 비유적으로 이르는 말
- **통잠** : 한 번도 깨지 아니하고 푹 자는 잠
- **풋잠** : 잠든 지 얼마 안 되어 깊이 들지 못한 잠
- **한뎃잠** : 한데에서 자는 잠
- **한잠** : 잠시 자는 잠
- **헛잠** : 거짓으로 자는 체하는 잠

- 새살궂다 : 성질이 차분하지 못하고 가벼워 말이나 행동이 실없고 부산하다
- 새삼스럽다 : 1. 이미 알고 있는 사실에 대하여 느껴지는 감정이 갑자기 새로운 데가 있다 2. 하지 않던 일을 이제 와서 하는 것이 보기에 두드러진 데가 있다
- 성기다 : 1. 물건의 사이가 뜨다 2. 반복되는 횟수나 도수(度數)가 뜨다 3. 관계가 깊지 않고 서먹하다
- 스산스럽다 : 어수선하고 쓸쓸한 분위기가 있다
- 시금떨떨하다 : 맛이나 냄새 따위가 조금 시면서도 떫다
- 실팍하다 : 보기에 매우 실하다
- 앙상스럽다 : 1. 꼭 짜이지 아니하여 어울리지 아니하고 어설픈 듯하다 2. 살이 빠져서 뼈만 남아 바짝 마른 듯하다 3. 나뭇잎이 지고 가지만 남아서 스산한 듯하다
- 어금지금하다 : 서로 엇비슷하여 정도나 수준에 큰 차이가 없다 ≒ 어금버금하다
- 어줍다 : 1. 말이나 행동이 익숙지 않아 서투르고 어설프다 2. 몸의 일부가 자유롭지 못하여 움직임이 자연스럽지 않다 3. 어쩔 줄을 몰라 겸연쩍거나 어색하다
- 영절스럽다 : 아주 그럴듯하다
- 옴팡지다 : 1. 보기에 가운데가 좀 오목하게 쏙 들어가 있다 2. 아주 심하거나 지독한 데가 있다
- 일없다 : 1. 소용이나 필요가 없다 2. 걱정하거나 개의할 필요가 없다
- 자차분하다 : 1. 자질구레하다 2. 잘고 아담하게 차분하다
- 잗다랗다 : 1. 꽤 잘다 2. 아주 자질구레하다 3. 볼만한 가치가 없을 정도로 하찮다
- 좀스럽다 : 1. 사물의 규모가 보잘것없이 작다 2. 도량이 좁고 옹졸한 데가 있다
- 주체스럽다 : 처리하기 어려울 만큼 짐스럽고 귀찮은 데가 있다
- 질펀하다 : 1. 땅이 넓고 평평하게 펼쳐져 있다 2. 주저앉아 하는 일 없이 늘어져 있다 3. 질거나 젖어 있다
- 찹찹하다 : 1. 포개어 쌓은 물건이 엉성하지 아니하고 차곡차곡 가지런하게 가라앉아 있다 2. 마음이 들뜨지 아니하고 차분하다
- 초름하다 : 1. 넉넉하지 못하고 조금 모자라다 2. 마음에 차지 않아 내키지 않다
- 추레하다 : 겉모양이 깨끗하지 못하고 생기가 없다
- 충충하다 : 물이나 빛깔 따위가 맑거나 산뜻하지 못하고 흐리고 침침하다
- 케케묵다 : 1. 물건 따위가 아주 오래되어 낡다 2. 일, 지식 따위가 아주 오래되어 시대에 뒤떨어진 데가 있다

Check Point

때(시간)와 관련된 고유어

- **나절** : 하룻낮의 절반쯤 되는 동안
- **날포** : 하루가 조금 넘는 동안
- **달구리** : 이른 새벽의 닭이 울 때
- **달포** : 한 달이 조금 넘는 기간
- **들마** : 가게 문을 닫을 무렵
- **땅거미** : 해가 진 뒤 어스레한 상태
- **미명** : 날이 채 밝지 않음 또는 그런 때
- **어스름** : 조금 어둑한 상태 또는 그런 때
- **해거름** : 해가 서쪽으로 넘어가는 일. 또는 그런 때
- **해거리** : 한 해를 거름 또는 그런 간격
- **해넘이** : 해가 막 넘어가는 때 또는 그런 현상
- **해동갑** : 해가 질 때까지의 동안
- **해포** : 한 해가 조금 넘는 동안

- **텁텁하다** : 1. 입안이 시원하거나 깨끗지 못하다 2. 날씨가 몹시 후터분하다
- **푼푼하다** : 모자람이 없이 넉넉하다
- **해끔하다** : 얼굴 빛깔이 조금 하얀 듯하다
- **허수롭다** : 짜임새나 단정함이 없이 느슨한 데가 있다
- **헌칠하다** : 키나 몸집 따위가 보기 좋게 어울리도록 크다
- **헤식다** : 1. 바탕이 단단하지 못하여 헤지기 쉽다. 또는 차진 기운이 없이 푸슬푸슬하다 2. 맺고 끊는 데가 없이 싱겁다 3. 일판이나 술판 따위에서 흥이 깨어져 서먹서먹하다
- **훌치다** : 1. 촛불이나 등잔불 따위의 불꽃이 바람에 쏠리다 2. 물체가 바람 따위를 받아서 휘우듬하게 쏠리다
- **훗훗하다** : 훈훈하여 조금 갑갑할 정도로 덥다

4. 부사

(1) 첩어

- **가동가동** : 어린아이의 겨드랑이를 치켜들고 올렸다 내렸다 하며 어를 때에, 아이가 자꾸 다리를 오그렸다 폈다 하는 모양
- **가들막가들막** : 신이 나서 잘난 체하며 얄미울 정도로 자꾸 버릇없이 행동하는 모양
- **가랑가랑** : 1. 액체가 많이 담기거나 괴어서 가장자리까지 찰 듯한 모양 2. 눈에 눈물이 넘칠 듯이 가득 괸 모양 3. 건더기는 적고 국물이 많은 모양 4. 물을 많이 마셔서 배 속이 가득 찬 듯한 느낌
- **가리가리** : 여러 가닥으로 갈라지거나 찢어진 모양
- **가분가분** : 1. 들기 좋을 정도로 여럿이 다 또는 매우 가벼운 모양 2. 말이나 행동 따위가 여럿이 다 또는 매우 가벼운 모양
- **가붓가붓** : 여럿이 다 조금 가벼운 듯한 느낌
- **가슬가슬** : 1. 살결이나 물건의 거죽이 매끄럽지 않고 가칠하거나 빳빳한 모양 2. 성질이 보드랍지 못하고 매우 까다로운 모양
- **가칫가칫** : 1. 살갗 따위에 조금씩 닿아 자꾸 걸리는 모양 2. 순조롭지 못하게 자꾸 조금 방해가 되는 모양
- **간닥간닥** : 작은 물체가 가로로 자꾸 조금씩 흔들리는 모양
- **간들간들** : 1. 바람이 가볍고 부드럽게 살랑살랑 부는 모양 2. 사람이 간드러진 태도로 조금 되바라지게 행동하는 모양 3. 작은 물체가 이리저리 자꾸 가볍게 흔들리는 모양

- **갈근갈근** : 목구멍에 가래 따위가 걸려 간지럽게 자꾸 가치작거리는 모양
- **감실감실** : 사람이나 물체, 빛 따위가 먼 곳에서 자꾸 아렴풋이 움직이는 모양
- **개신개신** : 1. 게으르거나 기운이 없어 나릿나릿 자꾸 힘없이 행동하는 모양 2. 좀스럽게 눈치를 보며 자꾸 반기지 않는 데를 찾아다니는 모양
- **거든거든** : 1. 다루기에 여럿이 다 또는 매우 거볍고 간편하거나 손쉬운 상태 2. 여럿이 다 또는 매우 마음이 후련하고 상쾌한 느낌
- **거치적거치적** : 거추장스럽게 여기저기 자꾸 걸리거나 닿는 모양
- **고분고분** : 말이나 행동이 공손하고 부드러운 모양
- **고시랑고시랑** : 못마땅하여 군소리를 좀스럽게 자꾸 하는 모양
- **곰실곰실** : 작은 벌레 따위가 한데 어우러져 조금씩 자꾸 굼뜨게 움직이는 모양
- **기웃기웃** : 1. 무엇을 보려고 고개나 몸 따위를 이쪽저쪽으로 조금씩 자꾸 기울이는 모양 2. 남의 것을 탐내는 마음으로 슬금슬금 자꾸 넘겨다보는 모양
- **깨죽깨죽** : 1. 자꾸 불평스럽게 종알거리는 모양 2. 자꾸 음식을 먹기 싫은 듯이 되씹는 모양
- **껄떡껄떡** : 1. 목구멍으로 물 따위를 힘겹게 자꾸 삼키는 소리. 또는 그 모양 2. 숨이 자꾸 끊어질 듯 말 듯 하는 소리. 또는 그 모양 3. 엷고 뻣뻣한 물체의 바닥이 자꾸 뒤집히거나 뒤틀리는 소리. 또는 그 모양 4. 매우 먹고 싶거나 갖고 싶어 입맛을 연방 다시거나 안달하는 모양
- **나긋나긋** : 1. 매우 보드랍고 연한 모양 2. 사람을 대하는 태도가 매우 상냥하고 부드러운 모양 3. 글이 알기 쉽고 멋이 있는 느낌
- **남실남실** : 1. 물결 따위가 보드랍게 자꾸 굽이쳐 움직이는 모양 2. 보드랍고 가볍게 자꾸 움직이는 모양 3. 해 따위가 좀 솟아오르는 모양 4. 액체가 가득 차서 잇따라 넘칠 듯 말 듯 하게 흔들리는 모양 5. 어떤 기운이 넘칠 듯이 가득 어린 모양
- **녹신녹신** : 질기거나 차진 물체가 여럿이 다 또는 매우 무르고 보드라운 모양
- **뉘엿뉘엿** : 1. 해가 곧 지려고 산이나 지평선 너머로 조금씩 차츰 넘어가는 모양 2. 속이 몹시 메스꺼워 자꾸 토할 듯한 상태
- **닁큼닁큼** : 머뭇거리지 않고 잇따라 빨리
- **다독다독** : 1. 흩어지기 쉬운 물건을 모아 자꾸 가볍게 두드려 누르는 모양 2. 남의 약한 점을 따뜻이 어루만져 거듭 감싸고 달래는 모양
- **다문다문** : 1. 시간적으로 잦지 아니하고 좀 드문 모양 2. 공간적으로 배지 아니하고 사이가 좀 드문 모양
- **다붓다붓** : 여럿이 다 매우 가깝게 붙어 있는 모양
- **닥지닥지** : 1. 때나 먼지 따위가 많이 끼어 있는 모양 2. 작은 것들이 빽빽이 있는 모양

기출 Plus 지방직 9급 기출

01. 밑줄 친 단어의 뜻풀이로 바르지 않은 것은?

① 나이도 먹을 만큼 먹었는데 어쩌면 저렇게 숫저울까?
- 숫접다 : 순박하고 진실하다.

② 그녀는 그가 떠날까 저어하였다.
- 저어하다 : 염려하거나 두려워하다.

③ 나는 곰살궂게 이모의 팔다리를 주물렀다.
- 곰살궂다 : 일이나 행동이 적당하다.

④ 아이들이 놀이방에서 새살거렸다.
- 새살거리다 : 샐샐 웃으면서 재미있게 자꾸 지껄이다.

해 '곰살궂다'는 '태도나 성질이 부드럽고 친절하다', '꼼꼼하고 자세하다'라는 의미이다.

답 01 ③

기출 Plus 지방직 9급 기출

02. 괄호에 들어갈 숫자의 합은?

- 쌈 : 바늘 (　　) 개를 묶어 세는 단위
- 제(劑) : 한약의 분량을 나타내는 단위. 한 제는 탕약(湯藥) (　　) 첩
- 거리 : 한 거리는 오이나 가지 (　　) 개

① 80　② 82
③ 90　④ 94

해 '한 쌈'은 바늘 24개, '한 제'는 탕약 20첩, '한 거리'는 오이나 가지 50개이다. 이를 모두 합하면 '94'가 된다.

답 02 ④

- **달막달막** : 말할 듯이 입술이 자꾸 가볍게 열렸다 닫혔다 하는 모양
- **담상담상** : 드물고 성긴 모양
- **당글당글** : 작고 둥근 것이 단단하고 탄력 있는 모양
- **데걱데걱** : 크고 단단한 물건이 잇따라 가볍게 부딪치거나 부러지는 소리
- **데면데면** : 1. 사람을 대하는 태도가 친밀감이 없이 예사로운 모양 2. 성질이 꼼꼼하지 않아 행동이 신중하거나 조심스럽지 않은 모양
- **동강동강** : 긴 물체가 여러 작은 토막으로 잇따라 잘라지거나 끊어지는 모양
- **둥싯둥싯** : 굼뜨고 거추장스럽게 잇따라 움직이는 모양
- **모람모람** : 이따금씩 한데 몰아서
- **몰큰몰큰** : 냄새 따위가 자꾸 풍기는 듯한 모양
- **몽긋몽긋** : 나아가는 시늉만 하면서 앉은 자리에서 자꾸 머뭇거리는 모양
- **몽실몽실** : 1. 통통하게 살이 쪄서 매우 보드랍고 야들야들한 느낌이 있는 모양 2. 구름이나 연기 따위가 동글동글하게 뭉쳐서 가볍게 떠 있거나 떠오르는 듯한 모양
- **미적미적** : 1. 무거운 것을 조금씩 앞으로 자꾸 내미는 모양 2. 자꾸 꾸물대거나 망설이는 모양
- **민숭민숭** : 1. 몸에 털이 있어야 할 곳에 털이 없어 번번한 모양 2. 산에 나무나 풀이 우거지지 않아 번번한 모양 3. 술을 마시고도 취하지 않아 정신이 멀쩡한 모양
- **배죽배죽** : 언짢거나 비웃거나 울려고 할 때 소리 없이 입을 내밀고 샐룩거리는 모양
- **벌씸벌씸** : 코 따위 탄력 있는 물체가 자꾸 크게 벌어졌다 우므러졌다 하는 모양
- **봉곳봉곳** : 1. 군데군데 여러 곳이 다 조금 도도록하게 나오거나 높직이 솟아 있는 모양 2. 맞붙여 놓은 물건이 군데군데 여러 곳이 약간씩 들떠 있는 모양
- **부석부석** : 마른 물건이 잇따라 가볍게 부스러지는 소리. 또는 그 모양
- **북덕북덕** : 한곳에 많은 사람이 모여 매우 수선스럽게 뒤끓는 모양
- **비금비금** : 견주어 보아서 서로 비슷한 모양
- **비실비실** : 1. 흐느적흐느적 힘없이 자꾸 비틀거리는 모양 2. 비굴하게 눈치를 보며 행동하는 모양
- **빵싯빵싯** : 입을 예쁘게 벌리며 소리 없이 가볍고 보드랍게 살짝살짝 자꾸 웃는 모양
- **산들산들** : 1. 사늘한 바람이 가볍고 보드랍게 자꾸 부는 모양 2. 바람에 물건이 가볍고 보드랍게 자꾸 흔들리는 모양
- **산뜩산뜩** : 1. 갑자기 사늘한 느낌이 자꾸 드는 모양 2. 갑자기 놀라서 마음에

사늘한 느낌이 자꾸 드는 모양

- **살근살근** : 1. 물체가 서로 맞닿아 매우 가볍게 스치며 자꾸 비벼지는 모양 2. 힘을 들이지 않고 살그머니 가볍게 행동하는 모양
- **서걱서걱** : 1. 벼, 보리, 밀 따위를 잇따라 벨 때 나는 소리 2. 눈이 내리거나 눈 따위를 밟을 때 잇따라 나는 소리
- **서슴서슴** : 말이나 행동을 선뜻 결정하지 못하고 자꾸 머뭇거리는 모양
- **설핏설핏** : 1. 짜거나 엮은 것이 여럿이 다 거칠고 성긴 모양 2. 잠깐잠깐 나타나거나 떠오르는 모양. 3. 잠깐잠깐 풋잠이나 얕은 잠에 빠져드는 모양
- **소복소복** : 1. 쌓이거나 담긴 물건이 여럿이 다 볼록하게 많은 모양 2. 식물이나 털 따위가 여기저기 촘촘하고 길게 나 있는 모양
- **송골송골** : 땀이나 소름, 물방울 따위가 살갗이나 표면에 잘게 많이 돋아나 있는 모양
- **스멀스멀** : 벌레가 살에 자꾸 기는 것처럼 근질근질한 느낌
- **스적스적** : 물건이 서로 맞닿아 자꾸 비벼지는 소리. 또는 그 모양
- **슴벅슴벅** : 1. 눈꺼풀을 움직이며 눈을 자꾸 감았다 떴다 하는 모양 2. 눈이나 살 속이 찌르듯이 자꾸 시근시근한 모양
- **실긋실긋** : 물체가 자꾸 한쪽으로 비뚤어지거나 기울어지는 모양
- **실쭉샐쭉** : 1. 어떤 감정을 나타내면서 입이나 눈이 자꾸 실그러졌다 샐그러졌다 하며 움직이는 모양 2. 마음에 차지 아니하여서 좀 고까워하는 태도를 자꾸 나타내는 모양
- **싱숭생숭** : 마음이 들떠서 어수선하고 갈팡질팡하는 모양
- **씨엉씨엉** : 시원시원한 걸음걸이로 기운차게 걷는 모양
- **아귀아귀** : 음식을 욕심껏 입 안에 넣고 마구 씹어 먹는 모양
- **아늘아늘** : 1. 빠르고 가볍게 춤추듯이 잇따라 흔들리는 모양 2. 천이나 살갗 따위가 매우 얇고 부드러운 모양
- **아등바등** : 무엇을 이루려고 애를 쓰거나 우겨대는 모양
- **아롱다롱** : 여러 가지 빛깔의 작은 점이나 줄 따위가 고르지 아니하고 촘촘하게 무늬를 이룬 모양
- **아름아름** : 1. 말이나 행동을 분명히 하지 못하고 우물쭈물하는 모양 2. 일을 적당히 하고 눈을 속여 넘기는 모양
- **언뜻언뜻** : 1. 지나는 결에 잇따라 잠깐씩 나타나는 모양 2. 생각이나 기억 따위가 잇따라 문득문득 떠오르는 모양
- **우중우중** : 몸을 일으켜 서거나 걷는 모양
- **움찔움찔** : 깜짝 놀라 갑자기 몸을 잇따라 움츠리는 모양

Check Point

고유어 접두사

- **군-** : 1. '쓸데없는'의 뜻을 더하는 접두사 예 군것/군글자/군말/군살 2. '가외로 더한', '덧붙은'의 뜻을 더하는 접두사 예 군사람/군식구
- **날-** : '말리거나 익히거나 가공하지 않은'의 뜻을 더하는 접두사 예 날것/날고기/날장작
- **선-** : '서툰' 또는 '충분치 않은'의 뜻을 더하는 접두사 예 선무당/선웃음/선잠
- **핫-** : 1. '짝을 갖춘'의 뜻을 더하는 접두사 예 핫아비/핫어미 2. '솜을 둔'의 뜻을 더하는 접두사 예 핫것/핫바지/핫옷/핫이불

Check Point

표기에 주의해야 할 의성어나 의태어

- 각작각작(×) → 갉작갉작(○)
- 구비구비(×) → 굽이굽이(○)
- 블그락푸르락(×) → 붉으락푸르락(○)
- 우당탕탕거리다(×) → 우당탕거리다(○)
- 으시시(×) → 으스스(○)
- 주루루(×) → 주르르(○)
- 파드등파드등(×) → 파드득파드득(○)
- 할짝할짝(×) → 할짝할짝(○)

- **워석버석** : 얇고 뻣뻣한 물건이나 풀기가 센 옷 따위가 부스러지거나 서로 크게 스치는 소리. 또는 그 모양
- **잔득잔득** : 1. 녹진하고 차져 끈적끈적하게 자꾸 달라붙는 모양 2. 조금 검질겨서 자꾸 끊으려 해도 잘 끊어지지 아니하는 모양 3. 성질이나 행동이 꽤 검질기게 끈기가 있는 모양
- **주전주전** : 때를 가리지 아니하고 군음식을 점잖지 아니하게 자꾸 먹는 모양
- **지금지금** : 음식에 섞인 잔모래나 흙 따위가 거볍게 자꾸 씹히는 소리 또는 그 모양
- **지분지분** : 자꾸 짓궂은 말이나 행동으로 남을 귀찮게 하는 모양
- **지척지척** : 힘없이 다리를 끌면서 억지로 걷는 모양
- **질금질금** : 1. 액체 따위가 조금씩 자꾸 새어 흐르거나 나왔다 그쳤다 하는 모양 2. 물건 따위를 조금씩 자꾸 흘리는 모양
- **쭈뼛쭈뼛** : 1. 물건의 끝이 다 차차 가늘어지면서 삐쭉삐쭉하게 솟은 모양 2. 무섭거나 놀라서 머리카락이 자꾸 꼿꼿하게 일어서는 듯한 느낌 3. 어줍거나 부끄러워서 자꾸 주저주저하거나 머뭇거리는 모양
- **초롱초롱** : 1. 눈이 정기가 있고 맑은 모양 2. 별빛이나 불빛 따위가 밝고 또렷한 모양 3. 정신이 맑고 또렷한 모양 4. 목소리가 맑고 또렷한 모양
- **추근추근** : 성질이나 태도가 검질기고 끈덕진 모양
- **추적추적** : 1. 비나 진눈깨비가 자꾸 축축하게 내리는 모양 2. 자꾸 물기가 축축하게 젖어 드는 모양
- **카랑카랑** : 1. 목소리가 쇳소리처럼 매우 맑고 높은 모양 2. 하늘이 맑고 밝으며 날씨가 몹시 찬 모양
- **토실토실** : 보기 좋을 정도로 살이 통통하게 찐 모양
- **해끔해끔** : 군데군데 조금 하얗고 깨끗한 모양
- **해죽해죽** : 만족스러운 듯이 자꾸 귀엽게 살짝 웃는 모양
- **허전허전** : 1. 주위에 아무것도 없어서 몹시 또는 계속 공허한 느낌 2. 무엇을 잃거나 의지할 곳이 없어진 것같이 몹시 또는 계속 서운한 느낌 3. 몹시 또는 계속 느즈러져 안정감이 없는 느낌 4. 다리에 힘이 아주 없어 자꾸 쓰러질 것 같은 모양
- **허청허청** : 다리에 힘이 없어 잘 걷지 못하고 자꾸 비틀거리는 모양 '허정허정'보다 거센 느낌을 줌

(2) 기타 부사어

- **가르랑** : 목구멍에 가래 따위가 걸려 숨을 쉴 때 가치작거리는 소리

- 거슴츠레 : 졸리거나 술에 취하여서 눈이 정기가 풀리고 흐리멍덩하며 거의 감길 듯한 모양 ≒ 게슴츠레
- 걱실걱실히 : 성질이 너그러워 말과 행동을 시원스럽게 하는 모양
- 겅성드뭇 : 많은 수효가 듬성듬성 흩어져 있는 모양 ≒ 겅성드뭇이
- 곰비임비 : 물건이 거듭 쌓이거나 일이 계속 일어남을 나타내는 말
- 나부시 : 1. 작은 사람이 매우 공손하게 머리를 숙여 절하는 모양 2. 작은 사람이나 물체가 천천히 땅 쪽으로 내리거나 차분하게 앉는 모양
- 내리 : 1. 위에서 아래로 2. 잇따라 계속 3. 사정없이 마구
- 너부시 : 1. 큰 사람이 매우 공손하게 머리를 숙여 절하는 모양 2. 큰 사람이나 물체가 천천히 땅 쪽으로 내리거나 차분하게 앉는 모양
- 들떼놓고 : 꼭 집어 바로 말하지 않고
- 따따부따 : 딱딱한 말씨로 따지고 다투는 소리. 또는 그 모양
- 모로 : 바로 서거나 앉지 않고 약간 옆으로 비스듬히
- 무턱대고 : 잘 헤아려 보지도 아니하고 마구
- 미주알고주알 : 아주 사소한 일까지 속속들이 ≒ 고주알미주알
- 바투 : 1. 두 대상이나 물체의 사이가 썩 가깝게 2. 시간이나 길이가 아주 짧게
- 부스스 : 머리카락이나 털 따위가 몹시 어지럽게 일어나거나 흐트러져 있는 모양
- 사부자기 : 별로 힘들이지 않고 가볍게
- 시나브로 : 모르는 사이에 조금씩 조금씩
- 아슴푸레 : 1. 빛이 약하거나 멀어서 조금 어둑하고 희미한 모양 2. 또렷하게 보이거나 들리지 아니하고 희미하고 흐릿한 모양 3. 기억이나 의식이 분명하지 못하고 조금 희미한 모양
- 앙가조촘 : 1. 앉지도 서지도 아니하고 몸을 반쯤 굽히고 있는 모양 2. 이러지도 저러지도 못하고 조금 망설이는 모양
- 애면글면 : 몹시 힘에 겨운 일을 이루려고 갖은 애를 쓰는 모양
- 애오라지 : 1. '겨우'를 강조하여 이르는 말 2. '오로지'를 강조하여 이르는 말
- 어뜩비뜩 : 1. 행동이 바르거나 단정하지 못한 모양 2. 모양이나 자리가 이리저리 어긋나고 비뚤어져 한 줄에 고르게 놓이지 못한 모양
- 어슴푸레 : 1. 빛이 약하거나 멀어서 어둑하고 희미한 모양 2. 뚜렷하게 보이거나 들리지 아니하고 희미하고 흐릿한 모양 3. 기억이나 의식이 분명하지 못하고 희미한 모양
- 어슷비슷 : 1. 큰 차이가 없이 서로 비슷비슷한 모양 2. 이리저리 쏠리어 가지런하지 아니한 모양
- 어정버정 : 1. 하는 일 없이 이리저리 천천히 걷는 모양 2. 어색하고 부자연스

Check Point

시나브로

예 바람은 불지 않았으나 낙엽이 시나브로 날려 발밑에 쌓이고 있었다.

– 김용성, 「도둑 일기」

Check Point

고유어 접미사

- **-가웃** : 수량을 나타내는 표현에 사용된 단위의 절반 정도 분량의 뜻을 더하는 접미사 예 자가웃/말가웃/되가웃
- **-감** : '느낌'의 뜻을 더하는 접미사 예 우월감/책임감/초조감
- **-결** : '지나가는 사이', '도중'의 뜻을 더하는 접미사 예 꿈결/무심결/잠결
- **-새** : '모양', '상태', '정도'의 뜻을 더하는 접미사 예 걸음새/모양새/생김새/짜임새

럽게 행동하는 모양

- **오목조목** : 1. 고르지 아니하게 군데군데 동그스름하게 패거나 들어간 모양 2. 자그마한 것이 모여서 야무진 느낌을 주는 모양
- **재우** : 매우 재게
- **짐짓** : 1. 마음으로는 그렇지 않으나 일부러 그렇게 2. 과연
- **짜장** : 과연 정말로
- **티격태격** : 서로 뜻이 맞지 아니하여 이러니저러니 시비를 따지며 가리는 모양
- **판달리** : 아주 다르게
- **푸시시** : 불기가 있는 물건이 물 따위에 닿을 때에 나는 소리
- **함초롬** : 젖거나 서려 있는 모습이 가지런하고 차분한 모양 ≒ 함초롬히
- **함함하다** : 1. 털이 보드랍고 반지르르하다 2. 소담하고 탐스럽다
- **해사하다** : 1. 얼굴이 희고 곱다랗다 2. 표정, 웃음소리 따위가 맑고 깨끗하다 3. 옷차림, 자태 따위가 말끔하고 깨끗하다
- **흔전만전** : 1. 매우 넉넉하고 흔한 모양 2. 돈이나 물건 따위를 조금도 아끼지 아니하고 함부로 쓰는 듯한 모양
- **흠씬** : 1. 아주 꽉 차고도 남을 만큼 넉넉한 상태 2. 물에 푹 젖은 모양 3. 매 따위를 심하게 맞는 모양
- **흠칫** : 몸을 움츠리며 갑작스럽게 놀라는 모양

제2절 다양한 의미로 사용되는 말

1. 명사

(1) 길

① 지나갈 수 있게 땅 위에 낸 일정한 너비의 공간

② 걷거나 탈것을 타고 어느 곳으로 가는 노정 예 갈 길이 머니 지체하지 말자.

③ 어떤 자격이나 신분으로서 '주어진 일의 분야나 방면', '도리', '임무'
예 교사로서의 길을 가다.

④ 지향하는 방향이나 지침, 목적, 분야 예 민주화의 길, 근대화의 길

⑤ 시간이나 공간을 따라 거쳐 온 과정 예 우리 역사가 발전해 온 길을 더듬어 보자.

⑥ 어떠한 일을 하는 도중이나 기회 예 집으로 오는 길에 가게에 들렀다.

⑦ 어떤 일을 하자마자 바로 예 고향에 도착하는 길로 할아버지를 찾아갔다.

(2) 눈

① 시력, 물체를 볼 수 있는 능력

② 사물을 보고 판단하는 힘, 식견, 안목

③ 사물을 보는 관점이나 생각 예 그렇게 부정적인 눈으로 보지 마라.

④ 사람의 시선, 눈길 예 눈을 끌다.

⑤ 어떤 것을 보는 '표정'이나 '태도', '모양' 예 슬픈 눈으로 쳐다보았다.

⑥ 기대치 예 눈이 높아 결혼하기 어렵다.

⑦ 마음 예 처음 보는 순간 서로 눈이 맞았다.

(3) 손

① 어떤 사람의 '영향력'이나 '권력 · 권한이 미치는 범위', '손아귀'

② 육체적 노동을 하기 위한 '일손이나 노동력', '품'

③ 어떤 일을 처리하거나 해결할 수 있는 '힘이나 능력', '솜씨', '재주'

④ 어떤 것을 마음대로 다루는 사람의 '수완이나 꾀', '농간', '속임수'

⑤ 남의 집이나 상점 등을 방문한 사람(손님)

Check Point

'손'이 포함된 관용표현
- **손 치르다(손 겪다)** : 손님을 대접하다
- **손을 늦추다** : 사람이 긴장을 풀고 일을 더디게 하다.
- **손에 넘어가다** : 소유가 되다.
- **손에 넣다** : 완전히 자기 소유로 만들거나 자기 통제 아래에 두다.
- **손에 붙다** : 능숙해져 의욕과 능률이 오르다. 마음이 내키고 능률이 나다.
- **손 끊다** : 교제나 거래 관계를 중단하다.
- **손을 놓다** : 하던 일을 그만두다. 잠시 멈추다.
- **손을 떼다** : 하던 일을 중도에 그만두다.
- **손 벌리다** : 다른 사람에게 돈 등을 요구하다.
- **손 붙이다** : 어떤 일을 시작하다.
- **손 뻗치다** : 하지 않던 일까지 활동범위를 넓히거나 그 일을 한번 해보다.
- **손 쓰다** : 어떤 조치를 취하거나 대책을 세워 행하다.
- **손 씻다** : 부정적인 일이나 찜찜한 일에 대하여 관계를 청산하다.
- **손을 적시다** : 나쁜 일에 발을 들여놓다.
- **손이 거칠다** : 일을 다루는 솜씨가 세밀하지 못하다.
- **손이 걸다** : 일하는 솜씨가 좋다.
- **손 달리다** : 일손이 모자라다.
- **손 맵다** : (손으로) 슬쩍 때려도 몹시 아픔을 주다.
- **손 빠르다** : 일 처리가 빠르다.
- **손 싸다** : 일하는 손놀림이 몹시 빠르다.
- **손 크다** : 씀씀이가 후하고 크다.

꼭! 확인 기출문제

밑줄 친 말의 문맥적 의미가 같은 것은? [국가직 9급 기출]

고장 난 시계를 고치다.

① 부엌을 입식으로 고치다.
② 상호를 순 우리말로 고치다.
❸ 정비소에서 자동차를 고치다.
④ 국민 생활에 불편을 주는 낡은 법을 고치다.

해 ③ '고장 난 시계를 고치다'에서 '고치다'는 '고장이 나거나 못 쓰게 된 물건을 손질하여 제대로 되게 하다.'의 의미로 사용되었다. 이와 문맥적 의미가 같은 것은 '정비소에서 자동차를 고치다.'이다.
① '본디의 것을 손질하여 다른 것이 되게 하다'의 의미이다.
②·④ '이름, 제도 따위를 바꾸다'의 의미이다.

(4) 앞

① 장차 다가 올 시간, 이 시간 이후
② 나아가는 방향이나 장소
③ (방향이 있는 사물에서) 정면을 향하는 부분 예 그 건물은 앞이 뒤보다 지저분하다.
④ 먼저 지나간 시간이나 차례 예 앞선 세대의 조언을 참고할 필요가 있다.
⑤ 어떤 조건에 처한 현실이나 상태, 상황 예 어려운 현실 앞에서는 그도 어쩔 도리가 없었다.
⑥ '어떤 사람이 떠맡은 몫' 또는 '차례에 따라 돌아오는(받는) 몫' 예 외상값은 내 앞으로 달아 놓게.
⑦ (편지나 초대장 등에서 받는 사람의 이름 다음에 쓰여) '~에게'

(5) 얼굴

① 머리의 앞면인 신체의 일부
② 어떤 심리 상태가 나타난 '낯빛이나 표정', '형색(形色)'
③ 전체적인 윤곽, 생김새 예 얼굴이 잘 생겼다.
④ 어떤 사람의 모습 예 모임에 얼굴을 내비치다.
⑤ 잘 알려져 얻은 '평판이나 명예', '체면'
⑥ 어떤 분야에서 활약하는 사람, 어떤 사물을 대표하거나 진면목을 잘 드러내는 대상 예 새로운 얼굴을 대표로 뽑아야 한다.

Check Point

'얼굴'이 들어가는 관용구와 속담
- **얼굴 가죽이 두껍다** : 부끄러움을 모르고 염치가 없다.
- **얼굴만 쳐다본다** : 도움을 바라거나 기대하며 눈치만 본다.
- **얼굴에 똥칠하다** : 체면을 구기거나 명예를 더럽히다.
- **얼굴에 쓰이다** : 심리상태나 기분 등이 표정에 그대로 나타나다.
- **얼굴에 외꽃이 피다** : 병으로 얼굴이 누렇게 떠 있다.

(6) 이름

① 사람의 성(姓) 다음에 붙어 다른 사람과 구별하는 부르는 말
② 성과 이름을 아울러 칭하는 말 예 네 이름이 뭐냐?
③ 사물이나 단체, 지역 등의 칭호나 명칭
④ 세상에 널리 알려진 소문이나 평판, 명성, 명예, 체면, 체통 예 이름을 더럽히다.
⑤ 내세우는 구실이나 명분, 까닭 예 그 단체는 수재민 구호라는 이름으로 사기를 쳤다.
⑥ 대신 · 대표하는 명칭 예 대금 비용은 일단 회사 이름으로 달아 놓아라.

2. 동사 · 형용사

(1) 가볍다

① 무게가 적다.
② (실수나 죄, 질병 등의) 정도가 심하지 않다.
③ (중요성이나 가치 등이) 대수롭지 않고 예사롭다.
④ (동작이) 재빠르고 경쾌하다.
⑤ 움직임에 힘들임이 별로 없다. 예 방문을 가볍게 두드렸다.
⑥ (옷차림이나 마음 등이) 가뿐하고 경쾌하다.
⑦ (생각이나 언행 등이) 침착하지 못하고 경솔하다.
⑧ 식사가 단박하고 간단하다.
⑨ (소리가) 잔잔하면서 경쾌하다 예 경적을 가볍게 울리다.

(2) 들다

① (물건 등을) 잡아 위로 올리다.
② (몸의 한 부분을) 위로 올리다.
③ (음식 등을) 입을 통해 들여보내다(먹다).
④ (어떤 사실을 설명하거나 증명하기 위하여) 사실이나 예(例) 등을 가져다 대다.
⑤ 눈 또는 마음에 차거나 맞다. 예 그 옷이 맘에 들었다.
⑥ (어떤 일에 돈이나 물자, 시간, 노력 등이) 필요하게 되거나 쓰이게 되다.
예 그 할머니를 설득하는 것은 무척 힘이 든다.

Check Point

'들다'가 들어가는 관용구와 속담
- **들었다 놓다** : 몹시 떠들썩하게(시끄럽게) 하다.
- **드는 돌에 낯 붉는다** : 세상의 모든 것이 원인이 있어야 결과가 있게 된다.
- **들고 나니 초롱꾼** : 초롱을 들고 나서면 초롱꾼이 된다(사람은 어떤 일이라도 다 할 수 있다).

⑦ (사람이 어떤 곳의 안으로) 움직여 들어서다.
⑧ 손에 가지다. 예 항상 손에 펜을 들고 다닌다.
⑨ (내용물이나 성분 또는 일부분으로) 담기거나 포함되다.
⑩ 날이 날카로워 물건이 잘 베어지다.
⑪ (물건이나 음식 등에 빛깔이나 색, 맛 등이) 배거나 스며들다.
⑫ (햇빛이나 햇볕, 비 등이) 일정한 범위까지 비추거나 미치다.

(3) 무겁다

① (물건 등의) 무게가 많다.
② 책임이나 부담이 크다(중대하다).
③ 기운이나 힘이 빠져서 움직이기 힘들다. 예 발걸음이 무겁다.
④ 동작이 둔하고 느리다. 예 자동차 바퀴가 무겁게 돌아간다.
⑤ (질병, 죄 등의) 상태나 정도가 심하다(깊다, 위중하다, 크다, 대단하다).
⑥ 언행이 신중하고 조심스럽다.
⑦ 소리가 깊고 그윽하다. 예 이 악기는 소리가 무겁게 들린다.
⑧ (뜻이나 내용 등이) 어렵거나 깊이가 있다.
⑨ 분위기나 기분 등이 진지하고 심각하다(어둡다, 가라앉다).
예 그의 등장으로 분위기가 무거웠다.

(4) 미치다

① (분량이나 수치 등이 일정 기준치나 수준에) 닿거나 이르다.
예 공급 수요에 못 미친다. 그녀의 점수는 합격선에 미치지 못했다.
② (어떤 대상이 다른 대상이나 장소에) 이르거나 닿게 되다.
③ (어떤 대상이 다른 대상에) 영향(영향력)이나 작용 등을 가하다(주다).
예 그 사건은 판매에 영향을 미쳤다. 금융 위기의 여파는 우리나라에도 미쳤다.
④ (생각이나 화제의 내용이 어떠한 수준이나 상태에) 닿거나 이르다.
⑤ (힘이나 능력 따위가) 어떤 일을 이루는 데에까지 이르다. 예 거기까지는 힘이 미치지 못한다.
⑥ 정신 이상이 생겨 언행 등이 정상적이지 않은 상태로 되다.
⑦ (어떤 것에) 관심을 보이는 정도가 지나치게 심하거나 비정상적으로 열중하다.

(5) 받다

① (떨어지거나 던지는 물건 등을) 손으로 잡다.
② (다른 사람에게 받은 돈이나 물건 등을) 응하여 자기의 것으로 가지다.
  예 선물을 받다.
③ 어떤 행동이나 심리적 작용 등을 당하거나 입다. 예 처벌을 받다. 지배를 받다.
④ (소식, 통보, 전갈 등을) 접하여 듣다.
⑤ 명령 또는 부탁, 초청 등을 접하여 알게 되다.
⑥ (찾아온 손님, 방문객 등을) 맞아서 안에 들게 하다.
⑦ (액체나 가루를 그릇 등에) 흐르거나 떨어져 담기게 하다.
⑧ 점수나 성적, 학위 등을 얻어내거나 따다.
⑨ (어떤 내용을) 가르쳐 주는 대로 배우고 습득하다. 예 강의를 받다.
⑩ (힘이나 영향 등을) 남에게서 얻게 되다.
⑪ 빛이나 볕, 열, 바람 등의 기운이 닿다.
  예 두 사람은 달빛을 받으며 나란히 누워있었다.
⑫ (음식이나 술 등이) 비위에 맞아 거부감이 없이 먹히다.
⑬ (색깔이나 모양, 꾸밈새 등이) 어울리거나 조화를 이루다.
  예 피부가 고와서 화장이 잘 받는다.
⑭ 머리나 뿔로 세게 밀어 부딪치다.

(6) 보다

① 어떤 사람이나 사건을 어떠하다고 생각하거나 평가하다.
② (책 · 신문 등을) 읽거나 구독하다.
③ (아이 · 집 등을) 맡아서 보살피다, 지키다.
④ (공연 · 예술품 등을) 관람하다, 감상하다.
⑤ 전망하다, 앞날을 헤아려 내다보다.
⑥ 만나다, 얼굴을 마주 대하다.
⑦ 일 · 역할 등을 맡아하거나 처리하다.
⑧ 결과 · 성과 · 결실 등을 이끌어 내다.
⑨ 미각을 통해 느끼다.
⑩ 손해 · 이익 등을 입거나 얻다.
⑪ (의사가 환자를) 진찰(진료)하다.
⑫ 들러서 물건 등을 사다.

기출 Plus 국가직 7급 기출

01. 밑줄 친 말의 문맥적 의미와 가장 가까운 것은?

> 나는 우리 회사의 장래를 너에게 걸었다.

① 이 작가는 이번 작품에 생애를 걸었다.
② 우리나라는 첨단 산업에 승부를 걸었다.
③ 마지막 전투에 주저 없이 목숨을 걸었다.
④ 그는 친구를 보호하기 위해 자신의 직위를 걸었다.

해 밑줄 친 '걸었다'의 의미는 '앞으로 일어날 일에 대한 희망을 품거나 기대하다.'라는 의미이다. ②의 '우리나라는 첨단 산업에 승부를 걸었다.' 또한 같은 의미로 풀이할 수 있다. ①, ③, ④의 '걸다'는 자신 또는 타자에게 중요한 것을 담보 삼아 거는 것을 의미한다.

답 01 ②

(7) 부치다

① 편지나 물건, 돈 등을 상대에게 보내다.
② (사실을 비밀이나 불문으로 하여) 더 이상 거론하지 않는 상태로 있게 하다.
③ (어떤 문제를 표결이나 회의, 재판 등에) 공공의 논의 대상으로 내놓다.
예 중요한 안건을 회의에 부쳤다.
④ 논밭을 이용하여 농사를 짓다. 예 부쳐 먹을 땅이 하나도 없다.
⑤ (부채 등을) 흔들어서 바람을 일으키다.
⑥ 힘이나 실력 등이 모자라거나 미치지 못하다.
⑦ (잠이나 식사 등을) 다른 곳에 정하여 두고 하다(남에게 신세를 지다).
예 오빠 집에 부치어 지내다.

(8) 사다

① (물건이나 권리 등을) 대가나 값을 치르고 자기 것으로 만들다.
② (다른 사람에게 음식 등을) 함께 먹기 위해 값을 치르다.
③ 대가를 치르고 사람을 부리다. 예 일꾼을 사다.
④ (타인의 태도나 어떤 일의) 가치를 인정하다. 예 그의 근면함을 높이 샀다.
⑤ (다른 사람에게 호감 또는 원한, 비난, 의심 등의) 감정을 가지게 하다.
⑥ (하지 않아도 되는 일이나 고생 등을) 일부러 하다. 예 젊어서 고생은 사서도 한다.

(9) 세다(형용사)

① (기운이나 힘이) 보통을 넘어 많다.
② (고집이나 입심, 콧대 등이) 굳고 강하다.
③ (물이나 불, 바람 등의) 기세가 크거나 빠르다(더하다).
④ 능력이나 수준 등의 정도가 높거나 심하다. 예 술이 세다. 아주 센 팀을 상대하게 되었다.
⑤ (정도나 강도가) 지나치게 높거나 심하다. 예 그렇게 큰 집은 값이 세서 부담스럽다.
⑥ (사람이나 사물의 표면이) 딱딱하고 거칠다. 예 피부는 나무껍질처럼 세었다.
⑦ (바둑, 장기 등에서) 수나 실력이 높다.
⑧ 운수나 팔자, 사주, 터 등이 강하다(사납다, 나쁘다). 예 우물 옆에 있는 큰 집은 집터가 세다.

Check Point

'세다'(동사)의 의미
- (사물이나 사람 등의) 수효를 헤아리거나 꼽다.
- (머리털이) 하얗게 되다.
- (얼굴의 혈색이) 보이지 않게 되다.

(10) 알아보다

① (어떤 것을) 알기 위해 자세히 조사하거나 살펴보다.

예 진상을 알아보다. 교통편을 알아보다.

② (사람이 대상을) 다시 볼 때에 잊지 않고 기억하다.

③ (사람이 대상을) 눈으로 보고 분간하다(식별하다).

예 그녀는 멀리서도 나를 쉽게 알아보았다.

④ (무엇의 가치나 능력, 의미 등을) 헤아려 이해하다.

예 책의 가치를 알아보다. 사람의 됨됨이를 알아보다.

⑤ (사람이 글이나 글씨 따위를) 보고 그 뜻을 깨닫다.

예 그 글씨는 선생님께서도 알아보지 못하였다.

⑥ (사람이 직장이나 일거리 따위를) 구하려고 살피다.

제2장

한자어

제1절 한자의 기초

1. 한자의 표현

한자는 사물의 모양을 본떠서 만든 글자이기 때문에 각 글자마다 특정한 뜻을 내포하고 있는 표의문자(表意文字)이다.

예 '日'은 해를 보고 만들었는데, 이 글자는 '날(하루)'이라는 뜻을 가지며, '일'이라고 읽는다.

Check Point

한자의 3요소

- **모양[形]** : 한자와 한자가 각각 시각적으로 구분되는 요소로 한자가 지니고 있는 자체의 글자 형태
- **소리[音]** : 한자를 읽는 음을 말하며, 한자도 1자 1음이 원칙이기는 하나, 우리의 한글과 달리 1자 2음 또는 1자 3음의 예도 있다.
- **뜻[義]** : 한자가 지니고 있는 의미를 말하는데, 한자의 뜻을 우리말로 새긴 것을 훈(訓)이라고 한다.

2. 한자의 구성(육서)

글자의 창조 원리	상형(象形)	구체적인 사물의 모양을 본떠서 만든 문자 예 日, 月, 山, 川, 人, 水, 雨, 手, 足, 目
	지사(指事)	추상적인 뜻을 점이나 선으로 표시한 문자 예 一, 二, 三, 四, 七, 八, 上, 中, 下, 本, 末, 寸, 丹
글자의 결합 원리	회의(會議)	두 개 이상의 글자를 그 뜻으로 합쳐 새로운 뜻으로 만든 글자 예 日(날일)+月(달월) → 明(밝을 명)
	형성(形聲)	뜻 부분과 음 부분의 결합으로 만든 문자 예 門(문 문 : 음)+口(입 구 : 뜻) → 問 (물을 문)
글자의 운용 원리	전주(轉注)	이미 만들어진 문자를 가지고 유추하여 다른 뜻으로 쓰는 문자 예 惡 ┌악할 악 : 惡習(악습), 惡鬼(악귀) ├미워할 오 : 憎惡(증오), 惡寒(오한) └부끄러워할 오 : 羞惡之心(수오지심)
	가차(假借)	이미 있는 글자의 뜻에 관계없이 음이나 형태를 빌려 쓰는 문자 예 아시아(Asia) → 아세아(亞細亞), 당당하다 → 堂堂하다

3. 한자의 부수(部首)

(1) 부수의 개념

부수란 옥편이나 자전에서 한자를 찾는 데 필요한 길잡이가 되는 글자로서, 소리 글자인 한글의 자모나 영어의 알파벳에 해당된다.

(2) 제부수 글자

一(일) 二(이) 人(인) 入(입) 八(팔) 刀(도) 力(력)
又(우) 口(구) 土(토) 士(사) 夕(석) 大(대) 女(녀)
子(자) 寸(촌) 小(소) 山(산) 工(공) 己(기) 巾(건)
干(간) 弓(궁) 心(심) 文(문) 斗(두) 日(일) 曰(왈)
月(월) 木(목) 止(지) 水(수) 火(화) 父(부) 瓦(와)
甘(감) 用(용) 皮(피) 石(석) 穴(혈) 立(립) 老(로)
耳(이) 肉(육) 臣(신) 至(지) 蟲(충) 血(혈) 行(행)
見(견) 角(각) 言(언) 谷(곡) 貝(패) 赤(적) 走(주)
足(족) 身(신) 車(거) 辰(진) 邑(읍) 金(금) 長(장)
門(문) 雨(우) 靑(청) 面(면) 革(혁) 音(음) 風(풍)
飛(비) 食(식) 首(수) 香(향) 馬(마) 骨(골) 高(고)
鬼(귀) 魚(어) 鳥(조) 鹿(록) 麥(맥) 麻(마) 黃(황)
黑(흑) 鼎(정) 鼓(고) 鼠(서) 鼻(비) 齊(제) 齒(치)
龍(룡) 龜(귀)

Check Point

자전 찾기
자전은 부수에 따라 배열된 것으로, 부수의 획수가 적은 것부터 차례대로 수록되어 있다. 자전을 찾을 때는 부수 색인, 자음 색인, 총획 색인을 활용한다.

제2절 한자어의 구조

1. 한자어의 결합 관계

병렬 관계	유사 관계	뜻이 같거나 비슷한 한자끼리의 결합 예 星辰(성신 : 별), 海洋(해양 : 바다)
	대립 관계	뜻이 서로 반대되는 글자끼리의 결합 예 上下(상하 : 위와 아래), 天地(천지 : 하늘과 땅), 高低(고저 : 높고 낮음)
	대등 관계	뜻이 서로 대등한 글자끼리의 결합 예 草木(초목), 松柏(송백), 禽獸(금수)

병렬 관계	첩어 관계	똑같은 글자가 겹쳐 이루어진 결합 예 代代(대대), 正正堂堂(정정당당)
	융합 관계	한자의 뜻이 융합되어 쪼갤 수 없는 관계 예 光陰(광음), 春秋(춘추)
	일방 관계	한자가 병렬되었으나 한쪽의 뜻만 나타내는 관계 예 多少(다소)
수식 관계	관형어+체언	예 老人(노인 : 늙은 사람), 落葉(낙엽 : 떨어지는 잎), 流水(유수 : 흐르는 물)
	부사어+용언	예 徐行(서행 : 천천히 가다), 必勝(필승 : 반드시 이긴다)
주술 관계		'주어+서술어'의 형태 예 夜深(야심 : 밤이 깊다), 山高水麗(산고수려 : 산은 높고 물은 맑다)
술목 관계		'서술어+목적어'의 형태 예 讀書(독서 : 책을 읽다), 植木(식목 : 나무를 심다)
술보 관계		'서술어+보어'의 형태 예 登山(등산 : 산에 오르다), 下車(하차 : 차에서 내리다)
융합 관계		두 말이 합쳐져서 다른 뜻을 형성하는 경우 예 春秋(춘추 : 봄과 가을 → 나이)

2. 허사의 이해

(1) 於(= 于, 乎)

① 처소(장소) : ~에, ~에서 예 讀書於三角山 → 삼각산에서 독서를 하다.

② 시간 : ~에, ~에서 예 三歲之習至于八十 → 세살 버릇이 여든까지 간다.

③ 대상, 목적 : ~에게, ~에, ~을 예 己所不欲 勿施於人 → 자기가 하고 싶지 않은 것을 남에게도 시키지 말라.

④ 비교 : ~보다 예 霜葉 紅於二月花 → 서리 맞은 잎이 2월의 꽃보다 붉다.

(2) 以

① 도구, 수단, 방법, 자료 : '~으로, ~으로써, ~을 가지고' 등으로 해석 예 君使臣以禮 → 임금은 신하를 예로써 부린다.

② ~때문에, ~로 인하여 : 예 非以其無私邪 → 그 사사로움이 없기 때문이 아니겠는가?

③ 以 A 爲 B : A를 B라고 여기다(생각하다), A를 B로 삼다 예 虎以爲然 → 호랑이는 그렇다고 여기었다.

(3) 之

① 관형격(소유격)조사 : '~의'로 해석 예 君子之德 → 군자의 덕

② 주격조사 : '~이, ~가, ~은, ~는' 등으로 해석 예 止天之亡我 → 이것은 하늘

기출 Plus 국가직 9급 기출

01. 밑줄 친 부분에 들어갈 한자어로 가장 적절한 것은?

> ______(이)란 이익과 관련된 갈등을 인식한 둘 이상의 주체들이 이를 해결할 의사를 가지고 모여서 합의에 이르기 위해 대안들을 조정하고 구성하는 공동 의사 결정 과정을 말한다.

① 協贊 ② 協奏
③ 協助 ④ 協商

해 제시문은 둘 이상의 주체들이 합의에 이르기 위해 공동으로 의사를 결정하는 과정을 의미하므로, 밑줄 친 빈칸에 들어갈 한자어로는 '협상(協商)'이 가장 적절하다.

답 01 ④

이 나를 망하게 하는 것이다.

③ 관형사형 어미 : '~한~, ~하는~' 등으로 해석 예 適善之家 → 선을 쌓는 집

④ 동사 : '~에 가다'로 해석 예 孟子之平陸 → 맹자께서 평륙에 가다.

⑤ 지시대명사 : '그, 그것' 등으로 해석 예 結者解之 → 맺은 사람이 그것을 풀어야 한다.

(4) 而

① 순접 : '그리고, 그리하여, 그래서, ~하면서'로 해석 예 兄怪而問之 → 형이 괴이하게 여겨서 그 까닭을 물어보았다.

② 역접 : '그러나, 그런데도'로 해석 예 異業而同道 → 하는 일은 다르나 길은 같다.

(5) 與

① 접속사 : '~와, ~과'의 뜻으로 쓰임 예 禮與食孰重 → 예와 식은 어느 것이 중요한가?

② 전치사 : '~더불어, ~와 함께'의 뜻으로 쓰임 예 與人同處 → 남과 더불어 살다.

③ 의문 반어 감탄형종결조사 : ~인가, ~하였는가? 예 燕可伐與 → 연나라를 칠 수 있겠습니까?

④ 비교 : ~하기보다는 차라리 ~이 낫다(하는 것만 못하다) 예 與其生辱 不如死快 → 살아서 모욕을 당하기보다는 죽어서 쾌한 것이 낫다.

Check Point

한자어의 장단음

- 가장(家長) – 가:장(假裝)
- 가정(家庭) – 가:정(假定)
- 경계(境界) – 경:계(警戒)
- 난민(難民) – 난:민(亂民)
- 면직(綿織) – 면:직(免職)
- 경비(經費) – 경:비(警備)
- 모자(帽子) – 모:자(母子)
- 무력(無力) – 무:력(武力)
- 부자(父子) – 부:자(富者)
- 부정(不正) – 부:정(否定)
- 천직(天職) – 천:직(賤職)
- 성인(成人) – 성:인(聖人)
- 선전(宣傳) – 선:전(善戰)
- 시계(時計) – 시:계(視界)
- 방문(方文) – 방:문(訪問)
- 서론(書論) – 서:론(序論)
- 선거(仙居) – 선:거(選擧)
- 성명(成名) – 성:명(盛名)
- 여론(餘論) – 여:론(輿論)
- 이상(泥狀) – 이:상(異狀)
- 자문(自問) – 자:문(諮問)
- 정가(庭柯) – 정:가(定價)
- 훈수(薰修) – 훈:수(訓手)
- 회의(回議) – 회:의(會議)

제3절 한자어의 실제

1. 익혀두어야 할 한자어

ㄱ

가식(假飾) : 1. 말이나 행동 따위를 거짓으로 꾸밈 2. 임시로 장식함

각성(覺醒) : 1. 깨어 정신을 차림 2. 깨달아 앎

각축(角逐) : 서로 이기려고 다투며 덤벼듦

간과(看過) : 큰 관심 없이 대강 보아 넘김

간성(干城) : '방패와 성'이라는 뜻으로, 나라를 지키는 믿음직한 군대나 인물을 이르는 말

간주(看做) : 상태, 모양, 성질 따위가 그와 같다고 봄. 또는 그렇다고 여김

간헐(間歇) : 얼마 동안의 시간 간격을 두고 되풀이하여 일어났다 쉬었다 함

개전(改悛) : 행실이나 태도의 잘못을 뉘우치고 마음을 바르게 고쳐먹음

객수(客愁) : 객지에서 느끼는 쓸쓸함이나 시름

게시(揭示) : 여러 사람들에게 알리기 위하여 내붙이거나 내걸어 두루 보게 함

견문(見聞) : 1. 보고 들음 2. 보거나 듣거나 하여 깨달아 얻은 지식

경색(梗塞) : 1. 소통되지 못하고 막힘 2. 혈액 속에 떠다니는 혈전(血栓) 따위의 물질이 혈관을 막는 일 이로 인하여 혈액 순환이 잘되지 않아 영양 공급이 중단되며 그 부위의 세포 조직이 죽게 됨

경시(輕視) : 대수롭지 않게 보거나 업신여김

경원(敬遠) : 1. 공경하되 가까이하지는 않음 2. 겉으로는 공경하는 체하면서 실제로는 꺼리어 멀리함

경주(傾注) : 1. 물 따위를 기울여 붓거나 쏟음 2. 힘이나 정신을 한곳에만 기울임

경질(硬質) : 단단하고 굳은 성질

계륵(鷄肋) : '닭의 갈비'라는 뜻으로 그다지 소용은 없으나 버리기에는 아까운 것을 이르는 말

계시(啓示) : 1. 깨우쳐 보여 줌 2. 사람의 지혜로서는 알 수 없는 진리를 신(神)이 가르쳐 알게 함

고갈(枯渴) : 1. 물이 말라서 없어짐 2. 어떤 일의 바탕이 되는 돈이나 물자, 소재, 인력 따위가 다하여 없어짐 3. 느낌이나 생각 따위가 다 없어짐

고루(固陋) : 낡은 관념이나 습관에 젖어 고집이 세고 새로운 것을 잘 받아들이지 아니함

고배(苦杯) : 1. 쓴 술이 든 잔 2. 쓰라린 경험을 비유적으로 이르는 말

고언(古諺) : 예부터 전해 내려오는 속담

고역(苦役) : 몹시 힘들고 고되어 견디기 어려운 일

고혹(蠱惑) : 아름다움이나 매력 같은 것에 홀려서 정신을 못 차림

골계(滑稽) : 익살을 부리는 가운데 어떤 교훈을 주는 일

골자(骨子) : 말이나 일의 내용에서 중심이 되는 줄기를 이루는 것

공모(公募) : 일반에게 널리 공개하여 모집함

공약(公約) : 정부, 정당, 입후보자 등이 어떤 일에 대하여 국민에게 실행할 것을 약속함

공황(恐慌) : 근거 없는 두려움이나 공포로 갑자기 생기는 심리적 불안 상태

Check Point

계륵(鷄肋)

삼국시대의 유비와 조조가 한중(漢中) 쟁탈전을 벌이던 때에 넉넉했던 유비의 병참과는 달리 조조는 병참을 소홀히 하여 내부 질서가 문란하고 어수선했다. 이에 조조의 주부(主簿)인 양수가 조조가 닭갈비를 들었다 놓았다 하기만 하는 것을 보고 "닭의 갈비는 먹으려 하면 먹을 게 없고, 그렇다고 버리기도 아까운 것이니, 승상께서 한중을 여기에 비유한 것은 군대를 철수하려 함이오."라고 말했다는 데서 유래한다.

과시(過時) : 때가 지남

관건(關鍵) : 1. 문빗장과 자물쇠를 아울러 이르는 말 2. 어떤 사물이나 문제 해결의 가장 중요한 부분

광음(光陰) : 빛과 그늘, 즉 낮과 밤이라는 뜻으로 시간이나 세월을 이름

괴리(乖離) : 서로 어그러져 동떨어짐

괴멸(壞滅) : 조직이나 체계 따위가 모조리 파괴되어 멸망함

괴벽(怪癖) : 괴이한 버릇

교란(攪亂) : 마음이나 상황 따위를 뒤흔들어서 어지럽고 혼란하게 함

구가(謳歌) : 1. 여러 사람이 입을 모아 칭송하여 노래함 2. 행복한 처지나 기쁜 마음 따위를 거리낌 없이 나타냄. 또는 그런 소리

구각(舊殼) : 낡은 껍질이라는 뜻으로, 시대에 맞지 않는 옛 제도나 관습 따위를 이르는 말

구황(救荒) : 흉년 따위로 기근이 심할 때 빈민들을 굶주림에서 벗어나도록 도움

구휼(救恤) : 사회적 또는 국가적 차원에서 재난을 당한 사람이나 빈민에게 금품을 주어 구제함

권면(勸勉) : 알아듣도록 권하고 격려하여 힘쓰게 함

궤변(詭辯) : 상대편을 이론으로 이기기 위하여 상대편의 사고(思考)를 혼란시키거나 감정을 격앙시켜 거짓을 참인 것처럼 꾸며 대는 논법

귀감(龜鑑) : 거울로 삼아 본받을 만한 모범

귀추(歸趨) : 일이 되어 가는 형편

규탄(糾彈) : 잘못이나 옳지 못한 일을 잡아내어 따지고 나무람

균열(龜裂) : 1. 거북의 등에 있는 무늬처럼 갈라져 터짐 2. 친하게 지내는 사이에 틈이 남

근황(近況) : 요즈음의 상황

금자탑(金字塔) : 1. '金'자 모양의 탑이라는 뜻으로, 피라미드를 이르던 말 2. 길이 후세에 남을 뛰어난 업적을 비유적으로 이르는 말

기린아(麒麟兒) : 지혜와 재주가 썩 뛰어난 사람

기아(飢餓) : 굶주림

기우(杞憂) : 앞일에 대해 쓸데없는 걱정을 함 또는 그 걱정

기제(機制) : 인간의 행동에 영향을 미치는 심리의 작용이나 원리

기지(機智) : 경우에 따라 재치 있게 대응하는 지혜

기치(旗幟) : 1. 예전에 군에서 쓰던 깃발 2. 일정한 목적을 위하여 내세우는 태도나 주장

기탄(忌憚) : 어렵게 여겨 꺼림

Check Point

기우(杞憂)
옛날 중국 기(杞)나라에 살던 한 사람이 '만일 하늘이 무너지면 어디로 피해야 좋을 것인가?' 하고 침식을 잊고 걱정하였다는 데서 유래한다.

ㄴ

나락(奈落) : 1. 불교에서 말하는 지옥 2. 벗어나기 어려운 절망적인 상황을 비유적으로 이르는 말
낙오(落伍) : 1. 대오에서 처져 뒤떨어짐 2. 사회나 시대의 진보에 뒤떨어짐
낙인(烙印) : 1. 쇠붙이로 만들어 불에 달구어 찍는 도장 2. 다시 씻기 어려운 불명예스럽고 욕된 판정이나 평판을 이르는 말
난만(爛漫) : 1. 꽃이 활짝 많이 피어 화려함 2. 광채가 강하고 선명함 3. 주고받는 의견이 충분히 많음
난항(難航) : 1. 폭풍우와 같은 나쁜 조건으로 배나 항공기가 몹시 어렵게 항행함 2. 여러 가지 장애 때문에 일이 순조롭게 진행되지 않음을 비유적으로 이르는 말
날인(捺印) : 도장을 찍음
날조(捏造) : 사실이 아닌 것을 사실인 것처럼 거짓으로 꾸밈
남상(濫觴) : 사물의 처음이나 기원을 이르는 말
내력(來歷) : 1. 지금까지 지내온 경로나 경력 2. 일정한 과정을 거치면서 이루어진 까닭
노독(路毒) : 먼 길에 지치고 시달려서 생긴 피로나 병
노익장(老益壯) : 늙었지만 의욕이나 기력은 점점 좋아짐
노정(路程) : 목적지까지의 거리. 또는 목적지까지 걸리는 시간
녹피(鹿皮) : 사슴의 가죽
농성(籠城) : 1. 적에게 둘러싸여 성문을 굳게 닫고 성을 지킴 2. 어떤 목적을 이루기 위하여 한자리를 떠나지 않고 시위함
농후(濃厚) : 1. 맛, 빛깔, 성분 따위가 매우 짙음 2. 어떤 경향이나 기색 따위가 뚜렷함
뇌쇄(惱殺) : 애가 타도록 몹시 괴로워함 또는 그렇게 괴롭힘. 특히 여자의 아름다움이 남자를 매혹하여 애가 타게 함을 이름
누항(陋巷) : 1. 좁고 지저분하며 더러운 거리 2. 자기가 사는 거리나 동네를 겸손하게 이르는 말
눌변(訥辯) : 더듬거리는 서툰 말솜씨
능욕(陵辱) : 남을 업신여겨 욕보임

Check Point

남상(濫觴)
남상은 술잔에 겨우 넘칠 만큼의 적은 물이라는 뜻이다. 옛날 공자(孔子)가 어느 날, 화려한 옷을 입고 나타난 자신의 제자 자로에게 양쯔 강 같은 큰 하천도 그 근원은 잔을 띄울 만큼 가늘게 흐르는 시냇물일 뿐이라고 말하며 모든 일은 시초가 중요하고 그것이 나쁘면 갈수록 심해진다는 것을 깨우쳐 주려고 했던 것에서 유래한다.

ㄷ

다담(茶啖) : 손님을 대접하기 위하여 내놓은 다과(茶菓) 따위 ≒ 차담(茶啖)

단말마(斷末魔) : 1. 임종(臨終)을 달리 이르는 말 2. 숨이 끊어질 때의 모진 고통

담수(淡水) : 짠맛이 없는 맑은 물. 단물

담합(談合) : 1. 서로 의논하여 합의함 2. 경쟁 입찰을 할 때에 입찰 참가자가 서로 의논하여 미리 입찰 가격이나 낙찰자 따위를 정하는 일

당면(當面) : 바로 눈앞에 당함

도야(陶冶) : 훌륭한 사람이 되도록 몸과 마음을 닦아 기름을 비유적으로 이르는 말

도원경(桃源境) : 이 세상이 아닌 무릉도원처럼 아름다운 경지 = 이상향

도외시(度外視) : 상관하지 아니하거나 무시함

동요(動搖) : 1. 물체 따위가 흔들리고 움직임 2. 생각이나 처지가 확고하지 못하고 흔들림 3. 어떤 체제나 상황 따위가 혼란스럽고 술렁임

두찬(杜撰) : 1. 전거나 출처가 확실하지 못한 저술 2. 틀린 곳이 많은 작품

등용문(登龍門) : 어려운 관문을 통과하여 크게 출세하게 됨 또는 그 관문을 이르는 말

꼭! 확인 기출문제

밑줄 친 단어와 바꿔 쓸 수 있는 한자어로 가장 적절한 것은? [지방직 9급 기출]

① 그는 가수가 되려는 꿈을 버리고 직장을 구했다.
→ 遺棄하고

② 휴가철인 7~8월에 버려지는 반려견들이 가장 많다.
→ 根絶되는

❸ 그는 집 앞에 몰래 쓰레기를 버리고 간 사람을 찾고 있다.
→ 投棄하고

④ 취직하려면 그녀는 우선 지각하는 습관을 버려야 할 것이다.
→ 抛棄해야

해 ③ '가지거나 지니고 있을 필요가 없는 물건을 내던지거나 쏟거나 하다'의 의미이므로 '내던져 버림'이라는 뜻을 가진 '投棄(투기)'로 바꿔 쓸 수 있다.

Check Point

한자 융합합성어

- 갈등(葛藤) : [칡+등나무]=서로 적대시하거나 충돌함
- 강산(江山) : [강+산]=자연
- 고취(鼓吹) : [북+불다(피리)]=의견이나 사상 따위를 열렬히 주장하여 불어넣음
- 광음(光陰) : [빛+그늘]=시간, 세월
- 금슬(琴瑟) : [거문고+비파]=부부간의 정
- 모순(矛盾) : [창+방패]=말의 앞뒤가 맞지 않음
- 사직(社稷) : [토지 신+곡식 신]=나라 또는 조정
- 산수(山水) : [산+물]=자연
- 세월(歲月) : [해+달]=흘러가는 시간
- 연세(年歲) : [해+해]=나이를 높여 부르는 말
- 주야(晝夜) : [밤+낮]=늘, 항상
- 풍수(風水) : [바람+물]=집이나 무덤의 자리가 사람의 화복(禍福)과 관계된다는 학설
- 춘추(春秋) : [봄+여름]=나이
- 회자(膾炙) : [회+구운고기]=칭찬을 받으며 입에 자주 오르내림
- 흑백(黑白) : [검다+희다]=옳고 그름

ㅁ

마모(磨耗) : 마찰 부분이 닳아서 없어짐
망중한(忙中閑) : 바쁜 가운데 잠깐 얻어 낸 틈
매몰(埋沒) : 보이지 않게 파묻히거나 파묻음
매진(邁進) : 어떤 일을 전심전력을 다하여 해 나감
맹아(萌芽) : 1. 움* 2. 사물의 시초가 되는 것
명맥(命脈) : 1. 맥(脈)이나 목숨이 유지되는 근본 2. 어떤 일의 지속에 필요한 최소한의 중요한 부분
명멸(明滅) : 1. 불이 켜졌다 꺼졌다 함 2. 먼 곳에 있는 것이 보였다 안 보였다 함. 3. 나타났다 사라졌다 함
모순(矛盾) : 앞뒤가 맞지 않음. 혹은 그런 말
몰각(沒却) : 1. 아주 없애 버림 2. 무시해 버림
몽상(夢想) : 1. 꿈속의 생각 2. 실현성이 없는 헛된 생각을 함
몽진(蒙塵) : 먼지를 뒤집어쓴다는 뜻으로, 임금이 난리를 피하여 안전한 곳으로 떠남
묘령(妙齡) : 스무 살 안팎의 여자 나이
묘연(杳然) : 1. 그윽하고 멀어서 눈에 아물아물함 2. 오래되어 기억이 흐릅 3. 소식이나 행방 따위를 알 길이 없음
무단(無斷) : 사전에 허락이 없음 또는 아무 사유가 없음
무산(霧散) : 안개가 걷히듯 흩어져 없어짐 또는 그렇게 흐지부지 취소됨
묵수(墨守) : 제 의견이나 생각, 또는 옛날 습관 따위를 굳게 지킴을 이르는 말
문경(刎頸) : 1. 목을 벰 2. 해고 또는 해직을 비유적으로 이르는 말
문외한(門外漢) : 1. 어떤 일에 직접 관계가 없는 사람 2. 어떤 일에 전문적인 지식이 없는 사람
묵인(默認) : 모르는 체하고 하려는 대로 내버려 둠으로써 슬며시 인정함
미궁(迷宮) : 1. 들어가면 나올 길을 찾을 수 없게 되어 있는 곳 2. 사건, 문제 따위가 얽혀서 쉽게 해결하지 못하게 된 상태
미상불(未嘗不) : 아닌 게 아니라 과연
미연(未然) : 1. 어떤 일이 아직 그렇게 되지 않은 때 2. 앞일이 정하여지지 아니함
미증유(未曾有) : 지금까지 한 번도 있어 본 적이 없음
미흡(未洽) : 아직 흡족하지 못하거나 만족스럽지 않음

Check Point

움 : 풀이나 나무에 새로 돋아 나오는 싹

기출 Plus 국가직 9급 기출

01. 밑줄 친 한자어의 쓰임이 문맥상 적절한 것은?

① 초고를 <u>校訂</u>하여 책을 완성하였다.
② 내용이 올바른지 서로 <u>交差</u> 검토하시오.
③ 전자 문서에 <u>決濟</u>를 받아 합격자를 확정하겠습니다.
④ 지금 제안한 계획은 수용할 수 없으니 <u>提高</u>바랍니다.

해 '교정(校訂)'은 '남의 문장 또는 출판물의 잘못된 글자나 글귀 따위를 바르게 고침'을 뜻하므로, 해당 문장에서 문맥상 적절하게 사용되었다.

답 01 ①

ㅂ

박빙(薄氷) : 1. 살얼음 2. 근소한 차이를 비유적으로 이르는 말

박탈(剝奪) : 남의 재물이나 권리, 자격 등을 빼앗음

반박(反駁) : 어떤 의견, 주장, 논설 따위에 반대하여 말함

반추(反芻) : 1. 한번 삼킨 먹이를 다시 게워 내어 씹음 2. 어떤 일을 되풀이하여 음미하거나 생각함

발췌(拔萃) : 책, 글 따위에서 필요하거나 중요한 부분을 가려 뽑아냄 또는 그런 내용

발탁(拔擢) : 여러 사람 가운데서 쓸 사람을 뽑음

발호(跋扈) : 권세나 세력을 제멋대로 부리며 함부로 날뜀

방기(放棄) : 내버리고 아예 돌아보지 아니함

방조(傍助) : 곁에서 도와줌

백미(白眉) : '흰 눈썹'이란 뜻으로, 여럿 가운데서 가장 뛰어난 사람이나 훌륭한 물건을 비유적으로 이르는 말

백승(百乘) : 백 대의 수레

백안시(白眼視) : 남을 업신여기거나 무시하는 태도로 흘겨봄

변별(辨別) : 1. 사물의 옳고 그름이나 좋고 나쁨을 가림 2. 세상에 대한 경험이나 식견에서 나오는 생각이나 판단

병치(倂置) : 두 가지 이상의 것을 한곳에 나란히 두거나 설치함

보수(保守) : 1. 보전하여 지킴 2. 새로운 것이나 변화를 반대하고 전통적인 것을 옹호하며 유지하려 함

보전(保全) : 온전하게 보호하여 유지함

부고(訃告) : 사람의 죽음을 알림. 또는 그런 글 = 부음(訃音)

부득이(不得已) : 마지못하여 하는 수 없이

부상(浮上) : 1. 물 위로 떠오름 2. 어떤 현상이 관심의 대상이 되거나 어떤 사람이 훨씬 좋은 위치로 올라섬

부상(扶桑) : 해가 뜨는 동쪽 바다

부양(浮揚) : 가라앉은 것이 떠오름. 또는 가라앉은 것을 떠오르게 함

부유(浮游) : 1. 물 위나 물속, 또는 공기 중에 떠다님 2. 행선지를 정하지 아니하고 이리저리 떠돌아다님

부토(腐土) : 썩은 흙

불후(不朽) : 썩지 아니함이라는 뜻으로, 영원토록 변하거나 없어지지 아니함을 비유적으로 이르는 말

Check Point

백미(白眉)/백승(百乘)

- **백미(白眉)** : 중국 촉한(蜀漢) 때 마량(馬良)이란 사람에게 다섯 형제가 있었는데 모두 재주가 있었다. 그러나 그중에서도 눈썹 속에 흰 털이 난 량(良)이 가장 뛰어났다는 데서 유래한 말로 여럿 가운데 뛰어난 사람을 비유적으로 일컫는 말이다.
- **백승(百乘)** : '승(乘)'은 수레를 세는 단위이다. 그러므로 백승(百乘)은 '백 대의 수레'를 일컫는다. 일반적으로 '백승(百乘)', '천승(千乘)', '만승(萬乘)'으로 쓰이는데 '백승(百乘)'과 '천승(千乘)'은 제후국을 의미하고, '만승(萬乘)'은 천자의 권력을 의미한다.

비견(比肩) : 앞서거나 뒤서지 않고 어깨를 나란히 한다는 뜻으로, 낫고 못할 것이 정도가 서로 비슷하게 함을 이르는 말
비관(悲觀) : 1. 인생을 어둡게만 보아 슬퍼하거나 절망스럽게 여김 2. 앞으로의 일이 잘 안될 것이라고 봄
비단(非但) : 부정하는 말 앞에서 '다만', '오직'의 뜻으로 쓰이는 말
비등(沸騰) : 1. 액체가 끓어오름 2. 물이 끓듯 떠들썩하게 일어남
비유(比喩) : 어떤 현상이나 사물을 직접 설명하지 아니하고 다른 비슷한 현상이나 사물에 빗대어서 설명하는 일
비호(庇護) : 편들어서 감싸 주고 보호함
비화(飛火) : 1. 튀어 박히는 불똥 2. 어떠한 일의 영향이 직접 관계가 없는 다른 데에까지 번짐
빙자(憑藉) : 1. 남의 힘을 빌려서 의지함 2. 말막음을 위하여 핑계로 내세움

꼭! 확인 기출문제

다음 밑줄 친 단어의 한자어로 적합한 것은? [서울시 9급 기출]

토의는 최적의 해결 방안을 선택하기 위한 공동의 사고 과정이다. 이 과정이 효율적으로 진행되기 위해서는 공동체가 해결해야 할 문제와 문제의 원인을 인식하고 가능한 대안들을 도출해야 한다. 그리고 대안의 선택에 필요한 판단 준거를 토대로 대안을 분석해 최적의 대안을 선택해야 한다.

① 토의 – 討義
❷ 사고 – 思考
③ 선택 – 先擇
④ 준거 – 準擧

해 ② '思考(생각 사, 생각할 고)'는 '생각하고 궁리함'이라는 뜻의 단어로 적합한 한자어를 사용하였다.
① 討議(칠 토, 의논할 의) : 어떤 사물에 대하여 각자의 의견을 내걸어 검토하고 협의하는 일
③ 選擇(가릴 선, 가릴 택) : ㉠ 여럿 가운데서 골라 뽑음. ㉡ 문제를 해결하기 위한 몇 가지 수단을 의식하고, 그 어느 것을 골라내는 작용
④ 準據(준할 준, 근거 거) : 일정한 기준에 의거함

ㅅ

사갈시(蛇蝎) : 어떤 대상을 몹시 싫어하다 뱀이나 전갈을 보듯이 한다는 뜻에서 나온 말

사숙(私淑) : 직접 가르침을 받지는 않았으나 마음속으로 그 사람을 본받아서 도나 학문을 닦음

사자후(獅子吼) : 1. 사자의 우렁찬 울부짖음 2. 크게 부르짖어 열변을 토하는 연설 3. 불교의 위엄 있는 설법

삭망(朔望) : 음력 초하룻날과 보름날을 아울러 이르는 말

상쇄(相殺) : 상반되는 것이 서로 영향을 주어 효과가 없어지는 일

생경(生梗) : 두 사람 사이에 불화가 생김

서거(逝去) : 죽어서 세상을 떠남을 높이는 말

서한(書翰) : 편지

선망(羨望) : 부러워하여 바람

선회(旋回) : 1. 둘레를 빙글빙글 돎 2. 항공기가 곡선을 그리듯 진로를 바꿈

섭렵(涉獵) : 물을 건너 찾아다닌다는 뜻으로, 많은 책을 널리 읽거나 여기저기 찾아다니며 경험함을 이르는 말

소강(小康) : 1. 병이 조금 나아진 기색이 있음 2. 소란이나 분란, 혼란 따위가 그치고 조금 잠잠함

소개(疏開) : 1. 땅을 파서 물이 흐르도록 함 2. 공습이나 화재 따위에 대비하여 한곳에 집중되어 있는 주민이나 시설물을 분산함 3. 주로 적의 포격으로부터의 피해를 줄이고자, 전투 대형의 거리나 간격을 넓히는 일

소급(遡及) : 과거에까지 거슬러 올라가서 미치게 함

쇄도(殺到) : 1. 전화, 주문 따위가 한꺼번에 세차게 몰려듦 2. 어떤 곳을 향하여 세차게 달려듦

쇄신(刷新) : 나쁜 폐단이나 묵은 것을 버리고 새롭게 함

수결(手決) : 예전에, 자기의 성명이나 직함 아래에 도장 대신에 자필로 글자를 직접 쓰던 일. 또는 그 글자

수긍(首肯) : 옳다고 인정함

수렴(收斂) : 1. 돈이나 물건 따위를 거두어들임 2. 의견이나 사상 따위가 여럿으로 나뉘어 있는 것을 하나로 모아 정리함

수성(守成) : 조상들이 이루어 놓은 일을 이어서 지킴

수심(愁心) : 매우 근심함 또는 그런 마음

수인사(修人事) : 1. 인사를 차림 2. 사람으로서 할 수 있는 일을 다 함

기출 Plus　국가직 9급 기출

02. 두 한자어의 의미 관계가 나머지 셋과 다른 것은?

① 광정(匡正) – 확정(廓正)
② 부상(扶桑) – 함지(咸池)
③ 중상(中傷) – 비방(誹謗)
④ 갈등(葛藤) – 알력(軋轢)

해 부상(扶桑)은 중국의 전설에서, 동쪽 바다의 해가 뜨는 곳에 있다는 신성한 나무로 해가 뜨는 곳을 의미하며, 함지(咸池)는 해가 진다고 하는 서쪽의 큰 못으로 해가 지는 곳을 의미하기 때문에 상반되는 의미이다. ①, ③, ④는 유의어 관계이다.

답 02 ②

Check Point

우리말로 착각하기 쉬운 한자어
- 귤(橘)
- 급기야(及其也)
- 급히(急-)
- 기특하다(奇特--)
- 도대체(都大體)
- 도저히(到底-)
- 무려(無慮)
- 물론(勿論)
- 방금(方今)
- 별안간(瞥眼間)
- 부득이(不得已)
- 부탁(付託)
- 산적(蒜炙)
- 솔직하다(率直--)
- 심지어(甚至於)
- 순식간(瞬息間)
- 시방(時方)
- 악착같이(齷齪--)
- 약간(若干)
- 양말(洋襪)
- 어중간(於中間)
- 어차피(於此彼)
- 여간하다(如干--)
- 역시(亦是)
- 욕(辱)
- 잠시(暫時)
- 조만간(早晩間)
- 조심(操心)
- 졸지(猝地)
- 지금(只今)
- 창피(猖披)
- 총각(總角)
- 하여간(何如間)
- 하필(何必)

수작(酬酌) : 1. 술잔을 서로 주고받음 2. 서로 말을 주고받음 3. 남의 말이나 행동, 계획을 낮잡아 이르는 말

수택(手澤) : 1. 손이 자주 닿았던 물건에 손때가 묻어서 생기는 윤기 2. 물건에 남아 있는 옛사람의 흔적

숙맥(菽麥) : 1. 콩과 보리를 아울러 이르는 말 2. 사리 분별을 못하고 세상 물정을 잘 모르는 사람

순치(馴致) : 1. 짐승을 길들임 2. 목적한 상태로 차차 이르게 함

슬하(膝下) : 무릎의 아래라는 뜻으로, 어버이나 조부모의 보살핌 아래

시사(示唆) : 어떤 것을 미리 간접적으로 표현해 줌

시의적절(時宜適切) : 그 당시의 사정이나 요구에 아주 알맞음

시정(市政) : 인가가 모인 곳

신산(辛酸) : 1. 맛이 맵고 심 2. 세상살이가 힘들고 고생스러움을 비유적으로 이르는 말

신예(新銳) : 새롭고 기세나 힘이 뛰어남 또는 그런 사람

심안(心眼) : 사물을 살펴 분별하는 능력 ≒ 마음눈

ㅇ

아성(牙城) : 1. 아기(牙旗)를 세운 성이라는 뜻으로, 주장(主將)이 거처하는 성을 이르던 말 2. 아주 중요한 근거지를 비유적으로 이르는 말

아집(我執) : 자기중심의 좁은 생각에 집착하여 다른 사람의 의견이나 입장을 고려하지 아니하고 자기만을 내세우는 것

알력(軋轢) : 수레바퀴가 삐걱거린다는 뜻으로, 서로 의견이 맞지 아니하여 사이가 안 좋거나 충돌하는 것을 이르는 말

알선(斡旋) : 남의 일이 잘되도록 주선하는 일

압권(壓卷) : 1. 여러 책이나 작품 가운데 제일 잘된 책이나 작품 2. 하나의 책이나 작품 가운데 가장 잘된 부분 3. 여럿 가운데 가장 뛰어난 것

야합(野合) : 1. 부부가 아닌 남녀가 서로 정을 통함 2. 좋지 못한 목적 밑에 서로 어울림

어폐(語弊) : 1. 적절하지 아니하게 사용하여 일어나는 말의 폐단이나 결점 2. 남의 오해를 받기 쉬운 말

억측(臆測) : 이유와 근거가 없이 짐작함. 또는 그런 짐작

여과(濾過) : 1. 거름종이나 여과기를 써서 액체 속에 들어 있는 침전물이나 입자를 걸러 내는 일 2. 주로 부정적인 요소를 걸러 내는 과정을 비유적으로 이르는 말

여론(輿論) : 사회 대중의 공통된 의견

여반장(如反掌) : 손바닥을 뒤집는 것 같다는 뜻으로, 일이 매우 쉬움

여파(餘波) : 1. 큰 물결이 지나간 뒤에 일어나는 잔물결 2. 어떤 일이 끝난 뒤에 남아 미치는 영향

역량(力量) : 어떤 일을 해낼 수 있는 힘

역조(逆調) : 일의 진행이 나쁜 방향으로 되어 가는 상태

열반(涅槃) : 모든 번뇌의 얽매임에서 벗어나고 진리를 깨달아 불생불멸의 법을 체득한 경지 = 입적, 해탈

염세(厭世) : 세상을 괴롭고 귀찮은 것으로 여겨 비관함

엽기(獵奇) : 비정상적이고 괴이한 일이나 사물에 흥미를 느끼고 찾아다님

영결(永訣) : 죽은 사람과 산 사람이 서로 영원히 헤어짐

영달(榮達) : 지위가 높고 귀하게 됨

영전(榮轉) : 전보다 더 좋은 자리나 직위로 옮김

예봉(銳鋒) : 1. 날카로운 창끝이나 칼 끝 2. 날카로운 기세 3. 날카로운 논조나 표현

오열(嗚咽) : 목메어 욺. 또는 그런 울음

오인(誤認) : 잘못 보거나 잘못 생각함

올연(兀然) : 홀로 우뚝한 모양

와전(訛傳) : 사실과 다르게 전함

왜곡(歪曲) : 사실과 다르게 해석하거나 그릇되게 함

왜소(矮小) : 몸뚱이가 작고 초라함

외경(畏敬) : 공경하면서 두려워함 = 경외(敬畏)

우려(憂慮) : 근심하거나 걱정함 또는 그 근심과 걱정

운운(云云) : 1. 글이나 말을 인용하거나 생략할 때에, 이러이러하다고 말함의 뜻으로 쓰는 말 2. 여러 가지의 말

위계(位階) : 지위나 계층 따위의 등급

위항(委巷) : 좁고 지저분한 거리

위해(危害) : 위험한 재해를 아울러 이르는 말

유예(猶豫) : 1. 망설여 일을 결행하지 아니함 2. 일을 결행하는 데 날짜나 시간을 미룸

유착(癒着) : 1. 사물들이 서로 깊은 관계를 가지고 결합하여 있음 2. 서로 분리되어 있어야 할 생물체의 조직면이 섬유소나 섬유 조직 따위와 연결되어 붙어 버리는 일

응대(應待) : 부름이나 물음 또는 요구 따위에 응하여 상대함

이반(離反) : 인심이 떠나서 배신함

Check Point

여반장(如反掌)

예 여러분 같은 영웅 장사가 그까짓 것쯤 해내기야 여반장이 아니겠습니까?
– 홍명희, 「임꺽정」

예 한 치 앞도 못 내다보는 이 오리무중 같은 시국에 충신과 역신이 뒤바뀌기가 여반장이라는 걸 이곳 벼슬아치들이 모르겠소?
– 현기영, 「변방에 우짖는 새」

국가직 9급 기출

03. ㉠~㉣의 밑줄 친 어휘의 한자가 옳지 않은 것은?

- 그는 적의 ㉠ 사주를 받아 내부 기밀을 염탐했다.
- 남의 일에 지나친 ㉡ 간섭을 하지 않기 바랍니다.
- 그 선박은 ㉢ 결함을 지닌 채로 출항을 강행하였다.
- 비리 ㉣ 척결이 그가 내세운 가장 중요한 목표였다.

① ㉠ – 使嗾
② ㉡ – 間涉
③ ㉢ – 缺陷
④ ㉣ – 剔抉

해 間(틈 간)涉(건널 섭) → 干(방패 간)涉(건널 섭)으로 써야 옳은 한자다. '건너는 것을 방패로 막다(방해하다)'는 것으로, 관계없는 남의 일에 부당하게 참견함을 의미한다.
① 使(하여금 사)嗾(부추길 주) : 남을 뒤에서 부추겨서 나쁜 일을 시킴
③ 缺(이지러질 결)陷(빠질 함) : 제대로 갖추지 못하여 흠이 되는 부분
④ 剔(바를 척)抉(도려낼 결) : 부정적이거나 나쁜 것들을 찾아 없앰

답 03 ②

이완(弛緩) : 1. 바짝 조였던 정신이 풀려 늦추어짐 2. 잘 조성된 분위기 따위가 흐트러져 느슨해짐 3. 굳어서 뻣뻣하게 된 근육 따위가 원래의 상태로 풀어짐
익명(匿名) : 이름을 숨김. 또는 숨긴 이름이나 그 대신 쓰는 이름
인멸(湮滅) : 자취도 없이 모두 없어짐. 또는 그렇게 없앰
인습(因習) : 이전부터 전하여 내려오는 습관
일체(一切) : 1. 모든 것 2. 전부, 완전히
일탈(逸脫) : 1. 정하여진 영역 또는 본디의 목적이나 길, 사상, 규범, 조직 따위로부터 빠져 나감 2. 사회적인 규범으로부터 벗어나는 일
잉여(剩餘) : 쓰고 난 후 남은 것

ㅈ

자문(諮問) : 어떤 일을 좀 더 효율적이고 바르게 처리하려고 그 방면의 전문가나, 전문가들로 이루어진 기구에 의견을 물음
자웅(雌雄) : 1. 암수 2. 승부, 우열, 강약 따위를 비유적으로 이르는 말
잔재(殘滓) : 1. 쓰고 남은 찌꺼기 2. 과거의 낡은 사고방식이나 생활 양식의 찌꺼기
재고(再考) : 어떤 일이나 문제 따위에 대해 다시 생각함
재고(在庫) : 창고 따위에 쌓여 있음
쟁쟁(錚錚) : 쇠붙이 따위가 맞부딪쳐 맑게 울리는 소리
저간(這間) : 바로 얼마 전부터 이제까지의 무렵. 요즈음
전말(顚末) : 처음부터 끝까지 일이 진행되어 온 경과
전복(顚覆) : 1. 차나 배 따위가 뒤집힘 2. 사회 체제가 무너지거나 정권 따위를 뒤집어엎음
전철(前轍) : 앞에 지나간 수레바퀴 자국이라는 뜻으로, 이전 사람의 그릇된 일이나 행동의 자취
제고(提高) : 쳐들어 높임
조락(凋落) : 1. 초목의 잎 따위가 시들어 떨어짐 2. 차차 쇠하여 보잘것없이 됨
조예(造詣) : 학문이나 예술, 기술 따위의 분야에 대한 지식이나 경험이 깊은 경지에 이른 정도
졸고(拙稿) : 1. 내용이 보잘것없는 원고 2. 자기나 자기와 관련된 사람의 원고를 겸손하게 이르는 말
종언(終焉) : 1. 없어지거나 죽어서 존재가 사라짐 2. 계속하던 일이 끝장이 남
종지부(終止符) : 악장이나 악곡의 끝을 나타내는 기호. 마침표
주구(走狗) : 1. '달음질하는 개'라는 뜻으로, 사냥할 때 부리는 개를 이르는 말 2. 남의 앞잡이

주도(主導) : 주동적인 처지가 되어 이끎

주술(呪術) : 불행이나 재해를 막으려고 주문을 외거나 술법을 부리는 일 또는 그 술법

준설(浚渫) : 1. 못이나 개울 따위의 밑바닥에 멘 것을 파냄 2. 물의 깊이를 깊게 하여 배가 잘 드나들 수 있도록 하천이나 항만 등의 바닥에 쌓인 모래나 암석을 파내는 일

지략(智略) : 어떤 일이나 문제든지 명철하게 포착하고 분석 또는 평가하여 해결 대책을 능숙하게 세우는 뛰어난 슬기와 계략

지척(咫尺) : 아주 가까운 거리

질곡(桎梏) : 1. 옛 형구인 차꼬*와 수갑을 아울러 이르는 말 2. 몹시 속박하여 자유를 가질 수 없는 고통의 상태를 비유적으로 이르는 말

Check Point

차꼬
죄수를 가두어 둘 때 쓰던 형구(刑具). 두 개의 기다란 나무토막을 맞대어 그 사이에 구멍을 파서 죄인의 두 발목을 넣고 자물쇠를 채우게 되어 있음.

ㅊ · ㅌ

찰나(刹那) : 어떤 일이나 사물 현상이 일어나는 바로 그때

창궐(猖獗) : 못된 세력이나 전염병 따위가 세차게 일어나 걷잡을 수 없이 퍼짐

척결(剔抉) : 1. 살을 도려내고 뼈를 발라냄 2. 나쁜 부분이나 요소들을 깨끗이 없애 버림

천거(薦擧) : 어떤 일을 맡아 할 수 있는 사람을 그 자리에 쓰도록 소개하거나 추천함

천명(闡明) : 진리나 사실, 입장 따위를 드러내어 밝힘

천추(千秋) : 오래고 긴 세월. 또는 먼 미래

천착(穿鑿) : 1. 구멍을 뚫음 2. 어떤 원인이나 내용 따위를 따지고 파고들어 알려고 하거나 연구함 3. 억지로 이치에 닿지 아니한 말을 함

촌탁(忖度) : 남의 마음을 미루어서 헤아림

청운(靑雲) : 1. 푸른 구름 2. 높은 지위나 벼슬을 비유적으로 이르는 말

체읍(涕泣) : 눈물을 흘리며 슬피 욺

초야(草野) : '풀이 난 들'이라는 뜻으로, 궁벽한 시골을 이르는 말

추상(秋霜) : 가을의 찬 서리 또는 그토록 매서운 기세를 비유적으로 이르는 말

추앙(推仰) : 높이 받들어 우러러 봄

추이(推移) : 일이나 형편이 시간의 경과에 따라 변하여 나감 또는 그런 경향

추풍선(秋風扇) : 1. 가을 부채라는 뜻으로 철이 지나서 쓸모없음 2. 이성의 사랑을 잃은 사람을 비유적으로 이르는 말

추호(秋毫) : 1. 가을철에 털갈이하여 새로 돋아난 짐승의 가는 털 2. 매우 적거나 조금인 것을 비유적으로 이르는 말

치적(治績) : 잘 다스린 공적. 또는 정치상의 업적
췌언(贅言) : 쓸데없는 군더더기 말
칩거(蟄居) : 나가서 활동하지 아니하고 집 안에만 틀어박혀 있음
타산(打算) : 자신에게 도움이 되는지를 따져 헤아림
퇴고(推敲) : 글을 지을 때 여러 번 생각하여 고치고 다듬음. 또는 그런 일
투영(投影) : 1. 물체의 그림자를 어떤 물체 위에 비추는 일 2. 어떤 일을 다른 일에 반영하여 나타냄을 비유적으로 이르는 말

Check Point

퇴고(推敲)
당나라의 시인 가도(賈島)가 '僧推月下門'이란 시구를 지을 때 '推'를 '敲'로 바꿀까 말까 망설이다가 한유(韓愈)를 만나 그의 조언으로 '敲'로 결정하였다는 데에서 유래한 말로 글을 지을 때 여러 번 생각하여 고치고 다듬는 것을 의미한다.

ㅍ

파락호(擺落戶) : 재산이나 세력이 있는 집안의 자손으로서 집안의 재산을 몽땅 털어먹는 난봉꾼을 이르는 말
파천황(破天荒) : 이전에 아무도 하지 못한 일을 처음으로 해냄
판별(判別) : 옳고 그름이나 좋고 나쁨을 판단하여 구별함
판촉(販促) : 여러 가지 방법을 써서 수요를 불러일으키고 자극하여 판매가 늘도록 유도하는 일
패권(覇權) : 1. 어떤 분야에서 우두머리나 으뜸의 자리를 차지하여 누리는 공인된 권리와 힘 2. 국제 정치에서, 어떤 국가가 경제력이나 무력으로 다른 나라를 압박하여 자기의 세력을 넓히려는 권력
편력(遍歷) : 1. 이곳저곳을 돌아다님 2. 여러 가지 경험을 함
편협(偏狹) : 1. 한쪽으로 치우쳐 도량이 좁고 너그럽지 못함 2. 땅 따위가 좁음
폄하(貶下) : 가치를 깎아내림
포폄(褒貶) : 옳고 그름이나 선하고 악함을 판단하여 결정함
폭주(暴注) : 1. 비가 갑작스럽게 많이 쏟아짐 2. 어떤 일이 처리하기 힘들 정도로 한꺼번에 몰림
풍문(風聞) : 바람처럼 떠도는 소문
풍자(諷刺) : 1. 남의 결점을 다른 것에 빗대어 비웃으면서 폭로하고 공격함 2. 문학 작품 따위에서, 현실의 부정적 현상이나 모순 따위를 빗대어 비웃으면서 씀
피상적(皮相的) : 본질적인 현상은 추구하지 아니하고 겉으로 드러나 보이는 현상에만 관계하는 것
피폐(疲弊) : 지치고 쇠약하여짐
필경(畢竟) : 끝장에 가서는
핍박(逼迫) : 1. 형세가 절박함 2. 바싹 죄어서 몹시 괴롭게 굶

Check Point

파천황(破天荒)
『북몽쇄언(北夢瑣言)』에 나오는 말로, 중국 당나라의 형주(荊州) 지방에서 과거의 합격자가 없어 천지가 아직 열리지 않은 혼돈한 상태라는 뜻으로 천황(天荒)이라고 불리었는데 유세(劉蛻)라는 사람이 처음으로 합격하여 천황을 깼다는 데서 유래한 말이다.

ㅎ

학발(鶴髮) : 두루미의 깃털처럼 희다는 뜻으로, 하얗게 센 머리 또는 그런 사람을 이르는 말
할거(割據) : 땅을 나누어 차지하고 굳게 지킴
함구(緘口) : 입을 다문다는 뜻으로, 말하지 아니함을 이르는 말
함양(涵養) : 1. 능력이나 품성을 기르고 닦음 2. 포화대에 물을 보급함. 또는 그런 여러 과정
해이(解弛) : 긴장이나 규율 따위가 풀려 마음이 느슨함
향수(鄕愁) : 고향을 그리워하는 마음이나 시름
혈안(血眼) : 기를 쓰고 달려들어 독이 오른 눈
형극(荊棘) : 1. 나무의 온갖 가시 2. 고난을 비유적으로 이르는 말
호도(糊塗) : 풀을 바른다는 뜻으로, 명확하게 결말을 내지 않고 일시적으로 감추거나 흐지부지 덮어 버림을 비유적으로 이르는 말
홀대(忽待) : 소홀히 대접함. 탐탁하지 않은 대접
홀연(忽然) : 뜻하지 아니하게 갑자기
확정(廓正) : 잘못을 바로잡음
확정(確定) : 일을 확실하게 정함
환기(喚起) : 주의나 여론, 생각 따위를 불러일으킴
환대(歡待) : 반갑게 맞아 정성껏 후하게 대접함
회동(會同) : 일정한 목적으로 여러 사람이 한데 모임
회자(膾炙) : 회와 구운 고기라는 뜻으로, 칭찬을 받으며 사람의 입에 자주 오르내림을 이르는 말
효시(嚆矢) : 어떤 사물이나 현상이 시작되어 나온 맨 처음을 비유적으로 이르는 말
휘하(麾下) : 장군의 지휘 아래. 또는 그 지휘 아래에 딸린 군사
흡사(恰似) : 거의 같을 정도로 비슷한 모양
힐난(詰難) : 트집을 잡아 거북할 만큼 따지고 듦
힐책(詰責) : 잘못된 점을 따져 나무람

Check Point

효시(嚆矢)
'울다'의 뜻을 가진 효(嚆)와 '화살'이라는 의미의 시(矢)가 합쳐진 말로 글자 그대로 해석하면 '우는 화살'이라는 말이다. 이는 『장자』의 「재유편(在宥篇)」에 나오는 말로, 전쟁을 시작할 때 우는 화살을 먼저 쏘았다는 데에서 유래한 말이다.

2. 구별해야 할 한자어

- 각출(各出) : 1. 각각 나옴 2. 각각 내놓음
  갹출(醵出) : 같은 목적을 위하여 여러 사람이 돈을 나누어 냄
- 강점(强點) : 남보다 우세하거나 더 뛰어난 점
  장점(長點) : 좋거나 잘하거나 긍정적인 점

- 개발(開發) : 토지나 천연자원, 지식이나 재능 따위를 발달하게 함
  계발(啓發) : 슬기나 재능, 사상 따위를 일깨워 줌
- 갱신(更新) : 이미 있던 것을 새롭게 함 [다시 갱]
  경신(更新) : 기록경기 따위에서 종전의 기록을 깨뜨림 [고칠 경]
- 게시(揭示) : 여러 사람에게 알리기 위하여 내붙이거나 내걸어 두루 보게 함
  계시(啓示) : 깨우쳐 보여 줌 사람의 지혜로서는 알 수 없는 진리를 신이 가르쳐 알게 함
- 결제(決濟) : 1. 일을 처리하여 끝을 냄 2. 증권 또는 대금을 주고받아 매매 당사자 사이의 거래 관계를 끝맺는 일
  결재(決裁) : 결정할 권한이 있는 상관이 부하가 제출한 안건을 검토하여 허가함
- 고려(考慮) : 생각하고 헤아려 봄
  사려(思慮) : 여러 가지 일에 대하여 깊게 생각함
- 고시(告示) : 글로 게시하여 널리 알림
  공시(公示) : 일정한 내용을 공개적으로 게시하여 일반에게 널리 알림
- 곤욕(困辱) : 심한 모욕이나 참기 힘든 일
  곤혹(困惑) : 곤란한 일을 당하여 어찌할 바를 모름
- 공표(公表) : 여러 사람에게 널리 드러내어 알림
  공포(公布) : 일반 대중에게 알림
- 괴멸(壞滅) : 조직이나 체계 따위가 모조리 파괴되어 멸망함
  궤멸(潰滅) : 무너지거나 흩어져 없어짐
- 구명(究明) : 사물의 본질, 원인 따위를 깊이 연구하여 밝힘
  구명(救命) : 사람의 목숨을 구함
  규명(糾明) : 어떤 사실을 자세히 따져서 바로 밝힘
- 구별(區別) : 성질이나 종류에 따라 차이가 남 또는 성질이나 종류에 따라 갈라 놓음
  구분(區分) : 일정한 기준에 따라 전체를 몇 개로 갈라 나눔
  식별(識別) : 분별하여 알아봄
- 방적(紡績) : 1. 동식물의 섬유나 화학 섬유를 가공하여 실을 뽑는 일 2. 섬유 원료로 실을 뽑아 피륙을 짜 내기까지의 모든 일
  방직(紡織) : 1. 실을 뽑아서 천을 짬 2. 실을 뽑고 천을 짜고 물을 들이는 일을 통틀어 이르는 말
- 배상(賠償) : 남의 권리를 침해한 사람이 그 손해를 물어 주는 일
  변상(辨償) : 1. 남에게 진 빚을 갚음 2. 남에게 끼친 손해를 물어 줌 3. 재물에 내어 지은 죄과를 갚음

Check Point

결제(決濟)/결재(決裁)
- 결제(決濟)
  예 물품의 대금은 카드로 결제하겠습니다.
  중소기업이 어음을 제때 결제하지 못해 부도를 맞았다.
- 결재(決裁)
  예 이 서류는 부장님의 결재를 기다리고 있다.
  품의서에 정확히 기입해 결재를 올리도록 하세요.

보상(報償) : 1. 남에게 진 빚 또는 받은 물건을 갚음 2. 어떤 것에 대한 대가로 갚음
- 보호(保護) : 위험이나 곤란 따위가 미치지 아니하도록 잘 보살펴 돌봄
  비호(庇護) : 편들어서 감싸 주고 보호함
- 아집(我執) : 자기중심의 좁은 생각에 집착하여 다른 사람의 입장을 고려하지 않고 자기만을 내세움
  독단(獨斷) : 남과 상의하지도 않고 혼자서 판단하거나 결정함
- 유착(癒着) : 사물들이 서로 깊은 관계를 가지고 결합하여 있음
  밀착(密着) : 1. 빈틈없이 단단히 붙음 2. 서로의 관계가 매우 가깝게 됨
- 유입(流入) : 1. 물이 어떤 곳으로 흘러듦 2. 재화나 문화, 사상 따위가 들어옴
  도입(導入) : 기술, 방법, 물자 따위를 끌어 들임
- 응시(凝視) : 눈을 모아 한 곳을 똑바로 바라봄
  주시(注視) : 1. 어떤 목표물에 주의를 집중하여 봄 2. 어떤 일에 온 정신을 모아 자세히 살핌
- 주요(主要) : 주되고 중요함
  중요(重要) : 귀중하고 요긴함
- 작렬(炸裂) : 1. 포탄 따위가 터져서 쫙 퍼짐 2. 박수나 공격 따위가 격렬하게 터져 나오는 것을 비유함
  작열(灼熱) : 1. 불 따위가 이글이글 뜨겁게 타오름 2. 몹시 흥분하거나 하여 이글거리듯 들끓음을 비유적으로 이름
- 재연(再演) : 1. 연극이나 영화 따위를 다시 상연함 2. 한 번 하였던 행위나 일을 다시 되풀이함
  재현(再現) : 다시 나타남. 또는 다시 나타냄
- 지향(志向) : 어떤 목표로 뜻이 쏠리어 향함 또는 그 방향이나 그 쪽으로 쏠리는 의지
  지양(止揚) : 더 높은 단계로 오르기 위해 어떠한 것을 하지 아니함
- 혼돈(混沌) : 마구 뒤섞여 있어 갈피를 잡을 수 없음
  혼동(混同) : 구별하지 못하고 뒤섞어서 생각함
  혼효(混淆) : 여러 가지 것을 뒤섞음. 또는 여러 가지 것이 뒤섞임

3. 동음이의어(同音異義語)

- 가계(家系) : 대대로 이어 내려온 한 집안의 계통
  가계(家計) : 한 집안 살림의 수입과 지출의 상태

Check Point

군색(窘塞)/궁색(窮塞)
- 군색(窘塞) : 자연스럽거나 떳떳하지 못하고 거북하다.
  예 군색한 변명을 늘어놓다.
- 궁색(窮塞) : 아주 가난함
  예 궁색한 살림을 꾸려 나가다.

Check Point

혼돈(混沌)/혼동(混同)
- 혼돈(混沌)
  예 그 나라는 극심한 정치적 혼돈에 빠졌다.
- 혼동(混同)
  예 현실과 꿈 사이에서 혼동을 일으키다.

- 가공(加工) : 원자재를 인공적으로 처리하여 새로운 제품을 만들거나 제품의 질을 높임

  가공(架空) : 이유나 근거가 없이 꾸며 냄
- 가교(架橋) : 1. 다리를 놓음 2. 서로 떨어져 있는 것을 이어 주는 사물이나 사실

  가교(假橋) : 임시로 놓은 다리
- 가설(加設) : 덧붙이거나 추가하여 설치함

  가설(架設) : 전깃줄이나 전화선, 교량 따위를 공중에 건너질러 설치함

  가설(假說) : 어떤 사실이나 이론을 설명하거나 연역하기 위해 설정한 가정

  가설(假設) : 1. 임시로 설치함 2. 실제로 없는 것을 있는 것으로 침
- 감상(感想) : 마음속에서 일어나는 느낌이나 생각

  감상(感傷) : 하찮은 일에도 쓸쓸하고 슬퍼져서 마음이 상함

  감상(感賞) : 마음에 깊이 느끼어 칭찬함

  감상(鑑賞) : 주로 예술 작품을 이해하여 즐기고 평가함
- 개량(改良) : 나쁜 점을 보완하여 더 좋게 고침

  개량(改量) : 다시 측량함
- 개정(改正) : 주로 문서의 내용 따위를 바르게 함

  개정(改定) : 이미 정하였던 것을 고쳐 다시 정함

  개정(改訂) : 글자나 글의 틀린 곳을 고쳐 바로잡음

  개정(開廷) : 법정을 열어 재판을 시작함
- 결의(決意) : 뜻을 정하여 굳게 마음을 먹음

  결의(決議) : 회의에서 결정된 사항

  결의(結義) : 남남끼리 형제, 자매, 남매, 부자 따위 친족의 의리를 맺음
- 공분(公憤) : 1. 공중이 다 같이 느끼는 분노 2. 공적인 일로 느끼는 분노

  공분(共分) : 여럿이 함께 나누거나 나누어 맡음
- 공용(公用) : 1. 공공의 목적으로 씀 2. 공적인 용무

  공용(共用) : 함께 씀. 또는 그런 물건
- 과정(過程) : 일이 되어 가는 경로

  과정(課程) : 일정한 기간에 교육하거나 학습하여야 할 과목의 내용과 분량
- 교정(敎正) : 가르쳐서 바르게 함

  교정(校定) : 출판물의 글자나 글귀를 검토하여 바르게 정하는 일
- 구상(構想) : 앞으로 이루려는 일에 대하여 그 일의 내용이나 규모, 실현 방법 따위를 어떻게 정할 것인지 이리저리 생각함. 또는 그 생각

  구상(具象) : 사물, 특히 예술 작품 따위가 직접 경험하거나 지각할 수 있도록 일정한 형태와 성질을 갖춤

- 기술(技術) : 사물을 잘 다룰 수 있는 방법이나 능력
  기술(記述) : 대상이나 과정의 내용과 특징을 있는 그대로 열거하거나 기록하여 서술함
  기술(既述) : 이미 앞서 기술함
- 단상(壇上) : 교단이나 강단 따위의 위
  단상(斷想) : 1. 생각나는 대로의 단편적인 생각 2. 생각을 끊음
- 대결(代決) : 남을 대신하여 결재함
  대결(對決) : 양자가 맞서서 우열이나 승패를 가림
- 대치(代置) : 다른 것으로 바꾸어 놓음
  대치(對置) : 마주 놓음
  대치(對峙) : 서로 맞서서 버팀
- 매도(罵倒) : 심하게 욕하며 나무람
  매도(賣渡) : 값을 받고 물건의 소유권을 다른 사람에게 넘김
- 매수(買收) : 물건을 사들임
  매수(買受) : 물건을 사서 넘겨받음
- 무고(無告) : 괴로운 처지를 하소연할 곳이 없음
  무고(誣告) : 사실이 아닌 일을 거짓으로 꾸미어 해당 기관에 고소하거나 고발하는 일
  무고(無故) : 1. 아무런 까닭이 없음 2. 사고 없이 평안함
- 방조(傍助) : 곁에서 도와줌
  방조(防潮) : 높이 밀려드는 조수의 피해를 막음
- 사의(謝意) : 1. 감사하게 여기는 뜻 2. 잘못을 비는 뜻
  사의(謝儀) : 상대편에게 고마움의 뜻으로 보내는 물품
  사의(辭意) : 맡아보던 일자리를 그만두고 물러날 뜻
  사의(事宜) : 이치에 맞아 일이 마땅함
- 사전(事典) : 여러 가지 사항을 모아 일정한 순서로 배열하고 그 각각에 해설을 붙인 책
  사전(辭典) : 어떤 범위 안에서 쓰이는 낱말을 모아서 일정한 순서로 배열하여 싣고 그 각각의 발음, 의미, 어원, 용법 따위를 해설한 책
- 사실(事實) : 실제로 있었던 일이나 현재에 있는 일
  사실(史實) : 역사에 실제로 있는 사실
- 사후(事後) : 일이 끝난 뒤. 또는 일을 끝낸 뒤
  사후(死後) : 죽고 난 이후
- 소요(騷擾) : 여럿이 떠들썩하게 들고 일어남. 또는 그런 술렁거림과 소란

> **기출 Plus** 지방직 9급 기출
>
> **04. 밑줄 친 부분의 한자가 옳은 것은?**
>
> ① 학술지의 규정(規正)에 따라 표절 논문을 반려하였다.
> ② 문법 구조(救助)를 잘 이해하면 독해력이 향상된다.
> ③ 각급 기관에서 협조할 사안이 충분(充分)히 있다.
> ④ 사회적 현상(懸賞)을 파악하여 정책을 마련해야 한다.
>
> 해 충분(充分)은 '채울 충, 나눌 분'으로 모자람이 없이 차거나 넉넉함을 의미하며 문장에 적절한 한자이다.

답 04 ③

기출 Plus
국회직 9급 기출

05. 다음 중 한자의 독음이 옳지 않은 것은?
① 捺印 – 놀인, 桎梏 – 질혹
② 謁見 – 알현, 龜裂 – 균열
③ 漏泄 – 누설, 敷衍 – 부연
④ 前揭 – 전게, 行列 – 항렬

해 '捺印'은 捺(누를 날)과 印(찍을 인)으로 발음할 수 있으며, '桎梏'은 桎(족쇄 질)과 梏(수갑 곡)으로 발음할 수 있다.

답 05 ①

소요(所要) : 필요로 하거나 요구되는 바
소요(逍遙) : 자유롭게 이리저리 슬슬 거닐며 돌아다님

- 역설(逆說) : 1. 어떤 주의나 주장에 반대되는 이론이나 말 2. 논리적 모순을 일으키는 논증
  역설(力說) : 자기의 뜻을 힘주어 말함
- 예지(叡智) : 사물의 이치를 꿰뚫어 보는 지혜롭고 밝은 마음
  예지(豫知) : 1. 어떤 일이 일어나기 전에 미리 앎 2. 미래의 일을 지각하는 초감각적 지각
- 연습(演習) : 실지로 하는 것처럼 하면서 익힘
  연습(練習) : 학문이나 기예 따위를 익숙하도록 되풀이하여 익힘
- 우선(于先) : 어떤 일에 앞서서
  우선(優先) : 딴 것에 앞서 특별하게 대우함
- 정밀(靜謐) : 고요하고 편안함
  정밀(精密) : 아주 정교하고 치밀하여 빈틈이 없고 자세함
- 정의(正意) : 바른 뜻 또는 올바른 생각
  정의(正義) : 진리에 맞는 올바른 도리
  정의(定議) : 어떤 말이나 사물의 뜻을 명백히 밝혀 규정함
  정의(情義) : 따뜻한 마음과 참된 의리
- 출연(出演) : 연기, 공연 따위를 위해 무대나 연단에 나감
  출연(出捐) : 금품을 내어 도와줌
- 파문(破門) : 사제의 의리를 끊고 문하에서 내쫓음
  파문(波紋) : 1. 수면에 이는 물결 2. 물결 모양의 무늬 3. 어떤 일이 다른 데에 미치는 영향
- 편재(偏在) : 한곳에 치우쳐 있음
  편재(遍在) : 널리 퍼져 있음
- 필수(必修) : 반드시 학습하거나 이수하여야 함
  필수(必須) : 꼭 있어야 하거나 하여야 함
- 행사(行使) : 1. 부려서 씀 2. 행동이나 하는 짓
  행사(行事) : 어떤 일을 시행함

Check Point

동자이음어
- 金 : 쇠 금 / 성 김
  예 金銀(금은) / 김씨(金氏)
- 糖 : 엿 당 / 사탕 탕
  예 糖度(당도) / 砂糖(사탕)
- 數 : 자주 삭 / 셀 수
  예 頻數(빈삭) / 數學(수학)
- 宿 : 잘 숙 / 별 수
  예 宿泊(숙박) / 성수(星宿)
- 暴 : 사나울 폭 / 사나울 포
  예 暴風(폭풍) / 暴惡(포악)

4. 동자이음어(同字異音語)

- 간편(簡便)[편할 편] / 변소(便所)[똥오줌 변]
- 강우(降雨)[내릴 강] / 항복(降服)[항복할 항]

- 갱신(更新)[다시 갱] / 경신(更新)[고칠 경]
- 거마(車馬)[수레 거] / 차량(車輛)[수레 차]
- 견문(見聞)[볼 견] / 알현(謁見)[뵈올 현]
- 귀감(龜鑑)[거북 귀] / 균열(龜裂)[터질 균]
- 다과(茶菓)[차 다] / 차례(茶禮)[차 차]
- 단심(丹心)[붉은 단] / 모란(牡丹) [정성스러울 란]
- 댁내(宅內)[댁 댁] / 주택(住宅)[집 택]
- 독서(讀書)[읽을 독] / 구두점(句讀點)[구절 두]
- 동리(洞里)[고을 동] / 통찰(洞察) [밝을 통]
- 비율(比率)[비율 율] / 통솔(統率)[거느릴 솔]
- 낙원(樂園)[즐거울 락] / 음악(音樂)[음악 악] / 요산(樂山)[좋아할 요]
- 반성(反省)[살필 성] / 생략(省略)[덜 생]
- 회복(回復)[돌이킬 복] / 부활(復活)[다시 부]
- 남북(南北)[북녘 북] / 패배(敗北)[달아날 배]
- 상태(狀態)[형상 상] / 상장(賞狀)[문서 장]
- 요새(要塞)[변방 새] / 폐색(閉塞)[막힐 색]
- 용이(容易)[쉬울 이] / 교역(交易)[바꿀 역]
- 사색(思索)[찾을 색] / 삭막(索寞)[쓸쓸할 삭]
- 설득(說得)[배풀 설] / 유세(遊說)[달랠 세]
- 제도(制度)[법도 도] / 촌탁(忖度)[헤아릴 탁]
- 반성(反省)[살필 성] / 생략(省略)[덜 생]
- 악행(惡行)[악할 악] / 증오(憎惡)[미워할 오]
- 무역(貿易)[바꿀 역] / 난이(難易)[쉬울 이]
- 회자(膾炙)[구울 자] / 산적(蒜炙)[구울 적]
- 풍자(諷刺)[찌를 자] / 척살(刺殺)[찌를 척]
- 살생(殺生)[죽일 살] / 상쇄(相殺)[빠를 쇄]
- 식사(食事)[밥 식] / 단사(簞食)[밥 사]
- 절단(切斷)[끊을 절] / 일체(一切)[온통 체]
- 개척(開拓)[넓힐 척] / 탁본(拓本)[박을 탁]
- 추진(推進)[밀 추] / 퇴고(推敲)[밀 퇴]
- 피혁(皮革)[가죽 피] / 녹비(鹿皮)[가죽 비]
- 법칙(法則)[법칙 칙] / 연즉(然則)[곧 즉]
- 행진(行進)[다닐 행] / 항렬(行列)[항렬 항]
- 화가(畵家)[그림 화] / 획순(畵順)[그을 획]

기출 Plus 기상직 9급 기출

06. ㉠~㉣의 한자 표기로 옳은 것은?

> 과학사를 들춰 보면 기존의 학문 체계에 ㉠ 도전했다가 낭패를 본 인물들의 이야기를 자주 만날 수 있다. 대표적인 인물이 천동설을 부정하고 지동설을 주장한 갈릴레이이다. 천동설을 ㉡ 지지하던 당시의 권력층은 그들의 막강한 힘을 이용하여 갈릴레이를 신의 권위에 도전하는 이단자로 욕하고 목숨까지 위협했다. 갈릴레이가 영원한 ㉢ 침묵을 ㉣ 맹세하지 않고 계속 지동설을 주장했더라면 그는 단두대의 이슬로 사라졌을지도 모른다.

① ㉠ 逃戰
② ㉡ 持地
③ ㉢ 浸默
④ ㉣ 盟誓

해 '盟誓(맹세)'는 盟(맹세할 맹)과 誓(맹세할 서 → 세)가 결합한 한자어이다.

답 06 ④

- 확대(廓大)[클 확] / 윤곽(輪廓)[둘레 곽]
- 원활(圓滑)[미끄러울 활] / 골계(滑稽)[익살스러울 골]

5. 반의 한자

乾 (하늘 건) ↔ 坤 (땅 곤)
強 (강할 강) ↔ 弱 (약할 약)
去 (가다 거) ↔ 來 (오다 래)
慶 (경사 경) ↔ 弔 (조상하다 조)
輕 (가볍다 경) ↔ 重 (무겁다 중)
貧 (가난하다 빈) ↔ 富 (넉넉하다 부)
勤 (부지런하다 근) ↔ 怠 (게으르다 태)
濃 (짙다 농) ↔ 淡 (옅다 담)
同 (같다 동) ↔ 異 (다르다 이)
冷 (차갑다 냉) ↔ 炎 (뜨겁다 염)
早 (이르다 조) ↔ 晩 (늦다 만)
問 (묻다 문) ↔ 答 (대답하다 답)
逢 (만나다 봉) ↔ 別 (헤어지다 별)
喜 (기쁘다 희) ↔ 悲 (슬프다 비)
生 (살다 생) ↔ 死 (죽다 사)
興 (흥하다 흥) ↔ 亡 (망하다 망)
送 (보내다 송) ↔ 迎 (맞이하다 영)
乘 (오르다 승) ↔ 降 (내리다 강)
優 (뛰어나다 우) ↔ 劣 (못하다 열)
新 (새롭다 신) ↔ 舊 (오래되다 구)
仰 (우러르다 앙) ↔ 俯 (구부리다 부)
凹 (오목하다 요) ↔ 凸 (볼록하다 철)
陰 (그늘 음) ↔ 陽 (볕 양)
雌 (암컷 자) ↔ 雄 (수컷 웅)
尊 (높다 존) ↔ 卑 (낮다 비)
衆 (많은 사람 중) ↔ 寡 (적다 과)
眞 (참 진) ↔ 僞 (거짓 위)
集 (모이다 집) ↔ 散 (흩어지다 산)

卓 (높다 탁) ↔ 低 (낮다 저)
開 (열다 개) ↔ 閉 (닫다 폐)
京 (서울 경) ↔ 鄕 (시골 향)
曲 (굽다 곡) ↔ 直 (곧다 직)
貴 (귀하다 귀) ↔ 賤 (천하다 천)
禽 (날짐승 금) ↔ 獸 (길짐승 수)
難 (어렵다 난) ↔ 易 (쉽다 이)
貸 (대여하다 대) ↔ 借 (빌리다 차)
得 (얻다 득) ↔ 失 (잃다 실)
利 (이익 이) ↔ 害 (손해 해)
賣 (팔다 매) ↔ 買 (사다 매)
美 (아름답다 미) ↔ 醜 (추하다 추)
浮 (뜨다 부) ↔ 沈 (가라앉다 침)
賞 (상주다 상) ↔ 罰 (죄주다 벌)
盛 (성하다 성) ↔ 衰 (쇠하다 쇠)
損 (줄다 손) ↔ 益 (늘다 익)
首 (머리 수) ↔ 尾 (꼬리 미)
勝 (이기다 승) ↔ 敗 (패하다 패)
授 (주다 수) ↔ 受 (받다 수)
深 (깊다 심) ↔ 淺 (얕다 천)
愛 (사랑하다 애) ↔ 憎 (미워하다 증)
隱 (숨다 은) ↔ 現 (나타나다 현)
因 (연유 인) ↔ 果 (결과 과)
淨 (깨끗하다 정) ↔ 汚 (더럽다 오)
縱 (세로 종) ↔ 橫 (가로 횡)
遲 (늦다 지) ↔ 速 (빠르다 속)
進 (나아가다 진) ↔ 退 (물러나다 퇴)
着 (붙다 착) ↔ 脫 (벗다 탈)

기출 Plus 서울시 9급 기출

07. 다음 중 한자어와 독음이 바르게 연결된 것은?

① 陶冶 – 도치
② 改悛 – 개전
③ 殺到 – 살도
④ 汨沒 – 일몰

해 改悛(고칠 개, 고칠 전) : 행실이나 태도의 잘못을 뉘우치고 마음을 바르게 고쳐먹음
① 陶冶(질그릇 도, 풀무 야) : ㉠ 도공과 주물공. 또는, 도기를 만드는 일과 주물을 만드는 일. ㉡ 심신을 닦아 기름
③ 殺到(빠를 쇄, 이를 도) : 세차게 몰려듦.
④ 汨沒(골몰할 골, 빠질 몰) : ㉠ 다른 생각을 일절 하지 않고 한 가지 일에만 온 정신을 쏟음. ㉡ 부침(浮沈)

답 07 ②

添 (더하다 첨) ↔ 削 (깎다 삭)
取 (취하다 취) ↔ 捨 (버리다 사)
吉 (길하다 길) ↔ 凶 (흉하다 흉)
彼 (저 피) ↔ 此 (이 차)
冷 (차다 냉) ↔ 溫 (따뜻하다 온)
廣 (넓다 광) ↔ 狹 (좁다 협)
苦 (괴롭다 고) ↔ 樂 (즐겁다 락)
死 (죽다 사) ↔ 活 (살다 활)
物 (물건 물) ↔ 心 (마음 심)
主 (주인 주) ↔ 客 (손님 객)
祖 (조상 조) ↔ 孫 (자손 손)
遠 (멀다 원) ↔ 近 (가깝다 근)
厚 (두텁다 후) ↔ 薄 (엷다 박)
自 (스스로 자) ↔ 他 (남 타)
教 (가르치다 교) ↔ 學 (배우다 학)
先 (먼저 선) ↔ 後 (뒤 후)
動 (움직이다 동) ↔ 靜 (고요하다 정)
始 (시작하다 시) ↔ 終 (끝나다 종)
安 (편안하다 안) ↔ 危 (위태롭다 위)
好 (좋아하다 호) ↔ 惡 (미워하다 오)
明 (밝다 명) ↔ 暗 (어둡다 암)
初 (처음 초) ↔ 末 (끝 말)
消 (사라지다 소) ↔ 現 (나타나다 현)
哀 (슬프다 애) ↔ 歡 (기뻐하다 환)
玉 (옥 옥) ↔ 石 (돌 석)
主 (주인 주) ↔ 從 (좇다 종)
出 (나다 출) ↔ 納 (거두다 납)
解 (풀다 해) ↔ 約 (맺다 약)
存 (있다 존) ↔ 廢 (폐하다 폐)
經 (날실 경) ↔ 緯 (씨실 위)
叔 (아재비 숙) ↔ 姪 (조카 질)
昇 (오르다 승) ↔ 降 (내리다 강)
當 (맡다 당) ↔ 落 (떨어지다 락)

清 (맑다 청) ↔ 濁 (흐리다 탁)
豊 (풍성하다 풍) ↔ 凶 (흉하다 흉)
禍 (불행 화) ↔ 福 (복 복)
寒 (차다 한) ↔ 暖 (따뜻하다 난)
虛 (비다 허) ↔ 實 (차다 실)
老 (늙다 노) ↔ 少 (어리다 소)
晝 (낮 주) ↔ 夜 (밤 야)
內 (안 내) ↔ 外 (밖 외)
古 (옛 고) ↔ 今 (이제 금)
長 (길다 장) ↔ 短 (짧다 단)
心 (마음 심) ↔ 身 (몸 신)
功 (공로 공) ↔ 過 (허물 과)
本 (근본 본) ↔ 末 (끝 말)
着 (붙다 착) ↔ 發 (떠나다 발)
加 (더하다 가) ↔ 減 (감하다 감)
甘 (달다 감) ↔ 苦 (쓰다 고)
順 (따르다 순) ↔ 逆 (거스르다 역)
離 (떼놓다 이) ↔ 合 (합하다 합)
高 (높다 고) ↔ 低 (낮다 저)
將 (장수 장) ↔ 卒 (군사 졸)
正 (바르다 정) ↔ 誤 (그릇하다 오)
緩 (느리다 완) ↔ 急 (급하다 급)
往 (가다 왕) ↔ 來 (오다 래)
恩 (은혜 은) ↔ 怨 (원망하다 원)
眞 (참되다 진) ↔ 假 (거짓 가)
增 (더하다 증) ↔ 減 (줄다 감)
寒 (차다 한) ↔ 暑 (덥다 서)
伸 (펴다 신) ↔ 縮 (오그라들다 축)
起 (일어나다 기) ↔ 伏 (엎드리다 복)
朔 (초하루 삭) ↔ 望 (보름 망)
今 (이제 금) ↔ 昔 (옛 석)
賢 (어질다 현) ↔ 愚 (어리석다 우)
表 (겉 표) ↔ 裏 (속 리)

Check Point

잘못 읽기 쉬운 한자어

- 可矜 가긍(○) 가금(×)
- 戡定 감정(○) 심정(×)
- 醵出 갹출(○) 거출(×)
- 丘陵 구릉(○) 구능(×)
- 捏造 날조(○) 급조(×)
- 陶冶 도야(○) 도치(×)
- 明澄 명징(○) 명증(×)
- 撲滅 박멸(○) 복멸(×)
- 水洗 수세(○) 수선(×)
- 齷齪 악착(○) 악족(×)
- 汚辱 오욕(○) 오진(×)
- 凝結 응결(○) 의결(×)
- 將帥 장수(○) 장사(×)
- 憎惡 증오(○) 증악(×)
- 叱責 질책(○) 힐책(×)
- 秋毫 추호(○) 추모(×)
- 享樂 향락(○) 형락(×)
- 褒賞 포상(○) 보상(×)

集 (모이다 집) ↔ 配 (나누다 배)
呼 (내쉬다 호) ↔ 吸 (들이쉬다 흡)
需 (쓰이다 수) ↔ 給 (줄다 급)
喜 (기쁘다 희) ↔ 怒 (성내다 노)
榮 (성하다 영) ↔ 辱 (욕되다 욕)
疏 (성기다 소) ↔ 密 (빽빽하다 밀)
斷 (끊다 단) ↔ 續 (잇다 속)
贊 (돕다 찬) ↔ 反 (뒤집다 반)
公 (공변되다 공) ↔ 私 (사사롭다 사)
晴 (개다 청) ↔ 雨 (비 우)
抑 (누르다 억) ↔ 揚 (오르다 양)

6. 한자 유의어

가공(架空) = 허구(虛構)
가벌(家閥) = 문벌(門閥)
간난(艱難) = 고초(苦楚)
간주(看做) = 치부(置簿)
강박(强迫) = 겁박(劫迫)
개전(改悛) = 반성(反省)
격조(隔阻) = 적조(積阻)
고무(鼓舞) = 고취(鼓吹)
과격(過激) = 급진(急進)
교란(攪亂) = 요란(擾亂)
구속(拘束) = 속박(束縛)
귀감(龜鑑) = 모범(模範)
기아(飢餓) = 기근(饑饉)
낙담(落膽) = 실망(失望)
대가(大家) = 거성(巨星)
망각(忘却) = 망기(忘棄)
명석(明晳) = 총명(聰明)
모반(謀反) = 반역(反逆)
민첩(敏捷) = 신속(迅速)
범상(凡常) = 심상(尋常)
산책(散策) = 소요(逍遙)
수척(瘦瘠) = 초췌(憔悴)
시조(始祖) = 비조(鼻祖)
연혁(沿革) = 변천(變遷)
위엄(威嚴) = 위신(威信)
가권(家眷) = 권솔(眷率)
가정(苛政) = 패정(悖政)
간병(看病) = 간호(看護)
갈등(葛藤) = 알력(軋轢)
강탈(强奪) = 늑탈(勒奪)
개제(皆濟) = 완료(完了)
결재(決裁) = 재가(裁可)
공명(共鳴) = 수긍(首肯)
광정(匡正) = 확정(廓正)
교사(敎唆) = 사주(使嗾)
구축(驅逐) = 구출(驅出)
귀향(歸鄕) = 귀성(歸省)
기질(氣質) = 성격(性格)
남상(濫觴) = 효시(嚆矢)
독점(獨占) = 전유(專有)
매료(魅了) = 매혹(魅惑)
명함(名銜) = 명판(名判)
목도(目睹) = 목격(目擊)
발췌(拔萃) = 선택(選擇)
불후(不朽) = 불멸(不滅)
선철(先哲) = 선현(先賢)
시사(示唆) = 암시(暗示)
알선(斡旋) = 주선(周旋)
영원(永遠) = 영구(永久)
유명(有名) = 고명(高名)
가련(可憐) = 측은(惻隱)
각축(角逐) = 축록(逐鹿)
간신(奸臣) = 요신(妖臣)
감시(瞰視) = 부감(俯瞰)
개량(改良) = 개선(改善)
검약(儉約) = 절약(節約)
결핍(缺乏) = 부족(不足)
공헌(公獻) = 기여(寄與)
괴수(魁首) = 원흉(元兇)
교섭(交涉) = 절충(折衷)
구획(區劃) = 경계(境界)
기대(企待) = 촉망(囑望)
나태(懶怠) = 태만(怠慢)
달변(達辯) = 능변(能辯)
등한(等閑) = 소홀(疏忽)
매진(邁進) = 맥진(驀進)
모두(冒頭) = 허두(虛頭)
미연(未然) = 사전(事前)
백미(白眉) = 출중(出衆)
사려(思慮) = 분별(分別)
쇄도(殺到) = 답지(遝至)
시정(市井) = 여염(閭閻)
압박(壓迫) = 위압(威壓)
요서(夭逝) = 요절(夭折)
유미(唯美) = 탐미(耽美)

기출 Plus 서울시 9급 기출

08. 다음 중 괄호 안의 한자가 옳은 것은?

① 정직함이 유능함보다 중요(仲要)하다.
② 대중(對衆) 앞에서 연설하는 것은 쉬운 일이 아니다.
③ 부동산 중개사(重介士) 시험을 보는 사람들이 점점 늘어나고 있다.
④ 집중력(集中力)이 떨어지지 않도록 숙면을 취해야 한다.

해 집중력(集中力) : 마음이나 주의를 오로지 어느 한 사물에 쏟을 수 있는 힘
① 중요(仲要) → '重要' : [일부 명사 앞에서 관형어로 쓰여]소중하고 요긴함
② 대중(對衆) → '大衆' : 현대 사회를 구성하는 대다수의 사람
③ 중개사(重介士) → '仲介士' : 소정의 국가시험에 합격하고 부동산 중개업법에 의해 그 자격을 취득하여 토지나 건물 등의 매매, 교환, 임대차에 관한 일을 중개할 수 있는 사람

답 08 ④

은닉(隱匿) = 은폐(隱蔽)	일률(一律) = 획일(劃一)	일족(一族) = 일문(一門)
일치(一致) = 합치(合致)	일호(一毫) = 추호(秋毫)	자부(自負) = 자신(自信)
재능(才能) = 기량(器量)	저가(低價) = 염가(廉價)	전심(專心) = 몰두(沒頭)
진퇴(進退) = 거취(去就)	질곡(桎梏) = 속박(束縛)	질책(叱責) = 문책(問責)
차제(次第) = 순서(順序)	창공(蒼空) = 벽공(碧空)	천부(天賦) = 천품(天稟)
천지(天地) = 건곤(乾坤)	초옥(草屋) = 모옥(茅屋)	최고(最高) = 지상(至上)
타계(他界) = 영면(永眠)	표변(豹變) = 돌변(突變)	풍부(豊富) = 윤택(潤澤)
풍정(風情) = 정취(情趣)	피력(披瀝) = 고백(告白)	하자(瑕疵) = 결함(缺陷)
횡사(橫死) = 비명(非命)	후락(朽落) = 퇴락(頹落)	힐난(詰難) = 지탄(指彈)

7. 한자 반의어

가결(可決) ↔ 부결(否決)	간선(幹線) ↔ 지선(支線)	간섭(干涉) ↔ 방임(放任)
간헐(間歇) ↔ 지속(持續)	감퇴(減退) ↔ 증진(增進)	강건(剛健) ↔ 유약(柔弱)
강고(强固) ↔ 박약(薄弱)	개방(開放) ↔ 폐쇄(閉鎖)	개연(蓋然) ↔ 필연(必然)
객체(客體) ↔ 주체(主體)	거부(拒否) ↔ 승인(承認)	건조(乾燥) ↔ 습윤(濕潤)
걸작(傑作) ↔ 졸작(拙作)	경박(輕薄) ↔ 중후(重厚)	경상(經常) ↔ 임시(臨時)
경솔(輕率) ↔ 신중(愼重)	경직(硬直) ↔ 유연(柔軟)	경화(硬化) ↔ 연화(軟化)
계람(繫纜) ↔ 해람(解纜)	고답(高踏) ↔ 세속(世俗)	고상(高尙) ↔ 저속(低俗)
고아(高雅) ↔ 비속(卑俗)	곤란(困難) ↔ 용이(容易)	공명(共鳴) ↔ 반박(反駁)
공용(共用) ↔ 전용(專用)	관목(灌木) ↔ 교목(喬木)	관철(貫徹) ↔ 좌절(挫折)
교묘(巧妙) ↔ 졸렬(拙劣)	구심(求心) ↔ 원심(遠心)	균점(均霑) ↔ 독점(獨占)
근면(勤勉) ↔ 태타(怠惰)	근소(僅少) ↔ 과다(過多)	급성(急性) ↔ 만성(慢性)
급행(急行) ↔ 완행(緩行)	기결(旣決) ↔ 미결(未決)	기립(起立) ↔ 착석(着席)
긴밀(緊密) ↔ 소원(疎遠)	긴장(緊張) ↔ 해이(解弛)	긴축(緊縮) ↔ 완화(緩和)
길조(吉兆) ↔ 흉조(凶兆)	낙관(樂觀) ↔ 비관(悲觀)	낙천(樂天) ↔ 염세(厭世)
낭독(朗讀) ↔ 묵독(默讀)	내포(內包) ↔ 외연(外延)	노마(駑馬) ↔ 준마(駿馬)
노회(老獪) ↔ 순진(純眞)	농후(濃厚) ↔ 희박(稀薄)	눌변(訥辯) ↔ 달변(達辯)
능멸(凌蔑) ↔ 추앙(推仰)	단축(短縮) ↔ 연장(延長)	담천(曇天) ↔ 청천(晴天)
도심(都心) ↔ 교외(郊外)	동요(動搖) ↔ 안정(安定)	둔감(鈍感) ↔ 민감(敏感)
둔탁(鈍濁) ↔ 예리(銳利)	득의(得意) ↔ 실의(失意)	만조(滿潮) ↔ 간조(干潮)
모두(冒頭) ↔ 말미(末尾)	모방(模倣) ↔ 창조(創造)	밀집(密集) ↔ 산재(散在)
박무(薄霧) ↔ 농무(濃霧)	박토(薄土) ↔ 옥토(沃土)	백발(白髮) ↔ 홍안(紅顔)
보수(保守) ↔ 혁신(革新)	부상(扶桑) ↔ 함지(咸池)	비번(非番) ↔ 당번(當番)

Check Point

어휘 설명

- 계람(繫纜) / 해람(解纜)
  - 계람 : 배를 멈춤
  - 해람 : 배가 항구를 떠남
- 눌변(訥辯) / 달변(達辯)
  - 눌변 : 더듬거리는 서툰 말솜씨
  - 달변 : 능숙하여 막힘이 없는 말
- 상술(詳述) / 약술(略述)
  - 상술 : 자세하게 설명하여 말함
  - 약술 : 간략하게 논술함
- 수절(守節) / 훼절(毁節)
  - 수절 : 정절을 지킴
  - 훼절 : 절개나 지조를 깨뜨림

비범(非凡) ↔ 평범(平凡)	상술(詳述) ↔ 약술(略述)	세모(歲暮) ↔ 연두(年頭)
수리(受理) ↔ 각하(却下)	수절(守節) ↔ 훼절(毁節)	심야(深夜) ↔ 백주(白晝)
쌍리(雙利) ↔ 편리(片利)	애호(愛好) ↔ 혐오(嫌惡)	양수(讓受) ↔ 양도(讓渡)
억제(抑制) ↔ 촉진(促進)	엄격(嚴格) ↔ 관대(寬大)	역경(逆境) ↔ 순경(順境)
영겁(永劫) ↔ 편각(片刻)	영전(榮轉) ↔ 좌천(左遷)	요절(夭折) ↔ 장수(長壽)
우연(偶然) ↔ 필연(必然)	우회(迂廻) ↔ 첩경(捷徑)	원양(遠洋) ↔ 근해(近海)
유사(類似) ↔ 상위(相違)	융기(隆起) ↔ 함몰(陷沒)	이단(異端) ↔ 정통(正統)
이례(異例) ↔ 통례(通例)	임대(賃貸) ↔ 임차(賃借)	정산(精算) ↔ 개산(概算)
정착(定着) ↔ 표류(漂流)	조객(弔客) ↔ 하객(賀客)	조악(粗惡) ↔ 정교(精巧)
직계(直系) ↔ 방계(傍系)	질서(秩序) ↔ 혼돈(混沌)	참신(斬新) ↔ 진부(陳腐)
치졸(稚拙) ↔ 세련(洗練)	편파(偏頗) ↔ 공평(公平)	폐지(廢止) ↔ 존속(存續)
하락(下落) ↔ 앙등(仰騰)	할인(割引) ↔ 할증(割增)	호전(好轉) ↔ 악화(惡化)
활용(活用) ↔ 사장(死藏)	횡단(橫斷) ↔ 종단(縱斷)	

8. 천간(天干) / 지지(地支) / 육십갑자(六十甲子)

- 천간(天干) : 육십갑자의 위 단위를 이루는 요소
- 지지(地支) : 육십갑자의 아래 단위를 이루는 요소

천간(天干)	지지(地支)	동물	시간	방위
갑(甲)	자(子)	쥐	오후 11시 ~ 오전 1시	북
을(乙)	축(丑)	소	오전 1시 ~ 오전 3시	북동
병(丙)	인(寅)	호랑이	오전 3시 ~ 오전 5시	동동북
정(丁)	묘(卯)	토끼	오전 5시 ~ 오전 7시	동
무(戊)	진(辰)	용	오전 7시 ~ 오전 9시	동동남
기(己)	사(巳)	뱀	오전 9시 ~ 오전 11시	남남동
경(庚)	오(午)	말	오전 11시 ~ 오후 1시	남
신(辛)	미(未)	양	오후 1시 ~ 오후 3시	남남서
임(壬)	신(申)	원숭이	오후 3시 ~ 오후 5시	서서남
계(癸)	유(酉)	닭	오후 5시 ~ 오후 7시	서
	술(戌)	개	오후 7시 ~ 오후 9시	서서북
	해(亥)	돼지	오후 9시 ~ 오후 11시	북북서

기출 Plus 서울시 9급 기출

09. 다음 중 괄호 안의 한자어가 적절히 사용된 것은?

① 가상(假像)현실에서는 실제로 경험할 수 없는 체험을 할 수 있다.
② 가시(可示)적인 성과보다는 내실이 중요하다.
③ 그의 작품에는 다양한 인생 편력(遍歷)이 드러나 있다.
④ 그 이야기는 과장(誇長) 없는 사실이다.

해 '편력(編曆)'은 여러 가지 경험을 한다는 뜻으로 적절하게 사용되었다.
① 가상(假像) → 가상(假想) : 사실이 아니거나 사실 여부가 분명하지 않은 것을 사실이라고 가정하여 생각함
② 가시(可示) → 가시(可視) : 눈으로 볼 수 있는 것
④ 과장(誇長) → 과장(誇張) : 사실보다 지나치게 불려서 나타냄

답 09 ③

• 육십갑자(六十甲子) : 천간(天干)과 지지(地支)를 순차로 배합하여 예순 가지로 늘어놓은 것

9. 나이를 나타내는 한자

• 15세 : 지학(志學), 『논어』 위정(爲政)편에서 공자가 열다섯에 학문에 뜻을 두었다고 한 데서 유래함
• 20세 : 약관(弱冠), 『논어』 위정(爲政)편에서 공자가 스무 살에 관례를 한다고 한 데서 유래함
• 30세 : 이립(而立), 『논어』 위정(爲政)편에서 공자가 서른 살에 자립했다고 한 데서 유래함.
• 40세 : 불혹(不惑), 『논어』 위정(爲政)편에서 공자가 마흔 살부터 세상일에 미혹되지 않았다고 한 데서 유래함
• 48세 : 상년(桑年), '桑'의 속자를 분해하여 보면 '十'자가 넷이고 '八'자가 하나인 데서 유래함
• 50세 : 지천명(知天命), 『논어』 위정(爲政)편에서 공자가 쉰 살에 하늘의 뜻을 알았다고 한 데서 유래함
• 60세 : 이순(耳順), 『논어』 위정(爲政)편에서 공자가 예순 살부터 생각하는 것이 원만하여 어떤 일을 들으면 곧 이해가 된다고 한 데서 유래함
• 61세 : 환갑(還甲), 회갑(回甲), 육십갑자의 '갑(甲)'으로 되돌아온다는 뜻
• 62세 : 진갑(進甲), 환갑이 지나 새로운 '갑(甲)'으로 나아간다는 뜻
• 70세 : 종심(從心), 『논어』의 위정(爲政)편에서 공자가 칠십이 되면 욕망하는 대로 해도 도리에 어긋남이 없다고 한 데서 유래함
  70세 : 고희(古稀), 두보(杜甫)의 「곡강시(曲江詩)」에서 70세를 사는 것은 예부터 드물었다고 한 데서 유래함
• 71세 : 망팔(望八), '여든'을 바라본다는 뜻
• 77세 : 희수(喜壽), '喜'를 초서(草書)로 쓸 때 '七十七'처럼 쓰는 데서 유래함
• 81세 : 망구(望九), 사람의 나이가 아흔을 바라본다는 뜻
• 88세 : 미수(米壽), '米'자를 풀어 쓰면 '八十八'이 되는 데서 유래함
• 91세 : 망백(望百), 사람의 나이가 백세를 바라본다는 뜻
• 99세 : 백수(白壽), '百'에서 '一'을 빼면 99가 되고, '白'자가 되는 데서 유래함

서울시 9급 기출

10. 나이와 한자어가 바르게 연결된 것은?

① 62세 – 화갑(華甲)
② 77세 – 희수(喜壽)
③ 88세 – 백수(白壽)
④ 99세 – 미수(米壽)

해 '희(喜)' 자를 초서체로 쓰면 그 모양이 '七十七'을 세로로 써 놓은 것과 비슷한 데서 77세를 '희수(喜壽)'라고 한다.

Check Point

古稀(고희)
두보의 한시 「곡강(曲江)」에 처음 보인 말로, 從心所欲不踰矩(종심소욕불유구)라고도 함

10 ②

10. 24절기

계절(季節)	절기(節氣)					
봄[春]	立春(입춘) 양력 2월 4일경	雨水(우수) 양력 2월 18일경	驚蟄(경칩) 양력 3월 5일경	春分(춘분) 양력 3월 21일경	淸明(청명) 양력 4월 5일경	穀雨(곡우) 양력 4월 20일경
여름[夏]	立夏(입하) 양력 5월 5일경	小滿(소만) 양력 5월 21일경	芒種(망종) 양력 6월 6일경	夏至(하지) 양력 6월 21일경	小暑(소서) 양력 7월 7(8)일경	大暑(대서) 양력 7월 24일경
가을[秋]	處暑(처서) 양력 8월 8(9)일경	立秋(입추) 양력 8월 23일경	白露(백로) 양력 9월 8일경	秋分(추분) 양력 9월 23일경	寒露(한로) 양력 10월 8일경	霜降(상강) 양력 10월 23일경
겨울[冬]	立冬(입동) 양력 11월 8일경	小雪(소설) 양력 11월 22(23)일경	大雪(대설) 양력 12월 8일경	冬至(동지) 양력 12월 22(23)일경	小寒(소한) 양력 1월 6(7)일경	大寒(대한) 양력 1월 20일경

제4절 한문 문장

瓜田不納履(과전불납리)요 李下不整冠(이하부정관)이라.

오이밭에서는 신발을 고쳐 신지 말고, 자두나무 아래서는 갓끈을 고쳐 매지 말아라. – 『文選(문선)』

己所不欲 勿施於人(기소불욕 물시어인)이라.

자기가 바라지 않는 것은 남에게도 베풀지 말라. – 『論語(논어)』

溫故而知新(온고이지신)이면 可以爲師矣(가이위사의)니라.

옛것을 익혀서 새것을 알면 가히 스승이 될 수 있느니라. – 『論語(논어)』

知彼知己(지피지기)면 百戰不殆(백전불태)니라.

상대를 알고 나를 알면 백 번 싸워도 위태롭지 않다. – 『孫子(손자)』

在上位(재상위)하여는 不陵下(불능하)하고 在下位(재하위)하여는 不援上(불원상)이니라.

윗자리에 있어서는 아랫사람을 업신여기지 아니하고, 아랫자리에 있어서는 윗사람을 끌어내리지 아니한다. – 『中庸(중용)』

Check Point

사서오경(四書五經)

사서(四書)와 오경(五經)을 아울러 이르는 말로 『논어』, 『맹자』, 『중용』, 『대학』의 네 경전과 『시경』, 『서경』, 『주역』, 『예기』, 『춘추』의 다섯 경서를 이른다.

Check Point

논어

『논어』는 고대 중국의 사상가 공자의 가르침이 기록된 문헌이다. 공자와 그 제자와의 문답을 비롯해 공자의 발언과 행적, 그리고 고제(高弟)의 발언 등 인생의 교훈이 되는 내용들이 간결하고도 함축성 있는 표현을 통해 담겨 있다. 현존본은 『학이편(學而篇)』에서 『요왈편(堯曰篇)』까지 총 20편으로 이루어져 있다. 『학이편』은 학문과 덕행을, 『요왈편』은 성인들의 정치 이상에 대한 내용으로 구성되어 있다.

學文(학문)은 如逆水行舟(여역수행주)하여 不進則退(부진즉퇴)니라.

학문은 물을 거슬러 배를 타고 가는 것과 같아서 나아가지 않으면 퇴보한다.

–『論語(논어)』

心不在焉(심부재언)이면 視而不見(시이불견)하고 聽而不聞(청이불문)하며 食而不知其味(식이부지기미)니라.

마음이 거기에 없으면 보아도 보이지 않고, 들어도 들리지 않고, 먹어도 그 맛을 알지 못한다. –『大學(대학)』

家若貧(가약빈)이라도 不可人貧而廢學(불가인빈이폐학)이요, 家若富(가약부)라도 不可恃富而怠學(불가시부이태학)이니라.

집이 만약 가난하더라도 가난함으로 말미암아 배움을 그만둘 수 없고, 집이 만약 부유하더라도 부유함을 믿고 배움을 게을리 할 수 없다. –『朱熹(주희)』

巧言令色(교언영색)이 鮮矣仁(선의인)이니라.

교묘한 말씨와 곱게 꾸미는 얼굴 표정에는 어진 것이 드물다. –『論語(논어)』

寧爲鷄口(영위계구)언정 勿爲牛後(물위우후)하라.

차라리 닭의 부리가 될지언정 소의 꼬리는 되지 마라. –『戰國策(전국책)』

玉不琢(옥불탁)이면 不成器(불성기)요, 人不 (인불학)이면 不知道(부지도)라.

옥이 다듬어지지 않으면 좋은 그릇이 되지 못하고, 사람이 배우지 않으면 도를 알지 못한다. –『禮記(예기)』

爲善者(위선자)는 天報之以福(천보지이복)이고 爲不善者(위불선자)는 天報之以禍(천보지이화)라.

선을 행하는 자는 하늘이 복으로써 보답하고, 선을 행하지 않는 자는 하늘이 재앙으로써 갚는다. –『論語(논어)』

井蛙不知海(정와부지해) 夏蟲不知氷(하충부지빙)이라.

우물 안 개구리는 바다를 모르고, 여름 벌레는 얼음을 모른다. 즉 처지가 다르면 남을 이해 못한다. –『장자(莊子)』

Check Point

논어의 구성

- 상론(上論)
  - 제1편 학이(學而)
  - 제2편 위정(爲政)
  - 제3편 팔일(八佾)
  - 제4편 이인(里仁)
  - 제5편 공야장(公冶長)
  - 제6편 옹야(雍也)
  - 제7편 술이(術而)
  - 제8편 태백(泰伯)
  - 제9편 자한(子罕)
  - 제10편 향당(鄕黨)
- 하론(下論)
  - 제11편 선진(先進)
  - 제12편 안연(顔淵)
  - 제13편 자로(子路)
  - 제14편 헌문(憲問)
  - 제15편 위령공(衛靈公)
  - 제16편 계씨(季氏)
  - 제17편 양화(陽貨)
  - 제18편 미자(微子)
  - 제19편 자장(子張)
  - 제20편 요왈(堯曰)

青出於藍(청출어람)이나 而靑於藍(이청어람)이요, 氷水爲之(빙수위지)이나 而寒於水(이한어수)라.

푸른 색은 쪽에서 나왔으나 쪽보다 푸르고, 얼음은 물로 된 것이나 물보다 차다.

–『荀子(순자)』

子曰(자왈), "學而時習之(학이시습지)면 不亦說乎(불역열호)아. 有朋自遠方來(유붕자원방래)이면 不亦樂乎(불역락호)아. 人不知而不慍(인부지이불온)이면 不亦君子乎(불역군자호)아."

공자께서 말씀하시기를, "배우고 때때로 익히면 또한 기쁘지 아니한가. 벗이 있어 먼 곳에서 찾아오면 또한 즐겁지 아니한가. 남이 나를 알아주지 않더라도 화내지 아니하면 또한 군자가 아닌가?"

–『論語(논어)』

子曰(자왈), "後生可畏(후생가외)라. 焉知來者之不如今也(언지래자지불여금야)아. 四十五十而無聞焉(사십오십이무문언)이면 斯亦不足畏也已(사역불족외야이)라."

공자께서 말씀하시기를 "젊은 사람은 두려우니라. 어찌 장래의 그들이 지금의 나만 못하다고 하겠는가? 그러나 사십, 오십에도 학문과 덕으로 이름이 나지 않으면 그런 사람은 무서울 것이 없느니라."

–『論語(논어)』

子曰(자왈), "不患人之不己知(불환인지불기지)라, 患不知人也(환불지인야)라."

공자께서 말씀하시기를 "남들이 나를 알아주지 않음을 걱정할 것이 아니라, 내가 남을 알지 못할 것을 걱정해야 하느니라."

–『論語(논어)』

子貢曰(자공왈), "貧而無諂(빈이무첨), 富而無驕(부이무교), 何如(하여)?" 子曰(자왈), "可也(가야), 未若貧而樂(미약빈이락), 富而好禮者也(부이호례자야)라."

자공이 여쭈어 보았다. "가난하면서도 아첨함이 없고, 부지런하면서도 교만함이 없으면 어떠합니까?" 공자께서 말씀하셨다. "그것도 좋지만, 가난하면서도 즐거워하며, 부유하면서도 예를 좋아하는 것만 못하다."

–『論語(논어)』

天時不如地利(천시불여지리)요, 地利不如人和(지리불여인화)라.

하늘의 운은 땅의 이로움만 같지 못하고, 땅의 이로움은 사람들의 화합된 마음과 같지 못하다. 곧, '인화'가 제일 중요하다.

–『孟子(맹자)』

孟子曰(맹자왈), "君子有三樂(군자유삼락)이니 而王天下(이왕천하) 不與存焉(불여존언)이라. 父母俱存(부모구존) 兄弟無故(형제무고) 一樂也(일락야)요, 仰不愧於天(앙불괴어천) 俯不怍於人(부부작어인) 二樂也(이락야)요, 得天下英才而敎育之(득천하영재이교육지) 三樂也(삼락야)라."

맹자가 말하기를, "군자는 세 가지 즐거움이 있으나, 천하에 왕 노릇 하는 것은 더불어 있지 않다. 부모님이 모두 생존해 계시고, 형제 자매가 아무 탈이 없는 것이 첫째 즐거움이요, 우러러 하늘에 부끄럽지 않고, 굽어 아래로 사람들에게 부끄럽지 않은 것이 둘째 즐거움이요, 천하의 영재를 얻어 그들을 가르치는 것이 셋째 즐거움이다."

– 『孟子(맹자)』

Check Point

맹자(孟子)

유교 경전인 사서(四書)의 하나인 『맹자』는 맹자와 그 제자들의 대화 따위를 기술한 것으로, 「양혜왕(梁惠王)」, 「공손추(公孫丑)」, 「등문공(滕文公)」, 「이루(離婁)」, 「만장(萬章)」, 「고자(告子)」, 「진심(盡心)」의 7편으로 분류하였다. 14권 7책

제3장

한자성어

제1절 주요 한자성어

가 ~ 객

가급인족(家給人足) : 집집마다 먹고사는 것에 부족함이 없이 넉넉함

가렴주구(苛斂誅求) : 세금을 가혹하게 거두어들이고, 무리하게 재물을 빼앗음

가서만금(家書萬金) : 가서는 만금의 값어치가 있다는 뜻으로, 자기 집에서 온 편지의 반갑고 소중함을 이르는 말

가인박명(佳人薄命) : 미인은 불행하거나 병약하여 요절하는 일이 많음 ≒미인박명

가정맹어호(苛政猛於虎) : 가혹한 정치는 호랑이보다 무섭다는 뜻으로, 혹독한 정치의 폐가 큼을 이르는 말

각고면려(刻苦勉勵) : 어떤 일에 고생을 무릅쓰고 몸과 마음을 다하여, 무척 애를 쓰면서 부지런히 노력함

각골난망(刻骨難忘) : 남에게 입은 은혜가 뼈에 새길 만큼 커서 잊히지 아니함

각골통한(刻骨痛恨) : 뼈에 사무칠 만큼 원통하고 한스러움. 또는 그런 일

각자도생(各自圖生) : 제각기 살아 나갈 방법을 꾀함

각자무치(角者無齒) : 뿔이 있는 짐승은 이가 없다는 뜻으로, 한 사람이 여러 가지 재주나 복을 다 가질 수 없다는 말

각주구검(刻舟求劍) : 융통성 없이 현실에 맞지 않는 낡은 생각을 고집하는 어리석음을 이르는 말

간난신고(艱難辛苦) : 몹시 힘들고 어려우며 고생스러움

간담상조(肝膽相照) : 서로 속마음을 털어놓고 친하게 사귐

Check Point

각주구검(刻舟求劍)

『여씨춘추』의 「찰금편(察今篇)」에 나오는 말로 초나라 사람이 배에서 칼을 물속에 떨어뜨렸는데 배가 움직이는 것은 생각하지 않고 칼이 떨어진 위치를 뱃전에 표시하여 칼을 찾으려 했다는 데서 유래한 말이다. ≒ 각선구검(刻線求劍)

갈이천정(渴而穿井) : 목이 마른 자가 우물을 판다는 뜻으로 절실하거나 필요한 사람이 일을 하게 되어 있다는 뜻
감언이설(甘言利說) : 귀가 솔깃하도록 남의 비위를 맞추거나 이로운 조건을 내세워 꾀는 말
감탄고토(甘呑苦吐) : 달면 삼키고 쓰면 뱉는다는 뜻으로, 자신의 비위에 따라서 사리의 옳고 그름을 판단함을 이르는 말
갑남을녀(甲男乙女) : 갑이란 남자와 을이란 여자라는 뜻으로, 평범한 사람들을 이르는 말
갑론을박(甲論乙駁) : 여러 사람이 서로 자신의 주장을 내세우며 상대편의 주장을 반박함
강호연파(江湖煙波) : 강이나 호수 위에 안개처럼 보얗게 이는 기운 또는 그 수면의 잔물결
개과천선(改過遷善) : 지난날의 잘못이나 허물을 고쳐 올바르고 착하게 됨
개관사정(蓋棺事定) : 시체를 관에 넣고 뚜껑을 덮은 후에야 일을 결정할 수 있다는 뜻으로, 사람이 죽은 후에야 비로소 그 사람에 대한 평가가 제대로 됨을 이르는 말
개권유익(開卷有益) : 책을 펼쳐서 읽으면 그 속에 반드시 유익함이 있음을 이르는 말
개문납적(開門納賊) : 문을 열어 도둑이 들어오게 한다는 뜻으로, 제 스스로 화를 불러들임을 이르는 말
객반위주(客反爲主) : 손이 도리어 주인 노릇을 한다는 뜻으로, 부차적인 것을 주된 것보다 오히려 더 중요하게 여김을 이르는 말

거 ~ 계

거두절미(去頭截尾) : 머리와 꼬리를 잘라 버린다는 말로 어떤 일의 요점만 간단히 말함
거안사위(居安思危) : 편안한 상황에 처했을 때, 위태로움을 생각해야 함을 이르는 말
거안제미(擧案齊眉) : 밥상을 눈썹과 가지런하도록 공손히 들어 남편 앞에 가지고 간다는 뜻으로, 남편을 깍듯이 공경함을 이르는 말
건곤일척(乾坤一擲) : 주사위를 던져 승패를 건다는 뜻으로, 운명을 걸고 단판걸이로 승부를 겨룸을 이르는 말
격물치지(格物致知) : 실제 사물의 이치를 연구하여 지식을 완전하게 함
격화소양(隔靴搔癢) : 신을 신고 발바닥을 긁는다는 뜻으로, 성에 차지 않거나 철저하지 못한 안타까움을 이르는 말
견강부회(牽强附會) : 이치에 맞지 않는 말을 억지로 끌어 붙여 자기에게 유리하게 함
견리망의(見利忘義) : 눈앞의 이익을 보면 의리를 잊음

견리사의(見利思義) : 눈앞의 이익을 보면 의리를 먼저 생각함

견마지로(犬馬之勞) : 개나 말 정도의 하찮은 힘이라는 뜻으로, 윗사람에게 충성을 다하는 자신의 노력을 낮추어 이르는 말

견문발검(見蚊拔劍) : 모기를 보고 칼을 뺀다는 뜻으로, 사소한 일에 크게 성내어 덤빔을 이르는 말

견물생심(見物生心) : 어떠한 실물을 보게 되면 그것을 가지고 싶은 욕심이 생김

견위치명(見危致命) : 나라가 위태로울 때 자기의 몸을 나라에 바침

견인불발(堅忍不拔) : 굳게 참고 견디어 마음이 흔들리지 않음

결자해지(結者解之) : 맺은 사람이 풀어야 한다는 뜻으로, 자기가 저지른 일은 자기가 해결해야 함을 이르는 말

결초보은(結草報恩) : 풀을 맺어 은혜를 갚는다는 뜻으로 죽은 뒤에라도 은혜를 잊지 않고 갚음을 이르는 말

Check Point

결초보은(結草報恩)
중국 춘추 시대에, 진나라의 위과(魏顆)가 아버지가 세상을 떠난 후에 서모를 개가시켜 순사(殉死)하지 않게 하였더니, 그 뒤 싸움터에서 그 서모 아버지의 혼이 적군의 앞길에 있는 풀을 묶어 적을 넘어뜨려 위과가 공을 세울 수 있도록 하였다는 고사에서 유래한다. ≒ 결초(結草).

겸양지덕(謙讓之德) : 겸손한 태도로 남에게 양보하거나 사양하는 아름다운 마음씨나 행동

겸인지용(兼人之勇) : 혼자서 능히 몇 사람을 당해 낼 만한 용기

경거망동(輕擧妄動) : 경솔하여 생각 없이 망령되게 행동함

경경고침(耿耿孤枕) : 근심에 싸여 있는 외로운 잠자리

경천근민(敬天勤民) : 하늘을 공경하고 백성을 위하여 부지런히 일함

계구우후(鷄口牛後) : 닭의 주둥이와 소의 꼬리라는 뜻으로, 큰 단체의 꼴찌보다는 작은 단체의 우두머리가 되는 것이 오히려 나음을 이르는 말

계란유골(鷄卵有骨) : 달걀에도 뼈가 있다는 뜻으로, 운수가 나쁜 사람은 모처럼 좋은 기회를 만나도 역시 일이 잘 안됨을 이르는 말

계명구도(鷄鳴狗盜) : 비굴하게 남을 속이는 하찮은 재주 또는 그런 재주를 가진 사람을 이르는 말

고 ~ 교

고관대작(高官大爵) : 지위가 높고 훌륭한 벼슬. 또는 그런 위치에 있는 사람

고군분투(孤軍奮鬪) : 도움을 받지 못하게 된 군사가 많은 수의 적군과 잘 싸움을 뜻하는 말로 남의 도움을 받지 않고 일을 잘해 나가는 것을 비유적으로 이르는 말

고금무쌍(古今無雙) : 고금을 통틀어도 비교할 만한 짝이 없을 만큼 뛰어남

고담준론(高談峻論) : 뜻이 높고 바르며 엄숙하고 날카로운 말

고두사죄(叩頭謝罪) : 머리를 조아리며 잘못을 빎

고량진미(膏粱珍味) : 기름진 고기와 좋은 곡식으로 만든 맛있는 음식

고립무원(孤立無援) : 고립되어 구원을 받을 데가 없음

고성낙일(孤城落日) : '외딴 성과 서산에 지는 해'라는 뜻으로, 세력이 다하고 남의 도움이 없는 매우 외로운 처지를 이르는 말

고식지계(姑息之計) : 우선 당장 편한 것만을 택하는 꾀나 방법. 한때의 안정을 얻기 위하여 임시로 둘러맞추어 처리하거나 이리저리 주선하여 꾸며 내는 계책을 이르는 말

고육지책(苦肉之策) : 자기 몸을 상해 가면서까지 꾸며 내는 계책이라는 뜻으로, 어려운 상태를 벗어나기 위해 어쩔 수 없이 꾸며 내는 계책을 이르는 말

고장난명(孤掌難鳴) : 외손뼉만으로는 소리가 울리지 아니한다는 뜻으로, 혼자의 힘만으로 어떤 일을 이루기 어려움을 이르는 말

고침안면(高枕安眠) : 베개를 높이 하여 편안히 잔다는 뜻으로, 근심 없이 편안히 지냄을 이르는 말

곡학아세(曲學阿世) : 바른 길에서 벗어난 학문으로 세상 사람에게 아첨함

골육지정(骨肉之情) : 가까운 혈족 사이의 의로운 정

과유불급(過猶不及) : 정도를 지나침은 미치지 못함과 같음을 이르는 말

관포지교(管鮑之交) : 관중과 포숙의 사귐이란 뜻으로, 우정이 아주 돈독한 친구 관계를 이르는 말

관후장자(寬厚長者) : 너그럽고 후하며 점잖은 사람

괄목상대(刮目相對) : 눈을 비비고 상대편을 본다는 뜻으로, 남의 학식이나 재주가 놀랄 만큼 부쩍 늚을 이르는 말

교각살우(矯角殺牛) : 소의 뿔을 바로잡으려다가 소를 죽인다는 뜻으로, 잘못된 점을 고치려다가 그 방법이나 정도가 지나쳐 오히려 일을 그르침을 이르는 말

교언영색(巧言令色) : 아첨하는 말과 알랑거리는 태도

교왕과직(矯枉過直) : 굽은 것을 바로잡으려다가 정도에 지나치게 곧게 한다는 뜻으로, 잘못된 것을 바로잡으려다가 너무 지나쳐서 오히려 나쁘게 됨을 이르는 말

교토삼굴(狡兎三窟) : 교활한 토끼는 세 개의 숨을 굴을 파 놓는다는 뜻으로, 사람이 교묘하게 잘 숨어 재난을 피함을 이르는 말

구 ~ 금

구년지수(九年之水) : 오랫동안 계속되는 큰 홍수

구사일생(九死一生) : 아홉 번 죽을 뻔하다 한 번 살아난다는 뜻으로, 죽을 고비를 여러 차례 넘기고 겨우 살아남음을 이르는 말

구상유취(口尚乳臭) : 입에서 아직 젖내가 난다는 뜻으로, 말이나 행동이 유치함을 이르는 말

구세제민(救世濟民) : 어지러운 세상을 구원하고 고통받는 백성을 구제함

Check Point

관포지교(管鮑之交)
『사기(史記)』에 전해지는 중국 제나라 때 '관중'과 '포숙'의 우정을 이르는 말로, 포숙의 도움으로 재상에 오른 관중이 후에 "나를 낳아준 이는 부모이지만 나를 진정으로 알아준 사람은 포숙이다."라고 말했다고 전한다.

구우일모(九牛一毛) : 아홉 마리의 소 가운데 박힌 하나의 털이란 뜻으로, 매우 많은 것 가운데 극히 적은 수를 이르는 말

구이지학(口耳之學) : 들은 것을 자기 생각 없이 그대로 남에게 전하는 것이 고작인 학문

구절양장(九折羊腸) : 아홉 번 꼬부라진 양의 창자라는 뜻으로, 꼬불꼬불하며 험한 산길을 이르는 말

구중심처(九重深處) : 밖으로 잘 드러나지 않는 깊숙한 곳

군맹무상(群盲撫象) : 사물을 좁은 소견과 주관으로 잘못 판단함을 이르는 말

군웅할거(群雄割據) : 여러 영웅이 각기 한 지방씩 차지하고 위세를 부리는 상황을 이르는 말

궁여지책(窮餘之策) : 궁한 나머지 생각다 못하여 짜낸 계책

권모술수(權謀術數) : 목적 달성을 위하여 수단과 방법을 가리지 아니하는 온갖 모략이나 술책

권불십년(權不十年) : 권세는 십 년을 가지 못한다는 뜻으로, 아무리 높은 권세라도 오래가지 못함을 이르는 말

권토중래(捲土重來) : 한 번 실패하였으나 힘을 회복하여 다시 쳐들어옴을 이르는 말

귤화위지(橘化爲枳) : 회남의 귤을 회북에 옮겨 심으면 탱자가 된다는 뜻으로, 환경에 따라 사람이나 사물의 성질이 변함을 이르는 말

극기복례(克己復禮) : 자기의 욕심을 누르고 예의범절을 따름

근묵자흑(近墨者黑) : 먹을 가까이하는 사람은 검어진다는 뜻으로, 나쁜 사람과 가까이 지내면 나쁜 버릇에 물들기 쉬움을 비유적으로 이르는 말

금과옥조(金科玉條) : 금이나 옥처럼 귀중히 여겨 꼭 지켜야 할 법칙이나 규정

금상첨화(錦上添花) : 비단 위에 꽃을 더한다는 뜻으로, 좋은 일 위에 또 좋은 일이 더하여짐을 비유적으로 이르는 말

금석지감(今昔之感) : 지금과 옛날의 차이가 너무 심하여 생기는 느낌

금옥만당(金玉滿堂) : 금관자나 옥관자를 붙인 높은 벼슬아치들이 방 안에 가득함 현명한 신하가 조정에 가득함

금의야행(錦衣夜行) : 비단옷을 입고 밤길을 다닌다는 뜻으로, 자랑삼아 하지 않으면 생색이 나지 않음을 이르는 말

금의환향(錦衣還鄕) : 비단옷을 입고 고향에 돌아온다는 뜻으로, 출세를 하여 고향에 돌아가거나 돌아옴을 비유적으로 이르는 말

Check Point

권토중래(捲土重來)
중국 당나라 두목의 「오강정시(烏江亭詩)」에 나오는 말로, 항우가 유방과의 결전에서 패하여 오강(烏江) 근처에서 자결한 것을 탄식한 데에서 유래한다.

기출 Plus 지방직 9급 기출

01. 다음에 서술된 A사의 상황을 가장 적절하게 표현한 사자성어는?

> 최근 출시된 A사의 신제품이 뜨거운 호응을 얻고 있다. 이번 신제품의 성공으로 A사는 B사에게 내주었던 업계 1위 자리를 탈환했다.

① 兎死狗烹 ② 捲土重來
③ 手不釋卷 ④ 我田引水

해 제시된 글 속의 A사는 한번 B사에게 밀렸던 실패를 딛고 신제품을 성공시켜 다시 1위 자리를 거머쥔 상황이다. 그러므로 가장 어울리는 한자성어는 ②의 捲土重來(권토중래)이다.

답 01 ②

낙 ~ 능

낙담상혼(落膽喪魂) : 몹시 놀라거나 마음이 상해서 넋을 잃음

낙양지가(洛陽紙價) : 훌륭한 글을 서로 필사하느라고 낙양 땅의 종이 값이 치솟는다는 말로 훌륭한 문장이나 글을 칭송하여 이르는 말

낙화유수(落花流水) : 떨어지는 꽃과 흐르는 물이라는 뜻으로, 가는 봄의 경치를 이르는 말

난공불락(難攻不落) : 공격하기가 어려워 쉽사리 함락되지 아니함

난형난제(難兄難弟) : 누구를 형이라 하고 누구를 아우라 하기 어렵다는 뜻으로, 두 사물이 비슷하여 낫고 못함을 정하기 어려움을 이르는 말

남부여대(男負女戴) : 남자는 지고 여자는 인다는 뜻으로, 가난한 사람들이 살 곳을 찾아 이리저리 떠돌아다님을 비유적으로 이르는 말

남선북마(南船北馬) : 중국의 남쪽은 강이 많아서 배를 이용하고 북쪽은 산과 사막이 많아서 말을 이용한다는 뜻으로, 늘 쉬지 않고 여기저기 여행을 하거나 돌아다님을 이르는 말

낭중지추(囊中之錐) : 주머니 속의 송곳이라는 뜻으로, 재능이 뛰어난 사람은 숨어 있어도 저절로 사람들에게 알려짐을 이르는 말

내우외환(內憂外患) : 나라 안팎의 여러 가지 어려움

노류장화(路柳墻花) : 아무나 쉽게 꺾을 수 있는 길가의 버들과 담 밑의 꽃이라는 뜻으로, 기생을 비유적으로 이르는 말

노승발검(怒蠅拔劍) : 성가시게 구는 파리를 보고 화가 나서 칼을 뺀다는 뜻으로, 사소한 일에 화를 내거나 또는 작은 일에 어울리지 않게 커다란 대책을 세움을 비유적으로 이르는 말

노심초사(勞心焦思) : 몹시 마음을 쓰며 애를 태움

녹양방초(綠楊芳草) : 푸른 버드나무와 향기로운 풀

논공행상(論功行賞) : 공적의 크고 작음 따위를 논의하여 그에 알맞은 상을 줌

농와지경(弄瓦之慶) : 딸을 낳은 즐거움을 이르는 말

능소능대(能小能大) : 모든 일에 두루 능함

다 ~ 대

다기망양(多岐亡羊) : 갈림길이 많아 잃어버린 양을 찾지 못한다는 뜻으로, 두루 섭렵하기만 하고 전공하는 바가 없어 끝내 성취하지 못함을 이르는 말

다다익선(多多益善) : 많으면 많을수록 더욱 좋음

다사다난(多事多難) : 여러 가지 일도 많고 어려움이나 탈도 많음

Check Point

낙양지가(洛陽紙價)
중국 진나라 때 문인 좌사(左思)가 쓴 글이 인기가 좋아서 이를 필사하기 위하여 사람들이 종이를 사들였고 이로 인하여 종이의 값이 뛰었다는 데서 유래하였다. 이로 인해 '낙양의 지가를 올린다'라는 말은 결국 사람들이 많이 읽는 명문장을 의미하게 되었다.

Check Point

단기지계(斷機之戒)
『후한서』의 「열녀전(列女傳)」에 나오는 것으로, 맹자가 수학(修學) 도중에 집에 돌아오자, 그의 어머니가 짜던 베를 끊어 그를 훈계하였다는 데서 유래한다.

Check Point

득롱망촉(得隴望蜀)
중국 후한(後漢)의 광무제가 농(隴) 지방을 평정한 후에 다시 촉(蜀) 지방까지 원하였다는 데에서 유래한다. ≒ 망촉(望蜀)/평롱망촉(平隴望蜀).

단금지계(斷金之契) : 쇠라도 자를 만큼의 굳은 약속이라는 뜻으로, 매우 두터운 우정을 이르는 말 = 단금지교(斷金之交)

단기지계(斷機之戒) : 학문을 중도에서 그만두면 짜던 베의 날을 끊는 것처럼 아무 쓸모 없음을 경계한 말

당구풍월(堂狗風月) : 서당에서 기르는 개가 풍월을 읊는다는 뜻으로, 그 분야에 대하여 경험과 지식이 전혀 없는 사람이라도 오래 있으면 얼마간의 경험과 지식을 가짐을 이르는 말

당동벌이(黨同伐異) : 일의 옳고 그름은 따지지 않고 뜻이 같은 무리끼리는 서로 돕고 그렇지 않은 무리는 배척함 = 동당벌이(同黨伐異)

당랑거철(螳螂拒轍) : 제 역량을 생각하지 않고, 강한 상대나 되지 않을 일에 덤벼드는 무모한 행동거지를 비유적으로 이르는 말

대경실색(大驚失色) : 몹시 놀라 얼굴빛이 하얗게 질림

대기만성(大器晩成) : 큰 그릇을 만드는 데는 시간이 오래 걸린다는 뜻으로, 크게 될 사람은 늦게 이루어짐을 이르는 말

대동소이(大同小異) : 큰 차이 없이 거의 같음

도～등

도청도설(道聽塗說) : 길에서 듣고 길에서 말한다라는 뜻으로, 길거리에 퍼져 돌아다니는 뜬소문을 이르는 말 = 가담항설(街談巷說)

독서삼매(讀書三昧) : 다른 생각은 전혀 아니하고 오직 책 읽기에만 골몰하는 경지

동가홍상(同價紅裳) : 같은 값이면 다홍치마라는 뜻으로, 같은 값이면 좋은 물건을 가짐을 이르는 말

동고동락(同苦同樂) : 괴로움도 즐거움도 함께함

동병상련(同病相憐) : 같은 병을 앓는 사람끼리 서로 가엾게 여긴다는 뜻으로, 어려운 처지에 있는 사람끼리 서로 가엾게 여김을 이르는 말

동상이몽(同床異夢) : 같은 자리에 자면서 다른 꿈을 꾼다는 뜻으로, 겉으로는 같이 행동하면서도 속으로는 각각 딴생각을 하고 있음을 이르는 말

동분서주(東奔西走) : 동쪽으로 뛰고 서쪽으로 뛴다는 뜻으로, 사방으로 이리저리 몹시 바쁘게 돌아다님을 이르는 말

두문불출(杜門不出) : 집에만 있고 바깥출입을 아니함

득롱망촉(得隴望蜀) : 농(隴)을 얻고서 촉(蜀)까지 취하고자 한다는 뜻으로, 만족할 줄을 모르고 계속 욕심을 부리는 경우를 비유적으로 이르는 말

등고자비(登高自卑) : 높은 곳에 오르려면 낮은 곳에서부터 오른다는 뜻으로, 일을 순서대로 해야 함을 이르는 말

등하불명(燈下不明) : '등잔 밑이 어둡다'라는 뜻으로, 가까이에 있는 물건이나 사람을 잘 찾지 못함을 이르는 말

등화가친(燈火可親) : 등불을 가까이할 만하다는 뜻으로, 서늘한 가을밤은 등불을 가까이 하여 글 읽기에 좋음을 이르는 말

마 ~ 망

마부위침(磨斧爲針) : 도끼를 갈아 바늘을 만든다는 뜻으로 아무리 힘든 일이라도 끝까지 열심히 하다보면 결실을 맺을 수 있음을 이르는 말

마이동풍(馬耳東風) : 동풍이 말의 귀를 스쳐간다는 뜻으로, 남의 말을 귀담아듣지 아니하고 지나쳐 흘려버림을 이르는 말

만경창파(萬頃蒼波) : 만 이랑의 푸른 물결이라는 뜻으로, 한없이 넓고 넓은 바다를 이르는 말

만고풍상(萬古風霜) : 아주 오랜 세월 동안 겪어 온 많은 고생

만단정회(萬端情懷) : 온갖 정과 회포

만면수색(滿面愁色) : 얼굴에 가득 찬 근심의 빛

만사휴의(萬事休矣) : 모든 것이 헛수고로 돌아감을 이르는 말

만시지탄(晩時之歎) : 시기에 늦어 기회를 놓쳤음을 안타까워하는 탄식

망국지성(亡國之聲) : 나라를 망하게 할 음악이란 뜻으로, 저속하고 잡스러운 음악을 이르는 말 = 망국지음(亡國之音)

망양보뢰(亡羊補牢) : 양을 잃고 우리를 고친다는 뜻으로, 이미 어떤 일을 실패한 뒤에 뉘우쳐도 아무 소용이 없음을 이르는 말

망양지탄(亡羊之歎) : 갈림길이 매우 많아 잃어버린 양을 찾을 길이 없음을 탄식한다는 뜻으로, 학문의 길이 여러 갈래여서 한 갈래의 진리도 얻기 어려움을 이르는 말

망연자실(茫然自失) : 멍하니 정신을 잃음

망중한(忙中閑) : 바쁜 가운데 잠깐 얻어 낸 틈

맥 ~ 미

맥수지탄(麥秀之嘆) : 고국의 멸망을 한탄함을 이르는 말

면목가증(面目可憎) : 얼굴 생김생김이 남에게 미움을 살 만한 데가 있음

멸사봉공(滅私奉公) : 사욕을 버리고 공익을 위하여 힘씀

명경지수(明鏡止水) : 맑은 거울과 고요한 물

명불허전(名不虛傳) : 명성이나 명예가 헛되이 퍼진 것이 아니라는 뜻으로, 이름날 만한 까닭이 있음을 이르는 말

명약관화(明若觀火) : 불을 보듯 분명하고 뻔함

Check Point

맥수지탄(麥秀之嘆)
기자(箕子)가 은(殷)나라가 망한 뒤에도 보리만은 잘 자라는 것을 보고 한탄하였다는 데서 유래한다. 기자가 조국 은나라를 떠나며 읊었다는 노래를 '맥수가(麥秀歌)'라고 한다.

명재경각(命在頃刻) : 거의 죽게 되어 곧 숨이 끊어질 지경에 이름
명철보신(明哲保身) : 총명하고 사리에 밝아 일을 잘 처리하여 자기 몸을 보존함.
모수자천(毛遂自薦) : 자기가 자기를 추천함
목불식정(目不識丁) : 아주 간단한 글자인 '丁'자를 보고도 그것이 '고무래'인 줄을 알지 못한다는 뜻으로, 아주 까막눈임을 이르는 말
목불인견(目不忍見) : 눈앞에 벌어진 상황 따위를 눈 뜨고는 차마 볼 수 없음
무릉도원(武陵桃源) : '이상향'이나 '별천지'를 비유적으로 이르는 말
무변광대(無邊廣大) : 넓고 커서 끝이 없음 = 광대무변(廣大無邊)
무념무상(無念無想) : 무아의 경지에 이르러 일체의 상념을 떠남
무위도식(無爲徒食) : 하는 일 없이 놀고먹음
무위자연(無爲自然) : 사람의 힘을 더하지 않은 그대로의 자연. 또는 그런 이상적인 경지
무장공자(無腸公子) : 창자가 없는 동물(게)이라는 뜻으로 기개나 담력이 없는 사람을 놀림조로 이르는 말
무주공산(無主空山) : 임자 없는 빈산
무지몽매(無知蒙昧) : 아는 것이 없고 사리에 어두움
문일지십(聞一知十) : 하나를 듣고 열 가지를 미루어 안다는 뜻으로, 지극히 총명함을 이르는 말
문전걸식(門前乞食) : 이 집 저 집 돌아다니며 빌어먹음
문전옥답(門前沃畓) : 집 가까이에 있는 기름진 논
문전성시(門前成市) : 찾아오는 사람이 많아 집 문 앞이 시장을 이루다시피 함을 이르는 말
물아일체(物我一體) : 외물(外物)과 자아, 객관과 주관, 또는 물질계와 정신계가 어울려 하나가 됨 =물심일여(物心一如)
물외한인(物外閒人) : 세상사에 관계하지 않고 한가롭게 지내는 사람
미관말직(微官末職) : 지위가 아주 낮은 벼슬. 또는 그런 위치에 있는 사람
미사여구(美辭麗句) : 아름다운 말로 듣기 좋게 꾸민 글귀

박 ~ 백

박람강기(博覽强記) : 여러 가지의 책을 널리 많이 읽고 기억을 잘함
박장대소(拍掌大笑) : 손뼉을 치며 크게 웃음
반근착절(盤根錯節) : 구부러진 뿌리와 울퉁불퉁한 마디라는 뜻으로, 처리하기가 매우 어려운 사건을 이르는 말
반면교사(反面敎師) : 사람이나 사물 따위의 부정적인 면에서 얻는 깨달음이나 가르

침을 주는 대상을 이르는 말

발본색원(拔本塞源) : 좋지 않은 일의 근본 원인이 되는 요소를 완전히 없애 버려서 다시는 그러한 일이 생길 수 없도록 함

방약무인(傍若無人) : 곁에 사람이 없는 것처럼 아무 거리낌 없이 함부로 말하고 행동하는 태도가 있음

백골난망(白骨難忘) : 죽어서 백골이 되어도 잊을 수 없다는 뜻으로, 남에게 큰 은덕을 입었을 때 고마움의 뜻으로 이르는 말

백면서생(白面書生) : 한갓 글만 읽고 세상일에는 전혀 경험이 없는 사람

백사여의(百事如意) : 모든 일이 마음먹은 대로 이루어짐

백아절현(伯牙絕絃) : 자기를 알아주는 참다운 벗의 죽음을 슬퍼함

백안시(白眼視) : 남을 업신여기거나 무시하는 태도로 흘겨봄

백절불굴(百折不屈) : 어떠한 난관에도 결코 굽히지 않음 = 백절불요(百折不撓)

백중지세(伯仲之勢) : 서로 우열을 가리기 힘든 형세

변 ~ 빙

변화무쌍(變化無雙) : 비할 데 없이 변화가 심함

별유건곤(別有乾坤) : 좀처럼 볼 수 없는 아주 좋은 세상. 또는 딴 세상

복마전(伏魔殿) : 마귀가 숨어 있는 집이나 굴이라는 뜻으로 비밀리에 나쁜 일을 꾸미는 무리들이 모이거나 활동하는 곳을 비유적으로 이르는 말

부중생어(釜中生魚) : 솥 안에 물고기가 생긴다는 뜻으로, 매우 가난하여 오랫동안 밥을 짓지 못함을 이르는 말

부창부수(夫唱婦隨) : 남편이 주장하고 아내가 이에 잘 따름. 또는 부부 사이의 그런 도리

부화뇌동(附和雷同) : 줏대 없이 남의 의견에 따라 움직임

북창삼우(北窓三友) : 거문고, 술, 시(詩)를 아울러 이르는 말

분골쇄신(粉骨碎身) : 뼈를 가루로 만들고 몸을 부순다는 뜻으로, 정성으로 노력함을 이르는 말

불가항력(不可抗力) : 사람의 힘으로는 저항할 수 없는 힘

불문곡직(不問曲直) : 옳고 그름을 따지지 아니함

불언가지(不言可知) : 아무 말을 하지 않아도 능히 알 수가 있음

불요불굴(不撓不屈) : 한번 먹은 마음이 흔들리거나 굽힘이 없음

불원천리(不遠千里) : 천 리 길도 멀다고 여기지 않음

불철주야(不撤晝夜) : 어떤 일에 몰두하여 조금도 쉴 사이 없이 밤낮을 가리지 아니함

Check Point

백아절현(伯牙絕絃)
중국 춘추 시대에 백아(伯牙)는 거문고를 매우 잘 탔고, 그의 벗 종자기(鍾子期)는 그 거문고 소리를 잘 들었는데, 종자기가 죽어 그 거문고 소리를 들을 사람이 없게 되자 백아가 절망하여 거문고 줄을 끊어 버리고 다시는 거문고를 타지 않았다는 데서 유래한다.

불치하문(不恥下問) : 손아랫사람이나 지위나 학식이 자기만 못한 사람에게 모르는 것을 묻는 일을 부끄러워하지 아니함

불편부당(不偏不黨) : 아주 공평하여 어느 쪽으로도 치우침이 없음

붕성지통(崩城之痛) : 성이 무너질 만큼 큰 슬픔이라는 뜻으로, 남편이 죽은 슬픔을 이르는 말

붕정만리(鵬程萬里) : 아주 양양한 장래를 비유적으로 이르는 말

비분강개(悲憤慷慨) : 슬프고 분하여 의분이 북받침

비옥가봉(比屋可封) : 집집마다 덕행이 있어 모두 표창할 만하다는 뜻으로, 나라에 어진 사람이 많음을 비유적으로 이르는 말

비익연리(比翼連理) : 비익조와 연리지라는 뜻으로, 부부가 아주 화목함을 이르는 말

비일비재(非一非再) : 같은 현상이나 일이 한두 번이나 한둘이 아니고 많음

빈천지교(貧賤之交) : 가난하고 천할 때 사귄 사이. 또는 그런 벗

빙자옥질(氷姿玉質) : 얼음같이 맑고 깨끗한 살결과 구슬같이 아름다운 자질

Check Point

비익연리(比翼連里)

'비익조(比翼鳥)'는 암컷과 수컷의 눈과 날개가 하나씩이어서 짝을 짓지 아니하면 날지 못한다는 전설의 새이고, '연리지(連理枝)'는 두 나무의 가지가 맞닿아서 서로 결이 통한 것을 말한다. 이들은 모두 비유적으로 화목한 남녀나 부부사이를 의미한다.

사 ~ 삼

사고무친(四顧無親) : 의지할 만한 사람이 아무도 없음

사발통문(沙鉢通文) : 호소문이나 격문 따위를 쓸 때에 누가 주모자인가를 알지 못하도록 서명에 참여한 사람들의 이름을 사발 모양으로 둥글게 뻥 돌려 적은 통문

사분오열(四分五裂) : 여러 갈래로 갈기갈기 찢어짐

사상누각(砂上樓閣) : 모래 위에 세운 누각이라는 뜻으로, 기초가 튼튼하지 못하여 오래 견디지 못할 일이나 물건을 이르는 말

사생취의(捨生取義) : 목숨을 버리고 의를 좇는다는 뜻으로, 목숨을 버릴지언정 옳은 일을 함을 이르는 말

사필귀정(事必歸正) : 모든 일은 반드시 바른길로 돌아감

산계야목(山鷄野鶩) : 산 꿩과 들오리라는 뜻으로, 성질이 사납고 거칠어서 제 마음대로만 하며 다잡을 수 없는 사람을 비유적으로 이르는 말

산자수명(山紫水明) : 산은 자줏빛이고 물은 맑다는 뜻으로, 경치가 아름다움을 이르는 말

산해진미(山海珍味) : 산과 바다에서 나는 온갖 진귀한 물건으로 차린 맛이 좋은 음식

살신성인(殺身成仁) : 자기의 몸을 희생하여 인(仁)을 이룸

삼고초려(三顧草廬) : 인재를 맞아들이기 위하여 참을성 있게 노력함

삼삼오오(三三五五) : 서너 사람 또는 대여섯 사람이 떼를 지어 다니거나 무슨 일을 함. 또는 그런 모양

삼수갑산(三水甲山) : 우리나라에서 가장 험한 산골이라 이르던 삼수와 갑산. 조선

Check Point

사면초가(四面楚歌)

『사기』의 「항우본기(項羽本紀)」에 나오는 말로 초나라의 항우가 사면을 둘러싼 한나라 군사 쪽에서 들려오는 초나라의 노랫소리를 듣고 초나라 군사가 이미 항복한 줄 알고 놀랐다는 데서 유래한 말이다.

시대 귀양지의 하나

삼순구식(三旬九食) : 삼십 일 동안 아홉 끼니밖에 먹지 못한다는 뜻으로, 몹시 가난함을 이르는 말

삼인성호(三人成虎) : 세 사람이 짜면 거리에 범이 나왔다는 거짓말도 꾸밀 수 있다는 뜻으로, 근거 없는 말이라도 여러 사람이 말하면 곧이듣게 됨을 이르는 말

상 ~ 송

상전벽해(桑田碧海) : 뽕나무밭이 변하여 푸른 바다가 된다는 뜻으로, 세상일의 변천이 심함을 비유적으로 이르는 말

새옹지마(塞翁之馬) : 인생의 길흉화복은 변화가 많아서 예측하기가 어렵다는 말

색즉시공(色卽是空) : 현실의 물질적 존재는 모두 인연에 따라 만들어진 것으로서 불변하는 고유의 존재성이 없음을 이르는 말

생면부지(生面不知) : 서로 한 번도 만난 적이 없어서 전혀 알지 못하는 사람. 또는 그런 관계

서시빈목(西施矉目) : 무조건 남의 흉내를 내어 웃음거리가 됨을 비유적으로 이르는 말

선견지명(先見之明) : 어떤 일이 일어나기 전에 미리 앞을 내다보고 아는 지혜

선공후사(先公後私) : 공적인 일을 먼저 하고 사사로운 일은 뒤로 미룸

선남선녀(善男善女) : 성품이 착한 남자와 여자란 뜻으로, 착하고 어진 사람들을 이르는 말

설상가상(雪上加霜) : 눈 위에 서리가 덮인다는 뜻으로, 난처한 일이나 불행한 일이 잇따라 일어남을 이르는 말

설왕설래(說往說來) : 서로 변론을 주고받으며 옥신각신함. 또는 말이 오고 감

섬섬옥수(纖纖玉手) : 가냘프고 고운 여자의 손을 이르는 말

세한삼우(歲寒三友) : 추운 겨울철의 세 벗이라는 뜻으로, 추위에 잘 견디는 소나무 · 대나무 · 매화나무를 통틀어 이르는 말

소장지변(蕭牆之變) : 밖에서 남이 들어와 일으킨 것이 아니라 내부에서 일어난 변란

소탐대실(小貪大失) : 작은 것을 탐하다가 큰 것을 잃음

속수무책(束手無策) : 손을 묶은 것처럼 어찌할 도리가 없어 꼼짝 못함

솔선수범(率先垂範) : 남보다 앞장서서 행동해서 몸소 다른 사람의 본보기가 됨

송구영신(送舊迎新) : 묵은해를 보내고 새해를 맞음

수 ~ 십

수간모옥(數間茅屋) : 몇 칸 안 되는 작은 초가

수구초심(首丘初心) : 여우가 죽을 때에 머리를 자기가 살던 굴 쪽으로 둔다는 뜻으

Check Point

새옹지마(塞翁之馬)/ 서시빈목(西施矉目)

- **새옹지마(塞翁之馬)** : 중국 『회남자』의 「인간훈(人間訓)」에서 유래한 말이다. 옛날에 새옹이 자신이 기르던 말이 오랑캐 땅으로 달아나서 낙심하였는데, 그 후에 달아났던 말이 준마를 한 필 끌고 와서 그 덕분에 훌륭한 말을 얻게 되었다. 그러나 새옹의 아들이 그 준마를 타다가 떨어져서 다리가 부러졌으므로 다시 낙심하였는데, 그로 인하여 아들이 전쟁에 끌려 나가지 아니하고 죽음을 면할 수 있었다는 이야기이다. 이를 통해 인생의 길흉화복은 예측하기 어려움을 알 수 있다.
- **서시빈목(西施矉目)** : 월나라의 미인 서시가 속병이 있어 눈을 찌푸리자 이것을 본 못난 여자들이 눈을 찌푸리면 아름답게 보이는 줄 알고 따라서 눈을 찌푸리니 더욱 못나게 보였다는 데서 유래한 말이다.

로, 고향을 그리워하는 마음을 이르는 말

수기치인(修己治人) : 자신의 몸과 마음을 닦은 후에 남을 다스림

수서양단(首鼠兩端) : 구멍에서 머리를 내밀고 나갈까 말까 망설이는 쥐라는 뜻으로, 머뭇거리며 진퇴나 거취를 정하지 못하는 상태를 이르는 말

수원수구(誰怨誰咎) : 누구를 원망하고 누구를 탓하겠냐는 뜻으로, 남을 원망하거나 탓할 것이 없음을 이르는 말

수청무대어(水淸無大魚) : 물이 너무 맑으면 큰 고기가 없다는 뜻으로, 사람이 지나치게 똑똑하거나 엄하면 남이 가까이하기 어려움을 이르는 말

순망치한(脣亡齒寒) : 입술이 없으면 이가 시리다는 뜻으로, 서로 이해관계가 밀접한 사이에 어느 한쪽이 망하면 다른 한쪽도 그 영향을 받아 온전하기 어려움을 이르는 말

> **Check Point**
>
> **순망치한(脣亡齒寒)**
> 중국 춘추전국 시대에 진(晋)나라가 괵나라를 치기 위해서 두 나라 사이에 있던 우(虞)나라에 길을 터 달라고 요청하자 우나라의 궁지기가 이를 반대하며 한 말이다. 결국 궁지기의 말을 듣지 않은 우나라는 진나라에 정복당했다.

시도지교(市道之交) : 시장과 길거리에서 이루어지는 교제라는 뜻으로, 단지 이익만을 위한 교제를 이르는 말

시시비비(是是非非) : 옳고 그름을 따지며 다툼

시종여일(始終如一) : 처음부터 끝까지 변함없이 한결같음 = 시종일관(始終一貫)

식자우환(識字憂患) : 학식이 있는 것이 오히려 근심을 사게 됨

신변잡기(身邊雜記) : 자신의 주변에서 일어나는 여러 가지 일을 적은 수필체의 글

신상필벌(信賞必罰) : 공이 있는 자에게는 반드시 상을 주고, 죄가 있는 사람에게는 반드시 벌을 준다는 뜻으로, 상과 벌을 공정하고 엄중하게 하는 일을 이르는 말

신언서판(身言書判) : 인물을 선택하는 데 표준으로 삼던 조건. 곧 신수, 말씨, 문필, 판단력의 네 가지를 이른다

실사구시(實事求是) : 사실에 토대를 두어 진리를 탐구하는 일

실천궁행(實踐躬行) : 실제로 몸소 이행함

심기일전(心機一轉) : 어떤 동기가 있어 이제까지 가졌던 마음가짐을 버리고 완전히 달라짐

심사숙고(深思熟考) : 깊이 잘 생각함

십벌지목(十伐之木) : 열 번 찍어 베는 나무라는 뜻으로, 열 번 찍어 안 넘어가는 나무가 없음을 이르는 말

십시일반(十匙一飯) : 밥 열 술이 한 그릇이 된다는 뜻으로, 여러 사람이 조금씩 힘을 합하면 한 사람을 돕기 쉬움을 이르는 말

아 ~ 영

아비규환(阿鼻叫喚) : 아비지옥과 규환지옥을 아울러 이르는 말로 비참한 지경에 빠져 울부짖는 참상을 비유적으로 이르는 말

악전고투(惡戰苦鬪) : 매우 어려운 조건을 무릅쓰고 힘을 다하여 고생스럽게 싸움

안하무인(眼下無人) : 눈 아래에 사람이 없다는 뜻으로, 방자하고 교만하여 다른 사람을 업신여김을 이르는 말

암중모색(暗中摸索) : 은밀한 가운데 일의 실마리나 해결책을 찾아내려 함

애이불비(哀而不悲) : 슬프지만 겉으로는 슬픔을 나타내지 아니함

야반도주(夜半逃走) : 남의 눈을 피하여 한밤중에 도망함

양금택목(良禽擇木) : 좋은 새는 나무를 가려서 깃들인다는 뜻으로, 훌륭한 사람은 좋은 군주를 가려서 섬김을 비유적으로 이르는 말

양상군자(梁上君子) : 들보 위의 군자라는 뜻으로, 도둑을 완곡하게 이르는 말

양약고구(良藥苦口) : '좋은 약은 입에 쓰다'라는 뜻으로, 충언(忠言)은 귀에 거슬리나 자신에게 이로움을 이르는 말

양자택일(兩者擇一) : 둘 중에서 하나를 고름

어불성설(語不成說) : 말이 조금도 사리에 맞지 아니함

언어도단(言語道斷) : 말할 길이 끊어졌다는 뜻으로, 어이가 없어서 말하려 해도 말할 수 없음을 이르는 말

언행일치(言行一致) : 말과 행동이 하나로 들어맞음. 또는 말한 대로 실행함

엄동설한(嚴冬雪寒) : 눈 내리는 깊은 겨울의 심한 추위 = 동빙한설(凍氷寒雪)

역지사지(易地思之) : 처지를 바꾸어서 생각하여 봄

연도일할(鉛刀一割) : 납으로 만든 칼도 한 번은 자를 힘이 있다는 뜻으로, 자기의 힘이 없음을 겸손하게 이르는 말

연리지(連理枝) : 두 나무의 가지가 맞닿아서 결이 서로 통한다는 뜻으로 화목한 부부나 남녀 사이를 비유적으로 이르는 말

연비어약(鳶飛魚躍) : 솔개가 날고 물고기가 뛴다는 뜻으로, 온갖 동물이 생을 즐김을 이르는 말

연연불망(戀戀不忘) : 그리워서 잊지 못함

연하고질(煙霞痼疾) : 자연의 아름다운 경치를 몹시 사랑하고 즐기는 성벽(性癖) = 천석고황(泉石膏肓)

연하일휘(煙霞日輝) : 안개와 노을과 빛나는 햇살이라는 뜻으로, 아름다운 자연 경치를 비유적으로 이르는 말

영고성쇠(榮枯盛衰) : 인생이나 사물의 번성함과 쇠락함이 서로 바뀜

오 ~ 우

오리무중(五里霧中) : 오 리나 되는 짙은 안개 속에 있다는 뜻으로, 무슨 일에 대하여 방향이나 갈피를 잡을 수 없음을 이르는 말

Check Point

염화시중(拈華示衆)
꽃을 따서 대중에게 보였다는 말로 부처님이 진언(眞言)을 듣기 위해 모인 대중 앞에서 아무 말도 하지 않았는데 한참이 지난 후 꽃한 송이를 들어보이시고는 미소를 지었고, 이를 알아들은 '가섭존자'만이 미소를 지었다고 한데서 유래한 말이다.

지방직 9급 기출

02. 다음 빈칸 속에 들어갈 말로 가장 적절한 것은?

> 방랑시인 김삿갓의 시는 해학과 풍자로 가득 차 있는데, 무슨 시든 단숨에 써 내리는 一筆揮之인데다 가히 (　　)의 상태라서 일부러 꾸미지 않았는데도 자연스럽고 아름답다.

① 花朝月夕
② 韋編三絕
③ 天衣無縫
④ 莫無可奈

해 제시된 지문에서 김삿갓의 시는 '一筆揮之(일필휘지)'라 하였으므로 이와 유사한 의미의 한자성어는 '天衣無縫(천의무봉)'이다.

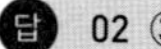
02 ③

오매불망(寤寐不忘) : 자나 깨나 잊지 못함

오비이락(烏飛梨落) : 까마귀 날자 배 떨어진다는 뜻으로, 아무 관계도 없이 한 일이 공교롭게도 때가 같아 의심을 받거나 난처한 위치에 서게 됨을 이르는 말

오상고절(傲霜孤節) : 서릿발이 심한 속에서도 굴하지 아니하고 외로이 지키는 절개라는 뜻으로, 국화(菊花)를 이르는 말

오월동주(吳越同舟) : 서로 적의를 품은 사람들이 한자리에 있게 된 경우나 서로 협력하여야 하는 상황을 비유적으로 이르는 말

오합지졸(烏合之卒) : 까마귀가 모인 것처럼 질서가 없이 모인 병졸이라는 뜻으로, 임시로 모여들어서 규율이 없고 무질서한 병졸 또는 군중을 이르는 말

옥야천리(沃野千里) : 끝없이 넓은 기름진 들판

온고지신(溫故知新) : 옛것을 익히고 그것을 미루어서 새것을 앎

외유내강(外柔內剛) : 겉으로는 부드럽고 순하게 보이나 속은 곧고 굳셈

외화내빈(外華內貧) : 겉은 화려하나 속은 빈곤함

요산요수(樂山樂水) : 산수(山水)의 자연을 즐기고 좋아함

욕속부달(欲速不達) : 일을 빨리 하려고 하면 도리어 이루지 못함

용두사미(龍頭蛇尾) : 용의 머리와 뱀의 꼬리라는 뜻으로, 처음은 왕성하나 끝이 부진한 현상을 이르는 말

용사비등(龍蛇飛騰) : 용이 살아 움직이는 것같이 아주 활기 있는 필력을 비유적으로 이르는 말

용호상박(龍虎相搏) : 용과 범이 서로 싸운다는 뜻으로, 강자끼리 서로 싸움을 이르는 말

우공이산(愚公移山) : 우공이 산을 옮긴다는 뜻으로, 어떤 일이든 끊임없이 노력하면 반드시 이루어짐을 이르는 말

우수마발(牛溲馬勃) : 소의 오줌과 말의 똥이라는 뜻으로, 가치 없는 말이나 글 또는 품질이 나빠 쓸 수 없는 약재 따위를 이르는 말

우순풍조(雨順風調) : 비가 때맞추어 알맞게 내리고 바람이 고르게 분다는 뜻으로, 농사에 알맞게 기후가 순조로움을 이르는 말

우여곡절(迂餘曲折) : 뒤얽혀 복잡하여진 사정

우후죽순(雨後竹筍) : 비가 온 뒤에 여기저기 솟는 죽순이라는 뜻으로, 어떤 일이 한때에 많이 생겨남을 비유적으로 이르는 말

원 ~ 이

원화소복(遠禍召福) : 화를 물리치고 복을 불러들임

유구무언(有口無言) : 입은 있어도 말은 없다는 뜻으로, 변명할 말이 없거나 변명을

Check Point

오월동주(吳越同舟)/ 우공이산(愚公移山)

- 오월동주(吳越同舟) : 『손자(孫子)』의 「구지편(九地篇)」에 나오는 말로 중국 춘추전국 시대에, 서로 적대 관계인 오나라의 왕 부차(夫差)와 월나라의 왕 구천(句踐)이 같은 배를 탔으나 풍랑을 만나서 서로 단합하여야 했다는 데서 유래한다.
- 우공이산(愚公移山) : 『열자(列子)』의 「탕문편(湯問篇)」에 나오는 말로 우공(愚公)이라는 노인이 집을 가로막은 산을 옮기려고 대대로 산의 흙을 파서 나르겠다고 하여 이에 감동한 하느님이 산을 옮겨 주었다는 데서 유래한다.

못함을 이르는 말
유명무실(有名無實) : 이름만 그럴듯하고 실속은 없음
유방백세(流芳百世) : 꽃다운 이름이 후세에 길이 전함
유아독존(唯我獨尊) : 세상에서 자기 혼자 잘났다고 뽐내는 태도
유유자적(悠悠自適) : 속세를 떠나 아무 속박 없이 조용하고 편안하게 삶
유취만년(遺臭萬年) : 더러운 이름을 후세에 오래도록 남김
은반위수(恩反爲讐) : 은혜를 베푼 것이 도리어 원수가 됨 = 은반위구(恩反爲仇)
은인자중(隱忍自重) : 마음속에 감추어 참고 견디면서 몸가짐을 신중하게 행동함
음풍농월(吟風弄月) : 맑은 바람과 밝은 달을 대상으로 시를 짓고 흥취를 자아내어 즐겁게 놂
읍참마속(泣斬馬謖) : 큰 목적을 위하여 자기가 아끼는 사람을 버림을 이르는 말
의려지망(倚閭之望) : 자녀나 배우자가 돌아오기를 초조하게 기다리는 마음
이여반장(易如反掌) : 손바닥을 뒤집는 것과 같이 쉬움
이전투구(泥田鬪狗) : 자기의 이익을 위하여 비열하게 다툼을 비유적으로 이르는 말
이해타산(利害打算) : 이해관계를 이모저모 모두 따져 봄 또는 그런 일
이현령비현령(耳懸鈴鼻懸鈴) : '귀에 걸면 귀걸이 코에 걸면 코걸이'라는 뜻으로, 어떤 사실이 이렇게도 저렇게도 해석됨을 이르는 말

인 ~ 입

인면수심(人面獸心) : 사람의 얼굴을 하고 있으나 마음은 짐승과 같다는 뜻으로, 마음이나 행동이 몹시 흉악함을 이르는 말
인모난측(人謀難測) : 사람의 마음이 간사함은 헤아리기 어려움
인산인해(人山人海) : 사람이 산을 이루고 바다를 이루었다는 뜻으로, 사람이 수없이 많이 모인 상태를 이르는 말
인자무적(仁者無敵) : 어진 사람은 모든 사람이 사랑하므로 세상에 적이 없음
인자요산(仁者樂山) : 어진 사람은 의리에 만족하여 몸가짐이 무겁고 덕이 두터워 그 마음이 산과 비슷하므로 자연히 산을 좋아함
인지상정(人之常情) : 사람이면 누구나 가지는 보통의 마음
일거양득(一擧兩得) : 한 가지 일을 하여 두 가지 이익을 얻음
일도양단(一刀兩斷) : 칼로 무엇을 대번에 쳐서 두 도막을 낸다는 뜻으로 어떤 일을 머뭇거리지 않고 선뜻 결정함을 비유적으로 이르는 말
일망무제(一望無際) : 한눈에 바라볼 수 없을 정도로 아득하게 멀고 넓어서 끝이 없음
일모도원(日暮途遠) : 날은 저물고 갈 길은 멀다는 뜻으로, 늙고 쇠약한데 앞으로 해야 할 일은 많음을 이르는 말

Check Point

읍참마속(泣斬馬謖)
『삼국지』의 「마속전(馬謖傳)」에 나오는 말로, 중국 촉나라의 제갈량이 군령을 어기어 가정(街亭) 전투에서 패한 마속을 눈물을 머금고 참형에 처하였다는 데서 유래한다.

국가직 9급 기출

03. 밑줄 친 한자성어의 쓰임이 옳지 않은 것은?

① 황제는 논공행상(論功行賞)을 통해 그의 신하를 벌하였다.
② 그들은 산야를 떠돌며 초근목피(草根木皮)로 목숨을 이어 나갔다.
③ 부모를 반포지효(反哺之孝)로 모시는 것은 자식의 마땅한 도리이다.
④ 오늘의 영광은 각고면려(刻苦勉勵)의 결과이다.

해 '논공행상(論功行賞)'은 공적의 크고 작음 따위를 논의하여 그에 알맞은 상을 준다는 의미이므로, 신하를 벌한다는 내용과 문맥상 어울리지 않는다.

답 03 ①

일언지하(一言之下) : 한 마디로 잘라 말함. 또는 두말할 나위 없음
일엽지추(一葉知秋) : 하나의 나뭇잎을 보고 가을이 옴을 안다는 뜻으로, 조그마한 일을 가지고 장차 올 일을 미리 짐작함
일엽편주(一葉片舟) : 한 척의 조그마한 배
일용범백(日用凡百) : 날마다 쓰는 여러 가지 물건
일취월장(日就月將) : 나날이 다달이 자라거나 발전함
일필휘지(一筆揮之) : 글씨를 단숨에 죽 내리 씀
일희일비(一喜一悲) : 한편으로는 기뻐하고 한편으로는 슬퍼함
임갈굴정(臨渴掘井) : 목이 말라야 우물을 판다는 뜻으로, 평소에 준비 없이 있다가 일을 당하여 허둥지둥 서두름을 이르는 말
임기응변(臨機應變) : 그때그때 처한 사태에 맞추어 즉각 그 자리에서 결정하거나 처리함
입도선매(立稻先賣) : 아직 논에서 자라고 있는 벼를 미리 돈을 받고 팖
입립신고(粒粒辛苦) : 낟알 하나하나가 모두 농부의 피땀이 어린 결정체라는 뜻으로, 곡식의 소중함을 이르는 말
입신양명(立身揚名) : 출세하여 이름을 세상에 알림
입화습률(入火拾栗) : 불 속에 들어가서 밤을 줍는다는 뜻으로, 사소한 이익을 얻기 위하여 큰 모험을 하는 어리석음을 이르는 말

자 ~ 점

자가당착(自家撞着) : 같은 사람의 말이나 행동이 앞뒤가 서로 맞지 아니하고 모순됨
자강불식(自强不息) : 스스로 힘써 몸과 마음을 가다듬어 쉬지 아니함
자수성가(自手成家) : 물려받은 재산이 없이 자기 혼자의 힘으로 집안을 일으키고 재산을 모음
자승자박(自繩自縛) : 자기의 줄로 자기 몸을 옭아 묶는다는 뜻으로, 자기가 한 말과 행동에 자기 자신이 옭혀 곤란하게 됨을 비유적으로 이르는 말
자중지란(自中之亂) : 같은 편끼리 하는 싸움
자포자기(自暴自棄) : 절망에 빠져 자신을 스스로 포기하고 돌아보지 아니함
자화자찬(自畫自讚) : 자기가 그린 그림을 스스로 칭찬한다는 뜻으로, 자기가 한 일을 스스로 자랑함을 이르는 말
작심삼일(作心三日) : 단단히 먹은 마음이 사흘을 가지 못한다는 뜻으로, 결심이 굳지 못함을 이르는 말
적반하장(賊反荷杖) : 도둑이 도리어 매를 든다는 뜻으로, 잘못한 사람이 아무 잘못도 없는 사람을 나무람을 이르는 말

Check Point

주의해서 써야 할 한자성어
- 삼수갑산(三水甲山) (○) / 산수갑산 (×)
- 아연실색(啞然失色) (○) / 아연질색 (×)
- 야반도주(夜半逃走) (○) / 야밤도주 (×)
- 절체절명(絕體絕命) (○) / 절대절명 (×)
- 주야장천(晝夜長川) (○) / 주구장창 (×)
- 풍비박산(風飛雹散) (○) / 풍지박산 (×)
- 혈혈단신(孑孑單身) (○) / 홀홀단신 (×)

적수공권(赤手空拳) : 맨손과 맨주먹이라는 뜻으로, 아무것도 가진 것이 없음을 이르는 말

전광석화(電光石火) : 번갯불이나 부싯돌의 불이 번쩍거리는 것과 같이 매우 짧은 시간이나 매우 재빠른 움직임 따위를 비유적으로 이르는 말

전대미문(前代未聞) : 이제까지 들어 본 적이 없음

전도유망(前途有望) : 앞으로 잘될 희망이 있음

전전긍긍(戰戰兢兢) : 몹시 두려워서 벌벌 떨며 조심함

전전반측(輾轉反側) : 누워서 몸을 이리저리 뒤척이며 잠을 이루지 못함

절치부심(切齒腐心) : 몹시 분하여 이를 갈며 속을 썩임

절해고도(絕海孤島) : 육지에서 아주 멀리 떨어져 있는 외딴섬

점입가경(漸入佳境) : 들어갈수록 점점 재미가 있음. 또는 시간이 지날수록 더욱 꼴불견임을 비유적으로 이르는 말

정 ~ 주

정문일침(頂門一鍼) : 정수리에 침을 놓는다는 뜻으로, 따끔한 충고나 교훈을 이르는 말

제행무상(諸行無常) : 우주의 모든 사물은 늘 돌고 변하여 한 모양으로 머물러 있지 아니함

조령모개(朝令暮改) : 아침에 명령을 내렸다가 저녁에 다시 고친다는 뜻으로, 법령을 자꾸 고쳐서 갈피를 잡기가 어려움을 이르는 말

조변석개(朝變夕改) : 아침저녁으로 뜯어고친다는 뜻으로, 계획이나 결정 따위를 일관성이 없이 자주 고침을 이르는 말

조삼모사(朝三暮四) : 간사한 꾀로 남을 속여 희롱함을 이르는 말

조족지혈(鳥足之血) : 새 발의 피라는 뜻으로, 매우 적은 분량을 비유적으로 이르는 말

존망지추(存亡之秋) : 존속과 멸망, 또는 생존과 사망이 결정되는 아주 절박한 경우나 시기

종두득두(種豆得豆) : 콩을 심으면 반드시 콩이 나온다는 뜻으로, 원인에 따라 결과가 생김을 이르는 말

종횡무진(縱橫無盡) : 자유자재로 행동하여 거침이 없는 상태

좌고우면(左顧右眄) : 이쪽저쪽을 돌아본다는 뜻으로, 앞뒤를 재고 망설임을 이르는 말

좌불안석(坐不安席) : 앉아도 자리가 편안하지 않다는 뜻으로, 마음이 불안하거나 걱정스러워서 한군데에 가만히 앉아 있지 못하고 안절부절못하는 모양을 이르는 말

주객일체(主客一體) : 주체와 객체가 하나가 됨

주객전도(主客顚倒) : 주인과 손의 위치가 서로 뒤바뀐다는 뜻으로, 사물의 경중 · 선후 · 완급 따위가 서로 뒤바뀜을 이르는 말

> **Check Point**
>
> **조삼모사(朝三暮四)**
> 중국 송나라 때 저공(狙公)의 고사로, 먹이를 아침에 세 개, 저녁에 네 개씩 주겠다는 말에는 원숭이들이 적다고 화를 내더니 아침에 네 개, 저녁에 세 개씩 주겠다는 말에는 좋아하였다는 데서 유래한다.

기출 Plus 지방직 9급 기출

04. 밑줄 친 '마'의 뜻이 다른 하나는?

① 마이동풍
② 주마간산
③ 천고마비
④ 절차탁마

해 '절차탁마(切磋琢磨)'는 옥이나 돌 따위를 갈고 닦아서 빛을 낸다는 뜻으로, 부지런히 학문과 덕행을 닦음을 이르는 말이다. 여기에서 '마'는 '갈다[磨]'라는 의미이고, 나머지는 모두 '말[馬]'을 의미한다.

주경야독(晝耕夜讀) : 낮에는 농사짓고, 밤에는 글을 읽는다는 뜻으로, 어려운 여건 속에서도 꿋꿋이 공부함을 이르는 말

주마가편(走馬加鞭) : 달리는 말에 채찍질한다는 뜻으로, 잘하는 사람을 더욱 장려함을 이르는 말

주마간산(走馬看山) : 말을 타고 달리며 산천을 구경한다는 뜻으로, 자세히 살피지 아니하고 대충대충 보고 지나감을 이르는 말

주지육림(酒池肉林) : 술로 연못을 이루고 고기로 숲을 이룬다는 뜻으로, 호사스러운 술잔치를 이르는 말

죽 ~ 진

죽장망혜(竹杖芒鞋) : 대지팡이와 짚신이란 뜻으로, 먼 길을 떠날 때의 아주 간편한 차림새를 이르는 말

중과부적(衆寡不敵) : 적은 수효로 많은 수효를 대적하지 못함

중구난방(衆口難防) : 뭇사람의 말을 막기가 어렵다는 뜻으로, 막기 어려울 정도로 여럿이 마구 지껄임을 이르는 말

중구삭금(衆口鑠金) : 뭇사람의 말은 쇠도 녹인다는 뜻으로, 여론의 힘이 큼을 이르는 말

중상모략(中傷謀略) : 중상과 모략을 아울러 이르는 말

중언부언(重言復言) : 이미 한 말을 자꾸 되풀이함. 또는 그런 말

중인환시(衆人環視) : 여러 사람이 둘러싸고 지켜봄 = 중목환시(衆目環視)

지기지우(知己之友) : 자기의 속마음을 참되게 알아주는 친구 = 지기(知己)/지음(知音)

지란지교(芝蘭之交) : 지초(芝草)와 난초(蘭草)의 교제라는 뜻으로, 벗 사이의 맑고도 고귀한 사귐을 이르는 말

지록위마(指鹿爲馬) : 사슴을 가리켜 말이라고 한 데서 유래한 말로 윗사람을 농락하여 권세를 마음대로 함을 이르는 말

Check Point

지록위마(指鹿爲馬)

중국 진(秦)나라의 조고(趙高)가 자신의 권세를 시험하여 보고자 황제 호해(胡亥)에게 사슴을 가리키며 말이라고 한 데서 유래한다.

지리멸렬(支離滅裂) : 이리저리 흩어지고 찢기어 갈피를 잡을 수 없음

지행합일(知行合一) : 지식과 행동이 서로 맞음

지호지간(指呼之間) : 손짓하여 부를 만큼 가까운 거리

진충보국(盡忠報國) : 충성을 다하여서 나라의 은혜를 갚음 = 갈충보국(竭忠報國)

천 ~ 쾌

천고마비(天高馬肥) : 하늘이 높고 말이 살찐다는 뜻으로, 하늘이 맑아 높푸르게 보이고 온갖 곡식이 익는 가을철을 이르는 말

천려일실(千慮一失) : 천 번 생각에 한 번 실수라는 뜻으로, 슬기로운 사람이라도 여

답 04 ④

러 가지 생각 가운데에는 잘못된 것이 있을 수 있음을 이르는 말

천붕지통(天崩之痛) : 하늘이 무너지는 것 같은 아픔이라는 뜻으로, 제왕이나 아버지의 죽음을 당한 슬픔을 이르는 말

천신만고(千辛萬苦) : 천 가지 매운 것과 만 가지 쓴 것이라는 뜻으로, 온갖 어려운 고비를 다 겪으며 심하게 고생함을 이르는 말

천양지차(天壤之差) : 하늘과 땅 사이와 같이 엄청난 차이

천우신조(天佑神助) : 하늘이 돕고 신령이 도움. 또는 그런 일

천인공노(天人共怒) : 하늘과 사람이 함께 노한다는 뜻으로, 누구나 분노할 만큼 증오스럽거나 도저히 용납할 수 없음을 이르는 말

천인단애(千仞斷崖) : 천 길이나 되는 높은 낭떠러지

천장지구(天長地久) : 하늘과 땅은 영원함을 이르는 말

천재일우(千載一遇) : 천 년 동안 단 한 번 만난다는 뜻으로, 좀처럼 만나기 어려운 좋은 기회를 이르는 말

천태만상(千態萬象) : 천 가지 모습과 만 가지 형상이라는 뜻으로, 세상 사물이 한결같지 아니하고 각각 모습 · 모양이 다름을 이르는 말

천편일률(千篇一律) : 여럿이 개별적 특성이 없이 모두 엇비슷한 현상을 비유적으로 이르는 말

청운지지(青雲之志) : 높은 지위에 오르고자 하는 욕망

청출어람(青出於藍) : 쪽에서 뽑아낸 푸른 물감이 쪽보다 더 푸르다는 뜻으로, 제자나 후배가 스승이나 선배보다 나음을 비유적으로 이르는 말

청풍명월(清風明月) : 맑은 바람과 밝은 달

초근목피(草根木皮) : 풀뿌리와 나무껍질이라는 뜻으로, 맛이나 영양 가치가 없는 거친 음식을 비유적으로 이르는 말

초지일관(初志一貫) : 처음에 세운 뜻을 끝까지 밀고 나감

촌철살인(寸鐵殺人) : 한 치의 쇠붙이로도 사람을 죽일 수 있다는 뜻으로, 간단한 말로도 남을 감동하게 하거나 남의 약점을 찌를 수 있음을 이르는 말

취사선택(取捨選擇) : 여럿 가운데서 쓸 것은 쓰고 버릴 것은 버림

취생몽사(醉生夢死) : 술에 취하여 자는 동안에 꾸는 꿈 속에 살고 죽는다는 뜻으로, 한평생을 아무 하는 일 없이 흐리멍덩하게 살아감을 비유적으로 이르는 말

치국안민(治國安民) : 나라를 잘 다스리고 백성을 평안하게 함

칠종칠금(七縱七擒) : 마음대로 잡았다 놓아주었다 함을 이르는 말

침소봉대(針小棒大) : 작은 일을 크게 불리어 떠벌림

쾌도난마(快刀亂麻) : 잘 드는 칼로 마구 헝클어진 삼 가닥을 자른다는 뜻으로, 어지럽게 뒤얽힌 사물을 강력한 힘으로 명쾌하게 처리함을 이르는 말

기출 Plus　기상직 9급 기출

05. 다음 글의 내용으로 볼 때, 밑줄 친 내용을 의미하는 한자성어로 가장 적절한 것은?

> <u>언뜻 개었다가 다시 비가 오고 비 오다가 다시 개니,</u>
> 하늘의 도 또한 그러하거늘, 하물며 세상 인정이랴.
> 나를 기리다가 문득 돌이켜 나를 헐뜯고,
> 공명(功名)을 피하더니 도리어 스스로 공명을 구함이라.
> 꽃이 피고 지는 것을, 봄이 어찌 다스릴꼬?
> 구름 가고 구름 오되, 산은 다투지 않음이라.
> 세상 사람들에게 말하노니, 반드시 기억해 알아 두라.
> 기쁨을 취하려 한들, 어디에서 평생 즐거움을 얻을 것인가를.
> – 김시습, 「사청사우(乍晴乍雨)」

① 각주구검(刻舟求劍)
② 호가호위(狐假虎威)
③ 환해풍파(宦海風波)
④ 염량세태(炎凉世態)

해 김시습의 「사청사우(乍晴乍雨)」는 수시로 변하는 세태를 비판하는 한시이다. 유사한 한자성어로 '염량세태(炎凉世態)'가 적절하다.

Check Point

칠종칠금(七縱七擒)
중국 촉나라의 제갈량이 맹획(孟獲)을 일곱 번이나 사로잡았다가 일곱 번 놓아주었다는 데서 유래한다.

답 05 ④

타 ~ 필

타산지석(他山之石) : 다른 산의 나쁜 돌이라도 자신의 산의 옥돌을 가는 데에 쓸 수 있다는 뜻으로, 본이 되지 않는 남의 말이나 행동도 자신의 지식과 인격을 수양하는 데에 도움이 될 수 있음을 비유적으로 이르는 말

탁상공론(卓上空論) : 현실성이 없는 허황한 이론이나 논의

탐화봉접(探花蜂蝶) : 꽃을 찾아다니는 벌과 나비라는 뜻으로, 사랑하는 여자를 그리워하여 찾아가는 남자를 비유적으로 이르는 말

토사구팽(兎死狗烹) : 토끼가 죽으면 토끼를 잡던 사냥개도 필요 없게 되어 주인에게 삶아먹히게 된다는 뜻으로, 필요할 때는 쓰고 필요 없을 때는 야박하게 버리는 경우를 이르는 말

토포악발(吐哺握發) : 민심을 수람하고 정무를 보살피기에 잠시도 편안함이 없음을 이르는 말

파사현정(破邪顯正) : 사견(邪見)과 사도(邪道)를 깨고 정법(正法)을 드러내는 일

파안대소(破顔大笑) : 매우 즐거운 표정으로 활짝 웃음

파죽지세(破竹之勢) : 대를 쪼개는 기세라는 뜻으로, 적을 거침없이 물리치고 쳐들어가는 기세를 이르는 말

평사낙안(平沙落雁) : 모래펄에 날아와 앉은 기러기를 뜻하는 말로 잘된 문장이나 아름다운 여인을 비유하여 이르는 말

평지풍파(平地風波) : 평온한 자리에서 일어나는 풍파라는 뜻으로, 뜻밖에 분쟁이 일어남을 비유적으로 이르는 말

폐포파립(弊袍破笠) : 해어진 옷과 부서진 갓이란 뜻으로, 초라한 차림새를 비유적으로 이르는 말

포의지사(布衣之士) : 베옷을 입은 선비라는 뜻으로, 벼슬을 하지 아니한 가난한 선비를 이르는 말

풍찬노숙(風餐露宿) : 바람을 먹고 이슬에 잠잔다는 뜻으로, 객지에서 많은 고생을 겪음을 이르는 말

풍비박산(風飛雹散) : 사방으로 날아 흩어짐

필마단기(匹馬單騎) : 혼자 한 필의 말을 탐. 또는 그렇게 하는 사람

하 ~ 혈

하석상대(下石上臺) : 아랫돌 빼서 윗돌 괴고 윗돌 빼서 아랫돌 괸다는 뜻으로, 임시변통으로 이리저리 둘러맞춤을 이르는 말

하해지은(河海之恩) : 큰 강이나 바다와 같이 넓고 큰 은혜

기출 Plus　서울시 9급 기출

06. 속담과 한자성어의 뜻이 가장 비슷한 것은?

① 이 없으면 잇몸으로 산다 – 순망치한(脣亡齒寒)
② 개똥도 약에 쓰려면 없다 – 하로동선(夏爐冬扇)
③ 우물 안의 개구리 – 하충의빙(夏蟲疑氷)
④ 굽은 나무가 선산을 지킨다 – 설중송백(雪中松柏)

해 '하충의빙(夏蟲疑氷)'은 여름 벌레는 얼음을 믿지 않는다는 의미로, 경식이 좁음을 비유한 것으로 '우물 안의 개구리'와 유사한 의미의 한자성어이다.

답 06 ③

학수고대(鶴首苦待) : 학의 목처럼 목을 길게 빼고 간절히 기다림

한강투석(漢江投石) : 한강에 돌 던지기라는 뜻으로, 지나치게 미미하여 아무런 효과를 미치지 못함을 이르는 말

함구무언(緘口無言) : 입을 다물고 아무 말도 하지 아니함

함흥차사(咸興差使) : 심부름을 가서 오지 아니하거나 늦게 온 사람을 이르는 말

행운유수(行雲流水) : 떠가는 구름과 흐르는 물을 아울러 이르는 말

허송세월(虛送歲月) : 하는 일 없이 세월만 헛되이 보냄

허심탄회(虛心坦懷) : 품은 생각을 터놓고 말할 만큼 아무 거리낌이 없고 솔직함

허장성세(虛張聲勢) : 실속은 없으면서 큰소리치거나 허세를 부림

현모양처(賢母良妻) : 어진 어머니이면서 착한 아내

현하지변(懸河之辯) : 물이 거침없이 흐르듯 잘하는 말

혈혈단신(孑孑單身) : 의지할 곳이 없는 외로운 홀몸

Check Point

함흥차사(咸興差使)
조선 태조 이성계가 왕위를 물려주고 함흥에 있을 때에, 태종이 보낸 차사를 죽이거나 잡아 가두어 돌려보내지 아니하였던 데서 유래한다.

호 ~ 흥

호가호위(狐假虎威) : 남의 권세를 빌려 위세를 부림

호각지세(互角之勢) : 역량이 서로 비슷비슷한 위세

호리천리(毫釐千里) : 처음에는 근소한 차이 같지만 나중에는 아주 큰 차이가 됨

호사다마(好事多魔) : 좋은 일에는 흔히 방해되는 일이 많음. 또는 그런 일이 많이 생김

호사유피(虎死留皮) : 호랑이는 죽어서 가죽을 남긴다는 뜻으로, 사람은 죽어서 명예를 남겨야 함을 이르는 말

호시탐탐(虎視耽耽) : 범이 눈을 부릅뜨고 먹이를 노려본다는 뜻으로, 남의 것을 빼앗기 위하여 형세를 살피며 가만히 기회를 엿봄. 또는 그런 모양

호언장담(豪言壯談) : 호기롭고 자신 있게 말함. 또는 그 말

호의호식(好衣好食) : 좋은 옷을 입고 좋은 음식을 먹음

혹세무민(惑世誣民) : 세상을 어지럽히고 백성을 미혹하게 하여 속임

혼정신성(昏定晨省) : 밤에는 부모의 잠자리를 보아 드리고 이른 아침에는 부모의 밤새 안부를 묻는다는 뜻으로, 부모를 잘 섬기고 효성을 다함을 이르는 말

화룡점정(畵龍點睛) : 무슨 일을 하는 데에 가장 중요한 부분을 완성함을 비유적으로 이르는 말

화사첨족(畵蛇添足) : 뱀을 다 그리고 나서 있지도 아니한 발을 덧붙여 그려 넣는다는 뜻으로, 쓸데없는 군짓을 하여 도리어 잘못되게 함을 이르는 말 = 사족(蛇足)

화이부동(和而不同) : 남과 사이좋게 지내기는 하나 무턱대고 어울리지는 아니함

화조월석(花朝月夕) : 꽃 피는 아침과 달 밝은 밤이라는 뜻으로, 경치가 좋은 시절을 이르는 말

Check Point

화사첨족(畵蛇添足)
초나라의 귀족이 제사 후 땅 위에 뱀 그리기 시합을 하여 먼저 그리는 사람이 술을 마시기로 하였는데, 그중 한 사람이 가장 먼저 뱀을 그렸으나 으스대느라 뱀의 발을 그려 넣기 시작하였다. 이를 본 다른 사람이 뱀은 원래 발이 없으므로 자신이 내기에서 이겼으므로 술을 마시겠다고 하였다. 여기에서 유래하여 쓸데없는 군짓을 화사첨족(畵蛇添足) 또는 사족(蛇足)이라고 하였다.

환골탈태(換骨奪胎) : 뼈대를 바꾸어 끼고 태를 바꾸어 쓴다는 뜻으로, 고인의 시문의 형식을 바꾸어서 그 짜임새와 수법이 먼저 것보다 잘되게 함을 이르는 말

환해풍파(宦海風波) : 벼슬살이에서 겪는 온갖 험한 일

회자정리(會者定離) : 만난 자는 반드시 헤어짐

후생가외(後生可畏) : 젊은 후학들을 두려워할 만하다는 뜻으로, 후진들이 선배들보다 젊고 기력이 좋아, 학문을 닦음에 따라 큰 인물이 될 수 있으므로 가히 두렵다는 말

후회막급(後悔莫及) : 이미 잘못된 뒤에 아무리 후회하여도 다시 어찌할 수가 없음

흥진비래(興盡悲來) : 즐거운 일이 다하면 슬픈 일이 닥쳐온다는 뜻으로, 세상일은 순환되는 것임을 이르는 말

제2절 주제별 한자성어

편안하고 태평한 세월

강구연월(康衢煙月) : 번화한 큰 길거리에서 달빛이 연기에 은은하게 비치는 모습을 나타내는 말로, 태평한 세상의 평화로운 풍경을 이르는 말

고복격양(鼓腹擊壤) : 태평한 세월을 즐김을 이르는 말. 중국 요 임금 때 한 노인이 배를 두드리고 땅을 치면서 요 임금의 덕을 찬양하고 태평성대를 즐겼다는 데서 유래함

요순시절(堯舜時節) : 요임금과 순임금이 덕으로 천하를 다스리던 태평한 시대로 치세(治世)의 모범으로 삼음

태평성대(太平聖代) : 어진 임금이 잘 다스리어 태평한 세상이나 시대

함포고복(含哺鼓腹) : 잔뜩 먹고 배를 두드린다는 뜻으로, 먹을 것이 풍족하여 즐겁게 지냄을 이르는 말

아름다운 미인

경국지색(傾國之色) : 임금이 혹하여 나라가 기울어져도 모를 정도의 미인이라는 뜻으로, 뛰어나게 아름다운 미인을 이르는 말

단순호치(丹脣皓齒) : 붉은 입술과 하얀 치아라는 뜻으로, 아름다운 여자를 이르는 말

설부화용(雪膚花容) : 눈처럼 흰 살갗과 꽃처럼 고운 얼굴이라는 뜻으로, 미인의 용모를 이르는 말

기출 Plus　지방직 9급 기출

01. 밑줄 친 한자 성어의 쓰임이 적절하지 않은 것은?

① 말이 너무 번드르르해 미덥지 않은 자들은 대부분 口蜜腹劍형의 사람이다.
② 그는 싸움다운 전쟁도 못하고 一敗塗地가 되어 고향으로 달아나고 말았다.
③ 그에게 마땅히 대응했어야 했는데, 그대는 어찌하여 首鼠兩端하다가 시기를 놓쳤소?
④ 요새 신입생들이 선배들에게 예의를 차릴 줄 모르는 걸 보면 참 後生可畏하다는 생각이다.

해 '후생가외(後生可畏)'는 뒤에 난 사람은 두려워할 만하다는 뜻으로, 부지런히 갈고닦은 후배는 선배를 능가할 수 있음을 이르는 말을 뜻하기 때문에 문장에 쓰일 한자 성어로 적절하지 않다.

답 01 ④

화용월태(花容月態) : 아름다운 여인의 얼굴과 맵시를 이르는 말

우정(友情)

금란지교(金蘭之交) : 황금과 같이 단단하고 난초 향기와 같이 아름다운 사귐이라는 뜻으로 친구 사이의 매우 두터운 정을 이르는 말

막역지우(莫逆之友) : 서로 거스름이 없는 친구라는 뜻으로 허물이 없이 아주 친한 친구를 이르는 말

문경지교(刎頸之交) : 서로를 위해서라면 목이 잘린다 해도 후회하지 않을 정도의 사이라는 뜻으로 생사를 같이 할 수 있는 벗을 이르는 말

수어지교(水魚之交) : 물이 없으면 살 수 없는 물고기와 물의 관계라는 뜻으로, 아주 친밀하여 떨어질 수 없는 사이를 이르는 말

죽마고우(竹馬故友) : 대말을 타고 놀던 벗이라는 뜻으로, 어릴 때부터 같이 놀며 자란 벗을 이르는 말

여럿 가운데 가장 뛰어남

계군일학(鷄群一鶴) : 닭의 무리 가운데에서 한 마리의 학이란 뜻으로, 많은 사람 가운데서 뛰어난 인물을 이르는 말. = 군계일학

백미(白眉) : 흰 눈썹이라는 뜻으로, 여럿 가운데에서 가장 뛰어난 사람이나 훌륭한 물건을 비유적으로 이르는 말

철중쟁쟁(鐵中錚錚) : 여러 쇠붙이 가운데서도 유난히 맑게 쟁그랑거리는 소리가 난다는 뜻으로, 같은 무리 가운데서도 가장 뛰어난 사람을 이르는 말

인생의 덧없음

남가일몽(南柯一夢) : 꿈과 같이 헛된 한때의 부귀영화를 이르는 말

여옹침(呂翁枕) : 인생의 덧없음과 영화의 헛됨을 비유적으로 이르는 말

일장춘몽(一場春夢) : 한바탕의 봄꿈이라는 뜻으로, 헛된 영화나 덧없는 일을 비유적으로 이르는 말

일취지몽(一炊之夢) : 인생이 덧없고 영화(榮華)도 부질없음을 비유적으로 이르는 말
= 황량일취몽(黃粱一炊夢), 황량몽(黃粱夢)

한단지몽(邯鄲之夢) : 인생과 영화의 덧없음을 이르는 말 = 노생지몽(老生之夢)

소박하고 욕심 없는 삶

단사표음(簞食瓢飮) : 대나무로 만든 밥그릇에 담은 밥과 표주박에 든 물이라는 뜻으로, 청빈하고 소박한 생활을 이르는 말

Check Point

낭중지추(囊中之錐)
'주머니 속의 송곳'이라는 뜻으로 재능이 뛰어난 사람은 숨어 있어도 남의 눈에 띄게 됨을 이르는 말

서울시 9급 기출

02. 다음 한자 성어 중 의미가 나머지 셋과 가장 다른 것은?

① 道聽塗說
② 心心相印
③ 拈華微笑
④ 以心傳心

해 '道聽塗說(도청도설)'은 길에서 듣고 길에서 말한다는 뜻으로, 길거리에 퍼져 돌아다니는 뜬소문을 의미한다. 나머지는 모두 마음과 마음이 통한다는 의미이다.

답 02 ①

Check Point

'고향'에 대한 한자성어

- **수구초심(首丘初心)** : 여우가 죽을 때에 미리 머리를 저 살던 굴 쪽으로 향한다는 뜻으로 고향을 그리워하는 마음
- **간운보월(看雲步月)** : 낮에는 구름을 바라보고 밤에는 달빛 아래를 거닌다는 뜻으로 고향을 그리워하는 마음
- **맥수지탄(麥秀之嘆)** : 고국의 멸망을 한탄함을 이르는 말로 기자(箕子)가 은(殷)나라가 망한 뒤에도 보리만은 잘 자라는 것을 보고 한탄하였다는 데서 유래함

기출 Plus 국회직 9급 기출

03. 밑줄 친 한자 성어의 쓰임이 바르지 않은 것은?

① 아무리 형제 사이가 견토지쟁(犬兎之爭)이라 해도 혈육이기에 서로 도와주지 않을 수 없을 것이다.
② 그는 피나는 노력의 결과 기타 연주 실력이 괄목상대(刮目相對)했다.
③ 시대가 변하고 있음에도 불구하고 그는 각주구검(刻舟求劍)과 같은 태도를 지니고 있다.
④ 그는 제 딴에는 집안의 가난을 절치부심(切齒腐心)한 모양이다.

解 '견토지쟁(犬免之爭)'은 '개와 토끼의 다툼'을 의미하는 한자성어로, 보통 쓸데없는 다툼을 비유할 때 사용한다. 같은 한자성어로는 '견원지간(犬猿之間)'이 있다.

답 03 ①

단표누항(簞瓢陋巷) : 누항에서 먹는 한 그릇의 밥과 한 바가지의 물이라는 뜻으로, 선비의 청빈한 생활을 이르는 말
빈이무원(貧而無怨) : 가난하지만 세상을 원망하지 않는다는 뜻으로 소박한 삶을 이르는 말
안분지족(安分知足) : 편안한 마음으로 제 분수를 지키며 만족할 줄을 앎
안빈낙도(安貧樂道) : 가난한 생활을 하면서도 편안한 마음으로 도를 즐겨 지킴

나라의 인재

고굉지신(股肱之臣) : '다리와 팔'같이 중요한 신하라는 뜻으로, 임금이 가장 신임하는 신하를 이르는 말
동량지재(棟梁之材) : 기둥과 들보로 쓸 만한 재목이라는 뜻으로, 한 집안이나 한 나라를 떠받치는 중대한 일을 맡을 만한 인재를 이르는 말
사직지신(社稷之臣) : 나라의 안위(安危)와 존망(存亡)을 맡은 중신(重臣)
주석지신(柱石之臣) : 나라에 중요한 구실을 하는 신하

부모에 대한 마음

노래지희(老萊之戱) : 중국 주(周)나라의 노래자(老萊子)가 나이가 칠십이 넘어서도 부모님 앞에서 색동옷을 입고 재롱을 부려 부모님을 기쁘게 해 드렸다는 말로 변함없는 효(孝)를 의미하는 말
망운지정(望雲之情) : 자식이 객지에서 고향에 계신 어버이를 생각하는 마음
반포지효(反哺之孝) : 까마귀 새끼가 자라서 늙은 어미에게 먹이를 물어다 주는 효(孝)라는 뜻으로, 자식이 자란 후에 어버이의 은혜를 갚는 효성을 이르는 말
풍수지탄(風樹之嘆) : 효도를 다하지 못한 채 어버이를 여읜 자식의 슬픔을 이르는 말
호천망극(昊天罔極) : 어버이의 은혜가 넓고 큰 하늘과 같이 다함이 없음을 이르는 말

겉과 속이 다름

경이원지(敬而遠之) : 공경하되 가까이하지는 않음
구밀복검(口蜜腹劍) : 입에는 꿀이 있고 배 속에는 칼이 있다는 뜻으로, 말로는 친한 듯하나 속으로는 해칠 생각이 있음을 이르는 말
면종복배(面從腹背) : 겉으로는 복종하는 체하면서 내심으로는 배반함
양두구육(羊頭狗肉) : 양의 머리를 걸어 놓고 개고기를 판다는 뜻으로, 겉보기만 그럴듯하게 보이고 속은 변변하지 아니함을 이르는 말
표리부동(表裏不同) : 마음이 음흉하고 불량하여 겉과 속이 다름

꼭! 확인 기출문제

다음의 상황에 어울리는 한자 성어로 가장 적절한 것은? [국가직 9급 기출]

> 김만중의 '사씨남정기'에서 사씨는 교씨의 모함을 받아 집에서 쫓겨난다. 사악한 교씨는 문객인 동청과 작당하여 남편인 유한림마저 모함한다. 그러나 결국은 교씨의 사악함이 만천하에 드러나고 유한림이 유배지에서 돌아오자 교씨는 처형되고 사씨는 누명을 벗고 다시 집으로 돌아오게 된다.

① 교언영색(巧言令色)　② 절치부심(切齒腐心)
③ 만시지탄(晩時之歎)　❹ 사필귀정(事必歸正)

해 ④ '사필귀정(事必歸正)'은 모든 일은 반드시 바른길로 돌아가게 마련이라는 의미로, 교씨는 결국 처형되고 사씨는 누명을 벗는 등 '사필귀정'이 가장 적절한 한자 성어이다.
① 교언영색(巧言令色) : 남에게 잘 보이려고 그럴듯하게 꾸며 대는 말과 알랑거리는 태도
② 절치부심(切齒腐心) : 이를 갈면서 속을 썩인다는 뜻으로, 매우 분하여 한을 품음을 이르는 말
③ 만시지탄(晩時之歎) : 어떤 일에 알맞은 때가 지났음을 안타까워하는 탄식

매우 좋지 않은 사이

견원지간(犬猿之間) : 개와 원숭이의 사이라는 뜻으로, 사이가 매우 나쁜 두 관계를 비유적으로 이르는 말

빙탄지간(氷炭之間) : 얼음과 숯불의 사이처럼 서로 화합할 수 없는 사이를 비유하여 이르는 말

불구대천(不俱戴天) : 하늘을 함께 이지 못한다는 뜻으로, 이 세상에서 같이 살 수 없을 만큼 큰 원한을 가짐을 비유적으로 이르는 말 ≒ 대천지수 · 대천지원수

융통성이 없고 어리석은 사람

각주구검(刻舟求劍) : 융통성 없이 현실에 맞지 않는 낡은 생각을 고집하는 어리석음을 이르는 말

백년하청(百年河淸) : 중국의 황허 강(黃河江)이 늘 흐려 맑을 때가 없다는 뜻으로, 아무리 오랜 시일이 지나도 어떤 일이 이루어지기 어려움을 이르는 말

수주대토(守株待兎) : 한 가지 일에만 얽매여 발전을 모르는 어리석은 사람을 비유적으로 이르는 말

연목구어(緣木求魚) : 나무에 올라가서 물고기를 구한다는 뜻으로, 도저히 불가능한 일을 굳이 하려 함을 비유적으로 이르는 말

우이독경(牛耳讀經) : '쇠귀에 경 읽기'라는 뜻으로 아무리 가르치고 일러 주어도 알아듣지 못함을 이르는 말

육지행선(陸地行船) : 육지에서 배를 저으려 한다는 뜻으로, 안되는 일을 억지로 하려고 함을 비유적으로 이르는 말

Check Point

'거리'에 대한 한자성어
- **지척지지(咫尺之地)** : 매우 가까운 곳
- **지척지간(咫尺之間)** : 매우 가까운 거리
- **지호지간(指呼之間)** : 손짓하여 부를 만한 가까운 거리
- **오십보백보(五十步百步)** : 피차의 사이는 있으나 본질적으로는 같다.

엉뚱한 사람이 이득을 봄

견토지쟁(犬兎之爭) : 개와 토끼의 다툼이라는 뜻으로, 두 사람의 싸움에 제삼자가 이익을 봄을 이르는 말

방휼지쟁(蚌鷸之爭) : 도요새가 조개와 다투다가 다 같이 어부에게 잡히고 말았다는 데서 나온 말로, 대립하는 두 세력이 다투다가 결국은 구경하는 다른 사람에게 득을 주는 싸움을 비유적으로 이르는 말

어부지리(漁父之利) : 두 사람이 이해관계로 서로 싸우는 사이에 엉뚱한 사람이 애쓰지 않고 가로챈 이익을 이르는 말 = 어인지공(漁人之功)

마음이 통함

교외별전(敎外別傳) : 경전 바깥의 특별한 전승이라는 뜻으로, 마음과 마음으로 뜻을 전한다는 것을 의미하는 말

불립문자(不立文字) : 불도의 깨달음은 마음에서 마음으로 전하는 것이므로 말이나 글에 의지하지 않는다는 말

염화시중(拈華示衆) : 말로 통하지 아니하고 마음에서 마음으로 전하는 일을 의미하는 말 = 염화미소(拈華微笑)

이심전심(以心傳心) : 마음과 마음으로 서로 뜻이 통함

심심상인(心心相印) : 마음에서 마음으로 전한다는 뜻으로, 묵묵한 가운데 서로 마음이 통한다는 것을 의미하는 말

실패를 딛고 회복함

권토중래(捲土重來) : 땅을 말아 일으킬 것 같은 기세로 다시 온다는 뜻으로, 한 번 실패하였으나 힘을 회복하여 다시 쳐들어옴을 이르는 말

와신상담(臥薪嘗膽) : 불편한 섶에 몸을 눕히고 쓸개를 맛본다는 뜻으로, 원수를 갚거나 마음먹은 일을 이루기 위하여 온갖 어려움과 괴로움을 참고 견딤을 비유적으로 이르는 말

절차탁마(切磋琢磨) : 옥이나 돌 따위를 갈고 닦아서 빛을 낸다는 뜻으로, 부지런히 학문과 덕행을 닦음을 이르는 말

기출 Plus 서울시 9급 기출

04. 아래 글에서 가장 관련이 없는 고사성어는?

> 섶 실은 천리마(千里馬)를 알아 볼 이 뉘 있으리
> 십년(十年) 역상(櫪上)에 속절없이 다 늙도다
> 어디서 살진 쇠양마(馬)는 외용지용 하느니

① 髀肉之嘆
② 招搖過市
③ 不識泰山
④ 麥秀之嘆

해 '맥수지탄(麥秀之嘆)'은 고국의 멸망을 한탄하는 것을 이르는 고사성어로 본문의 천리마의 가치를 알아보지 못하고 땔감 싣는 데에 이용하는 것을 한탄하는 것과 거리가 멀다.

답 04 ④

편협한 사고를 가진 사람

이관규천(以管窺天) : '대나무 구멍으로 하늘을 바라본다'라는 뜻으로 편협하고 좁은 소견을 비유하여 이르는 말 = 통관규천(通管窺天)

정저지와(井底之蛙) : '우물 안의 개구리'라는 뜻으로 세상물정을 모르고 좁은 소견을 가진 사람을 비유하여 이르는 말

좌정관천(坐井觀天) : '우물 속에 앉아서 하늘을 본다.'라는 뜻으로, 사람의 견문(見聞)이 매우 좁음을 이르는 말

이러지도 저러지도 못함

기호지세(騎虎之勢) : 호랑이를 타고 달리는 형세라는 뜻으로, 이미 시작한 일을 중도에서 그만둘 수 없는 경우를 비유적으로 이르는 말

사면초가(四面楚歌) : 아무에게도 도움을 받지 못하는, 외롭고 곤란한 지경에 빠진 형편을 이르는 말

진퇴양난(進退兩難) : 이러지도 저러지도 못하는 어려운 처지

진퇴유곡(進退維谷) : 이러지도 저러지도 못하고 꼼짝할 수 없는 궁지

평범한 사람

우부우부(愚夫愚婦) : 어리석은 남자와 어리석은 여자를 아울러 이르는 말

장삼이사(張三李四) : '장씨(張氏)의 셋째 아들과 이씨(李氏)의 넷째 아들'이라는 뜻으로, 이름이나 신분이 특별하지 아니한 평범한 사람들을 이르는 말

초동급부(樵童汲婦) : '땔나무를 하는 아이와 물을 긷는 아낙네'라는 뜻으로, 평범한 사람을 이르는 말

필부필부(匹夫匹婦) : 평범한 남녀

매우 위태로운 상태

간두지세(竿頭之勢) : 대막대기 끝에 선 형세라는 뜻으로, 매우 위태로운 형세를 이르는 말

누란지세(累卵之勢) : 층층이 쌓아 놓은 알의 형세라는 뜻으로, 몹시 위태로운 형세를 비유적으로 이르는 말 = 누란지위(累卵之危)

백척간두(百尺竿頭) : 백 자나 되는 높은 장대 위에 올라섰다는 뜻으로, 몹시 어렵고 위태로운 지경을 이르는 말

여리박빙(如履薄氷) : 살얼음을 밟는 것과 같다는 뜻으로, 아슬아슬하고 위험한 일을 비유적으로 이르는 말

Check Point

'소문'에 대한 한자성어

- **가담항어(街談巷語)** : 거리나 항간에 떠도는 이야기
- **도청도설(道聽塗說)** : 길거리에 떠돌아다니는 뜬소문
- **유언비어(流言蜚語)** : 아무 근거 없이 널리 퍼진 소문, 풍설, 떠돌아다니는 말

일촉즉발(一觸卽發) : 한 번 건드리기만 해도 폭발할 것같이 몹시 위급한 상태
초미지급(焦眉之急) : 눈썹에 불이 붙었다는 뜻으로, 매우 급함을 이르는 말 = 초미(焦眉)
풍전등화(風前燈火) : 바람 앞의 등불이라는 뜻으로, 사물이 매우 위태로운 처지에 놓여 있음을 비유적으로 이르는 말

학문(독서)에 매진함

수불석권(手不釋卷) : 손에서 책을 놓지 아니하고 늘 글을 읽음
오거서(五車書) : 다섯 수레에 실을 만한 책이란 뜻으로, 많은 장서(藏書)를 이르는 말
위편삼절(韋編三絕) : 공자가 『주역』을 즐겨 읽어 책의 가죽끈이 세 번이나 끊어졌다는 뜻으로, 책을 열심히 읽음을 이르는 말
한우충동(汗牛充棟) : 짐으로 실으면 소가 땀을 흘리고, 쌓으면 들보에까지 찬다는 뜻으로, 가지고 있는 책이 매우 많음을 이르는 말
형설지공(螢雪之功) : 반딧불 · 눈과 함께 하는 노력이라는 뜻으로, 고생을 하면서 부지런하고 꾸준하게 공부하는 자세를 이르는 말

기출 Plus 기상직 9급 기출

05. 다음 글에 어울리는 고사성어로 가장 적절한 것은?

> 30년 가까이 한 우물을 판 한 기업의 최고경영자(CEO)가 '기업인 명예의 전당'에 이름을 올리게 되었다. 정○○ 대표가 창업한 △△산업은 1981년 창업 초기부터 염료한 분야에 전력해 반응성 염료 분야에서 국내 1위, 세계 6위의 강자로 떠올랐다. 정 대표는 이날 본지와의 통화에서 "대학과 월급쟁이 시절을 포함하면 총 48년간 염료 생각만하고 살았다."며 "오랜 시간 땀 흘리며 노력한 것을 인정받은 것 같아 뿌듯하다."라고 말했다.

① 與世推移
② 功虧一簣
③ 犬馬之勞
④ 愚公移山

해 '우공이산(愚公移山)'은 다른 사람이 보기엔 어리석은 일처럼 보이지만 한 가지 일을 끝까지 밀고 나가면 성공한다는 의미로, 본문의 내용과 어울리는 고사성어로 적합하다.

답 05 ④

제4장

속담

제1절 주요 속담

ㄱ

- **간다 간다 하면서 아이 셋 낳고 간다** : 1. 그만두겠다고 늘 말은 하면서도 정작 그만두지 못하고 질질 끄는 경우를 비유적으로 이르는 말 2. 어떤 일을 하겠다고 늘 말을 하면서도 실행하지 못함을 비유적으로 이르는 말
- **가게 기둥에 입춘** : 추하고 보잘것없는 가겟집 기둥에 '입춘대길(立春大吉)'이라 써 붙인다는 뜻으로, 제격에 맞지 않음을 비유적으로 이르는 말 ≒ 개발에 주석 편자
- **가까운 무당보다 먼 데 무당이 영하다*** : 흔히 사람은 자신이 잘 알고 가까이 있는 것보다는 잘 모르고 멀리 있는 것을 더 좋은 것인 줄로 생각한다는 말
- **가난도 비단 가난** : 아무리 가난하여도 몸을 함부로 가지지 않고, 본래의 지체와 체통을 더럽히지 않는다는 말
- **가난이 소 아들이라** : 소처럼 죽도록 일해도 가난에서 벗어날 수 없음을 이르는 말
- **가난한 양반 씻나락* 주무르듯** : 가난한 양반이 털어먹자니 앞날이 걱정스럽고 그냥 두자니 당장 굶는 일이 걱정되어서 볍씨만 한없이 주무르고 있다는 뜻으로, 어떤 일에 닥쳐 우물쭈물하기만 하면서 선뜻 결정을 내리지 못하고 있는 모양을 이르는 말 = 우유부단
- **가난한 양반 향청에 들어가듯** : 1. 가난한 양반이 주눅이 들어 향청에 들어갈 때처럼, 행색이 떳떳하지 못하고 머뭇거리면서 쩔쩔매는 모습을 비유적으로 이르는 말 2. 하기 싫은 일을 마지못하여 기운 없이 함을 비유적으로 이르는 말 ≒ 울며 겨자 먹기, 억지 춘향
- **가난한 집 제사 돌아오듯** : 가난한 집에 제삿날이 자꾸 돌아와서 그것을 치르느라 매우 어려움을 겪는다는 뜻으로, 힘든 일이 자주 닥침을 비유적으로 이르는 말

Check Point

속담의 개념
속담은 예로부터 민간에 전해져 내려오는 격언이나 잠언 등을 일컫는 말로 그 속에는 선인들의 지혜가 담겨 있다. 속담은 비교적 간결하고 비유적으로 쓰이는 경우가 많아 이를 활용하면 효율적인 언어 사용을 할 수 있다는 장점이 있다. 속담은 내용 면에서 비판이나 교훈을 전달하는 속담과 삶의 경험을 바탕으로 한 속담, 그리고 유희적 성격이 강한 속담으로 나누어진다. 문장 구조 역시 간결하고 대조나 대구를 활용하는 경우가 많다.

Check Point

*영하다 : 사람의 기원대로 되는 신기한 징험이 있다.
*씻나락 : (일부 속담이나 관용구에 쓰여) '볍씨'를 이르는 말

Check Point

*홍두깨 : 다듬잇감을 감아서 다듬이질할 때에 쓰는, 단단한 나무로 만든 도구

- **가난할수록 기와집 짓는다** : 당장 먹을 것이나 입을 것이 넉넉지 못한 가난한 살림일수록 기와집을 짓는다는 뜻으로, 실상은 가난한 사람이 남에게 업신여김을 당하기 싫어서 허세를 부리려는 심리를 비유적으로 이르는 말
- **가는 날이 장날** : 일을 보러 가니 공교롭게 장이 서는 날이라는 뜻으로, 어떤 일을 하려고 하는데 뜻하지 않은 일을 공교롭게 당함을 비유적으로 이르는 말
- **가는 말에 채찍질** : 1. 열심히 하는데도 더 빨리 하라고 독촉함을 비유적으로 이르는 말 2. 형편이나 힘이 한창 좋을 때라도 더욱 힘써야 함을 비유적으로 이르는 말
- **가는 방망이 오는 홍두깨*** : 1. 이쪽에서 방망이로 저쪽을 때리면 저쪽에서는 홍두깨로 이쪽을 때린다는 뜻으로, 자기가 한 일보다 더 가혹한 갚음을 받게 되는 경우를 비유적으로 이르는 말 2. 남을 해치려고 하다가 제가 도리어 더 큰 화를 입게 됨을 비유적으로 이르는 말 ≒ 되로 주고 말로 받는다
- **가랑니가 더 문다** : 같잖고 시시한 것이 더 괴롭히거나 애를 먹임을 비유적으로 이르는 말
- **가랑비에 옷 젖는 줄 모른다** : 가늘게 내리는 비는 조금씩 젖어 들기 때문에 여간해서도 옷이 젖는 줄을 깨닫지 못한다는 뜻으로, 아무리 사소한 것이라도 그것이 거듭되면 무시하지 못할 정도로 크게 됨을 비유적으로 이르는 말
- **가랑잎이 솔잎더러 바스락거린다고 한다** : 더 바스락거리는 가랑잎이 솔잎더러 바스락거린다고 나무란다는 뜻으로, 자기의 허물은 생각하지 않고 도리어 남의 허물만 나무라는 경우를 비유적으로 이르는 말
- **가루는 칠수록 고와지고 말은 할수록 거칠어진다** : 가루는 체에 칠수록 고와지지만 말은 길어질수록 시비가 붙을 수 있고 마침내는 말다툼까지 가게 되니 말을 삼가라는 말
- **가물 끝은 있어도 장마 끝은 없다** : 가뭄은 아무리 심하여도 얼마간의 거둘 것이 있지만 큰 장마가 진 뒤에는 아무것도 거둘 것이 없다는 뜻으로, 가뭄에 의한 재난보다 장마로 인한 재난이 더 무서움을 비유적으로 이르는 말 ≒ 가물 그루터기는 있어도 장마 그루터기는 없다
- **가물에 단비** : 가뭄이 들어 곡식이 다 마를 때에 기다리던 비가 온다는 뜻으로, 기다리고 바라던 일이 마침내 이루어짐을 이르는 말
- **가물에 콩 나듯** : 가뭄에는 심은 콩이 제대로 싹이 트지 못하여 드문드문 난다는 뜻으로, 어떤 일이나 물건이 어쩌다 하나씩 드문드문 있는 경우를 비유적으로 이르는 말
- **가시나무에 연줄 걸리듯** : 인정에 걸리어 이러지도 저러지도 못함을 비유적으로 이르는 말
- **가을 메는 부지깽이도 덤벙인다** : 가을에 메는 용도가 많아 부지깽이도 메로 쓰인

다는 뜻으로, 어떤 물건이 자주 쓰이어 그와 비슷한 것까지 마구 대용됨을 이르는 말 ≒ 가을철에는 죽은 송장도 꿈지럭한다

- **가자니 태산이요, 돌아서자니 숭산이라** : 앞에도 높은 산이고 뒤에도 높은 산이라는 뜻으로, 이러지도 저러지도 못할 난처한 지경에 이름을 비유적으로 이르는 말 = 진퇴양란
- **가재는 게 편** : 모양이나 형편이 서로 비슷하고 인연이 있는 것끼리 서로 잘 어울리고, 사정을 보아주며 감싸 주기 쉬움을 비유적으로 이르는 말 ≒ 가재는 게 편이요 초록은 한빛이라
- **가지 많은 나무에 바람 잘 날이 없다** : 가지가 많고 잎이 무성한 나무는 살랑거리는 바람에도 잎이 흔들려서 잠시도 조용한 날이 없다는 뜻으로, 자식을 많이 둔 어버이에게는 근심, 걱정이 끊일 날이 없음을 비유적으로 이르는 말
- **간에 붙었다 쓸개에 붙었다 한다** : 자기에게 조금이라도 이익이 되면 지조 없이 이편에 붙었다 저편에 붙었다 함을 비유적으로 이르는 말
- **갈고리 맞은 고기** : 갈고리를 맞아 놀라 헐떡거리며 어쩔 줄 모르는 고기와 같다는 뜻으로, 매우 위급한 경우를 당하여 어찌할 바를 모름을 비유적으로 이르는 말
- **갈수록 태산이라** : 갈수록 더욱 어려운 지경에 처하게 되는 경우를 비유적으로 이르는 말 ≒ 산 넘어 산이다, 갈수록 수미산이다
- **갈치가 갈치 꼬리 문다** : 동류(同類)나 친척들 간의 싸움을 이르는 말 ≒ 망둥이 제 동무 잡아먹는다
- **감기 고뿔도 남을 안 준다** : 감기까지도 남에게 주지 않을 만큼 지독하게 인색하다는 말 =자린고비
- **감나무 밑에 누워도 삿갓 미사리*를 대어라** : 감나무 밑에 누워서 절로 떨어지는 감을 얻어먹으려 하여도 그것을 받기 위하여서는 삿갓 미사리를 입에 대고 있어야 한다는 뜻으로, 의당 자기에게 올 기회나 이익이라도 그것을 놓치지 않으려는 노력이 필요함을 이르는 말
- **감나무 밑에 누워서 홍시 떨어지기를 기다린다** : 아무런 노력도 아니 하면서 좋은 결과가 이루어지기만 바람을 비유적으로 이르는 말
- **값도 모르고 싸다 한다** : 일의 속사정은 잘 알지도 못하면서 경솔하게 이러니저러니 말함을 이르는 말 ≒값도 모르고 쌀자루 내민다, 금도 모르면서 싸다 한다, 남의 처녀 나이도 모르고 숙성하다고 한다
- **갓 사러 갔다가 망건* 산다** : 1. 사려고 하던 물건이 없어 그와 비슷하거나 전혀 쓰임이 다른 것을 사는 경우를 비유적으로 이르는 말 2. 제 목적을 바꾸어 남의 권고에 따름을 비유적으로 이르는 말

Check Point

***미사리** : 삿갓, 방갓, 전모 따위의 밑에 대어 머리에 쓰게 된 둥근 테두리

***망건** : 상투를 튼 사람이 머리카락을 걷어 올려 흘러내리지 아니하도록 머리에 두르는 그물처럼 생긴 물건. 보통 말총, 곱소리 또는 머리카락으로 만든다.

Check Point

속담의 기능

- **사람들을 깨우치도록 하는 교화적인 기능**
  예 가는 말이 고와야 오는 말이 곱다 : 말을 신중하게 하라는 가르침
  예 물은 건너보아야 알고 사람은 지내보아야 안다 : 어떤 사람에 대해 직접 겪어보기 전에 섣불리 판단하는 것은 옳지 않다는 의미
- **사람이나 사회, 사건 등을 풍자하는 기능**
  예 가는 방망이 · 오는 홍두깨, 남의 흉이 한 가지면 제 흉이 열 가지 : 자신의 결점은 생각하지 않고 다른 사람의 결점을 먼저 보려 하는 것을 비판하는 의미
  예 냉수 먹고 이 쑤신다 : 허세에 대해 비판하는 의미
  예 초록은 동색이요, 가재는 게 편이다 : 끼리끼리 모여서 이기적인 일을 도모하는 행위를 비판하는 의미
- **자세한 설명이 필요한 표현을 간결하게 나타내는 기능**
  예 수박 겉핥기 : 대상의 속 내용은 모르고 겉만 건드리는 일을 간결하게 표현
  예 언 발에 오줌 누기 : 임시변통으로 짧은 효력 끝에 사태가 더 나빠짐을 간결하게 표현
- **비유적, 우회적으로 표현하는 기능**
  예 번갯불에 콩 볶아 먹겠다 : 행동이 매우 민첩함을 비유적으로 이르는 말
  예 흐르는 물은 썩지 않는다 : 사람은 언제나 스스로를 단련해야 시대에 뒤떨어지지 않음을 비유적으로 이르는 말

Check Point

***갗** : (일부 속담에 쓰여) '가죽'을 이르는 말

***편자** : 말굽에 대어 붙이는 'U'자 모양의 쇳조각

- **갓 쓰고 망신한다** : 한껏 점잔을 빼고 있는데 뜻하지 아니한 망신을 당하여 더 무참하게 되었음을 비유적으로 이르는 말
- **강물도 쓰면 준다** : 굉장히 많은 강물도 쓰면 준다는 뜻으로, 풍부하다고 하여 함부로 헤프게 쓰지 말라는 말
- **강원도 포수냐** : 산이 험한 강원도에서는 사냥을 떠나면 돌아오지 못하는 수가 많았다는 데서, 한 번 간 후 다시 돌아오지 않거나, 매우 늦게야 돌아오는 사람을 비유적으로 이르는 말 ≒ 지리산 포수
- **갗*에서 좀 난다** : 1. 가죽을 쏠아 먹는 좀이 가죽에서 생긴다는 뜻으로, 화근이 그 자체에 있음을 비유적으로 이르는 말 2. 가죽에 좀이 나서 가죽을 다 먹게 되면 결국 좀도 살 수 없게 된다는 뜻으로, 형제간이나 동류끼리의 싸움은 양편에 다 해로울 뿐임을 비유적으로 이르는 말
- **같은 값이면 다홍치마** : 값이 같거나 같은 노력을 한다면 품질이 좋은 것을 택한다는 말 ≒ 같은 값이면 껌정소 잡아먹는다
- **개 꼬리 삼 년 묵어도 황모 되지 않는다** : 본바탕이 좋지 아니한 것은 어떻게 하여도 그 본질이 좋아지지 아니함을 비유적으로 이르는 말
- **개 머루 먹듯** : 1. 참맛도 모르면서 바삐 먹어 치우는 것을 이르는 말 2. 내용이 틀리거나 말거나 일을 건성건성 날려서 함을 비유적으로 이르는 말 ≒ 처삼촌 묘에 벌초하듯
- **개 못된 것은 들에 가서 짖는다** : 개는 집을 지키며 집에서 짖는 짐승인데 못된 개는 쓸데없이 들판에 나가 짖는다는 뜻으로, 제가 마땅히 해야 할 일은 하지 아니하고 아무 소용도 없는 데 가서 잘난 체하고 떠드는 행동을 이르는 말
- **개 발에 주석 편자*** : 옷차림이나 지닌 물건 따위가 제격에 맞지 아니하여 어울리지 않음을 비유적으로 이르는 말 ≒ 가게 기둥에 입춘
- **개구리 낯짝에 물 붓기** : 물에 사는 개구리의 낯에 물을 끼얹어 보았자 개구리가 놀랄 일이 아니라는 뜻으로, 어떤 자극을 주어도 그 자극이 조금도 먹혀들지 아니하거나 어떤 처사를 당하여도 태연함을 이르는 말
- **개구리 올챙이 적 생각 못한다** : 형편이나 사정이 전에 비하여 나아진 사람이 지난날의 미천하거나 어렵던 때의 일을 생각지 아니하고 처음부터 잘난 듯이 뽐냄을 비유적으로 이르는 말
- **개구리도 옴쳐야 뛴다** : 뛰기를 잘하는 개구리도 뛰기 전에 옴츠려야 한다는 뜻으로, 아무리 급하더라도 일을 이루려면 그 일을 위하여 준비할 시간이 있어야 함을 이르는 말
- **개도 나갈 구멍을 보고 쫓아라** : 개를 쫓되 살길은 터 주어야 피해를 입지 아니한다는 뜻으로, 어떤 대상을 호되게 몰아치는 경우에 궁지에서 빠져나갈 여지를 주어

야지 그렇지 아니하면 오히려 저항에 부딪히게 됨을 이르는 말

- **개도 무는 개를 돌아본다** : 같은 개끼리도 사나운 개를 두려워하듯이, 사람 사이에서도 영악하고 사나운 사람에게는 해를 입게 될 것을 두려워하여 도리어 잘 대함을 비유적으로 이르는 말
- **개똥도 약에 쓰려면 없다** : 평소에 흔하던 것도 막상 긴하게 쓰려고 구하면 없다는 말
- **개똥밭에 굴러도 이승이 좋다** : 아무리 천하고 고생스럽게 살더라도 죽는 것보다는 사는 것이 나음을 이르는 말
- **개미구멍이 둑을 무너뜨린다** : 작은 결점이라 하여 등한히 하면 그것이 점점 더 커져서 나중에는 큰 결함을 가져오게 됨을 비유적으로 이르는 말
- **개밥에 도토리** : 개는 도토리를 먹지 아니하기 때문에 밥 속에 있어도 먹지 아니하고 남긴다는 뜻에서, 따돌림을 받아서 여럿의 축에 끼지 못하는 사람을 비유적으로 이르는 말
- **개장수도 올가미가 있어야 한다** : 무슨 일을 하든지 거기에 필요한 준비와 도구가 있어야 함을 비유적으로 이르는 말
- **개천에서 용 난다** : 미천한 집안이나 변변하지 못한 부모에게서 훌륭한 인물이 나는 경우를 이르는 말
- **거북의 털** : 거북은 털이 없다는 뜻으로 도저히 구할 수 없는 물건을 비유적으로 이르는 말
- **거지가 도승지를 불쌍타 한다** : 도승지는 아무리 추운 때라도 새벽에 궁궐에 가야 하기 때문에 거지가 그것을 불쌍하게 여긴다는 뜻으로, 불쌍한 처지에 놓여 있는 사람이 도리어 자기보다 나은 사람을 동정한다는 말
- **거지가 말 얻은 격** : 1. 자기 몸 하나도 돌보기 어려운 거지가 건사하기 힘든 말까지 가지게 되었다는 뜻으로, 괴로운 중에 더욱 괴로운 일이 생겼음을 이르는 말 2. 자기 분수에 넘치는 것을 얻어 가지고 자랑함을 비웃는 말 ≒ 비렁뱅이 비단 얻은 격
- **걸음새 뜬 소가 천 리를 간다** : 소는 비록 걸음이 뜨기는 하지만 한결같이 꾸준히 걸어가 마침내는 천 리를 간다는 뜻으로, 꾸준히 인내하면 큰 성과를 낼 수 있음을 비유적으로 이르는 말
- **겉 다르고 속 다르다** : 1. 겉으로 드러나는 행동과 마음속으로 품고 있는 생각이 서로 달라서 사람의 됨됨이가 바르지 못함을 이르는 말 2. 마음속으로는 좋지 않게 생각하면서 겉으로는 좋은 것처럼 꾸며서 행동한다는 말
- **겨 묻은 개가 똥 묻은 개를 나무란다** : 결점이 있기는 마찬가지이면서, 조금 덜한 사람이 더한 사람을 흉볼 때에 변변하지 못하다고 지적하는 말

Check Point

'가난'과 관련된 속담

- **가난이 소 아들이라** : 가난하면 소같이 일만 죽도록 하게 됨을 이르는 말
- **가난이 일찍 철들게 하고 효자 만든다** : 가난에서 벗어나려 이런저런 궁리도 하고 실제 일도 하게 되니 일찍 철들고 효자가 되기 쉬움을 이르는 말
- **가난하기가 씻은 것 같다** : 아무 것도 가진 게 없어 꼭 씻어 낸 듯 가난하다는 뜻으로 빗대는 말
- **가난 가난 해도 인물 가난이 제일 서럽다** : 가난한 것이 서럽다 해도, 제일 서러운 것은 인물 못난 것을 이르는 말
- **가난한 집에는 싸움이 많다** : 가난에 찌들면 사소한 일에도 싸우게 된다는 말
- **가난한 놈 한 마지기 논 낫질 하듯** : 아주 적은 일을 순식간에 해치움을 이르는 말
- **가난 구제는 나라님도 못한다** : 남의 가난한 살림을 도와주기란 끝이 없는 일이어서, 개인은 물론 나라의 힘으로도 구제하지 못한다는 말

Check Point

속담의 특징

- 은유나 직유 같은 비유의 형식으로 표현한다.
- 민중의 지혜, 길거리의 철학이 담겨 있다.
- 인간의 본성이나 심리 등을 날카롭게 제시한다.
- 선인들의 감정, 사고, 기질 등이 반영되어 있다.
- 표면적 의미와 이면적 의미가 서로 다르지만 속담을 구성하고 있는 단어의 의미를 통해 전체적인 의미를 추정해 낼 수 있도록 되어 있다.
- 우회적 표현에 효과적이며 시대에 맞게 적절하게 변용시켜 사용될 수 있다.

- **겨울이 다 되어야 솔이 푸른 줄 안다** : 푸른 것이 다 없어진 한겨울에야 솔이 푸른 줄 안다는 뜻으로, 위급하거나 어려운 고비를 당하고 보아야 비로소 그 사람의 진가를 알 수 있음을 비유적으로 이르는 말
- **경주 돌이면 다 옥석인가** : 1. 좋은 일 가운데 궂은일도 섞여 있다는 말 2. 사물을 평가할 때, 그것이 나는 곳이나 그 이름만을 가지고서 판단할 수 없다는 말
- **곁가마가 먼저 끓는다** : 끓어야 할 원래의 가마솥은 끓지 않고 곁에 있는 가마솥이 끓는다는 뜻으로, 당사자는 가만히 있는데 옆 사람이 오히려 신이 나서 떠들거나 참견하는 경우를 비유적으로 이르는 말
- **계란에도 뼈가 있다** : 늘 일이 잘 안되던 사람이 모처럼 좋은 기회를 만났건만, 그 일마저 역시 잘 안됨을 이르는 말
- **고기 맛본 중** : 금지된 쾌락을 뒤늦게 맛보고 재미를 붙인 사람을 비유적으로 이르는 말
- **고기는 씹어야 맛이요, 말은 해야 맛이라** : 고기의 참맛을 알려면 겉만 핥을 것이 아니라 자꾸 씹어야 하듯이, 하고 싶은 말이나 해야 할 말은 시원히 다 해 버려야 좋다는 말
- **고기도 먹어 본 사람이 많이 먹는다** : 무슨 일이든지 늘 하던 사람이 더 잘한다는 말
- **고래 싸움에 새우 등 터진다** : 강한 자들끼리 싸우는 통에 아무 상관도 없는 약한 자가 중간에 끼어 피해를 입게 됨을 비유적으로 이르는 말
- **고슴도치도 제 새끼는 함함하다고 한다** : 1. 털이 바늘같이 꼿꼿한 고슴도치도 제 새끼의 털이 부드럽다고 옹호한다는 뜻으로, 자기 자식의 나쁜 점은 모르고 도리어 자랑으로 삼는다는 말 2. 어버이 눈에는 제 자식이 다 잘나고 귀여워 보인다는 말
- **고양이 목에 방울 달기** : 실행하기 어려운 것을 공연히 의논함을 이르는 말
- **고양이는 발톱을 감춘다** : 재주 있는 사람은 그것을 깊이 감추고서 함부로 드러내지 아니한다는 말
- **고양이한테 생선을 맡기다** : 고양이한테 생선을 맡기면 고양이가 생선을 먹을 것이 뻔한 일이란 뜻으로, 어떤 일이나 사물을 믿지 못할 사람에게 맡겨 놓고 마음이 놓이지 않아 걱정함을 비유적으로 이르는 말
- **고인 물이 썩는다** : 흐르지 못하고 한곳에 고여 있는 물은 썩는다는 뜻으로, 사람은 부지런히 일하고 자기 자신을 발전시켜야지 그저 가만히 있으면 제자리에 머물러 있거나 남보다 뒤떨어지기 마련임을 비유적으로 이르는 말
- **곤달걀 지고 성 밑으로 못 가겠다** : 이미 다 썩은 달걀을 지고 성 밑으로 가면서도 성벽이 무너져 달걀이 깨질까 두려워 못 간다는 뜻으로, 무슨 일을 지나치게 두려워하며 걱정함을 비유적으로 이르는 말
- **공교하기는 마디에 옹이라** : 나무의 마디에 공교롭게도 또 옹이가 박혔다는 뜻으

로, 일이 순조롭게 진행되지 않고 이러저러한 장애가 공교롭게 겹침을 이르는 말 ≒ 마디에 옹이, 흉년에 윤달, 기침에 재채기

- **공든 탑이 무너지랴** : 공들여 쌓은 탑은 무너질 리 없다는 뜻으로, 힘을 다하고 정성을 다하여 한 일은 그 결과가 반드시 헛되지 아니함을 비유적으로 이르는 말
- **공중에 나는 기러기도 길잡이는 한 놈이 한다** : 무슨 일을 하든지 오직 한 사람의 지휘자가 이끌고 나가야지 여러 사람들이 제각기 나서서 길잡이 노릇을 하려고 해서는 안 된다는 말 ≒ 사공이 많으면 배가 산으로 간다
- **곶감 꼬치에서 곶감 빼 먹듯** : 애써 알뜰히 모아 둔 재산을 조금씩 조금씩 헐어 써 없앰을 비유적으로 이르는 말
- **관 옆에서 싸움한다** : 상갓집에서 관을 옆에 두고 서로 싸움질을 한다는 뜻으로, 예의도 모르고 무엄한 짓을 함을 비유적으로 이르는 말
- **관청에 잡아다 놓은 닭** : 영문도 모르고 낯선 곳으로 끌려와서 어리둥절해 있는 사람을 비유적으로 이르는 말
- **광에서 인심 난다** : 내 살림이 넉넉해야 비로소 남을 도울 수 있다는 말 ≒ 쌀독에서 인심 난다
- **구관이 명관이다** : 1. 무슨 일이든 경험이 많거나 익숙한 이가 더 잘하는 법임을 비유적으로 이르는 말 2. 나중 사람을 겪어 봄으로써 먼저 사람이 좋은 줄을 알게 된다는 말
- **구더기 무서워 장 못 담글까** : 다소 방해되는 것이 있다 하더라도 마땅히 할 일은 하여야 함을 비유적으로 이르는 말 ≒ 장마가 무서워 호박을 못 심겠다
- **구르는 돌은 이끼가 안 낀다** : 부지런하고 꾸준히 노력하는 사람은 침체되지 않고 계속 발전한다는 말
- **구복이 원수라** : 1. 입으로 먹고 배를 채우는 일이 원수 같다는 뜻으로, 먹고살기 위하여 괴로운 일이나 아니꼬운 일도 참아야 한다는 말 2. 먹고살기 위하여 어쩔 수 없이 잘못을 저질렀음을 이르는 말 ≒ 목구멍이 포도청이라
- **구부러진 송곳** : 있기는 있으되 쓸모없게 된 것을 비유적으로 이르는 말 ≒끈 떨어진 뒤웅박(망석중)
- **구슬이 서 말이라도 꿰어야 보배라** : 아무리 훌륭하고 좋은 것이라도 다듬고 정리하여 쓸모 있게 만들어 놓아야 값어치가 있음을 비유적으로 이르는 말
- **군불에 밥 짓기** : 어떤 일에 곁따라 다른 일이 쉽게 이루어지거나 또는 다른 일을 해냄을 비유적으로 이르는 말
- **굳은 땅에 물이 괸다** : 1. 헤프게 쓰지 않고 아끼는 사람이 재산을 모으게 됨을 비유적으로 이르는 말 ≒ 단단한 땅에 물이 괸다 2. 무슨 일이든 마음을 굳게 먹고 해야 좋은 결과를 얻게 됨을 비유적으로 이르는 말

서울시 9급 기출

01. '권력의 무상함'을 나타내는 속담으로 가장 옳지 않은 것은?

① 달도 차면 기운다.
② 열흘 붉은 꽃이 없다.
③ 물도 가다 구비를 친다.
④ 꽃이 시들면 오던 나비도 안 온다.

해 "물도 가다 구비를 친다."는 속담은 사람의 한평생에는 전환기가 있기 마련이라는 의미이다. 나머지 속담은 모두 권력의 무상함을 나타내거나 부귀영화의 덧없음을 표현한다.

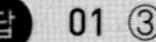

- **굴뚝 보고 절한다** : 빚에 쪼들리어 한밤중이나 이른 새벽에 도망가는 사람이 이웃 사람에게 인사는 할 수 없어 하는 수 없이 굴뚝을 보고 절하고서 도망간다는 뜻으로, 무엇을 피하여 몰래 달아남을 비유적으로 이르는 말
- **굴러 온 돌이 박힌 돌 뺀다** : 외부에서 들어온 지 얼마 안 되는 사람이 오래전부터 있던 사람을 내쫓거나 해치려 함을 비유적으로 이르는 말
- **굼벵이도 구르는 재주가 있다** : 1. 아무런 능력이 없는 사람이 남의 관심을 끌 만한 행동을 함을 놀림조로 이르는 말 2. 무능한 사람도 한 가지 재주는 있음을 비유적으로 이르는 말
- **굿 못하는 무당 장구 타박한다** : 자기의 재간이 모자라는 것은 생각하지 아니하고 객관적인 조건만 탓함을 비유적으로 이르는 말
- **굿이나 보고 떡이나 먹지** : 남의 일에 쓸데없는 간섭을 하지 말고 되어 가는 형편을 보고 있다가 이익이나 얻도록 하라는 말
- **궁지에 빠진 쥐가 고양이를 문다** : 막다른 지경에 이르게 되면 약한 자도 마지막 힘을 다하여 반항함을 비유적으로 이르는 말
- **귀에 걸면 귀걸이 코에 걸면 코걸이** : 1. 어떤 원칙이 정해져 있는 것이 아니라 둘러대기에 따라 이렇게도 되고 저렇게도 될 수 있음을 비유적으로 이르는 말 2. 어떤 사물은 보는 관점에 따라 이렇게도 될 수 있고 저렇게도 될 수 있음을 비유적으로 이르는 말 = 이현령비현령(耳懸鈴鼻懸鈴)
- **귀한 것은 상량문** : 모든 것이 다 구비되어 있는데 한 가지 부족한 것을 비유적으로 이르는 말 ≒ 옥에 티
- **귀한 그릇 쉬 깨진다** : 1. 흔히 물건이 좋고 값진 것일수록 쉬 망가진다는 말 2. 귀하게 태어난 사람이나 재주가 비상한 사람이 일찍 죽게 됨을 비유적으로 이르는 말
- **그 나물에 그 밥** : 서로 격이 어울리는 것끼리 짝이 되었을 경우를 두고 이르는 말
- **그릇도 차면 넘친다** : 어떤 것이든 한도가 넘으면 다시 되돌아가게 된다는 뜻 ≒ 달도 차면 기운다
- **긁어 부스럼** : 아무렇지도 않은 일을 공연히 건드려서 걱정을 일으킨 경우를 비유적으로 이르는 말
- **금강산도 식후경** : 아무리 재미있는 일이라도 배가 불러야 흥이 나지 배가 고파서는 아무 일도 할 수 없음을 비유적으로 이르는 말
- **급하면 바늘허리에 실 매어 쓸까** : 일에는 일정한 순서가 있고 때가 있는 것이므로, 아무리 급해도 순서를 밟아서 일해야 함을 비유적으로 이르는 말. ≒ 천리 길도 한 걸음부터
- **긴 병에 효자 없다** : 무슨 일이거나 너무 오래 끌면 그 일에 대한 성의가 없어서 소홀해짐을 비유적으로 이르는 말

Check Point

속담의 구조

- **의미의 상대성** : 앞서 나오는 명사의 의미 속성과 뒤에 나오는 명사의 의미 속성이 대립하는 구조
- **의미의 점층성** : 앞서 나오는 명사의 의미 속성이 뒤에 가서 더욱 심화되는 구조

- 길 아래 돌부처도 돌아앉는다 : 아무리 온순한 사람일지라도 자기의 권리나 이익을 침해당할 경우에는 가만있지 않음을 비유적으로 이르는 말
- 길고 짧은 것은 대어 보아야 안다 : 크고 작고, 이기고 지고, 잘하고 못하는 것은 실지로 겨루어 보거나 겪어 보아야 알 수 있다는 말 ≒ 길든 짧든 대보아야 한다
- 길로 가라니까 뫼로 간다 : 1. 편하고 유리한 방법을 가르쳐 주었는데도 굳이 자기 고집대로만 함을 이르는 말 2. 타인의 지시나 윗사람의 명령을 어김을 이르는 말
- 까마귀 날자 배 떨어진다 : 아무 관계없이 한 일이 공교롭게도 때가 같아 어떤 관계가 있는 것처럼 의심을 받게 됨을 비유적으로 이르는 말
- 까마귀 미역 감듯 : 1. 까마귀는 미역을 감아도 그냥 검다는 데서, 일한 자취나 보람이 드러나지 않음을 비유적으로 이르는 말 2. 일을 처리함에 있어 세밀하지 못하고 거친 것을 비유적으로 이르는 말
- 깨어진 그릇 이 맞추기 : 한번 그릇된 일은 다시 본래대로 돌리려고 애써도 돌릴 수 없음을 비유적으로 이르는 말 ≒ 엎질러진 물이요 쏘아 놓은 화살이다
- 꼬리가 길면 밟힌다 : 나쁜 일을 아무리 남모르게 한다고 해도 오래 두고 여러 번 계속하면 결국에는 들키고 만다는 것을 비유적으로 이르는 말
- 꽃 본 나비 : 1. 남녀 간에 정이 깊어 떨어지지 못하는 즐거움을 비유적으로 이르는 말 2. 사랑하는 사람을 만나서 기뻐하는 모습을 비유적으로 이르는 말 ≒ 물 본 기러기
- 꾸어다 놓은 보릿자루 : 여럿이 모여 이야기하는 자리에서 아무 말도 하지 않고 한옆에 가만히 있는 사람을 비유적으로 이르는 말
- 꿀 먹은 벙어리 : 속에 있는 생각을 나타내지 못하는 사람을 비유적으로 이르는 말
- 꿈보다 해몽이 좋다 : 하찮거나 언짢은 일을 그럴듯하게 돌려 생각하여 좋게 풀이함을 비유적으로 이르는 말
- 꿩 구워 먹은 자리 : 어떠한 일의 흔적이 전혀 없음을 비유적으로 이르는 말
- 꿩 대신 닭 : 꼭 적당한 것이 없을 때 그와 비슷한 것으로 대신하는 경우를 비유적으로 이르는 말
- 꿩 먹고 알 먹는다 : 한 가지 일을 하여 두 가지 이상의 이익을 보게 됨을 비유적으로 이르는 말

ㄴ

- 나귀는 샌님만 섬긴다 : 보잘것없는 사람이라도 자기가 지닌 지조를 지키는 경우를 비유적으로 이르는 말
- 나는 바담 풍(風) 해도 너는 바람 풍 해라 : 옛날 어느 서당에서 선생님이 '바람 풍(風)'자를 가르치는데 혀가 짧아서 '바담 풍'으로 발음하니 학생들도 '바담 풍'으로

기출 Plus　지방직 9급 기출

02. 다음에 제시된 의미와 가장 가까운 속담은?

> 가난한 사람이 남에게 업신여김을 당하기 싫어서 허세를 부리려는 심리를 비유적으로 이르는 말

① 가난한 집 신주 굶듯
② 가난한 집에 자식이 많다
③ 가난할수록 기와집 짓는다
④ 가난한 집 제사 돌아오듯

해 '가난할수록 기와집 짓는다'는 가난한 사람일수록 남에게 잘 보이려고 허세를 부린다는 말. 가난하다고 해서 주저앉고 마는 것이 아니라 어떻게든 잘살아 보려고 용단을 내려 큰일을 한다는 말이다.

답 02 ③

외운 데서 나온 말로, 자신은 잘못된 행동을 하면서 남보고는 잘하라고 요구하는 말

- 나는 새도 깃을 쳐야 날아간다 : 1. 무슨 일이든지 순서를 밟아 나가야 그 목적을 이룰 수 있음을 비유적으로 이르는 말 2. 아무리 재능이 많아도 노력을 하지 않으면 그 재능을 발휘할 수 없음을 비유적으로 이르는 말
- 나무도 쓸 만한 것이 먼저 베인다 : 1. 능력 있는 사람이 먼저 뽑혀 쓰임을 비유적으로 이르는 말 2. 능력 있는 사람이 일찍 죽음을 비유적으로 이르는 말
- 나무라도 고목이 되면 오던 새도 아니 온다 : 한 때 좋던 것도 보잘것없고 초라한 신세가 되면 거들떠보지도 않음을 이르는 말
- 나무에서 고기를 찾는다 : 어떤 일이 이루어질 가망이 없는 곳에서 결과를 기대하고 있음을 비유하는 말
- 나무에 오르라 하고 흔드는 격 : 남을 꾀어 위험한 곳이나 불행한 처지에 빠지게 함을 비유적으로 이르는 말
- 나중 난 뿔이 우뚝하다 : 나중에 생긴 것이 먼저 것보다 훨씬 나음을 비유적으로 이르는 말 ≒ 뒤에 난 뿔이 우뚝하다
- 낙락장송도 근본은 종자 : 1. 아무리 훌륭한 사람이라도 처음에는 보통 사람과 다름이 없었음을 비유적으로 이르는 말 2. 대단한 일도 그 처음 시작은 아주 보잘것없었음을 비유적으로 이르는 말
- 낙숫물은 떨어지던 데 또 떨어진다 : 한 번 버릇이 들면 고치기 어려움을 비유적으로 이르는 말
- 낙숫물이 댓돌을 뚫는다 : 작은 힘이라도 꾸준히 계속하면 큰일을 이룰 수 있음을 비유적으로 이르는 말
- 날 잡은 놈이 자루 잡은 놈을 당하랴 : 처음부터 월등하게 유리한 입장에 있는 사람을 상대로 해서는 도저히 이길 수 없음을 비유적으로 이르는 말
- 남의 다리 긁는다 : 1. 기껏 한 일이 결국 남 좋은 일이 됨을 비유적으로 이르는 말 2. 자기가 해야 할 일을 모른 채 엉뚱하게 다른 일을 함을 비유적으로 이르는 말
- 남의 떡에 설 쇤다 : 남의 덕택으로 거저 이익을 보게 됨을 비유적으로 이르는 말
- 남의 염병이 내 고뿔만 못하다 : 남의 괴로움이 아무리 크다고 해도 자기의 작은 괴로움보다는 마음이 쓰이지 아니함을 비유적으로 이르는 말 ≒ 남의 생손은 제 살의 티눈만도 못하다
- 남의 집 제사에 절하기 : 상관없는 남의 일에 참여하여 헛수고만 함을 비유적으로 이르는 말
- 남이 서울 간다니 저도 간단다 : 자기 주견이 없이 남이 한다고 덩달아 따라 함을 비유적으로 이르는 말 ≒ 남이 장 간다고 하니 거름 지고 나선다

Check Point

한역속담

- **飛者上有乘者(비자상유승자)** : 뛰는 놈 위에 나는 놈 있다.
- **量吾被 置吾足(양오피 치오족)** : 누울 자리 보고 발을 뻗어라.
- **去言美 來言美(거언미 내언미)** : 가는 말이 고와야 오는 말이 곱다.
- **積功之塔不墮(적공지탑불타)** : 공든 탑이 무너지랴.
- **鯨戰蝦死(경전하사)** : 고래 싸움에 새우 등 터진다.
- **開川 龍出乎(개천 용출호)** : 개천에서 용 난다.
- **附肝附念通(부간부염통)** : 간에 붙었다 쓸개에 붙었다.
- **雉之未備 鷄自備數(치지미비 계자비수)** : 꿩 대신 닭
- **昔以甘茹 今乃苦吐(석이감여 금내고토)** : 달면 삼키고 쓰면 뱉는다.
- **我腹旣飽 不察奴飢(아복기포 불찰노기)** : 내 배 부르면 종 배 고픈 줄 모른다.
- **耳懸鈴鼻懸鈴(이현령비현령)** : 귀에 걸면 귀걸이 코에 걸면 코걸이
- **蔬之將善 兩葉可辨(소지장선 양엽가변)** : 될 성 부른 나무, 떡잎부터 알아본다.
- **渴而穿井(갈이천정)** : 목마른 놈이 우물 판다.
- **陰地轉 陽地變(음지전 양지변)** : 쥐구멍에도 볕 들 날 있다.

- **낫 놓고 기역 자도 모른다** : 기역 자 모양으로 생긴 낫을 보면서도 기역 자를 모른다는 뜻으로, 아주 무식함을 비유적으로 이르는 말
- **낮말은 새가 듣고 밤말은 쥐가 듣는다** : 1. 아무도 안 듣는 데서라도 말조심해야 한다는 말 ≒ 밤말은 쥐가 듣고 낮말은 새가 듣는다 2. 아무리 비밀스럽게 한 말이라도 반드시 남의 귀에 들어가게 된다는 말
- **내 배가 부르니 종의 배고픔을 모른다** : 자기만 만족하면 남의 곤란함을 모르고 돌보아 주지 아니함을 비유적으로 이르는 말
- **내 코가 석 자** : 내 사정이 급하고 어려워서 남을 돌볼 여유가 없음을 비유적으로 이르는 말
- **냉수 먹고 이 쑤시기** : 잘 먹은 체하며 이를 쑤신다는 뜻으로, 실속은 없으면서 무엇이 있는 체함을 이르는 말
- **넉 달 가뭄에도 하루만 더 개었으면 한다** : 1. 오래 가물어서 아무리 기다리던 비일지라도 무슨 일을 치르려면 그 비 오는 것을 싫어한다는 말 2. 사람은 날씨에 대하여 항상 자기중심으로 생각함을 비유적으로 이르는 말
- **넘어지면 코 닿을 데** : 매우 가까운 거리를 이르는 말
- **노루 꼬리가 길면 얼마나 길까** : 보잘것없는 재주를 지나치게 믿음을 비웃는 말
- **녹비에 가로왈** : 사슴 가죽에 쓴 가로왈(曰) 자는 가죽을 잡아당기는 대로 일(日) 자도 되고 왈(曰) 자도 된다는 뜻으로, 사람이 일정한 주견이 없이 남의 말을 좇아 이랬다저랬다 함을 비유적으로 이르는 말
- **누운 소 타기** : 어떤 일이 하기에 매우 수월함을 뜻하는 말 ≒ 누워서 떡 먹기
- **누울 자리 봐 가며 발을 뻗어라** : 1. 어떤 일을 할 때 그 결과가 어떻게 되리라는 것을 생각하여 미리 살피고 일을 시작하라는 말 2. 시간과 장소를 가려 행동하라는 말
- **누워서 침 뱉기** : 남을 해치려고 하다가 도리어 자기가 해를 입게 된다는 것을 비유적으로 이르는 말
- **누이 좋고 매부 좋다** : 어떤 일에 있어 서로 다 이롭고 좋음을 비유적으로 이르는 말 ≒ 도랑치고 가재잡는다
- **눈 가리고 아웅** : 1. 얕은 수로 남을 속이려 한다는 말 2. 실제로 보람도 없을 일을 공연히 형식적으로 하는 체하며 부질없는 짓을 함을 비유적으로 이르는 말
- **눈 뜨고 도둑맞는다** : 번번이 알면서도 속거나 손해를 본다는 말
- **눈먼 고양이 달걀 어르듯** : 제게 소중한 것인 줄 알고 애지중지함을 비유적으로 이르는 말
- **눈썹에 불이 붙는다** : 뜻밖에 큰 걱정거리가 닥쳐 매우 위급하게 된 것을 비유적으로 이르는 말
- **눈은 있어도 망울이 없다** : 1. 있기는 있는데 가장 중요한 것이 빠져서 없는 것과

마찬가지라는 말 2. 사물을 바로 분별하거나 꿰뚫어 볼 줄 모름을 비유적으로 이르는 말

- **느릿느릿 걸어도 황소걸음** : 비록 느리지만 꾸준히 실수 없이 하여 행동하는 모습을 이르는 말
- **늦바람이 용마름을 벗긴다** : 늦게 불기 시작한 바람이 초가집 지붕마루에 얹은 용마름을 벗겨 갈 만큼 세다는 뜻으로, 사람도 늙은 후에 한번 바람이 나기 시작하면 걷잡을 수 없음을 비유적으로 이르는 말
- **늙은 소 흥정하듯** : 1. 늙은 소는 잘 팔리지 않기 때문에 흥정하는 데 시간이 오래 걸린다는 뜻으로, 일을 빨리 끝내지 못하고 질질 끎을 비유적으로 이르는 말 2. 행동이 느림을 비유적으로 이르는 말

ㄷ

- **다 된 죽에 코 풀기** : 1. 거의 다 된 일을 망쳐버리는 주책없는 행동을 비유적으로 이르는 말 2. 남의 다 된 일을 악랄한 방법으로 방해하는 것을 비유적으로 이르는 말
- **다람쥐 쳇바퀴 돌듯** : 앞으로 나아가거나 발전하지 못하고 제자리걸음만 함을 비유적으로 이르는 말
- **달걀도 굴러가다 서는 모가 있다** : 1. 어떤 일이든 끝날 때가 있다는 말 2. 좋게만 대하는 사람도 화를 낼 때가 있음을 비유적으로 이르는 말
- **달리는 말에 채찍질** : 1. 기세가 한창 좋을 때 더 힘을 가한다는 말 ≒ 닫는 말에도 채를 친다 2. 힘껏 하는데도 자꾸 더 하라고 한다는 말
- **달면 삼키고 쓰면 뱉는다** : 옳고 그름이나 신의를 돌보지 않고 자기의 이익만 꾀함을 비유적으로 이르는 말
- **달밤에 삿갓 쓰고 나온다** : 가뜩이나 미운 사람이 더 미운 짓만 함을 비유적으로 이르는 말
- **닭 소 보듯, 소 닭 보듯** : 서로 아무런 관심도 두지 않고 있는 사이임을 비유적으로 이르는 말
- **닭 쫓던 개 지붕 쳐다보듯** : 개에게 쫓기던 닭이 지붕으로 올라가자 개가 쫓아 올라가지 못하고 지붕만 쳐다본다는 뜻으로, 애써 하던 일이 실패로 돌아가거나 남보다 뒤떨어져 어찌할 도리가 없이 됨을 비유적으로 이르는 말 ≒ 닭 쫓던 개 울타리 넘겨다보듯, 닭 쫓던 개의 상
- **닭의 갈비 먹을 것 없다** : 형식만 있고 내용이 보잘것없음을 비유적으로 이르는 말
- **닭의 볏*이 될지언정 소의 꼬리는 되지 마라** : 크고 훌륭한 자의 뒤를 쫓아다니는 것보다는 차라리 작고 보잘것없는 데서 남의 우두머리가 되는 것이 낫다는 말
- **당장 먹기엔 곶감이 달다** : 1. 당장 먹기 좋고 편한 것은 그때 잠시뿐이지 정작 좋

Check Point

***볏** : 닭이나 새 따위의 이마 위에 세로로 붙은 살 조각으로 빛깔이 붉고 시울이 톱니처럼 생김

***대한(大旱)** : 크게 일어난 가뭄

고 이로운 것은 못 된다는 말 2. 나중에 가서야 어떻게 되든지 당장 하기 쉽고 마음에 드는 일을 잡고 시작함을 비유적으로 이르는 말

- **대문 밖이 저승이라** : 사람은 언제 죽을지 모른다는 뜻으로, 사람의 목숨이 덧없음을 비유적으로 이르는 말
- **대장이 집에 식칼이 논다** : 칼을 만드는 대장장이의 집에 오히려 식칼이 없다는 뜻으로, 어떠한 물건이 흔하게 있을 듯한 곳에 의외로 많지 않거나 없음을 비유적으로 이르는 말
- **대추나무에 연 걸리듯** : 여기저기에 빚을 많이 진 것을 비유적으로 이르는 말
- **대한 끝에 양춘이 있다** : 1. 어렵고 괴로운 일을 겪고 나면 즐겁고 좋은 일도 있음을 비유적으로 이르는 말 2. 세상의 일은 돌고 도는 것임을 비유적으로 이르는 말
- **대한* 칠 년 비 바라듯** : 칠 년이나 계속되는 큰 가뭄에 비 오기를 바란다는 뜻으로, 몹시 간절히 바람을 비유적으로 이르는 말
- **더운죽에 혀 데기** : 1. 더운죽에 혀를 대면 덴다는 것을 뻔히 알면서도 어리석게 혀를 댄다는 뜻으로, 그르칠 것이 뻔한 일을 하는 것을 비유적으로 이르는 말 2. 대단치 않은 일에 낭패를 보아 비록 짧은 동안이나마 어찌할 바를 모르는 것을 비유적으로 이르는 말
- **덕석*이 멍석인 듯** : 약간 비슷함을 빙자하여 그 실물인 것처럼 자처함을 비유적으로 이르는 말
- **도끼가 제 자루 못 찍는다** : 자기의 허물을 자기가 알아서 고치기 어려움을 비유적으로 이르는 말 ≒ 중이 제 머리 못 깎는다
- **도둑이 제 발 저리다** : 지은 죄가 있으면 자연히 마음이 조마조마하여짐을 비유적으로 이르는 말
- **도둑질은 내가 하고 오라는 네가 져라** : 나쁜 짓을 해서 이익은 자기가 차지하고 그것에 대한 벌은 남보고 받으라는 경우를 비유적으로 이르는 말
- **도토리 키 재기** : 1. 정도가 고만고만한 사람끼리 서로 다툼을 이르는 말 2. 비슷비슷하여 견주어 볼 필요가 없음을 이르는 말
- **돈만 있으면 개도 멍첨지라** : 천한 사람도 돈만 있으면 다른 사람들이 귀하게 대접함을 비유적으로 이르는 말
- **돌부처보고 아이 낳아 달란다** : 도저히 실현되지 않을 대상이나 사물에게 무리한 것을 소망하는 어리석은 일을 비유적으로 이르는 말
- **동냥자루도 마주 벌려야 들어간다** : 1. 무슨 일이나 조건이 되어 있지 아니하면 일정한 결과를 바랄 수 없음을 비유적으로 이르는 말 2. 간단한 일이라도 서로 협조하여야 잘됨을 비유적으로 이르는 말
- **돼지에 진주 목걸이** : 값어치를 모르는 사람에게는 보물도 아무 소용없음을 비유적

Check Point

*덕석 : 추울 때 소의 등을 덮어 주는 멍석

Check Point

'부, 권세'와 관련된 속담

- **도처(到處)에 선화당(宣化堂)** : 가는 곳마다 극진한 대접을 받고 호화로운 생활을 함을 이름
- **다라운(더러운) 부자가 활수(滑手)하는 가난뱅이보다 낫다(인색한 부자가 손쓰는 가난뱅이보다 낫다)** : 인색한 부자라 할지라도 마음씨 좋은 가난뱅이보다 사람을 더 돕게 된다는 말
- **산 호랑이 눈썹도 그리울 게 없다** : 모든 것이 풍족하고 없는 것이 없어 조금도 부족함을 모른다는 말
- **교천(敎川) 부자가 눈 아래로 보인다** : 갑자기 부자가 된 사람이 품게 되는 호기(豪氣)를 이름
  *교천 : 경주 지방의 고을 이름으로 그곳에 유명한 최 씨 부자가 살았다.
- **곤자소니에 발기름이 끼었다(배에 발기름이 끼었다)** : 부(富)를 누려 크게 뽐내는 사람을 보고 하는 말
  *발기름 : 짐승의 뱃가죽 안쪽에 붙어 있는 기름
- **부엉이 집을 얻었다** : 많은 재물을 우연히 갖게 되었을 때 이름
- **든 부자 난 거지** : 재산이 넉넉한 사람이 밖으로는 가난한 사람처럼 살아감을 이름
- **하늘로 호랑이 잡기** : 권세가 좋아 원하는 것이면 무엇이나 다 얻을 수 있다는 말
- **금관자(金貫子) 서슬에 큰 기침한다** : 나쁜 짓을 하고도 벼슬 높은 권세로 도리어 큰 소리 하면 야단친다는 말
  *금관자 : 정이품, 종이품 벼슬아치가 달던 금으로 된 관자
- **용이 물 밖에 나면 개미가 침노한다** : 권세 있는 사람이 그것을 잃고 나면 하찮은 것 없는 사람으로부터도 괄시를 받는다는 뜻

으로 이르는 말

- **두 손뼉이 맞아야 소리가 난다** : 1. 무슨 일이든지 두 편에서 서로 뜻이 맞아야 이루어질 수 있다는 말 ≒ 도둑질을 해도 손발이 맞아야 한다 2. 서로 똑같기 때문에 말다툼이나 싸움이 된다는 말
- **두꺼비 파리 잡아먹듯** : 어떤 일을 쉽게 쉽게 행하는 모습을 비유하여 이르는 말.
- **뒤웅박 팔자** : 입구가 좁은 뒤웅박 속에 갇힌 팔자라는 뜻으로, 일단 신세를 망치면 거기서 헤어 나오기가 어려움을 비유적으로 이르는 말
- **듣기 좋은 육자배기도 한두 번** : 듣기 좋은 이야기도 늘 들으면 싫다는 뜻
- **들고 나니 초롱꾼** : 초롱을 들고 나서면 초롱꾼이 된다는 뜻으로, 사람은 어떤 일이고 다 할 수 있다는 말
- **등잔 밑이 어둡다** : 대상에서 가까이 있는 사람이 도리어 대상에 대하여 잘 알기 어렵다는 말
- **땅 짚고 헤엄치기** : 1. 일이 매우 쉽다는 말. 2. 일이 의심할 여지가 없이 확실하다는 말
- **떡 본 김에 제사 지낸다** : 우연히 운 좋은 기회에, 하려던 일을 해치운다는 말
- **떡 줄 사람은 꿈도 안 꾸는데 김칫국부터 마신다** : 해 줄 사람은 생각지도 않는데 미리부터 다 된 일로 알고 행동한다는 말
- **똥 묻은 개가 겨 묻은 개 나무란다** : 자기는 더 큰 흉이 있으면서 도리어 남의 작은 흉을 본다는 말
- **뚝배기보다 장맛이 좋다** : 겉모양은 보잘것없으나 내용은 훨씬 훌륭함을 이르는 말

ㅁ

- **마른나무를 태우면 생나무도 탄다** : 안 되는 일도 대세를 타면 잘될 수 있음을 비유적으로 이르는 말
- **마른논에 물 대기** : 일이 매우 힘들거나 힘들여 해 놓아도 성과가 없는 경우를 이르는 말
- **마음 없는 염불** : 하고 싶지 아니한 일을 마지못하여 하는 것을 이르는 말 ≒ 억지 춘향
- **마파람에 게 눈 감추듯** : 음식을 매우 빨리 먹어 버리는 모습을 비유적으로 이르는 말 ≒남양 원님 굴회 마시듯, 두꺼비 파리 잡아먹듯
- **말 갈 데 소 간다** : 1. 안 갈 데를 간다는 말 2. 남이 할 수 있는 일이면 나도 할 수 있다는 말
- **말로 온 동네 다 겪는다** : 1. 음식이나 물건으로는 힘이 벅차서 많은 사람을 다 대접하지 못하므로 언변으로나마 잘 대접한다는 말 2. 말로만 남을 대접하는 체한다

기출 Plus 지방직 9급 기출

03. 다음과 같은 뜻의 속담은?

> 임시변통은 될지 모르나 그 효력이 오래가지 못할 뿐만 아니라 결국에는 사태가 더 나빠진다는 것을 말한다.

① 빈대 잡으려다 초가삼간 태운다.
② 언 발에 오줌 누기
③ 여름 불도 쬐다 나면 서운하다.
④ 밑 빠진 독에 물 붓기

해 '임시변통'은 갑자기 터진 일을 우선 간단하게 둘러맞추어 처리한다는 뜻으로, 이와 유사한 의미의 속담은 '언 발에 오줌 누기'이다.

답 03 ②

는 말

- **말 많은 집은 장맛도 쓰다** : 1. 집안에 잔말이 많으면 살림이 잘 안 된다는 말 2. 입으로는 그럴듯하게 말하지만 실상은 좋지 못하다는 말
- **말이 씨가 된다** : 늘 말하던 것이 마침내 사실대로 되었을 때를 이르는 말
- **말 타면 경마 잡히고 싶다** : 사람의 욕심이란 한이 없다는 말
- **말 한마디에 천 냥 빚도 갚는다** : 말만 잘하면 어려운 일이나 불가능해 보이는 일도 해결할 수 있다는 말
- **맑은 물에 고기 안 논다** : 물이 너무 맑으면 고기가 모이지 않는다는 뜻으로 사람이 너무 강직하여 융통성이 없으면 다른 사람들과 어울리기 어려움을 이르는 말
- **망건 쓰고 세수한다** : 망건을 먼저 쓰고 세수를 한다는 뜻으로, 일의 순서를 바꾸어 함을 놀림조로 이르는 말
- **맥도 모르고 침통 흔든다** : 제대로 알지도 못하면서 일을 하려고 함을 이르는 말
- **먹다가 보니 개떡** : 멋도 모르고 그저 좋아하다가, 알고 보니 의외로 하찮은 것이어서 실망함을 이르는 말
- **멍석 구멍에 생쥐 눈 뜨듯** : 겁이 나서 몸을 숨기고 바깥을 살피는 모양을 비유적으로 이르는 말
- **모기 보고 칼 뽑기** : 1. 시시한 일로 소란을 피움을 비유적으로 이르는 말 2. 보잘것없는 작은 일에 어울리지 않게 엄청나게 큰 대책을 씀을 이르는 말
- **모로 가도 서울만 가면 된다** : 옆으로 가도 서울에만 가면 그만이라는 뜻으로 과정이야 어떠하든 결과만 좋으면 됨을 이르는 말
- **모르면 약이요 아는 게 병** : 아무것도 모르면 차라리 마음이 편하여 좋으나, 무엇이나 좀 알고 있으면 걱정거리가 많아 도리어 해롭다는 말
- **목마른 놈이 우물 판다** : 제일 급하고 일이 필요한 사람이 그 일을 서둘러 하게 되어 있다는 말 ≒ 갑갑한 놈이 송사한다
- **못된 송아지 엉덩이에 뿔이 난다** : 되지못한 것이 엇나가는 짓만 한다는 말
- **못 먹는 감 찔러나 본다** : 제 것으로 만들지 못할 바에야 남도 갖지 못하게 못쓰게 만들자는 뒤틀린 마음을 이르는 말
- **묵은 낙지 꿰듯** : 일이 아주 쉬움을 이르는 말
- **문어 제 다리 뜯어먹는 격** : 1. 제 패거리끼리 서로 헐뜯고 비방함을 비유적으로 이르는 말 2. 자기의 밑천이나 재산을 차츰차츰 까먹음을 비유적으로 이르는 말
- **물 밖에 난 고기** : 1. 제 능력을 발휘할 수 없는 처지에 몰린 사람을 이르는 말 2. 운명이 이미 결정 나 벗어날 수 없음을 비유적으로 이르는 말
- **물에 빠지면 지푸라기라도 움켜쥔다** : 위급한 때를 당하면 무엇이나 닥치는 대로 잡고 늘어지게 됨을 이르는 말

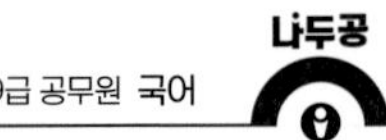

- **물에 빠진 놈 건져 놓으니까 망건값 달라 한다** : 남에게 은혜를 입고서도 그 고마움을 모르고 생트집을 잡음을 이르는 말 ≒ 물에 빠진 놈 건져 놓으니까 내 봇짐 내라 한다
- **물은 건너 보아야 알고 사람은 지내보아야 안다** : 사람은 겉만 보고는 알 수 없으며, 서로 오래 겪어 보아야 알 수 있음을 이르는 말
- **물이 깊을수록 소리가 없다** : 덕이 높고 생각이 깊은 사람은 겉으로 떠벌리고 잘난 체하거나 뽐내지 않는다는 말 ≒ 벼는 익을수록 고개를 숙인다
- **미꾸라지 용 됐다** : 미천하고 보잘것없던 사람이 크게 되었음을 비유적으로 이르는 말
- **미꾸라지 한 마리가 한강 물을 다 흐리게 한다** : 미꾸라지 한 마리가 흙탕물을 일으켜서 웅덩이의 물을 온통 다 흐리게 한다는 뜻으로, 한 사람의 좋지 않은 행동이 그 집단 전체나 여러 사람에게 나쁜 영향을 미침을 비유적으로 이르는 말
- **미꾸라짓국 먹고 용트림한다** : 1. 시시한 일을 해 놓고 큰일을 한 것처럼 으스대는 것을 비유적으로 이르는 말 2. 하잘것없는 사람이 잘난 체하는 것을 비유적으로 이르는 말
- **미친개 범 물어 간 것 같다** : 성가시게 굴거나 괴롭게 굴던 미친개를 범이 잡아가서 몹시 시원하다는 뜻으로, 성가시게 굴던 것이 없어져서 매우 시원함을 비유적으로 이르는 말
- **믿는 나무에 곰이 핀다** : 잘되리라고 믿고 있던 일에 생각지 못한 변화가 생김을 비유적으로 이르는 말 ≒ 믿는 도끼에 발등 찍힌다
- **밀밭만 지나가도 주정한다** : 술을 먹지 않고 술을 만드는 재료인 밀을 심은 밭만 지나가도 주정한다는 뜻으로, 성미가 급하여 일을 서두름을 비유적으로 이르는 말 ≒ 우물가서 숭늉 찾는다
- **밑돌 빼서 윗돌 고인다** : 기껏 한다는 짓이 밑에 있는 돌을 뽑아서 위에다 고여 나간다는 뜻으로, 일한 보람이 없이 어리석은 짓을 하는 경우를 비유적으로 이르는 말
- **밑 빠진 독에 물 붓기** : 밑 빠진 독에 아무리 물을 부어도 독이 채워질 수 없다는 뜻으로, 아무리 힘이나 밑천을 들여도 보람 없이 헛된 일이 되는 상태를 비유적으로 이르는 말

Check Point

'말'과 관련된 속담

- **말은 바른대로 하고 큰 고기는 내 앞에 놓아라** : 거짓말을 하거나 남을 속이려 하지 말고 솔직하게 털어놓으라고 이르는 말
- **말은 해야 맛이고 고기는 씹어야 맛이다** : 마땅히 할 말은 해야 한다는 말
- **말은 말을 물다** : 어떤 말이 연달아 계속 퍼져 나감을 이르는 말
- **말하는 것을 개방귀로 안다** : 남의 말을 시시하게 여겨 들은 척도 안 한다는 말
- **말하는 남생이** : 남생이가 토끼를 속여 용궁으로 끌고 갔다는 이야기에서 온 말로, 아무도 그가 하는 말을 신용하지 못한다는 말
- **말하는 매실** : 보거나 듣거나 아무 실속이 없음을 이르는 말
- **말한 입에 침도 마르기 전** : 무슨 말을 하고 나서 금방 제가 한 말을 뒤집어 그와 달리 행동함을 비유적으로 이르는 말

ㅂ

- **바늘 가는 데 실 간다** : 바늘이 가는 데 실이 항상 뒤따른다는 뜻으로, 사람의 긴밀한 관계를 비유적으로 이르는 말
- **바늘구멍으로 하늘 보기** : 조그만 바늘구멍으로 넓디넓은 하늘을 본다는 뜻으로, 전체를 포괄적으로 보지 못하는 매우 좁은 소견이나 관찰을 비꼬는 말 ≒ 댓구멍

으로 하늘을 본다, 우물 안 개구리

- **바늘구멍으로 황소바람 들어온다** : 추울 때에는 바늘구멍 같은 작은 구멍에도 엄청나게 센 찬 바람이 들어온다는 뜻으로, 작은 것이라도 때에 따라서는 소홀히 하여서는 안 됨을 비유적으로 이르는 말
- **바늘 도둑이 소도둑 된다** : 바늘을 훔치던 사람이 계속 반복하다 보면 결국은 소까지도 훔친다는 뜻으로, 작은 나쁜 짓도 자꾸 하게 되면 큰 죄를 저지르게 됨을 비유적으로 이르는 말
- **바늘로 찔러도 피 한 방울 안 난다** : 1. 사람이 매우 단단하고 야무지게 생겼음을 비유적으로 이르는 말 2. 사람의 성격이 빈틈이 없거나 융통성이 없음을 비유적으로 이르는 말 3. 지독한 구두쇠를 비유적으로 이르는
- **바닷속의 좁쌀알 같다** : 넓고 넓은 바닷속에 뜬 조그만 좁쌀알만 하다는 뜻으로, 그 존재가 대비도 안 될 만큼 보잘것없거나 매우 작고 하찮은 경우를 비유적으로 이르는 말
- **바람 따라 돛을 단다** : 1. 바람이 부는 형세를 보아 가며 돛을 단다는 뜻으로, 때를 잘 맞추어서 일을 벌여 나가야 성과를 거둘 수 있음을 비유적으로 이르는 말 2. 일정한 신념과 주견이 없이 기회나 형편을 엿보다가 조건이 좋은 쪽을 따라 이리저리 흔들리는 모양을 비꼬는 말
- **바람도 올바람이 낫다** : 다 같은 바람이라 하여도 일찍 부는 바람이 그래도 덜 차고 피해도 적다는 뜻으로, 이왕 겪어야 할 바에는 아무리 어렵고 괴롭더라도 남보다 먼저 겪는 것이 나음을 비유적으로 이르는 말
- **밤눈 어두운 말이 워낭 소리 듣고 따라간다** : 밤눈이 어두운 말이 자기 턱 밑에 달린 쇠고리의 소리를 듣고 따라간다는 뜻으로, 맹목적으로 남이 하는 대로 따라 함을 비유적으로 이르는 말
- **배 먹고 이 닦기** : 배를 먹으면 이까지 하얗게 닦아진다는 뜻으로, 한 가지 일에 두 가지 이로움이 있음을 비유적으로 이르는 말
- **백미에 뉘 섞이듯** : 많은 것 가운데 썩 드물어서 좀처럼 얻어 보기 어려움을 비유적으로 이르는 말
- **백장이 버들잎 물고 죽는다** : 1. 고리백장은 죽을 때 제가 늘 쓰던 버들잎을 물고 죽는다는 뜻으로, 사람은 죽는 날까지 늘 하던 짓을 버리지 못함을 이르는 말 2. 죽을 때를 당하여도 자기의 근본을 잊지 않음을 비유적으로 이르는 말
- **배 주고 속 빌어먹는다** : 자기의 배를 남에게 주고 다 먹고 난 그 속을 얻어먹는다는 뜻으로, 자기의 큰 이익은 남에게 주고 거기서 조그만 이익만을 얻음을 비유적으로 이르는 말
- **백지장도 맞들면 낫다** : 쉬운 일이라도 협력하여 하면 훨씬 쉽다는 말

기출 Plus　지방직 9급 기출

04. 다음 문장과 관련된 속담으로 가장 적절한 것은?

> 그 동네에 있는 레스토랑의 음식은 보기와는 달리 너무 맛이 없었어.

① 보기 좋은 떡이 먹기도 좋다.
② 볶은 콩에 싹이 날까?
③ 빛 좋은 개살구
④ 뚝배기보다 장맛이 좋다.

해 제시문은 레스토랑의 음식이 겉보기와는 달리 맛이 없었다는 내용으로, 이와 관련된 속담은 겉보기에는 먹음직스러운 빛깔을 띠고 있지만 맛은 없는 개살구라는 뜻의 '빛 좋은 개살구'이다. 즉, '빛 좋은 개살구'는 겉만 그럴듯하고 실속이 없는 것을 말한다.

답 04 ③

- **뱁새가 황새를 따라가면 다리가 찢어진다** : 힘에 겨운 일을 억지로 하면 도리어 해만 입는다는 말
- **번갯불에 콩 볶아 먹겠다** : 1. 번쩍하는 번갯불에 콩을 볶아서 먹을 만하다는 뜻으로, 행동이 매우 민첩함을 이르는 말 2. 하는 짓이 번갯불에 콩을 볶아 먹을 만큼 급하게 군다는 뜻으로, 어떤 행동을 당장 해치우지 못하여 안달하는 조급한 성질을 이르는 말
- **범도 새끼 둔 골을 두남둔다** : 범과 같이 모진 짐승도 제 새끼를 두고 온 골은 힘써 도와주고 끔찍이 여긴다는 뜻으로, 비록 악인이라도 제 자식의 일은 늘 마음에 두고 생각하며 잘해 준다는 것을 비유적으로 이르는 말
- **범 무서워 산에 못 가랴** : 아무리 범이 무섭다고 한들 산에 못 갈 것 없다는 뜻으로, 어떤 장애가 있더라도 그 어려움을 물리치고 해야 할 일은 반드시 해야 함을 비유적으로 이르는 말
- **범에게 날개** : 힘이 세고 사나운 범이 날개까지 돋쳐 하늘을 날게 되었으니 아무것도 무서울 것이 없게 되었다는 뜻으로, 힘이나 능력이 있는 사람이 더욱 힘을 얻게 된 경우를 비유적으로 이르는 말
- **범은 그려도 뼈다귀는 못 그린다** : 1. 비록 범은 그릴 수 있으나 가죽 속에 있는 범의 뼈는 그릴 수 없다는 뜻으로, 겉모양이나 형식은 쉽게 파악할 수 있어도 그 속에 담긴 내용은 알기가 어려움을 비유적으로 이르는 말 2. 사람의 겉만 보고 그 사람의 속마음을 알 수 없음을 비유적으로 이르는 말
- **범 잡은 포수** : 뜻한 바를 이루어 의기양양한 사람을 비유적으로 이르는 말
- **벙어리 냉가슴 앓듯** : 말을 할 수 없어 안타까운 마음을 하소연할 길이 없이 속만 썩이듯 한다는 뜻으로, 답답한 사정이 있어도 남에게 말하지 못하고 혼자만 괴로워하며 걱정하는 경우를 비유적으로 이르는 말 ≒ 우황 든 소 앓듯
- **벙어리 재판** : 말 못하는 이를 대상으로 재판을 한다는 뜻으로, 옳고 그름을 판단하기 매우 어렵거나 곤란한 경우를 비유적으로 이르는 말
- **베주머니에 의송 들었다** : 보기에는 허름한 베주머니에 기밀한 서류가 들었다는 뜻으로, 사람이나 물건이 외모를 보아서는 허름하고 못난 듯하나 실상은 비범한 가치와 훌륭한 재질을 지녔음을 비유적으로 이르는 말
- **벼룩도 낯짝이 있다** : 매우 작은 벼룩조차도 낯짝이 있는데 하물며 사람이 체면이 없어서야 되겠느냐는 말
- **병 주고 약 준다** : 남을 해치고 나서 약을 주며 그를 구원하는 체한다는 뜻으로, 교활하고 음흉한 자의 행동을 비유적으로 이르는 말
- **병풍에 그린 닭이 홰를 치거든** : 도저히 불가능한 일이어서 기약할 수 없음을 비유적으로 이르는 말

- **보기 좋은 떡이 먹기도 좋다** : 1. 내용이 좋으면 겉모양도 반반함을 비유적으로 이르는 말 2. 겉모양새를 잘 꾸미는 것도 필요함을 비유적으로 이르는 말
- **봄비가 잦으면 마을 집 지어미 손이 크다** : 봄비가 자주 오면 풍년이 들 것으로 생각하기 때문에 부인들의 인심이 후해진다는 뜻으로, 아무 소용없고 도리어 해롭기만 함을 비유적으로 이르는 말
- **봉사 단청 구경** : 1. 눈먼 사람이 단청을 구경한다는 뜻으로, 사물의 참된 모습을 깨닫지 못함을 비유적으로 이르는 말 2. 아무리 보아도 그 진미(眞美)를 알아볼 능력이 없는 경우를 비유적으로 이르는 말 ≒ 봉사 굿 보기, 소경 관등 가듯
- **부뚜막의 소금도 집어넣어야 짜다** : 가까운 부뚜막에 있는 소금도 넣지 아니하면 음식이 짠맛이 날 수 없다는 뜻으로, 아무리 좋은 조건이 마련되었거나 손쉬운 일이라도 힘을 들이어 이용하거나 하지 아니하면 안 됨을 비유적으로 이르는 말 ≒ 구슬이 서 말이라도 꿰어야 보배
- **부엉이 셈 치기** : 부엉이가 수를 셀 때 반드시 짝으로 하므로 하나가 없어지는 것은 알아도 짝으로 없어지는 것은 모른다는 데서 나온 말로, 세상에 몹시 어두운 사람의 셈을 비유적으로 이르는 말
- **부지런한 물방아는 얼 새도 없다** : 물방아는 쉬지 아니하고 돌기 때문에 추워도 얼지 아니한다는 뜻으로, 무슨 일이든 쉬지 아니하고 부지런히 하여야 실수가 없고 순조롭게 이루어짐을 비유적으로 이르는 말
- **불난 데 풀무질한다** : 남의 재앙을 점점 더 커지도록 만들거나 성난 사람을 더욱 성나게 함을 비유적으로 이르는 말
- **비단옷 입고 밤길 가기** : 비단옷을 입고 밤길을 걸으면 아무도 알아주지 않는다는 뜻으로, 생색이 나지 않는 공연한 일에 애쓰고도 보람이 없는 경우를 비유적으로 이르는 말
- **비 오는 날 나막신 찾듯** : 몹시 아쉬워서 찾는 모양을 비유적으로 이르는 말
- **뻐꾸기도 유월이 한철이라** : 뻐꾸기도 음력 유월이 한창 활동할 시기라는 뜻으로, 누구나 한창 활동할 수 있는 시기는 얼마 되지 아니하니 그때를 놓치지 말라는 말 ≒메뚜기도 유월이 한철이다
- **뿌리 없는 나무가 없다** : 1. 모든 나무가 다 뿌리가 있듯이 무엇이나 그 근본이 있음을 비유적으로 이르는 말 2. 원인이 없이 결과만 있을 수 없음을 이르는 말 ≒ 아니 땐 굴뚝에 연기 나랴

ㅅ

- **사공이 많으면 배가 산으로 간다** : 여러 사람이 저마다 제 주장대로 배를 몰려고 하면 결국에는 배가 물로 못 가고 산으로 올라간다는 뜻으로, 주관하는 사람 없이 여

Check Point

'노력'과 관련된 속담

- **구르는 돌은 이끼가 안 낀다** : 부지런하고 꾸준히 노력하는 사람은 침체되지 않고 계속 발전한다는 말
- **돌도 십 년을 보고 있으면 구멍이 뚫린다** : 무슨 일에나 정성을 들이면 안 되는 것이 없음을 이르는 말
- **부지런한 물방아는 얼 새도 없다** : 물방아는 쉬지 아니하고 돌기 때문에 추워도 얼지 아니한다는 뜻으로, 무슨 일이든 쉬지 아니하고 부지런히 하여야 실수가 없고 순조롭게 이루어짐을 이르는 말
- **부뚜막의 소금도 집어넣어야 짜다** : 가까운 부뚜막에 있는 소금도 넣지 아니하면 음식이 짠맛이 날 수 없다는 뜻으로, 아무리 좋은 조건이 마련되었거나 손쉬운 일이라도 힘을 들이어 이용하거나 하지 아니하면 안 됨을 이르는 말
- **홈통은 썩지 않는다** : 창문이나 미닫이문이 계속 왕복하는 홈통은 썩지 아니한다는 뜻으로, 무슨 일이든 쉬지 아니하고 부지런히 하여야 실수나 탈이 안 생긴다는 말

러 사람이 자기주장만 내세우면 일이 제대로 되기 어려움을 비유적으로 이르는 말

- **사나운 개 콧등 아물 날이 없다** : 성질이 사나운 사람은 늘 싸움만 하여 상처가 비쳐 나을 사이가 없음을 비유적으로 이르는 말
- **사또 떠난 뒤에 나팔 분다** : 사또 행차가 다 지나간 뒤에야 악대를 불러다 나팔을 불리고 북을 치게 한다는 뜻으로, 제때 안 하다가 뒤늦게 대책을 세우며 서두름을 핀잔하는 말 ≒ 행차 뒤에 나팔
- **사람은 죽으면 이름을 남기고 범은 죽으면 가죽을 남긴다** : 호랑이가 죽은 다음에 귀한 가죽을 남기듯이 사람은 죽은 다음에 생전에 쌓은 공적으로 명예를 남기게 된다는 뜻으로, 인생에서 가장 중요한 것은 생전에 보람 있는 일을 해놓아 후세에 명예를 떨치는 것임을 비유적으로 이르는 말
- **사모에 갓끈 영자** : 끈이 필요 없는 사모에 갓끈이나 영자를 달았다는 뜻으로, 차림새가 제격에 어울리지 아니함을 비유적으로 이르는 말
- **산 입에 거미줄 치랴** : 거미가 사람의 입 안에 거미줄을 치자면 사람이 아무것도 먹지 않아야 한다는 뜻으로, 아무리 살림이 어려워 식량이 떨어져도 사람은 그럭저럭 죽지 않고 먹고 살아가기 마련임을 비유적으로 이르는 말 ≒ 하늘이 무너져도 솟아날 구멍이 있다
- **산 까마귀 염불한다** : 산에 있는 까마귀가 산에 있는 절에서 염불하는 것을 하도 많이 보고 들어서 염불하는 흉내를 낸다는 뜻으로, 무엇을 전혀 모르던 사람도 오랫동안 보고 듣노라면 제법 따라 할 수 있게 됨을 비유적으로 이르는 말
- **산지기가 놀고 중이 추렴을 낸다** : 1. 놀기는 산지기가 놀았는데 그 값은 중이 문다는 뜻으로, 아무런 관련도 없는 남의 일로 부당하게 대가를 치름을 비유적으로 이르는 말 2. 산지기가 산을 안 지키고 민간에 내려가서 행음을 하고 중이 불공은 안 드리고 술추렴을 한다는 뜻으로, 부당하거나 엉뚱한 짓을 함을 비유적으로 이르는 말
- **산호 기둥에 호박 주추다** : 귀한 산호로 기둥을 세우고 귀한 호박으로 주춧돌을 놓았다는 뜻으로, 매우 사치스럽고 호화롭게 꾸미고 사는 삶을 비유적으로 이르는 말
- **삼 년 벌던 논밭도 다시 돌아보고 산다** : 삼 년 동안이나 제가 일구던 논밭도 제가 사게 되니 다시 이것저것 따져 보고서야 사게 된다는 뜻으로, 이미 잘 알고 있는 일이라도 정작 제가 책임을 맡게 되면 다시 한 번 이것저것 따져 보게 됨을 비유적으로 이르는 말 ≒ 돌다리도 두들겨 보고 건너라
- **삼밭에 쑥대** : 삼밭에 쑥을 심으면 쑥이 삼을 닮아 곧게 자란다는 뜻으로 좋은 환경에서 자라게 되면 좋은 사람이 될 수 있음을 비유적으로 이르는 말
- **생나무 휘어잡기** : 휘어지지 아니하는 생나무를 억지로 휘어잡는다는 뜻으로, 되지 아니할 일을 억지로 하려고 무모하게 행동함을 비유적으로 이르는 말
- **생초목에 불붙는다** : 1. 시퍼렇게 살아 있는 나무와 풀에 불이 붙어 탄다는 뜻으로,

Check Point

'격에 맞지 않음'을 뜻하는 속담

- 가게 기둥에 입춘
- 개 발에 편자
- 거적문에 돌쩌귀
- 돼지우리에 주석 자물쇠
- 개에게 호패
- 사모에 갓끈
- 개에게 남바위
- 갓 쓰고 자전거 탄다

Check Point

'시치미'와 관련된 속담

- **아닌 보살 하다** : 시치미를 떼고 모르는 척한다는 말
- **가지 따 먹고 외수(外數) 한다** : 남의 밭에 가 가지를 따 먹고 남을 속인다는 뜻으로, 사람의 눈을 피하여 나쁜 짓을 하고는 시치미를 떼면서 딴전을 부림을 비유적으로 이르는 말

뜻밖에 재난을 당함을 비유적으로 이르는 말 2. 시퍼렇게 젊은 아까운 사람이 갑자기 죽었음을 비유적으로 이르는 말

- **서 발 막대 거칠 것 없다** : 1. 서 발이나 되는 긴 막대를 휘둘러도 아무것도 거치거나 걸릴 것이 없다는 뜻으로, 가난한 집안이라 세간이 아무것도 없음을 비유적으로 이르는 말 ≒ 휑한 빈 집에서 서 발 막대 거칠 것 없다 2. 주위에 조심스러운 사람도 없고 아무것도 거리낄 것이 없음을 비유적으로 이르는 말
- **서투른 무당이 장구만 나무란다** : 자기 기술이나 능력이 부족한 것은 생각하지 않고 애매한 도구나 조건만 가지고 나쁘다고 탓함을 비꼬는 말
- **선무당이 사람 잡는다** : 의술에 서투른 사람이 치료해 준다고 하다가 사람을 죽이기까지 한다는 뜻으로, 능력이 없어서 제구실을 못하면서 함부로 하다가 큰일을 저지르게 됨을 비유적으로 이르는 말
- **세 사람만 우겨대면 없는 호랑이도 만들어 낼 수 있다** : 1. 셋이 모여 우겨대면 누구나 곧이듣게 된다는 뜻으로, 여럿이 힘을 합치면 안되는 일이 없음을 비유적으로 이르는 말 2. 여럿이 떠들어 소문내면 사실이 아닌 것도 사실처럼 됨을 비유적으로 이르는 말
- **세전 토끼라** : 태어나서 첫 번째 설을 쇠기 전의 어린 토끼는 늘 같은 길로만 다닌다는 뜻으로, 융통성이 전혀 없음을 비유적으로 이르는 말
- **소경이 코끼리 만지고 말하듯** : 코끼리를 보지 못하는 사람이 큰 코끼리의 어느 한 부위를 만지고서 전체를 평하여 말한다는 뜻으로, 객관적 현실을 잘 모르면서 일면만 보고 해석하는 경우를 비유적으로 이르는 말
- **소도 언덕이 있어야 비빈다** : 언덕이 있어야 소도 가려운 곳을 비비거나 언덕을 디뎌 볼 수 있다는 뜻으로, 누구나 의지할 곳이 있어야 무슨 일이든 시작하거나 이룰 수가 있음을 비유적으로 이르는 말 ≒ 도깨비도 수풀이 있어야 모인다
- **소문난 잔치에 먹을 것 없다** : 떠들썩한 소문이나 큰 기대에 비하여 실속이 없거나 소문이 실제와 일치하지 아니하는 경우를 비유적으로 이르는 말
- **소 잃고 외양간 고친다** : 소를 도둑맞은 다음에서야 빈 외양간의 허물어진 데를 고치느라 수선을 떤다는 뜻으로, 일이 이미 잘못된 뒤에는 손을 써도 소용이 없음을 비꼬는 말
- **손바닥으로 하늘 가리기** : 가린다고 가렸으나 가려지지 아니한다는 말 ≒ 눈 가리고 아웅하기
- **손톱 밑의 가시** : 손톱 밑에 가시가 들면 매우 고통스럽고 성가시다는 뜻으로, 늘 마음에 꺼림칙하게 걸리는 일을 이르는 말
- **송충이가 갈잎을 먹으면 죽는다** : 1. 솔잎만 먹고 사는 송충이가 갈잎을 먹게 되면 땅에 떨어져 죽게 된다는 뜻으로, 자기 분수에 맞지 않는 짓을 하다가는 낭패를 봄

Check Point

'굶주림'과 관련된 속담

- **굶기를 밥 먹듯 한다** : 자주 굶는다는 말
- **굶어 보아야 세상을 안다** : 굶주릴 정도로 고생을 겪어 보아야 세상을 알게 된다는 말
- **굶은 개 부엌 들여다보듯** : 게걸스럽고 치사스럽게 남의 것을 바라는 모양을 이르는 말
- **배고픈 놈더러 요기시키란다** : 자기 배도 채우지 못하고 굶고 있는 사람에게 시장기를 겨우 면할 정도로 조금 먹여 달란다는 뜻으로, 제 앞가림도 못하는 사람에게 어려운 일을 요구함을 비유적으로 이르는 말
- **배고픈 때에는 침만 삼켜도 낫다** : 배가 고플 때에는 조그마한 것으로 입맛만 다실 수 있어도 배고픈 것이 좀 낫다는 말

을 비유적으로 이르는 말 2. 제 할 일은 안 하고 딴마음을 먹었다가는 낭패를 봄을 비유적으로 이르는 말

- **쇠귀에 경 읽기** : 소의 귀에 대고 경을 읽어 봐야 단 한 마디도 알아듣지 못한다는 뜻으로, 아무리 가르치고 일러 주어도 알아듣지 못하거나 효과가 없는 경우를 이르는 말
- **쇠뿔도 단김에 빼랬다** : 든든히 박힌 소의 뿔을 뽑으려면 불로 달구어 놓은 김에 해치워야 한다는 뜻으로, 어떤 일이든지 하려고 생각했으면 한창 열이 올랐을 때 망설이지 말고 곧 행동으로 옮겨야 함을 비유적으로 이르는 말
- **쇠뿔 잡다가 소 죽인다** : 어떤 것 또는 어떤 사람의 결점이나 흠을 고치려다 그 정도가 지나쳐서 도리어 그 사물이나 사람을 망치는 경우를 비유적으로 이르는 말
- **수박 겉 핥기** : 맛있는 수박을 먹는다는 것이 딱딱한 겉만 핥고 있다는 뜻으로, 사물의 속 내용은 모르고 겉만 건드리는 일을 비유적으로 이르는 말
- **술 받아 주고 뺨 맞는다** : 술을 받아서 대접해 주고는 오히려 뺨을 맞는다는 뜻으로, 남을 잘 대접하고 나서 오히려 그에게 해를 입는 경우를 비유적으로 이르는 말
- **술에 술 탄 듯 물에 물 탄 듯** : 1. 주견이나 주책이 없이 말이나 행동이 분명하지 않음을 비유적으로 이르는 말 ≒ 물에 물 탄 듯 술에 술 탄 듯 2. 아무리 가공을 하여도 본바탕은 조금도 변하지 않는 상태를 비유적으로 이르는 말
- **술 익자 체 장수 간다** : 술이 익어 체로 걸러야 할 때에 마침 체 장수가 지나간다는 뜻으로, 일이 공교롭게 잘 맞아 감을 비유적으로 이르는 말
- **시작이 반이다** : 무슨 일이든지 시작하기가 어렵지 일단 시작하면 일을 끝마치기는 그리 어렵지 아니함을 비유적으로 이르는 말
- **신선놀음에 도낏자루 썩는 줄 모른다** : 어떤 나무꾼이 신선들이 바둑 두는 것을 정신없이 보다가 제정신이 들어보니 세월이 흘러 도낏자루가 다 썩었다는 데서, 아주 재미있는 일에 정신이 팔려서 시간 가는 줄 모르는 경우를 비유적으로 이르는 말

ㅇ

- **아니 땐 굴뚝에 연기 날까** : 1. 원인이 없으면 결과가 있을 수 없음을 비유적으로 이르는 말 2. 실제 어떤 일이 있기 때문에 말이 남을 비유적으로 이르는 말
- **아닌 밤중에 홍두깨** : 별안간 엉뚱한 말이나 행동을 함을 비유적으로 이르는 말
- **알기는 칠월 귀뚜라미** : 온갖 일을 다 아는 체하는 사람을 비꼬는 말
- **약방에 감초** : 한약에 감초를 넣는 경우가 많아 한약방에 감초가 반드시 있다는 데서, 어떤 일에나 빠짐없이 끼어드는 사람 또는 꼭 있어야 할 물건을 비유적으로 이르는 말
- **약빠른 고양이 밤눈이 어둡다** : 약빠라 실수가 없을 듯한 사람도 부족한 점은 있음

을 비유적으로 이르는 말

- **암전한 고양이가 부뚜막에 먼저 올라간다** : 겉으로는 얌전하고 아무것도 못할 것처럼 보이는 사람이 딴짓을 하거나 자기 실속을 다 차리는 경우를 비유적으로 이르는 말
- **양반은 물에 빠져도 개헤엄은 안 한다** : 아무리 위급한 때라도 체면을 유지하려고 노력한다는 말 ≒ 양반은 죽어도 겻불은 쬐지 않는다
- **어느 구름에서 비가 올지** : 일의 결과는 미리 짐작할 수 없다는 말
- **어물전 망신은 꼴뚜기가 시킨다** : 지지리 못난 사람일수록 같이 있는 동료를 망신시킨다는 말 ≒ 과실 망신은 모과가 시킨다
- **언 발에 오줌 누기** : 언 발을 녹이려고 오줌을 누어 봤자 효력이 별로 없다는 뜻으로, 임시변통은 될지 모르나 그 효력이 오래가지 못할 뿐만 아니라 결국에는 사태가 더 나빠짐을 비유적으로 이르는 말
- **얼음에 박 밀듯** : 말이나 글을 거침없이 줄줄 내리읽거나 내리외는 모양을 비유적으로 이르는 말
- **업은 아이 삼 년 찾는다** : 무엇을 몸에 지니거나 가까이 두고도 까맣게 잊어버리고 엉뚱한 데에 가서 오래도록 찾아 헤매는 경우를 비유적으로 이르는 말
- **없는 꼬리를 흔들까** : 아무리 뜻이 있다 해도 물질적으로 뒷받침이 안 된다면 할 수 없음을 비유적으로 이르는 말
- **엎드려 절 받기** : 상대편은 마음에 없는데 자기 스스로 요구하여 대접을 받는 경우를 비유적으로 이르는 말
- **여럿의 말이 쇠도 녹인다** : 여러 사람이 함께 모여 의견을 합치면 쇠도 녹일 만큼 무서운 힘을 낼 수 있음을 비유적으로 이르는 말
- **여우가 죽으니까 토끼가 슬퍼한다** : 같은 부류의 슬픔이나 괴로움 따위를 동정함을 비유적으로 이르는 말
- **열두 가지 재주에 저녁거리가 없다** : 재주가 여러 방면으로 많은 사람은 한 가지 재주만 가진 사람보다 성공하기 어렵다는 말
- **열 번 찍어 아니 넘어가는 나무 없다** : 아무리 뜻이 굳은 사람이라도 여러 번 권하거나 꾀고 달래면 결국은 마음이 변한다는 말
- **오뉴월 품앗이도 먼저 갚으랬다** : 시일이 많이 남아 있다고 오래 끌지 말고 갚을 것을 미리미리 갚아야 한다는 말
- **오는 말이 고와야 가는 말이 곱다** : 1. 상대편이 자기에게 말이나 행동을 좋게 하여야 자기도 상대편에게 좋게 한다는 말 2. 말은 누구에게나 점잖고 부드럽게 하여야 한다는 말
- **오 리를 보고 십 리를 간다** : 1. 사소한 일도 유익하기만 하면 수고를 아끼지 아니

기출 Plus　서울시 9급 기출

05. 다음 중 아래 내용의 뜻으로 옳은 것은?

털을 뽑아 신을 삼는다.

① 힘든 일을 억지로 함
② 자신의 온 정성을 다하여 은혜를 꼭 갚음
③ 모든 물건은 순리대로 가꾸고 다루어야 함
④ 사리를 돌보지 아니하고 남의 것을 통으로 먹으려 함

해 '털을 뽑아 신을 삼는다.'는 '자신의 온 정성을 다하여 은혜를 꼭 갚는다'는 뜻의 속담이다.
① 힘든 일을 억지로 한다는 의미의 속담은 '울며 겨자 먹기'이다.
③ 모든 물건은 순리대로 가꾸고 다루어야 한다는 의미의 속담은 '털도 내리쓸어야 빛이 난다', '털도 아니 난 것이 날기부터 하려 한다'이다.
④ 사리를 돌보지 아니하고 남의 것을 통으로 먹으려 한다는 의미의 속담은 '털도 안 뜯고 먹겠다 한다'이다.

 05 ②

한다는 말 2. 장사하는 사람은 한 푼도 못 되는 적은 돈이라도 벌 수만 있다면 고생을 무릅쓴다는 뜻으로, 장사꾼의 돈에 대한 집착을 조롱조로 이르는 말

- **오리 홰 탄 것 같다** : 1. 제가 있을 곳이 아닌 높은 데에 있어 위태로운 모양을 비유적으로 이르는 말 2. 자리와 거기 있는 사람이 서로 어울리지 아니하는 경우를 비유적으로 이르는 말 3. 엉뚱한 일을 하는 경우를 비유적으로 이르는 말
- **오초*의 흥망이 내 알 바 아니다** : 1. 주변에서 무슨 일이 일어나도 자기는 상관하지 않겠다는 말 2. 세상에 무슨 일이 있더라도 자기는 자기가 맡은 일이나 충실히 하겠다는 말
- **우물 안 개구리** : 1. 넓은 세상의 형편을 알지 못하는 사람을 비유적으로 이르는 말 2. 견식이 좁아 저만 잘난 줄로 아는 사람을 비꼬는 말
- **우물에 가 숭늉 찾는다** : 모든 일에는 질서와 차례가 있는 법인데 일의 순서도 모르고 성급하게 덤빔을 비유적으로 이르는 말
- **우물을 파도 한 우물을 파라** : 일을 너무 벌여 놓거나 하던 일을 자주 바꾸어 하면 아무런 성과가 없으니 어떠한 일이든 한 가지 일을 끝까지 하여야 성공할 수 있다는 말
- **울려는 아이 뺨 치기** : 아이가 울려고 할 때 잘 달래지는 않고 뺨을 치면 울음은 크게 터진다는 뜻으로, 일이 좀 틀어져 가려고 할 때 오히려 더 충동하여 더욱 큰 분란을 일으키게 됨을 비유적으로 이르는 말
- **울며 겨자 먹기** : 맵다고 울면서도 겨자를 먹는다는 뜻으로, 싫은 일을 억지로 마지못하여 함을 비유적으로 이르는 말
- **원수는 외나무다리에서 만난다** : 1. 꺼리고 싫어하는 대상을 피할 수 없는 곳에서 공교롭게 만나게 됨을 비유적으로 이르는 말 2. 남에게 악한 일을 하면 그 죄를 받을 때가 반드시 온다는 말
- **원숭이도 나무에서 떨어진다** : 아무리 익숙하고 잘하는 사람이라도 간혹 실수할 때가 있음을 비유적으로 이르는 말
- **원숭이 이 잡아먹듯** : 1. 샅샅이 뒤지는 모양을 비유적으로 이르는 말 2. 원숭이가 늘 이를 잡는 것 같지만 실제로는 잡는 것이 아닌 것처럼, 사람이 무슨 일을 하는 체하면서 실제로는 아무것도 하지 않는 경우를 비유적으로 이르는 말
- **윗물이 맑아야 아랫물이 맑다** : 윗사람이 잘하면 아랫사람도 따라서 잘하게 된다는 말
- **은행나무도 마주 서야 연다** : 1. 은행나무의 수나무와 암나무가 서로 바라보고 서야 열매가 열린다는 뜻으로, 사람이 마주 보고 대하여야 더 인연이 깊어짐을 이르는 말 2. 남녀가 결합하여야 집안이 번영한다는 말
- **은혜를 원수로 갚는다** : 감사로써 은혜에 보답해야 할 자리에 도리어 해를 끼침을 이르는 말

Check Point

***오초(吳楚)** : 중국의 오나라와 초나라

Check Point

'욕심'과 관련된 속담

- **가뭄에 개떡 주워 먹듯 한다** : 조금도 마다하지 않고 욕심을 부리는 모습을 이르는 말
- **단꿀에 개미 모이듯** : 제 욕심을 채우려고 분별력 없이 덤비는 모습을 두고 빗대는 말
- **말고기 다 먹고 무슨 냄새 난다고 한다** : 욕심을 채우고 끝에 객쩍은 소리를 함을 이르는 말
- **바다는 메워도 사람의 욕심은 못 채운다** : 사람의 욕심은 끝이 없음을 비유적으로 이르는 말
- **사람의 욕심이란 굽 빠진 항아리다** : 사람의 욕심이란 끝이 없어서 도저히 채울 수가 없음을 이르는 말
- **욕심이 사람 죽인다** : 욕심이 너무 지나치면 사리를 분별하지 못하고 위태로운 일까지 거리낌 없이 하게 됨을 비유적으로 이르는 말
- **컴컴하고 욕심 많기는 회덕 선생이라** : 겉으로는 점잖은 체하나 속마음은 엉큼하고 욕심 많은 사람을 이르는 말

• **임자 잃은 논밭에 돌피* 성하듯** : 일정한 관리나 감시, 통제가 없어 못된 것이 무성하게 된 경우를 비유적으로 이르는 말

• **입에 쓴 약이 병에는 좋다** : 자기에 대한 충고나 비판이 당장은 듣기에 좋지 아니하지만 그것을 달게 받아들이면 자기 수양에 이로움을 이르는 말

• **입은 비뚤어져도 말은 바로 해라** : 상황이 어떻든지 말은 언제나 바르게 하여야 함을 이르는 말 ≒ 입은 비뚤어져도 주라는 바로 불어라

• **입추*의 여지가 없다** : 송곳 끝도 세울 수 없을 정도라는 뜻으로, 발 들여놓을 데가 없을 정도로 많은 사람들이 꽉 들어찬 경우를 비유적으로 이르는 말 ≒ 송곳 하나 꽂을 곳이 없다

Check Point

*돌피 : 볏과의 한해살이풀로 가축의 사료로 쓰고 논이나 물가에서 자람

*입추(立錐) : 송곳을 세움

ㅈ · ㅊ

• **자라 보고 놀란 가슴 솥뚜껑 보고 놀란다** : 어떤 사물에 몹시 놀란 사람은 비슷한 사물만 보아도 겁을 냄을 이르는 말 ≒ 뜨거운 물에 덴 놈 숭늉 보고도 놀란다, 불에 놀란 놈이 부지깽이만 보아도 놀란다

• **자루 속의 송곳** : 송곳은 자루에 있어도 밖으로 삐져나와 송곳의 위치를 알 수 있다는 뜻으로, 아무리 숨기려 하여도 숨길 수 없고 그 정체가 드러나는 경우를 비유적으로 이르는 말

• **자빠져도 코가 깨진다** : 일이 안되려면 하는 모든 일이 잘 안 풀리고 뜻밖의 큰 불행도 생긴다는 말

• **작은 고추가 더 맵다** : 몸집이 작은 사람이 큰 사람보다 재주가 뛰어나고 야무짐을 비유적으로 이르는 말

• **잘 자랄 나무는 떡잎부터 안다** : 잘될 사람은 어려서부터 남달리 장래성이 엿보인다는 말

• **종로에서 뺨 맞고 한강에서 눈 흘긴다** : 1. 욕을 당한 자리에서는 아무 말도 못 하고 뒤에 가서 불평함을 비유적으로 이르는 말 2. 노여움을 애매한 다른 데로 옮김을 비유적으로 이르는 말

• **죽은 나무에 꽃이 핀다** : 보잘것없던 집안에 영화로운 일이 생기게 된 경우를 비유적으로 이르는 말

• **죽은 자식 나이 세기** : 이왕 그릇된 일을 자꾸 생각하여 보아야 소용없다는 말

• **지네 발에 신 신긴다** : 발 많은 지네 발에 신을 신기려면 힘이 드는 것처럼, 자식을 많이 둔 사람이 애를 쓴다는 말

• **지성이면 감천** : 정성이 지극하면 하늘도 감동하게 된다는 뜻으로, 무슨 일에든 정성을 다하면 아주 어려운 일도 순조롭게 풀리어 좋은 결과를 맺는다는 말

• **짚신도 제짝이 있다** : 보잘것없는 사람도 제짝이 있다는 말

Check Point

'체면'과 관련된 속담1

• **가난할수록 기와집 짓는다** : 실상은 가난한 사람이 남에게 업신여김을 당하기 싫어서 허세를 부리려는 심리를 비유적으로 이르는 말이다.

• **가문 덕에 대접받는다** : 변변치 못한 사람이 좋은 가문에 태어난 덕분에 좋은 대우를 받는다는 말이다.

• **냉수 먹고 이 쑤시기** : 잘 먹은 체하며 이를 쑤신다는 뜻으로, 실속은 없으면서 무엇이 있는 체함을 이르는 말이다.

• **너울 쓴 거지** : 배가 고파서 체면을 차릴 수 없게 된 처지를 비유적으로 이르는 말이다.

• **닷새를 굶어도 풍잠 멋으로 굶는다** : 체면 때문에 곤란을 무릅씀을 비유적으로 이르는 말이다.

• **대문이 가문** : 아무리 가문이 높아도 가난하여 집

• **모양이 개잘량이라** : 체면과 명예를 완전히 잃었음을 이르는 말이다.

• **미꾸라지 속에도 부레풀은 있다** : 아무리 보잘것없고 가난한 사람이라도 남이 가지고 있는 속도 있고 오기도 있음을 비유적으로 이르는 말이다.

• **미꾸라짓국 먹고 용트림한다** : 시시한 일을 해 놓고 큰일을 한 것처럼 으스대는 것을 비유적으로 이르는 말이다.

- **찬물도 위아래가 있다** : 무엇에나 순서가 있으니, 그 차례를 따라 하여야 한다는 말
- **처삼촌 뫼에 벌초하듯** : 일에 정성을 들이지 아니하고 마지못하여 건성으로 함을 비유적으로 이르는 말
- **천 리 길도 한 걸음부터** : 무슨 일이나 그 일의 시작이 중요하다는 말 ≒ 첫술에 배부르랴
- **초록은 동색** : 풀색과 녹색은 같은 색이라는 뜻으로, 처지가 같은 사람들끼리 한패가 되는 경우를 비유적으로 이르는 말 ≒ 가재는 게 편
- **치마가 열두 폭인가** : 남의 일에 쓸데없이 간섭하고 참견함을 비꼬는 말

ㅋ · ㅌ · ㅍ

- **콩 심은 데 콩 나고 팥 심은 데 팥 난다** : 모든 일은 근본에 따라 거기에 걸맞은 결과가 나타나는 것임을 비유적으로 이르는 말
- **태산이 평지 된다** : 자연이나 사회의 변화가 몹시 심함을 비유적으로 이르는 말
- **토끼가 제 방귀에 놀란다** : 남몰래 저지른 일이 염려되어 스스로 겁을 먹고 대수롭지 아니한 것에도 놀람을 비유적으로 이르는 말 ≒ 노루가 제 방귀에 놀라듯
- **티끌 모아 태산** : 아무리 작은 것이라도 모이고 모이면 나중에 큰 덩어리가 됨을 비유적으로 이르는 말
- **팔자는 독에 들어가서도 못 피한다** : 운명은 아무리 피하려고 하여도 피할 수 없다는 말
- **평안 감사도 저 싫으면 그만이다** : 아무리 좋은 일이라도 당사자의 마음이 내키지 않으면 억지로 시킬 수 없음을 비유적으로 이르는 말
- **핑계 없는 무덤이 없다** : 어떤 일이라도 반드시 그에 해당하는 핑계는 있기 마련임을 이르는 말 = 처녀가 아이를 낳아도 할 말이 있다

ㅎ

- **하나를 듣고 열을 안다** : 한마디 말을 듣고도 여러 가지 사실을 미루어 알아낼 정도로 매우 총기가 있다는 말
- **하늘 보고 손가락질한다** : 상대가 되지도 아니하는 보잘것없는 사람이 건드려도 꿈쩍도 아니할 대상에게 무모하게 시비를 걸며 욕함을 비유적으로 이르는 말 ≒하늘에 돌 던지는 격, 계란으로 바위 치기
- **하늘을 쓰고 도리질한다** : 1. 세력을 믿고 기세등등하여 아무것도 거리낌 없이 제 세상인 듯 교만하고 방자하게 거들먹거림을 비꼬는 말 2. 터무니없는 것을 믿는 어리석음을 조롱하는 말
- **하루가 여삼추라** : 하루가 삼 년과 같다는 뜻으로, 짧은 시간이 매우 길게 느껴짐

기출 Plus 국회직 9급 기출

06. 다음 중 밑줄 친 관용어에 대한 설명으로 옳지 않은 것은?

① 업무를 마무리하니 마침내 오금을 펴고 지낼 수 있게 되었다. → 무엇을 하고 싶어서 잠자코 있을 수가 없이
② 오늘 처녀에게 마수를 걸었으니 장사가 잘되겠다며 아침부터 기분이 들떴다. → 장사를 시작하여 처음 손님에게 물건을 팔았으니
③ 벌써 몇 시간째 변죽만 울리니, 그러지 말고 이제 딱 부러지게 용건을 말하시오. → 의도를 바로 알 수 없게 핵심을 비켜 말하니
④ 저 산에서 돌을 캤다가 동티가 난 사람들이 있었다. → 가만히 두었으면 좋았을 일을 쓸데없이 건드려서 잘못된

해 '오금을 펴다'는 '마음 놓고 여유 있게 지낸다는 의미'로, 무엇을 하고 싶어 잠자코 있지 못하는 것과 거리가 먼 설명이다.

답 06 ①

을 비유적으로 이르는 말

- **하룻강아지 범 무서운 줄 모른다** : 철없이 함부로 덤비는 경우를 비유적으로 이르는 말
- **한솥밥 먹고 송사한다** : 한집안 또는 아주 가까운 사이에 다투는 경우를 이르는 말
- **한 입으로 온 까마귀질 한다** : 말이 이랬다저랬다 하는 사람을 두고 이르는 말
- **함정에 든 범** : 빠져나올 수 없는 곤경에 처하여서 마지막 운명만을 기다리고 있는 처지를 비유적으로 이르는 말
- **혀가 짧아도 침은 길게 뱉는다** : 제 분수에 비하여 지나치게 있는 체함을 비유적으로 이르는 말
- **혀 아래 도끼 들었다** : 말을 잘못하면 재앙을 받게 되니 말조심을 하라는 말
- **호랑이 개 어르듯** : 1. 속으로 해칠 생각만 하면서 겉으로는 슬슬 달래서 환심을 사려고 함을 비유적으로 이르는 말 2. 상대편으로 하여금 넋을 잃게 만들어 놓고 마음대로 놀리는 모양을 비유적으로 이르는 말
- **호랑이도 제 말 하면 온다** : 1. 깊은 산에 있는 호랑이조차도 저에 대하여 이야기하면 찾아온다는 뜻으로, 어느 곳에서나 그 자리에 없다고 남을 흉보아서는 안 된다는 말 2. 다른 사람에 관한 이야기를 하는데 공교롭게 그 사람이 나타나는 경우를 이르는 말
- **혹 떼러 갔다 혹 붙여 온다** : 자기의 부담을 덜려고 하다가 다른 일까지도 맡게 된 경우를 비유적으로 이르는 말
- **황소 뒷걸음치다가 쥐 잡는다** : 어쩌다 우연히 이루거나 알아맞힘을 비유적으로 이르는 말

꼭! 확인 기출문제

다음 구절이 의미하는 바와 뜻이 가장 잘 통하는 속담은? [국가직 7급 기출]

> 欲速則不達「論語」

① 서 발 막대 휘둘러도 거칠 것 없다.
② 개 꼬리 삼 년 두어도 황모 되지 않는다.
❸ 아무리 바빠도 바늘허리 매어 쓰지 못한다.
④ 뱁새가 황새를 따라 하다 가랑이가 찢어진다.

해 ③ '欲速則不達(욕속즉부달)'은 '일을 급히 하려 하면 이루지 못함'을 의미하는 논어의 자로(子路)편에 나오는 공자의 말씀이다. 유사한 속담인 '아무리 바빠도 바늘허리 매어 쓰지 못한다.'는 바쁜 탓에 갖추어야 할 것을 갖추지 않으면 어떤 일도 제대로 할 수 없다는 의미이다.
① '서 발 막대 휘둘러도 거칠 것 없다.'는 집이 가난하여 아무 세간도 없음을 의미한다.
② '개 꼬리 삼 년 두어도 황모 되지 않는다.'는 본질이 좋지 않은 것은 어떻게 해도 본질이 좋아지지 않는 것을 뜻한다.
④ '뱁새가 황새를 따라 하다 가랑이가 찢어진다.'는 자기 능력에 맞지 않는 일을 하면 도리어 낭패를 보는 것을 의미한다.

Check Point

'체면'과 관련된 속담2

- **양반은 물에 빠져도 개헤엄은 안 한다** : 아무리 위급한 때라도 체면을 유지하려고 노력한다는 말이다.
- **양반은 안 먹어도 긴 트림** : 양반은 가난해서 식사를 못했더라도 마치 배불리 먹은 것처럼 길게 트림하는 법이라는 말이다.
- **양반은 얼어 죽어도 겻불은 안 쬔다** : 아무리 궁하거나 다급한 경우라도 체면을 깎는 짓은 하지 아니한다는 말이다.
- **양반은 죽어도 문자 쓴다** : 위신을 지극히 생각함을 이르는 말이다.
- **양반은 죽을 먹어도 이를 쑤신다** : 양반은 체통을 차리느라고 없는 기색을 내지 아니한다는 말이다.
- **족제비도 낯짝이 있다** : 지나치게 염치가 없는 사람을 나무라는 말이다.
- **체면에 몰리다** : 체면을 차리느라고 하잘것없는 사람에게 딱한 꼴을 당함을 이르는 말이다.
- **체면이 사람 죽인다** : 지나치게 체면만 차리다가 결국 할 일도 못하고 먹을 것도 못 먹고 손해만 보게 되는 경우를 비유적으로 이르는 말이다.

제2절 같은 의미의 속담과 한자성어

ㄱ

- 가게 기둥에 입춘 = 하로동선(夏爐冬扇)*
- 가난한 양반 씨나락 주무르듯 = 우유부단(優柔不斷), 수서양단(首鼠兩端)
- 가난할수록 기와집 짓는다 = 허장성세(虛張聲勢)
- 가는 날이 장날 = 오비이락(烏飛梨落), 과전불납리(瓜田不納履)
- 가는 말에 채찍질 = 주마가편(走馬加鞭)
- 가랑잎이 솔잎더러 바스락거린다고 한다 = 적반하장(賊反荷杖)
- 가물에 단비 = 구한감우(久旱甘雨)
- 가물에 콩 나듯 = 한시태출(旱時太出)
- 가자니 태산이요, 돌아서자니 숭산이라 = 진퇴양난(進退兩難), 진퇴유곡(進退維谷), 사면초가(四面楚歌)
- 가재는 게 편 = 초록동색(草綠同色), 유유상종(類類相從), 비불외곡(臂不外曲)*
- 간에 붙었다 쓸개에 붙었다 한다 = 감탄고토(甘呑苦吐), 교언영색(巧言令色)
- 갈고리 맞은 고기 = 초미지급(焦眉之急), 풍전등화(風前燈火)
- 갈수록 태산이라 = 설상가상(雪上加霜)
- 감나무 밑에 누워서 홍시 떨어지기를 기다린다 = 수주대토(守株待兎)
- 강물도 쓰면 준다 = 적소성대(積小成大)
- 강원도 포수냐 = 함흥차사(咸興差使)
- 갖바치 내일 모레 = 차일피일(此日彼日)
- 같은 값이면 다홍치마 = 동가홍상(同價紅裳)
- 개구리도 옴쳐야 뛴다 = 척확지굴(尺蠖之屈)*
- 개구멍에 망건 치기 = 석지실목(惜枝失)*, 소탐대실(小貪大失)
- 개천에서 용 난다 = 평지돌출(平地突出)
- 거지가 도승지를 불쌍타 한다 = 걸인연천(乞人憐天)*
- 건너다보니 절터라 = 좌견천리(坐見千里)
- 걸음새 뜬 소가 천 리를 간다 = 우공이산(愚公移山), 마부위침(磨斧爲針)
- 겉 다르고 속 다르다 = 표리부동(表裏不同), 양두구육(羊頭狗肉), 면종복배(面從腹背), 구밀복검(口蜜腹劍), 양질호피(羊質虎皮)*, 양봉음위(陽奉陰違)*
- 계란에도 뼈가 있다 = 계란유골(鷄卵有骨)

Check Point

*하로동선(夏爐冬扇) : 여름 화로와 겨울 부채
*비불외곡(臂不外曲) : 팔은 밖으로 굽지 않음
*척확지굴(尺蠖之屈) : 자벌레가 움츠리는 것은 그 다음에 몸을 피고자 함이라는 뜻
*석지실목(惜枝失木) : 가지를 지키려다 나무를 잃음
*걸인연천(乞人憐天) : 걸인이 하늘을 불쌍히 여김
*양질호피(羊質虎皮) : 양의 몸에 호랑이 가죽을 걸침
*양봉음위(陽奉陰違) : 보는 앞에서 순종하고 속으로는 딴 생각을 함

기출 Plus 서울시 9급 기출

01. 서로 의미가 유사한 속담과 한자성어를 짝지은 것이다. 관련이 없는 것끼리 묶은 것은?

① 원님 덕에 나팔 분다 – 狐假虎威
② 소 잃고 외양간 고친다 – 晩時之歎
③ 언 발에 오줌 누기 – 雪上加霜
④ 낫 놓고 기역자도 모른다 – 目不識丁

해 '언 발에 오줌 누기'는 언 발을 녹이려고 오줌을 누어 봤자 효력이 별로 없다는 뜻으로, 이와 의미가 유사한 한자성어는 동족방뇨(凍足放尿), 하석상대(下石上臺) 등이 있다.

답 01 ③

• 고래 싸움에 새우 등 터진다 = 경전하사(鯨戰蝦死), 간어제초(間於齊楚)*
• 고려공사 사흘 = 조령모개(朝令暮改), 조변석개(朝變夕改)
• 고양이 목에 방울 달기 = 탁상공론(卓上空論), 묘두현령(猫頭懸鈴), 묘항현령(猫項懸鈴)
• 곤달걀 지고 성 밑으로 못 가겠다 = 기우(杞憂), 기인우천(杞人憂天), 기인지우(杞人之憂), 배중사영(杯中蛇影)*, 의심암귀(疑心暗鬼)*
• 공교하기는 마디에 옹이라 = 낙정하석(落穽下石)*, 설상가상(雪上加霜), 하정투석(下穽投石)
• 구 년 홍수에 볕 기다리듯 = 학수고대(鶴首苦待)
• 구부러진 송곳 = 추풍선(秋風扇)
• 구슬이 서 말이라도 꿰어야 보배라 = 관주위보(貫珠爲寶)
• 굴뚝 보고 절한다 = 야반도주(夜半逃走)
• 굴러 온 돌이 박힌 돌 뺀다 = 객반위주(客反爲主), 주객전도(主客顚倒)
• 귀한 그릇 쉬 깨진다 = 가인박명(佳人薄命)
• 그 나물에 그 밥 = 유유상종(類類相從), 초록동색(草綠同色)
• 긁어 부스럼 = 타초경사(打草驚蛇)*, 숙호충본(宿虎衝本)*
• 급하면 바늘허리에 실 매어 쓸까 = 등고자비(登高自卑), 거재마전(車在馬前)*
• 까기 전에 병아리 세지 마라 = 새옹지마(塞翁之馬)
• 까마귀 날자 배 떨어진다 = 오비이락(烏飛梨落)
• 까마귀 미역 감듯 = 금의야행(錦衣夜行), 야행피수(夜行被繡)*
• 깨진 그릇 이 맞추기 = 복배지수(覆杯之水)*, 복수불반분(覆水不返盆)*
• 꿀 먹은 벙어리 = 유구무언(有口無言)
• 꿩 먹고 알 먹는다 = 일석이조(一石二鳥), 일거양득(一擧兩得)

ㄴ

• 나귀는 샌님만 섬긴다 = 오상고절(傲霜孤節), 독야청청(獨也靑靑), 세한고절(歲寒孤節), 일편단심(一片丹心)
• 나무라도 고목이 되면 오던 새도 아니 온다 = 염량세태(炎涼世態), 감탄고토(甘呑苦吐)
• 나무에서 고기를 찾는다 = 연목구어(緣木求魚), 백년하청(百年河淸), 여호모피(與虎謀皮)*
• 나무에 오르라 하고 흔드는 격 = 등루거제(登樓去梯)
• 나중 난 뿔이 우뚝하다 = 후생가외(後生可畏), 청출어람(靑出於藍)
• 낙숫물이 댓돌을 뚫는다 = 수적천석(水滴穿石), 점적천석(點滴穿石), 적토성산(積

Check Point

*간어제초(間於齊楚) : 제나라와 초나라 사이에 끼어 있음
*배중사영(杯中蛇影) : 술잔에 비친 뱀의 그림자(쓸데없는 의심을 품으면 탈이 난다)
*의심암귀(疑心暗鬼) : 쓸데없는 의심을 하면 귀신이 생김
*낙정하석(落穽下石) : 함정에 빠진 사람에게 돌까지 던짐
*타초경사(打草驚蛇) : 공연히 화를 자초하거나 변죽을 울려 적의 정체가 드러나게 함을 의미함
*숙호충본(宿虎衝本) : 자는 범 코 침주기
*거재마전(車在馬前) : 경험이 없는 말이 수레를 끌게 하려면 먼저 다른 말들을 따라 다니게 해야 함
*야행피수(夜行被繡) : 수놓은 옷을 입고 밤길을 거님
*복배지수(覆杯之水) : 엎질러진 물
*복수불반분(覆水不返盆) : 엎질러진 물을 다시 담을 수 없음
*여호모피(與虎謀皮) : 호랑이에게 가죽 내 놓으라고 한다는 뜻으로 가망이 없는 일

Check Point

*한단지보(邯鄲之步) : 자신의 분수를 알지 못하고 덩달아 날뛰다 모두 잃게 됨

*어로불변(漁撈不辨) : '어'자와 '로'자를 구별하지 못하는 무식함

*숙맥불변(菽麥不辨) : '콩'과 '보리'를 구별하지 못하는 무식함

*엄이도령(掩耳盜鈴) : 제 귀를 막고 방울을 훔침

*사배공반(事倍功半) : 처음에 소홀히 하여 결국 공을 들이고도 손해를 봄

*부염기한(附炎棄寒) : 권세가 있을 때는 가까이 하다가 권세가 다하면 버리고 떠남

*호리지차(毫釐之差) : 아주 근소한 차이

土成山), 적소성대(積小成大), 수적성연(水積成淵)

- 남의 떡에 설 쇤다 = 어부지리(漁父之利), 어인득리(漁人得利), 견토지쟁(犬兎之爭)
- 남이 서울 간다니 저도 간단다 = 부화뇌동(附和雷同), 부화수행(附和隨行), 한단지보(邯鄲之步)*
- 낫 놓고 기역 자도 모른다 = 목불식정(目不識丁), 어로불변(漁撈不辨)*, 숙맥불변(菽麥不辨)*, 일자무식(一字無識)
- 내 코가 석 자 = 오비삼척(吾鼻三尺)
- 냉수 먹고 이 쑤시기 = 허장성세(虛張聲勢)
- 녹비에 가로왈 = 반복무상(反覆無常)
- 누운 소 타기 = 이여반장(易如反掌)
- 누워서 침 뱉기 = 자승자박(自繩自縛), 자업자득(自業自得)
- 누이 좋고 매부 좋다 = 일석이조(一石二鳥), 일거양득(一擧兩得)
- 눈 가리고 아웅 = 엄이도령(掩耳盜鈴)*, 엄이투령(掩耳偸鈴)
- 눈 먹던 토끼 얼음 먹던 토끼가 제각각 = 각인각색(各人各色)
- 눈썹에 불이 붙는다 = 초미지급(焦眉之急), 연미지급(燃眉之急)

ㄷ

- 달리는 말에 채찍질 = 주마가편(走馬加鞭)
- 달면 삼키고 쓰면 뱉는다 = 감탄고토(甘呑苦吐)
- 닭의 갈비 먹을 것 없다 = 계륵(鷄肋)
- 닭 잡아 겪을 나그네 소 잡아 겪는다 = 사배공반(事倍功半)*
- 닭 쫓던 개 지붕 쳐다보듯 = 만사휴의(萬事休矣), 망연자실(茫然自失)
- 대감 죽은 데는 안 가도 대감 말 죽은 데는 간다 = 염량세태(炎凉世態), 부염기한(附炎棄寒)*
- 대문 밖이 저승이라 = 인명재천(人命在天)
- 대한 끝에 양춘이 있다 = 고진감래(苦盡甘來)
- 대한 칠 년 비 바라듯 = 학수고대(鶴首苦待)
- 도토리 키 재기 = 오십보백보(五十步百步), 대동소이(大同小異), 호리지차(毫釐之差)*
- 돌부처보고 아이 낳아 달란다 = 백년하청(百年河淸), 하청난사(河淸難俟)*
- 두 손뼉이 맞아야 소리가 난다 = 고장난명(孤掌難鳴)
- 등잔 밑이 어둡다 = 등하불명(燈下不明)

Check Point

*하청난사(河淸難俟) : 황허강의 물이 맑아지기를 기다림(가망성이 없는 기다림)

ㅁ

- 마른논에 물 대기 = 사배공반(事倍功半)
- 말이 씨가 된다 = 농가성진(弄假成眞)*
- 맑은 물에 고기 안 논다 = 수청무어(水淸無魚)
- 모기 보고 칼 뽑기 = 견문발검(見蚊拔劍), 노승발검(怒蠅拔劍)
- 모르면 약이요 아는 게 병 = 식자우환(識字憂患)
- 목마른 놈이 우물 판다 = 갈이천정(渴而穿井), 임갈굴정(臨渴掘井)
- 문어 제 다리 뜯어먹는 격 = 자중지란(自中之亂)
- 물에 빠진 놈 건져 놓으니까 망건값 달라 한다 = 적반하장(賊反荷杖), 은반위수(恩反爲讐)
- 미꾸라지 한 마리가 한강 물을 다 흐리게 한다 = 일어탁수(一魚濁水)
- 미꾸라짓국 먹고 용트림한다 = 허장성세(虛張聲勢)
- 밑구멍으로 호박씨 깐다 = 표리부동(表裏不同), 면종복배(面從腹背)
- 밑돌 빼서 윗돌 고인다 = 하석상대(下石上臺), 고식지계(姑息之計), 미봉책(彌縫策)

ㅂ

- 바늘 가는 데 실 간다 = 부창부수(夫唱婦隨), 막역지우(莫逆之友)
- 바늘구멍으로 하늘 보기 = 통관규천(通管窺天), 이관규천(以管窺天), 좌정관천(坐井觀天), 정저지와(井底之蛙)
- 바닷속의 좁쌀알 같다 = 창해일속(滄海一粟), 구우일모(九牛一毛), 대해일적(大海一滴)*
- 밤눈 어두운 말이 워낭 소리 듣고 따라간다 = 부화뇌동(附和雷同), 추우강남(追友江南)
- 배 먹고 이 닦기 = 일석이조(一石二鳥)
- 백지장도 맞들면 낫다 = 십시일반(十匙一飯)
- 번갯불에 콩 볶아 먹겠다 = 전광석화(電光石火)
- 범 본 놈 창구멍을 틀어막듯 = 천방지방(天方地方), 오우천월(吳牛喘月)
- 범은 그려도 뼈다귀는 못 그린다 = 화호난화골(畫虎難畫骨)
- 범 잡은 포수 = 득의만면(得意滿面)
- 벙어리 냉가슴 앓듯 = 전전긍긍(戰戰兢兢)
- 보기 좋은 떡이 먹기도 좋다 = 동가홍상(同價紅裳)
- 봉사 단청 구경 = 맹완단청(盲玩丹靑)

Check Point

*농가성진(弄假成眞) : 농담으로 한 말이 참말이 됨

*대해일적(大海一滴) : 큰 바다의 물방울 하나

• 비단옷 입고 밤길 가기 = 금의야행(錦衣夜行)

ㅅ

• 사공이 많으면 배가 산으로 간다 = 작사도방(作舍道傍), 중구난방(衆口難防)
• 사또 떠난 뒤에 나팔 분다 = 사후약방문(死後藥方文), 망양보뢰(亡羊補牢)
• 사람은 죽으면 이름을 남기고 범은 죽으면 가죽을 남긴다 = 호사유피(虎死留皮), 인사유명(人死遺名)
• 산 까마귀 염불한다 = 당구풍월(堂狗風月)
• 산호 기둥에 호박 주추다 = 주지육림(酒池肉林)*, 육산포림(肉山脯林)*
• 삼 년 벌던 논밭도 다시 돌아보고 산다 = 심사숙고(深思熟考)
• 서 발 막대 거칠 것 없다 = 삼순구식(三旬九食), 계옥지탄(桂玉之嘆)*
• 세 사람만 우겨대면 없는 호랑이도 만들어 낼 수 있다 = 삼인성호(三人成虎)
• 세전 토끼라 = 수주대토(守株待兎)
• 소경이 코끼리 만지고 말하듯 = 군맹무상(群盲撫象)
• 솔 심어 정자라 = 식솔망정(植松望亭)
• 쇠귀에 경 읽기 = 우이독경(牛耳讀經), 우이송경(牛耳誦經), 마이동풍(馬耳東風)
• 쇠뿔 잡다가 소 죽인다 = 교각살우(矯角殺牛), 교왕과직(矯枉過直), 소탐대실(小貪大失)
• 수박 겉 핥기 = 주마간산(走馬看山)
• 술에 술 탄 듯 물에 물 탄 듯 = 우유부단(優柔不斷), 수서양단(首鼠兩端)
• 술 익자 체 장수 간다 = 금상첨화(錦上添花)

Check Point

*주지육림(酒池肉林) : 술이 연못을 이루고 고기가 숲을 이룸
*육산포림(肉山脯林) : 고기가 산을 이루고 말린 고기로 숲을 이룸
*계옥지탄(桂玉之嘆) : 식량 구하기가 계수나무 구하듯이 어렵고, 땔감을 구하기가 옥을 구하기만큼 어려움

ㅇ

• 약빠른 고양이 밤눈이 어둡다 = 각자무치(角者無齒)
• 어린애 친하면 코 묻은 밥 먹는다 = 근묵자흑(近墨者黑), 근주자적(近朱者赤)
• 언 발에 오줌 누기 = 동족방뇨(凍足放尿), 임기응변(臨機應變), 하석상대(下石上臺)
• 업은 아이 삼 년 찾는다 = 등하불명(燈下不明)
• 여럿의 말이 쇠도 녹인다 = 중구삭금(衆口鑠金)
• 여우가 죽으니까 토끼가 슬퍼한다 = 동병상련(同病相憐)
• 열 번 찍어 아니 넘어가는 나무 없다 = 십벌지목(十伐之木)
• 오 리를 보고 십 리를 간다 = 잔두지련(棧豆之戀)*
• 오초의 흥망이 내 알 바 아니다 = 오불관언(吾不關焉)
• 우물 안 개구리 = 좌정관천(坐井觀天), 정저지와(井底之蛙)

Check Point

*잔두지련(棧豆之戀) : 얼마 되지 않는 콩에 미련이 남아 마굿간을 떠나지 못한다는 뜻으로 작은 이익에 연연하는 어리석음을 비유하여 이르는 말

- 우물을 파도 한 우물을 파라 = 초지일관(初志一貫), 일이관지(一以貫之)
- 울며 겨자 먹기 = 궁여지책(窮餘之策)
- 윗물이 맑아야 아랫물이 맑다 = 상탁하부정(上濁下不淨)
- 은혜를 원수로 갚는다 = 은반위수(恩反爲讐)
- 입에 쓴 약이 병에는 좋다 = 양약고어구(良藥苦於口), 충언역이(忠言逆耳)

ㅈ · ㅊ

- 자라 보고 놀란 가슴 솥뚜껑 보고 놀란다 = 상궁지조(傷弓之鳥), 오우천월(吳牛喘月)*
- 자루 속의 송곳 = 낭중지추(囊中之錐), 군계일학(群鷄一鶴)
- 죽은 자식 나이 세기 = 망자계치(亡子計齒)
- 찬물도 위아래가 있다 = 장유유서(長幼有序)
- 책력 보아 가며 밥 먹는다 = 삼순구식(三旬九食), 불폐풍우(不蔽風雨)*
- 처삼촌 뫼에 벌초하듯 = 주마간산(走馬看山)
- 천 리 길도 한 걸음부터 = 등고자비(登高自卑)
- 치마가 열두 폭인가 = 왈리왈률(日梨日栗)*

ㅋ · ㅌ · ㅍ

- 콩 심은 데 콩 나고 팥 심은 데 팥 난다 = 종두득두(種豆得豆), 종과득과(種瓜得瓜)
- 태산이 평지 된다 = 상전벽해(桑田碧海), 창상지변(滄桑之變)
- 티끌 모아 태산 = 적소성대(積小成大), 진적위산(塵積爲山), 수적천석(水滴穿石), 점적천석(點積穿石), 적토성산(積土成山), 수적성연(水積成淵)

ㅎ

- 하나를 듣고 열을 안다 = 문일지십(聞一知十), 일거반삼(一擧反三)
- 하늘 보고 손가락질한다 = 한강투석(漢江投石), 이란투석(以卵投石)
- 하늘을 쓰고 도리질한다 = 안하무인(眼下無人), 방약무인(傍若無人)
- 하루가 여삼추라 = 일각여삼추(一刻如三秋)
- 하룻강아지 범 무서운 줄 모른다 = 당랑거철(螳螂拒轍)*
- 한 입으로 온 까마귀질 한다 = 조령모개(朝令暮改), 조변석개(朝變夕改)
- 함정에 든 범 = 사면초가(四面楚歌)
- 혀 아래 도끼 들었다 = 농가성진(弄假成眞)
- 호랑이 개 어르듯 = 구밀복검(口蜜腹劍), 양두구육(羊頭狗肉)

Check Point

***오우천월(吳牛喘月)**: 오나라의 소가 더위를 두려워하여 밤에 달을 보고도 헐떡거린다는 뜻

***불폐풍우(不蔽風雨)**: 비바람을 가리지 못한다는 뜻으로 몹시 가난함을 이르는 말

***왈리왈률(日梨日栗)**: (남의 잔치에) 배 놓아라 감놓아라 한다는 뜻으로 쓸데 없는 참견을 이르는 말

Check Point

***당랑거철(螳螂拒轍)**: 사마귀가 앞발로 수레를 막으려 한다는 뜻으로 분수도 모르고 덤벼드는 모습을 비유하여 이르는 말.

제5장

관용어

제1절 주요 관용어

Check Point

관용어의 개념

관용어란 두 개 이상의 단어들이 결합하여 이루어진 말로 그 자체만으로는 의미를 구성하지 못하는 특징을 갖는다. 속담이 비교적 온전한 문장의 형식을 띠는 반면 관용어는 문장의 형식보다는 구의 형식으로 존재하며 단어들 간의 연관성이 매우 강해 중간에 다른 말을 끼워 넣을 수 없다는 특성도 지닌다.

Check Point

- **가리** : '가리새'의 준말. 일의 갈피와 조리
- **감투(敢鬪)** : 예전에 머리에 쓰던 의관의 하나로 벼슬이나 직위를 속되게 이르는 말
- **개가(凱歌)** : 이기거나 큰 성과가 있을 때의 큰 함성
- **마수(魔手)** : 음험하고 흉악한 손길

ㄱ

- 가닥이 잡히다 : 분위기, 상황, 생각 따위를 이치나 논리에 따라 바로 잡게 함
- 가려운 곳을 긁어 주듯 : 남에게 꼭 필요한 것을 잘 알아서 그 욕구를 시원스럽게 만족시켜 줌을 비유적으로 이르는 말
- 가리(를) 틀다* : 잘되어 가는 일을 안 되도록 방해함
- 가시(가) 돋다 : 공격의 의도나 불평불만이 있음
- 가시 먹은 것 같다 : 남에게서 받거나 얻어먹은 것이 마음에 걸려 꺼림칙함
- 가재(를) 치다 : 가재가 뒷걸음질을 잘 친다는 뜻으로, 샀던 물건을 도로 무르는 것을 비유적으로 이르는 말
- 간도 모르다 : 일의 내막을 짐작도 하지 못함을 이르는 말
- 감정(을) 사다 : 남의 감정을 언짢게 만듦
- 감투(를) 쓰다* : 벼슬자리나 높은 지위에 오름을 속되게 이르는 말
- 개가를 올리다* : 큰 성과를 거둠
- 개 발에 땀 나다 : 땀이 잘 나지 아니하는 개 발에 땀이 나듯이, 해내기 어려운 일을 이루기 위하여 부지런히 움직임을 이르는 말
- 개살구 먹은 뒷맛 : 씁쓸하고 떨떠름한 뒷맛
- 거북을 타다 : 일하는 동작이 남보다 매우 굼뜸
- 검은 마수를 뻗치다* : 사람을 속여 이용하거나 해치려고 음흉하고 흉악한 속셈으로 접근함
- 격(을) 두다 : 사람과 사람 사이에 일정한 간격을 둠

- 견련(을) 보다* : 1. 서로가 속으로 은근히 꺼리거나 겁냄 2. 서로가 원수같이 미워함
- 결(이) 바르다 : 성미가 곧고 바름
- 경종을 울리다* : 잘못이나 위험을 미리 경계하여 주의를 환기시킴
- 곁눈(을) 주다 : 남이 모르도록 곁눈질로 상대편에게 어떤 뜻을 알림
- 곁다리(를) 들다 : 당사자가 아닌 사람이 참견하여 말함
- 고래 등 같다 : 주로 집이 덩그렇게 높고 큼을 이르는 말
- 고배를 들다* : 패배, 실패 따위의 쓰라린 일을 당함
- 고삐(가) 풀리다 : 얽매이지 않거나 통제를 받지 않음
- 고삐를 늦추다 : 경계심이나 긴장을 누그러뜨림
- 고양이 낯짝만 하다 : 매우 좁음을 비유적으로 이르는 말
- 고추 먹은 소리 : 못마땅하게 여겨 씁쓸해하는 말
- 고황에 들다* : 병이 고치기 힘들게 몸속 깊이 듦
- 골(을) 박다 : 제한된 범위 밖을 나가지 못하게 함
- 골이 깊어지다 : 관계가 악화되거나 멀어짐
- 공기(를) 놀리다 : 어떤 일이나 사람을 제멋대로 수월하게 다루거나 농락함
- 공이 넘어가다 : 결정권이 상대편이나 다른 곳으로 감
- 구미가 당기다* : 욕심이나 관심이 생김
- 구색(을) 맞추다* : 여러 가지가 고루 갖추어지게 함
- 구석이 비다 : 1. 일을 처리하는 데에 빈틈이나 부족한 점이 있음 2. 말의 앞뒤가 맞지 않거나 논리적으로 모순이 있음
- 국물도 없다 : 돌아오는 몫이나 이득이 아무것도 없음
- 군살을 빼다 : 반드시 있지 않아도 될 것을 덜어 냄
- 굴레(를) 쓰다 : 일이나 구속에 얽매여 벗어나지 못하게 됨
- 궐(을) 잡다* : 제때에 제자리에 없는 것을 세어 두거나 적어 둠
- 귀(를) 주다 : 남의 말을 엿들음
- 귀가 열리다 : 세상 물정을 알게 됨
- 귀를 씻다 : 세속의 더러운 이야기를 들은 귀를 씻는다는 뜻으로, 세상의 명리를 떠나 깨끗한 삶을 비유적으로 이르는 말
- 귀 밖으로 듣다 : 남의 말을 성의 있게 듣지 않고 듣는 등 마는 등 함
- 귀에 못이 박히다 : 같은 말을 여러 번 들음
- 귓등으로 듣다 : 듣고도 들은 체 만 체 함
- 그림의 떡 : 아무리 마음에 들어도 이용할 수 없거나 차지할 수 없는 경우를 이르는 말
- 근사(를) 모으다* : 부지런히 힘을 쓰는 일을 오랫동안 계속하여 공을 들임

Check Point

- 견련(牽聯) : 서로 얽히어 관계를 가지게 됨
- 경종(警鐘) : 잘못된 일이나 위험한 일에 대하여 경계하여 주는 주의나 충고를 비유적으로 이르는 말
- 고배(苦杯) : 1. 쓴 술이 든 잔 2. 쓰라린 경험을 비유적으로 이르는 말
- 고황(膏肓) : 심장과 횡격막의 사이. '고'는 심장의 아랫부분이고, '황'은 횡격막의 윗부분으로, 이 사이에 병이 생기면 낫기 어렵다고 함
- 구미(口味) : 입맛
- 구색(具色) : 여러 가지 물건을 고루 갖춤. 또는 그런 모양새
- 궐(闕) : 1. 마땅히 해야 할 일을 빠뜨림 2. 참여해야 할 모임 따위에 빠짐 3. 여러 자리 가운데 일부 자리가 비거나 차례가 빠짐
- 근사(勤事) : 일에 공들임. 또는 그 일

- 금(을) 치다 : 물건값을 어림잡아 부름
- 기갈(이) 들다* : 몹시 굶주려서 간절히 음식을 탐냄
- 기러기 한평생 : 철새처럼 떠돌아다녀 고생이 장차 끝이 없을 생애를 비유적으로 이르는 말
- 기름(을) 짜다 : '착취하다'를 비유적으로 이르는 말
- 기미를 보다* : 임금에게 올리는 수라나 탕제 같은 것을 상궁이 먼저 먹어 보아 독이 들어 있는지 알아봄
- 기지개를 켜다 : 서서히 활동하는 상태에 듦
- 길눈(이) 어둡다 : 가 본 길을 잘 찾아가지 못할 만큼 길을 잘 기억하지 못함
- 깨어진 그릇 : 다시 본래대로 바로잡거나 돌이킬 수 없는 일을 비유적으로 이르는 말
- 꼬리(를) 감추다 : 자취를 감춤을 이르는 말
- 꼬리(를) 내리다 : 상대편에게 기세가 꺾여 물러서거나 움츠러듦
- 꼬리가 밟히다 : 행적이 드러남
- 꼭뒤(를) 누르다* : 세력이나 힘이 위에서 누름
- 꽁무니(를) 빼다 : 슬그머니 피하여 물러남

Check Point

- 기미(氣味) : 냄새와 맛을 아울러 이르는 말
- 꼭뒤 : 뒤통수의 한가운데
- 난장(-場) : 정해진 장날 외에 특별히 며칠간 더 여는 장
- 너울 : 예전에, 여자들이 나들이할 때 얼굴을 가리기 위하여 쓰던 물건. 얇은 검정 깁으로 만듦 (겉모습을 비유적으로 이르는 말)
- 노문(路文) : 조선 시대에, 공무로 지방에 가는 벼슬아치의 도착 예정일을 미리 그곳 관아에 알리던 공문
- 녹봉(祿俸) : 벼슬아치에게 일 년 또는 계절 단위로 나누어 주던 금품을 통틀어 이르는 말. 쌀, 보리, 명주, 베, 돈 따위
- 기갈(飢渴) : 배고픔과 목마름을 아울러 이르는 말

ㄴ

- 낙동강 오리알 : 무리에서 떨어져 나오거나 홀로 소외되어 처량하게 된 신세를 비유적으로 이르는 말
- 난장을 치다* : 함부로 마구 떠듦
- 날개(가) 돋치다 : 1. 상품이 시세를 만나 빠른 속도로 팔려 나감 2. 의기가 치솟음. 3. 소문 같은 것이 먼 데까지 빨리 퍼져 감. 4. 돈 같은 것이 빨리 불어남
- 남대문 구멍 같다 : (비유적으로) 구멍이 매우 큼
- 너울을 쓰다* : 속이나 진짜 내용은 그렇지 않으면서 그럴듯하게 좋은 명색을 내걸음
- 노루 꼬리만 하다 : 매우 짧음
- 노문(을) 놓다* : 1. 노문을 보냄 2. 미리 알림
- 녹(을) 먹다* : 벼슬아치가 되어 녹봉을 받음
- 논두렁(을) 베다 : 빈털터리가 되어 처량하게 죽음
- 놓아기른 망아지(놀듯) : '들에 풀어 놓고 기른 말 새끼 또는 그 노는 모양'이라는 뜻으로, 교양이 없고 막돼먹은 사람 또는 그런 행동을 비유적으로 이르는 말
- 눈(이) 시다 : 하는 짓이 거슬려 보기에 아니꼬움
- 눈독(을) 들이다 : 욕심을 내어 눈여겨 봄

- 눈동냥 귀동냥 : 주위나 곁에서 지식 따위를 얻어 보고, 얻어 들어 갖게 되는 일
- 눈 밖에 나다 : 신임을 잃고 미움을 받게 됨
- 눈에 밟히다 : 잊히지 않고 자꾸 눈에 떠오름
- 눈 위에 혹 : 몹시 미워 눈에 거슬리는 사람을 비유적으로 이르는 말
- 뉘 골라내듯* : 많은 것들 중에서 꼼꼼히 골라냄
- 느루 가다 : 양식이 일정한 예정보다 더 오래감
- 느루 잡다* : 1. 손에 잡은 것을 느슨하게 가짐 2. 시일이나 날짜를 느직하게 예정함

ㄷ

- 닭 물 먹듯 : 무슨 일이든 그 내용도 모르고 건성으로 넘기는 모양을 비유적으로 이르는 말
- 대한의 운예(雲霓)* : 대한에 비가 올 징조를 기대한다는 뜻으로, 어떤 일이 일어나기를 갈망함을 이르는 말
- 대포(를) 놓다 : 허풍을 치거나 터무니없는 거짓말을 함
- 덜미가 잡히다 : 죄가 드러남
- 도마 위에 오르다 : 어떤 사물이 비판의 대상이 됨
- 돌(을) 던지다 : 남의 잘못을 비난함
- 돗자리 말듯 하다 : 무슨 일을 시원스럽게 해치움
- 동(을) 달다* : 말을 덧붙여서 시작함
- 동곳(을) 빼다* : (비유적으로) 힘이 모자라서 복종함
- 된서리를 맞다* : 1. 되게 내리는 서리를 맞음 2. 모진 재앙이나 억압을 당함
- 두부모(를) 베듯 : 1. 어떤 요구를 여지없이 거절함을 비유적으로 이르는 말 2. 모가 나게 자신의 입장이나 태도를 밝힘을 비유적으로 이르는 말
- 뒤(가) 나다 : 자기의 잘못이나 약점으로 뒤에 가서 좋지 않은 일이 생길 것 같아 마음이 놓이지 않음
- 뒤가 든든하다 : 1. 먹은 것이 있어서 허전하지 않고 힘이 있음 2. 뒤에서 받쳐 주는 세력이나 사람이 있음
- 뒷손(을) 쓰다 : 은밀히 대책을 강구하거나 뒷수습을 함
- 등(을) 돌리다 : 뜻을 같이하던 사람이나 단체와 관계를 끊고 배척함
- 등을 떠밀다 : 일을 억지로 시키거나 부추김
- 딴 주머니를 차다 : 1. 다른 속셈을 가지거나 일을 꾀함 2. 돈을 빼서 따로 보관함
- 떡 주무르듯 하다 : 저 하고 싶은 대로 마음대로 다룸
- 뜸(을) 들이다 : 일이나 말을 할 때에, 쉬거나 여유를 갖기 위해 서둘지 않고 한동안 가만히 있는 경우를 비유적으로 이르는 말

Check Point

- 뉘 : 쓿은쌀 속에 등겨가 벗겨지지 않은 채로 섞인 벼 알갱이
- 느루 : 한꺼번에 몰아치지 아니하고 오래도록
- 운예(雲霓) : 구름과 무지개를 아울러 이르는 말
- 동 : 1. 사물과 사물을 잇는 마디. 또는 사물의 조리(條理) 2. 언제부터 언제까지의 동안. 또는 어디서 어디까지의 사이
- 동곳 : 상투를 튼 뒤에 그것이 다시 풀어지지 아니하도록 꽂는 물건
- 된서리 : 늦가을에 아주 되게 내리는 서리

Check Point

- **마각(馬脚)** : 1. 말의 다리 2. 가식하여 숨긴 본성이나 진상(眞相)
- **말곁** : 남이 말하는 옆에서 덩달아 참견하는 말
- **망조(亡兆)** : 망할 징조
- **모골(毛骨)** : 털과 뼈를 아울러 이르는 말
- **송연(悚然)하다** : 두려워 몸을 옹송그릴 정도로 오싹 소름이 끼치는 듯함
- **미립** : 경험을 통하여 얻은 묘한 이치나 요령

기출 Plus 국가직 9급 기출

01. 밑줄 친 말의 의미와 거리가 먼 것은?

- 넌 얼마나 오지랖이 넓기에 남의 일에 그렇게 미주알고주알 캐는 거냐?
- 강쇠네는 입이 재고 무슨 일에나 오지랖이 넓었지만, 무작정 덤벙거리고만 다니는 새줄랑이는 아니었다.

① 謁見　② 干涉
③ 參見　④ 干與

해 '謁見(알현)'은 지체가 높고 귀한 사람을 찾아가 뵌다는 뜻을 가지고 있으므로 '오지랖이 넓다'는 의미와는 거리가 멀다.

답 01 ①

ㅁ

- **마각을 드러내다*** : 말의 다리로 분장한 사람이 자기 모습을 드러낸다는 뜻으로, 숨기고 있던 일이나 정체를 드러냄을 이르는 말
- **마른벼락을 맞다** : 갑자기 뜻밖의 재난을 당함
- **막차를 타다** : 끝나갈 무렵에 뒤늦게 뛰어듦
- **말곁(을) 달다*** : 남이 말하는 옆에서 덩달아 말함
- **말곁(을) 채다** : 남이 말하는 가운데서 어떤 말을 꼬투리로 삼아 말함
- **말뚝(을) 박다** : 1. 어떤 지위에 오랫동안 머무름 2. (속되게) 의무병으로 입대한 군인이 복무 기한을 마치고도 계속 남아서 직업 군인이 됨
- **말밥에 오르다** : 좋지 아니한 화제의 대상으로 됨
- **말을 바꾸어 타다** : 사람, 일 따위를 바꾸거나 변경함
- **말허리를 자르다** : 상대방이 말하는 도중에 말을 중지시킴 ≒말머리를 자르다
- **망조가 들다*** : 망해 가는 징조가 생기거나 보임
- **맥(도) 모르다** : 내막이나 까닭 따위를 알지도 못함
- **맺힌 데가 없다** : 1. 성격이 꽁하지 않음 2. 사람 됨됨이가 꽉 짜인 데가 없음
- **멍석을 깔다** : 하고 싶은 대로 할 기회를 주거나 마련함
- **모골이 송연하다*** : 끔찍스러워서 몸이 으쓱하고 털끝이 쭈뼛해짐
- **모과나무 심사(心思)** : 모과나무처럼 뒤틀려서 심술궂고 순순하지 못한 마음씨를 이르는 말
- **무관의 제왕** : 왕관이 없는 임금이라는 뜻으로, '언론인'을 달리 이르는 말
- **무릎(을) 치다** : 갑자기 어떤 놀라운 사실을 알게 되었거나 희미한 기억이 되살아날 때, 또는 몹시 기쁠 때 무릎을 탁 침을 이르는 말
- **문턱을 낮추다** : 쉽고 편하게 접할 수 있게 만듦
- **물 찬 제비** : 1. 물을 차고 날아오른 제비처럼 몸매가 아주 매끈하여 보기 좋은 사람을 비유하여 이르는 말 2. 동작이 민첩하고 깔끔하여 보기 좋은 행동을 함을 비유적으로 이르는 말
- **미립이 트이다*** : 경험에 의하여 묘한 이치를 깨닫게 됨

ㅂ

- **바닥(을) 긁다** : 생계가 곤란함
- **바람(을) 넣다** : 남을 부추겨서 무슨 행동을 하려는 마음이 생기게 만듦
- **바람(을) 잡다** : 1. 허황된 짓을 꾀하거나 그것을 부추김 2. 마음이 들떠서 돌아다님 3. 이성에 대한 들뜬 생각을 함

• **바람(이) 들다** : 1. 무 따위가 얼었다 녹았다 하는 바람에 물기가 빠져 푸석푸석하게 됨 2. 다 되어 가는 일에 탈이 생김
• **바람을 일으키다** : 1. 사회적으로 많은 사람에게 영향을 미침 2. 사회적 문제를 만들거나 소란을 일으킴
• **발(을) 끊다** : 오가지 않거나 관계를 끊음
• **발(이) 넓다** : 사귀어 아는 사람이 많아 활동하는 범위가 넓음
• **발(이) 묶이다** : 몸을 움직일 수 없거나 활동할 수 없는 형편이 됨
• **발(이) 짧다** : 먹는 자리에 남들이 다 먹은 뒤에 나타남
• **발뒤축을 물다** : 은혜를 베풀어 준 상대에게 해를 입힘 ≒ 발꿈치를 물다
• **발등을 밟히다** : 자기가 하려는 일을 남이 앞질러서 먼저 함
• **발목(을) 잡히다** : 1. 어떤 일에 꽉 잡혀서 벗어나지 못함 2. 남에게 어떤 약점이나 단서(端緖)를 잡힘
• **발 벗고 나서다** : 적극적으로 나섬
• **발을 달다** : 끝난 말이나 이미 있는 말에 말을 덧붙임
• **밥(을) 벌다** : 일정한 노력을 들여서 먹을 것이나 대가를 얻음
• **밥알이 곤두서다** : 아니꼽거나 비위에 거슬림
• **배(를) 내밀다** : 1. 남의 요구에 응하지 아니하고 버팀 2. 자기밖에 없는 듯 몹시 우쭐거림
• **배(를) 두드리다** : 생활이 풍족하거나 살림살이가 윤택하여 안락하게 지냄
• **배부른 흥정** : 되면 좋고 안 돼도 크게 아쉽다거나 안타까울 것이 없는 흥정을 이르는 말
• **배포(가) 유(柔)하다** : 서두르거나 조급하게 굴지 않고 성미가 유들유들함
• **백기(를) 들다** : 굴복하거나 항복함
• **백지 한 장의 차이** : 아주 근소한 차이를 비유적으로 이르는 말
• **뱀을 보다** : 잘못 대하다가 크게 봉변을 당함
• **뱃가죽이 두껍다** : 염치가 없어 뻔뻔스럽거나 배짱이 셈
• **벌집을 건드리다** : 건드려서는 안 될 것을 공연히 건드려 큰 화근을 만듦
• **변덕이 죽 끓듯 하다** : 말이나 행동을 몹시 이랬다저랬다 함
• **변죽(을) 울리다*** : 바로 집어 말을 하지 않고 둘러서 말을 함
• **보따리(를) 풀다** : 1. 숨은 사실을 폭로함 2. 계획했던 일을 실제로 하기 시작함
• **복정(을) 안기다*** : 남에게 억지로 부담을 지움
• **봄풀 자라듯** : 걱정, 공상 따위가 꼬리를 물고 자꾸 일어나는 모양을 비유적으로 이르는 말
• **부레가 끓다*** : 몹시 성남

기출 Plus 지방직 9급 기출

02. 밑줄 친 말의 의미는?

> 몇 달 만에야 <u>말길이 되어</u> 겨우 상대편을 만나 보았다.

① 남의 말이 끝나자마자 이어 말하다.
② 자신을 소개하는 길이 트이다.
③ 어떤 말이 상정되거나 토론이 되다.
④ 마음에 당겨 재미를 붙이다.

해 '말길'은 말하는 길이나 말하는 기회를 뜻하는 말로, '말길이 되다'는 '남에게 소개하는 의논의 길이 트이다.'라는 의미의 관용어이다.
① '말꼬리를 물다'의 의미이다.
③ '말이 있다.'의 의미이다.
④ '맛(을) 붙이다.'의 의미이다.

Check Point

• **변죽(邊-)** : 그릇이나 세간, 과녁 따위의 가장자리
• **복정(卜定)** : 일이나 물건을 정하고서 그 실행을 강요함
• **부레** : 경골어류의 몸속에 있는 얇은 혁질의 공기 주머니

답 02 ②

Check Point

- **북새** : 많은 사람이 야단스럽게 부산을 떨며 법석이는 일
- **일각(一角)** : 한 귀퉁이. 또는 한 방향

- **북새(를) 놓다*** : 여러 사람이 부산하게 법석임
- **불(을) 받다** : 남에게 큰 모욕을 낭하거나 재해를 입음
- **붓을 꺾다** : 1. 문필 활동을 그만둠 2. 글을 쓰는 문필 활동에 관한 희망을 버리고 다른 일을 함
- **비단 방석에 앉다** : 매우 훌륭하고 보람 있는 지위나 자리를 차지함
- **빙산의 일각(一角)*** : 대부분이 숨겨져 있고 외부로 나타나 있는 것은 극히 일부분에 지나지 아니함을 비유적으로 이르는 말
- **뿌리(를) 뽑다** : 어떤 것이 생겨나고 자랄 수 있는 근원을 없애 버림

ㅅ

Check Point

- **사개** : 1. 상자 따위의 모퉁이를 끼워 맞추기 위하여 서로 맞물리는 끝을 들쭉날쭉하게 파낸 부분. 또는 그런 짜임새 2. 모서리에서 여러 갈래의 장부를 깍지 끼듯이 맞추려고 가공한 것 3. 사방의 보나 도리가 기둥 위에서 맞춰지도록 기둥머리를 네 갈래로 파낸 것
- **사족(四足)** : 1. 짐승의 네발. 또는 네발 가진 짐승 2. '사지(四肢)'를 속되게 이르는 말
- **산통(算筒)** : 맹인(盲人)이 점을 칠 때 쓰는, 산가지를 넣은 통
- **삼단** : 삼을 묶은 단
- **서슬** : 1. 쇠붙이로 만든 연장이나 유리 조각 따위의 날카로운 부분 2. 강하고 날카로운 기세
- **석벌(石-)** : 바위틈에 집을 짓고 사는 벌. 이 벌이 친 꿀을 '석청'이라고 함
- **성금** : 1. 말이나 일의 보람이나 효력 2. 꼭 지켜야 할 명령

- **사개(가) 맞다*** : 말이나 사리의 앞뒤 관계가 빈틈없이 딱 들어맞음
- **사시나무 떨듯** : 몸을 몹시 떠는 모양을 비유적으로 이르는 말
- **사이(가) 뜨다** : 사람 사이의 관계가 친밀하지 않거나 벌어짐
- **사정(을) 두다** : 남의 형편을 헤아려 생각함
- **사족(을) 못 쓰다*** : 무슨 일에 반하거나 혹하여 꼼짝 못함
- **사타구니를 긁다** : 알랑거리며 남에게 아첨함
- **산통(을) 깨다*** : 다 잘되어 가던 일을 이루지 못하게 뒤틀음
- **살얼음을 밟다** : 위태위태하여 마음이 몹시 불안함
- **살이 끼다** : 1. 사람이나 물건 따위를 해치는 불길한 기운이 들러붙음 2. 띠앗 없게 하는 기운이 들러붙음
- **삼단 같은 머리*** : 숱이 많고 긴 머리를 이르는 말
- **삿갓(을) 씌우다** : 손해를 입히거나 책임을 지움
- **상승 가도를 달리다** : 상승하는 기세를 몰아 계속 나아감
- **색안경을 끼고 보다** : 주관이나 선입견에 얽매여 좋지 아니하게 봄
- **서리(를) 맞다** : 권력이나 난폭한 힘 따위에 의하여 큰 타격이나 피해를 입음
- **서슬이 시퍼렇다*** : 권세나 기세 따위가 아주 대단함
- **석벌의 집*** : 몹시 엉성한 물건을 비유적으로 이르는 말
- **선불(을) 걸다** : 1. 어설프게 건드림 2. 상관없는 일에 참견하다 해를 입음
- **성금(을) 세우다*** : 명령 따위의 효력(效力)이 나게 함
- **성미(가) 마르다** : 도량이 좁고 성질이 급함
- **셈을 차리다** : 일이나 사정을 잘 분별하여 점잖게 대함
- **소(가) 뜨물 켜듯이** : 물 같은 것을 한꺼번에 많은 양을 들이켜는 모양을 비유적으로 이르는 말
- **소매를 두르다** : 아무것도 가진 것이 없음

- **소 잡아먹다** : 아주 음흉한 일을 함
- **속(을) 주다** : 마음속에 있는 것을 숨김없이 드러내 보임
- **손(을) 거치다** : 1. 어떤 사람을 경유함 2. 어떤 사람의 노력으로 손질됨
- **손(을) 끊다** : 교제나 거래 따위를 중단함
- **손(을) 떼다** : 1. 하던 일을 그만둠 2. 하던 일을 끝마치고 다시 손대지 않음
- **손(을) 씻다** : 1. 부정적인 일이나 찜찜한 일에 대하여 관계를 청산함 2. 본전을 모두 잃음
- **손(이) 맑다** : 1. 재수가 없어 생기는 것이 없음 2. 인색하여 남에게 물건을 주는 품이 후하지 못함
- **손바닥(을) 뒤집듯** : 1. 태도를 갑자기 또는 노골적으로 바꾸기를 아주 쉽게 2. 일하기를 매우 쉽게
- **손사래(를) 치다*** : 거절이나 부인을 하며 손을 펴서 마구 휘저음
- **손이 나다** : 어떤 일에서 조금 쉬거나 다른 것을 할 틈이 생김
- **쉬파리 끓듯** : 무질서하고 복잡하게 모여 있는 경우를 비유적으로 이르는 말
- **시치미(를) 떼다*** : 자기가 하고도 하지 아니한 체하거나 알고 있으면서도 모르는 체함
- **식은 죽 먹듯** : 거리낌 없이 아주 쉽게 예사로 하는 모양을 이르는 말
- **쑥국을 먹다** : 어떤 일에 크게 실패하여 골탕을 먹음
- **쓸개(가) 빠지다** : 하는 짓이 사리에 맞지 아니하고 줏대가 없음
- **씨가 마르다** : 어떤 종류의 것이 모조리 없어짐
- **씨알이 먹다** : 말이나 행동이 조리에 맞고 실속이 있음

Check Point

- **손사래** : 어떤 말이나 사실을 부인하거나 남에게 조용히 하라고 할 때 손을 펴서 휘젓는 일
- **시치미** : 매의 주인을 밝히기 위하여 주소를 적어 매의 꽁지 속에다 매어 둔 네모꼴의 뿔

ㅇ

- **아귀(가) 맞다*** : 1. 앞뒤가 빈틈없이 들어맞음 예 그의 이야기는 앞뒤 아귀가 맞는다 2. 일정한 수량 따위가 들어맞음 예 아귀가 맞는 돈
- **아닌 밤중에** : 1. 뜻하지 않은 밤중에 2. 뜻밖의 때에
- **아퀴(를) 짓다*** : 일이나 말을 끝마무리함
- **악머구리 끓듯*** : 많은 사람이 모여서 시끄럽게 마구 떠드는 모양을 비유적으로 이르는 말
- **안개를 피우다** : 어떤 사실을 숨기기 위해 교묘한 수단을 씀
- **안고 돌아가다** : 맡은 일을 제대로 하지 못하고 질질 끎
- **안면(을) 바꾸다** : 잘 알고 지내던 사람을 일부러 모른 체함
- **암상이 돋치다*** : 몹시 암상스러운 기색이 나타남
- **앞뒤가 막히다** : 융통성이 없고 답답함

Check Point

- **아귀** : 사물의 갈라진 부분
- **아퀴** : 1. 일을 마무르는 끝매듭 2. 일이나 정황 따위가 빈틈없이 들어맞음을 이르는 말
- **악머구리** : 1. 잘 우는 개구리라는 뜻으로, '참개구리'를 이르는 말 2. 아주 시끄럽게 소리를 내는 것을 비유적으로 이르는 말
- **암상** : 남을 시기하고 샘을 잘 내는 마음. 또는 그런 행동

- **앞을 닦다** : 자기 할 일을 잘하고 행동을 바르게 함
- **앞자락이 넓다** : 1. 비위가 매우 좋음 2. 관심을 가지는 분야가 매우 넓음
- **앞 짧은 소리** : 앞일을 짧게 내다보고 하는 소리라는 뜻으로, 앞일을 제대로 내다보지 못하고 하는 말을 뜻함
- **야비다리(를) 치다*** : 교만한 사람이 일부러 겸손한 체함
- **약을 치다** : (속되게) 뇌물을 줌
- **얌생이 몰다** : 남의 물건을 조금씩 슬쩍슬쩍 훔쳐 냄
- **양가죽을 쓰다** : 흉악한 본성을 숨기기 위하여 겉으로 순하고 착한 것처럼 꾸밈
- **어깨를 나란히 하다** : 1. 나란히 서거나 나란히 서서 걸음 2. 서로 비슷한 지위나 힘을 가짐 3. 같은 목적으로 함께 일함
- **어안이 벙벙하다*** : 뜻밖에 놀랍거나 기막힌 일을 당하여 어리둥절함
- **언질(을) 주다** : 어떤 일이나 현상 따위의 결과를 예측할 수 있는 단서를 제공함
- **얼굴이 선지 방구리가 되다** : 몹시 흥분하여 얼굴이 시뻘겋게 됨
- **얼을 먹다** : 남의 잘못 때문에 해를 당함
- **엎친 데 덮치다** : 어렵거나 나쁜 일이 겹치어 일어남
- **연막(을) 치다** : 어떤 수단을 써서 교묘하게 진의를 숨김
- **연밥(을) 먹이다** : 살살 구슬려 꼬드김
- **염불 외듯** : 알아듣지 못할 소리로 중얼거리는 경우를 비유적으로 이르는 말
- **엿장수 마음대로** : 엿장수가 엿을 마음대로 늘이듯이 무슨 일을 자기 마음대로 이랬다저랬다 하는 모양을 비유적으로 이르는 말
- **오금(을) 박다** : 1. 큰소리치며 장담하던 사람이 그와 반대되는 말이나 행동을 할 때에, 장담하던 말을 빌미로 삼아 몹시 논박함 2. 다른 사람에게 함부로 말이나 행동을 하지 못하게 단단히 이름
- **오금을 못 쓰다** : 몹시 마음이 끌리거나 두려워 꼼짝 못함
- **오뉴월 써렛발 같다** : 사물이 드문드문하게 있음
- **오지랖(이) 넓다*** : 1. 쓸데없이 지나치게 아무 일에나 참견하는 면이 있음 2. 염치없이 행동하는 면이 있음
- **온실 속의 화초** : 어려움이나 고난을 겪지 아니하고 그저 곱게만 자란 사람을 비유적으로 이르는 말
- **옷깃을 여미다** : 경건한 마음으로 옷을 가지런하게 하여 자세를 바로잡음
- **외로 틀다** : 일이나 의견 따위에 동의하지 아니하고 어긋나감
- **왼새끼(를) 꼬다** : 1. 일이 꼬여 어떻게 될지 몰라 애를 태움 2. 심히 우려하거나 조심하여 말하고 행동함 3. 비비 꼬아서 말하거나 비아냥거림 4. 속으로 딴마음을 먹거나 은근히 딴 꾀를 꾸밈

Check Point

- **야비다리** : 보잘것없는 사람이 제 딴에는 가장 만족하여 부리는 교만
- **어안** : 어이없어 말을 못하고 있는 혀 안
- **오지랖** : 웃옷이나 윗도리에 입는 겉옷의 앞자락

- **요원의 불길*** : 매우 빠르게 번지는 벌판의 불길이라는 뜻으로, 무서운 기세로 퍼져 가는 세력 따위를 비유적으로 이르는 말
- **우레(와) 같은 박수** : 많은 사람이 치는 매우 큰 소리의 박수를 비유적으로 이르는 말
- **우물가 공론** : 여자들이 우물가에서 물을 긷거나 빨래 따위를 하며 주고받는 세상 이야기나 소문을 이르는 말
- **우이(를) 잡다** : 1. 어떤 모임 또는 동맹의 우두머리나 간부가 됨 2. 자기 마음대로 일을 좌지우지함
- **웃짐을 치다** : 1. 마소에다 웃짐을 실음 2. 본래의 것에 덧붙임
- **의가 나다** : 사이가 나빠짐
- **이(가) 빠지다** : 1. 그릇의 가장자리나 칼날의 일부분이 떨어져 나감 2. 갖추어져야 할 것 가운데서 어떤 부분이 빠져서 온전하지 못함
- **이 잡듯이** : 샅샅이 뒤지어 찾는 모양을 비유적으로 이르는 말
- **일소에 부치다** : 대수롭지 않게 여겨 무시해 버림
- **임자(를) 만나다** : 어떤 사물이나 사람이 적임자와 연결되어 능력이나 기능을 제대로 발휘할 수 있게 됨
- **입맛(을) 다시다** : 1. 무엇인가를 갖고 싶어 함 2. 일이 마음대로 되지 아니하여 귀찮아하거나 난처해함
- **입방아(를) 찧다** : 말을 방정맞게 자꾸 함
- **입 안의 소리** : 남이 알아듣지 못하게 입속에서 웅얼거리는 작은 말소리를 뜻함
- **입에 거미줄 치다** : 가난하여 먹지 못하고 오랫동안 굶음
- **입에 풀칠하다** : 근근이 살아감
- **입이 도끼날 같다** : 바른말을 매우 날카롭게 거침없이 함

Check Point

- **요원(燎原)** : 불타고 있는 벌판

ㅈ

- **자개바람이 일다*** : (비유적으로) 힘이 솟고 매우 빠르게 움직임
- **자라목(이) 되다** : 사물이나 기세 따위가 움츠러듦
- **잠자리 날개 같다** : 천 따위가 속이 비칠 만큼 매우 얇고 고움을 비유적으로 이르는 말
- **재를 뿌리다** : 일, 분위기 따위를 망치거나 훼방을 놓음
- **적을 두다** : 소속으로 되어 있음
- **젖비린내가 나다** : 정신적으로나 육체적으로 성숙하지 못한 태도나 기색이 보임을 이르는 말
- **제 눈에 안경** : 보잘것없는 물건이라도 제 마음에 들면 좋게 보인다는 뜻

Check Point

- **자개바람** : 요란한 소리를 내며 빠르게 일어나는 바람

Check Point

- **직성(直星)** : 사람의 타고난 성미
- **철퇴(鐵槌)** : 쇠몽둥이
- **추렴** : 모임이나 놀이 또는 잔치 따위의 비용으로 여럿이 각각 얼마씩의 돈을 내어 거둠
- **출사표(出師表)** : 1. 중국 삼국 시대에, 촉나라의 재상 제갈량이 출병하면서 후왕에게 적어 올린 글 2. 출병할 때에 그 뜻을 적어서 임금에게 올리던 글

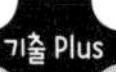

국회직 9급 기출

03. 다음 관용적 표현 중 뜻이 옳지 않은 것은?

① 떡 해 먹을 집안 : 서로 마음이 맞지 않아 분란이 끊이지 않는 집안
② 이골이 나다 : 지긋지긋해서 진절머리가 나다.
③ 벙어리 재판 : 시비를 가리기가 어려움
④ 반죽이 좋다 : 노여움이나 부끄러움을 타지 아니하다.

해 '이골이 나다'는 '어떤 방면에 길이 들어서 버릇처럼 익숙해진'이라는 의미를 가진 관용구이므로 지긋지긋해서 진절머리가 나는 것과 관련이 없다.

답 03 ②

- **좀이 쑤시다** : 마음이 들뜨거나 초조하여 가만히 있지 못함
- **죽 끓듯 하다** : 화나 분통 따위의 감정을 참지 못하여 마음속이 부글부글 끓어오름
- **죽 떠먹은 자리** : 조금 덜어 내어도 흔적이 나지 아니하는 경우를 비유적으로 이르는 말
- **쥐 잡듯** : 꼼짝 못하게 하여 놓고 잡는 모양을 비유적으로 이르는 말
- **직성(이) 풀리다*** : 제 성미대로 되어 마음이 흡족함
- **진(을) 치다** : 자리를 차지함

ㅊ · ㅋ

- **찬물을 끼얹다** : 잘되어 가고 있는 일에 뛰어들어 분위기를 흐리거나 공연히 트집을 잡아 헤살을 놓음
- **채(를) 잡다** : 주도적인 역할을 하거나 주도권을 잡고 조종함
- **책상머리나 지키다** : 현실과 부딪치며 책임감을 가지고 일하지 아니하고 사무실에서만 맴돌거나 문서만 보고 세월을 보냄
- **철퇴를 가하다*** : 호되게 처벌하거나 큰 타격을 줌
- **첫 단추를 잘못 끼우다** : 시작을 잘못함
- **첫 삽을 들다** : 건설 사업이나 그 밖에 어떤 일을 처음으로 시작함
- **청(을) 넣다** : 직접 또는 간접으로 사람을 넣어 특별히 청을 함
- **촉각을 곤두세우다** : 정신을 집중하고 신경을 곤두세워 즉각 대응할 태세를 취함
- **추렴(을) 들다*** : 1. 추렴하는 데에 낌. 2. 남들이 말하는 데 한몫 끼어 말함
- **출사표를 던지다*** : 경기, 경쟁 따위에 참가 의사를 밝힘 ≒ 출사표를 내다
- **칼자루(를) 잡다** : 어떤 일에 실제적인 권한을 가짐 ≒ 도낏자루를 쥐다
- **코(가) 빠지다** : 근심에 싸여 기가 죽고 맥이 빠짐
- **코가 납작해지다** : 몹시 무안을 당하거나 기가 죽어 위신이 뚝 떨어짐
- **코(를) 빠뜨리다** : 못 쓰게 만들거나 일을 망침
- **코 아래 진상** : 뇌물이나 먹을 것을 바치는 일
- **코에 걸다** : 무엇을 자랑삼아 내세움
- **콩나물 박히듯** : 무엇이 빼곡히 들어선 모양을 비유적으로 이르는 말

ㅌ · ㅍ

- **탄력을 받다** : 점차 증가하거나 많아짐
- **탯줄 잡듯 하다** : 무엇을 잔뜩 붙잡음
- **토(를) 달다*** : 어떤 말끝에 그 말에 대하여 덧붙여 말함
- **퇴박(을) 놓다*** : 마음에 들지 아니하여 물리치거나 거절함

- 트집(을) 잡다 : 조그만 흠집을 들추어내거나 없는 흠집을 만듦
- 파김치(가) 되다 : 몹시 지쳐서 기운이 아주 느른하게 됨
- 파리 목숨 : 남에게 손쉽게 죽음을 당할 만큼 보잘것없는 목숨을 이르는 말
- 판에 박은 듯하다 : 사물의 모양이 같거나 똑같은 일이 되풀이됨
- 팔뚝을 뽐내다 : 팔뚝을 드러내어 힘을 자랑함
- 포문을 열다 : 1. 대포를 쏨 2. 상대편을 공격하는 발언을 시작함
- 풀(이) 죽다 : 풀기가 빠져서 빳빳하지 아니하게 됨
- 피도 눈물도 없다 : 조금도 인정이 없음
- 피를 말리다 : 몹시 괴롭히거나 애가 타게 만듦
- 피를 빨다 : 재산이나 노동력 따위를 착취함
- 핏대(를) 세우다 : 목의 핏대에 피가 몰려 얼굴이 붉어지도록 화를 내거나 흥분함

Check Point

- 토 : 1. 조사 2. 한문의 구절 끝에 붙여 읽는 우리말 부분
- 퇴박 : 마음에 들지 아니하여 물리치거나 거절함

ㅎ

- 하늘을 지붕 삼다 : 1. 한데서 기거함 2. 정처 없이 떠돌아다님
- 학을 떼다* : 괴롭거나 어려운 상황을 벗어나느라고 진땀을 빼거나, 그것에 거의 질려 버림
- 한술 더 뜨다 : 1. 이미 어느 정도 잘못되어 있는 일에 대하여 한 단계 더 나아가 엉뚱한 짓을 함 2. 남이 생각하고 있는 것을 미리 헤아려 거기에 대처할 계획을 세움
- 한 우물(을) 파다 : 한 가지 일에 몰두하여 끝까지 함
- 허두를 떼다* : 글이나 말의 첫머리를 시작함
- 허리띠를 늦추다 : 1. 생활의 여유가 생김 2. 안심이 되어 긴장을 풀고 마음을 편안하게 놓음
- 허방(을) 짚다* : 1. 발을 잘못 디디어 허방에 빠짐 2. 잘못 알거나 잘못 예산하여 실패함
- 허울 좋다* : 실속은 없으면서 겉으로는 번지르르함
- 혀(가) 굳다 : 놀라거나 당황하여 말을 잘하지 못함
- 혀를 내두르다 : 몹시 놀라거나 어이없어서 말을 못함
- 혈안이 되다* : 어떠한 일에 광분함
- 호리를 다투다* : 매우 적은 분량도 아껴 쓰고 아까워함
- 홍역(을) 치르다 : 몹시 애를 먹거나 어려움을 겪음
- 홑으로 보다 : (주로 부정하는 말과 함께 쓰여) 대수롭지 아니하게 봄 또는 얕잡아 봄
- 화촉을 밝히다* : 혼례식을 올림
- 활개(를) 치다 : 1. 힘차게 두 팔을 앞뒤로 어긋나게 흔들며 걸음 2. 의기양양하게

Check Point

- 학(瘧) : 말라리아
- 허두(虛頭) : 글이나 말의 첫머리
- 허방 : 땅바닥이 움푹 패어 빠지기 쉬운 구덩이
- 허울 : 실속이 없는 겉모양
- 혈안(血眼) : 기를 쓰고 달려들어 독이 오른 눈
- 호리(毫釐) : 1. 자나 저울눈의 호(毫)와 이(釐) 2. 매우 적은 분량을 비유적으로 이르는 말
- 화촉(華燭) : 빛깔을 들인 밀초. 흔히 혼례 의식에 씀
- 회(蛔) : 회충
- 후박(厚薄) : 1. 두꺼움과 얇음 2. 많고 넉넉함과 적고 모자람 3. 후하게 구는 일과 박하게 구는 일

행동함. 또는 제 세상인 듯 함부로 거들먹거리며 행동함 3. 부정적인 것이 크게 성행함 4. 새가 날개를 펼쳐서 퍼덕임

- **황천객이 되다** : 사람이 죽음을 비유적으로 이르는 말
- **회가 동하다*** : 구미가 당기거나 무엇을 하고 싶은 마음이 생김
- **후박을 두다*** : 후하게 대하는 사람과 박하게 대하는 사람의 차별을 둠
- **흉물(을) 떨다** : 음흉한 속셈으로 짐짓 의뭉한 짓을 함
- **흥타령(을) 부르다** : 1. 무사태평하고 안일하게 늑장을 부림 2. 배부른 소리를 하며 그다지 긴하게 여기지 아니하거나 가격을 낮추려 듦 3. 남의 급한 사정을 대수롭지 아니하게 생각하며 건들건들 자기 일이나 함
- **흰 눈으로 보다** : 업신여기거나 못마땅하게 여김

기출 Plus 국회직 9급 기출

04. 다음 밑줄 친 관용표현의 쓰임이 옳지 않은 것은?

① 우리 집 강아지들이 발을 타기 시작했다.
② 머리를 올린 새색시는 차마 부모 곁을 떠나지 못했다.
③ 김 교수는 토론에에서 상대에게 밀려 코를 싸쥐고 말았다.
④ 콩나물 해장국으로 속이 살았다.

해 '속이 살다'는 '겉으로는 수그러진 듯하나 속으로는 반항하는 마음이 있다'는 의미를 가지고 있다. 따라서 적절한 관용표현이 아니며 '속이 풀렸다.'로 고쳐 써야 한다.
① '발을 타다'는 강아지 따위가 걸음을 걷는 것을 의미한다.
② '머리를 올리다'는 여자가 시집을 가는 것을 의미한다.
③ '코를 싸쥐다'는 창피해서 고개를 들고 다니지 못함을 의미한다.

답 04 ④